姑蘇志

（一）

出版前記

編輯叢書以保存及流傳資料，在中國已有七百六十餘年的歷史。在這悠長的歲月中，歷代刊行的各種叢書號稱數千部，其中個人詩文集約占半數，內容割裂實際不合叢書體例的又居其餘之半，其名實相符者仍有數百部；即經過商務印書館再三精選後刊行的「叢書集成」，內含各種叢書也有一百部之多。這在中國出版界眞可說是洋洋大觀，對於促進歷史文化的研究與發展實在有難以形容的價值。

但在這樣龐大的數量中，使用「史學叢書」名稱的却只有清光緒年間廣東廣雅書局的一部。事實上：歷史學在中國是發達最早的一門學問，二千餘年來連綿不斷地繼續發展，並且隨著時代演變更新進步。在世界文化史上，中國史學眞可說是一枝獨秀。近年以來，中國歷史文化的研究成爲世界各國學術界一時風尚，中國史學先哲前賢的珍貴而豐厚遺產，更受到舉世的重視和尊敬。惟其如此，我們自然可以堂堂正正高舉中國史學的大旗，這就是本叢書命名的由來。

中國史學的範圍非常廣泛，要想在這一部叢書中包羅萬象，是事實所不許；今惟有在適應當前中外學人的普遍興趣以及編者個人學識能力的原則下，決定一個方向，就是以明清史料作本叢書選輯的優先對象。

至於史料的選擇取用，主要原則在「實用」與「罕見」，由編者綜合若干有關專家學者的意見而後決定；是這樣地集思廣益，應該可以適應一般需要。

對於史料的形式，也就是版本，儘可能選用初刻或精刻的善本，在「罕見」的原則下自然更注意搜求手寫稿本。

印刷方法是完全按原版影印，不加描摹，因爲此時此地印刷廠沒有描摹的人才；並且爲適合國內多數學人的購買能力，對於許多卷帙浩繁的書籍是採用縮小影印方式，以減少篇幅降低成本。至於罕見的手寫稿本則儘可能地按原書大小影印，以便閱讀。

選印在本叢書內的每一史料也就是每一部書，編者都儘可能地約請專家學者撰寫序跋，指陳其價值或版本異同，中外學人當可一目瞭然其書內容大要。

儘管在編印體例上有若干與衆不同的改進，但一定還有許多疏漏的地方，希望海內外方家多加督責，以便隨時更新。

吳相湘

中華民國五十三年十一月十二日於臺北市

欽定四庫全書史部地理類

姑蘇志六十卷明王鏊撰鏊有史館已著錄蘇州自宋范成大
明盧熊之志後纂輯久闕宏治中吳寬嘗與張習都穆續成未
竟其遺稿僅存後府來林世遠為蘇州守以其事屬鏊鏊乃與
郡人杜啓祝允明蔡羽文璧等共相討論裁定凡例咸本於寬
之舊發訂補多所更益凡八月而書成首列沿革守令科第三
表自沿革分野以下分為三十一門而人物之中又分子目十
三類門得中考核精當在明人地志之中猶為近古陳繼儒見
聞錄稱鏊修志時以楊循吉善詆訶不欲與之同局志成書送
之循吉循吉方掃沐不暇抽看但欲發覆云不通不通使者還述
其語鏊以問循吉循吉曰府志修於我朝而書以蘇州名志姑蘇矣
王鏊名也以此志名可乎鏊始大服云然考鏊自序記其初修
志時有欲屬之楊儀部而楊儀部因辭之請屬鏊未嘗摭去循
吉不與其事諸儒所載殆不足信至志中所古地名用宋代已
有是例核以名實良有未安是論是亦之真偽其說要不為無
理固不必由為鏊諱矣

重修姑蘇志序

夫志何為者也紀載郡之封域山川戶口物產人才
風俗以至城池廨宇井邑第宅前賢遺跡下至仙老
之廬皆類次族分使四境之內可按籍而知而一代
之文獻不至無徵焉如斯而已者也姑蘇為東南大
郡其風土亦已略見於禹貢周職方爾雅諸書其後
如子貢之越絕書趙曄之春秋張勃之錄陸廣微之
記羅處約朱長文之圖經襲明之革紀閒紀事則備
矣彙而成書則有范成大盧熊二志由今而觀范志
脩而略盧志詳而贍而其間亦不能無異同焉況
國家百三十年人物文章制度因革損益尚皆缺焉
識者病之成化間鄱陽丘侯霽守蘇則有志脩述時
則有若劉恭政昌李中舍應禎陳訓導頎各應聘修
纂會丘罷去事遂已弘治中河南史侯簡曹侯鳳又
皆繼為之時則有若張僉事習都進士穆而裁決於
吳文定公寬以之二侯相繼去文定公不祿書竟不
就然文定之惓惓是書也雖病在告未嘗釋手淡墨
細書精淵翻案今廣東林侯世遠由近侍來守才優
政舉化行訟息宿弊盡剗文事聿興一日抱文定遺
稿屬予曰敢以溷子矣予謝非其人且郡多文士有

楊儀部循吉輩在焉益以屬諸而儀部固辭予以侯之美意文定之苦心使缺焉泯沒則予誠若有罪焉者侯乃延聘文學得同志者七人相與討論合范盧二志叅以諸家裨以近事閱八月成得六十卷以復於侯發凡舉例一依文定之舊蒐遺闡隱芟繁訂謬則諸君子之功居多予何能焉其亦會其要而折其衷者也獨念是志之續歷三十餘年更六七郡守而卒成於侯予乃適值其時獲玷名其間信予之幸也顧學殖荒落且於吳事素多憒焉又以趨召事嚴不克殫力佔畢以足私心之所志以成一郡之典以副林侯之望此予之所自愧而嗟也續而正之能無望于後之君子乎姑蘇山名在城西南昔以名郡故今以名其志正德紀元二月之吉嘉議大夫

吏部右侍郎

國史副總裁震澤王鏊序

吳郡志序

汴人趙汝談

初石湖范公為吳郡志成守具木欲刻矣時有求附其事于籍而弗得者因譁曰是書非石湖筆也守憚莫敢辨亦弗敢刻遂以書藏學官愚按風土必志尚矣吳郡自闔廬以霸更千數百年號稱雄數易常為東南大都會當中興其地視漢扶馮人物魁偉井賦蕃溢談者至與杭等蓋益盛矣而舊圖經蕪漫失考朱公長文雖重作亦略是豈非大缺者何幸此筆屬公條章棨然成一郡鉅典辭與事稱矣而流俗乃復擠阨使不得行豈不使人甚太息哉紹定初元冬廣德李侯壽朋以尚書郎出守其先度支公嘉言石湖客也是以侯習知之又謁學問故驚曰是書猶未刊耶他日拜石湖祠退從其家求遺書得數種而斯志與焉校學本無少異侯曰噫信是已吾何敢不力而書止紹熙三年其後大建置如百萬倉嘉定新邑許浦水軍顧逕移屯等類皆未載法當補於是會校官汪泰亨與文學士雜議用褚少孫例增所缺遺訂其僞謬書用大備而不自別為續焉侯喜曰是不沒公美矣亦吾先人志也書來屬汝談序余病謝弗果侯重請曰吾以是石湖書也故必累子而子亦辭乎余不得已勉

諾客有問余曰或疑是書不盡出石湖筆子亦信乎余笑曰是固前輩者云也昔八公徒著道術數萬言書標淮南通典亦出衆力而特表杜佑自古呂氏春秋大小戴禮曷嘗盡出一手哉顧提綱何人耳余聞石湖在時與郡士龔頤滕宬周南序三人者博雅善道古皆周之馬氏也故公數咨焉而龔爲所聞於公尤多異論由是作于書亦觀范公碑公墓乎載所爲書篇目可攷于不信碑而信誕乎且公務以文名四方位二府余鄙何所繫重余特嘉夫侯之不忘其先能畢力是書以卒公志而不自表顯焉是其賢非余言莫明也仰余所感則又有大此者焉方公書始出也疑詩橫集士至莫敢仲喙以自留未四十年而向之風流息滅澌盡至是無一存者書乃竟賴侯以傳是不有時數哉然則世論是非曷嘗不待久而後定乎此余所以重感也余誠不足序公始以是寄意焉其亦可乎否也疑者惟服侯父子世儒有聞其治吳未暮百陛文　既上此職方氏將復刊石湖集與白氏長慶並行而改命漕湖北矣余故併志以申後浚覩焉紹定二年十一月朔

蘇州府志序

金華宋濂

吳在周末爲江南小國秦屬會稽郡及漢中世人物財賦爲東南最盛歷唐越宋以至于今遂稱天下大郡然其因革盛衰之際紀載于簡冊者自吳越春秋越絕書以下若晉張勃顧夷隨虞世基唐陸廣微等所述及元和郡縣志寰宇記各有所明迨宋之時羅處約有圖經朱長文有續記范成大趙與篡皆撰類成書厥後有章悊者病其未完作吳事類補宋亡書頗散軼元趙鳳儀爲總管嘗集諸儒論次遺闕會攺官不果成入

國朝吳縣教諭盧熊閔前志之乖紛以爲苟不合而壹之又不足示來者乃攬衆說摭遺事芟繁取要族別類分爲志以述地理都邑文學祠祀食貨兵衛之屬爲列傳以見古昔人物之美其目曰名宦名臣儒林文藝良吏忠義孝友高行隱逸而列女之節方技之良及其事有不可棄者附焉前爲畫圖以著彊域之異同後有集文以備古今之制作總之爲五十卷於是數百里之內二千載之間其事可按書而得矣洪武十一年知府廬陵李侯亨嘉是書之有繫於政也將命工刻版以傳丁內艱去已而高郵湯侯德來適與熊遂督成之熊用薦召出由工部照磨爲中書

舍人以余有同朝之好請叙其首古者列國皆有史官下至州閭莫不有之然不過記言書事而已及漢司馬遷班固創爲序紀傳志年表之法由是四海之內無復遺事信史氏之善者也後世郡得專社稷山川之祭遂有政令教化之施儼如古諸侯之國固不宜無所紀述而況於吳嘗爲封國非他郡之比者哉歷漢至今雖間有所作而無完文以考其事物之全誠政之闕者也熊獨能毅然以筆削爲已任效史漢之法損益舊典爲一郡成書豈非好古之士乎李湯二侯能知所重而圖其傳亦可謂達於政體者矣後

之人覽此書治身居官取前人之成憲以爲灋將見道德興而習俗美向吳之區與鄒魯無異矣則是書之爲教不亦大哉余喜熊能急於世俗之所緩篤於好古也爲序其槩俾刻焉洪武十二年四月既望

郡人劉昌

姑蘇郡邑志序

鄱陽丘侯守姑蘇之再明年余歸自嶺南適中書舍人李應禎貞伯陽武訓導陳頎永之皆以告家居以嘗有斯文之契也相與理姑蘇遺跡而及於禮文典則之事侯曰吳自太伯以禮讓立國至言游北學於孔子而仁義道德之說益推達而充周其後若嚴助朱買臣之詞華陸澄陸元朗之博洽范仲淹父子之忠賢尹焞魏了翁之道學他如高人逸士則有張翰陸龜蒙皆出於斯郡而望於天下者文獻之實有徵不誣今既千有餘年出爲等倫之魁列爲灋從之賢而蔚爲儒宗者且若山立水湧前者導而後者繼也不亦盛哉當時領節鎮如李栖筠如李德裕典郡邑如鄧攸如韋應物如白居易以及我朝諸閫鄉又復俊偉光大足以名今而垂後風聲所被而俗效之姑蘇文獻之成宜非一朝夕也然盛則衰醇則漓轉移之機厥有所寄矣吾欲考求遺禮訂正古樂以隆時

祀以表章鄉賢齊整風俗此必有所師資而名物遺矩載於前志多散逸闕漏無所稽裁補而輯之寔惟二三君子有賴余謝不敏李君曰此侯之惠教吾蘇也於是相與諸之侯復聘高年延俊彥志意真確期於克協乃法范文穆公成大所撰志參以百家稗以群史人以代著文以事從郡總而邑分之凡六十卷李君陳君諸俊彥之功爲多發凡證例余亦豈敢抑討論紬繹則竊欲勉焉耳矣侯名霽字昔淮天順庚辰進士以刑部主事拜今官高年文學之士則杜瓊用嘉陳寬孟賢鄉貢進士施文顯負伯陳璚玉汝儒

士賀甫美之周京元基 成化十年正月既望

姑蘇志目錄

姑蘇志目録

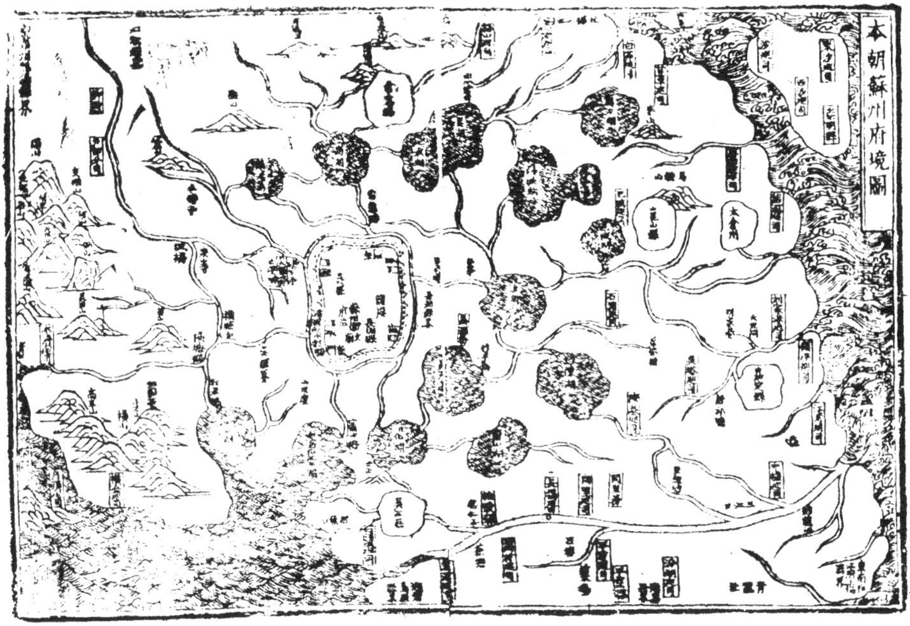

本朝蘇州府境圖

修志名氏

資善大夫禮部尚書吳寬

嘉議大夫吏部右侍郎王鏊

同修奉議大夫福建按察司僉事杜啓

鄉貢進士浦應祥

鄉貢進士祝允明

蘇州府學生蔡羽

長洲縣學生文璧

長洲縣儒士朱存理

長洲縣儒士邢參

對讀儒士陳怡

提調直隸蘇州府知府林世遠

同知丁哲

李嘉言

通判應能

陳珒

推官甘泉

邑治沿革表 二

蘇於禹貢爲揚州其後或爲國爲郡爲州爲軍爲府爲路今備著之表

	州	國	郡	軍	府	路
唐	揚					
虞	揚					
夏	揚					
殷	揚					
周	揚	吳 [illegible]				

敬王六年 吳 [illegible]

二十十年 王 [illegible]

[illegible] 王 [illegible] 年 [illegible]

越 [illegible]

十 [illegible]

十四 [illegible]

[illegible]

五年	永建四年	三國 吳黃武元年	寶鼎元年
揚 初置刺史部十三州以會稽郡屬揚州			
		吳	割陽羡等七縣屬吳興
[illegible]	吳 分浙江以西為吳郡領縣十三		

晉 太康元年	二年	四年	建武元年	隆安四年
揚 平吳分天下為十九州吳為揚州		割吳縣置海虞縣統縣十一		
			吳 改吳國置內史行太守事	十一月內史袁山松築
	分吳郡置毗陵郡			

五年
滬瀆壘以備孫恩五月孫恩陷滬瀆殺內史袁山松十一月劉裕追孫恩至滬瀆破之

宋 永初二年	元嘉三十年	大明七年	八年	齊	梁
	以揚州浙江西屬司隸校尉	南徐 置南徐州以吳郡屬之	揚 以吳郡屬揚州	揚 因宋以郡屬揚州不改	
吳 罷國仍為郡領縣十二				吳 因宋不改	吳 信義 分婁縣地

陳

大同十一年　太清二年　三年
置
置常熟縣
侯景陷吳郡

大寶元年
吳
吳 復以州爲郡

永定二年
吳 割鹽官海鹽爲海寧郡

天嘉元年
吳 割吳郡分置吳州以錢唐爲郡

隋

開皇九年
蘇 平陳改吳州爲蘇州領縣五
罷 南徐州隸揚州行臺

十年
沈玄懀作亂陷蘇州十一月平

十一年
移州治於橫山下

大業初
吳 復改蘇州爲吳州
唐志作六年領縣五

三年
吳 仍改州爲郡

九年
徐 隸徐州總管
劉元進據郡稱天子

唐

武德元年

三年
吳 沈法興據有吳郡
李子通據有吳郡
杜伏威得其地
降唐唐封爲吳王

四年
蘇 杜伏威平李子通復以郡爲蘇州置總管領四

六年
輔公祏陷蘇州

七年
平輔公祏改總管爲都督督蘇湖杭暨四州州城徙舊

九年
罷都督屬潤州

貞觀元年
隸江南道

萬歲通天元年
分吳縣置長洲縣

神龍二年	隸本道巡察使			
景龍二年	隸按察使			
景雲二年	隸揚州都督			
開元二十一年	置江南東道採訪使蘇州爲理所			
天寶元年			吳 改蘇州爲吳郡	
至德二載	蘇 復改吳郡爲蘇州乾元志作乾元元年			
乾元元年	屬浙西道節度使			
二年				長洲 置長洲軍
上元元年	劉展叛李藏用入蘇州拒張與張景超戰敗奔杭州景超據蘇州景屬署揚持璧爲刺史			
二年	正月揚惠元擊劉展將王[illegible]敗			

	走至常熟乃降蘇州平			
永泰元年	改節度爲處置觀察使治蘇州			
大曆五年				廢
十三年	爲雄州領縣七			
十四年	合浙江東西道置團練觀察使			
建中元年	分浙江東西爲二道蘇州屬西道			
元和[illegible]年	陞浙江西道都團練觀察使爲鎮海軍節度使乾元置浙江西道都團練觀察使管蘇常潤杭湖睦六州後移使節於潤州而蘇州屬之			
	十月李錡反使姚志安以兵執刺史李素			

光啓二年 十二月感化牙將張雄襲蘇州據之

天成 張雄自號為天成軍

三年 六合鎮將徐約陷蘇州逐張雄

龍紀元年 錢鏐討徐約破走之鏐使沈粲權知州事 十月詔以杜孺休為刺史

大順元年 七月楊行密將李友陷蘇州 八月錢鏐使沈粲殺刺史杜孺休 九月孫儒圍蘇州 十二月陷之殺李友使沈粲守之

二年 錢鏐平蘇州據之

景福元年 錢鏐為□察虎□

乾寧三年 □□□割嘉興縣置秀州 楊行密將臺蒙陷蘇州

四年

吳越 封錢鏐為吳越國王

光化元年 九月錢鏐討臺蒙平蘇州

天復二年

吳 封楊行密為吳王

天祐元年 封錢鏐為吳王

梁

蘇

開平□年 楊行密卒 周本圍蘇州

三年 錢鏐□□楊行□平蘇州 割吳縣地置吳江縣

貞明三年

中吳 吳越自府為中吳軍

唐 同光二年

中吳 陞蘇州爲中吳軍節制常潤等州

晉 天福□年　□年　四年

析嘉興置崇德縣

分置秀州吉志作五年文作宋景年元

宋 開寶八年

蘇 改平江軍節度仍爲蘇州屬江南道

太平興國三年

錢俶納土爲兩浙路置轉運使

熙寧五年

徙兩浙路于杭州

七年

五月分兩浙東西路以蘇州屬西路九月詔併分路

年詔復分兩浙爲東西路

十年詔復合兩浙爲一路

政和五年

平江 以蘇州爲帝節鎮敎陞爲平江府領縣六舊志作三年

宣和五年

置浙西提舉司以平江爲治所

建炎三年

二月帝南渡幸平江府駐三日起次臨安

四年

置浙西提點刑獄司

二月金兀朮寇平江府焚焚

五年

二
五晝夜周月發閏備兵人金人余呉寇巨江古師濟兵仲郭遣威拒兵尹守知山湯府野東仲及伡

十四

紹熙二年

底出柱金人劫諸去

置節制許浦水軍司

[illegible]

十
二月上于駕幸平江府甲寅次無錫

[illegible]

割
崑山置嘉定縣

德祐元年

三
月元人招諭知府潛說友降張世傑兵至元軍遁去

元至元十二

十
二月伯顏至平江守將王邦傑通判王矩之降元將

游顯入城撫諭以府治為江淮行省提刑司為兩浙大都督府置浙西路軍民宣撫司

十四年
改爲
平江

十八年	二十六年	元貞二年	至正十六年	
撫[illegible]爲平江路總管府浙西路爲浙西道爲江淮行省置四廂錄事司領縣如故 陞平江路達	魯花赤總管府 改江淮行省爲江浙行省移治杭州	陞常熟崑山吳江嘉定四縣爲州	張士誠據 隆平	

十七年	[illegible]	
平江 張士誠復改爲平江路 五月朝廷以[illegible]	[illegible] [illegible]院長[illegible]戰安[illegible]于[illegible]山[illegible]破之 十月[illegible]張士[illegible]	

至正二十年

國朝

十一月王師太湖取湖州下之遂下吳江圍平江

廿成开長胡陵汎

蘇州

九月王師下

中江執張士誠改平江路爲蘇州府直隸中書省立蘇州衛錄事司四隔分隸長州二縣

姑蘇志卷一　十八

姑蘇志卷第一

六年

復以崇崑吳嘉定縣揚州府明來崑崑常熟山屬嘉定縣太倉州共州縣七一領

割

姑蘇志卷一　十九

姑蘇志卷第二

古今守令表上

自秦更守令迄于今得守凡若干人令若干人著諸表賢否駢列繫年也中有缺文無徵也別爲傳備著其蹟也

秦

守

殷通 會稽假守

項梁 下相人籍之季父二世元年殺殷通自爲會稽守

右自置守以來可考者二人

漢

太守

嚴助 武帝時

朱買臣 武帝時

周君 [illegible]二年[illegible]

段君 [illegible]始建國二年

許時 更始元年

尉

顏駟 武帝時

右自武帝至更始時可考者太守四人都尉一人新莽時太守一人通凡守臣六人

後漢

太守

李君 更始五年[illegible]建武三年[illegible]安史實

黃讜 汝南人建武十四年○[illegible]署[illegible]爲户曹史輔主簿[illegible]督郵鍾離意署中部督郵

第五倫 建武中元元年任[illegible]主簿副吏[illegible]

[illegible]鄭弘

[illegible]十二年任○[illegible]主簿梁宏功曹史[illegible]

黃競 競一作兢和帝時[illegible]舉郡吏陽羨許荊孝廉

慶鴻

張霸 永元中守在郡十年

馬稜 永元中

蔡君 [illegible]初中

趙牧 [illegible]

若均 [illegible]作若均[illegible]氏族

成公浮 [illegible]刺史歐[illegible]參奏浮贓罪[illegible]

都尉

任延 更始元年任建武初徵去

宰鼂 建武中會稽都尉行太守事○[illegible]

劉府君 永建四年
囚掠不服徵浮還京師

韓整

朱梁 本名隆延和帝時改正議大夫治書御史中丞尚書撫吳二郡太守

蕭冰 杜陵人

郭君 順帝時

薛固 桓帝時

王□ 永和中郡丞

慶豹 永興二年〇功曹唐景

范君 諱龢舒人中平二年任〇十一月爲故外黃令郡人高彪立碑

東門與

李肅 桓帝時

徐參 靈帝時

許貢 興平二年

朱治 興平二年

陳瑀 光熹元年〇按年號必光和知和誤作漢

盛憲

僮和

芮祉

滕胤 建安二十年

曹休

右自建武更始之際至建安太守三十一人都尉二人他官權任一人通凡守臣三十四人

吳

太守

朱治 黃武元年領郡如故

吳展

賀邵 永安中守在郡六年

謝勗

太史亨

右黃武以來守臣五人

建武以前爲太守以後爲內史傳多互書今姑仍之

晉

張澄

胡沖

傅咸 咸寧中

叛僞

殷祐 永和中
賀循 元帝初
鄧攸 太興初
張茂 太興中永昌元年爲沈充所害
應詹 元帝時
樂謨 元帝初以征虜將軍任
趙穆 明帝時
庾冰 咸和中
蔡謨 咸和三年
虞潭 咸康中

王恬 咸康中七年在任
荀羨 永和中任五年授北中郎將徐兗二州刺史
庾羲 永和中
王洽 升平中
庾希 穆帝時自侍中……軍吳國內史……中郎將徐兗二……
荀蕤 咸安中
刁彝 咸安中任寧康元年……兗二州刺史
岑淵 郡人太元中任卒官
譙敬王恬 太元中

王珉 孝武帝時任太元十五年徵
何澄 孝武帝時
虞嘯父 太元中
王愷 太元末
袁山松 隆安中任
桓謙 隆安中任三年出奔詳見傳
王歆
陸瓌 郡人隆安三年孫恩僞署代桓謙十二月劉牢之將高素殺之

王誕 隆安末
王愷 元興三年再任
司馬允之 安帝時任
王侃
王劭
王薈
朱騰 沛郡沛人以建威將軍任
謝裒 字幼儒陳郡人吳國內史
王默 劭子吳國內史加二千石左光祿大夫
[illegible]自王劭以下未詳時代姑列於義熙之前

魏詠之 義熙元年

王弘 義熙中任十一年徵爲太尉長史

袁湛 字士深陽夏人以中書令出爲吳國內史義熙中轉尚書右僕射

劉柳 義熙中

張敞 元熙時

右自武帝初至義熙太守內史四十五人外有不就任四人江灌字道羣陳國人自尚書中護軍爲吳郡太守太守未拜卒孔坦字君平山陰人陶侃以爲吳國內史吳多名族而坦年少改授吳興顏含字弘都[?]人歷侍中[?]吳國內史王導問含曰卿今莅名郡政將何先答曰王師歲動編戶虛耗南北權豪競[?][?]食同弊家豐執事之[?]用當悉化勢門使返田桑數年之間欲令戶給人足如其禮樂俟之明年導默曰顏公在事吳人歛手矣未之官復爲侍中王謐字稚遠臨沂人自侍中拜吳國內史未至郡留爲中書令不列通凡守臣四十五人

宋 太守

何叔度 文帝時 權攝

丘淵之

王韶之 景平中 孟顗 吳郡侍中

劉式之

江夷 景平二年

徐佩之 武帝時

劉禎 元嘉中

庾登之

劉斌

劉禎 元嘉十一

羊玄保 元嘉中

殷穆 元嘉中

顧琛 孝建初

王僧達 孝武時〇主簿顧曠

王誕 武帝時再任

王翼之 大明二年

王曇生 大明中

顧覬之 大明四年

始平王子鸞 大明四年任以長史蕭惠開行郡事五年遷南徐州刺史

永嘉王子仁 大明五年任六年遷丹陽尹

顧覬之 大明八年再任

謝莊 大明中任景和初改中書令

顧琛 景和元年再任泰始二年據郡應晉安王子勛以郡奔會稽

張永 泰始二

假節吳郡太守

顧覬之 泰始元年再任十月轉湘州刺史

王琨 泰始四年

王延之 泰始中

褚淵 明帝時

張永 後廢帝時再任

張緒 郡人明帝時本州大中正元徽中以侍中行郡

褚澄 元徽二年

劉遐 昇明元年十二月爲張瓌所殺

張瓌 昇明元年

陸仲元

袁洵

柳世隆

何戢

右自永初至昇明太守三十六人（內再任三人三任一人）他官攝任二人外有不赴任二人王曇首（太保弘弟爲上親信以避彭城王義康固乞吳郡上帝不許）謝述（字景先陽夏人有心疾性理乖繆除吳郡太守以疾不之官）又盧志引眞誥載謝奉仕至吳郡丹陽尹恐非郡守俱不列通凡守臣三十八人

齊

太守

張岱 建元元年任二年爲中護軍

蕭順之 建元中

安陸昭王緬 建元元年任永明元年轉郢州刺史

褚澄 建元中又任

沈文季 尚書 永明元年任四年轉都官

王慈 永明中以建武將軍任

江斆 永明七年

邵陵王子貞 永明十年任

南康侯子恪 建武中

泉陵侯子操 永泰元年任永元中爲黃門郎

張瓌 郡殺官 永泰元年再任王敬則反棄

蔡寅 中興元年十月棄郡赴降

右自建元至中興太守十二人他官權任一人通凡守臣十三人

權攝

下思遠 以部丞行郡事

梁

太守

李元履 武帝初任

[illegible]史

權攝

臧盾 字宣卿天監五年以仁威將軍任未幾以疾陳歸
王騫 天監五年自八年遷太府卿東陽太守從吳郡遷太府卿
王份 天監初任
袁昂 天監八年以仁威將軍任十一年入為五兵尚書
張充 天監十一年任十二年卒于郡
蕭山則 武帝時
王暕 普通三年徵為尚書左僕射
蔡撙 普通三年任四年卒
何敬容 普通四年任大通二年徵為中書令
蕭子恪 以齊南康侯大通二年以寧朔將軍任三年卒官
南浦侯推 大通中
王規 大通中
臨賀王正德 中大通四年
謝舉 大同二年任五年十二月入為侍中
袁君正 太清初任三年卒

安陸王大春 太清三年七月以吳郡刺史大寶元年為東陽州

江革
何遠

南海王大臨 大寶元年任二年遇害
張彪 大寶二年
張璪 字公直未詳何年
王僧智 紹泰元年十月裴忌襲破之奔吳興
裴忌 紹泰元年據郡陳永定元年徵
右自天監至紹泰太守二十一人刺史一人以他官權任二人外別有信義郡太守二人周鐵虎承聖二年周文育承聖中不列通凡守臣二十四人

陳

太守

沈君理 永定元年
徐度 永定三年〇子敬成監郡
鄱陽王伯山 字靜之天嘉元年任六年授南徐州刺史
孫瑒 天嘉元年任十二月徵
晉安王伯恭 天嘉六年
永陽王伯智 天嘉中
長沙王叔堅 太建元年任四年正月為江州刺史
衡陽王伯信 未詳何年

刺史

蕭瓛 禎明元年爲吳州刺史 隋開皇九年兵敗謀送長安

右自永定至禎明太守八人刺史一人外有不赴任一人袁憲 字國章太建六年除以父君正曾任固辭改南康內史 官於鄱陽二人沈恪遂興侯詳 禎明以前吳州實江州地 不列通凡守臣九人

隋

刺史

皇甫績 開皇中任十二年拜信州刺史

劉權 開皇十二年

陳子邁 開皇中

太守

李顯 銀青光祿大夫大業四年任○見橫山舍利塔銘

右開皇大業刺史三人太守一人共四人

唐

刺史

太守

都督

僭偽

聞人嗣安 隋末自署蘇州總管武德四年杜伏威將王雄誕招降之

○武僭

李廉

薛邇

王榮 右三人皆唐初爲刺史

李世嘉 武陽公蘇州都督武德七年在任

張有德 南陽人鄧公暐之祖武德中任

燕王靈夔 貞觀十一年

江王元祥 貞觀十一年

滕王元嬰 永徽三年自金州刺史遷蘇州又轉洪州都督

郎餘慶 高宗朝

李孝廉 儀鳳二年二月移越州

曹王明 調露中○長史孔禎

袁誼 開耀初

燕王靈夔 高宗末以太子太師再任

澤王上金 文明元年任垂拱元年改陳州

胡元禮 神龍三年八月改戎州

張廷珪 開元五年在任○按頭陀寺碑作六年九月具銜

李無言 開元十七年○按龍興寺碑稱皇三從叔

莊肅 開元中

任昭慶 開元中

張均 玄宗朝

吳從衆 開元二十八年在任

劉徵 字可大河南人吳郡太守江東採訪使

岑軻

張愿 襄陽人柬之孫吳郡太守江東採訪使

武遷 字代宗吳郡太守贈太子賓客按唐說纂逸其姓

趙居貞 天寶九載二月

蕭諠 職方郎中江東採訪使

畢炕 偃師人歷兵部員外

韋黃裳 乾元元年十二月甲辰以昇州刺史徙蘇州刺史浙西節度使

郎另太守兼采訪使

嗣鄭王希言 天寶中任兼採訪使乾元元年以禮部侍郎改越州刺史

崔異 舊志列此按史崔玄暐孫異爲常州刺史此未詳何據

鄭炅之 乾元元年任兼採訪使○按張說撰張從師墓表作御史中丞顧況乾元寺記作節度使

張義方 郡人

韋之晉 上元中

楊持璧 上元元年劉展僞署蘇州刺史

李某 名缺詳見傳

殷某 名缺永泰元年自蘇州刺史移衢州

韋元甫 大曆三年正月改爲尚書右丞

李栖筠 大曆三年二月以常州刺

史從蘇六年八月入為御史大夫

蕭定 大曆六年自宋州刺史徙湖州又還蘇州

李丹

李涵 大曆七年二月至任十一年四月改除

李昌 大曆十三年四月丁亥以浙西觀察留後除任兼御史中丞充浙西都團練觀察使

韓滉 建中元年正月任○通鑑作大曆十四年詳見傳

李復

韋應物 貞元初以左司郎中任

張丹元 貞元初

孫晟 自信州改蘇州貞元四年七月移桂州

齊抗 貞元中任八年二月遷潭州

于頔 貞元八年自湖州改

李事舉

韋夏卿 貞元十年自常州轉

崔衍 貞元十六年

李素 元和二年正月自潤州遷

王仲舒 元和中守自婺州改[illegible]

范傳正 元和六年二月十一日自湖州遷

張正甫 由鄧州轉元和八年十月遷

韋覬 中大夫上騎都尉守蘇州刺史除給事中

元錫 元和九年在任

李應 趙郡人元和十一年八月以戶部郎中出為湖州刺史遷任

田敦 見任恭撰元浩和尚塔碑

崔倰 長慶元年四月以諫議大夫拜刺史

李德裕 長慶二年七月由御史中丞任九月改潤州

李又 長慶二年八月以御史中丞任○按元稹法華經記云四年四月

李諒 長慶四年自泗州刺史以御史中丞徙任

白居易 寶曆元年三月四日授五月五日到任大和元年二月除祕書監

陸亘 自虢州刺史移任太和三年九月遷越州

胡德言 太和中任○見洞庭記

狄兼謨 太和中

李紳 太和中

崔[illegible]元[illegible]和[illegible]年在[illegible]任[illegible]十二月[illegible]年[illegible]六[illegible]山[illegible]

[illegible]

劉禹錫太和五年[illegible]除[illegible]年[illegible]任[illegible]八年移汝[illegible]

盧周仁太和八年九年八月[illegible]浙[illegible]觀察使

盧商開成元年任年五月遷浙[illegible]觀察使

李道樞開成二年[illegible]四年閏正月遷浙[illegible]觀察使三月卒

李疑田諫議大夫開成四年九[illegible]遷洪州

楊漢公

曹璦大中三年三[illegible]任

楊發大中三年以太[illegible]卿任轉福建觀察使

韋其[illegible]大中五年[illegible]見[illegible]

裴夷直大中十年六月以兵部郎中任十一年十月卒

華州

崔鈞大中十一年十月以太常少卿任[illegible]按[illegible]受[illegible]棄一[illegible]

共八[illegible]

盧簡求[illegible]中任[illegible]

崔璞[illegible]人咸通六年冬以諫議大夫除十一月得替在郡十二日

[illegible]大中詳見[illegible]傳

李繪乾符二年在任三年正月[illegible]官

趙傑

張元逸並咸通中任見元逸撰弘[illegible]塔銘

張摶咸通十三年七月自中大夫湖州刺史改

王摶

楊茂實中和二年鎮海節度周寶署爲刺史

趙載中和四年王[illegible]爲蘇州刺史代楊茂實

王蘊光啓元年

張雄光啓[illegible]年[illegible]郡稱刺史號天成軍

徐約光啓三年四月[illegible]郡逐[illegible]雄詔授刺史能[illegible]元年敗[illegible]

杜儒林 龍紀元年除大順元年八月到任爲沈粲所害

沈粲 元年錢鏐命權知蘇州爲制置指揮使

李友 大順元年除任爲孫儒所害

成及 乾寧元年任新作廳事三年楊行密殺之

宗室岾 嗣吳王祗子○自此以下二十四人皆未詳何年

韋建中 蘇州刺史以光祿大夫改[redacted]州

宗瑗 安衆人○舊志誤作瑷

臺濛 楊行密將光化元年顧全武敗之

曹圭 錢鏐將光化元年爲蘇州制置使在職十四年

韓邠 昌黎人右諫議大夫籌之子

宋儼 廣平人丞於璟之孫○宰相表

王璡 萬年人○唐書表

王選 郃縣人○姓氏書

姚弘慶 字弘之萬年人

王某

張有德

楊志 華陰人司僕卿中宏之子○宰相表

梁知微

陰崇

劉微 自王某以下皆江東採訪使

李巘 興聖皇帝之後出武陽房

許韶伯 博陵人昇子右屯衛將軍平思公

裴澄 聞喜人族號東眷河南少尹騂子

崔斌 清河人○唐宰相表

林詳 察衢常潤蘇等州刺史○見元和[redacted]纂

馮袞 事見雜志

李鼎 長安人以國子祭酒刺蘇州○見[redacted]曾孫天覺傳

段同泰 中牟人以禮部郎中爲蘇州○見晁說之文

李昭 以尚書郎出爲蘇州刺史其年月日以中書令召還不拜○見五代史

王成 爲信州刺史有政績詔褒美徙蘇州

右自武德至光化刺史一百一人太守十人

都督一人僞官十二人外有不赴任四人

李勣 字茂功英國公貞觀十一年六月以爲刺史勣不願遠闕下乃已 韋

陟 不任 杜佑 字君卿京兆人建中三年五月以戸部侍郎判度支貶蘇州刺史不行改饒州 杜兼 字處弘元和初刑部郎中改蘇州留爲吏部郎中或云永

貞二年 皆不著列通凡守臣一百二十四人

古今守令表中

宋

知州	知府	權攝
閻象 太平興國三年		
梁周翰 太平興國五年		
柴成務 壁記太平興國八年○按王禹偁集作雍熙元年典郡四年二月任滿四月改除		
宋璫 淳化二年八月除 四年卒官		
魏庠 舊題名作諫議大夫按本傳淳化四年五月自戸部使除兩[illegible]錄長編當在九月後又通略作十一月除庠與知越州王炳俱罷炳以至道八年四月去任庠蓋同此時又按至道三年王隨虎丘寺碑云岳牧貳卿魏庠前以諫議大夫知州今以貳卿據此則庠兩典郡人不見於史傳今且列以俟知者		
陳省華 至道元年		
裴莊 眞宗即位命知蘇州 壁記云毗陵誤		
喬維嶽 咸平初任十年六月徙壽州		
張去華 咸平二年四月戊寅到任尋以疾分司西京		
仲華 姓缺咸平四年到任五年十一月改杭州詳見傳		

王贄 字至之，華陽人，咸平五年六月由湖北轉運使改任，范志作景德始。

詢 景德七年十月任，二年改兩浙轉運副使

劉師道 景德三年白知蘇州徙秀州，見楊億集

皇甫選 楊億有送皇甫大博知蘇州詩，會要景德二年十月命太常博士皇甫選使淮南，實錄無攷

曾致堯 景德四年八月任，五月徙揚州

黃震 大中祥符元年十一月自太常博士知秀州移任，五年二月吳江學碑銜作承奉郎守尚書屯田員外郎知蘇州軍州事兼管內堤堰勸農事賜緋魚袋，又四月吳縣寶相寺鐘樓碑銜下有借紫二字

秦羲 太中祥符五年在任，九年四月除提舉在京諸司庫務

方仲荀 太中祥符九年在任，見虎丘留題，云尚書屯田員外郎知蘇州事

毋詢 太中祥符九年自鄧州再任，天禧元年二月改除刑部員外，陝西轉運副使

陳靖 天禧元年自越州徙任，按史以尚書兵部郎中直史館，壁記作刑部，誤；二年入爲吏部員外郎

孫冕 天禧中，○壁記作天聖，誤

康孝基 天禧五年在任，四月虎丘留題，銜云朝奉大夫行尚書都官員外郎上輕車都尉知蘇州；十二月以尚書職方員外郎移知福州

李適 天禧五年在任，洞庭靈祐觀碑十月立，銜云中散大夫尚書度支郎中知蘇州軍州兼管內堤堰橋道勸農事上柱國賜紫金魚袋；天聖元年正月移知泉州，見清原人物志

葉參 天聖二年在，三月七月遷廣西提刑

周寔 天聖三年六月自右諫議大夫知廣州移蘇，五年五月以給事中知鳳翔府

盛度 天聖五年自滁州遷任，七年權知審刑院

黃宗旦 天聖七年以尚書工部員外郎直史館任

王皞 天聖七年四月自知湖州移蘇，九年閏十月還爲三司鹽鐵副使

陸東 天聖九年通判，權管勾州事

宋異 天長人，明道元年三月癸卯自給事中集賢院學士知揚州徙；八月以工部侍郎致仕

崔訶 明道元年八月以尚書職方員外郎任，二年五月徙廣西轉運使

楚參 明道二年四月再任 景祐元年十月徙越

范仲淹 景祐元年六月壬申自知睦州徙鄉郡八月徙明州九月詔復改蘇二年十月召判國子監

陸若沖 景祐二年八月丙子自湖北轉運使除四年五月以尚書工部郎中直史館徙知揚州

李宋卿 景祐四年六月以通判權管勾州事城伯王稱爲殿丞

蔣堂 景祐四年五月以知越州移任在官百日召判尚書刑部三司戶部勾院

柳植 景祐四年六月丙午以尚書刑部員外郎知制誥遷知蘇州寶元元年六月癸未移杭州

張億 字太初寶元元年六月以尚書刑部員外郎直史館除任二年三月徙知廬州壁記作景祐

柳灝 寶元二年閏十二月以京西路轉運使除康定元年十二月戊申改尚書兵部員外郎仍知州事慶曆元年三月丙寅徙京東轉運使

富嚴 慶曆元年二月以尚書刑部郎中任

四年十月移泉州壁記作康定

呂溱 字濟叔揚州人慶曆三年二月以祕書省著作佐郎直集賢院知蘇州四年三月戊辰入爲度支三司判官○按此與富嚴移任交代年月不合姑因之

林濰 慶曆四年八月自諫院徙知蘇州六年二月己巳差知廬州

趙槩 慶曆五年戊辰以尚書兵部員外郎知制誥出知蘇州見天聖錄蘇舜欽撰槩母墓志作六年二月到郡七月十五日母喪解官七年護葬北歸[illegible]見傳

滕宗諒 慶曆六年八月自知岳州徙蘇七年正月到任未踰月卒

胡宿 慶曆七年五月以三司鹽鐵判官判度支勾院知蘇州八年正月丙戌就除兩浙轉運使

梅摯 慶曆八年正月丙戌自知海州徙蘇皇祐元年正月己亥入爲三司度支副使

蔣堂 皇祐元年正月乙卯自杭州再任二年十月改給事中仍舊任三年四月丙午以禮部侍郎致仕

王琪 皇祐三年四月乙巳自知舒州

鞠真卿 嘉祐八年以集賢校理知州事治平元年四月丁亥降太子中允兩浙提刑

陳經 字天常治平元年五月以朝奉郎守尚書祠部郎中京西提刑改蘇州二年六月入判三司理欠憑由司

李復圭 字審言滄南人○按朱氏續記嘉祐六年冬以兵部員外郎兩浙轉運使權知州事八年四月遷工部郎中淮南轉運使

裴煜 治平二年九月二未以開封府提刑除秘書閣校理知蘇州三年九月己丑入判三司都磨勘司替沈扶缺

沈扶 治平二年九月十八日以權磨勘司乞蘇州差替裴煜墓志云自三司使以主客員外郎知蘇州其冬就遷尚書金部員外郎熙寧二年八月薛向言扶在官不法尋罷郡

李綖 秘閣校理熙寧二年在任又按所作王羲之帖跋作三年正月十日

葉均 字公秉熙寧三年五月知蘇州○見王安石日曆

陳安石 尚書度支郎中熙寧四年在任尋移京東轉運使

潘夙 熙寧五年閏七月己酉自蘇移潭

唐詔 熙寧五年閏七月癸丑以尚書司封郎中自潭移蘇尋乞分司

程師孟 范志壁記云熙寧中任續志作六年疑皆誤詳見傳

龔君貺 熙寧五年冬以通判權管勾州事

王誨 字規父朝散大夫尚書司勳郎中熙寧六年在七年引嫌去郡

滕甫 熙寧八年自知湖州以翰林侍讀學士移蘇州既到任引嫌十一月徙揚州○壁記治平中以龍圖閣學士光祿大夫並誤

韓朴 字子文盧氏云尚書司封郎中熙寧八年九月在任壁記作度支誤今按與滕甫任日不合又范志作九年皆未詳

胡宗愈 熙寧七年秋以通判權管勾州事

楊景略 字康功熙寧八年十一月丙午以朝散郎龍圖閣待制知揚州移蘇元祐元年五月甲子再除知揚州

韓鐸 尚書度支郎中熙寧九年十月在任○按長洲志八年正月知潭州十二月去官詳此則自潭移蘇也壁記作元豐

孫覺 熙寧十年以右司諫知蘇州元豐元年知福州十二月到任

晏知止 臨淄人元獻公殊之子

章岵 朝散大夫尚書司封郎中知蘇州元豐元年到任○按朱長文詩云三見元豐大有年則任滿三載又壁記朝散作朝請郎中作員外郎

林希 元祐元年九月癸酉以朝散郎充集賢殿修撰除任未閱月以弟爲兩浙提刑引嫌十一月移宣州

劉淑 朝請大夫元祐二年五月自知宿州

吳安持 元祐元年八月甲午以朝散郎權發遣滑州除權發遣蘇州人政將作少監

改蘇州三年八月己亥除祠部郎中四年八月言者追論不受理章惇田事罷官○壁記作元豐誤

劉珵 元祐三年五月以尚書工部郎中自滑州移蘇州四年五月去任

王覿 元祐中以承議郎直龍圖閣任

黃履 元祐中以左朝奉郎充天章閣待制任○盧志題名作熙寧六年丁酉自洪州徙蘇州六年六月移江寧府七月去任未詳

范鍔 左朝奉大夫熙寧六年六月自知蔡州徙蘇七年十二月除京西運判○壁記鍔作諤熙寧作元豐未詳

賈易 字明叔熙寧七年十二月以新除京西運副改授與范鍔對移之任八年二月以朝散郎除知徐州

劉定 元祐中以朝散大夫任○盧氏作熙寧八年二月自知廬州徙蘇紹聖二月丙申爲廣東提刑未詳

吳居厚 左朝奉郎天章閣待制紹聖元年五月己酉知蘇州八月庚午除集賢殿修撰江淛等路發運使

蔣之翰 右朝散大夫紹聖二年八月乙亥徙知荊南府

賈青 朝散大夫紹聖中任

王子京 紹聖四年五月自朝奉大夫知廬州徙蘇州

呂公雅元符二年四月丙戌自江東提刑改知蘇州

陳師錫承議郎充秘閣校理元符二年閏九月自知宣州移蘇三年五月除殿中侍御史

張公庠元符三年五月以左朝議大夫尚書都官員外郎自知晉州徙蘇[illegible]作中散大夫

吳伯舉[illegible]蘇州人朝奉郎直秘閣權發遣蘇州軍州兼管內勸農事元豐三年十月以新知湖州改除崇寧元年五月甲子入為起居郎壁記作崇寧元年六月到

豐稷字相之實録建中靖國元年十一月甲申以樞密直學士出知蘇州未赴改越州本作崇寧元年二月辛卯除會稽至三月自蘇移越未詳

林邵實録崇寧元年六月丁巳以朝散大夫衛尉少卿知蘇州八月戊申除衛尉卿壁記作顯謨閣直學士朝議大夫

宇文昌齡寶文閣待制崇寧元年九

祝安上元符二年通判權勾軍州事夏秋辭兩諸祠

月自知杭州徙蘇十月到任十一月以左中散大夫知越州

張恕字原之朝散大夫直秘閣崇寧中任二年十月差知齊州

黃誥崇寧二年七月己亥以朝奉大夫直秘閣知蘇州八月二十日到任九月奏劾部民朱沖不從三年二月請祠去○壁記[illegible]朝奉作朝散

邵[illegible]朝散大夫直龍圖閣崇寧三年三月自知常州改除辛[illegible]

王漢之朝請郎徽猷閣待制崇寧三年八月自知河南府改除四年正月徙潤州

蔡渭實録崇寧四年四月以奉議郎直秘閣自知眞州滿除五月徙亳州壁記云朝散大夫

郭茂恂朝請大夫直龍圖閣崇寧四年八月自知潤州改除五年三月除江淮荊浙六路發運使

蹇序辰崇寧[illegible]十二月[illegible]

許光疑通直郎崇寧[illegible]十二月自知[illegible]州徙蘇以章綖[illegible]錄公事[illegible]孫傑衝替

孫傑朝請郎直龍圖閣崇寧五年十二月自知宿州徙蘇大觀元年五月詔與發運副使吳擇仁再鞫章綖獄九月奏獄成二年三月以朝散大夫陞集賢殿修撰充兩浙轉運使

吳栻 朝奉郎大觀二年五月到任十月提舉杭州洞霄宮壁記作八月誤

蔡崈 實錄大觀二年十一月除顯謨閣待制知蘇州三年七月落職提舉嵩山崇福宮

李孝壽 實錄大觀三年以朝奉郎除集賢殿修撰仍舊任六月除顯謨閣待制提舉醴泉觀壁記誤書

王詔 大觀四年六月以朝請大夫充集賢殿修撰知蘇州政和元年二月除刑部侍郎壁記作政和元年任

馬防 實錄政和元年五月以集賢殿修撰自知蘄州徙蘇州充顯謨閣待制九月除刑部侍郎

盛章 政和元年九月到任二年閏四月除知真定府五月依舊知蘇州九月詔赴闕依前知平江府十二月除樞密直學士

董正封 實錄政和三年五月以中散大夫集賢殿修撰江淮發運副使除知州事盧志題名作朝散大夫未赴以徽猷閣待制改知杭州未詳

宋康年 政和三年十二月以中奉大夫集賢殿修撰知平江軍府管勾學事兼管內勸農使四年轉中大夫徽猷閣待制又因供奉局興上轉太中大夫

莊徽 實錄政和四年九月以中大夫充徽猷閣待制自興仁府徙平江重和元年再祠

應安道 重和元年四月以中奉大夫充徽猷閣待制知平江軍府管勾神霄玉清萬壽宮提舉學事二年八月提舉江州太平興國觀

賈諲 宣和二年以太中大夫充徽猷閣待制除任七月提舉南京鴻慶宮

樓异 宣和二年七月乙丑以徽猷閣待制自知明州徙平江府乙酉陞直學士五年乞祠

胡直孺 政和五年以朝請大夫秘閣修撰江淮發運副使除知府事七年正月以中奉大夫顯謨閣修撰依舊兩淮荊浙等六路發運副使壁記作宣和

許操 政和七年二月以通判權勾府事

李倫 甄城人政和七年正以顯謨閣直學士朝散郎自知陝州移平江尋除朝散大夫靖康元年四月十五日內降劄子以倫附朱勔落職罷任提舉[illegible]觀壁記作宣和

王靚 靖康元年二月以通議大夫顯謨閣待制提舉西京崇福宮

除知[illegible]事[illegible]月到任九月罷仍[illegible]舊祠題名壁記作[illegible]

鄭滋 字德象福州人[illegible]奉大夫充徽猷閣待制靖康元年九月以知[illegible]州改除十月到任轉運判官顧彥成劾滋閉城日數事宴飲建炎元年七月罷[illegible]責授祕書監分司南京筠州居住

趙[illegible] [illegible]高密人建炎元年七月以[illegible]在[illegible]福建路轉運副使從知平江遇登寶位賜[illegible]中散大夫

孫覿 字仲益[illegible]陵人建炎二年[illegible]月以承議郎充徽猷閣待制知平江六月召赴行在

湯東野 建炎二年自江西轉運副使除中大夫充祕閣修撰知平江軍府事兼兩浙路兵馬鈐轄三年五月[illegible]太后[illegible]改除[illegible]詳[illegible]傳

孫[illegible] [illegible]三年四月[illegible]新[illegible]龍圖閣直學士[illegible]部[illegible]任滿六月二十二日除[illegible]

李[illegible] [illegible]大中大[illegible]三年[illegible]月[illegible]九月[illegible]日[illegible]

湯[illegible] [illegible]九月[illegible]

[illegible]年九[illegible]付[illegible]

舊除知府事四年二月金人犯境以[redacted]付統制官家出奔六月落職依舊知府事七月致[illegible]詳見傳

胡松年 建炎四年七月以[illegible]殿修撰起復朝請郎知府事九月到任紹興二年閏四月罷[illegible]傳

李[illegible]大 紹興二年閏四月[illegible]閣直學士左朝請郎知府事在任[illegible]日[illegible]月落職[illegible]江州太平觀

唐[illegible] [illegible]太[illegible]河南人左朝請郎[illegible]殿修撰紹興二年閏四月自知衢州改除五月到任八月赴召

[illegible] 左朝請郎充徽猷閣待制知軍府事紹興[illegible]月到三年[illegible]月[illegible]部侍郎

宋伯友 太中大夫徽猷閣直學士紹興二年[illegible]月自知[illegible]州移平江八月到任十一月提舉江州太平觀[illegible]太中上有[illegible]徽猷閣待制

孫佑 右朝請郎直祕閣權發遣平江軍府事紹興三年十月自江[illegible]

向伯厚 紹興三年[illegible]四月以前[illegible]西提刑[illegible]

西提刑改四年正月到任五年二月罷

趙子晝 徽猷閣直學士朝奉大夫 紹興五年二月自知秀州移平江七月赴召

李光 紹興五年十月自知湖州除顯謨閣直學士左朝奉郎來任十一月召

張守 紹興五年十一月自知福州除提舉萬壽觀兼侍讀改資政殿大學士右中大夫十二月到任六年四月提舉臨安府洞霄宮

章誼 龍圖閣學士右通奉大夫 紹興六年六月自知溫州改除八月到任七年八月赴召

梁汝嘉 紹興七年九月自戶部侍郎除寶文閣直學士右朝散大夫來任八年七月知台州

仇悆 自知明州改平江○未詳何年姑列于此

向子諲 紹興八年六月以徽猷閣直學士右朝請大夫自戶部侍郎除任八月到十一月致仕

林安宅 字居仁紹興八年十一月以兩浙轉運使暫知府事九年正月文郡歸司

歐陽懋 紹興九年正月以右中奉大夫

充徽猷閣待制除江西 月提舉江州太平觀

趙霈 字公時紹興九年八月以徽猷閣直學士左朝議大夫除任十年六月知秀州

梁汝嘉 紹興十年六月以寶文閣直學士右朝散大夫再任十一年七月知明州

張宗元 紹興十一年八月以敷文閣直學士左朝議大夫除任十三年正月知靜江府

周葵 紹興十三年以左承議郎直祕閣除任十四年正月罷

王㬇 紹興十四年三月以寶文閣直學士右通奉大夫除任十七年正月提舉江州太平興國宮

鄭滋 紹興十七年二月以顯謨閣直學士左太中大夫再任十八年五月知建康府

俞俟 紹興十八年五月以敷文閣直學士右中大夫除任十九年三月知建康府

王晌 紹興十九年三月以右奉直大夫除任十一月除直祕閣知建康府

周三畏 紹興十九年十一月以右朝請大夫充敷文閣待制除任二十年三月提舉江州太平興國宮

徐琛 紹興二十年五月以右中大夫充敷文閣待制除任二十三年三月除敷文閣直學士提舉江州太平興國宮

李朝正 紹興二十二年四月以左朝請郎除二十四年十一月罷任

湯鵬舉 紹興二十五年正月以左中大夫直龍圖閣除任七月罷

王會 紹興二十五年八月以敷文閣直學士上右朝奉大夫除任十二月除建康府

孟忠厚 少師信安郡王紹興二十六年二月到[illegible]十一月判紹興府

蔣璨 右中大夫充集英殿修撰紹興二十七年二月到二十八年十月提舉洪州玉龍觀

陳正同 右朝奉郎充敷文閣待制紹興二十八年十二月到三十年三月提舉江州太平興國宮

朱翌 左朝奉大夫充秘閣修撰紹興三十年十二月到三十一年三月罷

洪遵 徽猷閣直學士左朝請郎紹興三十一年五月到三十二年五月除翰林學士

沈介 左朝奉大夫紹興三十二年七月到十一月除敷文閣直學士四川安撫制置使兼知成都府

陳之茂 左朝散郎直秘閣紹興三十二年十二月到隆興元年四月除直顯謨閣知建康府

張孝祥 左承議郎充集賢殿修撰隆興元年五月到二年二月赴召

陳漢 右中奉大夫直敷文閣隆興二年三月到七月主管台州崇道觀

虞允文 [illegible]謨閣學士左朝請大夫隆興二年十月到十一月赴[illegible]

沈度 右朝散大夫直秘閣隆興二年十一月到乾道二年二月赴召

沈介 乾道二年七月以顯謨閣直學士左朝請大夫再任三年四月召

姚憲 右朝散郎直秘閣乾道二年五月二十日到三年二月除兩浙路[illegible]

徐嚞 右[illegible]大夫[illegible]閣[illegible]四月十六日到[illegible]四月[illegible]九日除徽猷閣[illegible]士提舉江州太平興國宮

汪應辰 端明殿學士左中奉大夫乾道六年五月十六日到九月提舉江州太平興國宮

魏杞 觀文殿學士左宣奉大夫乾道六年十二月到七年十二月提舉臨安府洞霄宮

向沟 右朝請大夫直徽猷閣乾道八年七月到九年四月主管台州崇道觀

丘崈 左承議郎直秘閣乾道八年十七月到九年四月主管台州崇福觀

方滋 敷文閣直學士左太中大夫乾道九年五月到七月除敷文閣學士提舉江州太平興國宮

馬希言 朝散大夫直敷文閣乾道九年七月到淳熙元年七月罷

韓彥古 朝奉大夫秘閣淳熙元年七月到九月二十六日丁母憂解官

莫濛 承議郎直秘閣淳熙元年十月到十一月台觀

韓[illegible]二年正[illegible]八月罷

陳峴 [illegible]八月到三年七月除

敷文閣四年五月除秘閣修撰再任五年二月賜紫服金帶七月赴召

單夔 朝奉大夫充敷文閣待制淳熙五年九月到六年三月提舉江州太平興國宮

司馬伋 中奉大夫充敷文閣待制淳熙六年四月到八月提舉江州太平興國宮

王佐 朝請大夫充徽猷閣待制淳熙六年十二月到七年十二月除知臨安府

韓彥質 朝請大夫充秘閣修撰淳熙七年十二月到九年七月除太府少卿浙西總領

耿秉 降授奉議郎直秘閣兩浙運判淳熙九年七月到十年十月除直龍圖閣知鎮江府

謝師稷 朝散大夫集英殿修撰淳熙十年十月到十一年十一月主管建寧武夷沖佑觀

丘崈 淳熙十一年十二月以朝奉大夫直徽猷閣再任明年

何萬 朝奉大夫淳熙十三年正月到六月除直龍圖閣知明州

王希呂 龍圖閣學士中大夫淳熙十三年八月到十四年四月召

趙彥操 朝議大夫充秘閣修撰淳熙十四年八月到十六年三月除右文殿修撰八月再任紹熙元年三月除集英殿修撰知鎮江府

袁說友 朝議大夫直秘閣紹熙元年三月到二年五月赴召

沈揆 中大夫秘閣修撰紹熙二年六月到四年二月除司農卿

王尚之 朝奉大夫直龍圖閣紹熙四年三月到當月致仕

雷潨 朝散大夫直煥章閣紹熙四年七月五年九月主管建寧武夷冲佑觀

王溉 朝散大夫直秘閣紹熙五年十一月到慶元二年二月除兩浙路轉運副使

鄭若容 朝散大夫直秘閣慶元二年三月到

虞儔 朝散大夫直煥章閣慶元二年十二月到三年十一月除直顯謨閣江南西路轉運副使十二月改除兩浙西路提點刑獄公事兼知府事

劉誠之 慶元四年六月以朝奉大夫直秘閣除任五年六月除直敷文閣知夔州

趙不艱 慶元五年六月以朝散大夫直秘閣除任六年七月除直煥章閣嘉泰元年四月除直顯謨閣再任

張抑 嘉泰二年十二月以敷文閣學士中大夫除任三年三月除寶文閣學士宮觀

張巖 嘉泰三年三月以資政殿學士正奉大夫除任四年正月除資政殿大學士改知揚州

李大性 嘉泰四年十一月以寶謨閣直學士太中大夫除任開禧元年四月改知福州

張澤 開禧元年五月以朝請郎除任九月除龍圖閣待制十月赴召

沈作賓 開禧二年十一月以中大夫龍圖閣待制除任三年二月改知鎮江府

林采 開禧三年四月以朝議大夫充寶謨閣待制除任五月權節制許浦水軍十二月宮觀

李大異 嘉定元年四月以朝奉大夫敷文閣待制除任八月除寶謨閣直學士依舊知府二年正月知建康府

趙希懌 嘉定三年四月以朝奉郎龍圖閣待制除任四年八月除煥章閣學士依舊知府五年正月除顯謨閣直學士差知太平州

陳芾 嘉定五年二月以朝散郎兩浙西路提點刑獄公事兼權知府事當年八月除直祕閣知平江府九月除度支郎官

沈皞 嘉定七年九月二十七日以奉直大夫祕閣修撰除任十年四月十三日除浙東提刑

趙彥橚 嘉定十年六月五日以朝請大夫集英殿修撰除任十一年七月致仕

李大性 嘉定十二年三月六日以端明殿學士正奉大夫再任六月一日除提舉西京嵩山崇福宮

綦奎 嘉定十二年十二月二十九日以朝散郎直敷文閣除任十四年六月轉朝奉大夫十五年該轉朝散大夫過滿到祠至當年五月除主管亳州明道宮

趙汝述 嘉定十五年五月二十九日以文華閣直學士正議大夫除任十二月二十五日致仕

沈皞 嘉定十六年七月二日以太中大夫集英殿修撰再任寶慶元年五月二日提舉安慶府真源萬壽宮

王元春 寶慶元年六月十一日以中大夫右文殿修撰除

任三年四月八日除大理卿

章良朋 紹定元年三月十七日以朝奉大夫直寶謨閣除任七月初四日致仕

林介 寶慶三年四月以提刑兼權十二月除太府少卿依舊兼權紹定元年七月再兼權十一月改除大理卿

李壽朋 紹定元年十一月二十八日以朝請大夫直寶謨閣除任二年十月二十七日除浙東路轉運判官

柴在 紹定二年十一月[illegible]日以朝請大夫寶謨閣待制除[illegible]十一月二十一日[illegible]

吳淵 紹定[illegible]十二月初二日以[illegible]朝散郎直煥章閣除任[illegible]年七月十六日除浙西提刑

鄒應博 紹定四年九月十四日以中奉大夫直祕閣除任六年十一[illegible]

楊煒 紹定六年十二月十一日以敷文閣直學士正奉大夫除任[illegible]提舉[illegible]萬壽宮

趙以夫 端平三年三月以中大夫新除祕閣修撰浙西提刑兼知府事八月二十六日除樞密副都承旨

張嗣古 端平三年十月二日以中大夫右文殿修撰除任三年六月宮觀

王遂 端平三年四月十二日以煥章閣待制知軍府事七月初九日到任嘉熙元年七月二十五日差知慶元府

吳潛 嘉熙元年八月十七日以朝請大夫兵部侍郎除任二年正月宮觀

史宅之 嘉熙二年閏四月二十四日以朝議大夫徽猷閣待制知平江府兼浙西提舉六月八日節制許浦都統司水軍十八日節制在府軍馬三年正月一日召赴行在

趙與𥲅 嘉熙三年四月十三日以中奉大夫直敷文閣知平江府兼浙西兩淮發運副使淳祐元年二月除中書門下省檢正諸房公事

史宅之 淳祐元年三月初九日以煥章閣直學士太中大夫再知平江府節制許浦水軍兼浙西兩淮發運副使提領措置和糴

陳垓 淳祐三年二月十九日以中大夫右文殿修撰知平江府兼兩淮浙西發運副使節制許浦水軍提領措置浙西和糴四年四月七日除太府卿

魏峻 淳祐五年四月二十六日以朝散大夫集英殿修撰知平江府兼兩淮浙西發運副使節制許浦都統司水軍五年八月招糴及數轉朝議大夫六年又以招糴轉中大夫三月十三日除刑部侍郎

徐鹿卿 淳祐六年十五月十一日以朝奉大夫右文殿修撰知平江府兼兩淮浙西發運副使節制許浦都統司水軍七年四月二十二日召赴行在

呂淵 淳祐七年八月十一日以龍圖閣學士中大夫除任八年五月初五日知太平州

鄭霖 淳祐八年七月初六日除知軍府事見傳

余晦 淳祐十一年六月十一日以朝奉大夫直寶章閣知平江府節制許浦都統司水軍兼淮浙發運措置和糴十二年正月十二日除右司郎官

余天任 淳祐十二年六月初二日以中大夫寶章閣待制知平

[illegible]西措置和[illegible]寶祐元年四月除兵[illegible]侍郎

[illegible]言寶祐元年十月十三日以朝請大夫直寶章閣知平江府兼主管浙西兩淮發運司公事二十二日到任

趙汝歷寶祐二年二月初一日以朝奉郎直寶章閣知平江府兼主管浙西兩淮發運司公事措置浙西和糴三年七月二十八日去任

趙與𥲅寶祐三年七月二十日除觀文殿學士再任八月十五日到任

余晦寶祐六年三月初七日以淮西總領除寶章閣待制再任八月去

馬揚祖字從度東陽人寶祐六年八月以朝奉郎知常州節制屯戍軍馬兼浙西提刑節制許浦顧逕金山水軍兼權發運司平江府事九月十五日除直秘閣知平江府事兼權發運司公事兼浙西提刑開慶元年二月以和糴推賞轉朝散郎十月與祠

洪燾字子公於潛人開慶元年十月十五日以朝散郎直寶謨閣知平江府權浙西提刑景定元年正月節制[illegible]

[illegible]景定元年二月節制[illegible]拱衛[illegible]二月十一日除直敷文閣浙西運判

趙與𥲅景定元年七月一日以觀文殿學士往浙發運大使再任八月與祠

程元鳳景定元年十月二十二日以觀文殿大學士金紫光祿大夫判平江府浙西制置使都統司水軍浙西兩淮發運大使措置浙西和糴二年十月二十三日依舊觀文殿大學士[illegible]泉觀使

[illegible]熇景定二年十月十九日以龍圖閣學士通議大夫知平江府節制許浦都統司水軍兼浙西兩淮發運措置浙西和糴三年二月二十日與祠

[illegible]焴景定三年二月十七日以觀文殿學士通奉大夫知平江府往浙發運大使四年正月二十日與祠

包恢景定四年二月十一日以華文閣直學士太中大夫知平江府節制許浦都統司水軍兼往浙發運使措置

浙西和糴八月[illegible]二十
六日降詔不允令[illegible]任
奏事

趙與訔 景定四年九月二十六日以通議大夫敷文閣待制再任

陳均 字子公溫州人景定五年五月三日以中奉大夫直煥章閣知鎮江府改知平江府節制許浦都統司水軍咸淳元年[illegible]月十二日除直敷文閣依舊職任閏五月二十三日時暫文劄浙西提刑提舉司職事七月三日兼權浙西提舉十七日赴行在奏事

季鏞 [illegible]人咸淳元年十月十三日以朝奉大夫右文殿修撰知紹興改平江府第十一月十八日兼浙西提舉二年十二月二十一日暫權提刑三年五月十九日除司農卿

陳夢斗 字子[illegible]州人咸淳五年三月三日以太中大夫顯文閣待制知平江府節制許浦水軍兼權浙西提舉十月十五日與[illegible]

饒應[illegible] [illegible]朝散郎直[illegible]文閣提舉[illegible]兩浙提[illegible]獄公事節制[illegible]

[illegible]同提[illegible]鎮江府節[illegible]攝平江府

黃萬石 字介中建昌人咸淳三年九月十二日以承議郎集英殿修撰知平江府節制許浦水軍[illegible]月論罷

趙順孫 咸淳四年九月二十五日以朝散郎顯文閣待制知平江府節制許浦水軍五年五月除吏部左侍郎

黃鏞 字器之莆田人咸淳五年以奉議郎右文殿修撰江東提舉差知平江府節制許浦水軍八月十四日到任六年三月與祠

常懋 咸淳六年五月初七日以朝奉大夫集英殿修撰知平江府節制許浦都統司水軍[illegible]年四月十九日知紹興府浙東安撫使

倪普 字[illegible]州人咸淳七年九月初八日以朝請郎直顯謨閣知平江府節制許浦都統司水軍十二月一日兼權浙西提舉九年十二月十三日除秘書監兼侍讀

潛說友 咸淳九年閏六月除顯文閣直學士知平江府節制許浦都統司水軍兼浙西提舉德祐元年四月二十五日論罷

戴[illegible] 字希[illegible]人以宗正寺簿兼沂靖惠王府教授除權浙西提舉兼都督府參議官於德祐元年三月二日交割四月二十一日暫兼權平江府除直秘閣仍舊任八月二十二日赴行在

陳謙亨 字元學婺州人 德祐四月二十六日特以朝請郎直寶章閣淅西提刑暫兼權知平江府五月五日初八日交印七月初一日去直寶謨閣知平江府事節制許浦都統司水軍及總從駐戍軍馬又轉朝奉大夫八月二十四日除司農少卿

文天祥 德祐元年九月十八日以江西安撫使浙西江東制置使知平江府十月十八日除端明殿學士仍舊職任十二月二十二日詔赴行在詳傳

張世傑 德祐初總都督府兵取浙西諸郡復平江十月爲保康軍節度使知平江尋召入衛

右自太平興國至德祐知州一百六人（[illegible]五人）知府一百四十三人（內再任十人三任一人）以他官權任一十五人外有不赴任一十八人

辛若渝 慶曆四年五月自知壽州徙任不赴

齊廓 慶曆七年三月辛酉自淮南轉運使移任不赴

李絢 皇祐四年六月知開封府以事出知蘇州未行卒

張諷 熙寧七年七月自知越州徙任未行改明州

張詵 元豐元年爲熙河經略使請郡得知蘇州過闕改知成都府元祐元年五月提舉杭州洞霄宮改知蘇州亦不赴范志壁記作熙寧誤

章惇 拱會要元祐三年四月知越州不赴除蘇州復辭未報[redacted]丁父憂實錄云四月以提舉洞霄宮除知蘇州五月丁卯依舊提舉元祠未詳孰是又壁記無之蓋未嘗之任

章衡 紹聖元年三月丙申自知曹州徙蘇未上

楊級 紹聖元年閏四月辛未朔自知越州詔移蘇州與章衡兩易不赴

呂惠卿 紹聖元年閏四月乙酉自提舉崇福宮除知蘇州未上改江寧府

李仲權 元符二年八月以河北東路提刑知蘇州不赴

王博聞 崇寧四年五月自知懷州除未上六月改河北路轉運使

葉棣 大觀二年十月自知潁州徙蘇未上仍知潁州

王璹 政和二年九月以京西路轉運使知平江未上仍依舊任

霍端友 政和四年以禮部侍郎請郡除知平江府未上改陳州

黃潛善 建炎二年十二月罷相除觀文殿學士知平江府不赴

卒

朱勝非 建炎二年四月罷相除知洪州五月改知平江府不赴

趙鼎 紹興二年八月自提舉洞霄宮降知府事未到九月遂改江東安撫大使

陳克敬 紹興三年四月自知泉州改知府事不赴

不列通凡守臣

元

二百六十四八

達魯花赤

總管

諸使

游顯 字仁明汴州人至元十二年隨伯顏下平江入城撫治軍民後除浙西宣尉使

博都 至元十二年與游顯同為宣撫後十四年改本路達魯花赤

呂文煥 至元十二年從伯顏至平江為安撫使未久即隨軍去任

王邦傑 宋武功大夫遂郡刺史至元十三年十二月初二日率所部總管秦順等舉全城歸附充平江安撫使同官僉平江宣撫司事

授都 疑即博都

王邦傑 至元十二年十一月朝覲燕京授嘉議大夫平江府路總管兼府尹至元十四年五月初八日到任十五年十一月初三日交代

劉[illegible]

王虎臣 [illegible]議大夫刑部[illegible]平江府尹至元十五年到任十六年十[illegible]

艾柳于

趙全 安遠大將軍至元二十年十月到任二十三年九月代去

禿赤

王好禮 真定人嘉議大夫至元二十二年二月到任二十五年改除河南河北道提刑按察使

瑣住

朱霽 揚州人少中大夫至元二十五年十二月到任三十年九月代去

帖哥述

曳剌忽都帖木兒 女真人嘉議大夫至元三十年九月到任

都忽魯

蕭晥

答剌不花

戎益 少中大夫大德元年十一月到任

明里傑失

李戡 嘉議大夫大德二年九月到任五年九月得代

忽都歹兒

董亶 嘉議大夫大德五年八月到任八年八月得代

暗都剌普四

安祐 中議大夫

速安

李朵兒赤 河西人大德八年十二月到任十一年十二月得代

月烈

祝秀巖 大德末以海道海萬戶府經歷

馬速忽

申月魯帖木兒 高麗人

五哥

札忽歹 中奉大夫

阿思蘭董阿

劉亂 太中大夫皇慶二年十月到任延祐三年正月卒官

八剌脫因

八不沙 回回人正議大夫延祐三年八月到任六年八月得代

阿搭那

曹晉 正議大夫延祐六年八月到任十一年改除常州

僧家奴

師乃忒歹 中憲大夫延祐七年二月

到任至治元年十一月改除

忽蘭

抄兒赤

阿脫脫因

越烈

白散不花

南呂兒八

馬速忽

也里吉里卜

火南

木不剌

馬哈麻

亦速福

六十 西夏人

哈散 一作哈散沙

趙鳳儀 中大夫至治三年五月到任三年七月改除

郭鵬翼 字鴻漸太原人亞中大夫泰定元年到任

晁頤卿 中議大夫泰定三年到任

杜貞 字唐卿前福建廉訪使天曆元年到任改除江浙行省參政

拜昂 前浙東廉訪使天曆二年到任改除南臺侍御史

錢光弼 嘉議大夫至順元年到任

張忙[illegible] 正議大夫至順三年到任

道童 通議大夫至元二年到改江浙財賦都總管府達魯花赤

和則平 後至元四年到任

烏古孫良臣 字幹卿前福建廉訪副使除任

吳秉彝 字仲常東平人前彰德路總管至正三年到改除[illegible]密院斷事官

蕭義 前徽政院斷事官至正八年到任

高履 字德基大名人前浙東廉訪副使至正十五年到任後卒于郡

貢師泰

右自至元至至正宣撫等使四人達魯花赤

三十三人總管三十三人通凡守臣七十

人

國朝

知府 權攝

何質 吳元年到任洪武元年坐事去

王瑄 洪武二年任後降本府經歷復坐秋糧事逮赴京師

陳寧 茶陵人洪武三年以中奉大夫中書省參政坐事出知蘇州府正月二十五日到任四年閏三月陞浙江行省參政一云陞御史臺中丞

趙棠 洪武四年

金絅 洪武四年○一作十九年

丁士梅 洪武四年以秀才任一云前任浙江省首領官後以索取民財事逮赴京師

吳懋 洪武四年九月除坐民訟田土事降別府通判

魏觀 洪武五年三月以禮部主事除任六年三月陞四川行省參政

王虎 洪武六年二月以工部侍郎左遷到任三日卒

魏觀 洪武六年三月以前陞參政未行仍命代王虎任詳見傳

王興宗 洪武七年以朝列大夫河南省懷慶府知府改除八月二十日到任十年四月陞河南布政使一作九年

李亨 洪武十年以中憲大夫磨勘司令除授四月二十七日到任十一年七月二十九日丁母憂去有傳

金仲和 洪武十一

湯德 洪武十二年以中順大夫□□府□州降□八年以主簿署府事 二十六日到任坐實封事逮赴京師

石海 洪武十二年任十三年坐事逮赴京師工役

王繹 洪武十三年任坐實封事逮去

李幹 洪武十三年任

陳彥昌 洪武十三年除就逮回京一作十四年

祝茂 洪武十三年任

張亨 大名人洪武十三年任

祝宗善 洪武十四年任

張冠 雷州人洪武十四年任十五年坐黃冊事逮赴京師

陳某 洪武十六年在任

黃彥端 洪武十七年任坐稽考女官身死事逮赴京師

黃文 洪武十七年任坐秋糧贓罪事黥面

張亨 洪武十八年任至十九年坐為殺千戶事去

王觀 洪武十九年在任一作二十一年

楊幼文 洪武二十四年

蔡倫 洪武二十七年

吳賢 洪武二十七年

矯順 洪武二十八年

任敬 上黨人洪

姚善 洪武三十一年至永樂初死 武三十年以監生署府事

薛瓘 永樂二年

湯宗 永樂三年

王恭 永樂五年

鄭真 永樂七年以致仕官任

李鼐 河南人永樂七年

李綜 河北人永樂九年

董翥 永樂十三年

劉麟 永樂十四年

李從泰 永樂十九年

余士賢 宣德四年

況鍾 宣德七年以禮部郎中陞任至正統五年九年通滿考績仍留任

況鍾 正統六年再任十年卒于位詳傳

李從智 正統[redacted]年以大理寺正除任十年以疾去

朱勝 正統十一年以武昌府知府改任景泰三年陞江西左布政使

汪滸 成縣人景泰四年以刑部郎中陞任六年卒于官

劉韡甫 豐城人景泰[redacted]年以[redacted]科給事中陞任七年去

楊貢 天順元年以監察御史陞任三年緣事罷

姚堂 天順[redacted]年以廣信府知府改任三年轉知鎮江府

林鶚天順[illegible]年以鎮江府知府改任七年陞[illegible]按察使

邢宥天順[illegible]年以台州府知府改任七年陞浙江左參政仍掌府事成化[illegible]年就陞右僉都御史詳傳

賈奭成化四年以監察御史陞授八年以憂去

丘霽成化八年以刑部主事陞授十一年罷去

劉瑀蠡縣人成化十一年以監察御史陞任十九年陞山西布政司右參政

李廷美閩縣人成化十二年以本府同知陞任二十年罷去

賀霖弘治元年以監察御史陞任二年卒于位

孟俊咸寧人弘治二年以監察御史陞任三年以憂去

史簡洛陽人弘治三年以監察御史陞任十年以憂去

曹鳳新蔡人弘治十年以監察御史陞任十二年陞山西布政司參政

林世遠四會人弘治十五年以監察御史陞任

姑蘇志卷第三

姑蘇志卷第四

古今守令表下

	吳	長洲	崑山	常熟	吳江	嘉定	太倉州	崇明
秦	鄭昌							
漢	陸烈 郎宗安帝時 元賓 彭脩							
三國	孟宗 丁彥		顧雍					
晉	謝詢元康中 江逌 顧脩期義熙中			何子平海虞令元嘉末 江虨				
宋	王遂之 江徽逌孫後爲		祖沖之	鮑照孝武初				

□	□程 □遵力 陳琨	孔琇之 江介 周洽（永明中） 傅翽	
		公孫延	

齊	沈浚	
	卞華 陸襄 蕭貞介 庾倩（天監十二年） 沈炯（天監中）	陸慶 何之元（□□人作長令）
陳	沈君高（太建初）	緊佽
隋		

唐	王凝 蕭審 王綱 李暵（元和中） 盧東美（貞元五年） 岑仲翔（永泰初） 萬齊融 周思鍔（大曆九年） 滕遂（大曆十二年） 李寀 滕繼 孫遘 孫嗣初（寶曆四年進士歷官吳縣令）	顏顒（咸通十三年在任） 張孫休（貞卿九子郡人後徹之孫以揚）

後梁		劉真（川司戶參軍移常熟令） 梁紹睦 許璲
宋	羅處約（太平興國中） 邊傚（雍熙初）	
	王禹偁（太平興國中） 曾桌 仲并	
	邊傚（雍熙中） 李維（至道初） 李蕭	
	蔣堂 崔彤 李璨（祥符二年）	
	王代恕（開封人咸平中） 李恭	
	高衍孫（嘉定初） 蘇漢（吉嘉興人承奉郎）	

舒結　呂希中　趙積　淳化四年　趙球　天聖初　趙希璞　後儀
祐中僉　石理　蓋行　夏侯延　初　人奉議郎
判平江軍　章頻　梁適　祐中　李問　任
元祐二年知縣事　天佑初　陳證　大夫行上柱國　慶曆二年任　方濤　莆田人奉議郎
袁憲　王嘉言　張奎　淳化四年在任　裴煜　任
徐的　天禧初　邵飾　景祐中　李安　裴署　嘉祐六年　陳邁　永嘉人承直郎
建安人以大理寺丞知吳縣移　天聖中　劉嘉言　徐乾中　錢紀　承奉郎守大理評事知縣事監　治平三年任　孫覺　任有傳　任
鄭鄉　韓彥　沈璞

梁山軍　中　慶曆　嘉祐　酒稅　林肇　婺州人宣
陳察　夏噩　錢勰　至道中　參監　熙寧三年　義郎任
張戩　嘉祐二年中　熙寧在任　程端　董明
大觀中　王幾　高保行　福院記作　元延祐二年　會稽人直郎
趙訓之　翟濤　晏度　守光祿丞　江躋
政和二年　宮安民　沈遼　王世昌　紹聖二年　趙昌裕
章樵　元豐六年　顧中　盧永　張先　湖州人　直郎
翟嘉言　居延　杜操　華殿　人　任
淳熙中　無錫人紹聖初任　葛永　張川　和　皇甫鄂　郭顯
趙不忿　侯渙　太中大夫　元符四明人奉

魏廷　王龔　漂孫　承　張舜　柳楹　王選
嘉熙四年　黃宜　吳盼　韓常　乾道元年　東陽人宣教郎任
胡臣　邵軾　孫疇　吳纓
趙汝證　李機　舒弼　胡順之　石公輓　湯彘龍
淳祐七年　宋莊　邵相　著作佐郎　趙僅　桐川人奉議郎
滕昌　趙汝瀛　董將　大禧中任　乾道三年任
滕氏世譜　史鄉　施燻　李文　任　林應炎
未審在唐　李堪　俞嶼　國子博士　陳翊　合沙人奉議郎
宋姑未審　劉澈　胡晏　延平人淳　任
可於何朝此　石肇中　張遵之　天聖三年　熙三年　沈輝

許某　虞賓　李乘　許騏　石處道
梁茂　陸棠　錢邁　衛尉寺丞　瑞安人　任議郎
徐大　政和中　周擬　張士廉　紀友　徐明　金華人奉議郎
馮某　祖興卿　鮑讀　懷州人承奉郎守秘　友一作交　丹陽人　任
趙奮　紹興中　姚明　婁觀
張延年　王彥融　郭淵　書著作佐郎　丘礪　四明人通直郎
嘉泰中　紹興　蕭興　大中祥符三年在任　政和元年到任　任
紀交　陳應甫　蕭然　石義問　萬績
趙嘉翰　尹機　梁灋　臨邛人通直郎
紹定初　紹興中　政和中　韓鋅　靖康元年任

52

扈褒 同上 魏彥樞 署銜於太 趙公廣 四明人奉議郎
未詳何代 何允齡 祝據卿 常博上知 淳熙四年任
景定中 邵序 縣事兵馬 張逵明
慕德虛 臨安見孚 嘉泰中任 錢塘人宣教郎 楊量
朱讚 慧院帖四 羅勳 任
胡喆 年署權行 臨川人開禧間 鄭林
張鎮 朝奉郎屯 任 天台人承議郎
程沂 田員外郎 慕沖 任
知縣事兼 仁和人 毛元龍
紹興中 湯塋 江馬都監 呂禋 永嘉人宣

胡廷傑 騎都尉見 孫仁榮 教郎任
羅肇 馬兼撰乾 嘉定十七年 王籍
徐譚 元宮紫微 劉伯麟 會稽人宣
李結 設郎 嘉定十二年任 教郎任
閔大 在任見破 年任 常林
雅 山梁 僧道 王從龍 臨印人宣教郎
裴定 和稱 紹定 協任 任
黃鍔 云 龍 李椿 安卿
劉瀌 大理寺丞 丹陽人紹 鄭山人奉議郎
汪藻 嘉定四年任 任

作 太常博士 曹鼎 趙崇燮
葉強 李衡 永嘉人寶 四明人奉
王溱 太子中舍 祐三年任 [illegible]
鄧繇然 何智周 [illegible] 藉
劉藻 一作王 咸淳 嘉興人奉議郎
邵輔 能屯田員外郎 中任 王益祥 任
張直卿 穆文發 未詳何朝 李文鎮
周承勛 太子中允 縣學舊有祠 金華人承直郎
孫僑 陳漸 殿中丞
李稠 任 [illegible] 瑆

翟昀 梁佐 贊善大夫
童疊
章戒作童 張禧 殿中丞
吳槃
芮度 晁嵤
潘夏之 范琪
開禧初 朝散大夫行太常博士
徐撰之 二十以事
章定 兼兵
林豐之 侍郎
七 天台人宣議郎任

汪德中　應復之　趙汝樸　周寓　馬自強　巫俗脩　一作自脩　趙汝鄰　李梲　老三昌

監管縣界塘岸公事　騎都尉慶曆六年任　晁俗　臨涇人　馬耿　國子博士　淳中孚　殿中丞

蘇志卷四　八

李倍長　張晉之　楊夷　蔣儀書　著一作老　周逢濮　林靖之　王伯深　陳宣孚　潘應雅

桑灘　宣德郎守尚書都官員外郎知縣事兼兵馬都監管勾塘岸公事騎都尉至和至和初至嘉祐三年

神宗朝　張應進　樓條　徐闕　祥祐中　項公澤　祥祐中　樓晒　胡[redacted]　袁瑛

在[redacted]　張貴和　駕部員外郎　成偉　衛尉寺丞　壽著　殿中丞光祿寺丞知縣事兼兵馬監押嘉

蘇志卷四　九

李熹　何處寬　何九齡　楊森　陳紹芳　林桂發　張復之　楊源

祐七年任　在　包晉　宣奉郎守太常博士知縣事兼兵馬都監及提河管塘溢公事治平三

十三年在任瑞石菴記作守秘書丞
陳智 朝奉郎駕部員外郎
饒珙 秘書丞
李藝宗 大理寺丞
李佑賢 太子中舍
王孚昭 太常丞
趙君章 寧海軍節度推官
瞿貽孫 太子中舍
[illegible]

事
劉拯 元豐三年至六年在任詳傳
宋續國 奉議郎
王植 通直郎元祐二年在任

郎
吳勉 奉議郎
朱之劭 承議郎
徐齊

承議郎　胡㢙　宣德郎　柳忞　宣德郎　趙峌　承議郎崇寧丙戌至大觀改元尤在任

傅畬　承議郎知縣兼管學事勸農公事兵馬都監及管縣界河塘溝洫事武騎尉大觀三年在任

潙覽　承議郎一　董昌齡　昌一作呂衡前志作衍宣德郎政和四年在任　秦棨　奉議郎政和五

年在任　李光　宣教郎政和七年八年在任　宋晦　迪直郎　吳祖仁　奉議郎　高大中

朝奉郎

石傑 承議郎

李闓之 右朝請郎建炎問

俞𥂷 右朝奉郎建炎中

施壎

懋一作陲右通直郎知縣主管勸農公事兼兵馬都監紹興二年到任

陳適 右通直郎紹興四年

到任

夏元亨 右奉議郎紹興五年到任

祝[illegible]翰 右奉議郎紹興六年到任

上官世美 右宣教郎

紹興八年到任

劉寬 右承議郎紹興十一年到任十三年同李椿年行經界法

許聿 右宣教郎

紹興十三年到任

孔瓚　右通直郎紹興十五年到任

王筠　右承議郎紹興十七年到任

曾慎　右通直郎紹興二十二年到任

任古　左朝散郎紹興二十二年到任

裴[illegible]　右奉議郎

紹興二十五年到任

李渭　右通直郎紹興二十七年到任

莊班　右通直郎紹興三十年到任

沈[illegible]　左宣義郎紹興三十一年到任

慎[illegible]　左通直郎紹興三十一年到任

鮑[illegible]　左從[illegible]郎

隆興元年到任

廣兆譙

左奉議郎隆興二年到任

孫份

左宣教郎乾道一年到任

趙善括

左奉議郎乾道四年到任七年以賑糶有勞特轉一官十一月差通判平[illegible]

王宗已

奉議郎乾道七年到

年到任

何濛

奉議郎淳熙五年到任

林京

通直郎淳熙七年到任

陳暎

通直郎淳

劉詢

承議郎淳熙元年到任一作紹興二十七年二年特轉■官三年去

陸瀛

通直郎淳熙三

熙七年到任
曾粲 宣教郎淳熙九年到任
晁溫 通直郎淳熙十二年到任
陸相 通直郎淳熙十四年到任
周復 承直郎淳熙十六年到任
程達 宣教郎紹熙元年到任
姚僎

宣教郎紹熙二年到任
葉畿 儒林郎辟差紹熙四年到任
孫應時
朱燾 通直郎慶元五年到任
鄧翰 通直郎慶元五年到任
何充 宣教郎嘉泰元年到任
畢孝則 宣教郎嘉

泰三年到任

王良臣 宣教郎開禧元年到任

何叙忱 宣教郎開禧二年到任

葉凱 宣教郎辟差開禧三年到任嘉定二年四月以平反冤獄得旨任滿與陞擢差遣在任轉通直郎三年滿替

徐 宣教郎嘉定三年到任

趙師耀 宣教郎嘉定五年到任

錢亭 宣教郎嘉定七年到任至八年[redacted]覲離任

趙崇憲 奉議郎嘉定八年到任至十一年滿替

張珽 宣教郎嘉定十一年

到任十三年轉通直郎

沈璞 承奉郎嘉定十四年到任八月轉承事郎十五年轉宣義郎十六年去

陳道 宣教郎嘉定十七年到任七月准勅兩易紹興府餘姚縣

惠疇 嘉定七年

趙師譽

通直郎寶慶三年到任紹定三年滿

史彌孚 奉議郎紹定三年到任六年滿

董龔 通直郎紹定六年到任端平元年去

王爚 奉議郎端平元年到任嘉熙元年轉一官

戴衍 奉議郎嘉熙元年到

任

趙師簡 通直郎嘉熙四年到任淳祐三年滿

張從龍 宣教郎淳祐三年到任四年去

劉棨 宣教郎淳祐四年到任七年去

趙與翊 奉議郎淳祐七年到任降提轄榷貨再留任八年去

劉[illegible]

通直郎淳祐八年到任十年去

石森 宣教郎淳祐十一年到任十二年去

鮑廉 宣教郎淳祐十

二年到任寶祐元年轉通直郎二年去

程[illegible]孫 宣教郎寶祐三年到轉通直郎四年去

王文[illegible]

通直郎寶祐四年到任六年去
郭寓
許延祚
式之祖未許何朝
元
成宗 元童 張顯 孔文貞 王柔 王貞 李進
齊閭 以下達魯花赤 灣僧 發只 大都人至元二十九年 承德郎以下縣尹 奉議大夫
馬祖憲 孫國安 延祐 和昇

至正中 赤塔失 安一作英 韓居仁 劉漢英 元貞元年承直郎 王就
張經 帖木 李郁 張殷德
楊舜 兒 王琛 至正間 承直郎 王昕
奪都剌 翟廷玉 盧堯治 李玘 成忠郎
可林 王喜安 大德癸卯到任 大德二年奉議郎 王珍
張元亨 趙朴 奉議郎
丑 錢野仙 答失哈 高慶仁 李信吉
馬玉麟 仙干[redacted]有兒 大德六年奉直郎 承直郎 歹
海陵人 伯字 羅惟志
千文傳 朱惟志 王英 馬鑄 楊秉彝
任仁發 奉政大夫 李思義 奉訓大夫 陳大年 奉議大夫 張伯顏 奉議大夫 趙紹 奉議大夫

周舜臣 盧柔 盧鎮 大德十一年 成忠郎
至正十 王鵬翼 陳庚子 十一年奉議郎 劉天瑞
五年到任 皇甫信 閻兒 皇甫璧 承務郎以下知
雅納實 王郁 至正六年 東平人至 傅天有
里蒙古 李閔 王侃 大二年朝列大夫 承直郎
氏蒙古 史文彬 大名人至順間到任 馬合沙 楊元佐
魯花赤 知州 皇慶二年 承直郎 承務郎
燕只哥 王世傑 高源
達魯花赤 孟馬罕 高仁 承務郎
至正 有乃字
何師禹 劉逸民 奉直大夫 左顯 奉直大夫 侯天賢 任子明 李忽都 達兒 奉議大夫

郭志 傑儀斯 賈復初
濟南人延祐三年任 承直郎 王鐸
朝列大夫 承務郎 于道
陳璧 延祐六年 朝列大夫 任立 朝列大夫 賜紫金魚袋
賈汝立 至治三年 朝散大夫 周思明 朝列大夫
鄭子祺
陳汝鈞 奉訓大夫至正五年到任 程世昌 奉直大夫至正八年到任 月里海牙 奉訓

泰定二年 奉議大夫 陳祚 奉議大夫
孫伯恭 趙道泰
天曆二年 奉議大夫 奉政大夫
賈摩孫 靳瑞愛
奉議大夫 朝奉大夫
至順元年 奉議大夫 [redacted] 朝列大夫
陳天錫 李壽
至順三年 朝請大夫

人下 魯花赤
那海 武德將軍
答刺帖木兒
烈堅 武德將軍
桑兒伽

奉議大夫 劉太初 劉文實 朝散大夫
元統元年 奉議大夫 賈兒哥
于文傳 爲 朝散大夫
後至元六年 朝列大夫 孫師元 朝散大夫
許有壬 見傳
孫嗣遠 郭彥弼 奉議大夫
後至元四 張克良

思監 武略將軍
暗都刺 奉議大夫
苫思丁 奉議大夫
哈只
定山
山山
家人

年朝散大夫 太尉府分司 人
呂好問 事
馬慶 王立
至正七年 奉議大夫 元貢西蜀
夏天民
郜萬 偰斯 江西人
至正九年 奉政大夫
杜真 苫思丁 承務郎以

丑的 親軍都指揮
奉訓大夫 至正七年到任十一年去
金里顏 奉訓大夫

至正十二年 朝列大夫 丁縣達魯花赤
趙仁 烈吉思 承直郎
至正十九年 奉訓大夫 城中郎 烏馬兒 承直郎
[redacted] 儒學有記 蔡木丁 承務郎
那海乃 伯家奴 承務郎

馬 至正二十三年朝列大夫
趙伯不花 至正二十三年奉政大夫
楊彝 至正二十年一作二十五年奉政大夫
哈只別 大德元年以下達魯花赤
帖怯里滅赤 大德四年奉訓大夫

宋忽兒海牙 信武將軍以下州達魯花赤
燕帖木兒 顯武將軍
薛三赤
于思 宣武將軍
提連 武德將軍
烏馬兒 武節將軍
沙的 奉直大夫
脫烈迷失 武德將軍

忽都不花 大德七年武毅將軍
忽都魯別 大德十年奉訓大夫
野羅思 大德十年奉議大夫
暗都剌 至大元年武節將軍
桑哥剌撒 至大二年朝列大夫
斡羅思 皇慶元年

八忽 德和大夫
伯顏察兒 武畧將軍
都魯迷失
脫歡 武德將軍
哈剌不花 奉直大夫
馬合麻沙 奉訓大夫
月魯鐵木兒 宣武將軍
拜降 信武將軍

奉議大夫 驢兒 延祐元年 奉議大夫 哈剌脫 因 延祐六年 昭信將軍 完者 至治二年

教化 信武將軍 闊闊歹 顯武將軍 完澤 武節將軍 賽因不 花 武德將軍 賽甫剌

武略將軍 拾黑 泰定三年 朝散大夫 大都 天曆元年 武節將軍 的海 牙 至順二年

奉政大夫 哲里也 台 奉議大夫

朝散大夫 ○重修垂虹亭 斡都蠻 元統元年 武節將軍 阿撒都 剌 後至元元年奉議大夫

亶羅貴 里 至正元年 奉議大夫 那海 至正元年 一作五年 武略將軍 馬羅羅 藏識

至正十二年朝散大夫 哈散沙

至正十二年奉政大夫 扎進 哈迷 里民

至正十二年奉議大夫 和尚

至正六年朝列大夫 也先帖木兒

至正二十二年昭信將軍

國朝 吳元

洪武

蔣臺 二年任

宋[illegible] 元年任

王公瑾 二年任

李彰 二年任

孔克中 元年知州二年改州爲縣就任

𨻶斯 吳元年以全城附

張宰 [illegible]年知州

劉秩 豐城人吳元年知州

曾觀 蘄州人五年任

張翔 六年任

呼文瞻 三年任

許莊 五年任

王進 九年任

饒毅 十三年任

張紀[illegible]

胡永安 三年任

十七年任

鄭珇 福清人 十二年任

李廣佑 建寧人 進士 十二年任

芮翀 郾城人 進士 十二年任

邵子南 二十二年任

潘棠 二十四年任

周佐陵 武義人 十三年任

吳永遷 臨川人 本府照磨 三十一□

柳敬中 三十一年任

鮑成 三十二年任

蔣奎

吳鎮 三十二年任 永樂元年名

江恕 漢陽人

十三年任

十三年任

曹文綱 郭庸 吳鏞 田義

周至道 山東人

徐周興 解常

喬鼎 平陽人

鄭能 高瑞

劉璞 陳德

彭萬吉 成天奇

占吉 河南人

何平 鄒德輝

十三年任

胡興福 劉偉 陳焱 寇準 張翥 陸翰林編修

劉秉彝 高屋

梁端

曹睿

蔡盾

馬伯

王英 薊州人

遷安人

自曹文綱以下十九人未詳年分

□□

龐勉 順天府人 二年任

程□ 元年任

劉宏

永彰人四年任

趙楫 白水人六年任

曹畝 五年任

廖璉 新淦人八年任後陞

朱顯宗 七年任

本府通判

張甯中 石首人吏年任

彭英 醴陵人十年任

邢寬 北直隸人十年任

傅玉良 新喻人進士十二年任能詩文優吏事

陳亶

田疇 蔚縣人十五年任卒于官

年十任

馬文炯

廖英 安邑人十五年任

張政 古田人十六年任

曾槃 攸縣人十六年任

靳理 山東人十七年任

温恭 山西人十八年任

周冕

二十年任

蘇進 河間人二十二年任

王志

尹詁

鄒隆

吉貞

李端

董宗

馮謙 鄒縣人本縣主簿陞任

賈忠 冀州人

祖述 昌黎人福建參議降任

展昭 解州人御史調任

任豫

洪熙

自王志以下十一人未詳年分

羅榮 饒州人元年任

宣德

李原 歷城人元年任

劉晉 上虞人二年任

張羽

年任

羅永年 順天府人五年任

鄧壽 吉水人五年任

郭南 上虞人五年任

劉應祖 醴陵人八年任

韓瑄 德州人八年任

連俊 邠州人五年任

正統

吳復 閩縣人本縣主簿九年陞任

邵昕

吳昭二人未詳年分

張肅 十年任

葉錫 永嘉人進士元年任丁憂去

葉錫

王瓘

張朝 東陽人元年任

王銳

四年任即吳江知縣

崇昌人四年任

遷安人進士四年任

梁淑 番陽人十年任

張旻 臨汾人十年任

李灼 寧晉人十四年任

徐壽 六年任

張貫 浦城人十年任

蔣義 宜興人十年任

曹德茂 宜章人十四年任

景泰

曾昂 銅陵人元年上虞縣改任丁憂去

楊隆 眉州人四年任

易智俊

常春 武城人五年任

鄭達 襄陽人五年任

魏健 衛輝人賓應府經歷元年陞任

蕭凰 泰和人四年任

王懋本 金谿人元年任

賈亮 北直隸人四年任

劉彪

李哲

王瓚 三年任

張鉞

六年任

天順

閻誠 餘姚人御史二年調任辛下官

陳頵 濟寧人御史九年調任

周鉉 未詳年分

熊諒 崇陽人二年任

湖廣人六年任

章亮 仁和人御史二年調任

蔣忠 錢塘人進士七年任陞常州府知

龍晉 吉水人元年任後陞徽州府知府

六年任天順元年致仕

李興 唐縣人二年任

崔浩 電白人進士四年任

曹昌 代州人七年自丁憂去

蘇鐸 萍鄉人八年任後陞

唐禮 武康人四年任

孟璡 祥符人六年任

盧毅 四年任

韓槃 安陽人御史六年調任

洪晃 成都人進士八年任

管喻 六年任

王鍾 八年任成化二年致

成化

田瑄 曲靖人。進士。元年任。丁憂去。

唐素 京山人。進士。三年任。召為御史。

高郵知州

梁用瑞失詳年分

甘澤 開州人。御史。降職。元年陞台

樊瑾 進賢人。四年任。

王儼

鄧珙

王迪

宋允 麻城人。十年任。丁憂去。

汪貴 永豐人。四年任。

任

大理人。五年任。

雍泰 咸寧人。進士。十六年任。召為御史。

余金 內江人。進士。十六年任。召為御史。

楊謐 儀封人。進士。十六年任。召為御史。

閬縣人。進士。十五年任。

五年任。陞太僕寺丞。

自思明 平定州人。進士。十六年任。召為吏部主事。

張鳳騫 河南人。進士。十七年任。

趙大盛 交城人。進士。十七年任。

蘭玉 趙州人。進士。十七年任。

吳哲 臨川人。進士。十七年任。

李顯 長垣人。七年任。

文貴 遼東人。進士。十一年任。召為御史。

陳振

劉琿 孝感人。十四年任。

余鐵 臨安人。進士。十七年任。召為御史。

張洵 十七年

黃慶 鄭州人。十四年任。

官辛于

馮衡 合州人。十一年任。

陳嘉 太和人。十七年任。陞

劉翔 獻縣人。進士。十五年任。

召為御史

徐顯 開化人。十三年任。

李繡 博羅人。十七年任。

弘治

鄭軾 永豐人。進士。元年任。

鄞縣人。進士。十八年任。召為御史。

蔣昌 丘縣人。御史。元年調。

楊子器 慈谿人。進士。元年任。

祝獻 蘭谿人。進士。十七年任。陝西山縣

太僕寺丞

孫顯 十二年任。

陳□ □□人。御史。元年調。

索雄 二十年任。

何朝宗 南海人。十一年任。

召為御史

史俊 遵化人進士四年任丁憂去

任

邢纓 黃梅人進士二年任召為御史

鄭瓘 蘭谿人進

丁憂去

張鼐 三年

王綸 開州人進

金洪 鄞縣人進士四年任召為御史

任陞慶遠知府

白賢 三年任尋改谷縣

王術 慈谿人進士四年任召為御史

葉榮 浮梁人三年任以憂去

畢伯棟 石首人四年任

鄺璠 任丘人進士七年任陞徽州府同知

士五年任陞楚雄通判

劉珂 興國人進

士五年任改浮山縣

楊子器 由崑山知縣九年以高平縣保任後召為吏部主事

郭郛 肥鄉人進士九年任丁憂去

孫傑 平定人進

孫璽 清城人進士九年任[illegible]陞府同知

李端 [illegible]陽人御史降職十年陞任後

高需 商水人七年任八年卒

張世昌 博羅人九年任十二年卒

孫磐 遼東人進士十五年

十七年任陞太僕寺丞

歐陽光 永明人進士十五年

徐璁 衢州人進士十三年任改餘干縣

秦禮 臨海人進士十二年任改鉛山縣

許道 馬平人進士十五年

十一年任召為戶部主事

劉澤 濟寧人進士十三年任召為給事中

靳順 滑縣人進士十三年任卒于官

陞溫州知府

李欽 滑州人進士十四年[illegible]橋知縣陞任丁憂去

劉才 安福人進士十三年任後改奉節縣

任召為吏部主事

任丁憂去

吳[illegible] 豐城人進士十六年任

任後陞延平府同知

高壇 山陰人進士十七年任

翟敬 猗氏人進士十六年休寧知縣陞任後陞鳳翔府同知

陳霆 連江人十八年任

正德

劉恒 吉水人進

李珏 開州人進

陸璪 補長安尉
陳潤

知貢舉 進士

隋
大業中 張損之 甲科
唐
天寶十年 侍郎李巖 歸崇敬 天寶中舉博通墳典科對策第一
錢起
至德二年 丘為 舊志云在天寶中未詳何年
顧況 登科記無疑或別科

大曆五年 侍郎薛邕 陳潤 舉明經又中奇材異能科
顧少連 西京試
八年 侍郎張渭 歸登 大曆中舉孝廉高第補四門助教貞元元年賢良方正能直言極諫科及第
陸贄 西京試第六人禮又博學宏詞書判拔萃三科
十三年 侍郎潘炎 楊凝 第一人
建中二年 侍郎于邵 于公異
貞元元年 侍郎鮑防 麹信陵
錢徽 九月賢良方正能直言極諫及第
歸登
二年 侍郎鮑防 除京兆尹 陸亘 博通墳典達於教化科及第

國子祭酒 包佶 張正甫 第一人 常侍
十年 侍郎顧少連 張平叔 詳明正直可以理人科及第
沈傳師 才識兼茂明於體用科及第
十五年 舍人高郢 張籍
二十一年 侍郎權德輿 沈傳師
元和元年 中書舍人崔邠 陸暢
三年 侍郎衛次公 陸亘 制科中第又書判高等
七年 兵部侍郎許孟容 歸融
長慶三年 顧師邕 少連子

太和六年 侍郎賈餗 畢諴
開成元年 舍人高鍇 陸瓌
三年 侍郎高鍇 歸仁晦
五年 侍郎李景讓 沈樞 傳師子
會昌元年 侍郎柳璟 楊收 假兄以假未仕不肯舉進士假既擢第乃擢進士
楊假
沈詢 傳師子
談銖 談或作譚
四年 太常卿王起 楊嚴 放榜已續奏及第五人敕委吏部重試惟嚴及格其餘皆落
五年 諫議陳商權 顧非熊

六年 侍郎陳商 張黯 藉子
大中六年 侍郎魏扶 楊乘
八年 侍郎鄭薰 畢紹顒
十一年 侍郎杜審權 歸仁翰
咸通元年 侍郎裴坦 翁彥樞
七年 侍郎趙騭 崔璐
九年 侍郎劉允章 楊昭業 字渙文
十年 侍郎王凝 歸仁紹 禮字文融
十五年 侍郎裴瓚 歸仁澤 禮 第一人
乾符二年 侍郎崔沆 楊涉 禮

廣明元年 侍郎崔厚 錢珝
中和二年 侍郎歸仁紹 楊注
光啓二年 中書舍人鄭權知 陸扆 禮 第一人
顧在鎔
大順二年 侍郎裴贄 吳仁璧
景福二年 侍郎楊涉 歸藹
乾寧二年 侍郎獨孤損 楊鏻
天祐二年 侍郎張文蔚 歸係 第一人
楊凝式 第三人
崔庸

未詳何年 張浚
張誠
陸參
畢知顒
陸賓虞
歸仁憲
楊發
顏萱
鄭璧
司馬都 三人見江陵集
莊布 嘗謁軍事判官皮日休不得見布為書責之

李赤 貞元中寓信安為廁鬼所殺見獨記按柳宗元有赤傳不言何地人

榜首 進士 武舉 童子科

宋 端拱元年 程宿 龔識
淳化二年 陳堯叟 劉少逸 榜尾第一百六十八人
三年 孫何 丁謂 第一甲第四人
凌咸
錢昆 諫議大夫
謝濤

龔緯
陸玄圭 第二甲
咸淳 孫暨
三年 陳克咨
李堪
鄭埜戟 第一甲第六人
譚應 第二甲第二人
許式
龔紀 緯兄
胡先佐 右四人相繇
許洞
鄭爲
龔會元 第四甲同進士出身
大中祥符元年 姚曄
唐嚴 第四甲同學究出身
范臣 第四甲七十七人
四年 張師德
富嚴 係御前放服勸詞學進士
五年 徐奭
李成忠
高□ 第二甲
范仲淹
□□ 進士及第

天聖二年 宋郊
葉清臣 第一甲第二人
三月十八日
鄭戩 戡第 第一甲第三人
吳感 第三甲 先省試第一
五年 王堯臣
李璹 堪子
范琪 仲淹從兄 第三甲
龔宗元 識子 第四甲同進士出身
元絳 第五甲同學究出身
八年 王拱辰
范思道 字貫之 琪子 第一甲第九人
陳之武 父質 第二甲朔州觀察推官
元衎 再舉
鄭條 爲子 第三甲
林襲明
朱公綽 字成之 光祿卿知衢州
林茂先 襲明兄 第四甲同進士出身
景祐元年 張唐卿
程師孟 第一甲
鄭戡 戩弟 第二甲刑部侍郎
李琪 璹弟
祝熙載 第四甲同進士出身
陸景 字伯通 太常博士 常熟
寶元元年 呂臻 景祐五年改
陳之奇 之武兄 第二甲

慶曆二年 楊寘

鄭君平 脩子 第三甲

陸絳 改名綰 常熟

鄭戡 戩弟 第四甲進士出身

張詵

李瑜 璃弟 第二甲

孫規 第三甲

許奇

黃頌 登科記無 刻石有

六年 賈黯

謝景初 絳子 第一甲

崇大年 第三甲

范鈞 字君佐 四人進士出身 第四甲第六十 長洲尉

鄭方平 字道卿 脩子 第五甲同進士出身

皇祐元年 馮京

李育 第一甲第四人

范純仁 仲淹子 第二甲

侍其瑋 第三甲進士出身

陳之祥 質子 第四甲

張僑 字安道 常熟

李川

郎淑 第五甲同進士出身

李庭之 堪孫

獬

滕甫 第一甲第三人

錢深 第一甲第八人

陳之元 質子 第一甲並進士及第

范世京 師道子 字延祖 第三甲進士出身

鄭汝平 脩子 第四甲並進士出身

支詠 第五甲同進士出身

朱何

郭鼎臣

錢藻 用和州貫

郟亶 第四甲進士出身

嘉祐二年 章衡

陸元規 字正翁 常熟承議郎 登科記無 刻石有

四年 劉煇

朱長文 公綽子 第二甲

王純臣 第二甲並進士及第

鄭袠甫 第三甲第七人 封州判官

丁偃

李逢原

張詢 字仲謨 並進士出身

陳之方 質子 第五甲同進士出身

六年 王俊民

林尚 咸德姪 第三甲進士出身

程寬 師孟子 第四甲第四人

八年 許將

陸元長 元規兄常熟 第四甲並進士出身

沈括 第一甲 及第

凌民瞻 第二甲 及第

郭附 第四甲第二人出身

黃顏 字擇中 第五甲同進士出身

治平二年 彭汝礪

孫載 第二甲 及第

范師道 第四甲 再舉

四年 許安世

張敦 字祖仁 常熟 第一甲 贈左中大夫

吳純既 第二甲並進士及第

張僅 第三甲進士出身

彥 字公甫 杳

元豐二年 時彥

秦希甫 辨之

張諤

林种 先子

顏長民 知興縣

嚴君鄰 常熟

林師醇

孟醇

五年 黃裳

黃懿彥

沈彥升

八年 焦蹈

林程 茂先子

張顏 字正甫 秘書省校書郎 僑子 常熟

龍程 宗元子 崑山

孫冲 字子和

黃顗 字升中 朝議大夫 顏弟

黃彥 字脩中 朝議大夫 顏弟顗兄

張元素

張元弼

林植 茂先子

九年 徐鐸

郭際

李博聞 第四甲徐博又見 登科錄恐傳寫誤

熙寧三年 葉祖洽

郁澄

徐彥孚

鄭安平 改名景平

鄭伸

凌民師 民瞻兄

范世亮 字寅祖 師道子

条吅 何子

六年 余中

黃汝平

梅灝

元祐三年 李常寧

黃從周
周何
章衍之
謝翔
錢侁
范敦樂
周沔 字溯宗
丁觀
李傅喻
陳傑
陳序
孫實 字若虛[redacted]大學生 寺丞知台州

六年 馬涓

林虞
嚴適
程騫 師孟姪
魏志 字幾道
陳璽
鄭倧 戩孫
施遠
黃棨 庠子

紹聖元年 畢漸

胡浹
程亢
林褀 茂先
富鈞 嚴孫
胡安平
陳彥和
郁師醇
魏憲 志兄

四年 何昌言

林虔 虞兄
富洵

元符三年 李釜

顧植
張公享
張漸
劉彥敦
方振
陶擴
徐端行 上舍

崇寧二年 霍端友

崔伯秉
潘充
黃正彥

大觀三年 賈安宅

蔡薿

孫閎

黃昌衡

[illegible]百勝

黃昌朝 昌衡弟

褚覃

程元允 字志行 常熟 師孟姪孫 朝請大夫

李彌大

邊知章

龔況

倪振 [illegible]弟

范開

王棠

朱發 字震發 長文子

鄭聖任

胡思 [illegible]子

胡寬 上舍出身 [illegible]

李彌遠 彌大弟

[illegible]師淵

李毗

陳述

政和二年 莫儔

何㮚

林閎 字[illegible]

顏孚 字若中

林摯

顧爲 字伸[illegible] 知撫州 [illegible]

方純彥

王聞 [illegible]

龔[illegible] [illegible]

陳起宗 字[illegible] 常熟

錢觀復

張栩

黃偉 字晞俊

王褒 [illegible]弟

葉高節

張斂功 字守道 顏子

沈季孫

顏采 字若用

唐輝 字子明 禮部侍郎 嚴孫 [illegible]

錢當時

葉

八年 嘉王

顏天選 字[illegible]之 第二

魏貫 宗之弟 吳江
徐□
錢仲思
顏安 字富可 南京少尹 大選叙
張德本 字後之 崑山
李益 璃孫
鄭護
林璵 茂先孫
衛門 字致虛 崑山

宣和三年 何渙

程元弼 元光弟 常熟
范高
鄭作肅
錢豫
林交 字德仁 樞密院編修官 常熟
范雩 字伯達 左奉議郎秘書郎 崑山

六年 沈晦

余仔 遠先伯
李大鼎
林儼 商姪
王葆
凌哲 民師姪

何建中
鄭時 戩孫 常熟
居世英
凌邁 改名遠 哲兄
富元衡 嚴孫
邊知白

建炎二年 李易 武舉徐遂

倪成脩
褚孜 第二人
楊景
唐煒 字子光 朝請大夫 煇弟 崑山
凌揆
鄭揚 字國明 常熟
章籍
茅錫
胡剩賓
孫觀
魏志 上舍附
鄭大讜 字德夫 明州司戶 戩孫父之
馬友直 字伯忠 特科 宣教郎 崑山

紹興二年 張九成

孫雄飛
錢南

五年 汪應辰

周播

尤著 字少蒙 承議郎 崑山

孫起卿 觀子

范成象 字至先 工部郎中 [illegible]兄子 崑山

郟升卿 字師古 亶孫 崑山 朝散郎知常州

馬迥

八年 黃公度

王履 字用和 常熟

黃萬頃

陳長方 字齊之 吳江

顏唐 字廣成 安豐軍學教授

王嘉彥 字邦美 崑山 葆姪

沈詢 字□問 奉議郎知瑞安縣 崑山

十二年 陳誠之

何俌 字德輔 工部侍郎

王伯虞 字師德

許光國 字利賓 常熟

袁鼇 字可久 崑山

嚴煥 字子文 吕鄰 常熟崑山互見

陳璹 字器則 崑山

張之才 字周美 特科 崑山

鄭聃顏 字君亞 崑山

十五年 劉章

詹左

翁翊臣

李渥

吳耿 字和卿 承議郎 常熟

錢佃 字仲耕 工部侍郎 知安州 觀復子 常熟

祝端表

張世衡

李衡

邊惇德 崑山

顧閶 字彥和 二人特科 崑山

十八年 王佐

林友 字老臣

胡允質 字長文 給事中

冷世光 常熟

胡百能

糜師旦 錯子

冷世修 世光弟

林光祖

朱江

二十一年 趙逵

余崧

林宥

二十四年 張孝祥榜

錢俁 字陸大 佃先 常熟 著作郎將作少監
成端亮 子伯準
顏發 字休文 唐弟
張允恭
陳大思 崑山 甲科
衛稷
樂備 崑山
陳晉卿
楊思濟
范成大 雩子 崑山

趙思 常熟
陳崧卿 晉卿兄
鄒緌 字仲山 常熟
趙公豫 常熟
鄭績 字公正 崑山
鄭庶 作甫姪
陳端友

二十七年 王十朋榜

顏度 發叔父 崑山
丁□ 字□□ 崑山 □□ 傑弟
范□ 字□□ 常熟 御史中丞

三十年 梁克家榜

馬先覺 字少伊 崑山 朝奉郎祭酒
呂篆 秀州華亭人 □□□□
邊察 左太子中大夫
方思 純彥姪
龔萌之 崑山 特科

隆興元年 木待問榜

章瀶
胡元功 元質弟
唐子壽 字致遠 煇子 崑山 朝議大夫
王子藝
成欽亮 字仲鄰 端亮弟 崑山 朝奉大夫知峽州

鄒企宗 字及之 峴弟 常熟 楚州教授
商侑
郁昇 字舜聚 福州長溪 □州司錄寄居崑山
袁宗仁 字壽卿 崑山 國子監書庫官
姚申之 字崧卿 崑山
李廷直 字世南 崑山
賀三聘 字湯輔 崑山 易 □□□□□教郎
楊光宋
趙彥竦 字欽仲 崑山 □□□□□
趙公高 字成甫 崑山 宣教郎

本詩其年

呂伯奮 字中甫 湧首

乾道二年 蕭國梁

薛甫 字宣卿 吳江 詩

呂仲堪

孫紹先

呂叔獻 字恭甫 皆崑山 兄弟三人同科 伯奮又風淳熙十一年進上

胡長卿

周建 長洲 賦

俞允成

陸翼年

葉季亨 字時質 崑山 石本作時貢丁丑十餘貢

林梓 字材卿 崑山

五年 鄭僑 武舉趙□

何淇 字子誠 吳縣

朱子美 第二人

李卞

林璪 字伯振 稹孫 長洲 書 知武昌縣

辛機 字應仲 長洲崑山互見

林琰 字玉圭 璞弟 長洲 賦

林廷瑞

陳九德 九思弟

陳茂膺 字季實

王邁 字德遠 崑山

潘孜 字道任 崑山 承議郎賜緋

錢允弼 字叔獻 崑山

郟晉卿 字師尹 崑山 三人並特科

八年 黃定 武舉林宗臣

范之柔 字叔剛 仲淹姪 崑山 賦

朱起宗 推第一人恩例

鄭汝止

王大有 宗孫

李岳

吳兢 字子兢 常熟 承議郎

范藻 字德明 成象子 崑山 石本字孟明

宋光遠 字民望 崑山

曹緯

邊容 字元幾 文林郎

趙善遠 字道卿 崑山

秦膺剛 字仲和 崑山 特科

龔明之 特科 宣教郎賜緋

淳熙二年 詹騤 武舉蔣介

姚濬 字子齊 長洲

沈嗣宗

劉公亨

八歲誦
詩易周
禮禮記篇
名春秋
隱桓莊
閔田公
左氏傳
序語孟
孝經御
製誥論
詩賦及
雜文書
封書學
九十二
種詔免
大試一次

孟湜

錢萬項 字師元 常熟 無爲軍教授

王篪 字元發 吳江 賦 安慶府學教授

錢萬選 字少張 萬項兄

張舜卿 字次夔 崑山

張興

陳少阜 字舜卿

陳宗召 字景南 崑山 禮部尚書

陸自新 字德輝 崑山 石本名日新

王嘉謀 字叔明 崑山

辛元膺 字德長 崑山

胡元佐 字德懋 崑山 石本名老佐

丑年 姚邵

周良臣 字君弼 崑山 五人並特奏

胡埕 長洲

周日嚴

逸賓 通直郎

吳仁傑 崑山 國子錄

顧澈 字伯澄 崑山 特科

八年 黃由 子由 長洲

王保大 有人傳

蔣南金

朱淵 字驤顏

沈作霖

黃真卿 字元吉 崑山 特科

衛涇 清叔 閭孫 崑山

林嵥 武舉

呂伯奮 字忠甫 崑山

陳熠 吳縣

張攀 常熟 敏功孫

黃演 字岳仁 常熟 策曾孫 □州通判 贈朝請大夫

顧叔康 字世符 通直郎 常熟
呂申 長洲
夏允中 字□執 崑山
翁謙 字天益 知盱眙縣 崑山
滕宬 制科
胡林卿
十三年
顏叔淵 字養原 度姪 崑山
趙與祖
顧端臣
十四年 王容
蘇章 吳江

謝伯常
李應祥 衡子 崑山
余達先 仔姪
陳甫
劉大忠
林伯誠
張左 字右民 崑山
李燁 字良佐 二人並特科 崑山
邊維嶽 字申甫 右通議大夫
十六年
盧端夫

紹熙元年 余復 武舉 厲仲祥
周南 吳縣 上舍
蔡華
蔡以中
李頎
朱晞顏
周𥨊然

榜首 十歲全誦六經及說語春秋孟孝經送中書覆試並通詔免文解二次

李南
李起宗 字揚祖 應祥兄 崑山
顏叔玠 字景圭 度弟子 叔淵兄 崑山
丁懿
任相
陳振 字震亨 大府寺丞 崑山
顏叔平 字叔安 度子 叔玠弟 崑山
葛璪 朝奉郎 知錢塘縣
王介 字元石 探花 臨安尹
趙善遽 字衛卿 善遠弟 崑山

趙彥适 字居仲 宗室 刑部郎中知徽州
顏應 字叔修 崑山
朱起宗 字元振 崑山
胡梲 字從進 崑山
鄭允文 字元修 崑山 三人並特科
邊洌 左文林郎
黃涇 字叔清 演弟 中大夫知通州
四年 陳亮
高之問
張松 字子觀 崑山
鄭準 字叔先 崑山 中奉大夫
慶元二年 鄒應龍 一作鄒應龍
一百
榜首陳亮

□蒙之
潘□孫 字天錫
胡允恭 吳江
蔣志行
趙汝宮
孔元忠 朝奉郎通判臨安府
石宗玉
王元春
王芹 字元采 崑山 特科
五年 曾從龍
姚宜中 命字

陳貴誼 字正夫 宗召子 崑山 參知政事
汪[redacted]
汪令圖 字桀叔
麋溧 師旦子
顏叔瑶
潘興嗣
衛沂
陳孔夙
敖陶孫 字器之 崑山 奉議郎泉州僉判
沈晞顏 字文仲 崑山 特科
十三
曹函 漕試
嘉泰二年 傅行簡 武舉葉漾
商覺民
趙黔夫
時克復
胡榮卿
趙綝 字君善 崑山 直寶章閣
沈誠 字天瑞
姜京
趙汝璪
趙汝衲
高不倚
宋文英

三年

曹大昌 字晉卿 常熟
吳埒 吳江
方賜復
楊昕 字希曠 崑山 書石本字世南
博學宏詞科一人
陳貴謙 字益父 崑山 秘閣修撰
以兩經宰學恩受
上州文學二人
顏叔開 字景容 度姪 崑山 特科
林溥 字景仁 崑山

趙汝淳 字子埜 崑山
開禧元年 毛自知 武舉鄭公俶
轍
鄭啓
陶來 字來叔
周深原 南子 吳縣
陳后
蔡衡
鄭孝祥
邊瀛 字道卿 崑山 特科
江先 字子明 崑山 朝請大夫靖州通判
嘉定元年 鄭自誠
衛洽 億弟 崑山

衛价
孟繼顯
徐鼎
唐伯粲
趙濤夫 字德進 常熟
辛忠嗣
衛洙 字魯叔 涇弟 崑山 右司郎中
袁宗魯 字道卿 宗仁弟
鄭敷 字揚休 崑山 天台丞 二人並特科
博學宏詞一人

陳貴誼 貴謙弟
四年 趙建大 武舉林滎
稭原 字子長 崑山 上舍
陳德林 上舍
劉帝 倫從
施振
方萬里
趙時諎
李韶 彌遜曾孫
李寧之 韶兄 宋史名寧
顏復
呂叔獻 字恭父 崑山

七年 袁甫

胡天選 字賢卿 崑山 榮州教授二人並特科

衛洙 再第

王尚輔 保大叔 宋姪

張震發 字元龍

顏儼 長民曾孫爲孫

黃必大 字昌卿 崑山 奉議郎府判

趙豐高

王杲卿 字晞顏 崑山 特科

八年

劉遇孫 榜首九歲[illegible]誦九經字執聚聰舍人[illegible]試亦通詔免文解一次

十年 吳潛

趙汝穛 汝杓兄

趙晞曾

麋[illegible] 溧兄

趙濬夫

沈有開

王圭 字君玉 遇子 崑山 司封郎官

蔡廉

十三年 劉渭

李自牧 吳江

方應祥

黃保大 字和卿 必大弟 崑山 省元 太平教授

王斗文 字仰之 毓姪孫 吳江

趙滬夫

李公縉

施秉 貫溫州 寓吳江

李茂實 榜首九歲背誦九經執聚聰舍人杜試並通

十五年

趙體國 吳江

謝鄆 上舍

王埜 介子

張新 震發從弟

陶瑜 來姪孫

周夢發 吳江

趙與[illegible] 寄貫

鄭肅 字文捷 準兄 崑山

上舍釋褐二人

李起

十六年 蔣重珍

王熙載 吳江

鄭起潛 上舍 甲科

趙崇驥 字德甫 常熟

朱檜

周申 南姪 深厚兄 内舍

蔡珏 字珍父 崑山 一字玉父 内舍 常州通判

李任 通直郎

褚[illegible] [illegible]姪孫 右科

郁雲 字景龍 昇姪 崑山 内舍 安慶府教授

沈應昌 知桂陽軍

凌雲 揆姪孫 朝散郎 知柳州

王丙發

寶慶二年 王會龍

黃洙 字魯叔 崑山 石本作魯卿 特科

盛文昭 章姪 吳江

莫子文 吳江 内舍

趙磻夫 黔夫兄

趙崇詞

趙時伸 磻夫子

葉酉發

徐章 鼎弟 長洲

顏瑛 叔瑤姪

蔣南金

陶虎 字景召 末姪 常熟

林石

葛新

紹定二年 黃朴

盛文昭 字景聲 章姪 文昭兄 吳江 按昭疑當作韶

趙似祖 興祖弟

郁中 字正叔 雲弟 崑山 内舍

王寢畋

顧然 字雝叔 崑山 青田簿

沈逢原 字深甫 崑山 榮州文學

郭思義 字德甫 崑山 三人並特科

宋揚祖 閤門舍人 換試

五年 徐元杰

茅冰

周應旂 南子

朱龍翔

吳蒙 埒姪 吳江 甲科

端平二年 吳叔告

黃仁桂 字夢元 蒙四世孫 演姪孫

黃[illegible] 字景齊 上舍 又科 後避諱以字爲名 朝奉大夫 秘書省著作郎

林壽

張經 [illegible]

陳拱 字[illegible] 四甲出身 武康簿

曹愉老 [illegible]

嘉熙二年 周坦

劉必成 [illegible] 元福州

孔燁 字明仲 [illegible]

王鉉

趙與懃 寄貫

趙時言 字子然 文林郎 常熟

龔[illegible]

方洪 字[illegible]

吳就

韓境 寄貫

楊白 朝奉郎

淳祐元年 徐儼夫

焦炳炎 第三人 修職郎

鄭玠 [illegible] 第五人 [illegible]

曹良度 [illegible]

上官渙然 [illegible] 知[illegible]

逸應升 字[illegible]

李渭 字晉甫 [illegible]

[illegible] 文林郎泰州教授

吳一龍

趙[illegible]夫

趙雄夫 姊夫赫夫之弟

特奏名

四年 張淵微

狀元 魏汝賢 [illegible]

[illegible]南 [illegible]

丁應飛 [illegible]

錢振祖 字季王

袁逢午 字[illegible] 名第四 [illegible]

[illegible]

十年 方逢辰

于天麟 字仁仲 迪功郎 [illegible]

宋大年

趙[illegible]發 字[illegible]

王克己 [illegible]

朱[illegible]

鄭天澤

劉深淵

陳炎發 吳江

[illegible]道之 [illegible]

王策登 [illegible]

四年 文天祥

李特昭 字追叔 崑山 舍選第三甲出身

邊雲遇 字龍光 應升次子 崑山第二甲及第

趙良峻

趙孟本 寄貫

王體文 字堯章 崑山 上舍第四甲出身

張合

開慶元年 周夢炎

丁煇

黃芝老

林文龍 字用雨 崑山

景定二年 方崇

方槐 洪子

何處尹 字正卿

淩萬頃 字叔度 崑山第四甲 出身直學四請

宋夢得

張喜 字子明 崑山

咸淳元年 阮登炳 字顯之 長洲 周禮

趙時瓚 字君玉 宗室子 寄居通州流寓常熟 賦

胡忌 字仲矩 寬四世孫 吳縣四甲 詩賦

趙崇嶼 字中甫 玉牒 寄居吳縣 賦

郁紹庭 字繼文 中子 長洲 賦

王應周 字仁卿 遂寧 寄貫 易

四年 陳文龍

趙與澯 字景陽 玉牒 寄居長洲 賦

趙崇愢 字思誠 玉牒 寄居長洲 賦

徐公輔 嘉定 特科

高烈 字和父 石本字建大 太學前廊釋褐出身

郁夢熺 字敬甫 雲子 崑山

趙崇魯 汝淳子 登科錄無

宗室覃恩一人

趙必焄 字茂可 崑山 監請文解 舍中出身

楊麟伯 乙科

楊暉老 吳縣

陸大濟

鄭康

徐功甫 字文敏 崑山 奏名

趙師曾 吳江

七年 張鎮孫

武舉 林師中

顏堯煥

胡應青 字君壽

徐雲龢 字從龍 承節郎 轉忠翊郎 九江帥府幹官 中禮部 與文綵 兜金帶

龔天定

	十年					未詳何年	元	延祐元年
	王龍澤							
	顏志立	陳槱聲	郭伯甄	周昌會 吳江學國府教授	張靁震 二人上舍釋褐	陸長孺 以職官知襄州鄞城縣	廷試	
							鄉試	干文傳
	嘉定第六名						鄉試備榜	

二年	四年		泰定三年		四年	天曆二年	二年	元統元年
干文傳 賜同進士及第					俞焯 及第賜同進士出身授將仕郎台州僊居縣丞			
	錢以道	三寶柱	蔣堂	俞焯		哲理野臺	潘如珪	高哲臺

至正元年					四年		五年		七年
							桓燮帖木爾 及第授吳江州判官		
潘如珪	張籋霄				普顏立溥化	桓燮帖木爾		尚哲臺	昂吉
葛乾孫	吳洪	孟集	張覃	沈敬明	俞鼎	李文仲			

年			十年			十四年	二十二年		二十五年
	鄭奕 及第授饒州錄事	昂吉 池州錄事				魏俊民 及第授將仕郎臨海縣丞			
鄭奕			魏俊民	朱斌	張大本				趙麟
			樹穀				朱炳	傅著	鄭立誠

謝徽
朱炳
金璹
徐奐
忽賽謨廷
陳憲 流寓
杜寅 流寓
楊暹 流寓
葉蕙 流寓

王燧

姑蘇志卷第五

姑蘇志卷第六

科第表中

國朝取士三年一舉中式者謂之鄉貢明年會試中式

御策之謂之進士餘則有歲貢每歲行之又間行賢良方正經明行脩等科法亦盡矣吾蘇號多士不可得而悉書也惟列鄉貢進士二者于篇

鄉貢

士有字有無字任或地或不地缺所不知也缺任者遠則先卒近或未授職也有全缺者進士并有傳或無所考者也魁元必著文所難也間有著其行者既卒且無傳有不可畧者也下表倣此

國朝	洪武三年庚戌科	
吳		
長洲		
崑山	夏時 以中監察御史河南僉事刑部員外郎	郭疇
常熟	張著	
吳江	朱璵 公秩械子平凉知縣	
嘉定	金文徵	
崇明	黃誼	
三衛 蘇州衛無學凡軍武生分附在城三學中中舉各以學註太倉鎮海正統初始立學二衛生各入一齋以別之		

壽朋 工部員外郎

凡[illegible] 中[illegible] 各註[illegible] 衛云

四年辛亥科

傅顒 次泉 會稽縣丞

陳永 壽夫 鎮江府經歷

十七年甲子科

馮[illegible]

顧峘

王遜

陸鑑

教諭

二十年丁卯科

周秉 在陽教諭

王好謙 會同教諭

施顯 解元

二十三年庚午科

陸得舉 福州教授

姚恕 監察御史

二十六年癸酉科

陳應奎 給事中

陳良 性初 淮府紀善

二十九年丙子科

姜信 公實 汝州同知

趙宗禮

宋玘 教諭

何德源

范全

姚山 監察御史 參政

王永年 守義 蕭山訓導

沈熊 監察御史

己卯科

劉政 解元

陸禎 大理寺丞

陳善

姚伯善

蕭潭

宋珩 希善 傅野教諭

俞本

浦陟

馬昇

黄鉞 工科都給事中

處瑞 武昌同知

王鎬 西叔 蘄州訓導

尤安禮

公信 吉安訓導 高苑教諭

姚思聰 知府

文昱 沔陽州學正

黄本 有源 平樂知縣

壬午科

陳紹先 宗述 教授 紀善

季燁 銘仲 教諭

楊忠 恕行 羅源教諭

張信

諸頊 伯聲 泗水教諭

王玭

朱[illegible]

殷[illegible]

曹鼎

殷瓚

邵翼

顧彧

顧紳 宗訓 知縣
周翰 惟翰 教諭
范彬
周文郁
葉應 宗檢 經歷
高庸
李玉
陳逵
俞璟
吳筆
沈忠
楊旻
沈暘
諸質
張璥
成瀚
徐迪
葉[illegible]宗
陳璠 叔[illegible] 鄆城教諭

四

沈達 國子助教 河南僉事
吳顯 公息 辰州教授 翰林檢討
張庸

三年乙酉科
季冬 復春 行在工部主事
金庠
龔奭 叔遜 內黃教諭
曾瀹
孫武 教諭
蘇建 邢用 沁水教諭
劉紹
倪文富 知府
朱泰
晏陳
陳寧
陳敬 思誠 青田

錢鑑 初名綬字用昭 靖州同知
鄭宗臣 主善 訓導
湯新 繼明 宗人府經歷
陳傑 刑科給事
楊豫 素定 河東教諭

五

仇忠 中

六年戊子科
章儀 惟則 監察御史
丘達 成章 教授
張璣 循伯 荊府長史
周[illegible]
吳繪 尚素 戶科給事中
施驥 訓導
劉璉
嚴敬
陳祚
陸[illegible] 縣丞
談和

呂信 公實 訓導

九年辛卯科

陳鎰 淩晟 至善教諭 邵璉 汝器 刑科給事中 魏謙 彭春

王震 伯東判官 吳著 則明訓導 杜春 孟寅長沙教諭 楊伸

陳祈 永年知縣 周倫 公叙知州 王希 十希

顧敬 叔恭淇縣教諭 周啓 文迪推官 周璩 季溫南昌教授監察御史鄭府長史

范達 陳融 盧祥

張益 仰瞻

倪本 吳文貴 知縣

徐俌

俞士悅

沈善

十二年甲午科

謝璉 解元 金鐙 教諭 戴義 以方汾水訓導 唐敏 陸良能 原善臨淄教諭 李貞

陳圭 公順行人 顧巽 陳劭 宗勉滕縣訓導 陳泰 盛平

陳端 尚正郎縣 李賚 曹瑜 克溫平遥 陶安 知縣

訓導 教諭

尹最 教授 周璲 王永和 連恭 通判

邵明 李義 朱泉 袁方

沈理 登州府同知 許玉 溫如黃巖教諭

周璣 教授

徐謙

教諭

曹洪

高進 縣丞

徐方

嚴珪

十五年丁酉科

沈麟 知縣

黃鐸 以聲 狀介 篤行 以弟 子三 日不

姚華

陳鐐 至道 開縣 教諭

瞿端

孔友諒

用中 教諭

莫珪

吳得

夏瑜

授書 且命 百立 日坊 坐立 未當 他何 留焉

十八年庚子科

丘澄

繆讓

吳凱

衛敬 副使

沈清 經歷 解元

沈繼 教諭

吳璐

童賢 士帝 大理 評事

冷融

御華

周觀 知府

成規 孟周 漁子 順天 府訓 導監 察御 史嘗 劾大 臣三 十餘 人降 典史

郭璘 訓導

成矩 叔度 規弟 寧波 府教授

二十一年癸卯科

賀廉

王徽

吳惠 次明

朱晟 訓導

王復

寅賓之深
新城知縣河南布政司理問
武康訓導翰林檢討有學行

虞禎

錢永
本源
訓導

蔣明
仝章
慈利教諭嘗修崑山志

沈源
教諭

盧瑛

王鎧
教諭

王文美

宣德元年丙午科

顧恂
公信
教諭

駱敬
守中
訓導

李繼

金奎
文昭
白照教諭

趙昺
叔昭
徽縣教諭

周行
宗言
趙城教諭

孟承
國子助教吉安知府

四年己酉科

徐珵

趙忠

章衡
志行
陽信訓導

沈諰
解元

吳奎
文煥

張棁

龔理

葉詵

范宗

王恭
存中
海鹽教諭

徐牧
養正
嘉善教諭

蕭翰
文伯
吉水教諭

夏崇義
分宜訓導

陳宣
子昭
玉山教諭國子學錄

七年壬子科

顧遜
叔謙
訓導

淩宗政
宗正
教授

徐哲
仲智

朱敬

陳璞

楊瓛
廷用
嘉興教諭

顧曜
巽子

陳玘

李昌

李文敬

高德

教授
訓導
陳翕孟 知縣
學正

年乙卯科
伊侃 祝顥 經魁 趙勉 克強 國子助教 唐元
沈玒 士璵 寧波訓導
鄒順 練綱 經魁 周璿 以政
陸阜 鄭綱 張稷
宋盛 沈訥

德隆 裕州知州

正統三年戊午科
周郁 經魁 徐綱 知縣 張和 呂囦 經魁 莫震 徐瑄 解元
黃鑑 蘇州衛
施槃 孟澂 原潔 柘城教諭 鄭康 朱驥 戚德 王紀 伯理 金華訓導
張璣 周賢 夏璲 吳淳 潘瑄
陳宣 惟昭 訓導 周泰 景道 瀏陽 周中

朱璇 廷貴 學正 劉珏 樂會知縣 教諭

六年辛酉科
魏莞 韶州教授 顧璿 宗魯 潮州府長史 葉盛 金聰 崔輿 廷玉 連山訓導 趙習 宗儒 漢州學正 周文
莊瑜 克美 臨江教授 王讓 存謙 恭弟 德輿 教諭 徐昌 孫紀 惟正 刑部主事 員外
徐正

郎
吳信 訓導 顧昌 盧信
張淵 仲泉 趙府長史 韓雍 王蘭 廷芳 同知
張懋 時勉 學正
陳璧

九年甲子科
劉昌 解元 謝會 縉貞 有學 陳翊 孟佐 應山王 章儀 來鳳 國子 陸琦 文璧 顧浩 宗孟 監察
陳璉 鎮海衛

行所 菅容 蓉集 校 靖虜 衛學 助教 御史 河南 僉事

陳侃 宗和 訓導

沈曄 文華 教諭

朱旻 希仁 昌平 教諭

褚璵 國子 助教

梅倫

陳瑜 廷璧 廣昌 教諭

陳錡 鎮海 衛

施寧 宗道 新興 縣丞

盛箴 仲規 教諭

項璁

錢昕

張銘 惟新 盧陵 知縣

奚昌

王淼

章格

吳浩

十三年丁卯科

唐維 宗漢 雲南 鹽井 提舉

陳鑑

朱芹 克誠 永康 教諭

張濬 仲光 大名 同知 以廉 稱

莫灝 解元

范文

陳銓 衛夫 鎮海 衛 通山 教諭

任孜

吳璘

徐栻 知縣

張鉉

溫厚 東中 鎮海 衛

梁昱

朱鉉

文煥 平定 知州 有至 行

周泰 存敬 蒙陰 訓導 東安王府教授 學行

李毓

孫瓊

王儀

沈祥

景泰元年庚午科

張銘 宗譽 永春 知縣

李鏞 訓導

沈律 應和 國子 學錄

章表 解元

盛㬎

周 鎮海 衛

瞿泰安

陳僎

劉瀚

陳灝 克清 寧陽 教諭

湯洪 宗範 學正

徐鴻 用賓 日照 教諭

張鋼 宗德 龍游 教諭 國子

陳頎

徐春 汝陽 監察 御史 梧州

蔣緩

莫昂 伯顒 袁州 府同 知

歌教有學行
知府

李浩 景洪 光祿署正 太常典簿
劉浩 秉彝 鄱陽教諭
黃鉉 叔潤
章度 虞臣 知縣

陳讚 祖言 寧波訓導 通城下府教授
李秉
張厚

史昱 南安教授
夏璣
程宗

曹謙 鳴吉 永新教諭
趙博
陸彔

劉海
顧珣
姚昇 廷昕 名山訓導

沈顥
繆璞
楊集

周澂

四年癸酉科

朱珙 廷瑞 寧波府通判
李應禎
陳旒 用文 新城教諭
唐昇允 尚周 彰德教授
莫宏 宗大 安陸訓導
張瀊 永清 泉州通判
陳翼 順夫 府治中
亮 鎮海衛

周震 廷威 汝寧府同知 思州知府
張俌 惟亮 監察御史
黃琳 廷耀 沂州知州 河東鹽運同知
桑瓚
汝訥 行敏 中書舍人 兵部郎中 南安知府
張昂 廷章 貴溪訓導
王玉
李顯 文耀 鎮海衛

梅鼎
蔣昂
朱萱
湯琛

何明

馮定 汝和 南安學正
孔鏞
顧瑾
章律
經寬
蔣珍 禄遠 鎮海衛教諭

顧禎 天瑞 光禄署正 袁州知府
杜庠
陳間 裕之 南昌知縣
蔣文玉 鎮海衛 武城教諭

尤淳
顧崙 希高 大名同知
周澤 汝霖 鎮海衛

張翥
曾珍 時賓
教諭

陳震
朱仁 光祿署丞
顧岱
盛德

嚴翰 繼恭 常熟教諭
查文 仲學 河間通判 懷慶同知
沈存 元洪 城武知縣
徐瑾 廷贊 處州府通判
汝揖 濟川 處州府同知
顏昱 克輝 河間訓導

李洪 文立 鉅鹿教諭
陳禎 仲倫 惠州教授
王永 孝思 應城知縣
盧琮 彥貴 南海知縣
吳璠 朝用 中書舍人 工部員外郎
范純

周瑄
惠榮 以仁 上虞教諭
陸鏞
徐恪
盛[illegible]
葉廣 文博 撫州府通判

陳政 有恒 烏程教諭
金炯 文泳 茌平知縣

天順己卯科
巴鎰 宗義 武昌教諭
徐濂 宗濂
金景 德明 溫縣知縣
錢璧 廷魁 通判
鈕文 天章 溫縣知縣
金洪 宗範 江陵教諭

范昷 仁溥 南康府同知
顧禎 以誠 淨州知州
沈蒙 以正
孟怡 友和 鄭州學正
吳理

朱暹 知縣
徐傳
徐容
李傑
金鼎

周觀
王汝敬
桑瑜 廷貴 溫州通判

張泰 經魁
張璪 用光 河間通判
夏時
胡璉 器美 端安知縣

沈鍾
王鼎
褚祚

郭經 用行 國子助教
吳鉞
龐理 監丞
丁輗 巴上俱鎮海衛

六年壬午科
林符
王庭
李栗 [illegible] 通判
沈倫 公叙 [illegible]
徐昪
夏肩 時敬 鎮海

知縣
張玘
馮鉞 仲舉 東安教諭
葉珍 敬儒 乘元知縣
吳鉉 時鳴 布政司經歷
徐忭
衛臨江推官
沈[illegible] 廷□ 鎮海衛 長州訓導
沈秩 天叙 訓導
凌杞 尚思 樂安知縣
黃著
徐博
崔誠 敬之 鎮海衛
五鑑 與修
周紹榮 後復姓馬 字宗能中
沈璽

吳琛 世昌 人吏部員外郎 太常少卿 居官謹畏 字效宋克
陳易 一元 黃州同知
蔡玫
馬愈
趙侃
劉序

成化元年乙酉科
顏涇
徐源
陸鑑 汝昭 東昌通判
劉竑 以規 縉雲知縣 定州
莫旦 景周 國子學正
潘齡 壽夫 灤州知州 汀州
朱信 成之 鎮海衛 臨晉
德昭
聞鑑 理明 知縣
瞿俊
唐韶
沈瑄
蕭奎

知州
陳策
趙禎
王僑
桑悅
同知
陸奎
教諭 國子助教
陳琦
施文顯 煥伯 許州同知 信陽知州
管昌
沈海
楊塤 九韶 推官
顏崑 克和 太倉衛 閩縣教諭 國子助教 翰林檢討
顧福
顧餘慶
范希時 惟中 進賢訓導
文洪
陸潤
戴晨 商佐 南宮教諭 衛輝

伊秉
胡琮
孫鼎 方伯 韶州同知
教授
顧竑
徐綬 宗章 上杭知縣
楊綱
屈韜 良栽 瑞州推官

郁容
許昕 寅東 揀縣知縣

四年戊子科
賀恩 其榮 解元 有學 旬
吳寧 經魁
方賢 朝用 南陽府通判
雷翀 鳳青 彰德府通判
魚鼎
周儀
胡承 鎮海衛
吳琳
陳璹 山齡 泰和縣丞
鄭青
吳鍚 昌胤 永豐教諭 翰林
李良
陳愷 鎮海衛

張晉
王銳
吳瑞
瞿明
侍詔
吳澤 宗濟 教諭 提舉
李鼎 與與 咸寧知縣
高巽 良順 潼川州同知
宣永 汝昭 西安府同知
葛鏞
施裕
周安 用仁 鎮海衛
陳璲 孟圭
顧源 如襄 陳留知縣
吳愈
蔣岳 時秀 汝州知州
潘京
文林
繆鈍 魯之 任丘
陳洵 惟清

沈鎧
董懋
教諭
李宗嵩
劉海 用涵 漢陽推官

七年辛卯科
賀恩
蔣廷賓 經魁
秦嶽
吳源 宗本
吳洪
劉纓 蘇州衛
曹昺
王經
梁紈 尚素 泉州
高鼎 良新 歸州
周治

知府同知
知州
孫霖
張學 時學 遂昌知縣
錢昆 允熙 永安知縣
施悌 希錄 永州同知
吳綸 廷言
郁坤 元靜
龔綖 朝美 貴縣教諭
周惠 元澤 台州通判 紹興同知
衛 桂陽教諭
葉頎 鎮海衛
姜昂 鎮海衛

虞臣
任順 叔順 鉛山知縣
王倬
秦蕃
高敞
錢穟
十年甲午科
王鏊 解元
吳瑄 原璧 莊州府通判
楊楷 元範 平陽知縣
周木
孫璨 文聚
金楷
張鉞 用威 太倉衛 郾城教諭
陸琪
吳謙
管琪
顧岩
葉綖
龔弘
王機

戲之 台州同知 瀘州知府
益之 萊蕪知縣 庶慎 有為
希遜 遂昌知縣 河間通判
文梓 楚府審理正
杜啓
沈林
孫裕
賈宗錫
沈岸
王槩
陳敎 師魯
劉杲
歸鳳 應韶 城武知縣
徐澤 德潤 宜春教諭
鄭昕 日新 蘄州判官
倪天民
陳洪謨
張渙 濟氏 南昌同知 惠南
蔡宥 原錫 袁州同知
廷髦 鎮海衛 興濟教諭
張敬 直夫 鎮海衛 國子博士
張鋼 蘇州衛

知府
狄雲漢 天章 湖口知縣 臨清判官

十三年丁酉科

楊循吉 沈元 朱文 褚埏 弘鈞 平縣知縣 趙寬 潘容 延儀 傅謐 黃暐 蘇州衛

朱稷

毛珵 浦應祥 有徵 朱瑭 汝貴 許州學正 楊舫 弘載 莒州知州 姚明 汝卿 南靖知縣 談容 顧達 俞弼 良臣 鎮海衛 安州學正 翰林待詔

朱木 近仁 茹昂 思德 朱栻 陳景 叔輝 吳鎣 李直

吳欽 高鎰 周彬 劉璥 楊錦

宗堯 臨江推官 徐珏

敬民 上杭知縣

延德 通州判官 聞釗 時懋

陶鸞 世祥

朱吾

十六年庚子科

范昌齡 景仁 有文學 徐津 有源 王秩 沈鼎 端甫 南陽通判 葉紳 陸昇 施鈇 士安 推官 沈誠 實夫 滇海衛 南安知縣

呂鴻 沈杰 陶纘 曹文 徐源 王春 臨逌

史經 台卿 楊平知縣 引之 睢州知州 丘鎬 盧翊 日章 福州推官 清卿 景元 知縣 判

周佐 良輔 周詔 希正 興府紀善 陳瑜 德輝 中書舍人 刑部郎中

周粲 薛英 張約

十九年癸卯科

陳沂 汝會 僎子 陸完 經魁 盛洪 蔣鈍 子礪 綏子 博野教諭 李經 引之 徐恂 惟善 嵊縣知縣 張瑋 錫孫 蘇州衛

賀泰 郭忱 謹儀 太常典簿 張安甫 李應禎 韶卿 磁州學正

張贊 順天府解元 方岳 鎮之 崔鵬 世鵬 湖口知縣

黃瑄 丁仁

沈時
趙鈇 吳成 故縣知縣

張汝栗 養民 汝舟弟 定海知縣
李嗣賢 世英 栗子 湘潭知縣

張經 文齊 南豐教諭
蔣績 洪勳 紱弟 開化知縣

沈齋儀
蘇奎

宗式 東安知縣

吳彰 文蔭
蔡坤

陸昆
范輪

許忠
楊昇

二十二年丙午科

湯夏良 時臣 龍游知縣
徐芸 廷芸
□璟 若美 蘄州知州
吳一鵬
吳熾 汝器 從弟
楊瑛

閻謹 敬言 蘇州衛 臨清知縣

謝黻
沈燾
葉晟
聞武
□廬

教諭

陸坦
陳言
沈僎 廷光 盛子
馬儒 邦憲 鏊子
志宏

希輔 有學
汝為 西平教諭

陳訥 敬言 太倉衛 高安教諭 衢州教授

程遵 原道 趙州知州
闞雲 時望 餘干知縣
須震 民敬 齊東知縣

文森
王稷 惠叔 麗水知縣
陳震 康伯 鶴慶軍民府通判

毛澄 鎮海衛

朱組 執中 鉛山訓導
瞿剛 用九 嘉定知州

趙勳 國敷 上虞教諭

顧潤 良玉 洛陽教諭

弘治二年

顏棶
楊紳
王悌
錢仁夫
王哲
邵勳

曹泰

己酉科
陸冐 與貴姪子
奚純仁 守中 叔浦 知縣
陳潛 民悅 侄子
周滌
汝泰
封徵 熙伯 教諭 知縣
馬慶 用寅 鎮海衛 汾水 教諭
王庠
趙文 原道
天性
蔡慶 廷善
曹鏌
太淵 知州
鎮海衛
胡恩 天與
周炯
周忠

世貞 雲南 解元
褚圻
時中

五年壬子科
王獻臣
吳龍 世應
周在 成德
鄒韶
張復禮 子仁
顧綸
宗悌 太倉衛
朱堂 後更名臣 字升伯
劉桐 世材 鉅孫
陳蘷 用常
顧梗 大用
吳金 南仲
陳林 惟榮 鎮海衛 南昌 教諭
祝允明
陸伸
顧遠
盛應期

皇甫錄 希曾 教孫
周倫 安甫
連憲
張朝儀 文儀 祝孫 知縣
顧元 成章 恭孫
陸儒 晉卿 潤子
章洗 明之 儀子
劉敘
郭瑝 汝載

八年乙卯科
陳霽
沈晃 文中
沈信
蔣欽
吳山 靜之 洪子
沈壽 元吉
嚴經
史鑑
吳蒙 養正
陳言
趙成 受夫
包祥 文吉
顧棠
龔霖 敬修
郁勲
陳天祥 寬弟
鄒淇
吳蘭
吳堂
陸鰲
楊俊
朱希周
陳璠 升田 蓉溪
夏誠
以初

教諭
顧璘
吳鸞 廷祥
吳寅 敬夫
桑翹 民奇 瑾子
王槐 公甫
蔡禎 思周

十一年戊午科
唐寅 子畏 解元
陸山 子仁 經魁
張貴 天爵
王錫 與弼
沈炤
顧瑛 太倉州

周明弼
尤樾 宗陽 淳子
徐璋 用光
唐愚 堯仁
陳鯤 摶夫
錢貴 元抑
龔坤 敬承
周坤 順卿
徐縉 有學
陸鍾 人傑
方鳳 時鳴
呂祚 夔之
黃鎧 廷衛
沈譙 良望 志弟
杭東
徐昇
陶成
陳榮 國華
唐恩 天寵
沈鰲 文元

子斷 芸子 濟陽 教諭
君美 安孫
顧蘭 榮夫
王倴 公爵
吳建 寅正 瑄子
陸應龍

十四年辛酉科
王幹 貞夫
劉布 時舉 經魁
方鵬
陳察 經魁
周用
沈灼 文燦 紹弟
周廣

蔣煥 丸章
盛鍾
毛震 鳳兄 畏之
柴奇 德美
徐甬 子高
錢[illegible] 世廣 高唐 學正
張寬
[illegible]翰
陳汝弼 邦輔
何宗海 景清
顧世臣
聞韶
周墨
唐符 信卿
鄭選 重賢
金緯 伯文
徐禎卿

十七年甲子科
陸俸 公爵　莊鈗 仲威
潛叔
魏校 經魁　秦雷 抱升　呂繪 尚素
朱寅 時元　錢炯 若鑑　張文麟 經魁　鄒武 復之　姚奎 天章
陳九章
楊武
龔能 夢賓　朱表　李惟貞

陸表 天章　周恩 希哲　張習 汝翁　徐申 周翰　徐懋 德美
陳復 一陽　湯變
王憬 民瞻　王世 懋弟　何辟

徐永年 舜齡

盧志有洪武三年徐士全榜金文徵等二十人不著縣按文徵嘉定朱璵吳江張著常熟夏時崑山餘十六人無考又府學題名記洪武十七年有張迅茅良驥亦不著縣併列於末以俟博覽者詳訂云

張訚　鄭黼　朱炳　黃琮　唐溥　王莊
傅範　鄒誠　徐煥　顏纘　宋圭　張桊
黃著　范盎　陳囍　范同大　張迅　茅良驥

科第表下

進士

盧志洪武四年金璹榜二人傅尉陳永著崑山故縣志遂載以爲進士及考其年登科録狀元吳伯宗非璹也傅陳亦無名宋濂會試録題詞甚詳則璹爲鄉榜無疑故表以洪武十八年爲始

國朝　吳　長洲　崑山　常熟　吳江　嘉定　崇明　三衛

洪武十八年乙丑丁顯榜
馮原智 公鑑 武昌通判
陸鎰
王遜 謙伯

太倉鎮海衛學中舉民生俻述如前若進士仍歸著各縣云

南金 刑部主事

二十一年戊辰任亨泰榜
施顯 會元

三十年丁丑[illegible]榜
陳善 敬之 行人
黃鉞
蕭潭

永樂二年甲申曾棨榜
殷昇 叔旺 教諭
曹鼎 原器
殷璳 廷璧 知府
邵異 叔惠 內鄉知縣

沈達 成章 德陽知縣
吳文華 貴和 行人
徐迪 仲吉 信豐知縣

范彬 均仲 工部主事 員外郎
楊旻 景輝 安福知縣
王玭 德瑜 監察御史 江西僉事

張庸 以常 遂平知縣
周文郁 可尚 豐城知縣

沈忠 希誠

四年丙戌林環榜
李玉 汝成 大理評事
陳達 履善 行人 紀善
呂旦
葉宗 繼先 工部主事 湖廣僉事

劉紹 行人 陝西僉事 湖廣副使

仇忠 行恕 監察御史

七年己丑蕭時中榜
陳祚
高庸 季常 知縣
金庠 養正 監察御史 刑部侍郎

十年壬辰馬鐸榜
陳鎰
劉璉
楊伸 仲舒 主事
彭㫤 孝常 監察御史 福建參政

十三年乙未
張益
李義
朱泉

未陳循榜

謝瑤 仲運監察御史

俞僥 唯中工部郎中

姒夏

徐方 仲矩平陰知縣

李賁

沈暘 寅仲庶吉

穀城知縣

十六年戊戌李騏榜

嚴珪 廷用行人刑部郎中

孔友諒 會魁

袁方 仲矩刑部主事

姚華 彥文庶吉士知縣

莫珪 文主溆浦知縣

周燧 景明左府都事

曹洪 大用

沈善 復初監察御史

吳得 彥修行人

十九年辛丑曹鼐榜

范達 以將南靖知縣

繆讓 孟謙監察御史

邵明 公著臨武知縣

陳融 季和中書舍人安陸判官

二十二年甲

夏瑜

顧巽

顧讓

魚侃

辰邢寬榜

許震 克聲

宗禮主事

張經 伯緒

宣德二年丁未馬愉榜

吳惠

虞禎 廷吉行人監察御史博平知縣有文學

五年庚戌

柳華

趙忠

虞瑛

林震榜
彥輝
克修 刑部主事

張祝
王復 從道 給事中 監察御史

八年癸丑曹鼐榜
徐理 後更名有貞
沈諴 希哲
程式 原儀 刑部主事 郎中
范宗 禎彥 兵部主事 吏部郎中 廣東參政
陳璞 汝玉 太常博士 監察御史 福建按察使

正統元年丙辰周旋榜
伊侃
顧曜 德明 庶吉士
龔理 彥文 工部主事 兵部郎中 山東布政使 方正有為
周觀 公望 大理評事 寺副

四年己未施槃榜
施槃 狀元
祝顥 希顏 監察御史 湖廣副使 雲南
張和 第二甲第一人
呂囦
莫震 霞威 第三甲第一人 嘉魚知縣
張璥
周賢
夏遂

庶敬 刑部主事
用希 工部主事 浙江參政
存良 禮部主事 員外郎
按察使 布政使
延平同知

[illegible]年戊午劉儼榜
張穆 敬之 和弟
韓雍
沈訥
朱驥 漢房 行人 監察御史 廣西參議
徐正 給事中
黃鑑 克明 工部主事 兵部郎中

十年乙丑商輅榜
劉昌 會魁
唐維 叔方 刑部主事 湖廣僉事
徐昌 德茂
項聰 彥輝 監察御史 河南副使 湖廣按察使 江西布政使
錢昕
葉盛
陳璉 汝器 兵部
徐瑄
潘瑄 時暘 刑部主事 員外郎 郎中

十二年戊辰彭時榜

陸阜 景福 監察御史 寧波知府

陳鑑 第一甲第二人

瞿泰 伯暘 會魁 刑部主事郎中

吳淳 厚伯 諭子 監察御史

梅倫 彥常 刑部主事郎中 湖廣參議

主事郎中

任孜 懋衍 刑部主事員外郎瓊州知府

沈祥 應禎 刑部郎中 四川參議

陳錡

王霖 鼎夫 兵部主事郎中

鄭文康

孫瓊

吳璘 廷潤 刑部主事 浙江僉事

景泰二年

陳僎

李秉彝 章格 盛彔

木 打溶 榜

鎰佐

周澂 伯淵

顧珣

好德 給事中

陸杲 孟昭 刑部主事郎中 福建參政

莫灝 行人

程宗 性僩 儐好 客

李毓 廷芳

繆樸 尚質 行人 刑部郎中

章表 翔鳳 格兄 行人 刑部郎中 陝西參議

王儀 叔章 監察御史

五年甲戌孫賢榜

馮定 士定 監察御史 廣東副使

蔣昂 用章 樂陵知縣

顧瑾 季琮

蔣綉 洪章 吉水知縣

孔鏞 友諒子

趙博 克周 兵部主事

陳壁 廷奎 監察御史 浙江僉事

杜庠

夏璣 德乾 新淦知縣 監察御史

楊集 浩然 安州知州

高宗本

天順元年丁丑黎淳榜

章律 鳴鳳 表弟 刑部主事 保定知府 福建布政使 都御史

劉瀚

張翥 汝振 刑部

陸鏞 時鳴 知州

湯琛 魯賓 刑部主事 員外郎 按察僉事

范純 誠夫 兵部主事 郎中 按察副使

四年庚辰王一夔榜

主事 員外郎 郎中 南昌知府 河南參政 雲南按察使

事

徐傅 起巖 兵部主事

沈鍾 仲律 工部

郭經 用常 廬陵知縣 監察御史 湖廣僉事

顧峪 安道 監察御史 河南僉事

盛侅 汝思

八年甲申彭教榜

周瑄 良璧 刑部主事 郎中 河南參政

張玘 廷玉 刑部

主事 員外郎 郎中 山東僉事 副使

周觀 民表 大理評事

吳釴 後復姓陸 會元 廷試第一甲第二人

朱萱 樹之 大理

沈瑄 廷璧 大理評事

馬愈

趙侃 刑部給事

夏時 用中 太倉衛 兵部主事 禮部郎中

張泰

主事 郎中 山東副使 按察 僉事 廣東參政

評事

中通政

成化二年丙戌羅倫榜

陳琦 胡琮 徐容 李傑 金鼎 徐博

文德 監察御史 河南參議

後復姓陸

世賢 庶吉士 翰林編修 侍讀學士 國子祭酒 太常少卿

公器 工部主事

德容 監察御史

顧福 天錫 刑部

趙禎 汝吉 刑部

管昌 世隆 太僕

主事 郎中 永州同知 吉安知府 河南參政

主事 員外郎 袁州知府

寺丞

禮部侍郎 吏部尚書

林符 朝信 行人 監察御史 廣西副使 按察使 河南

徐恪

陸潤 呂澤 閩縣知縣 太僕寺丞 溫州知府

五年己丑張昇榜

張習

陳策 嘉謨 兵部主事

雄知府 浙江參政 布政使

朱紳 儀中 兵部主事 郎中 萊州知府

王鼎 元勲 刑部主事 郎中 湖廣參議

吳珵 元玉 工部主事 郎中 有文學

徐昇 以賀 工部主事 郎中 湖廣參議

沈海 觀瀾 刑部主事 員外郎 泉州知府

八年壬辰

賀恩 澤民 庶子

吳寬 會元 狀元

高敞 德廣 禮部

蕭奎 漢文 工部

沈瑩 後復姓麗

華裕 應福 兵部主事 郎中 福建參議

奚昌

顧竑

李昊 翰林檢討 給事中 湖廣參議

瞿俊 廣東參政

黃著 誠夫 新昌知縣 監察御史

陸奎 文耀 工部主事

李良 克臣 瑞州知府

行人 監察御史 僉事 雲南副使

張□ 廷玉 行人 司副

朱福 天錫 監察御史 四川僉事

□慶 崇善 雕子

沈鎧 作成 錦衣 工部主事

文林

主事 郎中 順天府丞 應天府尹

姜昂

主事 員外郎 僉事

褚祚 啓亂 監察御史

董奕 克明 □府長史

伯玉 刑部主事

王經 允常 大理寺評事 寺副 寺正 廣東僉事

吳琳 廷芳 刑部主事 郎中 □□□□

瞿明 德昭 工部主事 兵部郎中

□□ 王鏊 徐源 吳璉 應韶 吳洪 金洛 施裕

未謝遷榜

濟之 會試第一 廷試一甲第三人 編修 修撰 諭德 學士 少詹事 吏部侍郎 戶部尚書 兼文淵閣大學士

姚昺 懋明 禮部

仲山 兵部主事 員外郎 郎中 廣東參政 浙江布政使 副都御史

劉杲 世熙 工部

德徵 工部主事 員外郎 郎中

秦瓛 廷贊 刑部

尚虞 蘭溪知縣 監察御史

周木 近仁 行人

禹疇 刑部主事 郎中 廣東副使 福建按察使 太僕寺卿 工部侍郎

式之 會魁 涪州知州

劉傅 師正 江寧

克寬 巴陵知縣 太僕寺丞 思州知府

主事 郎中 永州知府

顏涇 登之 工部主事 郎中

主事 刑部主事 員外 四川僉事 湖廣副使 貴州按察使

主事 員外郎 郎中 貴州副使

吳愈 惟謙 刑部主事 員外 郎中 敘州知府 河南

司副 吏部郎中 浙江參政

錢承德 世恒 阜平知縣 監察御史 捷為知縣 蘄州

知縣 兵部郎中 泉州知府

周儀 希模 麗水知縣

孫裕 德宏濟南知縣武定知州

王僑 德高分寧知縣工部

參政

知州山東僉事副使提學同知

秦蕃 良翰浦江知縣

主事員外郎郎中

金章 相用黃梅知縣監察御史廣東僉事

十四年戊戌曾彥榜

伊乘 德載刑部主事員外

陳璚 汝玉庶吉士兵科給

虞臣 元凱兵部主事員外

龔弘 元之嚴州推官刑部

劉纓 與清滕縣知縣[illegible]

郎四川僉事

亭中刑科給事中大理寺丞少卿副都御史

沈元 善之深州知州有學行

郎部中四川參議

王倬 用檢僑弟餘干知縣監察御史甘州副使

主事員外郎吏部郎中兗州知府浙江參政

御史太僕少卿僉都御史

蔣廷貴 元用樂亭知縣從沈元受易自得尤深與元俱稱誠篤君子而仕俱未顯遽卒時論惜之

管琪 汝珍中書舍人刑部員外禮部郎中廣東參議廣西參政

張暈 鳳舉桐鄉知縣

十七年辛丑王華榜

薛英 朝英刑部主事貟外郎南昌通判饒州同知四川僉事

朱栻 良用蕭山知縣監察御史

賈宗錫 後復姓王原善餘姚知縣監察御史山東副使有吏才

趙寬 會元

葛鏞 文振大理評事寺副寺正

沈林 材美晉州知州刑部郎中

聞釗 明達大理評事寺副

沈庠 尚倫刑部主事貟外

貟外郎中順慶知府雲南參政

顧源 逢原刑部主事貟外郎中湖廣副使河南按察使湖廣布政使

寺正華容知縣

馮玘 良玉知縣監察御史福建副使

郎郎中貴州副使

葉巒

希說刑部主事貟外郎

顧景祥 瑞卿安福知縣泰安州知臨江同知

錦秀金華知縣

葉頎 誠之武陟知縣光州知州

二十年甲辰李旻榜

楊循吉 君謙禮部主事

沈杰 良臣歸德知州右府

朱文 天昭監察御史湖廣

郁容 容德刑部主事澧州

李宗裕 吉甫兵部主事貟外

傅謐 後復姓顧大學刑部

經歷衢州知府山西參政

副使

同知知州雲南僉事

郎郎中

主事貟外郎郎中

曹高 原潔撫州推官滕州知州[illegible]撫州同知

丘鎬 後復姓曹宗會周泰[illegible]州改遼州府同知

沈瀚 容之西安推官禮部主事[illegible]貟外郎郎中建寧知府

蔡坤 以寧刑科給事中安[illegible]官衛州同知山西僉事

盛洪 以高 刑部主事員外郎郎中廣東副使
朱希召 宗召 肥城知縣
陳愷 企元 兵部主事員外郎郎中
毛珵 自南 工科給事中左給事中山東參議浙江參政
陸完 全卿 監察御史浙江副使
陶繼 述之 刑部主事處州通判
蘇奎 炳文 新淦知縣
葉紳 廷縉 吏科給事中禮科左給事中尚寶司少卿
楊瑛 潤光 兵科給事中給事中太僕寺少卿常德知府
張瑋 嘉言 工部主事員外郎郎中

張贇 希皋 刑部主事員外郎山西僉事
文森 宗嚴 林弟 鄆城知縣 監察御史
王秩 循伯 永康知縣 兵部主事 刑部員外郎[illegible]
魯昂 廷瞻 兵科給事中戶科都給事中蒲圻知
楊[illegible] 尚絅 刑部主事員外郎郎中江西副使
胡[illegible] 安節 翰林檢討 監察御史

蘇志卷六 五四

倪天民 秀夫 禮科給事中山西參議
蔣淞 惟深 會魁 吏部主事郎中江西參議
徐璘 文璧 監察御史 [illegible]東僉事
吳鎜
周袞 秉臣 行人
陸昆 中玉
杜啓 子開 長垣知縣 監察御史 福建僉事
沈時 元中 蕭干知縣

弘治三年庚戌錢福榜
陸[illegible] 子由 曲陽知縣 禮部主事
張約 守之 工部主事員外郎郎中
張安甫 汝勉 祁州知州
周烱 光宇 木子 工部主事
王哲 思德 監察御史 山東副使
黃暐 日升 刑部主事員外郎郎中
張琮 廷獻 禮部
金冕 文用 章[illegible]
時中 大本 絳州
張銅 [illegible]

蘇志卷六 五五

主事員外郎郎中

王倖 應爵 上高吉水知縣監察御史

徐珽 信之 華容知縣工部

刑部主事員外郎四川僉事

朱稷 相之 工部主事

知州刑部員外郎山西僉事

盧翊 鳳翀 獲嘉知縣監察

知縣太僕寺丞

主事刑部員外郎

御史

六年癸丑

楊昇 起同 庶吉士戶科給事中立朝有聲

沈燾 良德 杰弟 庶吉士翰林編修

毛澄 憲清 狀元翰林修撰諭德庶子

褚圻 弘智 刑部主事員外郎郎中寧波知府

曹鏷 良金 庶吉士刑部主事員外郎東昌通判興化同知

王獻臣 敬止 行人

徐翊 中行 青州

馬慶 吉徵 行人

鄒韶 性之 刑部

盛應期 斯徵 工部

監察御史左遷縣丞永嘉知縣

進官二部主事員外郎

監察御史

主事員外郎吏部郎中兗州知府

黃清 原潔 兵部主事

吳鵬 南夫 庶吉翰林編修

顧元 明善 中書舍人

主事左遷驛丞祿豐知縣順慶通判武昌同知

九年丙辰

嚴經 道卿 刑部主事員外郎郎中吉安知府

皇甫錄 世庸 工部主事禮部員外郎

朱希周 懋忠 文子 狀元翰林修撰侍讀

陳言 汝昌 刑部主事員外郎

汝泰 其通 戶部主事郎中

陳霽 子宇 庶吉士翰林編修

陳言 于朝 刑部主事

顧潛 孔昭 庶吉士監察御史

蔣欽 子修 衛輝推官監察御史

陳天祥 元吉 青州推官監察御史

陸冑

李熙

郁勲

徐沈

尚德 禮部主事

顧璘 華玉 知縣 吏部主事

師文 吳子 [illegible] 知縣 監察御史

吳有 元孚 璿子

沈信 循初 祥[illegible]

元績 容子 [illegible] 知縣

克心 庶吉士 兵科給事中

十二年己未倫文叙榜

賀泰 志同 元忠

陸應龍 翼之 工部

周倫 伯明 知縣

錢仁夫 士弘 工部

徐江 德潤 工部

太倉衛

黃瑄 伯玉 工部

子衡 州推官

主事

監察御史

主事 員外郎

主事 同知

主事

都穆 玄敬 兵部主事

史鑑 公甫 監察御史

史良佐 禹臣

周滌 進之 刑部主事

倪議 與道 禮科

周道 公應 撫州

許立 伯基 海豐

吳堂 子升 訥孫

許銘 給事中

推官 嘉興 同知

吳蘭 知縣 監察御史

丁仁 [illegible]縣 知縣 監察御史

德新 兵部主事 員外郎

杭東 啓明 濟陽 知縣

[illegible] 分宜 知縣 御史

明德 行人

十五年壬戌康海榜

姚欽 敬夫 大理評事

劉布 時服

高嶼 子洲 長興 知縣

陳察 原習 南昌 推官 御史

周用 行之 行人 給事中

沈焰 文明 行人

盛鍾 秀夫 [illegible]

陸經 載道 行人

陸鰲 [illegible] [illegible]州

姚隆 原道 知縣

朱袞 子文 監察御史

推官

十八年乙丑

徐縉 子容 庶吉士

沈環 德佩

顧鼎臣 九和 狀元 翰林修撰

張文麟 公瑞

陳九章 從一

顧綸 朝章 餘姚 知縣

周[illegible] 文卿

周[illegible]弼 [illegible]良 臨朐 知縣

顧[illegible] 惟賢

[illegible] 子[illegible] 刑部主事

王良輔 仲申

楊鑾 厚甫

徐禎卿 昌穀

顧棠 良德 常熟知縣 一
崔傑 世興 禮部主事
陸芸 時達
倪璋 獻夫 慈溪 知縣

郁浩 子淵

金獻 弘載 臨清知州

顧達 德淳

朱表 民望 利津知縣
周廣 充之 莆田知縣
張寬 德宏

姑蘇志卷第七

沿革

吳自太伯開國迄今幾三千年中間離合升降損益治亂有可言者敘諸首使來者得觀焉

蘇州府治吳禹貢揚州之域至周泰伯讓國來奔在今無錫梅里始號句吳武王克殷因以封其後至壽夢益大諸樊南徙吳闔閭始築城都之吳亡其地入越楚滅越以其地封春申君秦置會稽郡治吳項梁起兵吳中遂有其地漢高祖六年立從兄賈為荊王更會稽為荊國都吳及賈被殺國除復為會稽郡十二年以封兄子濞濞誅國除復為郡盧志云濞誅屬江都王再屬廣陵王按漢書地里志會稽郡註云景帝時屬江都又廣陵國註云江都廣陵王皆都此并得鄣郡而不得吳未知孰是元封元年東越平以其地來屬而立東部都尉後徙章安陽朔後徙鄞文徙句章初順帝時分浙江以西為吳郡領縣十三吳海鹽烏程餘杭毘陵丹徒曲阿由拳永安富春陽羨無錫婁以東為會稽郡還治山陰三國為吳郡領縣十五吳婁海鹽嘉興富春建德桐廬新昌鹽官新城陽羨永安臨水烏程餘杭寶鼎元年割陽羨永安餘杭臨水烏程屬吳興郡晉太康元年屬揚州刺史四年割吳縣置海虞縣統縣十一吳嘉興海鹽官錢塘富春桐廬建德壽昌海虞婁與吳興丹陽號三吳

二年分置毗陵郡東晉為吳國置内史行太守事宋永初中罷吳國仍為郡領縣十二（仍有新城）元嘉中以揚州浙江西屬司隸校尉大明七年割屬南徐州八年屬揚州齊因之梁初分婁縣地置信義郡侯景之亂改吳州尋復為郡陳永定二年割鹽官海鹽屬海寧郡禎明元年分置吳州以錢塘為屬郡隋開皇九年為蘇州（以姑蘇山為名）領縣五（吳崑山常熟烏程長城）十一年移治橫山（即今新郭）大業初復改吳州三年仍改吳郡（隋初郡隸揚州行臺大業末非徐州總管）隋末劉元進沈灋興李子通相繼據之唐武德四年復為蘇州置總管六年輔公祏陷之七年平公祏置都督：：蘇湖杭暨四州：：復舊治九年罷都督屬潤州貞觀元年隸江南道神龍二年隸本道巡察使景龍二年隸按察使景雲二年隸揚州都督開元二十一年置採訪使為江南東道理所天寶元年改吳郡尋復為州（從此通稱蘇州吳郡）為乾元：年屬浙江西道節度使二年置長洲軍（大曆五年廢）永泰元年改節度為處置觀察使（治蘇）大曆十三年為雄州領縣七（吳長洲嘉興海鹽常熟崑山華亭）黃巢之亂錢鏐奄有浙西光啓三年六合鎮將徐約攻陷蘇州龍紀元年鏐遣其弟銶討

約破走之大順元年七月楊行密將李友陷蘇州九月孫儒圍蘇州十一月陷之殺李友二年錢鏐復平蘇州乾寧三年楊行密將臺濛陷蘇州五年錢鏐討平之梁開平二年楊行密復圍蘇州三年鏐復討平之割吳縣地置吳江縣後唐同光二年升中吳軍晉天福三年析嘉興置崇德縣四年置秀州宋開寶八年改平江軍節度仍為蘇州屬江南東道太平興國三年錢俶納土屬兩浙路置轉運使（熙寧五年徙杭）熙寧七年屬浙西路政和五年升平江府（以徽宗嘗節鎮）宣和五年置浙西提舉司建炎四年置

西提點刑獄司並治於此嘉定十年割崑山地置嘉定縣凡領縣六（吳長洲崑山常熟吳江嘉定）元至元十二年以府治為江淮行省以提刑司為兩浙大都督府置浙西路軍民宣撫司十四年改宣撫司為平江路總管府改浙西路為浙西道而屬江淮行省在城四廂設置錄事司以治之十八年升平江路達魯花赤總管府二十六年改江淮行省為江浙行省移治杭州至正十六年張士誠據之改隆平府十七年復為平江路

國朝吳元年改蘇州府直隸

京師洪武八年以揚州崇明縣來屬弘治十年又割崑山常熟嘉定地置太倉州今領州一曰太倉縣七曰吳長洲崑山常熟吳江嘉定崇明吳地古今稱謂不一句吳泰伯始稱漢書註句者夷俗之發聲○吳中項羽傳舉吳中兵○吳下蒞嬰傳破吳縣長吳下○吳門見李德裕文指潤州為吳之門戶○舊吳沈休文安陸王碑文鴻騫舊吳又劉琨勸進表奄有舊吳○大吳吳縣鄉名○全吳梁簡文帝浮海石像銘云長處全吳今崑山有全吳鄉長洲有全吳里○中吳後唐升州為中吳軍節度吳越時稱中吳府○吳會古有其語自唐以來稱者多指平江意謂為東南一都會今郡有吳會亭吳會坊皆然實誤也觀史記漢書所載皆指吳越而言耳如吳王濞傳上患吳會輕悍時固未分會稽為吳郡故舉二地合稱之至吳郡既立稱者相因若曹子建詩云行行至吳會吳會非我鄉諸葛孔明云東連吳會蔡邕傳云遠蹤吳會謝承後漢書施

延傳云吳會未分吳張紘謂收兵吳會王羲之帖賦役繁重吳會尤甚石崇曰吳會僭逆莊子釋文浙江為吳會分界亦皆指二浙之地朱桓傳云部伍吳會二郡齊太祖手詔吳會二郡以禮迎遣褚伯王六朝亦有下吳會兩郡造船此類甚多證據尤明切也○三吳說者不同十道四蕃志通典元和郡國圖志並以吳郡丹陽吳興為三吳又以義興吳郡吳興為三吳酈道元水經云永建中陽羨周嘉上書以縣遠赴會至難求得分置遂以浙江西為吳東為會稽分為三號三吳即吳興吳郡會稽也按晉書咸和三年蘇峻反吳興太守虞譚與庾冰王舒等起義兵於三吳時冰為吳郡舒為會稽則是吳郡吳興會稽為三吳矣又安帝隆安三年孫恩陷會稽劉牢之遣桓寶率師救二吳又陶回為吳興太守時大饑三吳尤甚回開倉賑之及剖府庫軍資以救乏絕詔會稽吳郡依回賑䘏據此則與水經正合又虞譚傳譚為吳興太守詔加譚督三吳晉陵宣城義興五郡事孝武帝寧康二年太后詔曰三吳奧壤水旱併臻宜時拯卹三吳義興晉陵及會稽遭水之縣全除一年租以此

事考之則義興固在三吳之外而太后之詔亦未在三吳之數豈一時稱謂初無定說邪史傳各有詳簡差互邪或疑虞譚所督三吳晉陵宣城義興計六郡而稱五郡蓋譚自為吳興增督五郡丹陽其一也桓寶救二吳者以孫恩既陷會稽遂逼吳中故云今當以十道四蕃志及郡國志別說為正又陸廣微吳地記以毗陵為中吳鄂州為南吳武昌為下吳即三吳也地理指掌圖三吳今蘇潤湖州亦據吳丹陽吳興三郡而言也○東楚史記貨殖傳彭城以東東海吳廣陵為東楚孟康曰舊名吳為東楚

吳縣附郡城西秦為會稽郡置吳縣王莽改名泰德隋開皇九年楊素移治橫山東唐武德七年復舊開元四年升望縣今管里五百一十一

長洲縣附郡城東唐萬歲通天元年分吳縣之北境置以長洲苑名乾元二年改長洲軍大曆五年仍為縣十二年升望又割其地置華亭縣今管里七百四

崑山縣在府東七十里秦漢婁縣地以婁江名相傳其城吳子壽夢所築或云在漢為鄮縣後避錢鏐諱改今名又吳志張昭封婁侯或云改於王莽時梁天監六年分置信義縣屬信義郡今縣西二十里村曰信義疑古縣治俗又訛為真義大同初又分置崑山縣以東南山名隋開皇九年廢十八年復置唐天寶十載太守趙居貞奏分縣之南境及嘉興海鹽二縣地入華亭縣大曆十二年升緊會昌四年升望後析安亭等

五鄉隸嘉定元元貞元年升州
國朝洪武二年復改爲縣管里三百三十八
常熟縣以其地豐穰故名在府北一百五里晉太康四年分
吳縣之虞鄉置海虞縣以虞山名一云海隅以東臨海故也梁天監
六年置信義郡大同六年始置常熟縣隋廢信義
郡并二領海陽前京信義海虞興國南沙入常熟
又廢晉陵郡於常熟置常州後割入蘇州唐武德
七年移治海虞城今縣是也元元貞二年升州
國朝洪武二年復爲縣管里五百一十四
吳江縣在府東南四十五里舊吳縣松陵鎮也五代

梁開平三年析吳縣地置吳越於此立南北兩城
防遏使所元元貞二年升州
國朝洪武二年復爲縣管里五百六十二
嘉定縣在府東一百四十里故爲崑山之疁城鄉宋
嘉定十年知府趙彥櫎奏割崑山縣安亭等五鄉
於練祈市置縣元元貞二年升州
國朝洪武二年復爲縣管里六百六十八
太倉州在蘇州府東一百六里古婁縣之惠安鄉相
傳春秋時吳王於此置倉故名或云吳王濞也或
云孫權和好於遼公孫淵置倉於此宋時置節制
司酒庫元創海運海外番舶皆於此市易俗謂之
國馬頭元貞二年升崑山縣爲州徙治太倉至正
十三年立水軍萬戶府十六年張士誠據吳始城
之州復徙崑山
國朝吳元年立太倉衛洪武十二年又立鎮海衛弘
治十年始割崑山之新安惠安湖州三鄉常熟之
雙鳳鄉嘉定之樂智循義二鄉置爲州凡三百一
十二里領縣一曰崇明
崇明縣在府東三百一十四里海中唐武德間海中
湧二洲今東西二沙宋時續漲姚劉沙與東沙接壤即崇

明舊治建中靖國初又漲一洲於西北即今之三沙嘉定
中更置鹽場號曰天賜舊屬通州海門縣元至元
十四年升州隸揚州路
國朝改爲縣洪武八年以其地來屬管里一百一十
分野
先儒謂古者受封之月歲星所在之辰其國屬
焉或謂以其州之星土爲國之分星稽諸載籍
多有異同姑從舊志所存是訂而次第之
黃帝分星次斗十一度至婺女七度曰須女又曰星
紀於辰在丑謂之赤奮若於律爲黃鍾

周禮保章氏鄭玄註云星紀吳越也

春秋緯文耀鉤云蒙山以東至南江會稽震澤徐揚州屬權星

爾雅星紀斗牽牛吳分野

史記天官書二十八舍主十二州吳楚之疆候在熒惑占爲鳥衡（正義云熒惑鳥衡皆南方之星鳥衡柳星也或曰張也）

西漢天文志斗江湖牽牛婺女揚州　地理志吳地斗分越地牛女分

費直分星次斗十度至女五度爲星紀於辰在丑吳越分野

蔡邕分星次斗六度至須女二度謂之星紀大雪冬至居之吳越分野

皇甫謐帝王世紀云星紀自斗十一至女七度吳越分

陳卓范蠡鬼谷張良諸葛譙周京房張衡分星次分野斗牽牛須女吳越揚州九江入斗一度盧江入斗六度豫章入斗十度丹陽入斗十六度會稽入牛一度臨淮入牛四度廣陵入牛八度泗水入女一度六安入女六度

晉天文志南斗十二度至須女七度[illegible]

唐一行所分星次分野南斗牽牛星紀之次也丑初起斗九度（餘千四十二秒十二太）中斗二十四度（一千七百八半）終女四度其分野自盧江九江負淮水之南盡臨淮廣陵至于東海又逾南河得漢丹陽會稽豫章郡西濱彭蠡南涉越州盡蒼梧南海古吳越及東南百越之國皆星紀分也南斗在雲漢之流殷淮海之間爲吳分牽牛在南河浸遠故其分野自豫章東達會稽南逾嶺徼爲越分

陳氏曰春秋占相以歲所在爲福歲所衝爲災故歲在越而吳不利（按左傳昭公三十二年吳伐越史墨曰越得歲而吳伐之必受其凶釋者以爲歲在星紀此星紀爲越之分星而揚州之星土也○符堅將謀晉引羣臣會議符融曰歲鎮斗牛吳越之福石越曰今歲鎮星守牛斗福德在吳懸象無差未可犯也及堅入寇果敗）

宋兩朝天文志天市垣二十二星東西各列十一星其東垣南第六星曰吳越

國朝清類分野書吳分野斗牛在丑自斗三度至女一度屬吳越分揚州今兩浙蘇皆吳分也

疆域

蘇財賦甲天下然其土壤不甚廣也況江湖之間水居其半焉覩其疆域可以知之

唐蘇州吳郡領縣七東西四百三十九里南北三百

三十里（東至海三百六里南至吳興郡三百一十里西至晉陵郡義興縣界一百三十三里北至晉陵郡二百里東南到東海釗山四百五里西南到吳興郡二百二十二里西北到晉陵郡一百九十五里東北到常熟縣界三百二十九里出杜氏通典）

宋平江府領縣六東西三百二十五里南北三百里（東至海二百二十里西至常州界一百三十二里南至秀州界一百一十里北至江一百八十里東南到秀州界一百五十里西南到湖州烏程縣界一百三十里東北到海二百三十里西北到常州界五十里以烏角溪爲界）

元平江路領州四倚郭縣二録事司一東西三百二十五里南北三百里（東至海二百二十里西至無錫州一百三十二里南至嘉興縣一百一十里北至江一百八十里東南到嘉興縣一百五十里西南到烏程縣界一百三十里東北到海二百三十里西北到無錫州界五十里）

國朝爲蘇州府領縣七東西五百四里南北四百二里（東至崇明縣三百一十四里到海渺無邊岸西至常州府宜興縣界一百里到宜興縣一百九十里南至嘉興府嘉興縣界九十四里到嘉興府一百三十里北至揚州府通州界一百五十里到通州二百七十二里東南至松江府華亭縣界一百二十六里到松江府一百八十里東北至常熟縣界許浦港一百七十二里到大海渺無邊岸西南至吳江縣界一百五十一里到湖州烏程縣二百一十一里西北至常州府無錫縣界四十九里到常州府一百八十九里至應天府五百八十八里至順天府三千八百里）

按歷代疆域不同東至甬東西至雩婁（在今廬江）豫章接楚南至干越（今餘干）艾（今分寧）北至徐鍾吾橐臯（在今壽春）此春秋吳國之境也東至句章（在今慶元）西至豫章南至南海郡北至廣陵（秦九江郡）此秦漢會稽郡之境也東至海鹽西至丹陽郡南至會稽北至廣陵此東漢吳郡之境也東至海鹽西至丹陽南至會稽北至毘陵此三國六朝吳郡之境也東至海鹽西至宣州南至杭州北至常州此隋唐五代蘇州之境也東至華亭西至太湖南至吳江北至江陰此宋平江府之境也東至華亭西至無錫南至嘉興北至江陰此元平江路之境也東至崇明西至太湖南至嘉興烏程北至江陰此

國朝蘇州府之境也

姑蘇志卷第七

姑蘇志卷第八

山上

吳中諸山奇麗瑰絕實鍾東南之秀地理家謂其原自天目而來發於陽山今紀自陽山分華鹿而南迤邐天平盡於靈巖別由穹窿而東盡於楞伽以及湖中諸山若虎丘於諸山最小而名勝特著且非有所附麗故首列之

虎丘山在府城西北七里吳越春秋云闔閭葬此以扁諸魚腸劒各三千爲殉越三日金精結爲白虎踞其上故名唐避諱改武丘又名海湧峰遙望平

田中大埠耳比入則奇勝萬狀其最者爲劒池兩崖劃開中涵石泉深不可測相傳秦皇發闔閭墓鑿山求劒無所得其鑿處遂成深澗今名劒池顏眞卿書虎丘劒池四字石刻猶存宋王禹偁劒池辨序虎丘劒池泉石之奇者也吳地記引秦皇之事以爲詭說考諸舊史則無聞焉矧儒家者流不可語怪因爲銘以辯之銘曰茂苑之側震澤之濆巖巖虎丘沉沉劒池峻不可以俯視深不可以下窺我疑乎太極作怪化工好奇水物設險山姿呈危陷其泉也參取諸坎磔其石也以象乎離艮有止兆蒙無亨期構此屯難成乎險巇直恐夏后弗能導之豈惟秦皇而能鑿茲蓋其始也一氣發泄兩儀分別予驅鬪結擊搏而裂斷壁雙揭摩雲不徹翠秃青殘摧銳而中絕寒流下咽奔山未決雪壅雷叔劒怒而曲折蹙東湍瀨呀嵯洞穴鱗翻成窟龍戰有血匪自人力蓋從天設誰謂一拳登之惟艱誰[illegible]

勺挹之不竭池實自然劒何安傳我欲涉道如池之淵我欲立節如石之堅位以道取名以節全濡筆心勒銘山巔破衆惑焉言余志焉宋方惟深詩雲崖倚天開蒼淵下澄澈世傳靈劒飛山石千丈裂神蹤去不返今作蛟龍穴是非漭難詰歲久多異說惟當清夜來靜賞潭上月范成大石罅泓渟劒氣潛誰將樓閣苦莊嚴只知碾熱遊人眼不道蒼藤翠木嬿國朝高啓千將欲飛出巖石裂蒼礦中間得深泉探測費脩綆一穴海通源雙崖樹交影山中多居僧終歲不飲井殺氣凜猶在棲禽夜頻驚月來照潭空雲起嘘壁冷蒼龍已何去遺我清絕境聽轆轤聲時來試新茗徐賁閶闔試劒處靈泉湛澄靜苔花漬餘血石色帶古礦空山秋氣寒幽林夜光冷月明樹交壁人靜霜折綆古情且當置清景庶足領

其前爲千人坐蓋神僧竺道生講經處大石盤陀徑畝高下平衍可坐千人唐李陽冰篆書生公講臺四字分刻四石今失其一臺側有

點頭石上有可中亭取劉禹錫詩語本名可月今誤稱云唐劉禹錫詩生公說法鬼神聽身後空堂夜不扃高坐寂寥雲漠漠一方明月可中亭方惟深生公天人師講法花雨隨當時聽法衆片石千人坐山祇常護持山鳥不敢涴野人心誥然傲蕩多酒過醉來不肎歸石上看雲臥范成大聽經人散蘚花深千百誰能更賞音只好岸中[illegible]鶴鶯風清月白坐彈琴國朝沈周月夜千人石步一山有此座勝處無勝此羣類盡皖出夷曠如砥其腳插靈湫數霞百深紫城中士與女數到不知幾列酒即爲席歌舞日喧市今我作夜遊載當隗始亦莫責秉燭步月良可喜月皎光[illegible]措足畏踏水所廣無百步旋繞千步起一步照一影千影千人比一我欲該千其意亦妄矣譬佛現千界出自一毫耳及愛林木杪玲瓏殿閣倚僧窗或映火總在蛛網裏聞聞萬響滅獨度選然覆恐有竊觀人明朝以仙擬又有白蓮池在臺之左相傳說法時池生千葉蓮花故名又有

試劍石憨憨泉養鶴澗𢌞僊徑石井泉泉即劍新所品第三泉也吳郡志云劍池傍經藏後大石井面闊丈餘嵌巖自然上有石轆轤歲久湮廢寺僧乃以山後土井當之紹熙三年主僧如壁始消古石井去淤泥五丈許四傍石壁鱗皺天成下連石底泉出石脈中味甘冷勝劍池郡守沈揆作屋覆之別爲亭於井傍以爲烹茶晏坐之所宋沈揆詩靈源一閟幾經年石上重流豈偶然漸喜行春有幽事人間初見第三泉○上方高閣倚層巒下有清泉一鑑寒更作小亭供勝覽盡收吟思入豪端范成大勸耕堂上醉高年和氣春風共藹然大士亦脩隨喜供夜來古井發新泉○落紙雲煙墮翠巒一泓潭月闘清寒鳳凰池上揮毫手卻掬山泉淬筆端沈周月夜叩僧房汲泉煮茶坐松下清啜夜叩僧房覓澗腴山童道我吝村沽未傳盧氏煎茶法先執蘇公調水符石鼎沸風翻碧玉甌盛月看金鋪細吟滿啜長松下若使無詩味亦枯晉王珣嘗㨿爲別墅山下因有短簿祠珣

記云虎丘大勢四面周迴嶺南則是山徑兩面壁立交林上合蹊路下通升降窈窕不卒至吳地記亦云虎丘絕嵒聳壑茂林深篁爲江左丘壑之表吳興太守褚淵嘗經遊其地淹留數日歎曰今之所稱多過其實惟覩虎丘逾於所聞劉宋何求及弟點胤陳顧越唐史德義並隱此山舊有東西寺即王氏二墅皆在山下今雲巖寺在山上而二寺俱廢又有望海樓小吳軒致爽閣陳公樓五臺山樓千頃雲閣他勝處尚多不能悉載陳顧野王虎丘山序夫少室作鎮以峻極而標奇太華神掌以削成而稱貴若茲山者高不摡雲深無藏影卑非培塿淺異棘

林秀壁數尋被杜蘭與苔蘚椅枝千仞挂藤葛內縣蘿曲澗濚湲脩篁蔭映路若絕而復通石將頹而更綴抑巨麗之名山信大吳之勝壤若乃九功六義之興依永和聲之製志由興作情以詞宣形言諧於韶夏成文暢於鍾律由來尚矣未有登高能賦而韜斐亹之章入谷忘歸而忽鏗鏘之節故總轡齊鑣競雕虫於山水雲合霧集爭歌頌於林泉于時風清邃谷景麗修巒蘭佩堪紉故縄可索林花翻灑乍飄颻於蘭皋山禽囀響時弄聲於喬木班草班荊坐𥓓石之上濯纓濯足就滄浪之水傾縹瓷而酌旨酒剪綠葉而賦新詩肅爾若與三逕齊躋鏘然似共九成偕韻盛矣哉聊述時事寄之翰墨陳張種與沈炯書虎丘山者吳嶺之神秀者也雖復峻極異於九天隱嶙殊於太一衿帶城傍獨超衆嶺控繞川澤顧絕羣岑若其峯崖刻削窮造化之瑰詭絕澗杳冥若鬼神之髣髴珍木靈草茂瓊枝與碧葉飛禽走獸必負義而履仁是以歷代高賢輕舉栖託梵臺雲起寶剎星懸自非玉牒開精金祥緼耀豈其神怪若此者乎沈炯荅書若乃三江五湖洞庭巨麗寫長洲之茂苑登九曲

之層臺山高水深雲蒸霧吐其中之秀異者實虎丘之靈阜焉冬桂夏栢長蘿脩竹靈源秘洞轉側超絕遠澗深崖交羅戶穴唐獨孤及夜宴序方今內有夔龍皋伊以佐百揆外有方叔召虎以守四海天下之人高枕無事則琴壺以宴朋友笑歌以展霞月吾黨之職也我是以有今茲虎丘之會巖巖虎丘奠吳西門崒然如香樓金道自下方而踊纜丹霞白雲於蓮宮之內會之日和氣滿谷陽春逼人巖煙掃除肅若有待余與夫不亂行於鷗鳥銜流霞之盃而羣嬉乎其中笑向碧潭與松石道舊兕觥既發賓主醉止任歌送酒坐者皆和吳趨數奏雲去日没梵天月白萬里如練松陰依依狀若留客于斯時也挽雲山爲我輩視竹帛如草芥頹然樂極衆慮皆遣於是奮髯屢舞而嘆今夕何夕同者八人醉罷皆賦以爲此山故事陳張正見從永陽王遊虎丘山詩滄波壯鬱島洛邑鎮崇芒未若茲山麗岧嶢擅水鄉地靈侔少室塗難像太行重巖標虎踞九曲峻羊腸溜深澗無底風幽谷自涼柙沉餘玉氣劍隱絕星光白雲多異影丹桂有褰香遠看銀臺竦洞塔耀山莊瑞草生金地天

花照石梁清遠道士同沈恭子游虎丘我本長殷
周遺羅歷秦漢門隤與五嶽名山盡幽竄及此察
區中始有近峯旣近峯何鬱鬱平湖渺瀰漫吟挑
川之陰步上山之岸山川共澄徹光彩交凌亂白
雲翁欲歸青松忽消半客去川鳥靜人來山鳥散
谷深中見日崖幽曉非旦聞子盛游遨風流足詞
翰嘉茲好松石一言常累嘆勿謂余鬼神忻君共
幽賞顏眞卿刻清遠道士詩因而繼作不到東西
寺于今五十春揭來從舊賞林壑宛相親吳子多
藏日秦皇厭勝辰劒池穿萬仞盤石坐千人金氣
騰爲虎琴臺化若神登壇仰生一捨宅嘆珣珉中
嶺分雙樹迴巒絕四隣窺臨江海接崇飾四時新
客有神仙者於茲雅麗陳名高清遠峽文聚斗牛
津迹異心寧間聲同質豈均悠然千載後知我挹
光塵李德裕追和茂苑有靈峯嗟余未游觀藏山
在平陸壞谷爲高岸岡繞數仞墻巖潛千丈軒乃
知造化意回斡資奇詭鏐騰昔虎踞劒沒常龍煥
潭黛入海底峯岑聳霄半層巒未昇日哀狖寧知
旦綠篠夏疑陰碧林秋不換冥搜旣窈窕迴望何
蕭散川晴嵐氣收江春雜英亂逸人綴清藻前哲

留篇翰共和哀玉音皆舒文繡段難追彥回貫徒
起興公歎一夕如再升含毫星斗爛皮日休追和
清遠道士詩并序虎丘山有清遠道士詩一首其
所稱自殷周而歷秦漢迄于近代抑二千年末以
鬼神自謂亦怪之甚者格之以清健飾之以俊麗
一句一字若奮若搏彼建安詞人儻在不得居其
右矣顏太師魯公愛之刻於巖際弁有繼作李太
尉衛公欽清遠之高致慕魯公之素尚又次而和
之顏之叙事也典李之屬思也麗並一時之寡和
又幽獨君詩二首亦甚奇館余嗜古者觀而樂之
因總而爲和㕘不知孰氏之作其辭古而悲亦存
于篇末噫清遠道士果鬼神乎抑道家者流乎抑
隱君子乎詞則已矣人則吾不知也○成道自衰
周避世窮炎漢荆杞雖云梗煙霞尚容竄茲岑信
靈異吾懷愜流翫古澀不鐫鉎嵐重輕埃漫松膏
膩幽逕蘋末香孤岸諸藤蘿帷夢衆鳥陶螢亂巖
鋪地中心海光天一半玄猨行而歸白雲次第散
蟾蜍生夕景沆瀣餘清旦風人採詩什墨客學靈
翰嗟余慕斯文一詠復三歎顯晦雖不同茲吟粗
堪贊陸龜蒙追和一代先後賢聲容劇河漢光燄

邁古士復歷蒼崖竄辰經幾十萬邈與靈壽飫海
嶽尚推移都鄙固蕪漫羸僧下高閣獨鳥沒遠岸
嘯初風雨來吟餘鍾唄亂如何鍊精魄萬祀忽欲
半穿爲斷臂憂肯作秋柏散吾聞酆宮內日月自
昏旦左右倚文郎縱橫灑篇翰斯人久湮溟得不
垂慨歎庚或有神交相從重興替陸龜蒙補沈恭
子詩并序按清遠道士詩題中有沈恭子同遊飯
爲神怪之儔得非姓氏謚爲恭子乎趙宣子韓獻
子之類邪恭子美謚也而詩中有風流詞翰之稱
豈獨唱而不和者歟疑闕其文以爲恭子之恨乃
作一章存于編中亦補亡之義也○靈質貫軒昊
遐年越商周自然失遠裔安得怨寡儔我亦小國
胤易名慚見優雖非放曠懷雅奉逍遙遊携手桂
枝下屬詞山之幽風雨一以過林麓颯然秋落日
倚石坐天寒登古丘荒泉已無夕敗葉翳不流亂
翠缺月隱衰紅清露愁覽物性未逸及爲情所囚
異材偶絕境佳藻窮冥搜虛傾寂寞音敢作雜珮
詶皎然陪陸長源裴樞遊武丘雲水夾雙刹遙疑
涌平陂入門見藏山元化何由窺曳組探詭怪停
驂訪幽奇情高氣爲爽德暖春亦隨瑤草自的皪
黃樓爭蔽虧金精發壞陵劒彩沉靈池一覽匝天
界中峯步未移應來遠公石列坐援松枝擷德輿
酬陸四十虎丘對月東風變蘅薄時景日妍和更
想千峯夜浩然幽意多蕙香襲閒趾松露洽喬柯
潭影漾霞月石床封薜蘿夫君非歲時已負青宜
姿龍虎一門盛淵深四海推駿步驟褭婉婉藹
長離玄圖盡變樹家林輕桂枝聲榮從外奐恬淡
方自適逸氣夌顥清仁祠訪金碧芊眠端草秀斷
續雲竇滴芳訊發幽緘新詩比良覿故人石渠著
美價滿中朝落日杉松直芬芬蘭杜飄雄詞鼓溟
海曠度谿煙霄營道幸同術論心皆後凋循環伐
木詠緬邈招隱情懇茲擁腫才愛彼潺湲清拘牽
尚多故夢想何由幷終結方外期不待華髮生劉
禹錫青林虎丘寺林際翠微路立見山僧來遙從
鳥飛處茲峯淪寶玉千載惟丘墓埋劍人空傳鑿
山龍已去捫蘿披翳薈路轉夕陰遽虎嘯崖谷寒
猿鳴松杉暮徘徊北樓上江海窮一顧日映千里
帆鴉歸萬家樹暫因愜所適果得損外慮庭暗棲
還雲簷香滴甘露久迷空寂理多爲聲華故未欲
捉此山餘生豈能設文宿望海樓獨宿望海樓夜

深珍木分僧房已閉戶山月方出嶺碧池過飯杉寶刹植星影憶鄰竈中虛眠此時景

白居易

香刹看非遠祇宜入始深龍蟠松矯矯玉立竹森森怪石千僧坐靈池一劍沉海當亭兩面山在寺中心酒熟愁花勸詩成倩鳥吟寄言軒冕客此地好抽簪

夜遊西武丘

不厭西丘寺閑來即一過舟船轉雲邊樓閣出煙蘿路入青松影門臨白月波魚跳驚秉燭猿覷怪鳴珂搖曳雙紅旆娉婷十翠娥香花助羅綺鍾梵避笙歌領郡時將久遊山數幾何一年十二度非少亦非多

武丘寺路

自開山寺路水陸往來頻銀勒牽驕馬花船載麗人芰荷生欲遍桃李種仍新好住湖堤上長留一道春

李紳

秋山古寺東西遠竹院松門悵望同幽鳥靜時侵徑月野煙消處滿林風塔分朱鴈餘霞外剎對金蟾落照中官備散齋身部累往來慙謝二蓮宮

張籍

望月登樓海氣昏劍池無底浸雲根老僧只恐山移去日暮先教鎖寺門

宋犖迴遊虎丘詩并序

余羅掌賦東陽歸次蘇臺時故人王士龍飲餞乎閶門且曰虎丘山寺吳中勝槩不越數里可能游乎余沛然愜心諾而偕往由枝泒秉水輿嘯清風目幽趣棹工叢力槳舟如飛拂白英以半開蘩紅樹以傍出蓮詣幽境奐無纖塵相與披煙蘿凌磴道杳疑天外作爲佛宮俯臨劍池呀若斷岸磊砢峭崒不能形容肆疑覽以東周惜頹景之西匿一觴一詠抳興而還遂裁八章以表嘉會時淳化四載自序○餞別閶門復少留故人邀我浣離愁旋酤一美醞秉漁艇急棹斜陽到虎丘千古劍池呀怪石一方金地枕清流歸時春戀情無限不得從容秉燭遊

王禹偁

蘚墻圍着碧孱顏曾是當年海湧山盡把好峯藏寺裏不教幽境落人間劍池草色經冬在石座苔花自古斑珍重晉朝吾祖宅一廻來此便忘還○樂天曾守郡酷愛虎丘山一年十二度五馬來松關我今方吏隱心在雲水間野性群麋鹿忘機狎鷗鵬乘興即一到興盡聊自還不知使君貴何似長官閑○徒勞官職在天涯一望家園一淚垂不是虎丘多勝槩拂衣歸去已多時

丁謂

文塵黃閣侍威顏忽擁高牙出帝關玉珮乍辭文石陛錦衣重到虎丘山僊飆時傍孱溪起珍羽多從杳靄還官大寵深難得暇林泉懷舊是偷閑

梅詢

鳳池初下陡孱顏虎寺重遊答舊關金鉞遼鶴千年始一還

淳呼役釣者貧天輝瑛讀書山臥龍昔日曾三顧塵爲蒼生須再起草堂蘿蝦詎容閑

蘇耆

虎路標靈跡危樓杳靄間劍池沉石壁金地湧秋山塔暎松軒斷雲迷蘚逕斑磬隨靈藉晝鶴伴老僧閒有句慚先哲無辭愈厚顏我來聊爲望頻覺離人褱

范仲淹

昔見虎眈眈今爲佛子巖雲寒不出寺劍淨未離潭幽步蘿垂徑高禪雪閉菴吳都十萬戶煙尾亘東南

蔣堂

林端生色美新晴樓閣依山若畫屏石坐最宜人選勝劍池潛想地遺靈僧窓松竹冬尤茂寺路煙霞晝亦冥自嫓踰年假麾守一廻方得扣禪扃

張伯玉

東客從來過虎丘橋花渡口雜扁舟闔閭宮殿不可見但對古塔寒颼颼憶昔吳王全盛日水犀十萬橫吳鈎楚山既摧荊人塚越嶺仍將勾踐囚豈謂西施能破國誰知麋鹿上臺遊惟有吳王在時月夜深閑照劍池秋

蘇舜欽

重事飄然付一舟吳山蕭寺且淹留白雲已有終身約醲酒聊驅萬古愁峽束蒼淵深貯月巖排紅樹巧裝秋徘徊欲出向城市引領煙蘿空自羞

蘇軾

入門無平田石路穿細嶺陰風生澗壑古木翳潭井湛盧誰復見秋水光耿耿鐵花秀巖壁殺氣噤蛙黽幽幽生公堂左右立頑礦當年或未信異類服精猛胡爲百歲後僊鬼互馳騁窈然留清詩讀者爲悲哽東軒有佳致雲水麗千頃熙熙覽生物春意破妻冷我來屬無事暖日相與永喜鵲翻初旦愁鳶蹲落景坐見漁樵還新月溪上影悟彼良自咍歸田行可請

蒲宗孟

長松遶步水灣環寺據吳王家墓間瘦石千層開碧玉疎圍十里累青山壁從地上嶄巖起雲出門前自在閑零落生公講臺下無人說法但空還

游

虎丘因書錢塘舊遊

失部湖山恨去舟新年無意作春遊東風昨夜思龍井曉雨全家入虎丘望見遠峯疑石衛悞尋歸路認花樓明朝因出閶門去清夢遙知在兩州

章子厚和

闔閭城外小曾纔瘦竹寒松數里間並岸逢僧知寺近入門鑿石漸登山鈍鈎劍化空池在幽獨詩成白日開遊客幸無官事東何須齋舫劍昏說○傳間城角醮行舟自擁筆歌選勝遊偶爲寒江阻潮汐再來肯賞蜀林丘燕回吳苑風和雪夢斷錢塘月滿樓盡把蘇杭好煙景最吟將去詫東州

方惟深

晉人事高曠所得多奇辟雲巖佛子廬曾爲二王宅當時樂樂地

術仰成今昔林泉亦余好徘徊想遺跡那知非昔
人復作登臨客孫覿大雪同羣兒[illegible]往冬温陽
乂亢一雪意頗快乘興泛扁舟出郭信如邁放棹
得虎丘恍然銀色界瑶山丈細逕瓊樹偃曲盖引
步到層樓極目吳城隘飛鸞翔空中千峯幂天外
景虛雲可変寒重酒易解詳兒憂老翁於此氣不
憊○多病身如寄長貧氣自華只將窮事業便常
老生涯泥飲醉生綴挑燈喜見花慇懃香火社間
病到毘耶禪客青鞋軟詩翁白帽斜驚回蝶一拊
喜聽鵲查查推戶風敲竹登牀雨散花匆匆一笑
許隻履上青霞葉夢得同程俱遊[illegible]次字我
從山中來更覓林下侶常憂雲水脚臨老漸塵土
高堂老禪伯眉頰[redacted]號風一哮吼爲竅爲吞
吐乘高寄遠覽城郭遥可數長陂去渺渺積潦[illegible]
梅雨從容半日會解后平生語亂石拱槎牙重鼎
下深阻誰能望斗牛寶氣濯千古勿作李將軍空
弓徒飲羽程俱得丘字四顧渺平野孤撑見林丘
常疑湧地出儻彷海所浮上有千人臺靈蹤想前
修無情肯深義頑石亦點頭下有百尺淵神光千
斗牛陰崖不見日草木皆先秋兩晉多逸士東亭
堂

折其流結廬遠車馬寄此山之幽一朝施白足奔
去如毛輸矧伊桑下宿肯作貫胡留○寺經復經
丘人看李郭舟藤花多背日桐葉最知秋虎去蘂
崔畫龍歸蛙追愁振衣臨石壁未羨習池遊方
岢海涌起平田禪扉古木間出城先見塔入寺
登山堂[illegible]徒散巢喧乳鶴還祖龍求寶劍宵此
鑿巖石范成大不過溪橋又兩年偶隨節竹訪幽
禪有緣再踏雲巖路無處重尋石井泉擬輟午山
分座住先携一枕借牀眠覺來飽吃紅蓮飯正呈
塘東稻熟天文致爽閣碧嶂橫陳若斷蘿畫圖
對兩桂豪東軒只有雲千頃不似西山爽氣高[illegible]
適虎丘之名歲二千虎丘之丘何耶然衆山爭高
隱日月笑此拳石埋平田蟠然蟠螻疑異物劃開
陰崖十丈懸冢中有恨索遺指亭上無語傳枯禪
偏是于八愛山急逐面分方夸凭立屋承隋唐文
蹤称墨題熙豐尚新濕松梢莫遣風雨横石盤自
添苔蘚滿春來春去吳人遊足勤層巔臨壓泣[illegible]
仲友虎是何年跡名存迹已亡塔從林外出山一
寺中藏池暗生寒氣臺荒受夕陽更無人弔古
祇爲春忙元周馳莽茫何只墟異阜巋然起

作藩屏樹立空翠裏人言闔初開出內府千
今羅宮室意莫之明北夫差慧晉總霸執主
金銀圍九泉爐國用奢侈投身地委棄沉淪
已因思人間世踊躍徒爲爾森然一朵望嵩亡遠
如此日暮鐘磬開且欲談至理張伯雨披[illegible]
危援藤遂支滑尚餘金玉氣山川應發洺異不
滿眼軒中樹如葵花覆闔閭城石繞生入揭遠窓
幽人攜及茲暮春月坐久得志言秋[illegible]參清樹吳
茴巨靈夜竊吳剛斧斷雲分得蓬萊股巘巖若不
甚雄武女媧不敢支天柱六丁落迅吳城傍士利
剩蝕干風霜神膏迸蘚流玉象碧象登露飛金莖
當時湛盧淬秋月西走荊秦南竄越部娃宮成鋒
即鉄斷煙荒草長愁絕我來適與登高墟浩歌酹
倒黃金壺百年榮悴君知無西施未必能亡吳[illegible]
瓚余適偶入城本是山中客舟經二王宅弔古覽
陳迹松陰始亭午嵐氣忽欲夕欲去仍裴徊題詩
滿苔壁高啓與張憲金起王隅聯句飛梁上當空
憲直壁下插水兩樹交古陰啓孤亭倒清泚初王
意已愜憲冉陟神亦靡氣銷淵龍藏起骨朽山上
死蒼崖出鬼詩隅金藏閟僧史霸圖渺何在憲出

事[redacted]如此佳遊信難遭啓壯志良未已憑闌瞰柚
州起樹羽訝軍壘未睹煙塵清隅且執林壑美啓
臨風揮一觥憲藉草脫雙履驚啄朱果殘蜂抱
黃英委琴咽斜陽蟬憲棊戰欲雨螳潯暑避松篁
啓輕涼透藤椅眯目尋黑甜憲潛心玩玄旨藉嘗
破虛寂啓香清飄椅鹿飯鐘隔煙來憲椎笛吹月
起磬戀夜僕夫起揖鞭謝釋子麗獒吠喧呵隔騎
影歸迤邐遺戀尚春然啓重來那復爾明發抗塵
容憲何由繼芳趾啓又獨遊雲巖寄周砥城西岩
山非不奇我遊獨與茲山宜紅櫻春開山後寺白
水夏滿山前陂幽居況與山不遠鐘鼓每到空齋
惟雨餘煙中落日下曳杖往讀陀碑兩崖蒼苔
石色古枇杷樹高陰滿池發燈欲昏上鼠塔巢
已靜蹲孤賤興來即遊興盡返迎送豈要山僧知
困窮褒亂豈無感正賴此境忘吾悲嗟君何爲乃
自苦破帽短策塵中馳掛帆能來亦未晚甫已三
日南風吹楊基層軒構崇立綠樹帶吳苑鳴鳥發
竹靜鶴下煙汀遠砌登已神暢稍久覓古逕松陰
急雨過草弱微風偃幽覃閟靈跡氣凝龍蜿蜒衛
深戒臨危歷險知步蹇歸途極遐矚蒼茫大西嶽

[illegible]虎丘共作五年留幾度相携上小舟蕩槳春橋半塘寺芙蓉夜月百花洲長林放鶴澗支遁一室綿蒲老睦州此日獨歸懷往事空山草色不勝秋

徐有貞雲巖雅集志

天全翁自耒昌歸吳三載于玆矣閉門卻掃非湖山之遊不出出則孤蓬短棹飄然往翛然還而未嘗有同遊同樂者甲申秋九月上日自在居士自玉峯來始相約爲登高之集約所登曰山之近而佳者則武丘之雲巖乎約所集曰凡吾詩社中人皆可也然不必期翌旦至者即與及旦而鹿冠道人自東原至愛雲道人自墻東至醒菴未菴兩文學至自緑水園翁乃與之載酒肴出閶門追及居士於畫舫而長沙幕賓繼至遂即舫中張宴爲水嬉望山而進日卓午乃至而吾七人皆古衣冠步入山門笑詠以登巖巒野褐聘貽相視迎而導之自麓及巔凡臺殿亭館之有名者必造焉既乃遵鶴澗過松菴循劍池躋雲閣列席而飲用司馬公眞率會例酒至自斟杯行無筭于時黃花方盛開采英浮白薦以紫萸緑橘而山珍海錯間之每酒行三五巡則一淪以茗故雖酣而不醉醉而不亂間起而延竹堂

巖阿憑軒以眺還而千章之松萬竿之竹雲作之色風作之聲海濤忽鼓天籟和鳴目眩耳聾應接不暇遠而陽華諸山自乾而离陣列車連衡絶乎莽蒼之野其區之浸自坤而巽匯乎三江極乎雲海之涯坱圠混茫與天無際使人神爽飛越將與造化上下同流而無間者因相與尋勾吳之遺跡弔閶閭之玄宮慕太伯之至德企延陵之高風嗟霸圖之易泯而知有道者之無窮也居士乃倡爲四韻之詩鹿冠繼之兩文學繼之愛雲長沙又繼之而翁則旅酬而遍和之惟古以菊節登高必以詩酒爲樂事然能兼之者鮮矣孟嘉軍之於龍山有酒無詩陶徵士之於栗里有詩無酒若杜之於藍田小杜之於齊山有詩有酒而無蜀和之什若彼晉唐中季人亂日滋其皆不能無憂而我輩幸當太平之世以時游衍而兼有詩酒賡酬之樂然則斯集之雅蓋前此所未有也於是爲志居士爲玉峯夏仲昭鹿冠爲京兆杜用嘉愛雲爲吳興施堯卿醒菴未菴皆陳氏仲孟賢季孟英長沙爲彭城劉廣洋而翁則東海徐有貞云

吳寬遊虎丘

江湖倦客千人石上可中亭僧說法鬼來聽此事休談但愛石峻嶒二十餘年身再到頭已白樹猶青芻池一道水偏清撿泉經第三名洞陽休促客歸城小閣半間重徙倚蘇子語是詩銘

又登千頃雲閣

蘇公詩可舊曾聞小閣猶題千頃雲故事流傳如昨日後人登覽感斯文田苗盡繞平湖緑江樹遙從過雨分日晚窗間頻拄笏西山佳氣正氤氳

沈周雪中遊虎丘

月色風光知幾醉好奇重補雪中緑急排巖樹開高閣生怕溪山又少年城郭萬家羣玉府塔簷千溜半空泉香茶美酒殊酬酢如此登臨亦可傳

陽山一名秦餘杭山一名萬安在城西北三十里高八百五十餘丈逶迤二十餘里以其背陰面陽故曰陽亦云四飛以四面視之勢若飛動也大峯一十五而箭闕爲絶頂相傳秦皇射于此故其下有射瀆戰國策云越王以散卒三千禽夫差於干隧今萬安山有遂山即其地也箭闕下有文殊寺寺內石井大旱不涸有白龍洞嶺西有龍母塚東北有白鶴山以丁令威宅名山產白墡亦名白墡嶺又名白蓮峯以下有白蓮寺也今名澄照寺其前有龍湫白龍廟在焉

高啓詩

我登此山顛不知此山高但覺羣山總在下坐撫其頂同兒曹又見太湖動我前洶湧三十萬頃煙波濤長風吹之入虔層障不用僊翁赤城杖峯廻秋𥖄海鶴飛日出夜聽天雞唱中有一泉長不枯乃是蛟蜒神物之所都老藤陰森洞府黑樹上不敢留棲鳥常年禱雨車來此投金符靈旗風轉白日晦馬鬣一滴雲三吳巖巒蒼蒼境多異構子尋常不曾至探幽歷險未得歸忽聽鐘來澗西寺此時望青冥脫畧塵世情白雲冉冉凡下起如欲載我昇天行古來名賢總何有唯有此山長不朽欲呼明月海上來照把長生一瓢酒浮丘醉拍肱洪崖笑開口天風吹落浩歌聲地上

行人盡回首
自此一支東北過金芝嶺曰筐山亦曰崔山山北大石湧出如蓮花上有雲泉菴國朝張淵史鑑李應禎吳寬

大石聯句

巖巖者大石應禎奇觀人所誦邈想十載
餘寬來遊五人共舍舟始登陸淵杖策下□□
時日當夕鑑茲山氣逾滃入門信突兀應禎拾級駭
空洞落星向破碎寬靈鷲宜伯仲仰觀神欲飛淵
俯瞰心屢恐鱗皴苔蘚剝骨立氷雪凍鑑神驅道
撝呵應禎鬼劈文錯綜尊嚴稟君臨寬張拱儼賓送
環列盡兒孫淵擁護等僕從欲假遇公移鑑諒匪
雍伯種丱鼓懈淵桴已應禎對曰怯杵重䂓吻呀未收
寬龍鬣怒難控鑑凝血疑痛瘢淵立肺訝寬訟上漏
還啓窓鑑中通自成術大惟補天功小可砭肌用
分矣頹憤來應禎浮磬四濱貢淵廉利並攢劍兀臬
側倚虧嶧山辱蠹秦寬艮岳遺汴宋截彼民具瞻
淵壯弐客難奉鑑落照紅抹赭歸雲白流汞僧講
點頭麐應禎將射沒羽中塵緣契三生寬陣圖懷乚
縱淵在懸太師繫攻王詩人諷僊煑充腹飢鑑俗
揩兑腰痛瑤琨產惟揚寬琅玕出乃雍高題少室
堂應禎怪作東坡供半空見玉蝙千仞附青鳳淵棲
名釋餘百年問佾僅三衆憑虛闌曲闌寬架壑出飛
棟竹幽補堂坳鑑樹古嵌匣縫竇黑炊煙熏應禎坎
平鍾乳垂盤盤棧道危寬流水泉動鑑登頓寬足
力疲眺望眼界空松露髮欲濡潭月手淵可弄呼
窮攀任生皴應禎醉吟鑑徽帶鑑列坐對彎跧淵大
應鎗碚嗜癖牛李愚鑑詩戰鄒魯閧寬拜奇應禎得顛
名憂墜成噩夢試與叩山靈陰佳指薄俸應禎沈周

大石狀

埜望泰餘杭首冠不可大石突其尻翹
然一拳撟山體厚藏骨吐秀此特表丕頖抱中嬰
頭頂露於椓形大氣則散趣足喜在小其深雖未
即接目遠已好頭來莫能窮繼至敢草草循墻道
林麓記曲乃遺杳登覺向峻漸漸駕木杪猊峯
據門左呵禁口欲踰有蹬沿百級有蹬嵌山造並
發蹲偃石懸身龍嫋矯行人自其下怳惚怖四爪
轉高蹈其背股慄身亦掉鎖腦結佛亭所仗力可
擾四壁滿題句貴賤成襍揷同遊懲涉險旋踵促
及早次尋巖間寮蜂房竝竅罷緣勢盡西向局地
窄接檐雲磴中貫穿所阡平地少山靜日自長不
瘠人亦槁坐僻巖忍波待吝波旋攢陽月識晷掀

陰竇疑日窅虛含風颼颼濕映雲稍稍衆綺不可
熨亂壘㕦拚兆層疊百寶合正紺或厠縹亘此金
剛座千古不可剗危棟壓屋脊雷雨常怯倒草木
亦作怪牢絡萬蘿蔦蒼松長深縫本矮枝節老斜
見山桃花微紅映叢篠草異傳多藥采摭未諳晚
欲宿償三過僉凋悔怠抱飢夕氣更佳延月象倍
殊尚欠一踏雪意先有瑤島情狀要細述言語未
窮巧不斯諸齒嵬拄腹早韞藁宛然紫芙蓉被我
一手拗東坡昔袖去援例我非狡山僧苦着相便覺生煩惱

西爲陽抱山西北彭山溫山圖山皆近太湖其北竹青塘又北曰雞籠山又北曰甑山山嶺有七竅如□甑故名東南有象山即福壽山□□□□至南瓜山過爬石嶺而北曰北瓜山□徐侯山在陽山西北十里一名卑猶一名徐枕吳越春秋越王乃葬吳王以禮於秦餘杭山卑猶即此山也越絕書云夫差冢在猶亭西卑猶位索隱曰猶亭亭名卑猶位三字共爲地名其下有沈尤村其西南出錦峰南出玉遮東南則鳳現嶺過嶺爲鳳凰山晉太康二年掘地得石鳳故名又南爲賀九嶺相傳吳王於此慶賀重九崖壁有賀九嶺三大字過東南則爲花山

花山舊名華山去陽山東南五里山石峭拔巖壑深秀相傳山頂有池生千葉蓮服之羽化故名續圖經云或登其顛見有狀如蓮華老子枕中記云吳西界有華山可以度難疑即此也山半有池□□□□□□橫浸山腹逾數十丈故又名天池山池上□□□清池穴山□

止水玻瓈爭雲衣汎晴漣天影涵空鏡龍歸海上
氣寒鳥度煙光暝銀漢此云通僊槎去非迥
有石鼓晉隆安中鳴乃有孫恩之亂 [王建詩] 石鼓從何來死似
岐陽璞具相若天成由來匪人鑿兩觧上重
輪天花陸頭廓定出背有聲逢逢殷山角 石屋
二間四壁皆鑿浮屠像 [王建詩] 鑿石甃圓菴結搆因巖谷危梁琢堅珉瀑濺
栽寒玉梵相終無壞明燈自相
續掘斷青山根白雲長在屋 又有龜巢石秀屏
虎跑泉蒼玉洞紹興中張漢卿嘗居此號就隱山
[楊備詩] 嵌屏晻樹煖寒鴉嵐翠樓臺釋子家池面
鏡光功德水金沙影裏石蓮花 [范成大華山道中]
過午晉陰未肯開暖寒村店竹篘從蕭蕭林響棠
梨戰腴恐陽山有雨來 [高啓] 靈峯可度難昔見枕
中書天池在其巔每出青芙蕖湛如玉女盆雲影
含夕虛人靜時飲鹿水寒不生魚我來屬始春石
壁煙霞舒灔灔月出後冷冷雪消餘弄之知神清
一酌欣慮除何當遂流花遂造僊人居 [又陪姚秘]
[政遊天池山] 騎馬尋幽度嶺遲老僧不識使君誰
門開紅葉林間寺泉浸青山石上池殘果已收猿
食少枯松欲折鸛巢危壁間不用題名字無限蒼
苔沒舊碑 [沈周遊天池山] 佛國有池峯頂見樓臺
倒影入沄沄源通汞海石中發氣接銀河天上分
抱子龍君吟夜雨洗頭玉女動春雲詩腸一涯便
歸去過嶺微 其南爲鹿山漢陽山野演山龍山茅
鐘西日曛
山西有雞巢嶺清流由鹿山東南爲龍池山今改
隆池自此過涅盤嶺遂接南峰山 即支硎山支隴
支硎山在龍池山東北以晉支遁嘗居此而山多平
石故名 按玉篇吳有臨硎吳都賦亦云右號臨硎又按續圖支硎一名報恩山以昔有報恩
寺也 山有石室寒泉遁詩云石室可蔽身寒泉濯温
手相傳遁冬居石室夏隱別峯也泉上刻紫巖居

士虞廷臣書寒泉二字徑丈 [illegible]
成潭風吹不生鼠萋寒葉下色映
秋苔深野客照顧影不覺筇枝扶 又有放鶴亭
馬跡石皆以遁得名 [范成大詩] 石門閉外古寺基
樹老藤枯野徑微故鶴道人
今不見故應人與鶴俱飛踏馬麥空亦㕥哉龍髮
鶴背讀徘徊遊人欲識僊蹤處但覓蒼崖白塔來
山有南峯寺及中峯北峯二院北峯宣德間移於
雞巢嶺中峯在寒泉上又名楞伽院南峯一名天
峯即唐支山院也有碧琳泉待月嶺南池新泉馬
坡 本名養馬坡遁詩云馬跡泉名謬也 坡南有石門乃三巨石直上
干霄西連危峯東臨絶壑中猶根泉然又有牛頭
峯在寺門之下東趾有觀音寺故又云觀音山 [高啓]
[易詩] 好是清凉地都無繫絆身晚晴宜野寺秋景
屬閒人爭石堪敷坐寒泉可濯巾自慚衰髩上猶
帶郡庭塵 [宋葉夢得] 澤國鍾下流有山獨西南標
奇惜明眼夙昔多窮探曉背眩金碧鐙魚半精藍
支郎放鶴地妙解無餘談高木氣未父綠陰正清
酣我懶儻登陟經行咤猶堪幽尋跡云初佳處默
已諳又欲謝塵滓往同彌勒龕千仞縱九九晚歲識
前三三寸也實可人窮年玩煙嵐窗中有定水萬
境潛包含嚴霜插頽紫老幹與煩摘瘦發要自佳
食茶亦云甘坐斷方丈室天花雨鬖鬖笑我落世
綱向如老眠蠶我今已解縛眞理蚤自躭但恐愛
山意多求尚成貪願借待月嶺重開石頭菴偃松
文徽兀碧琳放濫涵言
尋覺菴路更欲從綿參
定山在支硎西相傳支遁創報恩寺於其麓於此禪
定故云 按楞伽院石記云乾德二年常州奏帖付
音院舊志疑定山即支硎之別號非也又按道林
在吳土山幕下集同意者合入關齋時道士白衣

凡二十四人道林作詩三章越絕書[illegible]者春申君治為貴人塚去縣十六里疑即道林齋會之地去支硎為近豈即此也按錢塘亦有定山與此不同其旁又有羊山與長洲縣分界

高景山在定山羊山北三里自天平來漫衍數里至此而止越絕書作高頸山 范成大詩 卓筆峯前樹作團天平嶺上石成關綠陰匝地無人過落日秋蟬滿四山 文高景山夜歸 伊軋籃輿草露間夜涼月暗走孱顏忽逢陂水明如鏡照見沉沉倒影山 其西麓對花山覺林厓谷盤拱處曰金盆塢宋魏文靖公墓在焉其南為斜堰嶺

天平山在支硎南五里視諸山最為崷崒其林木亦秀潤山多奇石詭異萬狀有卓筆峰 高啟詩 雲來初似墨鷹過還成字千載只書空山靈恨何事 飛來峰 高啟詩 風吹峨眉雲來依此山住我來不敢登只恐還飛去 五丈石 高啟詩 勢危撐月墮影瘦倚雲平仿佛華峯井蓮花一半生 臥龍峰巾子峰毛魚池大小石屋 高啟詩 雙崖立凼關十洞開深宇青嶂近為隣白雲間作主不受材陵風可避河朔暑華棟幾回新巢淶獨千古 張羽 山根攢棟宇蒼檖勢崚嶒卻許誰來住間雲共老僧 其山頂正平曰望湖臺即遠公菴遺跡 上巨石圓而面湖者曰照湖鏡 楊基詩 團團山上石下照太湖影如何一鑑中三萬六千頃 山半有白雲泉 白居易詩 天平山上白雲泉雲本無心水自閒何必奔衝下山去更添波浪向人間 宋陳純

臣與范文正薦白雲泉書 粵自剖判融結其中傑然高嶽巨浸不待標異固已聳動人耳目不幸出於窮幽之地必有名世君子發揮善價所以會稽平湖非賀知章不顯卅陽舊井非劉伯初不振惟胥臺古郡不三十里有山曰天平山山有泉曰白雲山高而深泉潔而清僻逍遙中人覽寂寞外景忽焉而來灑然忘懷碾北苑之一旗煮并州之新火可以醉陸羽之心激盧仝之思然後知康谷之靈惠山之英不足多尚天寶中白樂天出守吾鄉愛貴清泚以小詩詠題後之作者以樂天託諷雖遠而有未盡是使品第泉目者寂寂無聞棠莊有云重言十七今言而十有七為天下之信非閻下而誰歟恭惟閤下性得泉之醇才猶泉之濬仁稟泉之勇智體泉之動靄是四雅鍾于一德又豈杳陽春之辭以發揮善價純臣先人松櫝寘彼一隅歲一時往還嘗愧文辭蹇澁不足為來今之信僕閣下一歎牙齒之末肇歲發詠樂天如在當歛策避道不任拳拳之誠 范仲淹詩 靈泉在天半狂波不能侵神蛟穴其中渴虎不敢臨隱照涵秋碧泓然一勺深滋潤騰雲飛散作三日霖天造豈無意神化安可尋挹之如醍胡盡得清涼心聞之異絲竹不合哀樂音月明羣籟息涓涓度前林子晉罷雲笙伯牙收玉琴徘徊不擬去復發滄浪吟乃云堯湯歲盈盈長若今萬里江海源千秋松檜陰茲焉如有價北斗量黃金 錢藻 白雲巖靜最深隱泉溜泓容石竇開宿霧不生澄曉月殘風輕颺鼕寒雷源從天漢星邊落流自鼇峯海上回莫謂無心自奔注曾隨霖雨下山來 范成大 龍頭高啄漱飛流玉醴甘渾乳氣浮捫腹煑泉烹鬭胯真成騎鶴上揚州 別有一泉如綫注出石罅尤清冽曰一線泉宋僧壽老始發之 范成大詩 二十三年再入山此山與我有前緣時人不用憐衰病天與冊旁一線泉 有古松蟉糾如蓋者曰華蓋松 俞焯詩 次近勾陳第六星一株相似色宜宜能眠獅子山前路難比龍門石上形此十八公非草草後三千歲獨青青來遊未怕遭風雨不用秦封請勒銘 又有穿山洞蟾蜍石 楊基詩 神墓月中來化作千年石曾吞玉杵霜清露時時滴 龍頭石靈龜石及龍門 高啟詩 龍門何崢嶸此地表奇蹟山分兩崖青天豁一罅白知非禹功鑿想是鬼手擘長為風雨闢開闔自朝夕深含未吐雲對峙不崩石日光寒易傾苔色陰更積只疑過此門便與人境隔始窺已幽深漸入

尤險峯晴中把有燭蜿蜒紆迴偪側行攀看古木蔽
火照絕壁晚聞松聲號洶若虎豹嘯不知神魚躍
到此誰點頭我嘗謂真龍天門
謬通籍何必更區區求爲李膺客南趾有白雲峯
范文正公祖墓在焉其西有筆架峯其後群石林
立名萬笏林宋周必大遊山記五月丁亥早范至
能熙休文相別於閶門外唐致遠聯
舟遶城望姑蘇館而過八里至橫塘又數里至黃
山又數里過不濟遂至靈巖院至能走价送菜杏
松黃新茶其簡云來日登天平須攀援至遠公亭
及諸石屛處白雲泉名在水品其色疑白蓋乳泉
也張又新以虎丘石井松江在第三第六而下此
泉未知如何試一別之向壽老許亭泉上及下別
菜遠公亭寺石上山路傍有石龜極形似向亦有
名近無知者忠烈廟具有文正以下畫像掛壁詔
之丙辰早升小車過天平下嶺甚峻約數里至白
雲寺圖經云唐寶曆二年置在縣西南二十五里
本遠祿公道場今范文正公功德院寺有白樂天
蘇子美王君玉將希魯詩刻欲因致遠登山而脚

蘇志卷六　十九

力頓疲難之然恐至能簡中語恐遺恨他年遂奮
衣右轉而上酌白雲泉甚白而甘躡石磴至卓筆
峯峯高數丈截然立雙石之上附著甚孰危疑其
將墜餘如屛如盂或挿或倚崩摧奇怪行十六七
里石愈奇而力愈憊延緣左徑訪石屋三面壁立
覆以二大石少休其中下至小石屋一石覆之又
下至飛來峯高二丈上銳下侈微附盤石前臨崖
谷茲其異也又東下遠公菴一名望湖亭正直寺
後又下至五丈石亦閣石上次至頭陀巖有蟲斜
蔽之次至龜石脊勢隱起名不虛得此山大抵皆
石也瑰形詭狀可喜可愕今日適疲倦又當暑不
能窮其巔然郡人能至予之所至者寡矣況遊者
乎歸寺欲拜文正及四子畫像坐待魚鑰移時乃
至蓋日文正忌辰云高啓遊天平山記至正二
十二年九月九日積霜始霽氣澄肅予與同志
之友以登高之盟不可寒也遂治餚載醪相與指
天平山而遊焉山距城西南水行三十里至則捨
舟就輿經平林淺將間勞竹石叢翳有泉伏不見
作冷冷琴筑聲皆欣然停聽久之而去至白雲
亭謁魏公祠遊遠公菴然後由其麓狙杖以上山

多怪石若卧若立若搏若噬蜂擎挫拄不可名狀
從有泉出亂石間曰白雲泉線脈縈絡下墜于沼
舉瓢酌嘗味極甘冷泉上有亭名與泉同草木秀
潤可蔭可息過此則峯回磴盤十步一折委曲而
上至於龍門兩崖並峙若合而通窄險深黑過者
側足其上有石屋二大可坐十人小可坐六七人
皆石穴空洞廣石覆之如屋焉既入則凜然若將
墜者遂相引以去至此蓋始及山之半焉乃復離
朋儕伍競逐幽勝登者坐者哦者嘯者憊而喘者
恐而跳者怡然若有樂者悵然俛仰感慨若有悲
者雖所遇不同然莫不皆有得也予居前益上覺
石益怪逕益狹山之景益奇而余之力益以憊矣
顧後者不予繼乃獨褰裳奮武窮山之高而止焉
其上始平曠坦石爲地拂石以坐則山之雲浮浮
天之風颼颼太湖之水瀰乎其悠悠乎超乎若舉
泊乎若休然後知山之不負於茲遊也既而欲下
失其故路樹隱石蔽愈索愈迷遂困於荒茆叢篠
之間時日欲暮大風忽來洞谷呀呀鳥獸鳴吼予
心恐術丁夜呼有樵者聞之遂相尋以出至白雲
亭復與同遊者會衆莫不尤予好奇之過而余亦

蘇志卷八　二十

笑其怯怯頹敗不能得茲山之絕勝也於是采菊
泛酒樂飲將半予啓言於衆曰今天下板蕩十年
之間諸侯不能保其國大夫士不能保其家奔走
離散於四方者多矣而我與諸君嘗在上者之力
得安於田里撫佳節之來臨登名山以眺覽舉觴
一醉豈易得哉然盛衰之不常離合之難保也
請書之石明年將復來使得有所考焉蘇舜欽詩
吳會括蒼山巍巍不可數其間號天平峻絕爲之
主傑然鎭西南羣嶺爭拱輔爲知造化意不以屛
大府清溪至峯前仰視勢飛舞偉石如長人聚立
欲言語捫蘿緣險磴爛熳松竹古山腰有危亭前
對翠壁舉石寶落玉泉冷冷四時雨頭生白雲間
顏色若粉乳泉罕成描灑潤可足九土柰何但澄
泰末爲應瀧取予多東城中巖壑素自許盤桓擇
勝遊挂此快心骨僕怨聊自清終甘食於茲范成
大登天平山頂翠屛無路強攀緣我與枯藤各半
倦不敢高聲天關近人間漠漠但寒煙又重遊舊
遊彷彿記三年轟飲題詩夜滿山山上白雲應解
笑又將塵土涴朱顏[illegible]入山旭光迎出山月明
送千里松杉風吹醒塵土夢茲山凡幾到題字遍

嶸洞陽崖樹冬榮陰谷泉夏東怪石立誰扶靈草
生豈種白雲翁然來諸峯欲浮動高鶴有危樓幽
禽無俗哢麥蘚知屐滑披嵐覺衣重嘗登最上巔
遠見湖影空漁樵度溪孤鳥鵲歸來衆還尋老僧
居隔竹聽清誦慰我躋扳勞爲設茶筍供幾年歷
憂歡造物若揶弄迷途遠山林遲暮堪自訟難追
謝公游空發阮生慟身今觧組紱明時愧無用閑
拄九節筇尋討事狂縱石屋秋可眠山猿許分共
[illegible] 天平爛熳遊三日林下狂吟石上眠浩蕩春
風芳草綠梅花雪滿白雲泉 楊基 細雨茸茸濕棟
花南風樹樹熟枇杷徐行不記山深淺一路鶯啼
送到家 徐有貞 雨後遊天平諸峯滿庭芳 水長新
波山橫爽氣朝來宿雨初晴動人清興紫翠眼中
明天也教吾快活要遊處便與完成恥好是一峯
送過又見一峯迎有舟中弦管車前鼓吹隨飲隨
行路傍人覷了還笑還驚道是神僊神僊來也不
道是個老儒生知誰解浮沉綠野裴度晚年情 其東爲翁家山爲雞籠山
遠屬金山 高啓 雨中過雞籠山 春雲晻靄澗奔渾
風雨行人過一村得似山家深竹裏乳
鳩啼午未開門 顧阿瑛 寄元璞 雞籠山下野人
家破曉寫詩邀品茶秋風遲樹落紅葉夜雨滿溪
流白
沙

金山亦天平之支壠也初名茶塢山晉宋間鑿石得
金易今名頂上盤石有坎濶三尺許長二丈餘深
不可測水瑩綠大旱不涸人稱爲天山腰有石橫
偃於兩崖人行其下其趾有育王塔方石池文殊
菴在焉東南爲牛眠巘逶迤五六里直抵大河 國朝
[illegible] 詩 闔閭城外翠微間楊子江心白浪灣踏破
芒鞋蹤跡徧始知人世兩金山
綦臺山在天平之右與笏林相隣巔峰大石刻綦臺
二大字相傳始皇遊會稽嘗登此故名一名晨臺

文名神臺其南則羊腸嶺嶺右爲白羊山嶺之南
爲赤山長可數里土石多赭色洪武初詩人楊基
家其下 楊基 赤山雜事 曾向溪南看藝麻竹杖兜
子一肩□秧苗尚短仍含穀荷葉才高已
上花蠶屋柘煙輕□鵲爐沉火晝薰茶而今風
雨成拋絕臥聽西園兩部蛙○松梢吹粉落衣裳
躑躅花開竹筍長可是山中朝洗藥一渠春水茯
苓香 文懷 赤山舊業 東林攜策去南坨稗耕時一
徑都緣石諸泉盡到池靜憐松響續涼愛竹陰移
盛世容歸隱毋令解組遲○漸與世紛遠自然塵
慮消洽隨碧溪水徑渡綠陰橋岐路迷還
識孤村近卻遙間身任來往不爲野人招
仰天山在赤山之南距天平不五里而近舊名馬鞍
山宋范文穆公成大營墓於此以近天平山且慕
范文正爲人故改今名傍有覺巖寺爲文穆奉祠
之所今廢 范成大 重九日行營壽藏之地 家山隨
處可行楸梓攜壺似醉劉總有千年
鐵門限終須一箇土饅頭三輪世界猶灰劫四大
形骸強首丘螻蟻烏鳶何厚薄臨風拊掌菊花秋
得壽藏於先隴之傍 密邇松楸地一隅會心何必
問青烏亢宗雖愧鎮周子沒世尚從先大夫京兆
漢阡賢問望邢山鄭冢儉規模家
庭遺訓君熙薦在不學邠鄉畫古圖

靈巖山在天平山之南一名石鼓山 山扳有石鼓鳴
則有兵禍又名
硯石山山連礦村
產石可爲硯故名 又有石馬望如人騎館娃宮在
焉西施洞響屧廊香水溪吳王井皆其跡也其詳
互見古跡山巔有琴臺刻字猶存又有硯池 高啓 詩 山
骨誰鑿破一泓自然黝醉後欲濡毫蜿蜒見科斗
陳子貞 湛湛冷山骨幽幽抱日光曉吟香雨氣春
供給
花香 翫花池山頂別有石池相傳生葵蒓今不復

見寶雲庵寺在焉近燬惟一塔存耳[illegible]始入松路末獨欣山寺

幽不知臨絕巘乃見西江流吳岫分煙景楚甸散
林丘方悟關塞邇重軫故園愁聞鐘戒歸騎憩澗
借良遊地竦泉谷狹春深草木稠荄焉賞未極青
景期抄秋

白樂天

娃宮樓廊寺已傾硯池香逕又
欲平二三月時[illegible]幾百年來空月明使君一蹕
老頗多恩攜鶴[illegible]處處行今愁古恨入絲竹一
曲涼州無恨情[illegible]當時到今日中[illegible]歌吹更無
聲[illegible]古來[illegible]一愁人白髮[illegible]掩寺門越
相烟滅空[illegible]惟有延陵逝遊去清風高節
笑往事多[illegible]宮闕半啼猿[illegible]似舊花倫
老乾坤[illegible]工[illegible]日館娃宮殿閣鮮差軼
泉空寂寂[illegible]得[illegible]鮮粒拍韻天風[illegible]
睛[illegible]上[illegible]部[illegible]行盡日松風[illegible]
嵗谷小[illegible]泉聲[illegible]攝身下蓬萊放浪雲
水[illegible]非無[illegible]許泉石亭亭雲間塔勝地
閒[illegible]鳥若兩[illegible]城出天下[illegible]
發[illegible]中[illegible]裂地開雲澤我[illegible]西[illegible]
觀闕何[illegible]十[illegible]棟香逕劍卧[illegible]滴直當年館娃
宮[illegible]月[illegible]夕[illegible]嶺延黃風萬女曳[illegible]錫牛耳爭
齊盟[illegible]名[illegible]家[illegible]東村[illegible]兒歸無它焉知
陵谷變大[illegible]警千[illegible]茲風塵際樓般蹤山青安
隱大火中[illegible]充像教力興于法[illegible]嘆萬法本空寂
[illegible]緒[illegible]林[illegible]務開巖扃慈晨悵清[illegible]曠
懷[illegible]宮[illegible]折度一峻[illegible]微行窮絕逕大峯[illegible]昏上
銜銜駐何[illegible]一以建縮紛朝百靈花飄燈道
白村入[illegible]闊青[illegible]妒[illegible]方處越甲嶽長珂千秋魂
[illegible]歸過沖[illegible]鳴呼重華後格闘何山寧泰宮
委蔓草漠[illegible]螢[illegible]懸金仙姿空山屹亭亭壁
尼耀入[illegible]象教垂千齡

周伯溫

丹梯白尺到松林
連抱庭杉威月[illegible]水[illegible]繆縻荒閣臺古不
聞琴娥眉一傾國悲生樂[illegible]談空後視今山下良
田川似蕭一區那得[illegible]重遊已隔十三春
纖綠嬌黃數度新白髮無情添世態青山有約待
詩人菜花開麥畦拗[illegible]薛荔縈藤樹簇鮮香逕斜
陽啼杜宇同迴閣月閣城閣[illegible]閣上青臺望下
方漁村樵塢盡蒼蒼頓城人遠苦生遙歸寺僧稀
葉滿[illegible]散[illegible]邊流塔影雨來閣外失湖光廢興
皆幻何須問[illegible]自吟詩送夕陽[illegible]單艦集群英

席窄坐每[illegible]烟横[illegible]掩寺木落全見塔斜流出渠
分曲逕轉[illegible]合村粧妍醜並野話悲笑雜帝探吳
音聞僧作梵偈答霜苔滑難躋露棘枵易拉磴紆
蝗緣樹扉敞蝸啓闥娛賓列五豆禮佛過三匝晴
崖瞑憂雨秋洞寒疑臘竊攀盜果猶簷入避[illegible]
捲池萍沾袖愁石蘚汚衲琴忘荒基弄纍響[illegible]廊
踏值險慮思節得奇即傾榼感深怒須[illegible]哀
鬢颯華年條川融稚量[illegible]海納嘯歌激欷歔[illegible]辯
[illegible]文[illegible]禪寂虛無量道相清靜蓋品量蝸觸[illegible]變
幻雀化蛤狂遊類飲酎薄宦避爵蟻終當謝塵歎
掃屋分坐場

徐有貞水龍吟慢

住壓地足吾鄉有
東山更比西山好有湖畫樓臺金碧爛扉房[illegible]
洲三島却也有風流安石清真逸少向西施洞口
望湖亭畔對雲影天光上下相涵相照似寶鏡裏
翠飛雉曉且登臨且談笑眼前事幾多堪弔香徑
蹤消[illegible]聲留麋鹿還遊未了也莫管吳越興亡
為他煩惱是非顛倒嘆宦海風波幾人歸早得在
家中老幽酒美花新歌清舞妙儘開懷抱又何須
較短量長此生心願自有天知道醉呼童更進餘
杯便[illegible]得[illegible]二更來[illegible]迴[illegible]棹[illegible]三十年來續

倪

舊遊[illegible]節水西頭南朝古蹟終難滅半日尋
生[illegible]自由鳥下林間雙[illegible]山[illegible]湖上兩青淵笛
聲[illegible]起落
日部[illegible]繫[illegible]舟

玉遮山在陽山之南橫列如屏今但呼為遮山舊志
為查山[illegible]兒山不識山[illegible]中人[illegible]遮[illegible]其南有
新峰繞稍回伏[illegible]復呈身[illegible]卑[illegible]長岸
盛[illegible]無[illegible]康[illegible]閑即行樂頓作茲山[illegible]

按山化山菩竹山其北有蜀山近光福鎮東南有
貞山初名薰山以其雲氣如炊也東有官山馬山
又東為雅宜山本名雅兒唐青州刺史張濟女雅
兒葬此吳語兒為倪因訛為宜或云虞集改今名
傍有小山曰菽茹初名箬如近時居民[illegible]

元和十九年金氏墓誌云葬於茭茹山陽始知其謂或云即雅宜山【張羽詩】雅宜山舊名郟如山蓋名近古也因為竹枝歌二首○郟如山頭松柏青閶闔城外短長亭來山未久入城去駐馬回看雲錦屏○郟如山頭日欲西採香逕裏竹雞啼南朝千古繁華地麋鹿蒿萊望眼迷　其東有朝山陁陀曼衍至奇禾嶺（一作峨嶺）衆山連接不可名狀又東則五城山至金井隖又東則真如隖與小白陽山相連

小白陽山一名伏龍山在金井隖南橫絡諸衆山之外山址舊有寄心庵今廢其東南為博士隖彌陀嶺笠峰嶺又東南則獅子巖在嶁村之上又南則野芝塢皆連屬靈巖山

錦峰山在陽山西南產石紫赤色而秀潤故名宋兵部尚書[?]避地潛居此淳祐中理宗書錦峰二字賜之其西南則蜀山西北為新豐山

鄧尉山在光福里俗名光福山在錦峰西南與玄墓銅坑諸山聯屬　按聖恩庵開山記作鄧尉山庵在玄墓山之南岡記作袁墓蓋舊志以袁為玄蓋為尉而名村以山耳後得宋進士萬和甫墓誌與舊誌相合　其東有虎山鳳鳴岡至理山北有龜峰光福寺在焉【吳寬詩】昔曾登山決縱步不憂山石滑含與經上鳳岡頭挺此京風當晚發遠山明上泡不傷延山美人盤鬟鬢我身如在巨海中青浪沃出復沒山下人家起市墨家家炊烟起向突樹林屋宇遙復見一似野鳥巢木末山背見山如等閒翳雲山翠麗偶擺高層發長笑笑我胡為躑石鉢夕陽西渙洋半西望平湖更空闊山靈為我報水仙供酒昌吳人非不好登山一宿山中便絕舟連夜泊湖口舟子長篙木頭刺遊已笑斯人躁紅塵不學前輩達若耶雲門在於越何必青鞋共布襪

其相連諸山有上崦有安山璟塢山朝士隖蟠螭山西磧山（在遊湖南）彈山即小雞山在湖濱土阜也　笠澤叢書小雞山背門西行四十里過光福市西五里上多石寡無大林木　竺山一名竹山　觀山茶山（即繡裘山也）吾家山茆岡山石帆山褚山邢山游城山（在遊湖北）長山皆附鄧尉山【楊基詩】節入遠林紫藤隨意扶花落逕苔深山中莫道無音樂一片鸎聲在綠陰

銅坑山在鄧尉山西南一名銅井晉宋間鑿坎取沙土煎之皆成銅故名上有巖洞其懸溜匯而為池清冽可飲名曰銅泉【張羽詩】牽蘿陟雲崦憩此盤陀石欲去更題名林澗斷花碧宕有樵夫來往足龍蛇跡【徐賁】山行興未窮復登白雲嶠石上識留遺墨花破孤峭降僧尚未見知有幽人到【吳寬】銅坑山下編楊梅曲徑人從樹杪來共愛花橋涼飲水湖梢未放酒船迴

玄墓山相傳郁泰玄葬此故名在鄧尉西南一名萬峯山山之半南面太湖遠見法華山如屏浮於波面東有米閩山與石牌至理諸山相連直抵呂山其西則孫家蟲頭諸山進遲入于湖心其南為閶山

法華山在玄墓山南一名鉢盂一名烏鉢西南北三

而皆在湖中宋丞相李綱祭墓在焉墨客騷人幽閑遊者鮮至其東有橫山漁洋山迤邐數里而屬山遶屬自陽山錦峯而來至此而止

姑蘇志卷第八

姑蘇志卷第九

山下

穹窿山比陽山尤高吾湖賦云穹窿紆曲蓋此山實峻而深形如釵股以地記兩嶺相趨名曰銅嶺越絶書爲古赤松子取赤石脂處又神僊傳赤鬚子豐人秦穆公魚吏也食栢實石脂絶穀後往吳山升僊去即穹窿山也山高而平其頂方廣可百畝中壘石爲龕名國師菴半山有泉名法雨四時流不絶下注石堰可以灌田山東嶺下有盤石高廣丈許相傳朱買臣讀書其上後人號爲讀書臺穹窿寺在焉其北有紫藤塢百丈泉海雲菴西址有白馬寺范成大詩綠水青山今再遊杜鵑花發雨初晴猿聲好在千章木雲氣深藏萬丈樓麋鹿近人來古澗麒麟無主卧荒丘吏情益娩成羈紲西望太湖煙際頭黃淳卿何處春山好物華穹窿山下古煙霞出林澗水作清語上樹藤枝開紫花久住必懀如避世物來塵容懶還家一尊醉倒東風棗更覓砂鍋煮雨茶楊基昨日出遊今日還登臨未盡湖東山紫藤花落高樹下翠羽鳥鳴深竹間泉亭峻石淨可掬磴倚絶壁危難攀人生跬步即天險不獲瞿塘與劍閣吳寬我聞吳中諸陽山高抵穹窿半壯哉拔地五千仞始羨吳中有寺觀銅坑鄧尉僅躋攀天平靈巖富凡案其間盍華與雅宜水透橫亘如長岸何人著山經宜作吳山冠但嫌此勢高山家每晏早舟行半日青已了郤被濃雲忽遮斷木伍路轉二三里依舊諸峯青歷亂人云山頂有南平合結茆廬倚霄漢能門勝迹未遑遊坐向船頭北飽看文徵百丈泉曰下翻海濤行人渺無蹤蘭若因以名秀似青芙蓉鼓山

非百丈泉石與山重問泉[illegible]
消出亂石髗號循長松山上不[illegible]
姑知白雲多護此蜿蜒龍出評籍道[illegible]
容所恨生已晚探拔何由從此步來當長夏坐捲清
心育紀事強追和豈徒碧[illegible]
龍謫儸詠瀑布莫[illegible]香爐[illegible]

香山與穹窿連屬南址近太湖爲胥口而氣脉接胥山吳地記云吳王種香於此遣美人採之故名其下有採香徑亙見古跡西南數里有黃茅山臨太湖南趾吳王愛姬祠在焉

胥山在太湖口寰宇記云吳王殺子胥投之於江吳人立祠于此故名水經云胥山上有壇長老云胥所治也下有九折路南出太湖闔閭開以遊姑蘇之臺而望太湖也今太湖口爲胥口其外爲胥湖南有高峯山自穹窿至此止

姑蘇山一名姑胥一名姑餘在橫山西北古姑蘇臺在其上至今人稱爲胥臺山亙見古跡

橫山在姑蘇山東隋書十道志云山四面皆橫故名又名踞湖山以山臨太湖若箕踞也錢氏葬忠獻王元璙于此建寺其趾曰薦福因又稱薦福山山有五塢故又名五塢山皇祐五年節度推官馬雲遊此山名之曰芳桂塢飛泉塢脩竹塢丹霞塢白雲塢後人又以堪輿家言稱爲九龍塢山中舊有[illegible]德陸雲公顧野王墳續[illegible]經云此山鎮郡西南臨湖控越實吳時要地隋遷郡於橫山亦以是爲屛蔽云

馬雲詩 山臨太湖上寺隱青蘿間五塢洞壑邃衆峯屛障環濃嵐面光彩驚波背屛溪雲歸定僧寂月伴樵夫還林壑掩茶容級磴容躋攀錢氏建主社此地爲家山

又題五塢 森森芳桂樹團團削青玉春花飛澗戶秋實墜巖曲霜條封翠紫風葉搖香綠下有幽棲人結茅避世俗學僊讀丹經好道採藥籙植根滿群峯不使樵斧觸○高崖落飛泉深源味冷冽雲津飴玉乳石髓澄金屑淙淙危磴響漰漰蒼蘚缺濺味灑明珠滿澗融寒雪巖夫就掬飲姬子臨流潔不獨愈痾疾自可清內熱○檀欒偏巖川幽谷氣象鮮風玉自宮徵秋籟成管絃夕靄起碧霧晨曦生綠烟花繁紫鳳飽實動蒼虬攀藤蘿交密蔭仰不見雲天欲訪桃源路塢塢疑相連○東澗谿谷秀絜然金碧麗巨野丹氣明向曙泉烟霽瀉紅玉泉林紆赤鳳髻日出諸峯上月皎半天際幽谷紆絳縉層崖縈錦繡美此山居人蕭然遠塵世○君尋白雲塢亂近林澗西來日抱幽石因風度清谿炎隨夏景變涼高秋氣淒素靄生巖崿練光帶虹霓潤澤施天下還返故山棲深惟賢士志出處可與齊

又佽山人隱居 鄰犬眠雲白日空暮春花木滿川紅茶甌香沸松林火藥杵聲清石澗風玉帛未聞招隱士神僊今喜識蓬翁夕陽半局殘棋在醉倚巖邊紫桂叢

高啓題五塢 欲攀淮南樹人去山寂寞嫋嫋涼風生躁花月中落○山空響更遠雨過流還急餘沫灑迴颯一一林紅樹濕○色暎谿沉沉秋雲生夕陰無限楚山意鶴鳴風滿林○遙聞丹霞塢中有殘霞者絡彩發朝朝還同赤城下○雲開見家山雲合失山路聞語知有人欲尋已迷誤

其西有岷山花園山堯峯山唐免水院在焉今稱堯峯寺有清輝軒碧玉沼多境巖寶雲井白龍洞觀音巖偃蓋松妙高峯東齋西隱十景今並廢

蔣堂牛峯亭詩 何名牛峯亭堯峯路之半游客躋層崖斗上多股戰寶雲擁茲軒接引心不倦所與冗蓋來少休松石畔徘視金僊居巍矞倚銀漢自此更攀緣須

史蹟彼岸李彌大雲峯何君堯去天餘幾尺片下
翦華林幽然屹相向我遊先朝職海日射巾杖飛
蓋不須持步步蒼松障山僧知我來羅立鳥隨行
提攜兩行人爲我談實相一種勿絃琴三嘆無賞音
唱開軒面東南千里入俯仰西登妙高臺更欲絃
矚望土斷澤遶山烟濤渺雲浪恐是六鼇連蓬壺
隤葬蒼又疑鯨入海偃脊起青嶂時方老火熾金
石流玉湯須臾變雲雨爲作雄風壯翻手回涼秋
掀舞千林響誰云免水宮自是神龍藏三高如可
作吾欲五湖訪洗足巨浸心振衣孤峯上寄語會
拿舟得跑但相忘長嘯可當歌踏月下空曠曾壇
深山居十詠清輝軒湛湛平湖浸月明漁歌吹斷
曉風清懷衣蒙頂啣趺坐不稱詩情適遶情碧玉
泓深靜含秋一見寛清甘聊酌齒牙寒靈巖自笑
窮山骨明月泉慳只欲乾多景巖聊向蒼藤掛玉
環蒲涉嘉致伴幽閑雙眸淨洗看不厭欲結遯頭
草一間寶雲井寶雲珠草廣禪林鑿石窮源意亦
深長嘆甘泉不當路汪汪空有濟人心白龍洞古
洞深沉莫敢窺森陰草木野雲飛白龍何處淹頭
角天下蒼生待汝歸觀音巖笑日野花青嶂下歌

春幽鳥白雲間寶陀大士全身露㥩惱遊人空看
山偃蓋松寒松門底如張蓋接引佳賓眼倍青方
丈老人迎送少未應因汝下幽庭妙高峯下視群
山盡子孫孤高直與月輪分善財不用別峯覓只
此休時一見德雲東齋禪板蒲團消永日明窻淨几
眹跡筠一爐香盡六時過轉覺山家氣味眞西臺
匿影長嫌山未深閑門莫放俗塵生如今滿眼事
奔走欲向何人話此心戴[illegible]已從鍤泉存復向堯
峯去堯峯恥何所[illegible]俗不知處披拂㢢追尋疲瘸
窘衰遽息喘倚茂松齊勝犯零露積石擁近蹊飛
嶽護逶樹仰觀天宇垂俯睨河流注石湖向波瀾
同庭但烟霧游子多悲懷觸景增遠慕微跡既漂
泊流年復遲暮半生僅一來百齡
能幾度回駕悵難淹又復首前路又西爲鸜鵒嶺
反陂山其南有寶華山長旗嶺其東有感慈塢又
東爲吴山本亦橫山一支吴越廣陵王子文舉建
吴山院於此故名其南有昇猶山桃花塢漫衍六

七里臨太湖白楊灣與吴江分界山之東有紫微
塢瑞雲塢褒忠嶺青霞塢北連梅灣西址爲殊勝
塢山西有陸墓山疑即陸雲公葬處
楞伽山一名上方山在吴山東北其頂有浮圖五通
廟在其下東南麓有丁家山唐人丁公著父喪負
土作冢故名其北爲寶積山寶積寺在焉其北爲
吴王郊臺東北爲茶磨嶼以其三面臨水故云嶼
俗云磨盤山東南麓有普陀巖巖前石池深峻厓
絕石梁跨其上兩崖壁立蘿木交映特爲奇勝
白石山在滸墅北越絕書云故爲胥女山春申君初

封吴更今名又云其南有小蜀山春申君客衛公
子冢也
黃山在茶磨山北四里胥塘之北諸峯高下相連俗
稱筆格山隋志載王世充破劉元進坑其衆於黃
亭磵疑即此山其西山之半有二石洞深可三四
丈俗名虎洞
岝㟧山在金山東俗稱獅子山以形名一名鶴阜山
又名岝雄山吴地記云王僚葬此山傍有思益寺
山上有石巷山南有大石相傳爲隕星今其東有落星涇
水經云吴西有岝嶺山俗傳此山本在太湖禹治水移至此又西南有兩小

山稍有石如卷笮禹所用牽山也吳山有戍處在三山之南長老云是笮嶺山麓自此以東差深言是牽山之滿朱伯原謂牽山事閭巷之談因故書所載姑存之山右有土阜曰鈴山左曰索山皆以獅子名山南頂上有巨石二如樓云是獅子兩耳自元以來鑿石且盡**徐有貞登獅山**麥黃天氣爽如秋乘興聊爲笮嶨游香徑踏花來洞口小舟送酒過溪頭橫塘樹色連龍塢茂苑烟光接虎丘絕勝竹林觴詠處即今誰數晉風流

何山在獅山北一里其地舊名鶴邑墟故山名鶴阜山因梁隱士何求何點葬此改今名其坡有資福寺范志以笮嶨山爲鶴阜山以上四山與諸山不相連

洞庭山在太湖中一名包山以四面水包之故名或又謂包公嘗居之陶隱居云包公爲句容人鮑靚又名林屋山山週迴一百三十五里遥望一島而重岡複嶺茂林平野鍾梵相聞閭巷井舍不異市邑即其地如人區别境其諸峯皆秀異而縹緲峯最高登其巔則吳越諸山隱隱在目又有上方下方石公龍頭金鐸相傳吳王藏金鐸於此渡渚吳王嘗於此渡軍諸山雖皆山之支隴而逶迤起伏靈棲邃構隨高下各擅勝處有名叢林凡十有八而林屋洞毛公壇桃花塢消夏灣嵌囊諸迹尤爲奇勝唐皐琯云不遊興德洞庭未見山水他名人品題尤多其地相傳無虎蛇雉而

所產柑橘特佳所謂洞庭柑也**皮日休詩**松門亘五里彩翠高下絢幽人共躋攀勝事頗清便霎霎林上雨隱隱湖中電薜帶輕束腰荷笠低遮面瀑纓結烟霧穿衣落霜霰笑次度巖壑困中延臺殿老僧三四人梵字十數卷地稀無夏屋境僻之朝膳敖髮抵泉虎支順數雲片坐石忽忘起栟櫚蘿不知倦果樂時似錦幽禽或如鈿箏旁還憂刃栟櫚自搖扇俗態既斗藪野情空眷戀道人摘芝蘭爲余備午饌渴與石牆羨饑歷胡麻飯如何事千役茲遊急於傳却將塵土衣一任緇絲濺**又縹緲峯**頭項華陽帽手持大夏节清晨悟道侶來上縹緲峯帶露嗅藥蔓和雲尋鹿蹤時驚鼯鼠飛上千丈松翠碧內有室叩之虛碚礔古穴下徹海視之寒鴻濛遇歌有佳思緣危無倦容須臾到絕頂似鳥穿樊籠恐足蹈海日疑身凌天風衆岫點巨浸四方接圓穹似將青螺髻撒在明月中片白作越分孤嵐爲吳宮一陣發鍵氣隱隱生湖東激雷與波起狂電將日紅磬磬雨點大金髓轟下空暴光隔雲閃旁竅亘天龍連拳百丈尾下拔湖之洪枿爲一雲山欲興昭

田通移時却攜下細碎銜與嵩人物諒不測葩景尤難窮杖策下反照漸聞僊觀鐘烟波潰肌骨雲髮閒心胃竟死愛未足當生且歡逢不然把天爵白拜太湖公**又桃花塢**負綠廣南嶺盡日穿林樾窮深到茲塢逸興轉超忽塢名雖然在不見桃花發恐是武陵谿自閉僊日月倚峯小精舍當嶺殘耕岱將洞任迴環把雲姿拂閑禽啼叫寐險狖眠硉矹微風吹重嵐碧埃輕勃勃清陰減鶴睡秀色治人渴敲竹鬭錚鏦弄泉爭咽嗢空齋蒸柏葉野飯調石髮空秀塢中人終身無履襪**陸龜蒙和**包山信神僊主者上眞職及棲鍾梵侶又是清凉域乃知烟霞地絕俗無不得巖開一逕分柏擁深殿黑僧開若圖畫像古非彫刻海客施明珠湘蘩料淨食有魚皆玉尾有鳥盡金臆手攜釋佉若在中印國千峯殘雨過萬籟清且極此時空寂心可以遺智識知君戰求勝尚倚功名力却下聽經圖孤帆有行色左右皆跳岑孤峯挺然起因思縹緲稱乃在虛無裏清晨躋澄道便是孱顏始據石即更歡淵泉還從倚花奇忽如薦樹曲渾成几樂韻烟霧知忘機俵抗壺頻攀峻過斗末造平如砥

擧手緑青冥廻眸聊下睬高帆大[illegible]鳥廣墠幾穎
蟻就此微茫中争先未常已葛洪許[illegible]去地四
十里苟能乘之遊止若道路耳吾將自峯頭便可
朝帝晨書欲活皆生不唯松一已起騎明月歸復
弄華星藥却下蓬萊巔重窺清淺水身爲大塊客
白號天隨子他日向華陽洞雲問名氏〇行行問
絶境貴與名相親空經桃花塢不見秦時人頗起
爲東風吹起枝上春頗此作流水漸浮藥中塵頗
此爲好鳥得棲花際隣頗此作幽蝶得隨花下賓
朝爲照花日暮作涵花津試爲探花」出作偷桃
臣桃源不我棄庶可全天真 王禹偁 尖山無此秀
乘暇一遊之萬頃湖光裏千家橘熟時平看月上
早遠覺鳥歸遲近古誰眞賞白雲應得知 范成大
滿秋清閑一棹孤長風把送入僊都莫愁懷抱無
消豁縹緲峯頭望太湖 高啓 朝登西巖望太湖青
天在水雲飛孤洞庭縹緲兩峯出正是碧海浮方
壺嵤間此山孤靈壤蛇虎絶蹟歡樵夫壽聲半夜
恐鬼夢石氣五月寒肌膚居人彷彿武陵客戶種
客就長爲祖高風欲起沙鳥避明月未出霜猿呼
中有林屋僊所都銀房石室開金鋪裲浮蛾眉立
通達別有路往非人途天后每降龍垂胡神鉦忽
紀驚棲龍自懸日月照洞內古木陰蔽空朝晡風
吹白晝晚易老雲帶紫泉秋不涸靈威丈人亦僊
徒深入探得函中符玄衣使者不服借欲使出泳
苔生蘚後來好事多繼往石壁篆刻猶堪摹千年
玉鼠化蝙蝠下撲短火如飛鳥玄關柜閉詎復到
似莊石上腥塵汙勿言神僊是恍惚事蹟具在良
非誑我生擾擾胡爲乎坐見白髮生頭顱久欲尋
眞未能去局束世故緣妻孥向當臨湖借魚艇拍
艮徑澳先雙鳧獨攀幽險不用扶身佩五岳眞形
圖夜登天壇掃落葉白肌薪水供什爐此身願
作僊家奴不知僊家肯許無狂語醉發應胡盧

莫釐山相傳莫釐將軍所居一名胥母音無以其在洞庭之東稱東洞庭山其山周廻八十里視西洞庭差小而岡巒起伏廬聚物產大略相同所不同者西石清而潤東石黃而燥西宜梨東宜枇杷西有兎無雉東有雉無兎耳山有九寺法海翠峯靈源晁勝 [illegible]東山 扣頭風急昇霤軒醉夢閒心鐵石頑偶有愛山貪未厭西山纔了又東山 吳寬 登[illegible]望西山 百階棧上望西山縱目遙過銷夏灣未遂眞游勞指點聊憑高與去齊扳石壇相距纔十里休屋都來有萬間報與山靈須少待會將親手扣僊關

黿頭山一名黿山實洞庭支嶺也以其形類黿故名

山產奇石

禹期山亦洞庭支嶺相傳禹會諸侯於此

夫椒山相傳吳差敗越處 按左傳吳伐越敗之夫椒杜預曰太湖中椒山水經云太湖有包山春秋謂之夫椒史記正義引賀循會稽記云夫椒山在太湖中洞庭山西北又常州志云夫椒一名湫山在無錫縣太湖濱

滓里山

橫山 陰山 葉余山 長沙山 已上在西洞庭之北

衡山 漫山 在長沙之西

武山在東洞庭之東本名虎山相傳吳王養虎於此後避唐諱改今名

余山 在東洞庭北

三山 厥山 澤山 俱在東洞庭西南

馬跡山在太湖中屬武進縣

錢堆山 大屼山 小屼山

獨山 與錫山相傳中斷爲太湖

東鶄山　西鶄山　三峯山　大峯山　小峯山

小椒山 與大椒相對而差小

杜圻山相傳范蠡乘舟至此遇風止釣洲上刻石記焉 有石銘堆以一俱在馬跡山西北

大貢山小貢山 吳王逢望天小貢二山 大貢如大人小貢如小臣大人方正笏小臣亦垂紳大湖七十二山而此我所珍清淑萃間氣端厚無風神嶽路蓮一朵海偃月半輪遠分馬迹秀近奪娥眉良峭悅啟素夕雲高棲高晨深容虎豹隱幽花孤芘陣將軍雖相挈遊若赴與秦我行柯村外紫翠忽鮮新不無靈異棲飛度招隱淪洞洞白水皮杳杳青路塹芳尊夜中泛采之澱盈巾父老昧知識謂我諸侯賓我豈諸侯賓均是天王民

五石浮山　茆浮山 倪東文 蘇志卷九

思夫山相傳蔡時有人採藥不返其妻思之至死故名 高啓詩 江山曾看望夫石湖中望見憶夫山夫君好采山中藥獨得長生竟不還不似蕭郎與秦女乘鸞同去綵雲間

南烏山　北烏山

大雷山小雷山兩山相對而不相見見則有風雷之異

天干山　小干山　緦山　青浮山　曈浮山

東嶽山西嶽山相傳吳王於此置男女二嶽也

粥山相傳吳王餉囚於此

琴山　杵山　大竹山　小竹山　長浮山

癩頭浮山　殿前浮山　龜山 與龜山相對而差小

謝姑山　小謝姑山　王村山　金庭山　垓山

舍山　歷耳山　管裕山　石蛇山　鼉山

小鼉山　鷺藍山　箭浮山　王舍山　苧浮山

白浮山　翁帽山　猫鼠山　石牌山

已上七十二山竝在太湖中

馬鞍山在崑山縣西北廣袤三里高七十丈一名崑山實因華亭之崑山而名縣境連接湖海而孤峯特秀上有浮圖 近歲火焚其頂 其陽有慧聚寺東偏有山神祠西有文筆峯 相傳孝宗時有魁星見於此 山巔有華藏寺 蘇志卷九

南有桃源洞北有鳳凰石及春風亭 太常卿夏泉建 正統間知縣羅永年植栢千章名郎官栢 [illegible] 一水淡衣外作晴黃如洒醒睽溪照淨練陟巘到高青翠渺[illegible]深樾雲迷遠洞超然信塵表[illegible]今冷 [illegible] 絕頂地平易折肉風怒號半空垂象滸四面湍波壽洞窟荒苔蘚泉深石骨毛髮聽潺亡城中厭煩勞 揚

楊維禎東廟神[illegible]成聯句 二月二十日樓船下婁江破浪擊長艫楊鶯颺巇高杠海峯選古色 姚 石樹鳴悲腔蹻磴展齒齒 張 登堂鼓逢蓬地險立孤柱 邦 天垂開八窗烏升海光浴于鳶蕩風力降香賦夾閩估顛越謠樵吳龍偃撫植結萃 姚 胡佛四用龍婆律噴獅吼楊琉塢照龍缸岩軒生疊浪 郊 落筆飛流淙愛此韞玉石豈曰爪火矸文脈用貴琰顏容韻合盟缸驅羊欲成萬楊種壁得無雙多奇文章伯 張 萃此禮義邦龍駒奇識陸如風雛亦知願翠笄棹文舌顛甚衲折檝上故思抽連繭雄心闊孫殺向神蹕台劍才捷下水蠳磬聲垂寡和鼎力輕群扛昆渠詩之一

秦柱山在縣南三　千墩浦南帶海上有烽火樓基吳時以望海寇吳録云一名秦望山又輿地志云秦始皇嘗登此因名【唐薛據登秦望山】南登秦望山目極大海空朝陽半湯谷晃朗天水紅谿壑爭噴薄江湖遞交通而多魚商客不悟歲月窮振緡迎早潮弭棹候遠風予本萍泛者東西任西東茫茫天際帆栖泊何時同將尋會稽迹從此訪任公

媧婦山在縣東十八里

趙靈山在縣西南三十里巳上三山並土山耳四舊志所載姑存之

千墩在縣東南其北三十里地名木瓜有墩九百九十有九與此合爲千墩因名千墩浦一說自淞江抵本府東下至江南之北凡有千墩永樂中太常少卿袁復被旨浚千墩浦鄉民便之易名少卿墩【蘇志卷九】

一十二

綽墩在縣西十八里相傳唐黃幡綽所葬【高啓詩】淳于曾解救齊城優去還能念旋卿嘲南只敬天子笑不言要在眼兒真

天女墩在縣東南十八里洪莊村墩上下皆茆草惟中間一路容一人行者雖橫草不上相傳有天子之女葬於此莫詳世代墩中有金龍舟每風雨夕即聞金鼓聲一村民夜過其處見所謂龍舟者攫取之得一人像長可尺許盤歸即大病若有人欲發此爲毒蜂飛火逐之遂止

青墩　塘墩在縣東北浦口一在東南三十六里吳淞江南　尖墩　石墩　十八里墩　廟墩　湯墩　湘墩　逃鹿墩　長墩

虞山在常熟縣西北一里高一百六十丈周四十六里六十六步吳地記云孫權置虞農都尉於此故云按吳越春秋吳太子取齊女病而曰必葬我虞山之巔以望齊國越絶書云虞山巫咸所居則虞山吳越時已有之或云虞仲葬此得名一名海虞或云海嵎以東臨滄海又名烏目山雖無峯巒而蜿蜒起伏略如卧龍上有土坯硯礧或疑其古塚而不可考也山麓有老君殿舊名乾元宮宮側有池宋嘉定間所鑿又有雲井南有仲雍墓有維摩庵太公石屋旁有石洞天將雨則雲氣出其中又西北爲拂水巖崖石陡峻水奔注如虹凌風飛濺【蘇志卷九】

一十三

最爲奇勝自南循山而西有致道觀又西有招真宮昭明太子讀書臺在焉又西則嶽祠諸廟過吳王廟五六里有試劍石又有三沓石與石城石門諸峯錯峙下有石壇周八十步又西則寶巖灣其北六里爲破山【□應時詩】長嘯虞山迴天開風氣清南窺五湖近北覽大江橫歷歷三吳地悠悠萬古情雖觀有如此聊復記平生【王】【□□】平生不識海虞山□覽秀留回閣盡閒雲入空巖閒倒影當依蒼翠閒禪閣湖田種熟秋千頃烟樹舟行路綫穿天上歸來耆停騎何當留我老年閒【吳寬與沈周同遊虞山】夜宿相川口清朝與舟人行入山所之招徐虞山山如知我我來笑迓野水賓藹藹泰雨餘翠流雲中身我亦重茲山竦然正冠巾虞仲骨巳朽高名宛如新悠悠松間路弔古在茲晨放舟轉山塘行行自知津春服亦既成度以適此春〇我本不飲人愛山如愛酒春遊亦易

事出戶即掣肘決策爲此行所幸得良友譬彼足
力弱扶掖乃能走虞山遙在望豈意落吾手側足
亂石間縱目平湖口賞心雖云樂弔古悵然久丹
井事有無刻銘覆華構如何梁昭明書臺蔽林藪
○斜日下嶺西落霞滿川上晚色催人還輕舟復
遥漾佳山難爲別持酒忽惆悵悠然一回首舟尾
疊青浪故人知我懷捉筆寫其狀懷土心未除移
山力何壯便如王維詩終南亦堪望流觀入中夜
鼓枻起高唱 文徵明中望虞山 蜿蜒平野卧青山相
見令人獨厚顏徒有詩篇曾記詠已無筋力再躋
攀船頭旋轉憑黃帽水面低回擬翠鬟舊日同遊
誰在者欲從東老學清閒 沈周 只有看山是勝緣
青鞋布襪且輕便天收雨脚時今日我稱花時遺
老年絕壁雲扶將墮石路崖風勒下奔泉此來不
憤空歸去旋構
新篇揀竹鞭

破山世傳龍鬭而山破故名上有興福寺又有鬭龍
澗旁有硃砂洞放生池慶元志引山海經曰虞山

之北岡壠相接即烏目山今頂山之南有烏目澗疑即此也自此
東北九十步有空心潭取唐人常建詩潭影空人心之句又有舜
井 唐僧常達山居八詠 少室遺眞旨層樓起暮鍾身閒依祖寺志僻性多慵發茶思好水對月數
諸峯有問山中趣庭前是古松○晚望虛庭[illegible]心
心見祖情烟開分獻色雨霽減泉聲遠樹猿長嘯
層巖日乍明更堪論的意林下笛新生○一室塵
埃外脩然秖塵常睡來開寢帳鍾動下禪牀溪浸
山光冷秋凋木葉黃時提祖師意敲石看斜陽○
西來眞祖意秖在見聞中寒鴈一聲過疎林幾葉
空心問憐冰石身老法霜風爲報參玄者山山月
色同○眞性寂無機塵塵祖佛師日明庭砌暖霜
苦藥苗衰汲水和烟酌其松帶雪移妙藏玄旨處
猿鬧嶺南枝○古寺凭欄危時聞舉妙機庭空月
色淨夜迥磬聲稀涌轉寒更急燈然冷焰微太虛
同萬象相謂話玄微○胡僧論的旨物物唱圓成
陳柳春來翠幽禽日漸明禪心清石室蝶翅飄花
英好聽譚玄處喬松鶴數聲○祖祖唯心旨春融

日[illegible]
開覺樹[illegible]前鶯囀處時聽語圓常 宋[illegible]
[illegible] 元豐元年蘇州常熟縣沙門思雅謂余
言曰海虞之勝鍾於破山然林泉之勢游觀之繁
無近與遠傳之盛矣白倪郴州捨宅爲寺數百年
間偉人奇士往往間出而人無知者願有以發明
之余因而詠 興福寺 峩峩烏目山曾臨貴侯宅重
爲昔珠翠姿宇煥金碧泉激晨霞明松搖暮雲白
宜爾山中人日輪自朝夕 文學塔 圓昔探雙林扃
言發南華萬里歸一空誰云正非邪門影搖青松
曾迴貴侯車猶遺數層塔岌岌凌飛霞 救虎閣 三
昧遊深慈結宇依蒼崖猛虎伏巍閣援箭非志殺
窮獸雖覆車危在猶抆懷況我見已忘而彼猶其
儆 龍鬭澗 白龍鬭巇峯長澗落千尺靈泉應奇蹤
爲建莫雲碧寒影凌蒼崖清流動危石八月苗正
林猶能變甘澤 體如塔 妙理悟三伊巍巍抗奇節
千尺巖下松蕭然獨凌雪珠影雖青黃月輪豈圓
[illegible]危石揚寒泉至今伴清絕 [illegible] 妙義傳天台
[illegible]如掃初終雖玉時脩短自[illegible]草結隱非此
[illegible]獲藏亦眞實秋來月正圓獨照松已老 空心潭

碧潭發幽石瀟灑無纖塵寒光滿秋月有物無比
倫離鉤況無魚千尺徒垂綸到此心已空何用濯
吾纓 [illegible] 大聲扣洪鍾萬竅寂影庭鳥間棲影
垂星淡雲氣清餘響遶巖壑林葉如迴驚有客發
深省塵耳
井設頃

頂山在破山北十二里上有高峯相傳齊景公女葬此白龍
池在焉西北有水簾洞兩水合流從石壁下注瀑
流若簾 [illegible] 小山搖落故淒涼想像登臨野興長萬里晴空初鴈入一年好景文
燈黃極須痛飲償秋節生怕疎鍾報夕陽搔首故
園歸未得蘺邊寒蕊爲誰香○散目秋郊趁晴[illegible]
織雲不點鏡天長松杉沐露連天碧秫稻眠雲[illegible]
頃黃可惜文書妨勝日又還時節近重陽小山[illegible]
桂相撩得故故隨人作陣香 梅詢 千株碧樹[illegible]
立一錢紅泉透石飛童子怕寒爭閉戶夜深風[illegible]
布龍[illegible] 平湖數百里隱然一山起中[illegible]
[illegible]來可[illegible]人間耳吾師仁智心愛茲山水音[illegible]

三十年不追逐人深笑我名未已求同無疵理
指顧遺雲斯焉賭君子[賈]路轉濤風浮氣追
古石橋規模靈隱小景儼上方遙書壁懸牽拱暮
源卓沒腰無懷發
覽日東海暮生朝

福山在縣治西北四十里高九十五丈周五里本名覆釜唐天寶六載改爲金鳳後梁乾化三年又改今名山麓有東嶽行祠 宋有貞詩 昌司衡風泛綵舟共君載酒七峯遊海門東望天連水江市西來樹隱洲喜有錢劉新著作能無王謝舊風流登樓莫慢題詩句留與山僧作話頭

壽山與福山相連北濱大江又名陶山

河陽山一名鳳凰山在縣西北四十里高一百二十丈周七里山頂有井嘗出醴泉 見宋慶寺碑 又有梁朝古檜及唐狀元陸器讀書臺 陳繹會 平生丘壑愛晴擧此日披圖意任閒江浙去題龍虎榜海虞行看鳳凰山鶴來華表千年後雲在丹崖萬壑間聞有青囊書卷在訪僊求術待秋還 楊維楨 河陽山色畫圖開絕壑懸崖亦壯哉華表不聞僊鶴語醴泉曾引鳳凰來玉魚金盌埋黃土石獸豐碑長綠苔獨有擔拒丘隴在秀峰相對讀書臺

志山與河陽山相峙 按盧志居民鑿池得唐斷碑有鶴山之語則志當作鶴

塔山在河陽山南晉處士夏統宣城太守邴臻嘗居此舊名崇福後改今名

常熟山在縣北三十七里高一百五十丈周七里本名銅官或云洞觀唐天寶六載改今名

氾山在縣北三十六里二百步高七十四丈周二百四步相傳梁氾冀兄弟居此故名又永安山在縣北三十八里 或云即范山

石家山高五十七丈周二里在銅官山北

茯苓山在縣西北六十五里高數丈周三百步下有龍潭 石閘猶存 相傳舊產茯苓故名

宛山 或作菀 在縣西南五十里高七十丈周五里產石堅潤可爲硯

顧山在縣西北五十里高一百七十丈周二十一里東南屬本縣西南屬無錫縣西屬江陰俗呼爲三界山一名靈龜山亦曰香山

烏丘山在縣東南二十七里去昆承湖二里或作嶋山黃土山在魏涇橋南 二山皆土阜耳

穿山高一十七丈周二百五十步中有石洞前後通徹故名臨海記曰海虞縣穿山下有洞穴高十餘丈昔有海行者擧帆經其中今考其洞上猶通人往來而其下爲地去海已遠舊屬常熟今分隸太倉州

太倉岡身在州治之東曰上岡身曰下岡身曰中岡岡身 今名歸吳 在新安鄉曰青岡在東[illegible]曰王[illegible]別有岡門見水條

寶山在嘉定縣東南八十里依仁鄉永樂十年三月平江伯陳瑄督海運築爲表識上建烽火高三十餘丈周廻一十五里

御制寶山之碑嘉定瀕海之墟當流之會外即滄溟浩渺無際凡海舶往來最爲衝要然無大山高嶼以爲之表識遇晝晴風靜舟徐而入則安坐無虞其或暮夜烟雲晦冥長風巨浪帆檣迅疾倏忽千里舟師弗戒瞬息差失輒致膠淺遄取顛躓朕恒慮之今年春乃命將士相地之宜築土山焉以爲往來之望其址東西各廣百丈南北如之高三十餘丈上建烽堠晝則舉烟夜則明火海洋空闊遥見千里於是咸樂其便不旬日而成周圍樹以嘉木間以花竹蔚然奇觀先是未築之前居民恒見其地有山影及是築成適在其處如民之所見者衆曰是蓋有神明以相之故其兆先見皆稱之曰寶山因民之言仍其名而不易遂刻石以誌之詩曰滄溟巨浸渺無涯含天地相吐吞洪濤駕山嵯嵯奔巨靈巍巍巖巖相嘘歘揮霍變化朝爲昏駭神褫鬼目黯昏蒼黄州嶼孰爲援乃起茲當海門屹高靚秀猶崑崙千里示表鬱嶙峋永令汎濟無憂煩寶山之名萬古存勒銘悠久同乾坤永樂五年五月初九日

姑蘇志卷第九

姑蘇志卷第十

水

吳號澤國水經所謂萬水所湊觸地成川者也其源西自太湖東入于海承衍支漫不能詳舉舉其大者疏于篇

太湖在郡西南三十餘里禹貢謂之震澤周禮謂之具區謂之五湖左氏謂之笠澤其實今之太湖也五湖之稱不同張勃吳録云周行五百里故名虞翻云太湖東通松江南通霅溪西通荆溪北通滆湖東連韭溪凡五道故謂之五湖陸魯望云太湖上稟咸池五車之氣故一水五名今湖亦自有五名自莫釐山之東與徐侯山相值者中爲菱湖周廻三十里西口闊二里莫釐之西北與菱湖連者爲莫湖南連莫湖東逼胥山者爲胥湖二湖各廣五六十里長山之東曰游湖周五六十里西口闊二里其東岸卽緱山長山之西北連無錫老岸曰貢湖周廻一百九十里洞庭實録云禹治水嘗駐于此故名別有金鼎湖吳王泛舟鼎沉于此故名梅梁湖吳時進梅梁至此舟沉失梁故名東臯里湖其浸則通謂之太湖據此則五湖爲太湖明矣然周禮職方揚州其藪具區其浸五湖則五湖當別有所在而范蠡乘舟入五湖口司馬遷登姑蘇

而望五湖實又指此蓋不可考其大三萬六千頃東西二百餘里南北一百二十里周五百里占蘇湖常三州北有百瀆納建康常潤數郡之水南有諸漊納宣歙臨安苕霅諸水東南之澤無大於此其東瀆入于河爲三江

【吳楊泉五湖賦】乃天地之玄源陰陽之所徂上値箕斗之精與雲漢乎同模受三方之雜派爲百川之巨都居揚州之大澤苞吳越之具區南與長江分體東與巨海合流太陰之所毖玄靈之所遊追湖水而往還通蓬萊與瀛洲爾乃詳觀其廣深之所極延袤之規方蕩乎浩浩漫乎洋洋西合乎濛汜東苞乎扶桑日月於是出入與天漢乎相望左有包山連以醴瀆岸崿崔嵬穹窿紆曲有平原廣澤漫延旁薄原隰陂陁各有條格茄蘆荻亂隱軫若錯衡風之所出雲雨之所薄

【梁李顒涉湖】旋經義興境頓櫂石蘭渚震澤爲何在今惟太湖浦圓逕縈五百盼目眇無覩高天淼若岸長津雜如縷窈窕尋灣碕迢遞望巒嶼驚飆揚飛湍浮霄薄懸岨輕禽翔雲漢游鱗憩中滸萬天時陰曉岩所舫舁馮河安可徇靜觀戒行旅

【宋鮑照自礪山東望震澤】灟漫潭洞波合沓嶂雲漲島崖不測尚潤近難分幽荃愁暮見思鳥傷夕聞以此藉沉痾悽迷別人群結言非盡書有念豈數文

【唐宋之問望太湖】宿帆震澤口曉渡松江濆棹發魚龍氣舟衝鴻鴈群信潮頻覺滿晴浦稍將分氣赤海生日光搖湖起雲水鄉盡天衛嘆息爲吳君謀士伏劍死至今悲所聞

【[illegible]口】日落草木陰舟徒泊江汜蒼茫萬象開[illegible]水涵[illegible]漁翁窄篠逢樵子雲開天淨月明照萬里鴈湖上來晨發海邊起獨坐嘆[illegible]望[illegible]州[illegible]落星欲晝盡曈曨氣漸收行墟空自知識仍未問[illegible]閱伏劍范蠡亦乘流歌竟鼓棹去三江多客[illegible]范子蛻冠履扁舟挽雲漢嗟予抱險艱林陽[illegible]森漫窮通泛濫勞趣適昧昏旦浴日盪蒼空浮大孤[illegible]畔依灘落葉聚立浦驚鴻散浪疊雪壘逢山[illegible]斷風帆同巨壑雲斷成高岸宇宙或東西星

叐沉纍爛霞生須洞遠月泣青燐亂豈復問津一休爲弓梁歎漂沉身詎保覆溺心長判胡越郡界鄉嬰童及爲戲依稀占井邑嘹唳同鵜鶘舉棹未宵分維舟方日旰徵斯濟川力苦鼓棄風翰易狎當晦遊臨深罔知歎

【王昌齡太湖秋夕】水宿煙雨寒洞庭霜落微月明移舟去夜靜夢魂歸暗覺海風度蕭蕭聞鴈飛

【白居易早發赴洞庭舟中作】閶閭曙色欲蒼蒼星月高低宿水光棹舉影搖燈燭動舟移聲洩管絃長漸看海樹紅生日遙見包山白帶霜出郭已行十五里惟銷一曲慢覺棠

【宿湖中】水天向晚碧沉沉樹影霞光重疊深浸月冷波千頃練飽霜新橘萬株金幸無案牘何妨醉縱有笙歌不發吟十隻畫船何處宿洞庭山腳太湖心

【泛太湖書事寄元稹】煙渚雲帆處處通飄然舟似入虛空玉盃淺酌巡初匝金管徐吹曲未終黃夾纈林寒有葉碧琉璃水靜無風避旗飛鷺翩翻白驚鼓跳魚撥剌紅澗雪壓多松偃蹇巖泉滴久石玲瓏書爲故事留湖上吟作新詩寄浙東軍府威容從道盛江山氣色定知同報君一事君應羨五宿澄波皓月中

【夜泛陽塢入明月灣即事寄崔湖州】湖山處處好淹留最愛東灣北塢頭掩映橘林千點火泓澄潭水一盆油龍頭畫舸銜明月鵲腳紅旗蘸碧流爲報茶山崔太守與君各是一家遊

【皮日休泛太湖】聞有太湖名十年未曾識今朝得遊泛大笑稱平昔一舍行胥塘盡日到震澤三萬六千頃頃頃玻璃色連空淡無類照野平絕隙好放青翰舟堪弄白玉笛疊岑七十二巉巉露寸戟悠然嘯傲去天上搖畫鷁西風作獵獵驚破奄涵碧倏忽雪陣吼須臾玉崖坼樹動爲蜃尾山浮似鰲脊落照射[illegible]溶清輝蕩拋擲雲輕似可染霞爛如堪摘漸暝無處泊挽帆從所適枕下聞澎湃肌上生瘮瘮討異足邅迴尋幽多阻隔頹風與良便吹入神僊宅甘得一蘊書未事嵩山伯

【陸龜蒙】東南具區雄天水合爲一高帆大弓滿羿射爭箭疾時當暑雨後氣象仍鬱密乍如開彫[illegible]聳翅忽飛出行將十洲近生覺八極溢耳目駭鴻濛精神寒結粟坑來斗呀豁涌處驚嵯崪崄異拔龍湫喧如破蛟室斯須風妥帖若受命平秩微茫識端倪遠嶠疑搭筆巉巉見銅闕左右皆輔弼盤空嚴相趁去勢猶橫逸嘗聞咸池氣下注作清質至今涵赤

霄尚且浴白月又云搆浮玉宛與崑閬匹[illegible]爲雲
官家此事難致詰繞迎沙嶼好指顧戟已失山川
互蔽虧魚鳥空聾肥何當授真訣將召天吳術一
一問乾宗方應可譚悉 **方干** 長天接廣澤二氣共
合秋舉目無平地何心戀直鉤孤棹鳴大岸片月
落中流郤憶鴟夷子當時此泛舟 **[illegible]夜寄**
洞庭羅評事 歲暮洞庭山知君思[illegible]色
晝人枕夜濤眠移棹風吹浪開窓[illegible]因一
乘興同醉太湖船〇郡僚方賀正獨[illegible]皆
下羞爲吏船中秖載僧折梅知薄雪煮[illegible]燈
應笑排衙早寒靴踏曉冰 **羅處約** 三萬[illegible]胡
侵海內田逢山方得地見月始知天南[illegible]盡
東滇勢欲連何當灑爲雨無處不豐年 **范仲淹** 吳
山無此秀乘暇一遊之萬頃湖光裏千家橘熟時
平看月上早覺鳥歸遲近古誰眞賞白雲應得
知〇有浪即山高無風還練靜秋宵誰與期月華
三萬頃〇平湖萬頃碧謝客一開顏待得臨清夜
徘徊載月還 **蘇舜欽望太湖** 杳杳波濤閱古今四
邊無際莫知深潤通曉月爲清露氣入霜天作暝
陰笠澤鱸肥人膾玉洞庭柑熟客分金風煙觸目

相招引聊爲停橈一楚吟 **梅堯臣** 東吳臨海若青
月上青冥河漢微分練星辰淡布熒細煙沉遠水
重露裛空庭孤坐銳清[illegible]將影對形 **錢昭度** 平
生愛具區島嶼夾波湖[illegible]龍鸂鶒花煙深鷗
神僊疑有宅魚鱉自爲鄰何事勞長想機雲本在
吳 **楊備** 漁船載酒日相隨一笛蘆花深處吹湖面
風收雲影散水天交照碧琉璃 **范成大** 震風闔雨
半晴陰慘澹誰知造化心委命沉浮惟一葉計身
輕重亦千金紅塵猶道不勝險白浪莫嗔如許深
晚得鄰山堪寄纜卧聽鼉吼與龍吟〇古來此地
快蓬心天繞明湖日照臨一雁雲平時隱見兩山
波動對浮沉衰鬢都共荻花老醉面不如楓葉深
晉戶釣徒來問訊去年盟在肯重尋 **姜夔** 茫茫復
茫茫中有山蒼蒼大哉夫差國坐占天一方夫差
醉蓮宮巨浪崇不醒越兵從何來奪我玉萬頃年
年亭上秋一笛千古愁誰能知往事飛下雙白鷗
唐桂芳 向晚推蓬望群山隱約青篙工排隱勢野
飯雜魚腥水闊疑無地天低剩有星吳音相爾汝
聊復慰飄零 **許謙** 周迴萬水入遠近數州環南[illegible]
[illegible]無地西浮直際山三江歸海表一徑界河間[illegible]

浪秋風疾漁舟意正閑 **李彌遜** 衆水東南會三江
左右通夫差中習戰范蠡此休功鷗鳥清銅鏡魚
龍紫貝宮扁舟嗟未遂蕭散愧漁翁 **朱德潤** 扁舟
去何所渺渺太湖陰依依桑梓村拍拍枕寒潯飛
雲入遐睇鳥道橫青岑篙師戒勿渡柔櫓力不任
我身雖骨立未宜折壯心放船當中流浩歌激清
音何當披宮錦再作峨嵋吟 **高啓月夜遊太湖** 欲
尋林屋隱還過洞庭遊遠水初涵夜長天盡作秋
湖如青草闊月似白蓮浮萬壑風傳笛三更斗挂
舟葉應隨鳥散山似趁波流浩蕩吾何適鴟夷不
可求 **楊基** 天帝何年遣六丁鑿開混沌見雙青湖
通南北澄冰鑑山斷東西列畫屏掩雨龍歸霄漢
暝綱魚船過水雲腥乘風欲往終吾老角里先生
在洞庭 **張羽** 具區涵空闊一葦凌風度煙花亂晴
天浪色生寒霧遥山含碧氛青蒲冒孤渚鮮帶俯
清流開襟散塵慮乍聞商婦歌或見漁航聚微茫
姑蘇城縹緲洞庭樹緬思底定功蹤鑿有遺處懷
安諒非賢臨深豈無懼且當趣歸楫沿洄難可住
〇具區維南滙洪豬奠吳會并包灌汗聚涵育魚
龍大崩浪撼坤樞水氣積陰晦蒼茫神靈遇極目

光烟碎中有兩洞庭秀氣迴相對峭立根虛無棲
影浸淡瀨飛鳥去何窮長垣亘天外風波多險阻
舟檣亦傾壞緬思懷襄初洪濤渺無界賴茲神禹
功底定永無害吳越何區區向此角成敗賢哉鴟
夷翁臨風發長慨 **吳寬** 孤蓬遥蹕太湖心着雨高
山水墨深積氣上蒸炊已熟弱流西注壓將沉不
因迢遞辭清賞轉覺空濛助醉吟詩
裏白公誇月夜未知奇觀屬春陰

三江松江婁江東江也禹貢三江既入震澤底定史
記正義曰三江在蘇州東南三十里名三江口一
江西南上七十里至太湖曰松江古笠澤江一江
東南上七十里至白蜆湖曰上江亦曰東江一江
東北下三百餘里入海曰下江亦曰婁江其分處
號曰三江口吳地記云松江東北行七十里得三

江口東北入海爲婁江東南入海爲東江幷松江爲三江 吳郡志云按司馬相如上林賦叙上林諸水曰丹水紫淵灞滻涇渭八川分流相背而異態灝溔潢漾東注太湖八川自入大河去太湖數千里外中隔大山及淮濟大江何緣與太湖相涉郭璞江賦云注五湖以漫漭灌三江而漰沛墨子曰禹治天下南爲江漢淮汝東流注之五湖孔安國曰彭蠡江分爲三入于震澤後爲北江而入于海此皆未嘗詳考地理江漢至五湖自隔大山其末乃逕出五湖之下流徑入于海何緣入于五湖淮汝自從徐州入海全無交涉禹貢云彭蠡既瀦陽鳥攸居三江既入震澤底定以對文言之則彭蠡水之所瀦三江水之所入未必謂入于震澤也震澤之源皆山環之了無大川震澤之委乃多大川今三江故道古今變遷已不可堅定然禹貢之說謂三江之水無所入則震澤壅而爲害三江之水有所入然後震澤底定亦水之理也水經云中江在丹陽蕪湖縣南東至會稽陽羨縣入于海震澤在吳縣南五十里北江在毗陵北界東入于海據此則水經亦謂中江北江皆在震澤傍近但其跡不可攷耳與孔安國謂彭蠡江分爲三入震澤爲北江以入海遠近絕不同按太湖西南湖州諸溪從天目山下西北宣州諸山有溪並下太湖太湖東北流各至三江口入海其湖無通彭蠡湖及太湖處並阻山陸諸儒及地志等解三江既入皆非也周禮職方氏云揚州藪曰具區川曰三江按五湖三江者韋昭注非也其源俱不通太湖引解三江既入失之遠矣吳郡國志引禹貢三江既入震澤底定韋昭曰三江爲吳郡南松江錢塘江浦陽江水經亦載韋昭以松江浙江浦陽江爲三江虞氏志林云江於彭蠡分爲三又云江自太湖出于海屈曲七百里世遂以韋昭爲謬謂錢塘浦陽元不與震澤相關也水經謂浦陽亦名潘水至會稽界而彭蠡乃宮亭湖去震澤更遠虞氏之說尤荒唐今松江之傍有小村落名三江口酈善長云松江自湖東北逕七十里至江水分流謂之三江口吳越春秋云范蠡去越乘舟出三江之口入五湖之中皆謂此地史記春申君傳云還爲越王爲三渚之浦正義引戰國策三江之浦即此是[illegible]

三江口異名者三姑備錄之 按今三江一自太湖從吳縣鮎魚口北入運河經郡城之婁門者爲婁江一自太湖從吳江縣長橋東北合龐山湖者爲松江一自大姚分支過澱山湖東至嘉定縣界合上海縣黃浦由黃浦經嘉定江灣青浦東北流亦名吳松江者爲東江其實皆太湖之委也三江之外其支流一派東出香山胥山之間曰胥口 周益公遊山錄云太湖東邊兩山對峙南曰胥山北曰香山中一水曰胥口 又東出吳山之南曰白洋灣又東一派北出曰鮎魚口

胥口之水自胥口橋東行九里轉入東西醋坊橋曰木瀆香水溪在焉又東入蹳塘橋與越來溪會曰橫塘由蹳塘橋折而南爲走狗塘荷花蕩在焉自香水溪分派逕出西山而東爲上沙水其北流爲落星涇東流爲沙涇 范成大上沙夜泛 困倚船窓看斗斜起來風露滿天涯亭亭宿鷺明孤葉閃閃涼螢入稻花月下片雲應夜雨山根炬火忽人家江湖處處無窮景半世紅塵老歲華

白洋灣折北匯於楞伽山之下曰石湖湖界吳縣吳江之間有茶磨諸峯映帶頗爲勝絕相傳范蠡從入五湖處 許渾自楞伽寺晨起泛湖 碧樹蒼蒼茂苑東佳期迢遞路何窮一聲山鳥曙雲外萬點水螢秋草中門掩竹齋微有月棹移蘭渚淡無風欲知此路堪惆悵菱葉蓼花連故宮 羅隱陪

曹使君遊湖 水蓼花紅稻穗黃使君蘭棹泛迴塘倚風藻荇七開路迎旂皃鷺盡着行手裏兵符神與術腰間金印絲為囊少年太守勳庸盛應笑燕臺兩鬢霜

范成大初歸石湖 曉霧朝暾紺碧烘橫塘西岸越城東行人半出稻花上宿鷺孤明菱葉中信腳自能知舊路驚心時復認隣翁當時手種斜橋柳無限鳴蜩翠掃空

又約鄰人至石湖 窈窕崎嶇學種園此生丘壑是前緣隔籬日上浮天水當戶山橫匝地煙春入葑田蘆綻筍雨傾沙岸竹垂鞭荒寒未辦招君醉且吸湖光當酒泉

揚家石湖賞拒霜 水上晴雲綵練橫許多蜂蝶趁船行漁樵引入新花塢兒女扶登小錦城艷粉發粧朝日麗濕紅浮影曉波清誰知揺落霜林畔一段韶光畫不成

姜夔除夜自石湖歸苕溪 細雨穿沙雪半銷吳宮煙冷水迢迢梅花竹裏無人見一夜吹香過石橋○笠澤茫茫鴈影微玉峯重疊護雲衣長橋寂寞春寒夜只有詩人一舸歸○卒聞篝火卻宜蠶風土相傳我未諳但得明年少行役只裁白紵作春衫

鄭元祐 越來溪上水融融閒蘸鴟夷棹底風暖霧黃消治平寺燒痕青入館娃宮笙歌作

樂年年少魚鳥關情處處同弔古從來易興感尚循華髮繫孤蓬

戴良 東槩企名都遊宦及茲年遂陪登覽侶來上泛湖船水光耀殘日林影溢中天巖穴停橈見樓臺鼓枻看蒼蒼歛暝色冪冪曳寒煙菰蒲有餘凄鷗鷺相與閒窈窕趨迴浦蕩漾媚遙川水宿怯宵清蓬臥愛月穿俯視潛夜魚仰睇銜曉鳶窘身慣浮宵歛志慚躍淵何當謝冠綬歲晏此盤旋

高文度石湖燕景 閶閭臺下越來溪處處西風颺酒旗翠壁丹梯開短軸黃花紅葉入新詩鎔金霜蟹需高價蘸甲香醪輒滿巵落日去程驢背穩短琴雙笈一童隨

高啓遊寶積山寺泛石湖 雲山擁春郭煙花漲晴川看花入山中踏峯恣攀緣客吹玉管笙合以金柱絃清音度碧峰松風助冷然究若鸞鳳吟要耿入紫煙行人盡矯首謂遇雲中僊下山興未闌相携更登船虹收嶺外雨鳥沒湖中天嵐翠破夕陽樓閣影倒懸酒傾綠[illegible]觴鱠斫璚絲鮮獨恨無紅粧清波照嬋娟微風吹帆緩欲使歸途延衆賓起歡呼舟久水浸舷廻艫掠寺過楊柳山門前此地有離宮美人艷當年羅裙罷春舞草色餘芊綿況我昔此遊冠蓋十里連

重來復論在新知滿中從人事竟若斯今古俱可憐能遊即称達何須問愚賢我欲呼馮夷捧月出海邊醉後不歸去月照舟中眠

石湖之東一溪北流橫塘曰越來溪自此與木瀆水合流出橫塘橋東入胥門運河曰胥塘北流閶門運河曰綵雲港

自橫塘北流直入運河曰洞涇自綵雲港北折出洞涇之西曰白蓮涇又西出江村橋曰楓橋灣

自胥塘北流經南濠至閶門釣橋與北濠山塘水會曰沙盆潭南濠中折而西遶出普安橋曰新開河

自沙盆潭西流出渡僧橋會楓橋諸水北流與虎丘山塘水合曰射瀆相傳吳王嘗射於此故名亦名石瀆其西一水通陽山曰白馬澗相傳支道林飲馬處其東遶出虎丘之北曰長蕩

長蕩識此[illegible] 沈周 發迹滿[illegible]生始春流方漫衍曠蕩彌十里老葑蔽重雲數[illegible]青凝凝正如一明鏡皺蝕銅綠起西山欲流照捲郤螺髻美山亦拗怒去南走太湖涘尋[illegible]蘸[illegible]浪爭捷互排擠我恐先我去揮手喝止止湖山四面好轉側皆可喜此面正佳絕扁舟載西子芳洲有隙地百賣貺紫綺移家非舟砂所好在山水

石瀆之水橫出運河為滸野其南為烏角溪北為柿木涇為白鶴溪並與運河合流

運河一名漕河南自嘉興由石塘北流經郡城又

北遶白公堤出望亭入無錫界續圖經謂之邗溝
按國語夫差起師北征闕爲深溝通於商魯之間
蓋由此河以通江北也隋大業六年敕開江南河
自京口至餘杭郡八百餘里面闊十餘丈擬通龍
舟巡會稽即此

鮎魚口北出經蠡塘入盤門運河折而東至分水墩
自分水墩東流入長洲縣界爲梛胥港（湘胥夾）爲爪
溪港又繞馬尾漾南北互流轉入澹臺湖又自分水
墩西流入吳江縣界爲龎山湖

澹臺湖在太湖之東史記弟子傳澹臺子羽南遊至
江索隱注吳國東南澹臺湖即其故趾吳地記以
爲子羽宅所陷自此東過寶帶橋入運河分流入
黃天蕩入陳湖入金涇淹（張憲黃天蕩詩　昆明劫燒成灰火臨下葑湖撥不開黃泥萬頃下無底海眼一絲通水來南徐江邊海鰌走江神頫走黃龍吼便翻銀漢渥泥沙要使妖蛇先授首）（陳基過陳湖　平湖秋色晚滄滄鼓泄聲傳湖欲涼鴻鴈欲來天拍水茁葭初老露爲霜菊花南里人何在鱸入松江興轉長不用臨流重懷古紫花菱葉滿滄浪）
黃天蕩之東爲獨墅湖爲王墓湖爲朝天湖三湖
連綴中微隘如川其實一水也又東爲尹山湖爲
頳墩湖（一名龍潭）又爲車坊漾漾比諸湖爲深故又名
鐵瓶底潭

陳湖之東爲闔閭浦爲章練塘其北爲陸直浦
金涇淹之南爲麋瀆北爲龍漊（宋淳化間龍見於此故名）
龎山湖在澹臺湖東自分水墩南流入甘泉橋匯於
此其下流爲黎湖爲菱湖爲葉澤湖爲新湖（楊維禎龎山湖　湖上足晴晝雨餘生綠陰扁舟到城近曲港入村深野叟頻相問郎君不可尋西鄰有分席吾亦老山林）
葉澤湖之東爲九里湖亦名同湖急水港杓頭潭
清水蕩在焉又東爲姚城江爲白蜆江卜龍港在
焉（吳駿題九里湖　太湖風濤湧銀屋望處令人駭心目望知幾里卜澄湖近接吳淞雪水曲未能朝宗會百川頓擅清虛遠塵俗沿堤冉冉春漲漫拍岸溶溶朝雨足桃花浪暖鏡光明時動微瀾皺輕縠忘機鷗鳥自悠還無意汀蒲爲誰綠農夏亢旱資灌溉戶有鮮鱗供口腹我游朔方思故鄉恒厭黃埃暗山谷此日南歸得縱觀欣聞漁唱聲相續欲收佳景入、悵俄報斜陽舟去速）
杓頭潭之西爲契磔湖爲笑面湖與汾湖接
汾湖一名分湖分屬吳江嘉興也其東流入謝宅蕩
蓴菜蕩南陽港又東通三泖入華亭界其北流入
三白蕩又北受曹龍港通鶯脰湖
鶯脰湖在太湖之南其源自天目東流至荻塘會爛
溪水併出平望安德橋匯於此以其形似鶯脰故
名亦名鶯鬪湖
其下流爲穆和溪爲黃家涇爲白蕩

白蕩之西爲搖城湖爲蠡澤湖北麻漾在焉又西
爲沈張湖九曲港在焉【吳僧道沈張湖】綠舟湯蕩看青春妳色桃花岸岸新
江國微風醒酒力
水村落日見漁人
北麻漾而入爲烏蕩爲蒲蕩爲白鐵港
九曲港而入爲後練塘爲雷墩蕩爲西溪爲胥池
潭
自澹臺諸湖而來衆水互流並入松江
松江禹貢三江之一即古笠澤江也自太湖分派從
吳江長橋北合龎山湖轉東入長洲界【宋葉清臣松江賦】澤
國秋晴天高水平遙山晚碧極浦寒清徧游具區
之野縱況吳淞之濡東瞰滄海西瞻洞庭檣葉參

下斜陽半明樵風歸兮自朝暮夕潮滿兮誰送迎
浩霜空兮一色橫霽色兮千名於將積潦未收長
江無際登瀾方興扁舟獨詣社橘初黃汀葭餘翠
驚鷺朋飛別鵠孤唳聽漁榔之遞響聞牧笛之長
吹旣覽物以放懷亦思人而結欷若夫敵寇初平
霸圖初盛均憂待齊同安則病魚貪餌而登鉤鹿
走險而忘命一旦辭祿揚舲高沫功業不居名在
斯令達識先明孤風競爽又若金櫂不馳洛塵甚
棠宗城寡捍王國爭雄拂衣客右震櫂江東拖隱
論兮波上瞻蟬翼兮梓中倘郎將之有適違我後
之爲恫王如著書笠澤端居甫里兩槳汀洲片帆
煙水夕醉酒罏朝盤魚市浮游塵外之物肅傲人
間之世宣詞客之多才劇騷人之清思緬三子之
清徽諒隨時之有宜非才高見棄於榮路乃道大
不容於禍機申胥臨河而蹈甕伯夷登山而食薇
皆有爲而然爾豈得已而用之別有執箇麈瀛持
荷帝柱晨韶史氏之筆暮拂使臣之斧登覽有澄
清之心臨遣動光華之賦荷從欲之流滋慰遠遊
之以懼輦提封之所履盡方割之比憂將濬頭於
匯川其拯濟乎黔黎轉白鶴之新渚據青龍之上

游濯埃埃於緇袂刮病膜乎脅胖左引[illegible]公之[illegible]
台援仲由之拯思勤官而裕民乃甚利之遠社[illegible]
全身以遠害蓋孔藏於自謀鮮鑑在[illegible]
少回俗士之駕亦未可爲茲江之羞【程[illegible]松江賦】
鴟夷子皮旣棄越相乘扁舟携西子泛宅流万[illegible]
家五湖以長邁羅萬鍾而不留故若巨魚縱大壑
脫若六驥馳坦道而挾輕軒時則八荒收雲千里
一碧狂瀾不興遠岫疑色目盡意往雲天出沒[illegible]
風濤以悲嘯趣煙波而不極於是遇亡是與松江問
津爲已三江之湊實爲五湖地脉四達行[illegible]
[illegible]洶湧溶溶洋洋孤岑連嶂七十有一[illegible]
燦隼於微茫五湖之中大日包山風穴書[illegible]
葛寒暮煙屯其疊翠冬實纍其[illegible]丹麟鶴[illegible]
蛟鼉之所淵山中之人忘世與[illegible]條桑縹[illegible]
採石明月之灣草衣木茹泊若羲盟而[illegible]
赤之窮是則歸墟上百谷於一[illegible]環齊[illegible]
大鵬奮翅於泱漭[illegible]虞由江[illegible]
百餘里東流無著[illegible]而墓方壺[illegible]
善罰若撐其會善搏者[illegible]趣南則遺北
畫圖而失方今子將攬象[illegible]會莫若遐觀中

央惟是江湖之接二州相望微荒墟於垤塊識圖
岸於毫芒嘗試與子至中流而四顧陰霾鬱興不
雖雲水天高日出萬頃在日者五湖也岡岫相屬
如走如伏冥濛突兀乍見乍失者包山也擁松江
之上流窮海道於一葦時矯首而斯盡固可以訪
漁樵而種舶鯉亦優游而卒歲矣吾子以爲何如
子皮曰然務外游者有待樂內觀者無窮吾方[illegible]
日月爲燭六合爲宮柔天地以爲友從四海之諸
公乘雲氣御飛龍指包山於遺礫視五湖於一鍾
松江之勝又安能芥蔕於胷中乎【後松江賦】
旣爲松江賦假鴟夷子皮設亡是叟以爲詞是夜
夢有杖須然而鶡翼色而脩髯叩舷而稱曰松江
之勝吾子之詞後矣然子亦聞吳越之遺事乎雖
而荅曰長謳引波載泣之衝飛梁疊架排霧橫空
萬景所會而垂虹屹立乎其中言響登垂虹顥耳
潜尚想夫霸國之爭雄方其踐忍烏啄差耕石田
禍起號下謀悟機先則吳軍江北越軍江南殺氣
朝合軍聲友嚴御敉比渡舊爲兩翼方風馳而霧
哺[illegible]蠱而電掣矣辛[illegible]潰江流豬赤畢夫振之
[illegible]之瞻食於此盡夫子之雄績乃自

過橫山亂越來之溪登姑胥之臺弔亡國於游
指血化於黃埃挽艑艎以凌江卷旌旗而南歸
則夫子於此退身行意揖勾踐而長辭蓋與夫欲
犯之貪夫子推之獨賢歌龍蛇而激憤塊然與喬
木而偕燔者不可同日而言矣間者五季棼亂錢
鏐崛興蘇據都會乃淮浙之必爭徐約先拔孫儒
繼焚彼得之不能以歲月守我守之不能以歲月
寧則江之兩厓相爲二城鎮威武之右境遏淮南
之寇兵實用武者之所憑版圖入朝置爲縣治盡
井疆設群吏皐畝綦別居廬鱗次帶以千尺之橋
捍以百里之塘舟輿所通樓觀相望會城邑之幾
時驕喬木之蒼蒼矣吾嘗嘆曰一江方東雖逝不
流越世事之萬變去莫知其所適而來莫知其所
由今之松江其昔之松江邪抑夜半之藏舟失萬
世於俯仰盡賢愚於一丘夫子亦嘗弔抉眼之忠
鼉而訪伏劍者之靈游不乎子皮不對顧謂西子
援琴而歌歌曰霰雪紛兮雲霏霏帶長鋏而佩寶
璐兮子安適而不歸歲蹉跎而將暮兮路既壅而
中迷嗟二子之不返折疏麻而搴杜若羌搖搖其
遺誰餘音未息蘧然而覺棹頭載歌付千古於一
笑　宋[illegible]渡吳淞別[illegible]長史　倚棹望茲川銷魂獨周
黯然鄉連江北樹雲斷日南天斂別離初渡書成
鴈不傳離舟意無限催渡復催年　張擇泊吳江　多
年撲被玉山岑鬢雪欺人忽滿簪鶩馬雖然貪短
豆野麋終是憶長林鱸魚未得乘歸興鷗鳥惟應
信此心見說新橋好風景會須乘月濯煩襟　劉長
卿　洞庭初下葉南客不勝愁明月天涯夜青山江
上秋一官成白首萬里寄滄洲又被浮名繫能無
愧海鷗　趙嘏吳江　蜈館人稀夜更長姑蘇城遠樹
蒼蒼江湖潮落高樓迥河漢秋歸廣殿涼月轉碧
梧移鵲影露低紅草濕螢光文園詩侶應多思莫
醉笙歌掩華堂〇清露白雲明月天與君齊棹木
蘭船風波湖雨一相失夜泊橫塘心渺然　白居易
觀魚　震澤平無岸松江落葉波在官常夢想爲客
始經過才面排罾網船頭簇綺羅朝盤鱠紅鯉夜
燭舞青娥鴈斷知風急潮平見月多繫絲與促管
不辭和漁歌　[illegible]泊松江渡　漠漠故宮地月涼風
露幽鷄鳴荒戍曉鴈過古城秋楊柳北歸路蒹葭
南渡舟去鄉今已遠更上望京樓〇故國今何在
兒不歸雲移山漠漠江闊樹依依晚色千帆

落秋聲一鴈飛此時無送客凭檻欲沾衣　[illegible]
章津柳江風白浪平棹移高館古今情扁舟一去鴟
夷子應笑分符計日程　卜[illegible]　片帆孤客晚夷猶紅
蓼花前水驛秋歲月方驚離別盡煙波仍駐古今
愁雲陰故國山川暮潮落空山網罟收還有吳娃
舊歌曲棹聲遙散采菱舟　張[illegible]　行人愁落日去鳥
倦遙林曠野鳴流水空山響暮砧旅途歸計晚鄉
樹別年深寂寞逢村酒漁家一弊吟　皮日休松江
早春　松陵清淨雪消初見底新安恐未如穩凭船
舷無一事分明數得鱠殘魚　陸龜蒙　郡下江食待
好風暫時還得狎漁翁一生無事煙波足唯有沙
邊水勃公　宋陳堯佐　平波渺渺煙蒼蒼菰蒲纔熟
楊柳黃扁舟繫岸不忍去秋風斜日鱸魚鄉　王禹
偁　二年爲吏住江濱重到江頭照病身滿眼碧波
輸野鳥一蓑疏雨羨漁人隨船曉日孤輪白入座
晴山數點春張翰精靈應笑我綠袍依舊惹埃塵
[illegible]　勾吳奇勝絕無儔更見松江八月秋震澤波
光連別派洞庭山影落中流汀蘆擁雪藏漁市岸
橘風香趁客舟清興不窮聊一望煙空雲靄倚層
樓　孫何　晚灘如雪起沙鷗咫尺姑蘇亦勝遊逸勢
鴻歸滄海遠冷聲分作太湖秋葑田幾處連僧寺
橋岸誰家對驛樓魯望不存無可語片帆中夜渡
清流　梅堯臣送裴如晦宰吳江　吳江田有粳粳香
春作雪吳江下有鱸鱸肥膾堪切炊粳調橙虀飽
食不爲餐月從洞庭來光映寒湖凸長橋坐虹背
衣濕霜未結四顧無纖雲魚跳明鏡裂誰與子同
遊去若秋鷹擊　又憶吳江　念昔西歸時晚泊吳江
口回堤遡清風淡月生古郊夕鳥獨遠來漁舟猶
在後　蔣堂游松江　江人見我謂誰何行李無羈野
意多六幅青帆趁潮去一罇白酒扣舷歌沙邊歷
歷蟬雲樹島外濺濺弄月波興盡歸來還更喜舞
鷗相送入煙蘿　王安石　莽莽昔登臨秋風一散襟
地留孤嶼小天入五湖深柑橘無千里魚蝦有萬
金吾雖輕范蠡終欲此幽尋　張先　春後銀魚霜下
鱸遠人曾到合思吳欲圖江色不上筆靜覓鳥聲
深在蘆落日未昏閶市散青天都盡見山孤橋南
水漲虹垂影清夜澄光合太湖　蘇軾與秦觀[illegible]
會于松江　吳越溪山興未窮強扶衰病過垂虹浮
天自古東南水送客今朝西北風絕境自忘千里
遠勝遊難復五人同舟師不會留連意擬看斜陽

萬頃紅○二子綠詩老更窮人間無處吐長虹
生睡足連江雨盡日舟橫擘岸風人笑年來三黜
慣天教我輩一樽同知君欲寫長相憶更送銀盤
尾鬣紅 楊蟠 帆落帆開兩岸頭洞庭木葉攪離愁
青山帶日低平野白浪隨風過別川月靜沙寒知
鴈宿雲深水暖羨魚遊畫橋隱隱橫天漢人度空
中影倒流 郭祥正 群山高下浸湖濱璵靄朝霞物
物新驛道東穿東北去青銅影裏看行人○軒亭
多作碧湖傍蓮子枯時荇葉香最愛夜深鷗鷺散
舟船明月似瀟湘 范致君 叢叢峯巒安用染鏡澄
湖面不須磨已驚張翰鱸如玉想見西施髻似螺
目斷樓高知水闊雲開山盡見天多吾家本是煙
波主好伴漁翁一曲歌 楊友夔 落日滿大江孤舟
猶獨行蕪葭交相風中有兩般聲適從城中來始
覺秋氣清世路苦迫隘江湖自寬宏平生獨往志
久與白鳥盟陳人多所閱新事屢可驚唯有江上
峯殘年眼中青 范成大 過松江 長虹斗起蛟龍穴與
朱碧欄干夜明滅太湖三萬六千頃多少清風
明月青鵲驚飛白鷺閒舟楫未老黃蘆折誰將橫
笛叫蒼煙無限驚波翻白雪洞庭林屋舊遊處玉

柱金庭路嶢絕水倦逢迎摻修袂問我歸計何當
決去年匹馬兀春寒今此孤蓬宕秋熱人生意氣
得失間輕重劍頭吹一吷莫將塵土涴朱顏卻待
舟砂回白髮 趙孟頫 壯氣浮孤劍蘇生寄短蓬戰
塵昏野色積雪覲春風北望旌旗闊南歸郡邑空
江花與江水客思兩無窮 [illegible] 客有東吳別憑高
正憶家春青江上草湖白岸頭沙去鳥無邊盡歸
帆幾處斜音徽不可問惆悵結瑤華 [illegible] 江浮涵
青空高帆漾天風澄波二百里歸興與無窮心期
弄雲月迢遞辭金闕晚色海霞銷秋芳渚蓮歇又
別釣魚機今朝始拂衣忘機舊鷗鳥相見莫驚飛
孫作 泊吳江呈繼止人 松陵橋畔太湖前斜日青
楓繫客船引頸數看花鴨亂含情渶媿白鷗賢千
鐙庋嶺傳無盡一宿曹溪覺有緣稍待月明風細
熟卧吹簫
管學坡僊

已上諸水並屬吳江及長洲之南其北一泒亦自
鮎魚口轉入運河經婁門而東爲上雉瀆又東爲
下雉瀆又東爲沙湖

沙湖一名金沙湖湖雖小而與松江諸水吞吐青丘
戴墟二浦在焉 楊維禎 過沙湖寄顧玉山 五月落
殘梅子雨沙湖水高三尺強大風
開颿作弓滿白浪鬬船如馬狂唱歌賣魚赤鬚老
打鼓蹋草青苧孃故人相見在婁下坐對玉山懷
草堂

婁門之北轉出齊門塘爲楊涇爲蠡口爲五瀫涇
爲施瀆沽施澤湖之西爲尚澤蕩爲漕湖

漕湖本名蠡湖寰宇記范蠡伐吳開蠡瀆通此湖故
云唐書地理志云元和八年孟簡開太伯瀆併導
蠡湖故以瀆爲孟瀆湖爲孟湖其實古之蠡湖也
故其東有蠡口西貫無錫之太伯鄉亦有蠡尖口
其稱漕湖不知所始或云以通漕運故名其西屬
無錫而其浸皆屬長洲 華幼武 漕湖東南大星起
灔灔光晶射湖水兩鬅擺
櫓逆風行浪花激船飛兩岸明起坐推蓬窓天
地晦摻開鴻龐扶桑日出東海沸波濤混漾珊瑚
光迥風颸帆舟子喜唱歌遲
度三十里摟閣參差見湖市

漕湖之東爲永昌涇爲黃埭塘爲東錢涇西錢涇
其北爲冶長涇爲鵝肫蕩諸水互流並流雲和塘

雲和塘本名元和唐郡守李素所浚成於元和四年
故名後譌元爲雲今俗呼常熟塘南連運河北入
常熟界 唐將仕郎前[illegible]錄事參軍劉允文碑 吳之畝曰具區郡之大惟蘇州兩爲貨居

農實邦本錫貢多品厥田上中土宜在民迺利米
水常熟塘按圖經云南北之路白城而遙百有餘
里旁引湖水下通江潮支連派分近委遐輸左右
惟強家大族疇接壤制動涉千頃年登萬箱豈伊
沿泝之功實由灌溉之利故名常熟歲無青焉洎
貞元以來時屬大旱縣是塡淤荐爲塗泥而淪弁
忿咨殖物痛矣郡守隴西李素字人原始覩弊則
曰在穿導之遂聞於本道廉使吏部尚書韓公秉
文惟謹施德惠人發令爲適觀風悅隨人無間言
言我得從政攝令吳縣主簿李仲方禀其成規請
事蹤鑿於是參丹邑之役則經費其力而長洲當
三之一焉縣宰李瞶復善供命乃計工量日吳隣
庀徒爲利涉之宜蔽反壞之害詢蓄洩之勢增遠
近之防人不告勞事爲未逸先期而望表純直不
日而終朝子來塘開地中工畢泉出山澤作氣江
湖發源積爲長流實自新渠舟楫鱗集農商景從
春秋有施水旱斯備嗟乎塘之堙鬱也久矣何壅
之無慮而啓之有時非體仁弘多應用高朗易以
越前所未暇逮令而行其志哉則史之決渠昔之
滌源以流其惡潤彼猶田兄山川襟帶之廣林隘

沃饒之資規同九州殷列七縣其提封厥績冈良
二千石之能惟李公敏於直方精在損益爲信安
未半歲而吳郡餘一年焉政猶風行惠與時至文
學備全清愼寡欲通貨豐財五行因之順下致理
之實不其偉歟去歲朱方構患南郡邑連陷公毆
白徒以捍狂寇梃拔凶黨脩復城池皇帝聞而嘉
之俾金章與紫綬給誥垂美必將大闡王度紹休
朝廷豈惟與民分憂是塘之爲政也彼人士以
文在公之宇備詳其事請刻于石庶詞之可復
曰睠彼塘矣昔之所闢物利東舟上肯其潭浚有
堙塞時罔蹤滌誰爲澄流變爲廣瀉降是良牧猗
歟隴西揆日爰鑿經旬洞開湖水南迤江源北來
旁分溝洫潛畜風雷政可施利役無勞比力均二
邑功逾百里舟楫攸往可疇所視義實通方智侔
經始濬自高岸豈云隨山人灌在路魚樂于
泉伊此化遠刻夫事宣立石川上維無窮焉

雲和塘之西爲尚湖一名上湖長十五里廣九里
上有虞山映帶頗爲奇勝 沈周 月午放船湖上頭虞山隨船走不休高雲仰見出翠壁一飛影下接滄波流青林人家隱山麓鷄鳴犬吠聞中洲鷗鷺羣栖竹葉暗蜻蜓時立荷花秋采蓮還歌采蓮曲落景高樹尤堪遊小舟爭渡各先去獨逆風波渾不憂

尚湖之南有柴涇有朱涇有徐墅涇西有湖橋塘
張墓塘東南有白蕩自白蕩而出爲羅墩蕩爲六
里塘自張墓塘而出爲大和塘自柴涇而出爲南
塘又自大和塘而出爲官祿塘爲黃庄塘諸水互
流其西吐納江陰無錫諸水其東仍流雲和塘
雲和塘之東爲崑承湖亦名崑湖或云崑湖在崑
山北承湖在崑山西北二湖合而爲一亦名八字
湖縱廣各十八里 舊傳湖中有蜃舟人夜行或見之往往爲湖田之患一日有適崑山者遇白衣婦人附舟抵岸忽不見自此湖患遂絕

崑承湖之東有五丫涇西有陳涇瀝涇魏涇有東
橫涇有黃墓陵涇有徐涇塘莫門塘衛涇塘南有
張涇有六十二涇有周涇有黃涇有龍涇有桑婆
浜曹家浜有時涇塘其北有艾涇
自五丫涇而出爲七浦自周涇而出爲朱濯塘自
陳涇而出爲斜橋塘爲嚴舍涇爲懸涇自黃涇而
出爲徐涇爲楊尖涇華蕩在焉
華蕩之西爲宛山塘爲戈庄涇 自戈庄涇而出爲
[illegible]維塘華渭蕩在焉

諸水或南或北其流梅李塘者東北入許浦流李
墓塘者東入白茆港流福山港者北入楊子江
梅里塘之源發自雉浦轉入耿涇千步涇迤邐縣城
之東逃出許浦入於海
其西弓連涇錢涇其東嘷涇嘷塘之南為焦莊涇
為黃莊浜為李家浜其西為福山塘
福山塘亦自縣城通江門而北行四十里入楊子江
是為福山港福山渡在焉
其西鵜城港通暢塘又西九折塘其南富平塘富
平塘之北為河陽塘又北為奚浦

李墓塘之源西自周涇而來轉入白茆塘遂入於海
又有蕭涇蔡涇胡澄涇鳳凰涇東山涇蓮涇東婁
涇姑浜沈浜嚴洞官浜黃浜雙浜黃姑浜石墩塘
支塘三丫港黃沙港南港北港俱流白茆塘
白茆塘之南一水東南流曰鹽鐵塘亦名內河橫
亘七十餘里西接江陰東入崑山界
崑山之水皆自陽城湖而入湖界長洲崑山之間其
西納雲和塘尚澤蕩南納吳涇眞義浦黃浦秦昌
涇又南通大虞浦梁里浦北納張茜涇上元涇 施閏
一 過陽城湖 芳辰二三客飛櫓泛空明野酌臨流動
春湖帶雨行浪中汀樹亂船裏濕雲生吾欲觀天
趣悠然
留去情
陽城湖之東為包湖為傀儡蕩二水與陽城合而
為一又東為巴城湖 郭翼巴城秋暮 巴城湖頭日
欲曛巴王殿下水知雲漁船
歸去打雙槳鷗鳥翻迴飛一群野曠天開秋歷歷
霜清木落雨紛紛杜陵飄泊誰知已搔首風塵政
憶
君
其北為鰻鱺湖為施澤湖自巴城而入為尤涇為
温焦涇自鰻鱺湖而入為栢家瀼為大泗瀼為牛
尾涇為江家瀼自施澤湖而入為蕭涇為碧澤潭
其南為至和塘
至和塘一名崑山塘成於宋至和間故名互見水利

其西自郡城婁門東行經沙湖又東入夷亭諸水
或南或北並東入吳淞江
吳淞江即古之婁江也亦名下江俗呼劉家港又有
新江宋嘉祐間所開先是轉運使李復圭知崑山
縣韓正彥開白鶴匯如蟠龍匯之法知縣沈某略
灣取直以開新江西連松江南入陳湖北入鰻鱺
湖等瀼
新江之南為石浦為道褐浦為蕭市浦為金[illegible]浦
為千墩浦為陸浦為張浦為凡規浦為六直浦為
甫里浦為滙頭浦為東齊浦為利刀浦

新江之北爲界浦爲崇義浦爲黃瀆浦爲薛庄浦爲樂浦爲續浦爲華翔浦爲梁舍浦爲大虞浦小虞浦爲杜城浦爲廣浦爲馬仁浦爲天明浦爲下鴛浦爲木瓜浦爲顧墓浦爲金城浦爲三林浦爲尾浦爲北矮浦爲徐公浦爲安亭浦爲顧浦

已上四十二浦或連勒娘江或通老丫涇或通車塘或通張涇或接磧礇塘或通大慈涇大要北受陽城湖南受澱山湖

澱山湖界長洲崑山吳江三縣之間吐納東南諸水比諸湖特大玉峰續志云湖屬華亭惟北岸屬崑山耳

澱山湖之北有范青漾相傳范家田匯爲巨浸故名又名趙田湖又有盛蕩有溢浦有東宿浦西宿浦其東有朱沙港有漕港

范青漾之東爲合浦西爲六直浦西南爲度城湖皆北入新洋江

新洋江在吳松江之北其源出於松江而其流溉於岡身錢氏時嘗浚治之中有橫塘通小虞浦

新洋江之北合栢家諸瀼入清水港通櫻桃塘轉接鰻鱺瀼其東自湖川塘會於鴨頭塘入太倉界

太倉之水七鴉浦爲大橫亘百餘里西接崑承湖通常熟崑山諸水東入海

工部主事姚文灝重浚七鴉浦記東吳洩水之大道三江之外蘇有三十六浦松有八匯常有運河十四瀆然自海塘作於東南而東江以塞松江以微水乃北折併於婁江而溢於七鴉白茅二浦故今之七鴉白茅在三十六浦爲最鉅而要然白茅海口漲沙爲梗以非人力之可爲變而通之宜別有其道惟是七鴉獨無他防且當陽城諸湖之衝而入海又徑可恃以爲利也但其間亦頗爲村市居民所厄塞水性未遂予之有意於是也亦久矣顧未有所儲不忍驅無食之民以就役弘治九年乃奏設導河夫於沿江既又議收其直隨時募工十年冬始以斯役詢於通判陳暐常熟知縣楊子器崑山知縣張鼒遂籍二縣近浦之戶得二萬二千三百人跡自尤涇東至木樨灣凡五千五百九十丈可旬有五日而成計工受直實用夫銀五千二百七十兩上闊如舊而深倍之下闊直塘兩崖市肆所侵其闊倍舊決放之日衆流奔注而沙頭圍築之處日以崩頹水溢洶湧郡人歡傳或有道予之績者然不知三子之勞也蓋陳以職專水事晝夜經理雖監司以池務督趣至被譴怒不爲去楊則舊治崑山素諳水道之要害而張又果於蹟導之事是以動順而成易也成之日陳以紀述爲言余曰不足以煩作者乃自書其槩如此云

七鴉浦之南有閘頭塘有吳塘有摩羅涇摩羅涇之南爲陶源涇東爲陸靈塘

又南有茜涇吳郡志宣和三年開崑山茜涇浦自太倉欽口即此

又有塘西徹松江北連常熟曰橫瀝有東橫瀝有西橫瀝中有小塘貫橫瀝東西流曰岡門有錢岡門有張岡門有殷岡門有沙堰門有吳岡門有斗

門其類甚多不能悉載
其北有花浦涇有東陽涇西陽涇有弓泊澤諸水並北入浪港自浪港而東出七丫口是爲大海
其南一派自鹽鐵塘逕出陸皎浦入嘉定界
嘉定之水亦源於松江自大姚分支過澱山湖入江灣青浦轉入松江東口
松江東口亦名吳松江古之東江也其南爲白鶴江白鶴江亦吳松之上流西與青龍江合蓋一水也青龍江之北爲大盈浦爲渡頭浦大盈渡頭之中爲馮浦又南接黃瀆浦與松江府上海縣分界

其北爲何浦爲新塘浦爲黃渡浦爲桑浦爲秦公浦爲雙浦爲桃樹浦爲趙浦爲東彭越浦西彭越浦爲蘆涇浦爲江灣浦爲裘涇
新華浦而出爲封村塘爲封家浜
蘆涇浦而出爲沙涇
江灣浦而出爲小場浦爲沈浦爲大場浦
裘涇而出爲顧浦自顧浦而東爲黃[illegible]亦名曝塘又折而南爲黃泥涇爲項涇爲千步涇三涇並南入練祁塘
練祁塘又名練川界縣市中東西長七十二里其流西承江水清澈如練故名其後江水不通別開水道與海潮接非復故時矣[illegible]蕭蕭木落舊江山[illegible]西風上木船短棹遠衝秋色裏孤峯高聳夕陽邊黃蘆葉響雙溪雨白稻花香兩岸田滿目客愁吟不得片帆今夜宿祁川
練祁之北爲蒲華塘又北爲蓧涇塘爲呂墅涇爲華亭涇爲黃姑塘爲新涇南爲趙涇爲楊涇爲狄涇爲門涇爲倪家浜東爲澶浦
澶浦之西爲鷄鳴塘其南爲安亭涇
呂墅之東有東橫瀝西橫瀝復有第二橫瀝第四橫瀝糜長橫瀝中橫瀝外橫瀝即太倉橫瀝之分

流也南北互流並入于海
崇明在海中其水固海也然沙港亦有可紀者縣之東南曰張家港清潭港穆家港下椿港海兒港丁家港第八港
縣之東北曰第九港界涇港道堂港象沙港民墅港鍾家窯港東滑港第五港
西南曰曾姚港沈婆浜潭子港千家港富民港求安港上港蝦港徐公浜川洪港秦墳港小洞板港丘彥章港
西北曰水竇港清水港沈區洪子爽港北滑港薛

家□□子中港石家浜港大套港下界渾港出水套港南大港施家沙洪陳八港天僊港通營港楊樹港長沙洪長敢洪長明溝軍營港陳殊港馬家浜港

東沙曰東官港西官港盤船港川套港

西沙曰南沙港第四港雙港番虹港徐文榮港隨岸盤船港黃子敬港安樂潭王寬狀界港北川沙洪胡椒沙通流港南川沙浜張成港下川港上川洪

元任仁發海洲夜景　斷雲破月照沙洲水色煙光□釣舟鴻雁一聲驚客夢蓴鱸雙美動鄉愁紅飄楓葉霜天曉白射蘆花海氣秋昨夜西風又吹冷天涯遊子怯輕裘

□□□圖　蓊蔥佳氣鬱空濛六鰲飛霞絢海紅萬象杳冥惟見日九天遐邇成叟乘風人騎鶴上瀛諸山引蓬萊出貝宮海外蒼生向誰理繡衣更過九州東

顧阿瑛　三沙兒在海當中隱見珊瑚樹色紅神島由來通弱水樓船欲去引剛風宋方日出焦人國半夜潮生□女宮郤憶題詩繡衣使高秋曾過王山東

□□□　三洲宛在碧波中海色爛絢晴霞紅夜半雞鳴見日天邊月暈又生風鮫女機絲花隔霧龍君城闕水爲宮誰持玉節尋真去直過扶桑弱水東

姑蘇志卷第十

姑蘇志卷第十一

水利上

吳地卑下多水患昔人治法詳矣今□書具在雖地或變遷古今異宜而一時考訂經畫至爲精審近時建議者莫或逾焉故歷著其事而備載諸書庶他日可攷見云

禹貢三江既入震澤底定司馬遷云昔禹之治水於吳則通渠三江五湖

宋元嘉二十二年揚州刺史始興王濬以松江滬瀆壅噎不利欲從武康紵谿直出海口穿渠浛功竟不立

梁大通中吳郡水旨有上言當漕大瀆以瀉浙江者詔遣前交州刺史王奕假節發吳吳興信義三郡人丁就役

隋大業六年敕穿江南河自京口至餘杭郡八百餘里廣十餘丈備東巡

唐貞元中蘇州刺史于頔繕完隄防疏鑿畎澮列樹以表道決水以溉田元和中觀察使韓臯刺史李素開常熟塘湖州刺史范傳正開平望官河淤澱

元和五年王仲舒治蘇隄松江爲路

吳越錢氏嘗置都水營田使以主水事募卒爲都曰撩淺

宋天禧間江淮發運副使張綸同[illegible]經度於是止常熟疏五湖導太湖入海復[illegible]六十萬斛

乾興元年五月丁亥詔蘇湖秀州積水害稼其發都郡兵疏導壅閼仍令發運使董之甲午遣尚書職方員外郎楊及往蘇湖秀州催督疏導

天聖初蘇州水壞太湖外塘又海旁支渠堙塞[illegible]民耕田八月詔轉運使徐奭江淮發運使趙賀[illegible]事閏九月敕入內供奉官張永和相度自市[illegible]

北赤門以南築石隄九十里起橋十有八或云四十餘浚積潦自吳江東赴海復良田數千頃流民得[illegible]占著[illegible]六千家歲出租苗三十萬

景祐初范仲淹守鄉郡議疏導諸邑之水上書言[illegible]具言水利時轉運使亦委平江節度推官[illegible]分捍水道以功授將作監丞范[illegible]池塞之人[illegible]欲[illegible]當及觀民患不恐自安去年姑蘇之水踰秋不退計司議之於上窮俗論之於下某爲民之長豈敢曲沮焉然初未甚曉惑於群說及按而視之究而思之則了然可照今得一二以陳焉姑蘇四郊略平窊而爲湖者十之二三西南之澤尤大謂之太湖納數郡之水湖東一派浚入于河謂之松江積雨之時湖溢而江壅橫浚諸邑雖北壓揚子江而東抵巨浸河渠至多湮塞已久莫能分其勢矣[illegible]

江退落漫流始下或一歲大水久而未耗來年暑雨復爲沴焉人必荐饑可不經畫今疏導者不惟使東南入于松江又使東北入于揚子之於海也其利在此夫水之爲物蓄而渟之何爲而不害決而流之何爲而不利或曰江水已高不納此流其謂不然江海所以爲百谷王者以其善下耳豈獨不下於此邪江流若高則必滔滔旁來豈復姑蘇之有乎矧今開畝之處下流不息亦明驗矣或曰日有潮來水安得下其謂不然大江長淮無不潮也來之時刻少而退之時刻多故大江長淮會天下之水畢能歸于海也或曰沙因潮至數年復塞豈人力之可支其謂不然新導之河必設諸閘常時爲之以禦來潮沙不能塞也每春理其閘外工咸數倍矣旱歲亦爲之駐水溉田可救熯涸之苗勞歲則啓之疏積水之患或謂開畝之役重勞民力其謂不然東南之田所植惟稻大水一至秋無他望苗沴之後必有疾疫乘其羸憊十不救一謂之天苗實由饑耳如能使民以時導達溝瀆保其稼穡俾百姓不饑而死易爲其勞哉民勤而生不猶愈於惰而死乎或謂力役之際大費軍食某謂

不然姑蘇歲納苗米三十四萬斛官司之糴又不下數百萬斛去秋蠲放者三十萬官司之糴無復有焉如豐穰之歲春役萬人日食三升一月而罷用米九千石耳荒歉之歲日以五升召民爲役因而賑濟一月而罷用米萬五千石耳量此之出較彼之入孰謂費軍食哉或謂陂澤之田動成瀰漫導川而無益也某謂不然吳中之田非水不植減之使淺則可播種非必決而涸之然後爲功也昨開五河浚去積水今歲平和秋望七八積而未去者猶有二三未能播種復請增理數道以分其流使不停壅縱遇大水其去必速而無來歲之患矣又松江一曲號曰盤龍父老傳云出水尤利如總數道而開之苗必大減蘇秀間有秋之半利之已矣畝澮之事職在郡縣不時開導刺史縣令之職也然今之世有所興作橫議先至非朝廷主之則無功而有毀守土之人恐無建事之意矣蘇常湖秀膏腴千里國之倉庾也浙漕之任及數郡之守宜擇精心盡力之吏不可以尋常資格而授恐功利不至重爲朝廷之憂且失東南之利也

寶元元年葉清臣爲兩浙轉運副使竝太湖有民田
豪右據上游水不得泄而民不敢訴遂請疏盤龍
匯及滬瀆入海民賴其利

慶曆中通判李禹卿隄太湖八十里爲渠益漕運其
口蓄水溉田千餘頃歲饑出羨粟三萬活饑民萬
餘時知常熟范琪浚金涇鶴瀆二浦溉田千頃吳
江志慶曆中脩荻塘通湖州凡九十里按單鍔云慶曆二年以松江風濤漕運多敗官舟遂築長隄界于松江太湖之間橫截五十六里

至和二年崑山主簿丘與權等作崑山塘爲橋梁五
十二名至和塘立與權記吳城東闉距崑山縣七十里俗謂之崑山塘北納陽城湖

南吐松江由隄防之不立故風波相憑以馳突慶
民田以瀦魚鱉其民病賦入之侵蝕相從次逋徙
姦人緣之以邀劫行旅通鹽櫝以自利吏莫能禁
父老相傳自唐至今三百餘年欲有營作而弗克
也有宋至道二年陳令公之守蘇嘗與中貴人按
行之邑人朱珏父子相繼論其事爲州縣者亦繼
經度之皆以橫絶巨浸費用十數萬緡中議而沮
皇祐中發運使許公建言蘇之田膏腴而地下嘗
苦水患乞置官司以畎洩之請今舒州通判殺中
丞王安石元相視焉朝廷從之王君既至從縣吏
拏荒梗浮傾沮訊其鄉人盡得其利害度長絙短
順其故道施之圖繪跡曰請議如許公朝廷未之
行也至和初今太守呂公既下車問民所疾苦蓋
有意於跡導矣明年與權爲崑山主簿始陳五利
一曰便舟楫二曰闢田疇三曰復租賦四曰止盜
賊五曰禁姦商其餘所濟非可以勝擬纇約古制
役民以興作經費寡而售効速者其不成請以身
塞責既而令錢君復言之太守嘗念所以與利之
計喜其謀之協從於是列而上聞其副以決於監
司乃誠庸力經遠通興屯舍宿餼薪既成以授有
司郡相元君實總之粵十月甲午右役先[illegible]
以過其上流立樣椿以限之乃自下流浚[illegible]
畚鍤所至皆於平陸其始戒也猶恐[illegible]霆迅雷[illegible]
雨乃用牲于神至癸巳夜半雨息達明休霽以[illegible]
其役人皆以爲有相之者始計月餘蓋旬有九日
而成深五尺廣六十尺用民力纔一十五萬六千
工費民財若干貫米纔四千六百八十石爲橋梁
五十二特捨株五萬七千八百其貳河植茭蒲以
藥稱是計其入以爲備完料民之餘治水庾自嚴
村至于鰻鱺瀼治新洋江自朱瀝至于清港治山
塘自山南至于東浚者涇六十四浦四十四塘六
於是陽城諸湖若瀼皆道而及江田無洿瀦民不
病涉矣初治河至唯亭得古錢用相合抱以爲楹
蓋古渠況今深數尺設錦者以限松江之潮勢耳
耆舊莫能詳之乃知昔無水患由隄防之廢則有
之焉呼爲民者因循而至此乎是役也自城東去
二十里曰任浦崑山治其東長洲治其西以俗名
非便於是論請更之曰至和識年號也建亭曰乙
未紀歲功也太守嘉其有成謂與權實區區於其
間其言必詳命之爲記嘉祐六年十二月立于乙

未亭沈氏筆談至和塘[illegible]崑山縣達于婁門凡
七十里自古皆積水[illegible]頗病涉久欲爲長
堤抵郡城澤國無[illegible]中人有獻計就水
中以籧篨爲牆栽[illegible]尺去牆六丈又爲
一牆亦如此漉水[illegible]篨中候乾則以水
車畎去兩牆間舊[illegible]皆留半以爲堤脚
掘其半爲渠取土[illegible]四里則爲一橋以
通南北之水不日[illegible]爲利[illegible]
至和塘既成於[illegible]石其間瀦水[illegible]
塘陸塗尚未備至[illegible]未及成後郟[illegible]
和塘所以不臨[illegible]也蓋丘與權所記[illegible]
作於至和二年立[illegible]嘉祐六年或是新塘成之
時也

嘉祐三年轉運使沈立開崑山之顧浦爲深浚五
年轉運使王純臣建議請令蘇湖常秀脩作田塍
位位相接以禦風濤令縣官教誘殖利之戶自作

塍岸定其勸課爲殿最當時推行之四年招置蘇
州開江兵士立吳江常熟崑山城下四指揮八年
五月轉運司奏常州望亭廢堰兵士撥隸蘇州開
江指揮於崑山置營與修至和塘岸六年知州蔡
抗行縣按水時轉運使李復圭知崑山韓正彥大
修至和塘益加完厚民得立塍埸以免水患而正
彥又開松江之白鶴匯如盤龍之法皆爲民利
熙寧元年六月有詔興修水利七月命雍元直自昭
文編校治浙西河渠二年十二月須農田水利約
束

熙寧三年崑山人郟亶自廣東安撫機宜上言蘇州
水利具書干闕首言六失六得因上其所著書數
十言及治田利害七事有旨令亶至兩浙運司與
本路提舉倉司同共相度亶乞先詣司農陳白利
害五年十一月除亶司農寺丞提舉兩浙興修水
利熙寧元年正月有旨罷奪所謂六失者一曰水性就下蘇東枕海北
接江但東開崑山之張浦茜涇七丫三塘而導諸
海北開常熟之許浦白茆二浦而導諸江殊不知
此五處者去水皆遠百餘里近亦三四十里地形
頗高高者七八尺方其水盛時決之則或入江海
水稍退則向之欲東導於海者反西流欲北導於
江者反南下故自景祐以來屢開之而卒無效此
二曰蘇之壓水以其無隄防也故崑山常熟吳
古嘗其堤岸設官置兵以巡治之是不知塘附

而水行於堤之兩旁何益乎治田故徒有補往救
禦風濤之小功而無衛民田去水害之大効三曰
書云三江既入震澤底定今松江在其南可決水
而同歸於海崑山之下駕新洋小虞大虞朱塘新
瀆平樂戴墟等十餘浦是也殊不知諸浦雖有決
水之道未能使水之必泄於江也何則水方汗漫
與江俱平雖大決之而隄防不立適足以通潮勢
之衝急增風波之洶怒耳四曰蘇州之水自常州
來古者設望亭堰所以禦常之水使入太湖不爲
蘇害謂望亭之堰不當廢也殊不知蘇聚數郡之
水而常居其一常之水數路望亭居其一豈一望
亭之水而能爲蘇之患邪故望亭堰廢則常被其
利而蘇未必有害存之則蘇未必利而常先被害
矣故治蘇州之水不在乎望亭堰之廢否也五曰
蘇水所以不泄者以松江盤曲而決水遲也古之
曲其江者所以激之而使深也激之既久其曲愈
甚故漕使葉內翰開盤龍匯沈諫議開顧浦謂松
江之曲若今槎浦及金竈子等浦皆可決也是說
僅爲得之但未知蘇之水與江齊平決江之曲者
足以使江之水疾趨於海而未能使田之水必趨

於江也六曰蘇本是江海陂湖之地謂之澤國自
當漫然容納數州之水不當盡爲田也故國初之
税纔十七八萬石今乃至於三十四五萬石是隳
陂湖而爲田之過也是說最爲疏闊殊不知國初
之逃民未復今乃盡爲編戶税所以昔少而今多
也借使變湖爲田增十七八萬爲三十四五萬乃
國之利何過之有且今蘇州除太湖外止有四湖
常熟有昆承二湖崑山有陽城湖長洲有沙湖是
四湖者自有定名而其闊各不過十餘里其餘若
崑山之所謂邪塘大泗黃瀆夷亭高墟巴城雉城
武城夔家江家柏家鰻鱺等瀼及常熟之市宅碧
宅五衢練塘等村長洲之長蕩黃天蕩之類皆積
水而不耕之田也其水之深不過五尺淺者可二
三尺其間尚有古岸隱見水中俗謂之老岸或有
古之民家堦甃之遺址在焉故其地或以城或
家或以宅爲名嘗求其契券以驗云皆全税之田
也是皆古之良田而今廢之耳已上六說者皆執
一偏之論而未能通其理也必欲治之固當去其
六失行其六得曰辯地形高下之殊求古人蓄泄
之跡治田有先後之宜興役順貧富之便取吉博

之大利舍姑息之小恩也【一】何謂地形高下之殊曰蘇州五縣號爲水田其實崑山之東接于海之堽隴東西僅百里南北僅二百里其地東高而西下向所謂東導於海而水反西流者是也常熟之北接于北海之漲沙南北七八十里東西僅二百里其地皆北高而南下向所謂欲北導於江而水反南下者是也是二處皆謂之高田而其崑山堽身之西抵于常州之境僅一百五十里常熟之南抵于湖秀之境僅二百里其地低下皆謂之水田高田者常欲水今水乃流而不畜故常患旱也唯若景祐皇祐嘉祐中則一大熟爾水田者常患水今西南既有太湖數州之水而東北又有崑山常熟二縣堽身之流故常患水也唯若康定至和中則一大熟爾但水田多而高田少水田近於城郭爲人所見而稅復重高田遠於城郭人所不見而稅復輕故議者唯知治水而不知治旱也【二】何謂古人蓄泄之跡曰今崑山之東地名太倉俗號堽身堽身之東有一塘焉西徹松江北過常熟謂之橫瀝又有小塘或二里或三里貫橫瀝而東西流者多謂之門若所謂錢門張堽門沙堰門吳堽顧

廟堽丁堽李堽門及斗門之類是也夫南北其塘則謂之橫瀝東西其塘則謂之堽門堰門斗門者是古者蓄水於堽身之東灌溉高田而又爲堽門者恐水之或壅則決之而橫瀝所以分其流也故堽身之東其田尚有丘畝經界溝洫之跡在焉是皆古之良田因堽門壞不能蓄水而爲旱田耳堽門之壞豈非五代之季民各從其行舟之便而廢之邪此治高田之遺跡也若夫水田之遺跡即今崑山之南向所謂下駕小虞等浦者皆決水於松江之道也其浦之舊跡闊者二十餘丈狹者十餘丈又有橫塘以貫其中而棊布之是故者既爲縱浦以通於江又爲橫塘以分其勢使水行於外田成於內有圩田之象焉故水雖大而不能爲田之害必歸於江海而後已以是雖之則〻州之田可知矣故蘇州五門舊皆有堰今俗呼城下爲堰下而齊門猶有舊堰之稱是則隄防既完則水無所豬容設堰者恐其暴而流入於城也至和二年前知蘇州呂侍郎閶崑山塘而得古閘於夷亭之側是古者水不亂行之明驗也及夫隄防既壞水亂行於田間而有所瀦容故蘇州得以廢其堰而水[illegible]

亭亦無所用其閘也爲民者因利其浦之闊攘其旁以爲田又利其行舟安舟之便決其堤以爲涇今崑山諸浦之間有半里或一里二里而爲小涇命之爲某家涇某家浜者皆破古堤而爲之也浦日以壞故水道陻而流遲涇日以多故田隳壞而不固日隳月壞遂蕩然而爲陂湖矣此古人之跡也今秀州濱海之地皆有堰以蓄水而海鹽一縣有堰近百餘所湖州皆築隄於水中以固田而西塘之岸至有高一丈有餘者此其遺法獨蘇州壞之耳【三】何謂治田有先後之宜曰地勢之高下既如彼古人之遺跡又如此今欲先取崑山之東常熟之北凡所謂高田者一切設堰瀦水以灌溉之又浚其所謂經界溝洫使水周流於其間以浸潤之並堽門以防其壅則高田常無枯旱之患而水田亦減數百里流注之勢然後取今之凡謂水田者除四湖外一切罷去其某家涇某家浜之類循古今遺跡或五里七里而爲一縱浦又七里或十里而爲一橫塘因塘浦之土以爲隄岸使塘浦闊深而隄岸高厚塘浦闊深則水通流而不能爲田之害也隄岸高厚則田自固而水可壅而必趨於

江也然後擇江之曲者若所謂槎浦金竈子浦而決之使水必趨於海又究五堰之遺址而復之使水不入於城是雖有大水不能爲蘇州之患也如此則高低皆利而無水旱之憂然後倣錢氏遺法收圖回之利養撩清之卒更休迭役以浚其高田之溝洫與水田之塘浦則百世之利也【四】何謂與役順貧富之便曰蘇州五縣之民自五等已上至一等不下十五萬戶可約古制而戶借七日則歲約百萬夫矣又自三等已上至一等不下五千戶可量其財而取之則足以供萬夫之食與其費矣夫借七日之力故不勞量取財於富者故不虐以不勞不虐之役五年而治之河田之不可興也【五】何謂取浩博之太利蘇州之地四至餘三百里若以開方之法而約之尚可方二百餘里爲田六同有畸三分去一以爲溝也城郭陂湖山林其餘不下四同之地爲三十六萬夫之田又以上中下不易再易而去其半當有十八萬夫之田常出租稅也國朝之法一夫之田爲四十畝出米四石則十八萬夫之田可出米七十二萬石矣今蘇州止有三十四五萬石借使全熟則常失三四十萬石之

租又況因水旱而蠲除者歲常不下十餘萬石而甚者或蠲除三十餘萬石是則遺利不少矣今或得高低皆利而水旱無憂則三四十萬之稅必可增也公家之利如此則民間從可知也【六】何謂舍姑息之小惠曰是議之興或者必曰向者蘇州或治一浦或調一縣而役一月則民勞且怨矣今欲盡一州之境役五縣之民五年而治之其工力甚百倍於向時是役未興而數千百萬之民已嗷嗷矣非養民之道也曰向者之興役也多興於大水方盛之際是時公私匱乏疾癘間作故民勞且怨也今或於平歲無事之時借力以成利何勞怨之有傳曰使民以時又曰以佚道使民雖勞無怨又曰悅以使民民忘其勞是雖至治之世未嘗不役民以使之也雖近世不求所以養之之道使躋於富庶但務其姑息之末使至於饑餓而不能相生然後又從而賙之故上乏而下益困何可以除數百年未去之患興數百里無窮之利使公私皆蒙其利豈可區區計國家五歲之勞惜百姓七日之力耶

補

亶又上治田利害大槩有七

【一】論古人治低田高田之法者昔禹之時震澤為患東有堽阜以隔截其流禹乃鑿斷堽阜流為三江東入于海而震澤始定震澤雖定於環湖之地尚有二百餘里可以為田而地皆卑下猶在江水之下與江湖相連民既不能耕植而水面又復平闊足以容受震澤下流使水勢散漫而三江不能疾趨於海其沿海之地亦有數百里可以為田而地皆高仰反在江水之上與江湖相遠民既不能取之以灌溉而地勢又多西流不得蓄聚春夏之雨澤以浸潤其地是環湖之地常有水患而沿海之地常有旱菑如之何而可以種藝耶古人遂因其地勢之高下井之而為田其環湖卑下之地則於江之南北為縱浦以通於江又於浦之東西為橫塘以分其勢而棊布之有圩田之象焉其塘浦闊者三十餘丈狹者不下二十餘丈深者二三丈淺者不下一丈且蘇州除太湖之外江之南北別無水源而古人使塘深闊若此者蓋欲取土以為堤岸高厚足以禦其湍悍之流故塘浦因而闊深水亦因之而流耳非專為闊其塘浦以決積水也故古者堤岸高者須及二丈低者亦不下七八尺借令大水之年江湖之水高於民田五七尺而堤岸尚出於塘浦之外三五尺至一丈故雖大水不能入於民田也民田既不容水則塘浦之水自高於江而江之水亦高於海不須決泄而水自湍流矣故三江常浚而水田常熟其堽阜之地亦因江水稍高得以畎引以灌溉此古人浚三江治低田之法也所有沿海高仰之地近於江者既因江水稍高可以畎引近於海者又有早晚兩潮可以灌溉故亦於沿海之地及江之南北或五里七里而為一縱浦又五里七里而為一橫塘港之闊狹與低田同而其深往往過之且堽阜之地高於積水之處四五尺至七八尺遠於積水之處四五十里至百餘里固非決水之道也然古人為塘浦闊深若此者蓋欲畎引江海之水周流於堽阜之地雖大旱之歲亦可車畎以溉田而大水之歲積水或從此而流泄耳非專為闊深其塘浦以決低田之積水也至於地勢西流之處又設堽門斗門以瀦蓄之是雖大旱之歲堽阜之地皆可耕以為田此古人治高田蓄雨澤之法也故低田常無水患高

補

田常無旱菑而數百里之地常獲豐熟此古人治低田旱田之法也

【二】論後世廢低田高田之法者古人治田高下既皆有法方是時也田各成圩圩必有長每一年或二年率逐圩之人脩築隄防浚治浦港故低田之隄防常固旱田之浦港常通也古之田雖各成圩然所名不同或謂之段或謂之圍今崑山低田皆沉在水中而俗呼之名猶有野鴨段大泗段湛段及和尚圍盛熟圍之類至錢氏有國而尚有撩清指揮之名者此其遺法也洎乎年祀綿遠古法隳壞其水田之隄防或因田戶行舟及安舟之便而破其圩古者人戶各有田舍在田圩之中浸以為家欲其行舟之便乃鑿其圩岸以為小涇小浜即臣昨來所陳某家涇某家浜之類是也說者謂浜者安船溝也涇浜既小是岸不高遂至壞御田圩都為白水也今崑山柏家瀼水底之下尚有民家階甃之遺址此古者民在圩中住居之舊跡也今崑山富戶如陳顧辛晏陶沈等田舍皆在田圍之中每至大水之年亦是外水高於田舍數尺此今人在田圩中作田舍之驗也或因人戶請射下腳而廢其堤或因官中開淘而減

少丈尺臣少時見小虞浦及至和塘並闊三二
丈累經開淘之後今小虞浦只闊十餘丈至和塘
只闊六七丈此目所覩也或因田主只收租課而
不修堤岸或因租戶利於易田而故要渰沒吳人
以一易再易之田謂之白塗田所收倍於常稔之
田而所納租米亦依舊數故租戶樂於間年渰沒
也或因決破古堤張捕魚蝦而漸致破損或因邊
圩之人不肯出田與眾做岸或因一圩雖完傍圩
無力而連延隳壞或因貧富同圩而出力不齊或
因公私相吝而因循不治故隄防盡壞而低田漫
然復在江水之下也每春夏之交天雨未盈尺湖
水未漲二三尺而蘇州低田一抹盡為白水其間
雖有堤岸亦皆狹小沉在水底不能固田唯大旱
之歲常潤杭秀之田及蘇州堽阜之地並皆枯旱
其堤岸方始露見而蘇州水田幸得一熟耳蓋由
無隄防為禦水之先具也民田既容一水故水與江
平江與海平而海潮直至蘇州之東一二十里之
地反與江湖民田之水相接故水不能湍流而三
江不浚臣伏覩昨來議欲汴河者部汴河闊處水
面散漫不至深快故汴河淤澱今蘇州水面動連
一二百里而太湖之水又不反黃河之湍迅而欲
三江不浚不可得也今二江已塞而一江又淺儻
不完復堤岸驅低田之水盡入於松江而使江流
湍急但恐數十年之後松江愈塞震澤之患不止
於蘇州而已也此低田不治之由也其高田之廢
始由田法隳壞民不相率以治港浦其港浦既淺
地勢既高沿於海者則海潮不應沿於江者又因
水田隄防隳壞水得瀦聚於民田之間而江水漸
低故高田復在江之上至於西流之處又因人戶
利於行舟之便壞其堽門而不能蓄水故高田一
望盡為旱地每至四五月間春水未退低田尚未
能施工而堽阜之田已乾枯矣唯大水之歲湖秀
二州與蘇州之低田渰沒淨盡則堽阜之田幸得
一大熟耳此蓋不浚浦港以畎引江海之水不復
堽門以蓄聚春夏之雨澤也此高田廢之之由也
故蘇州不有旱災即有水患但水田多而旱田少
水田近於城郭為人之所見而稅復重旱田遠於
城郭人所不見而稅復輕故議者只論治水而不
論治旱也 **三** 論自來議者只知決水不知治田蓋
治田者本也本當在先決水者末也末當在後今

乃不治其本而但決其末故自景祐以來上至朝
廷之搢紳下至農田之匹夫謀議擘畫三四十年
而蘇州之田百未治一二此治水之失也惟嘉祐
中兩浙轉運使王建議謂蘇州民間一槩白水至
深處不過三尺以上當復修作田位使位位相接
以禦風濤則自無水患若不修作塍岸縱使決盡
河水亦無所濟此說最為切當又緣當時建議之
時正治兩浙連年治水無效不曾大段擘畫令官
中逐年調發夫力更互修治及不曾立定逐縣治
田年額以辦不辦為賞罰之格而止令逐縣令做
槩例勸導逐位植利人戶一二十家自作塍岸各
高五尺緣民間所鳩工力不多蓋不能齊整借令
多出一力則各家所收之利不償其所費之本兼
當時都水監立下官員賞典不重故上下因循未
曾併聚公私之力大段修治臣今欲乞檢會王安
石所陳利害卻將臣下項擘畫修築堤岸以固民
田則蘇州之昔可計日而取効也議者或謂曩年
吳及知華亭縣常率逐段人戶各以治田亦不曾
煩費官司而人獲其利今可舉用其法以治蘇州
水田不須重煩官司也曰蘇州水田與華亭不同
華亭之田地連堽阜無暴然之流浚河不過一二
尺修岸不過三五尺而田已大稔矣然不踰三五
年間尚有堙塞今蘇州遠接江湖水常暴怒故崑
山常熟吳江三縣堤岸高者七八尺低者不下五
六尺或用石甃或用椿篠或二年一治或年年修
葺而風濤洗蕩動有隳壞今若以華亭之法而治
之或水退之後一二年間暫獲豐稔蓋不可知求
其久遠之効則不可得也夫以華亭之法而治蘇
州之高田則可矣若治蘇州之田譬之以一家之
法而治一國也其規摹法度則近之至於指置施
設之方則小大不可同也 **貼黃** 自來人所議欲開
通諸大浦盧瀝浦松江諸匯弁決水入江陰軍等
亦皆治水之一說但隄防未立行之無功候隄防
既成之後前項諸說又不可不行蓋水勢湍急卻
要諸處分減水勢故也故曰治田者先也決水者
後也臣今究窮得古人治田之本委可施行若令
臣先往兩浙相度不過訂之於諸縣官吏考之於
諸鄉父老而已況諸縣官吏倏來倏去固不若臣
之生長鄉里世為農人而備知利害也父老之智
未必過於范仲淹葉清臣況范仲淹葉清臣尚不

非親見古人治田之跡父老安得而知伏望令臣與到司農一一陳白委不至有誤朝廷候敕旨

四論今來乞以治田爲先決水爲後田既成水亦從而可決不過五年而蘇州之水患息矣然治田之法若總而論之則瀚漫而難行析而論之則簡約而易治何也今蘇州水田之最合行修治處如前項所陳南北不過一百二十餘里東西不過一百里今若於上項水田之內循古人之跡五里而爲一縱浦七里爲一橫塘不過爲縱浦二十餘條每條長一百二十餘里橫塘十七條每條長一百餘里共計四千餘里每里用夫五千人約用二千餘萬夫至和中開崑山塘每里用夫二千五百人塘面闊六丈底闊四丈深四尺每里積土計三十萬尺分爲兩岸每岸底只闊一丈四五尺面只闊四五尺高不及六七尺故不踰一二年又至壞故曰總而言之則瀚漫而難行也今且以二千萬夫開河四千里而言之分爲五年每年用夫四百萬開河八百里蘇秀常湖四州之民不下四十萬三分去一以爲高田之民自治高田外尚有二十七萬夫每夫一年借雇半月計得四百餘萬夫可開

河八百里知以上項四百餘萬夫分爲十縣逐縣每年當夫四十萬開河八十里以四十萬夫分爲六箇月逐縣每月計役六萬六千餘夫開河十三里有零以六萬六千夫分爲三十日則逐縣每日只役夫二千二百人開河一百三十二步將二千二百人又爲兩頭項只役一千一百人闘河六十六步雖縣有大小田有廣狹民有衆寡及逐日所開河溝所役夫數多少不同大率治田多者頭項多治田少者頭項少雖千百項可以一頭項盡也臣故曰析而論之則簡約而易治也如此而治之五年之內蘇州與隣州之水田殆亦盡矣塘浦既浚矣隄防既成矣則田之水必高於江江之水亦高於海然後擇江之曲者而決之及或開盧瀝浦皆有功也何則江水湍流故也故曰治田者先也決水者後也江流既高矣然後又究五匯之遺址而復之使水不入於城是雖有大水不能爲蘇州之患也此治水田之大略也昔有土堰今復五堰老今只有五門故也蘇州設堰固亦舊矣劉[illegible]著作嘗引唐白居易九日蘇州登高詩云酒酣憑檻起四顧七堰八門六十坊是唐之世已有堰矣至

端拱二年轉運使喬惟岳方始廢之蓋隄防與水得瀦容於民田之間水勢稍低故可廢其堰也其旱田則乞用上項一分之夫浚治港浦以畎引江海之水及設堰門以瀦春夏之雨澤則高低皆治而水旱無虞矣

五論乞循古人之遺跡治田者臣昨來所乞蘇州水田一節罷去其某家涇某家浜之類五里七里而爲一縱浦七里十里而爲一橫塘因塘浦之土以爲隄岸使塘浦闊深而隄岸高厚塘浦闊深則水流通而不能爲田之害隄岸高厚則田自固而水可必趨於江今具蘇州秀州及公江公海水田旱田見存塘浦港瀝堤門之數凡臣所能記者總七項共二百六十五條并臣擘畫將來治田大約各附逐項之下謹具下項一具水田塘浦之跡凡四項共一百三十二條一吳松江南岸自北平浦北岸自徐公浦西至吳江口皆是水田約一百二十餘里南岸有大浦二十七條北岸有大浦二十八條是古者五里而爲一縱浦之跡也其橫浦在松江之南者臣不能記其名在松江之北六七里間曰浪市橫塘又下北六七里而爲至和塘是七里而爲一橫塘之跡也松江南

大浦二十七條北平浦破江浦艾祈浦愢浦顧匯浦養蠶浦大盈浦南解浦梁乾浦石臼浦直浦分桑浦內薰浦趙屯浦石浦道褐浦千墩浦雙浦張潭浦陸直浦南里浦浮高浦塗頭浦順德浦大姚浦破墩浦盤頭浦松江北大浦二十八條徐公浦北解浦尾浦沈浦蔣浦三林浦周浦顧墓浦金城浦木瓜浦蔡浦下駕浦浜浦洛舍浦揚梨浦新洋浦湖仁浦小虞浦大虞浦馬仁浦浪市浦屯涇浦下里浦戴墟浦上顧浦青丘浦奉里浦任浦松江北橫塘二條浪布橫塘至和塘已上松江塘浦松五十七條並當松江之上流皆是闊其塘浦高其堤岸以固田也只因久不修治遂至隳壞每遇大水上項塘浦之岸並沉在水底不能固田議者不知此塘浦元有大岸以固田乃謂古人浚此大浦只欲泄水此不知治田之本也臣今擘畫並當浚治其浦修成堤岸以禦水當不須遠治他處塘浦求洩積水而田自成矣一至和塘自崑山西至蘇州計六十餘里今其南北兩岸各有大浦十二條北三里而爲一縱浦之跡也其橫浦南六七里而有[illegible]比皆爲風濤洗刷不見其跡臣前

所謂至和塘者有通往來禦風濤之小功而無衛
民田去水患之大利者謂至和塘南北縱浦橫塘
皆廢故也謹具下項至和塘南大浦十二條小虞
浦大虞浦尤涇浦新瀆浦平樂浦戴墟浦貞義浦
朱塘浦界浦鳳凰涇任浦蠡塘至和塘北大浦十
二條小虞浦大虞浦尤涇浦高墟浦雍里浦諸昌
涇界浦任浦上雉瀆下雉瀆蠡塘官瀆橫塘在南
者曰湶市塘已具松江項內更不再出在此者皆
廢已上至和塘兩岸塘浦二十四條在塘北者今
猶有其名而或無其跡在塘南者雖存其跡而並
皆狹小斷續不能固田其間南岸又有朱涇王村
涇北岸又有司馬涇季涇周涇小蕭涇大蕭涇歸
涇吳涇清涇譚涇諸涇楊涇之類皆是民間自開
私浜即臣向所謂某家涇某家浜之類是也今並
乞廢罷只擇其浦之大者闊開其塘高築其岸南
修起湶市橫塘北則或五里十里爲一橫塘以固
田自近以及遠則良田漸多白水漸狹風濤漸小
矣一常熟塘自蘇州齊門北至常熟縣一百餘里
東岸有涇二十一條西岸有涇十二條是亦七里
十里而爲一橫塘之跡也但目今並皆狹小非大
段塘浦蓋古人之橫塘隳壞而百姓侵占及擅開
私浜相雜於其間即臣所謂某家涇某家浜之類
是也謹具目今兩岸涇浜之名下項常熟塘東橫
涇二十一條闕墓涇楊涇米涇樊涇蠡涇南湖涇
湖涇朱涇永昌涇茅涇薛涇界涇吳塔涇尚涇川
涇黃上涇團涇廟涇十莊涇新橋涇黃母涇常熟
塘西橫涇十二條石師涇楊涇王婆涇高姚涇蘇
宅涇蠡涇皮涇麻涇永昌涇野長涇譚涇墓門涇
已上常熟塘兩岸橫涇二十三條蓋記其畧耳今
但乞廢其小者擇其大者深開其塘高修其岸除
西岸自望亭爲圩外其東岸合與至和塘北及常
熟縣南新修縱浦交加棊布以爲圩自近以及遠
則良田漸多白水漸狹風濤漸小矣一崑山之[illegible]
至太倉堽身凡三十五里兩岸各有塘浦[illegible]
是五里而爲一縱浦之跡也其橫塘在塘之南[illegible]
七里而爲朱瀝塘張胡塘郭石塘黃姑塘在塘之
北爲風濤洗刷與諸湖相連不見其跡謹具下項
崑山塘南有塘浦七條次里浦新洋江任里浦下
駕浦下吳浦上吳浦太倉橫瀝崑山塘北有塘浦
七條崑縣上塘崑縣下塘新洋江低里浦黃剪涇
上吳浦下吳港橫塘四條朱瀝塘張湖塘郭石塘
黃姑塘已上塘瀝十八除新洋江下駕浦曾經開
浚餘並未曾開浚今河底之土反高於田中每遇
天雨稍闕則更不通舟船天雨未盈尺而田盡淹
沒今並乞開浚以固田已具下項一具旱田塘浦
之跡凡三項一百二十三條一松江南岸自小來
浦北岸自北陳浦東至海口並是旱田約長一百
餘里南有大浦一十八條北有大浦二十條是五
里而爲一縱浦之跡也其橫浦之在江南者臣不
記其名在江北者七八里而爲鷄鳴塘練祈塘是
七里而爲一橫塘之跡也謹具下項松江南岸有
大浦一十八條小來浦盤龍浦朱市浦松子浦野
奴浦張整浦許浦魚湶上澳浦丁灣浦蘆子浦滬
瀆浦釘鉤浦上海浦下海浦南及浦江芓浦爛泥
浦松江北岸有大浦二十條北陳浦顧浦桑浦大
黃肚浦小黃肚浦章浦樊浦楊林浦上河浦下河
浦偃天浦鎮浦新華浦槎浦秦公浦雙浦大場浦
唐章浦貴州浦商量灣橫塘二條鷄鳴浦練祈浦
已上塘浦四十條各是畎引江水以灌溉高田只
因久不浚治浦底既高而江水又低故逐年常患
旱也議者乃謂於此諸浦決泄蘇州崑山長洲及
秀州之積水是未知古人設浦之意也今當令高
田之民治之以備旱留則高田獲其利也一太倉
堽身之東至茜涇約四五十里凡有南北大塘八
條其橫塘南自練祈塘北至許浦共一百二十餘
里有堽門及塘浜約五十餘條臣能記其二十五
條旱田而橫塘多欲水之周流於其間灌溉之意
也今皆淺淤不能引水以灌於田謹具下項南北
之塘八條太倉東橫瀝半涇塘青墩橫瀝五家堽
橫瀝鴨頭塘支涇楊墓子涇茜涇東西之塘及堽
門等二十五條方泰塘錢門塘劉塘張堽門薛市
門黃姑塘吉涇塘沙堰門太倉塘包涇古塘吳堽
門顧堽門廟堽門岳瀝李堽門丁堽門湖川門黃
涇杜漕塘雙鳳塘斜門直塘支塘李墓塘以上堽
身已東塘浜門瀝共三十三條南北者各長一百
餘里接連大浦並當浚治以灌溉高田東西者橫
貫三重堽身之田而西通諸湖若深浚之大者則
置閘斗門或置堰而下或水至遇大旱則可以車
畎諸湖之水以灌田大水則可以通放湖水以灌
田而分減低田之水勢於平時則瀦聚春夏之雨

澤使堤身之水常高於低田不須車畎而民田足用一公海之地自松江下口南連秀州界約一百餘里有大浦二十條臣今能記其七條自松江下口北繞崑山常熟之境接江陰界約三百餘里有港浦六十餘條臣能記其四十九條是五里為一縱浦之跡也其橫塘在崑山則為八尺涇花蒲涇在常熟則為福山東橫塘福山西橫塘謹具下項松江口下南連秀州界有大浦七條三林浦杜浦周浦大白浦郇瀝浦戚崇浦羅公浦松江口下北繞蘇州崑山常熟縣界至江陰軍界有港浦四十九條北及浦下田浦堀浦上夾浦下練祈浦桃源浦練祈浦顧涇浦六岳浦採桃浦川沙浦下張浦新漕浦苎涇浦楊林浦七丫浦鄭港浦北浦尹公浦甘草浦唐相浦陳涇浦錢涇浦湓瀆浦吳涇浦鎗腳浦下六河浦黃浜浦沙營浦白茆浦金涇浦高浦許浦鳥溝浦千步涇耿涇浦新涇浦崔浦水門浦鍜鐵浦吳涇高涇西陽浦新涇陳浦張涇湖涇奚浦黃四浦橫塘四條八尺涇花蒲涇福山東橫塘福山西橫塘以上公海港浦共六十條各是古人東取海潮北取楊子江水灌田各開入堽阜之地七里十里或十五里間作橫塘一條通灌諸浦使水周流於高阜之地以浸潤高田非專欲決積水也其間雖有大浦五七條自積水之處直可通海然各遠三五十里至一百餘里地高四五尺至七八尺積水既被低田堤岸藂壞一時漫流瀦聚於低下平闊之地雖開得上項大浦其積水終不肯遠從高處而流入於海唯大水之年決之則暫或東流爾今不拘大浦小浦並皆淺淤自當開浚東引海潮北引江水以灌田臣所擘畫治蘇州田至易曉也水田則做岸防水以固田高田則浚塘引水以灌田此眾人所共知也但自來治水者舍常而求異忽近而求遠而反謂做岸固田浚塘引水之說為淺近而不肯留意遂因循至此今欲知蘇州水田旱田不治之由觀此篇可見其大略以上水田旱田塘浦之跡共七項總二百六十四條皆是古人因地之高下而治田之法也其低田則闊其塘浦高其堤岸以固田其高田則深浚港浦畎引江海以灌田後之人不知古人治田固田之意乃謂低田高田之所以[illegible]深其塘浦者皆欲決泄積水也更不問[illegible]其高下一例

擇其塘浦之尤大者十數條以決水其餘差[illegible]更不浚治及興工役動費國家三五十萬貫石[illegible]大塘大浦終不能泄水其塘浦之差小者更不曾開浚也而議者猶謂此上塘小浦亦可泄水以致朝廷愈不見信而大小塘浦一例更不浚治積歲累年而水田之隄防盡壞使二三百里肥腴之地槩為白水高田之港浦皆塞而使數百里沃衍潮田盡為荒蕪不毛之地深可痛惜臣竊思之上項塘浦既非天生亦非地出又非神化是皆人力所為也然自國朝統御已來百餘年間除十數條大者間或浚治外其餘塘浦官中則不曾浚治今當不問高低不拘小大亦不問可以決水與不可以決水但係古人遺跡而非私浜者一切併合公私之力更休迭役旋決修治係低田則高作堤岸以防水係高田則深浚港浦以灌田其堽身西流之處又設斗門或堰門或堰閘以瀦水如此則高低皆治而水旱無憂矣後二項非要切不錄亶之書其多今獨摘其要者錄于此亶既累上其說五年九月許詣司農寺陳白寺以其說上聞詔以亶為司農寺丞提領兩浙路興修水利六年曾成其說鏤板徧下州縣許諸色人者并合議焉仍亶言蘇州水利其書與圖大抵謂蘇為湖之地雖低而常水公海之地稍高常多旱故古人治水之跡縱則有浦橫則有塘又有門堰涇瀝而棊布之此亶所能記者總二百六十餘所今欲略循古人之法七里為一縱浦十里為一橫塘又因出土以為堤岸度用十萬夫水治高田旱治下澤要以三年而蘇之田治矣朝廷始得亶書以可行遂真除司農寺丞令提舉興修亶至蘇興

凡六郡三十四縣比戶調夫同日舉役轉運[illegible]

皆受約束民以為擾多逃移會呂惠卿被召言其措置乖方熙寧元年正月一日有旨郟亶修圩案得興工官吏所見不同各具利害聞奏人皆驩然十五日庭下方張燈吏卒二百餘人交入驛庭喧

開斥罵燈悉躡踐驛門亦破寶幞頭墮地一小兒在旁亦爲人所挈前此方盡遣諸縣令出郊標遷圩地至是諸令鳴鐃散衆遂罷役寶追司農寺丞送吏部流内銓

寶既歿其子將仕郎僑又嗣緝其說因歲事亦有所建明今亦錄其大畧

僑書大畧云浙西昔有營田司自唐至錢氏時其來源去委悉有隄防堰閘之制旁分其支脉之流不使溢聚以爲腹内畎畝之患是以錢氏百年間歲多豐稔惟長興中一遭水耳暨納土之後至于今日其患方劇蓋由端拱中轉運使喬維岳不究堤岸堰閘之制與夫溝洫畎澮之利姑務便於轉漕舟楫一切毀之初則故道猶存尚可尋繹今則去古既久莫知其利營田之局又謂閑司冗職既已罷廢則隄防之法流決之理無以考據水害無已至祥符興天禧之間朝廷專遣使者興修水利遠來之人不識三吳地勢高下與夫水原來歷及前人營田之利皆失舊聞受命而來耻於空還不過遽採農道路之言以爲得計但以目前之見爲長久之策指常熟崑山枕江之地爲可導諸港而決之江開福山茜涇等十餘浦殊不知古人建立堤堰所以防太湖之溢洴没腹内良田今若就東北諸港決水入江是導湖水經由腹内之田彌漫盈溢然後入海所以浩渺之勢常逆行而潴於蘇之長洲常熟崑山常之宜興武進湖之烏程歸安秀之華亭嘉禾民田悉已被害然後方及北江東海之港浦又以水勢之方出於港浦爲潮勢抑回所以皆衆於太湖四郡之境當潦歲積水而上源不絶彌漫不可治也此足以驗開東北諸瀆爲謬論矣又況太湖蓋積十縣之水一水自江南諸郡而下出須陂重複間當其霖潦積貯路間奔湍迸瀉而至長塘湖又潤州之金壇延陵丹陽丹徒諸邑皆有山源併會於宜興以入太湖一水自杭睦宣歙山源與天目等山衆流而下杭之臨安餘杭及湖之安吉武康長興以入太湖即古所謂震澤也昔[illegible]治水凡以三江決此一湖之水今則二江已絶[illegible]吳松一江存焉疏洩之道既隘於昔又爲權豪請占植以菰蒲蘆葦又於吳江之南築爲石塘以障太湖東流之勢又於江之中流多置罾斷以遏水勢是致吳江不能吞來源之瀚漫日於月瀲下流淺狹迫元符初遂漲潮沙半爲平地積有滋久十縣山源所盆太湖當蘇湖常秀之間陂淹浦港悉皆瀰漫四郡之民惴惴然有爲魚之患凝望廣野千里一白少有風勢駕浪動輒數尺雖有中高不易之地種已成實頃刻蕩盡此吳民畏風甚於畏雨也吳松古江故道深廣可敵千浦向之積潦尚或壅滯議者但以開數十浦爲策而不知臨江宿海地勢高仰徒勞無益愚今者所究治水之利以失於江寧治水陽江與銀林江等五堰體勢故跡決于西江潤州治丹陽練湖相視大崗尋究函管水道決于北海常州治宜興隔湖沙子淹及江陰港浦入北海以望亭堰分屬蘇州以絶常州輕發之患如北則西北之水不入太湖爲害矣又於蘇州治諸邑限水之制閘吳江之南石塘多置橋梁以決太湖會于青龍華亭而入海仍開浚吳松江官司以隨部上戶熟田例敷錢糧於農事之隙和雇工役以漸闢之其諸江湖風濤爲害之處並築爲石塘及於彭匯與諸湖瀼等處尋究昔有江港自南涇北以漸築爲堤岸所在陂淹築爲水堰秀州於華亭海鹽港浦仍體究枯湖澱山湖等處向因民戶有田高壤障遏水勢而疏決不行者並與開通達諸港浦杭州遷長河堰以宣歙杭睦等山源決于浙江如此則東南之水不入太湖爲害矣此前所謂旁分其支脉之流不爲腹内畎畝之患者此也水爲東南患其來久矣獻其端者大抵二說一則以導青龍江開三十浦爲說一則以植利戶浚涇浜作圩埠爲說是二者各得其一偏未容俱是何以言之若止於導江開浦則必無近効若止於浚涇作埠則難以禦暴流要當合二者之說相爲首尾乃盡其善但施行先後自有次第耳必不得已欲兩者兼行以規近効亦有其說若欲決蘇州湖州之水莫若先開崑山縣之茜涇浦使水東入於大海開崑山之新安浦顧浦使水南入於松江開常熟縣之許浦梅里浦使水北入於揚子江復浚常州無錫縣界之望亭堰俾蘇州管

轄謹其開閉以過常潤之水則蘇州等水患可滅
息而民田可治矣若欲決常州潤州之水則莫若
決無錫縣之五卸堰使水趨於楊子江則常州等
水患可漸息而民田可治矣世之言水利者非不
知此然閘浦未久而汙泥淤塞決堰未多而良田
被患何也蓋雖知置堰閘以防江潮而不知浚流
以泄沙漲故有堙塞之患雖知決五卸堰水而不
知築堤以障民田故有飄溺之虞且復一於開浦
決堰而不知勸民作圩岸浚涇浜以治田是以不
問有水無水之年蘇湖常秀之田不治十常五六
愚故曰要當合二者之說相爲首尾則可盡其善
某所乞開崑山常熟縣之茜涇等浦必置堰閘者
且以茜涇浦在蘇州之東南去海止二十里泄水
甚徑然其地淩高比之蘇州及崑山縣地形不啻
丈餘而往年開此浦者但爲文具所開不過三四
尺一二尺而已又止於以地面爲丈尺而不知以
水面爲丈尺不問高下而勻其淺深欲水之東注
不可得也水既不東注兼又浦口不置堰閘驟入
潮沙無上流水勢可衝遂致浦塞愚故乞開茜涇
等浦須置堰閘所以外防潮之漲沙也或聞范參

政仲淹葉內翰清臣昔年開茜涇等浦亦皆有閘
但無官司管轄而豪強者保利於所得不時啟閉
遂致廢壞鄉人往往能道其事若推究而行之則
所開之浦可久而無弊某所乞復常州無錫縣界
望亭堰閘俾蘇州管轄者蓋以常潤之地比蘇州
爲差高而蘇州之東勢接海岸其地亦高蘇州介
於兩高之間故每遇大水西則爲常潤之水所注
東則爲大海岸道所障其水瀦蓄無緣通泄若不
令蘇州管轄望亭堰閘則無復有防過之理故愚
先乞開茜涇等浦以決水有東流之便次乞謹守
望亭閘俾水無西衝之憂既望亭之西自有五卸
堰可以決水徑入於北江若使常潤之水決下北
堰則不唯少舒蘇州之水勢而常潤之水亦自可
以就近順流而入於江矣某所乞決常州無錫縣
界之五卸堰使水北入於楊子江者此堰決水其
勢甚徑往者官吏非不施行然決堰未多而民田
已沒何也蓋止知決堰而不知預築堰下民田之
堤岸以防水勢故也五卸地形與民田相去幾及
丈餘平時微雨水即溢堰而過已有淩溺之憂今
直欲決去其堰使諸路之水舉自此而出又不啻

高其民田圩岸以爲隄防則決堰未多而民田
役某嘗論天下之水以十分率之自淮南而北
分由九河入海書所謂同爲逆河入于海是也
淮而南五分由三江入海書所謂三江既入震澤
底定是也而三江所決之水其源甚大由宣歙而
來至于浙界合常潤諸州之水鍾於震澤震澤之
大幾四萬頃導其水而入海止三江爾二江已不
得見今止松江又復淺汙不能疏泄且復百姓便
於已私於松江古河之外多開溝港故上流日出
之水不能徑入于海支分派別自三十餘浦北入
吳郡界內即先父比部水利奏中所謂向欲導諸
江者復南而北矣雖於崑山常熟兩縣開導河浦
修築圩岸然上流不息諸水輻湊或風濤間作或
洪雨繼至所開浦河必皆壅滯所築圩埒必有衝
蕩蓋沿江北岸三十餘浦唯鹽鐵一塘可直瀉一水
北入楊子江外其餘皆連接于江湖瀼合而爲一
非徒無益爲害大矣今乞措置一面開導河浦即
便相度松江諸浦除鹽鐵塘及大浦開導置閘外
其餘小河一切並爲大堰或設水竇以防江水即
吳松江水徑入東海而吳之河浦不爲賊水所壅

諸縣圩岸亦免風波所破某聞錢氏循漢唐法自
吳江縣松江而東至于海又沿海而北至于揚子
江又沿江而西至于常州江陰界一河一浦皆有
堰閘所以賊水不入久無患害嘗考漢晉隋唐以
來地理志今之平江乃古吳郡至隋平陳始置蘇
州漢時封境甚闊隋開皇中始移於橫山下唐正
觀中復徙於閶門舊城而又湖州乃隋時仁壽中
於蘇之烏程縣分置秀州乃五代晉時吳越王以
蘇之嘉興縣分置所謂錢塘毗陵在古皆吳之屬
蘇以地勢卑下沿江邊海有爲堤岸以防過水勢
如唐志所載秀州之海鹽令李諤開古涇三百有
一而文稱去縣西北六十里有漢塘大和中再開
疑即僑今所謂開鹽鐵塘以泄吳松江水者也又
載杭州之餘杭令歸某築再道高廣徑直百餘里
以禦水患又載杭州鹽官縣亦有捍海塘堤二百
十西里即知古人治平江之水不專於河而築堤
以遏水亦兼行之矣故爲今之策莫若先究上源
水勢而築吳松兩岸塘堤不唯水不北入於蘇而
南亦不入於秀兩州之田乃可墾治今之言治水
者不知根源始謂欲去水患須開吳松江殊不知

開吳松江而不築兩岸堤岸則所導上源之水輻湊而來適爲兩州之患蓋江水溢入南北溝浦而不能徑趨於海故也儻効漢唐以來堤塘之法修築吳松江岸則去水之患已十九矣震澤之大幾三萬六千餘頃而平江五縣積水幾四萬頃然非若太湖之深廣瀰漫一區也分在五縣遠接民田亦有高下之異淺深之殊非皆積水不可治也但與田相遠極目無際所以風濤一作回環四合無非水者既非全積之水亦有可治之田豬瀉之餘其淺淤者皆可修治永爲良田況五縣積水中所謂湖瀼陂淹若湖則有澱山湖練湖陽城湖巴湖昆湖承湖尚湖石湖沙湖瀼則有大泗瀼斜塘瀼江家瀼百家瀼鰻鱺瀼蕩則有龍墩蕩任周蕩傀儡蕩白坊蕩黃天蕩鴈長蕩淹則有光福淹尹山淹施墟淹槠墩淹金涇淹明社淹僅三十餘所雖水勢相接畧無限隔然其間深者不過三四尺淺者一二尺而已今乞措置深者如練湖大作堤防以匱其水復於堤防四傍設爲斗門水瀨即大水之年足以豬蓄湖瀼之水使不與外水相通而水田之圩埠無衝激之患大旱之年可以決斗門水

瀨以浸灌民田而野田之溝洫有畝畝之利其餘若斜塘瀼大泗瀼百家瀼之類深不過三四尺淺止一二尺而已本是民田皆可相視分勸人戶借貸錢糧修築圩埠開導涇浜即前所謂湖瀼三十餘處者往往可治者過半矣某聞江南有萬春圩吳有陳滿塘皆積水之地今悉治爲良田坐收苗賦以助國用鄭氏再世有水利之學雖不能爲必可行然用心甚專爲說甚詳故錄之以備論議者之參稽焉

熙寧六年八月檢正中書刑房工事沈括復言浙西江浦淺涸者當濬渊東隄防川瀆堙沒者當修請下司農貸錢募役從之仍命括相度兩浙水利土人傳肬欲決松江之千墩金城諸匯又欲開無錫之五瀉堰以洩太湖而入于北江導海鹽之蘆瀝浦以分吳松而入于海於崑山常熟二縣深闢諸浦過東南風則水北入于揚子遇西北風則水南下松江庶可紓患夫治水者當疏其下流下流既通則上流可遵也范文正公嘗與人書云天造澤國艘流所聚或淫雨不能無留而江海之涯地勢頗高溝瀆雖高不決不下如無所壅良可減害若其浚深江潮乃來迨亢之時萬戶畎澮此所以旱勞皆爲利矣此智者之言也范公之跡固未遠求其舊而繕其功不亦善哉至於郡言衆說各有見焉擇其便者栽而用之可也

元祐中宜興人單諤作陽羨風土記專論單子發荊谿吳中水利其說本專爲荊谿橫塘百瀆之塞以及於松江震澤之水勢其畧謂荊谿受宣歙無湖江東數郡之水行四十五里至震澤古人以谿流不足以勝數郡奔注之勢復於震澤之口開瀆百條各有地分之名而總謂之百瀆又開橫塘瀆一

條綿亘四十里以貫百瀆而通瀕湖諸鄉阡陌之水蓋橫塘直南北以經之百瀆直東西以緯之既分荊谿之流下震澤由震澤入太湖抵松江由江入海是以昔年未嘗有水患而震澤亦不爲吳中害今荊谿受數郡之水不少減而百瀆橫塘太半堙塞又蘇湖常三州之水豬爲太湖由松江以入海慶曆二年以松江風濤漕運多敗官舟遂接續築松江長堤界於江湖之間堤東則江隄西則湖江之東即太海隄橫截江流五六十里震澤受吳中數郡之水乃遏以長堤雖時有橋梁而流勢不

快又自松江至海浦諸港復多沙泥漲塞茭蘆叢
生隄傍亦沙漲爲田是以三春霖雨則蘇湖常秀
皆憂瀰漫雖增吳江一邑之賦顧三州逋失者不
貲今欲洩太湖之水莫若先開江尾茭蘆之地遷
沙村之民運其漲泥鑿吳江隄爲木橋千所以通
陸行隨橋洪開茭蘆爲港走水仍於下流開白蜆
安亭二江使太湖水繇華亭青龍以入海則三州
無水患又以楊羨言之臨江數里皆民廬墓今皆
在風波浩渺中矣風靜水澄樹根磚石畢見官能
於農隙率清泉渡山君山三鄉瀕湖植利人戶尋

百瀆與横塘舊界牌分力開通遇歲大水則可疏
荆谿交合之流順注震澤若歲大旱則可引百瀆
及横塘之水灌溉民田雖有水旱豈能侵歲哉諤
又有書名荆谿集亦載此說時蘇文忠公在翰苑
奏其書請行之弗果單鍔吳中水利書切觀蘇常湖三州之水爲患滋久較舊
賦之入十常減其五六以日月指之則水爲害於三州逾五十年矣朝廷屢責監司監司每督州縣
又間出使者尋按舊跡使講明利害之原然而西州之官求東州之利目未嘗歷覽地形之高下耳
未嘗講聞湍流之所從來州縣擇其經營百姓厭其出力鈞曰水之患天數也按行者駕輕舟於汪
洋之陂視之茫然猶擿埴索途以爲不可治也聞有忠於國志於民求而力究之然有知其一而
不知其二知其末不知其本詳於此而畧於彼以隅視其跡自溧陽五堰東至吳江岸猶之一身

淘至大通浦直徹海口七十四里以常平緡錢
十八萬三千餘貫調夫之費因令饑民就食確時
操畚臿以泄之水道遂通或言饑民就役多死降
三秩確曰此役不與饑者當餓首就死以此獲罪
吾所願也
大觀元年九月中書舍人許光疑奏蘇州之患莫若
開江浚浦蓋太湖入海然後水有所歸今境內積
水視去歲損二尺前歲損四尺良由開松江瀉入
浦之力吳人謂開一江有一江之利濬一浦有一
浦之利願委官詳究利害遂詔吳擇仁相度而開

江之議復興矣十一月詔委本路監司檢按松江
古迹導及命陳仲方爲發運司屬官相度蘇州
積水三年兩浙監司奏請開淘吳松江復置十二
牐
政和六年四月御筆訪問平江三十六浦自古置閘
隨潮啟閉歲久堙塞遂致積年爲害仰莊徽平江守
差戶曹趙霖具述浦閘久廢害破驛券遞馬赴尚
書省指說霖既上其說九月奉御筆差趙霖充兩
浙提舉常平前去本路措置興修[illegible]其開浦置
閘工料依元相度檢計逐旋開治更不候保明先

次施行去農隙月分不遠趙霖更不引見上殿
速發赴新任水患日久占壓良田甚多一方受害
應有前後違礙並依今來指揮合用錢米并辟官
置司等令趙霖速具畫一聞奏奏報並入急遞發
入內內侍省投進仍差童師敏充承受奏報文字
霖既受任復條具事目以聞詔依御筆違者以違
御筆論諸路監司州縣如有稽慢阻撓以違制論
其合用錢米越州監湖封樁米支撥十萬石借支
本路諸州常平本錢十萬貫如闕則以常平米及
常平封樁錢貼支并降空名度牒二千道給賣錢
信承節將仕郎官告各五十道其命詞並以興修
水利爲名別立價直將合用工料召有力戶備錢
米官爲募夫監部開修候畢工計實用錢米紐直
給告或給空名許令繳□□與免勘會有無當
書填仍不作進納出身□□平江置局所奏辟官
拘常例制直牒指差理爲在任月日不許辭免內
選人考第舉官令於水利職事未畢未得赴部磨
勘依方田官法就任改官幹當公事文武官各四
員准備差遣檢踏官共四員所用材料木植專
□□□員分往淮南江南路及溫處婺州收買

各有先後緩急之序其開浦篇曰高田引以灌溉
低田導以決泄者浦也古人大小縱橫設爲港浦
若經緯然按圖於舊得九十處或名港浦或名涇
浜或謂之塘或謂之瀆以詢究古跡得其爲利之
大者三十六浦區爲三等上等工大而利博在前
所先也中等工費可減上等三之二下等間於上
中之間或自大浦而分枝別派工料之數又少損
焉其置閘篇曰瀕海臨江之地形勢高仰古來港
浦盡於地勢高處淤澱若一旦頓議開通地里遙
遠未易施力以拒鹹潮今於三十六浦中尋究得
古曾置閘者纔四浦惟慶安福山兩閘尚存餘皆
廢弃故基尚存古人置閘本圖經久但以失之近
裏未免易堙治水莫急於開浦開浦莫急於置閘
置閘莫利於近外若置閘而又近外則有五利焉
江海之潮日兩漲落潮上灌浦則浦水倒流潮落
浦深則浦水湍瀉遠地積水早潮退定方得徐流
幾至浦口則晚潮復上元末流入江海又與潮俱
還積水與潮相度往來何緣減退今開浦置閘潮
上則閉潮退即啓外水無自以入裏水日得以出
一利也外水不入則泥沙不淤於閘內使港浦常
得通利免於堙塞二利也瀕海之地仰浦水以溉
高田每苦鹹潮多作堰斷若決之使通則害苗稼
若築之使塞則障積水今置閘啓閉水有泄而無
入閘內之地盡獲稼穡之利三利也置閘必近外
去江海止可三五里使閘外之浦日有澄沙淤積
假今歲事積治地里不遠易爲工力四利也港浦
既已深闊積水既已通流則泛海浮江貨船木栰
或遇風作得以入口住泊或欲住賣得以歸市出
卸官司遂可以閘爲限拘收稅課以助歲計五利
也復有二說崑山諸浦通徹東海沙淤而潮鹹當
先置閘而後開浦一也閘之側各開月河以堰爲
限遇閘閉小舟不阻往來二也築圩篇曰天下之
地膏腴莫弄於水田水田利倍莫盛於平江縁平
江之由以低爲勝昔之賦入多出於低鄉今低鄉
之田爲積水漫沒十已八九當時田圩未壞水有
限隔風不成浪今田圩始盡水通爲一遇東南風
則太湖松江與崑山積水盡奔常熟遇西北風則
常熟之水東赴者亦然正如盛盂中水隨風往來
未嘗停息嘗陟崑山與常熟山之巔四顧水與天
接父老皆曰水底十五年前皆良田也今若不築

圩岸圍裹民田車畎以取水底之地是弃良田以
爲水也況平江之地低於諸州唯高大圩岸方能
與諸州地形相應昔人築圩裹田非謂得以播殖
也將恃此以狹水之所居耳崑山去城七十里通
往來者至和塘也常熟去城一百五里通往來者
常熟塘也二塘爲風浪衝擊塘岸漫滅往來者動
輒守風往往有覆舟之虞是皆積水之害今若開
浦置閘之後先自南鄉大築圩岸圍裹低田使位
位相接以禦風濤以狹水原治之上也修作至和
常熟二塘之岸以限絕東西往來之水治之次也
凡積水之田盡令修築圩岸使水無所容治之終
也昨聞熙寧四年大水衆田皆沒獨長洲尤甚崑
山陳新顧晏淘甚數家之圩高大了無水患稻麥
兩熟此亦築岸之驗川今積水之中有力人戶間
能作小塍岸圍裹低田禾稼無虞蓋積水本不深
而圩岸皆可築但民頻年重困無力爲之必官司
借貸錢穀集植利之衆併工戮力督以必成夷十
畝或二十畝地之中弃一畝取土爲岸所取之田
令衆戶均價償之其貸借錢穀官爲置籍責以三
年六限隨稅輸還此治積水成始成終之策若其

當開之浦則崑山常熟共三十六浦除常熟之許
浦白茆福山三浦見今深闊水勢通快不須開
治雖三十二浦崑山十有二謂掘浦下張浦七丫
浦茜涇浦楊林浦六鶴浦顧涇浦川沙浦五嶽浦
蔡浦琅港浦常熟二十有一謂黃四浦奚浦西成
浦東成浦水門塘崔浦耿涇浦魚磾浦鄔犇浦尾
浦塘浦高浦金涇浦石撞浦陸河浦北浦甘草浦
千步涇司馬涇金涇錢涇黃鶯漕皆積久不浚當
分爲三等開修霖以宣和元年正月二十一日役夫興工
前後修一江一港四浦五十八瀆二年八月初十
日罷又宣和元年十月四日御筆訪聞平江府常
熟縣常湖秀州華亭泖並可爲田仰趙霖相度措
置召租限一季了當具便民利害圖籍歲入以聞
霖又應詔爲之修圍常湖遡役二十四萬七千九
百餘工二年八月十一日詔旨罷役勾收人吏送
平江府右獄根磨錢物通支錢四十一萬五千八
百五十三貫九百十一文係度牒官誥坊塲市易
抵當舉名色十九種焉
重和四年十二月知崑山吳昉浚至和塘
紹興二十三年諫議大夫史才言浙西民田最廣而
平時無甚害太湖之利也近年瀕湖之地多爲兵
卒侵據累土增高長堤彌望名曰壩田旱則據之
以溉而民田不沾其利澇則遠近泛濫而民田盡
沒欲乞盡復太湖舊迹使軍民各安田疇均利二

十九年知平江府陳正同言相視到常熟諸浦舊
來雖有潮沙之患每得上流迅湍可以推滌不致
淤塞後來被人戶圍裹湖瀼爲田認爲永業乞加
禁止戶部奏在法瀦水之地衆共溉田者輒許人
請佃承買幷請佃承買人各以違制論乞下平江
府明立界至約束人戶毋得占射圍裹有旨從之
紹興二十四年九月右奉議郎大理寺丞周環言臨
安平江湖秀四郡低下之田多爲太湖積水浸灌
緣溪山諸水連接併歸太湖東南由松江入海東
北由諸浦入江其沿江泄水惟白茅浦最大望令

有司相視開決二十八年九月檢會周環面對水
利詔令兩浙漕臣按視而轉運副使趙子潚知府
蔣璨計料開濬事聞詔監察御史任古同浙西提
舉徐康覆視古等奏上比子潚所議十減八九約
以五千工月餘可畢詔以御前激賞酒庫錢平江
府如數給之二十九年正月庚申興工從常熟東
柵至雉浦入丁涇開福山塘自丁涇口至尚墅橋
北注大江分殺水勢二月癸卯畢工趙子潚相視水利方畧紹
興二十八年九月日兩浙轉運副使趙子潚知平
江府蔣璨言近被旨相度水利徧歷吳江吳長三
縣民田渰没去處相視以至常熟北至楊子江又
自崑山東至海口推究源流講求利病今詢訪得

浙西諸州平江最爲低下而湖常等州水皆歸於
太湖自太湖以導于松江自松江以注于海是太
湖者數州之水所瀦而松江又太湖之所泄也然
以數州瀦水巨浸而獨泄於一松江宜其勢有所
不逮是以昔人於常熟之北開二十四浦疏而導
之楊子江又於崑山之東開一十二浦分而納之
海兩邑大浦凡三十有六而民間私下涇港又不
可勝數皆可以決壅滯而防泛濫也後因潮汐往
來泥沙積於舊置開江之卒尋亦廢去此太湖所
以湮塞而民田有渰没之憂也天禧天聖間運使
張綸於常熟崑山各開諸浦以導積水景祐間郡
守范仲淹親至海浦開浚五河以疏導諸邑之水
使東南入於松江東北入於楊子與海政和間提
舉趙霖將命興修水利開浚三十六浦及没工僅
常熟二浦崑山一浦而罷迄今四十年諸浦湮塞
又非前日之比遂致民田皆澇十歲八九今相視
合開緊切去處常熟縣梅里塘白茅浦崔浦福山
浦黃泗浦崑山縣新洋江小虞浦顧浦郭澤塘總
計役夫三百三十七萬四千六百工錢三千三萬
七千四百貫米三十一萬一千五百石各有奇崑山

縣四浦工力不多止用本縣食利戶開浚常熟縣
石浦工力浩瀚係與吳長等縣利害相及欲於三
縣見賑濟人內募彊壯人充當所有差官起工等
事續次條具申請緣平江府積水今經兩月未退
已妨種麥若不於農隙之際支給錢米雇夫開治
深恐來歲春雨積水愈甚虧失常賦不便望賜指
揮施行
隆興二年八月詔江浙勢家圍田湮塞流水諸州守
臣按視以聞其平江府委陳彌作相度彌作乃上
其宜先治者十浦幷合開圍田一十三處詔令守
臣沈度依限開掘旣成復詔浙西提刑曾逮躬親
審實
隆興二年八月臣僚奏請疏浚三十六浦開浦圍田

詔兩浙運判陳彌作相度措置議開常熟許浦白
茅浦崔浦黃泗浦崑山茜涇浦下張浦七鴉浦川
沙浦楊林浦掘浦凡十浦合開圍田一十三所詔
令知平江府沈度依狀開決許浦自梅里塘雉浦
口東開至白蕩白茅浦自黃泗港開至支塘橋崔
浦自丁涇塘至浦口黃泗浦自十字港開至奚浦
口茜涇浦自界涇開至鴨頭塘下張浦自東海沖
開至千步涇七鴉浦自梅浦開至李漕涇川沙浦
自海沖開至六鶴浦楊林浦自楊林橋開至陶家
港掘浦自梅口開至五聖港凡用工三百二十二

萬錢三十三萬七千米九萬六千七百各有奇按范至能新開塘浦記隆興二年浙西郡國七大水崑山爲甚明年二月民饑且疫邑長李結得校工直募役濬浦五曰新洋江曰小虞曰茜涇曰下張曰顧浦濬塘三曰郭澤曰七鴉曰至和五旬而告休據此時奉詔開決十浦而記畧不及之其新洋小虞顧浦郭澤至和蓋因此修浚耳

隆興六年十二月監進奏院李結獻治田三議曰務本曰協力曰因時詔令胡堅常相度以聞其後戸部以三議切當但工力浩瀚欲諭有田之家各依鄉例出錢米與租佃之人更相修築庶官無所費民不告勞從之李結治田三議乾道六年十二月十四日監都進奏院李結言蘇湖常秀所産爲兩浙之最自紹興十三年以來屢被水害議者皆歸積水不決之故以爲積水旣去低

田自熟第以工役浩大事皆中輟臣有管見治田便利三議一曰敦本二曰協力三曰因時司農丞郟亶議云古人治塘浦闊深者蓋欲取土以爲堤岸非專爲決積水若堤岸高厚借今大水之年江湖之水高於民田五七尺而堤岸尚出於塘浦三五尺故雖大水不能入於民田民田旣不容水則塘浦之水自高於江而江之水亦高於海不須決泄而水自湍流矣此古人治低田之法也若知決水而不知治田則所開浚之地不過積土於兩岸之側霖雨蕩滌復入塘浦不五七年塡淤如舊前功盡棄爲今之務莫若專務治田乞詔監司守令相視蘇湖常秀諸州水田塘浦緊切去處發常平義倉錢米多寡量行借貸與田主之家今就此農隙作堰車水開浚塘浦取土修築兩邊田岸立定丈尺衆戸與併力官司督以必成且民間築岸所患無土今既開浚塘浦積土自多而又塘闊深易以流泄田岸旣成水害自去此臣所謂敦本之議也結又以爲百姓非不知築堤固田之利然而不能者或因貧富同段而出力不齊或因公私相吝而因循不治非協力不可百姓所鳩工力有限必

緣官中補助官中非因饑歉難以募民興役非因時不可

乾道初沈度陳彌作又言疏濬崑山常熟縣白茅等十浦竝通徹大海遇潮則海內細沙隨泛以入潮退則沙泥沈墜漸致淤塞今依舊招置闕額開江兵卒次第開濬不數月諸浦可漸通徹從之

乾道八年六月前鎭江府兵卒鈐轄王徹言紹興二十八年開常熟五浦欲泄積水入江宜自常熟縣東開鑿至雉浦五十里引許浦縱水入江郤是雉浦西就民田創河二十五里號丁涇塘橫引水復入福山浦使二浦之水復歸一浦近縣之田稍獲

灌溉且平江居南北地形最下之處使歲有一尺之水則湖州平江之田高下皆溢故海濱三十六浦各置[illegible]捍衛江海開浚港浦最急者五浦其黃泗浦與福山通流不須開鑿崔浦許浦白茅浦三所潮沙壅積必當疏導詔措置開鑿條約以聞其後知府丘崈言開鑿許浦固爲水利然遇旱頓失瀦畜且役大難成遂止

淳熙元年詔平江守臣與許浦駐劄戚世明措置開浚許浦三旬訖工二年六月兩浙運副姜詵奏開常熟縣黃泗浦崔浦許浦白茅浦而許浦最急請

□浙運判官陳峴言昨奉詔徧歷平江常州江□諭民併力開濬川港畢始欲官給錢米歲不下數萬今百姓相卒効力而成詔常熟知縣劉頴特增一秩餘論賞有差尋命提舉薛元鼎相視太湖沿流利害元鼎議常熟崑□□□間茜涇下張七鴉許浦白茅五大浦爲數州□□比年並皆湮塞前任提舉陳舉善勸諭人□□瀝開濬獨許浦猶未施工昨水統制馮湛乞用□兵開掘因與守臣不協遂已乞詔馮湛開濬十月知府陳峴言奉詔措置增展開決許浦今自雉浦至梅里道通橋三十八里自道通橋至□□□口一十六里浚塘築堤植□一萬株以固岸□□□□□路提刑曾逮覈實以聞是歲薛元鼎又奏□□□運河五十四里

淳熙十三年羅點提舉浙西常平以澱山湖洩諸水道咸里豪強占以爲田故水壅不洩民田病之奏乞開濬有旨命點躬親相視開掘農民聞命懽躍不待告諭各裹糧舍夫先行掘鑿於是並湖巨浸復爲良田羅點乞開澱湖圍田狀浙西圍田泥塞水勢所在皆有獨澱山湖一處爲□□流大因被姦民包裹圍田築斷堰岸□水勢無由□洩此湖上通蘇湖秀三州之水全□□來斜路等港通洩湖水下徹大小石浦出吳松江入海遂□吳縣主簿劉允濟同崑山縣尉躬親看視采問□害據中到澱山湖東西三十六里南北一十八里旁通太湖匯蘇湖秀三州之水上承下洩不容少有壅遏華亭在湖之南崑山在湖之北湖水自西南趨東北所賴洩水去處其大者東有大盈趙屯大石三浦西有千墩陸巷道褐三浦中間南取澱山湖北取吳松江凡三十六里並湖以北中爲一澳係古來匯吞湖水之地今名山門留東西約五六里南北約七八里正當湖流之衝非衆浦北貫山門瀦之中又有斜路港上達湖口當斜路之半又西過爲小石浦上達山門瀦下入大石浦凡斜路港大小石浦分爲三道殺洩湖水並從上而下通徹吳松江湖二水晚夕往來疏灌不息以此浦港通利無有泥沙壅塞可以宣導水源今來頑民輒於山門瀦之南東取大石浦西取道褐浦並緣澱山湖北築成大岸延跨數里遏截湖水不使北流盡將山門瀦中圍占成田所謂斜路及六小石浦洩放湖水去處並皆築塞父老嘗言圍岸初築將湖水平白漲起丈餘盡壅入西南華亭縣界大小石浦并斜路港口既被圍斷其浦腳一日二潮則泥沙隨湖而上湖水又不下流無緣蕩滌流

利即今淤塞反高於田遇水則無處洩瀉遇旱則無從取水大抵水性趨下下流既塞其勢必須潰裂四出散入民田理無可疑者

淳熙十六年提舉詹體仁開河置斗門爲旱潦之備

嘉定十年知府趙彥橚疏錦帆涇以達運河

紹定五年知府吳淵以吳江石塘橋梁摧圮給錢二十萬米一千二百石命邑令李桃巡塘官綦紹修葺又植蒲葦楊柳以爲捍

淳熙六年發運使魏峻疏至和塘東自夾潮塘西至戴墟浦亘四十餘里又立柵三十二以爲禁防官出錢二萬三千二百緡米二百一十石有奇浙西提舉

鄭霖爲記

元至元二十四年水澇爲災宣慰朱清喻上言開浚自婁門導水曰婁江以入于海麓鶴得水勢順下不致甚害

大德二年立浙西都水監庸田使司於平江路設置專一修築田圍疏浚河道澱山等湖已有官定界畔諸人不得似前侵占復爲民害違者聽庸田司追斷又潮沙淤塞河港亡宋時設撩淺軍人專一撩洗仰庸田司於二八月內依時督責如法疏浚毋致壅遏合用人工如何措置可以常久通行行省更爲從長計議又浙西官田數多俱係貧難下戶種納春首闕食無田主借貸圍岸缺壞又自行修理官司不爲存恤以致逃竄荒廢官田今後管民官司並不得將此等佃戶差充里正主首及當一切催甲等役妨廢農務失誤官租如違仰庸田司究治又澱山練湖諸人占湖爲田歲納租米另行收貯若有合用修浚工料從庸田司募工支用

大德八年夏五月中書省准江浙行省咨任仁發言吳松江淤塞奏立行都水監仍於平江路設置直隸中書省及命行省平章徹里提督疏浚繼降詔條云修浚河道閘壩一切合用物料行省即於官錢內收買應付又浙西苗糧戶內起夫一萬五千名自備什物每名工役一年免糧一十五石其軍站除贍役地外依上科著僧道也里可溫答失蠻不分常住并權豪官員不以是何投下不納官糧之家以地五頃著夫一名從行都水監選委廉幹官員部夫督役其有鼇立事功廉能稱職者行都水監具述舉明其著明夫戶雜泛差役權行蠲免

是歲十一月仁發以吳松江故道湮塞爲浙西居民害上疏條陳利病疏道之法西自上海縣界吳松舊江東抵嘉定石橋洪迄邏入海長三十八里深一丈五尺闊二十五丈役夫一萬五千爲工一百六十五萬一千六百有奇至九年二月畢工任都水水利議荅議者曰吳松江前時深通今日何爲而塞豈非如海變桑田之說非人力所可爲者歟荅曰東坡有言若要吳松江不塞吳江一縣之民可盡徙於他處庶上源寬闊清水力盛沙泥自不能積何致有湮塞之患然歸附後將太湖東岸出水去處或釘柵或作堰爲築狹爲橋及有湖泖港汊又慮私鹽船往來多行塞斷所以清水日弱渾潮日盛沙泥日積而吳松江日就淤塞正與東坡所見合若曰如海變桑田一付之天則聖人手足胼胝盡力溝洫皆虛言也聖人豈欺我哉所當盡人力而可爲也議者曰錢氏有國百餘年止長興間一次水災亡宋南渡百五十餘年止景定間一二次水災今或一二年三四年水災頻仍其故何也荅曰錢氏有國亡宋南渡全籍蘇湖常秀數郡

所產以爲國計常時盡心經理高田低田各有制
水之法其間水利當興水害當除合役軍民不問
繁難合用錢糧不吝浩大必然爲之又使名鄉重
臣專董其事豪富上戶簧言不能亂其耳珍貨不
能動其心又復七里爲一縱浦十里爲一横塘田
連阡陌位位相接悉爲膏腴之産以故二三百年
之間水災罕見國朝四海一統又居位者未知風
土所宜視浙西水利與諸處無異任地之高下任
時之水旱所以一二年間水旱頻仍也議者曰蘇
州地勢低下與江水平故曰平江故稱澤國其地
不可作田今欲圍築亦逆土之性耳荅曰晉宋以
降倉廪所積悉仰給於浙西之水田故曰蘇湖熟
天下足若謂地勢低下不可作田此誠無稽之論
何以言也浙西之地低於天下而蘇湖又低於浙
西澱山湖又低於蘇湖彼中富戶數千家每歲種
植茭蘆編釘椿篠圍築埂岸豈非逆土之性何謂
今日盡成膏腴之田此明效大驗不可掩也既是
澱山最低之處尚可經理爲田郤說已成之田不
可作田何其愚也議者曰水旱天時非人力所可
勝自來討究浙西治水之法終無寸成荅曰浙西

水利明白易曉何謂無成大抵治之之法有三浚
河港必深闊築圍岸必高厚置閘竇必多廣設遇
水旱就三者而乘除之自然不能爲害儻人力不
盡而一切歸數於天寧有豐年邪東坡亦言浙西
水旱乃人事不修之積正此謂也昔范文正公親
開海浦議者沮之公力排浮議疏浚積潦數年大
稔民受其賜載之方册昭然可考謂之無成可乎
議者曰河渠圍岸閘竇三者俱備則水旱可無民
食可足誠爲久遠之計朝廷何謂而廢之荅曰范
文正公宋之名臣盡心於水利嘗謂修圍浚河置
閘三者如鼎足缺一不可三者備矣水旱豈足憂
哉國家收附江南三十餘年浙西河港圍岸閘竇
無官整治遂致廢壞一遇水旱小則小害大則大
害是以年年有荒蕪不可種之田深可痛惜今朝
廷廢而不治者蓋募夫供役取辦於富戶部夫督
役責成於有司二者皆非其所樂所以猾吏豪民
構弱必欲沮壞而後已朝廷未見日後之利但厭
目前之擾是以成事則難壞事則易東坡亦云官
吏憚其經營百姓畏其出力所以累行而終輟不
能成久遠之利也議者曰行都水監既是有益衙

門何緣口一詞皆謂無益而明議罷之答曰民可
使由之不可使知之事之利害久而始明彼小民
無知但見工役之繁豪民肆姦又吝供輸之費故
以百般阻撓但謂無益以敗乃事殊不知浙西有
數等之水極治之處皆不相同非立專司豈能成
功使水監衙門眞爲無益古之有國者亦廢而不
置久矣何爲周漢唐宋之世未嘗一日不用心盡
力經營水利之事列之史傳代有其人諺曰水利
通民力難斯言信矣若浙西低下之地不須水監
即今中原高阜之處水監既不可缺而低下之處
乃謂不必置何不智之甚也數年之後河港淺塞
水害滋甚有憂民忠國者出必復興修水利之事
彼橫議者豈得終沮之哉議者曰水利固不可不
修然今龍西漢書二渠止是責於有司修浚民吏
不擾浙西水利何不亦責之有司荅曰龍西二渠
長流水也浚成深渠長自下流治之無難浙西水
性不一整治方法亦殊豈可以漢唐二渠例視之
哉宋賢如范文正公蘇文忠公王荊公朱文公皆
命世大儒經綸天下之大材尚各建策設官置卒
事力經營必有所見若有司兼管何往而不敗事

泰定元年江浙行省以平江松江通海河道壅塞軍
民官勢侵占水面爲田連年水旱相仍官民虧失
大利委官同本處正官踏視講議到吳松舊江二
道烏泥涇大盈浦二河合挑緣癸巳歲禁止動土
請工部諭報云上項河道江浙省已嘗講議修則
官無虧糧民可足食難與其餘土木之工一體停
罷奏命行省左丞朶兒只班知水利前都水少監
任仁發董督常州湖州嘉興平江與本府不分是
何人戶實有納苗田一頃五十畝差夫一名計四
萬有奇每名日支口糧三升中統鈔一兩賜仁發

銀一錠襖子二領始於是年冬十二月次年正月訖功仍令講究久遠不致淤塞良法

至正元年中書以江浙行中書左丞相欽察台開府言浙西水利近年有司失於舉行隄防廢弛溝港湮塞水失故道民受重困今後莫若都水監官歲委一員分治仍令各處農事正官帶知圍田署銜責任有歸及監察御史言宜復立都水庸田使司慎選諳曉水利恪守官箴之人披按圖志討論舊治於必合開挑之處將原額租稅除豁合用工本官爲支給使專其任責以成效於是奏立使司復

於平江路設置官命工部尚書禿魯行省平章正事只里瓦歹南行臺與浙西廉訪司官各一員選知水利之人相其舊迹必合開挑各處農事正官結銜知渠堰事聽受使司節制各官既輳嘉興首會郡堂以商論堂書計謀大興事勸隆尚厥功平章見役鉅民疲特畧之論遂不合而罷吳人陸行直者承平章風指上書言於有司曰辛巳太歲位在東南浙間丁其方位修營動土曆家忌之有司騰其言以次達于朝尚書知之怒繫行直而使請中書規駁論罷之由是肇工於是年冬十月撩漉吳松江沙泥浚各閘舊河直道與漕渠張涇及風波南俞北俞鹽鐵官紹盤龍浦匯六磊石浦等塘役夫一十九萬八百人用糧四千七百石鈔三千一百錠各有奇次年春二月訖功

潘應武言決放湖水浙西地勢極低米糧豐厚自福山而下有二百八十餘里泖岡深以限滄溟岡身之間有港浦一百五十餘處太湖三萬六千頃受納三州之水溢流而下一路徑下吳松江二百六十餘里抵海又一路自急水港五十里下澱山湖由港浦而入海古人開港浦瀆涇瀝之類無非爲去水計使民居無昏墊而土可耕種居民常常修築圍塍官府常常修浚水路澇則車水出田旱則車水入田公私之利豈不博哉若公私之力少有不及則民居蕩拆而厚利以失錢王時置撩淺軍四部七八千人專爲事導河築隄宋初廢弛故常有水患至仁宗朝范文正公親

歷海瀕開浚五浦費錢米一十八萬餘貫石自後置豐田水利使者專管湖塘河渠趙運使任內用錢米四十餘萬至理宗廟創立魏江江灣福山水軍數千人專修江河湖塘僅免水患歸附後軍散營廢河港湮塞其澱山湖中有山寺宋時在水中心東有出水港曰斜瀝口曰汶港口曰小曹港曰大瀝口曰小瀝口各闊十餘丈通潮水往來潮退則引湖水下大曹大盈等浦入青龍蟠龍江而出海古人爲之尾閭宋法禁人占湖爲田爲洩水路故也歸附後權勢占據爲田今山寺在田中雖有洪瀉悉皆淺狹潮水湖水不相往來欄住去水東南風水回太湖則長興宜興歸安烏程德清等處泛濫西北風水下澱山湖泖則崑山常熟吳江松江等處泛溢皆因下流不決積水往來爲害去夏一水澱山湖太湖四畔良田至今不可耕種今年河渺諸皆是以人力與天時爭勝[illegible]家日夜踏車車水出田子女生斷田外河水高於田內數尺近有稻禾將熟又爲暴風驟雨激破圍塍全[illegible]淬淡子女號天慟哭老農血淚交頤今秋雖熟[illegible]田菜麥無土可種或遇風雨來歲又是荒歉[illegible]

屢失未見施行一日遲一日一年復一年積久不決圍塍坍壞再遇淫雨悉爲魚池民居蕩折公私坐失享利彼時修治用費既費民力困乏海亦無及愚昨隨營田司官親曾相視水勢與高年老農知識地理人講究得澱山湖東大小曹港斜瀝等山處固是洩水尾閭今爲權勢占據卒難復舊澱山湖北有道褐浦石浦千墩浦小瀝口四處取江以頗近水勢順便今若先於此四處開浚決放水路以計救百姓以保公私實爲居安慮危經理根本之計所候水減退然後次第開浚諸處河港此即古人所請下流既通上流可導也〇復言便宜伏詳東坡先生曰三吳之水瀦爲太湖太湖之水溢爲松江以入海海水日兩潮潮濁而江清潮水常欲淤塞江路而江水清駛輒隨滌去海口常通則湖中少水患此數句包盡浙西水路下一駛字斷盡浙西水性駛疾也言水要沿要疾要流要駛如[illegible]馬之奔騰也浙西水道自丙子年歸附時招民官慮恐哨船入境擄掠鄉村將河港釘塞吳江長橋係太湖衆水之咽喉其橋南境古來水到龍王廟後被築塞五十餘丈沿塘三十六座橋洞實鄉村衆流

之脈絡多被釘斷亦有築實爲壩者所以不流不活不疾不駛不能滌去淤塞以致澱山湖東小曹大瀝等處湖沙壅積數十里之廣被權勢占據爲田湖水潮水不相往來如人便溺不通水滿胷腹間四年兩澇朝廷虧失米糧數百萬石浙西百姓離散太半今日蒙政和公敷奏決放湖水入海百姓父老聞風鼓舞已有更生之望續見諸人陳言俱非救弊良策切恐有誤國聽徒費錢糧爲今之計以決放湖水爲急務澱山湖北道褐浦石浦二墩浦小瀝口四處實係今日湖水入江下海要憂今先浚此使湖水通流然後開浚沿塘橋道鄉村河港謹條具事宜於後一澱山湖北一帶自甄已頭港至趙屯浦一百餘里共有港浦一十三條今皆淤淺應武昨與嘗田劉副使登澱山寺鐘陵一遠望惟有道褐浦石浦鼎低下取江頗近水勢甚便可問當地着老俱曰十年前潮水往來近方淫塞此處宜及早脩浚一沿塘三十六座橋道及箱門外至[illegible]江七里橋多有上下橋道壩塞不通樹內第四橋下水路來自海州大錢港衝出塘東湖泊閘入笠澤湖汾湖白蜆江下急水港直至澱

湖自然此處水甚洶湧歸附後被人占據又造橋築隄水盃淺狹宜委官相視仍復通放一舊時長橋南境水至龍王廟側歸附後壩塞五十餘丈民蓋房與軍戶居以致太湖出口狹小水不通徹易致泛濫宜委官往視指一定龍王廟基諭會軍戶移入營內仍舊造橋相接一吳江長橋實三州太湖之咽喉沿塘橋道實鄉村河港之脈絡前宋立水軍三四千人吳江知縣職銜帶提督湖塘河渠縣尉職帶巡視湖塘河渠設官田米三千餘石名修橋米歸附時又名修浚縣河米凡有橋道坍毀水路堙塞本縣自行支取隨即修治自此浙西三十年來並無水害范文正公治水議乞敕諸路行勸課之法取其簡約易從之術須賜諸路轉運使及面一本付新授知州知縣等此養民之政富國之本也今日參政爲浙西生靈陳請決放湖水入海此三百年一遇深恐去後仍舊廢弛沿塘橋道河渠於修浚如蒙以官田撥付吳江縣管隸選委經任好人充吳江縣尹職銜帶提領湖塘河岸勸農事縣尉職帶巡視湖塘河岸崑山縣尉職兼巡視江湖河岸常切點視前項沿塘橋道河渠并道褐

浦等處但有圯壞湮塞隨即修浚如此則自然永無水患實爲公私無窮之利也

前都水書吏吳執中言順導水勢

浙西古揚州之域■土惟塗泥厥田惟下下得水之利雖傳而被水之害亦大宋有部僑者嘗論天下之水以十分爲率自淮而北五分由九河入海大江而南五分由三江入海書所爲三江既入震澤底定是也太抵浙西水澤之藪外高內低勢若盤盂但遇霖潦水輒泛濫欲使洩于江海其江海日有兩潮抑遏湖水渾流倒注來速去遲日積月增漸致淤澱導之有方則有無窮之利治之無術則有窮之害古之智者蓋未嘗不深察於此而盡力乎溝洫也國家收附江南之初年轂屢登不聞水患所司因循失於經理積而至於至元二十四年二十七年二十九年六年之間三遭大水所在膏腴悉成巨浸百姓缺食賣子鬻妻不可勝計官糧虧失後中書省奏準大興工役開挑太湖練湖澱山湖等處并通江達海河港又加一修築岸圍自此歲獲豐收所在官司宜將已開河道時常經治庶幾不廢前功柰何牧民者畧不

頃問大盈等浦張塞如舊吳松江面淤澱愈增亭而數年之間雨水頗調不覩其患儻值往年水潦爲害非輕近蒙朝廷設都水庸田司專督其事敦本防災可爲良策每年勸率百姓修築田圍浚治河道纔有成效然而數年之間事功齟齬識者固已憂之去年春夏之交淫雨頻作平江松江大被水災潢溢滿盈田園損壞今都水庸田司又已革去修浚之責歸於有司且吳松江舊云可坍千浦今則東自河沙匯西至道褐浦兩岸漲沙將與岸平其中僅存江洪比之舊時百不及一雖汪洋之勢見於上海新涇太倉劉家港豈能盡洩諸郡之水又鎮江丹陽縣又練湖亦被豪權於湖面高處圍裹成田侵奪衆利浙西水鄉農事爲重河道田圍必常修浚二事可以無行而不可偏廢今修圍一事有司已有定式澱山練湖亦有原定界畔必須嚴切申明常加浚治吳松古江已被潮沙湮漲役重工多自非人力可及其澱山舊湖多爲豪戶圍裹成田恐亦未易除毀即今太湖之水迂廻宛轉多由新涇及劉家港流注于海合無順其必趨之勢於上海太倉等處相視可開河港盡行開鑿

掌務使支脉貫通流洩順便乞照腹裏會通河并新開通惠河撥戶差軍體例設立撩淺人夫專一修理以防向後復淤之患官民幸甚

周文英三吳水利

蘇湖常秀土田高下不等以十分爲率低田七分高田三分所謂天下之利莫大於水田水田之美無過於浙右五代末吳越錢王獨居東南專享此利宋范文正公嘗論於朝曰江南圍田每一圍方數十里中有河渠外有門閘旱則開閘引江水之利澇則閉閘拒江水之害旱澇不及爲農美利嘗詢訪高年云昔時兩浙未納土時蘇州有營田軍四部共七八千餘人又有撩清夫專爲田事導河築隄以減水患于時歲熟錢五十文糴米一石自歸宋之後慢於農政不復修舉田圍河港大半堙壞今江浙之米石不下一貫比之當時其貴十倍民不得不困國不得不虛矣前都水監於江面置閘節水終非經久良法且如見置閘三處本意潮來則拒潮來之水潮退則放江水決潮殊不知江水源築塞水勢細緩內水外水高低無幾又閘之相去不遠決放之水既淺且緩又烏能衝激潮沙而不積於江也施常年紛無損益設遇澇歲覩其傾淺江湖巨浸則見其不能此所謂徐行拯溺緩步救焚者也海者百川之所宗水有所歸則下迄濫善治水者必識其源流可也嘗經行太倉劉家港及吳松江之左右登高眺遠隨流尋源爲今之計莫若因水勢之所趨順其性所眺導之則易於成功劉家港南有一港名南石橋港迫年天然深闊直通劉家港西南通橫塘以至夏駕浦入吳松江其中間有迂曲窄狹處若使疏浚深闊則太湖淺水一入路也其今欒吳松江東南塗之地姑置勿論而專意於江之東北劉家港白茅浦等處追尋水脉開浚入海者蓋劉家港即古婁江三江之一也深港闊此三吳東北洩水之尾閭斷所謂順大之時隨地之宜也惟開浚之法付之有司倒將有田之家差夫動擾猶爲未便乞從省府差委諳通水利官諳沿海各處相視合浚港浦具數計工擬議申聞或都水監分官前來或選省府能官於浙間富戶勸率百十家斟酌遠近及功績巨細照依捐糧遞減例擾以官祿擬定品給令其開浚考其成功如工役輕

掌省者量行優敘如功績重大者優以一官激勸勉勵庶幾勞而無怨憂不及衆假如凶年勸令富戶捐糧振濟不過救一歲一處之災上有以官推此因例成此美績則可彌浙西數郡又遠之災寧不賞歟經治之後更須都水監差官按行戢督各州縣每歲修葺使其經久不廢或委行省官專一提調庶幾敦督事嚴免致有可樂歲則苟且玩視以爲常程設遇澇歲則縮手無措敗事傷農豈所謂治天之未陰雨徹彼桑土綢繆牖戶者此也水利有成則樂歲相仍國富民安誠非小補

本朝洪武九年八月長洲縣民俞守仁等詣縣狀訴蘇州之東松江之西皆水鄉地形洿下上流之水迅發雖有劉家港難泄衆流之橫潰張氏開白茅港與劉家港分殺水勢自歸附以來十餘年間並無水害今夏淫雨又山水奔注江湖增漲況常熟

崑山之民於白茆四近崑承湖南諸涇及至和塘
北港浚盡爲堰壩不使通流雖曾差官開浚彼民
隨開隨堰本府遂差官會同相視淤塞港浚丈量
計工開浚
永樂二年朝廷以蘇淞水患爲憂命戶部尚書夏原
吉疏治尋遣都察院僉都御史俞士吉齎水利集
賜原吉使講究拯治之法以聞既得請遂集民丁
開浚自崑山縣東南下界浦掣吳松江之水北達
婁江二年冬復挑嘉定縣四顧浦南引吳淞江水
北貫吳塘亦由婁江入海又浚常熟白茅塘導諸
水入楊子江

臣本職不稱重貽
宵旰之憂夙夜警惕惟勤咨訪欽承
聖諭愧感交集臣與共事官屬及諳曉水利者參
考輿論得其梗槩蓋浙西諸郡蘇松最居下流太
湖綿亘數百里受納杭湖宣歙諸州溪澗之水散
注澱山等湖以入三江頃爲浦港湮塞匯流漲溢
傷害苗稼拯治之法要在浚滌吳松江諸浦導其
壅滯以入于海按吳松江舊袤二百五十餘里廣
一百五十餘丈西按太湖東通大海前代屢浚屢
塞不能經久自吳江長橋至夏駕浦約百二十餘
里雖云通流多有淺狹之處自夏駕浦抵上海縣
南蹌浦口可百三十餘里潮沙張塞已成平陸欲
即開浚工費浩大灩沙泥淤浮泛動盪難以施工
臣等相視得嘉定之劉家港即古婁江逕通大海
常熟之白茅港逕入大江皆係大川水流迅急宜
浚吳松南北兩岸安亭等浦引太湖諸水入劉家
白茆二港使直注江海又松江大黃浦乃通吳松
要道今下流壅遏難疏傍有范家浜至南蹌浦口
可徑達海宜浚令深闊上接大黃浦以達泖湖之
水此即禹貢三江入海之迹每歲水涸之時修築
圩岸以禦暴流如此則事功可成於民爲便

正統五年六月廷臣奏言江南賦稅多取給於蘇州
其田卑下常有渰溺之患宜設法疏浚以利生民
從之令巡撫侍郎周忱等兼總其事計以便宜處
置忱檢視嘉定吳淞江直流百里餘未達大海西
接太湖而北平坦滋生草蔓民因開墾成田江水
壅塞不能通流乃親往江上立表于江心督民間
挑修崑山縣顧浦自是水得疏洩矣
正統七年吳中大水繼以七月十七日颶風時巡撫
侍郎周忱預奏量留官糧府一二十萬石縣亦五
六萬石賑濟其年各處低圩岸塍俱被衝坍時水
利等官先已被巡按御史何永芳奏革公奏取曾
經任過辦事官量撥一二十員催其歷俸年月管
修田圩開塞河道畢日送回吏部未半年事完

景泰五年夏大水渰浸田禾經久不退侍郎李敏知
府汪滸議當開浚白茆等塘以洩之滸躬往常熟
縣相視時久不疏濬壅塞成隄堰近民甚視皆田立
其上以求免言一開浚則堰下之田亦就浸矣滸
不許強之挑濬青墩浦横瀝塘共五六里以通白
茆塘鑿開三堰約三四里引水通鯰魚口其海口

淤塞漫生叢葦仍挑去約千餘畝於是水得歸海
天順二年巡撫左副都御史崔恭訪得吳淞江利病
即親詣其地以三年二月督工挑濬分江爲三段
崑山縣自夏界口至白鶴江挑四千六十七丈上
海縣自白鶴江至卞家渡挑四千六十七丈嘉定
縣自卞家渡至莊家涇挑五千五百六十七丈江
深一丈一尺面闊十丈二尺底闊四丈出舊江一
萬三千七百一丈
成化五年吳縣知縣樊瑾因太湖近胥口處凡呂山
周山東陽梅舍等處人出入必經此若遇風波屢

有覆溺之患乃率本地民丁行以香山西南隴阪間
舊有河名九曲港者淤塞已久即起本地人夫重
加開濬共三千八百五十餘丈
成化八年置僉事于浙江專治蘇松等府水利吳縣
知縣雍泰承檄治採香涇廢堰堰傍糧田數千頃
遇乾旱輒稿泰領民尋源得於穹窿山隴阪間蓋
由山腰法雨泉流出者上爲一堰下分二道一道
東由白馬嶺南跡踰趙墓折而西一道西下山漊
環趙墓復迸而東二流相合近採香逕瀦聚成潭
仍躬相地宜甃砌二百石堰堰各置牐隨水旱而
啓閉之三閱月而成又南撿踏三洋嘴西北入太
湖地如牛角然游湖在其左貢湖在其右風濤剥
蝕日就頹圮復發錢市山石由馬山西南而東築
護堤千餘丈而湖田藉以無恙矣
成化十年正月巡撫右副都御史畢亨與知府丘霽
議開吳淞江面闊一十四丈五尺底闊八丈五尺
水深一丈二尺自夏界田起至西莊家港嘉定縣
分挑六千三百五十三丈六尺崑山縣分挑五千
三百五十三丈七尺共長一萬一千七百七丈三
尺用夫四萬六千八百二十

弘治四年五年七年吳中大水廷臣言當疏濬水道
八年正月工部侍郎徐貫奉
敕諭與從行主事祝萃會同巡撫都御史何鑑知
府史簡尋訪水道通塞之由以吳江萬六千人開
濬長橋水竇疏太湖之水以及吳淞江蓋江口被
民田之及叢生葦荻蔓延數千畝至是盡除之以
長洲吳崑山常熟嘉定等縣十萬五千餘人挑濬
白茆港并斜堰七浦塘共長二萬四千餘丈并東
開鹽鐵塘十八里西濬元涇七里民夫皆給以口
糧計八萬八千二百六十七餘石由是諸涇港首尾

皆貫於白茆而水有所歸矣

尚書徐貫治水奏

臣等切惟東南地勢低下水患自古有之永樂初元水復漲溢

太宗文皇帝命戶部尚書夏原吉大加疏治方得止息建今九十餘年各處港浦仍復湮塞為患滋甚

仰惟

皇上軫念地方命臣等會同修浚蓋將拯墊溺之民於衽席之上化魚鱉之區為稻梁之域臣等敢不罄竭駑鈍以圖仰副

聖意用是夙夜不遑寧處相度施工竊見嘉湖常鎮水之上流蘇松水之下流不浚無以開其源下流不浚無以導其歸於是督同委官人等將蘇州府吳江長橋一帶茭蘆之地疏浚深闊導引太湖之水散入澱山陽城昆承等湖又開吳松江并大石趙屯等浦洩澱山湖水由吳松江以達于海開白茆港并白魚洪鲇魚口等處洩昆承湖水以注于江又開七浦鹽鐵等塘洩陽城湖水以達于海下流疏通不復壅塞開湖州之漊涇洩天目諸山之水自西南入于太湖開常州之百瀆洩荆溪之水自西北入于太湖又開各斗門以洩運河之水由

江陰以入江上流疏通不復湮滯自弘治七年十一月十七日興工至八年二月十五日工畢幸而一向天氣晴和人無疾癘凡百衆庶爭先效勞即今水患消弭人無墊溺之憂田有豐稔之望列郡士民莫不慶抃是非臣等之能皆

皇上盛德大福廣被東南之所致也今將修浚過港瀆畫圖貼說謹具奏聞

弘治九年工部主事姚文灝築沙湖堤廣三丈袤三百六十丈

吳寬沙湖堤記

周禮職方氏東南曰揚州其澤藪曰具區浸曰五湖今蘇郡在古揚州境內而具區即太湖也又在今吳縣境內獨所謂五湖者莫考其蹟然所水瀦輒數千頃以湖名者不知有幾豈即周禮之五湖邪或曰太湖中分為五故名夫既曰具區不應複言五湖是必不然凡田之並湖者既藉灌溉之利而風波衝激田塍輒崩則有浸淫之若至於舟楫往來固擅乘載之利然而風波猝興港瀆無避亦有覆溺之憂蓋利害之相倚伏如此湖之在偏隅者不必論若距郡城東二十里曰沙湖介太倉崑山嘉定崇明之人之所必經者其廣袤各數十里橫絕道上其北多腴田其中多舟楫人以為患者尤甚不獨于此爾旁有盜藪以行劫為業客舟為風波所阻集于岸下多不能免人益患之昔人欲築堤以捍之者久矣皆以土石所施無所附麗其功難成遂置之乃弘治丙辰工部主事姚君文灝奉

敕來督水利始白于巡撫右副都御史朱公謂隄可築公往視之亦曰可築且曰是宜用捲埽法蓋吾治河決時所已試者也謀既協姚君乃專任其事先時君從工部侍郎徐公濬常熟工口獲葦利之占於民者以為公用及是遂賴其濟一時夫卒盡力財用畢具工垂成而君移疾去矣今郎中傅君潮來代周行田野水利大興他日行至沙湖歎曰是隄之功其可已乎至是巡撫為左副都御史彭公復勸相之而堤竟以完告其闊為丈三長為丈三百六十隱然如城堅壯可久而水勢汪汪安流成渠人皆稱便推古土功之興春秋謹之大抵因民之所利而利之則易為功違之則難然又有難易焉者孟子曰為高必因丘陵為下必因川澤蓋言因其勢者則易也故世之捍水者未有不因於

土之勢然非知乎水之性亦終於壞而已今夫沙湖為堤既無所因可謂難矣觀其水湍悍持毅而抑之其淤洄演漾固無所滯此其所以竟成也彼杂作准堰成而即壞惟障而塞之不知其性爾水利之不行已久行則有利焉然能去其患則利在其中如是隄然蓋耕者無浸淫之苦則安於田畝行者無覆溺之憂則樂於道路賈者無掠奪之恐則保其貨財利何博於此是役也前守為史侯簡今為曹侯鳳皆經畫其事者若通判陳緯知縣劉珂鄭璠縣丞陳謙竇循主簿喻秉則勞績並著皆可書者於是傅君使來請文刻石予郡人也喜水患之能去且知君才操與姚君之美無忝於

上命也遂為之記後之人尚謹視之以無忝其功云

姑蘇志卷第十二

姑蘇志卷第十三

風俗

大江以南風俗大抵畧同而亦與時爲高下不能齊也若夫歲事農漁市井歌舞方言皆其俗之可驗者因具列焉

吳之先雜於蠻夷泰伯仲雍居之斷髮文身以同其俗陋可知矣其後申公巫臣教之騎射子胥孫武又能以武強其國黃池之會與晉爭先而干將要離又以鑄劍擊刺擅於國中故有吳王好劍術國人多瘢瘡之語一時所尚可見至楚漢時其子弟

尚能隨項氏北破秦兵雖曰土綿力薄其風亦壯矣然春秋時季札聘上國觀周樂逆知列國之強弱存亡於數百年之後言游北學以文學列於孔門吳民之秀而文葢已肇於此漢世稱大江之南五湖之閒其人輕心由今觀之吳下號爲繁盛四郊無曠土其俗多奢少儉有海陸之饒商賈並湊精飲饌鮮衣服麗棟宇婚喪嫁娶下至燕集務以華縟相高女工織作彫鏤塗漆必殫精巧信鬼神好淫祀此其所謂輕心者乎然自孫氏有江東顧陸名宗多出吳下典午南渡衣冠萃歸當時已有君子尚禮黎庶敦厖土風清嘉之稱葢自朱買臣陸機顧野王之徒顯而人尚文支遁道生慧嚮之儔起而人尚佛至趙宋時俗益丕變有胡安定范文正之遺風焉及宋南渡中原文獻並隨而南

國朝又升爲京輔郡百餘年間禮義漸摩而前輩名德又多以身率先如吳文恪之廉直楊睎顏之醇厚葉文莊之清嚴吳文定之淵靖又皆以文章前後振動一時今後生晚學文詞動師古昔而不梏於專經之陋矜名節重清議下至布衣韋帶之士皆能摛章染翰而閭閻畎畝之民山歌野唱亦成

音節其俗可謂美矣唯夫奢侈之習未能盡革亦惟在位長民者有以化導之耳

郡城之俗大校尚文而其西過華其東近質郊郭下縣則依山者多儉或失之固依水者多智或失之詐濱海者多闊疏或失之悍善者君子之教也失者細人之習也

孔子謂寬柔以教不報無道南方之強也斯言盡之終古不易今吳民大率柔葸或遇上慢下暴往往容隱弗之校焉

少者易剽富者易汰貧者易盜

貴貴而尊上厭常而喜新好品藻而善譏訐最重節物迎春日啖春餅春糕競看土牛集于臥龍街老稚走空里元日飲屠蘇酒作生菜春盤節糕士女集佛宮道觀燒香答願正月八日昏時看參星占歲水旱（諺云上八不見參星下八不見紅燈）十三日以糯粒投焦釜老幼各占一投以卜終歲之吉凶謂之爆孛婁亦曰米花又曰卜流（言卜流年也）上元作燈市采松竹葉結棚于通衢下綴華燈燈有楮練羅帛琉璃魚魫麥絲竹纓諸品皆綵繪刻飾人物故事或爲花果蟲魚動植之像其懸剪紙人馬於傍以火運

之曰走馬燈藏謎者曰彈壁燈宋時有萬眼羅琉璃毬尤妙天下其夕會飲以米粉作丸子油餢之屬行遊五日而罷十三日試燈十八日收燈

范成大燈市行

吳臺今古繁華地偏愛元宵燈影戲春前臘後天好晴已向街頭作燈市疊玉千絲以鬼工剪羅萬眼人力窮兩品爭先最先出不待三五迎東風兒童種麥衍鋤鎫偷閑也向城中看酒壚博簺雜歌呼夜夜長如正月半災傷不及什之三歲寒民氣如春酣農家亦幸豐年少始覺城中燈市好

二月始和樓船載簫管遊山其虎丘天平觀音上方諸山最盛山下竹輿輕窄上下如飛寒食戴麥掃墓清明插柳四月八日浮屠氏浴佛偏走閭巷端午鑲角黍作雄黃昌陽飲兒女輩綵索纏臂長者簪艾葉榴花以辟邪夏至復作角黍食李以解注夏之疾（范云以李核爲囊帶之云療饐）七月七日爲乞巧會以青竹戴綠荷繫于庭作承露盤男女羅拜月下謂之小兒節飣果皆曰巧（如巧餅巧果之類）又以綿刺鍼孔辨目力明日視盤中蜘蛛含絲者謂之得巧餘皆舉露飲之十五日僧舍多營齋供舉村薦亡作盂蘭盆會亦謂之鬼節重九飲鞠酒用麵裹肉炊之曰重陽糕一曰駱駝蹄十月朔再謁墓謂之燒衣節是日不問寒燠熾炭開爐尤重冬至三日罷市馳賀等一如元旦入臘併力舂一歲糧藏之囷

經歲不蛀壞呼爲冬舂米

范成大冬舂行

臘中儲蓄百事利第一先春年計米群呼步碓滿門庭運杵成風雷動地篩勻箕健無粞糠百斛只費三日忙齊頭圓潔箭子長隔篩耀日雪生光土倉瓦龕分蓋藏不蠹不腐常新香去年薄收飯不足今年頓頓炊白玉春耕有種夏有糧接到明年秋刈熟隣叟來觀還歎嗟貧人一飯不可賖官租私債紛如麻有米冬舂能幾家

微黃白圓心黃十二月十六日婦祭廁男子不至二十四日男祀竈女子不至祀用糖餅以爲竈神言人過於天帝取膠牙之意

陸龜蒙祀竈解

竈之褻者請新之既成又請擇吉日以祀之曰竈在祀典聞之舊矣祭法曰王爲群姓立七祀其一曰竈達于庶人庶士立一祀或立戶或立竈飲食之事先自火化以來生民賴之祀之可也說者曰其神居人間伺察小過作譴告者又曰竈鬼以時錄人功過上白於天當祀之以祈福祥此僅出漢武帝時方士之言耳行之

惑也苟行君子之道養老而慈幼寒同而飽均喪
有哀祭有敬不忘禮以約己不忘樂以和心室閭
不欺屋漏不愧雖歲不一祀竈其謂我乎苟爲小
人之道盡反君子之行父子兄弟夫婦人執一爨
以自餬口專利以飾詐崇姦而樹非雖一歲百祀
竈其私我乎天至高竈至下帝至尊嚴鬼至幽亦
果能欺而告之是不忠也聽而受之是不明也下
不忠上不明又果何以爲天帝乎 范成大祭竈詞
古稱臘月二十四竈君朝天欲言事雲車風馬小
留連家有杯盤豐典祀猪首爛熟雙魚鮮豆沙甘
鬆粉餌圓男兒酌酒女兒避酹酒燒錢竈君喜婢
子鬬爭君莫聞猫狗觸穢君莫嗔送君醉飽登天
門杓長杓短勿復云乞取利市歸來分 祀竈之明日用赤豆雜米爲
粥以辟瘟家之大小皆徧餐家人或出外者亦覆
貯待之名曰口數粥 范成大口數粥行 家家臘月
二十五淅米如珠和豆煑大
杓轑鐺分口數疫鬼聞香走無處鎪薑屑桂澆蔗
糖滑甘無比勝黃粱全家團圞罷晚飯在遠行人
亦留分襁中孩子強教嘗餘波遍霑獲與臧新元
時氣調玉燭天行已過來萬福物無疵癘年穀熟
長向臘前分豆粥 是夕爆竹觀儺 范成大爆竹行 歲朝爆
竹傳自昔吳儂政用前
五日食殘豆粥掃罷塵截筒五尺煨以薪節間汗
流火力透鍵僕取將仍疾走兒童却退避其鋒當
堦擊地雷霆吼一聲兩聲百鬼驚五聲六聲鬼巢
傾十聲連百神道寧八方上下皆和平却拾焦頭
疊牀底猶有餘威可驅癘屛除 各燃火爐于門外
藥物添酒杯盡日嬉游夜濃睡
焰高者喜古謂之籸盆 范成大燒火盆行 春前五
日初更後排門燃火如晴
晝大家薪乾勝豆藍小家帶葉燒生柴青煙滿城
天半白棲烏驚飛啼格磔兒孫圍坐雞犬忙鄰曲
歡笑遥相望黃宮氣應纔兩月歲陰猶驕風
栗烈將迎陽令作好春正要火盆生煖熱 田間
燃長炬名照田蠶 范成大照田蠶行 鄉村臘月二
十五長竿然炬照南畝近似雲
開森列星遠如風起飄流螢今春雨雹繭絲少秋
日雷鳴稻堆小農家今夜火最明的知新歲田蠶

好夜闌風燄西復東此占最吉餘難同不
惟桑賤穀芃芃仍更苧麻無節菌
二十七日掃屋塵曰除殘除夜復爆竹焚蒼朮及辟瘟丹
飲曰守歲酒餳曰膠牙餳 范成大分歲詞 質明奉
祠今古同吳儂用昏蓋
土風禮成廢撤夜未艾飲福之餘即分歲地爐火
煖蒼朮香釘盤果餌如蜂房就中脆餳專節物四
座齒頰鏘冰霜小兒但喜新年至頭角長成添意
氣老翁把杯心茫然增年反被歲催年荊釵勸酒
仍祝願願翁尊前目強健君看今歲舊交親大半
人無此杯分老翁飲罷笑撚鬚明朝重來醉屠蘇
夜分祀瘟易門神桃符更春帖畫灰于道象弓矢
以射祟其祝詞爲打灰堆 范成大打灰堆詞 除夜
闌曉星爛糞帚堆頭打
如願杖敲灰起飛撲籬不嫌灰涴新節衣老媼當
前再三祝只要我家長富足輕舟作商重船歸大
牸引犢雞哺兒野繭可繅麥兩岐短衲換着長衫
衣當年婢子挽不住有耳猶能聞我語但如我願
不汝呼一任汝歸彭蠡湖 一歲風俗大畧如此
吉凶儀典緊多彌文冠笄則爲縵帶糕以餽遺婚禮
則有知節跨鞍迎龍牽綵傳寶坐牀升座掠鬢之
目特爲煩猥 初婚復以雙雞送女謂之合帝雞每奩篚中以綵繫釘膠雜布取膠固之
意尤可笑者 舉喪則先致弔者練帛皆靡習也
農人最勤而安分四體焦瘁終歲不休若無產者赴
逐顧倩受直而賦穿抑心殫力謂之忙工又少隙
則去捕魚鰕采薪埏埴傭作擔荷不肯少自偷惰
至於收穫之餘公稅私租償責之外其場遽空者
十八九然而怗怗自甘不知尤怨

農器織悉皆有名號 陸龜蒙耒耜經 農之言也民之習通謂之犂治金而爲之者曰犂鑱曰犂壁斲木而爲之者曰犂底曰壓鑱曰策額曰犂箭曰犂轅曰犂梢曰犂評曰犂建曰犂槃木金凡十有一事耕之土曰墢墢猶塊也起其墢者鑱也覆其墢者壁也草之生必布于墢不覆之則無以絕其本根故鑱引而居下壁偃而居上鑱表上利壁形其圓負鑱者曰底底初實于鑱中工謂之鼈肉底之次曰壓鑱背有二孔係于壓鑱之兩旁鑱之次曰策額言其可以扞其壁也皆貤然相戴自策額達于犂底縱而貫之曰箭前如桯而樛者曰轅後如柄而喬者曰梢轅有越加箭可弛張焉轅之上又有如槽形亦如箭焉刻爲級前高而後庳所故曰箭以其淺深類可否故曰評詳之上曲而衡之者曰建建楗也所以抳其轅與評無是則二物躍而出箭不能止橫於轅之前末曰槃言可轉也左右繫以樫乎軛也轅之後末曰梢中在手所以執耕者也轅車之胷梢取舟之尾止乎此乎鑱長一尺四寸廣六寸壁廣長皆尺微橢底長四尺廣四寸評底過壓鑱二尺策減壓鑱四寸廣狹與底同箭高三尺評尺有三寸槃增評尺七焉建惟稱轅脩九尺梢得其半轅至梢中間掩四尺犂之終始丈有二耕而後有爬渠疏之義也散墢去芟者焉爬而有礰礋焉有磟碡焉自爬至礰礋皆有齒磟碡觚稜而已咸以木爲之堅而重者良江東之田器盡於是

耕牛未用時則爲牛宮以避濕冬寒即牛入欄 陸龜蒙祝牛宮詞 冬十月耕牛違寒築宮納而造之建之前日老農請乞靈于土宮以從鄉教予勉之而爲辭四牸三牯中一去乳天霜降寒納此室處老農拘拘度地不畝東西幾何七舉其武南北幾何丈二加五偶楹當閒載尺入土太歲在亥餘不足數上締蓬茅下遠官府耕耨何時飲食得所或寢或卧免風免雨宜爾子孫實我倉庾

吳俗善漁以其生長江湖盡得水族之性矣魚之具尤多陸龜蒙皮日休嘗爲魚具詩序其事 大凡結繩持綱者總謂之網罟之流曰罛曰罾曰罺圓而縱舍曰罩挾而昇降曰罾緡而竿者總謂之筌筌之流曰筒曰車橫川曰梁承虛曰笱編而沈之曰箄矛而卓之曰矠矛也棘而中之曰叉鏃而綸之曰射扣而駭之曰桹以薄板置瓦器上擊之以驅魚置而守之曰神 罯魚三百六十歲蛟龍輒率而飛去置一神守之則不能去矣神龜也 列竹於海澨曰滬 吳之滬瀆是也 錯薪於水中曰篸所載之舟曰舴艋所貯之器曰笭箵其他或術以招之或藥而盡之皆出於詩書雜傳及今之聞見可考而驗不誣又擇其任詠者作十五題其所謂十五題者曰網曰罩曰罾曰釣筒曰釣車曰魚梁曰叉魚曰射魚曰鳴桹曰滬曰篸曰種魚曰藥魚曰舴艋曰笭箵

太湖漁人以三等網行湖中最下爲鐵腳魚之善沉者遇之中爲大絲網上爲浮網以截魚無遺秋風大發以舟載釣繫餌沉之巨浪中取白魚謂之釣白天寒以火自炙投石穴取魴魚方春魚遊食則藥之今盡浮其在溪浦者爲罩港瀆爲罾蘆葦之間者爲叉列於海澨曰滬數舟連絡發其匿而得之者爲艋艘艋艘則衆扣竹器以出之薪而招之者爲篸此皆窮極巧妙以與魚遇其舟則或方行或反行或前後札尾其相尾者爲舴艋巳捕而貯之有笱有筒有笭之屬

漁人以魚入市必擊鼓賣之其賣者舊以魚斗數魚以二斤半爲一斗 皮日休詩 趁眠無事避風濤一斗霜鱗換濁醪莫怪兒童一得盡行煙不雨漉車鰲 今不復擊鼓用斗男女老于舟中足盤辟不伸市中自辨

市井多機巧繁華而趨時應求隨人意指縟采銀黃相射于市而亦多輕脆始與交易必先出其最廉者久扣之然後得其眞最下者視最上者價相什百而外飾殊不可辨（如泥頭貨郎頭之類）其行賣于市者或扣金或擊竹裝檐皆分色目見其裝則知其所藏

農旣專力其用心自精占測氣候詳密多驗由元旦至於歲暮凡風雲暘雨之變潦暵豊歉之兆趨避弛張之宜咸有口訣韻語彙類極繁謂之吳中田家五行大略亦有可紀元旦侵晨占風雲（風自東南來則歲大稔東風次之東北又次之西則歉西北有紅黃雲則稔白黑則歉）以瓶汲水日準其重輕爲水旱（自元日至十二日而當一歲之月重則其月多水輕則旱）建一尺五寸之表以候雨暘（負暄野録載吳儂以正月十五夜月明時建木表于地㩲表之長而中分之爲七寸半者二月影適及爲豐不及則旱過則水）二月八日祭祠山之神候西南風而知有秋四月十六日望晴雨以候歲（是日晴則水大雨則旱惟陰雲爲佳）芒種後得壬日爲梅始梅日則多雨故亦謂之梅天夏至日起時（時分三節共十五日）中時有雷則雨仍多謂之倒黃梅凡梅時皆滋田之日也春夏甲申日雨知米貴四月二十日爲小分龍五月二十日爲大分龍皆忌雨霓立秋日忌雷鳴秋後虹見爲天收（言收數減也）八月二十四日爲稻稿生日雨則雖得穀莠亦腐重九晴則冬乾小雪日雪則穀賤又三月三日聽蛙聲午前鳴者高田熟午後鳴低田熟（唐人詩田家無五行水旱卜蛙聲）又有鰕荒蟹亂之語餘不勝載

勤稼穡故女亦從事蒔刈桔槔不止餉饁而已工纂組故男藉專業家傳戶備不止自給而已

虎丘人善於盆中植奇花異卉盤松古梅置之几案間清雅可愛謂之盆景春日賣百花更晨代變五色鮮穠照映市中其和本賣者舉其器折枝者女子于簾下投錢折之三四月賣時新率五日而更一品（如王瓜茄諸色豆諸海鮮枇杷楊梅皆迭出）後時者價下二三倍五月五日賣花勝三伏賣氷七夕賣巧果皆按節而出喧于城中每漏下十餘刻猶有市（杜荀鶴詩　夜市賣菱藕）

大抵吳人好費樂便多無宿儲悉資于市也

吳音清柔歌則窈窕洞徹沨沨綿綿切于感慕故樂府有吳趨行吳音子又曰吳歈皆以音擅于天下佗郡雖習之不及也陸機吳趨行亦因古曲之餘以道吳地之淑美（陸機吳趨行　楚妃且勿歎齊娥且莫謳四坐並清聽聽我歌吳趨吳趨自有始請從閶門起閶門何峩峩飛閣跨通波重欒承游極回軒啓曲阿藹藹慶雲被泠泠祥風過山澤多藏育土風清且嘉泰伯導仁風仲雍揚其波穆穆延陵子灼灼光諸華王迹隤陽

帝功與四瀆大皇自富春矯手頓世羅邦彥應雲還榮若春林葩麗城戉有士吳邑最爲多八族上足修四姓實名家文德熙淳懿武功侔山河禮讓何濟濟流化自滂沱淑美難窮紀商榷爲此歌

吳音至後代漸缺唐初歌者多失其清婉議者求吳人習之還得其本音貞觀中有趙師者稱吳音清遠若長江廣流綿綿徐遊有國士之風亦有白紵舞拂舞白符舞白鳧鳩舞紵本吳中物用以制衣故有巾袍之言俳歌所謂皎皎白紵是也陸龜蒙白紵辭吳宮夜長宮漏短簾幕四垂燈焰暖西施自舞王自管雲紵翩翩鸛翎散促節牽繁舞腰嬾舞腰嬾王罷飲盎覆西施鳳花綿身作匡牀臂爲枕朝佩縱縱王宴寢醒來閶門報無事子胥死後言爲諱近王之臣諭王意共笑越王窮惴惴夜夜抱冰寒不睡又有子夜歌子夜四時歌晉人賦之最衆以女子名子夜故作此詞調與白紵同其拂舞白符舞皆有歌蓋爲時政所激多怨詞如鳧鳩亦江鄉水國之物吳人每見之形於詞其餘若江南曲黃竹子歌江南弄採蓮曲採菱曲皆樂府所定按諸曲之音可以驗風氣之清嘉矣大凡五音惟商最清故子夜江南皆入商調餘可類推

有方言有方音大氐語必有義最爲近古如相謂曰儂湘山野録記錢王歌云你輩見儂的歡喜在心儂心子裏平江記事云吳有渠儂等稱故嘉定號三儂之地謂隔戶問人曰誰儂應曰我儂視之乃識曰郤是你儂謂中州人曰傖周玘曰害我者諸傖子也陸玩曰幾作傖鬼顧辟彊曰不足齒之傖宋孝武目王玄謨爲老傖謂不慧曰獃范成大賣癡獃詞千貫賣汝癡萬貫賣汝獃又除夕更闌人不睡厭禳滯鈍迎新歲小兒呼叫走長街云有癡獃召人買二物於人誰獨無就中吳儂仍有餘巷南巷北賣不得相逢大笑相揶揄櫟翁塊坐重簾下獨要買添令問價兒云翁買不須錢奉賒癡獃千百年又白癡簡記石湖獃答同參詩云我是蘇州監本獃問爲何如曰寧馨見晉書世說等書不備載謂虹曰鱟謂罷必綴一休字史記吳王語孫武曰將軍罷休又如曰事際謂舉事之際南史王晏專權帝雖以事際須晏而心惡之蔑面謂素昧平生者蓋即左傳蹶明所言蔑心蔑面之遺佽飛謂惡少驕捷者蓋即漢佽飛佽音如側受記欲責人而姑警諭以伺其悛之詞衷堅志亦記薄相謂嬉劣無益兒童作戲薄相如敎凡哉凡謂已然將然皆曰哉猶北人之曰了又如吳江之曰蹇每語必綴蹇字按楚辭以蹇爲發語聲吳楚接壤恐即此常熟之曰且音若嗟詩中句助音曰遐箇猶言何人按詩遐不作人注遐何也此方言也灰韻入支來音如釐之類陸德明至用以釋經支韻入齊兒若倪古耄倪亦然曰庚韻入陽羹音若岡之類宥韻入寘又音若異之類虞韻入麻又入東兒爲孥兒孥子孫也常熟以吳塔爲紅塔此方音也

姑蘇志卷第十三

姑蘇志卷第十四

戶口

夫戶口之登耗世之治亂見焉爰節舊志所書歷代可考者

本朝則載國初與近歲所上之數他可推矣

按史記泰伯奔於荊蠻義而從之者千餘家數亦畧已西漢吳郡凡戶二十二萬三千三十有八口一百三萬二千六百有四東漢戶十六萬四千一百六十有四口七十萬七百八十有二晉戶二萬五千宋戶五萬四百八十有八隋戶一萬八千三百七十有七唐貞觀八年戶一萬一千八百九十有九口五萬四千四百八十有一天寶元年戶七萬六千四百二十有一口六十三萬二千六百五十有五宋初戶二萬七千八百八十有九祥符間戶六萬六千一百三十有九元豐三年戶一十九萬九千有奇口三十七萬九千有奇宣和間戶四十三萬南渡後至淳熙十一年戶一十七萬三千有奇口二十九萬八千有奇德祐元年主客戶三十二萬九千六百有奇（僧道不與）元至元二十七年始括戶口至四十六萬六千一百有奇（僧道亦不與）

國朝洪武四年抄籍計戶四十七萬三千八百有奇口一百九十四萬七千八百有奇九年實在戶五十萬六千五百有奇口一百一十六萬四百有奇弘治十六年戶五十八萬二千有奇口二百萬九千三百有奇七縣一州各有差（國初每戶各給戶帖備開籍貫丁口產業于上俾民執照軍匠籍例不分戶欽役以丁男代補每十年一造冊丁口老死田產賣去開除成丁小口新置產業收入）

歷覩戶口減耗唯唐宋初年爲甚時更大亂非死而徙耳若國初戶數與元末畧等蓋張氏據吳務誘其民民多歸之及

天兵入城不妄戮一人故雖更亂猶故也百餘年間宜乎倍蓰而所登不滿十萬則有由矣蓋洪武以來罪者謫戍藝者作役富者遷實京師殆去十之四五近年則又不能無脫漏及流徙他境耳

土產

吳中物產甚富往往有名天下者或以土地所宜或以人力工巧乃知東南之美不特竹箭而已也

生植

秔之屬十七箭子稻 粒瘦長雪色味香甘晚熟稻品之最高者 紅蓮稻 五月種九月收芒紅粒大有早晚二種陸龜蒙詩云近炊香稻識紅蓮 稆稏稻 五月種九月熟色斑粒微長 雪裏揀 稈軟有芒粒大色白 師姑秔 即矮稻五月種九月熟無芒粒白 早白稻 五月初種八月熟皮芒白米赤又一種九月熟日晚白又名蘆花白 麥爭塲 三月種六月熟與麥爭登塲也 六十日稻 四月種六月熟米小色白遲至八十日熟又名早紅蓮又名救工饑 百日赤 四月種六月熟芒赤米小而白 金成稻 四月種七月熟米紅而尖性硬 烏口稻 再蒔晚熟下品稻也 再熟稻 一歲兩熟吳都賦有鄉貢再熟之稻豐歲稻已刈而根復發苗再實謂之再撩稻蔣堂詩云經秋田熟再生孫 早稻 即占城稻二月中旬至三月上旬用竹籠周以稻稈置稻種其中約五斗許又覆以稈入池浸三日伺微熟如甲拆狀則出而布於地及苗與穀等別用寬竹器貯之於耕過田細土停水二寸許布之三日

決去水至五日視苗長二寸許復引水浸一日乃插蒔至八月熟 中秋稻 四月種八月熟 紫芒稻 五月種九月熟紫穀白粒張方平詩云鱸鱠飯紫芒 枇杷紅 皮薄色如枇杷 下馬看 秀時最易一名三朝齊

糯之屬十二金釵糯 粒長宜釀酒劉夢得詩云酒法得傳吳米好 閃西風 一名早中秋 羊脂糯 五月種十月熟色白性軟故名 青稈糯 四月種九月熟宜良田稃黃芒赤已熟而稈微青故名 秋風糯 一名臘官糯每歲代晚稻以輸租故名 趕陳糯 四月種七月熟米粒最長 矮糯 晚熟一名矮兒糯粒白而大四月種九月熟 鵝脂糯 張方平詩鵝脂酒清醥 川梗糯 四月種九月熟粒大無芒 虎皮糯 五月種十月熟色斑 羊鬚糯 四月種九月熟穀多芒長 膜脂糯 五月種九月熟穀紅粒白

麥之屬六大麥 小麥 稫麥 有赤白二色 蕎麥 舜哥麥 紫稈麥

豆之屬六白藊豆 俗呼爲延籬豆謂其引蔓而生詩云延籬花開挾纊子來言此花作寒候可挾纊也 紫羅豆 五月種九月熟色紫粒大有青黑花紋出嘉定 豌豆 一名小寒豆九月種三月熟蜀中以此豆之不實者爲巢菜雜麻肉作籠餅 陸放翁過吳中得山藥作羹賦詩 云春行霧雨暗衡茅兒女隨宜治酒肴便覺此身如在蜀一盤籠餅是豌巢 蠶豆 九月種蠶時熟故名 楊萬里 翠英中排淺碧珠甘欺崖蜜軟欺酥沙瓶新熟西湖水漆楄分嘗曉露腴味與櫻梅三益友名因蠶繭一絲絇老夫稼圃方雙學譜入詩中當稼書 江豆 赤黑色四月種六月熟可爲糕又名沿江十八粒 刀豆 以形名堪入醬爲蔬相傳醬甑中有髮入刀豆則化爲水

果之屬九楊梅 爲吳中名品味不減閩之荔支出光福山銅坑第一聚塢次之 枇杷 出洞庭山初接則核小再接無核 櫻桃 其出常熟者色微黃名蠟櫻味尤勝 白居易吳櫻桃

含桃㝡說出東吳香色鮮穠氣味殊洽恰舉頭千萬顆婆娑拂面兩三株鳥偷飛處銜將火人摘爭時踏破珠可惜風吹兼雨打明朝後日即應無 林檎 一名來禽俗呼花紅郡城中多種之 海杏 大杏也地理志云范蠡宅在湖中有杏大如拳者今吳下杏猶有如小兒拳者 栗 出常熟頂山味香而美比常栗小名麝香囊 張雨新栗寄倪元鎮 近從常熟嘗新栗黃玉穰分紫殼開果園坊中無買處頂山寺裏爲求來囊成稍比來禽帖酒熟深傾蘸甲杯爲奉雲林三百顆也勝酸橘寄書回 銀杏 即鴨脚子亦多出洞庭俗名白果 柿 出常熟東鄉者名海門柿出虞山蒂正方色如鞓紅者爲方蒂柿 梨 出洞庭西山者十種蜜梨林梨張公梨白梨黃梨消梨喬梨鵝梨大柄金花梨太師梨出常熟韓丘者名韓梨

橘之屬十一綠橘 出洞庭東西山比常橘特大深綠色未霜臍間一點先黃而其味已全可啖故名 平橘 即綠橘差小純黃方可啖其皮可入藥 蜜橘 品最上 塘南

橘色紅如血有猪肝蟹血二種　脱花甜　早紅橘其品稍下　真柑亦出洞庭
山雖橘之類而品特高香味超勝浙東諸產悉出
其下其木畏霜雪又不宜旱故不能多植土人亦
甚珍之　匾橘吳江村落間多種之實最大以其形匾故名　金柑實小如彈丸味帶微
酸其本高三尺許纍纍金色一本千顆惟常熟沙頭最盛別一種稍長者名牛乳柑　橙若柚而香
木有刺可以芼解可以漬蜜　香櫞樹高實大類橙色黃形圓而香芬襲人可擣爲湯　蘇軾洞
庭春色賦　安定郡王以黃柑釀酒名洞庭春色猶
子麟得之以餉予戲作賦曰吾聞橘中之樂不減
商山豈霜餘之不食而四老者遊戲於其間悟此
世於泡幻藏千歲於一斑舉棗葉之有餘納芥子
其何艱宜賢王之達觀寄逸想於人寰嫋嫋兮春
風泛天宇兮清閒駕洞庭之白浪漲北渚之蒼灣
携佳人而往游勤霧鬢與風鬟命黃頭之千奴卷
震澤而與俱還糅以二米之禾藉以三春之菅忽
雲蒸而霧解旋珠零而涕潸翠勺銀罌紫絡青綸
隨屬車之鴟夷欵木門之銅鐶分帝觴之餘瀝幸

公子之破慳我洗盞而起嘗散腰足之痺頑盡三
江於一吸吞魚龍之神姦醉夢紛紜始如髦蠻鼓
包山之桂楫如林屋之瓊關卧松風之瑟縮揭春
溜之淙潺追范蠡於渺茫弔夫差之惸鰥屬此觴
於西子洗亡國之愁顏驚羅襪之塵飛失舞袖之
弓彎覺而賦之以授公子曰烏乎噫嘻吾言夸矣
公子其爲我刪之　白居易揀貢橘書情　洞庭貢橘
揀宜精太守勤王請自行珠顆形容隨日長瓊漿
氣味得霜成登山敢惜駑駘力望闕難伸螻蟻誠
蹤賤無由親跪獻願憑朱實表丹誠　唐韋應物答
鄭騎曹青橘　憐君病後思新橘始摘猶酸亦未黃
書後欲題三百顆洞庭猶帶滿林霜　皮日休早春
橘子寄魯望　箇箇和枝葉捧鮮彩凝猶帶洞庭烟
不爲韓嫣金丸重直是周王玉果圓剖似日魂初
破後弄如星髓未銷前知君多病仍中聖盡送寒
苞向枕邊　龜蒙和　到春猶作早秋鮮應是親封白
帝烟良玉有漿須釀味明珠無類亦羞圓堪居漢
苑霜梨上合在僊家火棗前珍重更過三十子不
堪分付野人邊　梅摯新橘　千頭霜熟橘來親包貢
度褕笙紫宸宅日功成許高退社中還結素封人

梅之屬十二　江梅遺核野生不經栽接一名直腳梅或謂之野梅花踈瘦有韻實小
早梅勝江梅二月初開故名　官城梅圃人以直腳梅擇本接之花遂敷腴亦佳可
入煎造　消梅與江梅官城梅相似實圓小鬆脆多液無滓不宜熟惟堪青啖　古梅蟠曲
萼狀苔鬚垂於枝間飄飄可愛　重葉梅葉重數層花房獨出盛開如小蓮花梅中之奇品也
結實多駢尤爲瑰異　萼綠梅色純綠枝特青蓋其清高比九華僊人萼綠華也　百葉
緗梅又名黃香梅亦名千葉香梅花葉至二十餘瓣心色漸黃花差小而繁密別有一種芳香
比常梅尤穠美不結實　紅梅類杏與江梅同開紅白相映園林初春絕景也西清詩話云承
平時紅梅獨盛於姑蘇晏元獻公始移植西岡圃
中貴遊賂園吏得一枝分接由是都下有二本王
琪守郡以詩遺晏曰館娃宮北舊精神粉瘦瓊寒
露蘂新園吏無端偷折去鳳城從此有雙身當時
難得如此　鴛鴦梅一蒂雙實多葉紅梅也　杏梅比紅梅微淡結實匾有斕斑色　蠟

梅非梅類開與同時色似蜜脾香又相近故名凡三種以子種不經接花小香淡其品最下俗謂
之狗蠅梅經接花踈雖盛開花常半含名磬口梅
其佳者爲檀香梅色深黃如紫檀出范村梅譜　白
居易郡園新栽梅　池邊新種七株梅欲到花時點
檢來莫怕長洲桃李妬今年好爲使君開　宋方惟
深紅梅　清香皓質世稱奇添作輕紅也自宜紫府
與丹來換骨春風吹酒上凝脂眞教臘雪無藏處
只恐朝雲有去時溪上野桃何足種秦人應獨未
相知　張雨萼綠梅　山中古僊子無言春寂寥王容
淡朝雨翠氣濕微宵凌風情玩影弄雪妬攀條殊
覓何郎句還憑舞袖招
牡丹之屬十有三　觀音紅　崇寧紅　壽安紅　王
希紅　疊羅紅　風嬌紅一名勝西施　一捻紅　朝霞
紅　鞓紅　雲葉紅　茜金毬　紫中貴　牛家
黃　舊傳朱勔家園內萬本皆以飾金牌記其花

名出吳郡志今人家亦有傳其種者【王禹偁長洲種牡丹詩】□□學豪家種牡丹數枝攀露出朱欄晚來低□□□口似笑窮愁病長官【吳縣廳前冬日雙開牡丹歌】君不見年年三月千叢媚紫爛紅繁誇勝異尋常人戴滿頭歸醉折狂分不爲貴枝開葉盡根空培人情皆待明年開花工自有呼兎術霜前喚下瓊瑤臺王母親將金粉傳麻姑齋借霞裳來主人蓋是神僊才不然此物胡爲而來哉二姬勸酒誰引滿長洲懶吏先舉杯多感同年與攀折吟詩欲謝難輕發青官校書方遁跡代我作歌如錦折他年吾輩功業成與君共作騎鯨客【又賦紅牡丹】渥丹容貌著霓裾何事僧軒紙一株應是吳宮歌舞罷西施因醉誤施朱【朱長文】奇姿須賴接花工未必妖華恨洛中應是春皇偏與色都教仙女媿乘風朱欄共約他年賞翠幄休嗟數日空誰就東吳爲品第清晨子細閱芳叢

菊之屬三十六

勝金黃 一名大金黃此品最爲豐縟而加輕盈花葉微尖條梗纖弱

疊金黃 一名明州黃又名小金黃花心極小疊葉穠密狀如笑靨

棣棠黃 一名金鎚子赤金色酷似棣棠它花不及蓋奇品也

疊羅黃 狀如小金黃花葉尖瘦如剪羅縠高枝叢出意度蕭灑

麝香黃 花心豐腴傍短葉密承之亦有白者似白佛頂而勝之

千葉小金錢 略似明州黃花葉中外疊疊整

太眞黃 花如小金錢加鮮明

單葉小金錢 花心尤大開最早

垂絲菊 花蕊深黃莖柔細風動處如垂絲海棠

鴛鴦菊 花常相偶葉色深碧

金鈴菊 一名荔枝菊千葉細瓣簇成小毬條長可以攬結

毬子菊 如金鈴而小

又有小金鈴 夏開

藤菊 花極小花密條柔如藤蔓可以爲障亦名棚菊種之坡上則垂裊數尺如瓔珞尤宜水濱

十樣菊 一本開花形模各異又名十樣錦

野菊 旅生田間水際單葉瑣細

甘菊 一名家菊可供蔬茹差勝野菊陸龜蒙所賦即此

五月菊 花心極大每一花徑二寸許夏月開

金杯玉盤 中心正黃四傍淺白花頭徑二寸菊之大者不過此

喜容千葉 初開微黃欣然丰艷有喜色久則變白長可引至丈許亦可攬結

□鈴菊 中心淡黃餕子傍白花葉繞之花端極尖香尤清

蓮花菊 如小白蓮花多葉而無心花蘂蕭散清絕一枝只一葩葉深綠

芙蓉菊 開如樓子芍藥

茉莉菊 花葉繁縟似茉莉

木香菊 多葉似御衣黃一名腦子菊

酴醾菊 細葉稠疊比茉莉差小而圓

艾葉菊 單葉長如蓬艾

白麝香 似麝香黃而差小韻頗勝

白荔枝 與金鈴同但花白耳

銀杏菊 淡白時有微紅杏葉全似銀杏

波斯菊 花枝倒垂捲如髮鬈

佛頂菊 初秋開白色漸變微紅

桃花菊 色未霜即開最爲妍麗

胭脂菊 類桃花深紅淺紫比胭脂尤重

紫菊 一名孩兒菊花如紫茸叢茁微香【陸龜蒙詠白菊】還是延年一種材即將瑤朶冒霜開不如紅艷臨歌扇欲伴黃英入酒盃陶令接䍦堪岸著梁王高屋好歌來月中若有閑田地爲勸嫦娥作意栽【皮日休和】已過重陽半月天琅華千點照寒煙蘂香亦似浮金靨花樣還如鏤玉錢玩影馮妃堪比艷鍊形蕭史好爭妍無由擲向牙箱裏飛上方諸贈列仙【陸龜蒙重憶白菊】我憐貞白重寒芳前後叢生夾小堂月朶暮開無絕艷風莖時動有奇香何慙謝雪清才詠不羨劉梅貴主粧更憶幽窗凝一夢夜來村落有微霜

雜花十九

木蘭花 詳見木蘭堂【白居易詩】膩如玉指塗朱粉光似金刀錯紫霞從此時時春夢裏應添一樹女郎花【徐凝】枝枝轉勢雕弓動片片搖花玉劍斜見說木蘭征戍女不知那作酒邊花

海棠 皆單葉別有蓮花海棠重葉豐腴如小蓮花范成大自蜀移歸吳中遂有此種【□□】吳人□□苦嘗攜□宋□一株【□□】銀□手開芳徑越城頭紅錦□□結綺樓不把□□□燭照淡雲微月替人愁乃□懷居家似出宮園林春色雨沾沙海棠尚自無心看天女何須更散花

芍藥 范成大北使過維揚□□栽于石湖有深紅紫白諸色千葉重臺數種【□□詩】蔣□□歸程許

過家移將二十四橋花石姓從此添春色莫把蔥蒨苜蓿誇

山茶 開於雪中有早具千葉之異別有深紅者名寶珠山茶 朱長文 枯葉亦同京桃類未比紅習芳古春月弄藥耐秋風自傳皆放歆休煩帝幕籠佳篇補韋白派品重吳中○豈尺何年種繁英滿舊枝開從殘雪裏試過牡丹時對日心全展凌風幹不欹

藥 階如賦詠欠此尚相思

辛夷 葉如柿正二月生花色白帶紫春夏再開初開如筆故又謂之木筆 朱長文 楚客曾留詠吳都獨擅奇風霆存老幹桃李避芳時名入文房夢功資妙手醫紫微

錦帶花 長枝密花如錦帶然雖在處有之而頳色好先占鳳凰池吳中者特香王禹偁云花中悉此花品在海棠上宜名海仙花譜謂海棠為花中 王禹偁詩云 一堆絳雪春叢嬝嬝長條弄晚風借問開時何所似好將雪故覆薰籠○何年移植在僧家一簇柔條綴彩霞錦帶為名卑且俗為君呼作海仙花 梅摯 泥根搖入故吳宮暖力迎隨帶漸紅栽近木蘭殊有意留連文酒

石竹花 狀如金錢 陸龜蒙詩 曾看南朝畫縈春風國娃古羅衣上碎明霞而今莫共金錢鬬買鄒春風是此花

鶯粟花 即米囊花有千葉單葉之異成畦種之五色爛然小花繁縟可愛 陸龜蒙詩 試問花□得榔李之

李 春蘖移來砌下出自山中長在□□迴巖岩風曾不得次玉堂而展低艷承□□□微紅庭在芳菲之數徒千造化之功弱植欹危繁梢襞積一枝上能萬其實萼一萼中自參其再白且穠以夭而華以華艿藥為瞻兮芙蓉可嘉源為剪綳綺碎明霞鳳葆總攢於水殿霓襟掩冉於雲車靜倚庭搖徐飄藥氣落幽閨總別之夢寫空谷遺榮之恩初侍東陵聖毋冶態嫣妍近辭北燭儼人愁容委墮嗟其結莓苔之地抱林麓之姿蝶善舞而相暑鶯能言而見欺香憐墜少帶戀飄遲當盃者不顧守道者應知請看嵇康高士傳莫信長安輕薄兒

萱草 一名紫萱又名忘憂草王子年拾遺記云吳中書生呼為療結花

又麝香萱 即萱之別種也述異記云香似紅藍甚芳今吳下所植者淡黃色比常萱差瘦香類茉莉為可貴也

鼓子花 皮日休詩云鼓子花明白石岸

水仙花 有單葉千葉者黃 庾堅吳郡送水仙

花二大本折送南園栗玉花并移香本到寒家何時侍上玉宸殿乞與宮梅定等差 宋崑山令葉自 瀣水晶宮闕雲母軒列儼夜宴曉未闌萬起商竹翠袖寒捧黃金杯白玉盤勸酬未已雲中歡天門叫班裘祥鸞鷟此綽約落塵寰嫣然花面月雕欄天香宮從水雪顏江梅避舍不敢干有與嗜伍羞山礬說似詩伯平章看

薔薇 紅白雜色多生水邊別有金沙寶相刺紅紫玫瑰金櫻子佛見笑皆其類也又一種黃薔薇格韻尤高 陸龜蒙紅薔薇 倚牆當戶自橫陳致得貧家似不貧外布芳菲雖笑日中含芒刺欲傷人清香往往生遥吹狂蔓看看及四鄰遇有客來堪玩處一端晴綺照煙新 皮日休和 誰繡連延滿戶陳暫應遊得陸郎貧紅芳掩斂將迷蝶翠蔓飄颻欲藉人低拂地時如墮馬高臨牆處欲窺鄰祇應是董雙成戲翦得神霞寸寸新

二至花 施甚細色纖紺開于夏至飲于冬至故名又名如意花

梔子 色白而香即佛書薝蔔花

木香 細朵淡黃色垂條匝地一名酴醾 宋項彥周 天遣司花寶笈開鮫綃散剪碧雲堆芳根移自蕊珠叢遠薰釀曾隨鳳部來秖恐飄風撼新竹卻驚殘雪觸蒼苔水僊欲逞幽香壓山谷以無詮品才

百合 有紅黃二種

紫薇 夏開至秋暮可三月不盡故又名百日紅

長春 四時相繼開故名

芙蓉 紅白二種生多旁水陸者為木芙蓉 范成大 水上晴雲絲嬌橫許多蜂蝶趁船行漁樵引入新花塢兒女扶登小錦城艷粉發妝朝日麗濕紅浮影晚波清誰知搖落霜林畔一段韶光畫不成

木之屬

桂 吳郡志云桂本嶺南木吳地不常有之唐時尚希植者樂天守郡日謂蘇之東城有桂一株惜其不得地賦詩言之近世以木犀為巖桂詩人或指以為桂非是按此則桂與木犀當是二種今吳中不復有桂姑因舊志存之 白居易詩 子墮本從天竺寺根盤今在闔閭城當時應逐南風落落向人間取次生○霜雪壓多雖不死荊榛長疾欲相埋長憂落在樵人手賣作蘇州一束柴○遥知天上桂華孤試問姮娥有更無月宮幸有閑田地何不中央種兩株 皮日休 一子落天上生此青璧枝敬從山之幽斷斷雲根移勁挺隱

毬面八盤珊縵油姿葉彩碧纖靡花狀白鳥翹鵝羣立翠節偃蹇樛青螭影瀉雪霜後香泛風和時吾祖在月窟孫真能見貽顛老君子地不敢辭喧卑

陸龜蒙 諷賦輕入植擅名方一枝才高不滿意更自寒山移來宛宛別雲態蒼蒼出塵姿煙歸助華杪雪點迎芳蕤青條生可結白日如奔螭諒無翦剪憂即是蕭森時洛浦雖有蘭騷人聊自怡終爲齊川輟豈在論高卑

柳 所在有之吳中嘗得鳳州種垂絲拂地婆娑可愛

樂天蘇州柳詩 金谷園中黃鸝娜娜曲江亭畔碧婆娑老來處處遊行徧不似蘇州柳寵多絮撲白頭條拂面使君無計柰春何

栝子松 雖產他郡而吳中爲多故家有踰百年者或盤結盆盎尤奇亦可沉子而生又有檜樹亦可盤結二種僅可供庭除之玩耳

皮日休小松 婆娑只三尺移來白雲徑亭亭向空意已解凌遊夏葉健似虯髯枝脆如鶴脛清音猶未成紺彩空不定陰圓小芝蓋鱗澁脩荷柄先愁被鷃搶預恐遭蝸病結根幸得地且免離離決碝砢不難遇在保晚成性一日造明堂爲君當一命

陸龜蒙 擢秀逋客巖遺根飛鳥逕因求飾清閟遂得辭危夐貞同栢有心至若珠無脛枝形短未怪鬣數差難定況密三天風方遵四時柄那興培塿歎免笞鄉里病微霜靜可分片月蹤堪映奇當虎頭筆韻叶通明性會拂陽烏冐掄材膺帝命

楓 似白楊有脂而香謂之香楓學葉弱枝善搖故字從風葉作三脊霜時色丹又謂丹楓崔信明詩楓落吳江冷

槐 幹似榆葉細而長花可染郡中有槐樹巷即此種也又有盤結者名盤槐多種官者中

冬青樹 所在有之陳墓村落間爲盛土人種以取蠟

竹之屬七

金竹 **紫竹** **斑竹** **桃枝竹** 皮日休詩云桃枝竹覆翠嵐溪 **鳳尾竹** **慈姥竹** 叢生俗名慈孝竹 **哺雞竹** 笠澤多

皮日休 其竹修之植後籃一架三百本綠沉森冥冥圓緊珊瑚節敧斜翡翠翎嚴若青帝仗森如紫姑屏纖微風度漠漠輕靄生如神語鈞天如樂奏洞庭一歊九藏冷再聞百骸醒有根可以執有蕤可以鬖鬖頸霂霂君子樂不敢先凋零

陸龜蒙 別貽破苔蘚嚴城樹軒檻恭聞稟璇璣化質與青冥色可定鶚頸寶堪招鳳鋼立窺五嶺秀坐對三都屏晴月窈窕入曙煙霏微生昔者尚前芘況來處賓庭金罍縱傾倒碧露還鮮醒若非抱苦節何以偶雅馨徐觀稚龍出更賦錦苞零

陸魯望金竹 百鎰先寒一徑深潛疑造化鑄成林貪人戒有先欄者不見修篁但見金

附笋 諸縣皆有之范志所謂哺雞竹笋以其蔓延如鷄之哺子也俗稱杜園笋

皮日休開元寺笋園 園鑠開聲駭鹿羣滿林鮮籜水犀文森森競泫林稍雨嶪嶪爭穿石上雲並出亦如鵝管合各生還自大牙分折煙束露如相遺何亂明朝不如薑

陸龜蒙 春龍爭地養檀欒況是雙林雨後看迸出似豪當垤塿孤生如恨倚欄干凌虛勢欲齊金刹抗贈光宜照玉盤更待錦苞零落後粉環高下揭煙寒

菜之屬二十三

菘菜 其性凌寒不凋有松之操故字從松唐人所謂閶葉吳菘是也 **藏菜** 出郡城肥白而長名箭幹菜冬月醃藏以備歲故名 **烏菘菜** 春末最盛根盤尺餘葉幹甕獨可曝爲乾 **塌科菜** 冬月烹芼最佳 **羊角菜** 形如羊角 **油菜** 冬種春初生薹可食至四月取其子壓油 **芥菜** 似菘而有毛其子如粟粒三月間薹長尺餘幹大如指亦可鹽藏又一種名黃農芥矮小味極佳 **菠菜** 根赤葉如箭鏃味極甘美相傳其種來自波稜國因名北人所謂赤根菜也 **蒜** 處處所有之出太崇明者爲佳 **葱** 蒜屬葷菜也出胡上名茖葱葉闊而鬆長 **韭** 冬末春初細縷寸許郡城貴之市爲薦新 **蘘荷** 俗稱甘露子狀如蠶蛹冬日收藏與菜並蓄可辟蠱病 **蕈** 即菌多生西山松林下二月生者名雷驚蕈其色赤者名猪血蕈味皆鮮美

瓜之屬六

西瓜 出跨塘薦福山者曰薦福瓜出崑山者曰陽莊瓜 **香瓜** 有金銀二色其形微長有稜又名甜瓜述異記云吳越王時會稽生五色瓜梁時吳中亦歲充貢 **醬瓜** 如香瓜而色青可入醬爲菹醢之用一種出嘉定清浦者特堅脆 **東瓜** **玉瓜** **生瓜**

水實之屬五

菱 王氏武陵記云兩角曰菱四角三角曰芰其葉似荇白華赤實其華晝合宵炕隨月轉移猶葵之隨日也舊説鏡謂之菱花以其面平光影所成又有紅白二種白者名餛飩菱惟長洲一種出顧邑墓特大而美謂之顧窰蕩虎山一種如顧窰蕩而味略减謂之妻縣菱今訛爲留遠 唐東嶼 交游萍荇似菰蒲懷玉藏珍類隱儒葉底只因頭角露此生不得老江湖

芡實 葉似荷而大俗名鷄頭狀類鷄首也出吳江者殼薄色緑味腴出長洲車坊者色黃有粳糯之分 楊誠齋 江妃有訣煮眞珠菰飯牛酥軟不如手劈鷄頭金五色盤傾驪頷琲千餘夜光明月供朝爵水府靈宮恐夕虛好與藍田餐玉法編歸辟穀赤松書

藕 出吳縣黃山南蕩者佳唐蘇州進藕佳者名傷荷藕或曰葉甘爲蟲所傷以長其根又多生重臺蓮花藍藕嫩則易傷食之無滓他産不滿九竅此獨過之 趙嘏秋日吳中觀黃稻 野艇幾西東清冷映碧空褰衣來水上捧玉出泥中葉亂田田綠蓮餘片片紅激波纔入選就日已生風御潔玲瓏饌人懷拔擢功梯山諛多品不與世流同

荸臍 即鳧茨出華林者色紅味美不能耐久出陳灣村者色黑而大帶泥可以致遠性可軟銅

茨菰 本草名烏芋生稻田中

溪芼之屬四

蓴菜 出吳江味甘滑四月生葉似鳧葵莖如釵股短長隨水淺深名爲絲蓴蓴鄉張翰所思者 楊萬里 鮫人直下白龍潭割得龍公滑碧髯曉起相傳蓴菜珠滿夜來失却水晶簾一杯淡煮宜醒酒千里何須更下鹽可是士衡殺風景卻將膻膩比清纖 高啓 紫絲浮半滑波上老秋風憶共香菰薦吳江葉艇中 韓奕 采蓴春浦作羹普玉滑絲柔帶露香卻笑張翰未知味秋風起從卻思鄉

茭白 即菰也八九月間生水中味美可啖中心生薹如小兒臂名茭手或名茭首以根爲首也各縣有之惟吳縣梅灣村一種四月生名呂公茭中生米可作飯即菰米飯也然今未有作飯者 許景迂 翠葉森森劍有稜柔條鬆甚此輕冰江湖苦借秋風便好與蓴鱸伴季鷹

荇菜 似蓴所結子爛煮之味甘如蜜名荇酥士大夫不之知遂爲野人漁父所食

芹 生春澤中

潔白有脆其氣芬芳 高啓 飯羹憶青泥羹炊思碧澗無路獻君門對案成三歎

藥之屬二十四

白芷 一名葯香草也春生多在下濕地葉紫花白微黃入伏結子立秋苗枯采其根曝乾本草云出吳地者良故名吳白芷 陸龜蒙采藥賦 葯白芷也香草美人得以比君子定情屬思聊爲賦云日上融冷春歸飾荒觀一時之流悵撫萬古之遺香問人則不屈不宋說地則非楚非湘搴其榮煙攜而動色擢其體雪挺而騰光謂畔牢愁子雲於焉華皓吟哀時命旻倩由是摧藏情思矜年憐情畏晚胡繩繫以雜駐鶺車載春而不返陋君折揚柳須爲送行陋君採芙蓉仍勞贈遠豈知陰晴互出雅艶相迎限回鳳喜怒忿鴆鶯待笑若青琴時號顧謂者碧玉爲名偷蘘積競縈盈目斜柯而水怯鬟疊葉而雲爭蘭在亡以時聞嬌如連嚬黃牽心而不定飄若懸旌契叩難申融怡暗許石能潛遁以求偶山亦浮來而命侶誓不爲巖阿竹冉冉孤生誓不爲澗底松亭亭獨處於是敓皓本掩湘蘖房紅者自破帶縹者誰披望遠少之浦詠遠襟之詞煙分而麝墨酒濕綺斷而龍刀合知只言長信長門年年可恨未必傾城傾國箇箇生悲臨階躑躅以虛除當戶薔薇兮約弱蜂咋葉而先盡鶯蹬枝而易落未若北堂公子樹芳草忘憂南國佳人佩生香辟惡露莖煙活風條翠譴不知海傍之期遠不信人間之命薄休爲上計椽空尋寶釵聊作侍中郎且乘金絡別有盧江小吏蜀郡長卿或支離而策恨或調笑以囊情不同乎稟質湣而霧悄秉禮義以霜明鄭交甫則江邊珮解蓴綠華則席上詩成彼怡神而致問皆護節而含貞諫擢自持雖陳辭而佇想遷延卻立終抱恨而難平淚滴堪穿腸回好繫蟲織怨以成段酒獨愁而判齊江僕射之孤燈向壁不少妻迷張記室之少婦當爐還應細麗景方駘蕩思已低摧波疲於子建爲使花困於靈均作娵何庶物之相負痛妍華而未迴莫與心傷搖圃從鷩鶺鳩如防膽怯突昇宜晝魁堆剩欲追尋徒差緬邈杓形連理而終存扇樣合歡而可學若遇劉公伯雅夢亦沉沉如逢王母少黎書還數數

薄荷 出府學前南園者爲佳謂之龍腦薄荷歲貢京師

紫蘇 亦出府學前其葉面背俱紫

虵牀子生太湖旁　薺苨有黑白二種　枸杞一名仙人杖水環彌望皆是
秋則結子　香附子即莎草根出梅李鎮岡身路者為佳　天南星出虞山　常春
藤生太湖一名千歲藟青色者佳　絡石草一名薜荔蔓生緣樹木生如蓮房　麥門
冬即沿階草　香薷　荊芥細莖者佳　吳茱萸　天花粉即瓜蔞根
馬兜鈴其根為木香　陳皮出洞庭　澤蘭白花葉似火麻其根名地筍　兔
絲子苗名黃絲草　王不留行　鼠粘子一生水傍大葉一名牛蒡子　鬼
箭草出穹窿山中莖有箭翎　豨薟草俗呼火枕草春生苗葉似芥而狹長莖高二三
尺秋初有花如菊秋末結實頗似鶴虱夏採葉曝乾用單服甚益元氣治風疾　牛順頭草
西山黃
堰嶺
雜植十三　扶芳初生纏繞他木葉圓而厚夏月取葉火炙香煑以為飲色碧綠而香隋大

吳郡志卷十　十五

業五年吳郡貢二百本入洛京植之西苑時尚
食直長謝諷造食經具四時飲春有扶芳飲　芋
即蹲鴟大者名芋魁旁生小者為芋奶　香芋出嘉定
其苗亦可作菹一種出崑定名博羅
翔色微黃味香美可食別一種引蔓生花　山藥即薯
花落即生名落花生雖類香芋而味不及
蕷子亦出南湖土人種　杞柳出城西楓橋及橫涇者佳其條柔為栲栳
以為蓑有棲揉一種
細者為箱篋　席草暑後刈　小燈草種法與席草同最宜肥田瘦則草細五月
刈曝乾以刀剖開其心作燈炷皮製為簑衣　苧麻即織白苧布者正月栽五月斫為頭苧七月為
二苧九月為三苧　黃麻春初種秋收可為布　黃草如葛性脆可為布　藍出崇明葉
如菘菜土人無不栽惟東沙為盛四月下子至五月剪其葉浸水三兩日漉去粗攪之成青靛已而
復生如是者歲常三四收出郡城者為杜藍　大藍苗若苜蓿三四月開碎黃花土人以其子
播於大麥地刈麥後則入于土最能肥田　蒲草生沙塗上似蘭用織席捆屨

鱗之屬二十有一　鱸魚即四腮鱸出吳江長橋南於味美肉緊縷而為鱠經日不
變出橋北者三腮味鹹肉慢隋煬帝謂金虀玉膾
東南佳味也　蘇軾　金橙縱復里人知不見鱸魚價
自低須是松江煙雨裏小船燒薤擣香虀　楊萬里
鱸出鱸鄉蘆葉前垂虹亭上不論錢買來玉尺如
何短鑄出銀梭直是圓白質黑章三四點細鱗巨
口一雙鮮秋風想見眞風味秖是春風已逈然
鰕魚巨口細鱗似松江之鱸也　鯿魚縮項細鱗味甚腴出太湖者尤勝　銀魚
形纖細明瑩如銀出太湖土人多鱅以致遠張子野詩云春後銀魚霜下鱸　鱠殘出太湖狀
如銀魚而大相傳吳王江行食鱠棄餘所化冬月
帶子者名挾冰鰽史日休詩云穩凭船舷無一事
分明數得鱠殘魚　白魚出太湖味腴吳中芒種日謂之入梅後十五日入時於時白魚最盛
名時　鰽魚出太湖狹薄頭大其大者名刀鱭帶子者名鮚子　鯉魚諸魚中惟鯉最
裏白
壽且大吳人謂其小者曰鯉花　張雨　桃花鰕魚世
常有蓴菜鱸魚良得名試哭江南鯉魚尾侯家無

吳郡志卷十　十九　王木

此一格美　鯽魚冬月味美吳俗有寒鯽夏鯉之稱　鯖魚有二種烏青草青　石首
魚出海中其色如金俗名黃魚味絕珍夏初則至城下以楝花為候諺云楝子花開石首來吳地記魚
城下木中有石首魚至秋化鳧
又吳録出自婁縣化鳧之說同　鯧魚　鰳魚　鯆
魚皆出海中惟鯆魚味極美　針口魚形如針口有骨半寸許土人多取為鱐　土附
魚似黑鯉而短小附土而行不似他魚浮水故名或作鯆呂子云魚之美者洞庭之鮞是也　推
魚月見於水間名拆船釘冬　箭頭魚出新洋江首尾狹形如箭鏃　鰕虎魚
類土附而腮紅若虎善食鰕俗名新婦魚　河豚魚人吳人甚珍之謂其有毒烹調失宜能殺
腴為西施乳　梅聖俞詩　春洲生荻芽春岸飛楊花
河豚當是時貴不數魚蝦其狀已可怪其毒亦莫
加忿腹若封豕怒目如吳蛙庖煎苟失所入喉為
鏌鋣若此喪軀體何須資齒牙持問南方人黨護
復矜誇皆言美無度誰謂死如麻我語不能屈自
思空咄嗟退之來朝陽始憚餐龍蛇子厚居柳州

而甘食鰕蟇二物雖可償性命無舛差斯未嘗比中識禍無涯甚美惡亦稱此言誠可嘉

范成大河豚歎　鯸生蒸莧腹腴食事一飽足腥腐色所難況乃裹毒腴亨強名魚殺氣孕慘黷既非養生具宜謝砧几酷吳儂眞差事網索不遺育指生決下筋縮手汗僮僕朝來里中子饞吻不待熟濃腴一嚥不饜已落新鬼録百年三寸咽水陸富肴蔌一物不登俎未負將軍腹爲口忘計身饕死何足哭作俑者誰歟至今走末俗或云先王意除惡如藝菽逆梟與毒獍歲歲參幣玉芟夷入薦羞蓋欲殲一種族死生有定數斷命烏可續適丁是時者未易一理局蠢鼎子公怒羊羹華元劍異味古所珍無事苦畏縮駢頭訌此語我諭祇取瀆聾盲死不悟明智諒已燭

斑魚　似河豚而小味亦腴

介之屬六

蟹　凡數種出太湖大而色黃殼軟曰湖蟹冬月益肥美謂之十月雄出吳江汾湖者曰紫鬚蟹出崑山蔚洲者曰蔚遲蟹又江蟹黃蟹皆出諸品下吳中以稻秋蟹食既足腹芒朝江爲樂蟹採捕於江浦間承峻流緯蕭而障之名曰蟹斷

陸龜蒙蟹志　蟹水族之微者其爲蟲也有籍見於禮經載於國語揚雄太玄辭晉春秋勸學等篇考於易象爲介類與龜與鼈剛其外者皆乾之屬也周公所謂旁行者歟參於藥錄食疏蔓延于小說其智則未聞也唯左氏紀其爲災子雲譏其躁以爲郭索後蚓而已蟹始窟穴於沮洳中秋冬交必大出江東人云稻之登也率執一穗以朝其魁然後從其所之蚤夜觱沸指江而奔漁者緯蕭承其流而障之曰蟹斷斷其江之道焉爾然後扳援越軼遯而去者十六七既入于江則形質寖大於舊自江復趨于海如江之狀漁者又斷而求之其越軼遯去者又加多焉既入于海形質益大海人亦異其稱謂矣嗚呼執穗而朝其魁不近於義耶捨沮洳而之江海自微而務著不近於智耶今之學者始得百家小說而不知孟軻荀楊氏之道或知之又不汲汲於聖人之言求大中之要何也百家小說沮洳也孟軻荀楊氏聖人之瀆也六籍者聖人之海也苟不能捨沮洳而求瀆由瀆而至于海是人之智反出於蟹之下能不悲夫吾是以志蟹

皮日休蟹寄魯望　紺甲青筐染菊衣島夷初寄北人時離居定有石帆覺失伴唯應海月知族類分明連瑣甲形容好箇似彭蜞病中無用雙螯處寄與夫君左手持

陸龜蒙　藥杯應阻蟹螯香卻乞江邊採捕郎自是揚雄知郭索且非何胤敢餦餭骨清猶似含春靄沫白還疑帶海霜強作南朝風雅客夜來偷醉早梅傍

宋祁謝客惠吳蟹　秋水江南紫蟹生樽前千里佐吳羹楚人故使東留甲齊客何嫌死縛莖下箸未休資快嚌持螯有味歆朝醒定知不作蟛蜞誤留與西都博士名

梅堯臣謝吳正仲遺蟹　年收稻買江蟹二月得從何處來滿腹紅膏肥似髓貯盤青殼大於杯定知有口能噓沫休信無腸便畏雷幸與陸機還往熟每分吳味不嫌猜

沈偕寄賈耘老　黃耕稻熟墜西風肥入江南十月雄橫跪蟠蹦鉗齒白圓臍吸腹斗膏紅蓬須圖老香研柚芙橘韲紅勞葱分寄橫塘溪上客持螯莫放酒杯空

高似孫　天雨洞庭霜稻熟驅蟹力忙全然空俗味只是作詩香酒邊方饒熟橙猶未肯黃讒渠茶竈火和月炙瓷浪

蟛蜞　蟹屬而小吳人呼爲彭越蓋訛爲也二三月出於海塗土人以鹽藏貨之

蛤蜊　產于海口有紫綠者佳

梅堯臣　紫綠常點海錯珍吳人傳入楚鄉新嘗前已食霜螯味當日尊前對人

蟶　出海邊似蜆而長

沈周　海产末鮮食填箸管於繁鼓泥深諸窟綠似稻鉤門將上客生擒凝酥快過蟠首薑末打合清酒與温存角脣蠻姬醬纏纏拙婦蒐味饕人口腹甜累兩兒孫比類憐吹呴合津憶吐吞庭霜安故蛻沙兩沒壺痕薦爽山杯後伏游蠣蛤論

白蜆　蜆出白蜆江

海蛳　出海中土人熟而市之

羽之屬四

鵁鶄　水禽也黑襟青脛丹爪嘼色幾及頂

陸龜蒙詩　詞賦曾誇鵁鶄流杲爲名悵別滄州雖蒙靜習蹤籠檻不似閒栖折葦秋自昔稻梁高鳥畏至今猜組對人驚防微避繳無窮事好與裁書謝白鷗

鶴媒　吳中弋人嘗養一馴鶴以草木蔽媒挾弓矢以伺之鶴見同類狎之無猜疑遂爲矢所中

陸龜蒙鶴媒歌　偶繫漁舟汀樹枝因看射鳥令人悲盤空野鶴忽然下背翳見媒心不疑媒閑靜立如無事清唳時時入遙吹徘徊未忍過雨塘亦藏同聲就同類擬別死花邊喜祇怕緩來又驚起窺鱗吐藻

雲飛水宿各自物始得害壘由爾爲而況人間仁名利外頭笑語中猜忌君不見荒陂野鶴[illegible]同類同聲真可畏

三黃雞 出嘉定味特美冣足皮俱黃故名

黃雀 出海[illegible]每歲冬初西風急則千百成羣自江外飛至

石之屬

八太湖石 出西洞庭生水中歲久爲波濤所衝皆成嵌空鱗鱗作靨名彈窩實水痕也沒人縋下鑿取極不易得石性溫潤扣之鏗然如鐘磬聲自唐以來貴之其在山上者名旱石雖奇巧不甚貴樂天品牛僧孺家諸石以太湖爲甲乙丙丁四等自爲記宋朱勔進太湖石役夫皆官承節郎及金帶而封石爲盤固侯

白居易記

古之達人皆有所嗜玄晏先生嗜書嵇中散嗜琴靖節先生嗜酒今丞相奇章公嗜石石無文無聲無臭無味與三物不同而公嗜之何也衆皆怪之走獨知之昔故友李生名約有云苟適吾意其用則多誠哉是言適意而已公之所嗜可知之矣公爲司徒保釐河洛治家無珍產奉身無長物惟東城置一第南郭營一墅精葺宮宇謹擇賓客道不尚合居常寡徒游息之時與石爲伍石有族聚太湖爲甲羅浮天竺之徒次焉今公之所嗜者甲也先是公之寮吏多鎮守江湖知公之心唯石是好乃鉤深致遠獻瓌納奇四五年間纍纍而至公於此物獨不廉讓東第南墅列而置之富哉石乎厥狀非一有盤拗秀出如靈丘仙雲者有端儼挺立如真官神人者有縝潤削成如珪瓚者有廉稜銳劌如劍戟者又有如虯如鳳若跧若動將翔將踴如鬼如獸若行若驟將攫將鬬風烈雨晦之夕洞穴開皚若欲雲歕雷嶷嶷然有可望而畏之者煙霽景麗之旦巖崿霮䨴若拂嵐撲黛靄靄然有可狎而翫之者昏曉之交名狀不可撮要而言則三山五嶽百洞千壑覼縷簇縮盡在其中百仞一拳千里一瞬坐而得之此所以爲公適意之用也常與公迫觀熟察相顧而言豈造物者有意於其間乎將胚渾凝結偶然成功乎然而自一成不變已來不知幾千萬年或委海隅或淪湖底高者僅數仞重者殆千鈞一旦不鞭而來無脛而至爭奇騁怪爲公眼中之物公又待之如賓友親之如賢哲重之如寶玉愛之如兒孫不知精意有所召耶將有所歸耶孰爲而來必有以也石有大小其數四等以甲乙丙丁品之每品有上中下各刻于石之陰曰牛氏石甲之上丙之中丁之下噫是石也百千載後散在天壤之內轉徙隱見誰復知之欲使將來與我同好者覩斯石覽斯文知公之嗜石之自會昌三年五月丁丑記

李蘇州遺太湖石奇狀絕倫因題二十韻奉呈夢得樂天

陳洙賦

客有嗜太湖石者圖其形示余命爲賦其辭曰江之東直走數百里有太湖兮澄其清湖之浪相擊幾千年有頑石兮醜其形徒觀夫風撼根折波流勢橫神助爾怪天分爾英駭立驚犀低開畫屏素煙散而復聚蒼苔死兮又生譬夫枯槎浮天黑龍飲水鬼蹲無狀雲飛乍起雅戲攜手獸眠盤尾大若防風之骨竅如比干之心容房萬穿秋山半尋子都之戟前其鋒韓稜之劍利於鍔若乃渺水無邊湖天一色露氣曉蒸蟾津夜滴伊爾堅姿峭兮寒碧千怪萬狀差難得而詳悉我將弔范蠡於澤畔問伍員於波際原君厥初何緣而異公儀求之如張華之求珠衆人獻之如卞和之獻玉王植于庭圃視之不足噫爾形擁腫兮難爲明堂之梁爾形中虛兮難刻鴻都之經用汝作[illegible]兮汝頑厥姿攻汝爲磬兮汝濁其聲[illegible]所用之而時人是寶余獨掩口盧胡而笑子之醜

王鏊採石賦

建中靖國元年以脩奉景靈西宮下吳興吳郡採太湖石四千六百枚而吳郡實採於包山某獲目此瑰奇之產謹爲賦云吳吏採石於包山也洞庭鄉三老趨而進揖而言曰惟古渾渾物全其天全藏於穴珠安于淵機械既發剖蚌推礦不翼而飛無脛而騁劓山採海階世之競廼若富媼贅瘤則爲山嶽茂草木於毛膚包嶄巖於骨骼與夫龍彘其無間何於焉而是索令使者窺禝穴蕩沉沙搜奇礓於洞脚劂巧勢於立阿呼靈匠以運斤指陽侯使息波豎江山之崿崿續劍閣之峩峩莫不剔山骨拔雲根貞女屹立伏虎晝奔督郵攘袂以相睨令史臨江而抗尊雖不遭於臨沃豈有恨於苔痕嗟主人之不見保牟牧之猶存何一拳之足取笑九仞之徒勤既而山戶蛾集篙師雲屯輸萬金之重載走千里於通津使山以爲骨則土將圮使玉以爲璞則山將貧貢糧之容歎終年之無飽談玄之老持[illegible]法其[illegible]嶠嘗聞不爲無益則用之所以足惟土物愛則

之所以淳怪斯取之安用非野夫之樂閑敢請使者吏呼而語曰臨鎮不可與語天慎姑不可與論年紀齊侯之讀書豈輪人之得言二邑不同牧治之世然夫笑不談王道至聖之門鄒夫問不同兩端野人因願知之對曰上德先大孝通神明開承廟之制安在天之靈以謂物不盛則禮不備意不盡則享不精故金瑰琛琳天不秘其寶搾擿挾梓地不愛其空而青州之怪猶未足於先廷故於此乎取之且鑿太行之石英探穀城之文石以起景陽於芳林者魏明之侈陋也菲衣惡食卑宮室以致美乎祭祀者夏禹之勤儉也上方戒後范之作綴文思之柱示敎樸以正始盡情文而事神此固上德之難名者矣抑嘗聞之西有未央之崔北有又驪之芳庭之未必作遊魂而送死方將不頓一戈不驅一羽殄醜類於煙埃驅幽荒於掌股戎黃石之在僞素書之可遇扵又聞之三德雖修不遺之萬國雖和猶豢觸邪之獸蓋邪佞之蠱育之自媵惟屬鏤之無知顛尚方之奚於將鑄采石以爲劍凜豎毛於佞首若是則在邊無汗馬之勞在庭無履霜之咎也抑又聞之

堯不能無九年之災湯不能無七年之旱雖陰陽之或豈開縱之可緩故將放鞭石於宜都回雨暘於咳聘抑又聞之扶桑之子有十不毛抱甕之老有茅不蒔富者侈而貧者惰游者逸而居者勞雖齊導之有素柰狡兔而是逃故將取嘉石以列坐平罷民於外郊抑又聞之曰不蔽則明川不闢則清聽之廣者視必遠基之固者不傾方披旒而出黈俾伐鼓而揚旌蓋肅牆之戒坐遠於千里朽索之馭益危於薄氷知四者之聖人之所矜故將盡九山之赤石遠萬寓之窮民三老陳然而與日聖化蓋至此乎吏曰此俗未也若其造化掌中宇宙胸次綿綸兩儀而執天衡燮理二氣而叢氣母此包犧之始所以引日星之錯綜方將鍊五色以補天有萬生於一滴既無窮於襄城之師又何驚於藐姑之處吾亦與汝飲陰陽之和而游萬物之祖矣又何帝力之知哉三老稽首再拜日鄙樸之人聾瞽其知鹿豕其游竊億安巖乃命知之

牛僧孺

胚渾何時結嵌空此日成掀蹲龍虎鬬挾怪鬼神驚帶雨新氷淨輕敲碎玉鳴攙叉鋒刃簇縷絡釣絲縈近水搖奇冷依松助澹清通

身鱗甲隱透月洞天明醜凸隆胡準深凹刻兕觥雷風疑欲變陰黑訝將行噤瘆微寒早輪囷數片横地祇愁墊壓鰲足困支撐珍重姑蘇守相憐懶慢情爲探湖底物不怕浪中鯨利涉餘千里山河僅百程池塘初展見金玉自間輕側眩魂滋傑閣觀意漸平似逢三益友如對十年兄王與柔魔力淝煩破宿醒婼人當綺皓視秩即公卿念此園林寶還須別識精詩仙有劉白爲汝數逢迎

劉禹錫

和

震澤生奇石沉潛得地靈初辭水府出猶帶龍宮腥發自江湖國來榮卿相庭從風夏雲勢上漢古查形拂拭魚鱗見鏗鏘玉韻聆煙波含宿潤苔蘚助新青嵌穴胡雛貌纖鋩蟲篆銘孱顏傲林薄飛動向雷霆煩熱近還散餘酲見便醒凡禽不敢息浮𤗬莫能停靜稱垂綸客鮮宜映鶴翎忘憂常目擊素尚與心冥眇小欺湘燕團圓笑落星徒然想融結安可測年齡採取詢鄉耋搜求按舊經垂鈎入空隙隔浪動晶熒有獲人爭賀歡謡衆共聽一州驚閱寶千里遠揚舲睹物洛陽陌懷人吳御亭寄言垂天翼早晚起滄溟

白居易

錯落復崔嵬蒼然玉一堆峯駢仙掌出罅坼劍門開峭頂高危

矣蟠根下壯哉精神欺竹樹氣色壓亭臺隱起磷磷狀凝成瑟瑟胚廉能露鋒刃清越叩瓊瑰岌嶪形將動巍峩勢欲摧奇應潛鬼怪靈合蓄風雷黛潤沾新雨斑明帶古苔未曾棲鳥雀不肯染塵埃尖削琅玕筍深剜瑪瑙罍海神移碣石畫障簇天台在此爲尤物於人負逸才渡江千筏載入洛五丁推出處雖無意升沉亦有媒拔提水府底置向相庭隈對稱吟詩句看宜把酒杯終隨金礪用不學玉山頹疎傳心偏愛園公眼屢迴共嗟無此分虛管太湖來○遠望老嵯峩近觀怪嶔崟纔高八九尺勢若千萬尋嵌空華陽洞重疊匡山岑邃矣仙掌迥呀然劍門深形質貫今古氣色通晴陰未秋已瑟瑟欲雨先沉沉天姿信爲異時用非所任磨刀不如礪擣帛不如砧何乃主人意重之如萬金豈伊造物者能獨知我心○煙翠三秋色波濤萬古痕削成青玉片截斷碧雲根風氣通巖穴苔文護洞門三峯具體小應是華山孫

皮日休

茲山有石岸抵浪如受屠雪陣千萬戰藓巖高下刻乃是天詭怪信非人功夫大丁云下取難甚網珊瑚𤔡狀復若何鬼工不可圖或拳若虺蜴或蹲如虎

軀連絡若鈎鏁重疊如驚蹲或若巨人骼或如天
帝符胮肛質簹筍格磔琅玕株斷處露海眼移來
和沙鬢求之煩耄倪載之勞舳艫通侯一以羽貴
部驪龍珠厚賜以深書遠去窮京都五侯土山下
要爾添品題賞玩若稱意爵禄行斯須苟有王佐
士崛起於太湖試問欲西笑得如茲石無 陸龜蒙
他山豈無石厥狀皆可薦端然遇良工坐使天質
變或栽基棟宇礧砢成廣殿或剖出温瑜精光具
華瑱或將破仇敵百礟資苦戰或用鏡功名萬古
如會面今之洞庭者一以非此選槎牙真不材反
作天下彥所奇者嵌空所尚者蔥蒨旁均穿參洞
穴內竅環剑刻削九珠窟玲瓏五明竅剖新堈碧
霞段旋秋天片無力置池塘臨風只流眄 吳馳 洞
庭山下湖水碧波中萬古生幽石鐵索千尋取得
來奇形怪狀誰能識初疑朝家正人立又如戰士
方狙擊又如防風死後骨又如於菟活時頷又如
成人楓又如害癭栢雨過上淳泓風來中有隙想
得況潛水府時興雲出雨盤蛟螭今來碑硯林庭
上長恐忽然成白浪用時應不稱娟皇將去也堪
隨慱望噫嘻爾石好憑依幸有方池并釣磯小山
叢桂且爲伴鍾阜白雲長自歸何必豪家甲第裏
玉闌干畔爭光輝一朝荆棘洛何異綺羅雲
雨飛 宋胡 文一久 公妄 太山腳天寒瓊 建

友曾蒙投纜段尚陽淑瓊玖奈何不厚頒尤物更
乞取但懷相知心豈但一開口指揮爲幽尋包裹
付下走散帙列岫實慙摩挲慰衰朽

巉村石 出靈巖山下可硯佳者不藏鋒材

苑山石 出常熟縣亦可爲硯

褐黃石 理麤發墨不滲類變石土人刻成硯以草束燒過仍用慢灰火煨之色遂變紫用之與不煨者同亦不燥米氏硯史所云蘇州褐黃石硯是也

錦峯石

詩詞各色充帳幔衾裯之用

苧布 績苧爲之漂亦熟者名洪仁生者爲生苧通行天下出太倉者爲上崑山次之別有杜織縝密堅又名腰機蓋古有白苧詞其來久矣

緜絲布 出□縣合苧與絲此而成之

綦花布 用青白縷相間織成

斜紋布 出嘉定

麻布 績麻爲之精粗不等別有熟麻成者曰熟苧

黃草布 縷黃草爲之布之下品也

器用之屬

十箋 唐有魚子箋宋顏方叔嘗創製諸色箋有古紅露桃紅天水碧俱研花竹鱗羽山林人物精妙如畫亦有金縷三色描成者士夫甚珍之范成大云蜀中粉箋正用吳法元有春膏水玉二箋皆色尤奇又以絹紙作蠟色兩面光瑩多寫大藏經傳流于世故有宋箋元箋之稱近年所造者幅小於昔雖便於用而無古法 [illegible]

魚子箋 詩成霜粒細鱗鱗知作愁吟幸見分向日午驚新蒟色淲風時辯白萍文好將花下承金紛堪送天遊莇皇雲見倚小窗親襞裘染書圖春色寄丈若 皮 [illegible] 輕如隱起臘如飴除卻鮫工解製稍欲寫 [illegible] 河伯詔試裁疑是水仙衣臺端白

[illegible] 瀲灩猶濕指下水蠶子欲飛若用莫將閑處去好詣春風暗江妃 [illegible] 研花箋 三月江南花滿枝風輕簾幕燕初飛遊人休惜夜秉燭楊柳陰濃春正歸 □雀 [illegible] 幹欲凌雲俯映寒梢數尺春須信暮然亭明老坐中客有散花人

兔毫筆 大者爲全肩次爲半肩羊毫爲大小落墨其法傳自吳興頗精亦行於四方

燈 往時吳中最多范成大詩有琉璃毬萬眼羅二燈爲奇絕他荷花梔子葡萄鹿犬走馬之狀及撚空有小毬一燈滾地有大毬燈又有魚䰷鐵絲及麥稈爲之者一種名柵子燈在魚行橋盛氏造今不傳即雲南所謂燎絲燈也 范成大詠上元燈其一萬眼羅 龍綜瀰水蠶魚文縷玉英雨絲風外綴雲紋白邊明暈暈重重見分光面面呈不踩閑裏趣爭識箇中情 [illegible]

二琉璃毬 弱骨千絲結輕毬萬錦裝綵雲籠月寶氣繞星芒檀點紅嬌小梅粧粉細香等閒三看消費一年忙 又一燈 鏤水影裏百千光剪綵中一萬窗不是齊人誇管中吳中風物竟難饑

[illegible] 老人燈 燁燁衣冠勝後生青熬入市賀 [illegible] 白髮三千丈透徹丹心一點明側耳等

有驍疑騂珠翠𤢖無情時人莫道風中燭南[illegible]辰自有名

周輿走馬燈 何人刻楮作游龍尾似[illegible]星耳逐風鮫綍練光馳隙過紛紛逸景顧牽空滿分楚漢驚圍突陣接燕齊訝火紅一躍便當三萬里不知局促在環中

紗巾 吳中漆者最佳南渡後多尚此又以黃練襯之取其耐褁無掀動之患也范成大嘗製石湖巾使北以遺節伴田彥皐由是傳於四方

紗帽胎 織藤爲之頗精絕雖兩京不逮

扇骨 出陸墓

薦 出虎丘者佳其次出滸墅或雜色相間織成花草人物爲簾或坐薦文一種闍經者出甫里

藤枕 冶藤爲之頗精出齊門

梳箱 出吳縣橫塘鎮漆爲粧奩之用

蒲鞋 吳人以蒲爲鞋草爲屨杜荀鶴詩云草屨隨船賣

飲饌之屬二十有二

酒 唐有五酘酒宋有木蘭堂洞庭春今其法不傳惟煮酒以臘月釀貯小餅旋賣名生泔蒸過泥封爲煮酒可以經歲或入木香荳蔻金橘諸品則名以其類名之香冽超勝轉販四方謂蘇州酒有白酒名秋露白蓮花白杜茅柴

白居易府酒變法 自慙到府來周歲惠愛威稜一事無惟是改張官酒法漸從濁水作醍醐 **招客** 日午微風且暮寒春風冷峭雪乾殘碧氈帳下紅爐畔試爲來嘗一盞看 **辨味** 甘露太甜非正味醴泉雖潔不芳馨盃中此物何人別柔旨之中有典刑 **自勸** 憶昔羈貧應舉年脫衣典酒曲江邊十千一斗猶賒飲何況官供不着錢 **諭妓** 燭淚夜粘桃葉袖酒痕香污石榴裙莫辭辛苦供歡宴老後思量悔煞君

陸龜蒙新醅寄襲美 曉壓糟牀漸有聲旋如荒澗野泉清身前古態燻應出世上愁痕滴合平飲啄斷年同鶴儉風波終日看人爭樽中若使常能渌兩綬通侯總強名

皮日休和 一簣松花細有聲旋將渠椀撇寒清秦吳只恐篘來近劉項真應釀得平酒德有神多客頌醉鄉無貨沒人爭五湖煙水郎山月合向樽前問底名

梅堯臣謝姑蘇學士寄木蘭堂酒 公田五十畝種秫秋未成杯中無濁酒案上惟丹經忽有洞庭客美傳烏與程言盛木蘭露釀作甕間清木蘭香未歇玉盆貯華英正值菊初折便來花下傾一飲爲君醉誰能解吾酲吾酲已不解百日毛骨輕

茶 出吳縣西山穀雨前採焙極細者販于市爭先騰價以兩前爲貴也昔洞庭出茶嘗入貢水月院茶載圖經續記

皮日休茶塢 閑尋堯氏山遂入深深塢種荈已成園栽葭寧記畝石窪泉似掬巖罅雲如縷好是夏初時白花滿煙雨

陸龜蒙茶塢 茗地曲隈回野行多繚繞向陽就中密背澗差還少遙盤雲髻慢亂簇香篝小何處好幽期滿巖春露曉

日休煮茶 香泉一合乳煎作連珠沸時看蟹目濺作見魚鱗起聲疑帶松雨餑恐生煙翠儻把瀝中山必無千日醉

龜蒙 閑來松間坐看煮松上雪時於浪花裏併下藍英末傾餘精爽健忽似氛埃滅不合別觀書但宜窺玉札

鮸魚乾膾 出海中鱗細紫色無細骨不腥隋大業六年吳郡獻鮸魚乾膾十四瓶浸一瓶可得徑尺盤十所又獻作乾膾法五六月海中取其魚縷切曬乾咸以瓷瓶密封泥欲食開取以新布裹大盆盛井底浸久出布瀝卻水則敷然散着盤上又獻鱸魚乾膾法如鮸魚

海蝦子 大業六年吳郡獻四十挺挺一尺闊二寸厚寸許先取海中白蝦子以小布袋盛末鹽封之日曝夜則平板壓乾破袋出之包如赤瑠璃美勝鯖子又云白蝦一石僅約五升寔珍之酷無烈於此今饋子猶存而蝦子則人不恐作炙

蜜蟹擁劍 大業六年吳郡所獻蜜蟹糖蟹之類擁劍即吳都賦所謂烏賊擁劍者

鯉腴鮓 出大湖大業二年吳郡獻純以鯉腴爲之一瓶用魚四五百頭味過鱸鱠鮪已上諸法皆不得因舊志所載存之

炙魚 吳越春秋云吳王僚嗜炙魚子胥薦專諸於公子光專諸去從太湖學炙魚法三月得其味刺王僚蓋吳地產魚吳人善治食品其來久矣

水晶鱠 以赤尾鯉淨洗鱗去涎水浸一宿用新水於釜中謾火熬濃仍去鱗滓待冷即凝縷切沃以五辛醋味最珍俗云膾子

魚鮓 出吳江以荷葉褁而熟之味勝罌缶名荷包鮓或有就池中荷葉包之白樂天詩就荷葉上包魚鮓

庖鼈 黿所在有之而吳中庖烹爲佳食市以爲奇品

蜜煎 以楊梅枇杷青梅橙橘之屬蜜漬之以煎出郡城

薰楊梅 家造者尤精 **洞周** 摘落高林帶雨枝碧煙蒸處紫纍纍肉都不走丸微瘦津略加乾味轉滋烏口奪生鮮恐爛龍睛藏熟久還宜珍餘品作揚家臘報寄須當貴我辭

松花餅 春夏之交山人取松花調蜜作餅頗爲佳勝僧家尤貴之[illegible]怪來粔籹作糖薑渾兒蒼髯九粒香甜味中邊唯食蜜苦心早晚待休粮仙人騏驥留看取道士嵩陽遠寄將笑比紅綾春餅巧菌牙根底嚼糖霜 **餻** 搗黍爲之楚詞有粔籹其注曰環餅吳人謂餻曰膏環亦謂之寒具方言謂之餻凡數品雪糕花糕生糖餻糖鬆餻焦熟餻餅兒餻之類又有峰餻謂之重陽餻 **角黍** 箬裹糯米爲之或用菰葉 **油堆** 用粉下酵裹糖製如餅油煎食之 **圓子** 撚粉爲丸范成大詩撚粉團圓意二品俱爲元宵節物 **駱駝蹄** 蒸麪爲之其形如駝蹄重陽節物 **冷丸** 用極細粉裹糖煮熟入冷水食之爲寒食節物 **餳** 以麥芽熬米爲之古爲之餦餭楚詞註謂之飴唐人有膠牙餳見陸魯望祀竈解今俗尤所尚總名曰餹出常熟直塘市名蔥管餹出崑山如三角粽者名蘇粽糖 **牛乳** 出光福諸山田家畜乳牛善飼以芻豆取其乳如菽乳去點之名乳餅可以致遠四方貴之別點其精者爲酥或作泡螺酥膏酥花 **豆生** 用豆粉揉和如麪乾而彊韌之

工作之屬十一

繡作 精細雅潔稱蘇州繡 **裱褙** 自兩京外惟吳中爲得法宋米南宮書史有蘇州褙工之名其來久矣 **銀作** 出木瀆元朱碧山蟹盃甚奇其法不傳 **漆作** 有退光明光又剔紅剔黑綵漆皆精 **鍼作** 出郡城 **鐵作** 自歐冶子鑄劍吳中鍛工不絕今出靈巖山下數家能鍊鐵成鋼製刀者資之 **錫作** 亦出木瀆舊傳朱象鼻所製爲佳 **銅作** 亦出木瀆王家其製香毬及鏡皆精巧又有嵌銀壺瓶香爐諸品出常熟 **木作** 出吳縣香山永樂時造北京宮殿有蔡某官至司丞蒯某官至侍郎皆香山人 **泥水作** 即韓子所謂圬者亦出香山 **窰作** 出齊門陸墓堅細異他處工部興作多於此燒造

姑蘇志卷第十四

姑蘇志卷第十五

田賦 稅課貢役附

今天下財賦多仰於東南而蘇爲甲然禹貢揚州厥田下下唐天寶而後東南財賦始增至宋元彌盛然考之舊誌宋元歲數在蘇者宋三十餘萬石元八十餘萬石

國朝幾至三百萬自古東南財賦又未有若今日之盛者也夫聚於上者多則存於下者能無匱乎此爲治者之所當念也

田地

宋之田有曰公田 爲充進軍食 每畝起租上自一石五斗下至七斗一升四合 按宋史淳化中田制爲三品以膏沃而無水旱之患爲上品沃壤而有水旱之患埆瘠而無水旱之虞爲中品墝瘠復患水旱者爲下品上百畝中百五十畝下二百畝只計百畝十收其三恐無若是之重也 曰圍田 傍江湖水淺處民圍爲田 租四斗或三斗曰沙田 民自經理江湖沙漲地爲田 租三斗或二斗曰成田 民墾耕草地爲田 納糧二斗曰營田 係民用工本耕種官空閑田 租四斗或三斗二斗曰職田 給與文武官養廉地民佃起租 上自八斗七升下至六斗三合五勺 附錄宋咸平二年復唐制吏得職田供祭祀六縣通管六萬六百八十八畝有奇租一萬八千二百石有奇知軍府事八百六十石有奇通判軍府事句僉判句教授句節推添差節推句察推句知錄句司理司法司戶監糧料院監糴場

倉監都稅監在城稅務監瞻軍庫監都酒務監比較務句排岸司巡轄司句總管句路鈐添差路鈐句路分添差路分東南第三正將句南一廂官南二廂官北一廂官北二廂官常平司提幹茶鹽司提幹文臣支鹽官武臣支鹽官黃姚押袋官江灣押袋官監黃姚鹽場監江灣鹽場監南蹌鹽場各有差知吳縣事三百石知長洲縣事三百六十石知崑山縣事四百四十石知常熟縣事六百八十石知吳江縣事三百八十石知嘉定縣事一百五十石各有奇縣丞主簿尉及巡𡉏官句撿句監酒務監稅務以下各有差元則平江路達魯花赤總管各一員每員田八頃同知治中府判推官經歷知事提控案牘照磨承發架閣蒙古教授兩醫學教授錄事司達魯花赤句錄事句錄判各有差吳縣長洲二縣達魯花赤縣尹每員職田二頃縣丞縣尉典史巡撿各有差崑山常熟吳江嘉定四州達魯花赤知州每員職田四頃同知州判提控案牘都目各有差海道都漕運萬戶府達魯花赤正萬戶副萬戶經歷知事照磨奏差通事驛史鎮撫千戶達魯花赤正千戶副千戶止有祿米無田

國初蘇州衛太倉衛指揮僉事亦有撥賜田歲收米一百六十石今無　曰常平田係斷沒入官者　曰義役田鄉民出助保正差役者　曰社倉田官買民田歲儲備荒者　曰局官租田曰養濟局田曰居養院田皆養鰥寡孤獨老幼殘疾者　曰囚糧田官發以充囚食　曰沒官田乃斷沒各項田土　科租高下有差高者不踰一石五斗下至二斗

元之田則有圍二縣四州共計八千八百二十九圍吳縣九百一十七圍長洲縣一千七百八十八圍常熟州一千一百一十一圍吳江州三千三百六十八圍崑山州一千六百四十五圍嘉定州一千一百圍延祐四年行經理之法悉以上中下三等八則計畝起科

國朝洪武初七縣官民田地共六萬七千四百九十頃有奇官田地二萬九千九百頃有奇起科凡一十一則一則七斗三升一則六斗三升一則五斗三升一則四斗三升一則三斗三升一則二斗三升一則一斗三升一則一斗一則五升一則三升一則一升又功臣還官田開耕田俱名官田重則有一石六斗三升者　民田地二萬九千四十五頃有奇起科凡十則一則五斗三升一則四斗三升一則三斗三升一則二斗六升一則二斗三升一則一斗六升一則一斗三升一則五升一則三升一則一升抄沒田地一萬六千六百三十八頃有奇內有原額今科之分原額田起科共六則一則七斗三升一則六斗三升一則五斗六升一則五斗三升一則四斗三升一則四斗今科田自五斗五升至三升止凡二十八則崇明官田又有曰江淮田江浙田職田學院田俱科黃赤荳抄沒田有曰故官田江浙故官田沒官田俱稅米

弘治十六年一州七縣實徵官民抄沒田地山蕩等項共九萬四千七百八十五頃有奇官田并抄沒

等項六萬五千三百有奇民田等項三萬四千六
百九十七頃有奇吳縣官田地等項三千六百三十三頃有奇民田地等項三千四百七十頃有奇長洲縣官田地等項九千七百一十頃民田地等項三千七百九十二頃有奇學田一十四頃有奇崑山縣官田地等項九千九百二十六頃有奇民田地二千二百二十二頃有奇常熟縣官田地等項八千四百四十二頃民田地八千一十三頃有奇吳江縣官田地等項八千七百一十九頃民田地等項四千二百三十八頃有奇嘉定縣官田地等項一萬四百六十六頃民田地等項四千一百六十四頃有奇太倉州官田地等項六千九百頃有奇民田地等項二千七百一十九頃有奇學田四十六畝有奇崇明縣官田地等項二千二百四十八頃有奇民田六千七百五項有奇

張元禧

稅糧

蘇志卷十五

宋初盡削錢氏白配之目遣右補闕王永高象先各乘遞馬均定稅數只作中下兩等中田一畝夏稅錢四文四分秋米八升下田一畝錢三文三分米七升四合取於民者不過如此自熙豐更法崇觀多事靖炎軍興隨時增益始不一矣

祥符間夏稅丁身鹽錢一萬六千二百貫絹五萬四千四百疋紬二千七百疋綿四千四斤各有奇秋白粳米三十一萬三千七百石有奇元豐三年歲輸帛凡八萬疋苗三十四萬九千斛纊二萬五千兩免役錢八萬五千緡皆有奇淳熙十一年苗三十四萬三千二百五十六石夏稅折帛錢三萬九千三百五十六貫上供諸色錢一百二十三萬一千二百八貫各有奇寶祐初苗額二十八萬八千六百石有奇五年增為三十萬三千三百八十石為定額官民之害由此始景定元年郡守程元鳳以事故之數具奏免徵民賴以蘇自後歲實徵稅管三十五萬六千五百貫闕子苗米二十八萬三千九百石續管二萬三千三百石贍軍米九千四百石各有奇按宋史紹興十六年左司員外郎李椿年言平江歲入昔十七萬有奇今按籍雖三十萬斛然實入纔二十萬耳

一四　李清

張元禧

元延祐四年夏稅絲二萬二千四百斤秋租糧八十八萬二千一百石輕賫二千二百錠所入與宋倍蓰

蘇志卷十五　五

國朝洪武初夏稅絲二十五萬四千三百兩大麥正耗一萬一百石小麥五萬一千八百石豆一十七石菜子二十七石糧糙粳米九十四石錢鈔一萬九百八十貫各有奇

秋糧正耗二百一十四萬六千六百石黃豆二千七百八十石各有奇花椒八斤七兩五錢

弘治十六年夏稅絲三十二萬八千四百六十兩有奇吳縣三萬五千兩長洲縣九萬九十兩崑山縣三萬四千五百兩常熟縣六萬三千一百五十兩吳江縣四萬五千三百兩嘉定縣四萬三千千九百兩太倉州三萬六千五百兩各有奇

麥五萬三千六百六十四石有奇吳縣三千四百石長洲縣一千八百石崑山縣一千二百石常熟縣三千八百石吳江縣二千九百石嘉定縣五千一百石太倉州三萬二千二百石崇明縣一萬三千石各有奇

鈔二萬一千九百六十三貫七百七十二文崇明縣鈔俱無

秋糧正米二百三萬八千六百四十石連耗共米三百五萬六千一十四石各有奇吳縣一十三萬四百石長洲縣四十一萬七千七百石崑山縣二十八萬九千八百石常熟縣二十九萬八千一百石嘉定縣二十八萬四千六百石太倉州二十一萬二百石崇明縣二萬四千四百石各有奇

按洪武初官田重額上於七斗三升而今民間乃有一石三斗一石六斗或二石者蓋莫知其所始豈所謂抄沒官田者乎固非定則也且洪武中正耗不過二百一十四萬然猶屢下寛貸之詔洪武四年中書省宣使張彬賫詔開讀免過秋糧二百四十二萬六千八百石有奇六年八月奉

旨今年三四月間蘇州各縣小民缺食曾教府縣鄉里接濟我想那小百姓好生生受原借的糧米不須還官都免了七年中書省欽奉

旨體知蘇州松江嘉興三府百姓每好生缺食生受今歲夏稅合納的絲綿錢麥等物盡行蠲免恁省家便出榜去教百姓知道有司糧長每毋得科擾

永樂以來漕運愈遠加耗滋多乃至三百萬石

宣廟深憫斯民之困特下詔捐減官田重額知府況鍾又累疏奏減七十餘萬吳民賴以稍甦然民間重額今猶未盡除豈當時有司不能奉行 詔旨之過邪宣德七年三月節該欽奉

勅諭但係官田塘地稅糧不分古額近額悉依宣德五年二月二十日

勅諭恩例每田一畝納糧自一斗至四斗者各減十分之二自四斗一升至一石以上者各減十分之三永為定制欽此凡宋元官田謂之古額

起運

秋糧運送南北兩京計白糙等米連耗三十七萬九千四百四十五石此乃

上供及勳臣文官吏俸祿俱係民運

兌軍運送北京計正米六十五萬五千石耗米五十七萬七百二十七石俱漕運總兵派撥各衛官軍來倉兌運京通二倉以爲軍儲

附錄宋置淮南二浙江湖六路發運使歲運數百萬石由眞泗以達汴梁元平宋之後以河運弗便至元十九年用丞相伯顏之言初通海道乃立運糧萬戶府三於蘇州以朱清張瑄羅璧爲之初歲以官船運糧凡四萬餘石八月劉家港聚會由通州海門縣黃連沙萬里長灘開洋沿山捉嶼至鹽城縣歷西海州密膠等州涉靈山洋東北行使月餘纔至成山次年三月方抵直沽三十一年定議近海有力人戶造船募稍水運送依驗十斤百里每石腳價八兩五錢當年運二十九萬五千石二十三年併萬戶府爲二運五十七萬八千餘石二十四年添設二萬戶府運前共四又立行府司轄之二十八年去萬戶府設海道都漕運萬戶府二除都達魯花赤名教化的副達魯花赤名脫體與淮東宣慰使張瑄江東宣慰使朱清分任其事腳價七兩五錢三分十年千戶殷明略開生路自劉家港至崇明三沙放洋望東使入黑水洋收成山轉西至劉家島聚䑸取柴過登州沙門島

放菜洋州入界河不旬日抵沽口自後悉由此路
三十一年監察御史言海運不便照依上都和中
糧及用鹽引折糴朝廷以鹽引中糧多所隱法必
壞用鈔買糴又則錢法必虛海道且宜存設當年
運五十一萬四千五百石有奇元貞元年兩府均
運三十四萬五百二石朱張停運腳價六兩五錢
自朱張廢罷大德七年併五海道都漕運萬戶府
改設達魯花赤正萬戶各一員副萬戶四員虎符
銀印千戶六十七員金牌當年運一百六十七萬
二千九百石給賞官吏段匹有差至大元年萬戶
孛羅帖木兒陞中書省右丞珮三珠虎符提調海
運二年孛羅改江浙行省平章提調運三百四十
六萬石三年腳價添作每石至元鈔一兩六錢香
糯一兩七錢皇慶元年腳價每石一十三兩香正
間張士誠所運每歲僅一十餘萬石
國
朝洪武初餽運遼糧凡三十三萬六千一百五
石北平糧一十一萬石官軍俱有行糧係用官船
裝載亦由海道抵各衛交割永樂間建都北京
命
平江伯陳瑄總督漕運乃修治宋元間填故
跡為裏河之運凡歲運米四百萬石為定額

蘇志卷十五　十八

王府白熟米連耗一萬一百七石（此米近年才運蓋因親王在京戶部撥充祿米之數及之國乞恩遂令蘇民運送腳價尤為倍蓰民甚病之夫米天下之通産也何獨蘇為哉特無人建明耳）
淮安改兌正耗米五萬五千四百四十石
京庫金花銀折米五十七萬四千五百石
闊白綿布折米一十五萬二千石
鳳陽揚州二府折銀米一萬四千五百十八石

商稅

宋置在城及常熟崑山吳江福山凡五務歲辦五萬
五千一百貫元則在城木瀆橫金長洲常熟許浦
崑山嘉定吳江平望震澤同里凡置務司一十二
處額定鈔一萬九千五百一十四錠有奇
國
朝在城設稅課司吳縣長洲吳江崑山常熟嘉定
同里崇明各設稅課局司凡九歲辦錢二萬四
千二百三十九萬有奇弘治十六年又添太倉州
稅課局司局凡十歲辦鈔八萬二百五十七錠折
錢八十萬二千五百有奇司局各辦有差

茶課

宋南渡以前蘇州買茶定額六千五百斤元則無額
國朝茶課驗科徵納計錢三百一十九萬三千有奇

蘇志卷十五　十九

（惟吳長二縣有）

酒醋課程

宋無酒課而止徵麴錢（數未考）元酒醋課程共計四萬
一千二百七十五錠有奇
國朝洪武十年計一千八百一萬有奇弘治十六年
該鈔六千九百五十一錠有奇

蕩課

宋無考元竹木蕩課歲辦二千二百三十三錠回回
包銀鈔一百六十九錠各有奇
國朝蕩課錢共二萬三千五百貫有奇

房地賃錢

宋樓店務地錢五萬四千二百貫有奇元官房地糧六十四石鈔三百二十錠有奇

國朝洪武初房地賃錢三百三十六萬三千九百文有奇弘治間該鈔五千五百九十七錠有奇

農桑藍靛

宋無考元二縣四州栽桑二十七萬株兵餘無幾

國朝洪武初七縣栽桑一十五萬一千七百株藍靛七千三百六十七斤有奇弘治十六年農桑二十四萬九百三株科絲一萬一千五百三十二兩五錢一分折絹六百四十四疋又人丁絲絹一萬二千五百五十四各有奇

鹽鈔

國朝戶口食鹽鈔二百八萬七千貫有奇折錢二百一十七萬四千文有奇

抽分

元置抽分司長洲縣許墅及分蘇崑山太倉凡客商往來貨物以多寡爲則

國朝設官置場於本府閶門對門太倉平望抽分竹木柴炭竿竹蘆柴等物後以不便革罷景泰間戶部尚書金濂建言仍於許墅添設鈔關以筭商船料鈔初以本府或縣官監收自後特差主事一員一年而代鈔多寡無定額

土貢

禹貢揚州厥貢惟金三品瑤琨篠簜齒革羽毛惟木厥篚織厥包橘柚錫貢

隋貢蜜蟹擁劍鯉腴鮭海鰕子鮸魚乾鱠鮸魚含肚扶芳

唐貢絲葛絲綿八蠶絲緋綾布白簟草席蕤大小香秔橘藕緇皮飯脂鴨胞肚魚魚子白石脂蛇粟（出唐書）紅綸布蛇牀子（出六典）絲布菱米柑橘燈心席燈心草鞋子口味三十七鯔魚條鮸魚條魚春子（出圖經及九域志）絲絹綾絹烏銀綾衫段羅紵布折皂布柑（出大唐國要圖所載不同如此）

宋貢坐倚席白墡柑橘鹽酸菓子海味鯗魚肚糟薑九域志藁橘一萬五千顆（治平四年罷）生絲鞋（皇祐勅罷）花布二十合（熙寧三年罷） 又別貢葛二十匹白石脂蛇牀子各十斤蓆二十領進奏院狀淳熙中惟遇聖節貢銀五百兩絹五百匹葛布二十匹

元貢緇皮飯脂肚魚海鰕子魚子魚條鱠飯魚魚春

子生絲鞵貉皮貉貍皮鴈翎羖羖羊皮翎毛羊皮

國朝歲造紵絲一千五百三十四匹閏月添一百三十九匹俱青紅二色花素相半在城織染局攢織黑漆角弓三百二十張弓絃一千六百條黑漆透甲箭四萬枝雜造局造又有一時派納出於正供之外如織造之類其數莫定不能具載

歲辦皮張水牛底皮　白硝麂皮　白眞皮　襍皮　翎毛　皂綿紗銅線　席草　芒苗　若篝

黃蔴　白蔴　桐油　州縣派納有差唯崇明縣辦魚油已上俱納工部　廚料肥猪　肥鵝　肥鷄　鵝鵓　鴈　獐　核桃　蒹筍　蒔蘿　茴香　薄苛　木耳　大頭松子　蓮肉　紅棗　牙茶

栗子　菱米　榛子　黃臘　燈草　茶葉　蜂蜜　土碱　蘑菰　嘉定縣加辦山藥已上納光祿寺

藥味白區荳　海金砂　白牽牛　黑牽牛　紫蘇　青皮　陳皮　荊芥　紫蘇子　小茴香

蟬蛻　粟殼　香附子　山茨菰　枇杷葉　烏梅已上納太醫院

今之貢雖責其土之所產亦有購之他處以充者固歲有常品而交納之費乃數倍其價云

徭役

宋役制　押錄　貼書　州市坊正　祗候　分手

貼司　引事　廳子　書司　手力

鄉司　鄉書　耆刺　當直人轎番散番等請給於縣庫茶酒帳設　激喝請給於稅務

襍職　弓手　牢子　禁子　市巡

所田　斗級　斗子　欄頭　務司　酒匠　栅子　直司　腳力凡保正追會之事　僧直司承受寺院事件自熙

寧行保甲罷耆戶長壯丁而法始變至元祐復耆戶長壯丁猶以保甲而法大變及紹聖而後以耆戶長壯丁錢盡歸公上而法盡變民避役如避寇舉世盡然端平既正經界乃按籍選差於是因數都義役之舊一以乾道詔書從事排年任役率田供費條畫列之規約宸旨丁寧一一具載之曾未

二十年更革幾無復遺而受害者大抵如故今撫義役省劄著之據平江府狀據常熟知縣王丞議申竊惟賦役二事關於民生利害最大本縣戶板罷亂吏奸縱橫官將虛籍之賦民苦破家之役追推其弊不忍復言當職自初到官亟圖所以救之修復經界整比板籍民按實產受常賦貧富小大幸就明實懍不及時團結義役則作僞詭寄以自利尚氣者紛糾前功盡廢抑恐後患滋多迺分委鄉官勸率役產參合都分主客之勢酌斟地里寬窄之宜量役費之重輕准助田之多寡經始於端平丙申四月竣事於嘉熙丁酉五月繕寫成帙申府僉印發下外其間更有數條事體稍重關於義役修廢乞從本府備省朝札下本縣遵守併札提舉常平使司會施行一本縣九鄉五十都義役田地共五萬五百二十畝一角五十八步五尺五寸歲收租米麥共二萬四千九百九十八石六斗四升一合一勺已隨都分大小分撥與保正長聽其任便收支以助役費有餘不足官司更不得干預共田並係常平拘業不許公私典賣亦不許移易轉換違者按法坐罪其助田之家將來富者不加

增貧者不許取入仕而免者不給還一諸都售亦
各有役田止緝役首掩取田祖或獻納本縣板帳
庫或獻納常平司旋即詭名侵佃官司苟目前之
微利不暇爲赤子深謀庸錢不除役費日重在板
帳庫者二百餘畝在常平司者見議申乞所有今
來見管義田日後並不許奸民獻納官司亦不當
收受一保正長向來充役之費最爲浩輸保長既
爲産去稅存逃亡戶絕等戶代納稅租保正者亦
抑之催科例行陪納其他色目尤多如保正則有
科供竹本科取藏果科買糟酒節序燈油接官器
具檢屍定驗之費保長則有著役召保請給虛限
出路簿書七夕冬至二節供送吏胥之費加以上
落牌頭開拆司苗稅案誅求無藝已一切禁戢鐫
免具申本府及諸司永與蠲除後如吏胥更有纖
毫科擾即仰役人與機察糾率衆戶經縣及經上
司理訴一令將各都新排經界田籍備錄一本印
押交付機察謹家收藏每遇人戶典賣田産並許
具狀經縣陳乞送下機察仰置簿打號發下保正
役主內係起催夏稅以後入狀者即責付新苗保
長內係新催秋苗以後即責付新稅保長令取責

契照及兩家砧基照對保明類申機察機察類申
本縣送鄉原局參對官籍移割其詭名寄産者繳
回元狀嘉熙元年八月二日奉
聖旨王爚修復經界義役賜專修舉與轉一官並下
浙西提舉司平江府
常熟縣永遠遵守

元無考

國朝役制　里長　甲首黃冊造定　巡攔　齋夫
膳夫　館夫　糧夫　庫子　斗級　門子　防
夫　皂隸　祗候　弓兵　檢鈔夫　馬夫　水
夫　鋪司　鋪兵俱均徭僉點巡撫都御史崔恭劄付據長洲縣老
人呈先蒙巡撫侍郎周公念蘇松稅糧繁重百姓
艱難深惟民情均其徭役將鄉都通縣排年里長
編成一應差役每名出銀一兩輪當一年歇息二
年酌量輕重多寡朋合造冊在官滴如車輪而轉
吏無那移之弊民得輕鮮易完至今民有去思之
念後蒙本府知府汪滸編作上中下九則之法上
戶重役中戶中役下戶輕役然其中以病民者有
四九萬人戶付在吏胥之手年月無拘名數不定
難以稽考易生奸弊一也數年之內消長難期二
也直部隸兵正副出錄一十二兩尚有往廻使用
不計中等之家卒難收集三也今本縣以從九則
之冊點選戶役其豐盈庫子并各倉斗級俱應於
九則冊內點選今又着里長保選非惟重疊錯亂
抑且奸弊復生假如本區人戶王章關里長保殷
實人戶納紅花價銀二兩九錢則冊內點出皂隸
兵銀四兩上下難以相照重役多端者四也如蒙
乞照侍郎周公所立良法及吊本縣原造文冊詳
看仍舊施行參照所呈有理合行劄付本府轉屬
從公查勘計議停當
開立前件定奪施行

馬頭　北京會同館二名　南京會同館一十二名　北
直隸樂城　富莊　瀛海　阜城　東光　歸義

汾水　鄭城　新中　涿鹿　固節一十一驛
凡一百三十五名　南直隸東葛城　雲亭　江東　江
淮　滁陽　大柳樹　紅心　濠梁　睢陽　池
河　大店　固鎮一十二驛凡二百八十名　東銅城
荏山　平原　魚丘　安德　舊縣　太平七驛
凡一百六十四名俱田糧僉充成化十四年巡按
御史劉魁問及馬頭利病有吳縣二十八都耆民
陸伯良具呈竊思洪武年間原是北方土民買馬
當夫後
太宗文皇帝憫土民買馬艱難故此
聖旨暫借南方百姓買馬當着過三年仍着土民買
馬昔他每回來欽此至今百有餘載因循不曾改
正又南方百姓不習水土不諳馬性多是顧倩土
民養馬既費傭直身又不得歸農況不才驛官串
同南北馬頭故將馬疋空餓倒死以規買馬之利

以致市鬻子女破蕩家產莫若照依
欽旨事理仍着土民養馬當夫止令南方百姓買辦
馬價鋪陳等件不拘馬疋高下倒以三年五年爲
限如馬過期不死亦是本驛官吏人等畜馬有方
即以其價歸之如不及期亦是本驛官吏人等不
行用心或捏死之故必不先期給與事體既定則
土民自然用心養馬無妄捏倒死之弊南方百姓
亦情願辦直以免着役當差之苦南北皆便又聞
前巡撫侍郎周忱設法前項馬價鋪陳已於秋糧
中科取謂之義役米後官府於秋糧中既徵義役
米又取辦馬價實爲重複亦望查考舊案仍於義
役米中或積出餘米內取辦尤爲便益等因未得
施行

姑蘇志卷第十五

姑蘇志卷第十六

城池

凡設險守國必有城池若夫支川曲渠吐納交貫所枏旁通井邑羅絡則未有如吳城者故雖號澤國而未嘗有墊溺之患信智者之所經營乎其廢置損益列如左

府城即闔閭故城自太伯城梅里平墟諸樊徙都於此迨闔閭時子胥謀國始相土嘗水象天灋地以築大城周廻四十七里（吳地記云四十二里三十步寰宇記云三十里）陸門八以象天之八風水門八以法地之八卦門之名皆子胥所制東曰婁曰匠西曰閶曰胥南曰盤曰蛇北曰齊曰平時周敬王六年也（城門之號見吳越春秋者閶闔蛇盤齊越絕書作閶婁平蛇巫胥齊匠具八門之數吳地記作閶胥盤蛇婁匠齊平而封赤與續經作盤蛇閶胥婁葑將齊而赤平不與今從吳地記）自後歷代皆仍其舊至隋楊素徙城橫山東今所謂新郭也唐武德末復還舊城乾符三年王郢之亂刺史張搏重築之梁龍德二年始以甎甃高二丈四尺厚二丈五尺裏外有濠宋政和中復修治之其故門廢塞者皆刻石爲識宣和五年詔加重甃經建炎兵燹淳熙中知府謝師稷又繕完之至開禧間濠圮殆半而

池隍亦多爲菱蕩稻畦侵齧時史彌遠爲常平圖復之嘉定十六年彌遠在相位遂奏請得賜錢粟知府趙汝述沈皡相繼修治爲一路城池之最寶祐二年趙汝歷增置女墻補建葑婁齊三門樓開慶元年詔復增築景定末風壞婁齊二樓咸淳初重建元既定江南凡城池悉命夷堙雖設五門蕩無防蔽至正十一年兵起復詔天下繕完城郭監郡六十太守高履築壘開濠遂闢胥門掘土姑蘇驛下得石鐫胥門二字乃重闢之至張士誠入據增置月城

國朝平吳更加修築高廣堅緻度越疇昔今城爲亞字形周三十四里五十三步九分高二丈三尺女墻高六尺基廣三丈五尺自閶門南至胥門六百三十九丈五尺自胥門南至盤門三百八十八丈七尺自盤門東至葑門一千一百一十八丈自葑門北至婁門八百六十四丈二尺自婁門北至齊門五百八十丈自齊門西至閶門八百九十二丈二尺五寸總計四千四百八十三丈六尺五寸爲一萬二千二[illegible]三步九分南北一十二里東西九里城內六[illegible]橫四直各闢門上爲畫樓周循雉堞每十步爲[illegible]門外夾以長濠廣至數丈門皆有釣橋以通出入方故吳時東門不開欲以絕越也唐時八門悉啓劉禹錫詩云二八城門開道路許渾詩云共醉八門回畫舸宋初惟閶胥盤葑婁齊六門寰宇記云水陸十有二門後胥門又廢迨元而復各有水陸門惟胥無水門今因之門置官軍晝夜守衛啓閉而鐍鑰蘇州衛掌焉

鄭元祐平江路新築郡城記

吳自泰伯至壽夢而始大及王闔閭用子胥而城郭宮室遂爲東南雄藩世言泰伯城僅三里二百步在今梅里平墟夫泰伯以天下讓宜其不肎自大其城也及闔閭徙都於是子胥築大城周回四十五里象天法地城邑既完府庫既充遂觀兵上國一傳至夫差而子胥以忠諫死未幾吳爲越併更江左六朝以迄於唐末五季歷前後宋要皆以吳爲大藩屏世祖皇帝一天下包四海爲家六合爲宮不設險於區區城郭也至正十一年紅巾賊起汝陽明年春浙東海寇劫崑山廉訪使者朝

鮮李公深惟平江賦役供國家經費什之七郡無城郭何以禦寇乃謀於監郡六十公太守高公時百需出於吳者日不暇給然築城之役則不得已於是會司屬僚佐驗民之家貲厚薄計量城之長短高下分築之罷弱戶則汰去之豪強而常時役不及者則糾率之寧夏高公爲南臺御史大夫檄庸田僉事馬公董之馬公首捐官帑千錠憲漕水司總府皆捐貲以助然太平日久一旦興大工役民十餘萬當盛暑揮鉏如雲下鍤如雨城之大綿延數百雉漫不知何從列楨榦於是公曉以程度架範而勉以誠慤必若是而後無善崩之憂民志既齊遂經始於是年夏四月畢工於秋八月城四向一仍子胥之舊水門則仍宋之舊獨啓胥門上建忠孝王廟餘五門[illegible]皆祠神蓋役興時慮雨疾癘爲民害乃禱於神以祈佑故列祠以荅神貺城之高以尺計凡二十有三其趾三十有五疊石三層以爲固城之西廣丈六尺皆甃以甓大至作水溝每門建戍樓以謹斥候嚴烽燧當人馬步降處皆列置蛾眉甬道門內外構屋設官居[illegible]非常城於是備矣其先又給中統鈔二[illegible]

貫米一千斛至是合官民用財凡若干萬錢米若千萬斛城既完民大喜有依衛則又相與嘆息言曰廉訪公非有一壓之宅在吳也然苦心焦思以完斯城者蓋上以爲國下以爲民也况吳東北瀕大海西南枕震澤於澤國四通五達之衝也郛郭之內官糧貯於廩庾者歲數百萬設城郭不完寇擾逼近將何以爲國計乎今既完城以爲衛繼今所以守禦之者則在乎明有司承流宣化蘇民之力以固結其心使吳民愛戴其上如子弟之親父兄夫然後其民以仁義爲干櫓禮樂爲甲胄人心既固則與此金城湯池併爲天險於無窮也已李公名某字某云

梁吳均吳城賦 古樹荒煙幾百千年云是吳王所遷東有鑄劍殘水西有舞鶴故壘築具區之廣澤宕姑蘇之遠山僕本蓄悲千悲億恨况復荊棘蕭森叢羅網蔓亭梧百尺皆歷地而生枝階筠萬丈或至杪而無葉不見春花夏蕙唯聞秋蟬冬蝶水魅晨定山鬼夜驚不知四海九州乃復有此吳城

虞世南吳都詩 畫野通淮泗星躔應斗牛玉牒宏圖表黃旗美氣浮三分開霸業萬里宅神州高臺臨茂苑飛閣跨澄流江濤如素蓋呂海氣似珠樓吳趨自有樂還似鏡中遊

駱賓王 維舟皆楚服振策下吳畿盛德弘三讓雄圖枕九圍黃池通霸業赤壁暢戎威文物俄遷謝英靈有盛衰行歎鷗夷沒遽惜湛盧飛地古煙塵暗年深館宇稀山川四望是人事一朝非懸劍空留信亡珠尚識機鄭風遙可託關月眇難依西北雲逾滯東南氣轉微徒懷伯通隱多謝買臣歸唯有荒臺路薄暮濕征衣

崔融吳門 洛渚問吳潮吳門[illegible]晚煙楊柳岸春水木蘭橈城邑南漁近星辰北斗遙無因生羽翼輕舉託還飈

劉長卿登吳古城 登古城兮思古人感賢達兮同埃塵望平原兮遠寄目歎姑蘇兮聚麋鹿黃池高會事未終滄海橫流人蕩覆伍員殺身誰不冤竟看墓樹如所言越王嘗膽安可敵遠取石田何所益一朝空謝會稽人萬古猶傷甬東客黍離離兮城坡陀牛年踐兮牧豎歌野無人兮秋草綠園爲虛兮古木多白楊蕭蕭悲故柯黃雀啾啾爭晚禾荒阡斷兮誰重過孤舟逝兮愁若何天寒日莫江楓落葉去辭風水自波

杜牧 二月春風江上來水晶波動碎樓臺王宮殿柳含翠蘇小宅房花正開解[illegible]細[illegible]

徃能歌娃女逐誰畊千秋萬古無消息國作荒原人作灰○吳王舊國水烟空香徑無人蘭葉紅春色自憐歌舞地年年先發館娃宮

姚合 江城吹角水茫茫曲引邊聲怨思長嚮起暮天沙上鴈海門斜去兩三行

王安石 朝遊盤門東暮出閶門西四顧茫無人但見白日低荒林帶昏煙上有歸鳥啼物皆得所託而我無安棲

文天祥 樓臺俯舟楫城郭滿干戈故吏歸心少遺民出涕多鵲居無鵲在魚網有鴻過使遂雖陽志安危全若何

張羽 片帆迢遞入吳烟竹敘蘆洲斷復連柳影濃遮官道上蟬聲多傍驛樓前近湖漁舍皆懸網向浦人家盡種蓮行到吳王夜遊處滿川芳草獨堪憐

張泰 萬非煙花繞故都閶閭宮苑自荒蕪江黿吼浪空譽越山黛紫秋已破吳臺下草深無過鹿城頭月落已啼烏英雄老去年華在海日瞳瞳水滿湖

閶門取象天門通閶闔風也闔閭欲破楚楚在西北故立閶門以通天氣又名破楚門史傳中或書作昌門俗傳門魯班所造唐宋時樓櫓最盛有李陽冰篆書門額今亡或謂春申君諱破楚之名改昌門又謂爲望齊門又謂孔子登東山望吳閶門者皆非○又越絕書別有楚門以爲春申所造楚人從之故云恐卽破楚門耳

唐李紳過吳門 煙水吳都郭閶門架碧流綠楊深淺巷青翰往來舟朱戶千門室丹檻百處樓水光搖極浦草色辨長洲憶作麻衣客曾爲旅櫂遊放歌隨楚老清燕奉諸侯花寺聽鶯入春湖看鴈留里吟傳綺唱鄉語認歈謳橋轉攢虹飲波通鬬鴿浮竹扉梅圃靜水檻橘園幽緑渚荒麋苑穿巖破虎丘舊風猶越鼓餘俗尚吳鉤故館曾閑訪遺基亦遍搜吹臺山木盡香逕佛宮秋帳殿菰蒲擁雲房霧露收苧羅妖覆滅荊棘鬼包羞月俄黃綬經過半白頭重來冠蓋客非復別離愁候火分通陌前旌駐外郵水風摇采旆堤柳引鳴騶問吏兒孫隔呼名禮敬偷甑蹋珠宿昔語默過悲憂義感心空在容衰日異偷遨遊淹滯詔從此布皇猷

[illegible] 耕夫占募逐樓船春草青青萬頃田試上吳門看郡郭清明幾處有新煙

[illegible] 獨鳥下高樹遥知吳苑園凄凉千古意日暮倚閶門

閶門四望鬱蒼蒼始覺州雄土俗強十萬夫家供課稅五千子弟守封疆闔閭城碧鋪青草烏鵲橋紅帶夕陽處處樓前飄管吹家家門外泊舟航雲埋古寺山藏色月耀娃宮水放光曾賞錢塘嫌茂苑今來未敢若誇張 杜牧 遺蹤委草行客思悠悠昔日人何處終年水自流孤烟村茂遠亂雨海門秋吟罷獨歸晚烟雲晝慘愁 蘇舜欽 年華苒苒催人去雲物蕭蕭又變秋家在鳳凰山下住江山何事苦相留 米芾二首 吳王故苑古長洲潮汐池邊一佇留秀蕙芳蘭無處所亂荒叢葦滿清流○蘋風忽起吹舟悍雨打圖書藏裏亂閶門咫尺不安流何況盟津與江漢非無輕楫與長棹逆風逆水適相遭須臾風迴水流順星宿浮槎問月 朱長文 九曲堙淪茂苑荒吳人誰復怨吳王莫嫌故國千秋遠知是儂家幾日長湖上只誇浮海拍里中休笑傚顰娘舊時芳徑今猶在但屬漁樵自採香 范成大閶門調行客 日夜飛帆與跨鞍問門川陸路漫漫人生自苦身餘幾天色無情歲又寒萬事惟堪六如觀一杯莫信四并難重陽雖過黃花少尚有遲開玉雪團 又自閶門騎馬入盤門二首 日影穿雲亦未濃夜來疎雨洗清空村前村後東風滿畧數桃花一萬重○齊橋隤岸數家村雨少晴多減漲痕雪白鵝兒綠楊柳日高猶自掩柴門 倪瓚 望中煙草古長洲不見當時麋鹿遊滿目越來溪上水流將春夢過杭州 高啓登五城樓 登城望神州風塵暗淮楚江山帶睥睨烽火接樓櫓并吞何時休百骨易寸土向來禾黍地雨露長榛莽不見征戰場那知邊人苦馬驚西風笳鳥散落日鼓鳴呼城下水流恨自今古 徐有貞二首 閶闔門開近帝州麗譙新建倚高秋人間看盡三千界天上移來十二樓往事名傳吳伍相平生心在漢留侯斗牛宮闕當頭是何必乘槎海外遊○碧城樓子聳秋空鼓振江山鼓角雄高下亭臺花霧裏往來舟楫水雲中賦才世豈無王粲飲興時應有庾公雙手可將紅日捧扶桑只在畫闌東

胥門一云姑胥門越絕書云外有九曲路闔閭從此遊姑胥臺以望太湖蓋取姑胥山爲名也祥符圖經云子胥冢于此後抉目懸于門因名宋紹興中作驛館其上亦號姑蘇臺今廢○按子胥云懸目東門而此門在西又門名即子胥所命亦不應以已居稱要之前說近是又續記云夫差伐齊胥門巢將上軍以巢所居爲號按巢在子胥後其說亦非及吳越春秋稱吳懸子胥頭以懼越軍尤不可信 唐皮日休詩 青翰虛徐夏思清愁烟莫莫荇花平醉來欲把田田葉盡裹當時醒酒鯖 陸龜蒙 細槳輕撓下白蘋故城花謝綠陰新豈無今日逃名士試問南塘著屐人 王安石姑胥郭 誤襪雲巾別故山扺吳由越兩間關千家漁火秋風市一葉歸舟暮雨灣淼病倏悠如困酒鄉愁脉脉似違環情知帶眼從前緩更恐顛毛自此斑 陳植 長堤楊柳弄春柔姑蘇臺下馬如流春波瀲灩綠潑油官船擊鼓百花洲旌旗睒黲城上樓烟中雉堞高山丘鳴鳴清角行人愁

盤門吳地記云舊曰蟠門嘗刻木爲蟠龍以厭越也後記云以水陸縈回屈曲改字爲盤後記又云常有龍潛伏於此以鼓伐擊逐之即今五樓門是也續志云舊有樓吳說題額今廢祥符圖經以此爲蛇門者誤 許渾詩 無處登臨不繫情一憑春酒醉高城暫移羅綺見山色纔駐管絃聞水聲花落西亭添別夢柳陰南浦促歸程前期迢遞今宵短更倚朱闌待月明 蘇舜欽夜出盤門 紺紺暮見黃金鈎珠璣磊落澄不流紛紛媚景動波上的的遠勢生沙頭前山漸昏漁唱息唯有蹤葦吟窮秋予方弭檝對此景時欲乘興長城遊青娥蕩槳忽遠至雖有稚約猶嚬羞綵舟鮮明四窗闢蘭酎辛滑佳賓留歌餘清冽貫衆耳笑動姿采生香爐王盤鱠鱸光一一色飣簇肴核隨所搜河斜參倒氣愈浩我起飲予子必酬共知此會不易得邂逅得此難再求區區才知自勞役擾擾塵俗多悲憂已醉更歌更起舞明日分散空離愁 范成大晚入盤門 人語喧譁晚吹涼萬窗燈火轉河塘兩行碧柳籠官渡一簇紅樓壓女牆何處採菱聞度曲誰家拜月認飄香輕裘駿馬慵穿市困倚蒲團入睡鄉 張紳 朝出盤洲

門觀兵具區外黃龍分兩翼玄甲列五衛軍威晝角振殺氣飛鳥退三門將巳發三壘法更祕秋清太白高天黑攙搶墜犀從蛟室騰蛇向馬脊蜺雲斷風伯旗雨雜川后騁無戰乃天功六合不足制

赤門以南面屬火方故名今南城下有大溝外濠之水從此入祝橋以出燕家橋即赤門水道也祥符圖經云赤門外有澹臺湖今盤葑二門間有赤門灣府圖指蛇爲赤者誤

蛇門在巳方故云又吳越春秋云闔閭立蛇門以象地戶欲并越故立此以制之吳地在辰其位爲龍故子城南門上反羽爲兩鯢繞以象龍角越在巳其位爲蛇故南大門上置木蛇北首向內示越屬吳也吳地記云春申君作蛇門以禦越軍不足據吳越春秋云勾踐歸國夫差送於蛇門之外舊經云門上爲龍形勾踐作雷門以勝之紹興中胡舜申謂此門宜開作吳門忠告一篇曰吳城以乾亥山爲主陽山是也山在城西北屹然獨高爲衆山祖傑立三十里之外其餘岡阜累累如群馬南馳皆其支隴城居隴前平夷如掌所謂勢來形止全氣之地也如秖自城中觀之則城中之地亦惟西北最高是乾亥無疑乾爲天亥則紫微帝座所次是謂貴龍此城既主是山法當用金局乾亥於火五行屬金故也山如此水則當與山相應此邦水勢自東南貪狼西南及正西武曲以至西北巨門等位來其來皆原於太湖由正北廉貞及正東東北祿存而去以入于江而歸之海其來去無一不合金局之法故自古常爲大郡國今爲行都藩輔而吳中人物繁夥冠蓋峥嶸所以常甲於東南今觀水之流派常自閶盤二門入即西南西北水也由葑婁齊三門出即正東正北東北水也其於來去之法固合然所以導迎善祥之氣者尚有缺然蓋胥塘自正西帝旺來是謂武曲之水本由蛇

門入運河自吳江東南長生來是謂貪狼之水本由蛇門入頃歲乃塞胥蛇二門而生旺之水遂不得朝鄉城中此其爲害明陰陽風水者常歎惜於斯胥塘之水尚由閶盤二門委曲而入城東南長生之水乃環城而東徑由葑門之外以出於城中了不相關此尤可歎惜故自頃以來城市蕭條人物衰歇富室無幾且無三世能保其居安土宦達者比承平時寖少至建炎之禍一切掃地至舉城無區宅能存數百千年未之有也按地里法生旺二水利害最切猶人身氣血榮衛今塞絕之能安強乎明知者願圖回其事復開二門導水入城以幸此邦可也胥門適當姑蘇新館勢不可動又武曲但主財富而已蛇門之水爲貪狼主文筆官職之事於理爲重復開之便政和修城於諸故門雖已塞然皆刻石於右以識今石刻具存但襲府圖之誤以蛇門爲赤門爾蛇門在城之巳方故以蛇名赤門以在城正南至陽之地其義可考況蛇門直南正對吳江運河今舟船自南來非東入葑門即西入盤門皆迂遠一數里於水行非便昔吳王闔廬始作城吳子胥實規畫之立水陸門各八其後諸門開閉不常吳時欲以絕越遂不開東南門即蛇門也不知塞絕生氣故終爲越所滅茲亦明效大驗至吳晉李唐時諸門未嘗不開故左太沖賦吳都有通門二八水道陸衢之語劉夢得詩亦曰二八城門開道路故晉唐時吳下最爲雄盛今所啓門者五餘皆閉塞而甚不可塞者惟蛇門究所以閉塞圖經之說爲其多途難於守衛幾禁噎抑末矣今清蹕暫駐錢塘吳尤當開東南之門以伸朝拱之義爲吳城門不常啓閉舊矣昔年蓋嘗於八門之外又開赤平二門而許門陸衢蓋嘗塞矣范文正公守郡始命闢之往來至今爲便誠能遠跡晉唐近效文正復闢蛇門東南虛秀之氣疏導迅發儒道利亨文物之盛非復今日吳下矣乾道甲申冬沈度守郡與舜申舊同寮知其說心善之明年春邦人以爲請度即命官吏行視其處將以十二月乙丑啓蛇門部置已定會屬邑輒呼[illegible]郭民戶悉具畚鍤剋期赴役號召隱然有異意者以爲擾民度避謗乃止淳熙乙未春韓彥古爲守其秋邦人申前請彥古欣然從之卜以九月十二日庚寅差役八月彥古能是時舜申年八十五矣

慨然悅惜謂天時人事難合如此復爲後序告來者詞贅不錄

葑門續記云吳有葑田謂茭土轇結可以種殖者也此門外瀕水故名或謂之封門取故永安縣封禺山名又名鱄䱐門史記正義云闔閭城無東門俗傳伍員見夢越軍令從東南入越乃開渠自城東入名示浦門曰鱄䱐又子胥傳注亦云越開示浦子胥以濤蕩羅城開此門有鱄䱐隨濤入故名門嘗湮塞范文正公守郡闢之今吳音呼葑如富

葉適詩遺墨固藏神希聖非立我斷後輒無前實右即虛左品定賦纖洪義明分勇懦端木語衛文洙泗皆仰左孔子叙夷齊後進尚嵬瑣從來一大事幾作鴻毛荷知非言所及結網魚受課誰持空空質放縱無不可茲門小精廬荒寂衆萬過欣予二三子拙力守饑卧揚花安得攬飛去天隅壓唯有露垂垂滿畦紅藥墜

匠門又名干將門闔閭使干將於此置冶鑄劒故名此門水陸二路皆出海道通大海沿松江下滬瀆今廢而婁葑之間尚有匠門塘直東又有歐冶廟干將墓或但云將門意聲之譌或省稱也

婁門以直秦婁縣而名吳地記婁別作疁范志云今崑山縣東北三里許有聚落尚名婁縣

齊門吳越春秋云闔閭十年既破齊齊以女爲質吳爲太子波聘之齊女少日夜號泣成疾闔閭乃造北門令女往遊其上因名曰望齊門此即齊景公涕泣女吳事吳地記作太子終纍及九層飛樓之說皆非

平門一名巫門吳地記云平門水陸並通出毗陵等道吳伐齊從此出軍因號平門今有平門塘一云巫咸所葬故又號巫門或謂平巫字畫近耳王賓詩商家太戊有賢臣葬在平門野水濱寒食杏花風雨裏一杯椒糈奠何人

子城附

子城在大城內東偏相傳亦子胥所築周十二里高二丈五尺五寸厚二丈三尺越絕書云小城門三皆有樓其二增水門其一增柴路今呼爲柴巷虞氏家記云小城白門闔閭所作始皇時守宮吏燭燕窟失火燒宮而門樓尚存歷漢唐宋皆以爲郡治今燕樓西小石橋足子城泄水溝石上所刻隸書有唐乾符二年七月十四日建併勾當料匠等姓名張士誠僭竊時爲太尉府繼經敗燬城夷圮畧盡今獨存南門頹垣上置官鼓司更覆以小舍及列十二辰牌按時易之郡人呼爲鼓樓城四面舊有水道所謂錦帆涇也今亦多淤其東尚存故蹟稱爲濠股

崑山縣城相傳吳子壽夢所築後惟樹竹木爲柵宋猶然元至正十七年方國珍犯境始築土城甃之高一丈八尺周一十二里二百七十八步濠[illegible]五尺廣六尺城有六門弘治四年知縣楊子器[illegible]樓其上名東曰賓曦西曰留暉南曰朝陽北曰[illegible]極東南曰迎薰西南曰麗澤

常熟縣城初亦列竹木爲柵祥符經云周二百四[illegible]十步高一丈厚四尺[illegible]炎間知縣李閶之始建門五東行春西秋報南[illegible]流北宣化東北介福元築土城周一萬四千八百四十丈闢門十一至元十六年張士誠重甃以甎高二丈二尺厚一丈二尺周九里三十步復增闢小東門今門六行春秋報阜民即舊承流拱辰即舊宣化俗呼北旱門通江即舊介福俗呼北水門阜安即小東門

吳江縣城梁開平間錢鏐築後廢宋嘉祐二年知縣裴煜復建南北二門元至正十二年知縣札牙進重建北門十六年張士誠重築高二丈八尺厚一丈五尺周五里二十七步四門各以方名陸門四水門三成化間知縣陳堯弼重建城樓

嘉定縣城宋嘉定十二年知縣高衍孫築元至正十六年張士誠遣其將呂珍再築周一千六百九十四丈一尺八寸闊三丈高[illegible]丈五尺濠闊二丈深五丈門四東曰晏海西曰合浦南曰澄江北曰朝京

吳淞江守禦千戶所城在嘉定縣東南四十里洪武十九年滎陽侯鄭遇春等築土爲之周五里一[illegible]四步二十二年千戶施鎮永樂十六年都指揮谷祥張鉞楊等相繼增築高二丈七尺四方各闢門[illegible]

太倉州城元至正十七年張士誠遣其將高智廣始築高二丈廣三丈周一十四里五十步濠深一丈五尺廣八尺陸門七曰大東小東小南大南小西大西小北大北水門三曰大東小西大西其後門與樓俱廢成化十八年都指揮同知鄭鋐復建大南門樓

崇明縣城元至正間所築已圮于海永樂十九年知縣高居正王瑛繼創今城初壘土爲之周九里三十步濠廣十一丈宣德初始甃以甎周一千六百十八丈正統八年都指揮使翁紹宗復增門樓四角樓四警鋪三十門四東曰寧洋西曰承恩南曰迎薰北曰安順

附吳都賦 左思

東吳王孫囅然而咍曰夫上圖景宿辨於天文者也下料物土析於地理者也古先帝代曾覽八紘之洪緒一六合而光宅翔集遐宇鳥策篆素玉牒石記烏聞梁岷有陟方之館行宮之基歟而吾子言蜀都之富禺同之有瑋其區域美其林藪矜巴漢之阻則以爲襲險之右徇蹲鴟之沃則以爲世濟陽九齷齪而算固亦曲士之所歎也旁魄而論都抑非大人之壯觀也何則土壤不足以攝生山川不足以周衛公孫國之而破諸葛家之而滅茲乃喪亂之丘墟顛覆之軌轍安可以儷王公而著風烈也翫其磧礫而不窺玉淵者未知驪龍之所蟠也習其弊邑而不覩上邦者未知英雄之所躔也子獨未聞大吳之巨麗乎且有吳之開國也造自泰伯宣於延陵蓋端委之所彰高節之所興建至德以創洪業世無德而顯稱由克讓以立風俗輕脫躧於千乘若率上

亦論都而非列國之所觖望也故其經略上當星紀拓土畫疆卓犖兼并包括干越跨躡蠻荊婺女寄其曜翼軫寓其精指衡嶽以鎮野目龍川而帶坰爾其山澤則嵬嶷嶢屼巊冥鬱岪潰渱泮汗滇㴐淼漫或湧川而開瀆或吞江而納漢磈磈磈磈滮滮涆涆歕溢千數州之間灌注乎天下之半百川派別歸海而會控清引濁混濤并瀨濆薄沸騰寂寥長邁濞焉洶洶隱焉磕磕出乎大荒之中行乎東極之外經扶桑之中林包暘谷之滂沛潮波汩起迴復萬里歊霧漨浡雲蒸昏昧泓澄奫潫澒溶流漾莫測其深莫究其廣澶湉漠而無涯總有流而爲長瑰異之所叢育鱗甲之所集往於是乎長鯨吞航修鯢吐浪躍龍騰蛇蛟鯔琵琶王鮪鯸鮐鮣龜鱕鯌烏賊擁劍鼊鼉鯖鰐涵沫乎其中葺鱗鏤甲詭類舛錯泝洄順流噞喁沉浮鳥則鵾雞鸀鳿鸘鵠鷺鴻鶢鶋避風候鴈造江鸂鶒鷛鶲鶄鶂鶬鸛鷗鷖鷁鸕氾濫乎其上湛淡羽儀隨波參差理翮整翰容與自翫彫啄蔓藻刷盪漪瀾魚鳥聱耴萬物蠢生芒芒黖黖慌罔奄欻神化翕忽函幽育明窮性極形盈虛自然蚌蛤珠胎與月虧全

巨鼇贔屭首冠靈山大鵬繽翻翼若垂天振盪汪流雷抃重淵殷動宇宙胡可勝原島嶼緜邈洲渚馮隆曠瞻迢遞迥眺冥蒙珍怪麗奇隙充𨏬路絕風雲通洪桃屈盤丹桂灌叢瓊枝抗莖而敷蘂珊瑚幽茂而玲瓏屑罔重阻列真之宇玉堂對霤石室相距藹藹翠幄嫋嫋素女江斐於是往來海童於是宴語斯實神妙之響象𧬈難得而觀縷爾乃地勢坱圠卉木䍴蔓遭藪爲圃值林爲苑異荂蓲蘛夏曄冬蒨方志所辯中州所羨草則藿蒳豆蔻薑彙非一江蘺之屬海苔之類綸組紫絳食葛香茅石帆水松東風扶留布護皋澤蟬聯陵丘夤緣山嶽之岊羃歷江海之流扤白蔕衘朱蕤鬱兮䓍茂曄兮菲菲光色炫晃芬馥肸蠁職貢納其包匭離騷詠其宿莽木則楓柙櫲樟栟櫚枸榔緜杬杶櫨文欀楨橿平仲桾櫏松梓古度楠榴之木相思之樹宗生高岡族茂幽阜擢本千尋垂蔭萬畝攢柯拏莖重葩殗葉輪囷蟉蟠埽熛鱗接榮色雜糅綢繆縟繡宵露霮䨴旭日晻時與風颻颺颲瀏颼飀鳴條律暢飛音響亮蓋象琴筑并奏笙竽俱唱其上則猨父哀吟貚子長嘯狖鼯猓然騰趠飛

超爭接縣垂競游遠枝驚透沸亂牢落翬散其下則有梟羊麡狼猰貐貙象於菟之族犀兕之黨鉤爪鋸牙自成鋒穎精若燿星聲若震霆名載於山經形鏤於夏鼎其竹則篔簹箖於桂箭射筒柚梧有篁篻簩有叢苞筍抽節往往縈結綠葉紫莖冒霜停雪橚矗森萃蓊茸蕭瑟檀欒嬋娟玉潤碧鮮梢雲無以踰嶰谷弗能連鸑鷟食其實鵷鶵擾其間其果則丹橘餘甘荔枝之林檳榔無柯椰葉無陰龍眼橄欖探榴禦霜結根比景之陰列挺衡山之陽素華斐丹秀芳臨青壁係紫房鷓鴣南翥而中留孔雀綷羽以翱翔山雞歸飛而來棲翡翠列巢以重行其琛賂則琨瑤之阜銅鍇之垠火齊之寶駭雞之珍賴丹明璣金華銀樸紫貝流黃縹碧素玉隱賑崴嵔雜插幽屏精曜潛穎硩陊山谷碕岸爲之不枯林木爲之潤黷隋侯於是鄙其夜光宋王於是陋其結綠其荒陬譎詭則有龍穴內蒸雲雨所儲陵鯉若獸浮石若桴雙則比目片則王餘窮陸飲木極沉水居泉室潛織而卷綃淵客慷慨而泣珠開北戶以向日齊南冥於幽都其四野則畛畷無數膏腴兼倍原隰殊品窊隆異等象耕

鳥耘此之自與爵秀菰穗於是乎在賓海爲鹽操山鑄錢國稅再熟之稻鄉貢八蠶之緜徒觀其郊隧之內奧都邑之綱紀霸王之所根柢開國之所基趾郛郭周匝重城結隅通門二八水道陸衢所以經始用累千祀也憲紫宮以營室廓廣庭之漫漫寒暑隔閡於邃宇虹蜺迴帶於雲館所以跨跱煥炳萬里也造姑蘇之高臺臨四遠而特建帶朝夕之濬池佩長洲之茂苑窺東山之府則瓌寶溢目䂮海陵之倉則紅粟流衍起寢廟於武昌作離宮於建業闡闔閭之所營采夫差之遺法抗神龍之華殿施榮楯而捷獵崇臨海之崔巍飾赤烏之韡曄東西膠葛南北崢嶸房櫳對櫳連閣相經闈闥譎詭異出奇名左稱彎碕右號臨硎彫欒鏤楶青瑣丹楹圖以雲氣畫以僊靈雖茲宅之夸麗曾未足以少寧思比屋於傾宮畢結瑤而搆瓊高闈有閌洞門方軌朱闕雙立馳道如砥樹以青槐亘以綠水玄蔭耽耽清流亹亹列寺七里俠棟陽路屯營櫛比解署棊布橫塘查下邑屋隆夸長干延屬飛甍舛互其居則高門鼎貴魁岸豪傑虞魏之昆顧陸之裔岐嶷繼體老成奕世躍馬疊跡朱輪

累轂陳兵而歸蘭錡內設冠蓋雲蔭閭閻闐噎其
鄰則有任俠之靡輕訬之客締交翩翩儐從奕奕
出躡珠履動以千百里讌巷飲飛觴舉白翹關扛
鼎拚射壺博鄱陽暴謔中酒而作於是樂只衎而
歡飫無匱都輦殷而四奧來暨水浮陸行方舟結
駟唱櫂轉轂昧旦永日開市朝而並納橫闤闠而
流溢混品物而同廛并都鄙而為一士女佇眙商
賈駢坒紵衣絺服雜沓從萃輕輿按轡以經隧樓
船舉颿而過肆果布輻湊而常然致遠流離與珂
珬縷賄紛紜器用萬端金鎰磊砢珠琲闌干桃笙
象簟韜於筒中蕉葛升越弱於羅紈𧦬譶聚㗶交
貿相競諠譁喤呷芬葩蔭映揮袖風飄而紅塵晝
昏流汗霡霂而中逵泥濘富中之甿貨殖之選乘
時射利財豐巨萬競其區宇則并疆兼巷矜其宴
居則珠服玉饌趫材悍壯此焉比廬捷若慶忌勇
若專諸危冠而出竦劍而趨扈帶鮫函扶揄屬鏤
藏鍦於人去戚自閭家有鶴膝戶有犀渠軍容蓄
用器械兼儲吳鉤越棘純鈞湛盧戎車盈於石城
戈船掩乎江湖露往霜來日月其除草木節解鳥
獸腯膚觀鷹隼誡征夫坐組甲建祀姑命官帥而
擁鐸將校獵乎具區烏滸狼䮕夫南西屠儋耳黑
齒之酋金鄰象郡之渠驫駥飍矞靸霅警捷先驅
前塗俞騎騁路指南司方出車檻檻被練鏘鏘吳
王乃巾玉輅軺驌驦旂魚須常重光攝烏號佩干
將羽旄揚蕤雄戟耀芒貝冑象弭織文鳥章六軍
袀服四騏龍驤峭格周施罿罻普張罼罕瑣結罠
蹏連綱陸以九疑禦以沅湘輶軒蓼擾彀騎熠煌
袒裼徒搏拔距投石之部猨臂骿脅狂趭獷猤鷹
瞵鶚視趁趚翋𦐂若離若合者相與騰躍乎莽罠
之野干鹵殳鋋暘夷勃盧之旅長殺短兵直髮馳
騁儇佻坌並銜枚無聲悠悠旆旌者相與聊浪乎
昧莫之垧鉦鼓疊山火烈熛林飛爛浮煙載霞載
陰莅掫雷硠崩巒弛岑鳥不擇木獸不擇音虣甝
虪頹麋麖麢六駮追飛生彈鸞鵕射猱挺白雉落
黑鴆零陵絕嶛嶕聿越巉險跇踰竹柏𤜱杞柟
封狶䓗神螭掩剛鏃潤霜刃染於是弭節頓轡齊
鑣駐蹕徘徊倘佯寓目幽蔚覽將帥之拳勇與士
卒之抑揚羽族以觜距為刀鈹毛群以齒角為矛
鋏皆體著而應卒所以挂扢而為創痏衝踤而斷
筋骨莫不衄銳挫芒拉捭摧藏雖有石林之岝崿
請懷宿而齊之雖有雄虺之九首將抗足以跐之
顛覆巢居剖破窟宅仰攀鵕鸃俯蹴豺獏刦剞熊
羆之室剽虎豹之落猩猩啼而就禽𤝏𤝏笑而
被格屠巴蛇出象骼斬鵬翼掩廣澤輕禽狡獸周
章夷猶狼跋乎紭中忘其所以睒睗失其所以去
就魂褫氣懾而自踢跡者應弦飲羽形僨景僵者
累積而增益雜襲錯繆傾藪薄倒岬岫巖穴無豜
豵翳薈無麏鷚思假道於豐隆披重霄而高狩籠
烏兔於日月窮飛走之棲宿嶰澗闃岡岵童罾罕
滿效獲眾迴靶乎行睨觀漁乎三江泛舟航於彭
蠡渾萬艘而既同弘舸連舳巨檻接艫飛雲蓋海
制非常模疊華樓而島峙時髣髴於方壺比鷁首
而有裕邁餘皇於往初張組幃搆流蘇開軒幌鏡
水區篙工檝師選自閩禺習御長風狎翫靈胥責
千里於寸陰聊先期而須臾櫂謳唱簫籟鳴洪流
響者禽鷟弋磻放稽鷦鵬虞機發留鵁鶄鉤餌縱
橫網罟接緒術兼詹公巧傾任父筌䱜鱔鱺鱨鯊
罣兩魪罺鰝鰕乘鱟黿鼉同罛共羅沈虎潛鹿馬
䲒儵束徽鯨輩中於群犗欃槍暴出而相屬雖復
臨河而釣鯉無異射鮒於井谷結輕舟而競逐迎
潮水而振緡想萍實之復形訪靈夔於鮫人精衛
銜石而遇繳文鰩夜飛而觸綸北山亡其翔翼西
海失其遊鱗雕題之士鏤身之卒比飾虯龍蛟螭
與對簡其華質則亂貴錦繢料其虓勇則鷹悍狼
戾相與昧潛險搜瓌奇摸蝳蝐扪觜蠵剖巨蚌於
回淵濯明月於漣漪畢天下之至異訖無索而不
臻谿壑為之一罄川瀆為之中貧哂澹臺之見謀
聊襲海而徇珍載漢女於後舟追晉賈而同塵汩
乘流以砰宕翼颶風之颵颵直衝濤而上瀨常沛
沛以悠悠沉可休而凱歸揖天吳與陽侯指包山
而為期集洞庭而淹留數軍實乎桂林之苑饗戎
旅乎落星之樓置酒若淮泗積殽若山丘飛輕軒
而酌綠醽方雙轡而賦珍羞飲烽起釂鼓震士遺
倦眾懷忻幸乎館娃之宮張女樂而娛群臣羅金
石與絲竹若鈞天之下陳登東歌操南音胤陽阿
詠韎任荊艷楚舞吳愉越吟翕習容裔靡靡愔愔
若此者與夫唱和之隆響動鐘鼓之鏗耾有殷坻
頹於前曲度難勝皆與謠俗汁協律呂相應其奏
樂也則木石潤色其吐哀也則淒風暴興或超延
露而駕辯或踰綠水而采菱軍馬弭髦而仰秣淵

姑蘇志卷第十七

坊巷

表厥宅里自周有之所以賢其人也後世乃以表科第近又以表其官此有司崇重激勵之意其亦盛矣吳中古坊甚多其巷名亦多沿於古今並列焉然其義則或有不可攷者矣

東南隅坊十九

孝義坊 東甜橋巷

通闤坊 金母橋西

繡錦坊 飲馬橋北

儒教坊 飲馬橋南

旌義坊 拳攣頭

孝友坊 南園巷東

玉淵坊 南星橋

吳會坊 舊府治東因吳會亭名

積善坊 舊府治西

阜通坊 夏侯橋西

儒學坊 烏鵲橋南宋樞密林希與諸弟所居因父槩先在國史儒學傳故名

袞繡坊 烏鵲橋北宋太子少保元絳歸老知州章岵立

晉寧坊 濠股口紹聖中知州賈青造樂簡堂於此

和令坊 槐樹巷唐末舊有名紹興初楊存中居此追封和王亦先兆也

孔聖坊 南倉橋南舊有夫子廟居北景祐中方割南園地立學嘉泰初因建坊以表之

繡衣坊 南倉橋北

狀元坊 醋庫巷口淳熙間郡守韓彥質爲黃由立○已上紹定二年重建又一坊南星橋西咸淳中郡守陳均爲阮登炳立留夢炎書

覺報坊 以覺報寺名表於巷曲章巽亭題咸淳中郡守黃萬石重修林祖恭[illegible]

東北隅坊二十

干將坊 東市門因干將墓對峙而名

建善坊 干將坊內

眞慶坊 宮巷口

遷善坊 草橋頭

布德坊 顧家橋東

富仁坊 魚行橋東

闓德坊 周太保橋東

崇義坊 禪興寺橋南

閭丘坊 張馬步橋北閭丘孝終所居

乘鯉坊 張馬步橋東

碧鳳坊 玄妙觀前

大雲坊 玄妙觀西林虛所居虛號大雲翁

豸冠坊 仁王寺前侍御史范師道所居范之前已有豸冠市蓋倣古也

慶源坊 大郎橋東丞相丁謂所居初名晉公坊後易今名

天宮坊 迎春巷口天宮寺西南蓋以寺名

迎春坊 百口橋西歲以立春前一日自婁東門迎春至郡故名○已上紹定二年重建

表忠坊 祥符寺西橋北嘉熙中郡守吳潛表里人焚香祝聖人壽者

鶴市坊 故市巷口東有鶴舞橋淳祐初寓公鄭定大卿立

仁美坊 南顧子巷右史上官渙酉所居

大慈坊 大慈寺爲名寶祐中郡守趙與篙立

西南隅坊十七

武狀元坊 紙廊巷淳熙十一年郡守謝師稷表林嵘所居

吳歈坊 西甜橋巷

平權坊 跨街樓南

館娃坊 西館橋東側

和豐坊 西館橋西側

好禮坊 富郎中巷嘉泰初表富嚴所居舊名德壽

麗澤坊 織里橋北

通波坊 織里橋南

孫君坊船場巷知州孫昆修唐白頭橋建坊因名
賓興坊貢院南即今明澤橋北　義和坊杉瀆橋東
靈芝坊杉瀆橋西侍其巷內皇祐五年爲侍郎蔣堂立初名難老兵部員外郎李晉卿守郡
之明年因所居產靈芝故名堂有詩謝兵部黃門誕丘園靈毗貴醴泉至和非我召美化自公宣秀
色鄰三徑幽光被一廛詩麗秉筆郡爲我列詳編○使君有意餘門閭雅爲靈芝揭表初招隱還遂
往還者從茲認得野人居　同仁坊金獅子巷
晝錦坊南營西元豐中晏知止守郡爲程師孟立適其第落成坊未名朱長文有詩勝地寬
閭舊卜鄰者昔年得意歸高門中吳晝錦如君少好作坊名貴故園晏得之遂以名坊
載維坊開元寺巷　坤維坊瑞光寺
[illegible]坊南園巷已上[illegible]坊紹定二年重建

坊十六
市坊鐵瓶巷口即梅福所隱西市門　嘉魚坊魚行橋西
周武狀元坊雍熙寺東慶元二年爲周虎立其居相傳吳周瑜故宅也
文正坊普濟橋東文正書院前成化間郡守丘霽配立義澤坊徐有貞書
流化坊吳縣東　盍簪坊張馬步橋
德慶坊禪興寺橋西宋直龍圖閣盧秉奉其親年八十餘郡爲表之
立義坊卧佛寺西　甘節坊承天寺東
至德坊皐橋西泰伯廟前　吳趨坊皐橋西南陸機詩所謂吳趨自有始
請從閶門起是也　仁風坊十九勝巷泰伯導仁風亦陸機詩語
清嘉坊朱明寺西陸機詩土風清且嘉　太平坊太平橋西亦以橋名

樂圃坊清嘉坊南朱長文所居名樂圃知州章岵建坊表之其詳見園第
純孝坊湯家浜東里人剖心療毋病今亡其名已上紹定二年重建純孝坊嘉熙中郡守
吳潛建

附紀古坊三十二

白賁坊　金鳳坊一作金風　鳴蜩坊　闔閭坊
常樂坊　白華坊　洊雷坊　噬嗑坊
曳練坊或傳孔子登泰山東望吳閶門數曰吳門有白馬如練因是立名
長干坊　處暑坊　萇楚坊　即次坊
南祀坊　望舒坊　通波坊　承浮坊已上
十七坊屬吳縣　必大坊　循陔坊　仲呂坊

布農坊　釋菜坊　開冰坊　南政坊
八貂坊　青陽坊一作青春　太玄坊　玉鉉坊
夷則坊　黃鸝坊樂天詩黃鸝巷口鶯欲語烏鵲橋頭冰未消是也
三讓坊　陋蜀坊已上十五坊屬長洲縣

國朝以來坊八十二

濂溪坊在資壽寺巷濂溪祠傍天順五年立
三公坊爲刑書俞士悅立　榮祿坊爲太保陳鎰立
翰英坊爲詹事劉鉉立　及第詞林二坊爲祭酒陳鑑立
世恩坊爲王永和及子汝霖立　世科坊爲顧巽顧瞻顧餘慶王世進士立
解元坊五爲謝瑤劉昌賀恩王鏊唐寅立

會元坊二 為吳寬王鏊立
狀元坊三 為施槃吳寬朱希周立
進士坊三十 為張杋韓雍趙禎黃鐩吳璘陳僎張翥孔鏞馮定劉翰馬愈周觀文林張習董彝徐源劉纓沈元薛英沈林孫霖顧源文森沈朮沈燾曹鳳陸完黃暐張約許銘立
繡衣坊九 為顧鼎戈立張偁林符朱文劉纓杜啓王倬史鑑立
都憲坊五 為陳鎰韓雍劉纓陳璚徐源立
學士清峻二坊 為吳寬立
武選方伯二坊 為徐源立
會魁坊 為孔友諒立
擢秀坊 為行吳得立
瑞秀坊 為李綬立
老桂坊 為進士奚昌立
太史坊二 為吳一鵬陳霽立
司諫坊 為毛珵立
獻納坊 為楊昇立
承獻坊 為劉海立

登第坊五 為舉人浦應祥郭忱木茹昂劉桐立
清卿坊 為馬紹芳立
儒榮坊 為顧璠立
進賢坊 為謝會立
紹美坊 為九淳立
文明坊 為雷翀立
恩光坊 為御醫陳公賢立

東南隅巷五十八

花巷
東憩橋巷
北新街巷
南新街巷 俱卧龍街
雙井巷 有古井二
張古老巷
周司徒巷 金母橋北
鼓角營巷 孝義坊內
臨倉巷 夏侯橋西
柴巷 夏侯橋東

閶橋巷
濠股巷
晉寧坊巷 俱草橋西南
槐樹巷 正覺寺前
樂營堂巷
廿八錢巷
十郎巷
逍遙巷 俱甫橋南
儒達巷
司馬巷
道堂巷 俱馬宗橋南
胡書記巷 有橋故名
張泥金浜巷
白蜆橋巷
盡市橋巷 萬壽寺西
夾城巷 東禪寺前
石匠巷 雙塔寺東因有石作居此
王判司巷
葉家巷 望信橋西
積慶寺巷 善教橋北

孔夫子巷 昔有夫子廟
顏回巷 夫子巷後蓋後人擬此
醋庫巷 有黃由狀元坊
金雀巷 水僊廟前
水僊廟巷
衮繡坊巷
公孫巷 俱烏鵲橋東北
皂莢巷
馬軍巷
四酒務巷 俱平橋南
龐耆巷
旌義坊巷
孝友坊巷
通津巷 俱飲馬橋南
翁家巷
東楊家巷 俱府學東
白重章巷
倪真巷
五聖巷 長洲縣前
五龍堂巷

趙家園巷　破井巷
船舫巷　蓮城巷俱帶城橋西南
黃師巷　石皮巷
南白塔子巷善教橋對　蘇家巷
東北隅巷六十八
富仁坊巷魚行橋東　吉油巷
大酒巷舊名黃土曲巷唐有富人治亭館醞美酒以延賓旅酒價頗高故名
條坊巷　塔兒巷織染局前
九勝巷寶積寺北　寶積寺後巷
大雲坊巷玄妙觀西　宮巷玄妙觀前唐稱紫極宮故今猶名

油巷草橋西　丁晋公巷俗名丁家巷甫橋北
周将軍巷醋坊橋東舊名九曲墻圖巷吳周瑜故宅宋周虎居此故名
蕭家巷　資壽寺巷
巾子巷　朱張巷萬壽寺後
眞慶坊巷　迎僊坊巷
積善坊巷　皁通坊巷
錦繡坊巷　南寨巷
北寨巷　金將仕巷
破樓巷　淨河巷
郭樂官巷　范虹蜺巷俱在玄妙東丞相

蘆荻巷　喬司空巷
乘鯉坊巷俗名鶻鶻巷　閶丘坊巷張馬步橋東
祥符寺巷　故市巷俗名孶子巷
章家橋巷　南王家巷
北王家巷俱臥龍街　王武功巷
張家園巷　石塘巷俱北寺東
樂鼓巷　官沙巷天妃宮前
車欄巷寶光寺西　倪巷
顯子巷　碎金巷
碎銀巷　東故市巷

花橋巷　碧鳳坊巷
珍珠巷　運通巷
包婆巷俱臨頓里　迎春坊巷
百家巷以百口橋故名　騎龍巷張香橋南
李墓巷　周通橋巷
任蔣巷　同坊巷
白塔子巷　流眞巷
丁香巷　南顯子巷
北顯子巷　崇甫巷
唐家巷　新橋巷俱齊門內

西南隅巷五十三

紙廊巷花巷對
甜橋巷孝義坊對
明月巷
平權巷
倉後巷俱卧龍街
東米巷在館娃坊
大石頭巷通平權坊
娥眉橋巷
荳粉巷
勾欄巷
西米巷在和豐坊
府後巷
柳巷
花街巷
八娘子巷俱府治後
中街巷府治西俗名羊肉巷
東打繩巷
支家巷

板寮巷
廟堂巷對柳巷
富郎中巷太平橋南
陸侍郎巷在中街巷內
四天燈巷女冠子橋西
陳麻皮巷
東船場巷
西船場巷
壽寧巷
侍其巷靈芝坊內侍其汚所居
新橋巷
穿堂巷
芙蓉巷
雙隱巷
社壇巷
楊家巷府學前
南園巷
蒲帆巷
朱香獅巷
開元寺後巷

廟灣巷
泮環巷
西包司巷
太師巷
郭家巷
書錦坊巷
蓮花池巷
東採蓮巷
西採蓮巷
射朶巷
金獅子巷在同仁坊
果子巷
水糰巷
天燈巷
孔家園巷
燈心園巷
五郎園巷俱胥門內

西北隅巷四十七

鐵瓶巷在西市坊口
康王廟巷
彈子巷
嘉魚坊巷俗名孫織紗巷
尚書巷故吳文定公所居弘治十七年知府林世遠立舊名脩竹
光盪巷黃土塔橋南
麋都兵巷
流化坊巷吳縣治東
周武狀元巷
祭祀巷
蒲菱巷
雙林巷
盍簪坊巷
德慶坊巷巳上十四巷俱卧龍街
桑園巷在承天寺前
馬大錄巷
曹家巷
高師巷
王洗馬巷

仁風巷　純孝坊巷俱在中街路內
東百花巷　西百花巷
繡線巷　海紅花巷
許蘊子巷　樂圃坊巷
金銀巷　吳殿直巷小市橋北吳感所居因名
斑竹巷　查先生巷小市橋東北
通濟巷　王天井巷城隍廟西
普濟巷　長春巷
德勝巷　湯家巷皐橋東側有湯家浜
書巷　石塔子巷閶門內

鄭使橋巷　梵門橋巷
王樞密巷　周五郎巷
寨兒巷俱在吳趨坊內　徐大船巷
昇平橋巷　蔣家橋巷
鑽龜巷一云鱄諸巷今稱吳音訛耳

城外

義澤巷閶門外釣橋下俗名狗肉巷雖隘而商賈所集
方基巷　蓬巷
小猪巷已上在渡僧橋　丁家巷
石牌巷陸公橋南吳長二縣立界牌于此故名已上在上塘

義慈巷　樂營堂巷
碧瀾巷舊名陳燈草巷　姚家巷已上在南濠
鄭家園巷葑門外安里橋北　石衢巷
肖浜巷張氏故居今有進士二坊　周方巷蔣家橋西
施家巷今稱朱孝子巷　陳僉事巷
邢家巷

崑山縣坊四十九

近民坊縣治西南今名齊禮　覽德坊縣治東今易名道德
平政坊縣治南今名宣化　武寧坊平橋西
成達坊縣學東今名興賢　朝京坊西柵

朝宗坊南柵　畫豐坊北柵
玉鎮坊馬鞍山前　忠正坊趙忠簡府前
登平坊倉巷內　春和坊平橋東
登春坊柵巷　日新坊前新街
又新坊後新街　通德坊鄭大資府前
安定坊安定橋西　太平坊太平橋南
積善坊南庫橋西　富繼坊南庫橋北
儒學坊蔣家橋東　寶信坊寶月橋西
貴德坊通閭橋東　德潤坊後市橋南
明德坊後市巷西　餘慶坊薺菜橋東

厚俗坊陳老橋東　片玉坊陳老橋西
安榮坊姚家巷南　興仁坊東城巷南
惠政坊巷南　近賢坊醋庫巷南○已上三十二坊宋淳祐間縣令項公澤建主簿吳堅書扁
孝感坊在縣市片玉坊內寶祐乙卯邑人曹椿年刲股療母病知縣胡槩白于郡郡守趙汝歷立坊以表之及借補椿年爲承信郎
旌孝坊在忠正坊北咸淳壬中邑人榮[redacted]刲股救母縣爲建坊
光化　平樂　招賢　永昌四坊載古經今不可考
狀元坊三淳熙甲辰衛涇魁天下始建坊于石浦鎮國朝又二坊爲朱希周顧鼎臣立
太卿霑恩二坊平橋南爲夏㬌立
雙豸坊富春橋北爲張和張穆皆官憲副立先名雙桂
會元坊酒坊橋下爲陸釴立　經魁坊爲方鵬立
進士坊十三爲盧瑛葉盛沈祥鄭文康高巘吳瑞吳愈虞臣朱栻陸昆項棟王秩　紫薇坊爲項璁立
晝錦坊爲吳凱立　雙璧坊爲[redacted]
繡衣坊爲王倬顧潛立　金榜傳芳坊爲進士吳蘭立

巷二十七

社壇巷　醋庫巷進賢橋北宋元醋庫在此故名
東寺巷　西寺巷
北倉巷　東城巷
弓手巷西寺巷東北　華亭巷
後市巷明德坊東　州廳巷貴德坊東
姚家巷安榮坊北　項容巷
金童巷　秦家巷
潘家巷縣治東北旌孝坊內　鄧家巷
章家巷　郁家巷片玉坊內
辛家巷　孫家巷
明王堂巷　李侍御巷通闤橋東宋李衡所居
顧二者巷太平坊內　陳賣羊巷
楊編笄巷春和坊北　柴巷半山橋東南
焚巷已上載玉峯志

常熟縣坊三十一

子游闕里　春風坊迎恩橋東
迎僊坊望僊橋東　壽安坊縣治西臨何家橋
衍慶坊慧日寺東　牧愛坊縣治南成化十年立今名花封
飛烏坊縣治左宣德間建今更名仁壽　阜民坊縣治左舊名富民
衮繡坊慧日寺西爲宋曾丞相建　叢桂坊慧日寺南宋爲冷世光兄弟建
文學坊文學橋西　通濟坊縣治東臨通濟橋
虞山坊慧日寺西以山爲名　聚星坊市心北宋爲錢丘富諸公建
紫薇坊聚星坊西宋爲崔子平建　興福坊縣治東北興福巷○已上舊坊
五桂坊縣治西北景泰間爲章儀章表章格章律章庶立

學士坊弘治間爲李傑立　文魁坊正統戊午爲呂㫤立

都憲尚書二坊爲程宗立　解元坊二爲沈謐章表立

進士坊八爲錢昕湯琛陸潤瞿俊錢承德周木葉頤立

巷二十二

吳國言公東西二巷縣治東西舊名子游巷

新街巷縣治東　捕盜巷縣治東北

青果巷縣治東果菜交易之處　金駝巷

廟巷　白家巷

花園巷　太平巷俱縣治東南

鎮橋北巷縣治西　朱師巷

陳家巷俱縣治西南　冷家巷冷世光所居

隱僊巷虞山下　東塔巷延恩橋東

槐柳巷通虞山　何家巷縣治西

興福巷縣治東北　曾家巷曾丞相所居

市心巷何家橋　邵巷縣治西北

吳江縣坊二十三

延壽坊縣市中延祐元年立　顯德坊運河南

衍慶坊昭靈觀前　僊里坊僊里橋南

壽山福海二坊北寺前　福德昭應二坊城隍廟前已上四坊洪熙元年立

大有永濟二坊濟農倉前

登雲坊正統六年松陵驛丞鄭溫中南京鄉試立坊於驛前

旌孝坊震澤鎮宋寶祐二年知府趙汝霖爲孝子陸十七立巳廢洪武三年知州孔克中立

狀元坊洪武三年爲淳祐特奏名狀元魏汝賢立

會元坊成化十七年爲趙寬立二坊俱在縣學前

進士坊九爲范琮莫震梅倫黃著吳洪葉紳吳鋆魯昂王哲立

巷四

鐵局巷縣東積善鄉北至正間有鐵匠局在內故名　勾欄巷鐵局巷後

北寺巷縣西延壽坊北

合堂巷縣東北

嘉定縣坊三十五

守忠坊縣治東寶慶橋　安業坊縣治東寶慶橋西

里仁坊縣治東普濟橋北　正心坊縣治東晏海門內

嘉禾坊縣治西廣平橋北　濟民坊縣治西僕射巷口

慶宣坊縣治西廟涇橋東　珠還坊縣治西合浦門內

富廩坊縣治西倉巷口　太平坊縣治南巷口

永安坊縣治南登龍橋南　興賢坊縣治前登龍橋南

孝感坊朝京門內　德富坊太平坊東

富安坊縣治南　便帆坊永安橋北

奉僊坊熙春橋南　拱星坊縣治東北北巷口

呈瑞坊孩兒橋北　大德坊大德橋北

丹桂坊 普濟橋北
崇文坊 保安橋北
解元都憲二坊 爲徐瑄立
世科坊 爲徐浡立
進士坊六 爲潘暄范純徐博李宗祐李良楊錦立
都諫清要二坊 安亭鎮爲楊瑛立
登龍門步蟾竄二坊 澄江門內爲葛鏞立

巷十五

倉巷 縣治西太平橋北
新巷 縣治西崑福寺西偏
南巷 在興賢坊
北巷 在拱星坊
孩兒橋巷 縣治東普濟橋南
張馬巷 縣西南隅
東市橋巷 縣東普齊橋南
後巷 三教堂前

烏盆巷 縣東南隅
盛巷 縣治北大德橋北
于巷 縣治西隱寺西
僕射巷 縣治西崇眞道院西
宅西巷 縣治西登平橋
宣巷 縣治東即管家巷
李巷 縣治西孩兒橋

太倉州坊四十六

明德坊 太倉衛前
布政坊 明德坊北
崇文坊 甘泉巷北
興政坊 旗纛廟前
聲教坊 誠樓橋東
里仁坊 鎮民橋北
廣寒坊 武陵橋南
中正坊 武陵橋南
豐積坊 明德坊南
富安坊 豐積坊東

豐義坊 旱涇橋北
富潤坊 旱涇橋南
大和坊 旱涇橋下
興隆坊 鎮海衛前
興德坊 興隆坊北
佑聖坊 在巷內
德潤坊 靈官廟東
積善坊 城西橋東
餘慶坊 城西橋西
太平坊 鼓樓橋下
通濟坊 鎮民橋西
書錦坊 三同橋北
安福坊 晝錦坊南
義和坊 東門橋下
通海坊 景祥坊西
景祥坊 海門第一橋北
仁厚坊 景祥坊北
廣濟坊 永安橋西
東華坊 靈慈宮前
長春坊 長春橋下

進賢坊 鹽倉東
德濟坊 鹽倉西
登瀛坊 登瀛橋下
富盈坊 八字橋東
會元坊 儒學西爲太常卿陸釴立
狀元坊 爲毛澄立
進士坊 爲陳璉陳琦陸昶顧瑾郭經夏時陸容姜昂黄宣立
人瑞坊 弘治十一年巡撫都御史彭禮爲毛澄祖百歲翁立

巷十

甘泉巷 富民橋北
積寶巷 旱涇橋南
旗纛巷 興武衛內
北巷 武陵橋北
安泰巷 稅課司西
泰福巷 安福橋下
泰昌巷 東門橋東
仁和巷 東門橋西

仁德巷仁和巷內　鹽鐵巷儒學西

明縣坊三十四

宣明坊　思政坊縣西通承恩門

愛民坊　崇文坊縣右南通迎薰門

朝陽坊在縣東　敬順坊東門內與美化坊相對

同樂坊昇平橋西　居安坊昇平橋東

熙春坊昇平橋南　遷善坊熙春坊南

咸寧坊遷善坊南　壽康坊遷善坊南相對咸寧坊

中順坊　集義坊

迎薰坊　思敬坊城隍廟東

明威坊城隍廟西　阜民坊縣右北通安順門

永安坊　通明坊

泰和坊　居仁坊

益潤坊　西城坊通泗橋西

拱宸坊　安定坊

保民坊　景賢坊文廟西

從善坊　敷政坊縣治前

正俗坊縣東　還淳坊已上三坊洪武三年立

美化坊東門內　保安坊城隍廟東

卷十七

明禮巷南城東　朝陽巷南城西

興賢巷儒學前　思敬巷城隍廟前

忠孝巷城隍廟北　濟農巷忠孝巷北

集義巷縣南西　景賢巷儒學西

從善巷儒學東　居仁巷寧洋門內南

熙春巷寧洋門內北　瀛洲巷寶慶觀前

西成巷承恩門內南　樂遂巷承恩門內北

咸寧巷安順門內東　武安巷安順門內西

明威巷千戶所東

蘇志卷第十七

姑蘇志卷第十八

鄉都市鎮村附

今制聯民有鄉里都圖區保之名雖與古異亦
先王鄉田同井使百姓親睦之意也若郊外民
居所聚謂之村商賈所集謂之鎮雖不列於官
亦以類附書焉

吳縣鄉二十四圖二十七都三十七

麗娃鄉南宮里管圖九 南元一二南利一二南真一五

永定鄉安仁里管圖六 南亨一南利三北元一二北亨一北真五

鳳凰鄉集祥里管圖七 北真一至四北元三北利一二

大雲鄉慶雲里管圖五 北亨二至北利三

履仁鄉義安里今廢 已上城內

靈巖鄉晏宮里在縣南管都一 第一

吳門鄉禾蓮里在縣西南管都一 第二

横山鄉青壤里在縣西南管都二 第三第四

太平鄉全吳里在縣西南管都二 第五第六

吳苑鄉勝化里在縣西南管都一 第七

大吳鄉南胥里在縣西管都三 第八第九第十

至德鄉昌用里在縣西管都二 十一十二

胥臺鄉石城里在縣西管都二 十三十四

南宮鄉新安里在縣西長沙山管都四 十五至十八

長山鄉光福里在縣西北管都一 十九

穹窿鄉皐安里在縣西管都三 二十至二十二

長洲鄉集嘉里在縣西管都二 二十三二十四

西華鄉懷義里在縣西衝漫二山管都一 二十五

遵禮鄉守義里在東洞庭余山界管都二 二十六二十七

震澤鄉闔城里在東洞庭管都一 二十八

蔡仙鄉白門里在東洞庭管都二 二十九三十

姑蘇鄉梅梁里在西洞庭横山陰山葉余山管都三 三十二至三十四

洞庭鄉玄宮里在東洞庭厥山澤山三山界管都二 三十五三十六

長壽鄉習義里在西洞庭管都二 三十七三十八

市一

月城 閶門內出城自釣橋西渡僧橋南分為市心舊有闤闠坊兩京各省商賈所集之處又有南北濠上下塘為市尤繁盛

鎮五

横塘 去縣西南十三里有横塘橋風景特勝宋賀鑄有別墅在焉嘗賦青玉案詞凌波不過横塘路但目送芳塵去錦瑟年華誰與度月樓花院綺窓朱戶誰有春知處○碧雲冉冉蘅皐暮綵筆空題斷腸句試問閒愁知幾許一川烟草滿城風絮梅子黃時雨 范成大詩 南浦春來綠一川

石橋朱塔兩依然年年送客橫塘路細雨垂楊繫畫船吳寬詩夏半橫塘風日多畫船載酒壓晴波高田得雨皆秔稻長蕩幽雲盡芰荷未必他年成故事也須隨處結行窩悠悠廿里城西路此是登山第一歌

新郭去縣西南十五里

橫金去縣西南三十里有巡檢司

木瀆去縣西南三十里有巡檢司吳寬詩舟行三十里初向瀆川過客路偏逢雨人家盡枕河橋橫光福嶺水接洞庭波候尔嗟春及田間見荷蓑

光福去縣西五十里范成大詩指點炊烟隔莽蒼午餐應可寄前莊雞聲人語小家樂木葉草花深巷香春去已空衣尚絮雨來何晚稻初芒秖今農事村村急第一先陂貯水塘

社下去縣西一百十里范成大詩社下鍾聲送客邅安波熄鼓轉滄灣橫煙長處雞豚社落日濃邊橘柚山八表茫茫孤鳥去一生擾擾一舟間湖心行路平如鏡陸地風波卻險艱

村二百十四

常舍 石塔 王家 張老鴉
仙人塘 鸕塘 李墅 朱園
樊村 尹搭 胡搭 夏搭
彭涇 謝湖 薛家 陳家
姚家 范巷 張古 石狗
寺下陳在一都
前莊 管瀆 趙舍 前朱
後朱 南徐 北徐在二都

下周 石家 上沙 下沙
施家在三四都
梅灣 顧搭 盛搭 章家
孫莊 感慈 薦福 練墟
下陂 錢塘 周家 胥口
西趙 寮橋 香山 陳家
東陳 胥廟 浦莊在五六都
勝化 東化 南化 太平渠
上保 下保在七都
長源 石橋 大吳 澤塘

南胥 王家 西吳 李巷
反陂 馬舍 長墟在八九都
雁蕩 花園 沙涇 江村
獅山 板橋 孫家橋 何山
萬巷 呂巷 曹巷 徐巷
塔子 店橋 下王 包巷
下沙 下園在十至十二都
陳巷 東甲 西甲 胡塔
朱塔 花園 施塔 南馬
北馬 黃山北 黃山南 唐巷

張老鶴 中家 㠉村 吳家
方家 徐盛 金家 柳搭
下沙 下園 譚王莊 馬莊
顧搭 前巷 後巷 張家巷
史搭 東跨塘 西跨塘在十三十四都
東陽 西陽 呂山 南宮
新安 長沙 東吳 西吳
沈巷 南張 褚巷 東廟
陳巷 劉家 周山 梅舍
郁舍 西唐 吳璠 上蒯

下蒯在十五至十八都
市墟 徐家 迂里在十九都
東安 西安 錢家 石橋
下錢 南張 通安 小灣
周巷 王家 阜安 梅舍
東陽在二十至二十二都
東陳 孫舍 仕岸 顧思
黃墟 郁舍 馬山 東馬
西馬 吾山在二十三二十四都
西華 邢舍在二十五都

周灣 白砂 紀革 韓山
蔣灣 嵩下 南葉 北葉
石橋 趙灣 楊灣 北巷
南巷 長圻在二十六至二十八都
白湖 澄灣 屯灣 金灣
重亨 俞塢 金塔 施巷
葉巷 下楊灣 西金 吳巷
諸家灣 金家湖在二十九三十都
牢村 鳳凰 匽公 東墅
西墅 金塔 東寶石在三十二至三十四都

新村 玄宮 西寶石 永安在三十五三十六都
圻村 趙家 孫巷 曾家
太平 王家在三十七三十八都
長洲縣鄉十九圖二十二都二十九
樂安上鄉仁壽里管圖三文字一地字三元字一
上元鄉全吳里管圖四文字二仁字二地字二四
東吳上鄉顏安里管圖三仁字一二地字一
樂安下鄉仁壽里管圖二元字二亨字三四
鳳池鄉澄胥里管圖三貞字一二利字一

大雲鄉慶雲里管圖三 利字二至四

道義鄉守節里管圖三 貞字一至三 已上城內

彭華鄉功成里在縣西北管都五 第一至五

武丘鄉秉雲里在縣西北管都四 第六至八第九附郭

儒教鄉從化里在縣北管都三 十一至十三

金鵝鄉金栝里在縣北管都三 十四十五十六附郭

益地鄉金生里在縣東北管都二 十七十八

依仁鄉仁義里在縣東管都一 十九

吳宮鄉寶座里在縣東管都二 二十二十一

習義鄉孝廉里在縣東管都二 二十二二十三

陳公鄉金棲里在縣東南管都二 二十四二十五

蘇臺鄉貞豐里在縣東管都二 二十六二十七

東吳下鄉顏安里在縣東南管都二 二十八二十九附郭

尹山鄉蒲城里在縣東南管都一 三十

市五

大市 在樂橋稱爲市心古有東市西市穀市小市今皆名存市廢

黃埭 去縣北四十里

相城 去縣東北四十里

王墓 去縣東二十里

尹山 去縣東南二十里

鎮四

南里 去縣東四十里俗名陸直浦 高詩 長[illegible] 楊柳前浦後浦荷花人看旗出酒市[illegible] 歸釣家風波欲起不起煙日將斜未斜紀勝[illegible] 剡曲金虀玉鱠堪誇○嗳嗳綠頭鴨鬪翻翻紅[illegible] 魚跳沙寬水狹江穩柳短莎長路遙人爭渡[illegible] 日月欲圓時大潮我比天隨似否扁舟醉卧吹簫

陳墓 去縣東南五十五里世傳宋光宗妃陳氏葬此因名其地東連崑山南近澱山諸湖有巡檢司在焉

許市 去縣西北二十五里一名滸墅詳見古迹民居際水農賈雜處爲一大鎮舊有巡檢司急遞鋪景泰間置鈔關於此 方回 太湖晚山雨白鳥去宾宾古塚多無後荒祠豈有靈異峯巉石骨遠樹聳人形兵革已甦息廢田蒲稗青

陸墓 去縣北二十里因宣公墓在焉

村一百四

射瀆 張油巷 徐家 水東

余村 祝巷 秦村 虞家

捍村 金市 翁里巷 在一都至五都

丁家 馮巷 謝家 嚴巷

江巷 董巷 白坊 宋巷

曹巷 新塘 南楊家 西袁李

南王巷 在六都至十都

永昌 東禧 西禧 錢巷

李村 馬保 奚莊 芮墺

楊思巷　謝家莊　新城在十一至十三都

凌司在十四都

楊莊　曹村　萬巷　殷巷

石巷　周巷　曹窪在十五至十六都

五瀆涇　蘆窠　沈墊　邢墊

王巷　荻扁鶡冠子云四里曰扁在十七都

西莊　陸墓晉陸雲衣冠葬處在十八都

金家莊　青丘　前戴墟　諸巷

後戴墟　滕巷　趙巷在十九都

陽城　鳳里在二十至二十一都

蕭涇　陸涇　王墩　薄巷

吳巷　張凌　楊家　清水港

毛塔　朱塔　楊涇　譚涇

下雉瀆　褚涇　王墊　張涇在二十二

二十三都

瓊姬墩　蔣巷　華林　韋巷

金涇　章墓涇　黃泥坂在二十四都

王墓　斜塘　唐浦在二十五都

周莊　合塘　祁莊　三姑

姚城　吾村　大姚　單坊

金圍在二十六二十七都

章練塘在二十八都去縣東八十里近松江三泖口

竹墩　陳灣　南村　湯裏

瓦屑涇　顧墓晉顧將軍葬處一稱顧邑墓在二十九都

獨墅　高墊　郭巷　楮墩

瓜涇在三十一都

崑山縣鄉六保十三

積善鄉在縣西北管保二第一第二

朱塘鄉在縣西管保二第三第四

全吳鄉在縣西南管保二第五第六

沺川鄉在縣東南管保二第七第八

武原鄉在縣東南管保二第九第十

永安鄉在縣東南管保三十一至十三

市四

半山橋在縣西北隅民居輻輳朝夕為市舊在寶月橋南為市心又有後市在後市橋西者

古經所載都鄙市永安市則今不可考

周市去縣東北新塘

陸家浜去縣東南十二保木瓜浦創於宣德初

紅橋去縣西北

鎮五

[illegible]瀊 去縣東南十八里東通太倉南接吳松江有稅課子局

泗橋 去縣東南三十六里十二保其地商賈輳集有稅課纂節

石浦 去縣東南四十里南通澱山湖北枕吳松江有巡檢司宋狀元衛涇所居

安亭 去縣東南四十五里與嘉定接境有稅課子局

蓬閬 去縣三十里洪武初丞浦有土神牌隨潮漂至其地因名牌落以歩方言爲諱弘治間知縣楊子器易今名

村七十九

溢瀆　王巷　呂巷　雍里

婁縣　蔚洲　心續　長墩

顧墓　圓明在一二保

高墟　巴城　綽墩　眞義

界牌　武城　黃瀆　華翔

薛莊　平樂　楊莊在三四保

薑里　金塗　大慈　盛蕩

張灘　莫巷　陳巷　金巷在五六保

蕭市　陶湛　葉蕩　南徐

磧澳　度城　裴莊　湯巷在七八保

沙葛　景巷　徐李　車塘

何莊　許家　董村　奚村

王家　韓涇　強巷　徐家

杜巷　羅巷　許張　夏界

鮑巷在九十保

木瓜　西張　姚陸　吳郟巷

嚴巷　祁巷　于巷　顧幕

景巷　陶巷　徐莊　南戴

曹村　沈巷　唐巷　唐家湖

周巷　黃巷　顧巷　東馮

毛巷　衛巷　新村　韓村

三徐在十一至十二保

常熟縣鄉九都四十三

感化鄉在縣西南管都七第一至七

崇素鄉在縣西北管都三第八至十

南沙鄉在縣西北管都六十一至十六

端委鄉在縣東北管都六十七至二十二

開元鄉在縣東北管都四二十三至二十六

思政鄉在縣東南管都五二十七至三十一

雙鳳鄉在縣東南管都五三十二至三十三四十一至四十三

積善鄉在縣南附郭管都二四十四至四十五

歸城鄉在縣西南管都五四十六至五十

市九

縣市

楊尖 去縣西南四十五里感化鄉舊傳楊姓者建市尖則地形而言

河陽 去縣四十里河陽山東感化鄉

奚浦 去縣七十里北通大江饒魚鹽之利

徐家 河陽山西同在南沙鄉爲新市

唐市 去縣東南三十里舊名尤涇市

李市 去唐市東南六里同在雙鳳鄉居民李姓興朔緣近山涇又名山涇市

支塘 去縣東北四十五里因白茅港支流得名

練塘 去縣西南三十六里歸政鄉

鎮五

福山 去縣北四十里端委鄉地濱揚子江有巡檢司

許浦 去縣東七十里思政鄉宋紹興置鎮及有水軍寨 周霞賓詩 形勢東南地兵戈阻隔時樓船張水陣幕府壯雲麾江口驚寒急湖頭應月遲空存舊營樹夜夜海風吹

梅李 去縣東三十六里開元鄉吳越錢氏遣二將梅世忠李開山戍此以防江因取二姓以名或稱撥里者非是

慶安 去縣西北八十里南沙鄉舊名石闥市宋元豐間改爲鎮

常熟 去縣一百二十步積善鄉唐武德七年徙縣治於此鎮廢而名存

村四百

山前 湖村 小山 下祁

寶嚴寺前 在一都

塘頭　顧莊　野塘　東水頭

河伯市　湖莊 在二都

東西花林　道林　沙渥　城綴

充陂　交舍　五林　孫舍

錢市　鄒莊　周莊　柴村 在三都

黃屯　後莊　馬市　杜朱堰

石塘　陳塘　宗母宅　羊莊

西石　靖白　塔堰 在四都

麻鞋　李甜市　支市　東石

毛巷　嶺村　靖陳黃　晏莊

錢市　晏村　大和　鍾綴 在五都

下市　陸市　于塘　東千塘

富市　潘塘　童莊　伍市

中澳 在六都

錢莊　蔣祁　塘澤　蔣舍

林莊　顧莊　頂山 在七都

河陽坊前　英舍　東徐　西徐

東邵市　西邵市　西莊　陸塘

朱村　徐岸　魏莊　黃村

祁村　至塘　虎忽　水北

張市 蔡舍 袁市 怯村在十都
湖下 河陽山前 河陽橋 中澳
下澳 田莊 厚村 邵巷
焦宅 陶蘆舍在九都
北莊 蔡舍 孔涇 淩莊
蔡莊 塘橋 南莊 村後在十都
烏村 徐舍 闞莊 東邵舍
塘下 金莊 慶安寺前在十一都
顧沙港 涸岡 高市 東檀祁
西檀祁 新産 界涇在十二都

新莊 陳陸園 楊澳 黃泗浦
王十二墊在十三都
蘆舍 奚浦橋 滎莊 尹涇
姜村 草長 毛巷 戴巷在十四都
盂市 尹市 邵塔 新安
李埭 侯村 西官城 盆社在十五都
東戽 景市 李烏 潘祁
下皋 桑舍 西山 蒲林在十六都
吳涇 西楊橋 孫巷 陶舍
稠巷 謝莊 鰻魚浦 蘆浦

陷山 西山在十七都
河瀼 崔浦橋 吳涇 新漕
安樂在十八都
黃鶯 耿涇 野兒漕 中沙
崔浦在十九都
馬暢 千步涇 鄔溝 太平寺
徐六涇 黃泥在二十都
大坌 新莊 高墓 青村
杏莊 花莊 東馬暢 陶舍在二十一都
花莊 花社 檀林 水門塘

陸莊 福山 柵前在二十二都
尚舍 河市 付子 西下市
後舍 闔閭 高市橋 陸莊在二十三都
陶莊 葉莊 九折 周市
辛莊 下莊 東下市在二十四都
哮塘 陳莊 辛舍 黃莊
九里 薛莊 官塘 鄭莊
瞿舍 東顧 西顧 雉浦橋
三村 西曹莊在二十五都
菰里 陶涇 李村 東漕莊

馬及 笋村 勝法寺前在二十六都

楊塘 眞門 長亳 北舍

沈塔 施村 均村 寺涇

徐鳳坊前在二十七都

東李墓 西李墓 南港 禾漕橋

北港在二十八都

羅濁 包糜 逆上 白蕩橋

賀衫橋在二十九都

新莊 五浦 黃泥 徐六涇

朱堰 官竹園 翰村在三十都

高浦 金涇 白艾 海頭

宮莊 凌莊 黃沙在三十一都

五瞿 過莊 祐村 斜橋

青亭 呂舍 張港 於沽四十四都

陳市 瞿市 茅市 錢市

太步 塔下 興福寺前 觀莊

瞿家墊在四十五都

惠洞涇 南塘 斜橋下塘 金市

藕蕩 柴涇 時村 戈市

下莊在四十六都

尚湖村西 下莊 秦塘橋 諸岸

鄒黃墓 胥磨在四十七都

陳埭 朱巷 東顧莊 蔡姑

平市 荻村 石灰渭 錢舍

蔣墊 陶舍 顧涇 吳塔

界程在四十八都

前周 西顧莊 李祁 東祁

惠舍 韓莊 西蔡姑 宛山

鸛窠 烏啄在四十九都

楊尖市南 錢塘 瞿里 蒲陂

西舍 東舍 馬瀆 惠市在五十都

吳江縣鄉六都二十九

范隅上鄉在縣東南管都五第一至四二十三

震澤鄉在縣東南管都七第五至十一

澄源上鄉在縣南及西南管都六十二十八至二十二

澄源下鄉在縣西南管都五十三至十七

范隅下鄉在縣東管都三二十四至二十六

久詠鄉在縣東南管都三二十七至二十九

市三

縣市在吳松江西濱太湖號江上舊經云城里市無千家今民生富庶倍于往昔

江南 出東門遝長橋爲市

新杭 在二十一都民居成市其南接嘉興王江涇

鎭四

同里 去縣東十六里在二十六都有巡檢司稅課局陳基詩 一水東西雲窈窕幾家楊柳木芙蓉齋居幽閒無人到終歲經行破蘚封客秋半兩楓林寺遠日沉鐘寄詩爲道長相憶想亦依依念去蹤

黎里 去縣東南二十里在二十三都

平望 去縣東南四十里在二十四都有平望驛巡檢司[illegible]詩 登樓試長望望極與天際湖蒲葭色綠初鳥鴈聲近山猶髣髴遠水忽無[illegible]明更覽諸公行知高題柱名楊萬里 望中不著一山遮四面平田接水涯柳掘行中分港汊竹扶[illegible]處聚八家風將春色歸沙草天放晴光入浪花[illegible]聽鸎來情緒惡急呼蟹眼瀹龍牙陳基 下田一不旱高田亦宜雨四野已足霖三吳復無蓄盂酒豚豚蹄盤羞共雞黍擊鼓樂社翁燒燈御田祖

震澤 去縣西南九十里在十都有巡檢司[illegible]詩 市蕭條數十家扁舟夜泊傍蘆花江空歲晚歸心切水遠山長去路賒帶水野田鳴落鴈連雲煙樹繞昏鴉勞生徒負燈窓志只合西園學種瓜

村一百五十九

莫舍 一名綺川　陸巷　邵埭　譚塔

邵巷 張士誠築土城於此今廢　魚城　盛莊

前朱　後朱　白洋灣　張墓

盂山　蒲圩 船口魚東　明墟 在一都

黃蠡　顧墟　朴澤　卑墓

馬墓　柳胥 有鋪　石里 有港　[illegible]

湖墓　簡村　木浦　烏安 在二都

八赤　直路　青石　唐塔

韭溪　包家　富墓　下謝 在三都

充浦　直瀆 在四都

合路　東陵　西陵　車溪

姚田　桑盤　黎涇　黃家溪

洪里 在二十三都

凌家莊　清澤　六里舍　范瀆

橫路 在二十四都

龐山 有江茶浜　謝里　富墓　夏家

上塢　丁家　半路 在二十五都

九里　龐塔　宋墓　半墩

吳村　張塔　三朱 在二十六都

蠡澤　前莊 在十二都

檀丘　西錢 在十八都

梅堰　秋澤　南麻　北麻

前莊　茅塔　盛澤　鄭塔 在二十都

程林　李墩　下姚　前姚 二十一都

吳涇　施塔　章塔　市涇

呂塔　上沈 在二十二都

後𡍼　南馬　北馬　倚板
扶罡在十三都
桃墩　穎莊　西桃在十四都
雷村　西宮　竹囊　後宮
歇村　章奧　前菻　後菻在十五都
新陳　歇墩　集賢　前宮
後宮　胡店在十六都
戴港　夏港　小坊　堽頭
嚴墓在十七都
荒浦　丘泽　趙泽　石塔在二十七都
儒林　宋墓　吳漊　葉漊
因瀆　倪林　丁漊　毀漊
薛步　湯漊在六都
虞保　孫保　成村在七都
東泽　西泽在八都
曹村　八馬在九都
黃家　朴家在十都
雙楊　東楊　斜路在十一都
葛家灣　浦塔　前後庵村　小廟
小龍港北入陳湖　韓墅　陸道判莊在二十七都

南印　北印　梅墩　江澤
南周莊　金涇在二十八都
陳思　蘆墟　分港　華塔
東顧　西顧　華塚在二十九都

嘉定縣鄉三都二十一
守信鄉舊名春申　管都六
依仁鄉舊名臨江　管都八
服禮鄉舊名安亭　管都七

市九
州橋縣治前東南登龍橋又名東市
新涇去縣東六里
廣福去縣東南二十四里
眞如去縣東南五十里十一都
婁塘橋去縣北十二里
封家浜去縣南二十四里
紀王廟去縣西南三十六里
錢門塘去縣西北二十里
瓦浦去縣西北三十里但二十二都

鎮六
羅店去縣東十八里

南翔去縣南二十四里

大場去縣東南四十八里屬十一都

黃渡去縣西南三十六里

江灣去縣東南六十里有巡檢司

清浦去縣東南八十里屬八都南接上海縣境

村二

馬陸在六都

白鶴在七都

太倉州鄉五都二十九

中鄉管都二舊崑山惠安鄉分置

東鄉管都八舊崑山湖川新安惠安常熟雙鳳等鄉分置

西鄉管都五舊新安惠安雙鳳等鄉分置

南鄉管都五舊嘉定循義樂智二鄉分置

北鄉管都九舊崑山湖川新安常熟雙鳳等鄉分置

市十

諸涇去州東十里

半涇去州南十五里

新市去州東北三十里○已上崑山分置

璜涇去州東北五十里

隆市去州東六十里

甘草去州東七十里舊名甘枓又名甘林東臨大洋有巡檢司

直塘去州北三十里水無曲折故名○已上常熟分置

吳公去州南十五里小婁塘嘉定知縣吳克明剏

塗松去州東北三十五里傍七浦塘宋元豐間置張士誠曾築城營兵於此

陸河去州北七十里內有陸家河○已上嘉定分置

鎮四

雙鳳去州北二十四里又曰雙林居民稠密市物旁午亦多科第晉成帝時耕者斷土皆五色中有石函二龜化為雙鳳而去故以名鄉鎮亦因之

沙頭去州東北三十六里

新安與沙頭近○已上俱常熟分置

茜涇去州東北四十五里地出茜草故名有巡檢司稅課子局即宋楊林寨也○崑山分置

村五十二

趙巷　雙廟　沈童巷原崑山湖川鄉二十一保二十二保

泗村　南洲　龔巷新安鄉二十三保至二十六保

　　　後羅　趙莊　東陽莊

陳村　胡村　孔巷　洪莊

胡浦　百家　何村　泗里

董村　霍嚴惠安鄉二十二保至三十保

上錢涇　東顧莊　黃涇　撐腳浦

下錢涇原常熟雙鳳鄉三十四都

彭李堰頭　瀽湖　成村　陳穆三十五都
高蘆　大浦　陳嚴舍在三十六都
穿山　石堰在三十七都
東丫涇　桂村　漕湖　徐鳳
蘆荻　八赤　南港　北港三十八都
西丫涇　眉涇橋　曹莊　六莊三十九都
直塘　瞿涇　斗門　朱巷
任陽在四十都
黃姑原嘉定樂智鄉二十五都至二十七都

崇明縣鄉六
東仁鄉在三沙
西義鄉在三沙
道安鄉在三沙
德寧鄉
仁義鄉
新隸鄉已上三鄉俱廢
腹内沙段符圍
上團在東沙去縣北四十里　下團在東沙去縣北五十里
秦家沙　沈珂蕩　歐陽蕩
滑南大片　范家沙上截　小尖蕩

六名頭　八名頭　范家沙中段
四合蕩　六名頭中段　小團沙
大團沙　第五段　第六段
八分界　大尖符　福厚沙
福勝沙　安民沙　橫河
老人塗　王明塗　秦亭塗
新沙　施家沙　含珠沙
婆婆沙　永興沙　鯊魚沙
東洪沙　黃家符　新興符
朱孫符　長興段　永安段
常熟段　嚴業符　富興符
秦陽符　于逢符　秦家符
陸臻符　張趙符　胡姚段
長春段　弓和圍　爛套段
興安圍　永豐符　平安符
茂興符　興豐符　慶豐符
朱信沙　陳家沙　黃良沙已上東沙三沙
陸石符　顧殊符　俞家符
新興符　永安符　慶豐圍
福壽圍　黃中塗　趙奎塗

丁七涂　泰祥涂　劉恭涂（已上西沙）

按舊志東沙無鄉名以郭外爲鄉崇明初漲之時沙場分列皆爲蘆場後開荒作田民皆爭訟正統間巡撫周公量給小民以法其弊躬歷量度既而處分已定用大方甓刻佃者姓名畝數四止埋於坵段之端仍畫以圖俾藏官庫以爲永久之證也

姑蘇志卷第十八

姑蘇志卷第十九

橋梁上

蘇爲澤國環城内外皆水也故橋多樂天詩云紅闌三百九十橋唐則然矣自宋以來始甃以石而增建益繁今舉郡縣興梁之大者書之而不甚著者略焉

郡城卧龍街南北橋十（卧龍街横亘吴城中東爲長洲界西爲吴縣界）

樂橋（吴赤烏二年建元至正六年李道寧重修會稽楊維禎記）

飲馬橋（宋淳祐丙午郡守魏峰記）

魚行橋（宋紹興四年重建）

黄土塔橋（有黄土曲故名）

周太保橋（宋慶曆三年建）

禪興寺後橋

張馬步橋

祥符寺橋（宋嘉祐四年建）

西章家橋（宋祥符二年重建）

香花橋（在報恩寺前一名永安橋）

東南隅橋七十二

乘魚橋（子城西北昔琴高乘鯉升僊之地或云宋子英乘鯉升天故吴中門户皆作神魚非琴高也）至和元年僧達本重建橋序 乘魚橋當姑蘇之要津茂苑之靈跡按吴地誌云古者賢士丁法海琴高於此地見大鯉魚長可丈餘有角有足鼓二翼而舞琴高見其異遂乘魚騰飛宛轉駕空上昇因立橋云 高啓詩 橋上西游人橋下東流水遊人如水流朝莫何時已誰知有飛僊赤腳踏鯉波驚風蕭蕭渡海狀萬里左招騎龍君右揖乘鸞子笑殞紫雲英同歌珠宫裏歸來舊城郭千載一日耳下看橋上人還隨雞鳴起去者已如灰來者猶如蟻不解養谷神紛紛自生死

竹槁橋 乘魚橋側　　金母橋 天王堂西

夏侯橋 相傳唐夏侯司空建或云橋旁有夏侯廟因名 宋潘夢旂記 六飛駐浙吳爲輔藩地望崇重禩昔有加井邑阜繁於今爲最郡治稍西橋曰夏侯以地有夏侯廟得名締創於皇祐壬辰重修於紹興辛未刻于壁記于志可攷僅此他無聞焉水環樓堞陸帶闤闠左奉臺府旁聯宮寺右亘蘇舘聞列津候糟丘級其首鱗庾瀕其腹人物輻湊使客旁午飛轂馳鑣曳裾躡屨交往迭來必繇斯橋曉鼓未作聲迹嘈雜夜漏未半暫止復動歲久而弊非兩馬力將持厥危非一大支寶慶初元邦人相率出力攻作使守加其志悉捐金以助遠近翕爾而應適命工師課員程具木石以仲秋癸丑撤其故而新之下則壘石爲址刻內直外如植半圭蒦以連楹兩岸對起而合以梁上則鋪石甃面穹中偃端如浮修眉翼以扶欄兩廂互應而接于達明年七月工以訖告大容九軌高納巨船不崚而隆不削而垂遠而望之巍巍乎其崇近而即之坦坦然其夷厥材孔良厥砌孔堅足以閱千禩而不朽矣大自行都抵京口渡維揚直都梁臨中原咸有通漕貫城以行運艦長虹跨水以便徒趨然其源泉併爲一川架波取道無幾惟吳呼吸具區灌注五門曲河旁達疏派且有飛梁錯峙與岐俱多輿轡經隧樓帆過肆左賦美之夜市菱藕春船綺羅章詩詫之其流所以聚故民愿而富其水清且泚故俗粹而美橋梁道路責在有司吳人尚義多出我私閭里興修歷歷可舉茲橋底績其有自哉儕生於吳舉於吳隨牒四方三十年未嘗一日忘父母國甫入都故老貽書述斯役俾作記忻然諾之庶幾登名于碑他日歸老尚能從容乎其所若勸施位名金穀品目列之左不復書寶慶二年七月朝散郎

郡人潘夢旂記

平橋 子城前元大德間建　　帝師橋 長洲縣西宋咸淳間建

烏鵲橋 長洲縣東古有烏鵲舘因名白樂天詩云烏鵲橋紅帶夕陽 楊備詩 月滿星移水照天南飛烏鵲影翩翩雖然上屬牽牛分不爲秋河織女塡 高啓 烏鵲南飛月自明悵望銀漢水邊夜來橋上吳娃過只道天邊織女行

燕家橋　　鳳凰橋 子城內

船場橋 張林浜　　淨河橋

南星橋　　小博橋 一名永安倉司前

義役倉橋 長洲縣治西傍有落星石　　覺報寺橋

五龍堂橋　　長洲縣前橋

綠水倉橋　　帶城橋 嘉泰元年重建

紅鴨橋　　船舫橋 帶城橋西

南倉橋　　採蓮涇橋

唐家橋 同在七塔寺前　　清道橋

百獅子橋

望信橋　　迎葑橋

望門橋　　菴橋

觀音堂橋　　紅橋

延壽橋 放生池頭　　閶橋 延祐乙卯重建

草橋　　篠橋

馬津橋　　甫橋

洞橋　　祝橋

星橋　　報恩橋 十郎巷口

胡書記橋　　楊家院子橋

東蔣家橋 竹堂寺西　　賢至橋 濠股上熙寧四年建

至橋　營橋
尤橋草橋邊　雙塔寺橋
胭脂橋　遊僊橋
佐家橋遊僊橋南　望營橋
沙鮭橋　驅鬼橋
白蜆橋　吳王橋雙塔寺東後周廣順三年建
官太尉橋　吳承議橋
泰明橋東禪寺西　折桂橋東城下紹興二十七年建
盡市橋　顧亭橋端平二年建
萬壽寺前橋　歲有橋平糴倉前淳祐中知府魏峻建

善教橋俗名新造橋積慶寺南　磚橋
燒香橋　東長橋
西長橋葑門營內　程橋

東北隅橋八十八

顧家橋漢顧悌仕吳爲虎頭將軍父亡以孝聞郡人感之建橋
臨頓橋臨頓吳時館名吳地記云吳王征夷嘗頓憩宴軍士因此置橋唐陸龜蒙居此
苑橋萬壽寺西相傳闔閭有苑囿在焉今長洲縣東南皆闔閭游憩之地
百口橋東漢顧訓五世同居聚族百口故因其所居名橋吳郡志云訓歲朝會集子孫悉坐依次行酒雖三歲以下並自知位次故又名試飲橋王僧詩百口橋邊春日斜舊時開遍紫荊花山東人說張公藝此是中吳顧訓家
大郎橋慶曆二年建

徐貫子橋　醋坊橋治平乙巳建
縣橋長洲舊縣治東故又名縣東橋　花橋白居易詩云揚州驛裏夢蘇州夢到花橋水閣頭即此
白塔子橋
仁壽橋碎金巷東　任蔣橋嘉定十四年建已上跨南北河
錢都衙橋　兵馬使橋
定跨橋吳地記云吳王闔閭造　曹胡徐橋已上顧家橋南北岸
顧周橋醋坊橋側　宮橋玄妙觀前舊爲紫極宮故名
永福寺橋　毬場橋
紅爐子橋　李師堂橋
換馬橋　天心橋織染局前宋鄭起潛所居

北倉橋察院東　金師堂橋
四通橋乘魚坊內　廣化寺橋二一在寺西一在寺後
可過橋長洲舊縣治前初橋低不通舟楫諺云長洲縣前難過淳祐中改作取韓文公詩語
中路橋天妃宮前大德元年建　靈鷲寺橋
鶴舞橋吳王夫差葬女舞鶴於市故名　金獅子橋
祥符寺東橋　狀勝橋
馬黃橋　管家橋
跨塘橋　北僊橋
院子橋　新街橋
吳郎橋　周通橋大弘寺前

徐思橋　斜路橋
棧橋　東章家衖
天宮寺橋二　資壽寺橋二
師婆橋　資福橋
廟堂橋　雪糕橋
衆喜橋　張家橋
積慶橋　熙寧橋
蘇軍橋　羅家橋
新橋　衆安橋
朱馬交橋　通利橋

胡廂使橋　唐家橋
魏家橋　打急路橋
慶曆橋　富孫橋
奚家橋　華陽橋
迎春橋　石塘橋
張香橋　徐鯉魚橋
東周太保橋　東開明橋
盛婆橋　通濟橋
東道橋　北禪寺橋三
程橋二一近婁門一近齊門

西南隅橋五十一

西館橋舊吳宮西蓋夫差之離宮右館娃坊
織里橋本吳王織里故名圖經續記云俗訛矣寖今又訛爲吉利
福民橋府治前宣德間知府況鍾建
石巖橋在今府治西唐刺史白居易建名白頭橋有石刻三字宋天聖初郡守孫冕修之人呼爲孫老橋元總管道童重建改名石巖其自號也楊備詩白頭橋李白頭何舊德如存故老歌不特興梁杞遺愛大都才美服人多
明澤橋西河上皇祐五年建景定五年重修劉震孫題名立石其上今名過軍橋以路通盤閶爲士卒經由之地也
昇平橋吳縣學西皇祐五年建
趙公橋　趙婆橋
渡子橋　成家橋

剪金橋同在昇平橋東側
青雲橋吳縣學前舊在文廟前名青龍弘治中知縣鄺璠移置於此改今名
積善橋成家橋內一名小粉橋
太平橋有太平坊皇祐五年建
西竺寺橋大石巷即馬禪寺橋
憩橋吳地記云吳軍憩歇於此因名之
薦行橋
市曹橋周康王廟前
娥眉橋
芮橋　郭家橋
草鞋橋　獻花橋
望婆橋　彈子橋
白礓橋　院子橋
倉後橋　木柴橋

樓西橋
程姬橋大石巷
果子行橋
杉板橋金獅子巷內
呂公橋
銀錠橋二橋在杉板橋南
查家橋鶴山書院西
杉瀆橋侍其巷口
採蓮涇橋跨採蓮涇上地名採蓮里
葛家橋至正三年建俱在杉瀆橋東
來遠橋胥門內舊姑蘇驛居此宋紹興間王晩奏建專待國信使取魯論語名之又名驛橋
胡家橋俗名線香橋
新橋和豐倉南
梅橋一稱梅家橋在新橋南梅聖俞寓此
張師橋
開元寺橋二一在寺東一在寺後延祐三年建
南寺後橋
廟橋伍大夫廟西近盤門又名盤門橋
南張師橋
北張師橋
程橋近盤門

西北隅橋八十

皋橋閶門內漢議郎皋伯通居其側梁鴻所寓也唐李紳詩伯鸞憔悴甘飄寓非向囂塵隱姓名鴻鵠羽毛終有志素絲琴瑟自諧聲故橋秋月無家照舊井寒泉見底清猶有餘風未磨滅至今鄉里重和鳴皮日休皋橋依舊綠楊中閭里猶生隱士風惟我到來居上館不知何道勝梁鴻陸龜蒙橫絕春流架斷虹憑闌猶想五噫風今來未必非梁孟卻是無人繼伯通楊備隱士貧居日賃舂物情我在五噫中釵荆舉案何人識猶賴橋邊伯通高啓閶門啼早鴉拂面見飛花綠水通蠵舫紅橋過犢車誰尋伯通宅只問泰娘家
至德廟橋在至德坊
張廣橋皋橋下
柳毅橋張廣橋西毅或嘗居此

鄭使橋吳鄭戩天聖中拜奉國軍節度使卒官孫樞于吳所居有橋名以識之
西蔣家橋
徐胡橋已上三橋俱在吳趨坊內
通安橋鄭使橋巷內
惠政橋西城裏夏駕湖北燬于德祐之亂
黃牛坊橋莫詳其始皇祐五年重建
景德寺前橋
梵門橋黃牛坊橋西
壽聖橋
小蓮湖橋
華家橋黃牛坊橋東
虎蹲橋湯家浜一名通濟
楊家橋
徐家橋
錢附馬橋五代楊行密女歸錢元璙故名
鳳凰橋以鳳凰鄉爲名
華嚴寺橋
仰家橋
朱明寺橋舊名般若橋同在中街路

沈坯粉橋清嘉坊南
三太尉橋五代時廣陵王第三子治第於此故名
陸侍郎橋郡人陸慶陳大嘉中召爲殿騎侍郎不就嘗居此
慈悲橋吳縣東巷口
女冠子院橋四天燈巷口
治平橋吳縣前
龍興寺西橋
[illegible]寺橋
西成橋吳縣西弘治八年知縣鄺璠建
穀布橋織瓶巷內
烏盆橋
鄔家橋許蘊子巷口
廣濟橋雍熙寺西橋側
西市門橋
小市橋
吳縣東橋流化坊內舊吳縣治于此
吳縣西橋宣和元年建
高家橋西橋下

丁家橋西河東嘉定十六年建　絲行橋
曹使橋　鵝闌橋
鴨舍橋　孩兒橋
慶書橋　利市橋
濟川橋嘉魚坊巷內　雍熙寺東橋周武狀元坊口
雍熙寺西橋　小平橋儒學前
洞橋　鞁鞋橋小平橋東
漸老橋　六通橋
普濟橋文正書院西　芝草營橋文正書院東
方廣橋馬大錄巷口　艇船橋方廣橋側
盧提刑橋郡人盧革嘗任廣南提刑子秉發運使奉親居吳郡表德慶坊故又有德慶橋
德慶橋　崇利橋與二橋連俗稱三條橋
安民橋石馬匯　北過軍橋
紅橋福濟觀東　宮橋崇真宮前青石扶欄雕刻工巧細如絲髮為吳中橋欄之最者
都亭橋承天寺西吳王壽夢嘗於此作都亭以招賢士
承天寺前橋
承天寺東橋相傳吳王屈駕於此名屈駕橋今名闞家橋
西石塘橋　石灰橋
單家橋　桃花橋
文家橋　隆興橋

寶成橋　錢橋
探橋北潼子門

城外橋二百七十二

虹橋閶門外初木為之元時郡人鄧文貴易以石後復以木俗名釣橋成化六年改名永濟【廣】

【集記】吳郡內外皆鑿溝澮納太湖之水以行舟逾縱為梁緯聯屬其高庳脩縮視水大小獨虹橋在郡閶門西跨官河通驛道為咽喉要處水至橋下匯為回淵折而東行勢用剽悍橋舊植以木而加焚歲久腐撓乃今夏大霖雨遂壞水陸並阻民吏憂縣長吏計會役大恩不即成郡人鄧文貴詣官自言架木非久計請出家財以成之遂以八月乙丑召工畫圖盡撤其舊而新之絕水下石欵客鍵固繫起拱合理緻無間下通圜空涵水象月引重過之堅逾實地泰定元年十月成凡用中統鈔十五萬貫云夫鄭商犒羊敵謀遂沮卜式輸財漢用不匱以一民而專有司之美不可無書也故為備載不辭

【黃溍記】泰定元年冬十有二月平江閶門外新作虹橋成古者辰角見而除道天根見而成梁有司之事耳春秋常事不書此何以書在有司常事也而此非有司之常事者也按郡志橋之載於圖籍者三百五十九而為虹橋者三其一在城西若下步即此橋也去年夏大雨水暴溢橋居兩水之交莫能與水抗一夕盡圮其地適控通衢徼令賜于布政於方國奉貢輸賦為行者病某所以復其故而官帑不可輒發又重以其役厲民末知費所出郡內民人鄧文貴請分家貲之半為石橋以利永久既又以為此有司者之事非細人所得干也乃飭財用庀工徒以聽要束焉遂以八月乙丑始事閏八甲子而告訖功橋之修四百尺而其高十分修之一五分而殺其二乃與岸等脊之廣得高之半而趾之廣加其什五上設扶闌為之周陛其下為門如半月以釃濤河而與其兩垂以度軌者所用錢以緡計者十二萬五千有奇役以庸計者二萬四千有奇今總管郭公既率僚屬觴酒橋上以落其成且謂文貴編戶民非有名田稻[illegible]貨殖奇贏若宅上八姓比川梁達路官實領

之而文貴顧能輟其衣食之餘以紓有司之急務不宜無以示勸相乃伐石俾滑執筆書其凡而記焉夫以一夫尸利物之功而長民者能表樹之以寓其風勵之意是皆有司常事之所不及而於法宜書者滑不得辭也

渡僧橋 釣橋西北跨運河咸淳十年重建

魚行橋 今名板橋

普安橋

會通橋 正統間參政陸友諒新建故今稱陸公橋

通濟橋 一名西新橋

聞德橋

洞涇橋

白蓮橋

馬鋪橋

鳳凰橋

東虹橋

西虹橋

草菴橋 鴈蕩村有草菴故名

陳菴橋

安人橋 草菴東

康履橋 南濠新開河舊名普濟弘治八年知縣鄺璠重修易今名

夏駕橋 南濠夏駕湖口俗名石灰橋

永寧橋 普安橋內

永祿橋 永寧橋南

永福橋 永祿橋南三橋皆成化十年建

山塘橋

勝安橋

范店橋 同在山塘上

白塘橋 唐刺史白居易築故名

彩雲橋 半塘寺前政和元年重建

洞橋

便山橋 虎丘山前

斟酌橋

面山橋

新塘橋

寶安橋

泰定橋

普福橋

金雀橋

錢賣女橋

崇善橋

篠蕩橋

北莊涇橋

長勝涇橋

通吳橋 舊名通波跨烏角溪本木橋至和二年始易以石嘉泰二年郡人陶允大重建

楓橋 閶門西七里豹隱紀談云舊作封橋後因張繼詩相承作楓今天平寺藏經多唐人書背有封橋常住字

張繼詩 月落烏啼霜滿天江村漁火對愁眠姑蘇城外寒山寺夜半鐘聲到客船

張祜 長洲苑外草蕭蕭卻筭遊程歲月遙唯有別時今不忘暮烟疎雨過楓橋

湯仲友 出城才七里地僻罕曾過孤塔臨官道三門背運河鐘鳴驚鳥宿墻矮入漁歌醉裏看題辞如今張繼多

高啓 畫橋三百映江城詩裏楓橋獨有名幾度經過憶張繼烏啼月落又鐘聲

江村橋 楓橋西南

射瀆橋 通陽山諸涇

長塍涇橋

杜莊涇橋 去射瀆一里

南余橋

北余橋

楊莊涇橋

錦帆涇橋

夏墩涇橋

趙王塘橋

竹青塘橋

蠡湖橋 有石刻

普思橋 在滸墅

吳寬記 滸墅在蘇州西北境上其民際水而居農賈襍處爲吳中一大鎮自景泰間朝廷置榷司于此舟楫停集居民益繁貿易往來以限於官河皆稱不便成化初雖嘗作橋以免湍瀨而南北遐絕人跡折旋猶以不便也里父老相傳故有橋在周孝侯廟傍訪求之果得石刻題曰普思橋視其時宋慶元三年也乃圖重造而不敢專以戶部主事棠城劉君煥方奉命分司于此敏而有爲始合言以請君曰是民功也吾何敢沮且從而獎勵之他日工部主事貴溪姚

君文灝行水至聞其事亦從而勸相之民既樂爲則又言于知府史侯侯曰宜又言于巡撫都御史朱公公亦曰宜於是更相告言出財以助凡得白金若干兩擇弘治九年某月某日興工是年某月功畢劉君喜其事之果成也曰是橋財費甚鉅勞力迅多然而利益甚大不可使後人無所攷也介鄉貢進士浦君應祥來請文以記夫事之成未有不由於人和者周之作洛曰四方民大和會橋梁之役雖非是之比然民不欲爲則上之人雖驅而使之不能成也至於民既欲爲上之人或咈之而不從則其事亦豈能成哉惟夫民欲爲之人能從之故雖財用鉅而費力多不待踰歲而穹然堅厚不易爲之役遂以告完雖然人則和矣亦惟得其時耳蓋吳自古爲澤國數被水患今歲則大熟粒米狼戾民既有秋成之利視義所在恢然施予亦不之吝此事之所以易成也數橋之修一十二丈其廣二丈三尺崇如廣而減二尺董其役者曰倪俊凡出財者其姓名則悉書刻于碑陰云

性通橋　何家橋
談道橋　支家橋
瓜山橋　許家橋
葉巷橋　張巷橋
象山橋　吳巷橋已上彭華鄉
上顧涇橋　下朱涇橋
華表山涇橋　花涇橋
永勝涇橋　南金涇橋
北金涇橋　張公涇橋
太平得勝橋　南大瀆橋
薛市涇橋　雙牌涇橋

市木涇橋　安德橋
德雲橋　望僊橋陽山前丁令威昇僊處
黃路橋一云黃蘆　陸墅橋
通安橋陽山北竹青塘　永樂橋通安橋西
黃衙橋　范蠡橋世傳蠡自此出婁江
尚書橋射瀆巷　福善橋
懷胥橋在胥門外舊名胥塘橋宋改今名俗稱胥門橋
居涇橋胥門橋內　謝涇橋
官墳橋大灣舊名雙橋　三遷橋天平山前
圓通橋　望僊橋下沙唐口
橫塘橋上有亭子孟東野詩云未隨桐庭動且辭橫塘席　感福橋五塢山前俗呼東跨塘
綵雲橋近橫塘跨綵雲巷
興福橋俗稱西跨塘宋淳祐六年重建　嘉泰橋俗呼徐馬黃橋嘉泰中重建易今名
斜橋　慶曆橋慶曆三年建嘉泰三年修
寧慶橋　白塔橋
吳灣橋已上在木瀆鎮　延福橋乾道四年修
凌墅橋　塘灣橋元至正間建已上光福塘
侘塘橋　靈巖寺橋
善人橋　馬巷橋
大觀橋　官山橋

福隆橋永樂間建　安福橋
福溪橋　通安橋
虎山橋在光福西接大湖宋嘉泰中重建元泰定甲子改爲圓洞三遂以紀年名泰定橋成
化乙未重修郡人陳頎記吳寬詩南人相見說杭
州自料西湖讓一籌天爲魚家開下崦晚宜畫舫
駐中流新詩已判縱橫寫佳景從教次第
遊孺子歌聲何處起落霞孤鶩水悠悠
上龍塘橋通安橋西　下龍塘橋貢湖口
萬安橋　呂浦橋呂山湖口
周山橋周山街上　西塘橋西華東塘上
香山橋香山街上　胥口橋胥口
李橋胥口　慧慶橋

慶祥橋　駟馬橋
齊興橋已上同在橫金　搦船橋
永興橋　錢莊橋已上同在錢莊
頭陀橋　後保橋
慈灣橋　橫塘橋已上在西洞庭
廣利橋　師家橋
聯璧橋　渡水橋一名具區風月橋舊以橫木元周富
七郎始易以石成化九年
吳天倫重建以上東洞庭
如京橋即盤門虹橋宋開禧二年重建改今名周
虎臣書三大字刻其下朝請郎葉捴記皇
帝踐祚二十一年將有事於規恢飭諸郡守臣治
橋梁除道路以便王師征行吳郡古都會由全蜀
荊襄湖廣江淮而下危橋巨艑往來相銜盤門運
河環城尤號要津有橋如虹惟波洶盪車馬驚墮
歲久隤圯巨路多瀕湖坎窞驛騎過者病焉參相
袁公文昌李公俱以碩德崇望來殿是邦軍期調
度亦既具舉謂橋道弗治曷稱上旨以吳縣尉羅
相刻意事功乃命經理之尉承命弗遑疑亟募
道者徐妙行師徒鳩工首發蹕備遽於松江幾五
十里其旁舊橋有三繼踵營治悉用堅整迺建橋
也益加其工先闢故基易陶以石夾岸雲綺蘭
翼飛洞門天成面勢山屹在官無費在民無擾厥
功告成聞者驚嘆因相與言曰凡四方貢賦之所
輸百工技藝商賈之所輳縉紳豪傑文人儒士之
所萃九夷八蠻朝聘會同之所歸莫過於京師厥
今駐蹕錢塘異時還都中原茲橋適居孔道寔遠
近所必經從者盍以如京名之衆曰韙哉合橋與
路積工五萬爲費三十五萬有奇經始於嘉泰四
年正月成於開禧丙寅四月
既望民既落之因弁識其事
吳門橋有石刻三大字其上舊名新橋下有三洞最長又稱三條橋宋章岵爲守郡民石氏

者請建紹定間修正
統間郡守況鍾重建　短橋
張公橋　雲津橋吳門橋北俗呼急水橋洪武中建
落星涇橋　王家橋
藏閭橋　隁橋
新郭橋　普興橋俱在新郭
何橋　越城橋舊名越來溪橋至正間重建
行春橋在橫山東茶磨嶼下跨石湖上與越城橋近有石洞一十八范成大記太湖日[illegible]減
池爲東南水[redacted]石湖其派也吳臺越壘對
危峯高浪襟帶平楚吾州勝地莫[illegible]焉石梁
空水映綴所謂行春橋者又據其會[illegible]門以西
山以東往來憧憧如行圖畫間凡游[illegible]中而不至
石湖不登行春則與未始遊無異歲久橋壞人且
病涉鄉之萬景亦偃蹇若無所附麗過者爲之嘆

息家有力之家相顧環視莫恤漫以諉之官前令陳益劉棠皆有意而弗果作淳熙丁未冬諸王孫趙侯至縣甫六旬問民所疾苦則曰政孰先於輿梁徒杠者廼下令治橋補覆石之缺易桁木之腐增為扶闌中四周而旁兩翼之歲十二月鳩工訖於明年之四月保伍不知工徒不預邑人來觀歎然洛成而已今天下仕者視劇縣如鼎沸滿氣怵惕猶懼不既侯於此時從容興廢蓋亦甚難四鄉之人不施出力傾助者至是始有愧心則相與商略他日將作亭其上以憩往游者尚庶幾見之今姑識治橋之歲月亭成將嗣書云侯名彥眞字德全舊名彥能隆興元年進士擢第後改今名橋成之明年日南至資政殿學士通議大夫提舉臨安府洞霄宮范成大記

顏橋 范成大詩 村村籬落總新收處處田疇盡有秋一段農家好風景稻堆高出屋山頭

饒稼橋 南周村跨越來溪弘治辛酉里人盧綱募建

安里橋 在葑門 太常司丞姜漸記 蘇州府城之東南曰葑門其水陸之要衝有橋曰安里自宋歷元歲久滋廢里人周君玄初時修葺於城東之丹霞館憫其人民之艱于行也謀于里父兄歲而新之經始於甲午秋八月畢工於冬之十一月欲求余文以爲記而遭世變故不果閱六年庚子復請記之嘗爲之言曰文之有記所以志其制作之勤蓋古人經久之意也近世承平日久碑銘墓碣無處無之可謂盛矣自兵革屢興皆靡有孑遺雖古今士大夫之文傳不傳不可知未嘗不竊嘆碑之不幸也向使玄初得予文而刻之則其存亡復舊乎剝欲以余不足傳之言刻之於既毀之後其不爲達人之所慨者希矣辭不獲則曷其言俾刻之而玄初亦以多故未遑也大明建國之元年師臨於吳凡附城之輿梁悉爲内兵所毀獨是橋賴今大承相信國公駐師其前撫敉發壞及克城之日師由是而進橋有力焉玄初竊自慶其功之不泯始復來請曰吾始爲是役將以濟夫病涉者而已又豈知造物者併吾新之留以濟夫王師也不然何故毀而新者獨全乎是宜重之記以夸於無窮也噫余之言其果可傳者歟然自甲午至於今蓋十有六年一求予文而不果一爲記之而不暇刻既再罹于兵橋幸不毀脩濟王師以成大功則余之言果有待而傳者矣是不可以不記故不辭而具載之使來者有所考焉

斜橋 安里橋後今圮

徐公橋 跨東西河徐雅建宋慶元四年重建至正十一年承直郎平江路長洲縣尹兼勸農事知渠堰事劉某重修

蔣家橋 通章墓涇

朝天橋 舊以木爲之名南馬路橋在朝天湖口故名宣德中郡守況鍾新建

楊枝塘橋 通苑磧涇

北馬路橋 對馬路口跨葑門塘

華家橋

普利橋 俗稱井亭橋

葑溪橋 自溪塘六里至金涇菴口

梅里涇橋 一名通濟

金涇橋 一名盧家橋二橋弘治十年里人盧達建吳寬記

章墓涇橋 相傳章郇公墓相近

匠門塘橋 一云干將門因干將墓在焉

大通橋

永安橋

通德橋 已上王墓村

餘慶橋 章練塘

滅渡橋 赤門灣南舊以舟渡舟師專利行旅患之大德間有僧自崑山來爲渡所沮發願募敝因名滅渡

復成橋 滅渡橋下一名小橋

通僊橋 袁家浜口

白蓮鋪橋

朱涇橋

吳涇橋 一

寶帶橋 去郡城十五里跨澹臺湖南北長三十丈今呼爲小長橋相傳爲唐王仲舒建帶助費故名宋紹定五年郡守鄒應博重治之統間巡撫侍郎周忱又爲修治 學士陳循記 蘇州府城之南半舍古運河之西有橋曰寶帶迎河自漢武帝時開以通閩越貢賦首尾亘震澤東壖百餘里風濤衝激不利舟楫唐刺史王仲舒始作塘障之河之西岸今東南之要道是已然湖之占流

斷堤面□吳淞江以達于海堤不可過此橋所爲建也仲□爲所東賓帶以助工費故因以名元末修葺之功不講橋遂坍沒自是有司駕木以濟行者至今□百有餘歲正統七年巡撫京畿工部左侍郎廬陵周公恂如戒有司漸次節省在官浮費以備工材之用又四年爲十一年秋爲橋長千二百二十五尺洞其下可度舟楫者凡五十有三而高其中之三以通巨艦用材爲石二萬二千六百丈木四萬二千五百株灰二十四萬三千六百斤鐵萬四百斤米二千六百石冬十一月落成斯橋之建舟楫得往來之安行旅無徒涉之患商賈免盜賊之虞郡邑省修葺之苦其於惠也孰大焉

官渡橋　呼鯉涇橋

木新橋　夾浦橋宋紹興初建爲石橋在鮎魚口下流水勢迅疾疑有深淵下伏蛟龍宣德間風雨傾圮遂不能復侍郎周忱創造船十六艘鎖以鐵繩架爲浮橋至今因之弘治間都水郎中傅潮又爲增置倍于昔矣有記刻石于亭

尹山橋跨運河久廢天順六年郡守林一鶚重建學士錢溥記

蓮社橋　七里橋

唐墩橋

虹橋婁門外釣橋宋慶元中建　官瀆橋跨至和塘元至正二年建

普利橋寶祐三年建　譚涇橋

孝濟橋　和豐橋

長裕橋　上陸涇橋

西張涇橋　孝廉橋

韋涇橋　烏土涇橋

寶祐橋　船場橋

北薛涇橋　鳳凰橋

東陸涇橋　東蕭涇橋

周涇橋　護門涇橋

德壽橋　季涇橋

司馬涇橋　十八里橋

永寧橋　五漊涇橋

許師橋　利民橋宋嘉泰三年重建

沈墊橋　閔家橋元統二年建

通僊橋　濟民橋與通僊橋同在相城市

太寧橋齊門外釣橋　齊福橋正統八年郡守況鍾重建

舊堰橋　古涇橋

義成橋一名馬路橋　勝安橋正統四年郡守況鍾重建

廣惠橋　宋涇橋

南市橋　中市橋

福履橋　柵涇橋

道泰橋　端平橋

胡盧橋　香花橋

蠡塘橋　平安橋

寶祐橋　南湖涇橋

北湖涇橋　慶王橋

錢[illegible]　太平橋
濟人橋 [illegible]基　朱涇橋
金銀涇橋 在徐莊　永昌涇橋 永昌村
望湖橋　錢涇橋
永錢橋 同在錢巷　鍾善橋
王馬鋪橋　齊壽橋
泰通橋　大通橋
石獅涇橋　樊涇橋
安國橋　崇善橋
衆安橋 黃埭　東市橋
車輪橋　永榮橋
金埂涇橋　南橋 治長涇上

姑蘇志卷第二十

橋梁下

崑山縣橋一百六

太平橋　州東橋 同在縣治東跨東市河
普通橋 縣治西　張家橋 王鎮坊內
平橋　酒坊橋 舊名致和又名夢感日新坊內
陳老橋 片玉坊　泰通橋 已上同在縣治南武寧坊內
北倉橋 安定坊西　山溪橋 馬鞍山後
衆安橋 紫巷內　許墓塘橋 縣治北
會僊橋 清真觀前　黃家橋 山溪橋東
泗安橋 同在縣治北跨山塘涇　尊萊橋 餘慶坊西
通濟橋 朝宗坊內　唐家橋 厚俗坊內
寶月橋 寶信坊內　通闠橋 貴德坊內
興福橋 安泰坊東　南庫橋 積善坊內
茅家橋 儒學坊內　東城橋 興仁坊北
羅漢橋 安榮坊北　採蓮橋 舊名永福已上在縣治東南
惠政橋 景德寺前　進福橋 儒學東
舞雩橋 儒學東　高平橋 報國寺西
迎僊橋 延福菴東　景德寺橋 已上在縣治西南
無不利橋 永懷寺西　戊巳橋 [illegible]豐坊內

富春橋一名高板橋跨至和塘
望山橋富春橋南
萬壽橋跨東市河
安定橋
流慶橋旌孝坊內
奚婆橋已上俱在縣治東北跨木人涇
金相橋
清風橋
明月橋已上在縣治西北跨西市河
半山橋跨至和塘
見山橋
鼇峰橋俗名樂輪半山橋南
香花橋舊名慧聚寺前橋
楊家橋俱馬鞍山前跨山塘涇
板橋馬鞍山前〇已上俱在縣治西北羅城內
金童橋在大西門外
駟馬橋
太原橋同在小西門外
玉虹橋東門外跨至和塘

迎恩橋迎恩坊西跨小虞浦
滎陽橋太原橋西
通文橋玉峯倉東南
阜民橋玉峯倉南
應山橋玉峯倉後
東盈橋玉峯倉東北門
西盈橋玉峯倉西北門
利民橋北門外
蝦蟇橋正南門外
廣惠橋東南門外
普濟橋近廣惠橋
新漕橋廣惠橋東
草堂橋普濟橋南
須浦橋舊超化院西
香花橋舊超化院前
秦浦橋呂巷村
九里橋即尤涇橋在縣西十里
眞義橋縣西二十里跨眞義浦
狀元橋縣東南石浦鎮宋祥符元年衛文節公建元至元二年邑人胡道茂修

接官亭橋縣東南石浦鎮宋祥符元年衛文節公建
淞南第一橋千墩浦
中正法華橋縣南洋浦
行孝塘橋縣東南
永安橋
保安橋同在兵呍鎮
南夏駕橋縣東南三十二里
廣順橋趙靈興福寺前
郎浦橋盛蕩村
濟衆橋
衆安橋同在陳墓村跨界浦
天寧橋陳墓村
南石橋泗橋鎮
安里橋十八里塘
井亭橋鍾家涇上
道褐浦橋縣七十二里
涇浦橋縣南二十五里
諸家橋張潭浦
三墩橋三橋相向在縣南二十三里

刁家橋沈巷村
東宿浦橋縣南三十六里
西宿浦橋縣南三十里
望江橋縣東南三十七里跨金竈浦
石浦橋縣東南三十里
陸虞浦橋縣東南七十里
永寧橋縣西南二十里
武成橋縣西北三十六里
張莊漊橋縣西北三十六里
虹橋縣西北二十里跨滙焦涇
新瀆浦橋縣西南一十五里
壽安橋縣西二十里
阜康橋巴城村
唐涇橋縣北十八里
新塘橋縣北十八里

常熟縣橋一百三十四

縣橋縣治前元名州橋
沈家橋縣治西南又名梁子橋

市曹橋 在沈家橋西舊有市司故名
跨塘橋 舊名信義在縣治南宋淳熙十年
縣令曾棨建吉州司理參軍曹緯記弘治間學士
李傑建坊於此因名學士橋
跨塘橋記 琴川去京
幾八驛而近境大壤平舟車走集東吳之望邑也
東吳澤國千溼萬瀆悠然逝隤然止而皆瀦于三
江浮下震澤縈帶而下至琴川分爲万浦而後入
于海其經絡下闤闠之間旁注而側出者乃其一
也舊有橋曰跨塘凡迎爾朝廷之命令接勞四方
之賓客摩肩總轡憧憧於達路者莫不由斯歲綸
綿稔雨隳潦毀來往患之邑人欲更爲石梁久矣
上之人獄訟是務踵武怙視莫肯一屑意淳熙癸
卯邑大夫曾公爲政之明年也歲物豐成閭里康
阜縉紳父老合辭以請公曰衆之所欲苟憚其勞
是委民穽於草莽也其可乎然役鉅費夥非號召
龍集要當以身先乃出公帑之餘爲之倡於是遠
近士民靡不咸勸協議畢力克伸傭功故材不賦
而美工不發而多曾不踰時汔湊成績公謂是橋
之新也玉虹蜿蜒直縣數百步實西南取道之首
一境阡陌之會名其可以不稱乃以邑之地名之

曰琴川自公改新蒼岷結址盤固而高廣有加也
登焉引見則千里在望晨霏夕靄春穠秋瘠征帆
剗見飛鳥明滅瓌奇萬態間見層出騷人高士觴
之心景宜會則停驂嘯傲驪步微吟江山之樂自
適於意之表雖簪纓之風臺月榭儒釋之紆巖練
壑兼得之也眞所謂處喧囂而接遐曠者歟何向
晦而今顯自非公之精識逸韻其能經營栽畫之
如是耶且橋梁之興廢先賢以是觀人之政豈細
事哉子產以乘輿濟人於溱洧而孟子譏其惠而
不知爲政公成梁於暇日民無褰裳濡軌之患過
子產遠甚濟川之功兆於此矣公天資純粹以文
學世其家於書無所不窺施於有政則應機立斷
鉤隱察伏洞見精密而歸于忠厚凡民五過麗刑
新甫投辭有至於庭者涉筆批解而人無不得其
情不以吏追民不以政爲吏施設見於日用者先
定其規模而後從事庭廡肅如也至若通溝渠帶
貫鑑得以貿遷浚福山白茆二浦溉荒蕪爲膏腴
興學校而子弟知爲善之可樂若是者未易一二
而詳大凡天下勝處非人莫傳餘山之林泉以許
令亭而傳西湖之景物以蘇公隄而傳此橋以[illegible]

之善政遂爲一方之超觀將振耀而傳無窮也邑
人求文以識其事公之治績赫赫不可掩何待煩
設之辭蓋人之嚮慕傾戴而不足者非刻之金
石無以垂不泯而慰邑人之拳拳也故爲之書

迎恩橋 在縣治東宋建中靖國元年建弘治九年知縣楊子器重修

文學橋 在縣治東北子游巷口舊名言偃橋又名醋庫橋宋慶曆五年錄事夏秀建洪武初
里人陳貞重建按舊圖經言偃橋在縣東一百五
十步文學橋在縣東北一里前志併二橋爲一[redacted]
鄞人黃士毅撰銘 魯鄒而降道爲絕學千
五百年杞濂續洛寥寥閩泒久幾復絕再起滄洲
教脩日揭無極二五在人一源故不同此時生聖
賢吳通上下公即游魯胡然歷世莫踵公武觀跡
亦昧吁方肇祠是用作記意嚴灑而悉予小子世
閩產吳敢請所自滄洲之徒登橋而思刻銘述記
朔我同心如水存至能令後學
本末易明僞行不作踵公自今

通濟橋 縣治東北俗云坊橋因其接福山塘通大江故名

瞿橋 縣治東北知縣楊子器重修舊志有隱僊和風二名尚存以方隅步數度之二橋疑是

廣惠橋 縣治東北舊名通泰紹興間錢氏新之少卿陳揆名曰廣惠俗名通江

慶僊橋 縣治西南舊傳爲徐神翁昇僊之地故名

昇僊橋 與慶僊橋對俗名八字橋

迎僊橋 去前二橋稍南

望僊橋 迎僊橋南事跡同上

顯星橋 縣治東南二百五十步宋慶元三年縣令孫應時建舊傳星墜港中化爲石故名

善利橋 縣治西其地多貨易故名

孩兒橋 縣治西北

順民橋 順民倉北弘治間重修今名倉橋

何家橋 縣治西舊名和嘉橋

東何家橋 縣治東北舊名和豐

太平橋 縣治東南因太平巷名

鎮橋 縣治南慶元二年縣令孫應時建

焦家橋 縣治東南舊名通利

魚行橋 縣治西南寶慶四年王文雍建

草橋縣治西南元至正乙亥建
中和橋
寶慶橋
龔家橋
范公橋俱在縣治西南
廻龍橋焦尾溪上
廣義橋俱焦尾溪上舊名米栖
王家橋俱在縣治西
黃栢橋市心街北
天心橋
金家橋
包家橋
俞家橋俱在縣治西北
小澤子橋在部巷北
小虹橋縣治東南俗呼洞橋
紅板橋
清和橋
保安橋俱在縣治東北元至正間建
承流橋縣治南門成化間知縣鄧珙建
宣化橋縣治北門

行春橋縣治東門元至正間建
秋報橋縣治西門今廢
介福橋縣治北水門外成化間知縣鄧珙建名拱辰
富安橋小東門外路通東倉宣德間縣丞李子廉建成化間知縣甘澤重修改名阜安學士范安記
豐樂橋南門外路通南倉宣德間李子廉建
正統間巡撫侍郎周文襄重建
殿橋秋報門外跨山塘
迎春橋行春橋東元至正間知州盧鎮建成化間知縣鄧珙甃石重建改名熙春
練墩浜橋縣治南三里
徐涇橋縣治南六里
莫門塘橋縣治南九里
斜橋縣治南十里
魏涇橋縣治南二十里
廟塘橋縣治南二十一里
潭塘橋縣治南二十四里
顧涇塘橋縣治南三十里

吳塔橋縣治南三十五里已上九橋弘治間重建
黃土塘橋
張港涇橋俱在縣治南一十里因塘得名
小山湖橋縣治西十八里弘治十一年新建
沈店橋縣治西四十里
塘頭橋縣治西南二十里
報慈橋望海門外二里
墅橋縣治西北一十五里
濟民橋北水門外二里正統間周文襄建弘治間僉事任福重修
順民橋通江門外四里弘治間都御史佀鍾建
尚墅濟民橋
茅塘橋望海門外十二里
福民橋俱通江門外二十里
廣利橋
禄莊橋通江門外二十四里
崔浦橋通江門外五十里

永安橋莫城南元延祐間建
五龍堰橋阜安門外五里
戈莊橋縣治東接昆承湖
任陽橋縣治東南六十里
上社橋縣治東六十五里
杏花橋縣治東南七十里
塘橋昆承湖南跨時涇
轉河橋福山鎮南弘治間建
香花橋一在呂里村一在第四都一在四十一都
尖口橋迎春門外四里
新橋迎春門外十二里
壽慈橋迎春門外十五里
習善橋俗名黃石皮
月河橋
永慶橋俱梅李鎮
偃人橋縣治東北一十六里
登津橋縣治東南五十里
柒涇橋尚湖南
羅墩橋尚湖南四里

馬涇橋

姊婆橋 俱四十四都

朱涇橋 正統間建

張公橋 寶慶間建

洞涇橋 洪武間建

廟橋 永樂間建俱四十九都

吳江縣一百三十一

垂虹橋 縣東門外一名利往又名長橋慶曆八年縣尉王廷堅建以木爲之東西千餘尺橋中有垂虹亭治平三年知縣孫覺重修紹興間夷人犯淮有建議焚橋者郡守洪遵持不可而縣民相與聚哭坐下不果焚泰定二年判官張顯祖甃以石下開七十二洞洪武元年知州孔克中正統五年巡撫侍郎周文襄相繼修治成化十七年重修學士錢溥記

宋錢公輔利往橋記

出姑蘇城南走五十里民屋數百撮然沙渚之上者今吳江縣也東湖之流貫城之中隔限南北橫亘以渡者今吳松江也隱然長虹截湖跨江便來濟往安若復道者初作利往橋也橋本無有慶曆七年冬大理寺丞知縣事李問縣尉王庭堅嗟邑民之阨艱學者將改立至聖文宣王廟修大置館以進延諸生乃呼富民譬曉以奉稗氏不若助縣官興學民始聽且駭居一日心曉意解驩然從命遂輸緡錢數百萬未幾詔禁郡縣不可新立學二人胥與謀白民既從財既輸矣倘不能作一利事以便人吾何以謝百姓遂合傭僝工橋役興焉東西千餘尺市木萬計聞者異之沮議百端不兩月功忽大就即橋之心俊而廣之構宇其上登以四望萬景在目曰垂虹亭翼橋之兩涯各翼以一亭而表橋之名於其下使往而來者可指以稱曰此某橋也初縣城爲江流所判民半居其東半居其西晨莫往歸事無纖巨必舟而後可故居者爲不利縣當驛道川奔陸走者肩相摩櫓相接也卒然有風波之變則左江右湖漂泊無所故行者爲不便及橋之成行者便而忘嚮所謂不便居者利而忘嚮所謂不利議者皆舌強不敢發噫賢人君子措一意興一役豈直爲遊觀之美登賞之樂哉往往有恍其景物清絕脫落人世者若居之利行之便則茫乎其莫稱也雖然湖光萬頃與天接白洞庭薦碧雲

迴影[illegible]京夏器淺浜斷牛語漁吟嘯鳴問答檣聲櫓欸[illegible]互引后影前把千里一素是亦有足樂乎庭堅之守曰世美精敏洽毅願其胃中不上十位一邑李丞仁原廷稚嘉其有能而信從之視事幾數月塗巷室閭翕然一變若是橋利大功博可傳可記者餘固不可以一二書也余觀今世人平居熟議時孰不欲求位以伸道試靡以一職則曰職小位陛吾無以伸惟啟擬奉法保已之不暇若世美盡力其任不以小陛自綮者余未見也始則欲設庠序振教本使民知堯舜周孔之尊及詔條尼之遂能合財力興功利爲久久之便其周旋進退無一不中於道噫豈常人而能至哉世美余友也欲余之文以信本末余嘗學春秋太史氏法乃書曰慶曆八年六月二十八日蘇州吳江縣初作利往橋成

元袁桷重建長橋記

震澤東受川汪洋巨浸至吳江尤廣衍地爲南北衝千帆競發蘇風怒濤春激噴薄一失便利卒莫能制唐刺史王仲舒築石堤以順牽挽宋慶曆八年邑宰李明始建長橋繇是各舍舟以途來往若織木竇腐歲一始葺爲民病泰定元年冬州判張君顯祖始蒞事曰茲實首政稽工程財莫知攸出當茂於民民有調役維浮屠善計度長衢廣殿瞬息以具吾語諸衆有獲廣濟僧崇敬實來敬言木爲梁弗克支遠易以石其迄有濟參知政事馬思忽以督運至吳乃采其議周詢以籌首捐貲以勸敬復曰作事謀始不可不慎有善上姚行滿嘉興人能任大工役必屈必委繪圖相攸經畫畢具咸服姚議於是參政委郡守郭侯鵬翼役未興丞相答刺罕公朝京師回道蘇吳江郡白橋議丞相曰吾必首倡即捐萬緡而府縣士民相胥以勸平章高公貫迺辭湖廣江西來江浙力屬張均俾終是工杜侯眞來守是土亦曰張之言然二年閏正月建橋明年二月橋成長一千三百尺有哥捷以巨石下達曆淵積石既高環若半月爲梁六十有二疊以剗悍廣中三梁爲尺三百以通巨舟疊欄後倪危石贔屭甃以文甓過者如席舊有亭名垂虹週遭崖峩因名以增榮觀焉是役也敬師鳩徒輸財實三之二嬴則十萬後以爲寶帶橋助姚總其綢張均首議出於政事有聯合而是州興役見知於丞相識出天率厥今遂州相聯驛使勞午咸曰丞相

謀猷經遠張均美績猶是得書將求遠無極繫之以詩茫茫禹甸昔疇於魚維四載功玆爲具區有失其防群嗷獨喝曰維李侯搆玆虹梁經始孔艱任負陽陽歲老水澇臨履若驚張均莅官飾我以政玆橋匪修涉者益病召維耆老貲市莫竟相國之來六轡徐徐詢行審宜以究以圖劃其民錢俾民樂輸橋既成矣虹飛于江千柱承宇郡流迴矼巖兮層城爛其軒窗張均籌思相國成之彼清淨士尤式承之千載永賴肅以銘之 蘇舜欽中秋對月詩 月晃長江上下同畫橋橫截冷光中雲頭灩灩開金餅水面沉沉卧彩虹佛氏解爲銀色界仙家多住玉華宮地雄景勝言不盡但欲追隨乘興風 王安石 三江五湖口地與天不隔日月所蔽虧東西渺然白漫漫浸北斗浩浩浮南極誰投此虹蜺欲濟兩澗陀中流雜蜃氣欄楯相承翼初疑神所爲滅沒在頃刻晨興坐其上傲兀至中昃獨憐造化功不謂因人力今君持酒漿談笑顧賓客頗誇九州物壯麗此無敵熒煌丹砂柱璀璨黃金壁中間不慮始助我皆豪殖喟予獨不可遂當采其力 鄭獬 三百闌干鎖畫橋行人波上踏瓊瑤揮天螮蝀玉腰闊跨海鯨鯢金背高路直鑿開元氣白影寒隱破大江索此中自與銀河接不必仙槎八月濤 蘇轍 六月長橋斷不孜朱闌初喜映春流虹腰宛轉三百尺鯨背參差十五舟入市樵蘇看絡繹歸家臨酪宛遲留病夫最與民同喜卯酉匆匆無復憂 劉斯立 路隔臨濵鳥倦飛行人怨犯女星機長虹出浪無冬夏老蜃浮空半是非兩岸發聲雲內合三州帆影月邊歸闌干獨立秋風早豈待鱸魚始拂衣 林景熙 地圻東吳海脉連畫橋兩道跨晴川影翻河漢蛟龍國勢壓江湖螮蝀天幾處征帆浮日月四州雄角隅江烟三高遠矣荒祠在一笛闌干夕照邊 附垂虹亭詩陳瓘 三年爲吏住江濱重到江頭瓶病身滿眼碧波腧野烏一蓑蹤南爲漁人隨船曉月孤輪白入座群山數點春翰英靈應笑我緑袍依舊惹埃塵 米芾 斷雲一葉洞庭既王破鱸魚霜破柑好作新詩繼桑苧垂虹秋色滿東南 楊蟠 垂虹臨絕境景仙隱寄人間遠水吞平野歸雲補斷山空明寬眼界透迤破天慳深羨鴟夷子扁舟竟不還 姜夔 自作新詞韻最嬌小紅低唱我吹簫曲終過盡松陵路回首烟波十四

橋 陳昉 虛閣春城外澄湖暮雨邊飛雲忽入戶去鳥欲朝天林屋青西映吳淞碧右連登臨感時物快吸酒如巾

偃里橋 縣治東世傳陳昉偃于此去故名卜有偃人洞宣德五年知縣賈忠重建 張達明詩 蓬島徒查遠瑤池更渺茫波間有林屋只此是偃鄉

庶寧橋 在縣門右縣初爲州又稱州橋元大德六年判官王英重建 張達明詩 比屋連甍擁居民庶且寧早來漁市散終日敗鱗腥

看波橋 縣門左

利民橋 至正十四年建

吳興橋 至正二十年建

六子橋 洪武三年重建

通利橋 至正七年建

淳安橋 洪武十七年知縣張紀重建

亨利橋 洪武十四年知縣饒毅重建

濟民橋 已上俱在縣治後

永定橋 至治元年知縣陳璧重建

永安橋 洪武八年建

歸明橋 縣治東南泰定二年建

醋坊橋 太湖廟前永樂九年重建

永濟橋 正統四年重建

三里橋 北門外倉場左泰定元年建天順六年重修

七里橋 北門外慶曆七年縣尉王庭堅建

通濟橋 西門外正統七年建

楊家橋 俱在西門外正統七年建

三江橋

觀瀾橋

惠政橋 俱泰定初建

廟涇橋 至正間建

大明橋 儒學西跨運河 [illegible] 東望扶桑路迢迢幾萬程[illegible]只將盡處忽見大明生

萬頃橋 至正間建 [illegible] 巨浸莽無極聊爲萬頃看[illegible]又君試倚闌干

定海橋 至正間建 [illegible] 昔日松江上潮翻滄海來而今橋水不到半江回

三山橋 泰定元年建

甘泉橋 又名第四橋其水於清洲在水品第

六阮□詩松陵第四橋前水風急猶負尉一點誠
人烹茶哥白苧怒濤翻雪少停橈王逢阻風有作
虹梁雪霽光明滅風著岸脇冰鱗生空鄧天曉亂
木葉太湖日寒多雁聲馬同斗酒足自慰龜蒙遍
舟有餘清囊中青錢不
滿百聊買小鮮來就烹

通津橋 延祐間建

龔家橋 至正間建自三江橋俱在石塘

徹浦橋 至正間建

水濠橋 泰定間建

翁涇橋 元貞初建

盛墩橋 至正間建

梟腰橋 至正間建

南六里橋 洪武間建

北六里橋 至正間建

洪水橋

長湖橋

黎涇橋

鯿魚橋

上匯橋

市涇橋 自洪水橋至此俱洪武間建

七星橋

南雙利橋

北雙利橋 三橋至正間建

七里橋 永樂九年建

泄水橋 至正間建

楊橋 永樂九年重建

太平橋 洪武九年建

順濟橋 至正間建已上在上塘

中濟橋 洪武二年建

西吳橋 洪武八年建

百步橋 至正間建

三里橋

斜路橋

周涇橋

新路橋

張灣橋

楊定橋 自三里橋至此俱洪武間建

馬賦橋

□□橋

曹村橋 三橋至正間建

□路橋 洪武間建

通安橋 宋致和元年建

大明橋 宋紹興間建

登瀛橋 洪武間建已上十六橋在荻塘

天津橋 范隅上鄉柳胥村至治三年建

永濟橋 范隅上鄉陸巷

前莫橋

石家橋 同在莫舍村洪武間里人莫氏重建

明月橋 大德三年重建

永安橋 至正間重建

黃水匯橋 泰定元年建

壽寧橋 至順元年重建

雍熙橋 至正二年重建

直瀆橋 洪武二年建

安定橋

福安橋 同在二都甪俱正統三年建

韭谿橋 范隅上鄉三都西永樂間建

環秀橋 至元三年建

嘉會橋 洪武十四年建

登春橋 大德三年建

福海橋 洪武二十七年建

永昌橋 至正九年建

連雲橋 延祐四年建已上在澄源上鄉

駟遠橋 永樂十一年重建

豐登橋 永樂十二年建

安富橋 至大四年建

種德橋 洪武二十八年重建

招賢橋 至大四年建

大通橋 洪武四年建已上在澄源下鄉

永福橋 在桃溪洪武三十四年建

永安橋 永樂十年重建

永昌橋 洪武十六年建

和豐橋 永樂五年重建已上在蘆墟村

大有橋 華塔村

思本橋

來秀橋

長春橋 同在久詠鄉

安德橋 宋慶元三年建□誠齋詩云亂港交

穿市高橋過得橈

長老橋 成化六年知縣王廸重建

寶安橋
大通橋
積善橋宋淳熙十年建
興平橋
圓明橋宋淳熙十年建
下湖橋正統六年巡撫侍郎周文襄重建
寺橋正統十年建
百星橋
崇德橋在平望成化間驛丞崔勝重建
長春橋黃家蕩宣德間建
越溪同壽橋
柳塘橋雙楊村
底定橋震澤鎮有石刻題宋淳祐二年重建元至大己酉廣濟寺僧又爲募建椎跨荻塘
會源橋宋嘉定間建
思范橋至正二十三年建
安慶橋洪武九年建
富潤橋洪武間建已上同在震澤鎮
中新橋正統十三年建
東新橋舊名東溪至順元年建成化二年[illegible]

人重爲移[illegible]故名
普安橋洪武二十年建
慶榮橋至正十二年建
飲馬橋洪武間建
永豐橋永樂二年重建
斜橋永樂間重建
昇平橋正統十三年重建
湯家橋
永昌橋成化間重建
得春橋成化間重建已上十一橋在同里鎮

嘉定縣橋九十四

登龍橋在縣市心稱州橋淳祐五年知縣王選建
普濟橋舊名東市
寶慶橋
德[illegible]橋永樂間[illegible]已上建
熙春橋城隍廟南嘉定間教諭暨仲淵建
廣平橋在新[illegible]成淳[illegible]四年建
孩兒橋呈瑞坊南致和中趙儀曾建

萬安橋二一在縣治西南泰定間建一在玄壇廟西泰定二年建
廟涇橋合浦門內嘉定十五年建
保安橋二一在崇文坊一在普光寺後俱紹定元年建
寶興橋儒學東淳祐九年知縣林應炎建
顯慶橋普光寺東淳熙十年僧得謙建
耆英橋儒學後嘉定間教諭暨仲淵建
永安橋圓通寺東
拱星橋圓通寺前嘉定十年知縣高衍孫建
大德橋舊名千秋
永寧橋圓通寺東至元間建
通津橋舊名望京
倉橋[illegible]平元年知縣鄭士顯建
清境塘橋西隱寺東泰定間建
清河橋新巷內泰定間知縣高衍孫建
衆安橋護國寺前
項涇橋護國寺西俱梁天監中建
河門橋澄江門外嘉定間建
六和橋鹽鐵塘上泰定元年建

福壽橋[illegible]年建
太平橋[illegible]
永福橋陳涇上延祐三年建
吉祥橋縣治西北至元三年建
廣壽永安橋縣治西北二十里至元三年建
黃家橋米門涇至元三年建
黃姑塘橋黃姑塘上永樂八年建
楊家橋吉涇塘至正九年強珥建
張涇橋張涇上屬崑山界至正九年建
紅橋永樂三年建
孫店橋洪武四年建
香花橋三一在羅漢寺前洪武間建一在真如寺前嘉定間建一在保安寺前永樂間建
陸漵浦橋吳淞巡檢司東永樂間建
陸家橋至正二[illegible]年建
葛倪橋永樂元年建
馮家橋永樂元年建已上同在黃渡鎮
華亭涇橋縣治東北至[illegible]九年建
通津橋顧涇上淳祐十一年建

嚴泗橋 安亭鎮洪武七年建
祝鎖橋 縣治西南永樂二年建
朱門橋 縣治西北紹興三年建
鳳凰橋 縣治東南洪武三年建
來福橋 洪武二年建
清溪橋 吳淞江東至正五年建
衆安橋 吳淞江東洪武間建
太平橋 吳淞江守禦千戶所城內洪武二十四年建
練祁塘橋 晏海門外永樂間建
永安橋 縣治東南洪武十二年建
集慶橋 縣治南洪武十一年建
石堈門橋 縣治南永樂二年建
馬陸橋 馬陸村洪武十五年建
顧涇橋 縣治東洪武十六年建
五嶽塘橋 縣治東洪武間建
黃姚港橋 縣治東至正間建
太平新橋 縣治西南永樂三年建
顧浦橋 縣治西南永樂四年建
吳塘橋 縣治西南永樂元年建
桑浦橋 縣治西南永樂七年建
大盈浦橋 縣治西南永樂四年建
衆福普濟橋 寶華寺前至正二十三年建
胡陸灣橋 縣治東南永樂十年建
普濟橋 縣治東南洪武三年建
普安橋 江灣鎮東洪武間建
楊涇橋 縣治東洪武二十二年建
牛橋 外涇上洪武十三年建
馬路橋 縣治東洪武十九年建
官橋 縣治東永樂七年建
邵家橋 外岡上洪武元年建
支家橋 縣治東南洪武五年建
廣壽衆安橋 張堈門塘洪武十七年建
僊槎橋 南翔鎮至正十六年建
報濟橋 南翔寺前景祐四年建
華家橋 南翔寺後至治四年建
德澤橋 大德寺前至正十八年建
祝家橋 東嶽廟前洪武九年建
五福橋 五聖廟前洪武十六年建

槎浦橋 東嶽廟西永樂二年建
感夢橋 南翔市心洪武二十年建
金家橋 槎浦上洪武三十年建
于杜橋 真聖廟北泰定四年建
衆安橋 永樂七年建
義濟橋 同在大塲鎮西至元四年建
新涇橋 縣治東南至元五年建
廣濟橋 縣治西南至正三年建
福德鞏固橋 縣治西北永樂四年建

太倉州橋六十八

海門第一橋 即周涇橋在景祥坊至順元年郟道富建
安福橋 晝錦坊南大曆二年僧崇福建俗名三洞橋太倉陳門二塘之水至此交會東出海門第一橋以入于海
致和橋 儒學後成化十年重建
武陵橋 舊名惠安鎮海衛前至和間建
稅務橋 武陵橋西
興福橋 西城橋東元統二年里人郟普濟建俗名郟道橋
西城橋 大西門內至正三十年建
香花橋三 一在大西門外興福寺前僧慧暕重建一在城隍廟前至正壬辰進士殷元善建一在廣安寺前紹興間僧了悟建
望僊橋 大西門外已上跨太倉塘
登英橋 舊名章家橋以木為之今在儒學前景泰五年百戶程順重建易之以石教授李亨改今名
長春橋 名邑廟前至正四年郟道亨建
登瀛橋 長春橋西至正五年建
包家橋 小西門水關外
新板橋 小西門外新涇港口天順間建
永安橋 靈慈宮前至元六年僧智慧建
北周涇橋 仁壽坊東泰定間建
清平橋 吉利橋東泰定戊辰建
東安橋 安福橋東泰定間建
普安橋 東門北
太平橋 普安橋東俱泰定間陸義建

集福橋 城隍廟東至正十年抗仁建
仁義橋
仁禮橋 同在集福橋至正十一年建
樊村涇橋 嶽廟南至順四年丁文彬建
玄通橋 玄壇廟西至順四年建
鼓樓橋 武陵橋東至正二年建
木行橋 北旱涇橋東至正二年建
北旱涇橋 北巷內至正十年建今廢
旱涇橋 大南門內天曆十年湯文勝建
錦雲橋 豐積坊西舊名戴家橋成化十二年參政陸泉重建因跨錦雲溪上故名
廣盈橋 甘泉巷內至正三年張道榮建
聖福橋 崇文坊東天曆二年湯文勝建
慶安橋 崇文坊東大統三年鍾道亨建
古塘橋 城吳元年建
通濟橋 太倉衛後洪武十年建
南板橋 太倉衛東三橋俱指揮朱文建
德濟橋 鹽倉西至正五年張成禮建
剪巾橋 海寧寺前至和元年朱裕建
富安橋 即八浦橋鼓樓橋東至元六年建
天曆橋 天曆間建故名
[illegible]福橋 南門外洪武二年建俗名三里橋
迎僊橋 城西洪武十年吳子中建
[illegible]涇橋 城南至元九年強珇重建今廢
福濟橋 古塘上
[illegible]涇橋 洪武二年楊壽四建
太平河橋 永樂十四年張添祥建
[illegible]山橋 同在城北朱虎妻墓前
吳塘橋 西門外宣德四年高道人建
[illegible]家橋 小北門外至正庚午春辛鄉建
舍家浜橋 大西門外
[illegible]涇橋 吳塘橋東景泰間重建
平昌橋 至順四年謝總管建
木行橋 洪武間建
孩兒橋 塗松市跨七浦塘
白米橋
三里橋 二橋在塗松市跨白米涇
劉家橋 元劉氏所建已廢成化間重修
中市橋 在中市故名已上在雙鳳鎮
迎僊橋 [illegible]

菴橋
義[illegible]橋
通津橋
陳[illegible]橋 [illegible]
青石橋 穿山北至正十六年建
塘橋 [illegible]北四里
保安橋

崇明縣橋八十二

鍾秀橋 寧洋門內
積善橋 安順門內
通泗橋 儒學西
慈濟橋 慈濟寺東
大[illegible]橋 儒學西北
排[illegible]橋 城西南隅
寧洋橋 東城壕
迎薰橋 南城壕
承恩橋 西城壕
安順橋 北城壕
潭子橋
陳富橋
黃籬桶橋
朱叔安橋
丁家橋 已上同在潭子港
杭家橋 縣南五里
彭家橋 縣南關外
白橋
花家橋 同在蝦港
[illegible]家橋 縣西北五里
宣家橋 滑港
倉基橋 縣西北一十五里
徐梢橋 沈匾港
黃德橋 縣西北二十里
陸廉橋 新開河
鍾家窊橋 在縣東北七里
陸皮橋 縣西北
張家橋 陸季沙
低泥橋 新開河上
會聖橋 奉聖寺東相傳秦檜會異人於此

[illegible]村營　長沙橋[illegible]
南七港橋東沙　福利吐橋三沙巡檢司南
長橋三沙洪　陳家橋三沙
馬家浜橋三沙　陸師廟橋南大港
張行橋潭子港　徐通橋縣西南七里
葛家橋天賜場東南　焦家橋天賜場東南
胡家橋天賜場東南　窑橋
袁家橋　泥橋
馬路橋同在海兒港　王家橋
孫家橋　李家橋同在潭子港稍

通濟橋後舊州城內　茅家橋鍾家衖港
仇家橋　[illegible]
朱吾橋同在潭子港　花家橋蝦港
隙殊港橋　嚴家橋滑港
史匠橋滑港　永安橋永安港
迎恩橋曾姚港　徐家橋張家港
朐家橋富民港　陸弘愷橋丁家港
陂筧橋弔爽港　安民橋三沙巡檢司北
[illegible]橋長明[illegible]　岳廟橋施家港
[illegible]樹　戚武橋軍營港

吳畱橋通營港　長樂橋太平堂橋
通進橋蝦港　八字橋千家港
新河橋蝦港　通濟橋三沙
崇善橋靜安寺前正統九年建　垂虹橋西沙垂虹港百戶駱顯建
玉帶橋興教寺前僧文奎建　通濟橋界溝
道安橋新港　通賢橋巡檢司南

姑蘇志卷第二十

姑蘇志卷第二十一

官署上

歴代廨署有因有革而其地亦皆可考今先列國朝定制而附綴舊聞以備郡中故事若學校則別書亦以政教之角立也

府治在織里橋東元袮爲江淮財賦提舉司後改都水庸田使司後爲平江路總管府國朝吳元年就建府治洪武二年有　旨加闢知府何質陳寧相繼成之造門及堂又於廳事兩廡後增刱舍宇初因元舊官吏居外宅治事至是始就內居處正統間知府況鍾重構庫房天順間知府林鶚改作後堂迄今規制整備廳事東爲推官廳又東爲照磨所西爲經歴司又西爲架閣庫後爲豐盈庫堂下夾以東西廊舍東爲吏戶禮承發架閣房西爲兵刑工糧房堂外周列守貳判推之私第西稍下爲四區以居幕屬又下一區居庫官廊後爲周廬以畜胥史中門外東爲土地神祠傍地爲廄門之外東爲旌善亭西爲申明亭（二亭俱洪武中建）輔以榜廊拱以雙表此郡衙之大畧也

司獄司在府治西南織里橋南東向吳元年移舊司於靈芝坊洪武六年定建於此

稅課司在大街周太保橋北西向洪武初建

織染局在天心橋東洪武元年建

雜造局在章家橋南東向洪武六年建

陰陽學在喬司空巷即元海道萬戶府千戶所也洪武初改元陰陽教授司爲之永樂元年重建

醫學在流化坊即宋吳縣治基元改醫學設教授官奉三皇廟祀洪武元年革廟止存本學

惠民藥局舊在三皇廟西成化中移置府門外

僧綱司在承天寺

道紀司在玄妙觀二司俱洪武初置

沙頭河泊所在葑門外舊有長洲縣河泊所在石家匯南洪武十年罷又移常熟沙頭者置此故仍其名

巡撫行臺在南宮坊即鶴山書院自永樂宣德來爲巡撫大臣治事之所正統十年知府朱勝建來鶴樓三間于後堂北互見學校其東別有公宇一區即魏公讀易亭遺址舊爲刑部主事從巡撫官理訟所居後革今府官清軍居此（俗稱清軍館）

察院有三一在閶德坊即元海道都漕運萬戶府至

正末張士誠改爲分樞密院洪武元年知府何質改置後有池亭東爲射圃累政添飾軒宇靚敞特勝他廨成化三年巡按御史張海立題名碑武功伯徐有貞記一在前院右即元渠堰所（内有池今稱北察院）一在明澤橋西即舊吳縣學基初改軍器局知府曹鳳改置（今稱西察院）

水利分司在明澤橋東舊爲館驛廢坊成化中設提督水利僉事始居此今專爲水利官居

戶部分司即鈔關在滸墅戶部主事居此監收船鈔

公舘有二一在女冠子院橋西北即營繕所地正統間知府朱勝以籍官屋改爲清軍察院一在織里橋西二舘今俱爲催督織造内使所居

吳縣治在府治西北隅一里洪武元年建典史廳在西架閣庫在東六房承發房在東西廡官吏私舍俱在堂廡後洪武二年增廣中門天順中知縣崔澔重造監房弘治八年知縣鄺璠重造門外榜廊又造廊舍以便鄉民之役者申明旌善二亭在門外東西向（成化中知縣張鳳翥取本縣旌表節婦姓名刻石立旌善亭内）

養濟院在縣南侍其巷

稅課局在閶門外接官亭西吳元年置洪武十九年燬二十年知府王觀重建

長洲縣治在府治東南隅一里烏鵲橋西洪武元年建二年增廣廳事及兩廡後𥚃屋官吏就内居處正堂西爲典史廳東爲庫東西二廊爲六房糧房承發房中門外東爲土地神祠西爲監房門外有榜廊申明旌善二亭在縣門外東西向（弘治元年知縣邢綴築舍數十間以居停鄉民之應辦者）

養濟院在鼓樓西北

稅課局在葑門外馬路西

崑山縣治在馬鞍山東南三里即宋舊治元改爲州延祐元年移治太倉至正中復還舊治

國朝因之吳元年就設州治洪武二年改縣知縣王瑾遵 朝旨增廣之典史廳在堂之西架閣庫在東東西吏廡門内監房咸備申明旌善二亭俱在縣門外西

陰陽學在通闤橋東

醫學在縣治南三皇廟西

惠民藥局二一在平橋一在[illegible]

僧會司在薦嚴寺

道會司在清真觀

養濟院在縣東南

巡撫行臺在縣治東薦嚴寺左即宋范文穆公讀書處號石湖書院內有范公亭（趙雍書扁）正統間侍郎周忱重構堂宇改稱玉峯書院亭曰思范

察院在縣治東南舊吳儒學坊洪武初建

府官舘有二一在縣治南一在半山橋下即舊寧海驛弘治十年改置

常熟縣治在虞山東南由唐置縣以來歷宋及元皆仍其處

國朝吳元年仍元爲州洪武二年改爲縣增闢之典史廳在西庫在東餘皆如制申明旌善二亭在縣門外東西向

稅課局在縣治西南琴川橋下

陰陽學在縣治西

醫學在縣治西即舊惠民藥局

僧會司在慧日寺

道會司在致道觀

養濟院二一在縣西北一在縣西南

巡撫行臺在縣東北即文學書院宣德間移吳公祠於儒學以此爲巡撫公署侍郎周忱嘗改稱學[illegible]書院成化十九年都御史王恕扁其堂曰願治堂

記余以願治扁堂之明日有客來訪而問曰天子授公以保釐之任而有便宜從事之璽書凡撫內善良者公得而扶持之強禦者公得而禁遏之賢才有益於國家者公得而薦引之奸貪有害於政事者公得而斥逐之田野未闢公得而闢之學校未興公得而興之賦役有未均詞訟有未息公得而均之息之以至周窮卹困伸冤理枉皆公分內事也今皆舉而行之亦可以言治矣而猶以願治名其堂何歟余曰善良者固多矣余豈能盡扶持之強禦者亦衆矣余豈能盡禁遏之賢才當舉而或不能盡知奸貪當逐而或不能盡斥田野當闢而或流亡之未復學校當興而或教養之無方里書作弊賦役如之何得盡均教化不行詞訟如之何得盡息縱使盡扶持之盡禁遏之盡知之盡察之盡闢之盡興之盡均之而盡息之苟有一民之失所一事之不理亦不得謂之治治豈易能哉非但才之罪其勢然也余以非才受厥命食厥祿豈敢怠厥事是以夙夜孜孜願治焉而未之能也願而未能其可忘乎故以願治二字揭諸堂欲其常目見之而求所以治之也客唯唯而退遂書之以爲記

察院初寓縣治東偏弘治九年遷於縣西百步即舊公舘地

府官舘在縣治東即舊察院也弘治九年互更之

吳江縣治在縣城內東南隅即宋舊治也元改州

國朝因之洪武二年復改縣如制增廣典史廳在西鑾架庫在東架閣庫又在西西庫在架閣庫前西列吏廨監房舊在庚寧橋南後移前門內堂後有小河河後爲諸私衙申明旌善二亭在門外東

西向譙樓在縣治前
稅課局先在城隍廟東洪武元年設二年移縣東
仙里橋南
同里稅課局去縣治東一十八里洪武五年設置
陰陽學在城隍廟側正統十四年建
醫學在縣治西北舊府官館
惠民藥局在縣治西無礙寺右
僧會司在聖壽寺
道會司在昭靈觀
養濟院在縣西北柵頭淳熙間剏後又增之今移

置昭靈觀側
巡撫行臺在縣東舊爲書院
察院在縣北城隍廟後舊在東門內弘治五年知縣
金洪以福臨移置
府官館舊在北門外弘治二年改建東門內即舊察
院
嘉定縣治在春申鄉練祁市宋嘉定十一年立縣知
縣高衍孫盼卜馬軍司酒坊之地築址作室三月
而成入元中世陞爲州至大間知州高源劉文質
繼有脩建

國初因之洪武二年改縣正堂元名善頌之東爲典史廳
西爲架閣庫堂下爲吏胥諸房中門外爲監房後
堂元名承化之外周列官吏居舍永樂十年八月災惟
存譙樓典史廳庫獄及居舍[redacted]年[redacted]
[redacted]重建申明旌善二亭在門外東西向
稅課局在縣西廣平橋吳元年建洪武四年重建子局九處在南翔黃渡大塲安亭青浦羅店婁塘張涇錢門塘幷十四都
陰陽學洪武十七年設而未建
醫學同陰陽學
惠民藥局在縣西關王廟

僧會司在圓通寺
道會司在集仙宮
養濟院在趙公橋南舊在縣東南永樂元年移縣西北僕射巷後又遷今地
巡撫行臺在縣治西倉巷口即舊驛改置
察院在縣治東洪武三年建
府官館在圓通寺
太倉州治在州城北隅即舊教場地弘治十年昉建
門堂規制大率視縣差大吏廨庾獄私舍皆具吏
目廳在堂左又有會閤廳門有譙樓外有榜廊申
明旌善二亭在州門外東西向

稅課局在海寧寺前即元之舊吳元年重設子局五處一在城內四在石浦安亭兵墟茜涇鎮上

陰陽學在太平橋西

醫學在太平橋西

僧正司在西門內

道正司在周涇橋東

養濟院在周涇橋東

察院舊名書院在儒學西崑山知縣楊謐重建後堂知州李端重建復建亭名清風

公館在鎮民橋西弘治九年本府同知李貞建

崇明縣治即宋天賜鹽場提督官廳後爲風濤衝嚙元立爲州達魯花赤八里顏知州程世昌與民僉謀於舊州北相高爽地定基建治

國朝初因爲州洪武二年改縣增屋永樂間又淪沒仍遷舊郭北十五里地名秦家符至正統間知縣吳吉王銳主簿陳梗先後建造其制始備典史廳在西架閣庫在東申明旌善二亭在縣門外東西向

稅課局在縣西城東北隅

河泊所在縣東瀛洲巷

陰陽學在城西北隅

醫學在城東南隅

僧會司在城東南隅慈濟寺

道會司在城東北隅寶慶觀

養濟院在城東北隅北街東

察院在城東北隅本縣東

姑蘇志卷第二十一

吳郡志卷第二十二

官署中

吳郡舊治按越絕書云今太守舍者春申君所造後殿屋以為桃夏宮今宮者春申君子假君殿也太守府大殿者秦始皇刻石所起至更始元年太守許時燒六年十二月鑿官池東西十五丈七尺南北三十丈吳官至秦猶存守宮吏以火照燕窟遂火焉朱買臣載故妻到太守舍猶即此地自唐乾寧元年刺史成及建大廳宋初為節度使治所嘉祐間郡守王琪復新舊廳閎甲諸郡陳經繼之作

子城門樓觀甚偉元豐六年郡守章岵易以儀門覆以重屋又脩戟門由是自譙門至于府廷棟宇稱度盛莫加矣且吳之黃堂在昔著稱寔為郡國事始自唐以來又多勝槩建炎兵燹靡有孑遺紹興初高宗將駐蹕平江先命漕臣於府治營造宮室三年行宮成四年移幸七年三月詔賜守臣復為府治承平時每歲首飾諸亭縱民遊觀以示同樂元初江南置浙西軍民宣撫司後改為平江路總管府府官皆居外私宅聽訟決遣則完會治所有宋舊廳者唯亭臺樓館凡三十餘所後多頹圮惟黃堂木蘭堂齊雲樓宣詔頒春二亭存焉至元二十年立浙西道提刑按察司就府置司遂移府治於舊崇臨提舉司未幾罷按察司仍治復舊大德五年暴風作齊雲樓譙樓戟門廳署廊廡皆摧毀僅存黃堂木蘭堂頒春宣詔亭時總管董章為修復齊雲譙樓儀門設廳并兩廡吏舍至正末張氏據此為太尉府及敗縱火焚之惟存子城南門耳門今稱鼓樓上置十二辰牌報時易之

黃堂在設廳之側春申君子假君之殿也後太守居之以數失火塗以雌黃遂名黃堂即太守正廳

也今天下郡治皆名黃堂昉此或謂以黃歇之姓名堂或謂有二說皆非古者太守所居黃堂猶三公之黃閣也紺素雜記天子曰黃闥三公曰黃閣給事舍人曰黃扉太守曰黃堂

設廳即黃堂也唐乾寧元年成及建宋皇祐五年李仲偃守郡盧志作仲雍誤嘗脩大廳蔣堂為記敘廳所始甚詳今題名在嘉祐中王琪始大為脩治琪為觀欵家壯假省庫錢數千緡廳既成漕司不肯除破時方貴杜集人間苦無全書琪家藏本讎校素精即俾公使庫鏤版印萬本每部為直千錢士人爭買之富室或買十許部既償省庫羡餘以給公廚繼經毀于火之後紹興三年宋伯友更建制度差雄高宗

巡幸嘗以爲正衙紹熙元年袁說友紹定五年鄒應博皆重脩之相傳設廳舊爲讌犒將吏之所謂之旬設故公廚亦曰設廳

蔣堂重脩大廳記姑蘇受署廳新成當兵部員外郎李公晉卿守屛之明年冬十月也政脩事舉所至精明完葺之初見梁間有題識乃有唐乾寧元年剌史成及所建乾寧距聖宋一百六十有餘年美剌是郡者接跡不絕凡受署記即臨便閤煩軟沈迷其於廳事或旬日不一至以至年祀寖遠棟桴撓焉予昔兩綰蘇印班錄餘門每夌池隍縱觀臺榭以館過賓以備宴衎以追韋白二公風跡雖自以爲適然於是廳繕完有所未至今觀李公之爲有過人若圖新補廢俾唐末之遺蹤巋然乎顯明吏民瞻之靡不胥悅君子謂李公急於先務知布政之本焉予目是事憮然自咎因書本末云時皇祐六年三月日記

譙樓即鼓角樓唐節度使入境州縣立節樓迎以鼓角故稱或謂宋淳化二年六月詔州府監縣應所受詔勅並藏勑書樓今之鼓角樓是也政和二年樓燬三年重作復更兵燹紹興二年席益鳩工三年李擢成之十九年王㬇始作刻漏二十年徐蕆篆平江府額但立正門之樓而兩挾猶未復咸淳九年倪普去任留羨餘錢十萬大脩之其更鼓之節凡日之晡則吹角一疊撾鼓十數聲謂之小引申時換牌樓上立兩旗指外春曰青陽夏曰朱明秋曰白藏冬曰玄冥各如方色至晡吹角五人爲三疊撾鼓者六人每角止撾鼓數十爲三徧徧三撾六擂凡三角三鼓而止四更則奏角而不鼓亦謂之小引三點乃再發至五更止謂之大角動云按宋軍防格節鎮鼓角各有十二建炎兵火後重建元大德五年又壞於風總管董章重建之樓設鼓角點鐘日天池夜天池平水壺益水壺減水壺減水壺二十四氣前

郡圃在州宅正北前臨池光亭大池後抵齊雲樓城下甚廣袤按唐有西園舊木蘭堂基正在郡圃之西其前隙地南宋爲教場俗呼後教場疑即古西園之地郡治舊有齊雲初陽及東西四樓木蘭堂東西二亭北軒東齋等處建炎兵後惟齊雲西樓東齋爲舊製餘皆補造端平初張嗣古改郡圃名同樂園嘉定十三年綦奎新濬府宅後方池環以土山葺西齋之石益而爲之立四小亭於上曰稜玉蒼霞烟岫清漪皆取昔賢郡中賦詠而名其齊雲樓前有芍藥壇每歲花開太守必宴客號芍藥會

西園在郡圃之西隙地直子城甚廣袤唐時有之白公有詩宋以爲西教場**白居易**閑園多芳草春夏香靡靡深樹足佳禽旦暮鳴不已院門閉松竹庭徑穿蘭芷愛彼池上橋獨來聊徙倚魚依藻長樂鷗見人暫起有時舟隨風

盡日蓮照水誰知郡府內居□□□如此共惜誰能
緣何管繁遂邇〇[illegible]□□□水共誰尋問訊
共誰賞詩篇共誰吟花間共□酒熟共誰閑患
死莊杜口鐘殘師廢琴道理使之然從古非獨今
吾道自此孤我情安可任唯
將病眼淚一灑秋風襟

北池又名後池唐在木蘭堂後常白有詩池中為
鳴鳩上有白公手植檜皮陸亦有木蘭後池三詠
范志云今池乃在正堂之後而木蘭堂基正在其
西後無池跡豈所謂木蘭堂基非唐故址邪或舊
池更大與堂相聯邪皇祐間蔣堂增葺池館有宴
集詩後作北池賦有云危橋虛閣今池皆不能容
益知昔為廣池不誣矣嘉定十四年某奎又作白
檜軒於池上矣昔刺史韋應物詩云海上風雨至
蔣堂北池賦并序姑蘇北池其來古
逍遙池閣涼即其地也常與白樂天皆有池上之
作盛茂其景自常白沒僅三百年寂無歌詠者予
景祐丁丑歲被命守蘇池館必嘗賦北池宴集
詩是時端明張安道爲邑崑山亦留風什傳刻于
石故事在焉去此涉一紀予復佩蘇印感舊成賦
聊以寄懷云澤國秀壤句吳故城其野意之勝者
有曲池之著名瓔碧曉漲浮光疊渟幹浪津之餘
派分銀潢之一泓危橋跨波迅若走鯨虛閣延月
清如徽瀲瓔乃飛蓋之所集靄芳塵之不凝主人
一去欄汙軼懟春草羅生賦詠幾廢消榮未平今
茲稅鞅之日復慰臨流之情日與景會神將喜弁
是時霽色晬淨群動紛盈魚在藻以性遂龜游蓮
而體輕禽巢枝而自適蟬得蔭而獨清科斗成文
書之象蠹龜有鼓吹之聲以至鷗鳥群嬉不觸不
驚蘂萼成列若將若迎岸產弁柯之本波孕紫莖
之莽灘露以而金紫垣疊蘚以衣青新蒲鏘鏘挺
水心之劒綠竹整整矗羽林之兵別有島檜高聳
虬枝相撐火石結燥冰霜薦英若古君子與世寡

偶而特立獨行吁可異也意境之勝者可稱物之
秀者可旌故萬狀在目吾得題評者已吾方岸野
幘踞風亭觴賓友奏竽笙或獨灑秤釣或扁舟
乘惟蔟有棐用以析朝酲惟菊有華可以制頹齡
而況庭無留事身若遺榮泯得喪乎意表育平粹
於心靈姑徜徉於池上亦何慮乎何營**皮日休木**
蘭後池重臺蓮花欹紅婑媠力難任每葉頭邊半
米金可得敎從水妃見兩重元是一重心**浮萍**嫩
似金脂颺似烟多情渾欲擁紅蓮明朝擬附南風
便寄與湘妃作翠鈿**白蓮**但恐醒翺難並潔秖應
薝蔔可齊香半垂金粉知何似靜婉臨溪照額黃
陸龜蒙和重臺蓮水國烟鄉足芰荷就中芳瑞此
難過風情爲與吳王近紅蓼常敎一倍多**浮萍**晚
來風約半池明重疊侵沙綠罽成不用臨池重相
笑最無根帶是浮名**白蓮**素蘤多蒙別豔欺此花
眞合在瑤池還應有恨無人覺月曉風清欲墮時
皮日休重題後池細雨闌珊眠鷺覺鈿波悠漾並
鴛嬌適來會得荊王意秖爲蓮莖重折腰**陸龜蒙**
曉烟青露暗相和浴鴈浮鷗意趣多却是陳王詞
賦錯枉將心事託微波**蔣堂和梅摯北池十詠**池
上有虛閣甍簷迅若翔百壺多盛集四坐仰惟良
醉印文苔綠蓮衣桂楫香何由陪肅詠數衽緇微
涼〇池上有奇檜青青歲紀深舊枝憐茂殖時亦
欠清吟夕〇月瀨孤影秋霜滋勁心今方遇眞賞風
什播瑤音〇池上有孤島影搖波底天蓬壺欣髣
髴仙客得留連岸草襯丹轂難蘆隱畫舸羨君休
擀日寄傲一罇前〇池上有脩竹遙聞手自栽幾
因風韻響時感隼嬾來粉籜經梅脫虬根遇石回
嬋娟綠陰下小宴爲誰開〇池上有垂柳烟籠翟
濯枝芳根逢茂育老翠勝平時體弱因風舞詞清
入笛吹金城久不到遙想數縣離〇池上有叢菊
繁英滿舊蹊金刀惜頻剪粉蝶得幽棲醉弁誰同
插香牋手自題遙思青賞處野步岸東西〇池上
有時釣閑忘侍從身波平方浸月吏退闃無人慕
映魴魚尾風搖獨繭綸一亭容膝地雅飾免荒蓁
〇池上有時宴笙篁沸欲疑歡多徧移刻坐久月
和燈席客詠持蟹女娼歌采菱醉來忘萬事風靜
水波澄〇池上有鶬鶴來從淮水需舊巢雛海倒
清唳入吳天骨峭翅霜月翎踈刷野泉使君宜得
伴仙格本千年〇池上有馴鹿亭臺深處行長隨

熊軾慣且免兎罝驚遥草眠多穩流
泉飲亦清寸岑有靈囿可使遂滋生

齊雲樓在郡治後子城上相傳即古月華樓也吳
地記云唐曹恭王所造白公有詩亦云改號齊雲
樓蓋取西北有高樓上與浮雲齊之義據此則自
樂天始也故其詩云欲辭南國去再上北城觀治
平中裴煜建爲飛雲閣政和五年重作齊雲樓成
紹興十四年王㬇重建兩挾循城爲屋數間有二
小樓翼之輪奐雄特甲於兩浙後陳弟沈𣆀史宅
之重脩 **唐白居易齊雲樓晚望偶題十韻兼呈馮侍御周殷二協律詩** 潦倒官情盡蕭條芳
歲闌欲辭南國去還上北城觀復疊江山壯平鋪井
邑寛人稠過揚府坊鬧半長安插霧峯頭沒穿霞
日脚殘水光紅漾漾樹色緑漫漫約畧留遺愛殷
勤念舊歡病拋官職易老別交朋難九月全無熱
西風亦未寒齊雲樓北面半日凭闌干 **又和公權登齊雲** 樓外春晴百鳥鳴樓中春酒美人傾路傍
花日添衣色雲裏天風散珮聲向此高吟誰得意
偶來閒客獨多情佳時莫起興亡恨遊樂今逢四
海清 **九日宴集** 前年九日餘杭郡呼賓命宴虛白
堂去年九日到東洛今年九日來吳鄉兩邊蓬鬢
一時白三處菊花同色黃一日日知添老病一年
年覺惜重陽江南九月未搖落柳青蒲緑稻穟香
姑蘇臺榭倚蒼靄太湖山水含清光可憐假日好
天色公門吏靜風景涼榜舟鞭馬取賓客掃樓拂
席排壺觴胡琴清圓指撥刺吳娃美麗眉眼長笙
歌一曲思凝絕金鈿再拜光低昂日脚欲落備燈
燭風頭漸高加酒漿觥盞艷翻菡萏葉舞鬟擺落
茱萸房半酣憑檻起四顧七堰八門六十坊遠近
高低寺間出東西南北橋相望水道脈分棹鱗次
里閭棊布城冊方人烟樹色無隙罅十里一片青
茫茫自問有何才與政高廳大館居中央銅魚今
乃澤國節刺史是古吳郡王郊無戎馬郡無事

[illegible]腰有章盛時儻來合慙愧壯歲忽去還感
傷從事醒歸應不可使君醉倒亦何妨請君停杯
聽我語此語眞實非虛狂五旬已過不爲夭七十
爲期盖是常須知菊酒登高會從此多無二十場
章憲登齊雲 飛樓縹緲瞰吳邦表裏江湖自一方
曲檻高窗雲細薄落霞孤鶩水蒼茫固知興廢因
時有獨覺江山共古長回首中
原正愁思不堪殘日半規黃

木蘭堂又名木蘭院白刺史有寄題木蘭西院詩
後人以州宅後堂名之蓋紹熙中脩故事所揭范
成大書額嵐齋録云唐張摶自湖州刺史移蘇州
於堂前大植木蘭花當盛開時燕郡中詩客即席
賦之陸龜蒙後至張聯酌浮之龜蒙徑醉强執筆
題兩句云洞庭波浪渺無津日日征帆送遠人頹
然醉倒摶命他客續之皆莫詳其意既而龜蒙稍
醒援毫卒其章曰幾度木蘭船上望不知元是此
花身遂爲一時絕唱范氏云案舊堂基在觀德堂
後古木猶森列郡守數有欲興廢者而卒未就承
平時堂僅有治平二年陳經所刻御書飛白碑揭
于木蘭堂之新閣其後不復存矣又新志云堂在
西園凌風臺後池南即其故基寶慶間猶存紹定
二年閒歛場始鉏治之 **范仲淹木蘭堂詩** 堂上列
歌鐘多慙不如古却羨木
蘭花曾見霓裳舞[illegible] **楊備** 木蘭枝寄
樹仍高堂下花光照節旄列鼎重茵歌舞地金章
同色使
君袍

西樓在子城西門上後更名觀風樓續圖經云元微之寄白樂天詩云弄潮船更曾觀否望市樓還有會無注云望市樓蘇之勝地今觀風樓爲近市殆即此耶紹興十五年王㬇重建二十年徐琛篆額下臨市橋曰金母橋亦取西向之義淳祐中魏峻大脩之取白公詩表其下曰柳橋槐市且自賦詩又撥錢椿添倅廳以俟異日脩葺之助及黃萬石改作如臨安豐樂之制

白居易西樓夜宴詩 宿雲黃慘澹曉雪白飄颻散麴遮槐市堆花壓柳橋四郊鋪縞素萬室甃瓊瑤銀榼携桑落金爐上麗譙光迎舞妓動寒近醉人銷歌樂雖盈耳慙無五袴謠

城上夜宴 留春不住登城望惜夜相將秉燭遊風月萬家河兩岸笙歌一曲郡西樓詩聽越客吟何苦酒被吳娃勸不休徒道人生都是夢夢中歡笑亦勝愁

劉禹錫登見西樓樂天題詩 湖上收宿雨城中無晝塵樓依新柳貴池帶亂苔春雲水正一望簿書來遶身烟波洞庭路愧彼扁舟人

玩月 半夜碧雲收中天素月流開城邀好客置酒賞新秋影透衣香潤光凝歌黛愁斜暉猶可翫移宴上西樓

楊備觀風樓 觀風危堞與雲齊樓下閶門畫戟西鼓角聲沉絲管沸捲簾晴黛遠山低

范仲淹觀風樓 高壓郡西城觀風不浪名山川千里色語笑萬家聲碧寺煙中靜江橋柳際明登臨豈劉白滿目見詩情

章造西樓懷古 高花古柳傍城闉游目汀城次第新百感中來倚惆悵滿城烟雨蕭城春

耿元鼎西樓 一曲舊笙歌千古當樓面翠峨花發花殘杳徑雨月生月落洞庭波地雄鼓角秋聲壯天迥闌干夕照多四百年來逢妙手要看風物似元和

東樓唐有之宋開慶元年馬揚祖建小樓於熙熙堂之側以是爲名扁曰清芬

獨孤及重陽陪李蘇州東樓讌詩 是菊花

開日當君乘興秋風前孟嘉帽月下庾公樓酒解留征客歌能破別愁醉歸無以贈秖奉萬年酬

東亭唐有之白公有詩宋更他名

白居易[illegible] 溫溫土爐火耿耿沙籠燭獨抱一張琴夜入東齋宿窗聲度殘漏簾影浮初旭頭癢曉梳多眼昏春睡足負暄簷宇下散步池塘曲南鴈去未迴東風來何速雪依瓦溝白草遶牆根綠何言萬戶州太守常幽獨

西亭唐有之白公有詩宋之西齋是其處

白居易題 常愛西亭面北林公私塵事不能侵共閑作伴無如鶴與老相宜只有琴莫遣是非分作界須教吏隱合爲心可憐此道人皆見但要修行功用深

又題西亭 朝亦視簿書暮亦視簿書簿書視未竟蟋蟀鳴座隅始覺方歲晚復嗟塵務拘西園景多暇可以少躊躇池鳥澹容與橋柳高扶疎烟蔓裊青薜水花披白蕖何人造茲亭華敞綽有餘四簷軒鳥翅複屋羅蜘蛛直廊抵曲房窮窱深且虛修竹夾左右青風來徐徐此宜宴嘉賓鼓瑟吹笙竽荒淫即不可廢曠將何如幸有酒與樂及時歡且娛忽其解郡印他人來此居

初陽樓在郡中池上皮陸有詩既曰初陽宜占東城

皮日休登初陽樓 危樓新製號初陽白粉青葱射沼光避酒幾浮輕舴艋下棋曾覺睡鴛鴦投釣列坐圍華燭格簺分明占靚粧莫怪重登頻有恨二年曾侍舊吳王

陸龜蒙 遠窻浮檻亦成年幾伴楊公白晝筵日暖煙花曾撲地氣和星象却歸天閑將水石侵軍壘醉引笙歌上釣船無限恩波猶在目東風吹起細漪漣

池光亭在郡宅後即唐之北亭相傳爲白刺史命名紹興十七年鄭滋重建池傍有小山二東曰芳坻蔣璨建飛白書額西有檜三十一年洪遵訪白公故事所植自有記淳熙六年司馬伋以亭名犯

詩暫揭木蘭堂榜紹熙初潛說友復之嘉熙四
年亭圮後以故址為春雨堂其額又廢淳祐三年
陳塏以池光故亭乃外氏洪遵所葺遂以坐嘯齋
改為之
櫻桃園 唐皮日休春夕陪崔諫議櫻桃園宴詩 萬樹香飄水麝風蠟燻花雪盡成紅夜深懽態狀不得醉客圖開明月中 陸龜蒙奉和 佳人芳樹雜春蹊花外烟濛月漸低幾度艷歌清欲轉流鶯驚起不成棲
雲章亭在凝香堂西南紹興三十一年洪遵命
名有仁宗賜陳經飛白書端敏寶文閣佛字石刻
并孝宗諭陳經敕賜丁謂詩及高宗書千文 真宗御製賜平江軍節度使丁謂詩序 鄉黃閣同寅寶彰於畫戟碧幢
詔鎮方屬於報功言當入謝之辰特賜褒賢之作
今成七言四韻詩一首賜新授蘇州節度使丁謂
依韻和進詩云懿辭碩畫播朝中造膝詢謀禮遇
豐文石延登彰順美高牙前導表疇庸昔生伐鉞
今尤貴舊里分符古罕逢晝錦買臣安敢比黃樞
早日接從容謂次韻和進云白麻初降紫宸中籌
組相驚帝澤豐驟陟將壇知運偶久塵台席愧材
庸柔揄便覺人間別旌戟猶疑夢裏逢已是郡城
聳榮觀更須天唱耀戎容 又賜御詩序 鄉名藩出
莅雖極於倚毗文陛言辭良多於眷注特示寵行
之什用增方面之榮今成五言十韻詩一首賜蘇
州節度使丁謂依韻和進詩云識歷功皆著諮詢
務必成懿才符曩彥佳器貫時英俾展經綸業旋
陛輔弼榮嘉亨恢盛遇盡瘁罄純誠均逸明恩洽
疇勞茂典行白麻三殿曉紅旆九衢平雖報凝嚴
任尤諳倚注情擁旄辭帝闕頓轡望都城風景高
秋月烟波幾舍程想鄉懷感意常是夢神京謂次
韻和進云叨竊逢嘉會孤單荷曲成高車陪上宰
密座厠群英步武清華地優游侍從榮勤劬期薦

効忠謹誓明誠方畏官箴失俄驚寵命行冒恩
易感戀聖意難平未副宵衣念寧安晝錦情趨
千里榮春眷九重城茜旆輝登路瓊章耀去程子
年牽望處金闕玉為京 謂跋云 臣謂材用無取聲
猷不揚徒以遭遇盛明忝冒榮寵掌邦計參國政
一紀于茲贊皇儀相盛則百禮斯舉位重逾量恩
深積憂蓋早負官箴久妨賢路或驟擾物論則大
辜聖知優退是希陳露未暇去年秋九月甲辰忽
奉制命遷登將壇進崇秩於上公建高牙於故里
君親奇遇臣子殊榮授命之初便殿賜對天語撫
勞曆旨溫密至感至戀且拜且泣十一日復對於
宣和門賜御製入謝日七言四韻詩一首十九日
朝辭於長春殿賜御製寵行五言十韻詩一首皆
俾和進丹文綠字親奉於紫清雲笈芝函須流於
侮泌簪纓聳觀油素騰芳璧日九華但圓首以拭
目薰絃六變鏗方輿而悅心期大播於玉音敢盡
刊於金字蘇臺粵壤鍾阜名區並謹歲時永昭盛
美大宋天禧元年歲次丁巳正月二十六日推誠
保德翊戴功臣金紫光祿大夫檢校太尉使持節
蘇州諸軍事蘇州刺史充平江軍節度蘇州管內
觀察處置堤堰橋道等使知昇州事兼御史大夫
上柱國濟陽郡開國公食邑三千五百戶食實封
一千二百
戶臣丁謂

戒石銘刻石在廳事南銘即宋太宗書孟昶令箴
内四語也郡縣皆同
山陰堂景祐中張億建
矚野亭見山閣皆蔣堂建
按武堂至和中呂居簡建
射亭嘉祐中蔡抗置
飛雲閣治平中裴煜立
介軒熙寧間韓朴植怪石於便廳後榜以是名

月臺在城西北隅元豐中晏知止葺故亭於上改稱云

湧泉亭洗馬池祥符圖經云在州衙內

北軒在郡宅後寶祐五年重建於木蘭堂後東廡扁曰聽雨西曰愛蓮梅摯北軒詩苦無勤瘁補臺綱西院西頭冷峭房今日鈴齋一欹枕清風不敢傲羲皇

介菴在木蘭堂南凌雲臺下慶曆八年梅摯建併作銘後菴入通判東廳久亦廢而銘石尚在介菴銘并序表署西北有堂曰木蘭堂之南有臺曰凌雲灌木駢生其上臺下有故圃廢洞址在焉予因訪陳迹遍其塞而菴之惜乎孑孑立一隅中無長物入之者志意歛然思有所守宜介其名而銘之菴非廣居介不兼濟有守退公杖而獨詣心淵坐澄默與眞契嗚呼公怒賊私不遷而壽齊私欲囂公不萌而制世紛萬殊浩乎亡際何以靖之曰思無邪一言以蔽慶曆八年九月二十五日尚書戶部員外郎知蘇州軍州事梅摯立

雙蓮堂在木蘭堂東舊芙蓉堂也至和初呂處約以雙蓮花開易名楊備詩雙蓮仙影面波光翠盖搖風紅粉香中有畫船鳴鼓吹瞥然驚起兩鴛鴦

戟門紹興元年胡松年建榜以平江軍額徐琛書元稱爲儀門

待班亭二在譙樓城下東西相向紹興巡幸時草創

更衣亭二在東西采城之陽亦紹興所剏扶香池光亭後醉醺洞也紹興二年沈揆命名并書

雙瑞堂元稱西齋紹興十四年王㬇建紹熙元年長洲有瑞麥四岐及後池出雙蓮袁說友書舊齋表以是名嘉定十三年又改思政寶祐中作新堂舊稱併廢范成大雙瑞堂記唯紹興初元夏四月吳郡袁使君爲政之再閱月也長洲之彭華鄉以瑞麥獻又三月木蘭後池以瑞蓮獻麥兩岐已堅栗可刈岐間復出新苗玉枝青葱且秀且實後十日又岐於新苗之半亦秀實如前按瑞麥圖自兩岐至九岐者有矣未聞枯莖之穉一再重出青黃殊色而三穎俱茂有生生不窮之意蓋創見云蓮則共帶異花連理並秀豐腴適相當亦奇産也吏民歎喜謂造物者效珍發祥工深巧妙非賢使君孰能致此又謂使君辱臨吾州政爾媛旁而嘉瑞輙應何其速邪余聞神人精祲之交其跡固相絕遠一念感通則和同無間直瞬息頃爾固未可速計也方使君持節按刑時以柱後惠文繩郡縣弗虔官吏系足立逐捕劇賊血其鯨鯢風采烈於秋霜朝廷第最課進直中祕書就牧此邦吳人憺其威名相與屏氣惕息使君一日過范村從容爲余言鄉吾以衣繡持斧爲職知飭法糾姦而已今爲郡守號稱民父母當有惻怛之愛拊摩惸鰥若乳保之於赤子使百姓知吾此心庶幾有不忍欺者雖蒲鞭且弗願用況於桁楊敲朴乎余矍然起賀曰公此心當與天通人固未能戶知神者其知之矣閔時亡幾而叶氣薰翔被于珍物豈非一念之感如鼓應桴有不疾而速不召而至歟是歲秋大熟政成人和庭訟稀簡郡廓無事郛之歡望於民者皆如本指益知祥應之不虛於是部使者暨府縣之賓佐皆畫圖以傳賦詩以相唱酬猶謂未足傳久遠且春秋有年大有年皆以書者今茲樂歲善收甌寠汙邪無不滿望二瑞實兆其祥尤不可以弗識乃以雙瑞名郡之東堂余又爲原其所以至祥者爲之記因以附見有年之意亦

春秋之遺意焉使君名說友字起
巖建陽人嘉平日石湖范成大記

四照亭在郡圃東北紹興十四年王晦爲屋四合各植花石隨時之宜春海棠夏湖石秋芙蓉冬梅紹定中廢碩臆野錄云慶元中趙不𪈿會客問名亭所自銅陵主簿姚行簡對曰山海經云招搖之上其花四照華嚴經云無量寶樹普莊嚴華蕊成輪光四照又云光雲四照常圓滿今亭四面見花故以此名趙稱賞贈遺甚厚

頒春宣詔二亭紹興十四年王晦建知信州吳說書額傍有東西二井亭乾道四年姚憲建

坐嘯齋在四照亭南紹興二十七年蔣璨建并書額

思賢亭在舊木蘭堂之左池光亭西以祠韋應物白居易劉禹錫三刺史後改曰三賢堂紹興二十八年蔣璨重建三十二年洪遵益以王仲舒范文正公像復更曰思賢堂嘉定十四年綦奎再新之又於堂北刱白檜軒**何[illegible]撰三賢堂記**紹興二十八年春敷文閣待制陽羨蔣公之鎮吳門也既期年矣治最上聞帝用褒寵民安物政郡以無事公惟益勤不懈事有關於風敎纖悉必舉前人遺蹤勝槩以次復焉思以前政信安孟王之意嘗捐金欲興三賢堂祀唐左司郎中曰洛陽韋公太子少傅曰太原白公太子賓客曰中山劉公皆嘗牧此邦者邦人尊之曰三賢舊矣爲堂以祀之毀於兵火暨三十年邦人念之歎息公訪其遺基得於郡治故木蘭堂之左攘剔榛翳掄材庀工百姓不知像屬皆樂從也紹興辛酉堂成制度古雅不陋不奢稱三賢之居中塑其像以次位置于堂南向東上并嘗一再從公過焉公曰其爲我記歲月固辭不獲并每獨怪唐史如文藝儒學循吏三傳幾二百人常公法當處一焉迺獨不爲立傳亦史冊之遺恨也惜哉公正元初由左司郎得郡于此清德臨民民樂其政暇日賓禮名流與之酬唱于時白公客遊郡下盛稱公風流雅韻播於吳中至有詩仙之目自以不得與公遊宴爲不滿已而罷郡寓永定僧廬羇旅蕭然欲求出課耕而未得每端居焚香掃地而坐清風峻節可想而知其後白公自杭移蘇實寶曆初元也首以公郡宴詩鑱之石酷愛慕之每自謂不及韋公大槩可見於此史不傳不得不致詳焉若白與劉行事始終則有本傳在二公共生大曆壬子歲輩行也晚益相厚世謂劉白白之去郡劉以詩遺之有十萬戶嬰兒啼之句雖三代遺愛何以加焉後六七年當大和中劉亦繼來乘郡荒疫之餘撫摩安輯免民於轉徙文宗錫服以寵之白公時在河南猶以詩爲劉賀三賢平時道義相先分相好誠相與也而文聲政績兼優並著且俱爲有意於民者名藩巨屏得一師帥吾民幸矣迺扮踵來臨歲

月未遠聲名風采炳乎其輝一時盛事他郡所未有也去之三四百歲邦人懷慕之不衰宜哉公復振起而一新之是將傳之愈久而愈無窮也蔣氏代以儒學顯至公而守茲土者三世矣公少受知於世父樞密太師魏公翰墨篇章悉有家法晚逢明天子擢登法從處劇以簡中扃湛然到郡令踰年矣鋤荒植廢皆如此堂未易一二書也并聞元祐中魏公帥南海郡人繪前刺史吳公隱之末公景而下八人築室以祠之魏公閱圖籍所載又得滕公脩王公林合前八人者號十賢各爲之贊叙公今新斯堂也視七賢之舉蓋不謀而契益知公之心眞魏公之心哉敢併書以告來者五月庚申朔左朝奉郎前差通判信州軍州主管學事江都仲并記廣平程紹祖書**范成大撰思賢堂記**吳郡治故有思賢亭以祠韋白劉三太守更兵燼久之遂作新堂名曰三賢其四年當紹興辛巳鄱陽洪公始益以唐王常侍本朝范文正之像復以舊之名亭者榜焉先是公以歲五月來臨吾州蹄州南鄙望洞庭詧具區觀三江五湖之吐吞濤波晧天旁無邉垠而石隄截然浮於巨浸之上若有鬼神

之扶綏鎮藩背負而甬以出也暮夜人語馬嘶訇
訇不絕公固已語其人思常侍之功矣周覽原田
而相其溝防東南之播於江東北之委于海者肽
絡貫通堙蕪滌滌夏旱易以陂瀦水潦至不能盬
者泄以決汙邪荒寒化爲麥禾起景祐迄茲歲無
大浸於是公又曰非文正范公之勤其民者乎退
而參石記竹書之傳詳兩賢行事尚什百於此韓
退之名知言碑王之墓隧謂治蘇最天下蓋遺冊
廑存於一隄其變滅無攷者不知幾也文正自部
召還遂參永昭陵大政德業光明爲宋宗臣通國
之論曰文正公而不以姓氏行焉韋白劉之餘愛
邦人既已俎豆之語在舊碑尚矣王范風烈如此
且有德於吳宜俱三賢不沒以爲無窮之思此堂
之所爲得名者嘗謂士才高必自賢位高或不居
其官世通患也洪公忠宣公之子擢博學宏詞第
一名字滿四海餘二十年既入翰林爲學士未幾
自列去甫及里門制書以左魚來美邦人慶公且
上朝謁莫能久私公也然始至之日咨民所疾苦
退然不自居其智能亟從掌故吏訪諸賢之舊圖
畫髣髴想見其平生公既以道學文章命一世顧
有羨於五君子者意將迹其惠術講千里之長利
以膏雨此民彼憧憧徃來昕桑蔭趣舍人裝者慮
安肎出此夫才高而不自賢位高而滋共其官盛
德事也斯堂法應得書會公使來屬筆紀歲日成
大世占名數西郭樂其州多賢守令之不欺於古
也文正公又吾東家丘焉竊願託斯堂以夸隣邦
以爲邑子榮乃不辭而承公命八月
既望州民左從事郎范成大記幷書

東齋又呼草堂**高宗駐蹕燕射於此紹興三十年朱翌新之爲天臨堂會去任隆興間沈度乃更名復齋紹熙三年沈揆又改思政堂自書扁**

瞻儀堂在廳事東記云在郡治西北 **紹興三十一年洪遵建吳民俗重太守每來者必繪其像春秋陳於齋雲樓之兩挾吏民瞻禮至是遵恐侵壞作此堂**[illegible]

之紹熙三年沈揆遷諸像於凝香堂併移舊扁慶元二年鄭若容圖于壁間而以舊像庋之閣上樓鑰爲記 **嘉定六年陳芾併撤堂後逍遙廢閣廣而新之**陳振記 **寶祐五年趙與𥲅重建端平三年張嗣古奉安韋應物王仲舒白居易劉禹錫范仲淹五賢像于內**清波雜志云王顯道守吳遣騎之常州寫眞於孫仲益併復齋雲舊觀

范成大瞻儀堂記

吳自置守以來仍古大國世爲名郡又當東南水
會外暨百粵中屬之江淮四方賓客行李之徃來
畢上謁戲下願見東道主城門之軌深馬稻田膏
沃民生其間寔繁井邑如雲煙物夥事穰有司程
文書應言府者以千萬計奉使命大夫行部第郡
課必致詳於吳以視列城其難劇如此夜漏未盡
太守坐堂上主吏儐客旅進退語言面目不暇相
孰何平明乃得攝按聽諸曹白事率常旰食有頃
他客與報期會者又至如前雖精力過絕人其勢
亦出甚勞而後能善治故吳雖虎符非名德士若
已至大官者不以分去之數十百年長老猶以爲
記至藏其繪像畏愛之如一日鄱陽洪公之以內
相典城也乃覩東序之間屋爲堂取凡公私所藏
故侯之像頗補其闕遺列畫其上又采韓退之廟
學碑語名之曰瞻儀而命州民范成大識諸
石竊嘗觀郡國方志與耆舊風土之書既備載山
川土疆郭郛所在必論次前世賢守長爵里姓字
之大畧著于篇謂君子嘗居之其地故將陋猶借
此以爲寵今吾州不獨能志其人而肖貌其在章
綬相輝凜凜如對生面他郡未聞有此雖大府地
重多顯者來自有以不沒抑吳人習於親上至久
遠且弗弭忘氣俗之厚嘗美洪公蓋始表出之盛
事固不宜無紀然公實以紹興辛巳夏五月至郡
是歲北虜謀叛盟積甲並塞使行人來啓兵端又
造舟東海上將數道入寇天子赫怒大發步騎待
邊分命樓船將督水居之士營巨浸以直睨淮
前當出師通道後控海浦所從入牽侯相望列
疾星火公聲氣弗爲動[illegible]

夫機事立決無滯行茲人幸騷擾一逞心醉巨測相率遁去里門晏閉田間無吠犬行歌刈熟不知有軍興民德公甚念無以報恩勤飲食必祝焉公於艱難時用劇郡呼吸變故曾無足以嬰滯德之威臨文章之斧斤者治行冠一世而不自以爲功若此足矣顧方飭其吏民以館御諸賢覽觀斐細若萊用之云者夫有餘則毋我不足者多尚人君子之德心豈世俗所能測識者哉後之人歷階而登有感於作者之意疇可以行能盖前聞人其必葺斯堂而嗣其事壁間之圖將魚鱗雜襲至於無窮可也敢併書之以風來者十月九日左從事郎范成大記

秀野亭在坐嘯齋西紹興三十一年洪遵建

觀德堂在教場舊西園地也紹興間徐琛建西又有射亭新志云觀德亭在西教場紹定二年李壽朋拓教場隙地移建於南舊木蘭堂基之西後名閱武

逍遥閣在舊凝香堂後即舊觀復堂也蔣璨書額取常公逍遥池閣涼之句嘉定中廢

凝香堂在思賢堂西面臨池紹熙三年遷郡守書像於此更名瞻儀後以舊額揭諸東堂後無

平易堂在小廳東挾紹興間蔣璨立自書扁淳熙五年單夔易以隷書後改熙熙又改燕軒

涼渚本名流桮舊在凝香堂陰後徙池光亭後

碧玉壺在秀野亭西地有茂竹故名寶祐末廢

知樂亭即舊生雲軒也在古池光亭東端平中張嗣古改立郡人周虎書額淳祐初廢

御書堂在春雨堂西淳祐中史宅之以思賢政以奉理宗書家有膏雨戶有陽春八字唐張說撰宋璟遺愛碑贊及春雨堂額獎諭勑書徐鹿卿亦以御筆奉安其內

春雨堂在後池北初池光亭址淳祐二年重建堂成史宅之乃以理宗書額揭之以侈君賜

淳祐二年春平江府治作新堂于池上秋工役告備顯謨閣直學士通奉大夫知軍府事兼浙西兩淮發運使史宅之拜疏聞于上曰臣嘗恩奇領蘇印賴天子仁聖格于上下协不疵癘而年穀熟蕃與民相安郡治北池舊有亭曰池光郡太守滌心雪神思政慮善之地陋且圮也宅惟一日必葺之義捐餐錢節冗費更建爲堂堂成顧名弗稱竊伏惟念昔者幸備推擇守藩于茲粗知究心牧養叨被聖獎遣使賜御書家有膏雨戶有陽春八大字昭回下飾吳人以爲榮臣不佞敢奉春雨二字冠斯堂以揚寵光以揮德意以丕迪聖訓惟陛下財幸上覽疏可其奏錫以宸奎使得揭扁於戲祉哉謹按吳郡志郡治後圃有北池韋白之所賦詠一名後池池光亭在其北紹興十七年守鄭滋重建然則尚矣三十一年洪公遵葺之距重建未久也而多歷年至於今敝而新之若有待池光舊名莫考所從始淳熙中涑水司馬家孫曾至則以嫌故借木蘭以名池之東木蘭堂固在其何可復出厥今宸宋規成廣廈崇聖翰標嘉名春雨一堂遂爲吳中鉅麗之觀盖非偶然者其庀役也因舊址厚培而勢若負山倚屏然堂高三十二尺橫視從倍濶如曠如四面皆架軒三間展如翼如南俯大池浮水觀以受荷薰北與齊雲相直如闢穹如膴如上棟下宇五間起乎中央數贏五十尺焉人其不曰偉哉堂也堂名我不敢私雲章天筆貴如濡如豈直以誇榮耀聳觀瞻而已自公退食言登斯堂因名而思義愛民澤物之念油然以生充而人之仁不可勝用矣仁之於四端猶四德之元四時

之春偏言之主一事事言之包四者故春者春之
生夏者春之長秋者春之成冬者春之藏何莫非
春也乾坤之有六子動散潤㬉止說互爲之用雲
行雨施乃獨見於乾而所謂元者非春乎君天也
乾也四時之行六子之運則臣也天朝選用岳牧
臣子對揚休命均此臣也公既以自任又以規撫
來堂之名旨哉公天資高淵綜而廣博天子以爲
烈考是以治吳有美政選表而入且踐台斗矣屬
時以賓寒爲急會吳中薦饑遂命公奉使典州公
再至能爲人作豐年以其餘餉邊兵而活都民天
子嘉之茲堂所謂見吾善者機也公歸參化鈞穆
天綍家有膏雨戶有陽春又將爲天下誦之冬十
月朝奉郎
應䌛記

仁政堂在小廳東北寶祐六年趙與𥲅撤造酒庫
創爲之其後李鏞扁今名

通判東廳在郡治西紹興九年白彥惇建十六年

時行之撰題名記咸淳五年葉隆禮重脩正堂目
曰敬簡廳西有琵琶泉小丘聚巖曰西施洞淳熙
十一年魏仲恭葺洞門作捧心亭後更舞雪又有
風月堂紫瓊復於廳西作光風霽月堂書額郡人王埜

通判西廳在子城西南隅范志作東南角淳熙十六年范
邁立石題名嘉熙初翁逢龍重脩知府王遂記逢龍又有足清堂
種書堂詩未詳所在景定五年趙與鑑撰續題名記
年謝堂作辟星堂記吳燧城上有小樓

記平江通判西廳在子城西南最高處
一隆而汙宜豁而拘宜整齊嚴肅而雜處
轉天通都輔郡之體治中別駕之居翁君過我
而曰余郡一年矣而假室廬於人其何以等

命而寧親心且堂扁題以淳熙十六年東偏則
年施君邁之所營歲月非不深而事力微矣會將
斥而大之舍舊而圖其新能無懼余力之不任乎
遂矍然而起曰君之及此言吾郡之福也乃與提
舉趙公崇揮總領吳公淵桂公如琥合
鳩財以助之而君以其力傳功其間一日往視之
則堂崇成矣未幾又過之則廳事立矣門屋閉矣
闢其東軒翼以後序高燥遠過其舊而營築斂退
於初面贊朝揖莫不就正毫釐尋丈秩秩不差於
是汙者隆拘者豁而整齊嚴肅隱然題輿泥軾之
氣象偉哉其斯舉也謁記予遂因爲之言曰吳古
之建國也自泰伯季札以禮遜先天下至於晉唐
千有餘年之間騷人墨客之所登臨忠臣義士之
所感慨不爲不多矣而力未有以贍才又未足以
給今君於此建官府而臨庶民坐堂皇而理百事
於以出入王命經理兵賦不亦蹁躚入侍潘輿怡
怡衎衎有雋不疑汜旁所不能及者豈非天下之
至樂乎抑吏退賓閒舉酒屬客拍手而歌吳趨以
訪閭閻之舊遊尋龜蒙之遺跡其樂有人不與知
而已獨知之者又非言語之所能及也乃爲之書

君名逢龍字際可甬東人號龜溪登嘉定丁丑第
詩思清越出大曆正元時遲之表而長於吏才贊
之大小役之遠近不書余之爲此者非但喜茲屋
之成又以幸斯文之得所託也嘉熙改元七月丙
辰朝奉大夫煥章閣待制知平江軍府事兼管
內勸農使節制許浦水軍賜紫金魚袋王遂記

僉判廳在儀門西舊名都廳淳熙十三年重建廳
西有勤繼堂木待問命名范成大書額石如壎
記及有前後題名三記平江府

勤繼堂記皇帝龍飛改元春官考郡國賢能
嘉木公待問太魁天下授僉書平江軍節度判官
廳公事以乾道元年九月二十有四日庚午至皇
帝在位四祺矣春治道之方與想中原之未復以
爲未有不先內脩而遠能外攘者於是紬懦柔斥
弁㛹警民奧革政弊本農桑懷歸附繕戎械肅邊
徼刻文務實貴厚盬浮靡遠近小大莫不改慮易
圖趣上意之攸向木公附掾而歎曰我治在朝應
在州一州不治也寔繫天下之治太守總州治
而已別駕貳州治之判而已六曹有參

令丞簿尉使各自治其職而已匪守匪倅而守倅
以之簡匪曹匪邑而曹邑以之諭此余壽之所以
不可廢焉其間也歟是州今股肱郡吾其敢易麗
事之西有堂可以燕可以息可以思可以爲則名
之曰勤繼蓋取郤成子能勤繼之義也求法書於
郡人括蒼太守范成大而題之且謂仲尼沒吾道
中否無爲之說滿天下而勤爲鄙天下不見唐虞
三代之治者知有無爲而不知有勤也舜以無爲
爲舜舜之無爲吾聞其有臣五人而後天下治不
聞其無臣而天下自治也吾聞其恭已正南面而
已矣不聞其已之不恭而南面之不正也五臣各
得其職而又已之必恭南面之必正舜有二日之
不勤哉舜不如是不能無爲而治也杜元凱曰勤
則功繼之人臣之功莫大於禹稷予乘四載隨山
刊木禹無爲乎黍稷重穋植稺菽麥稷無爲乎禹
稷不能以無爲事舜後之人君臣俱欲無爲非激
則誅夫何脩名之能立也木公宵中之蘊將至萬
萬昇平豈適爲州設耶寓名斯堂則不小乎州而
弗爲也不小乎州者且何大於天下學明年五月
召去如壞以散才承乏偶屬後塵時太守顯學吳
興沈公介精白惠綃不可以弗勤事也外臺在郡
使者寔今太守直閣會稽姚公憲風規振肅志不
敢弗勤今憲使者司諫丹丘陳公良翰謌閒道直
凡州縣屬惟恐勤之弗至二年之內出觀吏跡之
儀退味勤繼之旨雞鳴而興功非所幾也在易蹇
之井者敢不以之顧將及代矣而夫豈同郡蕭公
國梁寔來是固嘗茂明乎勤而舜俞之者也居斯
堂也事斯上官也是殆相須以行乎禹稷之道者
也是殆相須以禮樂斯民者也且何州之弗治天
下之州皆有是吾無外輕之憂矣翠班對杜區區
中興之策奚爲哉維四年龍游困敦辰在析木之
津二十有二日庚戌吉長樂石如壎記虎丘之農
林東
書

節度推官廳在通判東廳西嘉定三年重建西軒

扁曰氷壺

觀察推官廳祥符圖經云在州衙門內西後遷子

城南紹熙間以平橋南舊酒庫改爲之嘉定三年

呂伯閭重脩有記紹定二年呂祖忞撰題名記 宋

下重脩觀察推官廳記 平江觀察推官廨故在子
城之南隅去郡庭纔數十步蚤暮入幕爲良便淳
熙間有去官者代未即至庚臺因假以處幕屬久
而不歸遂以麗譙南廢鐵酢庫爲治所即今廨也
有屋數間介于民居敗椽破甓支柱交午每大風
雨勢岌岌然若將壓焉累政相仍弗果葺呂君莅
事之三月慨然曰郡從事爲今從八品官雖卑郡
政無小大皆與聞焉異時繇此登顯途者項背相
望而所居庳陋若此非所以稱幕府待賓僚之意
繼未能撤而新之獨不可爲之以漸乎乃相地之
宜即廳事之左闢屋數楹窗戶疏達四坐軒敞繚
以脩竹爲燕坐之所然後爲堂爲廡下至庖圃皆
以次畢具經始於癸亥之末夏訖工於首冬凡爲
屋十有四間基堅才良不侈不陋視前日子城故
廨規撫遠甚君將代去求文以記歲月并切聞昔
之叔孫婼羈於晉其所館雖一日必葺去如始至
況在官乎今之仕者多安於苟且重於改爲眡官
舍如傳舍詭偈因循既幸其滿始飭行徒旅如丹
堊以遺來者棟宇摧腐庭戶之湫隘護不加省視
始有愧矣呂君來未煖席方僕僕奔走應簿書期
會剔抉蠹弊以贍郡綱乃能謀其室於從容談笑
間井井而辦客至則杯酒相屬吏退則書史自娛
受用三載而遺後人以安嗚呼可以觀政矣故樂
爲之書呂公名伯閭字正之申公五世孫也開禧
丙寅夏五月壬辰朝奉大夫新權發遣安慶軍府
兼管內勸農營田屯田事借紫李卞記名記官無
祭畢居之者必有以紀其到罷之歲月其來尚矣
平江爲輔藩觀察推官爲幕屬中興今逾百年獨
無紀載不
其闕歟

府院在子城內東南廳事西有簡學堂紹興十一

年録事參軍吳芾作 乾道五年芾入對過吳題詩廳壁録參王康彥以入石并刻前記爲此廳故事 紹熙元年趙景度刻石題名 祥符圖經云州縣在

州簡內東偏前志府廳在譙樓東**陳之茂記**平江錄事參軍吳明可作堂於廳事之西友人陳之茂一日過之愛其閒然幽深與公齋不類明可徐謂曰僕猥以不肖典茲獄市常以人命至重大懼不明以抵累于非辜究懷怵惕夙夜靡敢自安茲堂之作非宴樂是圖蓋將爲訊鞫論囚之便焉客盍取周書五辭簡孚之說以名者願得子一言之茂攫然起而前曰嘻明可不苟於其官如此哉夫君子之仕無小大舉得以忠恕仁厚施諸人而功甚速者莫如獄然巽懦不事諉可否於吏吏因緣邀賄執愛書㨿摭微細考一連十數歲月不報不則觀勢利所鄉肆請託以私爲豪傑囊橐而虐弱懷寠卒以纖芥文致不戢幸而強敏可喜往往舞知苛察鍥薄慘刻務以威猛立名嗚呼獄君子所盡心也使持法者一有是則刑失其平而銜恨蒙冤無所赴愬寧忍之乎是以哀矜欽慎巨細坐折皆得其實等惟寬平之歸則食息俛仰庶幾無愧屋漏明可學通世務介而有守居官餘年明允著實之譽隱然在人則斯堂之義固已從容躬蹈僕尚奚云明可行爲中都刪修之官陪相國餘論筆則筆削則削一字輕重利害相萬願無忘今日用心明可肎此言請刊諸石併以告夫來者明可名芾丹丘人紹興十七年七月旦梁谿陳之茂記

司理院在子城內西南紹熙元年李直方刻石題名齋慶三年提刑林介司理章巽亭建廳後正堂曰清安軒曰盡欽廳東軒曰甘竹改名務平盧氏云按李莊簡公奏疏云朱勔展南宅以奪司理院則非舊處明矣或謂今院乃政和所遷雖與李疏合但今獄庭有塔中乃葛蘩記作熙寧已酉歲二年似與前說不同祥符圖經今移在子城外西南隅前志云在譙樓西

司法廳舊在子城內後以平橋南舊酒庫爲之紹定三年趙汝渠重建并書額後有便坐東曰雲舍西曰賦梅王平國撰記

司戶廳在府院西慶元二年重建廳之小圃有亭曰花池釆香經秀芝亭飛雲閣廳東有小山亭曰小蓬瀛池北有長嘯堂皆建人袁申儒所葺治并撰題名記又鄭霖撰壁記**鄭霖記**戶曹之官廳壁記尚矣吳君天澤兩年成資節齋貢尹辟置體幕趣來不容緩辭余以續記爲請余竊觀今之仕者其迹如寄於其職分所當爲者往往漫不之察既去若素不曾到又何暇此爲哉余與吳君昆弟交友矣素知其家學有守相繼登上科又能發明外氏龍川文簡公之學同志皆推之余來假守得君爲僚助我多矣君雖初筮其請究官業如素然而職掌版籍之外郡日受戶婚之訟皆賴以決犂然當乎人心余恨挽之不可得情之依依尤甚也觀君之所存未易涯矣然猶拳拳於此記者蓋不以獨善爲喜又將以詔來者肄故有記他不復贅言姑道吳君之志云淳祐十年七月朔郡守天台鄭霖記

兵馬都監廨舍在州衙東偏

兵馬監押廨舍在州衙西偏有二所見祥符圖經

路鈐衙在府西樓下東偏

州鈐廳在狀元坊內

路分廳在鈐衙南

糧料院舊在譙樓西紹熙中陳景思刻石題名龔頤正撰記後以織里橋南没官屋改爲之

監糴納倉廳在姑蘇館前淳祐中李煓重立題名朝奉大夫黃濤記

轉運使廳在郡治西偏熙寧七年徙治杭州今傳西館橋東醋酒庫即其故基又孫何自京東遷二浙於此作三亭曰自公温故艤舟有三亭記見集中

發運司催綱官廨舍盧氏云按會要崇寧三年八月江淮荆浙等路發運司奏移自潤州至衢州催轄綱運官於蘇州置廨宇

提舉淮浙澳閘司盧氏云按會要崇寧元年十二月置提舉淮浙澳閘司于蘇州以知崑山縣事紀朝燃提舉管輪依提舉弓箭手側序官置司人吏許於常潤蘇杭秀等州選差半年一替仍令兩浙轉運司進奏官兼管發落文字從左司員外郎曾孝藴之請也

牌籍庫在大廳西　油榨庫在大廳東

炭庫牛皮庫並在大廳西北　已上祥符圖經

軍資庫在大廳東南儀門左紹定五年鄒應博重建

甲仗庫在大廳西紹定中鄒應博別建於瞻儀堂後改名安成庫中有鎮庫鐵槍其上欵識云項王將鍾離昧者乃淳熙中天慶觀造嶽神廟浚井所得

公使庫公使酒庫並在設廳東按公使庫諸道監司州軍皆有之取民以佐廚傳之費然正賜錢不多而著令許收遺利故州郡得以自取江浙諸郡酒歲遣中都官凡五六至至必數千緡淳熙中尚書王仲行守郡與祠官范至能胡長文厚于飲之費卒至數千緡又有公使蜡錢諸郡立額自取於屬縣縣欲於民以輸之小邑一歲不下數千緡人已以為怨

架閣庫在設廳西廊

激賞西庫在景德寺東　激賞南庫在盤門內右三所並紹定二年李壽朋剏

武備庫在齊雲樓東城下寶祐中趙與訔立

造酒庫在平糴倉西寶祐五年移公使酒庫改剏

醋酒庫在西館橋東

竹青庫在閶門外今有竹青塘

四酒務在夏侯橋南

抽解場在明澤橋南

香藥場在羅城內一云香藥司

茭草場在子城西一云茭草局並見祥符圖經

商稅務在子城西

酒務在子城正南見祥符圖經盧氏云按續記又云稅務舊在驛前范文正公遷於西河上公私甚便

太平惠民藥局在醋庫巷慶元元年建

濟民藥局在魚行橋東紹定四年吳淵剏於廣惠坊之左自為記開慶元年馬揚祖重建于子城內路分廳之故址繼又遷於其北吳淵記淵猶及見先生長者談乾淳間事其言曰聖朝體列聖好生之德每以民命為重一念惻怛無所不用其至乃至濟藥療病亦加哀憲一日忽遣中使宣索太平局龍虎丹既進御命捐其價十之九蓋聖意謂親嘗則主者不敢苟

直廉則貧者易以得焉乎神農氏曰藥石攻周官醫師掌醫之政令自上全以至十失必次第而焉行誅賞實此意也近世天下郡國臺府開設惠民局以便民服餌皆所以廣此意也姑蘇城大人衆余領郡適有春疫亟辛群醫之良分比閭而治其人其坊其人其里家至戶到悉給以藥宴而無功者則予錢粟疾不可為者復予周身之具踰二月訖七月其得不夭者一千七百四十九人因念倉卒取藥於市既非其真非惟不良且弗可以繼乃剏濟民一局為屋三十有五極炮澤之所脩和之地監臨之司庫廩庖湢鑪竈甖盎然井然罔不畢總具夫匠木石之費錢以緡計者七千八百四十五米以石計者三百二十三既落成復以二萬緡實之為市材費几川廣水陸之産金石草木之品無遠不致無遠不取寔有益於人故真其劑弗求贏於官故輕其直料買豐盈薌味芳烈較市之術玉賈石者相去不啻萬萬列肆闤闠過者懽悅他日設遇流行之災四時之沴則分壁以療捐藥以濟其為吳門之利蓋未有已也恭惟聖天子仁同阜陵視四海之痒痾疾痛如在一體淵幸叨選

擇出守是邦求牧與芻不敢不勉比局之設蓋亦所以推廣德意萬分一云紹定四年八月奉議郎直換章閣知平江軍府事兼除浙西提刑吳淵記

慈濟局在府治東南夫子巷嘉定中剏作櫃以給貧民

慈幼局在府治東同樂園門裏寶祐中趙與𥲅剏 先是淳祐七年理宗令臨安府置慈幼局收養遺棄小兒支給錢米責貧婦乳養民間願抱養者官與月給錢米三歲住支與𥲅蓋推廣上意云

作院在教場西乾道四年姚憲建

居養安濟院在社壇東建炎以來廢淳熙三年陳峴重建 有仁政倉糴官民田一千六百六十畝得米七百石有奇以給歲用提幹盧瑢記紹熙元年提舉張體仁又剏安濟院于城西南開禧三年陳耆壽益以田一千一百二十畝郡人滕成作增田記盧氏云按國史崇寧元年知開封府吳居厚請置居養院處民之鰥寡孤獨者以已絕財產給其費又河北轉運司亦以為請又推廣之先是蘇文忠公知杭州日置病坊一所於城中名安樂堂以僧主之至是爲言仍改安濟

安養院在州鈐轄廳後舊曰醫院提舉林介建改稱 陳耆卿記安養院在州鈐轄廳後舊曰醫院寶慶中改今名安養院者何尚書郎林介之使浙右也決而和感而愛罪自死以下周慮熟講不得其情不止焉既而曰死於刑吾日不忍也而有死於病者若之何思之於是安養院成郡府院四獄之以病告者而治其醫之政令大繫屋百楹田三頃飲食臥藉薰燎之物靡不具蔬以視典領督之人靡不力貯藏頒給散煸之法靡不將簡良才萃名方以授大小醫而精煉治之因氣累不紓識之曆曆至因亦至既至醫拯療如法洎愈因與曆歸爭喜曰吾病憂死

爾今遇公得不死果死可無憾況生乎且吾昔之病未若今之病之愈之速也果死信無憾也或曰因有罪者也果死死有罪者也醫有罪使不死豈過歟余曰不然均是民也均是耳目肢體也其罪至死者法也繇不可生當死於法而不當死於病也或罪不至死而亦死於病官實死之也夫不能生其所可死而至於死其可生是假獄以殺也如公之心惟見其可生不見其可死視其有罪也猶其有疾也則視其有疾而欲生之尤甚於有罪而欲生之之亟也洪惟聖朝天覆春育尤拳拳岸獄事乃四月制下飭監司郡守以審克績績二百言公未讀訓詞蚤知德意院之成今已一歲而不墜可自世蓋好生之君與宅生之刺史昭相合如此今而後囚固無憾公亦無憾也哉公名介紹熙名御史之子御史按行東浙有異績先後輝映云其清譁疾獄有自來云寶慶二年八月天台陳耆卿記

廣惠坊在魚行橋東紹定四年吳淵剏自為記

廣惠坊記淵不肖劣聞先君子之訓曰先儒有云志伊尹之所志學顏子之所學又云一命以上尚有志於及物於人必有所濟此吾之所以終身拳拳服膺而勿失者也書曰一夫不獲時予之辜孟子曰思天下之民有不被堯舜之澤者若已推而內之溝中此伊尹之所志也小子識之淵入仕注心三十年于此矣故自領一簿宰一邑以至貳一州佐一臺未嘗不日思先君子言求所以及物濟斯民者迺庚寅之冬被命守姑蘇道過吳江橋下淵延見所部吏驫舟馬時夜雪凝栗霜風凛冽襲裘不知其爲温附火不知其爲炎於是惻然動心進左右而問之曰爾邦城大民夥鰥寡孤獨癃老癈疾顛連而無告者其多乎曰然郡有廬以聚之有廩以食之乎曰否淵獨念言窮州陋邑猶有所謂居養安濟之所吳門甲三輔多名守富課租不應有此缺典既須印即括夫田之沒入于王官者廢絕于緇黃者未足則以公財市民膏腴者十積尺累畝數既登迺卜地鳩材爲屋七十程總土木夫役費錢緡九千六百八十米石三百一十七既成扁曰廣惠坊廳堂耽如廊廡翼如男子婦人各

有位置倉廩庖湢井臼床几鼎鼐備具無一乏缺適然而疾病者又別室以居之大者人日粟一升半月錢三十有三小半之米則三殺其一焉夏則湯沐冬有衾纊病有藥死有棺顈以二百人爲率亾者得續此其大畧也竊嘗攷祖宗時在京有四福田院外郡有居養安濟院當時奉行惟謹甚者至有設𢄙帳具酒食其所全活不可勝記深仁厚澤與天同普此國家運祚之所以久長州縣長吏之所當遵守而廣惠坊之所由以作也後之人與我同志尚思先儒之言益而侈之是亦上不負天子下不負所學之一端云若夫祖入多寡別石具載茲故不書紹定四年八月既望奉議郎直煥章閣知平江軍府事新除浙西提刑吳淵記

元宣化堂宋郡宅堂基或云即黃堂也元貞初治中王都中以舊春雨堂移建參政徐琰爲題此扁

推官廳在府治右即宋都吏廳大德七年推官孫居仁呂良祐改廣之曰明恕延祐六年呂顯祖賈達又加開拓判官理熙伯雍爲記

經歷司在府治東門樓扁薊丘李衎書大德七年經歷范子咸以兩淮發運司簽廳改拓軒廳東西廡後堂即宋雙蓮堂基扁曰芙蓉幕方進辰書其西廈爲照磨所又爲承發司

錄事司在推官廳西即宋通判東廳

司獄司在譙樓西北即宋司理院

官醫提領所在譙樓南即宋察推廳也大德八年華

陰陽教授司在譙樓東

都稅使司在織里橋西即宋中和樓基

蒙古字學在府治西南至治中置

平準行用二庫一在樂橋南即宋和豐樓也至元十三年改造一在禪興寺橋南至元二十一年拗

豐盈庫即宋軍資庫也至元十二年隸宣撫司十四年改爲永豐庫隸平江路總管府十九年復改爲豐盈

省富藏庫分司在閶門外

抽分竹木場在郡城西

惠民藥局在吳會坊側初以舊和豐樓爲局延祐五年改建

雜造局在蔣家橋南至元二十一年置

織染局在平橋南即宋提刑司也至元十七年改刱

浙西提刑使司在烏鵲橋西北舊作提點刑獄司建炎四年置使紹興初建廳事後曰明清堂堂後亭曰思賢亭（淳熙中提刑趙公遠猷以其父文清公嘗使命名并爲詩徐蔵跋詩額）乾道九年諸路添置武提刑一員遂爲舊司之寓撥在幹官廨宇以其地作東廳後復省罷■■■■■■■■子作亭於官舍明清■逮

堂之後種竹殆千竿僎名其亭以留客取老杜竹深留客處之句因題二小詩云行到竹窮處有亭佳可遊境因吾子勝客爲此君留娟娟經時雨蕭條六月秋豈無他草因涇渭不同流○種竹無他事林間與客遊自應拱手人安用閉門留靜可過從夏清宜對奕秋宜[illegible]節扶來往亦風流■■泪口多塵事長懷[illegible]每因門可款豈爲緊相留靜契竹林勝幽[illegible]秋公今國昔文砥柱屹中流○持節推仍世[illegible]記昔遊深藏事幽討長營距淹留已見山[illegible]欣同歲有秋時容一嘯詠寫比晉名流

檢法官廳在本司前紹定五年重建便坐曰毋不敬池北堂曰肖野寶祐中新作

幹辦公事廳在東廳後有超然堂北臨[illegible]初建[illegible]題名記寶慶三年[illegible]

趙希邁超然堂記　水心葉先生負天下重名淳熙十年實浙右提點刑獄幕士爭宗師川赴谷應熙時賦詩超然堂上庭下檜雙幹又手自種植從是堂名四播而草木聲價隨重矣先生前建堂纔八年後二十二年山陰陸君子虡嘗經理葺治距今又二十二年風毀日剝摧破弗支後人撐持苟歲月庭檜翁鬱怪梢穿簷亦莫事修剪超然堂名在而已泰溪林公介從■節易綸斧數月四明趙君時佐來幕下主和而實敬政肅而事省一日諸曹從容以新堂請林公喜從曰吾志久矣亟命吏市良材轔郡且屬君務偉舊觀給工度料不計也越月堂成堂後復刱屋曰晝永東西偏各有新書房曰盡心曰一經移巨檜一株與先生手植檜欆楯對峙蔽以花柳翼以墻垣觀者目駭心動而超然堂名迹始相稱君屬希邁曰子游先生門最久又辱林公知識顛末非子事乎夫廳宮室之圯壞不事改作者常人所安也至於承廢處陋求作新而卒莫遂者志士所未滿也豈作新一念與苟安者同哉蓋力之勤惰在人而事之興廢在時時副人則可人勝時則不可超然欲傾非一日作新者又不知幾人時或居之人力雖至何益也君於林公一指臂語而新堂之志頃遂得非時在林公而君之人力因著乎始吳人宗文正范公學後和靖尹公讀書武丘山士亦知慕向至先生以良治端範陶執學者於是人所錄張皆正響眞脉而吳之士乃盛林公方爾節首命僚屬拜文正祠未幾祀和靖且饋存其孫子昔先生淑教地又拓新之林公志於斯屬蓋在先不在彼也君林公門人超然既新而無復前日之卑隘淺陋於焉持踊於焉讀書而敢以遊觀答其長乎堂南浚井寒冽可食檜陰覆其上君命曰雙檜泉尊慕往哲之心益不自懈也書得從鄉寶慶三年八月朔儒林郎平江府嘉定縣尉東甌趙希邁記

添差幹辦公事廳在飲馬橋南柱壇巷寶祐中以沒官屋改刱

準備差遣廳在烏鵲橋南寶祐初趙[illegible]

俗呼淮揚準道余東復曾學步門記

提舉常平茶鹽司在子城外東即舊爲□署紹興初建咸淳四年宋遇再建後堂十年權使事潛説友重刱廳事廳事之東有觀風堂 宋友仁書扁榜 池傍有假山扁曰空中林壑 寶祐六年改觀風堂即之書 池上二亭南曰揚清北曰草堂廳之西有宸翰閣 亦友仁書扁 東北有宣惠堂 淳祐二年孫子秀升重建 後舊有皇華亭 吳淵書額紹興二十年王珏重修紹定四年袁甫移建于宣惠堂後池北刻皇華詩于壁自爲之記 皇華之東又有尊美堂 亦紹定中建 其上有達觀樓後有清音亭 淳祐中趙與𥲤建 廳之東側有頤齋後有園亭扁曰春熙圃中有望雲臺 紹興末楊和王子佽持節時作 池傍有繡春堂 淳熙十五年史彌正建范成大書額即舊皇華堂嘉熙中趙崇暐重刱草堂揭以此額 池中有鑑止亭 史彌遠作

常平僉廳在正廳西南紹定中重建袁甫題會議之所曰公是堂又爲記

幹辦公事廳二 一在檢法廳北 嘉定十六年沈省曾刻石題名 一在郡樓西後改添差幹辦廳

添差幹辦公事廳即郡樓西廳西舊治也端平二年楊權重修有記淳祐二年趙與𥲤書名曰諧清堂 取范宋詩語

茶鹽司幹辦公事廳有二 一在醋庫巷惠民藥局東 一在譙樓東後改發運司僉廳

提領官田所主管文字廳在禪興寺橋西北舊百萬倉官廨廳東便坐曰東菴咸淳七年家之巽刱并記

發運司嘉熙三年九月置浙西兩淮發運司于平江以守臣兼領 時知府趙與𥲤遂兼副使仍以措置浙西和糴繫銜既而又兼提領和糴所并節制司增置官吏先是和糴歲數爲縣有田官民戶寶祐四年糴不一百五十萬五年至二百五十萬景定中派買官民田以爲公田米免浙西之糴至四年八月有旨省罷而以節制司所歸于郡

節制司後有談笑堂箕壽勝樓景定四年趙宗源撰題名記

幹辦公事廳在吳縣西南寶祐五年以民居改刱廳西有軒曰風雲壯懷傍曰鐙棊月析皆陳鎮入幕時名前有臺亭曰橫舟有陳鎮題名

節幹廳在子城內咸淳四年以濟民新藥局爲節制司準遣廨舍十年有劉垍題記

江南浙西道肅政廉訪司分司在譙樓東

海道都漕運萬戶府在閶德坊內有鎮撫所及各千戶所 至正末張氏改爲分樞密院有漕運總管公廨政績碑二今移置靈慈宮□鎮撫所埋本府

廒務　崑山崇明所　杭州嘉興所　常熟江陰所　松江嘉定所　平江香糯所已上諸所在萬戶府後悉司空巷內設置各治本處運糧船戶事

江淮財賦提舉司在織里橋東

宋張財賦提舉司在閶橋北

宮相府提舉司在城東

稻田提舉司

汴梁提舉司並在昇平橋

善農提舉司在乘魚橋北

平松提舉司在宋張巷已上四處至正間改爲提領所

集慶提領所在盛家帶上

都水庸田使司大德二年立於譙樓東七年革罷至正元年復立於乘魚橋北後遷織里橋東[illegible]

財賦提舉司改創

姑蘇志卷第二十三

官署下

吳縣舊治秦漢時故處在子城東北打急路橋之東唐分州城東南地置長洲縣遂移置府治西北二里縣基本雍熙寺菜園官與之互換云雍熙碑基作褚家巷宋仍之元徙譙樓內府治之右至正末張氏遷於永定寺後十六觀堂舊基淳熙十二年趙善重建縣門并書額寶慶三年趙善瀚緘門樓淳祐三年魏廷玉重修前有井二亦善瀚緘西曰惠泉林清臣銘東曰義井

唐梁肅記在春秋時列國各有屬邑其主者魯謂之宰楚謂之尹晉謂之大夫秦時天下始置令長宅一同之內操賞罰之柄有人民焉有社稷焉風俗善敗本乎身黎元安否繫其政其體大矣自京口南彼于制間望縣十數而吳大國家當上元之際中夏多難衣冠南避寓于茲土參編戶之一由是人俗舛雜號爲難治加以州將有握兵按部之重邑居當水陸交馳之會承上撫下之勤征賦郵傳之繁倍百他縣夥乎其中不可勝紀大曆十一年天官擇可以長民者於是范陽盧公繇太原府祁縣令爲之外寬內明敬事而信政本於仁飾身以文下車三年闔境之人安居樂義而不知安樂之所從來蓋平以和也夫君子立身論道之通塞不論位之升降吳縣下幾服一等公俯而爲之抑選部爲官擇人而其侵道從政所由然也予知者敢錄其實書于東亭以播其令聞時十四年二月甲子翰林學士梁肅記此記得之類書中若其姓名則不復可考矣

郭受記厥今天下經用之所資百貨之所植東南其外府也度淮而南濟江以東督府且十附城且百而田疇沃衍生齒繁夥則吳實巨擘焉予嘗登靈巖之顛俛而四望畎澮脉分於田碁布丘阜之間灌以機械汩湘之濱環

以茭楗則爲鹵磽确變爲膏澤之野蘋蔞葭常堅爲秔稻之陸故歲一順成則粒米狼戾四方取給充然有餘出丫育口以臨震澤積水無涯兩山對峙桑田數日木奴連雲織紝之功苞苴之利水浮陸轉無所不至故其民不耕耨而多富足中家壯子無不賈販以遊者繇是商賈以吳爲都會五方畢至獄市雜擾縉紳以吳爲樂土僑民閭里幾亞京雜爲政者急之則怨而駭緩之則弛而肆泛然而多容則請謁紛紜幾至於亂法毅然而多拒則謗詈叢集必困於遊談宰字之任信難矣右通直郎許君來領是邑直方不撓有骯髒之風簡易無苛得調御之術蓋常急於豪猾緩於善柔整其大綱闊其細故爲之期年而縣告治元祐六年靈雨敗稼吳民阻饑君日慰藉而拊循之賑給務均卹隱求實不事虛名而爲文具也予以是知君之篤於從政也樂茲以稱則其於整彫弊而應盤錯也何有焉不留之明年君且代矣乃悉求前爲此縣者之名氏爵里將書而刻諸石顧其僚郭受曰吾爲是俾來者有考焉爾子爲我序諸辭不獲命因槩敘吳風而毛舉君政之一二許君溫陵人世爲學家甚博而文異日顯用於時當不獨以循吏稱也元祐七年五月初一日縣尉兼河塘溝洫郭受撰

乾道三年**范成大續記**吳令壁有記尚矣唐大歷巳未梁肅爲之詞者今盧其所立石亡而文傳本朝元祐壬申郭受爲之詞者今許公輔所立石雖存而中更兵燼缺裂無幾後七十有六年晉陵袁君祖忠政成將歸始治二石更刻之又斷自建炎以下爲之續記實乾道紀元之三祀歲在丁亥距大曆者四百年而題名三立相望可攷吏民以爲盛事然吳爲之壯縣固自昔志之氣俗之嫩生聚之繁覽觀之勝著于二碑者自若獨官事搶攘日不暇給以出於甚難而後能善治視昔類不同者非特吳爲然余行四方所過縣邑數十百見大夫皆愀若其宮齋咨太息悔踯之來而憂後之不得脫余私怪其說甚哉何至於此及切磋究之使一言其詳則曰古吏憂民而已今顧不然蕞爾邑負責猶數鉅萬晝夜簿遽催錢穀之知且不能報期會有如一日姑舍是而用力於民不崇朝百適滿矣彼齎咨太息戚苦而欲脫者真有味其言哉今夫急催科則愧政專撫字則愧考兼善之誠難若夫君蓋幾於無愧者其政先理而後情弛緩與法故吏不能並緣士不敢奸以私民有訟自出不當勝望寺門心醉卻去直者家居待報曰無慮謁吏明府自辯此坐堂上再期人信之如一日至於大官之間須求於不有責課於非時則又從容辦給弗以厲民率常最於他邑嗚呼可謂難也已且莫去此至大官孰益易於爲縣其所成就何可量按續記所登載無慮三十人而未有顯者必將自袁君始儻余言猶信來者尚勉之八月十五日左奉議郎主管台州崇道觀范成大記并書

知縣廳祥符圖經云在州西北一里前志云紹興三年蔣結建

廳西有平理堂天聖中徐的建後更名無倦端平中王良能爲縣殿講蔣璨書冰壺二字揭于此乃以唐姚元崇冰壺戒刻石淳祐初改曰近民堂南北有小山南亭曰松桂北曰高陰皆淳熙五年趙不忿建廳東有勤清堂淳祐初魏廷玉建劉震孫命名上遂記開禧間吳機剏明恕堂饒虎臣改美錦堂山上有琅然亭東南有亭名河陽圖趙汝仙取桃李襍植因名又有拙軒莞爾清心二亭亦機所作

延射亭在平理堂西天聖七年馮允成作[illegible]

記胥臺故封爲一都會郡領五邑吳實首之自里之封五品之令曩歲限以常調治付中銓是將赤子奉其吐[illegible]國家精求治本重宇人之寄近制銅墨之任闕即以京僚泊朝列或慎寘補之先是縣署占勝逼于閭閻綿歷歲祀梁木將壞乃有前宅楝寺丞徐君繕完之圩漫訖功移符罷去則今南越郡計馮君寔代之也君世襲衣纓練明吏術下車未幾政用佳茂洒因聽訟之隙周睨厥舍追無清曠之所得奉讌息之娛縣之西偏舊有幽圃併干佛舍并吞仍歲君披圖按籍命工畫除疊[illegible]垣以入之縣是砥平其基而巋然爲亭雲集材[illegible]石岌乎爲蝴蔭以佳木之清陰以襍花之英穿[illegible]

蒼滄洄繁山以擬蓬瀛五畝之地百步之逕而攻足矣君衆藝畢給愛客忘疲每觴箭絶稀籌酒多暇春華爛而在目暑風冷然罷扇秋英墜砌冬霰集搢君賞心樂事擊鮮爲具召貴介公子同僚諸英汁豉箸以引滿擫絲管以度曲賽百嬌之括矢爭半先之奕路中厨出手豐饌而千里之蒓下豉雕盤薦乎佳賓而庭山之橘欣包絲日皆過醉賓未去燭已見跋主歌未歸雖絓中之季倫山陰之辟強咸有名園雅好賓侶吾不知其彼爲勝此爲劣也亭之既成命賓以落之監郡集賢公嘉乃好事隨其景趣悉爲雅名揭于華牓觀者知意此用畧諸若君愷悌之政殊尤之績采風謡者入境可知固不在因亭以敷暢之也下僕不佞嘗從事於文墨請書締結之始謹用春秋之法異時宰是邑者集贊纓於斯豢失矣於斯惟其圖之天聖七年春三月二十有六日吳郡從事試芸臺讐書郎武寧張琪字伯鎮記

西園多美石有太湖甲族不染塵移雲三亭

丞廳在縣門內東隅

主簿廳祥符圖經云在縣東今在丞廳後

尉廳祥符圖經云在縣南七里盤門外盧氏云按尉司舊在教場西北隅紹興十四年趙伯建移今所慶元三年趙希實重修有范希文石曼卿所書韓文公伯夷頌開禧初羅相改敘廳事作師清堂又有軒名排青後改平遠黃震又改栢臺皆景定三年重修教場在其西

長洲縣舊治在府治後東北三里元徙譙樓內府治之左至正末張氏遷於本縣[illegible]

之所爲記處

王禹偁記 天下稱宰邑之賢者率以宓不齊爲稱首以彈琴化民民不忍欺謂得致理之要也殊不知行是道者不獨繫于人亦將繫于時矣當時皇室雖微皇經未絶育周禮在魯則單父豈曰亂邦有聖人爲師則子賤宜乎行道居百里之位得諸侯之權社稷民人自我而已井田車賦得均其輕重刑罰教令得濟其寬猛凶荒水旱得專其賑恤農時民力得聽其休息然則無私于心克儉于身辯田之腴瘠定賦之上下強暴者刑之以法孝弟者旌之以禮寬其教以誘人峻其令以約吏時豐則斂之歲饑則賑之農有力而不奪役非時而不行關之以庠序誨之以禮樂使父子親兄弟友夫婦和然後祭祀以事鬼神行賚予以瘞鄉黨自然懷土不散熙熙如春弗知其然而然也在上者不鳴琴而何俟哉洎王道云亡霸圖孔熾大小相併強弱相攻區區子男宗廟不保故傳曰漢南諸姬楚實盡之又曰楚縣陳蓋縣之始也秦併天下書三十六郡則小國皆爲縣而隸于郡矣國之于郡猶身之有臂也郡之于縣猶臂之有指也國取于郡郡取于縣縣取于民

是以臂指撫民而自奉也由是田有暴賦丁有常庸春役而夏不休朝令而夕必具小則懲之以役最大則偪之以刑法豈惟道不能行亦將身就其辱遂使宰邑者苟祿食免笞罵而已昔人歎徒勞賦歸去者爲是也向使子賤復生亦將捨琴折腰奔走不暇況行道乎雖欲不顧其時不程其力亦猶建一指而扶天柱不其難哉時使之然也長洲之名見吳都賦貞觀中分吳縣以建之垂二百年宰名氏縣誌闕焉錢氏享國幾一百稔專建屬吏莫得而知皇上嗣位之二載漢南王歸于我國家始設官以理焉表仁鏃首之王禹偁次之其土汙潴其俗輕浮地無柔桑野無宿麥能魚飯稻衣葛辰弃人無廉隅戶無儲蓄好祀非鬼好淫內典學校之風久廢詩書之教未行兼并者僭而驕貧窶若歎而墮田賦且重民力甚虛租調失期流亡[illegible]避或歲一不稔則轉楚盈廡不能輯事矣至有古男女而塞責者甚可哀也蓋隔中夏之政浸小國之風使今聖人求理于上庶官陳力于下斯民之泰其有瘳乎禹偁非循良之才涖凋瘵之邑仍以舊貫民安仰哉會到任之明年大有年也先是[illegible]

漕運者轉民歲租而送他郡苦舟檝之役縻壞之費者久矣至是始聽民以本郡輸之從便宜也亦小康之有萌余是歲獄訟縻繁賦調中考因嶋斂民瘼平議政體總而刋之存諸聽事待賢者以舉之所謂言而不能行者也時大宋雍熙三年正月九日守大理評事知縣事王禹偁記此記兵火不存紹興十年知縣石琨重刻石吳騏隷書

知縣廳紹興初重建祥符圖經云在州東北一里

餘

茂苑堂在廳事東紹興元年石琨重建中有百花亭尊美堂維摩丈室綠野軒綠筠菴淳熙九年曾栗繪王元之像以祀改曰企賢慶元中復舊[illegible]

茂苑堂記 長洲令尹石琨堂中才高氣剛嗜古好雅下車既久政成事簡蓋牛刀割鷄游刃裕如者邑廨之東有所謂茂苑堂前人取左太冲語帶朝夕之濬池佩長洲之茂苑意也考之圖經即江爲池距縣南七十里多歷年所高岸爲谷無足深惟訂之於古莫可得實視棟楹之顛圮乃鳩工而亟新之堂之南榮植以嘉木修竹奇芳蕙草鬱葱吐秀而森然數陰如在丘壑邃深處與堂相直曰百花亭即堂之西爲建屋曰尊美堂其北龜首曰維摩丈室北向張群石如巖谷曰綠野軒又南開竹逕曰綠筠菴皆增廣而揭以是名琴書雅玩陳列于中客至則閱古賞奇試茗烹飲必與之從容竟日恰然自適曾不少倦後之君子游息乎其上要當勿復翦伐如甘棠之愛顧不懿歟紹興紀元季夏二十日襄陽米友仁元暉記

方干題 坐看孤峭却勞神還是微吟到日曛松鶴認名呼得下沙鷗[illegible]處聽猶閒夜闌亦似深山月雨後唯聞[illegible]此逍遥應不易朱衣紅旆未容君

王禹偁[illegible]洲詩五首 移任長洲縣舟中興有餘蓬高猶見月棹穩不妨書兩碧蘆技亞霜紅蓼穗疎此行紆墨綬不是為鱸魚○移任長洲縣孤帆冒雨行全家隨逆旅一夜泊江城身世漂淪極功名早晚成惟[illegible]生○移任長[illegible]窮秋入水[illegible]載一逢霜竹[illegible]市雲埭滿[illegible]指首欲何歸[illegible]晴山栗葉飛江頭鷗鳥在應憐不忘機○移任長洲縣沿流漸入吳見碑時下岸逢店自微酬野廟連荒冢江禽似畫圖高堂從別後應夢宿菰蒲

春[illegible]公舍偶題 薄宦苦流離壯年心力衰鬢花愁不覺風雨病先知曉月見竹屋寒砧聞槿籬無人慰幽寂庭柳自低垂

長洲道中 七十浮生已半生徒勞何日見功名折腰米賤甚羞死負郭田荒好力耕庭鶴慣侵孤坐影隣鷄應信夜吟聲年來更待賢良詔咫尺松江未濯纓○妻兒莫笑甑中塵只恐功名不患貧自覺有文行古道可能無位泰性民煙村舊業勞歸夢雪[illegible]身投老綠袍未休去九重天子[illegible]人

歲寒堂

彩月亭

蟠翠亭仲弁建淳熙五年呂存中重修

龔頤正記 中國呂君安長洲之明年行交代矣一日公退吏散約客相羊縣治之圃時屬初夏紅紫事休宿雨收霽新綠鬱勃林采煥發荃葉左右屏列餘花錯落如綴珩珮有風徐至芬香襲人乃命酒坐蟠翠亭上君指柱間仲公彌性之詩有云樛枝密葉翠虯蟠者曰名以是為花故也余居此之日久矣率夜漏未盡五刻起視事漏下五六刻猶不得息壯懷倥偬於簿書期會間須暑于此蓋不一二數也適少間拾余材為支其將傾葺其甚弊朽腐則新之敗壞則墁之亦不欲以將去而怠其事焉方此佳時一杯相屬客蓋盡歡於是楚人龔養正使折花侑坐起以酒屬君曰夫草木之生其性也遂深山大壑清曠廣莫春敷秋隕付榮瘁乎自然亦復何有不幸而名人從而玩之封植矯揉揠助其長而人方以為異而喜要非其性分也士而志於用小而小大而大其得而遂耶違者視之犧象孰先於楓柳蓬艾孰後於蘭茝耶抑余聞卬蜀山林中此花如積藥城蘇公詩云野水弱不墜直上長松湧無撤

等詩槩可想見君賢者後號有家法周旋洲邑者益更事且有用於時顧欲遂其私且不可得若余者其將遂余生乎異時尚記前後二公之詩見此花爲一笑君引飲酹遂書以記之時淳熙戊戌四月上澣也

泰民堂在縣圃淳祐十年龔濮建 陸德輿記 長洲龔令君作堂縣圃摘翰林王公壁記語扁以泰民既屬予書且諗以記予思專斯堂之美遜者再請益勤予不可得而遜在易上坤下乾泰陽氣下降陰氣上騰陰陽訢合萬物生遂天地之泰也王澤下流物情上達上下相孚百姓悅豫吾民之泰也天地之泰天地不能自泰也必有賴於贊化之至君民之泰君民不能自泰也必有賴於宣化之臣宣化之臣其最近於民者莫令若也令最近民使民之泰則易然盡即泰之卦觀泰之象思所以致泰之由乎泰之六爻惟九二言治道爲詳其曰包荒用馮河不遐遺朋亡者包荒含容也馮河斷制也不遐遺無忽於小朋亡無無牽於私交泰之兆實繫於此反是則不交不交否矣然則令之於民庸可忽必也居之以寬納之以仁學愛之化如彼武城孝之以信斷之以明不擾之政如彼滿庭毋頑之忿毋細之鄙當若上蔡視之如子毋邪爾思毋側爾蹈當若始藏不改其操如是則氣之所通和之所致薰爲嘉祥以蟠以際民其不泰乎其或弗操弗鉏犁莠弗慝如彼曲阿徒事求譽爲酷爲豺爲暴爲驚如彼義縱治法行治愁嘆不聞疾痛不聲有若謂南陽念恤人利障不屏欲源不澄有若陳倉萃斂自營如是則氣之所鬪怨之所鍾彤爲咎讟是萃是叢民其可泰乎一邑者天下之積也一邑之泰天下之泰所由推也一令之賢一邑之泰所由致也董子曰今之郡守縣令民之師帥也夫惟聖明在上師帥之賢參錯天下則天下之民胥泰矣長洲地大物繁臺府屛立夙號難治君處之裕如知所先後戶庭無滯訟田野無冤聲始至撤犴新之將去以空囹圄蓋十數年未有王公所謂生民之泰其有漸乎幾之矣觀君名堂可以知君用心後之來者毋第以[illegible]三亭視是役也經始於淳祐庚戌八月落成於十月爲楹若干爲甓若干役庸若干

民不知又可書也已君名濮今淮東常平使者其先之子其賦政固有源流云中奉大夫新改差知溫州軍州事陸德輿記并書

芳秀樓在廳事後寶祐五年李念祖建

丞廳在縣治西淳祐初重建 方杼記 國家建官倣唐舊制自九寺三監萬家之邑率置丞員所以重其任貳其長也邑於民爲最近丞於邑無所不當理漢後元之詔曰縣丞長吏也長洲爲縣創於唐天后朝乾元中置爲長洲軍至大曆間已而復舊國朝中興吳邑三輔長洲土廣民衆素號難治爲丞者非材術不有理人之績莫得而著稱馬浚儀趙君帝室之胄允酣經學挾其所有取甲科佐江陰幕淳熙改元轉而丞茲邑視民如愛子馭吏如束濕興利除害邑人宜之君涖官葉再黃矣政成而民有餘力年豐而物不疵舊視事之所棟宇欹撓榱桷蠹上漏下濕殆弗可居於是發私財以佐其用度故地以全其基役以募至工以巧獻無憤於公無擾於民廳事廊廡輪奐一新爲三十餘間既塗整密漏隴堅滑高其閈閎固其垣墉使後之居者得以賴其利焉工既告成邑士頓組其歲月以俾示將來杼曰是邦見聞君之政稔矣凡今之人視官舍猶逆旅顧弗致加葺者已無幾積在官以餘祿爲居閭之助亦理然也君秩行滿又斥家財以給費求古循吏罕見儔比貪者聞風庶亦知勸噫昔之建一堂廨一亭猶後其事以詒後人若君謨之清暑子瘖之喜雨是矣觀君此舉匪爲一游之所加於人數等其可無書乎君所以設施於一邑特其小小者耳推而上之庸可既哉姑書以爲記云淳熙四年三月朔莆陽方杼記

主簿廳密邇縣西紹興十七年尹機重建 黃士特記 長洲主簿廳在縣治少西紹興十七年縣長尹侯機所建也經始苟簡計不及遠矮屋數楹陋甚歲久蓋障穿缺支柱欹危潦雨至上漏下濕坐榻一日數易夜聲著然則思其覆之壓也慶元丁巳仲冬上澣予丞之庀職既弛顧鬱悒則有意圖新焉然簿職甲乃涼寒髮公費皆仰給於縣[illegible]

或秦越相視居此者擇治堂諺蓄縮不敢營[illegible]
歲月則棄去若傳舍亦勢然也予獨疑不自止[illegible]
令梓人乎章以圖來議竹互木石計會纖悉架[illegible]
素定越二年乃以請於令大夫黃公宜治縣有聲
而交衡佐如凡弟意曰此公家事耳予能躬其勞
吾何歎焉於是考日鳩工昉於季秋之戊申迄於
仲冬之己丑留材於市募庸於肆民不與知而工
以辦吉辟舊帑之緡四百五十有八禀斛二十有
四餘亦捐俸百千以佐用前門一間廊屋八楹廳
東西偏翼以兩軒可待賓至寢之後為丈室安明
窗四向時暄凉啓門壁以傑蠡於娛親為宜簷以
垣墻高丈餘闢小徑通縣圃其西有戲屋數間撤
舊取新為圃逼庖爨之所是居也不復不陋於今
若未足視昔則已奢予且滿去後來者無亡營補
之難以時密葺其將多餘前功不則因所塞亦為
可為累十年之利然非余所樁也書此毋事治
俾稍之思正與北山尚公可同一笑始識余意于
石時六年庚申三月初吉長樂黃士持記山陰孫
應時
書

尉廳祥符圖經云在齊門外去縣三里續志云在齊門外綠塘一里許淳熙十一年曾復重建廳西有臺扁曰奇軒

崑山縣舊治宋縣治即今治紹興二十六年知縣程
沂重建舊傳孟尚書捨宅為之故今猶祠孟於縣
門內之東葉子強記崑山秦婁邑也天下壯哉縣五季雲擾四方巢於兵吳越雖保有所
廢然詩書仁義之事歟焉國家文經海內始嚴令
守淮海王以版圖歸時邊公以治吳最首賜璽書
褒徕以來尚稚頭黎微聞能即學立夫子廟北門
王公元記之故比地翕然趨於文至今好學而弗
禮尚孝而先信乃有昔之流風焉蜀岸海江夷
沃衍者數百里一山巍然佐石錯立井井闤闠間
又有室屋林巒之勝北大自京都來官者樂之觀
遊詠歌未覺身遠其欲監者至台省寺賦詩帳之
詩銘此以相以輔小卻言語侍從之班踵相躡也
而其意依然於是二百年間風流溫藉續續可征

又建炎間虜獨不侵焉絳北北梁北上[illegible]
官遊間多勝事益號佳邑為歲縣計數求[illegible]
聞其名相與駭汗若蹈畏涂豈先後輝易若是[illegible]
同邪亦才術限量之或異邪不然則今之所謂不
足非古所病邪曷其趨違異見如此漢之郎官上
應列星出宰百里晉之舍人洗馬妙天下選然不
更長吏不得為臺郎今天子重字民之官棄庸雅
善使觀聽者以為榮願力所底爾因仍規畏其可
哉子強至之踰年勞於耳目思慮之外適唱然而
數信學力之未至則諏諸前人以矩範焉然所傳
止自崇觀間益稽史牒確識得自雍熙以次五十
有六人序而鐫之石尚俾來者知前輩優游渠幾
歲之淳熙[illegible]六月[illegible]葉子強記并書

[illegible]縣署與同寮及示姑蘇幕府 宋張方
邑民二萬家四境湖海遊家家勤種蓴市井[illegible]
少存歲逢水陸饑旁何擾擾我來亦撫字見此心
如[illegible]誰人識得有什高田尚停春今幸風雨調皆話
入[illegible]秋春[illegible]巢低豆麥蝗蝻早[illegible]此以此價早
淡[illegible]種郡秋麥茶荊岸紫回綠蕭掉暮更急車
離塔清暉[illegible]猶掛壁何暇張魚鳥我時行近郊
小[illegible]平章諸長鼓亂深野沃把秷闔孺子遠餉
歸[illegible]顏色飽穰喜者歡客和賦可慎了歸來軒
靜[illegible]曠蕩盈懷抱商退人吏散庭廡閒窈窕露篠
映孤亭風荷動幽治置身木鴈間茲焉終老[illegible]
[illegible]走榮利況余拙非巧鱸鱠飯紫芒蟹脂酒清醥
[illegible]稻名振然懷友生虛齊為誰掃○周承
勛題縣圃福輝亭[illegible]年除頓年積撫撥十載功旋移
低地碧頻雜亞枝紅對酒逢寒食憑欄接暖風墻
陽天自闊堪
送北飛鴻

鼓樓嘉熙丁酉七月圮淳祐己酉重建
頒春宣詔二亭在縣樓左右紹熙三年知縣李禍
建
平政堂在縣治內舊名琴堂知縣李伯長改今名
清心堂初名讀書堂知縣葉子強建

松竹林知縣項公澤建已上在縣治南
縣圃在縣治内東偏葉子強築
錦香亭　弦歌亭　藴輝亭　樂全堂咸淳四年
知縣林桂發建已上俱縣圃内
丞廳在縣治東
簿廳在縣治西有西堂淳祐九年主簿吳巽重建
易名覽輝
高士軒在覽輝堂之西吳堅建
縣尉司在縣治南内有隱齋䆫月亭分翠軒皆王
尉齊興建

殿丞廨舍在縣西南
巡塘廨舍有月波臺並在縣治西南
監務廳在縣西南
本府節制司酒庫
節制司太倉巴城許[illegible]四酒庫
贍兵酒庫在縣東[illegible]上館也
醋庫在縣西南
戶部滄浦石浦新[illegible]永安三酒庫各以發軍士吏部揭闕注官課八版曹
兩浙漕臣提領其事月椿經詣本縣無預
商稅[illegible]在縣東南

酒稅務在縣西南二里又有酒坊在縣東南百餘
步
安懷坊在舊治東北一里淳祐十一年項澤建以
處老病貧乏之民始崇寧三年詔州縣置居養院以存老者安濟坊以養病者紹興十三年令戶部措置支常年錢米人日一升錢一十文小兒半之
惠民藥局
養濟院
常熟縣舊治舊縣廨多宋治平間屋廳東北有琴堂
紹興中孔瓚重修淳熙中劉頴改扁學愛四年曾
棨新作寢室舊有君子堂共賦堂慶元四年孫應
時重建又於廳東創笑軒其後圃爲亭曰友山西
爲夾墻繚寢室後以通西偏爲亭於西北曰是亭
亭之南即共賦堂後累石山與君子堂通嘉泰二
年何交重建元陞爲州治廨仍舊**曾頤記**常熟爲縣其來久矣舊
為昆陵郡南沙縣至梁改爲常熟自梁歷唐由唐
迄于僞吳幾數百年前尹是邑者姓名莫或紀録
故不得而考焉本朝太平興國中錢氏以圖籍歸
于京師始於縣令將文擇至元豐初知縣宣德郎
劉極求得其姓名凡四十有二人列之板牓置于
廳壁角自此來尹者至則書之觀其間相繼登金
門上玉堂儀羽臺閣正位樞極蓋翩翩焉未見其
止余因承乏處板牓不足以久傳於是命工鐫之
于石立于廳之左闕者補之庶爲不朽之傳宜觀
名列以勸方來俾尹斯邑者知大儒之芳[illegible]懔

民福延百里庶幾乎利百而無愧也紹興二十一年九月魯國曾愼記

知縣廳頗雄偉嘉定初葉凱於陽舍南闢軒曰簾書寶慶二年惠疇於後圃創景言閣紹定四年史彌厚治東圃建堂後戴衍扁爲讀書堂嘉熙初王爚因學愛堂之舊重創易曰道愛淳祐十年別搆治西圃移讀書堂於其中亭曰直節遂廢東圃

丞廳在縣治東淳熙初丞張孝伯重建廳事其燕坐曰涉筆曰篤素軒

簿廳在縣治西與丞廳對淳熙間簿蕭逵重修廳事有燕坐曰愛蓮靜暉亭隆淳祐十一年簿唐世中復新其堂榜曰均政

尉廳在縣治北二里鄰順民倉紹熙中尉趙笈夫創廳事後小閣曰樂山改曰挹翠復易曰斗堂北有小圃二亭曰藏春曰野趣淳祐八年尉周介夫通葺新之廳西軒曰梅隱後臨流築亭曰濯纓

宣風樓在縣治西紹熙辛未曾愼建紹興四年葉知機更曰慶豐自此至賞心亭皆榷酤之所

燕喜樓在縣東

旨清樓在縣西北

春風樓在縣東迎恩橋南

賞心亭在縣西即舊弦歌館

縣樓永平時所建紹興二十一年太守徐琛篆額乾道間趙善括易以林東篆刻石廳側慶元已未孫應時修之左右有亭左曰御筆手詔右曰寬恤事件

國用庫在縣中門西廡

省庫在縣廳左

苗倉庫在縣廳左

軍粮庫在縣治西南

醋庫今但存醋庫橋

戸部贍軍塘頭河陽原墊支塘四酒坊

酒稅務在縣東北坊橋

市易務在尉廨西南猶有市易務巷

本府梅里尚墅徐鳳塗松陵河五酒坊

馬軍司莫城五林二酒坊凡諸酒坊課額盈虧縣皆無預然酒不越境內或有私釀則訴諸縣縣爲懲治而已

養濟院

惠民藥局

吳江縣舊治宋舊治祥符圖經云在縣城內運河北

元與

國朝皆仍之縣門舊有敕書樓三間紹定五年李椿

新之李□□□□□記松陵分治爲邑二年其出農桑勸其爭訟簡其簿書錢穀治辦學有新田三高有祠百廢具興不爲苟歲月計先是建炎□□□□方艱而邑□寓□□□□祿相具居自紹興四十年陳宰廣惠於民編戶以強閭大淵獻公始撤之爲新門培基取材百用先具梓人執斧斤以聽畫至瓦甓堅釘亦出於公之指授焉其始於秋而落成於冬遲速之程[redacted]飛樓干霄與江山長雄環視具區笠澤之廣雲煙卷舒濤瀾吐吞舞鴻鵠而獻魚龍爲三□□觀公乃以季冬之月盛服率佐屬奉詔敕其上用以鎮撫其社稷億寧其神人遺民故老告語子弟咸謂役不踰時而功倍于昔微令尹不復見此矣是時距公終更甫旬月公不以欲去怠其事朝夕於斯迄用輯成眞古之用心也使今之人用心皆如公君家之事尚有不舉者乎故予樂爲之記乾道元年左承議郎新權發遣沅州軍州事李處全記

知縣廳紹定李椿重建袁肅題曰琴堂移舊堂於東名曰清簡西築室曰誠齋廳東曰圖思易祓書扁廳後有仰高觀政環翠三亭並在縣圃中

丞廳在縣西南紹興元年宋應重建紹定二年許景迂重修廳西有景袁堂袁名部樞密越國公也湖濱有與永亭即舊湖山堂嘉定中趙晞賢修號爲江湖奇觀

簿廳在縣西乾道三年高文虎重修又建曾程堂以旌前政曾楙程俱之賢淳熙六年曾公之孫樞再修之嘉定五年謝杰重立廳扁其文忠公書寶慶三年龔應之重建門屋紹定四年趙勳夫復新堂宇有因舉館與廳相對

李處全曾程堂記余同年友高君炳儒主吳江縣之簿二年飭請於府縣以新治舍又即其西作堂三楹爲退食之所規制稽密不卑不隆榜之曰魯程以禮部尚書額州曾公楙中書舍人信安程公俱嘗爲此官亦尊賢也且屬余記之余幼侍先君獲拜二公席益知其文章議論軒輊一時在京師已嶄嶄有人望曾公既登華近而程公亦賜第羅館閣迄爲中興第一流先後典內外制渡江文物追配中原一公有助焉其去此雖遠而流風遺迹猶或可攷尚友昔人炳儒得之矣炳儒行終更去一寓書入光範門諸公當爭挽致之由西垣入北扉丹青帝謨鼓舞群聽則於二公何羨雖然孔子之賢賢孟子之論世其尊德樂道之風可少廢邪後之君子將有取於斯文乾道三年四月朔日贊皇李處全記

范成大新修主簿廳記州縣之任古謂之官遊豈直以斗升易農而已哉名山大川雄尊奇秀之境從事其間足以窺覽觀而昌神明古之君子固有樂乎此矣松江太湖水國之勝當天下第一四方好事者想像其處欲至而無繇今行臨東南士大

夫假道以走名場與夫商賈百族櫂船而逐利者颿驅相摩此其人皆有所期會器呼爭先亂次以濟終夜洶洶有聲其勢豈能少留而一寓目是雖日過乎前而與未始至者奚辨余家吳門莽蒼在望又無聲利火馳之役宜能數遊而躬耕作苦正爾少暇日私念誠得築室葺間卜鄰三高以朝夕於斯吾樂可勝計邪乾道丙戌八月既望間從容汎舟垂虹主縣簿高君炳儒適新作治所落其成余與觀焉蓋自始役至是財七十日而門閎高昭牖戶靚深粢續甓鏝皆中度程既聚廬之百須無一可恨而爲之讀書之齋休坐之堂脩竹繞圍光景瀟然所謂垂虹者乃在其旁數十百步耳夫由有江湖之趣居有清燕之適此固古之君子宦遊之樂而余素願朝夕於斯而不可得者炳儒之職會計當而已無催科敲朴之煩奔命將迎之勞而有可樂者如此於是求文以爲識余聞漢高士不爲主簿孫子嚴徙舍而有喜色士未遭隨所遇而安其可愧者不立我也炳儒有文學行誼而不卑其官又作意而新之視祭竈請比鄰有加焉其志固未易量姑爲敘其所可樂以告後之賢者使

之明年二月一日順陽范成大記幷書左迪功郎平江府吳江縣主簿主管學事四明高文虎建

尉廳在縣東嘉泰中彭法稍葺嘉定間黃翁重建

紹定五年王龍從增葺于東偏後圃有梅亭

惠民藥局

養濟院在縣西北柵頭淳熙間剏後又增廣之

稅課務在縣治東子務三所在震澤同里平望

抽分場在本處

嘉定縣舊治縣樓宋嘉熙四年七月圮於風閏月鄭霖重建

知縣廳後有公忠堂偈召堂熙春臺當山樓紹定四年趙與祐建讀書林淳祐九年林應炎建

水竹亭在縣內淳祐十年林應炎建

濟川亭在縣前寶祐元年沈輝建

丞廳在縣治西嘉定十三年陳采剏立端平三年謝奕恭成之

主簿廳在縣治北拱星橋左嘉定十三年趙汝備剏立十五年黃自誠改廳事淳祐十一年趙孟奎皆一新之

尉廳在縣治南舊法華菴基也嘉定十三年趙希炤剏立有教場射亭

新江酒庫在縣南二十四里

徐公坊酒庫在縣西二十四里馮橋

侍衛馬軍司酒庫在市西課解淮東總領所

江灣鹽場在縣東南八十里係江東清浦

黃姚鹽場在縣東北五十里附下砂場挿煎

酒務在縣衙西

商稅務在縣東市嘉定間立

和豐樓在縣市淳祐十年林應炎移剏嘉慶樓于市西

惠民藥局在縣市西太平橋北

養濟院在縣市西昇平橋西北

元幕官廳在縣治東廡延祐七年提控案牘陳鼎建立廳名佐正

蒙古字學在譙樓東至正五年劉文質建架閣庫在州治後東偏至正五年知州劉文質新建

太倉州舊治宋平江府節制司酒庫　節制司太倉等四酒庫

醫學在文廟西

養濟院在州治西

惠民藥局在鎮民橋南

抽分竹木場元置在長洲縣而分辦於太倉
國初設官於本府分辦如故今廢
蘇州府船場在小北門外洪武五年靖海侯吳禎建今改爲厲壇
兩淮都轉運鹽使司分司在長春橋西永樂二年剏今廢
滄江風月樓在北巷口元之酒館也
安樂堂在海寧寺西慈養病卒
崇明縣舊治元縣廳舊扁曰敷政郡守任子明書後改曰無倦後堂在小山前扁曰奉公後改自公

蔡景行重建崇明州記

皇元愼選守令分治海隅職專而任重事有利害令舉以行重邦本也善爲政者審其勢而度其宜則民不勞事不繁而易底于成此崇明州之所以遷而其理之所當重建也崇明爲維揚屬州斥鹵衍沃中海而居非舟楫莫能至州之境日爲風濤蕩擊浸及理所且歲久署宇卑陋有司視若傳舍秩滿即引去忽焉不加慽慽於其心至正十一年達魯花赤八里顏侯始至甞曰吾奉天子命來守是邦民之休戚繫于上吾民蒐惕既無以奠厥攸居又署宇若是是皆事之所當先者烏可委其責於後人而弗之察也於是周爰咨度得地於州之卅十五里曰東沙出海稍遠遂遷焉侯首捐己俸爲之倡而知州程侯同知州事王侯用是其議州吏錢寔施思敬魏德新董其役州之人士聞而樂相告奔走恐後掄材庀工其制尤宏於舊二典於十二年之三月落成於明年二月黃堂重嚴門廡輝暎幕廳吏舍譙樓庫庾靡不完好環州有垣環垣有壕周衛綏密經畫殊至侯復念朝廷以六事責備守令而教爲之首乃先創孔子廟大闢學宮仍增廩給之粮若干石以爲士養師徒弦誦泮洋盈耳思有以振起次及祀學之神食於其土者咸新廟以祠至若軍校萬夫長府率皆崇敞雄偉式稱演武之所工畢其耄倪雜然而至舉喈喈相吉曰吾儕小人不意今復見是州之鉅麗如此實有以聳吾民之視瞻也不可以不記遂疏其本末介州士董仁禮來謁記於予時予職教崑庠而婁江與崇明相望僅百里間舟獲聞八里顏侯爲政之善民之頌之若出一口嘗欲一艤舟東沙造觀新州以挹其土風之美繫官于茲頤莫之遂迺今廣托文字載名其間抑何幸焉嗟乎民不可慮始而可與樂成事特易於因仍而難於首創是州之民始亦懼其役繁將無以致其力終則樂其功成而爲無窮之利非侯之力足以任重才足以立功能若是乎雖然爲政之道豈徒以奉法制宣禁令而已若侯者誠爲民之司牧能爲之深謀遠慮審其勢權其宜而民賴以寧者也後之來者樂署居之廣而思創始之不易專心一力無曠厥職以侯之心爲心則崇明之民殆相安於悠久矣前年海寇犯境侯親率義兵奮天石扼其要衝而力攻之海寇由是遁去侯之可書不一而足茲姑述其設施之次第刻之樂石以慰邦人之思去而不忘耳侯唐兀歹早備宿衛由雲南討賊崇勳擢大府監管勾頻終外艱服闋授平江路總管府判官今爲州云平江路崑山州儒學教授蔡景行記

吏目廳在州廨左扁曰蓮幕
捕盜司在州治西扁曰晏然任子明書延祐間判官丘揖建
頒春亭在譙樓南
萬戸府
官醫提領所大德八年例革併入醫學
富育庫在州廳右

架閣庫在富有庫南

惠民藥局

姑蘇志卷第二十三

姑蘇志卷第二十四

學校 書院

今天下言學校必首蘇蓋有范文正胡安定之風焉其中島池亭榭尚多吳越元璙之遺其勝亦他郡之所鮮也況人才往往爲天下先乎若夫作興敦率使教化行風俗美則不能無望於上之人焉

府學在城南延袤一萬九千丈周一百五十畝按唐史李棲筠增學廬宋祥符圖經子城西南有文宣王廟俱不言學所在景祐元年范文正公仲淹守鄉郡因州人朱公綽等請始爲奏聞立學公所地故廣陵王錢元璙南園公得其一隅將爲宅相地者謂當踵生公卿公曰吾家貴孰若中吳之士咸貴其無已乎遂以爲學仍給田五頃以贍學徒延安定胡先生瑗主教事嘉祐中刑部郎中富嚴建六經閣張伯玉記六經閣諸子百家皆在焉不書尊經也吳郡州學始由高平范公經構之至今尚書富郎中十年更入政學始大成而六經閣又建先時書籍草創未暇緝廚之後廡澤地汙晦日滋散脫觀者惻然非古人藏象魏拜六經之意至是富公始與吳邑長洲二大夫以學本之餘錢鳩工市材直公堂之南臨泮池構層屋起夏六月乙酉至秋八月甲申九旬有七浹訖庸千有二百作楹十有六棟三架霤入楠三百八十有四二戶六牖梯衡案梲塒漫陶甓稱是祈於久故爽而不庳酌於道故文而不華經南嚮史西嚮子集皆東向標之以油素揭之以油黃澤然區處如蛟龍之鱗麗如日月之在紀不可得

俞亂矣則天地之極致皇王之高道生人之紀律舉在是矣古者聖人之設教也知函夏之至廣生齒之至衆不可以順解耳授故教之有方導之有原乃本庠序之風師儒之説始於邦達於鄉至於室莫不有學恒之以文物聳之以聲名先用詩樂其耳目然後清發其靈府故其習之也易其得之也深其教不肅而成不須命治毆元元之入善域優而柔之俾自得之萬世之後尊三王四代法者無他焉教化之本末馴漸也然則觀是閣者知六經之在則知有聖人之道知有聖人之道則知有朝廷之化知有朝廷之化則嚮方之心日趨一日禮義之澤流于外絃誦之聲格于内其爲惡也無所從其爲善也有所歸雖不欲從善遠罪納諸大和不可召康公之詩曰豈弟君子來游來歌子思子之説云布在方冊人存則政舉凡百君子繇斯道覺斯民暢皇極序彝倫者捨此而安適得無寔心焉諸儒謂伯玉嘗從事此州游學滋久宜刊諸石庶幾永永無忽

熙寧中校理李綖又割南園地廣之元祐中生徒日衆公綽之子長文掌教事議欲盡南園餘地爲齋廬會呂范公子純禮制置江淮漕事過家爲奏請詔給度牒十紙充費戶部郎中劉瑾直龍圖閣王覿大修[illegible]

宋受命興治乘輿常幸國庠親臨講席一時鴻儒碩生聞風以起有若戚堅素在睢水种明逸在終南皆聚徒講授崔俊歸之景祐中范文正公作學於吳又叙于閣滕子京建于湖慶曆之盛公參預機政而石守道孫明復首居太學是時仁宗開大章閣召輔臣問以治要公復以學校爲對於是詔天下皆立學及公以天章閣待制守是邦拓地之勝莫如南園乃割其巽隅以建焉廣殿在左公堂在右前有泮池旁有齋室是時學者才逾二十人或言其太廣公曰吾恐異日以爲小也於是安定先生首當師席英才雜還自遠而至厥後登科者逾百數多致顯近訖今五十餘歲學者倍徒於當時而居不加闢也長文適承命掌學因假舍頗隘徧迫寒薄署濕釐生病之乃與同僚議請南

隙地以爲齋廬元祐四年會公之子戶部公純禮以奉常制置江淮六路漕事過家節[illegible]以白公公即延見諸生慨然陳述奏請蘇閭之學皆先正所建後人久不葺齋室[illegible]請官生十碩給錢修庠未詳名以度牒十紙充費前守戶部劉公選官治役度用賦工而今太守王公益以關賦之材助以己俞之卒完舊殿新累工逾萬計歲而告成不以一分取於民公堂廊如也廊廡翼如也齋室凡二十二而始作者十爲屋總百有五十楹而初建者三之一立文正安定祠守遷故莊嚴於公堂之舍榜曰傳道庖廚湢室莫不嚴潔窮歸而深儼然而明其廟也實其容也衆南嚮引一愛日也庸足清風成適其宜矣

建炎兵燬紹興十一年直學士梁汝嘉建大成殿鄭仲熊記十五年[illegible]學士王晚繪兩廡像復建講堂闢齋舍鄭億年記乾道四年直祕閣姚憲闢正路疏泮池立采芹亭九年直祕閣

丘崈建直廬淳熙二年脩撰韓彥古作仰高亭十四年脩撰趙彥操即六經閣址建御書閣藏高宗所書石刻六經洪邁記堂左建五賢堂祀陸贄范仲淹純禮胡瑗朱長文寶慶三年大風殿閣壞紹定二年從學田租於時直祕閣林介朝請郎王與權朝請大夫王斌直寶謨閣李壽朋相繼新之吳潛記淳祐六年待制魏峻修

李起記 吾鄉學宮曰千[illegible]在儀門正殿校經之堂律業之室直廬廳庖莫不雖深巨麗殆非一人一日之力起甲戌歲大學宦遊南北有自吳來者僉謂頓圮日甚私竊有憂焉不特爲學校惜也太守爲民師帥非惟宮之庶之又從而教之中吳號富庶郡今貧矣民貧而官亦貧取之錙銖用之泥沙調度不足稟稟見虞方從事於簿書期會之不暇而何暇於他哉朝甍莫壖僅循故事毀墉

何至委而不[illegible]非固然力不逮也貳[illegible]
公來守二年疎剔舊弊百作新之[illegible]
餘用贏羨取之不匱於是郡守[illegible]
以修學爲請侯即捐五萬緡就命[illegible]事[illegible]
舊嘉禧以董其役凡爲屋二百一十一間始於淳
祐十年二月越四月而訖工士之職于學者相率
以書[illegible]子吉爲記之起風預教育與諸生同一[illegible]
道今侯鄉能治其昔所未治者前日之憂特而爲
嘉定寶祐三年學士趙與𥿄拓地鑿池作橋門建齋
九曰敏行育德中立就正隆本敎宗室子弟曰立武敎武
舉士曰養正敎童子曰興賢登俊敎士之俊秀閣後建堂曰
成德曰傳道堂後建泳涯書堂立雩亭右建道山
亭山南園故丘即朱長文所題泮山王景齋記元大德初殿宇壞
治中王都中謀于兩浙鹽運使朱虎以私財撤而
新之燕公楠記至治元年總管師栾列充重修延
祐間重建六經閣取張伯玉記文首句名曰尊經
楊載記宋康定間吳學始造六經閣請浙東帥張
伯玉爲記以屬其佐曾公鞏六成麗弗用伯玉自
爲之鞏歎服其文傳天下至淳熙間郡守趙彥操
即其地改造御書閣有元大德五年東海有興風
之災閣碎爲虀粉[illegible]五年鄧公文原持部使者
節來勉勵學校誦從[illegible]之文歎是閣之不復見也
則語敎官陳君伯曰吾所吳郡學租頗多苟畢入
無負以之贍士不學尚有餘也取以營閣則前賢
之遺跡不終泯矣陳君克己自勵敏於應事往時
學租之不可責者唯陳君能責之縣是聚米如山
倉廩皆溢明年鄧公復來以此責郡守不入沙氏
及曹侯宜奉行詔書興起學校檄郡幕官之長李
仲英使董凡役事[illegible]議成曰嘉定義士沈君文煥
以漕海有功拜[illegible]校尉其人樂於施捨致力有
聲習於工役之事遂具禮聘焉沈君承命皆[illegible]
大匠陸文隆與定制掄材李君率徒以會其[illegible]

閣前距大池僅半步後迫明倫堂巖嶷然爲屛蔽性
正畫陽景不下燭居常憒憒然稍北五十步當止
善堂之後有隙地乃移構焉閣凡三間兩翼三簷
二十八楹爲高八十尺東西一百尺南北五十六
尺倚檻而望郡郭之內浮屠老子之宮雖樓觀相
連凌虛特起其勢皆詘伏在下無敢與之爭爲長
雄其形制之奇偉如此凡六閱月而閣成用中統
鈔千五百四十錠有奇米五百五十石沈君所捐
以相之者復二百錠又增置垣外地五百四十丈
環植松柏萬餘株爲室以周於四阿經史子集各
以其函櫝刻金石絲竹匏土革木八音以識之又
大書尊經閣以揭于楣間壯麗特與閣相稱屬筆
於載以著不忘至治二年錢光弼修廟學揭傒斯記彭城錢侯光弼自大梁
移牧斯郡至之三日修禮于先聖先師顧瞻堂庭
荒茀弗治退即敎授趙晉之問其故晉之曰比歲
吳田敗於水廩粟之入不贏二三吾興土木其將
曷資公能責其逋租而視其不可緩者完葺之學
得不毀而功則有繼侯曰然爲擇謹敏吏司校計
簿而督其當輸不輸者得中統鈔五十餘錠乃相
禮殿論堂門廡齋館及尊經閣先賢祠易撓腐爲
堅良化剝缺爲麗密而以其餘力築垣墉一千五
百尺凡所經營必諮必審圖爲可久毋徼速成既
竣功釋菜于先聖卒徹觴客貫時與在賓席學
之師生揖貫言曰自侯之至歲屬薦饑軺傳旁來
符檄叢委人謂侯將不暇而侯綜理之不暇加意
於學侯則不然凡所以惠綏吾學者愈於整暇之
時今考成有薦薦已有宴子寔執爵以酬乃爲我
著之以示方來至正五年總管吳重修十五年監郡六十
築廟垣凡五百七十丈鄭元祐記吳郡之西南偏孔子廟學在焉廟居學之
左繚以宮牆九百餘尺築十一爲之雨淋日炙弗克
堅久敎授徐震學正徐昭文學錄郝經一日相與
慨曰自宋迄今三百餘年而宮牆歲加塗飾始克
頹圮計其費幾萬貫矣無寧易以甎石爲悠久計
乎上言於監郡六十公經歷白公樞二公曰是吾
志也爰命敎授偕府史劉鼎計工度程躬董其事
其費一出於廩粟歲用之餘墻之基內外爲石三
層凡五百七十丈其袤九十五丈高盈丈而隆其

三下廣殺高之數丈有六寸上廣如下之數而又殺寸之三甎一十五萬三萬六千九百役傭二千三百他物稱是用粟一千斛始事於至正十五年之六月告成於其年八月 十九年總管周仁又修之鄭元祐記二十六年總管王椿建樂軒 周伯琦記 合樂也學之有殿以崇祀也殿之有軒以容敘秩每病其隘蓋將七十年矣郡守海岱三侯時虔奠謁傷焉于懷爰重改作誕謀扳益遐乘歲臺佐南薹而增作新軒起於至正二十六年丙午之歲四月至七月而訖功其制三間中廣二丈左右各殺三尺四寸棟隆二丈七尺六寸深殺隆一丈一尺藻井中布八卦斂級金鋪瑞羽鼓翬鶱騫文版夾覆玉采輝絢遐睇山立仰睨雲升軒以展崇殿以軒遂體勢宏麗庭陛肅嚴於是庶業之設鐘磬之縣琴瑟搏拊之陳簫管笙籥壎箎祝敔之列秩乎其倫粲乎其章登歌合聲協律諧節以達薦饗以熙獻酬涉降旋折緯如裕如所以昭格歆報者儀文咸具於乎詩書禮樂四代之學所以立教淑人者也禮之節以經邦紀民樂之和以移風變俗其功用廣矣大矣輔翼于先聖先師尊其道報其德禮之隆者也翕五聲六音以致敬享貫神明章教化樂之與者也古者典教用樂故樂正崇四術立四教以造士升其賢秀林而官之內則臣工外則民神以是成已以是成人馴致雍熙而人人有士君子之行王侯之有功於學校其以古道自任者哉殿軒之作雖一役也可以槩其政矣

國朝洪武六年魏守觀即成德舊趾建明倫堂 滕用衡篆扁 復地之侵于民者五百四十丈展靈星門以臨前衢 宋濂記 蒲圻魏公守姑蘇之明年乃鉏惡樹學頹危弗治公顧瞻良久喟然嘆曰

皇帝大興文教詔頒明經六藝諸科嘉惠多士將以人文化成天下今學陋至是非所以靈承

帝意公即捐俸爲倡唯興修是圖其僚屬與郡之人士驩然而趨功以廟言之穹殿脩廊敞以靈星之門以學之論堂中居兩廡相嚮次以六齋于以造于前門至善之堂尊經之閣又巍然而峙其後嚮也棟橈級夷黝昧而無輝今焉丹艧炳煥詹牙而翬飛已而泮池有梁采芹有亭先賢有祠亦皆次第就緒而公拜蜀省參政之命將之官有

旨還守姑蘇民大欣慶公復命補其墻墉四千八百尺有奇唯廟學之前乃吳江寧開之園局於封畛處迫殊甚至是從化盡以其地六百尺入於學宮始獲闢門于前用正地勢內歷洗馬來秀二池架梁以通往來外臨康莊左右有坊曰狀元曰晝錦其嘉名符契若有開必先者關後之地奪於比隣久矣公察知其奸其地乃歸又懼遠而或堙也遂圖廟學四疆勒堅珉以志之始事於洪武六年正月甲子而訖功十一月載之承平舊觀或有過無不及焉公名觀字杞山通周易 王彝記 惟蘇州學肇基於范文正公父子學之左別有廟而靈星門南不十數步即畫於鄰垣於是旁趨東偏爲門而地勢鬱塞弗稱鄰垣之地廣袤若干畝在宋爲錢氏園及元而業更寧氏先後爲郡者屢欲拓之然不可以力得至正間郡守六十公貿其地於寧開得其三之一槩入

國朝前國子祭酒魏公以正學碩德出守茲土政修令行大修廟學開説公化盡以其地歸焉公因命教授貢頴之繪圖而經營之郡士顏出私錢以助乃通道自靈星門以極于南城之涂凡若干丈故有洗馬池適當其前遂表文廟之道於洗馬池南而架梁以入道南北之半故又有假山山之陰有池曰來秀其水自太湖入南城沿至南園之小河而注之學自來秀南流則進之洗馬而止其北流則歸泮池而止又即來秀池南之闕假山遺址爲門以正南面焉至是學與廟出入之道殊矣故入其門則循池之東以趨于廟出其門則折而西又折而北爲梁者再以達泮池之梁始趨于學示神人之不可褻也方廟學造成一翰林侍講學士金華宋公既爲之記僉謂以爲此役也范公所未得爲而魏公乃得爲之始終幾三百年而廟學大備有不可不特書者命記之 十五年張守冠塑聖賢像況守鍾重建明倫堂五間宏壯逾舊建齋四左曰隆禮中立右曰養正志道齋後皆

室訓導授業所齋上下建兩廊學舍堂後重建止善堂
易名至善又建毓賢堂于後教授何澄記正統九
年李守從智築墻六百三十丈景泰元年朱守勝
建會饌堂三年汪守滸增建學舍三十間于毓賢
堂後初范公及先賢文昌三祠俱在殿後天順四
年姚守堂徙范公與先賢二祠泮池南撤文昌祠
易隆禮中立二齋名成德達材建杏壇學門內覆
之亭重建道山亭教授黎擴記蘇爲南圻大郡其學制之雄麗池圃之幽邃爲汀
南諸學之冠尊經閣之西數步有小丘隆然而起
高約四五丈廣約畝有畸名之曰道山山之前後
有大池繞山上下羅植松柏雜不陰鬱森聳干雲
蔽日登其巔可以盡得一城內外之景宣德間太

守南昌況公鍾始作亭于上四隅之柱以石四面
之窻以甎深廣各二十尺崇比廣而減四之一壁
間嵌古文碑刻翼然奇偉之觀師生於勤業之隙
得爲游息之所後將三十年亭日就壞去年夏四
明姚公堂來守是邦游學勸課之餘乃登斯亭俯
仰低佪徐而歎曰前人之蹟忍坐視其廢刻有益
於師生紓勞釋痒者乎於是捐己俸市材易腐
以堅補缺以完加以藻繪題以華扁既訖厥功煥
乎其改觀矣
六年林守鶚改建廟兩廡諸賢塑像歲久
且壞始易以木主成化二年邢守宥重建泮橋移
射圃於學後四年賈守奭作游息所前鑿方池布
橋立坊曰蕊芳惟大成殿自宋元至今凡三改作
皆隘不稱成化十年丘守霽乃大規度之建殿重
簷五間三軒兩廡四十二間撤舊材作戟門七間

於門二間學門故東向歷廊道折而南入仍厚價
售居民地拓之與靈星門並由是基址方整規制
大備丘去劉守瑀繼其事學士吳寬記蘇有學于
城南實剏于魏國范文
正公更五百年來所以修葺而開拓者惟賢守是
賴至于今日規模益壯天下之言學者莫能過之
故四方之賢士大夫之道郡中以一遊其地爲快
然猶病文廟與學之弗稱也其制作非侈學爲
隘歲久且敝乃成化壬辰鄱陽丘侯霽來知府
事以政既舉而治之歎曰事神吾職也有如文
廟之陋誠任其過乃請于巡撫主副都御史畢公
從之則計財度工擇日而從事始改作大成殿于
舊址之北而徙西者二丈有奇復作靈星門南與
殿直以明年三月興工功垂成侯報政之京遂去
任矣其年蠡吾劉侯瑀自監察御史來代乃畢其
事他日知長洲縣劉君輝知吳縣文君貴暨教授
林君智輩合言于寬以二侯之功不可泯者願記
之嗟夫孔子之道大如天地與之相參高如日月

無得而踰萬世之下彼其膏澤者區區土木豈能
報其功邪人復爲此無亦盡所以尊崇之禮以免
有司之過爾蓋比歲儒臣疏請有欲加以籩豆佾
舞之數者下群臣議亦謂此不足爲孔子輕重而
朝廷竟從其請行于天下惟所以尊崇之者無所
不致其極也
詔下爲丙申之秋適當丁祭之期籩豆既陳佾舞
斯列而棟宇深廣足以有容觀禮者美之寬故學
之諸生也於二侯無能爲役因諸君之請敢忘其
淺陋而書之初學門在廟街之東凡出入於學必
涉街以行丘侯以神人之分當嚴也顧旁近多居
民既喻其意皆樂徙去乃徙其門于靈星之西
更爲門于泮池之北以達于廟然後廟左學右截
然以正後有賢守以廟學爲事者尚修之葺之以
無隳其成功也哉
二十三年又以先賢分爲名宦鄉賢各
一祠名宦祀宋王曰富弼歐陽脩蘇軾王覿富嚴
王焯趙希懌陳垾倪普趙與篙葉適李侗陸
九淵楊簡魏了翁
國朝周忱夏原吉況鍾□□陳選鄉賢祠祀唐陸

元明陸贄宋滕元發朱長文周南王蘋滕茂實陳長文 國朝陳鎰陳繼陳祚劉鉉杜瓊按名宦所祀多有不係于蘇者當更詳之若韋應物則有特祠在文廟傍其扁曰集賢太守及考本傳未嘗稱集賢學士史或失之弘治三年孟守俊以安定宜專祀建祠范公祠左十二年曹守鳳建嘉會廳學門外爲師生迎候之所十七年林守世遠以朱長文有功于學遷入安定祠今學制前臨通衢衢南皆平郊左廟外爲靈星門郊之當門處壘土爲小崗隱起入門則洗馬池上有石橋錢氏故迹也爲神道道左右有碑亭二一宋濂修學記一舊廟學圖又北爲紅門爲神廚省牲所省牲亭又北爲戟門門西爲神庫置祭器銅器一千五百六十竹器三百四十木器六十五樂器琴瑟等九十有六樂舞生冠帶六十有六衣二百八十門內廣庭高陛歷露臺始至殿右學外爲嘉會廳與學門相直門之前爲泮宮坊入門東則杏壇直北爲來秀橋入鍾秀門路左右名宦鄉賢二祠又北范公文定祠又北泮池上有石橋又北儀門門內有大池跨以長橋石洞凡七名七星橋過橋始至露臺臺上有范公手植栢二今存其一登明倫堂堂後至至善堂又後毓賢堂又後尊經閣閣後過振芳橋至游藝所左采芹亭有小池右道山亭前有大池直北射圃中有觀德亭教官之廨宇諸生之庖廚布分畫列其後又有池沼畦圃長松古檜望之不見其際云

吳縣學宋景祐時始立在舊縣治東南今三皇廟基紹定初縣令趙善翰改立於舊貢院南今爲南察院司憲林介撥公產贍之嘉熙四年知縣魏廷玉主學孔煒重修施清臣記天地以理而位天理以學而明若稽隆古由內達外畿服皆學所以扶植三極而爲降衷之宗主也周備之我宋繼之國於東南三輔之邦倚郭分學惟吳有之吳學肇端於景祐初自後兩邑皆附郡泮吳最壯縣臺府閈屹賦輿租薄急符終訟文書程上者日有千緒雖強敏者救過不贍奚暇以教養爲急寶慶丙戌永嘉趙侯鳌夢夷類材諳老練細大畢張一日謀刱黌舍選覓卜勝賓興坊之近城有勳府遺業貿之良稱置槃相址營峰峙西津流亘東貢闈都左客館規右谿然形勢之環合是時飛廉振林友偃虞舊松杉杞梓不索騶獻自尚匠至崇成役匪淹朞爲廣廈四十餘楹外聯四齋中嚴一殿從祀有像講習有堂游息有亭凡什器備焉寔紹定初元也其間以庠養士以田制食司憲林公介先撥公產五百餘石繇衣吳公淵守符鄭公應博續增一百餘石前美後裕輔教思不窮之良圖又閱十有六歲嘉熙庚子宛陵魏侯屬意學事支傾風雨之漂摧提綱歲月之湮墜鳩田畝於鐫刻汰浮冗於寓名有養必有教先是隸之佐廳吏借影私長屬不相詗何遂更鄉官舍選爲之範模里彥文行爲之領袖潤色緝容士皆德之昔嘗謁記辭不獲爲今謂碧石久矣無文何以詔往汔不容已輒爲之言體具則慿籍牢慮遠則植立耐廼經營是學者也志續則其用新弊隄則其傳壽廼維持是學者也原民生而俾該民生之懿彝寓有司而不負有司之法度廼訓迪是學者也趙侯剪茱築宮置犁供粒百須均足以爲善教之地經營固難而維持亦未易魏侯值多艱之時倥傯不給由後紹前所以扶植教法者心心胳契絕出僨視僨邑之見兩侯致力於

十苛苦欲群苦諸子如川鱗聚而來後以利祿而
詐要言造伊洛下學上達之妙充朱張切問近思
之辭訓釋延及希聖希賢儻或外騖爲辭溺影浮過
限且花之不留好鑽虛說旋踵霜營之非實苟而
[illegible]於上小民親於下即理也
豈不與天地並哉趙侯善瀚壬戌進士遺愛去思
魏侯庭玉號政世家載美相濟新池陽校官孔君
煒壁海前廊今主教席淳祐三年立夏節日記
淳祐七年趙汝諮又修之建采芹亭風雩壇元至
正間縣長馬祖憲復新殿堂齋舍更塑宣聖四配
像繪兩廡先賢像縣尹張經爲靈星石門楊彝又
脩之繚以周垣俱有記
國朝洪武五年魏守觀闢射圃建觀德亭宣德九年
周巡撫忱況守鍾以地逼西城且隘乃遷昇平橋

東官地故僞李司徒宅殿廡堂齋鼎新爲之【楊榮記】吳縣學舊在城西
南隅宥興坊其地卑隘廟學皆簡陋旁逼軍營諠
雜相接春夏水潦四集牆壁傾仆誦習常輟郡縣
之長貳暨師生往往興慨欲改之而未有能當其
任者宣德七年工部右侍郎廬陵周君忱奉
命撫巡東吳諸郡偕知府豫章況君鍾同謁廟學
見其不稱因協謀更造之得隙地於縣治西南視
舊學地廣四倍高爽平曠衆咸謂宜況君具其事
得請于
朝二君復相與議曰是役不可重費吾民遂計郡
之諸倉歲積葦蕩得五十餘萬斛米可五千餘石
凡木石陶冶之資匠作力役之需悉於是取給而
一毫不干於民復擇耆民王信等董其事經始於
宣德九年冬十月訖工於明年夏五月以日計之
二十三旬有奇成功速而人不知其勞享禮有殿
講誦有堂藏書有閣宴休有亭以及門廡齋舍庖
湢各以序列通爲屋以間計之二百三十有餘材
用堅而人不知其費成化八年知縣雍泰重建靈星門牆壁
皆板石爲之弘治十年知縣鄺璠以學門回曲與
儀門不相直乃徙教諭訓導廨宇於射圃且買民
居廣之門內鑿泮池上作石橋又於學東得長洲
民沈鈺舍地爲射圃【吳寬記】蘇多屬縣惟吳之建最古縣皆有學惟吳學之遷
爲近蓋學初近於西城其陋宜德乙卯周文襄公
巡撫吳中與知府況侯始遷于今昇平橋東所謂
美矣然人復以爲有可改作者門偏而不直廟前
今仍舊皆未暇及會監察御史海陽吳君一貫巡
按至諸生言之君以爲宜於是任丘鄺君璠以進
士來爲縣曰此費不甚固無難者未幾規制端整
徑亦不迂而學益美矣君又以校官宅舍塡塞門
內而藏書閣後有菜圃復築而遷之學前舊有隙
地獨缺其西南又購民居以廣之至於跨池以作
梁臨衢以樹表凡所[illegible]壞無不修治弘治丁巳春
功既訖教諭李仁訓導熊永昌甘澤率諸生來言
曰願有記也予家居二年見鄺君爲政精敏若修

學特其一耳推今之人率以改作爲勞民而以仍舊
爲省事者蓋出於魯人爲長府之說也夫長府之
制卑者以爲藏貨財之所當時改作或病其陣隘
而欲新之未可知者若然則以利爲意而刻剝擾
奪之患必不能免此閔子所以止之而孔子則是
之也如學校之設聚人才於斯明人倫於斯自昔
惟患居上者不之務耶蓋鼓舞振作使游息之者
感動其心自有不能已於學者之正教養之機也
吳君克持憲體固不安舉事者故記之以示後人
今學制左靈星門次戟門中爲大成殿夾以兩廡
靈星門之左爲杏壇戟門之右爲慈湖楊先生祠
【石刻】云慈湖先生文元楊公嘗爲吳學者思慕
忘立祠縣之學嘉熙庚子門人青田趙與蕙以郡
守兼淮浙發運古鄮陳愷提點刑獄敬贈遺像崇
飾一新孟夏丁未舍菜奉安僉壇湯遠永嘉葉
金華汪眞卿麗水胡宗臣西安劉甄於潛何光華
合沙葉懋佐吳興畢衎以官僚來門人爲僚者曾
楷楊造龍泉張然里居者新沿海制帥何元壽六

台陳縱中自太學來咸相禮官教郎知平江府吳縣主管勸農公事兼軍正胡宗臣立石殿後

爲詠歸亭四圍鑿方池甃以文石欄楯如之池後

有石橋入射圃橋水外通大河以受太湖之水後爲校官廨宇右

學門內爲泮池跨以石橋次儀門爲明倫堂傍列

兩齋東曰升俊西曰毓德齋上下皆學舍堂左爲

先賢祠堂後爲時雨堂爲藏書閣閣左爲廩庾右

爲會饌堂正統間邑人王信許美捐田一十八畝在本縣十一都以供月朔釋菜

長洲縣初未有學附于府學名曰麗澤齋宋景定三

年主學宋楚材率邑人請于守陳均即廣化寺藏

室故焉在今府城東北講堂曰禮堂魏文靖公篆四齋

曰富文貴德廣業博學又建景文堂企慕范文正公故名俞琰

記唐置長洲縣距今三百餘年而學不建豈簿書期會不暇俎豆之事未之聞歟景定壬戌詔縣增立學用五儒教宋君楚材實在茲選至之日乃嘆曰官以主學名居無廬士無肄師倚席不講惕然以懼鄉寓劉公震孫列其行于郡郡即近縣廢寺爲肄習之所士不問遠近襄糧而來旬有講月有試考德問業於此可觀宋君又懼無以繼乃哀俸餘與衆倡之入輸于郡因寺建學以爲悠久太守陳公均親來相度指前一塔矗如文筆砥而捐曰殆天相斯於是徙佛像於他所宋均遂與諸生經之營之舊者什皆亦各自獻其藝崇禮殿至學門煥然一新齋舍庖湢靡不具備起於乙丑春成於丙寅夏民有爭田不決前守撥充養士且上于朝會召入季公軸來守是邦悉以歸之而士有所養宋君之志亦少舒究矣八年提刑洪起畏拓地闢門南面後毀

元至正三年縣長元童俾教諭顧元龍暨儒邉景

元勸前徽州路教授郡人陸德源叙建之陳基記皇元一六合興起學校以崇化基當時邑令即長洲驛舍爲孔子廟大德六年縣徙麗郡明年移驛村構縣治故址庳隘簡陋師弟子登降周旋相盪摩又無所於休息郡人陸德源顧而嘆曰席先世之貲産足以供公上之賦而具衣食於吾私矣於此而用其贏不亦可乎縣長官元童公聞而喜曰是能紓吾責者盍以禮勸成之於是筮吉日除故縣治地築長垣周之前起禮殿闢廣庭穹門翼以遂廡後爲兩齋爲論堂爲庖庾凡所宜有者以次皆爲之材必良工必善規制嚴壯而敗作堅緻浙右邑校蓋未有能勝之者又屬名工塑土爲先聖四配十哲之像而繪群賢於從祀之位道德之光宛然具在至元之三年三月經始明年十月告成觀者咨嗟謂世之人率釐其所有以爲老佛氏之宮今亦有爲是者乎德源又以爲學雖美而歲入不足以養士則徒爲是虛器也乃又以田如千畝爲學田以實之俾以國史之命如京師道出吳門邑之士夫請記之德源字靜遠今爲徽州路儒學教授

國朝洪武七年知縣宋敏文張翔修葺闢學門於廟

之右故有孔子燕居像乃席地坐如愬然又有先

賢祠祀季札韋應物陸龜蒙范仲淹魏了翁文天祥俱廢成化九年丘守

霽隘之乃拓地東南改建焉今學制廟左前爲靈

星門次戟門中爲大成殿夾以兩廡外爲泮池跨

以石橋傍列碑亭二右爲學門內甬路左右列教

諭訓導廨宇次儀門中爲明倫堂周伯琦篆扁兩齋傍

峙東曰進德西曰脩業左右皆學舍東會饌堂西

廚房倉房射圃在大成殿東成化十年邑人華岳

捐田二十畝爲月朔釋菜田在吾義鄉二十三都第九圖

崑山縣學初在縣治之東唐有文宣王廟以兵火廢

大曆九年始建學於廟垣之右設博士訓學徒 梁肅

記 學之制與政損益故學舉則道舉政污則道污崑吳東鄙之縣先是有文宣王廟廟之後有學室中年兵饉荐臻堂宇大壞方郡縣多故未遑繕完其後長民者或因而葺之以民尚未泰故講習之事設而未備大曆九年太原王綱以大理司直兼縣令既釋奠于廟退而嘆曰夫化民成俗以學為本是而不崇何政之為乃諭三老主吏整序民飾圻事人啓室於廟垣之右聚五經于其間以邑人沈嗣宗躬覆經學俾為博士於是遐邇學徒或童或冠不召而至如歸市焉公聽治之暇則往敎之勸以禦之博考明德以翼之優而柔之使自求之揖而薦之使自趨之故民見德興行始於鄉黨洽於四境父篤其子兄勉其弟有不被儒服而行莫不恥焉僉曰公之設教繼其未不墜其本易其俗不失其宜傳曰本立而道生昔崔瑗有南陽文學志王粲有荊州文學志皆表儒訓以著不朽遂繼其流為縣學記俾來者知我邑經藝文教之所以興也

五季廟毀宋雍熙四年因遺趾重建 王禹偁記 吳之諸郡姑蘇稱其尊郡之屬邑崑山出其右雖以魚鹽之利瓶乎朝夕之潮昔在皇唐是為名邑降及錢氏茲惟上腴距海之田民斯阜矣然而庠序或缺儒素弗興實倉廩而禮義未知既富庶而敎化不至為邑之長得無咎乎縣大夫邊公世為儒流時號甲族自起家之調歷宰邑之資所在播其能名時類驚其久次大來之望固未易知皇上嗣位之明年淮海工如京師且獻圖籍尊王室也主上思柔遠人精擇循吏銅墨之任尤難其才始得公以宰吳民受賜降璽書以勞之旌善政也秩滿受代將選於天官會茲邑有令尹之乏者亡于不命公以承之且叙政績聞諸是旒未幾有即眞之命免常調也公因民所利朞月而治以為人者敎之本儒者敎之先苟非師嚴而道尊烏可移風易俗哉先是文宣王廟但有基址盡為蓁蕪廢而不修六十年矣公乃出俸金以營之同僚悅隨郡吏弗違乃化工徒乃度材用一畝之宮斯蔓以出之數仍之墻樹土而揭之殿堂既嚴門閾斯備雕以丹漆鏞以圬墁制度合乎禮文力役當乎農隙乃像素王被華袞垂珠旒王者之制彰矣乃狀十哲冠章甫衣縫掖儒者之服備矣廟之興也既如彼像之設也又如此粵上丁之晨行釋奠之禮所以列豆籩陳簠簋絜牲牢具豐洗贊幣有數尸祝有辭八音作而人和三獻終而神悅禮無違者道不虛行觀之如睹儒化之猶影響俎豆之事修矣禮樂之道興矣十室之邑其忠信以如丘一變之風闕詩書而及魯議者曰吳地謀國也崑山海隅也背淮霸俗未行儒風非明君以文德敷萬邦非賢宰以儒術化百里又安能遵先王之教移小國之風者哉禹偁辛忝德鄰執聞異政敢於茂績俾述斯文雖言纔在於聖門不朽願刊於貞石

元豐四年塋於風潮元祐初知縣杜采遷今縣治西南作廟堂齋廡紹興二十八年知縣程沂闢垣墻外門張九成記郡守蔣璨名堂曰致道隆興間知縣李結葉子強周承勛李禂相繼修之慶元間章萬里又修之改堂曰明倫 吳[illegible]記 壯哉崑山之為縣也據結峻絕白石如玉沃野墳腴秔稻油油控江帶湖與海通波山川孕靈人物魁殊則所謂玉人生此山亦傳此名著於荊國文正公之詠豈徒彰於往號亦延之於將來也洪惟我朝用儒立國考辟雍泮宮之制京師郡國皆立學飾祠廟以奉先聖闢黌宇以育多士崇稽古之洪道茂長世之善經由是文治勃興炳然與三代同風猶慮湛恩未廣聲教之未洽也申命縣司更置學 先聖廟如郡國之制景祐四年之詔也嘉猷四塞六合時雍沐浴膏澤漸潤德教邠邠生徒濟濟儒術而崑山三十載其美焉藻挨天庭考四海而有雋折瓊枝而繼珮固衆芳之所在也日引月長鮮克修事夏絃春誦家自為學先聖之居亦窘風雨朝奉郎知縣事章君萬里大懼不任以墜教基授模擇匠夙嚴神棲飾南端之特闢立應門之將將華觀相邀采題交輝乃營祈堂乃恢廓廡浚以玉甃鏤以崇垣奢未及修覡

邁王度是以經始勿亟成之不日庀工於慶元元
年六月而以八月畢之於顯新宮既閎且康思欲
復之而無數申之而有賂也於是指供給羸貲斥
圭租之羨買易民田幾二頃括姦民隱占之田溢
三頃民之訟田法當沒入者復溢其二頃畇畇菑
畬既夷且大俾其儲積供久而可繼也又爲之新
館舍之艶用潔祭祀之籩豆亦衣布之餘財而非
重費于公也既壯其室亦豐其儀躬率諸生行釋
菜禮告奠于聖聖昭事是肅敬謹威儀下民不能
煌煌乎茲文宓之壯觀而王制之巨麗也而後乃
知流大宋之德馨咸在於此仁風行而四達義方
勝而遐鶩聲名布護溢浹邑區菲言原行陶化染
學昭光振耀立事立功効當年之用以對前修之
純淑則岷風穴水不特清越餘馨而已宜伐石以
志使是道也不替於後章君以予純嘗
參吳門之幕乃列其事來告俾書之　嘉定間丞
似修重建大成殿淳祐初徐聞詩脩表歟增建直
舍齋凡六曰居仁由義敎忠履信登道成德十二

年攝令吳堅建尊道貴德二祠尊道祀周子二程子張子朱子南軒
張氏貴德祀陸龜蒙張方平范仲淹李衡咸淳十
一年知縣休挂發於尊道增邵子司馬溫公呂東
萊貴德則移張方平於守令祠
增范成大衛涇陳振今俱廢　元元貞初陞爲州
學延祐元年州移太倉學隨之至正十七年州復
舊知州費復初仍建於此楊維禎記
國朝洪武二年改爲縣學頒定齋二宣德元年敎諭
曹昇修戟門知縣羅永年修西廡景泰天順間知
縣吳昭等改建大成殿弘治五年知縣楊子器建
尊經閣今學制左廟前爲靈星門次戟門中爲大
成殿夾以兩廡神庫在東廡北神廚在戟門外

爲學門中爲明倫堂後堂扁曰育賢後爲尊經閣兩齋
東曰居仁西曰由義各有學舍並爲退省堂西會
膳堂倉庫皆具射圃凡八畝堂東西敎官廨宇列
焉

常熟縣學在縣治東南前臨運河河東西俱通潮朝夕到學門相值中
止　宋祥符圖經云縣東五十步有文宣王廟初不
言學僅有舊梁紀至和年蓋宋仁宗時云　淳熙十年曾棨建堂曰進
學紹熙五年葉知幾改名明倫自書扁齋凡九曰
崇德時習好謀勿來利仁隆禮育英守卓隆德未
幾又改四齋名曰尚志尚德尚賢尚文慶元三年

孫應時建吳公子游祠**朱文公記**常熟縣學吳公祠者祀孔門高第弟子
言偃子游也按太史公記孔門諸子多東州之士
獨公爲吳人而此縣有巷名子游有橋名文學相
傳至今圖經又言公之故宅在縣西北而舊井存
焉今雖不復可見而公爲此縣之人蓋不誣矣慶
元三年七月知縣事通直郎會稽孫應時乃即其
學宮講堂之東偏作爲此堂以奉祠事而以書來
曰願有記熹惟三代之前帝王之興率在中土以
故德行道藝之敎其行於近者著而人之觀感服
習以入焉者深若夫句吳之墟則在虞夏五服爲
要荒之外爰自太伯采藥荊蠻始得其民而端委
以臨之然亦僅沒其身而虞仲之後相傳累世乃
能有以自通於上國其俗蓋亦朴鄙而不文矣公
生其間乃獨能悅周公仲尼之道而北學於中國
遂因文學以得聖人之一體豈不可謂豪傑之上
哉今以論語考其話言類皆簡易踈通高暢宏達
其曰本之則無者雖若見詘於子夏然要爲知有
本也則其所謂文學固宜有以異乎今世之學矣
既又考其行事則武城之政不小其邑而必以禮

書禮樂爲先務其禮有勇足民之效蓋有不足爲
者至使聖師爲之莞爾而笑則其與之之意豈淺
淺哉及其取人則又以二事之細而得滅明之賢
亦其意氣之感默有以相契皆以故近世論者意
其爲人必當敏於聞道而不滯於形器豈所謂南
方之學得其精華者自古而已然邪矧今全吳通
爲畿輔文物之盛絶異曩時孫君於此又能稽古
崇德以勵其學者則武城絃歌之意於是乎在故
熹喜聞其事而樂爲之書至於孔門設科之法與
公之言所謂本所謂道及其所以取人者則願諸
生相與勉焉以進其實使此邑之人百世之下復
有如公者出而又有以一灑夫蝓儒俾事無廉恥
嗜飲食之譏焉是則孫君之志而亦熹之願也公
之追爵自唐開元始封吳侯我宋大中祥符改封
丹陽公六 開禧三年葉凱修廟學端平初王爚倣郡學
制東爲廟徙吳公祠于後建六先生祠 濂溪橫渠明道伊川
晦菴南軒 西爲學扁堂曰明德凡六齋曰志道據德依
仁游於藝稽古 儀祭起祭假官書 象賢 爲小學教言氏子孫 總百二十
楹 魏了翁記 常熟縣令會稽王爚屬邑士胡給胡
淳以脩學既成求記於了翁竊惟朱子嘗記子
游之祠矣如曾論所載二三事皆發揮無餘蘊茲
孤陋安敢復措一辭然嘗讀禮書而竊有見焉因
附其說夫檀弓不知何人所作而一篇之書獨於
子游極其稱譽於孔門諸子率多譏評又以言曾
並列其是言而非曾者非一幾若偏於抑揚然即
其書以攷之大抵當典禮訛闕無所考訂之時人
之有疑弗決者以質諸子游故前後典禮所關者
十有四皆以游一言爲可否亦足以見其爲時人
之耳目雖汰哉叔氏一語若譏之而實尊之然則
游以習禮列文學茲其爲文學蓋三代典章之遺
賴游以有存者嗚呼信其爲豪傑之士矣昔柳宗
元謂論語所載弟子必以字惟曾子有子不字遂
謂是書出於曾門蓋字與子皆得兼稱如門人之
於孔子進而稱子不敢氏退而稱仲尼不言子其
次亦有既子且字如閔子等不一二人或子或字
者又數人然淵弓至游夏最號高弟字而不能子

始有子曾子子而不得於此蓋二者有所論則字爲
尊蓋子雖有所道之猶係于氏者不過男子之美
稱耳故孝經字仲尼而子曾子禮運字仲尼而名
言偃至今人之字仲尼者無敢以爲疑仲尼作春
秋二百四十二年間字而不名者僅十有二人而
游夏諸子之門人亦各字其師相承至于漢初猶
未敢輕以字許之即是而觀則子游以句吳孤遠
之士遂得字而不子以列乎高弟之目豈易
易然者今吳門密邇行都而常熟爲壯縣有如游
之壯學洙泗遂以習禮華行顛閔冥參千載間豈
終無其人邪或者狃於習俗未有以自振我朱子
既嘗表其事以風厲之予又何言獨惟山川風氣
古猶夫人也誦先聖之書服先賢之訓嗚呼其必
有聞風興起以無負建學尊賢之意者士其勉之

元陞州學

國朝改縣學洪武八年建先賢祠于子游祠東 奉文正范
公安定胡公修齋王公爚 闢射圃建觀德亭宣德九年知縣郭
南修兩廡學門及廚庫大學士楊榮記正統三年
況守鍾修兩齋正統六年縣丞陳澄建尊經閣 [記]
記 癸亥歲五月朔訥抱病家居縣諭趙永言來謁
曰正統辛酉冬縣丞陳澄掌邑事永言告曰本學
曩承
太祖高皇帝頒降大明律等書暨
太宗文皇帝五經四書大全等集俱置廡下地土卑
濕歷雨淫浥倘得樓閣以藏庶盡其宜貳令聞而
善之適撤堂後寢屋捐俸爲倡復勸邑人鳩匠市
材建閣五間二夾室名曰尊經之閣時縣令郭南
公出而歸出俸完其未備求一言垂示不朽然
永言讀諸碑誌心竊有疑然國朱子爲知縣孫應
時記言公祠記中所謂南方之學得其精華及一
灑蝓儒無廉恥嗜飲食之譏與俾開釋以告後學
於戲納於遊邑庠竊有得其一二焉按備書儒林
傳序云南北所爲章句南人約簡得其精華又按
荀況非十二子篇云蝓儒憚事無廉恥嗜飲食是
子游氏之儒夫子游聖門高弟論子夏門人之學

知大學之本治武城知禮樂之道豈有茍焉所識
者乎嵩去予游幾一百載其時弟子鄉人或狃於
習俗遊乃識及予游故記云願諸生勉進所謂本
所謂道使此邑之人百世之下復有如公者出一
變其弊期望後
學至深切矣 成化二年知縣甘澤修廟學徐有
貞記弘治八年巡按御史劉廷瓚重修學士李傑
記今學制左為大成殿夾以兩廡神庫廚皆具右
為學門次儀門中為明倫堂傍列兩齋東曰致道
西曰據德齋上下皆學舍又有射圃尊經閣會饌
堂

吳江縣學在縣治東南初有文宣王廟在縣治西宋
大中祥符間詔天下修廟學縣令李恭尉聶復始

作新之轉運使陳堯佐記慶曆七年縣令李問尉
王庭堅欲重建廟學勸民輸錢數百萬會詔止不
果乃以其財建長橋元祐間知縣程端始竟其事建炎金
兵燬紹興間知縣石轍即東門外開江營舊基改
建邑人王份獻地廣之即今址也淳熙初知縣趙
公廣拓其地建齋三十楹歲入米幾千斛錢若干
以給學費 陳棠古記 學校者政本之所自出講禮
閱樂習射考藝養老尚賢獻囚告誠無
不寓焉詎可一日廢也乾道之初知縣趙公領事
之始慨然嘆曰學校鞠為園疏邑之父兄觧以大
子之道詔其子弟甚者先聖殿廬上雨旁風春秋
奠菜無所依庇此令所當憂也上日檢循舊更
新焉庶別議一周以重階序以卑廡廟室㙲不
一有今徵聽有所賓客之燕於藥之次無

具公曰學具矣無資財以養士徒學為於是
籍漁貌月計錢二十萬永為廩餼之費凡片
掾市於旁邑民不告勞丞俞希尹實贊其事經始
於乙未之秋落成於是歲之冬邑之髦士趙僎
趙以後為址弦歌之聲夜以繼日公又爲規程以
防其怠者則公之慮遠不為朝夕計益可嘉也公
名公廣字德儉今為南徐別駕邑之人不忘
公惠相與請記於予欲刻之樂石以告後人 嘉定
八年知縣孫仁榮重建大成殿十年知縣呂祖憲修之
宋季悉毀于兵元至元十三年都元帥寧玉校尉杜
福重建殿宇塑繪聖賢像三十一年知縣王柔建
講堂齋舍元貞二年陞縣為州改州學立四齋大
德二年教授謝起東建兩廡繪從祀諸賢四年知
州李玘建靈星門七年州判王英重飾聖賢像延
祐至正間知州高仁孔文相邵子敬達魯花赤札

牙進相繼修之
國朝洪武二年仍改縣學定為齋二正統十三年周
巡撫忱朱守勝隘之徙左右民居以展宮墻景泰
六年知縣賀亮建廟于堂左今學制左廟外為靈
星門次戟門中為大成殿夾以兩廡傍有宰牲房
神厨神庫右學外為門次儀門中為明倫堂次為
後堂兩齋左曰日新右曰時習齋上下俱學舍堂
後為膳堂廚房倉房與俱戟門左為鄉賢祠射圃
在學南一里

嘉定縣學在縣治南宋嘉定十二年知縣高衍孫建堂曰化成齋曰博文敦行立忠履信凡四紹定二年王選修改堂名明倫齋名正心博學篤行明德淳祐九年林應炎塑聖像作直舍咸淳初史俊卿修飾殿宇元至元間邑民王子昭入田租若干元貞二年陞爲州學大德三年教授楊巽甲所司繪從祀諸賢像增置祭器樂器及租田天曆二年知州趙道泰重建大成殿移堂於殿南至正十二年郭良弼易諸賢塑像建燕居殿十六年堂燬明年張元良建儀門兩齋

國朝洪武二年改縣學六年知縣文孫奴修靈星門大成殿射圃亭二十二年教諭劉愷呈所司建神廚庫房宰牲所二十三年御史張文富建學舍及會饌堂宣德元年知縣祖述重建燕居廟作春風堂及兩廡天順四年龍晉重建殿及門廡堂舍築土山學南成化間知縣洪冕白思明吳哲相繼修建泮池石橋尊經閣弘治間知縣王術修兩廡今學制左廟外爲靈星門內泮池次戟門中爲大成殿夾以兩廡後爲燕居殿神廚在門西神庫宰牲房稍南上右爲學門次儀門中爲明倫堂兩齋東曰進德西曰修業週圍學舍會膳之所名春風堂射圃亭在學門南

天合周仁榮大成樂記　大德十一年詔尊夫子加號大成至聖文宣王於是夫子之殿與祭祀之學舊名大成者始益尊明越十有七禩嘉定州儒學大成樂成敎授劉德載以知州周思明書請記仁榮曰自漢以降祀夫子用六樂用軒縣用宮縣至用大成樂制樂章十二篇叙一德以降神備衆善以致饗然後名正實著因用無損益其罷金之音編鐘十有六石之音編磬十有六爲一肆絲之音琴瑟十有一琴五絃至九絃凡五等等各二瑟之數如其等簫二篪二爲竹之音笣笙二爲匏之音土則塤二革則搏拊二木則柷二以簨虡牙業簨虡暈竿流蘇之屬爲之飾以五聲六律六呂爲之用夫樂與升歌旋相爲之宮也樂之宮在律則呂爲升歌之宮樂之宮在呂則升歌之宮乃在律陰陽之氣和宮商始得合矣漢儒謂祭尚柔無商音失旋相之義也旋相之樂無射爲宮則黃鍾爲商宮君象商臣象君聲不可小臣聲不可大因半黃鍾之管爲四

清宮以是旋相之奏有四清聲者抑臣以尊君也八音與政通樂云乎哉樂係成也夫子之聖猶金聲玉振始終條理合衆小成爲一大成故樂修於學可以通神明美教化移風俗古大司樂學成均之法以治建國之學政樂德樂語樂舞皆教之事今之日知州與教授興學而脩樂知古之教也夫豈曰用於祭祀哉

太倉州學在州治西元至正間州徙崑山學廢

國朝洪武初設太倉鎭海二衞正統間周巡撫忱始建衞學于故水軍都萬戸府第即其堂宇爲明倫及後堂新作靈星戟門大成殿兩廡并祭器之屬景泰三年增建神廚神庫宰牲房及學舍敎授李亨記天順四年訓導徐璧建鄉賢祠於戟門右

祀宋鄭亶元余詮馬麐鄭翼啟奎陸仁鄭明德國朝盧熊項篤壽約袁華陳潛夫文質王履沈輿楊濂一夫成化六年巡撫滕昭又增建學舍十年巡撫畢亨重建明倫堂弘治十年始立太倉州知州李端增造兩齋今學之制右為靈星門次戟門中為大成殿傍為兩廡神庫神廚宰牲房皆具右為學門中為明倫堂兩齋左曰忠義右曰孝敬學舍若干堂右有文會堂後有射圃及教官公廨學田凡二頃二十三畝二分租一百一十一石有奇亦周巡撫所置云

崇明縣學在州治之崇文坊宋嘉熙間奉使趙崇侯始建書堂元陞為州學泰定間建殿堂齋廡未幾燬於潮至正間乃遷今地儒撰張士堅記

國朝洪武二年改為縣學宣德初邑人給事中彭仲玉為置祭器成化二十年邑民傅謹捐貲建靈星門以石今學左廟前為靈星門次戟門中為大成殿夾以兩廡後為射圃右為學門中為明倫堂傍為兩齋東曰博文西曰約禮教官廳宇分列焉〔徐有〕

〔貞記〕成化紀元之六年崇明縣新修廟學成越秋八月上丁既釋奠於先師教諭武平胡泰司訓餘姚李君義官陸王巖率諸生陸孟剛等具是始末來曰惟茲廟學之新寔今知縣事廣信汪君士達之績也願有記今天下惟崇明新造邦其始本海涌之沙也沙積而土乂焉土乂而民聚焉民聚而官興焉然在唐為牧徵之鎮在宋為榷鹽之場時猶未入職方也乃自元及我

朝始為州隸揚於江外今為縣隸蘇於畿內畿內縣所江外州為重劇殿國民維鍵制海道其重所諸赤縣又加焉故雖一邑而常宿重兵守之地之重則官守亦從而重然以沙塗之壤中海而居風濤之所齧蝕蛟龍之所齗齶靡有定時故自入職方以來僅二百年而城治之徙者三矣城治徙則學宮從而徙焉蓋地之勢北高而南下故徙而益北至是垂六十年而民無昏墊之虞城守則可謂固矣而學宮未備然自洪武以來為令於斯者歷數十政矣而其於城治於學校而俱能成之者惟前令永平王允咸及士達兩蓋二君皆名進士也允咸遷象郡守方伯至都憲自其去崇明後又更數政政麗事願追茲縣士達振之士達勞績不惟廟學而廟學其尤用心之至者也

社學

洪武八年

詔府州縣每五十家設社學一本府城市鄉村共建七百三十七所歲久漸廢正統十二年朱守勝乃總建一所於清嘉坊東雍熙寺橋西堂五間兩齋一十二間左立朱文公祠堂外立升俊育英二坊選長吳二縣民間俊秀子弟三百餘名教之〔徐郎〕言吏治於三代之下而能以教道為先務固君子之所為也然知此鮮矣若吾郡太守朱侯其知先務者哉初侯之至也既行三學率儒官敦教事則又以謂古之學者必自小學而入大學蒙養既正而可後進之以成德故其所至之大非後世之士所可及焉今鄉校不立小學教弛士業失序躐等以求安望其才之古若也乃行視郡城清嘉坊之東有地焉負陰面陽挾爽塏而臨高明卜之食焉之主緣賢氏賢固善士亦樂以為學宮也遂獻之乃鳩工庀材審方定位中作講堂左右闢兩齋以

其左建祠以祀先師朱子而以御先生之德從老配焉繚以周垣鐍以重門庫庖湢無不畢具經始於正統丁卯之秋落成於戊辰之冬禮聘開儒鄭鏐德輝陳寬孟賢以主師席選吳長二邑蒙士之秀者充弟子員而教之遇三學之士有闕員者則進其良以補焉侯於臨政之暇輒至學引師儒生講堂進諸生親課之以故民間俊秀彬彬焉興於學有古鄒魯之風於乎侯於是可與漢之文翁唐之韓愈宋之范仲淹異世而同功矣侯名勝字仲高金華人也

若各縣社學皆成化二年提學御史陳選所建

書院

書院凡六設官主教事者四（學道文學和靖甫里）子孫奉祠事者二（文正鶴山）今唯文正鶴山存而鶴山又爲巡撫行臺乃以後屋爲祭所云

學道書院爲吳公言偃立初在府城東北隅（今長洲縣學南）宋咸淳五年知府趙順孫營度武狀元坊北普賢子院故趾未成去黃鏞繼之奏以學道爲額選言氏與先賢後及民間俊秀教之別建殿曰燕居以奉先聖建堂曰師友淵源齋凡四曰正己選賢智禮知本撥官田以贍士又別爲育村莊專充孔顏言氏子孫費（非土著者不預）六年落成鏞行釋菜禮山長陳宗亮升堂講學道愛人之義堂講顏堯煥胡應清分講論孟衣冠森列聽者充然 陳宜中記（昔者夫子講道洙泗之郊從遊多北方之士由句吳之墟登聖門者獨吳公子游一人今常熟其故里也故有祠祭附）

生嘗記之矣而郡則未講非前此司人風者闕歟今拒密趙公順孫守吳甫欲經始而召余友黃侯鏞繼之鳩工度材命元僚陳宗亮董其事三越月而堂成請於朝扁以學道書院取愛人易使之義而屬余記之余按公以文學列四科嘉言善行可傳者不一獨以二語乃親得於聖人而見於用復以印可於聖人者思昔三代盛時聖教流行滿天地之間無非道舉天下之人無非學康衢童子如詠舞雩中林武夫如見大賓漢廣游女如在汶上由後世言雖若未嘗學問而其所得所見訓詁章句豈能傳之哉流風未遠列國遺民途歌巷詠發乎情而止乎先生之澤夫子拾其斷句殘篇而存之非但跡越遺音寥寥于後而其吟詠性情於辭意之外亦非尋行數墨者所能知也道在天地終古常新何昔能爲天下公而今幾爲君子隱耶此余所以慨然正學絕續之際想絃歌之聲而不可得聞猶幸登斯堂者能有感於命名之義人心未喪斯文或因之而興起也歟 七年常琳於堂西建先賢祠（祀顏曾思孟左次澹臺子羽西序列周程以下九賢）元初僧楊總統據爲僧司田悉奪去至元二十九年山長祖宗震金德修兵買徐貫子橋高氏園第改創（即今書院）儒職劉德剛訴復學田不果今廢

文學書院在常熟縣行春坊內元至順三年縣人曹善誠建有司上其事省部准設山長翰林待制楊剛中記宣慰使王都中題扁今廢

甫里書院唐魯望先生之故第在府城東南（今長洲縣治東）元元統二年（裔孫德原）請于郡以己貲建書院有宣聖殿明倫堂大小學二齋設山長主教事今廢

文正書院在禪興寺橋西咸淳中郡守潛說友（立祠）

祀公撥公田三百餘畝以公大宗子孫主奉祠事
歲時率僚屬致祭元至正六年總管吳秉彝奏公
有道學功請改祠爲書院[illegible]吳[illegible]祀[illegible]文正公舊矣自公貴顯時置
義田義學以淑其族之人公歿而子孫世守之不
廢然而未有專祠也咸淳甲戌郡守潛公說友始
請建祠而割田以供祀事公之子孫亦世守之不
廢然而未有書院也至正丙戌郡守吳公秉彝建
議請以書院易祠僉憲道公承禧按行吳中是其
議遂得請于行省行省上之中書中書議以茲事
有關世道且不設教官而以其子孫之居嫡者世
主之於事便乃下從其請公八世孫文英適主祠
事竭力殫慮改制增擴亦既宏且遠矣祁時佐領
江浙儒學以公事來謁祠下式睹其成衆謂不可
以無紀而祁也幸際其會宜爲文辭既不獲則取
其家傳而徵之公之生當宋端拱己丑其歿也以
皇祐壬辰至潛公爲守時二百二十年天下郡縣
凡公之所至嘗蒙其澤而聞其風者率爲公立祠而
於吳獨爲缺典至吳公爲守時又七十年他郡縣
且有以祠爲書院者矣而於吳尚仍舊規蓋吳爲
公父母之邦公之父祖墳墓在焉子孫居焉族之
人比屋而羣處焉所以表異而褒崇之者宜有加
於他郡而反若不及者是宜賢郡守之有請也是
宜廟堂之上從之也昔公以正大之學卓冠羣
賢以忠義之氣振厲天下其功之被當時而澤後
世者固不可徧舉其切而近者則公於所在開設
學校以教育多士至吳郡則以己地建學規制崇
廣迨公之子恭獻公復割田以成公之志當是時
天下郡縣未嘗皆置學也而學校之徧天下自公
始若其舉泰山孫氏於貧窶中使得以究其業延
安定胡公入太學爲學者師卒之泰山以經術大
鳴于時安定之門人才輩出而河南程叔子尤遇
賞拔公之造就人才已如此其後橫渠張子以盛
氣自負公復折之以儒者名教且授之以中庸卒
之闢陝之教與伊洛相表裏蓋自六經晦蝕聖人
之道不傳爲治者不知所尊尚寥寥以至于公而
後開學校隆師儒誘掖勸獎以成就天下之士且
以開萬世道統之傳則公之有功名教夫豈小哉

夫以公之有功名教如此則後世之崇而祀之爲
學校以廣之固宜與夫子之道相爲無窮蓋夫子
之道與天地爲無窮而公之功則與夫
子之道爲無窮也此書院之所以立也

國朝列于祀典子孫世守其所

和靖書院祀宋尹肅公初公讀書虎丘西庵題齋曰
三畏嘉定七年士人黃士毅請于知府陳芾繪象
祀之端平二年胡淳請即其地爲學倉司曹豳因
奏立書院以和靖爲額齋凡四曰三省務本朋來
時習提舉馬述建君子堂嘉熙四年提舉陳振孫
作藏書堂景定二年陳淳祖建曹豳祠堂咸淳初
提舉李芾建燕居堂以奉先聖建時習齋持敬亭
元初爲雲巖寺僧所據延祐元年始移置今所在長洲縣治東烏鵲橋北即宋常平提舉司故址郡守道童重建殿廡門堂
總若干間今廢

鶴山書院在西宮坊內宋魏文靖公了翁之賜第也
公蜀人仕至參知政事學者稱爲鶴山先生端平
三年理宗親書鶴山書院四字賜之元至順元年
曾孫起即故居設學奉祠虞集記昔者儒先論道統之傳自伏羲神農黃帝
堯舜禹湯文武周公至於孔子而後學者傳焉顏
子沒其學不傳曾子以其傳授之聖孫子思而孔
子之精微益以明著孟子得以擴而克之後千五
百年以至於宋汝南周氏又深有取於曾子之學
以成己而教人而張子厚氏又多得於孟子[illegible][illegible]
顏曾之學均出於夫子豈有異哉因其資之所及

而用力有不同焉者爾然則所謂道統者其可以妄議乎哉朱元晦氏論定諸君子之言而集其成蓋天運也而一時小人用事惡其厲己倡邪說以爲之禁士大夫深蹈其禍而學者公自絕以苟全及其禁開則又皆竊取緒餘徼倖仕進而已論世道者能無盡然于茲乎方是時蜀之臨邛有魏華父氏起于白鶴山之下奮然有以倡其說於摧廢之餘拯其弊於口耳之末及其立朝惓惓焉以周程張朱四子易名爲請尊其統而接其傳非直爲之名也及既得從祀孔廟而贊書乃以屬諸魏氏士君子之公論固以與之矣及我聖朝奄有區夏至於延祐之歲文治益盛仍以四君子并河南邵氏涑水司馬氏新安朱氏廣漢張氏東萊呂氏與我朝許文正公十儒者在從祀之列魏氏曾孫曰起者隱居吳中讀詔書而有感焉曰此吾曾大父之志也何幸親復見諸聖明之朝哉今天下學校並興凡儒先之所經歷往往列爲學官而我先世鶴山書院者臨邛之灌莽莫之翦治其僑諸靖州者存亦無幾而曾大父實葬吳先廬在焉願規爲講誦之舍奉祀先君子而推明其學雖然不敢專也泰定甲子之秋廼來京師將有請焉徘徊久之莫伸其說至順元年八月乙亥皇帝在奎章之閣思道無爲博士柯九思得侍左右因及魏氏所傳之學與其孫起之志上嘉念焉命臣集題鶴山書院著記以賜之臣聞魏氏之爲學即物以明義反身以求仁審夫小學文藝之細以推致乎典禮會通之大本諸平居室陋之隱而充極於天地鬼神之著纖悉立朝之大節不以夷險而少變而立言垂世又足以作新乎斯人蓋庶幾乎不悖不惑者矣若夫聖賢之書實由秦漢以來諸儒誦而傳之得至于今其師弟子所授受以顓門相尚雖卒莫得其要然而古人之遺制前哲之緒言或者存乎其間蓋有不可廢者自濂洛之說行朱氏祖述而發明之於是學者知趨乎道德性命之本廓如也而從事於斯者誦習其成言惟日不足所謂傳文多識之事若得畧焉則亦有所未盡者矣況乎近世之弊好爲鹵莽其求於此者或未切於身心而攷諸彼者曾弗及於詳傳於是傳注之所存者其外譌抵捂之相承既無以明辯其非是而名物度數之幸在者又不察其本原誠使有爲於世何以微聖人制作之意而爲因革損益之器哉魏氏又有憂於此也故其致知之日加意於儀禮周官大小戴之記及取諸經注疏正義之文據事別類而錄之謂之九經要義其志將以見夫道器之不離而有以正其臆說聚訟之惑世此正張氏以禮爲教而程氏所謂徹上徹下之語者也而後人莫究其說以兼致其力焉昔之所謂鹵莽日以彌甚其心自棄於孤陋寡聞之歸嗚呼魏氏之學其可不講乎今起之言曰起幸其身逢聖天子文治之盛追念先世深惜舊名起將于斯與明師良友敎其族人子孫昆弟及鄉黨州閭之俊秀庶乎先君子之遺意而魏氏子孫世奉其祀事精神血氣之感通亦於是乎在其有託於永久而不墜也不亦悲乎臣之曾大父寔與魏氏同學於蜀西故臣得其粗者如此敢輒書以爲記

姑蘇志卷第二十四

姑蘇志卷第二十五

兵防

吴非用武地而濵江帶海亦東南要衝也宋元兵防頗詳自歸附後朝廷立制守城備倭分列營寨又置巡檢司以譏察捕今具述之而舊蹟稍存其槩云

指揮使司有三

蘇州衛指揮使司吴元年立天兵平張氏即以所俘士建衛命指揮使吴良掌之隷中軍都督府所轄五千戸所共統軍士五千六百名其署在飲馬橋西即宋府倉基元淮南行中書省左中二千戸所在正堂東右前二千戸所在正堂西鎮撫廳在中門西經歷司在堂右旗纛廟在中門東鎮撫司獄在衛治西北穀市橋西軍器局在衛治内西

左千戸所營在葑門内

右千戸所營在閶門内

中千戸所營在盤胥二門内

前千戸所營在婁齊二門内

後千戸所分立爲嘉興守禦千戸所

衛倉在西北隅即元百萬倉基國初指揮使吴良置今附永豐倉

教場在北城下報恩寺後内有將臺上有演武廳

太倉衛指揮使司吴元年立命指揮同知朱文掌之隷前軍都督府初設十千戸所共統軍士萬一千二百名洪武四年併爲左右中前後五所衛署在太倉城中鎮民橋西即元水軍都萬戸府經歷司在正廳東知事廳在正廳西武成王祠在儀門東

軍器庫在衛治西

鎮撫廳在衛治西内有司房監房

左右二千戸所俱在衛東南

中千戸所在衛西南

前千戸所在衛東

後千戸所在衛東南

倉在衛西二百九十歩洪武二十年指揮高曉建

教場在小北門内中有將臺上立演武亭

鎮海衛指揮使司洪武十二年分太倉衛官軍之半命指揮僉事曹勝掌之隷前軍都督府統左右中前後五所衛署在太倉城内武陵橋北即元市舶提舉司也軍器庫在正廳後武成王祠在廳東南

經歷司[illegible]左右司房俱在衛西監房在衛東南
左千戶所在衛西北
右千戶所在衛西南
中千戶所在衛東
前千戶所在衛東北
後千戶所在衛西
教場在小北門內與太倉衛教場相連內有將臺上有演武廳

守禦千戶所有二

崇明守禦千戶所洪武二年立隸中軍都督府統軍士一千一百二十名永樂十四年倭入寇發鎮江鎮海二衛軍士千餘以百戶十員率之來禦遂隸本所守城其後又兵發屬水寨備倭治署在惠政坊有東西吏房
鎮撫司廳在所堂西南
百戶所在所門內
教場在城東北三里內有將臺上有演武廳

吳淞江守禦千戶所在嘉定縣東南四十里洪武十九年滎陽侯鄭遇春與鎮海衛指揮朱永建[illegible]軍都督府二十二年千戶周傑復建譙樓廳門庫初元以分鎮萬戶府為治所後撤造太倉軍儲倉委鎮海衛官并差軍吏番守禦至是乃有定居
軍器局在所東南
演武場在所西北內有將臺上有演武亭洪武二十四年千戶楊弘建

寨有五

白茆寨在常熟縣東北九十里海口天順五年鎮守都指揮使翁紹宗奏置每春夏蘇州衛分委指揮一員千戶二員百戶四員領軍士四百餘人至此操練備倭置船四艘巡哨官軍俱至秋末還衛又立教場備官醫療疾成化十八年都指揮郭鋐復立營寨二十一年又造官廳鼓樓軍房

劉家港寨今稱水寨在劉家港海口即婁江也去崑山縣東七十里與嘉定接境河北岸元置分鎮萬戶府至正初又於江南北岸各立萬戶府共三衛
國朝罷萬戶府置巡檢司三每司設弓兵百名又立烽堠六正統初金山有警侍郎周忱都指揮翁紹宗議此為吳地喉襟乃設寨蘇州衛分委指揮一員千戶二員百戶四員領軍士五百人海船八艘

巡哨備倭又開教場操練悉如白茆制成化十八
年都指揮郭鋐增立城堡廳房
青浦寨二在嘉定縣東南四十五里八都青浦洪武
十九年鎮海衛指揮朱永建堡城高一丈六尺廣
二丈五尺闊一丈周廻一百八十步鎮海衛分委
指揮一員千戶二員百戶四員領軍士四百人守
備一[illegible]對峙洪武三十年太倉衛指揮劉源
奏建[illegible]衛撥官軍守備如前正統初翁紹宗
遣太[illegible]軍守崇明遂委鎮海衛官軍兼管紹宗
又與巡撫周忱累加修築增造官廳軍房
【蘇志卷二十五】
水寨在崇明沿海本處千戶所委千百戶領軍士二
千人管駕船出海巡哨
營有二
長沙營在崇明縣東北四十五里海中爲土堡一內
設煙墩一座上爲二鋪戍卒二十名瞭望分委千
戶一員百戶二員軍士三百人駐劄守備官廳營
房皆具
明威坊營在崇明縣治西明威坊內太倉衛分委指
揮一員千戶二員百戶四員領軍士四百人駕備
倭船十艘守備指揮官廳千百戶分廳軍房 又小船十馬八

十四正統八年翁紹宗奏置
墩臺凡二百三十四隸巡檢司者各繫其下
崇明縣沿海共七十一處環東南北海岸每處相距
二里築土壘高五丈周圍二十丈上建屋一間軍
士五人篝五束晝夜守望正統初翁紹宗置
煙墩在崇明縣其制大畧同前圍四十丈沿海八座
上港　南海　曾姚港
張家港　下界泙港　大套
清潭港
西沙十座盧志作東沙【蘇志卷二十五】
下椿港　東滑　鍾家宸
出水套　鰕港　水竇港
南大港　陳八港　沈漊浜
潭子港
巡檢司有二十九
吳塔巡檢司在齊門外吳縣舊在吳塔移此管閶門下塘山塘齊婁齊二門外
陳墓巡檢司在陳湖東管葑門外獨墅大姚巨陸直浦已上屬長洲縣
木瀆巡檢司在縣西二十七里木瀆鎮管閶胥盤三門外木瀆横塘新郭三鎮

橫金巡檢司在縣西南四十二里橫金村（管二都三都并沿大湖地）

甪頭巡檢司在縣西南八十五里洞庭西山上（管洞庭西山）

東山巡檢司在洞庭東山成化中巡撫王恕奏置（管洞庭東山已上屬吳縣）

石浦巡檢司在縣東南四十里押川鄉七保石浦鎮

宋祥符間設

國朝洪武間於眞如觀署事二十二年巡檢舒琇始建景泰二年移置千墩浦口煙墩十一座

石浦口　夏駕口　陸巷涇

唐梨涇　新塘口　張浦口

刀澳舍　太直港口　諸天浦口

潭港口　千墩浦

巴城巡檢司在縣西十五里朱塘鄉三保高墟村洪武三年置令徙置眞義村煙墩十二座

狀元涇　綽墩　圓村

眞義　夏尖　景村

黃巷　李長墳　新村

嚴家橋　俞港村　徐公橋（已上屬崑山縣）

耿涇　九里　尚墅

陶舍　丁涇塘　雙廟

四义　低壩　徐巷（盧作巷）

十里程　勝法　海洋塘（已上常熟縣）

長橋巡檢司在縣東二里松陵驛東（管三都東西二十三都二十五都）

簡村巡檢司在縣東南十五里充浦（管都二都四都十九都）

因瀆巡檢司在縣東南一百里吳漊村（管五都六都七都八都）

震澤巡檢司在縣東南八十五里震澤鎮（管九都十都十二都十三都）

平望巡檢司在縣東南四十五里平望鎮（管十八都二十都二十一都二十二都二十四都）

汾湖巡檢司在縣東北四十五里蘆墟村（管二十八都二十九都）

同里巡檢司在縣東北十五里同里鎮（管二十六都二十七都）

爛谿巡檢司在縣東南九十里嚴墓村（管十四都十五都十六都十七都已上吳江縣）

顧逕巡檢司在縣東三十里煙墩四座

月浦　爛倉　顧徑溝（盧作經港）

五岳塘

吳塘巡檢司在縣西南三十六里煙墩九座
青岡　黃泥涇　外岡
城西　石門岡　馬陵
馮家橋　黃渡　沙岡
江灣巡檢司在縣東南六十里煙墩一十七座
沙浦　湯字圩　呂字圩
生字圩　南翔　周家浜裏
周家浜外　衣有字圩　致字圩
東潛字圩　中潛字圩　西潛字圩
大塲　胡陸灣　江灣
五聖廟　秦家店已上嘉定縣
茜涇巡檢司在州東北四十五里湖川鄉即宋楊林寨吳元年改煙墩五座
唐茜涇港口巡檢司在州東北五十四里新安鄉即崑山鎮巡檢司洪武七年設成化間遷置東花浦口煙墩十二座
日字圩　向字圩　露字圩
新塘　職字圩

風塘　上杜　寒字圩
同字圩　吳字圩　李字圩
劉家港巡檢司在州東七十里煙墩六座
楊家橋　薛市門　小錢門
甘草巡檢司在州東七十里東抵海煙墩四座
二十三都　二十五都　二十六都
黃浜　唐茜涇　錢涇
陸鳴涇已上太倉州
西沙巡檢司在縣西八十里煙墩十三座
南沙　薛家港　茆五港
第八港　第九港　界溝港
水洪港　道堂港　陳丁中港
秦墳港　川洪港　石家浜
第三小桐板
三沙巡檢司在縣北五十里煙墩七座
長敢　徐公浜　清水浜
北新河　新港　北白滑
沸湊已上崇明縣
海運總兵公館在太倉城東半涇東洪武七年靖海侯吳禎建今廢

甲仗庫在太倉東門外亦吳禎建今廢

宋軍制大畧

宋初選驍勇送補禁衛餘留本城康定初置宣毅軍慶曆中募徒勇或選廂軍以爲宣毅蘇州一指揮熙寧三年改威果嘉祐四年詔置禁軍三指揮其新招者以威果爲額大觀二年詔望郡別屯一千人一爲威果一爲全捷並以步軍五百人爲額四年撥杭州威果第二第三指揮蘇州駐劄宣和二年因討睦寇仍以全捷兩指揮爲杭州東南第三將駐劄宣和四年方臘之亂詔增戍將五年下江浙諸州各置威果全捷兩指揮隸侍衛步軍

張元禧纂　姑蘇志卷二十五　二十一

禁軍

威果第二十八指揮 元額五百一十人在萬壽寺北

威果第四十一指揮 元額四百一十人在社壇東

威果第六十五指揮 元額四百一十人在報恩寺西

雄節第九指揮 元額五百一十人在府學南

全捷第二十一指揮 元額四百一十人在城西北隅舊西等壽明中補新軍皆劄營

文話得禁軍原額二千五百三十人今在籍者一千七百五人而已壽明寺招塡刺到六百三十人塡足元額分番教閲弓弩又國家置弓手土兵以警盜本府寨多闕額已招塡到四十八人外如廂軍逃鋪又收刺到八十一人幷令閲習一體支賞仍得月給錢米春冬衣賜賞則支犒一歲約十萬餘緡並本府自行計置不敢上煩朝廷一省劄證得平江府先招禁軍伍百人今又招到六百三十人合諸鎭江府例令爲一軍分立隊伍別選將官專管訓練不許諸司州官等差借私役吳門事類云紹定間吳淵爲浙西提刑之新吳之營壘又請于朝得放牧曠地弁徼而治之號曰新營使兵卒各歸行伍安其室家不雜處于民間也復市田千餘畝司之廩人爲軍中吉凶之費

廂軍

役廂軍者諸州之鎭兵各隸本城專以給役內總于侍衛司而兵部掌其政令

崇節第九指揮

崇節第十指揮

崇節第十一指揮

崇節第十二指揮 熙寧二年令兩浙廂軍崇節加教閱二字於軍額元豐四年詔兩浙步軍自捍江而下三並改號崇節凡爲五十一指揮總一萬九千人

張元禧纂　蘇志卷二十五　二十二

橫江指揮 紹興五年令臨安平江等處招置水軍教習戰船以備禦敵以五百人爲額橫江爲名

寧節第三指揮 係養老將校初與牢城爲一乾道九年賜額

城下開江指揮 初五代錢氏置都水營田使主水事募卒爲都號曰撩淺亦云撩清指揮宋因之有卒千人爲兩指揮第一指揮在常熟第二指揮在崑山一在吳江南城范仲淹蹟亦云曩時蘇州營田領四都共七八千人導河築堤以減水患嘉祐四年置開江兵立吳江常熟崑山城下四指揮各二百人八年兩浙轉運司請撥望亭廢隁兵隸蘇州開江指揮修至和塘元豐六年定以八百人分布諸浦逐閘執役崇寧四年蘇湖秀三州開江兵共一千四百人幷使臣二員宣和二年提舉趙霖興修水利四指揮添置共二千人朱勔進花石綱盡奪以往建靖之後不復招塡紹興二十九年因將樂言命監察御史任古於常熟崑山各招塡一百人其後止有城下吳江兩指揮兵士

百餘乾道初轉運判官陳彌作知府沈
度請仍招置兵士常熟崑山各百人

壯城指揮熙寧八年置元豐三年勑壯城兵士大城五十人小城三十人專充修城大觀元年置壯城兵士列郡三百人政和三年增置崇寧五年置壯城指揮

中軍鼓角指揮元二十五人

作院指揮元額一百人熙寧元年置與壯城並隸工部

鄉兵山水寨並建炎後置即巡檢寨土軍各一百四十四名保伍中取之三丁籍一亦名義兵歲以十月起聚教至正月終散人日給錢百米二升

吳長寨

甪頭寨在吳縣西南九十里

福山寨在常熟縣北四十里

許浦寨在常熟縣東七十里臨江

平望寨在吳江縣南四十里

楊林寨在崑山縣東北八十里有閱武亭紹興四年巡檢和通建范雩記

江灣寨在崑山縣東南二百里

白茆寨

牧馬寨

大寨八小寨十七散在城內每歲四月差統兵官總轄牧放九月回總轄衙在定慧寺西初殿前司奏乞令平江府買民田為寨地既許之給事中賀允宗言此田皆上腴民豈有售乞以係官荒地與之詔所占田令府司優償其直舊有軍廐茆屋數千區歲以民財更葺紹興十八年殿帥楊存中乞於平江添蓋馬屋詔官給造二十

年命平江府以係省錢改造屋二千五百間將寨請內帑佐費詔以御前激賞庫錢七千緡賜殿前司既又益五萬二千緡付逐軍自葺

水軍寨

御前許浦水軍寨在常熟許浦鎮額管官兵一萬二千人一云四千人分為四軍八將六十二隊於內分撥三百人江陰駐劄初建炎以來水軍戍江陰許浦福山[illegible]定所而江陰官兵分屯明州定海紹興二年呂頤浩乞命仇悆等專管淛西仍以悆為福建兩浙淮東沿海制置使置司許浦六年以汝嘉為浙西沿海制置以王彥副之九年併歸浙東安撫司十年知平江府梁汝嘉兼淛西沿海制置使三十一年兩浙西路馬步軍副總管江陰軍駐劄李寶駐軍許浦涉海進山東奏捷仍駐江陰乾道中改隸殿前司以三千人為額五年改為御前水軍六年李彥椿自江陰移屯許浦

統制馮湛申許浦鎮建寨萬間又請水軍統制以平江府許浦駐劄繫銜七年詔以七千人為額八年併歸許浦鎮置副都統制領之淳熙二年湛請再招收千人詔增額五百五年于支乞增額五百人十五年許浦水軍統制胡世安乞依舊歸定海紹熙元年發到福州寄招梢矴水手三百二十人又一百八十人付司收刺嘉泰四年令招募情願充應敗倭人二十人開禧二年馮拱申海船百隻水手不敷乞招收三色軍五百人又乞招收藝精有識百人刺充効用並依嘉定十五年都統制吳英乞增招梢矴水手八百四十人刺充勝捷吐渾與元管軍兵總以萬人為額江陰亦有許浦都統司防[redacted]兵船紹定二年樞密院劄下本軍權行節制

顧逕水軍寨寶慶元年許浦都統制吳英請分屯左軍以四千人為額顧逕在許浦東百里與黃魚垛相望轉料角越窖抵山東海界初陳緒翁王駱有軍五百人留屯于此淳熙十一年殿前司奏本司水軍駐許浦許浦所管南船寄

（前缺）青龍八船離遠欲移戍崑山顧逕港建寨置於許浦差撥人去居止從之十三年殿帥郭棣乞將本軍大南船二十二隻依舊就顧逕安泊差撥官兵千人戍守及差輕捷漕船四隻不時與黄魚垜出戍兵船往來廵捕慶元元年英申請元許浦撥兵二千人於顧逕著脚防捍抽差不常止餘千人乞增招精砢官兵二千人分屯左軍共四千人爲額初顧逕有甲士五百人其後增五百人隸以正將又增千轄以統領至是英始請增募以二千人爲正五百人爲奇見戴栩記蓋當時奏請四千人其二千五百人乃定數耳

忠順官寨在報恩光孝寺後淳熙二年建

御前拱衛水步軍寨在北寺東景定初創

御前遊擊軍寨（元額三千人或五百人）

御前忠勁軍寨（元額一千五百人並在北寺西寶祐中創）

忠節水軍寨三

福山　魏江　江灣（淳祐九年浙西安撫使趙與𥲅乞於三處各置戍兵三百人以防江面從之隸提刑司一云額管五百人其江灣寨在嘉定縣東南吴松江口其東又築防海土塘上有亭名曰吸川巡檢司在寨東市）

吴長兩縣巡檢廨舍在閶門外西北許墅去縣二十七里見舊圖經

崑山縣教場在尉司西立演武亭在教場内淳祐十二年項公澤重建

元軍制大畧

鎮守平江十字路萬戶府翼在卧佛寺西有鎮撫所

姑蘇志卷第二十五

姑蘇志卷第二十六

倉塲

儲偫

國家大計令具録倉塲而前代名跡存者附之以備稽考

本府永豐倉在閶門内即元舊址四面皆水知府邢宥重建廒屋九連共一百十七間名縣糧自起運之餘悉併儲於此凡蘇州衛官軍俸糧及各項公用俱於此支給

祭酒陳鑑記 永豐之爲倉寘于閶門内以待長洲吳吳江崑山常熟五縣歲入之賦而凡文武之士官于茲與夫介胄胥史之徒之在官者咸仰給焉倉址既隘浸弗

能容屋久滋弊其何能侍前郡守林侯一鶚嘗欲闢而新之逮以憲節莅江右乃止貳守王君仲顥盧君廷敬與二三寮友合辭請于
詔下巡撫劉都憲顯孜遂以委之今郡守邢侯克寛侯經營勤度布位定方縣水罝築條列咸具又有許溪倉監其坤維徙而稍西地形乃方於是乎辟工子來五材就緒授之成算無徑指畫弗爲過後以傷難弗爲苟成以傷易樸素堅好宜惟永圖倉之爲屋凡十有一聮三峙其北聮爲間凡十有三峙東西若其聮與二間之數皆如此峙其南其爲間則視北而羸其二聮爲廒[illegible]爲屋或四或五不一其數聮又别爲五小屋於[illegible]踊其檽以以米之氣至下地衛有以巨[illegible]而閉以甓乃藉以厚版以[illegible]地之溼通爲屋以間計者百四十有七以廒計者三十有三以千文字第廒之名天尊而北中據以專其一一奇數也此果而南分據以擅其兩附偶數也天地定位於是自北而南復轉而北而東而西既而復東仍轉而西至於陽字而極焉廒貯米以斛計者多或至萬五六千少亦不下萬二三千通可貯四十餘萬歲費若干斛其所積可至七八年雖有凶荒之歲民可無菜色也北之左際高揭一樓以司更鼓而守者知警焉樓以周垣首以重門以司出入而上者得以防範焉中爲砥道抵倉之半則有廳事三楹司出納者所以莅事焉此特取其少蔽風日故仍舊貫而已中門之外左爲神祠以棲司倉之神右爲寮屋以舍庾官之屬倉中之地空曠平衍可曬可晾可倭可積收入之頃民尤便焉經始於天順甲申冬十有一月落成於成化丙戌春閏月工既訖功邢侯授簡俾紀其成嗚呼天下之事惮其難則慮事機之失忽其易則非經久之圖惟勿難其難則無棄事勿易其易則無苟成茲永豐之爲役亦大矣大必難難斯惮矣惮則弗爲而止爾苟或易而忽焉忽則苟苟則易弊易弊則弗若弗爲之愈也初邢侯之爲是也忽罹歉歲人曰可以止矣侯曰吾豈無所用情於斯民者哉亦計之審矣先正范文正公救荒之策政欲使貧民仰給于公耳且今之爲皆公帑之餘不敢傷民之財竭民之力以糜民之骨肉也彼無俚之徒皆得餬口公家不至爲溝中之瘠顧不可乎既而民不知勞公無所擾而事隱然

以辦覆庇甓堅緻完美不爲苟作凡所宬貯無久儲速腐之患而公私遠近罔不陰受其賜者矣論者於是始服其雅量之不可及也侯來吳二年小大之政罔弗咸宜乃今歲則大歉民心皇皇猶弗忍釋而他去者所賴以有恃怙也詢諸父老皆謂自我
朝置守以來所未嘗有然即斯倉一事已是以例其餘況大者乎予故詳著于篇庶幾來者因此以識彼且時其修葺謹其出納相與保之以無墜其成亦可無媿乎侯之用心也若夫侯所過而入民之深者則有甘棠之思在子奚容喙侯名宥克寛其字東廣之文昌仕族予同榜進士爲明執法知台州府轉吾蘇

吳縣和豐倉在胥門内周圍一百五十畝有三門廒屋三十六連共四百三十二間弘治十六年連災焚廒屋三連及廳事今繕完

長洲縣青丘席墟荻溪蘇巷濟農五倉皆在婁門內東城下舊有東倉在葑門外王墓村西倉在閶門外九都南倉在葑門外二十五都北倉在婁門外二十四都宣德間侍郎周忱移建於此青丘廒肆連四十八間席墟廒四連五十四間荻溪廒四連四十八間蘇巷廒五連六十間濟農廒四連五十四間

王直濟農倉記 蘇之田賦視天下諸郡爲最重而松江常州次焉然豈獨地之腴哉要皆以農力致之其賦既重而又困於有力之豪於是農始弊矣宣德五年太守况侯始至問民疾苦而深以爲憂會行在工部侍郎周公奉命巡撫至蘇况侯白其事公惻然思有以濟之而公廩無孚儲志弗克就七年秋蘇及松常皆稔公方謀預備適
朝廷命下許以官鈔平糴及勸借儲備以待賑恤乃與况侯及松常二守協謀而力行之蘇得米二十九萬石分貯六縣名其倉曰濟農明年江南夏旱米價翔貴有
詔令賑恤而蘇饑民四十餘萬戶凡一百三十餘萬口盡發所儲不足贍田里多殍公復思廣爲之備先是各府秋糧當輸者里胥皆孚取於民而不即輸之官逋負者累歲公欲盡革其弊以惠民是年立於水次置場擇人總收而發運焉視舊所納減十之一而三府當運糧一百萬石貯南京倉以爲北京軍職月俸計其耗費每用六斗致一石公曰彼能於南京受俸獨不可於此受乎若請於此給之既免勞民且省耗費米六十萬石以入濟農倉民無患矣請於
朝從之而蘇州省米四十餘萬石益以各場積貯之羸及前所儲凡六十九萬石有奇公曰是不獨濟農饑凡糧之遠運有所失及欠負者亦於此取借陪納秋成止如數還官若民夫修圩岸濬河道有乏食者皆計口給之如是則免舉債以利兼并之家是冬戶部以聞詔下蘇州充廣六縣之倉以貯焉宣德九年江南又大旱發濟農米賑之而民不知饑於是相率詣况侯願刻石以示後人侯屬前史官郡人張洪疏其始末請余記予喜故爲之書若其爲屋若干楹儲米若干石典守者之名氏與其條約之詳則列之碑陰與諸縣皆載焉使互有考也

滸溪倉在閶門內以本縣各都在西境者又設此倉以便收納廒屋五連七十九間

義役倉在縣治西今廢

崑山縣玉峯倉在西門外舊有黃涇金潼等倉宣德間移建一處總名玉峯倉廒屋共六百五間弘治八年知縣張鼐重建三十間九年本府同知李復貞續建五十間舊倉外設公館二所神祠一所今皆移置於內

預備糧儲二倉俱在縣治北廒屋三間收貯官糴糧米洪武間知縣周至道建廒屋五間永樂三年主簿梁杲重建

濟農倉在南門內二十九都廒屋一百三十七間宣德間設置收貯耗米

義役倉亦在南門總七廒屋三十間收貯役田義役等米用充官俸及支給買辦今廢

常熟縣總收倉在縣治西南二里基廣二百三十七畝廒屋六十三連共三百七十八間收十六都起至四十二都

糧米

又一在縣治西南二里基廣三百十七畝廒屋四十四連共二百六十四間收一都地至五十部俱正統四年侍郎周忱建

學士劉定之常熟縣東南三倉記 夫蘇爲郡土田膏沃賦入甲海內常亢□薪□□中亢地上賦多觀邑所以名則豐稔蓋可□歲必是由近海潮汐消長自溝港達壟畝無旱乾水溢之患然則治其田賦詎可忽乎舊時各鄉設倉散無統紀弊積于中正統間巡撫周文襄公忱縣設兩倉於東與南去郭甚通且在水濱民便納賦官易與視弊漸減矣然築土爲廩積艾以苦其成弗難禁發亦巨甿里胥歲斂于民以補苴之因而伎漁尤姑貪弱自周之後屢易巡撫重臣雖眾是而未職改爲今天子嗣統初命南京刑部尚書劉公致以郡憲運周昔任甘令尹澤自監察御史齎西臺副來綰縣綏綱繼舉張祔鑿契合其乃承劉符樹於是謀諸郡宗邢公宥捐俸于已鳩材于義易兩倉朽腐以堅木良臂語狹址以廣之谿畀宇而高焉倉四方各有門門內各關爲場場各有官吏治賦之署各有貯米廒八十間合兩倉八場計之六百四十間始事于丁亥五月乙丑落成于八月甲午民以賦來者入門而改觀瞻至場而便延積會計明于署轉輸集于廒鄉者胥屬已之憂無所與焉勤甘處書是役胥與史周從善也叔其串實去价京師者義士劉從也以倣來未文者邑士閒中者紹榮也夫今郡縣使民弗獲遂休養庶治多內於檢弘無善政而然然則斯倉之成可無郡乎訊之非特彰脩者美亦以俾後爲政者思繼又使鄰討開喜者思倣則於民豈小補哉成化四年歲次戊子八月吉日賜進士及第通議大夫工部右侍郎兼翰林學士永新劉定之撰

濟農倉去縣治北里許洪武間建初名預備倉收貯撥兌餘米及罰贖米宣德七年侍郎周忱知府況鍾又即宗順民倉址建廒百間以貯平糴及勸借富民米二十餘萬石後漸增益復建廒四十間扁今名學士王直記後廢弘治八年都御史朱瑄重建國子祭酒李傑記

國子祭酒李傑記曰 國以民爲本民以食爲天故孔子論爲政而先於足食孟子論王道而先於養民是誠有民社之責者所當先務而不可緩者也何者歲之豐歉無恒所恃者吾之儲蓄有恒古者一年耕必有三年之食三年耕必有九年之食而縣都之委積則有遺人掌之以待凶荒此所以雖遇水旱而民無菜色也今府州縣濟農倉蓋深得古人之遺意然其興廢則存乎有司之良否焉爾常熟縣濟農倉舊在城之東北隅爲屋百有四十楹宣德間巡撫工部侍郎周文襄公所創建者也方是時積餘糧至二十萬石每歲以春夏之交散之先下戶次中戶秋成之後止如數輸官自是民免假貸於富室以出加倍之息田資之以治賦由之不逋公私利賴後有司漫不加意倉漸傾圮至成化初年而遺址鞠爲草莽有力者佃爲己業鄰近者侵爲私舍餘糧無所儲貯則寄於東南二倉一耗於侵欺再耗於浥腐而儲蓄蕩然矣先是巡撫都御史侶公嘗命工繪湖州府濟農倉規制按邑令俾圖脩使未幾公遷少司徒還京事未克就弘治乙卯巡撫都御史四明朱公旬宣至縣詢及民隱首以是倉爲生民休戚所繫命蘇郡節推麻城萬君分治常熟責以設法營建既而有貳守之擢君荷

朝廷異恩又感巡撫公知己盡力而爲之且知庫藏虛竭民力疲困逋籍遠年侵逋糧料收禁於獄者得三百餘名召人保領限者鬻產以償五日一輸銀于官至貯於縣庫出納則君自掌之凡瓦甓木石之價工匠夫役之值皆於是乎取給適郡主洛陽文侯以公務至縣相與謀度區畫務爲經久之計君往來督工不辭勤勩且擇義官數人分董之百需無敖衆力競勸不兩月而公廨五間倉舍六十間脩已並建擺風雨之霍炎也四壁皆累之以塼慮潤濕之蒸薄也餘地而布之以版君又以闢是而後餘糧充羨不足以容乃謀工度材復圖增廣至百二十間他若周圍之垣牆左右之橋梁

道路靡不修築完固官不知費民不告勞而績用
當成人心胥悅於是縣之耆老糧長里胥僉焉炤
撫公恤民之深郡侯謀畫之審貳守君綜之密刱
立之敏均不可無紀述以示永遠迺奉重慶太守
致仕沈觀瀾之狀屬筆於予竊惟我
朝洪武中縣設預備四倉以俟賑濟
皇祖養民之至仁良法萬世所當遵守者也四倉廢
於濟農之倉立實前賢所以奉宣
上德布惠此下民若之何又廢而不復乎況
列聖軫念黎元一遇歉歲輒下賑恤之
詔有司以儲蓄之也東手無策坐視民之流離
困苦而莫之拯食天祿治天民者固當如是耶是
倉之成後之爲政者嗣而守之以時而修葺之則
常熟之民庶乎永永有賴哉爲記之俾刻諸石

吳江縣總收倉在北門外三里橋西基地百餘畝正統間侍郎周忱移東方等四倉併置初糧米俱用篾囤收貯成化十六年知縣馮衡始建廒屋四十六連共三百六十八間

濟農倉在北門內侍郎周忱建廒屋五連共七十二間後又建官廳八間

義役倉亦在北門內永定橋西今廢

嘉定縣倉有四俱在縣治北門外一名萬積一名利益一名豐寧一名通津每倉廒屋六連五十四間通二百一十六間各關門道廳事俱正統間侍郎周忱命知縣祖述改建知縣蔣忠加葺

濟農倉在朝京門外又有新倉在朝京門內

廣儲倉在縣治西西隱寺前

州倉在小西門內長春橋南舊武寧養地廒屋六連通六十一間先是爲太倉鎮海二衛官軍俸糧右司輸納本衛委官收支正統八年設倉官一員屬崑山縣委官按月收放弘治九年立州倉亦改隸本州凡州境之糧盡儲於此設官如舊

軍儲倉在長春橋西南即舊西倉總儲本府各縣起運糧米先隸嘉定縣委官放支官軍俸糧今屬本州

崇明縣廣贏大有倉在東沙舊皆篾囤貯糧成化七年知縣汪貴始於城隍祠側造倉四連每連廒屋五間收貯四區糧米

重建廣贏大有倉記畧 崇明蘇郡之屬邑東南岸海宿重兵禦倭寇糧儲有司急務也徵以時歛以法而藏無其所可乎西沙二區已立倉矣東沙之四區則倍於西沙而倉不立闕典也及成化七年夏知縣事永豐汪公貴率僚屬相址得城隍祠之偏地凡畝若干畝作倉二十楹左右對峙高亢堅壯繚以垣墻嚴以扃鐍槩斛斗升率置如度兵戍之食于是乎取給扁其左曰廣贏右曰大有恒山雷中記之以示來者

西沙倉廒屋十間收貯本沙二區糧米

永豐倉在縣北咸寧巷內初屬軍衛正統二年改屬本縣收糧支給官軍俸糧

濟農倉二一在縣治西南廒屋三十間一在西沙興教寺傍廒屋三間正統間侍郎周忱命知縣張

潮建

天賜鹽場在崇明縣先爲宋韓侂冑之莊嘉定壬午移浙西江灣青浦亭戶經此煎鹽近臨處有天賜港故名寶慶初撥隸淮東總領所元至元間改屬兩淮運司後因韓莊蘆蕩坍圮蓋以校兄等蕩十三處煑納官鹽公廨在後舊縣東南隅地淪于海今遷於鄉村十七圖在縣東南本場隸兩浙運司亭戶九十四竈戶一百三十額丁三百五十六

鹽倉三連共一十二間

附前代倉場

吳兩倉春申君所造西倉名曰均輸東倉周一里八步後燒更始五年太守李君治東倉爲屬縣屋不成見越絶書

永昌北倉在子城西北六里五十步

西倉在子城西一百八十步疑即府倉也右祥符圖經

南倉在子城西新志又云府城內有北倉橋南倉橋政和中朱勔拆北倉而南倉又廢但存倉巷

北倉在閶門側皆前後臨流盧氏云按續記每歲輸糴於南和糴於北以元豐三年計之所糴無慮三十萬斛東南六計仰給於此歲以[illegible]

府倉在飲馬橋西唐龍興寺故基

常平倉義倉續會要淳熙十三年提舉羅點言常平歸仁兩倉貯米當一路之半而倉屋傾斜乞於見樁管官錢內撥一萬貫起蓋從之盧氏云景德三年初立常平於兩浙慶曆初王琪請建義倉

歸仁倉報功倉淳熙元年韓彥古剏專儲歲計已上並在府倉內

百萬倉在閶門裏西倉開禧三年剏以府職官兼嘉定二年始命官專掌以都司提領憲司措置東倉嘉熙末剏

平糴倉在營橋東淳祐五年魏峻以壯城廢營改剏趙與訔書額提舉常平鄭霖記

寶祐百萬倉在至德廟後寶祐五年趙與訔請建廒二百五十間浚河通舟直抵倉岸置官與東西兩倉同

本府糴納倉在府治西景定[illegible]趙與訔立有亭在其前

元常平倉在顧亭橋

西成泰和二倉即宋舊百萬西倉也大德三年省創始分爲二

大盈寶成二倉即宋寶祐倉大德三年省創分爲

二

大德□豐二倉即宋百萬東倉大德四年分爲二

香糯□在西成倉後

義倉在東城下

盧志云大德永豐廣濟大盈泰和五倉即元

舊倉也按今有更龔襲姑志舊名如此

崑山縣宋縣倉在縣東北百步常平倉在縣西南二

百八十五步

常熟縣宋順民倉在縣治東臨漕渠治平二年向宗

旦建紹興四年常平使者徐誼慶元三年丞傅良

四年孫應時各新之嘉熙元年王爚益□□創□

常熟縣新建順民倉記

治平二年河內向侯作新倉成常語予其始終曰吾至之初見太守永川陳侯席未煖陳侯曰常熟大縣也考其民板之數至四萬戶歲輸之衆至八萬石有倉汙庳迫窄纔容四分之一濱江之民遠者百里水浮陸走稛載而至倉或既盈則累數夕而不得輸于州又病其遠此一不便職是歲常散蓄于浮屠之居廊廡皆滿蓋藏弗謹塗墍弗完得無有以誨盗哉此二不便蓋遲君之來也久矣君亟圖之君退而自惟倉廩之出入一皆仰給於東南茲又爲東南之劇歲入之粟它郡莫加厚焉吾邑雖不腆其敢後其所先務邪矧其弊又如此之甚宜陳侯有以告吾也及吾視事之日見吏民問其所疾苦尤爲不便者凡幾然而獻計者又皆不出吾陳侯之識也於是訪縣方北得隙地數十畝以營築焉始召民而諭其所以作之之意民既病此久矣莫不奔走以聽命咸願治材于家請期日合衆材以成之既而至期倉遂以成予謂二侯皆能以材名于世所至莫□

著見風迹至於興利去害便民皆其所素蓄□□可有餘力以沛然有餘之材相與協謀治其因民所欲之役其成也宜其不勞而功多其榜曰順民蓋得之矣若夫世之從政者利害較然居前畏謗忌譏諉諉然不肯一日出其力則有諉曰愛民斯不遠哉夫愛民莫如古人古之人有爲豈天作而地生斯亦出於民而已耳姑視利害之如何豈顧可爲而不爲乎曰愛民哉此大不然昔者子產嘗以其乘輿濟人於溱洧孟子謂之惠而不知爲政凡以此也向侯亦以予言爲然因刻之于石俾來者考焉時熙寧元年三月十一日將仕郎前守沂州臨沂縣縣令郎淑記

常平義倉在順民倉北廡

元際畱倉在縣治東北順民橋即宋舊倉也

嘉定縣宋社倉在護國寺東端平二年建官倉在富

廩坊端平元年建元際畱倉在州治內延祐五年

任立建常平倉與捕盗司相直蘇州府太倉在太

倉州城南張涇上洪武二十六年剏凡九十一廒

共屋九百十九間收儲海運遼東北京等處糧至

永樂十二年罷海運倉遂廢今改剏爲太海倉

東軍儲倉在周涇橋東洪武十九年剏

崇明縣元永豐倉在儀門左常平倉在州治前捕盗

司東

驛遞

驛遞之制見於諸司職掌甚詳蘇爲江南要路

凡使傳公移水陸行者晝夜憧憧不絕□

鋪舍之設皆當列焉

姑蘇驛舊名姑蘇館在胥門裏河西城下宋紹興十四年郡守王㬇建又作臺於城上以姑蘇名之臺下有百花洲洲東有射圃

本朝洪武元年知府何質移置盤門外初名姑蘇站提領一人掌之二年改站為驛提領為丞舊又有一所在府治西謂之東館驛永樂間以交趾人為丞專典東驛正統初革去丞易為分司成化九年知府丘霽重改建於胥門外基半築於水廣袤數十丈背城面河氣勢宏敞北有延賓館後有樓曰昭賜可以登眺丘自有記驛之右有皇華亭左有月洲亭相去百步為使客憩息之所

丘霽記

姑蘇驛有二一在府治西一在盤門外丞一人總領之郡當南北要衝授館致餼者無虛日而府西驛已久廢盤門者存亦就弊矣且去府治遠徃賓往來上下告勞霽假守是郡之明年思移置之請于巡撫大臣曰可請于巡按御史曰可遂度地胥門外通運所之南負城面河地頗陋弗稱乃植木水中為湜柱作石堤三面凡四十六丈廣地得從八丈衡如隄而殺丈十六建屋六十楹皇華亭據其前後有重屋名昭賜之樓著所自也燕休覽眺盡得山川之勝庶幾乎所謂中吳之偉觀也仍撤舊材更新運所門與驛並皆不出民皆自規措役凡十閱月而告成於乎禮賓賦館三代之政也晉惟崇館子產與之陳無寄舍單子譏焉矧茲文邦烏可不備霽不敏承

天子休命來綏茲土安敢安自菲薄方為所得為而已是役也其容已乎雖然成之亦不易也來者尚嗣葺焉

遞運所在胥門外元作遞運站洪武五年改今名成化九年丘守因建姑蘇驛並撤而新之與驛並列又設濟民藥舘凡往來有疾者於此給藥

接官亭在閶門外普安橋西送迎使客之所亦洪武初何守建

松陵驛舊在吳江縣治南洪武元年移建儒學之左天順八年重建

平望驛在吳江縣南四十五里唐屬吳興郡為水馬驛西至南潯五十餘里與烏程縣分界開元間蘇州耆民請於刺史吳從衆割太湖洞庭三鄉與吳興易焉又官河從平望驛北吳縣界元和間湖州刺史范傳正奏敕廛開又撥入蘇州吳縣洪武元年撥隸吳江縣

寧海驛先在太倉大西門外吳塘橋東洪武十七年設宣德六年縣丞吳仲郢移置崑山縣半山橋西景泰間知縣吳昭重建弘治六年御史吳一貫奏革今為公舘

府前總鋪在本府西東至婁門利民鋪一十里西至胥門鋪三里南至盤門鋪五里北至齊門無量鋪一十里

胥門急遞鋪在閶門外新開河橋內官路上

楓橋急遞鋪在府西十里吳縣十一都官塘路

射瀆急遞鋪在府西北二十里長洲縣一都

滸墅急遞鋪在府西北三十里長洲縣二都

張公急遞鋪在府西北四十里長洲縣六都

白鶴急遞鋪在府西北五十里長洲縣五都北抵常州府無錫縣界

盤門急遞鋪在府南五里吳縣一都

白蓮急遞鋪在府南十五里長洲縣三十一都

尹山急遞鋪在府南二十五里長洲縣三十一都

郭巷急遞鋪在府南三十五里長洲縣三十一都

觀瀾急遞鋪在府南四十五里吳江縣南三里

徹浦急遞鋪在府南五十五里吳江縣南十三里

廟涇急遞鋪在府南六十五里吳江縣南二十三里

梟腰急遞鋪在府南七十五里吳江縣南三十三里石塘廟涇北

長老急遞鋪在府南八十五里吳江縣南四十三里石塘梟腰橋北此分二路一路從梟腰鋪往南嘉興路一路從朱家鋪往湖州路

黎涇急遞鋪在府南九十五里吳江縣南五十三里平望黎涇橋北

雙里急遞鋪在府南一百三里吳江縣南六十三里平望南雙橋北官塘路自觀瀾至雙里七鋪洪武九年知縣王進建又南係嘉興府界

朱家急遞鋪係平望轉西往湖州路去黎涇鋪一十里吳江縣西南六十三里荻塘道成橋西湖州路

道成急遞鋪西去朱家鋪一十里吳江縣西南六十三里荻塘道成橋西

衆安急遞鋪西去道成鋪一十里吳江縣西南七十三里荻塘衆安橋西

思范急遞鋪西去衆安鋪一十里吳江縣西南八十三里荻塘思范橋西

曹村急遞鋪西去思范鋪一十里吳江縣西南九十三里荻塘曹村橋東又西係湖州府歸安縣界

無量急遞鋪在府北十里長洲縣五都常熟塘

周涇急遞鋪在府北二十里長洲縣十五都

羅壩急遞鋪在府北三十里長洲縣十四都

船湯急遞鋪在府北四十里長洲縣十三都

吳塔急遞鋪在府北五十五里常熟縣四十八都吳塔村

潭塘急遞鋪在府北七十里常熟縣南四十四都華蕩口雲和塘

常熟縣前急遞鋪在府北九十里在常熟縣前

利民急遞鋪在婁門外去府東北十里長洲縣二十三都至和塘

蘆涇急遞鋪在府東北二十里長洲縣二十一都

蕭涇急遞鋪在府東北三十里長洲縣二十一都

六市急遞鋪在府東北四十里長洲縣十九都

真義急遞鋪在府東北五十里崑山縣朱塘鄉三保東村造彼字圩

尤涇急遞鋪在府東北六十里崑山縣積善鄉二保可字圩

崑山縣前急遞鋪在崑山縣前宣化坊去府東北七十里

馬涇急遞鋪在府東北八十里崑山縣東十里惠安鄉三十保宿字圩太倉路

奣子急遞鋪在府東北九十里崑山縣東二十里惠安鄉三十保民字圩

勝安急遞鋪在府東北一百里太倉州西十里惠安鄉女字圩此分二路一路太倉十里一路往南去嘉定路上張涇鋪一十里

太倉州前急遞鋪在府東北一百十里舊在太倉衛前屬崑山縣惠安鄉劬字圩今移在州前自真義鋪太倉州前共七鋪洪武二年崑山縣知縣王璉建

諸涇急遞鋪在府東北一百二十里太倉州東十里惠安鄉來字圩崇明路

井亭急遞鋪在府東北一百三十里太倉州東二十里湖川鄉餘字圩崇明路

新塘急遞鋪在府東北一百四十里崑山縣東七十里湖川鄉二十一保閏字圩從此到劉家港登海船往崇明縣以上三鋪因崇明縣改隸蘇州府洪武八年知縣吳鏞創

張涇急遞鋪在府東一百二十里太倉州南十里嘉定縣西北三十里樂智鄉張涇橋南鹽鐵塘嘉定路

小錢門急遞鋪在府東一百三十里嘉定縣西北二十里守信鄉第二都嘉定路

黃泥涇急遞鋪在府東一百四十里嘉定縣西北一十里守信鄉第二都嘉定路

嘉定縣前急遞鋪在府東一百五十里嘉定縣治西至正十三年建今因之右前三鋪洪武二年七月建此係分二路一路東去往吳松江千戶所一路往松江府上海縣

苗涇急遞鋪在府東一百六十里嘉定縣東十里守信鄉往吳松江路

楊巷急遞鋪在府東一百七十里嘉定縣東二十里守信鄉

月浦急遞鋪在府東一百八十里嘉定縣東三十里守信鄉

吳松江守禦千戶所急遞鋪在府東一百九十里嘉定縣東四十里千戶所前右四鋪洪武二十年五月建

廟涇急遞鋪在府東一百六十里嘉定縣西南二十里服禮鄉一十七都

方泰急遞鋪在府東一百七十里嘉定縣西南三十里服禮鄉十八都

黃渡急遞鋪在府東一百八十里嘉定縣西南四十里服禮鄉二十都又西係上海縣界已上三鋪俱洪武十年八月建

附紀前代亭傳

宋寧蘇驛在吳縣西南二百八十步

盤門驛在吳縣南盤門外

續記云古有八館全吳通波龍門臨頓烏鵲昇羽江風襄亭吳地記古館五所

通波館　全吳館　烏鵲館後並廢作酒坊

昇月館在帶城橋東二十步或云二百步

江風館在渴烏巷內

姑蘇館紹興十四年王㬇奏建孫覿云宏麗雄深爲三吳之冠中分南北二館城上作臺名以姑蘇下有百花洲東有射圃皆吳說書額咸淳二年又大修之吳必大記炎宋中天翠華南幸抗爲行在所他日金酋乞盟許之唯是一介行李其過郡國必館吳爲館二以南北名從其便也門而扁之曰姑蘇最後爲百花洲旁胥門故址臺而居之亦曰姑蘇群山拱揖西爽朝暮耕嶠漁滸萃門茨舍天作地產綺錯而棊布也山之外陽波宅焉其上樓氣嵯峨有光虹貫遐睎遐撫景態萬千尚想譚官外臣見漢廣大固已目眩心悸不煩專對而語塞內服矣厥既百餘年蔡破金滅館亦浸浸入於壞部使者若郡二千石去日始至雖此乎寓不三宿輒脫去如遺毋問過者人抵豊狐蚍蟻據而宮之矣太守陳公均以老手承敝緒治理勤止朞有月郡始神復氣還乃新

婁齊二門將繕斯館會命召弗果出少府諸錢萬九五百數告新于古括季公鏞願訖圖之公延見吏民興行政教迨我瑕日爰即爾工既成費視求嘉公有加大合國寄公落之屬儁濱人吳必大爲之記客或守說曰臺館也而並館非臺無以示壯麗臺非館毋以款遊觀予必爲記臺爲先予曰若安所得此語始吳築臺姑胥高可三百丈宴安鴆毒自求禍也今明天子在上賢卿相在左右宮室苑囿無所增益珠貽翠羽雕文刻鏤之貢先事而戒四方萬里有孚顒若咸曰君王儉德太平其今日乎承流宣化伊太守職直壯麗遊觀爲詩曰商鑒不遠在夏后之世臺名之存以志古也姑舍是吾請爲若言館古者王人出聘館于諸侯之祖廟若朝王若相聘乃舍之他所故覲禮侯氏天子賜舍晉文公無觀臺榭惟諸侯之館是崇大子産稱之國無寄寓縣無施舍單子知陳之必有大咎吳去天咫尺惟王覲實京師通逵賓餞惟寅同德以尊于天子此之不務至者何觀吾儕小人朝夕是矣萬有一高車華鑣馳傳鶩置儼然辱而臨之將何容焉寒暑燥濕無所避誰其廢禮則夫曩畀以高砥窪以平規隘以寬登也有臺擢也有池步也有亭射也有圃堂立五丈之旗廡環萬兵之帳土恬從安各贍其事夫安得不汲汲入如得歸出重回首斯館也其昔所謂傳舍之尤者乎矧方千里王畿之內人從自邊來久有逆勞公其庶幾承事無違以數天下以爲人諸侯者客謝非所及則書以記而又援愛棠之意告後之人俾勿壞曰惟二康侯蕭規曹隨停舳行艫駐節來麾於我乎館是適是宜是陰落輔實邦之儀匪惟一邦四隣視之曰治天下亦如此屋先民之辭三極與立非人疇依人之能然惟志所之以是心志孰顛不扶孰危不持將多前功毋替後思來今億年敢以此規宋咸淳二年五月既望奉議郎添差通判平江軍府兼管內勸農事吳必大記

昇平館在梵門橋今有昇平橋 [陳釋洪偃] 蕭蕭物候晚肅肅天望清旅人聊杖策登高蕩客情川原多舊迹墟里或新名宿煙浮始旦朝日照初晴獨遊乏徒侶徐步寡逢迎信矣非吾託賞心何易并

會興館在貢院前河西

望雲館在閶門裏河南紹定二年李壽朋剏相傳即金昌亭故地

通波新館在閶門外舊名高麗亭元豐七年詔築嘉熙中趙與篡改剏

清嘉館在盤門外嘉熙中趙與篡建有八角大井刻開寶二年

艤舟吳門通波通海四亭並在轉運使衙西祥符圖經按部緇衣濟川皇華使星候春褒德旌德諸亭皆在運河上圖經續紀

吳會升羽候春茂苑春波等亭並在織里橋西河北岸 [范成大泊舟吳會亭] 去年春盤浙江驛湛湛清波動浮石今年春盤吳會亭冥冥細雨濕高城天邊作客風沙裏今年去年成老矣客心古井冷無波過眼人情亦如水憶昔三生住翠微偶來平地着征衣山中故人應大笑扁舟坐穩何當歸

皇華平匯二亭在飲馬橋東北岸

望亭驛去郡北五十里先名御亭唐李襲譽守以梁庾肩吾詩改稱 [庾肩吾] 御亭一回望風塵千里昏青袍異春草白馬即吳門獯戎鯁伊洛雜種亂轘轅輦道同關塞王城似太原休明鼎尚重秉禮國猶存殷牖爻雖賾堯城吏轉尊泣血悲東走橫戈念北奔方憑七廟略誓雪五陵冤人事今如此天道共誰論 [樂天望亭驛酬別周判官] 何事出長洲連宵飲不休醒應難作別歡漸少於愁燈火穿村市笙歌上驛樓何言五十里已不屬蘇州 [許渾泊望亭驛寄蘇州同志] 候館人稀夜更長姑蘇城遠樹蒼蒼江湖水落高樓迥河漢

秋歸廣葦京月轉碧梧移鵲影露低紅葉濕螢光
西園詩侶應多思莫爵笙歌掩畫堂 李從善 南浦
菰蒲覆白蘋東吳黎庶逐黃巾野棠自發空流水
江燕初歸不見人遠樹依依如送客平田渺渺獨
傷春那堪回首長洲
苑烽火年年報虜塵

九里亭見幽明録宋吳縣尉賈升為九里亭吏

元姑蘇驛即宋姑蘇館址增飾之左有通波亭右有
公君亭大德五年摧毀董章新之元統元年張忙
古万搆亭于南扁曰春澤後至元二年道童建館
及橋扁曰來遠其北館曰膽[redacted]亭曰凝香南館曰
賓賢 方回姑蘇驛記畧 紹興初有舊姑蘇館在盤
門內河西城下今改為驛嘉議大夫平江路
總管真定董侯新之夫蘇為孔道陸騎水舫供給
良進大德五年七月朔颶風為患太湖之水衝入

葑門市井荒涼傳舍蕭索如是三閱月而董侯至
首新郡治次新姑蘇驛曰館曰驛曰站名三而義
一新三站而其地一馬站曰光遠傍為思政亭水
站曰賓賢傍為通波亭以至遞運站鞍韂舳艫僕
從柔徒之須無一不飭帷幬桃盎坐卧飲食土器
無一不具又與驛馬大路平廣十餘里出城與盤
門外橋相接大書姑蘇驛三字扁之而他題顏皆
侯老筆侯至郡未幾男女異路貞信有別獄訟鮮
少道不拾遺城社屏迹巷無鄭聲醫羅烹庖物皷
價平究其所以然則知侯公退之暇不入內閫清
坐絃歌每過夜分作善教二十四條父老刻梓大
抵以觀課農桑敦厚風俗為急務所以新已之心
者既至於新民之心何有若姑蘇驛之新宜大書
宜特書侯名章字文卿學者稱為小菴先生嘗守
當塗年六十有五博
學尤精於春秋云

姑蘇馬站在館驛北

姑蘇水站在胥門外

遞運站在胥門外

接官亭在閶門外

急遞鋪總鋪在府治前平橋側

宋觀風館在崑山縣西南三百步李稠建嘉熙間改
名全吳驛後廢地隸縣學近民館在縣東淳祐庚
戌項公澤建新江驛亦在縣境

南北驛在吳江縣北堂宇百餘間極宏麗紹興十八
年詔建專為國信使頓宿又有吳江驛平望驛則
今仍之者也 張祐吳江驛 山色遠涵空蒼茫澤國
東海邦先見日江白迥聞風鳥道高
原去人煙小徑通那知舊遺逸不在五湖中 方干
便向中流出太陽嬾疑大岸逼浮莱門前白道通

天闊浪重青山占炎鄉帆勢落斜依浦漵鐘聲斷
續在蒼茫古今悉不知天意編把雲霞媚一方 張
祐平望驛 一派吳興水西來此驛分路遙經幾日
身去是孤雲雨氣朝忙壞雷聲夜聚蚊何堪秋草
色到處重離群 李郢平望驛候李從貴周敬二故
人 蘆葉風多驛候長昔年攜手上河梁青雲才子
驚鴻秀白石山人之木香華騕欲陪先道路大川
前濟欲舟航少微星[redacted]桂枝[redacted]重正孤帆過水鄉 元
薩都剌 左帶吳松右五湖人家茫我隔菰蒲風
壽不動魚龍國煙雨翻成水墨圖越客卧吹船上
笛吳姬多倚水邊壚鑑湖道
士如招隱一曲它年得賜無

通越亭在南門皇華亭在北門期月亭郵亭在城隍
廟前

登津館在嘉定合浦門護國寺西景定三年常懋建

能館在朝京門內東端平元年鄭士穎建淳祐九

年林應炎修改扁練溪驛
元海道接官亭在太倉州天妃宮門左

姑蘇志卷第二十六

姑蘇志卷第二十七

壇廟上

吳中祠廟列祀典者祝文並從
內降歲二祀或一祀惟其功德之宜而郡人所私
祀亦或有義故悉列之若郡縣常祀已具洪武
禮制此特著其建置歲月耳

本府社稷壇宋置子城西南四里元移置盤門外洪
武初改建於長洲縣閶門外石牌巷尋遷吳縣義
慈巷初附郭二縣在宋亦有社稷壇今皆統祭于
府

宋孫應時長洲縣社壇記 古之制祀以社次郊郊尊而社親尊故天子尊之親故達於庶人非土不國非穀不食故有社斯有稷勾龍於土棄於穀厥有大造開濟萬世故以爲配春秋祈報之外救災出火師田行役獻功戮罪君民上下日相與聽命于社禮樂刑政於是焉出故曰明乎其義治國其如指諸掌乎世衰王制壞古義隱妖妄百出而祠廟蝟興褻天蠹民幻爲淫威日盛月滋上之人不以禁又縱吏之天下郡縣雖通祀社稷世守不廢以爲三代之舊章然獨其制度之形佀儀物之文具而已有司者一歲再祀民不與觀也民於社日或各從其俚俗鼓舞迎享醉飽相樂不知其何人且何禮也水旱祲祈奔走如織於社稷闕如也嗚呼知古者得無嘆息於斯乎今令甲守令下車必視社稷飭壇壝而遵用或寡且諉曰小祀祀亦不親其事至若倚郭之縣自爲社於闤闠偪仄之間往往滅裂最甚長洲縣之社在吳郡城內當縣治西南四十九步荒毀有年慶元四年九月知縣事天台黃侯宜一治新之壇宇中度門垣覯深塗巷蠲闢身率僚吏時祀必謹黃侯儒者爲縣如古循吏多善政可誦此其細事皆不待書雖然愛禮者存羊因今之制存古之意君子重之縣實小

侯承天子之命司社與民固不可忽畧社稷而能父母其民者也然則凡黃侯之善政乃自社稷壇始予是以記之因詔來者知所繼焉六年八月記

風雲雷雨境內山川神壇在吳縣一都盤門外宋在吳縣西南四里元徙葑門外洪武間再移于此

郡厲壇在長洲縣九都虎丘山前

鄉厲壇長洲縣在城附郭鄉都共七百一十所吳縣在城附郭鄉都共五百一十所

城隍廟在武狀元坊內相傳爲周瑜故宅即雍熙寺基也洪武三年建

旗纛廟在蘇州衛治內每歲霜降日本衛官致祭

已上係通祀

至德廟祀吳太伯在吳縣閶門內漢永興二年太守麋豹建於閶門外或云韓整守吳所刱宋元嘉中劉損爲郡修葺後梁乾化間吳越錢氏始徙置於此宋元祐六年黃履奏改今額元符間制封至德侯崇寧初進封王乾道初知府沈度重修又作至德橋洪武中改封吳太伯之神春秋祀之祝文曰三讓至德民無可稱周基八百由斯而成

宋曾幾乾道重修記 在禮祭法聖王之制祭祀其法五其人之應法者十有四皆古大聖賢有大功烈於民者非此族也不在祀典夫以大聖賢有大功烈所祀之固宜然祀有祈焉其施於民又厚厚施不報神其不㤝之乎報之之道不獨牲牢酒醴而已千里之邦必有祠所社稷則有壇先哲則有廟後世於廟尤極其尊嚴崇像設儼侍衛見之者稟如也水潦必祈旱暵必祈皆長吏之常事應而有報亦事之常儻入其門陟其堂神所馮依曾不足以障風雨區區樽罍簠簋何施之厚而報之薄歟吳門巨藩神祠之載祀典者十數而泰伯廟爲雄甚東漢永興二年郡守麋豹肇建於閶門外吳越武肅王錢氏始內徙之國朝元祐間太守黃履歷考前政若梅詢若范仲淹若孫覺輩數公淫潦有祈靡不響答列其事於朝有詔號至德廟崇寧元祀守臣吳伯舉請疏上爵有詔封至德侯建炎擾攘鞠爲灰燼厥後草創殆無以揭虔妥靈今天子授沈公爲尚書郎以直秘閣尹是府至則訪及民利病以次罷行之其爲政寬嚴詳簡允蹈厥中治人事神罔不祗肅隆興二歲天作淫雨害於穡事民不遑居乾道改元春三月公節躬齋祓走祠下而祈焉神顧饗之是歲麥以有秋府從事請具牢醴以謝公不敢廢也然曷足以報萬分之一於是邦人合辭而進曰侯之施甚厚而廟貌不治之日久人懼神或怨恫弗慶弗顧悉力而改造之公曰是吾心也涓日協辰得夏五月庚戌吉乃致昭告乃鳩良工斤少府之餘合私槀之助琢材堅甓撤比墉崇宋舊址直高棟抗修梁藩垣階所盡革而一新之繪之容若欣欣然有喜色民無老稚相扶攜以觀厥成皆以手加額曰美哉輪焉誠足以塞民望而報神施矣風霽雨休禾則大熟秋九月甲子落成幾就養府下目覩祈應爲不誣公屬幾紀其實既牢辭弗獲其昔虔公之辱是終無以揚休事而告後人也於是乎書左通議大夫充敷文閣待制致仕曾幾記

潘凱淳祐重修記 淳祐壬子春凱奉聖天子命來司臬于吳詰暴審刑罔敢怠弛既又懼民之不見德也振事三閱月載以禮款泰伯祠顧瞻徘徊屋老苔荒喟然嘆曰至德者百世祀吏奉弗虔何以存古已而趨兩廡下土妖木魅詭形罔象逆以淫厲汙以佞慝編氓苟禍福朦拜乞靈滋磨䝂姦勇之習仍斷髮文身之訛端委雍容之氣象孰識之俗不美利不清良有以夫退傷然弗寧亟戒其屬曰崇明祀禮也黜非鬼義也某日度材某日鳩工某日撤祠之非類者乃攻乃葺乃像仲雍季札侑泰伯祀越月告成率僚吏三獻焉烏乎世澆俗衰馬蠶猫虎之靈往往嚴事之嵬瑣奸回尸而祀者肩相摩

也豈復知禮樂鬼神之奧哉泰伯之血此祠尚差特以盛德至善民弗能忘堂皇之修不修龐敎之屛不屛於至德乎何損乃若辨禮息刑宣尚德化正人心而興民風者吏獨不任責乎昔唐狄公特節江南毁淫祠千七百所留夏禹泰伯季札伍員四祠凱視狄公無能爲役而是廟適在典領抑邪扶正不得辭廟舊在閶門外錢氏徙今址故有祊田一十八畝今益五十九畝有奇歲入粟五十有五石飯浮屠以守備其蠹爲修祠備俾勿壞并叙其系自古公至友爲世三十三刻之石諗來者攻爲其年日南至承議郎直寶章閣兩浙西路提點刑獄公事潘凱記**皮日休詩**一廟爭祠兩讓君幾千年後轉清芬當時盡解稱高義誰敢教他莽草臣**陸龜蒙**故國城荒德未荒年年椒奠濕中堂邇來父子爭天下不信人間有讓王**張詠**至德本無名宣尼以此評能將天下讓知有聖人生南國奔方遠西山道始亨英靈豈不在千古大江横

吳相伍大夫廟在吳縣盤門内舊在縣西南三十二里胥山上即子胥死處俗云胥王廟宋元嘉三年吳令謝詢始徙廟入城宋建中靖國間太守吳伯舉重修元大德三年嘗著靈異特增爲忠孝威惠顯聖王至正間廉訪僉事李仲善別立廟於胥門上鄭元祐記後仍立今廟成化十五年廟燬御史劉魁重建每春秋祀之祝文曰孝以雪讎忠以報國白馬素車威靈赫奕**梁簡文帝**立國資孝本爲忠全令名舟艱多奇計盡中後吐誠假月交吳艦魚麗入楚兵九功推妙筭千載籍餘聲洪濤猶鼓怒靈廟尚淒清行潦承椒奠宫懸雜風笙無勞吾后璧詎用楚臣纓客樹臨寒水蛛扉望遠城窗寒野霧入衣帳積苔生惟有三□烏斂翅時逢迎**張詠**胥也應無憾至哉忠孝門生□□捌楚怨死足報吳恩直氣海濤在□□江月存悠□

當日者千載秖慙冤**高啟弔子胥辭**覽勾吳之故墟兮𦵔莽鬱其蘢蓯館娃廢而爲沼兮蘇伍胥之遺宫奚千祀而弗毁兮繫若人之死忠昔窮通而渡江兮奮孤跡於羈孩既入郢而雪恥兮又棲越而擾僞使彼吳之强大兮非夫子而孰爲何夫差之自喜兮遽忽底而荒嬉陳昌言之悃款兮寔不忍視國之阽危飛以子爲叵信兮肆讒辭之詆欺夫豈不能全身遠遁以自庇兮顧先王之舊德卒待閒而何言兮悵終不能寤君之覺感載鴟夷兮浮游竟憚憚兮在中流之神爲子兮哀憤鼓洪濤於高秋嗟君子之出輔兮孰不願爲伊皋使言從而志行兮致雍熙之陶陶何齟齬而多患兮惟重華之不可以屢遭鄂侯諍而就醢兮龍逢諫而見屠蓋自古而有之兮匪太子獨罹乎此事身雖殁而義安兮文舍是將焉索彼循默而苟容兮寧獲免乎兆額悲子猶念夫故都兮或乘雲而來歸顛荆棘之多露兮應攬涕而歔欷余亦何爲而感慨兮擢直道之墜也聊陳詞而表烈兮亦邦人之志也**沈周詩**忠臣有廟千秋祀伯業無蹤一餉烟入幕靈風猶颯颯侵階細草自芊芊存亡好在鴟夷内慚愧當於檳胥前倚壁題詩重惆悵寒鴉飛散夕陽天〇城頭伍相祠堂好眼見香爐生紫烟吳沼已成花寂寂楚陵何有樹芊芊一時遺事千年後此日清談斗酒前落魄布袍冠蓋末悲歌亦得倚秋天

靈濟廟祀白龍神在長洲縣陽山澄照寺初廟在山巔太平興國中移建於山南曹巷熙寧九年又遷于此建炎間主僧覺明重修紹興二十九年賜今額乾道四年奏封龍母爲顯應夫人今載祀典春秋祀之祝文曰托育者靈變化不測興雲致雨普濟萬物**宋胡偉碑文**中吳古澤國也當春夏之季陰晴多不常鄉民以是卜白龍之歸相傳東晉隆安中繆氏女因出歸途日暮天欲雨忽遇老人詢姓氏居所願假避雨待旦而前語竟失老

人所在已而有娠父母惡而逐之乞食於鄰翁家產一肉團棄之水中忽焉坼破化爲白龍繞與母前若有所告者母驚仆地須臾雷電晦冥風雨交作良久開霽則白龍夭矯於山椒俄頃復還產所視母已死乃飛騰而去鄉民舉葬其母於此今所謂龍塚是也自是禱焉亟以求立祠且言所產白龍已有食長沙於是鄉民建龍母廟於山顛每歲是日龍歸省母前期旬日天氣肅寒四山烟雨午時復合正誕之辰龍必見形或長身尋丈隱顯於祭山之上或小如蜥蜴依於廟貌暴風雷雨瀏溝號木則其驗也昔盧山僧祖照嘗述其本原於壁廟宇自國初縣山顛遷於山南之曹巷熙寧丙辰再葺于今所建炎中主寺僧覺明禪師又葺今祠紹興己卯四月帥漕以祈雨有應奏賜靈濟廟乾道戊子二月郡太守姚公憲奏封龍母顯應夫人偉閏歲在庚辰三月三日客有艤舟南徐者有白衣老人附舟云吾至自長沙欲省親於蘇之陽山顯以錢十緡爲直而先酬其半舟師從之辰巳間解維至夜僅行數十里老人怒其緩自爲操舟舟師因鼾其遲明蹴之使興舟已近岸距南徐三百六

十里矣老人翻然登岸徐步入廟舟師隨之寂無形影顧龍母帳前僦舟半直在焉既而雷雨大作舟師問寺僧始知龍歸也乃徵餘直飯僧而去偉省書之曼云錄中長沙廟食誕辰省母至此益驗矣乃爲迎享送神詩遺諸鄉民俾歌以祀焉命路朝詹煟書以正體題以古文而併刻之其辭曰春花落兮春服成雨霏霏兮煙冥冥秋針綠兮蛙部鳴風蕭瑟兮林有秋聲縞爲旌兮素爲幟山之巔兮雲之杪雷車轟兮電光掃龍將歸兮非暮即蚤簫笳沸兮鼙鼓喧肴羞芬兮酒醴潔齋明禋兮精意傳嚴薦享兮屬袂摩肩歲有常兮應斯主人與神兮情何異嬰兒慕兮綵服戲母子樂兮融融洩洩吳沃壤兮千里平勤稼穡兮勞農氓曰雨曰暘兮神有靈願垂陰相兮應其誠倏忽萬里兮姑少憩酌獻盡禮兮斯終遐惠年登穀熟兮益虔祀事自今以始兮千斯秋而萬斯歲

元胡應白龍祠記 吳城西三十里陽山之麓舊澄照寺寺古有白龍祠宋屢封忠烈昭應廣惠靈豐公神母顯正孚順聖善妃邦人奉事惟謹祠重建于宋紹定壬辰歲久圯毀勢凜凜欲壓寺僧守淳裒積衣貲復役恭樂施者僅營兩廡重繪左右壁殿役最鉅力弗克就會參政張公謁祠下慨然曰吾嘗奉朝命凡饋餉從東南者航海以達于京風恬浪平所禱如祇近齊登萊匪神疇依是山龍所載育而廟貌弗修非闕歟乃捐金出粟掄材簡匠殿廬堂所像設導衛咸撤而新之丹碧髹堊屋壁甍覽視昔爲修更以田四十餘畝給祠事所以致力於神者至矣噫萬生總總耽迪而康靡陽愆亢靡潦溢汩數爲氣戾繄是神實惟參政公誠與神孚克隆斯舉而淳師又能善信於人皆可書也予先墓去寺而近知祠宇興復爲詳師以記屬義弗得辭礿神遊陽山錢祚而著跡陳山闡靈湖湘間具前後二記下書公名瑄今爲資善大夫江西等處行中書省參知政事祠之修始元貞乙未越明年丙申告成距始建甲子踰一周云

宋范文正公祠在義宅之東即文正書院也天平山有忠烈廟蓋公先祠此則專祀公而諸子配焉宋

咸淳十年知府潛說友奏建自元及今皆因之祝文曰學冠天人才兼文武義敦九族名垂千古

元徐琰記 至元壬辰予奉命廉訪浙西莅吳中是爲文正范公之鄉尊賢勵俗政所當先既仰慕其餘烈獎進其後人仲秋次丁有司以故事告將舍菜于公祠予肅然起敬曰至當偕僚吏拜祠下與觀盛典是日成禮訪義莊登歲寒堂家園之碑巋然獨存祠正在其左門堂寢室嚴整合度蓋宋郡守潛公說友所建牲牢器幣則撥田以給之俾公子孫世守而歲祠焉薦羞儀文皆當時所定乃中成建一祠旋被兵意有所增廣而不遂亦未暇有所記也一日主祠邦瑞踵予門求記且曰祠雖建於前代禮實存於今日有一言而可以毋忘崇堅者繫我公之靈實來賴之余固辭勿獲後治錢塘凡再歲徵戝言益勤謹按釋奠必有合也有國故則否說者謂如唐虞有夔伯夷周有周公魯有孔子則各自奠之近世則通祀孔子向微通祀公獨非故有之典乎而石守道慶曆之詩固已指公輩爲夔

尚矣又按蘇先生歿而祭于社社稷民以生先師其所以生師法公獨不祭於鄉乎劉公為政所去見思慶鄧數州之民往往生祠畫像既歿後祠于長白于海堰于睢陽于廣德于鄧揚公蘇人也郡學以建學祠公天平山先壟僧寺舊有祠然稽協右典必專祠于此而後愜於人心去亦何為而然耶致君之志動物之誠放諸四海而準百世而下聞者莫不興起也是豈區區富貴利達以衒耀於須史者可同日而語哉昔宋人定五代軍鎮之亂以儒立國儒而見用者何限以公而不得相其君展其憂天下致太平之畧彼一時也非可為之時乎自其入館閣為諫官諫則必黜黜而益諫陳善閉邪寧以身蹈不測而不悔非直以言語侍從為職也故雖當路不容委之邊瑣才兼文武適受主知正己而不求人相與解讐戮力卒臣夏人以安中土為所當為一以自信其屢為守帥又豈尋常多議論少事功者哉晚參大政請倣周官六職分任輔相漸復古制開陳未終權倖其間不得安于朝廷之上雖其國家盛衰由此而分而君子小人迭為勝負常使人躊躇鑒戒而未已也嗚呼尚論

其世不知其人可乎或以為王佐或以為傑出要其平生則以為有德者又公光明俊偉之本原歟留心聖賢弘毅力行漢唐人材鮮克進於是矣初公買田以贍族而族滋大立塾以教其人而于孫頪份份焉遵聖朝仁恕恤其科從祭前古忠烈比有事於公源深流長天佑善人於公蓋無奕者昔鼂仲約之欵賊完城公不肯加誅文忠富公服其絕識蔡確詩獄公之子忠宣公謂責之太重元祐諸賢亦以自悔即其存至公全大體世之研幾成務不當如是耶人有古今道有顯晦瞻相儀形是豈一家一鄉所得私者遠惟耆成人宅心知訓而于也曾何足以發之至元三十一年正月廿日記

徐有貞重修記宋有天下三百載視漢唐疆域之廣不及而人才之盛過之此宋之所以為宋者也蓋自太祖而後十有五君君德莫盛於仁宗前後輔政之臣幾百數十人人才亦莫盛於仁宗之朝就仁宗朝之人才論之蓋莫盛於范文正公公之為人剛大清純天資忠孝而為學得聖賢之心庶乎所謂極高明而道中庸者故其為臣表裏一致始終一正而文武經緯備焉公事仁宗自祕閣一

諫垣出入侍從守郡帥邊多所涉歷而不得久處於朝及參大政方將拯時復古權倖間之曾不朞月而去凡所建明旋亦更革公之所存十不施其四五然而勳業德望之盛觀彼久於其位者儳倍蓰焉使其久且盡施則宋之為宋當不止是矣於乎甚矣直道之難行也有君如仁宗有臣如文正公其猶若此此有志於世者所深惜也公之同時名臣莫如韓魏公富鄭公魏公於公每事推重而鄭公因事感嘆至擬公於聖異時一太儒莫如朱文公文公謂公傑出之才為天下第一流而吳澂亦謂公為百代殊絕人物之數公者豈無所見而言哉是以後之君子聞風而起者未嘗不稱公之為盛德凡公所嘗過化之地皆有祠吳中公之故鄉而文正書院故義莊也其祀事自宋元　國朝列于常典春秋享之而其祠宇因故歲寒堂為屢毀屢葺規制未宏迺者今大司寇萬安劉公孜以都憲奉　璽書巡撫南圻而臨是邦因謁公祠顧瞻興懷爰諮所司撤舊為新闢而宏焉協議以贊其圖者前郡守黃巖林侯一鶚今郡守襄邢侯充寬淨命以董其功者吳邑主簿南昌李紫也

於是公之十二世孫主奉祠事從規來以記請有貞聞之君子之於道也其有所立也必有所宗也求乎今而不足則尚友乎古之人今夫都憲公之巡撫於斯也猶文正之經制於陝右河東也兩郡侯之繼守於斯也亦猶文正之為治於蘇潤饒越也於是而事文正之事心文正之心則亦文正而已矣有貞於公幸為鄉之後學固嘗竊窺乎公而思所企及者其能自已乎哉雖不文也願執筆焉以褒幾夫高山景行之意云

太師蘄國韓忠武王廟在吳縣靈巖山寺西麓紹興二十年勅葬於此墓有穹碑而廟已廢成化十年知府丘霽奏入祀典每歲秋仲月祀之弘治中知府史簡以王舊宅在城內南禪寺之左即其地祭之祝文曰敵愾勤王精忠毅武功冠中興名垂千

古詩（高啓）宋室中興日將軍武畧優功宜超賈鄧名恥並張劉白馬空南渡黃龍竟北游誓擒諸部種還報兩宮讐朝使頒金冊邊人識錦裘躍戈衝野陣橫棹截江流殘虜亡魂走中原指掌收未終藩閫寄已惑廟堂謀坐散熊羆士卄臣犬豕酋和戎詞易屈復漢志難酬閱聳吳山曉陵荒壟樹秋廉頗歸未老郭令罷誰留折檻言從切藏弓勢可憂俄看星隕壘永使陸沉州感慨思前代淒涼弔古丘劍花埋虎氣碑蘚剝螭頭石騎嘶風雨山僧護櫝楸鼓旗何寂寂簡冊謾悠悠父老悲猶在英雄事已休棲霞嶺前墓闇說更堪愁

魏文靖公祠祀宋參知政事魏公了翁弘治十年從郡人魏芳奏即鶴山書院祀之祝文曰晚宋明儒繼明絕學著書行世抗節立朝遺跡攸存餘風未泯式彰明祀以厲方來

弘治十一年四月蘇州府

吳寬勅祀魏文靖公記

長洲縣民魏芳具疏奏臣十世祖了翁宋慶元五年進士累官至資政殿大學士參知政事贈太師秦國公謚文靖嘗講學于臨卭白鶴山下及謫居靖州建鶴山書院以居學者後在政府理宗親題書院扁以賜仍賜居第于蘇州以疾命就醫郡中及卒遂葬城西高景山下後以居第爲書院而墳墓至今有碑在焉惟公立朝大節及講明道學之功當時與眞文忠公相上下故人以眞魏並稱國朝旣以文忠公從祀孔子而范文正公蘇人也亦有文正書院又以公有功于宋亦命守臣即書院歲時致祭顧獨遺公徒使書院巋然神位虛設實爲缺典茲幸遭際 聖明崇儒重道屢降明詔表章先賢脩舉廢墜如念公之功特 賜扶之祀典豈惟爲魏氏之榮而已所以慰吳中士大夫之望者在是事下禮部議以公平生具載史傳考論其功於法得祀宜 勅守臣春秋舉行如范文正公故事覆奏從之芳感激乃謁予告曰 聖朝感典一旦光賁于斯文至矣幸載之文辭以示後世寬謝不能而其意益懇蓋公居第實在蘇城之南元至順初公之孫起欲以其地規爲書院言于

侍臣以達于上得以舊扁揭于堂楣而學士虞集且爲之記公之功至是始顯然觀記之所云一時尊崇之意雖若甚盛亦不過其子孫世奉祀事而已豈若今日由於禮官之所議出於 上之所從陳其牲醴奉其幣帛內出祝詞俾有司其讀如儀有 國朝之盛者公之功至是益顯豈前代之云哉或初公之仕宋當寇亂擾攘處于偏安之地忠言沮塞厄於權勢之人其事業旣不得大行于時獨其講學之迹見於所著九經要義周禮集說等書有不可泯者故雖百世之下學者猶有賴焉則夫論其功者祀之一郡果足以報之乎蓋國初王忠文公子充嘗著從祀孔子議其謂歷代儒先有功於聖道者至宋有周元公而程氏兄弟承之迨朱子集其大成中更學禁獨眞魏二公不背其學力以斯道爲已任其所著述皆黜異端崇正理質諸聖人而不謬足以纘諸子之緒以爲當列于從祀其言合於公道君子取之久之竟詔文忠公從祀如其議則公固不得而遺之也夫報功之典人當言之非一人所能私者則寬之記此豈亦私於公哉君子將亦有以取之

二尚書祠在胥門外懷胥橋南弘治十二年知府曹鳳建祀戶部尚書夏忠靖公原吉工部尚書周文襄公忱忠靖永樂初吳中治水文襄宣德正統間巡撫並有惠愛在人至是都御史彭禮奏請立廟春秋祀之祝文曰東南數郡國賦所先昔有名臣來蒞茲土治水效平成之蹟理財盡經制之宜人雖亡而政則存歲愈久而澤不替輿情上訴秩與下頒茲當仲春秋並陳明薦統祈歆格以慰瞻依

已上祀典

周康王廟在城中市曹橋正北或云晉隋間嘗載

於市曹橋因立康王廟取成康[illegible]措意云
嘗浚河得唐建廟碑載其址甚廣並爲居民所侵
其廟後盡傾圮天順初里人吳孟融重建
吳王廟在香山南岙廟貌有二妃侍相傳即孫武所
誅二隊長也又曰吳王姬祠今爲土神一在吳江宋
墓一在崑山沺川鄉一在永安鄉金城
夫差廟在姑蘇山東北鑑誡録云拆姑蘇臺木爲之
今村落間多有此廟一在常熟縣西二里一在崑
山縣新安鄉唐陳羽姑蘇臺畔千年木刻作夫差廟裏神幡蓋寂寥塵土滿不知簫鼓
樂何人宋張詠由來邪正足安危不信忠良任伯嚭自古家家有容治何須亡國殢西施范成大縱
敵稽山禍已胎垂涎上國更荒哉不知養虎自遺患只道求魚無後灾夢見梧桐生後圃眼看麋鹿
上高臺千齡只有忠臣恨化作濤江雪浪堆
胥王廟在高峰山西胥口臨湖即舊廟基也廟遷入
城人猶於此祀之
赤闌相王廟在府治東南赤門内相傳王爲吳闔閭
築城死而爲神洞廢西[illegible]有祠神姓系名湛壁蓋不可考或謂
赤闌以廟近赤門故名又吳地記云南面討擊將軍黑奠赤墓在蛇門裏周敬王六年築城而死今
呼赤闌將軍或云赤闌即赤門相王即伍相云
慶忌廟在吳縣境俗云慶忌非也出續圖經
鄒國公祠在城東顧家橋五十三世孫孟潼以祖信

安王府請于有司改立爲祠裔孫文龍守之文龍之後
不存祠屬周氏蓋孟之婿也
春申君廟在子城内西南隅祀楚黃歇也唐天寶十
載郡守趙居貞重修自唐以來祀爲城隍神今廢
惟東城土社神猶稱春申君云趙居貞記輶軒莅郡十有一月矣猥
以薄材謬承重寄竊自淮服半刺超爲江南方伯郡領二十地亘五千皇皇者華幾懃輝道兢兢其
志常誡飲冰周爰諮詢申命行事損以懲忿窒欲益以改過遷善豺狼擁路埋輪以逐之騏驥伏櫪
攬轡以聘之宣王化而盡覺風行安吐心而不知日用寬猛相濟威恩兼洽長吏肅警疆土以寧日
月其除冰霜再履始也務不暇給今也虞有餘閑別祈神仙獲歲豐稔秉公堂之宴縱靈廟之遊城
不復隍樹先禁伐闔賑荒以毀梁木小而摧乃喟然嘆曰神以依人人茲望福依無所據福安來哉
昔越踐滅吳楚威滅越考烈王繼立春申君登相封江東之巨縣城吳墟爲大都專主威權救國災
患與趙魏爲四公子招賓旅有三千人擠聘使之玳簪誇上客之珠履王久無似君方患之[illegible]兮李
園託其女弟既歆然而有娠遂祕之以獻王王乃沮落子爲君主毋望之人靡信毋望之禍溢興舍
人其亡死士常偵棘門之下萬里相催天乎天乎胡寧忍此令尹多居郢國假君恒守吳宮烏焚其
巢何笑號之先後蛟沒其舳繫父子之沉埋夷盡其家賊園之故一朝冀將滅口千古猶爲痛心今
邦牧所居使臣所理故宮之内故事備聞於是大葺堂庭廣修偶像春申君正陽而坐朱英配饗其
側假君西廂視事上客東室齊班李園死士庚方授戮僕夫閑騎辰位呈形大雪久寃之寃更申如
往之故家屬穆穆異哀榮也儀衛肅肅振威名也巨木擁腫而皆古小栽青葱而柔新總之一門是
謂神府宜正名於黃相削說議於城隍昔歸整守吳刑吳伯之廟太史適楚壯楚相之宮余固兼之
言可則也神有新宇亨之洛之人有眞石追之琢之我船披文祀之告之君宜密應祐之福之初余

之拜命也表授廣陵糾曹張顒兵曹蘇相爲判官
安喜尉李尚爲支使同郡舊知精明深識異途所
合歷落瓌材三人冀有我師四牡愼行爾職欽制
往賢之恥歎垂後昆之裕長史宋尚王臣餘慶佇
嶽良能司士楊彥琮每憂司存實稱住吏預乎作
廟翼翼觀乎降神欣欣咸亦相因斯焉附出唐天
寶單閼歲除日中散大夫守吳郡太守兼
江南道採訪處置使柱國天水趙居貞記

漢蕭王廟在樂橋上相傳橋近市曹蓋人處以蕭何
制律故祀之

漢會稽太守廟在吳縣木瀆北穹窿山南祀漢朱買
臣也世傳買臣負薪往來木瀆嘗藏書於此故傳
此爲藏書廟今肖象衣冠猶存漢制 王汝玉記

漢韓將軍廟在城中官瀆橋南按漢書橫海將軍韓

說與朱買臣同受詔在吳中治樓船破東越有功
即其人也

漢任使君祠祀唐刺史任昭慶也在天慶觀即今之
玄妙觀唐名開元宮宮爲任所置故道流祀之慶
曆中觀燬其像獨存 嘗考漢任延爲會稽都尉聘高尚勉孝行周窮急多有善政而民祀之此或是延祠而誤云爾

晉顧元公廟祀驃騎將軍顧榮也在長洲縣黃天蕩
東以其墓在此故其地稱爲顧墓元知縣周舜臣
重建 元周伯琦顧元公祠堂碑 吳城之東六里有丘焉曰晉散騎常侍顧元公之墓至是千有五十四年矣吳人謂之顧榮墓又以地形如鳳名鳳凰嶺墓前故有祠歷歲滋多蚩氓雜祀他鬼褻
而弗虔過者病之毘陵謝應芳氏避地其側睹茲
汙黷惕焉不寧請於長洲令眞定周君舜臣修祀
而釐正之復徵工改新祠宇新像設具器用秩然
完飭祠前故有二木植以梧桐名雙梧樹以張華
嘗稱公爲鳳鳴朝陽也他日應芳介江東薛毅夫
熊進德謁余文于麗牲之碑史稱公機鑒絕人器
識超明有文武長材始與陸機兄弟入洛號三俊
方歷朝[illegible]自効值宗室相殘宮輿播遷乃沉酣晦
迹崎嶇西南屬陳敏阻兵竊據溧陽姻族盤固難
俯首受署佯順風旨而潛誘同心昭諭大義卒延
司馬氏一不絕之緒其功不可少也王導表爲江南
之望有以哉或謂公與賀循齊名陳敏之亂循以
老疾不起疑與公異嗚呼守道者以全身爲絜
徇義者以致身爲忠未可重輕之也永嘉之際難
作屯厄其奸詭險鷙擅權流毒者後世唾斥不啻
鬼蜮若公之忠義而功在天下世所追慕勝矜不
已豈可以人力致哉記曰以勞定國則祀之顧公
是已作迎送神詩俾吳民歌以享焉其辭曰群岳
之望兮岱宗南土之望兮顧公岱之雲雨兮歲以
豐公之忠義兮功無窮邑有賢宰兮新其宮率吳

民兮潔齋以恭千載一日兮人心同樵蘇遠路兮
馬鬣而封公不死兮精誠上通永望于吳兮配彼
穹窿同崇皇翩翩兮棲彼雙桐吳人追慕兮嘉慶是
蒙教我以忠兮緊曠之功至正二十五年仲冬朔
旦 高啓詩 軍司吳國秀機神夙超朗弱冠遊京洛
已蒙南金賞崎嶇諸王幕沉湎務遵養中懷廣陵
艱計服匪誠柱風雲一揮扇義旅臻同響事成恥
言勳逍然理歸鞅晉社始東遷群賢悉收奬道謁
眞感會嬌翼冊霄上德聞一代稱跡泯于齡往時
屯乏良佐英謨並堪想墳祠託荒郊蕭條並榛莽
蕘童侵雨隧淫巫闐靈幄大夫過停轅式瞻爲含
愴衣冠復故貌筵几陳新享寡劣忝鄉人因歌表
遐仰

東山廟在虎丘山門內東麓祀晉司徒王珣珣與弟
司空珉捨別業爲寺故寺中立祠祀之又立西山
廟以祀珉珣廟又稱短簿祠今居民皆祀爲

土神高啓詩下馬空林問廟扉衣冠寂寞掩塵幃不能復使桓公怒莫怪年來祭客稀

晉陸内史祠在長洲縣相城益地鄉祀晉大將軍右司馬陸雲士龍也雲爲郡人因督糧過吳孌地見歲侵以所督糧盡賑饑民後遇難民感其惠以衣冠葬于此立祠祀之成化中里人沈貞吉重建

宋羊大守廟在子城前烏鵲橋南劉宋時羊玄保守吳廉素寡欲去後民思之故爲立祠

唐甫里先生祠祀唐處士陸魯望也在長洲縣東五十里甫里白蓮寺即其故宅或云卒後就葬其旁廟食于此嘉定十七年錢塘龔時脩別建祠于左元至正間縣尹馬玉麟重建齊東埜語云白蓮寺魯望祠堂其像設皆當時物咸淳中有盛氏子醉仆其像於水滿腹皆平生詩文藁也知府俔普置盛罪更爲塑像其腹藁不復得矣

宋胡宿甫里先生碑銘

君子之無所失道與世而汙隆聖人之不滯於物因時而遷徙達則舊庸而兼濟否則懷默而獨善堯舜許由昔賢標一揆之論禹稷顏子先民有同道之說繼世而作易地則然自風流之聿頹固光靈之不屬中古以降作者寔繁舊史所存孤風可見咸能自潔身累脫去世紛耕巖石以相高蹈山林而不返語其王立之節姑得而云體無道勝之韻蓋亦有幾若乃揖紛亂而高謝標耿介而長往漁釣一壑寄傲無何之鄉鼓吹六經圖芳不朽之事非夫高雅淑靈粹温簡正疇可以議夫是矣先生陸氏諱蒙字魯望笠澤之幽居者也吐崇嶽之秀倬生[illegible]之後温其如玉而不加雕琢淵乎似道而無所[illegible]撓神茂初學聲冠當世屬土行標季矢宇驛騷[illegible]豆委而不收于戈尋而未已先生嘆深鳳鳥志[illegible]鴻冥刻容一函谷之關鼓枻滄浪之水棄去驕[illegible]

餌謝絶畏友之方於是上會稽探禹穴由臨安訪僊室歸長洲茂苑之下樂松江甫里之勝乃嘆曰時無明主安能宗予施於有政是亦爲政退而賦考槃之詩且有終焉之計薙草開徑爲臨江之居剪地作堂倣在鄒之宅南直峴峯之色西帶重湖之光孤雲無心白鳥可狎道素自處物累不嬰好事之流或載酒而相訪雅遊之子時欵關而請見戶外之屨常滿席間之丈屢啓稻田一壓歲供薪水之費魚陂數頃口充庖膾之事至若金櫨之月靜夜赤城之霞啓旦花瀨不遠蘋風甚快先生則必餙輈牛之乘戒白鷁之舫招來僧社之耆申命明簪之盍泛覽節物從容談燕筆牀硯格靜置於左右琴歌酒賦相繼以晝夜擊銅鉢而賦詩指石昺而聯句青溪之曲亦復何窮白雪之倡其和益寡飄然聲利之表自適仁智之樂眞所謂風塵之外物天地之逸民者也加以癖好聚書本皆有副得以傳寫則烏欄不計其費躬加校正則鷄距未嘗去手亡一簪而不戚以百域而自喜雖張華海内之秘班超禁中之副無以過也由是富擁多文優入聖域紬六經之妙論泛九家之清流摘發異

聞多黃香之不見沉研精義皆郭璞之未詳此又稽古之宗師博物之淵藪也若夫言不詭聖志在拂世英辭闢楊朱之塵高論攻墨翟之守潤色夫子之際煥乎有章潛心大業之中卓然不顛斯又三代之遺英萬世之先覺也自貞元和而下風什陵喪多哇之響甚喧大雅之作幾墜先生收五際之長波駕四始之高蹈綜制萬變入道奧而推深刻彫衆形等天機之不宰微言之緒既墜正始之音復聞時皮公日休以高文大筆爲世元儒先生幅巾過從一面如舊相與文酒之間坐忘形骸之外凡所賡唱溢于几篋莫不研幾深以繹志叨虛家以成韻天才艷發縟體交變褭蹄之性百鍊而不耗大韶之音九變而彌雅居然嗣響蔚于中興其命世深出之雄乎昔子山搆閔辭多主於悲哀韓非遭亂書頻露於孤憤屈平怨刺託方物以寄懷虞卿窮愁慨詩書而見志何自待之末厚將不遇之所興切況淵高曾未髣髴客而不雨嗟乎西郊之雲瑞非其時異哉東魯之獸至於青編紀素尚之節鏤板昭炳蔚之文雖與日月爭光金石共盡可也宿卯企風徽積有年籥經涂所出舊址存

焉歸然靈光鞠爲茂草敎交照之不接倬圍秀之無聞亦由歷高唐者想緜駒之謳過夷門者感侯生之事蹈揚盛德其庶幾乎銘曰仰以觀文少微之位含德葆光淪精𣹢粹猗歟先生鍾厥靈氣郁哉懿文倬然上智五代尋戈三靈塞霧鶴在衛軒豺盈漢路衰鳳成歌賓鴻局蔡長洲死下松陵水邊内樂名教中有聖賢擁書萬卷擷藻千篇江山豈助造化無權名理之言有補於世清尚之風未墜於地壞樹俄空巃書不至清暉𦗟邈幽靈潛翳鞠草寔繁柅車増欷講樹已彫琴臺久墜茫茫太素英魂兮何歸杳杳終古香名兮獨飛

廣陵王祠祀吳越中吳軍節度使錢元璙威顯公祠祀元璙子節度使文舉二祠俱在薦福山北陽壽聖院即其葬處也

宋翰林王公祠祀宋王禹偁也公嘗爲長洲宰天禧

四年子嘉言復宰長洲作堂祀之後又建直堂於虎丘蔵小畜集其中知州康孝基撰碑景祐間范仲淹守郡常爲之贊後其子純禮易之而去淳熙九年知縣曾栗復繪公象而祀之黄由題記仍刻歐蘇黄三公詩贊于石慶元間令黄宜又作堂於縣治東偏名企賢堂由復記之互見官宇

范仲淹讚 昔王文正公曾居相位二十年未嘗見愛惡之跡天下謂之大雅寇萊公準左右天子郤戎狄保社稷天下謂之大忠樞密馬公知節有犯無隱天下謂之大直此三君子一代偉人也公與三君子深相交許情如金石則公之道可知矣

黄由記 孟子之言大丈夫曰富貴不能淫貧賤不能移威武不能屈蓋古之所謂大丈夫者必有古天下之識容天下之量蓋天下之氣不得志則獨善其身得志則未嘗不欲行其道乘田委吏不敢辭卑而盡吾職之當然及其立人之本朝則諫王斷國以身徇義死生禍福不足以動其心此豈尋常瑣瑣者所能爲也後世徒見古人功名鼎盛以爲是出於偶然不知胸中涵養蚤正素定非一朝夕而紀茲常汗簡青特其𥩟也内翰王公元之自爲布衣已慨然有經綸天下之志洎遭明時事聖君正色立朝凜凜乎不可犯文忠蘇公至追配以漢唐六君子平生大節載在信史夫人能言之若夫服勤小官孜孜民事言雖卓然有大過人者國史逸其傳或不得而紀也公以雍熙改元宰吳之長洲首論榷酒之弊懼遺斯民之害以至激風俗而厚教化抑兼幷而哀流亡形諸壁記而垂詔後來者大帥皆有深旨非徒爲之厚不以職守大小貳其心者能若是乎公沒二百年邦人雖知公之有德於民莫有發其微者今總卿潁川曾侯栗德寬來宰是邑始求公像繪之而併鑱歐陽蘇黄三公詩贊于石嘗屬余叙其大槩矣蓋曾侯之去十有七年天台黄君宜寔來拜公遺像而且歎祠事之禮猶闕乃闢縣治東偏建堂而奠焉而求文以爲記竊謂公之

雄文直道槩白天下豈待余之文而後信況獲附名於三公詩讚之尾尚復何言昔王文公介甫宰鄞有聲利興害除民甚便之其後坐朝堂臨大政乃用其所以治鄞者而治天下惜其學術喜同惡異故爲相聲名減於邑公則不然自令滿召試再陟諫坡三登掖垣而晚入翰苑危言讜論裁抑冗費禁戢游惰緩刑薄賦修德厚本終始爲上言之而愛民之意出於一轍咸平以來卒爲名臣然則縣百里之政充而至於致君澤民果有異乎哉長洲爲今壯縣令宰名德前後相望其間因是有聞而登宰輔者豈公風流在人于今未泯邪黄君舊同學校知其人不苟爲政三年去之日如始至燕居之所未嘗葺而獨於此焉惓惓可謂知所本矣

忠烈廟在天平山白雲寺宋文正范公先祠也公之先自徐國公而下三世葬此山宣和五年慶帥宇文虛中始奏賜今額本在邠慶諸州南渡後陝隴

隋絕攺秦於此每歲上巳有司致祭今祭於城中
書院此廟則子孫享焉正統間重修[illegible]記自睦移守鄉公
郡再省三世松楸不但漢人過家上冢之榮而已
嘗即白雲菴奉香火洎登政府得追封三世置墳
寺始改菴爲白雲寺祀徐國公唐國公周國公先
是元昊據靈武納旌節僭位號威脅諸羌肆爲邊
患朝議舉兵攻討公守邠慶諸郡有功諸郡與屬
羌皆立生祠繪像以事其終也屬羌酋數百舉哀
僧舍哭之如父三日乃去宣和間慶帥宇文虛中
以郡人思公不忘祠事甚謹奏賜額忠烈廟他有
舊額皆易新榜紹興失秦隴慶陽廟貌遂在他方
始攺奉于天平山每歲上巳三司率僚屬郡博士
率前序偕來致祭廟久頹毀至元乙酉主祭邦瑞
提管士貴共議重建取義學餘米歸之義莊爲土
木費司計邦翰宗遜等佐之其年四月既望新廟
成丙戌二月既望率族奉安前設文正公像內設
三國公神儀廟凡十楹黝堊丹漆備極壯麗供具
皆完好大德甲辰行省聞于朝禁治煩擾崇奉尤
嚴於是士賢以書抵巘俾記厥成巘焉末學固辭
弗獲惟昔文正公在朝聞延州危急自請代張存
直欲委身不測之地人以爲難巘竊謂未若公上
百官圖詆宰相爲張禹雖觸盛怒坐以越職曾不
少沮爲尤難蓋不顧其一身之利害禍福故能內
爲朝綱外亢方面謚曰文正廟號忠烈如是之偉
也是宜作銘詩刻石列廡下其辭曰南陽諸葛蜀
漢再造志決身殲民哭陌道乃廟沔陽成都夔子
號曰忠武西人悲喜相傳尚記臧雙誅郤於惟文
正異世同轍雖老益壯雖死不忘精忠盛烈夏日
秋霜昔討靈武皇威遠加聲勢震焯摧其角牙忠
烈有廟參錯西土公像在堂莫予敢侮天平之山
白雲之泉公歸自西廟貌苑然誰寔新之偉矣桂
石上公之服揚休山立內祀先公爰備廟制維垣
啓宇光榮三世式濟世美忠宣弟昆粤至斯今代
有賢孫迺厚義廩迺廣義學同志合慮新廟攸作
潔我牲醪率我宗黨揭虔妥靈默通肸蠁公在帝
旁玉虬既駕神遊逶迤馭風來下佑我後人俾熾
而昌廟祐是保千載奉常**鄭元祐詩**西望鬱巒草
木青魏公祠下拜儀形經綸有策迴天地憂樂無

時亡國廷異代[illegible]若肅與禮誠一香[illegible]
雲鎖今猶在何[illegible]公祠宇
青山巀嶭石巃嵸森古木山下居人幾世孫泉道
瓜綿分譜族太湖之水去悠悠異代蒸嘗春復秋
吁嗟濟世安邊計今日誰先天下憂[illegible]閔陳
言對御筵共言天子得時賢纔陪上國趨延內遽
撫憂羌出塞邊松栢自依先壠廟稻禾猶滿
義莊田古來直道終難合何必深嗟慶曆年
濂溪祠在萬壽寺西濂溪坊內祀宋周元公茂叔初
茂叔孫興裔以和州觀察使駐劄平江奏立祠於
吳縣胥臺鄉後其裔孫文英南老屢復而卒廢正
統元年幾世孫淵等始遷于家泰和王直記
孫學士祠在萬壽寺天聖中直史館臨江孫冕守郡
有善政吏民敬畏立祠祀之

章莊敏公祠在報恩寺東即章太師家廟公名楶涇
原御西夏寇有功徽宗賜廟于懷德軍額曰忠烈嘉
定末其孫請立于此後爲天妃廟
和靖先生祠祀尹肅公焞也在虎丘西菴焞紹興中
嘗讀書於此扁所居曰三畏齋嘉定七年知府陳
芾始繪象祠之九年郡人孟猷等又遷于上方講
幽軒之南提舉吳格割公田四十畝爲修葺之費
今廢改祀于學宮**宋黃幹新建尹先生祠記**和靖
尹先生寓居平江府虎丘西菴
榜曰三畏齋去之七十有五年郡守直祕閣陳君
芾通守太學博士丁君煟始度菴空地爲屋繪先
生像祠焉尊前賢厲後學也先生諱焞洛陽人年
二十師程子舉闈策士議誅元祐黨人不荅遂棄

靖康初以布衣召不至詔褒爲和靖處士洛陽陷家戮焉先生死復甦竄亂長安山谷中逃豫以禮聘溺水逃去展轉蜀道累年紹興初以崇政殿說書召凡二十辭八年冬始入見除祕書郎明年遷太常少卿權禮部侍郎每遷輒辭其冬除徽猷閣待制提舉萬壽觀辭不已遂奉外祠即虎丘以居年已七十矣後二年竟沒於會稽之寓舍先生所寓於世如此蓋嘗考先生之所學篤於踐行不爲虛語未嘗求人之知人亦莫能窺其所蘊今其可見者經帷進講門人記錄耳惟即其所寓於世者觀其所處然後知先生之於道卓乎不可及矣至於歷險難之極而不變處貴顯之驟而不動抱仁戴義終其身而不悔非盛德能若是乎程子之門從游之士皆宏博俊偉極天下之選而於先生亟稱之其察之審矣里巷小人顛頓於利害之塗不足道學士大夫則知義理矣臨利害毫髮即棄其所守聞先生之風得無小愧歟二君爲是祠亦名教所係故述其躬行之大節以示學者庶幾驗之於身而有得云嘉定七年六月既望記

黃士毅重遷祠堂記

平江府虎丘西菴和靖尹公先生祠者嘉定甲戌今軍器少監丁公焴通守吾邦之所創也初在山之西北隅後二年貳卿孟公猷闓有殯在西階之上甚懼非所以祓不祥而致禋祀之誠者告于刑獄使者柴公中行乃屬長洲丞趙君崇偘即上方通幽之軒南闢地而遷焉蓋先生寓居之所也知府事沈公曍悉資其役爲堂三間西向羣山前列環隴近護老木修竹交閎左右高明靚深稱祀如昔甫成而柴公以召去王公淬繼之復摹先生晚歲片紙手書聖賢格言五千餘字刊置兩序常平使者吳公格割公田四十六畝俾住菴者爲增葺費孟公以始創遷有以示來者命士毅書之士毅昔登朱子之門獲聞先生之學嚴於持守之本用力之眞體驗之熟復發主一無適之旨至講說而不踐行則爲虛語問答而少差失則至誤人與夫未至於磨不磷涅不淄則不可如聖人之見南子之類皆務簡實而戒謹恐懼之意隱然於其間未嘗不三復警省今茲祠事仰止遺像如親炙之必求先生之學而學焉是乃興起之方豈曰小補之哉既次其畧輒附所聞如此然自先生來居積七十有五年未有表其事而出之者而二三年間其役再舉始克就緒則感夫事之難成而俾終弗壞焉以興起於無窮者又有待於後之君子也先生居之歲月出處之大致已詳於黃侯翰之前記是役也始於四月甲午而訖於六月庚戌實丙子歲云

知州事少師閬州陳公省華大卿葉公參祕閣嶸縣姚公憲三祠並在虎丘雲巖寺乾道五年郡人立教授陳伯震記今廢

參政張公嚴祠在瑞光寺初光福民張氏聚其族人抄掠侵暴三十餘年莫能禁止嚴與知吳縣華延年捕寘于法郡人圖其像祀於寺中併祀延年表曰賢守令祠郡士許知新記

尚書吳公淵侍郎吳公潛學士趙公與篙憲三祠在承天寺三公皆嘗爲吳郡郡人祀之吳祠嘉熙二年立黃簡記趙祠寶祐四年立袁萬頃記今並廢

楊和王廟祀宋將楊沂中在坊習義鄉孝廉里沂中有別館居此後人因祀之

知軍事轉運使趙公希懌祠在穹窿山南因其墓而祀之

已上先賢

包山廟在洞庭西山唐咸通間郡從事皮日休禱雨有應與陸龜蒙皆有詩今飛僊金鐸植里渡渚諸山皆其別祠也俗稱包王廟皮日休白雲最深處像設嚴嚴堂村祭足

茗轴水真多桃粱笞遷突与砂麻菸燦襲奇嫩氏寂不然風送杉桂香積雨晦州聖灾泱漂稻粱公惟大司諫憫此如發狂命予傳呵禱祇事實不違一鎮真若盻饗再祀如激揚出廟未半日陰雲逢湧光燄變雨點少漸收羽林槍忽然山家犬起吠白日傍公心與神志相向如玄黃我爾作一疏奏之于堅蒼蟠神千萬祀永福吳封疆陸龜蒙靜境林麓好古祠煙露叢白非通靈才敢陟舉儀峯白里波浪沓中堂鷁皴重真君具瓔珞髣髴來相從清露濯巢鳥隱雲生畫龍風飄橋袖杳日動幡蓋容將命禮且絜所祈年不凶終當以疏陳持用詒後封

太湖水神廟在洞庭銷夏灣水心俗號水平王廟宋知軍州事胡宿嘗奏列祀典神像與几案皆石爲之鄉人祀之甚至其地本水中一洲嘗與水平雖巨浸不沒故名衆安山湖中多有此廟舊傳神爲

漢雍州刺史郁君廟即其廨宅又郁史君廟在衡山崑陵志云水平王舊傳后稷庶子佐禹平水至會稽爲人浚導因祀之又水平王廟一在吳縣西北八十里一在吳縣西北二百里

五龍堂在今長洲縣東南唐貞元中建李紳記宋淳熙間賜額靈濟廟紹興四年勑封第一東靈侯第二西成侯第三中應侯第四南平侯第五北寧侯宋淳熙十年郡守耿秉以久旱齋祓禱雨越二日有小龍如蜥蜴見於五龍神位香案果飣上蜿蜒下去秉與紡三日內雨當奏請廟額翌夕大雨事聞詔賜額靈濟自是郡中水旱守官按讖牌於祠前潭中必獲響應又吳地記云石龍在龍壇里其壇弁潭猶存今水南之地皆爲蔬圃又有石名定屯校爲龍宮所有者昔人嘗於居民金氏船於水底見之其方不踰文中作錢文四角有雲氣但以塗泥

不得詳辯耳

水僊廟在子城東南古蒼龍堂神即柳毅也今爲上元鄉土社祠頗著靈異一在城西鴈蕩村

靈官廟舊名靈順行祠在胥門內朱家園名上善菴宋嘉定二年建一在西米巷名如意菴嘉熙四年重建一在葑門外葑渡橋北紹興間建一在吳江

五通廟在吳縣西南十五里楞伽山一在崑山縣東南三百步俗稱五郎堂一在嘉定縣大場寺東一在崇明縣鹽場內

關王廟祀漢壽亭侯關雲長也在乾元坊東大街元甲午歲道士李原祐建一在縣西至正二年宗明縣東沙

寶慶觀之左

玄壇廟在玄妙觀前神姓趙名朗字公明與關羽同時即趙雲子龍之從兄弟也一在義慈巷內一在嘉定縣西廣平橋一在崇明縣西北六里

江東神祠在報恩寺西教場內神姓石名固秦人也漢祖六年灌嬰略定江南至贛城神現于貝山告以克捷之期士卒駭異凱還牲酒款謁立廟贛江之東至吳孫氏遷神於吳境祭之時有鐃歌五章見樂府今在巨大城頗著靈異

金天王廟在城西南隅楊和王賜第園中昔人於廟傍土中掘

得斷碑有金天王三大字又有沈傳師恭御史大夫祕書鄉貢進士十餘字每字二寸許按唐初封華山神爲金天王而傳師蘇人也故附會祀之

猛將廟在中街路仁風坊之北景定間因瓦塔而創神本姓劉名銳或云即宋名將劉錡弟嘗爲先鋒陷敵保土者也嘗封吉祥王故廟亦名吉祥菴又見寺觀 一在閶門南濠一在文德橋東一在嘉定縣馬陸鎮

祠山廟在雍熙寺東 一在崑山縣永懷寺內一在崇明舊縣治前

顯應行祠一名李王廟在葑門內宋咸淳中創神姓李名禄長興童莊人累封福濟顯忠等號進侯爵吳城內外多有之或云即名將李顯忠 一在常熟縣致道觀西廡下名李烈士廟初理宗時吳興潘壬作亂事聞發兵將屠其城神夜見夢於帝及丞相史彌遠遂宥脅從一城獲全泰定間道士鄧道樞塑象於此遇有災患禱之輒應

總管廟在蘇臺鄉富豐里神汴人姓金初有二十相公名和隨駕南渡僑于吳歿而爲神其子曰細第八爲太尉者理宗朝嘗著靈異遂封靈祐侯靈祐之子名昌第十四初封總管總管之子曰元七總管元至正間能陰翊海運初皆封爲總管尋進封昌爲洪濟侯元七爲利濟侯 一在閶門外白蓮橋西一祠祀元王積翁亦名總管廟一在盤門外僊塘橋下一在常熟縣致道觀一在嘉定縣安亭鎮

晏公廟多在閶胥二門軍營內元以其陰翊海運封平浪侯今漕運官兵猶祈賽之

何山廟在何山南祀白龍并土社神紙錢廟在靈巖山西伏龍岡下白馬廟在香山西白馬寺前皆祀本境土穀之神

皮場王廟在府治西成家浜上神本東京顯神坊土神累封明靈昭惠祐王

燕國夫人廟在府治東南燕家橋吳孫權乳母陳夫人捨宅爲通玄寺同光中移今所今開元寺亦有其祠 淳祐中提刑胡穎拓四酒務隙地爲射圃鑿河見古墓得石函上刻燕國夫人篆字舊傳酒務即夫人宅

慧感夫人祠舊名靈祐廟在郡城承天寺護伽藍神也一在吳江聖壽寺 林虙碑陰記 元符元年歲在戊寅夏吳中大旱徧禱郡祀罔無應者是歲高田不稼人多暍死負販之民皆捨其業而以售水自資涉冬至二年春夏之交舟車益不通百貨湧貴城中溝澮堙塞發爲疫氣通判軍州事朝請郎祝公適領郡事乃用故事早暮分禱于所宜祀者一日會承天寺容言此乃梁衛尉卿陸僧瓚捨其第爲之昔號廣德重玄寺陸卿故有女子不嫁經營其事既死祠于寺之東廡開寶中吳越忠懿王朝京師道出吳江大風幾覆舟見女子拯之自言郡重玄寺之神也本國加封號感應聖姑今里中事之甚敬公聞即謁且言明日致禱既歸宿齋于廳事舉家沐浴蔬食相約得雨而後復膳黎明躬至祠下再拜而言曰郡承連年之旱流亡疾沴相乘而作農事失時歲且大饑雖其有罪獲戾不遑然將爲國家之憂神其哀之能即致雨尚可救也屏息聽命寺僧獻兆曰神告即雨衆甚不然憮然而退懇于齋堂左右告曰天油

然作雲矢未及命駕注雨應至老幼驩呼於道王
有不忍以藝笠自庇皆即日盈尺闔境告足自爾
有請必應如取所寄邦人無復水旱之憂歲大有
年乃具事白于外臺使者以聞詔書褒美特封慧
感夫人秩視公侯列于典祠按陸氏得姓於齊宣
王之少子至漢有字伯元者仕爲吳令遷豫章郡
尉既卒吳人思之迎其喪葬于胥屏亭子孫遂家
焉伯元生襄賁令盱眙生本州從事鴻鴻生[illegible]每
太守建建生本州從事曄曄生御史中丞京兆尹
璜璜生弘農都尉文文生親親生潁川太守尚書
令閎閎生桓桓生揚州別駕續續生褒褒生吳城
門校尉紆紆生九江都尉太學博士駿駿生選選
生尚書瑁瑁生潁潁生海隅令濯濯生漢公漢公
生冽冽生本郡從事元之元之生高平相貟外散
騎常侍英英生晉侍中太尉興平康伯玩玩生五
兵尚書侍中始始生秘書監侍中萬載萬載生宋
東陽太守子眞子眞生濟南兗州刺史惠曉惠曉
生梁太常卿倕倕生衛尉君凡二十餘世冠冕不
絶皆有才德名在史冊自興平康伯至秘書監父
子兄弟五世内侍嘉祚積慶挺生夫人惟夫人其

工也精修正潔入清靜海其殁也通于神明有感
斯應故能致朝廷報稱之禮甚厚既以詔書刻于
石將求老於文學之士爲之記以傳不朽搢紳耆
老且請紀其事於碑陰乃爲之叙云戊嘗聞朝請
公元祐間以奉議郎知槖城雨暴滹沱河水盛
漂泛林木室廬蔽而下水及城門雉堞凛然將決
老弱皇恐奔潰調急夫督水工雨且不止人無所
施其力公迺朝服涉濘立于隄上鞠躬中禱水溢
隄壞相去數尺吏民救止公堅立不動以笏叩頭
願以身任之於是雨小止水波稍回河流遂復其
所潰陷之地明日復爲平陸如故使者方欲言諸
朝會公秩滿請罷遂已北方之人至今能道其詳
惟公憂國愛民所至以誠心格物如此是可書也
故附于左元符三年歲次庚辰秋八月乙未朔十
日甲辰布衣林戊記 **范至能記** 按元符三年林戊
記云梁衛尉卿陸僧瓚捨宅爲寺有女不嫁既死
祠於寺之東廡開寶中吳越王朝京道出吳江大
風幾覆舟見女子拯之自言重玄寺之神本國加
封感應夫人郡人於此祈子頗驗元符初夏旱人
多暍死明年疫癘繼作通判祝安上攝州事禱神

致雨歲大熟事聞詔封慧感夫人政和二年曾斐
記賀鑄書中吳記聞云安上除知台州至錢塘將
濟夢一婦人告以風濤之險明日果覆舟數十獨
安上得免嘗有祝史竊廟中懸旛幣其身環走毀
内自言其實盜也夜半踰城還家神靈潛制于此
建炎中金人入寇居民有事之者夢神告以兵難
不數日城陷乾道三年秋禱雨有應父老顧安時
上其事加封慧感顯祐善利夫人參政范至能記

聖姑廟在太湖包山上舊傳晉王彪之女長號聖姑
次素姑常着屐涉水而衣不沾濕相繼卒人以爲
靈而祀之 **韋應物** 黿頭山神女歌 黿頭之山直上
洞庭連青天蒼蒼烟樹閉古廟中有蛾
眉成水僊府沉沉行路絶蛟龍出沒無時節魂同
魍魎潛太陰身與空山長不滅東晉永和今幾代
雲髮素顏猶盻睞陰沉靈氣靜凝美的皪龍綃雜
瓊珮山精水魅不敢親昏明響象如有人蕙蘭瓊
茅積烟露碧窗松月無冬春舟檝經過奠椒醑巫
女南音歌楚些碧水冥冥空鳥飛長天何處雲隨

雨紅蕖綠蘋芳意多玉靈蕩漾清波孤峯絶島
瀛相向鬼嘯猿鳴垂女蘿皎雪瓊枝殊異色北方
絶代徒傾國雲沒煙消不可期明堂翡翠無人得
精靈變態狀無方游龍宛轉驚鴻翔湘妃獨立九
疑暮漢女菱歌春日長始知僊事無不有可惜吳
宮空白首 **皮日休** 洛神有靈逸古廟臨空渚暴雨
駮丹青荒蘿繞梁梠野風旋芝蓋饑烏銜椒糈寂
寂落楓花時時鬪鼯鼠常云三五夕杳靄會妍神侶
月下留紫姑霜中召青女俄然響環珮倏爾鳴機
杼幾至有聞時香來無定處目瞪如有待電斷空
無語雲雨竟不生留情在何處 **陸龜蒙** 渺渺洞庭
水盈盈芳嶼神因知古佳麗不獨湘夫人流蘇蕩
廷吹斜領生輕塵蜀綵駮霞碎吳綃盤露勻可憐
飛燕姿合是乘鸞賓坐想雨烟夕兼之花草春空
笠油壁車窮宛誰相親好贈玉條脫堪携紫綸巾
殷勤擲香池重薦汀洲蘋明朝動蘭檝不翅星河
津

已上土人私祀

姑蘇志卷第二十七

壇廟下

崑山縣社稷壇在縣治西南三里至正七年費復初建洪武三年知縣呂文𦒉重修宋項公澤記邑有社稷春祈秋報重農事也崑山壇壝莽爲荒墟鞠大放焉遇歲事則望拜於鄉校大成殿之戟門豈惟祀非其所神弗克歆抑且背先聖先師焉前政嘗有意修復惑於陰陽拘忌之說而未果予竊謂爲宰者膺人民社稷之寄平土播穀神實司之民實賴之詎容不知報本之爲急務乎遄即舊址而經營之砌築四壝創造齋室周以垣墉植以松柏幣有瘞所門有扃鐍共神位列於齋室其祭器寄於邑庠至期取用焉典祀於是乎嚴矣維茲調邑營繕孔艱屢政憮視今幸肇成繼自今其以時整葺毋或因循與宗祏相爲無疆故書以示來者宋淳祐壬子記

風雲雷雨山川壇在正南門外洪武三年知縣呼文𦒉建

邑厲壇在縣北三里馬鞍山陰洪武三年建鄉厲壇共四百九十所

城隍廟在縣治北馬鞍山南舊在平橋北洪武三年遷置　已上通祀

惠應廟祀崑山神在縣西北馬鞍山之陽唐中和二年建宋崇寧間賜舊額曰大觀廟封神曰靜濟侯紹興間加永應淳熙間加昭德慶元間加顯貺開禧間改封昭惠公嘉定間加靈濟寶慶間加福應紹定間加康祐淳祐間封顯佑王洪武中改封崑山之神每歲夏四月祀之永樂中廟燬宣德中縣丞吳仲瀠重建祝文曰有山巍巍惟神主之有民林林惟神福之誥錫寵褒以答神休英爽如在享祀千秋宋黄[illegible]記嘗聞三代迭號仁義俶歸七國俶擾商鞅是詐或封建于秦或追贈公侯居於域中莫非爲大然有功於國有惠及民後世尊其道者亦受命無愧矣大聖山王者焉教山之神也按圖經梁沙門慧嚮謂茲山諸勝可興佛寺雖用志彌篤而力莫能建一日宴寢山神前現曰願助千工以副斯意是夕雲驅電掣風撓雷動駢闐之跡遍于林莽鞭朴之聲震於巖谷洸惚中夜驚悸數里詰旦陰翳潛廓靈基倏成雖壘石之相差若築出之夷廣橫袤十七丈高聳二丈小大規矩混然削成其直如繩其平如砥非人功所能致也事聞建神之祠錫命曰大聖山王蓋旌其功而表其美也自茲以還威靈益著聰明正直鎮乎百里之境福善禍淫庇乎一方之民凡猶豫者卜之如釁靈龜疾疫者禱之如餌良藥肸蠁之應昭昭而可驗牲幣之祭紛紛而不絕及物之惠斯亦至矣然而年祀寖遠棟宇隳壞軒墀蔽乎春草廊壁鳴乎秋蛩鼪靈之具存而像亦斯弊邑人陳仁紹者好善不回積財能散眡廟宇棟撓思繕構以鼎新今寺主僧志堅同募居民以成勝事僧願文清瑩亦贊其能踐跡一發如石投水施利四來如川赴海凡所得者僅踰千緡於是鳩工市材揆日藏事歲時未易斤斧告停危簷翬飛豐丸鴛甍窻牖明邃欒櫨赫奕殿堂廣其舊制廊廡闢乎新規門闌有門左右有序中塑神像森衛肅官威儀聿陳藻繪斯煥蓋所以答神休而肅祀事也噫古之鄉士有益於人者典禮尊其祀焉矧茲山王垂數百載而英烈不昧始施功而成善事終佑民而享明德建祠追號亦其宜矣前所謂有功於國有惠及民後世尊其道者受命無愧其斯之謂歟曷因訪舊胥臺薄遊是邑聞其異蹟闕於記[illegible]蒙確請不獲牢讓辭止淺近斯[illegible]焉明道[illegible]

二月十五日記

衛文節公祠祀宋太師秦國公溼舊在馬鞍山華藏寺之左後徙儒學傍成化六年教諭劉衡奏入祀典每歲春秋祀之祝文曰維公全經濟學貫天人扶植世教羽翼斯文今茲仲春秋謹以牲帛醴粢祇薦歲事神鑒不昧靈其來歆

已上祀典

婁侯廟在縣東北婁縣村吳張昭陸遜封婁侯故人立廟於此祀之元至正十一年廟圮知州偰僕斯重建 殷奎崑山州作新婁侯廟碑狀 婁侯廟者祀吳將軍張文侯昭丞相陸昭侯遜及昭子陽武將軍休也按三國志漢建安二十四年孫權以陸遜爲右護軍鎮西將軍封婁侯吳黃龍元年以昭爲輔吳將軍改封婁侯嘉禾五年昭卒少子休襲爵據今崑山本古婁縣張陸二侯實國於此諸祀典後世宜有血食之奉而廟貌缺然千有餘年莫知有舉至正十年冬十二月知州偰侯斯始覽圖志考典禮慨然歎曰忠臣烈士之祭有國之所崇奉今歲所下赦書廟宇損壞俾之修葺臣斯幸得承乏此州有如昭遜功烈光於史冊而國家世遠寖失舊君之祀甚非明詔所以奬勸忠臣之意即下令以赦書從事廼相州城東北三里婁縣故治有叢祠一區撤而新之考三侯冠服之制像設其中文侯昭侯並位南面而楊武西向侑坐又合廟左佛廬四楹爲祠祀齋室俾里人教授其間繚垣四周前爲崇門題曰婁侯之廟明年十月某日侯率僚友具牲幣以落其成顧廟宇閎所麗石未有刻辭謂奎嘗參預茲議使狀其始末請文下作者若三侯德業之詳則有吳志本傳在

王司徒祠在景德寺內祀晉王珉珉舍宅爲寺故僧祀之 按景德寺記珉與其兄司徒珣既以虎丘別業爲寺而珉復自表見於此今郡城亦有景德寺則珣宅也

孟尚書祠在縣治儀門外尚書不知何人相傳縣址即其舊宅

張公廟在縣治東南三里祀宋張文定公方平公知崑山縣有惠政故民祀之

劉龍洲祠祀宋詩人劉過過字改之廬陵人紹興間客死崑山其後主簿趙希懋葬之馬鞍山東齋之西岡復即東齋爲祠後燬于兵元季知州偰僕斯與士人殷奎等脩復之 宋滕萬頃詩 曾隨薦鶚上天閽肯信荒山近斷黿百歲光陰隨酒盡一生氣槩在詩存冢頭平地藤蘿合碑倚空巖霧雨昏縱是紙灰那得到落花寒食不開門 元秦約 龍洲先生湖海士矯矯高風絕代聞持節去爲金國使封書曾感虜陵君莫逢英略生前志豈世文章死後勲壞塚年來誰灑飯悠悠看棘樹鎖寒雲 楊維禎 讀君舊日伏闕疏淚灑開禧無限愁東江風雨一斗酒大地山河千尺樓龍川壯元曾表怪李山使者忽白首白鵠飛來作人語道人赤壁正橫舟 國朝偶桓 迭尋遺冢入烟林幾度蕭風感慨深草暗殘碑春欲積苔寒草木夜柏禽清江截雨孤舟莠異國登樓萬里心泉下劉郎呼不起吟成哀些一汎襟 沈愚 文章人物遊時流袖拂天風萬里遊黃鶴樓前江月白沉沉古酒中秋○中原望斷獨與哀悰抱憂時恨未開十飄帛風雨夕鳥誰平苦渡江來

事賢堂在報國寺東知縣楊子器建祀唐縣令王綱宋縣令潘友文張方平程沂韓正彥巫自脩元知州王安貞潘昴霄

葉文莊公祠在儒學後祀吏部侍郎葉盛弘治二年知縣楊子器建【吳寬記】故吏部左侍郎謚文莊葉公正統中爲兵部給事中己巳之變京師戒嚴公忠憤激發數日奏疏七八上區處兵事悉中機宜自是有名於時後參政山西擢都御史南北巡撫制禦蠻夷功績益著成化初召爲禮部侍郎改吏部而終公蘇之崑山人也既歿幾二十年慈溪楊君名父來知縣事自以少知公名今獲令茲土謂公之爲人天下皆知其賢況鄉人哉歿而祀于鄉禮也顧學宮後有佛廬當撤者乃毀棄其像改公祠設位於中歲時率僚屬師生拜而祀之他日托公之子督兵部郎中虞君元凱來道其事而以記請夫世之仕者孰不急於政事有政事矣然無文學以資其識則所行者不免爲俗吏之事又孰不重乎文學有文學矣然無氣節以立其德則所能者不免有文人之譏故三者每患人不能兼而有之公之政事載於國史者甚備已不必論其書冊滿家篤學考古至忘寢食所著述專以歐陽子爲法純雅明白其詞藹

然平生尤慕鄉先哲范文正公身雖已貴蕭然猶寒士也諂佞之徒有所倚而起者惡之不忍與接其所自處重矣是以其名起於當時傳於天下而士大夫罷公于國朝名臣之列此豈無自而得者特公以中歲而歿使天假之以年其見於世者當又不止於此於戲惜哉寬初入翰林及接公而受其謙言然不久去世竊以爲恨而名父嘗有斯文之契者況其爲此又當乎人心故雖無文猶強書而復之祠成于弘治三年二月戊戌

已上先賢

景雲大王廟祀唐尉遲敬德蔚州村相傳敬德生此村故祀之或云敬德封吳國公故廟食於此

卜將軍廟在卜山上昔有人於廟下得斷碑畧云府君姓卜名珍字文昭西河人唐寶曆元年終葬於崑山西鹿城鄉界卜山禮也銘曰森森古栢宛轉龍岡孤雲乘蓋日月懸光千秋萬古嗚呼夜長不言將軍之號亦莫詳廟食之始

巴王廟在縣西北三保舊傳農人墾土得斷碑云彭府君墓在巴王墓南由是知廟下有墓巴王彭府君莫知其詳

女媧廟在惠安鄉大駟村媧婦山下

黃姑廟在縣東三十六里地名黃姑范志云父老相傳嘗有牽牛織女星精降爲女以金篦劃河河水湧溢今村西有百沸河鄉人異之爲立祠舊列牛女二像後人去牽牛獨祠織女禱祈有應歲七夕鄉人醵集廟下占事無毫釐差舊有廟記今亡之按荆楚歲時記牽牛謂之河鼓後人訛爲黃姑然古樂府有云黃姑織女時相見李太白詩黃姑與織女相去不盈尺則指牽牛爲黃姑李後主詩乃云迢迢牽牛星杳在河之陽粲粲黃姑女耿耿遥相望又以織女爲黃姑事久愈訛矣【高啓詩】農祭頻來水廟扉銀河東望失星輝天孫機夜應相憶一去人間竟不歸

已上土人私祀

常熟縣社稷壇在北門外舊在縣西一里洪武三年移置【宋陶任古記】有民人焉有社稷焉民爲貴社稷次之臨民所重莫先於社稷也常熟爲貴邑亦古子男之國所寄以奉社稷之祀皆穎垣敗屋壇壝蕪圮任古至官之初會春祀莫遑展俎豆之事以薦此誠念無以報神休答陰貺越歲鳩工而治之以謀于公帑不假之民力取其有罪者而不麗於法者命贖之壯者獻其力富者助其資始於今年之孟秋報成於冬初壇壝垣屋爲之一新雖無華麗亦使邑人知社壇之重察邑官之所存焉紹興甲戌冬十月記【黃應酉重修記】開禧三年春雩川葉侯凱奉辟命來宰常熟始至有事于社稷顧壇壝蕪圮屋宇荒茀慨然思緝之方繕學舍不果又明年始克成事舊趾築土爲壇旁上皆甃雪霜風雨之餘易以動拔寸竹之椽若將壓焉於是更甓以石易竹以木垣分終外低者高之墁者飾之壁罅弗補靡隙弗周經始於嘉定二年秋八月告成於冬十月既落屬應酉爲記應酉何人哉曷敢謝不能君子謂是舉也有可書者三方其始至

講明農祀不忘本也及其欲修首及鄉校不先神也迄于已成費抬公贏不及民也春秋一善必書玆舉而三善備烏得不書十月乙卯迪功郎平江府常熟縣尉巡捉私茶鹽礬兼催綱黃應酉記

風雲雷雨山川壇在南門外舊在社稷壇內洪武三年移置

邑厲壇在北門外鄉厲壇共六百一十三所

城隍廟在致道觀東即東靈寺基洪武三年建正統七年知縣郭南重修 吳訥記 洪武戊申詔封天下城隍神應天府曰帝開封臨濠太平和滁五府州曰王他府州若縣曰公曰侯曰伯時常熟仍元制爲州封神鑒察司民城隍靈祐侯庚戌詔定嶽鎮海瀆城隍神號仍頒式造廟屏塑像用木主於時州已改縣於是題木主曰常熟縣城隍之神知縣田義始自縣遷今衮繡坊北辛亥勑郡邑里社各設厲壇以城隍主祭鑒察祛

民善惡尋降儀注新官赴任必先謁廟與神誓祠儀注悉出內降吾邑建廟垂七十餘載朽蠹剝落日就頹圮知縣事郭南思無以揭虔妥靈躬指俸貲爲衆倡乃市材僦工經始於正統庚申十凡落成于次年二月堂寢門廡宏壯軒豁視昔有加耆民時琪龔彝等相率謁予文惟城隍之祀經典弗載唐李陽冰縉雲城隍祀記始著其事然無所謂封爵配位也自後繁夥日甚更始於我明歷歲云久或罔克尊吾邑得賢令屏除土偶鼎建祠宇將見神罔怨恫物無疵癘邑人之幸曷若茂哉予羞非筆硯久絕而樂記玆廟亦欲昭揭盛制以示後人云爾

已上通祀

吳公祠祀孔子弟子子游初在縣東北一里宋慶元二年知縣孫應時別建祠於縣治內寶祐間知縣王爚移置儒學大成殿後咸淳間知府趙順孫又創書院于郡治元建文學書院于縣東今入祀典春秋祀之祝文曰文學名科禮樂爲教啓我後人儒風聿興 宋朱熹記 平江府常熟縣學丹陽公祠者孔門高弟弟子言偃子游之祀也按太史公記孔門諸子多東州之士獨公爲吳人而此縣有巷名子游橋名文學相傳在今圖經又言公之故宅在縣西北舊井存焉今則跡不復可見而公爲此縣之人蓋不誣矣然自孔子之沒以至于今千有六百餘年郡縣之學通祀先聖公雖以列得從祀食而其鄉邑乃未有能表其事而出之者慶元三年七月知縣事通直郎會稽孫應時乃始即其學宮講堂之東偏作爲此堂以奉祠事是歲中冬長至之日躬率邑人學士大夫及其子弟與爵釋菜以妥其靈而以書來曰願有記也熹惟三代之前帝王之興率在中土以故德行道藝之教其行於近者著而人之觀感服習以入焉者深若夫吳之墟則在虞夏五服是爲要荒之外爰自泰伯采藥荊蠻始得其民端委以臨之然亦

僅沒其身而虞仲之後相傳累世乃能有以自通於上國其俗蓋亦朴鄙而不文矣公生其間乃能獨悅周公仲尼之道而北學於中國身通受業遂因文學以得聖人之一體豈不可爲豪傑之士哉今以論語考其話言類皆簡易疎通高暢宏達其曰本之則無者雖若見詘於子夏然要爲知有本也則其所謂文學固有以異乎今世之文學矣既又考其行事則武城之政不小其邑而必以詩書禮樂爲先務其視有勇足民之效蓋有不足爲者至使聖師爲之莞爾而笑則其與之之意豈淺淺哉及其取人則又以二事之細而得滅明之賢亦其意氣之感默有以相契者以故近世論者意其爲人必當敏於聞道而不滯於形器豈所謂南方之學得其精華者乃自古而已然也耶矧今全吳通爲畿輔文物之盛絕異曩時孫君於此又能舉千載之闕遺稽古崇德以勵其學者則武城絃歌之意於是乎在故熹喜聞其事而樂爲之書至於孔門設科之法與公之言所謂本而所謂道及其所以取人者願諸生相與勉焉以進其實使此邑之人百世之下復有如公者出而又有以一灑夫

媮懦悍事無廉耻而嗜飲食之餘焉是則孫君之
志而亦嘉之願也公之追爵自唐開元始封吳侯
我朝政和禮書已號丹陽公而紹興御贊猶
有唐封至淳熙間所頒位次又改稱吳公云

煥靈廟祭白龍之神在頂山上本破山龍堂唐咸通十三年縣令周思建宋太平興國四年縣令蔣文懌遷於頂山壽聖寺西偏政和二年賜今額五年封宣惠侯遷其祠於山腰龍池上紹興中加封通濟淳熙加靈澤紹熙加通濟孚應嘉定加廣利進爵八字封龍母為靈應慈穆顯祐普應夫人洪武四年改封頂山龍池之神春秋祀之廟慶元初知縣葉知幾重建成化中知縣黃慶脩祝文曰變化莫測應感有期雨暘時若滋我民物

唐皮日休記

禮山林川谷丘陵能上雲為風雨見怪物皆曰神若然者龍亦能為風雨見怪物則其澤之在民厚矣神而祀之又宜矣常熟澤國也風雨怪物日作于民有在其地者苟祀之至被其利祀之不至民受其禍汝南周君為令之初年夏亢旱禜其神于破山之上果雨以應君曰受其賜徒禜以報不可也於是命工以土木介其象為室以蔭之著之於典用潔其祀於是風雨時怪物止水旱不為厲連歲以穰其神之澤乎君之祀乎凡雩者春秋之道皆書之勤民之祀也君為其祠已乞文其事日休嘉其為志在民故從之咸通十三年二月十九日前攝嶺南東道節度巡官試祕書省校書郎皮日休記

宋詹魯記

政和二年漕臺以常熟龍祠祈禱感應之實聞于朝越明年制曰可宜賜煥靈廟為額邑人以爵號未崇無以昭神既後二年縣以狀列于府府言于部刺史遂復保奏焉制曰可特封宣惠侯於是縣大夫率佐官祗奉休命宣于祠下而邑之士女雲集將退咸告丞魯詹曰侯之廟宇君與縣大夫謀之侯之封秩君於縣大夫請之今堂宇將興亦俾諸適班盡記之以侈其祀惟侯之祠舊在破山與梁之澗上父老相傳其誕育之異肇自梁武之初我宋龍興妙選守令為民師帥太平興國中蔣侯文懌來宰是邑距天監幾五百歲矣時積泰寖殺躬禱於侯不移晷雲斂而霽歲則大穫乃迎侯與聖母之像歸于頂山壽聖之西偏是日白龍示見盤旋冢上彩雲之瑞混耀山間迄今又幾一百有四十載矣邑人乃相與作廟于山腰龍池之上侯之先塋在焉經歷若是之久始克成茲豈偶然哉佳城峩峩方沼灩灩峯巒疊秀回抱如翼長江浩蕩沃野曼衍左則福嶺狼巖右則虎丘昆玉遥岑寸碧列岫橫翠雲煙之祥疑在僊島氣象之偉實冠吳中觀侯之初以神力遷葬而陰陽家流咸謂勝地今新廟奕奕實下瞰焉庸詎知其非侯之意哉政和五年十一月庚辰既望侯之告下十二月朔廟前後殿成若門墉廊廡蓋將有待於來者焉政和五年十一月日文林郎知平江府常熟縣丞魯詹撰

靈惠廟在縣治東南百步俗稱周孝子廟孝子為縣人周容事母至孝既歿見夢於母曰兒已為神當輸忠朝廷盡力鄉閭宋淳祐初邑人鄉貢進士陳榷簿建祠祀之淳祐十二年進士趙必鉘上其事賜今額洪武中封宋周孝子之神每歲秋九月祀之祝文曰德成于己孝感于天旌之祀之敦我民俗

已上祀典

清權祠祀商逸民虞仲在虞山北麓虞仲墓傍御史文燾謙建弘治七年御史劉廷瓚重建於乾元宮之右

要離廟在縣西南四十里歸政鄉

莫耶廟在縣西南二十里莫城

徐偃王廟在縣西四十二里舊傳偃王失國而亡至
膠山而終遂立廟於此

春申君廟在練塘市宣德七年重修翰林檢討陳璲
記

張旭祠在學門內祀唐縣尉張旭 崑陽張翥記略 唐張旭字伯英吳人也生有文藝好草書嘗爲常熟尉及卒爲邑學士神往往吏於學者惟其人則相之以安且顯其去非其人必傾之或弗終厥任或出即覆其所利或遂以戚亡其報之捷於影響至正己亥秋八月天台陳君敬德來爲教授哲神以不私居無何有不得肆其欲者謀與君弗遂由是人皆知神之有以默相者焉吁唐去今幾四百年神之靈赫然如一日則後今日其有既乎

中山永定公廟祀宋名將劉錡元至正三年建

盧侯生祠在致道觀西廡祀元知州盧克治

吳文恪公祠堂在縣治東北祀縣人都御史吳訥成
化二年知縣甘澤建弘治二年重脩

已上先賢

福山廟在縣北四十里福山之陽建於宋至和之初
增脩於元符間 崑山魏邦哲記 惟我真宗皇帝東幸泰山告功於天大修封禪禮秩山之神顯應褒嘉位號崇隆得非衛社稷福生民運功烈於冥冥之際宜有所報稱歟是故一方蒙里不以道途爲勞往奉祀事有如織已往往[illegible]岱嶽立爲別廟多矣然未有盛於[illegible]蘇之福山[illegible]福山廟經始于至和之初垂六十年樓殿門廊弁諸從舍寢然而輪奐江淮閩粵水浮陸行各執其所有以効歲時來享之誠者上祝天子萬壽且以祈豐年而後保其家凡有求必禱焉率以類至號曰社會簫鼓之音相屬於道曾不知幾千萬人不及之乎泰山則之福山福山臨江海上巋然蔚岡巒回環殆亦勝地父老云肇祀之日有帆書來潮水至乃嶽神像居民得之欽事而加信焉山舊號覆釜蓋因其形似後易名福山廟據其上遂爲遠近祈福之地豈偶然也哉

東平忠靖王祠在虞山南麓東按王唐開元時淮陰
人張有嚴之子沒而爲神封成濟侯宋太祖征太
原神著靈異加征應護聖使者熙寧五年陞濟物
侯再封忠懿文定武寧嘉應侯南度後累封東平
忠靖王邑人尊祀之淳熙九年重建 一在橫涇 一在慶安

至聖炳靈公廟在縣治西北洪武十八年建

翊聖廟在縣治南元至正三年建俗稱溫將軍廟

祠山廟在乾元宮宋紹興癸丑建

海神李王祠在致道觀元大定間建

已上私祀

吳江縣社稷壇在西門外舊在治西洪武四年典史
張居敬移置

風雲雷雨山川壇在南門外舊在縣治西南洪武四
年移置

邑厲壇在北門外鄉厲壇共五百八十六所

城隍廟在縣治北一里即舊昭靈廟洪武三年知州孔克中重建宣德五年縣丞王懋脩景泰四年燬知縣賈亮重脩

已上通祀

太湖廟在江南醋坊橋側宋祥符間建紹興十五年賜額永利元至元三十年千戶杜福重建今入祀典春秋祀之祝文曰惟靈赫奕鎮此具區萬頃之廓百川所瀦蛟龍不驚風濤晏如民居安堵農田以畲神之休庇祠祀無違

甘泉祠在縣治南六里石塘第四橋北祀龍神也祝文曰松陵之南具區之衝衆水所聚神龍之宮欽承聖代祀典尊崇歲時旱潦致禱必從波濤不驚利澤無窮茲當仲春秋式陳常祭神其鑒之

甘泉祠禱雨記 吳興以水爲國東出而爲吳江其州郭低窪人烟聚落於浦漵之間左江右湖雲濤烟水其爲神龍之宮靈怪之宅尚何異哉自非神龍依人以著靈而人託龍之庥以爲命則其四封之內呼吸而召之者無難也州之東行涉[illegible]湖而爲梁者相望獨第四橋之下水最深味最甘昔陸羽所品第六水也世傳有龍居之州人即橋北水之中沚置祠享焉謂之甘泉祠其來久矣至正三年夏大旱禾焦然就槁時高昌禼雅實理公爲達魯花赤憂心惻然乃宿齊戒致情祠下再拜稽首爲民請命昭靈觀道士富如心用其教法役神召龍燎鐵符投橋下符入而雷自水起玄雲四垂雨隨至公驚喜以手加額曰神明不遠如此哉船迎龍水至州署有赤鯉躍入船中雨既告足即昭靈醮謝迎牲祠下合樂大祭以荅靈貺州遂有年於是州民讙然曰吾州依龍爲命故水旱必禱然未有[illegible][illegible]公乎合響應若執左券交相付者先是公爲泗州長天久雨公箋詞請於上帝曰其減一紀之壽祿願起百姓於泥塗詞焚而雨霽公之臨政愛民所至不惜身命如此至是州民請紀其事作甘泉龍祠禱雨記

三高祠在江南雪灘上祀越范蠡晉張翰唐陸龜蒙宋元祐中知縣王辟作亭于底定亭南石處道始塑象祀之元符二年主簿程俱重立乾道三年邑人三份獻地知縣趙伯虛爲堂遷之寶祐三年知縣曾良朋重建份之孫栗仍割地以廣之淳熙六年知縣陳蕃重修元泰定元年主奉陸元吉置祭田五十畝元季祠毀於兵洪武元年知州孔克中重建今入祀典春秋祀之祝文曰功高南越遂成烟水之遊迹遠東曹遽動蓴鱸之興官辭補闕名號天隨景仰三公之高風激厲多士之清操事迹顯於前代祠祀奉於當朝

三高祠記 易稱知幾其神乎君子見幾而作不俟終日須之則後矣是維成功之下不可以久居亡道之人不可與久處兵亂之世不可以苟仕知斯三者則知幾矣遑之其始危乎昔者越相范君既苦身戮力與勾踐深謀踰二十年滅吳霸越用復會稽之恥謂大功之下難以久居暨還返國遽書謝王去之乘輕舟浮五湖莫知其所終極而大夫種沉吟不時決卒用誅死厥後七百有餘歲晉有張季鷹自吳入洛方時齊王冏專朝怙已署君東曹掾君知其不終難與獨處慨千里之羈宦臨秋風而長懷託興菰鱸促駕告歸無何冏敗又後五百有餘歲唐有陸魯望當咸通乾符之世寇亂方殷隱身自放扁舟蓬席儵然笠澤甫里間

時號江湖散人辟署無所從僕命無所答憂游自終竟全亂世如三先生可謂知幾君子哉雖出異時殊默語不同然其決去自全咸遂其高蹈均也吳江邑地頗帶具區舊有長橋橫絕江湖之間脩檻浮梁植立千柱電蜒漲渼蜿如長虹巨浸乎空涵泳星日包山洞庭如在天外風帆島樹滅沒烟際東西行者以為三吳遊觀之偉好事者又寫鴟夷子皮之像祠以江東步兵甫里先生立祠橋梁之上榜曰三高蓋其平生所遊居也真風素烈尚凜然湖山可想聞而概見歲庚申秋七月初吉括蒼祝鎰與大梁趙九齡置酒橋亭悲歌望遠舉觴醻江慷慨言曰去危即安夫人而願之然皆反焉者何哉知幾者鮮也雖並世同交如大夫種功非不多也顧常侍材非不周也鹿門子學非不挾也或死憂而辱何也居成功處亡道仕亂世黽勉畏去柰何乎識之甲也知幾遠矣若鴟夷子道大功宏百世師仰而張陸二子羸然山澤之臞像而酉之幾不倫矣豈不曰丞隱亟去身名俱全以是為同曰三高云者出處異稱哉後之君子尚寵祿之是軌發機之禍忽忘不戒聞三高之風仰二高之像

廢少警乎不然涉斯流也登斯梁也其無愧乎後將有悔乎其無悔乎始橋之置於慶曆歲中建炎初載胡寇南牧并及祠宇火之無餘後六年當紹興癸丑歲令吳郡楊君同與今御史單父祝君師龍為邑尉蓋因其廢址寔初而新之復立祠如故云謹記

范成大三高祠記

乾道三年二月吳江縣新作三高祠成三高者越上將軍姓范氏是為鴟夷子皮晉大司馬東曹掾姓張氏是為江東步兵唐贈右補闕姓陸氏是為甫里先生三君生不並世而鴟夷子皮又嘗一用人之國功大名顯而去之季鷹晉室蕭然矐儒使有為於當年其所成就固不可揄度要皆以得道見微脫屣天刑清風峻節相望於松江太湖之上故天下同高之而吳江之人獨私得奉嘗以夸於四方若曰此吾東家丘云爾邑大夫趙伯虞以故祠偪陋將改作鄉老王份歡其北雪谿乃築堂其上告遷而奠焉且翁石湖范成大為之辭噫不有君子其能國乎今乃自放寂寞之濱掉頭而弗顧人又從而以為高此豈盛際之所願哉後之人高三君之風而跡其所以去為世道計者可以懼矣至於豪傑之士或肆志乎朝榮宴安留連卒悔於後者亦將有感於斯堂而成大何足以述之然屈平既從彭咸而桂栽之賦猶招隱士疑若隱遁林薄不死而仙況如三君蟬蛻溷濁得全於天者嘗試倚檻而望水光浮天雲日下上風飄翔蓬飄忽晦明意必往來其間成大亦何足以見之姑效小山作歌三章以招焉遂從而歌之曰若有人兮扁舟撫湖海兮遠遊眾芳娟兮高丘忽獨君兮不可留長風積兮浪波白蕩摇空明兮南極一色鏡萬里兮鞭魚龍列星劍劍兮其下孤蓬眇顧懷兮斯路與涼月兮入滄浦戰爭鵠角兮昨夢一笑水雲得意兮垂虹可以檥櫂仙之人兮壽無朝樂哉垂虹兮去復來載歌曰若有人兮橫大江秋風起兮歸故鄉鴻冥飛兮白鷗舞吳波鱸鱗兮而在下嗟人胡為兮天地四方美無度兮吾之土膾脩鱸兮雪霏登菰蕈兮芼之水仙縹兮晉命君可望兮不可追煩倒景兮擢碧寥娭燕息兮江之皐菉葹堂兮廡杜若一杯之酒兮我為君酌又歌曰若有人兮比江之渚披雲而騎兮犧煙雨蘋莎兮杞棘歲晚晚兮何以續君食匪五鼎兮腥腐羞三泉兮終古千秋風露兮歸來故

墟月明無人兮蒼石與語牛宮迦兮生滿岸瀨西來兮下田一波詭翻漼兮隣曲山川良是兮丘壠多稼九畹兮今其刈聊寄容兮茲里是歲六月既望吾遊邑人使習以侑祠伯虞請遂以為記

唐李華鴟夷子皮贊

龍蟠幽谷非時則伏蟬蛻高枝飲露而飛進如風行退若雲歸冥冥其幾林林其歸千乎霸與強吳蕩夷功成不居先生傳之

宋石處道三高祠贊并序

范蠡去越適齊自謂鴟夷子張翰縱任不拘時號江東步兵陸龜蒙隱居松江稱甫里先生長橋東南舊有小堂圖三人於壁元符三年春始塑像祀之因稍正其名號而記其始末復作贊以美焉○范子三徙才維所施功就名顯國霸家肥進退在我卷舒隨時鴟夷為謫盛酒以皮多所容受張翰宜達哉若人寔亦似之○季鷹曠達清才絕倫見幾未然棄官如塵任心杯酒適志鱸蓴脫身於難蕉考於戲步兵之流江東一人行不越禮尤得其醇○魯望高放身與世踈心專論撰跡寓耕漁鱣粥不足辭章有餘江湖遊隱惟我故居召命雖至其守莫渝先生如在甫里立墟

蘇軾詩

誰將射御教吳兒長笑申公為夏姬却

遺姑蘇有麋鹿更憐夫子得西施○浮世功名
與賊李膺眞得水中偃不須更說知幾事只爲鱸
魚也自賢○千首文章二頃田囊中未有一錢看
却因養得能言鴨驚破王孫金彈丸 劉季孫 大湖
際天碧浩蕩浮萬象中有洞庭山天作蓬壺様蘆
葦秋蕭蕭時聞發魚唱風順如可尋月明迷所向
有人在扁舟髮白貌夷曠扣舷了不顧出沒信波
浪心已類水石何繇知得喪遺名至如此自古唯
越相初爲吳都囚君臣憂臨嘗忍恥人謂愚祈生
世知妄匠履脫萬死歸國奇謀刱行師舞擧如下
令躍諸將夜半覆姑蘇夫差始悲悔安測寃登刻
反掌成霸王江山入會稽功高誰與抗寵利速禍
敗忠臣半誅放遁去舉邦求君王鑄形狀寂寞參數
千年相見霜縑上○吳江淨如鏡吳艇輕如飛吳
山遠如畫此景天下稀秋風曉撼撼秋雨涼霏霏
誰將菰菜擷正是鱸魚肥特有李膺者懷此知所
歸浩歌有餘樂肯樂首陽饑親朋不可挽飄忽雲
邊衣亦聞有富貴大第嚴朱扉食必洌鐘鼎侍妾
鳴珠璣簪裾望顏色賓從生光輝一言轉造化枯
朽成芳菲功高責更重勢或干天威福深禍亦稱

顚覆如知幾斯人悟茲理弔世潜歔欷浮沉顧寵
祿安能與心違滄波浩無際草木情依依可以繼
幽步白雲藏釣磯靜引一杯酒高懷憐昨非數峯太
湖上斜陽明翠微虛亭展遺像見者猶思機○人
物盛東南莫如吳郡陸漢季逮唐宋班班聞史牘
門廷迭輝赫龍虎爭馳逐風流郁蘭桂氣象鮮車
服魯望乃其[illegible]標狀宗族文章及者鮮意趣超
然獨寧從一瓢飲不枉萬鍾祿雲烟鴻巾袖星斗
燦胷腹來居笠澤傍蕭蕭數間屋屈中起塵筆
下珠盈斛吟須僧舍題醉就友人宿醒將太玄解
卧把離騷讀心雖在漁釣迹亦混樵牧韻高誰可
聽皮子往還熟唱訓數百篇名流必雌伏叢書類
有道不賦長沙鵩晚泊松江上遺圖見眉目分明
孤鶴姿軒昂駿鷄鶩 楊友夔 長橋度已盡有亭枕
江湄常時閉其門爲問居者誰范蠡具明哲功成
學鴟夷烟波五湖上風月一西施張翰輕紱冕歸
及鱸魚時生前一杯足何以身後爲魯望棲甫里
有田常苦飢不應州府辟彰此胷中奇並爲吳越
人名與日月垂相去二千載乃今同一祠壁間向
中生深然人在茲我本江海客於焉起遐思死消

不可作來者詎可期手持一釣竿浩歌孰從之 [illegible]
紹彭 三君異代同清節百祀流芳共一祠豈但吳
江誇美績要教今古慕英姿寒江釣雪堪供膽夜
月垂虹直可騎着脚豈容成點點秪緣題好愧留
詩 朱長文 功成但可許身去遇禍安貧適所遭三
子有靈應共笑一時何意故爲高 劉寅 江流東去
日滔滔誰把功名等一毫若使今人同古調不應
江上只三高○人謂吳癡信不虛逮崇越相果何
如千年三國無窮恨只合江邊祀子胥 黃[illegible] 越國
伯來頭已白洛陽歸後夢猶驚沈思只有天隨子
簑笠寒江過一生○不貪名爵代功勞勇退深虞
後患遭甫里閑居耕釣樂范張高處陸尤高 [illegible]
孚詩 君不見洛陽記室變鬢皤不忍荊棘埋銅駝
西風忽憶鱸魚膾歸來江上耿秋波又不見甫里
先生心更苦河朔生靈半黃土夕陽簑笠二頃田
口誦羲黃思太古二君隱淪豈得已一生不及鴟
夷子吳宮麋走越山高脫屣[illegible]滄浪水丈夫此
身繫乾坤豈甘便老菰蒲根古今得失一卮酒我
欲起酹汀鷗 高啓 功成不戀上將軍一舸歸遊
笠澤雲載去西施豈無意恐留傾國更迷君○洛

陽忽憶鱠鱸肥便趁秋風[illegible]猶恨季膺歸未
早不還二陸共船歸○鴨[illegible]木田荒風雨孤
蓬戴笠林猶有新詩驚
太守醉中揮翰木蘭堂

顧公祠在北門外三里菴側[illegible]門侍郎顧野王或
云祠即野王所居故其地[illegible]據初廟卑陋宋建
中靖國初知縣石處道[illegible]今入祀典春秋祀之
祝文曰惟公居陳國之顯官任黃門之清職製篇
韻以深裨於士教捍潮勢以廣益於農田資其美
功合登祀典式陳蘋藻鑒此微誠 宋石處道顧公
廟記 建中靖國
元年秋九月知吳江縣事石處道以事至顧亭見
古祠陋甚問之顧公廟也及進謁祠下惟繪形下
坡衣冠不正尤可駭焉於是撤除舊敝改作土塑
立其像設牓以位號春秋祀之按南史公名

吳郡人精記默識博究載籍天文地理卜筮占候
與善齊宇莫不貫通[illegible]所撰集並傳于後篤誠至
性厲精力行言無迺辭動無失色志諭其貌勇游
於義內孝外忠罔見其闕當是時中原沒於胡虜
而東南繼統不一典章制度綴緝僅存使後世可
考而知焉公與諸儒之力也惟顧陸朱張吳之舊
姓其顯人高士有德有功不爲少矣而祀于今者
甚寡公之此祠迥立於窮閭之濱獨以名存而不
廢亦豈偶然乎哉新廟既成民愈知敬皆以爲不
可復嘿嘿而無傳也因書其大畧且作詩以刻之
度幾有能戰以祀公者辭曰臺城赫赫東南雄累
朝文采諸賢功公之堂堂儒者宗詞學炳煥虎與
龍幼則穎悟非常童丹青著蔡靡不通字書淵海
藏心胷廣吞具區及吳松入竭我孝出盡忠勇奮
以義於其躬黃靡棘寺咸雍容國史邦禮任獨隆
論著深博堅莫攻特立於世衡廬峯寂寥誰可詢
望游烟靄漠漠江波中一新祠像人益恭衣冠髣
髴瞻遺風公惠斯民年屢豐德祀永永傳無窮

已上祀典

三忠祠在長橋洪武元年知州孔克中立以奉吳伍
子胥唐張巡宋岳飛

盛將軍廟在三都西盛墩按圖經吳赤烏初命上大
夫倪讓將軍徐傑司馬領濠寨盛斌分撥地界建
渭作田而斌有功於吳江既卒邑人即其墓置廟

昭靈侯廟在縣治東半里祀唐刺史李明明太宗第
十四子爲吳郡刺史有惠政而民祀之今攺衍慶

昭靈觀 石處道撰碑 元符三年春正月上以盛德
嗣大位旋乾轉坤一正造化號令風動巍
巍煌煌窮廣極襃有知無形莫不被服其寵光而
翺翔乎和氣凡天下神祠列於祀典者必命有司
致祭而修完焉吳江昭靈侯廟內腐外毀左支右
梧傀形繪容缺滅弗備春秋薦享亦不復設名在
實寮禮正昌易而人莫行大恩既降協于輿情廼鳩
群材選命衆工官給其費私勸其力華陋爲壯陳
故以新門廡深嚴儀像赫赫幽秘恍惚若憑而安
考于圖記乃唐曹王明太宗弟十四子也善飛白
[illegible]書見稱於時調露中爲蘇州刺史遺惠餘愛
[illegible]不能忘先天二年始立此廟有黃陂居其中人
[illegible]吳之水旱疾癘是禱是祈罔敢或怠而舊無碑
刻俗失其傳朱梁開平間淮寇圍蘇州甚急錢鏐
禱之輒自潰去江表以寧既而奏其事乃以爲漢
臣而封此侯爵豈襃顯之意歟蓋廟食于縣境凡
十有二號曹王者七李明王者五去唐未久載籍
具存而時代之差以近爲遠稱謂之謬或亦其姓
名嗚呼修廟之歲霖雨霑足江湖不遲土田加闢
年穀大穰於是邑之僚吏鄉之耆老皆以爲祀事
不可以不舉也故備禮以落之名號不可以不辯
也故論其民而正之本末不可以不紀也故摭其
實而書之于以頌上德之萬一而揚神休乎無窮
其辭曰皇帝正位浩浩其仁升日之旦發天之春
隆恩誕敷流載益覆于明于幽罔有遺漏具區之
旁松陵之墟霄澄壤潔神靈是居有唐曹王太宗
之季舊牧斯人人懷其惠聖政伊始嚴祠孔新禮
舉名辯昔屈今伸報稱維何胙饗貢祉彌億萬年
陰相宸宸允縣
事石處道撰

三賢祠在震澤鎮宋寶祐癸丑邑士沈義甫立祀王
蘋陳長方楊邦弼今廢　已上先賢

龍母廟在利民橋祀陽山白龍母也

順濟龍王廟在長橋南宋紹興間建號安惠廟元至
元間重建

東嶽廟在縣治後又震澤黎里同里雙楊檀丘蘆墟
梅堰各有行宮

糜城王廟在二十六都糜塔

陳王廟在程林一在茆埒一在充浦
四明王廟在施村頓塘王廟在平望太盆城王廟在梁
盤簡城王廟在簡村高城王廟在馬城郭將軍廟
在嚴墓周瑜將軍廟在七都蘇將軍廟在莫舍
已上私祀

嘉定縣社稷壇在北門外宋嘉定中建元大德八年知州任立重建舊在縣西洪武初移置 元趙浩修記 昔在顓帝祀共工氏子社為社稷虞夏因之而不易湯以旱乃遷柱以棄代之三代以降祀典損益不同皇元奄有天下詔京師郡縣建立社稷在都春秋二祀以大臣行事臨期取旨郡縣致祭則有常典延祐丙辰朝列大夫大原任侯立來守是州是州以縣陞地瀕江海事多關畧舊有社稷在州治西南傍接民居尤為闤阓命壇洪惟壝樹不供若有鬼神相之者於是更治之肇建於標爆庚子來蹕躍就工甫三月而壇壝成社居東稷居西築墻四面為門而依方色塗之西為雷雨壇各一繞以周垣臧然砥平植以佳木範金為尊罍籩豆作始於延祐五月落成於秋八月適丁上戊侯偕僚屬齋莊朝服升壇成禮神人協和霧雨登喬風雲熙然來享來格觀者若堵以老乃相謂曰賢太守敬以事神愛以養民勤勞茲邑得無記之乎衆乃屬浩為之記因予言笑生使任所干江路嘉定州判官趙浩記

風雲雷雨山川壇在南門外
邑厲壇在北門外鄉厲壇五百二十一所
城隍廟在縣治東舊在富安坊洪武三年移置
已上通祀

梁紀廟在十五都白鶴村
紀王廟在吳淞江南五十里相傳祀漢紀信
大梁王廟在縣東南五十里彭越浦相傳祀漢彭越
樊將軍廟在縣治西南黃渡
關將軍廟在分鎮萬戶府西
陳侯廟在依仁鄉相傳祀漢戶牖侯陳平
曹王廟祀陳思王植
顧野王廟在二都
秦公廟在縣東南祀秦叔寶洪武二十年建
杜拾遺廟在十五都祀唐詩人杜甫
葛尚書廟在吳淞江西宋淳祐間建後廢洪武六年里人陸子英重建
歐司徒廟在黃姚港元延祐二年建 張師宗記
惠忠侯廟神諱滋俗呼護國楊相公廟在縣西十八里外堽
偲王廟在縣西南白鶴村相傳王可交遇僊處
織女廟在縣西北三十里黃姑塘宋咸淳五年知縣朱象祖重建互見崑山
白龍廟在樂智鄉劉家港北岸 楊廉夫詩 金碧龍宮卑海坳海鄉遇旱望雲交空中白氣紱成練不比黃旗滾海蛟

滬瀆龍王廟在縣西南黃渡鎮元大德八年建

已上私祀中間雖有先賢然非縣人所宜享故統列於私祀

太倉州社稷壇在西門外一都

風雲雷雨山川壇在南門外二都

州厲壇在北門外一都

城隍廟在州東南隅即元東嶽廟弘治三年崑山縣知縣楊子器改建今仍之

旗纛廟在衛倉後洪武二年指揮朱文建

已上通祀

名宦祠在鎮民橋西本文昌道院知州李端改建先是崑山知縣楊子器作二卿祠祀周文襄忱崔莊敏恭至是遷二主于此并祀元副萬戶董摶霄

國朝夏忠靖公原吉

平江侯祠祀平江伯陳瑄在天妃宮之左永樂間瑄總督海運有惠政軍民立祠祀之

已上先賢

東嶽行祠在州北五十里橫涇市之南尹惟一東嶽朝靈石贊至元乙酉朝貴命置碑石赴都抵直沽忽爾中斷乃有聖像儼然復使載歸於嶽祠安奉焉道士尹惟一敬述其事稽首而獻頌曰天然一片龜山石中有靈異無人識海航萬里趨京邑當與御相鐫碑刻贔屓璧裂不可測洋洋上帝遺形跡劉公疎視志齋莊殷勤扶護還故鄉尚虞湮沒難韞藏博士朱公爲舉揚移鎮行徼古道場人人贊仰功莫量上願聖君壽無疆

闔王廟先在舊教場內已廢別有廟在雙鳳市

李王廟一在北門外去州北三里一在直塘市

已上私祀

崇明縣社稷壇在西門外

風雲雷雨山川壇在南門外

邑厲壇在縣北門外鄉厲壇共四十四所

城隍廟在縣西南思敬巷國朝當中重修記畧云崇明治西南隅有城隍祠舊遵禮制而建水旱疵疫必於此禱無應弗稱久未改作一夕回祿盡燬知縣長垣李驥率諸僚屬捐俸一歲易白金十兩倡諸好事者出貲以助椽不敢專請于郡刺史丘侯然後市良材賃工役易故鼎新作城隍前後殿宇若干楹高明宏麗加於舊規營治於成化癸巳冬落成於甲午　日義助可書者則備書于左云

已上通祀

孝友先生祠先生諱玉字德卿少游之裔受學于較峯方公隱居崇明淑門弟子若干人先生卒門弟子以行業私謚孝友請祠于州庠王逢迎享送神辭東海隅兮三州宅黿鼉兮蛟龍秋羗聲教兮悠悠靈斯藏兮道斯修道不行兮長邁祠學宮兮子孫永賴日薄堵以風林鳴如聞音之謦欬楚葵青兮蘼蘼牲甚肥兮酒旨白駒兮焱馳儼衣冠兮戾止有聖賢兮依歸川魚沫兮烏雲飛靡潜伏兮弗昭著靈自今兮歆孰違

已上先賢

天妃祠在寶慶觀內

玄聖廟在縣西北六里

東嶽廟一在東沙奉聖寺東一在西沙道安鄉

張公廟在東沙
吳太尉廟在西沙
石郎廟在舊州東南一十四里宋末風潮中有石人長二尺許隨潮浮至東鄉廣慶橋下去而復來人異之立於橋側祈禱輒應至元間達魯花赤道僧立廟祀之今遷于葛家橋西北

已上土人私祀

姑蘇志卷第二十八

試就提捧豁爾勝舟指燕宮而西歸望封門而
息道俗側塞人祇協慶膺家住近通玄寺廼孫權
爲乳母陳氏之所立也亦一邦之勝地胥山之神
塔乃遷像於此寺武夫數百咸不能勝共怪曰恭
膺帛尼二人之力而能捧持不覺爲異今人工甚
感雖乎不移此必精誠弗能致也乃復竭心同情
稽顙然後乃動至自舟中故知據井夜飛實無以
異石不能重有覺憑焉後有外國沙門釋法開來
稱彼國衆聖所記云東方有二石像及阿育王塔
若能恭往禮覲滅無量罪免離三塗禮已而去中
大通四年歲在壬子臨沙汝靈侯奉勅更造銅光
二枚其一髙九尺其一髙八尺五寸銅邁舟陽趾
論劉向之術區選攻金無倏嵇康之鍛既鑄既鍍
吳廣見銑韡如光定湛似日輪亦當遠照三千普
曉色像遂覩十方俱聞說法豈止惜命小鳥飲入
影中重罪衆生還逢愛日而已哉吳郡僧正慧法
師深修五定淨持七支於三寶中盡力宏護竝嘆
[illegible]之勝殿製飛行之寶塔至於莊嚴妙色寶有㢠
[illegible]首魯聖云亡尚追儀於有若楚臣殞世亦託似
[illegible]衜放勳之后更圖長樂之畫文命之君不紹

稽命之[illegible]或侍諸往[illegible]或示于在前言或贊法[illegible]
或壽宮虛質況家追[illegible]身在廷規靈迹不銘不勒何
以稱揚乃爲銘曰巍巍大[illegible]堂堂昆勝慧日獨圓
無生永證慈此魚鉤傷慈[illegible]孕乍動慈舟時延寶
乘留住待緣獨有傳應傳[illegible]伊何賢茲靈像復來
晨遊凌滄後上七聚有想九垓咸仰照此真容開
斯俗繩十輪足起萬字智書著身橫五分衣刻三綵
導爾末俗心王所驅顯浮[illegible]公沐命役馳駒宜去布
爾必盡勤劬勞相應感興[illegible]惑神湛然神跡長留
合矣 **梁江淹吳中禮石佛詩** 幻生太浮詭長思多
沉疑思不[illegible]施生空[illegible]時敬承積切下金光誦
[illegible]大宅飲梵淡樂草[illegible]惠滋常頓樂此道已久
[illegible]空山坻禪心[illegible]寂[illegible]好無私軒騎久已次
[illegible]愛不流[illegible]漫情[illegible]意終不緇[illegible]尋[illegible]
[illegible]永入梵庭[illegible] **開元寺** 夏衣始輕體遊
步愛僧居梁園新雨後香[illegible]照日初綠階生苔[illegible]
孤花表春餘[illegible]竹方爲累[illegible]跡一來蹤 **寺[illegible]閒[illegible]**
寺前井亭 此寺多太湖石有峯巒奇壯者頃[illegible]年[illegible]
淳寓於此及六和七年往來皆不復到寺中不太[illegible]
守亦無也○十僧花宇真宅相數勿峯巒[illegible]

積立寶山中西界嚴周香海小輪開坐[illegible]
巖堅道外高低辨草微難休兩形終不轉莫名[illegible]
拂六銖衣 **開元寺[illegible]井亭** [illegible]釋法[illegible]
僧云佛鉢本在毗舍離今在乾陀衛竟若干百年當
尚復至西月支國若干百年至于闐國若干二百年
當至師子國若干百年當復來漢地晉[illegible]興二年
二聖像浮海而至滬瀆僧尼等取之以歸今存之十
開元寺後唐開成五年漁者於滬瀆沙汭上獲之以
爲臼鉢乃葷而用焉俄有佛像見于外漁者始以
爲異意施瀆之聖之遺祥也乃以鉢供之[illegible]今尚
存余遂歎而爲之詠因寄天隨子○帝青石作綠
冰姿僧得金人手自持拘律樹邊齋[illegible]後提羅花
下洗來時乳糜味斷中天覺[illegible]餘香[illegible]大劫知從
此共君[illegible]鐵針[illegible]風應不[illegible]閑次 **[illegible]** 空王刻
受選[illegible]四鉢須史現一[illegible]
時[illegible]帶[illegible]羅[illegible]光寒好照金[illegible]靈[illegible]降自
龍從此[illegible]函香裏見不[illegible]西去[illegible]
景[illegible] [illegible]蕭條[illegible]紅樓[illegible]
數滴桂上[illegible]金[illegible]一[illegible]松紗風[illegible]
[illegible]多在寶[illegible]中如何塵外[illegible]

會同陸龜蒙[illegible]日上[illegible]影[illegible]一[illegible]清梵萬緣空
[illegible]縱滿地已多雪料峭入樓于閣風水樂初抽[illegible]
[illegible]思竹窗[illegible]生夢電中盡杳[illegible]散盡禪家接誰共敵
[illegible]小品同 **皮日休陸龜蒙[illegible]暑聯句** 煩暑雖難避
僧家自有[illegible]於[illegible]乳台滑似龍[illegible]日休任[illegible]
[illegible]全散[illegible]移[illegible]行將雅拜[illegible]陣欲交[illegible]
業[illegible]攘白鍋知[illegible]經森欲動珠像[illegible]
將怡筒簟[illegible]透一雨絲靜譚蟬噪少涼步
鶴隨蓮日[illegible]扇一風輕拂挂帷對碑吳地
說開卷梵天詞積水魚梁壞殘花病枕歌懷君蕭
灑處孤夢繞界愚[illegible]蒙 **薛能題寺閣** 一閣見一郡
亂流仍亂山未能終日住尤愛暫時閒唱棹吳門
去啼林杜宇還高僧[illegible]
不可羨西景庵禪關

報國院 在長洲縣一都宋咸淳間僧持正建

化城菴 在城西南隅宋開禧間僧戒真建

報恩講寺 在城北陲故呼北寺 即通玄寺舊基吳越

錢氏移支硎山報恩寺改建於此宋崇寧中加萬
歲壽尊爲賢首教寺舊有子院曰文殊曰泗州曰
水陸又有曰法華曰普賢今皆廢浮圖十一級兵
燼後行者金大圓募建九級又有不染塵觀音殿
宋邊知白記 後殿七楹下塑釋迦瘞度像 長六十六尺高十二尺 張
士誠據吳以卧佛非祥更造立像國初僧復之宋濂撰碑 宋張即之書華嚴性
海四字皆經文刻榜猶存[illegible]併寺二菴二 **白居易**
石壁經之碑 碑在石壁東[illegible]石壁在重玄寺法華院
西南隅院在重玄寺西若干步寺在蘇州城北若
千里以華言唐文譯刻石[illegible]氏經典自經品衆佛號
以降字加金焉六開[illegible]八諸佛知見以了義故
無邊以國[illegible]無窮莫[illegible]妙法蓮華經凡六萬
九千五百五言[illegible]生恐[illegible]不二門住不可思議

解陀莫極於維摩詰經凡二萬七千九十二言攝四生九類入無餘涅槃實無得度者莫先於金剛般若波羅蜜經凡五千二百八十七言壞罪集福淨一切惡道莫急於佛頂尊勝陀羅尼經凡三千二十言應念順願願生極樂土莫疾於阿彌陀經凡一千八百言用正見觀眞相莫出於觀音普賢菩薩法行經凡六千九百九十言詮自性認本覺莫深於實相法密經凡三千一百五言空法塵依佛智莫過於般若波羅蜜多心經凡二百五十八言是八種經具十二部合一十一萬六千八百五十七言三乘之要旨萬佛之祕藏盡矣是石壁積四重高三尋長十有五丈厚尺有咫有石蓮敷覆其上下有石神固護其前後火水不能燒漂風日不能搖消所謂施無上法盡未來際者也唐長慶二年冬作大和三年春成律德沙門淸晃成厥謀明海繼辦志門弟子南容成之道則終之寺僧契元捨藝而書之部守居易施詞而讚之讚曰佛涅槃後世界空虛惟是經典與衆生俱設有人書貝葉上藏檀龕中非堅非久如蠟印空假使人刺血爲墨剝膚爲紙即壞即滅如筆畫水噁畫木不若

文石印蠟不若字金其功不朽其義甚深故吾謂石經功德契如來付囑之心

宋徽宗佛牙舍利讚 崇寧三年重午日自蘇州報恩寺迎請釋迦佛牙入內致恭祈請舍利感應隔水晶匣出如雨點神力如斯嘉歎何已因以讚曰大士釋迦文虛空等一塵有求皆赴感無刹不分身玉瑩千輪在金剛百煉新我今恭敬禮普願濟群倫

蘇軾詣銅龜子文 蘇州報恩寺重造古塔諸公皆捨所藏舍利余無舍利可捨獨捨盛舍利者敬爲四恩三有捨之故人王顧爲武功宰長安有修古塔者發舊葬得之以遺余余藏私印成壞者有形之所不免而以藏舍利則可以久藏私印或速以壞貴舍利而賤私印樂之存而悲速壞物豈有是哉余其并是捨之

趙孟頫寫墨竹詩 閒軒藂竹抄坐久聞淸韻重雲結春陰小雨生衣匿親友有嘉集笑語發眞縕游衍暮始還流光疾如驥

黃溍跋 至大間趙魏公遊姑蘇報恩寺小憩于文室乘興寫墨竹一小枝于壁題古詩五言四韻于窗間今垂四十年竹故在而窗紙久不存住山宣公法師聞吳江賢上人裁得此紙物色得之并竹摹刻于石將俾久而勿壞庶後來有以想見其淸標雅韻也夫雜花境土實報莊嚴毘盧樓閣非成壞相高人上士遊戲作如幻事豈以石之壽爲眞足恃哉姑以備好奇者之一覽云爾

陳基 秋風日蕭爽散策入空林有竹心已淸無言念彌深雜花不容把跡磬有餘音消遙毘盧境落景駐遙岑

揚基北寺竹林 僧居古城陰迢遞通萬竹林光落虛牖坐愛衣裳綠齋餘孤磬遠茶罷微煙續道人悟重玄淡然無衆欲譬彼石根泉亭亭湛寒綠

東華嚴寺 在府治北吳赤烏間僧法雲建

西華嚴寺 在城西北隅舊名華嚴梵行院至元癸未報恩寺僧同覺開山其徒玄冲嗣建僧明本記

集慶菴 在城西北隅元至順間僧果秋林建

西資菴 在吳縣一都吳小南麓宋紹興八年僧法皎建

瑞光禪寺 在開元寺南吳赤烏間僧性康建名普濟院宋宣和間朱勔建浮屠十三級五色光現詔賜今額併賜塔名天寧萬壽寶塔靖康兵燬淳熙間重建併復塔亡紀元季復燬洪武中僧曇芳重修僧大祐記寺有四瑞堂以塔光法雷合歡竹向龜池名釋弘道記歸併菴一

沈周 塵中五日雙脚紅頗有俗氣塡吾胷今朝風日弄姸美城南載酒尋花宮古濠流水帶榆柳深居透逕茶煙中老僧與我非夙契即許小閣開松風山杯到壬[illegible]酉日醉倒信呼田舍翁未知明日又何處出門大笑歌萍蓬

順心菴 在吳山下宋同知福州陳公墳墓祭之所元僧明本開山自爲記

朱德潤 聽法依蘭若行吟伴鶴羣松聲渾似雨山氣以成雲梵放隨鐘度天香隔屋聞老僧門不出果熟與猿分

萬壽禪寺在府治東北晉義熙中西域僧法逵建名淨壽院梁改安國唐改長壽宋大中祥符二年丁謂奏改萬壽禪院崇寧中詔加崇寧壽改天寧紹興中改萬壽報恩光孝禪寺爲徽宗薦嚴之地唐僧貫休嘗居此休號禪月大師故寺有禪月閣寺前周廣順中所立尊勝石幢猶存吳越軍節度上柱國邵思實周承禮等題名元末兵燬洪武間重建宋濂記歸併寺二院二菴七

普門寺在城東北隅宋景德中日本僧寂照入貢頗遊天台丁晉公言姑蘇山水奇秀遂居此永樂間重建

正覺寺在城東南隅其先爲宋揚和王別墅元爲陸志寧寓館尋捨爲大林菴洪武中廢永樂中滇南僧弘此宗再建奏賜今額吳寬記志寧故富家園亭最勝尤好植竹至今美竹蔓延猶稱竹堂寺云

包山禪院在洞庭西山梁大同中置爲福願寺天監中再葺唐上元九年改包山寺後改顯慶寺宋靖康中名僧懷深居此詔賜今額王鏊記**范成大包山禪院詩**偃塢遶半生精廬遶古幢槁衲昔開山至今坐道場熾然說慈忍禪海薰戒香禪竹暗寒碧飛捻盤老蒼船鼓入宴坐紅塵隔滄浪藤杖懶歸去共倚蒲團林

明因禪院在橫山下即薦福山感慈院宋僧璿玠唯廣重建淩民瞻記

崇慶菴在城東北隅宋淳祐八年法府建元大德間重建僧餘澤記

善慧菴在長洲縣九都元大德間僧明本開山則天如記有施茶亭

善現菴在城東北隅元至正間建

東林菴在城東北隅元至正間建

積善菴在城東南隅元至正間建

福慧菴在長洲縣二十四都元至正間建

興福菴在長洲縣三十一都國朝洪武七年建

承天能仁禪寺在府治北甘節坊梁衛尉卿陸僧瓚捨宅建初名廣德重玄寺吳地記云僧瓚見住宅有瑞雲重重覆之遂奏爲重雲寺臺省誤書雲爲玄云宋初改承天宣和中禁稱天聖皇王等字遂改能仁元並存故額稱承天能仁今因之又名雙峨寺以寺前有二土阜也或云舊有二異石故名寺有無量壽佛銅像及盤溝大聖祠靈祐廟互見祠廟萬佛閣寺屢燬至元間僧悅南楚重建黃溍鄭元祐記至正末張士誠據以爲宮尋復爲寺僧綱司在焉宣德十年尚書周忱建賜經閣尋燬歸併寺二院一菴十**韋應物登重玄寺閣**時暇陟雲構晨霽澄景光始見吳都大十里鬱蒼蒼山川表明麗湖海吞大荒合沓臻水陸駢闐會四方俗繁節又暄雨順物亦康禽魚各翔泳草木遍芬芳於茲省甿俗一用勸農桑誠知虎符忝但恨歸路長**李嘉祐同皇甫冉登重玄閣**高閣朱闌不厭遊蒹葭白水繞長洲孤雲獨鳥川光莫萬井千山海氣秋清梵林中人轉靜夕陽城上角偏愁誰堪遠作秦吳別離恨歸心雙淚流**皮日休重玄寺雙矮檜**撲地枝柯是翠鈿碧絲籠細不成煙應如天竺難陀寺一對狻猊相枕眠**陸龜蒙**可憐煙刺是青螺如到雙林誤禮多更憶早秋登北固海門

蒼翠出晴波 **孫覿能仁寺鑄鐘銘** 太平興國之初平江節度使孫承祐鑄大銅鐘於能仁寺爲樓三成居之後百五十年當建炎庚戌盜入平江能仁大火一夕燼又四年紹興癸丑寺僧行和者募衆力更鑄鐘成爲銅萬三千斤晉陵孫覿爲之銘曰法音無礙遍滿大千際天軼海無量無邊衆生執迷馳走空聚聽蟻爲牛夢春作鼓矯亂顛倒妄認前塵色聲交騖不守其眞粤有大士修三摩地出大音聲而作佛事燧木革金以烳以鎔鑄此東序千石之鐘蛇以日聞豬以足聽水鳥風林更相和應除聾破聵一擊而通八方上下地獄天宮一切滿中十類四相凡厥聲聞俱證無上

福昌寺 在寺內本寺之子院舊名永安宋寶元間僧道昇建舊有正偏知閣高宗書扁

圓通寺 在寺內亦子院也宋元豐二年僧淨梵建

崇義院 在城西北隅宋紹興間僧眞如建僧善住撰資福塔記

集福菴 在城西北隅中有桫欏樹宋嘉定三年僧智明建宣德間重修禮部尚書楊翥記

大乘菴 在城東北隅宋咸淳五年僧了然建

祇園菴 在許蘊子巷內宋景定初僧居祐建元僧遠石泉重建鮮于樞書扁猶存成化初僧綱永端及其徒文德重修里人杜瓊記

獅子林菴 在城東北隅元至正二年僧維則建則多聚奇石狀類狻猊故取佛氏語名一名菩提正宗寺內有卧雲室立雪堂問梅閣指柏軒禪窩竹谷諸景並經名人品題最號奇勝歐陽玄記 **維則師子林即景** 半簷落日曬寒衣一鉢香羹野蕨肥春雨春煙二三子氷西原上種松歸○雅鵲爭巢似憤兵怒鳴死鬬亂縱橫可憐踏壞桫欏樹滿地落花無路行○道人肩水灌畦蔬托鉢船歸粟有餘飽飯禪和無一事遶池分食餧遊魚○卧雲室冷睡魔醒殘漏聲聲促五更一夢又如過一世東方日出是來生○竈兒深夜誦蓮花月度墻西檜影斜經罷轆轤聲忽動汲泉自試雨前茶 **倪瓚過師子林蘭若** 密竹鳥啼邃淸池雲影閒茗雪爐煙裊松雨石苔斑心靜境恒寂何必居在

山窮途有行旅日暮不知還 **高啓同徐賁過師子林池上觀魚** 穿蒲尾猶掉受餌口羣仰波平沒見痕池靜跳聞響漁罛已免捕僧盂每分養落日意無驚誰我臨流賞 **徐賁** 微微林景涼悄悄池魚出俗去戲仍戀乍深驚還逸行循曲島幽聚傍新荷密不有濠梁興誰能坐終日 **僧道衍晚過師林** 無地堪逃俗乘香復到林半山雲過磬深竹雨留禽觀水通禪意聞香去染心叩門驚有客想亦爲幽尋

休休菴 在吳縣治西北一名圓覺寺又名普光王禪院元至元十一年蒙山和尚建相傳有祖師遺一匣上書轉語云焦明虫吸乾東海魚鱉蝦蟹無處安身立命有人悟着其鎖鑰自開卒無悟而開之者後被一僧持去不知所終 **沈周宿休休菴** 市中偏仮有祇林怪是沿街客易尋枕貼鼓聲嫌縣近門垂簾子覺堂深焙茶火煖香浮屋拆竹簷晴曉驪餐愛此老僧偏靜得塵埃啗裏絕塵心 **張雨贈別休休菴了堂上人** 老僧十年不出戶袈裟搭架風披披祖衣留在阿蘭若佛法傳過高白麗客牀雪鍊一甌茗經藏苔昏三尺碑不向舊房看偃蓋菴中原有古松枝

定慧菴 在城西北隅元至元二年僧能仁建

能仁菴 在城西北隅元至治間僧法震建僧祖瑛記

善護菴 在城西北隅元大德間僧普應建

信心菴 在閶門外南濠元僧法聰建成化間重修楊循吉記

觀音菴 在城西北隅洪武六年僧明智建

靈鷲教寺在城東北隅舊名永光院又名東林院梁天監中僧永光建歸併菴六

靈鷲菴 在城東南隅元延祐間僧文秀建

慶雲菴 在報恩寺西宋元豐三年僧智倫建弘治中僧文玉重建吳寬記 **沈周** 慶雲古名寮城陰倚金碧廻塘抱高木波影蕩虛壁閒牕自禪誦白石與心寂不遊馴適年若忘於所歷茲晨雨

跡斷始喜一駐屐孤花綠陰底好鳥茗杯側老僧
道契濶挽鬚厭多白 **又月夜慶雲觀杏花** 杏花初
開紅滿城我眠僧房聞雨聲侵晨急起看晴艷對
房兩株令眼明還宜夜坐了餘興靜免蜂蝶來紛
爭嫣然鉛粉本富貴更借一露添妍清青蘋流水
未足擬金蓮影度雙娉婷庭空月悄花不語但覺
風過微香生老僧慣見不爲意却愛小紙牕
脂紫高齋素壁可常有不由零落愁人情

寶志菴 在城西北隅元至正間建

天福菴 在東北隅元至治四年僧法英建

集慶菴 在長洲縣十九都元至元二年僧一志建

報親菴 在長洲縣二十九都元至正間僧鎰金建

東禪教寺在萬壽寺東南吳赤烏間陳丞相宅因池中生瑞蓮遂捨爲寺名鎮國院唐大中間勑改東禪明覺寺宋巽僧遇賢號林酒僊者嘗居之元至正間燬洪武間重建歸併院一菴十 **遇賢詩** 門前綠樹無啼鳥
庭下蒼苔有落花聊與東風論箇事十分春色屬
誰家 **李應禎** 松杉滿院風瓜荳一籬綠不聞車馬
過時得高人宿蹔來還獨歸悵望城東曲 **吳寬宿**
東禪靜公房 來爲東莊游還作東林宿林下扣禪
扉幽徑行自熟齋厨夜寂然倦聽雜僧僕方牀習
趺坐飲我一茶足坐久湯室温洗沐解塵服衲翁
故延欵展畫更燒燭逶迤水上城突見水中屋夜
靜風轉號曠野有喬木疎雨忽復來春夢不可續
端如紫極宫有感入詩腹便當游汗漫
安復事拘束晚歲返故廬爲隣定須卜

重昇院 在城東南隅即南園地宋慶元間僧正信建

寧壽菴 在城東南隅宋淳熙間僧法眞建

東林菴 在城東南隅宋祥符二年僧淨名建

□濟菴 在城東南隅元大德四年僧道芳建

天寧菴 在城東南隅元大德四年僧慧忠建

通玄菴 今名圓通在東南隅宋淳熙間僧原淨建

觀音菴 在東南隅宋淳熙間僧清一建

化城菴 在長洲縣二十九都宋淳熙間僧一源建

普利菴 在葑門外宋淳熙間僧永寧建

福壽菴 在城東南隅元至正間僧善法建

光明菴 熙間僧永安建在東南隅宋淳

永定講寺在吳縣東南吳地記云梁天監中蘇州刺史吳郡顧彥先捨宅建唐乾符間賜今額陸鴻漸書韋應物罷郡寓居寺中故多賦詠初寺在閶門北景福五年始遷於此天福中更名普慈元僧聲九臯作海印堂又取韋應物詩語作閒齋元末燬洪武中重建歸併寺四院一 **韋應物遊永定寺北池僧齋** 密竹行已遠
子規啼更深綠池芳草氣閑齋春樹陰晴蝶飄蘭
逕游蜂遶芳心不遇君携手誰復此幽尋 **寓居精**
舍 政拙訢罷守閒居初理生家貧何由往夢想在
京城野寺霜露月農興羈旅情聊租二頃田方課
子弟耕眼暗文字廢身閒道心清即與人羣遠豈
謂是非嬰 **永定寺喜避強夜至** 子有新歲慶獨此
苦寒歸夜叩竹林寺山行雪滿衣深爐正燃
火空齋共掩扉還將一樽對無言百事違

景德寺 在黃牛坊橋東晉臨安中僧法雲建本王珣故宅元楊載本朝姚廣孝俱有記

西禪寺 即北觀音菴在吳縣學前唐貞觀間僧壁法建咸通間有僧自南泉來稱西禪和尚

寺因舉名宋紹興間信安郡王孟忠厚改建爲崇於六石萬巖之所景定間兵燬惟觀音像獨存故稱觀音菴

天王寺 在城東南隅唐大曆元年僧不空建

大弘寺 在城東北隅元大德間僧判荃支齋建淨法師開山延祐間奏賜今額名僧餘澤居此嘗剏東齋齋前有井因自號天泉元末寺燬相傳燬時見紅衣沙門立煙焰上久之乃沒寺既蕩盡而東齋獨存

洪範淨慧院 在城西北隅宋景定四年僧明吉建

北禪講寺 在齊門內晉戴顒宅也唐司勳陸郎中居此後以爲寺號北禪院按吳郡志乾元寺唐有之今不知所在然顧況以乾元寺爲晉戴逵宅而皮陸集又以北禪寺爲戴顒宅據此則今北禪即古乾元寺宋祥符初賜名大慈屢燬於兵洪武中重建寺有大通閣趙孟頫記觀堂黃溍記兩華堂禁蛙池歸併寺一院二菴六

唐顧況撰建乾元寺記 五蘊十二入八界此上三科能包萬法因緣生爲有無自性爲空空有融一即中道義雖石船渡海蚊背負山不爲希有事僧法珣與和合衆法藏等造乾元寺者晉高士戴逵子顒之宅也乾元初節度使鄭昊之奏云觀察使李涵李道昌皆有力大臣求無上道以心無所願無邊受者實與雖空不敗有爲有滅無爲有爲之體有爲無爲之用無生無滅無相無爲無名無法說無言語法以無言語說故有相大乘有觀法門無相大乘無觀法門於法有所得有相大乘義於法無所得無相大乘義所得無所得二俱眞一乘之義也爲妙因果譬如種子依地而生又如大地能荷羣有虛空之體大於天地天地有盡虛空無盡如來之體大於虛空光明虛覺圓寂萬億故於無住本建乎諸法不動眞際恒沙煩惱莫不斷除魚吞鉤虎落穽蛾撲火此衆生自取其毒道本乎坦樹本清涼佛在提摩竭揭國成等正覺諸弟子栖乎茂林藉彼祥草厥後因時設教猶着糞衣行次乞食及往忉利省摩耶夫人優填王鑄金刻木始用膠漆泥布佛有像自此始也與佛在時功德無異於是給孤長者造祇洹精舍木田底迦造龍宮精舍竺乾法蘭造洛陽白馬寺佛圖澄造鄴中九百七十三寺釋道安造襄陽一十五寺遠法師造廬山東林西林寺度法師造攝山栖霞寺杯渡公師造南陵隱靜寺傳大士造東陽雙林寺思大師造衡陽南嶽寺智者大師造天台國清玉泉等三十五寺略也涅槃無前無後般若無新無舊法珣上人重舊德不輕新學門人清玦請況於經藏中抄佛心說永示無極文曰偉哉迷盧宏巨大千百億日月鵝絲貫穿蚊背負之飛登梵天塵勞爲海般若爲船載生死流是曰希有大哉乾元實則不朽和衆雲臻珣爲稱首佛告善來寶坊崇哉法雨灑埃慈雲徘徊

皮日休陸龜蒙遊北禪聯句 歡熱何處避來入戴顒宅道遙脫單紋放曠抛輕策爬搔林下風偃仰澗中石日休殘蟬煙外響野鶴少中跡到此濕煩襟蕭然揖禪伯藤懸疊霜蛻桂微支雲錫龜蒙清陰堅毛髮爽氣舒筋脈逐幽隨竹書選勝鋪茵席魚跳上紫芡蝶化緣青壁日休心是玉蓮徒耳爲金磬敵吾宗昔高尚志在羲皇易豈獨斷韋編幾將刊鼓擿龜蒙天寶既屢降野抱難自適一入承明廬矸衡論今昔流光不容寸斯道甘枉尺日休朗起謝儒玄亦翻霜羽翼封章帷幄遍夢寐江湖日攏落函谷塵高歌華陽幘龜蒙詔去雲無信歸來鶴相識半病奪牛公全慵捕漁客少微光一點落此芒碕索日休釋子閒池塘門人問幽曠堪悲東序寶忽變西方籍不見步兵詩空懷康樂伎龜蒙高名不可致勝景徒堪惜墨沼轉跡無玄齋踰閩寂遲逢不能去涼颸滿杉栢日休日下洲島清煙生茲猶碧俱懷出塵想共有吟詩癖終與淨名遊還來雪山覓龜蒙

皮日休遊北禪寺 運延花蔓映風廊岸幘披襟到竹房居士師今開林癡先生曾是草玄堂清尊林下看香印遠岫蔥叶瑚鉢表今日有情消未得欲將名理問

恩光陸龜蒙戒歷移陰入草堂莊僧瀹茗汲泉
吟多幾轉蓮花漏坐久重焚栢子香魚慣澆時分
淨食鴿能閒傍禪林寺林滿眼空驚夢欲對猿
天部自傷 陸龜蒙寒夜同皮日休訪寂上人 月樓
風殿淨沉沉拔拂霜花訪道林鳥在寒枝棲影動
人依古堞坐禪深明時尚阻青雲步半夜猶聞白
石吟自是海邊鷗伴侶不勞金偈更降心 皮日休
院寒清露正沉沉霜棧乾鳴入古林數葉貝書松
火暗一聲金磬檜煙深陶潛見社何妨醉殷浩談
經不廢吟何事欲攀塵外契除君皆有利名心

昭慶寺 在城東北隅元至正間宣政院建僧懷壽開山虞集黃溍記

無量壽院 在長洲縣十五都宋熙寧間僧淨梵建元僧餘澤記

普福院 元至元間有浦姓者創建後僧覺證重建黃約仲記

圓明菴 宋嘉泰間建張震發記元至元癸未重建湯彌昌記

佛慧菴 元大德十年僧法亮建

安隱菴 元至元二十七年僧惠思建

天龍菴 元己丑年僧惠慈建已上俱在城東北隅

掠汰菴 宋淳熙二年僧志歆建

德慶菴 元至元間僧善法建已上俱長洲縣十五都

南禪禪寺 唐開成間僧元遂建有千佛堂轉輪經藏白居易記居易在郡嘗書白氏長慶集留千佛堂吳郡志云南禪寺唐有之今失所在按今寺在郡學東本名集雲洪武中名僧示應號寶曇和尚者奏請爲南禪集雲寺成化間燬僧德本重建吳寬記歸併菴二

白居易南禪寺千佛堂轉輪經藏石記 千佛堂轉輪經藏者釋是郡太守

居易發心勸沙門清閑矢謀吳僧常敬如正沖益等與檀主鄧子成等施財院僧法弘等蒇事大和二年秋作開成元年春成堂之費計緡萬與經之費計緡三千六百堂之中上蓋下藏藏之間輪九層佛千龕彩繪金碧以爲飾環蓋懸鏡六十有二藏八面面二門丹漆銅鍇以爲固環藏敷座六十有四藏之內轉以輪止以柅經函二百五十有六經卷五千五十有八藏成經具之明年蘇之緇白徒衆謀曰今功德如是誰其尸之宜請本初智僧越之妙喜寺長老元遂禪師爲尸之主請既來發心人前本郡守白少傅爲之記僉曰然遂既來敎行如流僧至如歸供施達嚫隨日而集堂有美食然無飢僧游者學者得以安給惠利饒益不可思量師又日與苾芻衆升堂焚香合十指禮千佛然後啓藏發函鳴犍椎唱迦陀授持讀誦十二部經經聲洋洋充滿虛空上下近遠有情識者法音所及無不蒙福法力所攝鮮不歸心佛然異風一變至于道所得功德不自覺知蘇是而言是堂是藏是經之用信有以表旌覺路也脂轄法輪也示火宅長者子之便門也開毛道凡夫之大寶也寶

其然乎又明年院之僧徒三請雖都請予爲記夫記者不唯紀年月述作爲亦在乎講興廢于藏也我釋迦如來有言一切佛及一切法皆從經出然則法依於經經依於藏藏依於堂若堂壞則藏廢藏廢則經墜經墜則法隱法隱則無上之道幾乎息矣嗚呼凡我國土宰官支提上首隨喜贊者華得不虔奉而護念之乎得不保持而增修之乎經有闕必補藏有隙必葺堂有壞必支若然者所佛弟子得福無量反是者非佛弟子得罪如律開成四年二月一日記

妙隱菴 元延祐間僧宗敬建

大雲菴 一名結草菴元至正間僧善慶建已上俱在城東南隅

沈周草菴紀遊詩并引 弘治十年八月十七日余有役于城來寓草菴因始遊也菴名本大雲前有古草菴者居之遂稱爲結草菴菴近南城竹樹叢邃極類村落間隔岸望之地浸一水中其水從葑溪而西過長洲縣治由支港稍南折而東復南行至菴左旋入環後如曲匱而爲池其勢縈互深曲如行螺殻中池廣十畝名放

生中有兩石塔一藏四大部經目一藏寶曇和尚舍利東西二小洲礄而方浮泊塔下猶筆硯相倚東洲南次通一橋惟獨木板耳過洲復接一木橋人行側足慄股徹橋若與世絕自此達主僧茂公房房踞東偏中有佛殿後亘土岡延四十丈高逾三丈上有古栝喬然十尋其枝皺殼深翠數百年物山空水流人境俱寂宜爲修禪讀書之地勝國時斷崖和尚肇業于此繼之寶曇曇傳爲斷崖轉生皆了悟之人地理家謂其四獸俱全風氣藏鬱以是觀之吳城諸蘭若莫之及矣是夕宿西小秦紙窗月色耿耿無寐因得五字律一首○塵海嵌佛地迴塘獨木梁不容人跬步宛在水中央僧定兀蒲坐鳥啼空竹房喬狀雙石塔和月浸滄浪

雙塔禪寺在城東南隅唐咸通中州民盛楚建初名般若院吳越錢氏改羅漢院宋雍熙中王文罕建兩磚塔對峙遂名雙塔至道初賜御書四十八卷

改壽寧萬壽禪院紹熙中爲提舉常平祝聖道場提舉徐誼嘗給以常平田雍熙中重建釋妙思記永樂八年僧本清重建歸併菴四

龔頤正常平田記兩浙西路常平茶鹽使者治平江自行殿駐臨安視昔畿內若節誕彌奉觴稱壽兩宮之庭時爲盛典先期緊月率其屬即府城東隅雙塔壽寧萬歲禪院建祝聖道場備極嚴奉是院肇唐咸通迄本朝雍熙創造雙塔至道初賜以御書遂更今額乾道中始革律爲規模以舊增新四衆歸仰雲水坌集爲一大叢林建院之氏王氏捨負郭之田五百八十餘畝撞鐘擊鼓食者日倍勳常經營而懼弗贍紹熙二年前太常丞徐公以新安高第就畀使者節兩朝所知德意孚達朞年于此利興害除會崑山屬邑宗王有田七千餘畝沒入于官一時貴近相先規取牒訴旁午公曉以令甲皆不應得命有司召佃如式而長老德溥因以千畝爲請公諉有司給之抑推放麥平訟息爭不惟法理適宜人無加賦而院之衆藉是庶幾資以無乏祷祠之地報上義深夫一朋至公而二美具非公其孰能之德溥屬頤正承德業宏遠固將推之朝廷見之天下與來世此記本末於是乎書公永嘉人徐誼字子宜學有師蓋未足云三年上元日具位龔頤正記

永壽菴 宋淳熙間僧法曇建

衍慶菴 宋致和六年僧明鑑建

惠林菴 元大德三年僧閒雲建

圓通菴 元泰定三年僧全璧建 已上俱在城東南隅

定慧禪寺在雙塔寺西初名西方院本雙塔之子院也天禧中賜今額始貳於雙塔宋僧卓契順常居此即訪東坡於惠州者元季兵燬洪武中僧景新

惠澤先後重建歸併菴三

蘇軾定慧顒師竹下嘯軒詩 啼鴂催天明喧喧相詆誚暗蛩泣夜永唧唧自相弔飲風蟬至潔長吟不改調食土蚓無腸亦自終夕叫鳶貪聲最鄙鵲喜意可料皆緣不平鳴慟哭等嬉笑■生已麤狂子孫亦未妙道人開此軒清坐默自照衝風振河海不能號無竅■吾何言風來竹自嘯

祚眞菴 在城東南隅宋咸淳六年僧文雅建

化城菴 在長洲縣二十九都宋紹興十一年僧普濟建

淨住菴 在城東北隅洪武十年僧妙策建

寶光講寺在城東北隅跨塘橋本鬱林太守陸績故宅宋紹熙間僧蘊仁元至元間僧紹隆先後重建初寺在婁門內鬱林石在焉 石今遷察院前 洪武中即寺

爲軍營遂廢其後晉熏菴僧與善識捨本菴地改建於此學士曾棨記歸併院一菴六

法雲塔院 在城西北隅洪武初僧大相建

永慶菴 在長洲縣二十二都下雉瀆五代廣順元年僧祖慶宋建炎初瑞光寺僧懷秀重建永樂元年僧源湜再建趙友同記

崇福菴 在長洲縣二十三都元至正間僧道隆建

定銘菴 在城東北隅元至正間僧乙辛建

觀音菴 在二十九都元至正間僧得就建

顯慶菴 在長洲縣六都宋紹興間僧有望建

福興菴 在長洲縣二十九都宋建隆間僧玉琳建

廣化教寺在城東北隅後梁乾元三年諸葛氏捨宅建初名崇吳禪院宋大中祥符元年改賜今額中更兵火淳熙二年都僧正清立善暨以所得藥資又增建經樓一區龔頤正記歸併寺三菴五

方惟深廣化寺府宴詩 使君瀟灑上賓開金地無塵晝敞闈風靜簫聲來世外日長僊景在人間詩成郢客爭揮翰曲罷吳姬一破顏此節東南無此會高名千古映湖山

龍興寺 在吳縣治西吳郡志云梁置吳地記云則天后置御書額開元五年冉興刺使張廷珪模勒御書于碑然房琯所撰碑與此不同今載之

唐金紫光祿大夫守吏部尚書同中書門下平章事清河公房琯寺碑序秘書省校書郎綦毋潛銘

厥初道在人和上皇取象以濟其器中古淳薄人斯東周出禮以順其動後代澆拯人安西方流化以復其情夫動與理違靜與道遇詩書之義尚乎聰明其終動以乖乘戒之旨反乎視聽其終靜以適然則先王之作其未盡歟如來之道其無上歟觀其數乘方駕愚智各新其業大慈一貫脂化成遂其情法要勵言佛性可以懸得禪宗陰契菩提可以程至通天上地下之事逆前生後身之理歷劫必遇其勝因累生因成其前果輪迴拯厄無物不蓋非釋迦如來孰能至於此乎精宮爲歸誠之地比丘是覺後之人非明王良臣孰能崇於此乎此宇宙我高祖創集之我烈祖潤色之則天皇后中微之孝和皇帝再興之此龍興寺則孝和之天下諸州各建同號所以慶王業也館棟宇已立而裝持未嚴開元十七年天火下焚僅獲半存州將至三從叔無言聖胤帝緒稟受自高發慮存誠與廢品不類於彼無度外之物在我無累已之人廣不可尋深難以測政成化傳身逸俗康位居藩牧與天子共理親則叔父與人主同家護社稷深於他臣視龍興別於餘寺興言多感舉意大成以家率先施錢數萬合境僧尼等道會一體物通十方同力來奉佛塔此州是闔閭故國太伯始封習俗尚華人亡克讓閭義風偃捨財雲集上座戒嚴

劉

長江氣雄心朗才傑寺主行處外想遺形苦心堅行想與幾力營衛受仗州主由是發人取材輦貨購匠川流咽塞道路相望體製諮決於公輸環巧採奇於衆藝程式既定百工齊舉素無特起舊有增飾亂正殿之四霤蔓長廡之南垂郭開房室增加麗庫高閣疊起以下覆三門並建以相挾如少華之承西嶽少室之拱維嵩彩翠虹新欒櫨雲密斂爾已就宛然化成右驛亭左城堞巨望直視一面齊啓背倚闤闠俯朝盈夕散之人前枕通莊闠朝京通越之士地富聚落之腹壯爲塔廟之首標吳中之巨麗實天下之景福向若衆生無緣則佛不出世象教何由及此乎聖祀非長則帝不出震龍興何以建寺乎州無賢牧則蒸庶不化財力何以得廣乎百祥畢備成是實功足可以光揚前烈乎佑下人也琯浮沉一過蹈舟投體目駭奇功心嘗直節輕諸叙事不甚明暢銘而頌之實在能者詞曰在昔元命運革唐德夫象有歸神器載復人人用慶玄津翁福迺命恭[illegible]崇之法堂錫名取類棟宇以先善木物持淨亦[illegible]該發地騰熖莫知其故跡縱煙銷迴廊燼去牛[illegible]層構斜通平地烈烈

皇叔總我古城象設不䖍鼠墣成壑崩殘不葺忠孝何弁乃廣其施誘以助成英英郡貳亦既同聲粲粲僧士詠非會情投心露寒効信泉傾舊製儀滿新規更營龍跳透檻虎翼飛甍與國同𠠇配天作矜假詞紹美可其以驚貞元中造寺僧元壹神悟寺主靈俊上座靈琬都維那靈、經營結搆心廣願成化攝有緣捨施雲會取材斬木驟水奔山驚途數千剋期以就戊寅歲刺史給事中京兆韋公夏卿言念棟宇修復碑紀起廢爰獲舊文重此刻立時十四年又十月十五日建東海徐知古書前守揚州高郵縣尉沈寡篆額

蔡母 潛宿龍興寺

詩 香剎夜忘歸松清古殿扉燈明方丈室珠繫比丘衣白日傳心淨青蓮喻法微天花落不盡處處鳥銜飛

元趙孟頫次韻贈開白雲 開說龍興寺多年未欲扉風林發松籟雨砌長苔衣殿古燈光定房深磬韻微秋風動歸興一錫向空飛

虞集 凌空一錫歸幾日到禪扉野插陰垂戶天花影上衣井林春露淨擔鐸午風微二藏都看遍相思夢欲飛○歷歷唐朝寺松關幾易扉花交珠樹網苔長石人衣秋水依空淨浮雲映月微白雲無所住此際亦歸飛

又寄開白雲 龍興寺裏白雲房不到于今二十霜橘柚向來垂屋重松筠此日過人長千函秘寶心源淨百歲長齋齒頰香若念尚書舊行履三生石上莫忘鄉

天宮寺 在城東北隅唐景福元年僧淡然建

寶林寺 在城西北隅舊名寶林菴元至正間僧圓明開山正統間僧英與重建改今額張益記內有周文襄公生祠又有杏欄深梧桐園水竹亭山茶塢煮雪寮停鵠館諸景士夫多有題詠

定光菴 景定間僧道林建

積慶菴 至正間僧文信建已上在城西北隅

鐵心菴 在城東北隅元至元四年僧寶林建

即山菴 咸淳六年僧志琮建

華藏菴 元丙子年僧慧觀建

積慶禪寺在善教橋北宋開寶八年郡人盛氏捨宅建僧法翌開山紹興間賜額元季兵燬洪武初僧普照永樂中僧永宗戒坦相繼重建歸併菴五

聖安菴 在長洲縣二十九都元至正間僧志蔚建

報恩菴

報親菴

觀音菴

福慶菴

寶幢講寺在承天寺內東偏本寺之子院又名玉龍山房宋元祐間僧晉水開山永樂元年僧智圓建法堂歸併菴三

吳寬送僧住寶幢 古院清如許高峯瘦若何未須誇十剎初喜附雙峨窗滿霜餘柿庭深雨後莎法筵揮麈處先為斂詩魔

上善菴 在城西南隅宋咸淳間僧法明建

吉祥菴 在中街路即猛將廟景定二年僧智謹建亙見祠廟

聖福菴 在穹窿山之南宋景定間僧道宗建

泗洲寺在城西南隅本報恩寺子院宋景定間移置于此僧惟一開山歸併菴五

西隱菴 在城西南隅宋淳祐間僧德潤及其徒繼先建僧文信記

法圓菴 在城西南隅宋淳熙間僧成益建

安隱菴 在吳縣十都宋咸淳間僧智洪建

大聖菴在城西南隅陸家巷宋端平間僧性彌建

清隱菴在盤門外舊堰橋南宋端平間僧法立建

尼寺附

朱明寺在城隍廟西晉朱明富而孝友其弟聽婦言避兄離居明以金穀盡與弟唯留空室一夕風雨財悉飄還明宅弟與其婦愧而自縊明遂捨宅爲寺

傳法寺在乘魚坊內舊名禪興寺大中祥符元年改今額相傳梁天監二年刺史孫文捨宅建或云孫瑒瑒尚主寺後有妙巖公主墓別有妙巖寺亦瑒所建

西竺寺在平權坊內唐大中間郡人司馬厚捨宅建初名馬禪寺吳越錢氏改寶慶院宋大中祥符初始改今名今爲僧寺

妙湛寺在長洲縣東五代錢元璙施園池建名優婆夷寺宋開寶間建七塔建炎兵燬紹興初王岐公孫女爲尼於此號慈明大師者重建今呼爲七塔寺元王都中毋張夫人普明亦居此

資壽尼院在長洲縣治東北宋紹興間建紹定初重修有正法堂張即之書又有磚浮屠靖康初邑人翁氏建又有盧舍那閣僧居簡記

玄妙觀在長洲縣東北唐名開元宮宋改天慶觀建炎中燬于兵紹興十六年郡守王煥重建兩廊畫靈寶度人經變相山林人物樓櫓花鳥各極工緻淳熙六年復燬郡守陳峴重建初道士募緣御前亦有所賜既成御書金闕寥陽寶殿六字賜之郡人龔頤正作上梁文以進元元貞元年始改今額殿中舊有吳道子老君像唐玄宗御贊顏魯公書今皆不存東廡有通神菴爲何真人所居淳熙三年左街道錄李若濟奉命建亦御書額內有高宗孝宗二廟問安書及金字牙牌事見方外洪武中清理道教爲正一叢林置道紀司於此正統間造彌羅閣賜道藏經歸併觀六宮一道院八

趙伯驌跋御書

上既詔新平江府天慶觀三清殿廼親御翰墨書金闕寥陽寶殿六大字以揭之云漢昭回龍鳳翔翥萬目聳瞻威顏咫尺倚歟盛哉臣觀唐文皇書晉居鍾王表凡形篇詠賜臣工載在汗簡侈爲美譚然於明道闡教爲生民福者未始有聞恭惟皇帝陛下天縱多能游藝入法發出神所奚唐足云翊方玩意昭曠儲神澹清觀道妙於化原躋斯民於壽域固非下民所能測窺其萬分第自今仰觀勾吳之墟奎壁垂光王氣所鍾奔走百神㧑訶護持罔敢或後當與天無極云郡守趙伯驌恭題

龔頤正上梁文

在昔吳都于今漢輔誕惟偃聖之宅有嚴壯麗之區與日月以蔽虧式表中天之華闕䠱雲霓而來御蔚爲上帝之高居慶基嶽峙以當陽琳宇星羅而拱極南端洞達正殿穹崇維時三境之常尊駢集九光之法駕蝸蟠萬礎壽址故存輩飛百楹羣日未觀方重熙累洽之運正逢至邇安之時曾是殊庭莫還舊觀其何以佇飈游於盼響槩靈貺於輻員皇上睠言不吝有司是賁壽宮申叔寶儲二聖之休守臣承睿志以致虔上士不崇朝而樂施至人示化高道勤心占營室於瑤光萃抃材於荊楚莫不囊舒引墨雷動揮斤是度而是守非不震而不竦瓌擔鏞拱條若化城金戶玉階殆非人境佇結綺繁朝暾之采想觚稜宿霏煙之祥仰覯太紫之圓方俯盡鬼神之情狀下斷鳴之玉珮知是稱於降臨睨帖妥之瑤壇庶永蕃於祠奉考其經始曾不淹辰斯舉應龍之修梁可後臣鼇之竊抃敢伸善頌以佐歡謡拋梁東滄海微茫一望中暘谷扶桑朝玉殿郁然和氣御靈風拋梁西震澤重湖三浪低風雨調和時節好不煩香火詠朝隮拋梁南咫尺神都漢輔三丙位有星長燦爛䣛

宮天壽與之參拋梁北金傍雲彥新表出一念通神本聖功八荒有道開皇極拋梁上風馭雲車來有象上元八景是天宮萬歲千秋輪奐既拋梁下日夕疊壇降報謝貽垂乾象報豐年闢闢坤珍資道化伏願上梁之後慈闓康壽宸宸尊隆德教並妖於形管仁恩長 於青宮國棟無撓王臣盡忠邊圉永消於兵革民編益邵於耕農千里絕扎瘥之盤四民均亭毒之工協氣宣濤而扶輿下九五龍於平世高靈偃蹇而姣服繽千乘萬騎於浮空來佑太平之極治普臻希靜之眞風

修和觀在盤門外五里唐丞相畢瑊捨別業建錢氏神德啟運九年賜額太和宮宋政和中改賜今額中吳紀聞云續圖經曰太和宮唐宰相畢瑊之別業也切詳瑊未嘗為相為相者畢誠也瑊與誠兄弟爾然王元之記亦以為瑊未知孰是

王禹偁太和宮記 夫大道無名強其名而彰用至敬無類聚其類而誘人得之者同出而異名失之者賤彼而貴我自昔皇綱既紊世教多門雖分之而有三亦統之而為一蓋應機以設殊塗而歸者矣竊夫伯陽之道宣父所師尚清淨以化民體希夷而應物用之理國則絕聖棄智追軒昊之淳風以之修身則抱樸含章巢由之素隱無欲[illegible]以有感則通邈乎遠哉不可得而言矣蘇州太和宮者唐畢瑊之別業也瑊之子師顏及其子宗逸避巢寇之亂從而家焉先是道士戴省甄者長洲人也幼喪其父隨母歸于畢氏宗逸無子戴實嗣焉與兄子玄棄俗入道淮海王之有國也五世其昌三教具舉顏毗陵之敕敵建吳閶之巨屏利用樂從匪親不居節度使錢公文奉茅土是分緇黃尤盛乃以子玄主開元擢省甄處洞玄宮尋屬兄也云亡委茲棣萼毋兮不造傷彼棘心且念出破琴之家繼臥龍之後林烏返哺以無及桑蟲受食而有懷思舍田園肇興寶宇爰以己巳歲申牒而請命焉則神德啟運之九年開寶紀號之二祀也錢氏賜額曰太和乃與弟子吳玄芝主而建焉於是剪蓁蕪以樹垣墉浚汙潦而開池沼伐彼良木鳩于梓人繫日以傭功隨方以募衆亦既無怠斯宗告成偉彼僊鄉忽如神化則有上清之殿事天集也北極之堂列僊宮也星壇三級修祠祀也霜鐘萬鈞警民旭也繪事盡妙聆容有儀之蓋雲駢皝若瑤池之會氷膚雪態依然姑射之人其或民罹札瘥歲有水旱則必禱三官而禳謝修七齋之威儀霜清步虛露冷眞籙章醮具矣福祐隨之實天神之攸憑生民之所怙也爾乃就水以治檻因高而創亭奇花移茂苑之春怪石減洞庭之翠夏笥錦折秋荷蓋圓纖埃不生衆卉自茂漁人誤入應謂桃源海客遐瞻更迷蓬島姑蘇勝槩此實盡之暨聖上承乾許王入覲隨圖籍而效貢已在提封攷碑篆以無聞昌虞陵谷禹偁宰人多暇訪道于茲爰述斯文用垂來裔振絃歌而化俗尚愧子游乘風雲而上天焉知老氏謹為銘曰蘇臺南址震澤東涘其誰居之畢公之里其誰嗣之戴氏之子棄茲浮世依彼玄門乃興宮宇肇自田園厥功既輯其教彌尊宅山未勒祕宇空存敢書事蹟貽于後昆

文春晚遊太和宮詩 數里新萍夾岸涉春來乘興宿煙蘿隨風蝴蝶顛狂甚當路花枝揉折多絳節參差抽苦筍翠鈿狼籍繖圓荷湖山滿眼不休去空羨漁翁兩一簑

清眞觀在玄妙觀東元皇慶元年道士黃孤山賈藥吳城以所得藥貲剏建武夷潘雷鑑開山初為道院至正間始賜今額為觀周伯琦記洪武中廢永樂中重修

白鶴觀在城東北隅鶴舞橋之東相傳其地為宋信安郡王藏春園元平江路總管張世昌捨宅建初名報恩道院尋廢道人張應玄復建有羣鶴自東南來一鶴結巢樹上每晨鳴則得檀施因名白鶴觀應玄弟子席應珍主之觀有施主祠堂鄭元祐記祀世昌也

會道觀在東城下宋季蜀人鄧道樞以教法顯於理度兩朝宋既內附道樞遊吳中得上官氏廢圃建此觀

靈應觀在長洲縣相城宋咸淳間趙志清建初名靈應道院元延祐間蘇斗南重建陞為觀

希夷觀在靈巖山下宋紹興十三年咸安郡王韓世忠建

崇眞宮在承天寺西宋政和八年道士項舉之開山初郡人黃悟微捨宅剏建賜額崇眞聖壽宮宣和中改神霄宮建炎間再改崇眞廣福宮有宋宸翰二碑

修眞道院在慶曆橋南宋淳祐間道士李祖眞建祖眞行祕方療人目疾得所施金帛建
悟眞道院在齊門外宋何眞人退修所眞人墓近焉洪武初亦來道玄重建吳文定公爲記
崇威道院在子城東北有臺爲聳故又名紫霄峯宋淳祐元年道士龍原清建
報恩道院在葑門外洪武中道士周玄初重建其旁有玄初母林氏墓在焉
回眞道院在城東北隅至元間道士沈道祥建
龍井莊道院在胥門塘上至元間鄧道樞建洪武二十五年里人瞿漢卿重修
通神道院在長洲縣陳墓鎭元泰元三年道士陳師澄建爲何蓑衣下院
崇福道院在婁門外元元統初道士周守仁建
福濟觀在城西北隅宋淳熙間道士陸道堅建名巖
天道院道堅嘗與省幹王大猷設雲水齋於此感
會呂僊翁授以神方大猷子孫至今傳以濟人元
至大間道士葉竹居奏賜今額元季兵燬正統中
道士郭宗衡重建徐有貞記歸併觀二道院七
三茅觀在城中街路仁風坊內宋淳熙中建成化初道紀范處恒重建
朝眞觀在閶門外義慈巷內宋景定中建舊名玄壇廟正統間改今額
清微道院在郡治西北支家巷內宋端平間建
安隱道院在石巖橋南宋嘉熙間建爲劉氏祠堂其裔孫劉文恭公鉉爲記
元和道院在府治後元至正間建
一清道院在城隍廟前
太初道院在盤門內宋寶慶間道士縝守常建今廢

太微道院元戊子年道士李自然建焉在城中樵花塢今移閶門外南濠城下
佑聖道院在閶門外南濠至元三年道士楊道常建
太一宮舊在郡中或傳在報恩寺之側太平興國
六年方士楚芝蘭言五福太一天之尊神也太一
所在人豐樂而無兵火凡行五宮四十五年一移
以數推之當在吳越分請就其地築宮以祀之奏
可蘇州言太一宮成芝蘭又言都城東南地名蘇
村可使築宮於此以應蘇臺之名則福集帝都矣
於是作太一宮於都城而姑蘇之宮遂廢右見朱
長文續圖經中吳紀聞云今天慶觀乃其舊址鄉人猶稱宮巷宮前云按天慶觀乃唐之開元宮豈當時即開元宮改創耶
郭外叢林寺四十觀三
虎丘禪寺在虎丘山晉王珣及弟珉別業也咸和二
年捨建即劒池分爲東西二寺今合爲一宋至道
中重建景祐中建御書閣熙中宗達建藏殿范
浚記尋皆燬於兵元後至元四年僧普明重建黃
溍記永樂初重修楊榮記歸併寺一菴八大元黃州爲肇自平太極融結嶄位式分於方域凡鍾靈秀之氣悉爲勝異之壤圖誌具載言不可已姑蘇乃吳會劇部茂苑名封川塗當闔越之衝分次應斗牛之宿膏田多稼歲儲以之流衍雲巒比居風俗于焉富庶俯垂湖之縹緲標景何窮眺百城之金刹相望虎丘山者按吳地記云名海涌山

去吳縣西九里二百步高一百三十尺周六百
十丈越絕書曰吳王闔閭塚在吳縣閶門外名曰
虎丘下池廣六十步水深一丈五尺銅椁三重
池六尺玉鳧之流扁諸之劍魚腸三千在焉發卒
六十萬人治之葬之三日白虎居其上故有茲號
又世說云秦皇帝因遊海右自滄瀆經此山乃欲
發墳取寶忽有白虎出而拒之始皇挺劍刺虎虎
奔而隱因改爲虎丘焉故上有劍池或曰秦皇試
劍池亦謂之磨劍池今則長十有三丈闊餘三尋
其深則莫可測矣古詩云劍池無底浸雲根又云
沉沉劍池水直上連滄溟後以唐祖廟諱更爲武
丘云其山又有響師虎泉陸羽茶井眞娘墓生公
臺石壁現其鬼詩林莊回其仙躡詭異之迹莫可
悉述雲巖寺即晉王氏伯仲珣珉捨別業以創焉
始然一山中分兩寺故顏魯公詩云不到東西寺
于今五十春今則合而爲二先是至道中嶽牧貳
卿魏公庠改爲禪刹延清順尊者演法主之彼美
招提實爲絕境粉垣回繞外莫覩其崇巒松門欝
深中迥藏於嘉致故前賢詩云老僧祇恰山移去
日暮先教鎖寺門又云宿雲侵曉去不待寺門開

若乃層軒翼飛上出雲霓華殿山峙旁儷星日景
物清輝象宇岑寂千年之鶴多集四照之花競拆
畫組纓之彥靡不登臨遊心了義之人終焉宴
息允所謂浙右之壯觀天下之靈跡者矣其有古
高僧之行樂諸名公之詠題編錄盡有寔難備敘
禪師用慈道行明潔智懷淵廓自招提宗唱克奉
神君屢飛翰於雲鸞祈鏤文於金石緬先聖之嘆
輒成章於狂斐數頭陀之碑聊寓言於勞髮云爾
時天聖二年歲次甲子六月念八日翰林侍讀學
士中散大夫守尚書禮部侍郎同知通進銀臺司
兼門下封駁事護軍瑯琊郡開國侯食邑一千九百
戶食實封二百戶賜紫金魚袋王隨記

葉清臣 御書閣碑

眞宗文明武定章聖元孝皇帝先宅天下
二十有五年武威夷裔文經覆載禮修樂修刑平
政一天地並況震于珍物乃東登泰山降禪社首
西奠汾脽南遊苦縣與章人物輝紛方夏飛昇騰
實倬越古今天縱將聖典學時敏百斤中程七行
俱下詳延英俊寢尋經藝披編日夙點餘分帝
庸賡歌道者篆筆聖有誤訓義先簡冊休于萬幾
留神小學二十九乘然八象流景丞相臣謂臣拯相

與文雅侍從之臣發瑤笈披瓊編第爲集凡三
百卷請從刊摹以傳永久制曰可宸翰法天道
欽文聰武聖神孝德皇帝纘慶英仲統孝善繼
志功能昭前思先皇帝馨德茂烈巍巍郁郁聖言
眷藻雲章日麗非書之黃素緗以文錦檢于玉匣
藏在石室則何以比隆六籍昭假祚祀於是司空
上輿地之志職方辦九山之物分道遣使咸錫其
副則吳郡之虎丘存焉茲山據姑蘇之右地負乾
陽之勝勢叢生萬石峭起平阜講肆岠乎千人劍
泉呀其百尺松篁總翠煙嵐異色宜有神物舍于
寶坊前此守土臣寔臣度初基尊奉即山而宇寒
暑再離風雨無賴景祐四年冬十月知軍事臣堂
始大前構徹故以新奏取郡民絕籍而樹入縣官
者錢一百七十萬以售工材移遍判軍州事臣宋
難經始慮素程工董役肇日經始訖于聊見吏五
甲子閣成無慮費竹木章个八百有夫兵手指二
十二萬不出帑一金不調里一民民不知役而渠
蓬彌望凡爲巾櫃韞覆之物皆稱閣而具蹟柙密
鏃材理堅緻藻楣文梲丸彩眩轉畫檐四廻陽景
不雕飛陛横出喬林在下重闕凝承而召貴㷌奩

含輝而摩鉛偉哉麗乎茲可以壯龜龍之留載倬
靈漢之昭明者已先是求熙宸翰九軸帝青一品
垂貞岫幌彌歷年所先朝寶賜入石冊六十二分
輝奎柏行集爲賜今皇帝飛雲灑妙黑本二十重
光祖武嗣有恩頒至是落成並置其上[redacted]三聖繼
紹昭明游藝若五辰二曜珠連璧合雖堯文禹律
作武述何以過此惟堂以直清通敏行已從政
吳而愛君不以遠邇遊宋縣方最贏給裕民急吏
勤以辦事順成休績斯書斯閣斯人之賴臣清臣
嘗爲史官記天子言動持使者符節得按察郡縣
觀聖文臨下之赫與守臣嚴上之恭敢書始事銘
千嶽石詞曰天有文華日星地有文秀嶽瀆聖有
文垂典經粤宋二宗功邁德隆天律有融我皇宗
保繩武祖考筆墨精妙大人繼明三后重英儀鄰
宣精香籤寶帙金匱石室四方馳馹吳治長洲上
當斗牛其鎮武丘茂林修竹龍蟠虎伏其地惟福
直有眞文乃聖乃神撫臨其人守臣推忠結宇再
重與山比崇倚金簡有字範于委羽惟道家主藏
訂諸蓬渚亶磐玉之山上符冊府天爲太宗是則
文化成世無極山斯扐石斯泐飛閣祕書時萬時

淳祐五年十月七日□□□□陸計度轉運
副使提點市舶司本路勸農使及管勾茶鹽□
朝奉郎守太常丞直史館騎都尉賜紫金魚袋臣
蔡清臣撰

張丞相浚藏記 吳郡山水秀麗虎丘號
勝處世傳闔閭葬此地氣騰出秦皇使人求劍虎
存其上因以名焉晉王珣與弟珉宅石澗之東西
已而捨興佛剎本朝至道中革律為禪紹興八年
余謫居零陵住持宗達以書抵余曰我與紹隆同
嗣法于圜悟禪師實繼掃灑隆嘗建立轉輪大藏
效寶勒示現禮製施輪于中負戴其上規摹甚偉
僧法雲法清法悟為之勸邦人李方高次第輸財
方議小草壁適吉欽我不敢以勝事難集為解夙
夜究力益勵精誠再閱寒暑工績斯就平高益下
棟宇翼如琅函貝葉輝燦焜燿信生郛界規口
嘆盡指所有獨力莊嚴於我法中為大緣事敢以
請記且當天下無事時當世名儒間以財為病
兵革迭興軍儲或匱勤役費用理容未安然我嘗
思之夷狄之變其來有事因欲生愛因愛生貪因
貪生忿欲愛貪忿是謂無明展轉交攻激為闘亂
怨深禍結殆不偶然我佛以清淨立教使人回心
歸善一念儻正和氣自生其於教化似非小補是
以有請而無愧余聞佛為一大事因緣故出現於
世種種譬喻發明空理丁寧反復務息塵勞現大
光明鏡益照耀妙用神通不可思議古人指擿之
意蓋病夫末知虛靜修己區區致恭以徒之也又
病夫落髮披緇之徒易浸以濫流宕南畝其教可
輕哉將見斯藏之成觀相增信由信趣善宿習
退轉真證圓通孝悌和睦之心油然而起宜勤守
護用永其傳藏始建於紹興丁巳春正月至冬十
一月告成復授資政殿大學士左宣奉大夫福建
路安撫使兼知福州張浚為之記

許渾詩 暫引寒泉濯遠塵此生多是異鄉人剡溪殘雨花飛疾吳苑秋風月落頻萬里高低雲外路百年榮辱夢中身世間誰似西林客一臥煙霞四十春

張祐 雲樹擁崔嵬深行異俗埃寺門山外入石壁地中開俯砌池光動登樓海氣來傷心萬年意金玉葬寒灰〇囂塵楚城外一寺枕通波松色入門遠岡形連院多花時長到處別路半經過惆悵舊時客空房深荔蘿

林逋送之悠公歸虎丘 子子歸檣五兩輕佛林禪石抱雲根罩衆甜罷還獨笑却是青山不出門

倪瓚遊虎丘詩 余適偶入城本是山中客舟維二千宅吊古覽陳迹松陰冶亭午嵐氣忽歛夕欲去仍徘徊題詩滿苔石

張羽 透迤度前峯到寺行屢歇喬庖竹外煙岐路松間雪覩水悟真察聞香解禪悅欲共老僧言相對還無說

歸源寺

在長蕩東元至元間里人曹姓者為虎丘僧建後歸俗其子曹聚增建陳旅記

幻住菴

在閶門外鴈蕩村元大德間僧明本建初本至吳喜其地名與鴈蕩山合遂結草菴於此趙孟頫為名之曰棲雲其後別創精舍改今名本自為記

國朝洪武中重建宋濂記相傳結草菴時趙孟頫及馮海粟為治後天

明本寓幻住除夜偈 茅屋三間令似冰灰頭土面十餘僧掃除自己閑枝葉不打諸方爛葛藤就手揭開新歲曆和光吹滅舊年燈頂門別具摩醯眼越死起生似不曾

趙孟頫題幻住 兩後溪水溢黃流行地中輕舟何迅邁沿波兼順風碧蘆始長柔桑葉已空瞬息抵山曲窈窕遲通青林夾道周流泉響幽谿多衛衆衲子前路相迎逢禪居新結構斧斤未暢工雙闕出塵囂意自玲瓏久矣厭城市飄如脫樊籠妙香清鼻觀新鶯驚耳聾汲水挿山花開牖納松風經聲出廊廡解然聞鼓鐘蔬食欣一飽亦與膏粱同緬懷若尊宿禁坐毗盧峯塵緣苦未斷無由往相從一宿返歸棹迴望但情悠

宿善住 夾徑列杉竹茅堂絕四隣野僧秋不到明月夜相親林靜鳥窺室泉清魚避人何時離城市來此寄吟身

釋德宣 野寺居僧少林扉傍竹幽綠苔沿砌網紅葉冒簷稠爐間風欠茶煙細雨收晨尋松下月衣濕鶴邊流不是逢心賞邪能慨勝遊處忘因悟幻過此且遲留

高啓宿幻住棲雲堂 寓息白鳥聲曉殘鐘度溪水此時幽夢迴獨坐空山裏松巖留佛燈葉地響僧履余心方正寂無使羣動起

圓照菴

在閶門外元至正間僧性得建

正信菴

在陽山西元至正十四年僧性用建

會雲菴

在中峯嶺西宋宣和七年僧性一建

雲隱菴在閶門外元延祐間僧月澗建永樂三年僧法湧重建中有法雨軒立雪堂山大樓

永福菴僧本原建元至正間

圓覺菴宋紹興間僧本立建

善福菴元至正間僧普應建　已上在長洲縣九都

半塘壽聖教寺在九都綵雲里寺有稚兒塔晉道生誦法華經童子死葬此義熙十一年商人謝本夜聞誦經聲旦見壙生青蓮花事聞詔建塔名法華院宋治平間賜今額紹興七年重建歸併菴八[illegible]

重修塔記半塘壽聖浮屠按舊記云晉義熙十一年名法華塔詔賜國材以建歷唐暨宋興凡一再改造歲久寖壞先君開府覽之慨然若契夙願實始修焉建炎庚戌之亂塔復廢憲不孝嚴瞻餘燼夕惕于懷曰此吾先君所植德者也噂不敢勉於是傾貲度財載加營繕紹興七年七月二日工告訖功初道生法師有童子能誦法華經死葬半塘其後過客夜聞誦經聲迹之莫見其人旦視童子塚有青蓮花塔之建蓋權輿於此迄今幾八百年矣而鳩工之始役夫夜方寢復聞誦經聲琅然出塔數夕不絕嗚呼異哉僧了勤以其事來告因爲之書顯謨閣直學士左太中大夫提舉江洲太平觀吳郡開國侯食邑一千二百戶食實封一百戶魏憲記

趙與訔宿半塘寺詩夜宿半塘寺惟聞塔上鈴老僧行道影童子誦經聲竹深風循逕窗幽月愈明瓦爐香斷處一榻灑然清

高啓稚兒塔詩黃土但埋骨豈能埋性靈昔聞宿草間曾吐蓮花青身臥長夜臺口誦西方經尋跡殊窅窅聞聲每泠泠寒燈照空塔時有山僧聽應使幽塚魂沈迷盡皆醒

臻福菴在長洲縣十一都宋紹興間僧性復建

資福菴元至正間僧維則建正統間僧善繳重修弘治中吳寬記

原明菴宋紹興間僧原明建

清照菴宋咸淳間僧慧無機建　已上在長洲縣九都

佛慧菴在虎丘寺東宋紹興間僧無善建菴有鍾秀軒梁用行記

得成菴在長洲縣八都宋皇慶間僧可大建

普光菴在長洲縣一都宋紹興三年僧原明建

普福菴在虎丘山東宋咸淳間僧文誠建

迎湖教寺在長洲縣六都晉永寧間僧大通建歸併菴二

廣濟菴宋開禧間僧覺因建

崇福菴宋景定元年僧德秀建　已上在長洲縣四都

白蓮教寺在長洲縣十五都地名陸塘吳赤烏間僧了然建後燬僧法榮重建歸併菴七

湖涇善慶菴宋紹興間僧法丙建

普潤壽山菴宋紹興間僧至修建

普慶深棲菴元大德間僧巨徵建　已上在長洲縣十六都

報德菴宋紹定間閔仁甫捨田建僧本澄開山國朝永樂十年閔丙重建先世祠堂在焉

梅林菴宋紹興間僧法煥建　已上在長洲縣九都

西資菴宋元豐間僧一智建

觀音菴宋嘉定間僧明圓建　已上在長洲縣十五都

靈源教寺在太湖洞庭東山碧螺峯下峯有靈泉故

名梁天監元年僧集善建歸併寺五卷一 散花文室靜梵香小小雲龕穩稱淋須信定中還有定莫言方外更無方青蓮滿眼非真色白月流金只慧光今日相逢陪軟語塵緣俗慮一時忘

能仁寺 在長圻嶺寺有泗州池相傳見泗州塔影今廢梁天監二年僧道適建

興福寺 在余塢南梁天監二年于將軍捨宅建僧本清開山成化間重修吳寬記

中峯寺 唐咸通九年僧本超建

三峯寺 唐咸通十三年僧真銓建寺有莊田曹凞記

彌勒寺 唐乾符間吳越王建僧德潤開山山岡雨後往往得細石如米故曰飯石峯云或云飯石禪師居此故名

圓照菴 宋泰定二年僧法光建 已上在洞庭東山

治平教寺在上方山下梁天監二年僧法鏡建舊名楞伽寺宋治平元年改今名寺傍有石井隋人刻字蓋楊素移郡橫山時也歸併寺一菴四

寶積寺 在橫山下隋大業四年僧永光建

真如菴 在縣西南三十里宋咸淳二年僧妙圓建

殊勝菴 在縣西南三十里洪武癸丑間僧寶峯建

華嚴菴 在縣西南二十里宋宣和間僧昇大建

圓覺菴 在縣南十里元至大三年郡人陳千十二捨建僧文質開山陳氏祠堂在焉

楞伽講寺在楞伽山上俗云上方寺寺有浮圖七級隋大業四年司戶嚴德盛撰銘司倉魏瑗書按治平寺舊亦名楞伽而吳郡志云寶積寺在橫山下亦名楞伽寺山頂有塔隋人書碑今此寺自在楞伽山上而寶積歸併治平蓋不可考豈昔一寺所分耶今以塔觀之則此當爲是但碑中亦云橫山蓋當時未有楞伽之名此山固橫山也歸併菴二

吳郡橫山頂舍利靈塔銘

竊以至理無言非言無以寄理玄蹤無體非體無以明蹤然則八十種好呈應身之妙三十二相表化質之妍至如獻土童兒聚沙稚子尚獲無窮之報猶成莫盡之因況懺身命重財崇諸聖業者矣但樹因之最無過起塔崇福之重詎甚建幢而銀青光祿大夫吳郡太守李顯者乃華陽杞梓江漢芳蘭夙布素誠少匡王國吐納風雷之際出處朱紫之庭爵峻於其身隆基茂於往葉溫良洽于郡國孝友睦于閨門建節贊治張振化風門雖望族世載公卿安仁樂智之心無違終食謙明惠厚之德造次必存仍共獎勸郡部官人奉爲皇帝皇后齊王六宮眷屬各捨七珍同崇八福在郡城之西山頂上營起七層之寶塔以九舍利置其中金瓶外重石槨周護留諸弗朽遇劫火而不燒守諸不移漂劫水而不易時有龍華道場比丘法首者歲居鄮[illegible]即起踰城之心年將志學仍持航海之操自離親捨俗三十許年洞識苦空明閑法要誠心內發冥夢外酬時開此山是古之佛殿乃共於此所成斯勝業碩實[illegible]常搖法輪恒轉舍生迴向歸心上通有頂之天[illegible]及無邊之地同離生死之苦俱成涅槃之樂其辭曰相焉是滅法矣非生蓋纏塵萃渴愛徒盈不無不有何體何名業風既息法水便清以茲勝地令德來持功施合矩化動成規如雲出岫狀月臨池清流不倦貽銘無疲虔心爲體同歸共慕施彼[illegible]珍崇斯六度下被疊品上資天祚萬福莊嚴千[illegible]輔護少宣令問特秀苗聚輪轉三有馳流六通獨善非德兼濟爲功俱成法雨用息塵籠大隋大業四年歲次戊辰九月辛未朔八日戊寅立

銘吳郡司戶嚴德盛製文司倉魏瑗書

張祜詩樓臺山半腹又此一紆行樹隔夫差連門跳城上坡松徑遠深坐石泡清泉是西峯凌亭故國情許渾碧煙秋寺泛湖來水浸城根古堞摧盡日傷心人不見石楠花滿舊歌臺高啓夕陽下西嶂返照東湖水來尋古寺遊楓葉秋幾里叩門山猿驚維馬林鳥起鐘聲出煙去半落漁舟裏楞伽義未曉塵累方自恥欲打塔銘碑從僧乞山癖白居易朝從思益峯游後晚到楞伽寺歇時照水姿容雖已老上山筋力未全衰行逢禪客多相問坐倚漁舟一自思猶去懸車十五載休官非早亦非遲釋來復詩荷花蕩西湖水深上有蘭若當高岑客吟時見猿鳥下僧定不聞鐘磬音雨香秋林橘子熟雲落空澗棠梨陰閒來掃石坐竹裏靜與山人論素心宗衍疊嶂來山尾平湖對寺門登危逾近郭望迥更連村客醉迷花畦樵歌坐樹根不煩留煮茗雨過井都潭

白龍菴 宋紹興間僧文禮建

妙明菴 宋紹興間僧宗禮建

已上在長洲縣二十三都

穹窿禪寺在吳縣西南四十五里穹窿山舊名福臻禪院相傳朱買臣故宅梁天監二年建唐會昌六年復建宋景德四年楊宿記按記云蕭梁取梅梁於此致白馬之異感明神之徵因謂白馬塢即茲院之址也今山址別有白馬寺亦刻此文或謂一寺所分不可知也壁間舊有米芾手書詩今燬不存歸併寺二菴二 宋楊宿記穹窿禪院者唐會昌六年之所建也先是蕭梁下詔取梅梁於茲地致白馬之異感明神之徵因謂白馬塢即茲院之址也至唐宣宗改元大中重興梵宇法眷承紹六世于茲事曠緒完迨今百載飛梁朽以虹天危簷壓二而翼摧則燥濕之患是生矣大發不泯招來信人天王嗣位之八年粵有當院徒弟奉安發志必甚果得檀那繼踵而至自夏俟鍾跡二氏等一百五十餘人咸歸淨緇鼎新大壯殿堂爽塏廊廡軒輊翼次第以輝聳金地迴環而嚴素於戲阿含所云若能補故寺者是謂二梵之福則安所之興葺能事有是夫諸檀信之慈悲喜捨有是夫君茲勝事願勒貞珉聊奮直筆爲紀歲時皇宋景德四年五月九日記

寶華寺 在吳縣西南三十里寶華山舊名智顯禪院誦鉢尊者嘗卓錫於此寺有鉢鉢泉 孫覿記寶華山智顯禪院面震澤之洪瀾背長洲之故苑左控洞庭之峻右挹靈巖之巔刻蟠之閭相望遊麋之墟密邇眞三吳之佳地一方之上游先是梁天監中有僧號憨憨者至自梵天營立香界植錫杖之故所化靈源之尚存年祀滋深締架幾把國朝祥符乙卯歲故府侯崇儀秦公義當歸然之未豎思勉矣而可與七年二少有能者即以今心即師居焉增庳爲[redacted]殿之類炭起金碧垂一紀間精廬克備云云 [illegible]詩上塚桃塢原尋僧寶華麓舟泛石湖清茗煮鉢泉綠山空木已落天高氣彌肅松月有餘輝共向西巖宿

薦福禪寺 在吳縣西南薦福山下不知所始或云即錢氏所建按強浚明壽聖院記院凡四遷安知此非其故址耶

龍池菴 在吳縣西一十五里元至正二十三年僧明暉建

眞如菴 在吳縣西四十五里吳元年僧法常建

白馬禪寺在穹窿山西址即宋所析者寺以楊宿穹窿記添易數語爲白馬寺記則僧之妄也元季寺燬永樂元年僧德璣良玠重建歸併菴三 吳寬我聞吳中諸楊山高抵穹窿半壯哉拔地五千仞始羨吳中有奇觀銅坑鄧尉作屏扆天平靈巖當几案其間法華與雅宜水透橫亘如長岸何人著山經宜作吳山冠但嫌地勢高山家每憂旱舟行半日青已了郡被濃雲忽遮斷水田路轄二三里依舊諸峯青歷亂人云山頂百畝平合結茅廬倚霄漢

龍門勝境未遑遊
坐向船頭先飽看

聖恩菴在鄧尉山之南岡元至正間僧涓萬峯自杭來止於此初蔚辭其師千巖請所依荅曰汝名汝所止也及至鄧蔚結菴居之其徒大集遂創精藍爲時名剎洪武中僧普壽普隱永樂中僧智瑢先後重建內有碧照軒

文殊菴在金山東嶺以獅子山相對故名亦名金山寺元至正間僧時蔚建 劉昌詩 僧還文殊菴 袈裟何地更相逢一錫東歸隔萬峯松偃舊窩僧臘久花薰晴殿佛香濃空山晚吽巢雲鶴古洞春藏化雨龍定起有詩還自寫丁方驚起夜深鐘

玉泉菴在吳縣西十八里元至正間僧賢古愚建

靈巖禪寺在靈巖山上舊名秀峯寺宋改顯親崇報禪院即吳故館娃宮也梁天監中始建爲寺寺成有異僧負鉢囊入憇廡下長身黧面貌相奇古其徒不之省夜索筆圖其像于壁而去其後胡僧見之驚曰此西土智積菩薩也唐宰相陸象先弟病得愈起之自云靈巖僧後還吳見像知爲智積因建智積菩薩殿永樂十年僧廣機重修弘治間重建歸併菴五 太平興國二年平江軍節度使孫承祐新建塼塔記 吳靈巖山即古吳王夫差之別苑也太湖瀰白涵其側虎丘點翠映其後自餘岡阜川瀆沃野上田環遶帶縈若視諸掌代遷人異倬爲佛祠與守藩之七裸也屬丙子歲冬先國妃居共氣之般鍾斷臂之禍詩人罔極聊可諭其哀素王尚右夫足申其制彖是顯營鴈塔冥助翟衣于山之椒累塼而就基其嶽所以遠騫崩之患黜其材所以絕朽蠹之虞不揮郢匠之斤止運陶公之甓自于經始迨爾賀成凡九旬有六日仍以古佛舍利二顆親書金剛般若一編寘彼珍函藏諸峻級美歟上聳地以千仞塔拔山而九層巍巍下瞰於娑婆杳杳平觀於寥沉鑱疑湧出或類飛來如日之升無遠弗届可以高擎天蓋可以久鎮地輿實在報先妃之慈薦先妃之福也覺雲承足定水澄心拂石仙衣尚爲遊轉無垢佛土終正菩提抽毫直書用備陵谷 孫覿智積菩薩殿記 梁天監中以吳王館娃宮故地爲靈巖寺寺成有異僧負鉢囊入憩殿廡下長身黧面梵相奇古其徒莫之省夜半索筆墨自圖其于殿之東北壁而去黎明不知所在衆始驚異之居無幾有胡僧顧見其畫惜曰此西土智積菩薩像也何爲在此於是道俗奔走來觀稽首歸依如師出世唐宰相陸象先吳人也有弟失其名得危疾國醫不能療一日有僧扣門問疾象先引至卧內僧索杯水噀之一噀而病良已象先驚謝出金帛數床弗受顧謂其弟曰我靈巖僧它日還吳來過我遂去不復見其年象先弟入尚書爲郎觀察桂管道吳中趨靈巖如約問僧所舍無有遍從寺僧求之亦非是方悵然欲還俄見壁間所畫像肖焉如言如笑如見師友驚喜亟拜施錢五十萬修供作佛事徘徊數日而後去其事載於吳越國沙門智賢之文傳於山中父老之口見於大哀經菩薩品云惟靈巖故剎更隋唐五代四百餘年至宋興始改賜秀峯禪院紹興中詔賜今太傅咸安王韓公薦先福更號顯親崇報而叢林之盛爲東南冠智積舊有殿在院之東庳陋迫隘不足以稱四方祈向奉事之意長老智納飭其徒募衆力大之高甍巨桷雄視一方像設中嚴雲披月滿極莊嚴相好之妙人天環遶梵唄之聲震動山谷於是詣過余於晉陵求文以爲記余曰衆生執一迷或六趣出沒生死莫覺莫悟惟佛菩薩哀憫一切或示現神通或化出光景天龍負殿山鬼築城卓錫而甎涌揮麈而雨花墜凡所見聞同悼齊喜投體歸命齋心悔過甌觸如燖雞出湯欣慕至道如亡子見母如聾發聵如迷得路發菩提心修無上道輕財樂施造種種福百世之後陵谷變遷蛻骨所藏傳衣所寓在在處處照耀大千一睹遺像心目了了恍如宿昔曾受佛記今雙林大士泗州僧迦靈巖智積皆是也訥公出世三十年說法行道化

服同異凡所建立人勸成之隆樓藥閣穹堂廣宇幾徧淮吳豈止智積一殿而已 白居易詩 高高白月上青林客去僧歸獨夜深葷血屛除惟對酒歌鐘放散只留琴更無俗物當人眼但有泉聲洗我心最愛曉亭東望好太湖煙水綠沉沉 又絕句 館娃宮畔千年寺水閣雲多客到稀聞說春來更惆悵百花深處一僧歸 趙嘏 明月溪頭寺蟲聲滿橘洲倚欄香逕晚移石太湖秋樹老雲歸盡臺荒水更游無人見惆悵獨上最高樓 胡宿 宿拂依鄉館天機陡覺清一聞山鳥語曾起野麋情峭木採霜氣蹤泉曳玉聲簡書備俗駕窗日雨竿明○夕鐘初斷海鯨音投宿香園半翠岑水蕈浸林消客夢水蘿澄月作僧吟惟風拂祇清涼極珍樹交柯翠翳深一夜漢陰機事息草堂虛論破煩襟 孫覿 靈巖五至堂詩 老人昔記觀河處白髮蒼顏只如故混然不與生滅期始信眞心有常住公今忘物兼忘我坎止流行無不可桑下了無三宿戀壁間一坐九年過振履忽逐秋鴻往浮盃又趁春潮上一片孤雲自在飛不落人中云來想 後七年過靈巖再賦二詩 倪光諸天繞龍龕百鬼營捫蘿穿竅窕拄策上嶙峋雨送秋聲入風迎夜氣生胖肛一鼉吼撇烈兩鳥鶯獨啼貂神界眞遊夢化城微吟更有味琢雪闕僧清○老衲僧中龍得度佛三界誅茆製不借剖竹作如意微心訊空王禮足依龍帝住世無三宿因緣有五至百年祝國憂四大假師戲應作如是觀浮雲本無帶

道林菴 在吳縣西四十五里元天曆二年僧道讓建

圓明菴 在吳縣西二十七里元泰定間僧道安建

慶雲菴 在吳縣西十八里元至正三年僧道興建

壽安菴 在吳縣西十八里宋宣和間僧嗣求建

殊勝菴 在吳縣西十九里宋嘉定間僧性觀建

崇福教寺在長洲縣三十一都尹山故又稱尹山寺梁天監二年僧佐律建洪武初名僧永隆嘗住此

隆乞焚身度天下沙門事詳方外歸併菴四

湧琉璃界天開翡翠林邪知近秋陷誰意得幽尋日麗花臺迥雲橫巨闕深紺園浮靄彩琪樹帶春陰王礀珠泉滴丹窗綠嶂臨梵王紅錦服仙女碧瑤簪金作山龍甲朱爲海鳥襟鳴鐘聲雉舞講法引猿吟境靜塵難染機深慮不侵頭因清淨力從此識眞心

集善菴 在長洲縣三十一都元泰定間僧妙心建

福源菴 在長洲縣二十九都元泰定間僧巳定建

明遠菴 在長洲縣三十一都元至正間僧水月建

能仁慶福菴 在長洲縣二十九都元泰定間僧智翁建

靈巖教寺在長洲縣十四都蠡塘舊名靈壽教院梁天監二年僧勤建歸併院一菴十二

法華院 在長洲縣十四都宋建炎二年僧大識建

景福菴 在長洲縣十九都宋景德元年僧大亨建

二聖菴 在長洲縣十七都宋寶祐間僧惠存建

法惠菴 在長洲縣十四都宋建炎元年僧法證建

華嚴菴 在長洲縣二十二都宋建炎二年僧大乘建

至覺菴 在長洲縣十四都宋建炎二年僧普得建

光明菴 在長洲縣一都宋紹興三年僧原明建

白鶴菴 在長洲縣十七都宋咸淳間僧文煒建

法華菴 在長洲縣十四都宋咸淳間僧普會建

息峯菴 在長洲縣十四都宋咸淳間僧本淨建

毛墖菴在長洲縣二十二都元大德二年僧勝本建

澘甲菴在長洲縣十七都元泰定間僧文敬建

積善菴在長洲縣二十一都元至正二年僧徹心建

大覺等寺在長洲縣二十七都大姚山梁天監間僧道邦建寺有東明子院最爲幽勝歸併菴二吳寬宿東明院詩東明院裏曾投宿偶見前題一慨然欲抆閒蛩吟所夜入門高嵩部多年季右不與元方在小野殘同大眼賢何處玉笙吹未歇山房新月照人輒李應禎和放舟出郭秋雨晴好風洋日到姚識故人天上新露祿祝子山中舊識名春樹暮雲然限思雲爐茗梳有餘清一夜寒生紙木穩夢廻時聽海朝笙

松隱菴在長洲縣二十六都元庚子年僧從哲建

文殊菴

天宫教寺在胥山南太湖之濱梁天監三年僧法雲開山唐德宗時重建宋天聖中修進士張汴記歸併寺一菴六陸容宿天宮寺閒遊三日滯天宮客放西齋雨又風聽起牀頭書帙亂鼠來橋角酒旗空宜漾野色迎寒碧狼藉春痕落落紅訪後只憑如社老袈裟棋局念吳公再至和前韻此度停橈入梵宮焗花香裏坐薰風閒心頗爲工山寺實理元非夢幻空雲隱小窻禪榻靜日斜深殿僧燈紅留題欲和鴻足句追復才情似長公

壽聖廣福禪寺在吳山嶺上吳越中吳軍節度使錢文奉建其爲父廣陵王元璙墓祀之所太名壽聖院宋治平中改賜今額元至元年僧善勝重修

壽寧菴宋紹興丙子僧德作建

中峯菴宋咸淳乙丑僧文英建

積善菴宋咸淳丁未僧惠滿建

淨居菴宋咸淳乙丑僧祖傳建

報德菴宋咸淳乙丑僧妙澄建

福海菴元至正己亥僧志因建 已上俱在吳縣西三十里

昭明教寺在吳縣錦峯山相傳爲昭明太子所建或謂山產文石故名然不可考矣唐會昌中廢宋嘉泰中白馬寺僧南公重建宋理宗書賜錦峯二字實藏寺中歸併菴二陳基詩山居有餘樂縱遊良不孤生多濟勝具豈辭足力劬處處青蓮座人人僧寶珠雨花無宿蒂玉樹盡新株勞生局形跡矯首謾踟躕

龍華菴在吳縣西六十里宋開禧二年僧性淵建

鳳祥菴在吳縣西六十里宋咸淳元年僧樁壽建

光福講寺在吳縣鄧尉山龜峯上梁大同間建寺有舍利塔又有銅觀音像郡水旱迎奉入城祈禱輒應嘗爲盜去尋復得之歸併寺二菴七唐崔融舍利塔記式觀元始眇覿玄風夏巢冬穴之時茹毛飲血之世一寒一暑一陰一陽其道雖分萬彙猶塞逮乎伏羲氏之王天下也始畫八卦造書契由是文籍生焉然後歷堯舜至周孔由是釋像興焉及乎東被大漢尤加崇飾按牟子云佛生天竺假形王家即其生也又云拂衣雙樹脫屣金沙即其滅也然雖示生滅之相詎加恍惚之道何異經巨海者終年不見其涯測虞淵者畢世不知其底吾以此觀之佛理不可盡也若夫舍利者即金人之遺骨堅剛不壞變化自然西天敬之立爲塔廟昔育王

見而不信吳王修以效虎迺麗南移年代頗久上哉寂滅之理豈一魯男子以探其好焉余恭不留心略爲敘事故經云若能起塔供養皆獲福田此乃聖教所談事豈虛繆固加爲善者天報以福爲非者天報以殃雖則玄妙難求而實精專可驗光福寺者即梁九眞太守顧氏之家山也士有惡嫌塵網種植善根遂捨林泉建茲佛刹立寺之始其由此焉斯地之銀闕移來洪波架出碧岫孤聳青天下臨洞庭勢控吳苑上止斗牛之宿旁連太伯之墟何必鼇負蓬萊蛇蟠崑閬歇樵翁於片石卧禪子於幽林草樹麗而攢花杉蘿深而蔽日長松古栢緣情無塵世之機遠岫平湖擧目入畫昇之色其僧自相謂曰此之靈境爰有上方可以建立亭臺而莊嚴廟塔既而不日不月其功就焉斯塔也梁大同之中建矣唐會昌之末毀焉興廢之由是其一也然則其址雖在而乃煙蘿以荒于時咸通年困敦歲天子明睿四方清平野人入朝賢士出世而我吳郡云之一也鸞鳳異態龍武殊姿嘯傲誰同孤高自得霜雪徒侵碧色松塵埃難染白璧光嚴陵卧時國之賢良鄭均閒時位齊卿相魚膓之劍利斷鯨鯢龍韜之珠光浮日月燒金屑玉間遂蓬島之偎釣月歌風隱笑武陵之客公不惟優游儒籍然亦探與釋門故儒則素王間生於釋乃金人讀下則知人情數及智用全殊每登山而躊躇因驚塔之荒毀是斯塔之將興也一則合天中后聖德遐被慈心溥施行是日之堯風儆當時之漢夢於是三寶起跡十方歸心布金祇園圖像花界今者又塵清域外鏡朗天衢金柯開鷲背之花寶位乾銀河之浪玉潢丹巘坐分瑞應之符樵子漁翁眠唱太平之曲二乃遇公道窮生滅心達苦空信塵劫之迷途悟法門之了性追我家之舊迹再葺蓮華護我佛之眞身重修寶塔然後增基表剎蘿草開林剪荊棘而雲平列松杉而桐出時維三月節屬九春鶯吟風而千巖草垂叢而萬種建金棺而心動羅寶蓋而雲陰緇徒共瞻士俗咸恍芙蓉坐上飄三界之異香薝蔔花間散諸天之法雨是時也祥雲結綵氣氳於行道之壇慧日登華照耀於然燈之位公乃覩相生善至誠感神遂發善心爰命工者於是依憑氣象結搆規模初標覆簣之縱漸著凌雲之勢亦有飛閣周繞迴廊接

連石工呈奇巧之才梓匠設雕鏤之妙壯觀而龍蹲虎踞巍峩而偃掌蓮峯繡柱砣而星攢雕梁起而虹指掩映而初蚤吐岐晉而欲鵬飛不踰一年拘就工畢斯狀也險體千仞高標七層疑兼鬼工又若神助上穿星漢下壓雲根豈劒閣之能齊比爐峯而尚峻鶴歸天而一駐雲收霽而半開發郢客之詩情壯吳宮之地勢金輪縹緲亞日月以高明鴈像參差拂虹蜺而若動偉哉塔之美也其功杳莫繼焉至若遊人訪景淑女尋春入幽徑而攀蘿步晴崖而拾翠樂鳥睽葉嵐煙惹衣苔鋪石而霞斑花映峯而綺合高簷闌闠千家之臺榭龕文迥瞰林巒四面之波濤練色其乃金飇吕節銀露催寒何用悲秋正堪憑檻天朗而雲霞弄錦風高而松篠張琴蒹葭之浦上漁歌蒲蓼之汀邊鴈影疊浪裁古人之素群山闞少婦之眉開謝客之愁襟抒休公之佳詠松間跡鑿伴高鳥而飛來湖上輕煙暎孤帆而掠去斯塔也非公不能見矣斯景也非公不能翔焉時有勾當僧道居文瓚崇建寺皆以高空皎月深谷奇松掛衣錫而雲閒卧煙霞而鶴瘦眞宗眞理金言積于情田無垢無塵玉蓮生於水上且小人識比求劒材非利雖焚香雖效其不迴叩角常懸於未達辛苦十載每思蚊夢之儆摶躍九衢頗有龍門之志曾勞閉戶何嘗仲舒之三年誰念無家更甚相如之四壁惟公不損貲繖詞陋命作斯文操觚長吟永日忘懶何以著公之美大播芳風詞曰皇堂之世運變千秋產公之材當代風流荊聶之氣金張之傳但樂風月不干王侯英明少年卓犖公子傲貴忘榮時人鷄視洞天不夕春風不起金谷花開玉堂携妓南山積石北溟揚波紀公之德未足爲多

宋黃公頡觀音記

光福寺距城六十里有銅像觀音其始作者與其歲月予不得知也康定改元六月志里張氏於廟傍之泥中觀焉時久旱弗雨相與言曰觀音示現殆有謂乎迺具梵儀禱焉即時雨降以是凡有禱而弗獲者州人必請命于刺史而致敬無不得其感報夫道在天下其廢興有數而出處有命亦惟其時而已益習俗沉迷之日久矣必將有以薰沐其邪意啓迪其善心教令既不足以歐之於是時聖人出而輔世其在吳越則若四明之奉化東陽之雙林錢塘之天竺是也或因吳俗之所趨或寓

乎物之所感顯相示化變出不窮以是因緣不假言說凡見聞者隨其願求各有所得則雖頑嚚抵冒之人亦將有以善其心況根性之厚者乎則其所以輔世者豈小補哉此其佛教行乎中國人之所賴以悔罪祈福者宜乎曠世歷年而弗絕也寺之母葬于寺之西南常過其上僧蘊恭屢求爲記予不得辭也因序其事云

大慈寺在陽山之右元大德二年僧靜一建

尊相禪寺在長洲縣三都不知所始元末燬永樂二年僧本間重建

崇福菴梁大同三年僧宗善建

奉慈菴宋靖國元年僧明昕建吳寬詩野寺堪逃暑登登去叩關林深長碍樹路轉又逢山石鉢分中飯雲房借半間玉茶花落盡坐撫不知還

雙壽菴宋嘉熙二年僧淨了建

和豐菴宋嘉熙二年僧智譽建

宇文菴宋咸淳二年僧壽崧建

種福菴宋景定六年僧處禧建僧明本記

圓覺菴元元統二年僧大揖建已上七菴俱在吳縣西七十里

長山教寺在吳縣二十三都梁大同間僧養吾建歸併菴五

證覺菴宋咸淳元年僧智隱建

善慶菴宋寶祐間僧德聚建

寂照菴宋咸淳間僧性達建

崇福菴宋嘉熙間僧性善建

菩薩菴元至元二年僧如舟建　已上俱吳縣西六十里

實相教寺在吳縣香山西太湖之濱舊名實相院按吳郡志云古廢寺也梁大同十年重興宋大中祥符元年賜今額歸併菴七

深沙菴在吳縣西南五十里唐中和元年僧智辯建

觀音菴在吳縣西南五十里宋寶祐間僧性止建

殊福菴在吳縣西南七十里宋紹興十年僧性如建

廣福菴在吳縣西北六十里宋咸淳二年僧性如建

安隱菴在吳縣西六十四里宋咸淳元年僧道全建

興福菴在吳縣西六十五里宋咸淳二年僧性澄建

崇福菴在吳縣西北六十五里元至治間僧永欽建

法海寺在洞庭東山隋莫釐將軍捨宅建後梁乾化間改名祇園宋祥符五年改今額歸併寺一菴三

華嚴寺在翠峯之楊家灣梁天監二年僧戒眞建昭子和尚嘗居之

積善菴宋淳熙三年僧道勤建

北奇菴在白沙之南本安撫寶章鄭寺丞宅宋咸淳十年僧明超建

壽寧菴在武山元居人吳逢香火院祠堂在焉至正二年僧性宗建已上俱在洞庭東山

寒山禪寺在閶門西十里楓橋下舊名妙利普明塔院宋太平興國初節度使孫承祐建浮圖七成嘉祐中改普明禪院然唐人已稱寒山寺矣相傳寒

山拾得嘗止此故名然不可考也紹興四年僧法
遷重建洪武中僧昌崇重脩歸併寺三菴四 **孫覿**記平
江自唐白公爲刺史時即事賦詩已有入門六十
坊三百橋十萬戶爲東南之冠詩云茂苑太繁雄
是也逮乾符光啓間大盜蠭出爭爲強雄而武肅
王錢鏐以破黃巢誅董昌之功盡有浙東西之地
五代分裂諸藩據■數州自王獨嘗順事中國有
宋受命盡籍十地府庫帥其屬朝京師遂去其國
蓋自長慶訖宣和更七代三百年吳人老死不見
兵革覆露生養至四十三萬家而吳秦伯廟棟㮇
有唐昭宗時寧海鎮東軍節度使錢鏐姓名書其
上可謂盛矣建炎盜起官寺民廬一夕爲煨燼而
楓橋寺者距州西南六七里枕漕河俯官道南北
舟車所從出而巋然獨無恙殆有數焉寺無石誌
按吳郡圖經實妙利普明塔院而不著經始之歲
月唐人張繼張祜嘗即其處作詩記遊吟誦至今
而楓橋寺亦遂知名於天下太平興國初節度使
孫承祐重建浮圖七成峻峙蟠固人天鬼神所共
瞻仰至嘉祐中始改賜普明禪院而雄傑偉麗之
觀茲起矣蜀有天幸僅脫於兵火而官軍蹂踐寺
僧逃匿頹簷委地飄瓦中人卧榻之上仰視天日
四壁蕭然如逃人家紹興四年長老法遷者會其
徒入居之而相其室無不脩鉢積寸累扶顛補敗
棟宇一新不支十世寺有水陸院嚴麗靚深龍象
所栖升濟幽明屢出靈響尤爲殊勝而塔之役最
大更三年而後就一日遷老過余言曰願有紀也
余嘗怪天下多故縣官財匱力屈天子減膳羞大
臣辭賜金將吏被介胄以死士大夫毀車殺牛而
食而吾民則當輸家財助邊率常睊睊然舉若蹙
頞疾視其上無慨然樂輸之意而佛之徒無尺寸
之柄無左右紹介之先死盡錫杖率爾至門則倒
衣吐哺躡屨起迎惟恐後已乃捐金幣指囷廩捨
所甚愛如執左契交手相付無難色此何道也今
觀遷老積精營作練學苦空弊衣糲食不以一毫
私其身日以飾蠱壞起頹仆爲急又飭其徒三二
輩持鉢扣門或持簿乞民間日有獲焉惟資以治
寺以故一方道俗皆向慕之凡所欲爲無不如志
故成就如此今吾鄉縣之長人者㝡擁百吏坐一
堂之上赫然如神明之臨呆阻聲威以怛之而後
吏得以設其隙吾欲以柔道理之量其力之所堪
任而與之爲均無急之以期無使吏迫之上下休
戚共爲一體人人歡然欣戴如駒犢嬰兒之慕以
盡夫爲民父母之道夫以子弟而事父母其於奉
佛固無間然矣故著余之所欲言者爲記使歸刻
焉紹興十六年七月日晉陵孫覿記 **宋張師中詩**
吳門多精藍此寺名尤古距城七里餘冠蓋日亭
午斜徑通採香遠岫對棲虎寺扉橫野橋塔影落
前浦霜樓鳴曉鐘夕舸軋雙櫓方丈中有人學佛
洞禪語跡忙心已閒道樂行彌苦不爲喧所遷意
以靜爲主何必深山林峯巒遶軒戶 **程師孟** 門對
青山畫不如師今一念六年居邇來寺好尤瀟灑
張繼留題內翰書 **孫覿** 晚泊橋邊寺迎風坐一軒
好山半隔岸流水湧過門朱舫朝天路青林近郭
村主人頭似雪怪我到多番〇閶闔城外寒山
古道西若人具眼隻與佛眉齊白浪噴鷗首黃
塵送馬蹄憧憧南北路一榻有高棲 **又三絕句** 白
首重來一夢中青山不改舊時容烏啼月落橋邊
寺欹枕猶聞半夜鐘〇翠木蒼藤一兩家門依古
柳拖溪斜古城流水參差是不見玄都舊日花〇
三年瘴海卧炎霄夢隔清風一水遙萬里歸來悲
古物銅駝埋沒草齊腰 **張孝祥** 四年忽忽兩經過
古岸依然窣堵波借我繩牀銷午暑亂蟬鳴處竹
陰多

秀峯禪寺

在吳縣西華鄉宋紹興間僧佛智開山元柯九思記

慧慶禪寺

去郡城西七里元延祐間僧道聰建僧維則記

南峯寺

舊名天峯院在支硎之南峯即古支硎寺
也詳具曾旼記 **元豐六年龍圖曾旼記吳**
郡朱長文書 闔廬城西二十餘里山之巔有禪院
祥符詔書賜名天峯考於圖記所謂報恩山南峯
院者是也記言晉僧支道林因石室林泉置報恩
院唐之大中改爲支山禪院晉之天福改南峯額
予先世松櫝在羊腸山之朝陽歲時展省屢過天
峯嘗訪遺詩舊刻求其地之所在以參驗之□唐
人劉長卿遊支硎山寺皮日休陸龜蒙宿報恩寺
水白閣題支山南峯皆爲賦詩寧□□以後州刺史

居易劉禹錫亦有報恩寺詩按長興至德中嘗爲
監察御史曰休龜蒙松陵唱和以咸通年又言南
峯院額故相國裴休所書也休乃大中宰相於是
一時而報恩支山南峰三名並存則知記所載大
中天福更名者誤也今山下楞伽院以有石刻言
院即報恩遺址原田中有報恩惠敏律師塔碑言
建塔于寺之西南隅當八隅泉池之上中峰蘭若
之下碑望楞伽正在東北而記所謂石室者亦在
楞伽人猶謂之支遁菴自菴前西向登山可數百
步林中一徑入中峰院自徑前南行其登躡高又
數百步乃至天峰北僧院其依一山而道周有石
盤薄平廣泉流其上清泚可愛居易詩云淨石堪
敷坐清泉可濯巾其謂是也昔莊周言庖丁之刀
十九年若新發於硎陸德明釋硎磨石也余謂此
石其平如砥支硎之名宜取諸此而石文又如踏
涔者人謂之馬蹄石故禹錫詩云石文留馬跡峰
勢聳牛頭曰休龜蒙與襲美起南池聯句亦曰翠
出牛頭聳苔深馬跡訛又曰支硎辟亦過牛頭峯
今在天峯之南此其可考者禹錫詩有泉眼潛通
海之語與夫松陵詩所云承閣南池惠敏碑所言
八隅泉池也皆已湮沒失其故處而裴公書額亦不
復見矣若山下石室山半石門天峰之傍有待月
嶺下有碧琳泉又有放鶴亭其址猶在而劉白皮
陸之所賦詠皆不及之此又不可考者也昔逸少
既謝會稽安石猶卧東山遁乃與之從遊自放虛
寂之境而有登臨之適故時人以爲高逸遁之所
遊多矣維吳之報恩越之沃洲最著沃洲有養馬
坡放鶴峰故此山亦有馬跡石放鶴亭傳言遁常
畜馬縱鶴其說皆有理趣非窘拘於浮屠法者也
遁之沒已七百餘年而事之傳於名跡者猶不泯
其爲世所慕如此近歲僧德興者始傳禪法於天
峰繼住持者十來人矣德興之始來茅屋土階僅
禦風雨後有文啓慧汀賛元維廣者大增葺之甚
土架木上瓦下甓堂殿庖庫廊廡寮閣門庭祀衙
次第完潔東有浴室西有憩菴佛貌經藏無不嚴
具以其治之非一人積之非一日而能終始如一
故賴以成就其財費則取之州人非一家也予嘗以
職事獲閱書於太史氏因見景德四年有建言者
曰民侫佛費財宜加禁止上曰佛教本於脩心至
於禪學爲益滋大於是言者不行蓋先王以道治

天下使人心化而不自知故其盛時漬獨而無恐
犯禮者非必士民也釋氏心法之妙殆不失先王道
化之意乃知前聖後聖其揆一也豈[illegible]言[illegible]賛公
長老夙受法於明因禪師又深通頓觀華嚴之旨
心地乃達無所底滯予之道友也一日謂予曰天
峰自德興新之且及百年願有所記予謂[illegible]天居
易爲之記矣　報恩寺參寥自知首[illegible]崇本
未書以昇之　[illegible]思隱堂記　佛子親
出家本欲擺脫名利自非上根法器了達根源未
有不爲名利所縛雖大善知識亦不免於求名而
利附焉故以欲開張鋪席以求出世至於終老而
不返一曰欲以利益衆生一曰欲以開導羣迷此
持自爲之辭爾焉有能利益衆生開導羣迷而不
知所以自求安隱以遁其形邪余謂文十許則不
然雖嘗縣萬壽有座住天峰禪院[illegible]得可與
退休之念會余解官南歸亦思與之相近出即與
柴爲菴小居能仁精舍乃名其所居堂曰思隱委
佛以清淨爲本虛無澹泊爲宗而垂世立教禪律
所行真說法指是真是實即謂之律說有非有說
無非無當[illegible]不能言然常住即名爲禪自達磨傳
此心印西[illegible]九年不立文字不假聲聞而第一義
諦復然流通得[illegible]界自爾以來燈燈相傳照耀
大千啓發昏蒙證菩提果超出世間與佛同體得
茲道者才公有焉昔紹聖末余掾澄陽詞長老自
黔於夾山將會下禪人無慮二百輩而獨談公不
容口蘇比始識公於此山之庫下形骨清癯標韻
高古無異於孤雲獨鶴然稍稍接之話言莫非善
[redacted]柔輕議論風起至於聖聖之處如泉竇始開盈
自胷中流出所謂深得辨才三昧者見知既已如
此之超然矣而又能於茲時出超然後落之見以
求隱處而退休焉其度越輩人廣衆卓絶數等矣
以是而名茲堂非虛言也堂兩楹五架粗完潔不
修不陋眞道人所居余不記其土木之工而獨記
公超然隱居之意如此　[illegible]
寺　支公去已久寂寞龍華會古木閑空山蒼然暮
相對林巒非一狀水石有餘態客竹戴晦明群峰
爭向背峰帶落日步步入青靄香氣空翠中徑
聲暮雲外留連南堂客想像西方內因逐谿水還
觀心兩無[illegible]上方清合遂共宿
白雲端寂寞千峯夜蕭條萬木露[illegible]見

色月中看却與西林別歸心即欲開皮日休贈南峯僧雪侵壞衲重隈肩不下南峯不計年也哩群魚曾受戒林間孤鶴欲參禪雞頭竹上開危徑鴨腳花間擣廢泉無限吳都堪賞事何如來此看師眠陸龜蒙眉毫霜細欲垂肩自說初棲海嶽年萬壑烟霞秋後到一林風雨夜深禪時翻貝葉添新藏閒俑松枝護小泉好是清冬無外事匡牀齋罷向陽眠

文殊菴 元至正間僧法海建

雲泉菴 元至治間僧宗道建 俱在吳縣十一都

射瀆菴 在長洲縣一都宋紹興三年僧德紹建

翠峯禪寺在莫釐山之陰唐將軍席溫捨宅建天寶間僧智洪開山名滯重顯所謂雪竇禪師嘗居此其遺跡有降龍井羅漢樹悟道泉猶存歸併菴一

范成大詩來從第九天橘社繫歸船借問翠峯路誰參雪竇禪應眞庭下木說法井中泉公案新翻出諸方一任傳李彌大山浮群玉碧空沉萬頃光涵幾許深梵刹樓臺嘘海蜃洞天日月浴虛金秋林結綠留連賞春鳩藏紅次第吟擬泛一舟追范蠡從來世味不關心吳寬步轉危峯路豁然梅花叢裡見青天春泥不滑登山屐又過長松啜冷泉又謝人寄悟道泉試茶憶在廿年前抱甕頻來味究然踏雪故穿東洞徑迎風遙附太湖船題詩寥落懷諸友悟道分明見老禪自愧無能汲水記編將名品與人傳沈周和彭亨一器置堂前思此冷冷久缺然借取白雲朝慎甕載歸明月夜同船小分東澗聊知味大吸西江亦喻禪紗帽籠頭烟繞鬢煎茶有法是盧傳

廣濟菴 在莫釐山渡口元至正二十五年僧志盟建

上方教寺在洞庭西山唐會昌六年僧道徹開山本名張園寺宋嘉泰間萬壽寺僧無證重建始著今額復置田疇僧淮海記歸併寺五院六菴二范成大詩棹古消夏橹節新上方珠灣鎖員折冰鏡空見光楓鎮醉晴日橘黃明早霜閑門松竹逕隨處有清涼張伯雨橘林千黃金林靜路逾僻忽臨消夏灣雲海浩如積綺李不可追空餘騏驥跡

祇園寺 在五峯嶺下本名孤園寺一名下方寺梁散騎常侍吳猛捨宅建丘峯堂宋李居仁記皮日休詩艇子小且兀綠湖蕩白芷縈紆泊一碕宛到孤園寺雜島疑清陰松門湛虛翠寒泉飛碧螭古木鬭蒼兕鍾梵在水魄樓臺入雲肆巖邊鶴啄栢蠹閒猱弄檻猗小殿薰陸香古經貝多紙兒鳴蠻樹杪多飛鷗香步滿院落風泛金靃靡靜老僧方瞑坐見客還強起指茲正險絕何以來到此先言洞壑數次話眞如理磬韻醒閑心茶香凝皓齒巾之劫貝布饌以蒲櫃餌數刻得清淨終身欲作止可憐陶侍讀身列丹臺位雅號曰勝力亦聞師佛氏今日到孤園何妨稱弟子陸龜蒙浮屠從西來事者極梁武巖幽與水曲結架無遺土窮山林幹盡竭海珠璣聚況即侍從臣敢愛烟波鳩

幡條玉龍扣殿角金虬舞釋子厭樓臺生人露風雨今來四百載像設藏雲浦輕鷗亂馴鷗鳴鐘和朝梵庭蕉列旗旆野蔓差纓組石上解空人窗前聽經虎林虛葉如織水淨沙堪數徧問得中天歸脩釋迦譜高啓欲問南朝常侍宅已爲西域化人宮山僧歸帶漁舟雨湖鳥來聞粥鼓風橘柚垂簷秋殿暗波濤驚座夜堂空給孤長者誰曾見應在烟雲杳靄中

水月寺 在縹緲峯下無礙泉在焉梁大同四年建隋大業六年廢唐光化中僧志勤即舊址結廬其後刺史曹珪以明月名之宋祥符間詔賜今額慶曆七年蘇舜欽記予乙酉歲夏四月來居吳門始維舟登靈巖之巔以望太湖俯視洞庭山巋然特起雲霞采翠浮動於滄波之中即時據欄竦首清爽下隨欲乘風跨落景以翱翔乎其間莫可得也自爾平居耗然思於一到惑於險說而未果行則常若有物偪塞於胸中是歲十月遂招徐陳二君浮輕舟出橫金口觀其洪川蕩潏萬頃一色不知天地之大所能并容水程沂洄七十里亓遠初宿社下踰日乃至入林屋洞陟毛壇宿包山

精舍又泛明月灣南望一山上有[峯]湖舟入指云此所謂縹緲峯下也卽岸步自松澗出數里至峯下有佛殿號水月者閣殿甚古像設嚴整少有燈泉絜清甘涼極旱不枯不類他水梁大同四年始建佛寺至隋大業六年遂廢不存唐光化中有浮屠志勤者歷遊四方至此愛而不能去復於舊址結廬誦經後因而屋之至數十百楹天祐四年刺史曹珪以明月名其院勤老且死其徒嗣之迄今七世不絕國朝大中祥符初有詔又易今名予觀震澤受三江吞齧四郡之封其中山之名見圖誌者七十有二唯洞庭稱雄其間地占三鄉戶率二千環四十里民俗眞朴歷歲未嘗有訴訟至于縣吏之庭下皆樹桑梔甘柚爲常產每秋高霜餘丹苞朱實與長松茂樹相差間於巖壑間望之若圖繪金碧之可愛縹緲峯又居山之表民已少事尚有歲時織紉樹藝補採之勞浮屠民本以清曠遠事物已出中國禮法之外復居深遠絕勝之地壤斷水隔人跡罕至數僧宴坐寂默於泉石之間引而與語殊無纖芥世俗間氣韻其視舒舒其行于于豈上世之遺民者耶予生平病闃鬱塞至此曝

然破散無餘矣反復身世惘然莫知但如蛻解俗骨傅之羽翰出乎八荒之外吁其快哉後二年其徒惠源造予乞文識其居之廢興欲其誠請覽筆直述且叙昔遊之勝焉

宋僧贊寧詩

參差峯岫晝雲昏入望交蘿濁浪奔震澤湧山來北岸華陽連洞到東門日生樹掛紅霞腳風起波遙白石根聞有上方僧住處橘花林下採蘭蓀○積翠湖心逈邐長洞基蕭寺兩交光鳥行黑點波濤白楓葉紅連橘柚黃人我絕晴隈樹石是非來處接帆檣如何途得追遊性罷却營營不急忙

湯思退長短句

黃晝船橫絕湖波練更上雕鞍窮翠巘霜橋半垂征衣盡日香鐘聲雲外聽金界將松烘何處是華山峯巒杳靄間

李彌大無礙泉詩并序

水月寺東入小青塢至縹緲峯下有泉泓澄瑩徹冬夏不涸酌之甘冷異於他泉而未名紹興二年七月九日無礙居士李似矩靜養居士胡茂老飲而樂之靜養以無礙名泉主僧願平爲煮泉煮水月芽爲賦詩云顯研水月先春焙鼎煮雲林無礙泉將謂蘇州能太守老僧還解覓詩篇

西小湖天台教寺

在縹緲峯北吳郡志云小湖觀音教院其山顚有湖波濤與太湖同湧故名小湖相傳唐乾符中有沉香觀音像泛太湖而來小湖寺僧迎得之有草繞像足投之小湖生千葉蓮花永樂十四年僧性寅重建

孫覿靈泉贊

良哉大士溢此靈泉世有熱惱一酌而痊方池何産三級紅蓮無實可味有根弗傳世紀大士浮海而來攜此二物眞之山隈青青之枝其灑此哉躚躚之衣其製此哉唯此小湖實補陀山我來稽首瞻仰尊顏挹水啜之清入肺肝塵垢銷落身心蕩然嗟嗟此土奉事弗篤百尺頹基數椽敗屋如泗僧伽習玩成瀆對面却迷貴耳賤目惟聖憫狂存乎克念歸斯受之匿瑕磨玷弗昇莫求弗施已厭信受之者亦得自贍汝心如泉泓然弗遷汝身如蓮離垢芳鮮大士可之詎曰含猗一彈指頃超證無邊

福源寺

梁大同二年吳縣令黃禎捨山園建僧晉國開山唐貞觀中重建

觀音院

即華山寺在龍頭山之西宋元嘉二年會稽內史張裕池生千葉蓮奏建本在胥湖

之北唐開成三年重玄寺僧契元移置於此宋僧懷深有圓通殿記

孫覿詩

千丈銀山屹嵩華浪湧雲屯天一罅榜舟夜並黿鼉窟杖藜曉入雞豚社處處人家橘柚垂竹籬茆屋青黃亞牛羊出沒怪石走蛟龍起伏蒼藤掛樓殿青紅隱半山兩腋清風策高駕飢鼠窺燈佛帳寒華鯨吼粥僧趺下世味久諳眞嚼蠟老境得閑如啖蔗山靈知我欲歸耕一夜築垣遶繞舍

胡松年詩并序

余罷自平江謀居雲川過洞庭西山暫寓觀音院德雲堂坐揖湖山勝槩亦足以少洗簿書役矣數年兵火之禍何所不至獨此地清涼安穩豈非林屋洞天金庭玉柱爲神僊窟宅有物常護持邪余頗掛冠終老此間也○小舟乘風飛鳥過萬頃雲濤縱掀籔此行要是快平生無數青山笑迎我山根隱約見人家槿花茆屋埋烟霞究似秦人種桃處川原遠近紛香葩杖藜徑踏華山去試問蓮開今何許路迷絕壑蔭松筠身到半山聽漁鼓道人爲我開雲堂是中境界渾清涼幽磬時和野鳥語飛泉暗瀉巖花香文書照眼木吾事一鳩鷟著行賤人意造物似嬲厭世囂挈置湖山煩一洗何人夜半隱去來向

來得莪眞山崖金庭玉柱未不改人間刼火空飛灰 **葛勝仲** 弱水無風到海山慈容親扎紫旃檀亭亭寶刹凌雲近湛湛清池漱玉寒橋瘦暗飄紅萬顆竹迷曾蘚綠千竿薌花不是南朝夢眞有殘香透畫欄

羅漢寺 在消夏灣北晉天福二年僧妙道建

資慶院 在涵村之湯塢晉支道林開山五代清泰間重建

看經院 唐開成二年僧志允開山

長壽院 在甪里五代清泰三年僧明彥建

寶際院 在崦下宋端平二年僧智明建

后黃院 在崦下宋慶元四年僧智明建一名候王相傳吳越王渡湖僧候之甚虔王喜賜名

東湖菴 在新安嶺宋咸淳二年建一名東小湖寺與西小湖寺相望中亦有小池故名

普濟菴 在龜山之金朴宋慶元二年僧性源建 已上俱在洞庭西山

白雲禪寺在天平山一名天平寺唐寶曆二年僧永安建名白雲菴以山有白雲泉也宋慶曆間范仲淹以先墓所在奏爲功德寺因賜今額元末燬洪武初僧復菴重建歸併寺二菴四

宋錢藻詩 小港通行三十里亂花深淺到山西誰知絕境無間地還有幽人向此棲簷上泉聲龍虎動階前林影日星低高僧不放白雲出欲攜巖巒與閣齊 **范成大** 訪舊光陰二十年殘僧相對兩依然木蘭已老無花發石竹依前有麝眠萬戶直須龜手藥一龕何用買山錢從今半坐須分我共說昏昏一覺禪 **元袁桷** 青鞋高掛天平壁遙指雲門三兩峯禪榻已容黃葉覆詩瓢從把綠苔封虓風殘月千村鱗細雨疎烟隔水春我向京師宜老盡吳山清淺越山濃 **倪瓚** 龍門秋月影茶室白雲泉不與世人資瑤草自年年復有天池水松風舞淪漣何當躡飛鳧一探池中蓮 **宋** **復送主復菴還天平寺** 白雲泉上逺公菴我昔棲禪借一龕夜聲松濤寒作雨春林花霧濕浮嵐龍門客賦詩成軸虎嘷僧來頌有丞楚些雖田南麓定蕭圜誰與話同參 ○江左多年不得書范公祠下往來蹤義田無恙徵科後梵刹重新劫燒餘火攤芋爐寒榻靜水參蓮漏夜堂虛袈裟曾習西方觀幾聽晨齋報木魚

觀音寺 在支硎山東麓即古之報恩寺也 **錢儼碑銘** 天下之名郡言姑蘇古來之名僧言支遁以名郡之地有名僧之蹤復表伽藍綽爲勝槩王于傳法不泯眞風則紀之以文信無愧矣蘇州觀音禪院即東晉支公道林所建支硎寺也伊昔一眾同居舍宇尤廣其山有支公馬跡及所居石室存焉唐景龍中詔更名報恩及瑞陵初圯海內精宇人祇號咽因茲寺在圯例獻文纘嗣佛日再中旃檀之林枯萎畢秀時太原尹盧公簡求方牧是邦與僧清贊相善乃勸捨俸錢復新締架大中五年請僧洪寔主之寔豫章希運禪師之法嗣也自咸通甲申歲至于乾德甲子歲凡百餘年陵谷迭

遷香華中輟其年二月有永嘉禪學沙門文謙嘗駐錫姑蘇承光蘭若頗以佛事結諸衆緣尋詣天台大寂韶公禪師之法席願齒入室之列大寂示之曰汝雖越人非越地可居其當化人於吳地耳於是遂如大寂之敎復來茂苑會僧正安公以報恩舊地辟而住持是爲今觀音禪院矣復有本郡都知兵馬使趙承遇及司理判官張仁某等同經度之獲石銘於殿基承遇已下名氏皆如銘之所記益宿緣符契也未幾謙師從居上方所度弟子三十餘人今之恩公上人益白眉也亦禮大寂得其宗旨退而闡法席于先師之精盧昭嘉繼也恩公苦行有聞玄談尤峻適居故鶴之地推契安禪之懷早歲師嘗入京師時愚方預常參一得相面今師沿前會之邂逅疏本寺之寅緣欲愚爲文以紀其事愚以向之所言信無愧者迺紀而銘之云時大宋咸平六年六月忠果雄勇功臣金州管內觀察使判和州軍州事光祿大夫檢校太傅兼御史大夫上柱國彭城郡開國公食邑六千戶實食封一千一百戶錢儼撰 **皮日休宿報恩寺水閣** 寺鎖雙峯寂不開幽人中夜獨徘徊池紋帶月鋪金

葉蓮朵含風動玉┐往往竹梢搖翡翠時時杉子擲莓苔可憐此際誰曾見惟有支公盡看來**陸龜蒙**峯抱池光曲岸平月臨虛檻夜何清僧穿小檜纔分影魚擲高荷漸有聲因憶故山吟易苦爭橫新篁夢難成周顒不用裁書勸自得涼天證道情

延慶寺 在吳縣西南四十里地名橫金唐長慶三年僧宗璉建

海雲菴 在吳縣穹窿山之北宋熙寧間僧性海建姚廣孝為僧時嘗住此內有連理山茶

姚廣孝詩歷歷春山裏曾崖倚曲房竹雲時駐影桂露夕團香未暮先垂瞑方秋已薦涼莫言全索莫自可勝他鄉○林屋藏深窈盤盤石逕斜過樵驚睡犬佃牧亂鳴鴉垣碧蘿攢葉籬紅槿綴花到時須放浪莫問是他家○迢遞青村外崎嶇紫逕遙間過林繞見日到渡不逢山一室依巖險雙扉傍竹閑曾看雲際鶴向莫獨飛還○一逕通林遠時聞長者來水光搖定室松影落香臺棲處防虎設軒因放鶴開若將吟適興滿眼是詩材**張羽**尋僧自補殘古寺夏雲中聽鳥明聞性看花悟色空風傳烟鑿遠竹引野泉通便欲摒塵累香燈事遠公

吳寬觀連理山茶奉慈山茶好標格花開如杯呈玉色海雲山茶更絕奇奇處不論紅與白兩株並植東軒前翠葉如屛遮凡席枝柯一一相交加為是同根忍分析彷疑一人獨乂手忽作兩人仍促膝少焉拌臂纔跬步又獨控拳當肘腋碧玉磨沙成玦環青絲絢索分徽纆我來庭除稍摩挲引此青蛇受毒螫試量旁幹得三圍每掃落花凡一石風霜飽歷三百年未識何人手中植尋常繞樹多詩客階下莓苔留古迹河中曾辱昌黎文西蜀休誇孔明栢世間大樹盡有之似此山茶何處得

深隱菴 在吳縣西四十里元至元三年僧明鑑建

海慧菴 在吳縣西三十里元元祐間僧宗浩建

覺林菴 在吳縣西四十五里宋祥符間僧法正建

蓮花教寺在陽山西太湖之濱唐神龍二年居民劉氏井中生青蓮花因捨宅為寺僧法行開山歸併寺一菴三

陸香寺 在長洲縣西北三都梁天監間僧雲淨建

慶慈菴 在長洲縣七都宋皇慶間僧永福建

七寶泉菴 在吳縣十九都元延祐間僧性順建七寶泉在焉**王汝玉七寶泉燕集**礱轉青巖斷泉歸綠竇深擷芳遵澗曲列席就蘿陰野逈寒雲織山昏夕照沉酒酣情未極延賞洽幽心**吳寬飲七寶泉**誰將七寶地貯此一泓秋片月從空墮清冰出壑漱冷涵山骨瘦細咽竹泉幽半勺能消暑名宜水記收

深居菴 在長洲縣三都元泰定四年僧廣疇建

寶壽教寺在吳縣八都地名黃蘆唐大中七年僧文奉開山乾德二年吳越錢氏重建宋嘉定間重修僧可翔記歸併寺二院一菴五

雍熙寺 在城武狀元坊內本周瑜故宅梁為陸襄太守宅天建二年捨以為寺僧清閑開山名法水寺唐僧壁法重建宋始改今額元燬洪武初以其地為城隍廟僧廣宣乃即城隍廟左重建

僧良琦雍熙寺訪友不遇暇日遠相訪古寺幽且深青苔餘華落雙樹一鶯吟爐存散織篆茗熱獨成斟明當持山酒謝子客歸心

姑蘇寺 在吳縣橫山之錢莊梁天監二年僧普照建

餘慶院 在吳縣南五十里地名殷涇元至元戊子僧崇慶建龔璛記

普照菴 在吳縣西南五十里宋淳熙間僧智寶建

建名菴 在吳縣西南四十里元大德間僧大忻建

永壽菴在吳縣西南四十里元至正二十六年僧戒蔚建

觀音菴在吳縣西南四十里元延祐間僧道成建

留雲菴舊名留雲接待院在吳縣西南二十里宋紹興間僧法善建

興國教寺在長洲縣十一都黃埭唐大中二年郡人葉氏斐僧求一錐地遂舍宅爲寺僧法照開山紹興六年重修元燬洪武中僧若訥永樂中僧秉彝相繼重修歸併菴二

眞如菴在長洲縣十一都宋咸淳間僧以益建

普濟菴在長洲縣十都宋紹興間僧本一建

保聖教寺在長洲縣二十都南里唐大中間建宋祥符中僧惟吉重建歸併菴五

定善菴在長洲縣二十一都宋紹興間僧法如建

福源菴在長洲縣十九都宋景定間僧志良建

資福菴在長洲縣二十都宋咸淳間僧普懷建

延福菴在長洲縣二十都宋中和間僧法澄建

流還菴在長洲縣十九都元皇慶間僧如海建

永壽教寺在長洲縣二十七都籍墟陳湖之上唐大中十一年居民管洪捨宅建僧高悟開山寺有晉賢[illegible]僧[illegible]恩記歸併菴七

壽寧菴在長洲縣二十都宋咸淳間僧法觀建

崇遠菴在長洲縣二十六都宋咸淳間僧朽菴建

報福菴在長洲縣二十六都宋淳祐間僧法源建

圓通菴在長洲縣二十六都宋咸淳間僧普明建

觀音菴在長洲縣十九都元至正間僧道興建

西歸菴在長洲縣十九都元至正間僧文進建

植福懺堂在長洲縣十九都元至正間僧嗣明立

覺林教寺在長洲縣十三都治長涇唐廣明間陳坦捨宅建僧眞法師開山初名義安寺五代梁開平元年改永安宋大觀四年改賜今額洪武中僧善慶大亨重建寺有清遠軒樓澄記歸併菴四

妙智菴梁天監間僧西銘建姚廣孝爲僧時嘗居此祠堂在焉

濮陀菴宋咸平間僧士能建

崇[illegible]菴宋景德間僧法身建已上長洲縣十八都

覺地菴在長洲縣十二都宋景定間僧愚山建

澄照教寺在陽山下唐會昌間丁某捨白馬磵宅爲白鶴寺其後龍興寺僧知義起廢錢氏時有泉出寺中改仙泉院宋祥符初始賜今額陳冕記有別院名白蓮禪院宋謝濤嘗讀書其中歸併菴二[illegible]

五代陳冕記佛宇之興其來尚矣自竺乾入洛敎歸周珉函流貝葉之文寶塔閟玉毫之相莫[illegible]圖諸夾塏樹乃精藍苟非背山而面林左泉而[illegible]石則何以延大千之關士階孤猸之名圍是故[illegible]

嶺雄標世尊因而識法雙林秀拔惠遠由是會其
蓋人境之兩殊亦古今而一致蘇州郡城之西北
三十五里山曰陽山山之下寺曰澄照先是唐會
昌中有某施白馬澗宅為白鶴寺後有龍興寺僧
智義四遊其上縱目周覽嗟其年祀寖遠名額僅
存榛莽薦除基址甚隘於是鴻臚卿左衛大將軍
曹茂達六代孫玄作捨祠堂基以搆寺不改舊額
因而遷之始功茀芝數十間而已觀其岡巒環合
巖谷洞呀其佛者之津梁乃道林之形勝靈啓其
地人興厥謀決智力而有開獲神明紀義寺中有
靈泉潛發莫窮其源決洩蓋自於神功疏鑿豈因
於人力引山渠者數派溉民疇百畦水旱不更其
淺深遠邇必沾其潤利為國彭城威顯公嘗而異
之因改曰偃泉我宋祥符初始賜今額乾德中義
公既沒上足蘊明嗣而續之香火無廢道者蘊興
亦義公弟子也勇猛精進出於常倫痛先志之未
終發精心而善誘由是智者獻謨壯者效用經始
勿亟舉而新之敞寶殿以安睟容飾華龕而度大
藏廚有庫香積之供成僧有堂收雲之衆集晨昏
是警鼓鍾於百尺之臺水陸致處設會於五層之

閣而又置懺院法華院亭榭高揭房廊繚周眈然
巍然不勝其壯觀矣開寶中太保韓公承德復捨
捺先樓為塔院詳其始末叙厥廢興見徵蘇辭用
紀示後時天禧五年十一月二十一日記　王禹偁
[illegible]祭廟迴來略問禪蘚墻莎徑碧山前風
跡遠磬秋開講水響盤車夜救田藍綬有香花盈
菖竹窗無寐月禪榻自慙政術貽枯旱忍卧松陰
敎石泉　又草菴禪師　陽山山下草菴深寂寂安香燈
對遠岑莫怪相看總無語坐禪為政一般心

景福菴元大德間僧道弘建

文殊菴元至正間僧法海建　已上在長洲縣二都

甑山教寺在陽山北竹青塘五代天德間僧德清建

歸併菴四

奉先菴在長洲縣二都宋慶曆間僧本一建

寶福菴在長洲縣八都宋寶慶間僧如泰建

觀音菴二一在長洲六都宋至和間僧法堅建一在八都宋寶慶間僧善應建

法華教寺在葑門外斜塘宋僧用宣及其徒行遇建
取半塘故法華額為名僧妙惠記歸併菴四

衍慶菴宋紹興間僧正悅建

妙名菴宋紹興間僧圓功建

興福菴宋紹興間僧不矜建

歐冶菴宋咸淳間僧古銘建已上長洲縣二十九都

白蓮講寺在長洲縣二十都南望即陸龜蒙別業祠
堂在焉宋熙寧六年僧惟吉建歸併院一菴三　[illegible]

[illegible]　城隅亦有果園坊容得閑
人借草堂何必樵漁之笠澤故多木石近滄浪過
橋稍接魚蝦市泛艇遙連鷗鷺鄉秋雨幾時能破
塊夜燈休負讀書牀　[illegible]投白蓮寺　飲別東家
叟行投西寺僧無風收闇禮有月罷廊燈竹夜
聲偏集池寒色似凝無端値詩景清興覺逾增

陸塘塔院在長洲縣十五都唐長慶間僧妙慈建

流通菴在長洲縣十九都元皇慶間僧性海建

晉明菴在長洲縣十九都元至元元年僧妙景建

慈雲菴在長洲縣二十一都元至元間僧景嵩建

利濟教寺在閶門外南濠宋紹興間僧道隆建歸併
寺一院一

定佛淨土寺在閶門外南濠齊隱士何求嘗開講於此宋嘉定間僧巨川重建

法雲院在城西北隅元至正十五年僧智復建

大覺教寺在陽山南地名黃村宋寶慶元年僧本誠建歸併寺二院一菴四 談笑寶樓開湖光劈面來浮雲空翳檻明鏡若磨臺野鳥銜花去靈龍作雨司塵參眞法覺無塵想逢萊

北峰寺在吳縣支硎山晉支道林開山

華山寺在華山蓮花峯下晉支道林開山

覺林院在長洲縣一都元至元間僧至仁建

壽慈菴在吳縣西北四十里宋咸淳五年僧如葵建

覺海菴在長洲縣一都元至元間僧志仁建 **徐有貞詩** 遊興殊未盡強君還共行登山身特健看竹眼偏明醉覺人寰小間知世事輕芳時莫孤負誰得是昇平 **沈周宿覺海菴** 幽居嫌未遂窈窕藉雲重地濕千莖菌門陰十個松古廚寒食飯虛谷夜分鐘起坐月當午推窗見碧峰 **又早起** 茆峰舊到今又宿一夜頓忘行力勞隔橋虎迹林雨過貼枕鳥聲山日高自知任客興不淺豈是老禪吾愛逃悠悠竹閣幽敷際恰有微風吹鬢毛

西資菴在長洲縣六都宋淳熙間僧遠明建

福嚴菴在長洲縣一都元泰定四年僧圓建

磧砂禪寺舊名延聖禪院在長洲縣二十六都陳湖之北宋乾道間僧道原建元僧圓至記寺有大藏經板永樂十五年僧智端重修歸併菴三 **吳寬過磧砂寺** 日斜湖上過野寺倦登臨老樹風聲合頹垣雨跡深蛟龍潛近浦鳥雀避叢林不見笳谿叟詩壇久絕音 **沈周** 雙塔落日倚漁汀北下孤舟此暫停野客偶驚雲外犬老僧隨掩石邊經沙洲古樹藤蘿紫火發遺基萍蓼青今夜試留湖上枕疎鐘高浪不堪聽

集福菴在長洲縣十九都元至正間僧古銘建

集慶菴在長洲縣十九都元至正間僧本竟建

迎福菴在長洲縣二十都宋淳祐間僧性順建

崇福教寺在長洲縣二十八都章練塘宋景定間僧德修建元周馳記永樂元年僧宗器重修歸併寺一菴四

名因寺宋景定間僧本圓建

福壽菴宋景定間僧法晟建

圓通菴元至大間僧明照建

福濟菴宋景定間僧智師建

定祥菴宋景定間僧文華建

接待教寺在婁門外宋嘉定間僧淨梵建宣德中僧頓有中重修歸併菴十二 **姚廣孝接待寺八詠詩** **玄音堂** 道本聯中心秋潭皎月沉無言得眞趣何用覓玄音 **含暉樓** 樓高逈層雲遙矚東湖境香斷客不來斜陽半簾影 **挹清閣** 虛閣映漣漪祥龕隔簷帷夜寒深雪裏正是挹清時 **止息齋** 悟得西來意高齋閑止息欲語衆人知流雲去無跡 **雲深處** 露靄夜冥冥晨昏不斷生欲尋支遁宅須待有鍾聲 **一掬軒** 蕉葉度窗陰池春綠漲深誰將一掬水大地作甘霖 **松花室** 翠雲壓眞松涼影涵花塢畫靜鳥聲幽風窗墮晴雪 **聽聞室** 誰識貝多文疎簾捲夕照臨柴無得說江上冷秋雲

普明菴元壬辰年僧普安建

崇眞菴元至元間僧一與建

圓通菴元癸未年僧一心建

孝友菴宋淳祐間僧西一建

般若菴元壬申年僧大誠建　已上長洲縣二十三都

延福菴宋開慶間僧法印建

道玉菴元至正間僧至演建

東王菴唐中和間僧法證建　已上長洲縣十九都

圓明菴宋嘉定間僧妙端建

崇壽菴宋淳熙間僧慶功建　已上長洲縣二十四都

白龍菴在長洲縣二十二都宋紹興年僧止禮建

普賢教寺在天平山之東牛頭峰塢內宋景定間僧智贇建頻汝勳記永樂十三年僧可立曇萼重建

歸併寺一菴六

明月寺在吳縣木瀆鎮唐清泰間僧明智建

積慶菴宋紹興間僧性眞建

迎福菴宋咸淳間僧性悟建　已上在吳縣西三十里

積善菴在吳縣西三十二里宋咸淳間僧志勤建

寶峰菴元至正間僧大亨建

懷敬菴元至正間僧宗泉建

資福菴元至元甲申僧本來建鄭國記　已上在吳縣西十五里

全福講寺在長洲縣二十六都周莊宋景定間僧基

古建歸併菴四

善住菴在長洲縣二十七都元至正間僧本懋建

觀妙菴元癸未年僧彧山建

永慶菴元戊子年僧志修建

清遠菴洪武間僧王琳建　已上在長洲縣二十六都

靈祐觀在洞庭西山即神景宮也唐乾符中建有宮廊百間繞三大殿謂之百廊三殿林屋洞在焉宋天禧五年詔郡守康孝基重建今廢

皮日休曉次神景宮　夜半幽夢中扁舟低晃曜曉來到何許俄倚包山腳三百六十丈巑空利如削遐瞻但徙倚欲上先憂[illegible]

濃露濕莎裳淺泉漸草䌓行行未一里[illegible]境轉寂寞靜還侵穴寥僾霏傍巖𡿺松聲正清絕海日方照灼欻臨幽墟天萬想皆擺落壇靈有芝菌殿聖無鳥雀瑷㡛自廻旋錦旌空粲錯冎氣爲龍虎香烟混冊襟凝看出嶺雲默聽語時鶴綠書不可注雲笈應無鑰晴來鳥思加崦裏花光弱天籟如擊琴泉聲似摐鐸清齋洞前院敢負玄科約空中悉羽章池上皆靈藥金醴可酣暢玉豉堪咀嚼存心服鸞胎叩齒讀龍蹻福地七十二茲焉堪永托在獸乏虎貙於蟲不毒蠚嘗聞擇骨錄僊誌非可作綠腸既朱髓青肝復紫絡伊予乏此相天與形貌惡每嗟原憲瘇常苦齊侯瘧終然合委頓剛亦慕寥廓三茆亦嘗住境與珪組薄欲問包山神來賒少巖壑

又二宿神景宮　古觀岑且寂幽人情自貽一來包山下三宿湖之湄況此深夏夕不逢清月姿玉泉浣衣後金殿添香時客省高且敞客林幡復奇石枕苓入腦筍席寒侵肌氣清寐不着起坐臨堦墀松陰忽微照獨見螢火芝素鶴嗜微露白蓮明塘池窗憩檽帶乳蘚壁縫含雲滋聞[illegible]黕見燭奔霹雌沌㸌欲滴瀝芭蕉未離披五[illegible]嘽

響激發如吹麓山風忽然起飄去步虛詞道客中異樣上清朝禮儀明發作此事豈復甘趣馳[illegible][illegible]曉帆逗碕岸高步入神京灑灑襟袖清如臨[illegible]珠昇雖然群動息此地常寂靜翠澗有寒鏘碧花有定影憑軒羽人傲夾戶天獸猛猶首朝元君褰衣就虛省研空雪牙利漱水石齒今香毋未垂嬰芝田不論頃遙通河漢口近撫松柏頂飯薦七白蔬杯釃九光杏人間附塵躅固陋眞鉼頭肯信扑鼇傾猶疑夏蟲求玄津蕩瓊龍紫禾啼金鼎盡出水霜書期君一披省○靈蹤未徧尋不覺暝色暝迴頭問棲所稍下杉蘿逕巖居更幽絕澗戶相隱映過此即神宮虛堂慨雲性四軒盡疎達一榻何清零髣髴聞玉笙敲鏗動涼磬風疑古松粒露壓修荷柄萬籟既無聲澄明但心聽希微辨眞詰若投靈皇命尺宅按來平華池漱餘淨頻窺宿羽麗三吸晨霞盛豈獨衿衣襟便堪遺造請徒探物外趣未眺塵中病舉手謝靈岑倘徉事歸艇

偓壇觀在洞庭西山漢平帝時建初名洞眞宮至宋改今額即毛公福地也毛公壇在焉 唐令狐楚送周先生記

先生姓周氏名隱遙字息元宗其道者號太原先生汝南人也抱天和沖澹之氣含至精潔朗之質玉泉潤松高鸞閑韶精守道冥德眞昇谷神既存而長守元關無鍵而不開貞元初游蘇州吳縣之包山林屋洞秋八月始於洞西得神景觀訊其居者曰距此數里世傳毛公塢毛公道成羅浮居山三百餘歲有弟子七十二人聚石爲壇遺蹟猶存爾能勤求吾請導之既行而蘙蓧迷寄不知所往先生瞑目久之逢一物焉雙髀盡碧毛色紫而大白高數尺餘隨而行之視乃鹿也須臾乃蹤止其有所告先生默記之而還至十九年冬郝木鬚茆奠厥攸居得異石一方上有蟲篆驗之即毛公鎮地符也既而鑿戶牖以爲寶有鶴嘀弄冠裳戲舞于庭砌後得一井香白滑甘溢爲白泉其傍特石池焉深廣裹丈陽驗陰伏湛如也初先生嘗息於洞之南門中神化恍惚往往失其所在遇好風日亦來人間將至必先以雲鶴其弟子灑掃香室俄而至矣嗟乎先生之體同乎無體矣不以晝夜更動息不以寒暑易其[illegible]享不食而甚力走及奔馬全乎氣者也雖飲而[illegible][illegible]止如靈龜外乎形[illegible]以導步神柔異於也[illegible]以存視道昇先蹤也[illegible]去厲昭乎仁也泄水不枯齊其虛也偃雲靈鶴之驗去來彷彿之狀其必神行而著知乎予叔服膺先生之門二紀於茲錄先生本起見命爲記凝神遐想直而不遺元和十三年八月

華州刺史兼御史中丞令狐楚記

上眞觀亦名上眞宮在洞庭西山梁大同四年隱士葉道昌建 陳于上眞宮記

蘇州南五十里有湖曰太湖又西四十里有山曰洞庭山蹲湖心而形勢巖嶭氣象聳秀傳者以爲神明多宮乎此山之中蓋有林屋幽虛之天毛公之壇又山之西即梁隱士葉順昌之宅大同四年隱士捐宅以資道奏可爲宮即今上眞宮也山與塵隔而宮又當山屏環合之交崇崗伏嶺雲霞之所封而不散邃巖麗谷泉瀑之所漱而不枯舒焉而明莫知其爲晝慘焉而晦莫辨其爲夜芳林茂草而霜雪不能彫岫花野實而人力不能擿幽人已往而遯者誰肥荒區相仍而來者誰繼此其歷年愈滋而遺緒易替也天聖八年州倅其如此乃選天慶觀道士葉紹先主之紹先至即除穢以治廬非特肅神位而已又以晏內處也封土以崇墉非特限坌莽而已又以威外侮也山蔬園茹足以食終日道術禮醮足以化衆人訖至和紹先亡弟子朱超政代之又能謹勵其守而光明其傳以齋戒構心之逸不以夷險動也以鍼藥救人之心不以貧富辭也蓋昔之所以廢至二人而與使數百年之蹤粲然復在今之名山有如洞庭者其能奮振以興壞齊物有如二人者亦可謂難也余是以爲記其大畧

文林郎守常熟尉陳于撰 皮日休詩

遥盤在山腳縈繞窮雲端摘菌杖頭紫緣崖屐齒刓半日到上眞洞宮知造難雙戶啓眞景齋心方可觀天鈞明響亮天祿行蹣跚琪樹夾一逕萬條青琅玕兩松峙庭際怪狀吁可嘆大蟠曉共[illegible]脩虯飛相盤皮膚坼甲冑枝節擒猱猨仟縛[illegible]似天[illegible][illegible]中如月皆灑徙風聲蹺跁跒地力疹根上雲劍鐵空中狂波瀾今時若蒼莽澗虎如[illegible][illegible][illegible]封無鬪陣靜悶[illegible]陵灘靈飛以一護山[illegible][illegible][illegible][illegible][illegible]扉潔寂歷中殿

高[illegible]而靜架[illegible]色節[illegible]十級[illegible]微風將一吹百寶清閟[illegible]昔有羣道士位當昇靈官[illegible]裳[illegible]微志雅食虹景丹既逐隱龍去道風渝此殘猶開絳日草往往生空壇羽客兩三人石上躡泥丸謂我或龍胄粲然與之歡衣巾紫華冷食炎句芝寒自覺有真氣浴隨風力搏明朝若更往必擬際儒冠

陸龜蒙嘗聞昇三清真有上中下官居乘佩服一一自相亞霄裙或霞粲侍女忽玉妃生進金碧腴去馳飈欻翩今來上真觀烘若靈詞抵恐暫神道又疑新羽化風篆感生雲破生瑤樹望極覺波平行虛信桐鞋閒開孫蹊峽靜倚屛鳳架俗狀試能遺塵冠所以軒人間大人此境無朱夏松蓋榮日卓泉飛[illegible]天鎼窮幽不知倦復息芝園舍鏘瑤引涼炎梵香復遙夜無情走聲利有志依閒暇何處好述偕希將石樓借

姑蘇志卷第二十九

姑蘇志卷第三十

寺觀下

崑山縣叢林寺九觀一

景德教寺在縣治西南通德坊內晉黃門侍郎兼中書令王珉捨宅建祠堂在焉始名寶馬寺宋景德二年僧慶晉奏賜今額元燬洪武中僧九齡重建

歸併菴七

草堂菴在縣南一里宋寶慶二年僧演義建

圓明菴在縣東南五里宋寶慶元年朝散大夫陳振建

積慶菴在縣西一十里宋淳熙二年僧志欽建

集慶菴在縣西南十五里宋淳祐二年僧德韶建

法喜菴在縣東二十里宋嘉禧二年僧普壽建

大乘觀音菴在縣西南五十里元至正間僧普明建

廣福菴在縣西一十五里宋端平二年僧益禪師建

慧聚教寺在馬鞍山下梁天監十年吳興沙門惠嚮建相傳嚮登山寓一石室欲建寺忽神見請助千工用佐景福是夜風雨暴作喑嗚之聲人皆聞之遲明殿基成延袤一十七丈高丈有二尺巨石蟲然其直如矢事聞因命建寺賜今額封山神為大聖山王仍賜鐵爐繡佛敕張僧繇繪龍于四柱僧

會昌中寺廢以柱藏郡中大中間復興賜金書字
牌銅鐘復以柱還寺登臨勝處有古上方月華閣
妙峯菴又有留雲翠屏翠茂夕秀諸軒及凌峰翠
微垂雲諸閣不可盡紀淳熙中寺燬自唐以來名
賢題詠碑刻及殿柱雷火篆書楊惠之天王像李
後主所書扁榜悉燼止存山王殿端平至正間凡
再燬洪武中僧曇倕重建然非復往時雄麗矣歸
併菴二 唐王洮天王堂記 有釋氏子宅于馬鞍山下者一日忽扣太原王生洮足角坐函
意欲洩不能者數四頃乃作曰欲以天王堂事勞
筆端謹按釋氏書云天王生于闐國作童兒時猶
龍血鐵射妖遂去走天竺遇金仙子授記護闍浮
提補多聞王騰雲跨漢斁鬼燃魔霞幟雪戟指的

擢泮竟鎮妙高北面水晶宮中爲藥叉官長吁奇
怪事孔門弟子慚於語然儒以正直爲神今天王
能射妖摧魔用壯護世是亦正直也復何慚之哉
按馬鞍山踴出平原中絕頂睛望他山百餘里綠
接培塿咸溝穿膝纖坦然鋪出復多奇石支疊危
柱釋氏築室鑿倚山半今天王堂實翼西北隅盤
伏嶽聳屹然拄空金精停環力溢膺腕贔屓象位
作爲部落堂宇宏麗四簷飛暈麻靈莊像若騰驤
披甲擔戈立於煙靄洮因勞其費進曰非某力能
皆邑民爲之塑實成於張弘度堂實成於俞師甫
吁大凡力於耕者一人切於獲者三人豈偶然於
天王哉釋氏子姓闕號清建姓趙號良顗時唐大
中三年記 唐張祜詩 寶殿依山險凌虛勢欲吞畫
簷齊木末香砌壓雲根遠景窗中岫孤煙竹裏村
凭高聊一望歸思隔吳門 孟郊 昨日到上方片霞
封石牀錫杖莓苔青袈裟松柏香晴磬無短韻晝
燈含永光有時乞鶴歸還訪逍遙場 王安石次韻
峯嶺互出沒江湖相吐吞園林浮海角臺殿擁山
根百里見漁艇萬家藏水村地偏來客少幽興秪
柴門○僧瞑蟠青蒼莓苔上秋牀露翰飢更清風

藹遠亦香掃石出古色洗松納空光久遊不忍還
迫迮冠蓋場 趙孝端題西隱 西風數客一闌干野
色蕭然得細看寮水倍知秋事早夕陽更覺晚山
寒小留待月鐘無遠半醉題詩燭未殘憶得向來
幽獨處黃精未熟客衣單 僧沖邈翠微山居八首
閑來石上卧長松百納袈裟破又縫今日不愁明
日飯一生涯只在鉢盂中○臨溪草草結茅堂靜坐
安然一炷香不是息心除妄想都緣無事可思量
○老老山僧不下堦雙眉恰似雪分開世人若問
枯松樹我作沙彌親見栽○幼入空門絕是非老
來學道轉精微鉢中貧富千家飯身上寒暄一衲
衣○一池荷葉衣無盡數樹松花食有餘郤被世
人知住處更移茅舍作深居○茅簷靜坐千山月
竹戶閒棲一片雲莫送往來名利客堦前踏破綠
苔紋○爐中無火已多時早起惟將一衲披莫怪
山僧常冷澹夜深無處拾松枝○豈是栽松待茯
苓且圖山色鎮長青他年行腳不將去留與人間
作畫屏 鄧僑訪翠微上人 行客倦奔馳尋師到翠
微相看無俗語一笑任天機曲沼澹寒玉橫山鑠
落暉情根枯未得愛此幾忘歸 高啓和唐人韻 鳴

鐘磬迷方枯僧兀趺牀石姿生寒稜松子落古香
殿鎖山雨氣樓迎海嶽光遙望蒼蒼城愁是車馬
場○煙斂城初出潮來野欲吞危樵緣磴角倦衲
憩松根刹表藏林寺鐘聞隔海村畫龍飛去久空
掩殿
堂門

餘慶菴 在縣西北二十五里元至正八年僧輝烊建

擁翠菴 在馬鞍山之陽洪武四年僧本覺建

華藏講寺原在馬鞍山頂舊名般若宋宣和間信法
師者易今名本在山之北麓洪武十三年僧大雅
移建於此歸併菴一 張景脩詩 白雲原未高香砌等林梢側腳隨山徑低頭認
鶴巢客清茶破睡僧瘦筍供庖詩句非吾祖何人
繼孟郊 沖邈 磴潤藏雲族簷虛壓樹梢經聲逢夜
講齋不過中庖有井龍應蟄無泥燕不巢登臨增
對興四顧盡寒郊 朱毅 行行身漸高長袖掠花梢

一線道縈鳥千年居等巢地嵗金襯步天沂玉分
巵撫掌棲松鶴驚飛雪點郊 易[illegible]詩 煙霞通一徑
樓閣近諸天翠積祇園樹蒼擎華嶽蓮空花皆是
幻水月不離禪暮景飛蓬逝餘光落照懸獨尋方
外友已斷世間緣坐久
談玄理松風落麈前

超化菴 在縣南三里宋淳熙間僧善果建

鷲巖資福禪寺在縣治東南唐天祐三年鎮遏使劉
璠捨宅建臣禪師開山五代梁開平三年改崑福
院宋大中祥符元年勑改惠巖禪院尋賜今額寺
有普照堂 高宗書扁 又有法堂 曾畋記 泰定二年燬後至
元四年僧希頂重建永樂九年僧道艮重修歸併
寺一菴二 [illegible]東寺之西 人家簾幙夜香飄燈火蕭疎照市橋滿縣月明春意好
小樓吹笛近元宵 又東禪廊夜二絕 淡雲如水霧
如塵殘雪和霜凍瓦鱗織女無言千古恨素娥有
意十分春〇一聲黃鵠夜深歸棲雀驚鳴觸
殿角北斗半垂樓閣外風幡直欲上雲飛

無相禪寺 在石浦鎮梁天監十年建後唐天福二年重建舊名寶乘寺宋大中祥符元年改賜今額洪武中僧以寧重修

延福菴 在縣治西南元至正四年僧淳厚建

觀音堂 在縣西南二十里元至正六年僧普傳建

能仁教寺在縣東南三十五里唐天祐二年魏長者
捨宅建肜法師開山名羅漢禪院唐長興二年改
德義院宋大中祥符元年改今額洪武二十三年
僧永年重建歸併無

報國講寺在景德寺西舊在縣西一里許名九品觀
堂相傳其地本屠沽所聚寺僧師諒一夕夢有神
人披髮執戈而告曰此地當作道場師何不究心
興一觀堂名以九品鑿地為沼當有石塔現寤而
言之協力建造果得石塔數層上刻元幹僧師諒
九品觀堂元泰定間嘉興路僧判荃公改建於此
後荃公興工鼎建殿宇奏請今額洪武二十三年
僧九齡重建歸併無 沈周詩 東崑不到兩年強六月來遊是趁忙城裏誰家無
暑地水邊人說有僧房入門認竹天光晚借榻眠
松夜氣涼造次題詩才一過不知三過幾時償

聖像教寺在縣南三十五里滄濱晉建興二年有迦
葉維衛二石像從海逆水而來止此衆迎像置郡
城開元寺里人趙罕復捨所居建寺於此勑賜今
額梁貞明四年重修宋寶慶中寺焚晉梁碑刻無
存歸併寺一

延福教寺 在秦柱山陽梁天監二年僧從義建有浮屠七成元末寺燬惟浮屠存焉

延祥教寺在縣東南四十里梁天監間里人莘氏捨
宅建名紹法寺宋大中祥符元年改賜今額洪武
十一年僧德潤重建歸併無

趙靈興福教寺在縣西南六十里唐大中十年僧宗
德建趙靈山在寺後故名洪武中僧智彰重建歸

併巻一

餘慶菴在趙靈寺傍宋咸淳二年僧文顯建

福嚴禪寺在縣東南七十里磧磒村元至元間僧友山建洪武中僧澤雲永樂中僧信源正統中僧曉堂相繼重修有雷音閣剪松軒最勝歸併無

清眞觀在會僊橋東即宋放生池也乾道七年道士翟守眞建眞武道院淳熙元年移常熟縣清眞觀廢額改置嘉定八年建昊天閣陳振記元大德間燬延祐間重建楊維禎記永樂初重修歸併觀二道院六

宋項公澤跋御書放生池碑臣恭惟仁宗皇帝澤潤四海仁及羣生迺以景祐三年十一月巳亥朔詔天下乾元節宴設量事烹炮毋得過殺物命皇乎休哉好生大德不遺微小所以壽我宋於萬年之脉者在是也于時中外之臣靖共豈弟推廣上意若民若物悉濡闓澤於囿生之内肆惟皇上遵守家法親灑宸翰俾誕節錫宴一遵景祐三年詔書大哉王言上以續仁祖生生之澤下以遂萬有生生之性臣嘗管窺蠡測竊謂聖德之妙溥博無私仁民而愛物皆此一念充之皇上曩以訓廉謹刑二銘董正吏治茲仁民之本原也今戒烹宰仍於所在放生池刻石其愛物之著見乎臣承恩試邑賁奉德音敬摹勒於清眞觀放生之所昭回之光焜燿百里雲飛川泳同躋壽域臣敢不對揚休命奉行寬大詔容徒使恩及禽歎而功不至百姓有負於聖天子一視同仁之盛心乎庸敢推明聖心并載于下方淳祐十年正月望日跋

陳振昊天閣記循縣西行一里所少折而東得道家者廬曰清眞觀觀有閣傑出曰昊天閣嘉定四年正月知觀事馬拱辰劉道映所建也敞空爲臺三面扶闌振嘗夜醮其上月星低垂天地收籟步虛清越佩聲和鏘是心油油以敬以肅閣之□□不足妥靈隤祉茲觀爲放生池振兒時間至小亭孤立度以浮梁乾道七年道士翟守眞來自天台眂縣家四維久薰崇香火地始白諸官劬躬經理十五六就緒淳熙初元外大父左史李公帥寓公士民狀翟君有操行遷常熟縣故道宮額榜曰清眞而推翟君主之當是時先君尚無恙也閱三十一年而馬君嗣又九年劉君嗣至是棟宇之制十備八九矣而閣又其高明壯麗者噫老氏學長生不死而神僊得道之士蟬蛻埃壒影響不接於人故閒館眞祠寥寥郡縣斧斤夵築或曠歲耳不一聞清眞自翟距劉閱力三世而外大父所下若先君亾處廿又八人指計微一存者獨往來逵道歸然壽宮不曰難乎振於是有感焉則又曰雖然締底于勤圮于盈志植于強肆于安劉君乎能念前人所以壽其後者乎朝修有所繕闕有經祝皇之壽酬施者之勳考擊鼓鐘弗渝以分若是則凡厥未成者將不日而成之況其已成者乎苟爲不然食飽而衣鮮暑簟而寒氊忘厥由來以嬉以怡若是則雖其已成者懼弗能堅且久也況其未成者乎

秦約詩碧水池頭秋水深芙渠萬柄翠生陰玄田種子俱成玉琪樹開花巳滿林道士步虛蒼玉珮僊人吹笛水龍吟西臺風雨清無夢隔竹聲聞擣藥禽

楊維禎放生池上晚披襟五月涼風草樹陰玉井水寒龜作藕葛陂雨過杖成林雙雙並命煙中下琴瑟蜿蜒夜半吟道人當晝洗硯石自臨青李與來禽

郭翼放生池上應五月爛漫花開坐夜長月出金盤擎露影天高玉井散秋香雲邊小敘瀛洲近鏡裏微波太液涼淮擬玉簫借飛舄仙遊從此恣翱翔

偶桓殿閣峨峨轉夕暉放生池上客來稀應知羽士登眞去獨見山童汲澗歸雲冷松巢空鶴警雨荒丹竈長苔衣野人素有煙霞癖欲向玄關共息機

靈應普照觀在縣東北一里宋嘉定中邑人翁謙鑿地得石函中有青圭因建道院宋寧宗御書觀額又書止堂扁賜主者易如剛

眞如觀在石浦鎮宋慶元間建永樂十四年重建

月華道院在卜山下宋熙寧五年建一名玉虛道院

廣福道院 在縣西南宋乾道八年建

眞聖道院 在縣治西元至元間建

靈祐道院 在縣南元至元三年建

洞明道院 在泙川鄉元至元元年建

修眞道院 在泗橋鎮元至元壬申道士錢日升建

常熟縣叢林寺十觀一

慧日禪寺在縣治西稍北梁天監間吳興僧慧䬃開山舊名壽聖又名晏安又名慧日禪院紹興十五年燬乾道九年僧宜意嘉定間僧子幸先後重建 縣令張珽記 按記云寺經燬攸碑碣無存相傳三錫額曰壽聖曰晏安曰慧日亦口傳耳又按吳郡志云始於禎明元年皇朝治平四年敕額壽聖晏安禪院 元統元年僧普明改院爲寺建觀音殿 胡勛記 永樂八年僧可觀重修今爲祝聖道場歸併寺二菴三 周霞賓詩 盡說梁朝寺誰參鄉老禪莊嚴存像教汨沒悵塵緣七寶伭圍樹雙金佛地蓮海鄉煙霧裏月落曉鐘傳

寶嚴禪寺 在虞山之麓梁天監間建初名延福禪院宋天禧間改今額錢氏時高僧希辯居此後陞國詰闕賜號慧明大師歸隱故處乍有浮屠七成極莊嚴相傳泗州僧伽塔第一此爲第二仁宗朝賜銅鑄東嶽聖帝像爲伽藍景祐中僧清鑒重建縣令陸鋒記永樂初重建改爲寺按中吳記聞吳越錢王之子祝髮於此太宗賜御書急就章逍遙詠聖惠方於寺中而陸鋒記所云賜書乃希辯初不云錢氏豈辯即錢氏子耶 宋王伯廣 平湖鏡淨中峭貼青峯巒去郭二十里金碧輝波瀾是曰寶華境萬象藹以盤壯哉翠堵坡一瞰下地寬誰懷墮塵軟幾欲招飛鸞我生眇何能小太情所安扁舟幾來斯不爲開愁端竟到自行樂樽酒那追歡句如紝青蓮起渦心外觀塵迹身所占浩然天地間 [illegible] 浮圖插雲表列障環古刹平湖敞澄波萬能天光發我來陟層巔秀氣助毫末扁舟返明月萬頃玻璃滑 宋陸[illegible] 出屋蕭蕭行數竿入門襟袖便生寒相期更待梅英發酹棹短蓬來細看

練塘寺 在練塘市初名仁王院宋開寶中鄉知縣施地建太中祥符元年賜額淨慧禪院洪武初重建改今額寺有看經寮宋夏之文記

羅墩菴 在羅墩宋元祐二年僧妙澤建

尊勝菴 在縣治西北宋開慶間僧恩律建

平墅時親菴 在平墅元至正二年僧心鑑建

破山興福寺在虞山北嶺下齊始興五年邑人郴州牧倪德光捨宅建始名大慈梁大同三年改興福寺唐咸通九年賜額破山興福寺寺舊有高僧文舉塔體如塔救虎閣宗教院通幽軒空心亭唐御賜鐘瓔珞樹重蔓千葉蓮修廊複殿奇花異木最號奇勝今並廢不存 唐人再修功德記 此寺始自齊始興五年因邑人郴州牧倪德光捨居第置之是爲大慈寺至梁大同三年改爲興福寺自爲邑爲寺歷陳隋四代迄于我唐甲辰歲歲餘三百年會昌末釋教中圯僧難聿興武宗斥去浮屠法寺毀大中踐祚再振釋教俾餘伽藍先是大檀越主吳興錢公某吳郡顧罕汝南周坦與彼親友兼募信士助修塑像漆建殿堂赫赫垂芳傳之不朽以爲僑居是邑廢之興之耳目相接俾書其事有㮣是然中和四年六月五日記 吳郡志云 按齊無始興年號但有延興中興二號皆止一年流傳之誤如此以其唐碑姑存之 唐常

建詩清晨入古寺初日照高林曲徑通幽處禪房花木深山光悅鳥性潭影空人心萬籟此俱寂惟聞鐘磬音僧皎然雙峯百戰餘真界滿塵埃蔓草緣空壁悲風起古□野花寒更發山月瞑還來何事池中水□□廻○秋風落葉滿空山古殿殘燈石□□日徑行人去盡寒雲夜夜自飛還宋詩雲門十里長殿塔明朝陽半夜風雨至滿山松桂香清猿嘯遠堅好鳥鳴虛廊塵土斯可濯胡爲語滄浪莫儔又聞勝地有蓮宮乘興來遊杖瘦笻庭老樛枝翠瓔珞池生並蔕玉芙蓉飛鷹何意來題柱開擱當年想蹈龍歸騎回看樓閣處雲深隱隱度疎鐘李光招提清絕冠諸方溪遶山圍勝氣藏好在池塘存舊址依然花木隱禪房風生殿閣元無暑雨後松篁自有香日暮不教清興盡更登絕頂瞰微茫陳與義不到龍門十載強斷崖依舊掛斜陽金銀佛地浮佳氣花木禪林接上方羸馬暫來還竟去流鶯多處最難忘老僧不作留人意看水看山白髮長

聖壽東靈寺在縣治西北梁大同中建唐嗣聖二年改爲中興寺本在吳縣界神龍元年移置於此賜今額熙寧六年重修歸併無

宋陸徵之東靈寺莊田記壽聖東靈寺天台教院者肇修於熙寧六年涉二紀而告備焉基自講師光瑞而成於今闍黎梵崇佛舍中嚴講室後寢齋宿之房庖湢之宇布列兩序代有名人四遠學徒聞風而至者無慮百數歲比不登邑民艱食崇師患無以贍學徒則每推施利之應已有者忍歸之衆猶不能給也然而人皆知崇師之能導矣於是僧道賢李諸檀信等買田二百一十畝永爲常住供崇師感檀越之厚施也則欲鑱石刻其名銜而屬予爲之記予謂吾儒言人情者聖王之田而以修禮陳義講學本仁爲耕耰播植之論至之於佛說福田亦不過種諸善根而已合而言之其理一也夫方寸之地人皆有之果能竭精進之力以致撫芟欲惡之萌以絕萑萊則信善之生焉可已也充信善之心無施而不可則所以爲利益者廣矣且衆生以愛故入生死由於愛境有逆有順而生嗔怒造種種業則所謂情田福田者於此荒蕪矣展轉六趣至千萬劫本所從來惟有一愛更無餘病佛大醫王對病爲藥唯有一捨更無餘藥常以此藥而治此病如水救火應手當滅故當世導師必破人愛欲之萌而起人喜捨之意使人皆知情田福田之說而內自得焉則彼區區在外者何足靳邪況夫檀則能施而越則能度生死是諸檀越充信善之心以捨施則將絕愛境而脫生死矣予故言情田福田之利益而歸之於導師之救病也

東塔崇教興福教寺在縣治東北半里宋建炎四年僧文用謂此邑客山高主位低請於縣令李閭之建塔鎮之功未就而卒咸淳間僧法淵別建塔九成洪武中僧淨慧重修妙聲記歸併院三菴六

頂山廣福院在虞山北嶺下梁大同十二年石史君建名頂山院宋治平間改頂山聖壽院續改今額僧梵行重修

梅林東塔院在梅里鎮宋紹興間邑人錢道者建浮屠七成

南沛崇福院在縣治西南宋建炎二年僧安撫建

福順菴在縣治南稍西宋紹興間僧萬山建

常慶菴在蘆瀝村宋咸淳三年僧永祥建

崇福菴在縣東九里元至元間僧眞福建

金李菴在縣南一里元至元十三年建

資福菴在顧墩宋嘉泰三年僧雲祥建

白龍菴在頂山梁天監元年僧堅鎮建

維摩禪寺在虞山上宋隆興元年僧法運建舊名石

屋維摩菴有石井名湧泉淳熙三年丞相魯懷請爲功德院賜顯親資福禪院洪武中僧壽松重建改今額歸併寺一院一菴二

明因禪寺

在支塘市北舊名永昌唐乾元中處咸通間復建改名再昌祥符中改明因禪院永樂元年僧慧觀重建改爲寺

宋縣尉陳于記

東常熟縣七十里有雙鳳鄉有村支塘而寺於其間曰明因嘗曰永昌又名再昌至國朝祥符改元始易今額至熙寧六年遂爲禪寺土不變壞人不更聚而名目之不同者時異事異實亦尊佛而已佛以一無冐一切有以一眞破一切妄一切法是有我何使之無我本無無今安得一有一切法是妄我何使之眞我自非眞今安得妄一有一妄爲有情故一無一眞爲無情故此禪律所由判也東西分祖南北異宗以攝戒名律以見理名禪此禪律所由盛也夫律爲漸禪爲頓而爲之徒者以禪受什方弖律傳父子因而反戈自伐與俗同污其不見修於世者無幾初僧文曉由是與流輩有不平者以事至有司遂攘臂鼓衆更律爲禪自今日始縣爲關府府下僧籍蒐可爲領導者衆薦今禪師紹贍而府可之師至其徒有不悅者豫空其室以遁其頹垣壞壁蕭然如無人之墟師收付遺衆橋革故廬鳴鐘擊鼓晨倡夕和欣欣如也規範僅成徒衆僅安歲輒大凶而水且旱百里蕪其八人輒大役而逋且逃十室虛其九嚴不轉之心奉一實之事根無利鈍應病用藥其徒以此親施無厚薄均福田相鄉人以此敬八年於今而門之外導長涇以利衆長涇之上營石橋以便行堂室龕殿雖未及美而小康矣因師請石之論次如此若夫門未革殿未緝而丈室未徹此必有待於他日余不得而書也元豐四年五月十五日前常熟縣尉陳于撰

上方院

在頂山小嶺之外麥兩山之間白龍泉在

宋范仲淹

平湖數百里隱然一山起中有白龍泉可洗人間耳吾師仁智心愛茲山水音結茅二十年不適歲月深笑我名未已來問無爲理卻指嶺邊雲斯焉贈君子

宋準

雨歇黃葉後秋生麥熟前偶同金馬客來訪玉龍泉竹葉一樽酒榴花五月天不妨扶拄杖行到白雲邊

宋孫應時

潤水有奇觀山蟬發清歌穹林翠光合深〻涼風多孤遊轉寂歷佇立久婆娑吾生政須此欲去意如何

瑞石菴

在上方院之右宋明道元年邑民陳氏建僧守常開山

祠部員外郎錢藻記

頂山之巔直上絕險怪聳奇木陰森鬱翠之中有瑞石峭拔不可窮極而龍母之冢神龍之池環窟其旁邑民禱禳水旱嘗不告召而千里畢至明道紀元之初浮圖守常者能默誦妙法蓮華經邑民陳氏屋其下爲菴召守常者持事之自是禳禱輒應而福在一方守常死菴其下者不得其人則禳禱不效水旱相仍嘉生不遂邑民以爲甚患迨今治平丙午縣大夫向侯因民之欲命僧慧安拯廢舉墜益廣其旁以廊以軒以垣以甓以飯四方之來者以起民人歲時祈禱之誠信夫窮巖絕境龍怪之窟宅足以爲一方之福遇人而興其信誠之應效蓋不可誣神之爲靈嘗陰寂無形不可得詰而若依人以爲報其能不洩民之心以嚴香火之地以致誠於陰寂不可詰之間而爲取福善之應蓋亦賢於無所用心而欺闇以悖人者之爲也

拂水菴

在虞山西嶺上洪武三年僧道源建

大慶教寺

在河陽山梁大同二年侍御史陸孝本捨宅建宋賜名大福寺尋改今額相傳有僧肉身泛海而來狀貌奇古僧徒迎置於寺固以膠漆靈應多驗又山頂有石井泉清而甘大旱不竭鄉人目爲聖井庭有八檜一夕雷震西南一株斷附他幹猶生爲寺中三絕元燬惟石井存焉歸併菴八

四道明王菴

在塘頭里宋乾道二年僧小王休建

廓城菴在開原鄉宋紹定二年僧傳心建
奚浦菴在南沙鄉宋紹定二年僧名堅建
餘慶菴在陳墩宋乾道二年僧栢梁建
慈敬菴在南沙鄉宋紹定三年僧法應建
何王菴在南沙鄉宋乾道間僧性眞建
伍相菴在南沙鄉元大治八年僧修倫建
晏林菴在虞山西宋紹興六年僧杰文翁建
妙清教寺在莫城陳禛明二年僧宗森梵開山初名妙清院相傳有鐘泛海而來緇徒迎置寺中寺東有迎鐘塘初名妙清院洪武中僧道弘重建改爲寺
永樂中姚廣孝記歸併院一菴十一
報慈院在馬涇宋嘉泰二年僧思恩建
崇慶菴在下莊宋大觀二年僧安嶽建
廣福菴在呂舍宋開慶元年僧智皎建
善濟菴在東顧莊宋淳熙間僧泰嵩建
圓應菴在新莊宋開慶元年僧安山建
崇福菴在舍澤宋嘉熙二年僧守義建
崇福菴在廟橋宋淳熙間僧永壽建
戈墅菴在戈墅宋咸淳二年僧文表建
法華菴在朗城宋咸淳元年僧海學建

圓通菴在徐涇宋咸淳五年僧心傳建
觀音菴在白蕩元天曆二年僧法英建
雲慶菴在宛山元泰定間僧普明建
大慈教寺在福山鎮按舊志梁太清元年僧普明大師建舊名法水禪院宋大中祥符元年改今額僧居簡有鐘樓記相傳海中有巨木蕩漾諸寺求不可得大慈禱而得之遂以爲棟名曰泛海梁元燬洪武初僧善持重建歸併菴二
邵莊菴在端委鄉宋建炎三年僧善妙建
慈義菴在陸莊村宋致和二年僧澄淵建
勝法寺在梅里鎮唐元和中閭將軍捨宅建乾元間置爲離火宅寺晉開運中改爲境寧宋大中祥符元年改今額至和初更禪院歸併無

葉夢得轉輪藏記佛法自漢入中國即與其言皆來然未嘗若是侈也至晉宋周隋之間鳩摩羅什之徒出更相傳譯轉相付授於是其書之至者日以廣源流既遠往往失其本眞梁武帝時始有言心法者一切以洞然無我爲宗不立文字佛氏之學遂判爲禪律兩岐其後更數百年學心法者雖益盛然其書未嘗卒廢自隋開皇至唐開元正元以來凡列於目者曰大乘小乘曰律曰論部分甲乙緟次櫛比雖假託疑似謬妄之辭苟不叛其說亦莫不具在其傳至于今不絶昔吾儒者之書僅出於中國其道在天下昭然若揭日月而一遭秦火雖六經不得爲全書殘編斷簡得於屋壁丘墟之餘與一時遺老所誦習雖幸而獲存然顚倒錯謬固已不勝其弊其他諸子百家各以其藝自名於時者近數十年遠或百

一年皆已湮滅無聞而佛氏去中國數萬里其言率譯再譯而後見乃全而有之愈久而益著何也豈其言皆足以示後行遠使人欲廢而不可歟蓋爲之學者皆知信其所習而尊其所聞相與謹守嚴奉手傳口誦而不敢慢非有意於借以取便階梯所欲嘗探而勿忘之者然也常熟姑蘇別邑梅里鎮又在邑之東北海上有寺曰勝法故無藏經崇寧二年長老道綱始募衆緣爲之綱強力明果學心法者也居勝法二十年與始至之日無異二既成見余書上曰並海之民不耕而漁其習以多殺爲事而不畏罪與之言吾理則惑欲以其書則怠惟轉輪藏備極雕刻繪繪之觀以致其莊嚴之意可使凡微福悔過者一皆效誠於此吹蠡伐鼓機發軸運衆設駭於目而音聲接於耳不待發函展卷而其心固已有所嚮矣然邑民齋而紙施處且多湊有欲成吾事者而屈於力其力足以及之者而塞於歲蓋獨吾勤而後能成不有記其終無以慰此意也因請余文至再三不已夫物之盛衰存亡固不可皆以力致然未有不存乎人者服儒衣冠者偏天下不能盡有其傳而佛氏獨能持久若此是必有當其責者因推其所以然書以遺之非特嘉綱之勤而已也

孫應時 古刹積梧隱茂林斷雲疎雨正秋陰黃花又是一年來[illegible]不依然千歲心病酒未能愉獨酌懷人無與共清吟僧窗夢覺鐘魚靜聽徹寒蛩語夜深

蘇志卷三十　十六

智林教寺在李墓村唐乾元元年建初名永安寺宋大觀四年以犯宣祖陵名改賜今額寺舊在地名岡身後以寺鐘不聞於近而多應於李墓遂徙置於此名僧了通嘗居之歸併院一菴六

宋李[illegible]詩 扁舟來訪小叢林花木逋幽院落深旋拂蛛床成午夢閒持貝葉動秋吟竹聲蕭瑟生虛籟山意嵯峨入素琴更喜老綱能會事手烹爐銚自相尋

如存院在白茆塘北宋咸淳間僧道腴建

桑倫菴在思政鄉元泰定間僧靜意建

高浦菴在思政鄉元泰定二年僧如從建

福田菴在許浦鎮宋治平間僧雪山建

資福菴在姚港宋端平二年僧安信建

觀音菴在思政鄉宋端平元年僧啟月建

杜相菴在思政鄉宋治平年僧永安建

致道觀在常熟縣虞山南嶺下梁天監二年漢嗣天師十二代孫張道裕居此感異夢建招真治并建寥陽殿虛皇臺手植七星檜其後道裕僊去瘞劍於山之西麓簡文時改乾元宮宋治平中道士李則正浚井得藏府化雙鴿飛入尚湖互見古跡政和七年改致道觀元泰定間鄧道樞建知止山房於西北山嶺上洪武中周玄初永樂中李本中相繼重建歸併觀一宮二道院二

梁昭明太子虞山招真治記 夫東南者綠水三變得田西嶽靈桃千年未子尚以星紀牽牛部首退迩律生甲子氣數杳冥況復上游玉清傾之又損高排金闕玄之又玄豈言象之能詮非時節之所辯海虞縣者則虞農都尉太康置其峯境有虞山越絕書云巫咸之所出也高嵓鬱起帶青雲而作峯瀑水懸流雜天河而俱會吳門採藥之地楚望棍椒之歌湯反沛沙之魂錦飾汾陰之鼎無以諭焉其峯則有石城石門虛巘自然不度句吳之馬神功挺起豈似堈陵之畫魏后冰城夜陣權息長安慈石浴鐵暫流較跡比期微劣斯遠道士沛郡張君諱道裕字弘真即漢朝天師陵十二代孫天監二年來至此峪遁十有餘載夜忽夢見聖枯云

蘇志卷三十　十七

峯下之地面勢閑寂宜立館宇可以卜居治而治
浜隱始寧四明山無何有人耳長髮短云從虞山
格眞治來右訖忽然不見潘馳信報君君因辭山
舊居而以夢中所指峯下之地即以爲治故號招
眞高臺迴立有類玉臺之山長廊宛轉還如步廊
之岫桂削芳桂豈俟開陽木飛材選海檀無勞豫
章神援黃庭司命之府有數玲瓏朱陵亦石之觀
同符弘敞遠望仲雍而高墳藹藹旁臨齊女則哀
壠蒼茫蘚尋千仞之木氣叶星罍華飛五香之草
形圖宮室帷葉[illegible]花卷舒蹊逕陽桃俁柰榮落呂品
崖樹息金烏簷依銀烏鳳將九子應吹能歌鶴生
七歲逐節成舞旭日晨臨同迎若華之色夕陽斜
影俱成拂鏡之暉玉礎微潤應山雲於高罅鳴籟
徐響引和風於空谷方當專氣致柔入無爲之境
周行不殆窮混成之致茅子笄歸轡鸞無已魏姬
宴罷留駕不歸何止持節變淮南之金傳符蒔北
鐘之稻明月蛟龍之騎驅之使鬭四銖七子之境
引以成刀散季齊之羽起雄鳴之霧而已哉乃爲
銘曰玉龜二始金書八會道浹地心功浮天外於
常可小惟眞能大德起同塵善生塞充物實自然

人符交泰掩映綠蘿宮崇紫蓋先治之美此焉爲
最雄柱千步陽臺百丈水均下屬山逾高掌野寂
雲興琴繁山響井虹夕西豐雷朝上元陽作石竹
龍成杖書藏玉匣藥蘊銀銅燒鉛雜鉮折桂和蒸
羽衣可服雲餅易通
斧柯雖朽碑石無窮

至和觀舊名至和道院在縣治西宋咸淳中道士
天台應錫智建陳仁可記後其徒王大臣
拓而大之改至和、
觀聊城周馳記

乾元宮在虞山北宋元祐中海陵申元道建元道
將南游請于其師徐神翁翁曰逢虞則止
無雪則開申始未悟及至是山遂插竹爲菴名竹
林山舊無井一日大雪惟山坳不積因浚井得美
泉名雪井紹興丁卯道士喻抱元改築招眞菴取
致道舊額名乾元宮舊有極目亭米芾書扁元毀
永樂初重修申道人鍊丹之地別有熙眞館在後
里潜眞館在福山與此爲三眞云宋康與之招眞
菴記自姑蘇出齊門沿西北望山形如巨鰲橫亘
原野蓋常熟縣之虞山也山之東瞰萬戶治劇邑

邑去江不及程陂湖畎澮之積自南至者傾馳會
于江江河既應則迅瀾倒流逆于市橋之下二水
相制移時而不能去山無奇谷惟荒墟白草醜石
散亂坡陀迤邐而西有修林橫抹隱見于兩峯之
間其中爲招眞菴元祐中道人申氏泰陵徐處士
高弟也基營於此菴成亟去不知所終松林森茂
庭宇蕭寂如隱君子之居通川道士喻抱元增治
之舊名竹林至是更以招眞請記于僕乃歌招眞
之辭以系之辭曰白鶴巢兮丹井空蓬山杳兮煙
露濛陵谷變兮今古木葉下兮秋風飛僊去兮朝
太微黃冠野服兮以遨以嬉飡霞臥月兮世不我
違與世滌暎兮天門可馳蒼龍嗥兮雲漫扉石泉
冽兮山芋肥俯仰宇宙兮日月蔽虧靈秀回薄兮
野芳呈姿山中之樂兮萬化莫移僊人不來兮隱
者曷歸宋孫應時乾元宮詩塵囂咫尺愧山林勝
日追隨得共臨千里江湖堪送目一窓松竹更論
心清風正爾生秋意小酌何妨到夕陰
歸路踟躕獨惆悵強須倚卷一微吟

普福宮在雙鳳鄉元大德間道士周靜清建初名
道院尋改爲觀方回記至大中芝產於觀

之仙宮祠因改祠爲玉芝祠延
祐間陞觀爲宮吳澄記今廢

佑聖道院在縣東南五十里宋乾道間都統馮湛
建舊在許浦鎮道士席應眞遷於此班
惟志記林
復眞重修

報本道院在縣治西南
元至元間建

吳江縣叢林寺二十一觀一

聖壽禪寺在縣治西北延壽坊故名北寺吳赤烏間
建梁開平間改興寶院天福七年重修宋天聖三
年賜今額淳熙三年重建陳武子記歸併寺一菴
六宋羅處約詩漁翁沙鳥傍迴塘携印閒吟繞寺
廊遠岫不離青草渡片帆時過綠苔墻風狂林
木生青籟日暖漣漪動畫梁張翰思歸應有意幾
多屏障水爲鄉王禹偁松江江寺對峯巒檻外生

池塔對瀟幽鷺靜翹春草碧病僧閒說夜壽塔長
齊施筆准溪叟國忌行香只縣官盡日門前
水濯纓無
便淚闌干

報恩寺在二十七都唐大中間顧文通捨宅建 高啓張憲報恩寺感雨聯句 肩風歎天興憲凍雨翻海寫鱼蝦落半空啓蛟龍闘中野勢吞九河黃憲功潤千里播怒疑決沙囊啓振訐摧屋瓦横行天矢駛啓大笑電女嫁乾坤發生多啓道路暍死寡潦漲湧濤川憲早去滅煙野谷號竟誰噓啓木槭不自把神靈眞恍惚憲造化非苟且初占月離畢啓又影四沒社必變其聖乎憲弗迷惟舜也陰冷氣如炊啓高葉聲若打陽烏韜不見憲乾鵲禁皆啞重翳晦復明啓餘點歇還灑雖恍灌園人憲應愁渡江者侍王笑楚賦啓及我勉周雅避思秦山願憲戰憶昆陽既雲想大田憲廣庇思巨廈桔槔向晚停啓鈍翁未秋捨亂號官私蛙憲莫辯來去馬耶驚浪喧耳啓歸恐泥沒踝勿憂捲廿至憲且喜慰蘭若民期歲有登啓國荷天錫嘏沛澤宜載歌憲斯篇試姑寫

積慶菴在二十六都宋淳熙間僧智通建

西歸菴在二十六都宋淳熙間僧名菴建

南思菴在九都元至治間僧正高建

南渡船菴在二十五都元至正間僧普慧建

清隱菴在二十七都元元統間僧良錦建

西隱菴在縣市西甲辰年僧志慈建

無礙講寺在常樂坊西故名西寺梁開平間僧本遂建晉天福七年賜額華嚴賢首講寺吳越王嘗浴于此改名無礙寺浴池猶存紹興間僧宗印邑人宋秘重建歸俗菴六 孫覿普賢應夢記 西方有聖人懸隔山海在中州千萬里之外累數十譯不能通而學道之士秉心端嚴不入諸相一念嚮起遂撫四海於俛仰之中矣丁嘗過松江無礙院兵火凋殘寺之入於草莽者十九獨有普賢一堂像設中峙丹青輪奐之飾炳然余問其故僧曰邑人宋泌者營築此堂爲公媼追福之地夢一大士戴華冠被珠珞乘白象手執如意而翁媼導其前神清安隱蕭散如平生不見留滯冥莫幽陰之態既寤嘆曰此普賢菩薩也於是敬信之心日以精進又圖其像於家事之益虔道俗咸共瞻仰焉余聞維聖人而後知死生之說鬼神之情狀人子念親屬纊之後影響昧昧然不知其所之也歸依佛祖涕淚請救援之火宅爲清凉山出之苦海爲極樂國解六結爲解脫門破十習爲無上道諸佛起感示現神通起幽作匿捷逾響報無可疑者荅曰如是請書其末紹興二十年歲在庚午四月望日記 宋和儀詠無礙院牡丹 霜氣稜稜草木窮花王忽綻曲欄中鮮妍首作三吳瑞裁剪何須二月風芳艷已依銀色界清香不斷白蓮宮出群品格無雙譽珍重人天造化功 蔣堂題月禪師方丈 我到雲房是有緣坐移蓮刻聽禪詮江邊異日人應記吏部曾來見大顛

眞際菴在一都元至正間僧德彰建

普福菴在一都元至正間僧法明建

觀音菴在二十五都元至順間僧興化主建

集善菴在城隍桂坊內元至元間僧普照建明心記

北渡船菴在二十五都洪武五年僧道印建

西渡船菴在二十六都洪武三年僧普明建

寧境華嚴講寺在東門外梁衛尉卿陸僧瓚捨莊基建嚴法師開山名華嚴院東魏太平初重建宋元祐間邑人姚得瑄捨錢四十萬緡建浮圖七成其

鄰舊有寧境院紹興五年併華嚴爲一賜今額並存二院之舊也永樂十三年重修有潮音堂西軒西樓歸併寺一菴七

宋張景修潮音堂詩 安得并刀剪半江詩翁吟就筆頭椿過橋漁艇初收釣傍水僧軒不下窓南北虹垂具區闊東西雲起洞庭雙道人施食心無礙龍鬼應須向此降

元王孳西軒詩 步躡霜莎入梵宮一軒佳趣屬支公剩闢青鞵延明月陳植修篁待好風笠澤波聲春雨裏洞庭山色夕陽中江頭景物牢籠盡欲寄琴罇此養蒙

揚維禎西軒洗竹詩 華嚴寺裏斷雲師許我來題洗竹詩未論竿頭能進步且教節外莫生枝定回午夜秋聲𢧵經罷西軒塡色遲從此一塵無染著歲寒惟有此君知

圓明寺在二十三都宋乾德間僧月覺建洪武初蒙極和尚捨併慶寺基開拓重建

元吳復遊圓明寺詩 不到禪宮二十年庭前古栢已參天衰容自哂多華髮故舊相逢亦白顛勸客新醅春未熟留人苦茗夜重煎一窓風雨催歸興好向溪頭問釣船

高啓圓明寺訪呂山人 憐君不出戶結夏與僧同陰竹行廊遠香花埽殿空飯分齋鉢裏書寄藏函中茶宴歸來晚西林一磬風

迎恩菴在一都宋咸淳間僧遇祖建

茂靖菴在二十五都宋端平間僧祖安建

資恩菴在二十六都宋景定間僧祖恩建

吉祥菴在二十六都宋咸淳間僧智耕建

應緣菴在四都元延祐間僧智照建

南清隱菴在二十八都元至正間僧曉耕建

報親菴在二十六都元延祐間僧道信建

法喜教寺在二十六都九里村唐武德間僧西遇建後唐長興元年統軍𧺆某重建名崇福寺宋大中祥符元年賜今額歸併菴六

劉履芳寄顧仲瑛寓法喜寺詩 客來喜得平安信蕭寺樓居月掩扃湖近浪搖窓影白地偏苔沒屐痕青群賢方結蓮花社小楷尤鈔貝葉經歲晚歸舟經苐里好尋漁父過寒汀

普渡菴在二十七都宋淳熙間僧機山建

普濟菴在二十七都宋淳化間僧道成建

普同菴在二十八都宋治平間僧道[redacted]建

圓明菴在二十六都元延祐間僧圓覺建

南印菴在二十八都元至正間僧可忠建

北清隱菴在二十八都元至正間僧了然建

奉先教寺在十一都雙楊涇唐咸亨間僧雲居建宋紹興初僧志京重修歸併院一菴七

崇慶院在十一都宋淳熙間僧志淳建

崇敬菴在十一都宋咸淳間僧志正建

雲岫菴在十五都宋炎間僧慶雲建

圓乘菴在十五都宋紹興間僧餘信建

廣福菴在十五都宋乾道間建

華嚴菴在十六都宋紹興間僧友善建

普慈菴在十五都宋炎間僧能智建

定慧菴在一都元至正間僧瀰堅建

妙智寺在七都半涇村唐開成中僧智雅建洪武中
重修有北山堂野望軒僧妙聲記歸併菴五
興福菴宋咸淳間僧大春建
德成菴元皇慶間僧道成建
東隱菴元至正間建
遠塵菴皇慶間僧海聞建
孝思菴至正間僧思賢建已上俱在七都
雙林教寺在六都倪林里按吳郡志云昔倪林里有
寺因湖漲圮壞儒林里始興建招提倪林之人訴
于有司郡將曹瑑上其事因名雙林建炎間僧景

宗重建歸併菴七
妙華菴在六都宋咸淳間僧易覺建
崇福菴在六都宋咸淳間僧玉清建
一眞菴在八都宋咸淳間建
巖峯菴在六都元至正間僧海堅建
吉祥菴在六都元至正間僧道淨建
普銘子菴在六都元至正間僧崇銳建
圓熈菴在八都元至正間僧如玉建
應天教寺在震澤鎮東南唐大中間里人沈揆捨地
建乾符初賜名應天禪院宋大中祥符四年重建

大德中改爲教寺歸併菴七
清隱菴在十四都宋景定間僧自新建
漆福菴在十五都宋乾道間建
圓成菴二俱在十五都其一宋乾道間僧録司建吳元年僧弘道重修其一僧得一建
歇村菴在十五都宋紹興間僧梵森建
積慶菴在十六都宋乾道間建
崇親菴在十三都元至正間僧道誠建
明慶教寺在十七都南麻村宋乾符間僧秘謐建歸
併寺一菴五
崇義寺在廿九都宋乾道間僧安秋所建

囑成菴在十五都宋乾道間僧祖榮建
普慈菴在十七都宋建炎間僧志勤建
寂隱菴在十七都宋咸淳間建
時思菴在十八都元至正間僧思道建
大慈菴在十八都宋咸淳間僧蔚興建
崇吳教寺在充浦梁開平二年僧妙義建歸併菴二
錢惟善崇吳寺登樓望太湖西望洞庭青揷天蛾眉兩點秀娟娟勢翻震蕩蛟龍窟氣浸高寒牛斗躔支遁每招過野寺龜蒙曾約種湖田倚闌不盡登臨興更駕長風萬里船
瑞雲菴在四都宋建炎間建
正宗菴在三都元皇慶間僧福海建

石溪子菴在四都元至正間僧傑峰建
興善菴在四都元至正間僧一山建
施水菴在四都元元貞間建
積福菴在四都元延祐間僧守[redacted]建
寧慶菴在四都元延祐間僧永福建
界福菴在四都元延祐間僧妙圓建
福聚菴在十五都宋淳熙間建
通化子菴在十五都宋咸淳間建
殊勝教寺在平望鶯脰湖之濱宋治平間僧如信建崇寧間蔡京趨朝過寺適信之徒法昇書華嚴經見京以寺額爲請京問書經至何品云至殊勝功德品京笑曰是宜名矣及京當軸遂奏賜今額昇閉關十五年誦光明經日三百部積五十萬部歸併院二菴七法昇誦經頌我誦光明經自得三昧力舉起便周圓何用高聲覓一日三百部日輪猶未出見者總生疑我自心堅實
顯慶院在三都宋紹興間僧滋榮建
大士院在二十四都宋淳祐間僧圓立建
善慶菴在二十都宋咸淳間僧可洪建
妙德菴在二十三都宋咸淳間僧妙顯建
德海菴在二十三都宋淳祐間僧贊通建

化城菴在二十四都宋咸淳間僧[redacted]建
啓名菴在二十一都宋咸淳間僧華義建
慶壽菴在二十都元至元間僧妙原建
正覺菴在二十六都元至正間僧志林建
普濟禪寺在霅澤鎮宋元豐元年僧壽善建歸併寺二院一菴六錢惟善宿普濟寺初到湖邊寺相逢有頴師深悲十年事朗誦四懷詩高柳窺春早寒燈照夜遲寧觚一盃酒慰我鬢如絲
永樂寺在雙楊村宋淳祐間僧[redacted]際建柳貫記高啓髮隨鶴羽總秋零幾日江行思耿冥夜臥客舟聞詠史朝過僧榻共談經沙洲雨足蕈初紫林塢霜遲橘尚青後欲尋公曾到處留詩應在竹間亭
普向寺在十九都秋澤村宋紹興間僧敬道建
圓通禪院在十六都宋景定間僧法顯建沈[redacted]䫆記
孝友菴在十都宋咸淳間僧普明建
延福菴在十都宋淳熙間僧崇昇建
流慶菴在十四都宋咸淳間僧懷蓀建
衆福菴在十七都宋咸淳間僧銘清建
陳菴在十四都元大德間僧明鏡建
壽寧菴在十一都元至正間僧能敬建
永慶講寺在二十二都宋建炎元年僧戒南建歸併菴五

流福菴在二十一都宋咸淳間僧本敬建

謝天菴在二十三都宋淳祐間僧祖榮建

壽春菴在十八都元至正間僧大顯建

定慧菴在二十二都元泰定間建

慶福菴在十九都元至正間僧邑璣建

寶覺講寺在曹村宋紹興十年僧佛光建歸併菴九

張適 留衣山館夕飛簾海城秋迹逐初來鴈情親欲下鷗晚雲黃葉渡斜日碧江流正是懷思處聽鐘獨倚樓

契順菴在九都宋淳熙間僧惟空建

善慶菴在九都宋咸淳間僧勸心建

東源菴在九都宋嘉熙間僧奉規建

清照菴在九都宋嘉泰間僧正宗建

正信菴在九都宋嘉熙間僧祖圓建

福慶菴在九都宋咸淳間僧祖清建

思遠菴在十都宋景定間僧得興建

妙峯菴在八都元至正間僧崇了建

崇義菴在八都元至正間僧海[illegible]建

永福教寺在三都八赤宋紹興間僧宗澗建承議郎

李杼記歸併菴五

觀音菴在二都宋建炎間僧和[illegible]建

崇福菴在三十五都宋咸淳間僧正修建

北隱菴在二都宋建炎間僧覺瑞建

澄月菴在二十六都宋嘉熙間建

留珠菴在二都宋建炎間僧得建元洪喬祖記趙孟頫書

羅漢講寺在黎里鎮宋淳熙三年僧法燈建正統間重修歸併菴三

宋良寶寄羅漢寺僧 黎里人家石上緣幸師來往古林泉夢回竹榻聽猿嘯定起松軒看鶴眠暇日每留香積飯長年不離苦空禪老夫亦是幽棲者久欲相尋共釣船

無名菴在二十三都元皇慶間僧普明建

奉先菴在二十四都宋咸淳間僧妙觀建

[redacted]安解舍在二十三都元至正間僧起華建

永定教寺在荒浦村宋淳熙五年僧坎堂建歸併菴七

高啓 亂後僧何去門閒葉落時晝昏秋蟲老齋斷午禽饑罷說傳心法猶看賜額碑不知興壞理來此豈無悲

德慶菴在五都宋咸淳間僧德全建

思孝菴在五都宋嘉泰間僧妙蓮建

流慶菴在十五都宋乾元間建

上善菴在五都元大德間建

崇義菴在五都元大德間僧悟了建

楞嚴子菴在五都洪武二年建

江渡菴在二十六都元至正間建

泗洲教寺在盧墟村宋開熙間建歸併菴六[illegible]壽林楷間春暝護禪關到寺過眉杖開門對面山燈傳清晝永僧與白雲間欲覓泗洲老高風詎可攀

錢墳菴在二十九都宋紹興間僧普盛建

德慶菴在二十八都元至正間僧智福建

流慶菴在二十八都元至正間僧從善建

南詢菴在二十八都元大德間僧普照建

善聚菴在二十九都元至大間僧原海建

圓通菴在二十九都元至正間僧淨心建

接待教寺在東門外南津口俗稱南寺宋紹熙二年僧寂照建名承天萬壽禪寺元至元間僧正壽重建改今名歸併菴二劉[illegible]江滸收帆試倚欄日圍平野望尤寬氣吞四澤鵬搏近路入三山鶴夢寒壓曉幾思看浴日凌秋誰許傍觀瀾應憐低首邊塵客何日風枝得暫安[illegible]小檻超然着曲欄登臨聊使一懷寬浮天野水東南折照座雲山紫翠寒風定一虹斷落照夜清緗始引微瀾自公休暇宜來數寄傲南窓膝易安

簡草菴在二都宋淳祐間建

普慈菴在二十五都宋淳熙間僧法崇建

海雲禪寺在簡村至元間僧明本建天曆間奏賜今額歸併菴四

慶壽菴在二十六都宋三淳間僧福慶建

永寧菴在二十六都元至正間僧智超建

觀音菴在二十三都元至正間僧善景建

渡船菴在一都洪武三年建

顯忠教寺在梅堰宋王樞密祠堂也元大德間改爲寺僧道勝開山歸併院一菴三

成定院在十九都宋淳熙間僧法授建

善勝菴在十八都宋建炎間僧德勝建

啓銘菴在十九都宋端平間僧清遠建

復興菴在十九都元大德間僧明蓮建

衍慶昭靈觀在縣治東北舊在縣治之東即唐蘇刺史李公祠舊爲城隍廟大德間嗣漢天師奏改衍

慶昭靈觀洪武中燬永樂中重建歸併觀二道院六

洞眞觀在同里鎮西宋嘉定十三年里人葉先賛捨地建淳祐十二年賜額希夷宋季燬元至正間復爲玉清洞眞觀道士黃中一重建

瑞雲觀在庵村元泰定間鄉人陸志寧建元黃溍記瑞雲觀在吳江城東三十里所謂笠澤福地也煙波莽蒼四望如一土民安於耕桑朴淳有古風水木清華禽魚上下翛若世外固僊聖之奥區然而更千百年棄委於田夫野老之手未有能啓其秘而專其勝者至元二十九年靜安陸高士始作菴其處於是昔之祕者無所伏勝者益以發舒大德九年復斥故宇易菴以觀合其徒而居焉觀之制中爲三清殿旁爲北極玄天太一三元別殿祠堂寢室講舍齋宮門廡庖湢次弟畢備而爲役最鉅泰定二年乃告迄工爲屋以間計者百有餘緣以修垣除道成梁屬于南塽既又剏上映

之田千五百畝以資食飲百物之須其法之所宜有者無不給爲費一出於高士而高士之悉力殫慮二十年於此矣初黃之爲觀也教主嗣天師爲易今額至是所司具以觀成剡上天子特以璽書加護焉高士既屬其徒俾勿替且飭其族之人毋敢有所侵擾後莫之考而或毀其成也爰伐石來徵文爲記夫乾坤清淑之氣川融山結非有數量而僊經所録洞天福地僅一百二十八神而明之不以其人歟幸以境與人遇而又蒙被君師之力如此游而息焉者俯仰施施未有已也高士名志寧字景寔吳郡人

仁濟道院在同里鎮宋淳熙五年里人金道隆建

玉隆道院在充浦村宋建炎元年許料院者慕許眞君之風棄官入道捨宅爲記

崇福道院在梅堰村宋崇寧間里人徐孟三捨地建

明眞道院在洪塔村元至正間里人沈玉淵捨宅建

崇眞道院在縣治後河元至大三年邑民沈眞靜捨宅建

奉眞道院在震澤鎮元至大二年道士陳竹泉建

嘉定縣叢林寺二十四宮一

崑福講寺在縣治西梁天監中建原在縣東四十里江灣宋寶慶三年移建顧涇左軍寨西門因壞於海濤再移月浦洪武初改顧涇巡檢司又移於此即舊靈順吉祥院改建僧守眞開山歸併無僧懷建我跨蒼穹登臨豈辭陡冷風天外來陽烏檻前走在縱目春正妍蹊桃紅間柳徙倚漫裁詩不覺日在酉對景感舊懷臨風一搔首恍焉凌太虛頃襟復何有

留光禪寺在澄江門內宋天聖中□□能□師至此里人吳眞割地𢇁菴居之俄有祥光現鑿土得異木刻觀音像頗著靈異乾道初僧得謙始建寺淳熙十年移杭州仁和縣留光顯慶寺故額名之洪武中名僧衍斯道常居此歸併無

圓通講寺在拱星坊內至元年間里人高氏子爲僧名明了捨宅爲寺大德已亥賜額圓通武宗加賜大報國圓通寺額皇慶元年燬延祐間重建趙孟頫記歸併寺一院一菴六

集慶講寺在縣南三里至正四年僧妙智夢此地有佛光因建寺洪武三年僧資斯重修

法華講院在安亭鎮元丁五年僧普現建

永慶菴在雙塘梁天監二年僧志謙建

顧浦菴在顧浦上至正間僧行立建

積善寺在婁海門內舊在朝京門不知所始歲久已廢洪武十一年邑人林仲實捨宅重建於此郡城萬壽僧曇相開山歸併菴一

報恩菴在趙浦宋嘉定間僧明心建

南翔講寺在縣南二十四里梁天監間里人掘地得石徑丈常有二鶴飛集其上僧得齊即其地作精舍每鶴至止必獲檀施後鶴去不返僧方悵然俄詩見石上有白鶴南翔去不歸之語因名或云封初未名

唐開成四年行齊禪師因雙鶴翔集若有所依者因駐錫於此增修梵宇一日笑曰吾事畢矣鶴如之何鶴翔翔南去遂名

有宋端平鄭丞相書額宋季燬至元

間珣石田重建僧弘濟記畧即併無葛天民自梁天監白鶴南翔建

不歸江自轉深禪空憶祖一所齊昔有老堪今有遠

我趁江鷗訪遠公遠公不在潮天晚七歲騎鳧有

幾房三百莶蕎無半面殿閒參差高入雲一堂可

看千僧飯古栢槎牙不記年柯如屈鐵包蒼蘚古

意偏關倦客懷歸舟有句無人遺明日中流遇阿

英連宵細說南翔院少待岩蓮寶剎成春風共看

巢梁燕我欲婆娑借數椽子當力學如吾願一任

江花惱殺人閒邊自數飛花片僧普洽白鶴南翔

何日返香雲不斷春風轉屋爲鱗次枕江安江作

蛇行到門遠的的明燈金殿寒沉沉複道長廊晚

老翁饗然皈鬢看愛客將迎笑盈面自言天監拓

基來食指數千猶共飯斷碑壁下試摩挲龜趺剝

落生苔蘚茫茫往事比寒潮蒼煙落日愁難遣就

中何處恁深游玉甃清池開別院二齊已去老堪

徂故壘空來舊巢燕吾宗有弟知此懷炊黍功名

豈榮願便呼阿買寫新詩硯池滿擁清冰片釋維

湛三生石上有因依雙鶴偏從石上飛自笑老禪

能事畢不隨雙去復雙歸衍斯道齊師不返鶴南

翔梵剎如雲始自梁護法天臨朝拂殿放禪僧出

夜滄廊碑殘亭下思皇宋檜老猶前讖李唐事業

已經千載又空

王謝道有興亡

菩提教寺在安亭鎮梁天監二年建後唐清泰間徐

承勳李彥瑱起廢因名唐興寺宋開寶間改賜今

額歸併菴一

宋王菴在黃渡鎮宋僧妙達建

方泰教寺在沙堤梁天監二年建唐大中三年賜額

錢武肅王重建歸併菴一

天福菴在方泰寺西元至正元年僧淨福建

護國教寺在合浦門外梁天監間建宋天禧中賜額

元泰定二年重修湯彌昌記歸併菴二

吳墳菴在劉家港南大德元年僧善祥建

普門菴在劉家港南至正九年僧覺圓建

保寧教寺在江灣鎮石晉天福三年東京大相國寺

僧智光所謂龍樹法師者駐錫于此募建後周廣

順二年賜額至正八年僧惟正重脩永樂六年再

建歸併菴一宋徐沖鐘樓記樂一歲爲十二鐘武事以鐘爲伐蓋鐘與鼓等鼓陽主進

鐘陰主退樂以鐘配地戰以金爲斂吾儒用鐘大

矣佛西方教尚金聲鐃鈸鉦磬亦胡部樂寂滅之

訓宜有取於靜退之音其書謂罽賓吒積旱化爲

九頭魚刀輪舞波斷首復生循環不息聞鐘少停

此緣起也流入中國則曰䰟行中陰假聲進步人

死不滅業通三世悉爲因果設余童時見隣有虎

適野者童聚戲泥其竅將困鐘一聲出雲杪遂閒

然弱冠侍親謫發覺僕自經夜出囹象隣寺鐘鳴

始去扣一夕少止良驗矣世習以鐘警迷暴戾潛

消久矣禽樂通和鉦退師比也況佛祖誓願天龍

統攝通神明齊生死皆由人心發鼎鑄姦昇鐘鳴

山應吾儒不爲奇佛家藉以立教士不揣本羨之

曰吾不及也鄙之曰吾恥言也是皆不知倫類出

姑蘇葑門沿吳江百匯爲青龍江距海三十六里

曰商量灣三精藍獨保寧以石晉天福建屋老而

大長廊重樓方一新有吳越鐘四百斤開寶九年

諸葛氏爲報恩山中峯寺作不知何年歸於此舊

樓且隤法喜聽天台觀嘆曰吾徒二千指號聾瞶

司昏曉者痺陋若斯可恥也猛欲撤而新之裒媼

申明爲倡檀施趨和遂以嘉定壬午歲嘉平上澣

成廣三尋縮二尺高七尋盈六尺栱藻重簷四牖

咸備余頻年以王事往返一夕法喜造香瀹茗求

為記文指棲而告之曰㓜土木之奇煜金碧之耀
揭盛時之偉鐘懸百尺之崔嵬穿逸響於矢外振
阿含之軌儀皆為鑒典今登濟斯願所以歡喜衆
所數息念曰然又告之曰東鐘西鼓尚陰亦陽示
無生意以柔剛騰暮息萬籟靜而清長晨雞未唱
作而鏗鏘息者付道業之全缺作者抑妄念之披
猖獗而破鎬夜景發光律心萬法豈徒釋諍訟於
曲直之場施形百斛何嘗罷怨對於矛盾之傷繼
今以始午鼓並鐘食輪轉法輪㳂入耳著心化凶
反良兆我一身為世津梁此示衆未盡知其以語
而宣揚合爪曰法喜作樓本心也敢垂樂石四衆
受持嘉定癸未八月既望記 薛松心 江曲蕭梁寺
山曾書掩扉上花封石髮翠竹上人衣海近潮聲
促廓空木葉飛我來味禪寂泪對兩忘歸

彭越菴在彭越浦元大德三年僧得寧建

羅漢講寺在黃渡鎮宋建炎間僧法裕建乾道間賜
額元統乙酉僧定能重建楊維禎記歸併菴二

普福菴在縣東南五十里元辛卯間僧慧材建

塢城菴在塢城浦西元泰定間僧善信建

興聖教寺在月浦宋紹興元年建十八年賜額咸淳
間修永樂中重建歸併寺一菴三

保安禪寺在沙浦塘梁天監中恒智禪師遊此聞蘆葦中有猛獸因趺坐經句有村叟饋食見二虎馴狎左右里人龔延鈞建菴居之宋嘉定中改寺

集福菴在沙浦至順間里人徐達卿捨宅建僧時省開山

積慶菴在烏涇宋端平間里人楊九捨宅建

楊墳菴在狄涇上宋崇寧間僧普周建

廣教寺在縣西北二十五里地名陳陸祁宋紹熙
三年朝奉大夫杜華建奉其祖祁國公像元至正
間僧惟一重修賜額南廣壽院尋改寺歸併寺一

吳興教寺在外岡梁天監十年建五代乾祐二年重建

法昌教寺在清浦鎮宋淳熙間僧彥開與鹽場官黃
紳建移錢塘廢寺額為名歸併菴五

積慶菴在清浦至正三年僧行高建

奉先菴在清浦西紹興間僧人鄒亮建

東林菴在縣東南八十五里宋寶祐間僧法厚建

接待菴在吳淞江東紹興三年僧良策建

順濟菴在清浦宋紹興元年僧希賢建

襃忠教寺在蕭涇宋乾道中建慶元六年趙郡王奏
移廢寺勅額為名永樂中重建歸併菴二

趙和菴在劉家港南元至正元年僧普超建

定鄉菴在黃姚港西元至正三年僧惠日建

法界教寺在縣東南四十五里大塲北宋嘉定中建
初名法界院元至元中改為寺僧圓照記歸併寺
一院一菴二

保清講寺在大塲北宋淳祐三年建

觀音院在大塲浦北元元統四年僧宗徹建

崇孝菴在大塲元統二年僧德趣建

存孝菴在大場浦西元至正十六年里人沈子吉建

永壽講寺在封村塘宋淳祐中里人徐耆捨宅建咸淳中賜額本在錢溪東北延祐二年大德萬壽寺僧珦石田移置於此歸併無

寶華教寺在大場鎮宋咸淳間淨光法師建永樂中僧文瑜重修歸併菴三

崇福菴在下掇浦宋紹定二年僧行超建

薦嚴菴在彭越浦北元戊午年僧法見建

圓通菴在蘆涇浦元至正間僧善惠建

眞如教寺在桃樹浦宋嘉定中僧永安建名眞如院本在官場元延祐間僧妙心移置於此改寺洪武中重修歸併無

大德萬壽寺在南翔寺東一里元大德初僧良珦建珦本南翔僧別爲寺於此以成於大德間故名大德萬壽寺貫雲石記有浮屠七成洪武中僧慶餘重建歸併菴一

集慶菴在桃樹浦元天曆二年僧了心建

萬安教寺在萬壽寺西新華浦初良珦既建萬壽珦之徒義榮改建寺於此與南翔大德爲三大剎以其成於泰定故名泰定萬安寺虞集記歸併無

[illegible]慶教寺在縣西北清境塘上元泰定元年僧[illegible]建僧圓照記有寂照觀堂直節堂壽樂亭空翠亭勁節軒永樂三年重建歸併寺一院一菴一

[元張渠空翠亭詩] 人間風日不到處林石照衣顏色鮮半天六月雨蒼雪隔水一僧吟白蓮座中得趣成三笑竹上題詩今七賢他年此會或可再須借北窗供醉眠

[鄭元祐壽樂亭詩] 西隱西邊壽樂亭六時天樂語簷鈴傍人馴鶴行穿竹掠水飛魚出聽經月到中庭開碧落星從南極上滄溟千年一息那伽定長結慈雲擁帝青

[楊維楨直節軒詩] 西枝林中說遺直況有文采錦斑如翁參洪讚到玉板自愛見君如史魚彭澤風高印綬解雪虐霜冷節存疏道人詩似春秋筆大字琅玕節下書

東林圓照寺在楊涇東宋紹定三年僧有謙建舊在旻海門外洪武間僧時習移于此

永安院在黃姚宋咸淳九年僧良棋建

眞際菴在縣市西南隅泰定二年僧良玉建

頓悟教寺在蘆涇元貞元年僧師範建名頓悟院洪武間改寺歸併菴一

接待菴在廣福市南宋嘉禧間僧道印建

永壽禪寺在何莊延祐中呂師說建芬蘭谷開山洪武中僧良富伽那相繼重建歸併院一菴一

普照院在黃渡鎮至正間僧智通建

明聖菴在桃樹浦元皇慶二年僧寶月建

皇慶教寺在縣北三里元至大間圓通寺僧明了建歸併寺一菴二

淨信講寺在月浦宋寶慶間承務郎譚思通建僧道嵩開山鑿井得縣木佛耳號佛耳泉移錢塘敕額爲名趙汝謐記元僧普現建湖音堂楊維禎記

報德菴在楊巷宋咸淳間僧師壽建

呂和菴在紫場横瀝東元至元間僧良季建

集僊宮在縣治東南隅宋嘉定十七年高道葉子琬建以湖州安吉縣敕額爲名紹定元年邑宰陳邁建東嶽行祠于東廡元延祐五年道士盧眞祐移建上眞殿于西廡與嶽祠對大德十年道士孫應元建三清殿玉皇閣瑞竹亭洪武中道士宗德輔重修歸併道院四

宋林穎 餘乘興得尋眞紅塵物外長清松菊新來入夢頻公生已畫中不老杏花子灰寒煙寂寂桃花風暖不鄰都道遊羽士間如許愧我淨名役此身

元錢 遊眞宇出闤闠來遊慕虛寂流水環四圍入門松聲碧長廊煙霧生靈既幡幢客主人聞客至樽酒延丈室纔竹逾萬箇老柱高百尺日色淨不疏松風涼可挹倏然人間世陡覺詩興逸

崇眞道院在縣治西元大德五年道士秦眞祐建

奉眞道院在登龍橋北元至正間邑人顧道澄捨地建移本縣六都廢額於此楊維禎記

崇福道院在月浦宋淳祐元年里人譚友諒建

積德道院在縣東南一十八里元至元十三年道士王崇眞建

太倉州叢林寺十一宮一

隆福教寺在城太西門內梁天監四年建初名報恩院後唐天祐間重建宋大中祥符元年改今額寺在武陵橋北元末燬廢洪武中以其基爲鎮海衛邑人孫徵頫捨祈始改建於此其後僧永眞重建

歸併菴三

眞靜菴在城內元至元元年僧惠雲[illegible]

通濟菴在城中元延祐元年僧闡悟建

般若菴在城中元至元二年僧善明建

崇恩禪寺在州東二十里梁天監二年僧道悟建唐開成二年重建宋慶元二年重修歸併寺一菴二

永懷禪寺在嘉定白蓮浦宋建炎三年道川禪師建本在崑山縣治西南元至正間有鐵牛普明禪師建紹隆菴於此爲永懷子院洪武中即菴爲永懷寺僧文琇重建王達記

觀音菴元至正三年僧道堅建

般若菴元至順三年僧法辨建

鷲山法輪講寺在鷲山南麓梁天監間僧宗印建紹興九年重建洪武中僧勝行永樂中僧智杲相繼重建歸併寺一院一菴一

宋敬修鷲山訪僧 招提遠在碧山坳杖策殷勤訪故交兩徑苔深留虎迹一霜林葉落露禽巢汲泉謾引池邊綆煮茗還開竹裏庖此日相尋不相見松門擬待重來敲

中峯講寺在頂山南峯梁大同二年僧月澄建名中峯菴後改爲寺

宋劉極 躡徑登高亭天遠不敢局蹐蘿捲危簷百里在舉目江橫縞帶明山隱螺髻綠啼鳥破長煙飛泉漱寒玉雲回猛虎嘯清風繞巖谷颼颼入青松古淡琴一曲倚欄更凝望斜陽上修竹欲去還遲遲勝槩那可足

閣中峯一徑分盤折上幽雲夕照全村見秋濤隔
嶺聞長松合占翠衰葉尚識薰自愛蘇門笑懷賢
事不羣僧仲殊聚遠亭高亭登臨喜倚壇負陪青
眼客不見白頭僧閉戶三十載壓雲千萬層龍珠
彈落處一點白蓮燈

廣福院在馬涇宋嘉泰間僧守信建

趙莊菴在思政鄉宋端平元年僧永福建

陸河聖像教寺在陸河市吳僕射徐眞捨宅建亦因泛海石佛而名宋嘉祐八年朱肱重建僧仲殊記洪武初重修歸併院一菴七

崇壽院在橫涇宋端平三年僧皎殊建

福田菴在陸名涇口宋咸淳二年僧道隆建

崇福菴在橫涇宋紹興元年僧至實建

湴湖菴在智林寺東宋端平二年僧德詮建

歸雲菴宋咸淳二年僧文雅建

資福菴在邢家莊宋元祐三年僧尊妙建

東禪菴在甘草鎮宋崇寧元年僧惟一建

時思菴在陸河里宋咸淳五年僧泉涌建

法輪教寺在雙鳳鄉晉支道林闢山宋祥符元年改今額洪武中僧至琛重建歸併寺一菴四

靈寶寺在塗菘市唐乾元初僧普定建

法華菴在塗菘市唐龍翔九年僧泰和建

迎春菴在雙鳳鄉宋淳祐二年僧月山建

長壽菴在南沙元至元二年僧志通建

崇祖利濟菴在李墓東宋端平二年僧智崇建

廣安教寺在直塘市唐乾元初簡大師建相傳簡領二人來遊立菴於此插竹獲籬落後遂成林初名寶林寺宋祥符元年改今額紹興六年僧了悟建塔鑿地得磚有長安二年瞿像寶塔字乃知唐武后時嘗建塔字於此永樂四年僧拱辰重建歸併寺一院一菴一

褒親崇惠寺在芝塘市宋靖懿帝姬殯於此僧化東建政和七年賜額

塢丘增福院在塢丘山宋端平間僧尚無瑕建

忠義菴在洋澳宋嘉熙間僧象祖建

廣孝講寺在州東北五十里唐咸通十四年建初名懷讓寺宋太平興國間有僧曰子瓊道清自龍慶來南遊江浙駐錫于此大中祥符間改賜今額元末兵燬洪武二十三年僧智積重建歸併菴一

正受菴元大德六年僧餘慶建

海寧禪寺在城武陵橋西宋建炎四年能禪師建名廣法教院元大德間朱清治海漕奏改今額洪武中僧常在重建歸併菴二

正宗菴 元泰定三年僧法輪建
圓覺菴 元天曆二年僧千巖建
普濟教寺在州南一里宋末五臺僧普明遊歷止此遂卓錫建寺元末燬惟靈山一會佛像存焉永樂六年僧梵衍重修歸併院一菴二
崇福院 元天曆二年僧以讓建
崇福菴 在城中元至正元年僧允善建
松林菴 元至元二年僧惟大建
報本禪寺在城大東門內元海道千戶术顏甫買地建僧妙莊開山後燬洪武十一年[illegible]寺僧常在

移置城中海寧寺之東十五年妙嚴菴僧允谷清捨菴改建即今寺也歸併院一
興福院 元至正五年僧崇明建
淮雲教寺在城北二里陳涇橋北元大德六年浙江軍器提舉顧善夫營祖墓於此建爲養壽蘭若以其家世淮人不忘其始奏賜今額趙孟頫書扁永樂中平江伯陳瑄重修歸併菴七
能仁菴 元延祐元年僧崑[illegible]建
慶福菴 元至[illegible]四年僧智量建
集福菴 宋咸淳八年僧法海建

五涇菴 元至元元年僧智慧建
顯福菴 元至正元年僧可大建
太平菴 元至正六年僧如鑒建
慶福菴 元至正四年僧善心建
靈慈宮在城周涇橋北元至元二十九年海道萬戶朱旭建爲天妃祝釐之所其緣起互見祠廟宮舊歸併崑山清眞觀今徑隷本州州之道院皆屬焉
佑聖道院 在城旱涇橋北元至元十四年道士蔡貫一建
奉眞道院 在大西門外元至元間里人馬道文建
長生道院 在城南隅元至元二年道士王可道建

靈應道院 在城南隅元大德三年里人黃鄰運建
武勝道院 在大西門外元至元四年里人陳桓建
眞一道院 在城登瀛橋北元至正十年道士朱眉山建
崇明縣叢林寺四觀一
奉聖禪寺在東沙唐貞元間僧道成建宋紹興初里人陸思問謝之剛拓而大之元泰定甲子僧有源至正甲午僧德建相繼重修鄭元祐記內有千佛閣歸併無

【經用昭】霜落平沙楓葉丹可人情思滿空山江梅瘦銀猶疎放山鳥驚猜亦往還孺子輿同秋水遠支郎心與白雲閑此時野寺題詩處昨夜稱寒湘竹班
【劉炳】白馬馱經自本西偶來此地訪招提長廊松樹何年種別館梅花後夜題結社東林思靖節留衣南海憶昌黎江風山

月清如此掛得今朝醉似泥○海國瀛洲別有上人駐錫住經年三花樹繞眠雲榻七寶池通流鉢水清梵響時晨聽講名香爇罷夜參禪何時來問無生話喚醒人間醉夢緣

慈濟教寺在城内河泊所東宋淳祐三年建初名白雲菴後請龍江寺額易之元大德七年僧紹時建大雄殿延祐初僧良聚搆鐘樓廊宇先在舊州治之東永樂中隨縣遷置于此歸併無

興教禪寺在道安鄉張成港北唐光化二年建相傳終南浮屠妙鞏夜夢神人披甲冑駕赤虬謂鞏曰東海起沙隣逼吳楚宜建道場遂與其徒來創是剎宋寶慶三年僧皎如以寺址迫海遷于平等村

永樂九年再徙于此歸併無

壽安講寺在永興沙舊在三沙東鄉宋淳祐間有二僧曰模曰儔卓錫曠野拾枯枿簪土祝曰枿復榮當建道場無何其枿向榮遂結菴名富安院後其徒德雲等拓之元延祐戊午賜額永福壽安寺尋圯於潮泰定甲子僧大全遷于東仁鄉之中土翰林學士完澤台為記洪武甲子僧神芝建千佛閣永樂十四年僧普照建懺堂尋燬宣德五年復圯于海六年僧韶與勤遷於此重建觀海樓貯月江

歸併無

寶慶觀在舊州治北宋寶慶元年建舊在縣治南十五里元至正二十三年道士徐中理以觀址瀕海恐為所浸遷置于此歸併觀一道院一

通玄觀在壽安寺西南里人茅氏建今廢

崇真道院在西沙道安鄉至元丙子朱文虎建今廢

姑蘇志卷第三十

姑蘇志

（二）

云在杜圻洲馬跡山南方十里多桑苧菜菓文前

志云在東山翠峯寺【[illegible]】莫莫寒雲鶴影邊荒山故宅忽千年大夫已賜平吳劒西子還隨去越船白石撑空存屭屓青松落井化蛟螭徒憐此地無章甫只解區區學計然

馮驩宅按圖經在彈鋏巷唐人言宅傍有墳有碑驩葢孟嘗君使徵邑民債者彈鋏巷俗名長鋏巷

丁令威宅在陽山有丹井存焉【高啓詩】令威作僊上天去舊宅留在青山阿千年宅廢但遺井何處更聞華表歌南陌黃塵足去客東流碧海絕迴波鶴歸重覽應惆悵地上丘墳今又多【周南老】鶴僊丁令威宅枕陽山陽僊化鶴不返宅廢人已非餘遺丹井在井口落生衣丹光時夜發猶能照巖扉月斜人籟寂鶴自遼東歸爲歌華表吟但傷知音希

梅福隱居相傳在吳昌西[illegible]坊【[illegible]】吳門不作南昌[illegible]歸來朝市空笑拂巖花問塵世故人子是國師公

蔡經宅吳地記言在朱明寺西王方平與麻姑嘗過其家事具紀異【[illegible]】崑崙王者王方平身騎黃麟朝紫京舉手長辭漢公卿得道不顧世上名往來隱玄與朱明洞中各有白玉城絳衣猝空擁幢旌三山五嶽自按行冷風吹動天樂鳴環璈和鸞笙羽衛蹙踏山嶽崩龍車鶴馭紛相迎嘯呼神官走吏兵魑魅魍魎號且驚采[illegible]駐雲軿人馬不見但有聲虎頭鞶囊佩蒼精神光赫然照軒榥授以至言可長生凡骨已作蟬蛻輕麻姑來會尋僊盟芳姿娉婷似飛瓊言從昔年宴蓬瀛又見弱水三淺清爪可爬背念始萌罷意已識遭笞搒餘杭阿姥酒罷傾攝景忽去煙雲橫家人悲望空慘悴桑田回首幾變更神僊存世毎自足凡夫不識等瞽盲丹元有田不解耕但愛狗苟蹇蠅營榮華未滿咎責盈忽化腐鬼歸荒塋余將何學道可成木鑽石盤貴精誠誰能自拔水火坑飛游往來蓬壺樹英千載或有歸來情

陸績宅在臨頓里門有巨石初績罷鬱林太守【[illegible]】歸舟輕不可越海取石爲重人稱其廉號鬱林石見唐史陸龜蒙傳今石移置察院前號廉石【[illegible]】相傳台府石來自鬱林州歷世經千載移封象十丘温文思孝子瑩潔擬賢侯嘉樹繁陰護殘碣積翠浮濟舟曾鎮陰入苑更無儔會有騷人拜應從使者求素書猶在匣神劍已藏韝知子多奇術拒看解點頭

周公瑾宅在雍熙寺西故井猶存按漢建安三年孫策爲瑜治第於吳今猶云周將軍巷宋太尉周虎居之因立武狀元坊

陸玩宅今靈巖山寺玩代王導爲司空雅量宏遠獎納後進縉紳皆䕃其德宇

何準宅在縣西二里捨爲般若臺東北有般若橋俗云朱明寺橋見吳地記

王珣宅在白華里今景德寺也其別墅在虎丘

戴顒宅今北禪寺唐司勳郎中陸洿嘗居之有花橋水閣見白樂天寄馮侍御詩鄭太卿嘗於此作水閣以追故事【樂天詩】揚州驛裏夢蘇州夢到花橋水閣頭覺後不知馮侍御此中昨夜共誰遊

張融宅陸慧曉宅並在今承天寺其間有池池上有二梛廬江何點曰池便是醴泉木便是交讓沛國

劉蹔至吳謂人曰吾聞張融與慧曉並宅其間有水此水必有異味命駕往酌飲之曰鄙吝之萌盡矣**王贊詩**兩處樓臺一樣高空餘煙雨到今朝清心不免當時水楊柳名存讓未消

屈突明府廳不知處所明府唐人以建昌宰休官吳中**李白詩**陶令八十日長歌歸去來故人建昌宰借問幾時廻風落吳江雪紛紛入酒盃山翁吟已醉舞袖爲君開

李嘉祐宅嘉祐罷袁州刺史居此僧皎然有酬李員外蘇臺屏居春首有懷詩

韋承總幽居孟東野有題韋承總吳王故城下幽居詩**東野詩云**才飽身自貴巷荒門豈貧韋生堪繼相孟氏頗依隣夜思琴語切晝情茶味新霜枝留過鵲風竹掃蒙塵郢唱一聲發吳花千片春對君何所得歸去覺情眞

張籍故居在胥門**籍詩云**共踏長安街裏塵吳門獨作未歸身胥門舊宅今誰住君過西塘與問人此詩籍贈陸暢者觀此則籍爲吳人可知矣

章博士宅在洞庭賈閭儛有題章博士居詩

翹信陵故居在包山信陵唐望江令有惠政白樂天有詩

徐脩矩宅脩矩恩王府參軍世守書萬卷皮日休嘗就借書**皮日休詩**東莞爲著姓奕代皆儒素強學取科第名聲盡孤揭自爲方州來清操稱凜冽唯寫墳籍多必云清俸絕宣毫利若風剡紙光於月札吏指欲胼萬通排未闋樓船若夏屋欲載如垤塊轉徙入吳都縱橫礙門闌緗囊輕似霧緗帙殷於血以此爲基構將斯用貽厥重於通侯印貴却全師節我愛參卿道承家能介潔潮田五萬步草屋十數椽微官不能去歸來坐如刖保茲萬卷書守愼如羈紲念我曾苦心相逢無間別引之看秘寶任得窮披閱軸閑翠鈿剝籤古紅牙折帙解帶芸香卷開和桂屑枕蒸石鍔刃揭共松磨鄰一臥寂無喧數編看盡徹或攜歸解字或把穿林樾挈過太湖風抱宿支硎雪如斯未星紀悉得分毫末剪除幽僻藪搽蕩玄微窟學海正狂波余頭向中潁烏沒及聖人患不學垂誡尤爲切苟昧古與今何殊瘖共聾五滑及昔之慕經史有以儒筆札何況遇斯文惜之不曾輟吾衣任縷縷吾食甘糠覈其道苟可光斯文那自伐何竹青堪殺何蒲重好截如能盈蕪雨便足訓飢渴有此競苟榮聞之兼可竊東皐搆煙雨南嶺提薇蕨何以謝徐君公車不聞設**陸龜蒙**嘗聞四書曰經史子集焉苟非天祿中此事無由全自從秦火來歷代逃逸遭漢祖入關日蕭何爲政年盡力取圖籍遂持天下權中興延嘉時教化還相宣立石刻五經置於太學前賊莽亂王室君臣如轉圜洛陽且煨燼載籍宜爲煙逮晉武革命生民纔息肩惠懷亟寡昧

戎羯俄腥膻已覺天地閉竟爲東南遷月既不暇給墳索何由專爾後國脆弱人多尚虛玄任學者得誇清言者爲賢直至沈范輩沈約范雲昔有書數萬卷始家藏簡篇御府有不足仍令就之傳梁元渚宮日盡取如舐錄兵威忽破碎焚爇無遺篇近者隋後主搜羅勢駢闐寶函映玉軸彩翠明霞鮮伊唐受命初載史聲連延砥柱不我助驚波湧淪漣遂令因去書半在餘浮泉貞觀購亡逸蓬瀛漸周旋炅然東壁光與月爭流天偉夫開元中王道貞平平八萬五千卷一一皆塗鉛粟開元覽丕嬰書錄去人間盛傳寫海內奔窮研自云西齋書有過東皇田吾聞徐氏子奕世皆才賢因知遺孫謀不在黃金錢插架幾萬軸森森若戈鋋風吹籤牌聲滿室鏗鏘然往哉龜門子好問如除痼精深參卿處遂得參卿憐開懷展廚簏唯在性所便素業已千仞今爲峻雲巔雄才舊百派相近浮日邊君於王佐圖縱步凌陶甄他時若報德誰在參卿先

鎮鍊師草堂在陽山唐李頎有詩

陸魯望宅在臨頓橋皮日休云不出郛郭曠若郊野
魯望幽居賦云陸子居全吳東距長洲故苑一里
又云地接虎丘門臨鶴市又有別墅在甫里魯望
躬耕於此有地數畝有屋三十楹有田奇四萬畝
其居後爲白蓮花寺建祠堂塑像咸淳中有盛氏
子醉什其像於水腹中皆平生詩文親藁 皮日休詩其一
一方蕭灑地之子獨深居繞屋親栽竹堆牀手寫
書高風翔砌鳥暴雨失池魚暗識歸山計村邊買
鹿車其二籬疎從緑槿簷亂在黃茅壓酒移谿石
煎茶拾野巢靜窗懸雨笠閒壁挂煙匏支遁今無
骨誰爲世外高其三萬稀初上蕉酤盡禾乾林盡
日留贅毋移時祭麴土趨泉澆竹急候雨種蓮忙
更葺園中景應爲顧辟疆其四靜僻無人到幽深
每自知鶴來添口數琴到益家資壞塹生魚沫頹
簷落燕兒空將緑蕉葉來往寄閑詩其五夏過無
瓢石日高開板扉僧蹤與筒簟人不典蕉衣鶴靜
共眠覺鷺馴同釣歸生公石上月何夕約譚微其
六經歲岸烏紗讀書二十重水痕侵病竹蛛網上
衰花詩任傳漁客衣從遞酒家知君秋晚事白幘
刈胡麻其七寂歷秋懷動蕭條夏思殘久貧空酒
庫多病束魚竿玄想凝鷄扇清齋拂鹿冠夢魂無
俗事夜夜到金壇其八閒門無一事安穩睡涼天
砌下翹飢鶴庭陰落病蟬倚杉閒把易燒朮靜論
玄賴有包山客時時寄紫泉其九病起扶靈壽脩
然強到門與杉除敗葉爲石整危根薜蔓狂遮壁
蓮莖卧枕盆明朝有忙事召客斵桐孫其十緩頰
稱無利低眉號不能世情都大薄俗意就中憎雲
態不知騷鶴情非會除蓋臣誰奉詔來此寫姜肱
龜蒙詩其一近來唯樂靜移傍故城居閑打修琴
料時封謝藥書夜停江上鳥晴曬篋中魚出亦渦
何事無勞置棧車其二清入醫病樹看僕補衝茅
散髮還同阮無心敢慕巢簡便書露竹樽待破霜
匏日好林間坐煙蘿僅欲交其三倭僧留海紙山
匠製雲牀懶外應無敵貧中是王地平鷗思喜

花盡蝶情忙欲問新秋計菱絲一畝強其四故山
空自鄉當路竟誰知抵有經時策全無養拙資病
深憐炙客吹晚信樵兒漫欲陳風俗周官未采詩
其五福地能容塹玄關詎有扉靜思瓊板字閒洗
鐵笻衣鳥破涼煙下人衝暮雨歸故園秋草夢猶
記緑微微其六水影沉魚器鄰聲動緯車燕輕捎
墜葉蜂嬾卧燕花說史詳諸例論兵到百家明時
如不用歸去種桑麻其七爲穴奇編缺雷平異境
殘靜吟封蘚檢歸與削帆竿白石堪爲飯青蘿好
作冠幾時當斗柄同上步罡壇其八強起披衣坐
徐行處暑天上階來鬬雀移樹去驚蟬莫問鹽車
駿誰看醬甄玄黃金如可化相近買雲泉其九野
入青蕪茫陂侵白竹門風高開栗刺沙淺露芹根
迸鼠緣藤折饑烏立石盆東吳雖不改誰是武王
孫其十昧昧熏真有素持勢盡無能風月雖爲敵林
泉幸手憎酒材經夏闕詩債待秋微抵有君同癖
閑來對
曲肱

丁晉公宅在大郎橋堂宇甚古有層閣數間臨其後
號晉公坊

三瑞堂在閶門之西楓橋孝子姚淳所居家世業儒
以孝稱蘇文忠公往來必訪之嘗爲賦三瑞堂詩
蘇軾詩君不見董召南隱居行義孝且慈天公亦
恐無人知故令雞狗相哺兒又令韓老爲作詩爾
來三百年名與淮水東南馳此人世不乏此事亦
時有楓橋三瑞皆目見天意宛在虞鰥後惟有此
詩非昔人君更
往求無價玉
甯極齋在飲馬橋郡人方士姚安世所居安世能詩
文亦辯博自號升元子元祐末往來京師與王定
國游自言目擊上清諸僊蘇子瞻一見奇之以爲
異人又稱其詩有謫僊風采

五柳堂胡稷言所居在臨頓里陸龜蒙舊址也其子嶧又取老杜宅舍如荒村之句名其居曰如村

酉室王伯起所居伯起字聖時楊邦弼序其詩有云伯起受經於王臨川學於曾南豐游於曾宣靖公父子間諸公皆推輓之年未及衰一旦棄去卜居吳門獨處一廛扁曰酉室日焚香燕坐于其中其所爲詩若干卷號唱道野集【酉室記】王聖時吾農友也有室曰酉屬予記之室無方不以西名室非特不以秋名非色也不以白名非聲也不以商名非味也不以辛名象數之所不能該也然不得而名流動非氣也堅利非物也金亦無所名焉是七者酉屬也散一爲七名體各足合七爲一且然一室方其日薄虞淵行龍遁藏獸萃鳥下百二入息吾聖時磅礴於無垠

逍遙乎其中鄰燭光謝石爐盟寒上下一色四方易位蝙蝠野鼠飛走竄伏同會於寬閑廣莫之地而自得樂也涼秋九月予將訪吳門顛從公游而爲公記其屋紹聖十六年七月劉臺江 書

魏文靖公宅宋端平間公都督江淮理宗賜第吳中有高節堂事心堂靖共堂讀易亭復親書鶴山書院四大字賜之即今巡撫治所【王賓詩】幾迴除拜到中朝門逕于今草巳饒只有聲名在人世西山相並獨相高【張雨】寂寞茅堂書掩門藤陰花氣野池渾【題鶴山書院】情知建新青精飯不到臨邛白髮孫

蝸廬在城北中書舍人程俱致道所居俱政和間自監舒州茶場上書論時政不合來吳葺小屋號蝸廬中有常寂光室勝義齋廬後隙地種竹樹因有菊鳳儀鷄冠紅莧芭蕉水青等七詠之作【隱居錄】【吾廬】有舍菫容膝有門不容車褎中孰非寄是豈眞吾廬不作大耳兒閑欄種園蔬茅簷接環堵無地可灌鏁不作丁櫻翁一室謝掃除平生四海志投老河魚杜頗從老心人不減南村居蕭然水炭外傲睨萬物初生視蠻觸戰兼忘糟粕書聊呼赤松子伴我龜腸虛【又葺蝸廬吳下】四海無廬著此翁故營松竹儘囊空明知計出栢馬下正擬身全木鴈中東郭易成生草舍南村先怯卷茅風向來豪氣今如此敢與元龍較長雄

高參政宅參政名定子蜀人賜第在仰家橋一云在朱明寺橋後有敬身堂魏鶴山銘

張處士谿居【王禹偁詩】雲壤寒谿竹裏橋野人居處絕塵囂病來芳草生漁艇睡起殘花落酒瓢閑把道衣尋晚照靜攜茶鼎洗春潮長洲懶吏頻過此爲愛山園有藥苗

阮狀元宅在南星橋西舊有狀元坊

陳君子宅在閶門陳之奇虞卿所居

鄭虎臣宅在鶴舞橋東居第甚盛號鄭半州四時飲饌各有品目著集珍日用一卷并元夕閏燈實錄一卷皆言其奢侈於饜飫也當宋末殺賈似道於木綿菴即其人也

企鴻軒在吳縣東昇平橋越人賀方回所居方回名鑄嘗作吳趨曲能道吳中景物有別墅在橫塘常扁舟往來其青玉案詞云淩波不過橫塘路黃魯直有詩云解道江南斷腸句只今惟有賀方回

鍾子充隱居舊志兆載以錢厚所寄詩中樂苗等語推之恐隱士鍾璇子孫也劉詩倪侍吳門思沈寥懷人清致滿詩瓢池塘芳草夢初斷風雨落花魂正銷一百五日寒食節二十四浦參江朝遥知藥圃晚徑斷舍後蘼蕪添綠苗

邊侍郎宅在金獅子巷侍郎諱知白既仕而歸築室於此

黃端冕宅在聚鴎山中有白鹿巖梅谿鹿苑臺端冕名纓其先建安人直祕閣策之子也

葉少蘊舊宅在鳳凰鄉魚城橋政和中寓布德坊

程正議宅宋程師孟所居在開元瑞光南園之間太守晏公臨詩云衣冠雖盛皆僑寄青鎖儂郎獨我鄉

元魏公宅在帶城橋東公名綷嘗參豫大政引年歸老知州章岵表爲袞繡坊

范龍圖宅在鷹冠坊范公名師道

小隱堂秀野亭在城北蘇人多遊飲於此蔣堂有過葉道卿侍讀小園詩蔣堂詩秀野亭邊小隱堂紐第綠條媚滄浪下山居士無歸意卻借吳儂作醉鄉下山居士道卿號也

信安郡王府在閶丘坊孟忠厚所居有靜寄堂清心亭萬卷堂等扁皆孝宗御題

成齋在醋庫巷郡人黃雲爲鄉先生授弟子經時所名也寧宗在嘉邸大書以賜之雲字景祥時爲淮西酒官其子狀元由狀元及第

賢行齋在大雲坊林處所居朱伯原記賢行齋記德祖少而警敏生數歲其伯父令天章公嘗饋一鑑背題龍朔德祖在旁曰此唐太常時所鑄也子中奇之他日諸父有所見[illegible]皆與史合孔常父掌揚州學德祖年十[illegible]諸生冠會神宗初罷尊號坐客或論尊號之所起德祖避席曰宇文周宣帝生號天元唐高宗自稱天皇自是美稱浸多矣常父即取筆札命書之擢爲都講辭不受元豐中試太學第一司業博士以謂三舍之置未有此作也厥後試二浙江東漕司嘗在魁選又用賦舉開封名第五而連見黜於禮部一時諸公幸得之以爲功見其失也莫不驚愕嗟惜嗚呼近世以糊名取士雖曰至公其弊至於失才如此可爲太息先公太僕當任子德祖以遜其弟碩孺太僕不許德祖即取奏牘以碩孺名上之會有詔任子必以長幼爲之序德祖貽書諫官曰某當以廢疾自棄矣是時叅巖起仲子亦推與叔弟德祖闢之諗巖起建請乃得改法碩孺遂得入仕太僕捐舘河東德祖號頓幾不勝間關扶護下太行而歸未卒哭葬吳西山所以奉終顯親之事無不自竭鄉閭敬服其平足論議必以帝王之佐爲師而頗喜賈誼汲黯諸葛孔明魏鄭公之爲人其志可知也

楊和王府在和令坊今竹堂寺其遺址也

范參政府在西河上文穆公成大所居有壽櫟堂其南有范村以唐胡六子涉海所遇爲名中有重奎堂奉孝宗御筆傍有便坐梅曰凌寒海棠曰花僊荼蘼洞中曰方壺衆芳襍植曰露雲其後菴廬曰山長且見公所爲詩壽櫟堂詩屋角靜突兀雲氣風鴻濛殘雲晴飛雨拯花

夜風北窗午睡起一笑萬事空無人共此意
書因借燈 夏日雪上 禪林初著小山屏夜久秋
涼枕上清秋鬢飛蚊妨好睡臥聽簷雨入池聲 又
秋日 好風入修篁搞葉舞而墜斷續一蛩吟高
木雙蝶過疎櫳午陰圓靜極成癡坐老便凡杖供
瀟灑誦弦課蕭園輭易睡困來百骸踈四傍無人
聲誰驚短夢破 范村雪後 習氣猶餘爐鍾情未濕
灰忍寒貪看雪諱老強尋梅熨貼愁眉展勾盤笑
口開直疑身健在詩有句飛來 賞海棠二絕 芳春
隨分到貧家兒女多情惜歲華聊爲海棠修故事
去年燈燭去年花 又 燭光花影兩相宜占斷光風
二月時但得常時妃子醉何方獨欠少陵詩 又 憶
向園華夜倚闌花光妍暖月光寒如
今躑躅嫌風露且只銅瓶滿插看

招隱堂在書錦坊郡人胡元質給事所居谿堂也堂後有荷有竹建二堂曰雲錦碧琳其東有榭曰秀野瀕水對峙三石甚奇乃鎮蜀時所移物也

靜樂堂在烏鵲橋南知郡孔元忠所居堂中諸書萬卷葉適有詩

歲寒堂在帶城橋東淳熙初都丞徐本中爲浙西提刑偶得元少保故宅葺治之寧宗御題其扁以江東運副奉祠而歸自號歲寒居士揮麈後錄云徐端益以右階出仕爲常安路分都監時曾覿爲雙穗鹽場官與其子本中善覿既用事薦本中于孝宗由是容侍禁中

萬卷堂侍郎史正志所居在帶城橋南舊有石記爲僧磨毀施氏叢抄云正志揚州人造帶城橋宅及花圃費一百五十萬緡僅一傳圃先廢宅售與常州丁卿昆季僅得一萬五千緡紹定末丁析爲四其後提舉趙汝櫄占爲百萬倉入糴場

和致堂在九勝巷洛人趙思所居其別業號西園在閶門之西

萬華堂在資壽寺後藍師稷提刑所居植牡丹至三千株多於洛中名品後惟勝雲紅存焉師稷字叔誠開封府人

林樞密宅在烏鵲橋南樞密名希

章氏別業在閶門裏北城下今名桃花塢當時郡人春時遊樂於此後皆爲蔬圃間有業種花者 大絕

章氏新園 方遊桃花塢窈窕入壺天碧城當巖岫清灣如澗泉風月欲無價聊費四萬錢後春事起紅雲踏蝶邊 又 西城如西塞桃花古來多釣艇鱖魚肥前身張志和煙霏幾白鷺風雨綠蓑清江韻新引清絕勝陽和 北城梅爲雪所凍蘂粘枝瘦欲乾新年猶未有春看雪花祇欲斷紅紫不道梅花也怕寒

閑貴堂在醋坊橋東本蕭氏雙節堂也既爲周虎所得遂易今名後有臺環以古桂數千本名曰凌霜宅東有地陂陀立亭其上曰已高 其地即九曲璃巷

今副端宅在常熟縣西北叢桂坊

一賢堂在崑山宋孝宗朝李衡爲御史以論張說不

行遂致仕時給事中莫濟不書敕直學士周必大
不草制諫官王希呂與衡相繼論奏不報四人同
時去國布衣莊治賦四賢詩以紀之其後衡之孫
潛作堂于家畫四賢之像並祠其中
王忠惠公宅公號抑齋嘉熙中居此有銘
逸野堂在崑山縣治西北宋王僖康國所居僖少游
大學有聲既而歸隱教其從孫葆爲名御史其地
即十六觀堂基云
李重發隱居在崇明姚劉沙重發詩松竹一茅廬其間隱者居無營心地靜懶出事情疏食呼童課古書自知生理拙未敢廢耕鋤
張元帝

樓間堂崑山龔昱立道作陸游劉過有詩贊之
半隱堂在崑山莫仲宣所居顏叔簡有詩又有西園其
別墅也韓侂胄當國公閒居十年自號西園居士
曾丞相府在常熟縣西北衮繡坊
范清獻公第在至和塘北舊有石刻范府界三字
衛文節公第在石浦有石累山今尚存又有後樂
景獻太子書扁友順堂寧宗書扁
胥堂郡人鄭起潛尚書所居在天心橋又有立菴皆
理宗御書其扁
喜廉堂崑山陳昌世作昌世自信守召爲尚書郎入
對理宗有一廉可喜之語因名其堂喜廉在崑山
鄭大資府在崑山通德坊舊有石刻鄭府界三字
傳清堂崑山陳令君明復所搆程丞相元鳳書扁取
祖父清白相傳之義
嘉樹堂在嘉定縣西北二十里強恕齋作強初自汴
徙吳先世手植樹如皂莢二百年物也楊廉夫記
嘉樹堂記吳之東圻有隱君子家爲恕齋強氏其先八世祖贇自汴居吳遂爲吳人手植槐木一本在中庭俗名皂角者其根抵貫穿崩枝葉輪囷蔽風暑實纍然資澡雪服食之用色理堅緻而不爲螻蟻所近其越歲已二百餘幹益碩大枝葉華實益茂美於是強氏子孫繁衍亦且二伯餘指而有食君之祿者矣予與恕齋爲昆弟交過其家見其樹而知其先德之覃于后者未已也恕齋持觴爲

余壽且請記予季孫宿有嘉樹焉韓宣子所美吾不知其嘉也宿曰敢不封殖此樹以忘角弓之詩遂賦大季氏子孫爲魯公室斧斤樹之封植其敝召南哉宜乎蔑茂曾媚季其得果名嘉樹乎嘗澤矣甘棠之後若孔子之檜下爲田氏之荊王氏之槐是已此非其子孫一所封植之勤蓋一本之深百世之下固若有神明護持之力在焉吁非偶然也詎矣孔子之檜吾不得而見之得見如田氏王氏亦可已若今強氏之植非可續王氏田氏之后者乎非所謂嘉樹而有先于傳者乎抑聞前人所種其收于後後人所培又以固前人之本恕齋伯仲皆清脩好學尊德而尚義周人之急甚至於捐金粟以助國之荒政利祿之心未嘗入焉朝廷業已表其宅里其於樹也培者學矣前人植之後人培之一元之氣雖貫百世而可也豈直八世十世而已哉後恕齋之后者尚以余言勉之於是乎
吉爲強氏嘉樹堂記
石澗書隱石澗名琰字玉吾號石澗所居在今府學

西中有詠春齋盟鷗軒端居室皆玉吾孫貞木所作貞木孫振宗又作九芝堂今皆廢爲菜圃【貞木詠春】

【詠春記】儒有毋追以爲冠逢掖以爲衣沈酣黃虞泳游媐孔其所居齋廬敷簡席據梧几函丈中絪朱絃琴一有客過其閭式之曰是南園之居也乃下而入謁先生俟于垣之穽高梛婀娜拂人衣裳黃鳥相下上或翔而萃或躍而鳴泠然有醒乎耳焉置于穽之閾豐草被靡嘉花苾芬白者朱者絢且綺者秀綠以籍之甘寒以膏之灑然育沃乎目焉升于堂之堦客主人拜稽首琚珩璘然跪起瑋如爲席坐東西向條風時如水來煦容而燠體冲然有融乎心焉先生乃援琴鼓之爲之賦考槃客曰裕哉其慎處乎賦伐木曰詠其同人乎賦旱麓之三章曰道其至矣夫不圓乎人游乎天琴且希客起再拜且觴以頌之曰維本始之萌翕闔絪縕或旁薄以地或昆侖而天橐籥衆萬芸芸芬芬騫而于雩詠而于川何物何我陶焉一春弁而五六士丱而六七人浴沂以嬉風雩以歸而咏渢渢而樂怡怡毘列御風毘周觀魚造物者爲徒而曾晳子與居舍曰詠春其扁以名先王之齋廬者哉【記】

【居室記】端居室者山人俞楨讀書寢處之所也楨幼尚澹泊於世利紛華無所耆嘗讀書必寘心尚坐以求其理趣因歎曰學所以適用也不仕則無以及人乃習舉子業將以明經取科第既而懵然汝曰學爲己知在人何以文試爲哉於是悉棄所業潛心象彖一室之間左圖右書漠然外慕乃題其顏曰端居夫學須靜也惟靜可以觀萬化之妙端居一室以拓充吾方寸焉雖天之高也吾下知其爲高地之大也吾不知其爲大至於山河之崇深吾亦不知其崇深也反而觀之以吾眇然之身而處乎天地之内涵融自得浩浩焉混混焉不獲具人不見其身會彼之萬歸此之一可默也而不言也室云乎哉因疏斯語於壁以識名茲室之意

【盟鷗軒記】旁蘇城郡之區南際野水有林木鷗其廣袤不知頃畝空闊葱蒨若有能游者焉從而翔集之林木不見乎軒數楹者山人俞楨之居也山人自顏其扁曰盟鷗泛子記鷗不待盟也盟鷗鷗將逃焉人惟其忘機也故鷗從之機事一萌鷗舉不暇邀而盟之鷗豈餡哉況盟非美事刑牲歃血要明神而誓之以合其交於非有誠信也口血未乾從而背之生隙長亂莫甚於此君子之有盟大豈得已也且夫有機則疑疑則何疑疑而後盟不疑何盟盟何補於疑哉忘其機而已矣呼山人之盟鷗寓言也山人之不得已也吾聞山人於世故泊如也其何利於鷗鷗出沒滄波萬里莫測亦何求於山人鷗從山人之忘機山人忘其機而從鷗機交相忘何疑不疑何盟孔子云吾非斯人之徒與而誰與山人學孔子者也其盟鷗豈得已哉使世可盟豈盟鷗也鷗盟則舉世之人皆不足與盟矣世皆不足與盟鷗何辭焉雖鷗則盟鷗將忘盟【鄭元祐詩】先生註易賢南城敷石松風答澗聲式玉式金王叟在一寒一暑岩功成要終未畫須心悟洞釋群疑貴理明蔀屋見星元是畫窮流探地可無程義精詎恐辭拙舌樂大何妨沈肋泡露每滋庭草綠雲霞不礙晚山横成林亦合千章木求友難忘百囀鶯歲月推遷東亦家長憶酒同傾

城南佳趣堂在虞山東之芝谿上邑人虞子賢嘗得朱晦菴和張廣漢忠獻城南襍咏眞跡遂築堂以居番陽周伯琦題扁曰城南佳趣【秦約記略】曰虞芝谿虞子賢世居焉子賢博雅好修家有先世所藏古今法書名畫眞後有得徽國朱子和廣漢張忠獻城南襍咏眞跡一卷蓋自是遷中還新安而作也於宅之西構堂三楹松竹花卉之類環列左右宛若山林然顏曰城南佳趣番昜周伯溫題其椽而爲之記【倪瓚詩】天闊海漫漫曼山望眼迎挑源迷晉世松樹受秦官雨蘚鹿跡遍霜梧鶴影寒封題數行字卿門竹平安

壽樸堂在綺川戶部侍郎莫禮作方希直爲記

漫莊在邳村范志作毗村處士顧禧之所居也禧棄官高隱鄉人貴重之【章憲詩】何許明人眼松關扣古掌泉聲到棐几山影泐補

味愛酒陶元亮聽蛙孔德璋紛紛戰壘餘丘壑信難忘

鄭所南宅在樂橋東條坊巷**王賓詩**自從宋昺被遷嫠此宅飄零棄與誰人問先生垂泪答國亡何用戀家爲

殷強齋宅在大倉武陵橋下扁其樓居曰春水船即其讀書處也

範軒林大同所居軒中有左右記大同自作也

耕漁軒在光福徐良甫作良甫有文學所交皆名士爲題詠者甚多**耕漁軒銘唐肅**軒之幽釋來而休其樂也由由軒之泰投竿以惕其樂也虞朝華其宮莫或易而翁昨昂其食今或竊而骼勿舍于田勿忘于筌于以老于軒**倪瓚**于既爲良甫友契作耕漁軒圖復爲之詩鄭山之下其水舒舒林廬田圃君子攸居載畊載漁爰讀我書

唐虞緬邈伶矣其悲栖遲衡門聊得我娛敬慎誠篤德罔三二四勿是克三益來萃波溺于利我以吾義彼棄儒碩我以仁智匪今之同惟古是嗜虛

徐涓提隱約斯世**周砥**夙存邁往志結芳依山澤不讎沮溺勞更慕豪梁逸既眇亦以釣四體欣暫息新稼登場丘嘉魚薦晨夕烝嘗無虞患喜復留我客野田荒煙翳平湖數景异開檐睇孤雲窅然無遺跡緬惟高世士何嘗異今昔識達理自周情恬慮非易念于屬紛糾抗俗頤有適東帶趨城府僶子尚促戚百年誠草草會當從茲役**高啓**朝聞隱子歌暮聽梁甫吟豈無滄洲懷亦有畎畝心昔賢在泥蟠終當起爲霖釣䕶谿上璜鋤揮瓦中金茲世方喪亂伊人邈難尋既迷煙波闊復阻雲谷深嗟我豈其偶聊將學幽棲惟子是同抱相期清渭陰**張羽**之子住銅坑人傳好事名如何同甲子翻遣聆平生野听風中釣湖田雨後耕秋天漸涼冷或可赴前盟**徐賁**荷鋤喜逢春雨鳴鳩又近黃昏誰道南陽渭水不似湘江鹿門○門泊陶朱歸棹家住張翰故鄉霜落鱸魚出水秋晴嘉穀登場

勉之隱居 吳江勉之名謹洪武初本學訓道所居有水竹遂名其居**俞貞木記**洪範五行其一曰水其所以相生者不曰金邪然浮天載地水之爲物至巨也世言河源與大漢接所以生於尾閭洄於沃焦者抑豈五金所能生哉惟蒸而爲雲霈然以雨也實乾以氣化之故乾爲金而凡火日形氣麗於大者多由金光而變幻之雷電亦然耳故金在鎔化而爲水水非火所以制範而合之非如水火土木著壤相也植物在震曰蒼筤竹一切草木率由于種而生惟竹虛中而有筠籜長而不積於漸抱籜而乘氣猶胎也走根而生不擇地也雷以聲之盤結而族處之區別於草木之中其性其情爲化木之走者受氣於天者正故貫四時而不改柯易葉也受命於地也獨故既斬而不復萌焉無求生以害仁也移根必南枝也凝陰而不受暑也義也謂其乘震長男之氣一以清涼而卻俗塵者竹耳勉之曹君以之而名其居所以得凡而止者德曰以新體聖之清如見成湯與夷齊也**倪瓚詩**吳下人家水竹居俞公染翰笑談餘

記文固已瀾翻甚嚮詠還當甫靈初篇什謾勞陳組繡園池無復有禽魚只今蕭散南湖上種玉疏清孰悔予

老相公衙在于將坊內元參政周伯琦所居伯琦使吳被留張氏搆此館之衙極壯麗今爲一武官宅人猶以當時稱之

玉山草堂在崑山元顧仲瑛所居有小蓬萊芝雲室可師齋讀書舍來龜軒拜石壇碧梧翠竹館種玉亭湖光山色樓百花坊其總名曰玉山草堂仲瑛好文喜客楊廉夫輩多遊其家洪武初從其子元臣遷鳳陽**楊維禎玉山佳處記**崑隱居顧仲瑛氏其世家在崑之西界谿之上既與其仲

爲西第又稍爲園池別墅治屋廬其中名其前之軒曰桃源中之室曰芝雲東曰可詩齋西曰讀書舍後之館曰碧梧翠竹亭曰種玉合而稱之則曰玉山佳處也予抵崑仲瑛氏必居予佳之所按郡志崑山縣華亭陸氏祖所葬生機雲時人因以玉出崑而名山崑邑山本號馬鞍出奇石似玉𤣰雨晦冥時有佳氣如藍田焉故人亦呼曰小又曰崑而仲氏之居去玉二舍遠奚以佳名哉山之佳在去山之外者得之山中之人未知也如唐之終南隱者與司馬道人指山之佳身固在山數百里之外也雖然終南之嘉終南之隱者未知也借嘉爲捷仕之途千古慙德至于今山無能掩焉若仲氏之有仕才而素無仕志幸有先人世祿生產又幸遭逢盛時得與𦫳人韻士日相優游於山西之墅以琴尊文賦爲吾弗還之樂則玉山之佳非仲瑛氏弗能領而有之與終南隱者可以樹其佳之誣不誣矣

鄭文康宅在崑山縣中平橋文康有學行中進士以病不出仕所著有平橋稿世業醫藥不二價

葉文莊第在崑山內有篆竹堂因以名其集

徐武功伯宅在吳縣治北公自謫所歸號天全翁建堂曰天全

陳僖敏公宅在府治北鐵瓶巷內公以師保致政歸治第作小園闢隙地得蔡君謨所書 晝錦堂石碑復有芝產於堂柱間人以是爲公完名全節之徵云

韓都憲宅在葑門內公既貴歸吳治宅而居谿流環遶宅東有園作堂于其上曰葑谿草堂 葑谿草堂臨句會者

五人徐武功伯有貞祝大參顥與憲副定劉憲仝旺及都憲公葑谿古無名得名自茲始作堂顏一偉有貞覽景與諸美山川何蔚然靈秀實鍾此昰東連滄海濱西接太湖渓足獅峯南面蹲虎阜北怱峙丑波光動開林野色到城市頭兆深魚影噸林密鳥聲喜誰天淵飛躍間上下契心理有貞往古與來今左圖而右史安豈惟賢王樂亦有嘉賓止丑廣席羅珍羞飛觴戰壺矢郊美芼松水鱸果薦華陽李有貞獻酬心孔歡歌詠情未已嗟予吾哀遲遊倦隱桑梓群公忽枉駕感激欲輕死況吾聯佳章足與風雅比闘鶉不浿言石昂何足齒行當勒貞珉傳播千萬禩

積善堂常熟徐敏叔作吳恩菴記敏叔治家有法以其子恪爲都御史贈如其官

九瑞堂贈都憲章珪所建在常熟縣北虞山之麓珪宣德間以薦爲名御史生四子俱登第祥瑞疊見故名其堂曰九瑞堂

姑蘇志卷第三十一

園池

晉辟疆園自西晉以來傳之池館林泉之勝號吳中
第一辟疆姓顧氏晉唐人題詠甚多[illegible]
石分相向[illegible]吳之辟疆園在昔勝[illegible]
日休云更葺園中景應爲顧辟疆[illegible]
公門館辟疆園放今莫知遺跡所在考龜蒙之詩
蕩襟懷水石間
則在唐爲任晦園亭今任園亦不可攷矣[illegible]江左風
流遠園中池館平寬客已寂寞狐兎自縱橫秋草
猶故綠春花非昔榮市朝亦屢改高臺能不傾
陸山人樓亭見儲光羲詩廣異記云蘇州山人陸去
奢亭子即戴顒宅也光羲詩暮聲雜初鴈夜色涵
早秋獨見海中月照君池上
樓山雲拂高棟天漢入雲流
不惜朝光滿其如千里游

孫園今不知所在元微之寄樂天詩孫園虎寺
隨宜看不必遙遙羨鏡湖
任晦園池晦嘗爲涇尉歸吳作圃皮日休云有深林
曲沼危亭幽砌之勝蓋晦得辟疆園以爲宅也皮日休
詩任君恣高放斯道能寡合一宅閑林泉終身
遠囂雜嘗聞佐浩蕩散性多偃仰歘爾解其紱道
之如棄敝屣來鄉黨內却與親朋洽開溪未[illegible]丁
列第亦稱甲入門約百步古木聲霎霎[illegible]檻小山
欹斜廊[illegible]石夾白蓮倚欄楯翠鳥緣簾押地勢似
五瀉巖形若三峽猿眠但胆肭[illegible]食時[illegible]檢荇
下文竿結藤縈桂檝門留[illegible]樹客辟倚栽花飾庋
歲止褐衣經旬惟白帢多君方閉戶顧我能倒屣
請題在茅棟留坐於石榻[illegible]意從清[illegible]任煙霞
囊階墀龜任上[illegible]席鷗方狎沼似頗[illegible]當中見
魚[illegible]杯[illegible]悉杉[illegible]盤筵盡[illegible]閒斟一不[illegible]閑[illegible]奕
無爭劫閑日不整冠閑風[illegible]用是以斯[illegible]呂

逍寧疲蘭衮衣韁羅繰鼓吹爭轅轢欲者解擠排
謝者能鉗黠權豪暫翻覆刑禍相填壓此時一圭
竇不肯窺閭閻有第可棲息有書可漁獵吾欲與
任君終身以斯愜陸龜蒙吳之辟疆園在昔勝槩
敵前聞富脩竹後說紛怪石風煙勝無主載祀將
六百草色與行人誰能問遺跡不知清景在盡付
任君宅却是五湖光偷來傍簷隙出門向城路車
馬聲轢轢入門望亭隈水木氣岑寂犖確繞崖岸
勢似行無極十步一危梁乍疑當絕壁波容落而
古樹意蒼然僻魚驚尾半紅鳥下衣全碧斜來島
與隱恍若瀟湘隔雨靜挂殘絲煙消有餘脉鵝來
佳公子攏落名利役雖得祿代耕頗愛巾隨策欲
籠支遁鶴夜榻戴顒客說史是爲師譚禪差作伯
君多鹿門思到此情便適偶蔭桂堪帷縱吟苔可
席顧余真任誕雅遂中心獲但喜醉還醒豈知月
尚白甘閑在雞口不貴封龍頷即此自怡神何勞
謝公屐

褚家林亭松陵倡和集云在震澤之西范志云當在
松江之傍今吳中褚姓尚多亦有登進士科者白居
易詩聞健朝朝出乘春處處尋天供閑日月人借
好園林漸以狂爲態都無悶到心平生身得所未
省似而今皮日休廣亭遙對舊娃宮竹島蘿溪委
曲通茂苑樓臺低檻外太湖魚鳥徹池中蕭疎桂
影移茶具狼藉蘋花上釣筒爭得共君來此住便
被鶴氅對清風陸龜蒙一陣西風起浪花遶欄干
下散瑤華高窗曲檻仙侯府臥葦荒芹白鳥家孤
島待寒凝片月遠山終日送餘霞若知方外還如
此不要乘
秋上海槎
凌處士莊韋莊詩云一簇林亭返照間門當官道不
曾關花深遠岸黃鶯鬧雨急春塘白鷺閑
載酒客尋吳苑寺倚樓僧看洞庭山
怪來話得仙中事新有人從物外還
東墅又名東莊與南園皆廣陵王元璙帥吳時其子
衙內指揮使文奉所創經營三十年極園池之勝

奇卉異木及其身見皆成合抱又累土爲山亦成巖谷晚年經度不已每燕集其間任客所適文恭跨白騾披鶴氅緩步花徑或泛舟池中容與往來聞客笑語就之而飲其好事如此

南園祥符圖經云在子城西南有安寧廳思玄堂清風綠波迎仙等三閣清漣涌泉清暑碧雲流杯沿波惹雲白雲等八亭又有樹亭二就樹爲棟柱又迎春百花等三亭西池在園廳西有龜首旋螺二亭續記云廣陵王帥吳吳治南園爲島嶼峯巒出於巧思錢氏去國此園不毀祥符中知州秦羲葺之以會寮吏館使朝貴皆爲賦詩參知政事郡人丁謂爲序時景靈營繕求珍石郡中亦於此取貢京師其間臺榭歲久摧圮呂濟叔嘗作熙熙堂廠後守將亦加脩葺今所存之亭僅有流杯四照百花樂豐惹雲旁春縱士女遊覽先是長洲令王禹偁常携客醉飲賦詩詩云天子優賢似有唐鑑湖恩賜賀知章他年我若功成後乞與南園作醉鄉大觀末蔡京罷相欲東還詔以園賜之京詩云八年帷幄竟何爲更賜南園寵退歸堪笑當年王學士功名未有便吟詩續志云南園昔甚廣袤異木奇石多爲朱勔取進獨一松盤根大不可移而止今府學後一方之地亦故址也猶有清流崇阜可以彷彿當時之勝[illegible]嘗得一隅經營之而流杯出焉因作醉鄉亭[illegible]古

羅隱南園詩搏擊路終迷南山且掛[illegible]郎言誅俗態白足[illegible][illegible]棲棠長春樹[illegible]利開[illegible]齊雨沽虛檻冷雲壓遠山低竹好還成徑梯斤亦有蹊小窗飛野馬閑鳥養鸕鷀水石心逾捷雲霄分已睽病懷王猛畚愚笑隱淪泥寧園廓平岸[illegible]村郊罾堤到頭乘興足誰手好持

蘇舜欽西施臺下見名園百草千花特地繁欲問吳王當日事後來惟李花爲言

[illegible]長洲茂苑足珍材剩買前山沿翠栽客士不踩承帝力幾多臣節共安來○長洲茂苑占幽奇巖[illegible]珍臺入翠微園李露濃三色秀徑桃烟暖一香飛月臨夕樹鳥頻遠風揭珠簾燕未歸彈蓋暫歇成結戀斜陽薔薇獨依依

胡宿一遍芳菲欲滿林間塘過雨晚來深紅粧珠珮交花影白馬春衫度柳陰向老追攀多強意隨時風物但驚心眼前白事輸年少猶解因君放浪吟

周元明煜爛花時錦繡張無端下馬繫垂楊山亭水閣笙歌地合與行人作醉鄉

張[illegible]孔子池臺迹巳荒年來華構學爲閣長林不減千山月老幹猶含九夏霜[illegible][illegible]甲泉冠東洛還依綠水記南塘[illegible]爐[illegible]高[illegible]通幽[illegible][illegible][illegible]情持來一嘯長

成廷[illegible]周伯溫參[illegible]九日南園宴[illegible][illegible]首步履巉巖若跨鰲望中詩興與秋高西山[illegible][illegible][illegible]山屐右手持盃左手螯返照入湖明塔影[illegible][illegible][illegible][illegible]過林[illegible]松間飲散歸來晚金粉霏霏[illegible][illegible][illegible][illegible]南閣左右秋重來訪古轉多愁啼鳥[illegible][illegible][illegible][illegible]在飲馬池荒水不流芹泮好從多士祭[illegible][illegible][illegible][illegible]諸公高會詩如錦授簡安能接勝遊[illegible][illegible][illegible]不見[illegible]樂節古城何處寒雲滿君不見[illegible][illegible][illegible]無綠秋草繁白日沉山水歸海[illegible]若頻催陵谷改皇天大運有推移富貴於人豈長在[illegible][illegible]當年廣陵王雙旌六纛何輝光[illegible]中國久多故一家割據誇雄強園中歡遊恐遲暮美人能歌客能賦車馬春風日日來揚花吹滿城南路壘石爲山引泉爲池闢疆舊園何足奇經營二十年欲令子孫永保之不知回首今幾時盤[illegible]華拂地無復遺門掩愁鴟嘯風雨種菜他[illegible]水作主空餘怪石臥池邊欲問興亡不能言[illegible]

巳去人不來一樹兩樹桃花開射堂蹋圃俱青苔何須雍門琴但令對此便可哀人生不飲胡爲哉人生不飲胡爲哉

張氏園池亦南園故地也紹興間侍郎張幾仲得之今山亭猶扁惹雲池塘猶扁清漣存故實也堂側有淩霞閣奉其父循王像四時飾以眞服

滄浪亭在郡學之南積水彌數十畝傍有小山高下曲折與水相縈帶石林詩話以爲錢氏時廣陵王元璙池館或云其近戚中吳軍節度使孫承佑所作既積土爲山因以瀦水慶曆間蘇舜欽子美得之傍水作亭曰滄浪歐陽文忠公詩云清風明月

本無價可惜只賣四萬錢滄浪之名始著子美死屢易主後爲章申公家所有廣其故地爲大閣又爲堂山上亭北跨水有名洞山者章氏併得之既除地發其下皆嵌空大石人以爲廣陵王時所藏益以增累其隙兩山相對遂爲一時雄觀建炎狄難歸韓蘄王家

蘇舜欽滄浪亭記

予以罪廢無所歸扁舟南遊旅於吳中始僦舍以處時盛夏蒸燠土居皆褊狹不能出氣思得高爽虛闢之地以舒所懷不可得也一日過郡學東顧草樹鬱然崇阜廣水不類乎城中並水得微徑於雜花脩竹之間東趨數百步有棄地縱廣合五六十尋三向皆水也杠之南其地益闊旁無民居左右皆林木相虧蔽訪諸舊老云錢氏有國近戚孫承佑之池館也坳隆勝[illegible]遺意尚存予愛而徘徊遂以錢四萬得之構亭北碕號滄浪焉前竹後水水之陽又竹無窮極澄川翠幹光影會合於戶軒之間尤與風月爲相宜予時榜小舟幅巾以往至則灑然忘歸觴而浩歌踞而仰笑野老不至魚鳥共樂形骸既適則神不煩觀聽無邪則道以明返思向之汩汩榮辱之場日與錙銖利害相磨戛隔此眞趣不亦鄙哉噫人固動物情橫于內而性伏必外寓於物而後遣寓久則溺以爲當然非勝是而易之則悲而不開唯仕宦溺人爲至深古之才哲君子有一失而至於死者多矣是未知所以自勝之道予既廢而獲斯境安於沖曠不與衆驅因之復能見乎內外失得之源沃然有得笑[illegible]萬古尚未能忘其所寓故用是以爲勝焉

舜欽滄浪詩

一逕抱幽山居然城市間高軒面曲水脩竹慰秋顏跡與豺狼遠心隨魚鳥閑吾甘老此境無暇事機關

滄浪觀魚

瑟瑟清波見戲鱗浮沉追逐巧相親我嗟不及群魚樂虛作人間半世人

滄浪靜吟

獨遶虛亭步石矼靜中情味世無雙山蟬帶響穿疎戶野蔓盤青入破窗二子逢時猶餓死三閭遭逐便沉江我今飽食高眠外唯恨澄醪不滿缸

滄浪懷友

滄浪獨步亦無悰聊上危樓四望中秋色入林紅黯淡日光穿竹翠玲瓏酒徒飄落風前燕詩社凋零霜後桐君又暫來還徑往醉吟誰復伴衰翁

獨步

花枝低欹草色齊不可騎入步時宜時攜酒只獨往醉倒唯有春風知

又初晴遊

夜雨連明春水生嬌雲濃淡弄微晴簾虛日薄花竹靜時有乳鳩相對鳴

歐陽修

子美寄我滄浪吟邀我共賦滄浪篇滄浪有景不可到使我東望心悠然荒灣野水氣象古高林翠阜相四環新篁抽筍添夏景老枿亂發爭春妍水禽閑暇事高格山鳥日夕相呼喧不知此地幾興廢仰視喬木皆蒼煙堪嗟人迹到不遠雖有來路曾無緣窮奇極怪誰似子搜索幽隱探神仙初尋一逕入蒙密豁目異境無窮邊風高月白最宜夜一片瑩淨鋪瓊田清光不辨水與月但見空碧涵漪漣清風明月本無價可惜祇賣四萬錢又疑此境天乞與壯士憔悴天應憐鴟夷古亦有獨往江湖波濤渺翻天崎嶇世路欲脫去反以身試蛟龍淵豈如扁舟任飄泛紅蕖綠浪搖醉眠丈夫身在豈長弃新詩美酒聊窮年雖然不許俗客到莫惜佳句人間傳

胡宿

竄逐本無罪羈窮向此忘野煙含悵望落日滿滄浪亂

草荒來綠幽蘭死亦香楚魂招不得秋色似瀟湘
胡珵昔聞滄浪亭未濯滄浪水先賢妙遺跡形觀
一何侈飛橋跨水來巨浸拆胡壘檣床行鴒舞綠
墻周數里廢興固在天庶用觀物理緬懷嘉祐世
周道平如砥相君賢相君子美東南美如何一網
盡禍豈在故紙青蠅變白黑作俑茲焉始所存醉
翁文垂耀信百世無忘角弓詠嘉樹猶仰止同來
二三子感歎咸坐起縹瓷醽新汲斝譽均一洗忽
逢醒狂翁一別垂二紀儁哉老益壯論事方切齒
我欲裂絳幔推著明光裏安得上天風吹落君王
耳**梅堯臣寄題滄浪亭**聞買滄浪水遂作滄浪人
置亭滄浪上日與滄浪親宜曰滄浪叟老向滄浪
濱滄浪何處是洞庭相與鄰竹樹種巳合魚鰕時
可緡春羨芼白菘夏鼎烹紫蓴黄柑摘霜晚香稻
炊玉新行吟招隱詩懶戴醉中巾憂患兩都忘還
往誰與頻昨得滁陽書語彼事頗眞襃予枌去國
我勉勿迷津四方不可之中土百物淳今予居所
樂豈不遠埃塵被髮與太伯結客非吾中莫與吳
俗尚吳俗多文身蛟龍刺兩股未變此遺民讀書
本爲道不討哉與貧當須化閭里庶使禮義臻**劉**
敞觀滄浪亭詩感而有作蘇君在朝人不知蘇君
既歿人共知之□風遺書見爾道高文大句爭提斷
辟間草隸亦不置刺若堆立無棄遺乃知死不與
人共利害而後不爲時所疑滄浪亭空卉木老古
石蒼蒼顔色好無脛猶能千里來致身忽在都門
道帝都王侯好事多相看自悔取不早君不見吳
興長史春襴衫閉
門抱恨長枯槁

梅都官園在府治西祝穆野録云聖兪晚年謝事卜
築滄浪之傍與子美相鄰二公一時名勝日夕往
還酬酒賦詩相得甚歡人今猶稱其地爲梅家園

隱圃在靈芝坊蔣樞密堂所居堂兩守蘇謝事因家
焉自號遂翁圃中有水月庵烟蘿亭風篁亭香嚴
峰古井貪山等景自賦隱圃十二詠宅南溪上結
宇壽餘楹名溪館及築南湖臺於水中亦皆有詩
芝松間芝草生于溪館知州李仲偃集賓僚賦詩爲
壽因立靈芝坊胡宿撰溪館記**隱圃**雅得莬裘地
清宜隱者心綠葵
才有甲青桂漸成陰獨曳山屐往無勞俗駕尋湛
然常寂處水月一庵深**隱圃十二首**年來納組去林
下待身還此川清流處童童碧樹間魚樂且靜
庭鶴壽而間祖有淮安趣誰同賦小山○野意本
自遂茲溪稱獨醒雲蘿環靜室水石照蹤橋殺竹
編書古級蘭作佩馨工通昔不偶時亦坐汾亭**南**
湖臺三首危臺竹樹間湖水伴深閒清淺採香徑
方圓明月灣放魚隨物性載石作家山自喜歸休
早全勝賀老還○蟾榭水中央茲爲隱遯鄉小園
香霧寂一泒曉決決烟草碧彌岸霜桃紅壓墻鳴
夾檥居此必未入滄浪○水次揭危亭烟堤四面
平栽蘆延宿鷺種栁待啼鸎雪霽清流漲風來夜
艇横輕肥莫臨
顧我老慵逢迎

徐都官山亭在胥門外都官名祐郡守蔣希魯公爲
作七石詩時杜祁公亦有詩其卒章云上刻希魯
詩英詞何縹緲此出於蔣之奇政語之奇希魯公
姪也

就隱在華山郡人張廷傑漢卿所葺紹興間漢卿自
靖州推官歸營此搜奇選勝垂三十年暇池翻亭
因阜立臺遂爲一時絕境有天池庵臨賦亭綠龜
池流觴亭泓玉釣灘綠淨亭更好亭宿雲菴獨秀
亭繡屏不夜關大石屋小石屋花島俛首崖浮槎
橋龜巢石翠壁釣雲臺雲關張公巖觀音洞石鼓

月觀萑石集僊壇[illegible]甲于瑞湄柳洲曲水流觴等
處而天池爲第一且繪爲圖士大夫多賦之周益
公遊山記云漢卿既得華山營墓就隱日課童僕
刓剔巖竇疏導泉源負山厓剏亭榭環以佳花美
木四時皆有奇觀費益不貲爲吳門絕景然山石
巃嵸殊乏秀潤耳

復軒在吳縣之黃村處士章憲作謂葺先人之廬治
東廡之軒以貯經史百氏之書名之曰復以警其
學其後圃又有清曠堂詠歸清閟遐觀三亭以慕
古賢各有詩**復軒記其歌云**洞視兮八荒了無物兮徃無旁往古來今兮無際逮復代

謝兮不失吾常復乎復乎吾所寓兮廣莫之野而
無何有之鄉**清曠堂**吾慕仲公理卜居樂清曠茲
焉愜吾願名堂以自況我無適俗韻且乏食肉相
何許寄吾生棲遲斷窮巷境幽有經行心遠無得
喪從容大化中信是羲皇上**詠歸亭**吾慕曾夫子
舍瑟言所志所志非爲我獨契聖者意莫春春服
成從我才一二風乎林壑間所樂有餘味邈矣千
載上神交得冥契當知結駟非不易窮閻是**清閟**
亭吾慕韓昌黎文章妙百世體物語尤工賦竹踏
清閟雅我獨好之則亦有深意虛中可受道貫時
無險易復若魏文貞直節無嫵媚伊余清閟中賞
翫有遺味**遐觀亭**吾慕陶靖節處約而平寬渉園
自成趣矯首復遐觀我亦散遊目俛笑天地間雲
煙自舒卷湖嶺相回環永與形役謝豈有俗慮干
想象斜川游千載乃相關

臞菴在吳江縣松江之濱王份嘗此以居園江湖以
入圃柳塘花嶼景物秀野名聞四方圃中有嶼

平遠種德山堂四堂煙雨觀橫秋閣清風亭[illegible]巉峨
城釣雪灘琉璃沼臞翁澗竹厖龜巢雲關纈林楓
林等處而浮天閣聚遠樓爲宴游憩息爲臞菴份字
文儒以特恩補官爲大冶令[illegible]老焉一時名公
題詠甚多**徐作閑菴**熱覓幽人宅丘園隱者居一原青障合萬木綠陰疎手把歸田賦腰
縣種樹書桑麻連畛秀網罟入溪魚**[illegible]中**伊洛
富山水家有五畝園花竹遶渥澗不讓桃花源清
時足貞賞戶門開層軒一朝胡塵暗故家希復存
莽蒼走萬里始及吳市門菴廬據形勝水壺貯乾
坤亭榭着仍穩不見斧鑿痕主人更超邁雲夢八
九吞杖杖邀我坐笑語清而渾坐令車馬客稍識
山林尊十年老朝市漸覺兩日昏求田與問舍如
置不復論作頌從我公不使世諦渾**蘇庠**王郎誦
菴摩詰詩煙花繞舍江繞籬石渠東觀了無夢筆
床茶竈行相期古人已往不可作甫里顧有今大

隨東隣盤舍肯着我請辦蓑笠懸牛衣**浮天閣**臞
菴主人天與閑回欄飛閣臨滄灣晴波渺渺鷗行
落坐見萬頃穿雲還百年有底付鳥翼未暇着脚
鴛鴦鷺間徑須呼酒澆磈磊莫遣顋色霏煙鬟○玉
蟾飛入水晶宮萬頃琉璃碎晚風詩就雲歸不知
處斷山零落有無中○秋落空江動碧虛荻花洲
渚雁飛初我來欲訪鴟夷子爲掛西風十幅蒲**平**
遠堂柳外西風六幅蒲野塘鷗鶩對春鋤如何
得王摩詰畫作江山煙雨圖○寒蘆淅淅催秋晚
浦雨濛濛憶去年他日未埋黃土陌爲君重賦補
亡篇**草堂**笛卧松江明月幾披蓑笠澤歸雲若道清
宵快活王侯何事如君**四益**全家爲隱白雲關
不縈懷夢亦閑款乃交撐漁市散隔江城郭早人
間**向子諲**僊翁五十鬢爲青鳥卧柴門晝亦扃
舍已忘鍾鼎夢蒲輪休過薛蘿亭陰森門巷水生
柳寂寞江天處士星曉歲田家農事了閑抄衡賦
相牛經**沈與求**地控三州界池開十丈蓮桑麻無
杜曲松菊有斜川別浦[illegible]遠他山晚照妍江湖
春水闊幽興白鷗前**程子山**徇月疑雲[illegible]
雪灘虛窗擁冷翠傑閣[illegible]能發千[illegible]

九轉丹不須論詩事心目自清閒○壁上煙蘿子窗前鴻素書短簷開窈窕嫩竹轉扶疏世事霜前葉聲名澗底樗紫桑陶靖節日暮荷歸鋤**何籀**多羨王居士心閒事事幽山從天末見江近枕邊流春圃千葩秀霜林百果收更能窮物理濠上看魚遊○丸古松江勝為園不種瓜幽深清磬響高下石欄斜花密蜂隨蝶林深雀啅蛇勝如摩詰畫不是季鷹家○柳外長虹卧江邊小簾圓水搖千嶂影窗納五湖天隔岸誰家閣開帆何處船非關臺榭好此地最堪憐○霜落川原淡風高木葉丹雲垂千頃白月墮一江寒禮佛因成塔焚香旋築壇竹聲過小院雜珮響珊珊○沙暖鴛鴦困江寒鸂翠愁紅蓮秋的歷短棹晚夷猶處世長無累幽居百不憂時時明月下橫笛倒騎牛**僧道潛**竹裏逢茅檐棘扉主人詩瘦帶寬園種成苔蒼先生飯覺蔬芙蓉隱者衣柳絮春江魚婢至荻花秋渚雁奴歸小溪短艇能容我先向溪隈築釣磯○谿南谿北繞清漪舍後舍前圍短籬九九笑來成底夢休休歸去復何疑漆丁見客走賒酒阿買能書供賦詩丘壑政非公子事綺紈當預少年知**李彌正**學車發范坂勸艘失飛湍滔滔龍藏子疾走殊未闌鶴僊擺名宦結廬松江十笑拍萍風浮瞬視草露溥圖川不愧輞亭谷寧先盤門豈俗駕拒守無哀筆彈按行松菊開濯然有餘歡蓮渠衆香聚浮天百憂寬秋光欽洲渚暮翠籠巒我來放良朋道故盟未寒練瓶仰孤標耐久同蒼官終當役薪水刀圭卻衰殘**陳揆**季鷹雅志本江湖為入洛城計踈一盃蒓羹入歸夢歲晚僅鉤松江鱸何如王郎十畝宅一生江頭枕江碧西風落日弄煙波卻笑陶朱計然策我來訪君春已深江花江柳翻綠陰相攜三徑拾瑤草為問客來何苦心固知此事君計得我被微官苦相逼勸君慎勿語彈冠便恐紛紛生山徼**沈[illegible]**清江繞檻白鷗飛坐看潮痕上釣磯松竹未荒元亮徑芰荷先製屈平衣窗前楓葉曉初落亭下鱸魚秋正肥安得從君理簑笠擢歌相逐入煙霏

環谷距寶華寺二里王珏總領之園亭花竹奇石環繞其屋珏字德全介甫之後見周益公南歸錄

石湖別墅在縣西南十二里參政范成大別因越來溪故城隨地勢高下而為亭榭別築農圃堂對楞伽寺孝宗御賜石湖二大字成大作上梁文云吳波萬頃偶維風雨之舟越戍千年因築湖山之觀又有北山堂千巖觀天鏡閣玉雪坡錦繡坡說虎軒夢魚軒綺川亭盟鷗亭越來城等處以天鏡閣為第一一時名人皆為文詞明道八年周益公過之留題壁間云吳臺越壘距盤門才十里而陸沉於荒煙野草者千七百年紫微舍人始創別墅登臨之勝甲於東南豈鴟夷子成功于此扁舟去之天閟絕景須苗裔之賢者然後享其樂耶成大愧謝益公曰吾行四方園池多矣如鄭林盤園尚之此趣非甲而何**范公題御書碑云**淳熙八年三月庚戌制書罹臣居守金陵閏六月丁亥朝行在所庚寅辭後殿翌日既望詔錫清燕花中皇帝觀御翰墨大書石湖二字以賜天縱聖能游藝超絕典則高古如伏羲畫卦勢奇逸如神爲研日光雲章垂耀縑素環列縱觀禁籞動色臣驚定喜極不知抃蹈昧死奉觴上千萬歲壽奉寶書以出越五日至於石湖艤舟石湖者具區東匯自為一壑號稱佳山水臣少長釣遊其間結茆種木久已成趣春秋時吳臺其陰越城其陽登臨訪古往蹟具在汙萊露蔓千七百餘年莫有過而問者今猥以臣故徹聞高青天光臨燕及荒野縣開闢來未覩斯盛裴度李德裕皆唐宗臣綠野平泉亦聲震當代然今所常傳焉何物么麼獨冒寵赫百身萬殞莫能負戴臣蒲柳早秋仕無補益縣官倘號晚不休奸止足之戒則將上累陛知倆

愧初服臣用是懼冀幸少日遂賜骸骨歸老湖上宿衛奎壁與山川之神暨泳鶴松桂同在招回中一芥姓名亦因是不朽使後世之人屬歆榮祿得全於桑榆以無厚君一賜則陛下不顯休命不委於草莽庶幾報恩之萬一臣既學刻之誇又彼之疏殷以傳且附著臣之自叙云爾七月朔端明殿學士中大夫知建康軍府事兼管內勸農事提舉本府沿江分路鋪遞角充江南東路安撫使馬步軍都總管兼營田使兼行宮留守吳縣開國伯食邑七百戶賜紫金魚袋臣范成大拜手稽首謹書

楊萬里題御書大字歌

石湖僊人補天手整頓乾坤屈伸肘雨來化作懶卧龍鄭弄珠璣激瓊玖五雲萬里天九重玉皇深拱蓬萊宮呈無九虎守閶闔北門半霏當朔風夜令雲師敕風伯鞭起卧龍湖底月湖水捲上天中央却鎖北門護風雲一倦人馭乘絳雲王宸殿上朝帝真帝將北斗酌天酒冰桃碧藕脆麒麟傳呼玉蜍一吸銀浦黟霜謫不澆月兔灑成羲畫河洛書白壁一雙浮雨露石湖二字天上錦奎星壁宿落山扉昭回不飾吳花草姑蘇臺前近太微詩人不直一杯水自是渠儂命如紙甜人妬殺石湖僊手攬星辰挾袖底

范成大次韻石湖書隱

浩蕩沙鷗久倦飛推頹櫪馬不勝機仍中□月常虛度夢裏關山或暫歸橘社十年霜欲飽鱸江一雨水應肥冷雲着地蟠蒲晚誰為披蓑夜釣機

范成大[illegible]

白雲深處卧癡頭挂起一東窗木月覓但得好詩來眼底何須寶剎現毫端一身若作官身一想萬境都如夢境務蠲舍鄉翁能日醉呼來分與一蒲團

范成大北山堂開爐夜坐

困眠醒坐一□能多竹洞無關斷客過貧向爐中煨榾柮嫩從堂上看維摩問無雜念唯詩在老不甘心奈鏡何八萬四千安樂法元無秘密可傳說

范成大題石湖海棠二首

手開芳逕越城頭紅錦者蘇結綺樓不把□枝銀燭照淡雲微月靜人歸○老懶君家似比□園林春色雨宿沙凑崇尚自無心看天女何須丈散花

范成大三月[illegible]首

春事日以闌茗陰正清美拖節入林下秀綠照衣袂盧橘梅子黃櫻桃桑葚紫荷衣浪花歸漸破苔色起風日收宿陰物色有新意附鬯知我歸争來問何似病惱今有無加飯日能幾拔辯謝父老衰雪已如此○種木二十年手開南野荒搴搴新歲月依依舊林塘

來擅下濕岑蔚驕衆芳菱毋尚能瘦竹孫如許長憶初學圃時刀笠冒風霜今茲百不甚衰憺人扶將龍鍾數能來酒勝兩相忘

中秋後兩日自上沙回閶千巖觀下巖桂盛開復檥舟石湖留賞巖下二絕

金粟枝頭一夜開故應全得小詩催與緩緩隨兒女引入天香洞裏來○千巖觀下碧瑤林歲晚青青共此心隱士歸兮花未老每年來把一盃深

次韻徐提舉游石湖三絕

三徑荒蕪岫幌開輜車何事肯徘徊春風相為高人住落絮殘花好在哉○日腳烘晴已破烟山頭雲氣尚披緜卻須多謝朝來雨洗淨明湖鏡裏天○天上麒麟翰墨林富家手筆擅文心欲知隱吏中趣但向三篇句裏尋

閏月四日石湖衆芳爛熳

北[illegible]抱是家兒童隨逐任讙譁開嘗臘尾蒸來酒點數春頭接過花盡把園林蒙錦繡多添門户鏁煙霞杖藜想被東風笑扶郤衰翁管物華

復枝石湖新田

今朝南野試開荒分手耘鋤草棘場下地右干全種林高原無幾漫栽桑蘆芽碧處重增岸梅子黃時早濬塘田里只知湿飽事從今拋郤半年忙

石湖海棠盛開亟攜家過之三絕

東風花信十分開細意留連待我來開過十分風不動更無一片點蒼苔○家人扶上錦城頭蜂蝶團中爛熳遊報答春光須小醉紅雲烟裏按伊州○低花妨帽小移節深淺燕脂一萬重不用高燒銀燭照暖雲烘日正春濃

范公亭在崑山薦嚴寺後園池上參政范成大少讀書寺中遊息其上吳仁傑嘗扁之曰可賦後人遂以范公名之

范家園在雍熙寺後范周無外所居有石刻三大字郡守李大異書後移置文正公書院之右

南村在越來溪西吳山下寺簿盧瑢所居扁曰吳中第一林泉有御書得妙堂扁時有盧園三十詠附南

紫閣帶溪吳中第一休泉佐書齋吳山堂正見堂紫芝軒□□軒靜宜軒玉華臺蒼谷來禽鴫逸民園植竹處江南煙雨圖香巖湖山清隱䑛得妙堂雲𦺇香巖玉界古彦玉川舫山陰畫中杏僊堂藕花洲桃花源曲水流觴其二缺

郭氏園在飲馬橋西南本郭雲大夫所居有池號小滄浪後爲魏克愚太卿所得

筠谷在西館橋之西待制榮薿所居薿字茂世嘗道州結廬竹間號筠谷及知臨安引年匄祠陛辭之日上以琉璃壼貯丹桂花且繪之便面題詩二十八字併金帶爲賜復書筠谷二大字寵其歸於是卜築吳下終老焉

蔆清亭在洞庭東山社下里建炎間郡人錢康功避地于此康功舉進士通判楊黃滁三州官至朝奉大夫

醉眠亭宋李無悔作無晦名行中居淞江高尚不仕東坡兄弟嘗過訪留題【蘇軾李行中醉眠亭詩】已向閒中作地僊更於酒裏得天全從教世路風波惡賀監偏工水上眠○君且歸休我欲眠人言此語出天然醉中對客眠何害須信陶潛未苦賢○孝先風味也堪憐肯爲周公晝日眠枕麴先生猶笑汝枉將空腹貯遺編【蘇轍】是非一醉了無餘惟有胸中萬卷書已把人生比遽傳更將江浦作堦除欲眠竅客從教去倒卧氍毹豈暇舒京洛舊游真夢裏秋風無復憶鱸魚

沈氏園亭在洞庭鎮下里人沈仲嘉所居孫觀有詩

隱亭在尹山種植甚繁而牡丹尤多周益公游見南歸錄

心亭熙寧間曹侍履中所葺在葑門裡有土阜對峙水中雖巨浸弗没號曰浮墩後避諱改名浮丘相傳此地昔有雙松竦然參天建炎狄難有潰兵欲伐之隕石如雨乃止今放生池即其地也

樂圃在清嘉坊北朱長文所居中有高岡清池喬松壽檜此地在錢氏爲金谷園其父光祿卿始得之長文營以爲圃併自作記鄉人尚其名德知州章岵表爲樂圃坊有邃經堂華嚴菴招隱橋見山岡琴臺鶴室墨池筆溪及西圃草堂共二十景方子通元厚之程公闢盧仲辛俱有詩元末張適號甘白築室於上題曰樂圃林館與高季迪倪元鎮陳麟謝恭姚廣孝賡和爲十詠宣德間杜瓊得其東隅地名爲東原結草爲亭曰延綠又有木瓜林芍藥階梨花埭紅槿籓馬蘭坡桃李溪八僊架三友軒古藤格芹澗橋凡十景一時名流俱有詩【樂圃記】大丈夫用於世則堯吾君虞吾民其膏澤流乎天下及乎後裔與稷契並其名與周召偶其功苟不用於世則或漁或築或農或圃勞乃形逸乃心友沮溺肩綺季追巖鄭躡陶白窮通雖殊其樂一也故不以軒冕肆其欲不以山林喪其節孔子曰樂天知命故不憂又稱顏子在陋巷不改其樂可謂至

德也已予嘗以樂名圃其謂是乎始錢氏時廣陵王元璙者實守姑蘇好治林圃其諸子徧其所好各因隙地而營之爲臺爲沼今城中遺址頗有存者吾圃亦其一也錢氏去國圃爲民居更數姓矣慶曆中予家祖母吳夫人始構得之先大父與叔父或葬焉或學焉每良辰美景則奉板輿以觀于此厥後稍廣西壖以益其地凡廣輪踰三十畝予嘗請營之以爲先大父歸老之地熙寧之末始築外垣盡覆之瓦方將結宇而親年不待既孤而歸於是遂卜居焉月葺歲增今更數載雖敝屋無華荒庭不甃而景趣質野若在巖谷此可尚也圃中有堂三楹堂旁有廡所以宅親黨也堂之南又爲堂三楹命之曰邃經所以講論六藝也邃經之東又有米廩所以容歲儲也有鶴室所以畜鶴也有蒙齋所以教童蒙也邃經之西北隅有岡命之曰見山岡上有琴臺之西隅有詠齋此予嘗撫琴賦詩於此所以名云見山岡下有池水入于坤隅亦爲門水由門縈紆曲引至于岡側東爲谿薄于巽隅池中有亭曰墨池予嘗集百氏妙迹於此而展玩也池岸有亭曰筆谿其清可以濯筆谿傍有釣渚其靜可以垂綸也釣渚與邃經堂相直焉有三橋度谿而南出者謂之招隱絶池至于墨池亭者謂之幽興循岡北走度水至於西圃者謂之西礀圃有草堂草堂之後有華嚴菴草堂西南有土而高者謂之西丘其木則松檜梧柏黃楊冬青椅桐檉柳之類柯葉相蟠與風颼颼高或參雲大或合抱或直如繩或曲如■或曼如附或偃如傲或參如鼎足或並如釵股或圓如蓋或深如幄或如蛇虬卧或如驚蛇走名不可以盡記■不可以殫書也雖霜雪之所摧壓飇霆之所擊撼槎于摧折而氣象不衰其花卉則春繁秋孤冬曄夏蒨珍藤幽蘤高下相映蘭菊猗猗兼葭蒼蒼碧鮮覆岸慈筠列砌藥録所收雅記所名得之不爲不多桑柘可蠶麻紵可緝時果分蹊嘉蔬蒲畦標梅沉李剝瓜斷瓠以爲賓友以約親屬此其所有也予於此圃朝則誦羲文之易孔氏之春秋索書之精微明禮樂之度數夕則泛覽群史歷觀百氏考古人是非正前史得失當其暇也曳杖逍遥陟高臨深飛不驚鶴前引揭厲于淺流躊躇于平皐種木灌園寒耕暑耘雖三事之位萬鍾之禄不足以易

樂也然予觀群動無一物非空者安用拘於此自贅耶異日予者之疾瘳尚平之累遣將扁舟海浮遊山嶽莫知其所終極雖然此圃者吾先光禄之所遺吾致力於此者久矣豈能忘情哉凡吾衆弟若子若孫尚克守之毋顛爾居毋伐爾林學於斯是亦足以爲樂矣予豈能獨樂哉昔戴顒寓居會望歸隱遺迹迄今猶存千載之後吳人猶嘗指此相告曰此朱氏之故圃也元豐三年十二月朔吳郡朱伯原記

元絳詩 白頭重到故人家境是人非起嘆嗟三徑未荒陶令菊四時長放庾郎花林風先動藏鶯葉溪浪生宿鷺沙肯構有材移病久會憑詩酒傲煙霞

經師孟大猷 少年爲學已名家纔折丹枝病可嗟節帶冰霜萬竹文含風露麗千花世憐美玉猶存璞人恨良金未出沙賴有隱居如谷口直將高意抗青霞○君家幽寂似山家聞者其誰不見嗟閉戶幾多閒日月掃園無限舊煙花書窗燕坐琴橫石吟徑徐行杖卓沙十有謝公題好句國人方此識餘霞○碧瓦春城雜萬家可憐夫子獨堪嗟林園猶有前朝木冠蓋尋故主花亭暇夕陽鄰古刹池通野外見晴沙天然操尚無塵滓合住蓬萊弄彩霞

盧華 姑蘇右浙會闤闠森相望之子脫名韁自放無何鄉虛堂有遺經周孔之文章靜齋播風雅絃音日洋洋吮毫漄曲溪泚墨散方塘抱琴獨登臺望山閒涉岡釣渚閭游泳竹路排青蒼亭幽小勺迴紅白相低昂予此謝病歸旅吳歲月長常聞君園勝欲往兩足僵開緘味題詠悦若拔圖詳吾聞玉川子破屋洛之陽東野廢官守止坐叢瀨傍豈如吾子樂游息譪有方朝庭日清明百度良施張子既難其進論撰亦有光退之謂子厚窮久道益強文蕭煒垂後將相未可當窮愁乃著書心志能渾剛黨來奚足郵令名期自將

張適 何處是吾廬城西數畝餘坊存前哲號屋貯古人書已疾親栽藥供食自灌蔬長年囿謝俗戶外少來車○林窓簾攏暝門清樹石遠台香來雨霽壓酒及花前耆古思先輩傷今話昔年何由清醑抱春茗淪林泉

高啓 林塢通幽閒山明雲出溪門無俗客至池有水禽啼對酌山花下行吟野竹西石床春寂寂苔色映青藜○開軒時野眄山色翠迢遥屏結霜中檜圖開雪裏蕉扐扇園野水欲平橋曳杖閑窗胜時挑酒一

飄○幽居無灑掃風景自脩然紅濕花間雨青螂外烟山窗們風生石榻桃書眠自得閒中趣我花疊錦川

陳林和

挑花夾林館宛似武陵溪醉後拋書枕夢回聞鳥啼水光孤墅外山色小橋西畫日無來客徐吟信杖藜○見說林居好終朝無雜賓捲簾通紫燕投餌釣金鱗竹影雲連榻花雪點巾開池養鵝鴨不使惱比隣

謝恭

故人非傲吏舊隱勝愚溪塵世人難到空林鳥自啼青山懸榻下綠樹斷崖西終日無餘事全家盡日黎○門徑稀人跡幽居只自然泉聲三月雨柳色半春烟水溢香鳥合山邑見鹿眠題詩花墅夕明月滿晴川

倪瓚宿樂圃林館

寞投齋館靜城郭似幽林落月十府景清幽孤鶴音汀雲來遠夢桐露濕清琴喧平靜塵慮滿丈巢中燃

杜璞東原即事

我愛園林宅春深景物繁古藤緣作格紅槿密成藩水暖魚苗長風輕燕子翻持杯懷古意西園是荒園

又延

[illegible]士臥坐延綠春日漸迎長砌草雨添色簷花風送香

北園在澶灌陳氏園也石湖范成大書扁京浦黃簡為記

五柳園在塗松鎮隱士胡嶧遊憩之所今廢

玩芳亭國子學錄吳仁傑斗南所築有記陸遊揚萬里有詩又風月亭額係作圍在崑山

嶠山亭趙訓大猷所築在馬鞍山陽吳斗南取元次山溪以浯名旌吾獨有之語爲名

定軒在震澤鎮冢工部侍郎楊紹雲所居有概源澗廣數畝異石林立劉文簡公眞文忠公皆有著述遺址猶存

定軒記

震澤楊公以定名軒予謂定一也而有老氏浮屠氏之定未知公之志果奚所屬也自偏者言之則大學自定而靜靜而安安而慮慮而得其寂然不動者正所謂感通之體也自二氏言之則其所謂泰定所謂禪定者兀然枯槁而已爾漠然清虛而已爾人之一心與造化作大者以其往來闔闢之不窮動靜出入之俱妙也今以兀然漠然者爲定則是無用之體不感之寂也其可乎公以敏達果銳之材而爲明天子所任屬蓋嘗屏上游護天塹開大幕府制置長淮而又法從近臣而總六師之賦其志存乎立功其詎顧乎報主固非棲心無用者比也則其所屬必儒者而非二氏奚疑雖然定之難能也久矣自窮居獨善之士猶百事息萬慮以求之有終其身而弗獲者況於履功名之塗踐富貴之竟有爲吾耳目之勝心志之域紛至錯立於前莞然飛爲可喜可駭者日百千變其亟疾若破山之霆其震蕩若發屋之風其駭亂反覆又若一葉之艇而舞翻空之濤甚矣哉定之難能也若是者其疾焉在曰心無主而已矣竊嘗聞之敬則心有主而物聽命不敬則物爲主而我從之古之君子對妻子猶君師之涖處幽室甚十目之睹所以養吾心而爲萬物之主也心有主然後有定見有定見然後有定力酬酢萬變無不可者是則儒者之定而公之所是

也夫理有定而事無方隨事以應之使各適其可即所謂定也若乃處義未精而假曰吾守之不可易是直私意之錮蔽烏足語定乎哉故主敬窮理交相爲用東魯西洛之正傳有不可誣者公之大父紫微公受學於伊川之門人爲先朝侍從公之所學自其家世且方嬰繁劇而不亂遭變故而不懾其於定之一言用力深矣顧何足以發公之志姑誦所聞以復命云權工部尚書兼太子右庶子兼左諭德建陽劉爚記

樂菴在崑山圓明村宋侍御史李衡彥平歸老之地四旁皆脩竹經籍圖史滿堂

樂菴初成彥平自爲詩二絕

老子平生百不足菴成那管食無肉終朝閉戶只讀書四面開窗都是竹○投老菴居百事宜早眠晏起不論時更長睡足披衣坐傾耳林間聽畫眉

盤野黃由之別墅寧宗賜名內有墨莊胡夫人眞蹟

三清閣共樂堂等扁由自作詩共樂堂繞到松陵即是家滿堂住客滿園花看花捉客須清賞休向人間俗子誇野處堂繞到松陵即是家便須洗盞泛流霞軟紅塵裡風波惡不似江頭與海槎弈堂觀奕繞到松陵即是家茆堂萬竹綠交加午窗睡起無他想坐看圖書到日斜登明月臺繞到松陵即是家擎空皎月堂無暇直須臺上分明看疑欲呼仙泛海槎登瀛書樓有感繞到松陵即是家樓高不管綠楊遮有書萬卷時翻弄千古興亡幾嘆嗟道院獨步繞到松陵即是家參天檜柏古槎牙杖藜終日頻來往不羨堤邊路築沙登三清閣繞到松陵即是家三清閣下寂無譁小臣愧乏絲毫報深炷爐香淨點茶入園繞到松陵即是家故園喜農歲點查去人只爲貪風月蠻觸交爭笑爾蝸臨街繞到松陵即是家民間何處不桑麻欣欣老稚迎門笑手酒相勸亦孔嘉無題繞到松陵即是家休論炎與榮華古來頻路但塵土自有時賢定等差思親繞到松陵即是家先翁詩句發天葩錠才不及賢餘韻留取時時興幽懷

松竹林在崑山縣治南宋崑山縣令項公澤所居

譚氏園在嘉定月浦上花卉奇絶亭館華麗今廢

鄭氏園在馬鞍山前鄭竦所築葉丞相顒爲玉峯佳處西偏有道院植牡丹數百本又作止足堂亦葉丞相書

南園崑山瞿惠夫所居楊廉夫爲記

翁氏園在崑山縣治西吳斗南有賞木芙蓉詩

松石軒在吳城中參政朱廷珍之第軒前古松蛟騰怪石鵠峙鄱陽周伯琦扁曰松石有詩詠之松石軒記昔夏后氏畫九州而青州有鉛松怪石之貢當是時未必有耳目玩好也儒先不能無疑於此亦以思觀之玩好於時未必然然亂樂以球爲主故石處古樂獨於石則曰予擊石拊石然後言百獸率舞鳳凰來儀蓋石音難和故磬以泗濱之石今以靈壁所産石用以爲磬然非秀絶者不能有數音之純故商須曰既和且平依我磬聲然則怪石之貢蓋必異於尋常也已降自唐宋始以石爲玩好然後石之品益繁宋宣和間於物無不品定顧以太湖石品最高唐李贊皇牛奇章二人相業雖不同其於愛石則一也中吳在宋爲畿甸至今荒園廢宅一概於胡灰者亦在有之若夫松之爲貞標梁棟擁無不可者至乃蟠紐詰屈懸根獻秀尚以松爲圖也亭滔之觀玩今大參澄江朱公出總戎機入贊廟政松第在吳城之正中沈深宏敞其客次有松有石左轄鄱陽周公扁之曰松石軒仍爲之作大篆以表章之天大參公擬之於松則清廟棟梁也擬之於石則韶樂天球也賓至而燕集于茲語笑于茲挹松之堅貞攬石之秀潤其所以爲國幹楨民和者夫豈尋常松石之謂哉詹松石詩華清貞秀萃雙清石友松君宿締盟蟠早高靄風雨合洞巖虛激珮環聲平泉官暇延遊賞綠野功成寄賞情誰爲登江脩那秉好將勝迹播芳名松月堂一榻相廉細織紋華軒窗氣襲書裾老枝月下蛟龍骨瘦璞苔封虎豹文隱迹雅同真處士彎弓蜷壞舊將軍由來柱石居廊廟況爾雲霄素策勳書詹愛此軒窗隔市塵疎松假塞石嶄然瘦蛟匝地弄明月蒼翠拂闌生紫烟大廈棟梁真可擬中流砥柱苦爲遷何入下拜清風裏不是常郎是米顛成趣堂長松落落風塵表蒼石堂堂太古心屹立乾坤無改色叩之金石有餘音人間兒女天機淺海上神仙野趣深獨有奇章知此意子孫清賞到於今錢介蒼松鬱鬱石嵯峨上下因依有女蘿廡脫凝流千歲少羊群分苑一拳多所須爲地偶相向遂以名軒示不磨賓客定如東閣盛或來醉酣或吟哦

光祿亭在虞山南五里許邑人張㭊所建亭前大杏一本花特茂異又名杏花亭㭊嘗爲三衢守花時騷人墨客遊賞題詠甚多今廢矣

水花園在同里鎮元人葉振宗所居廣數里有聚書樓約鷗亭小垂虹池閣石梁映帶左右名水花園今廢爲魚叢。

綠水園在孫老橋東故爲朱勔別墅元至正中盧山陳惟寅惟允兄弟購得之取杜詩名園依綠水之句更此名園中有來鴻軒清泠閣蘿徑等名高啓爲之序【高啓綠水園雜詠序】吳城南隅有曰朱家園者父老言宋朱勔故墅也盧山陳惟寅氏得之更名曰綠水以園中有池且用杜子美詩語也其林沼亭軒亦各有扁焉近雖破廢然寬閒幽勝猶可以釣游而嘯歌惟寅以余往來其中最熟求徧詠之噫當勔以倖貴時窮尚豪侈園中之珍木異石崇臺峣榭固當百倍於此文人詞客爲之稱美而誇詠者亦多矣今皆跡滅響沉無復可觀惟寅雖窮居隱約而能以詩書其業篤於孝友其清德雅操固可以蔑視勔矣則余爲之執筆亦可以無愧焉因不復辭且庶幾或傳使父老知園之更名綠水者自惟寅始也詩凡十六篇【張羽綠水園詩集】芳圃逼江城迴波遶舍清主人擅文學過客總簪纓適向吳中會何殊洛下英唐虞共敦講風雅用和賡巽謏攻辭健鏗鏘得句精建安方合體大曆却徒名還展花前席仍敲竹下枰吟餘歌杖杜醉裡聽鶴鵝徑竹斑初脫庭蕉綠已呈渾忘在雖亂惟欲盻承平蝸窟休圖隱雞壇可負盟從容四美具感激二難并更顧相加勉留傳汗簡聲

萬玉清秋軒在吳江同里鎮元江南財賦司副使里人甯昌言之別墅中有菊坡梧桐脩竹搃謂之萬玉清秋華亭繪士張可觀爲之圖【郭翼詩】王謝堂前久不歸野田荒樹幾斜暉花開花落秋還在年去年來事已非錫柳風多凋翠縷芙蓉霜重濕紅衣故人空感

暘笛一段傷心畫所徵【楊遡】社鶯賓鴻共歲華松陵禾黍故侯家誰令千載柴桑裏一度秋風一度花【劉鉉】寄公在昔稱時賢頭鬢半白來歸田老懷澹泊慕幽雅高居別築臨同川數畝園林占清勝四時景物誇奇妍賓從日盈止海座琴樽晚載南胡船一朝陵谷那知變廢盡東吳舊庭院扶疎脩竹爲誰青零落芙蓉不成片白雲飛去不復來只有堂前舊時燕春深幾樹花亂開無復當窓映人面繁華事往今已休東床老去懷舊遊歌舞重尋館甥處蕭索碧梧風雨秋陶令宅邊松尚在胥家池上水空流追思自足興感慨何獨對此方爲悲六十年來駒過隙俛仰之間已陳迹畫圖寂寞久無聞流落人間匪朝夕客從何處遠持來佳致依然不殊昔夢回昨夜到松陵鍾斷長橋月初白

團溪魚樂在沙頭鎮月蕉瞿逢祥隱居楊廉夫爲記至正八年二月月蕉瞿先生逢祥肥遁海東之團溪雲葉展空煙花賦陌予嘗循鳳溪而下步自團溪之陽顧瞻周遭若環帶然地固卑而隘中有隱君子之風焉先生居是溪歷宋咸淳僅百五十年予觀東南若震澤諸水道經戚浦會歸于海風濤激蕩沙岸日崩走濱浦之人恒懼之而先生則弗懼且樂焉者溪之左枕市壘障戚水以便商者右遡畝引戚水以利耕者乃若細雨侵沙波流若縠魚鳥浮沈天光上下先生則投竿而漁涼月浸軒秋聲在對子鶴和鳴人影相逐先生則援琴而歌於乎溪之樂人或見之而不知之先生獨能知而樂之可謂得性情之正矣

周氏園在雙鳳里人周棠所闢廣二十餘畝嘉樹美竹映帶亭館今其諸孫有登科者

南村在綺川元末隱士張璹所居有素心堂陶菴茗翠館雪脩亭

耕稼亭秦約作在太倉西渚之北

小丹丘天台陳基敬初所居敬初仕僞吳爲内史得

小圃於天心里以天台爲丹丘因以名之金華戴
良記
夏家園在崑山太常卿夏昶致仕遊樂之地
小洞庭劉僉憲廷美自山西致政歸卽齊門外舊邑
累石爲山號小洞庭有十景曰撚髭亭藕花洲等
名天全徐武功伯爲之序
思菴郊居在常熟郭門外都憲吳公所剏周文襄公
巡撫時有詩
東莊吳文定公父孟融所治也中有十景孟融之孫
奕又增建看雲臨渚二亭 侍講李東陽記 蘇之地多水葑門之內吳翁之

東莊在焉菱濠匯其東西溪帶其西兩港旁達皆可舟而至也由橈橋而入則爲稻畦折而南爲桑園又西爲菓園又南爲菜圃又東爲振衣臺又南西爲折桂橋由艇子浜而入則爲麥丘由荷花灣而入則爲竹田區分絡貫其廣六十畝而作堂其中曰續古之堂菴曰拙修之菴軒曰耕息之軒又作亭于南池曰知樂之亭亭成而莊之事始備總名之曰東莊因自號曰東莊翁莊之爲吳氏居數世矣由元季逮于國初鄰之死徙者十八九而吳乃巋然獨存翁少長其先君子徙而西既而重念先業不敢廢歲拓時葺謹其封濬課其耕藝而時作息焉翁仲子原博以狀元及第入翰林爲修撰擢以其官封翁朝士與修撰君游者聞翁賢多爲東莊之詩詩成而莊之名益著修撰君以謂予曰幸吾子之識之也夫人之業未有不勤成而後廢者翁之爲東莊也承往弊而修之懇悃劬瘁歷數十年然後備亦既艱矣而翁又遵道畏法雖處富貴泊然與韋布者類則所謂保其業者豈苟然哉易曰幹父之蠱有子考無咎厲終吉由是觀之翁之業雖百世可知也吾又聞翁積而能散衣寒食餓汲汲若不暇則是莊也寧直以自樂爲燕游而已今修撰君科甲重
朝廷文章望天下愛民憂國恆存乎心而見乎眉睫則推翁之心以達之天下又豈直足保其私業爲茲莊山水之重而已邪然君子論家業之艱者世德之有歸信文獻之不可無者必自茲莊始作東莊記成化已未秋七月既望翰林院侍講李東陽書

劉大夏詩 吳下園林賽洛陽百年今獨見東莊迴溪不隔柴門逈流水應通世澤長十里香風來桂塢滿簾涼月浸菱塘天公自與莊翁厚又把栽培付令郎

李士實 小莊隨意作經營園漫分蘇地淺耕流水聲中看杖倚人家叢裏有舟行京塵只尺疑無路林壑分明不出城昨日玉堂新賜詔乾坤誰信問逃名

沈周 東莊水木有清輝地靜人間與世違瓜圃熟時供路暍稻畦收後問鄰饑城頭日出啼鴉散堂上春深乳燕飛更羡賢郎今玉署 恩封早晚着朝衣

吳寬聞奕姪構二亭於東莊以爲予佚老喜而有作 爾父西菴扁拙修當年種樹帶平疇近聞肎構爲予計專待歸休與客游山上看雲依鶴峒池邊臨渚對桑洲只憂筋力非輕健更欲沿洄具小舟

沈周次韻 特意作亭知好修石基高築樹爲疇欲承伯氏歸休樂未許他人造次游細路緌橋緣麥隴長濠新水漫蘋洲宰公果遂南還與我亦浜頭檥小舟

姑蘇志卷第三十二

姑蘇志卷第三十三

古跡

古今之在天地間猶旦暮也而古人所遺每爲今人所重雖故墟仳隴往往過之爲躊躇而不忍去豈非以其廢興存亾有足感邪吳自泰伯迄今其間古跡多矣悉記于篇以備後之考者

泰伯城周三里名故吳一名吳城在梅里平墟泰伯既築此城縱民田其中今屬常州無錫縣寰宇記云泰伯城西去無錫縣四十里平墟高三丈輿地志云吳築城梅里平墟即此地也

太公城章祈城並在長洲縣東北章祈疑即鶺鴒在東

今二十二都

魚城在吳縣橫山下越來溪西吳王游姑蘇築以養魚續圖經云吳王控越之地本名吳城方言謂魚爲吳故誤稱耳今山之傍有岡隱隱如城又有射臺亦在橫山周益公南歸錄云魚城在田間基層而方其高二丈博倍之爲田百二十畝土極細故久不壞 元高文度 谷變陵遷自古今耕人指點說魚城綠波已涸無鷗鷺禾黍離離高下生

苦酒城吳地記云在魚城西南故老云吳王築以醸酒今俗呼爲苦酒城 高啓 酒城應與酒池通長夜君王在醉中兵入館娃猶未醒越人宜賞醸夫功

酒醋城吳地記云在胥門西南三里

酒城在壇塘邊一名壇城夫差祭子胥處臨祭勸酒故名酒城城中有石子祥符圖經云在吳縣東南三十五里大江邊一名陌城

鴨城在匠門外吳王築以養鴨處東有豨巷畜彘之處

雞陂在婁門外吳王畜雞城也又名雞陂墟其東二里有苴園亦闔閭置 高啓 吳妃不解報朝盈空養鳴鷄滿別城畢竟餘杭西去日五更誰唱出關聲

柯城鶺鴒城衛王城並在吳縣界

舸城在平門外疑即柯城

後城堵城並在長洲縣東南數十里堵城疑即赭城

今尹山鄉有堵城里

伍子胥城麋湖城麗溪城巫欐城漢志越絕書皆云在吳縣後析置長洲縣

居巢城在長洲縣按楚有居巢城吳亦有之於義無考然史記云闔閭六年楚使子常囊瓦伐吳吳迎擊之大敗楚軍於豫章取楚之居巢而還或疑此時有爲而築城未知是否

麋湖西城越宋王城也吳越春秋云平門外有麋王城麋王與越王遙戰越殺麋王因留葬武里城中故名以午日死至今武里午日不舉火今吳江有麋城王廟

搖城在長洲縣東南三十八里吳王子居焉後越搖君居之今其地名大姚訛之也

越城在胥門外越伐吳吳王在姑蘇越築此城以逼之城猶髣髴在高文度古意猶堪屬南湖不憚遙闔閭開國地勾踐進兵橋城郭高低黍英臺旦暮潮蒼苔遺獨立斜日下漁樵

鴻城在婁門外故越王城也

干城在馬安溪上越干王城也

陽城在長洲縣東北其左有陽城湖

相城在長洲縣東北五十里相傳子胥初築城時先於此相地嘗土而城之下濕乃止其地因名

婁城即崑山故城也圖經云在縣東三百步舊志云吳子壽夢所築明龔詡高城一望思茫茫湖轉婁江入海長邊岸到今無漢縣古倉何處積吳糧鷗棲淺渚寒蘆靜鴈落平疇晚稻香野水閒雲吟不盡玉峯西面看斜陽

東城在崑山縣東三百步今橋巷猶以東城爲名吳志云耕者於東寺後多得古城磚及銅箭鏃

武城在崑山縣西北漢書婁縣注云有南武城

金城在崑山縣東三里基址猶存也相傳吳王所築

度城在崑山縣東南七十里相傳爲黃巢所築其傍有度城湖

西鹿城在崑山山下有上將軍廟碑云葬于崑山西鹿城

巴城在崑山縣西北十八里其地有巴王墓巴城湖

雉城在崑山縣西北十八里今雉城湖即其地也

顏縣城尾濆城並在崑山縣皆古經所載

石城在常熟縣北五里吳越春秋云夫差興樂石城吳地志云越獻西施於吳王王擇虞山北麓以石甃城爲遊樂之所其地今有石城里越絕書云石城在靈巖山

扈城在常熟縣北五里石城東世傳吳王遊樂石城又建離宮扈蹕故名扈城今有扈城村

九里城在常熟縣北九里世傳吳王牧馬於此建城以欄馬俗呼欄馬城有洗馬池今存

莫城在常熟縣南十二里相傳莫邪鑄劍之處一謂劍城一謂莫邪城今有莫邪大王廟又有莫門塘寰宇記云漢莫寵築以捍海賊者

朗城在常熟縣東南

虞城在常熟縣東北十五里
尚墅城在常熟縣北十八里
金鳳城在常熟縣西北四十里
陶城閭城郭城並在常熟縣境
塢城在嘉定縣南五十里吳松江南舊傳吳王所築
其基尚存
疁城在嘉定縣南門外唐有疁城鄉元時為教場於
此得古塚碑石云唐咸通二年莊府君葬於疁城
鄉今名疁塘又避吳越王諱改婁塘
吳小城白門闔閭所作秦始皇時守宮吏照燕窟失
火燒宮而門樓尚存
言公井一名聖井在常熟縣治北一百九十步言公
宅傍吳地記云宅有井二傍有洗衣石（高啓 宴參家武城宰遺井虞山隈千載汲未竭九仞功應深熟圃自可灌道源誰復尋絃歌聽已歇瓶綆看還冗無為澡我心食惻惻起歎音一瓢樂未改旌幾回也）
姑蘇臺一名胥臺在姑蘇山舊圖經云在吳縣西北三
三十里續圖經云三十五里一名姑蘇一名姑餘
史記正義云在吳縣西南三十里橫山西北麓姑
蘇山上山水記云闔閭作春夏遊焉一云夫差作
臺三年不成積材五年乃成造九曲路高見三百

里勾踐欲伐吳於是作栅楣嬰以白璧鏤以黃金
狀如龍蛇獻吳王吳王大悅受以起此臺越絕書
云闔廬造九曲路以遊姑胥之臺子胥諫不聽又
於臺上別立春宵宮為長夜之飲作天池以泛青
龍舟舟中盛致妓樂日與西施為嬉作海靈館館
娃閣皆銅溝玉檻飾以珠玉按此則姑蘇臺始于
闔閭成于夫差也後越伐吳吳太子友戰敗遂焚
其臺（唐任公叔登姑蘇臺賦 司馬遷世掌天官才稱良史採禹穴之遺跡記吳國之舊執乃撫然而噫曰登此姑蘇之墟淹留兮躊躇感斯宇之基為沼而伸雍之祀忍諸我聞周道既衰諸侯御主中無霸王變戎振旅始闔閭以信威繼夫差以極武斜與勁越同壤右以強楚為隣內有高臺之

策外有遠略之勤積如莽而暴骨亦如讐而視人是以疆埸日駭板築未彌方五載而厥成造中天而特起因累土以臺高宛嶽立而山峙式比象於巫廬之峯或倒影於滄浪之水悉人之力以為美觀厚人之澤以為侈靡斯實累卵於九層夫何見乎三百里野語有之曰川壅則潰月盈而仄善敗由已吉凶何常矧謀主之賜劍若涉川兮無梁以為棲越以求霸卒見豢吳而受歿客自南鄙觀於江濆徘徊舊德惆悵前聞試遊目於廖廓會是臨然而參雲聽逆虐而竪諫竟麋鹿而為殃高天汏瞻平湖泱漭兮孤嶼茲茲極浦悲早鴈於海風嘯高鴻於江雨况復關梁坐隔羈旅增悲山木將落汀葭亂秋思美人兮子胥何為懷直道而驟諫遭重昏之見危將漁父以抗跡且垂釣於江湄高臺既傾夕露沾衣感莊國之不及冀萊人之與歸者也 崔鶠姑蘇臺賦 崔子勤學少間與客游於橫山之下有臺巋然出於群山荒基峻級高切雲間荊棘為之蒙翳麋鹿為之徊環余語諸客此何所也客曰子不聞吳都之壯麗乎造姑蘇之高臺臨四遠而特建此其遺址也余乃倚杖而立喟然）

嘆曰蓋聞吳王之築斯臺也受隣越之貢竭全吳之力于夫山吟萬人道泣三年而聚材五年而有立佩茂苑於長洲帶瀆池以朝夕自以爲天下之奇觀也而今安在哉神材異木飾巧窮奇黃金之楹白壁之楣龍蛇刻畫燦爛生輝而今安在哉於是與客傴僂而上抵其上之絶嶺快四面之遐覩南望洞庭夫椒之山湖水澄澈其名猶夏濟者吳王避暑之所也北望靈巖館娃之宮廊尸響屧徑曰採香者吳之別館西子之遺蹤也其東吳城射臺巍巍其西胥山九曲之逵至於興樂有城既華有池走犬有塘蓄鷄有陂猶不足以充其欲也又移斯臺以爲娛嬉嗚呼雕楹鏤檻者丘墟之幾也九曾百仞者汙池之漸也瑶臺作而夏衰瓊室考而商危章華成而楚衆叛阿房出而秦人離斯叟亂之必然曷吳王之不思也哉方其酣緑醴賦珍羞置酒若淮泗積肴如山丘其宴樂固極矣而杯知會稽之上飲食嘗膽方焦思而深謀旁籠西山俯視太湖憑高望遠三百餘里其登覽固廣矣而不知笠澤之畔對枝什鼓忽潛軍而夜濟是以横塘之浦僅通而越來之溪巴逼高下之餘味乾而句踐之城已距於咫尺矣詞未竟客悵然曰已矣乎古往今來遡遊矣悠哉蒼煙兮滿目舊事兮飛灰幸江山之不改兮後之人當有鑑於遺臺

李白詩

臺覽古

舊苑荒臺楊柳新菱歌高唱不勝春只今惟有西江月曾照吳王宮裏人

曹鄴

吳宮酒未消又宴姑蘇臺美人和淚去半夜閶門開相對正歌舞笑中聞鼓鼙星散九重門血流十二街一去成萬古臺盡人不回時聞野田中拾得黃金釵

李紳

越王巧破夫差國來獻黃金重雕刻西施醉舞花艶傾妒月嬌娥恣妖惑姑蘇百尺曉鋪開褸楣盡化黃金臺歌清管咽歡未極越師戈甲浮江來伍胥抉目看吳滅范蠡全身霸西越寂寞千年皆古墟蕭條兩地皆明月靈巖香徑掩禪扉秋草荒涼徧落暉江浦迴看鷗鳥沒碧峯斜見鷺鷥飛如今白髮星星滿郤作閒官不閒數野寺經過懼海去公程迫職悲秋館吳鄉越國舊淹留草樹煙霞徧遊雲外夢魂多感歎不惟惆悵到長洲

劉滄

故國荒臺在前臨震澤波綺羅隨世盡麋鹿古時多築用金鎚力摧因石鼠窠昔年雕輦路唯有採蓮歌

許渾

宮館遺基輟棹過黍離無限獨悲歌荒

臺麋鹿爭新草空苑鳧鷖占淺莎吳岫雨來虛檻冷楚江風急遠帆多可憐國破忠臣死日日東流生白波

胡曾

吳王恃霸逞雄才貪向姑蘇醉緑醅不覺錢塘江上月一宵西送越兵來

劉駕

勾踐飲膽日吳酒香滿盃笙歌入海雲聲自姑蘇來西施舞初罷侍兒整金釵衆女不敢妬自比天下泥越鼓聲騰騰吳天隔塵埃難將甬東地更學會稽棲霸跡一朝盡草中棠梨開

僧皎然

古臺不見秋草衰卻憶吳王全盛時千年月照秋草上吳王在時幾回望至今月出君不還世人空對姑蘇山山中精靈安可覩鬼跡人蹤麋鹿聚嬋娟西子傾國容化作寒陵一堆土

陳羽

憶昔吳王爭霸日歌謠滿路上蘇臺三千宮女看花處人靜臺空花自開

羅隱

讓高泰伯開基日賢見延陵復命時未爲子孫因底事解崇臺榭爲西施

楊萬里

戍亦年來散病身遊人下用避車塵捕天孤搭雲中出隔水諸峯雪後新道是遠瞻三百里如何不見六千人吳亾越霸今安在臺下年年花草春

盧鉞

姑蘇臺下百花洲解語香魂此舊遊巧笑巳傾吳子國淺顰又汚范公舟湖山四顧無奇骨王伯俱空等拙謀杯酒酹江應自誓男兒西北有神州

潘牥洞僊歌

雕簷綉戶倚晴空如畫曾是吳王舊臺榭自浣紗人去後落日平蕪行雲斷雨幾見花開花謝淒涼闌干外[illegible]簇江山多少圖王共爭霸莫問愁金杯蠱對酒當歌歡娛地夢中興亾休話漸倚徧西風晚潮生明月裏鷺鷥背人飛下

薩都剌

閶門楊柳自春風水殿幽花泣露紅飛絮年年滿城郭行人不見館娃宮○野水滿城飛燕了誰家小艇載吳姬姑蘇臺上一尊酒落日昏鴉無限悲

張羽

荒臺獨上故城西輦路淒涼草木悲發塚已無金虎臥壞牆時有夜烏啼采香徑斷來麋鹿響屧廊空變黍離欲弔伍員何處所淡煙斜日不堪題

高啓

金推夜築西山土催作高臺貯歌舞文身澤[illegible]横土基郤笑先人獨何苦銅輦玉檻盛繁華[illegible][illegible]峯頭一片霞望處直窮三百里役時驕廢幾千家蟠空曲路迷僊仗攀畫瑤梯繞到上外繞離龍死轉闌宇施纓鳳葳蕤帳薰爐長鬢鬱金香共道千齡樂未央茂苑月來秋珮冷洞庭雨過夏納涼當窓象[illegible]江僊女揚袂迎風欲輕舉人從天上見經過烏[illegible]雲間鶯笑語日暮攅塘花盡開捲簾臺上望[illegible][illegible]

宴舟初自觀漁返徧騎還從射麋迴從登不□鉞隊自列紅粧侍高會香傳羅帕進黃柑縷切刀供玉鱠燭光遠落太湖波驚起魚龍出沒多城上烏啼河漢轉此時誰問夜如何管絃嘈嘈聒人耳不聞兵來渡溪水欲携西子走登舟醉倚畫延嬌不起瞑目無因到甬東可憐一炬綺羅空獸帽竟隨讐人計賜劍應辜諫士忠客來試問遺宮路物色荒凉總非故牽衣始信不虛言滿地荊榛見麋露當年爭奪苦勞機卻把江山付落暉閒說越王臺殿上如今亦有鷓鴣飛 沈周 姑胥遺事有荒臺今日登臨尚可哀千載苞桑天子棄六宮芳草美人栽南飛鴻鴈秋風早西向山川夕照開流水梧桐幾番夢獨憐公聖不重來

郊臺在橫山東麓石湖之上相傳吳僭王號時嘗郊祭于此今壇壝之形尚存 虞堪 吳王城外拜郊臺山色湖光共繞迴終古翠華隨水去何年玉牒爲天開斜陽一笛牛羊下細雨千帆雲鳥來忠死佞存嚎霸業登臨不盡客興哀

陳策

館娃宮吳越春秋吳地記皆云闔閭城西有山號硯石在吳縣西三十里上有館娃宮今靈巖寺即其地也 [illegible] 汎浮玉之北堂得館娃之遺基從先生而遊焉揖夫差而弔之或曰是可悲也奚以弔爲哉夫沈湎以喪國固君人之失道然而有鐘鼓者胡可以弗考聞管籥者民喜而相告苟欲妃之當愛惟恐王之不好矣是則女樂亦可少乎必曰夏有末喜商有妲己周有褒姒而吳以西子苟求其故未必專於此也齊有六嬖威公以興正而不譎聖人稱焉非夫九合一正之業得仲父以當其任則其一已之內少有以自適者舉不足以害成邪闕大夫進夏德豈昏微子得政商豈滅聞蘇公家文並用則烽火豈得妄舉子胥不見戮則吳之離宮別館至于今何存抑夫差之資與伍□□越雜於一戰而越沮乘會而諸侯懼使僅得□豈雙翼於猛虎悄自剖其骨鯁而放意於一

女敵乘其間無以外禦比酒之失何足問羅□邪皆殺士之舉也此士不遭殺夫差不可愚苧羅之姝適足爲我娛胡得而竊吾之符禁猶可居適足華吾廬胡足以隳吾之都惟忠良之既誅始倡狂而自如臺兮姑蘇舟兮太湖食兮鱠鱸曲兮棲烏宿兮嬪嬙修明兮夷光二八兮分明捧心兮東房徑兮採香屧兮響廊笑倚兮玉床柰樂兮東方稻蟹種兮不遺爭盟兮黃池無人兮織規有仇兮相窺至德之廟遂爲禾黍悉陂池與臺榭倏一變而梵宇入笙歌於海雲令聲鐘而轉鼓儼麋鹿之客與嚴僧儀而觀都駭越壘以在望奚五戒之閑武松引韻以鳴咽柳顰眉而凝佇山黯黯兮失色水汹汹兮暴怒追此謬於千里本差之於毫釐嗟之蠹主損其良醫逮疾作於中夜借藥石之不知志士仁人所爲太息於斯焉蓋嘗反覆于此竊謂種蠡亦可哂也勾踐方明舉國以聽十年生聚十年教訓以此衆戰何伐不定何至假負薪之女爲是可恥之勝哉始其土城誨淫自君終焉五湖合歡其臣青溪之典不正金谷之義不立悠悠扁舟遂其全璧使之胧鼎中之魚而群沙頭之鷺返邪溪之蓮而吐洞庭之橘竊謂越之君臣何其陋於此役也越則陋矣吳亦太庸士目既抉夫誰納忠可辜人之亡已其自反而責躬乎公既然雜相與斂容起視四山之中覺蕭蕭兮悲風

范成大賦

洶西山之南奔勢鬱律其巉空若大敵之在前忽踞虎而陰籠半紫崖而砥平訪館娃之故宮是爲逸王之舊遊有墟谷之遺洞焉嗟乎悲哉慢賢胥之忠告巽陰謟之詖詭謂養虎之後患縱處女使免脫迨嘗膽之謀成駭疽囊之潰裂蓋自有以買禍非天爲之孽方其斷哀茹痛披淚飲血儼拂士於前庭逝三年而報粵訖甘心之一快夫何初志之英發及其見棲於姑蘇遽雌伏而大壞援宿恩而乞憐或赦圖於臣罪當是之時又何其憊也偉禍福之無門曷今愚而昨賢後千載之嗤點莫不鍾咎於嬋娟固尤物之移人抑猶可得而言蓋嘗觀於若人矣好大而亡獻常而棄舊狃會稽之得意謂周鼎其唾手闖齊楚以朶頤睨陳蔡而躡首道甚遠而疾驅氣已餒而猶鬬外未寧而內憂東畧之而西否阻關河以屯兵撤墻屋而致寇亟歸視其四封蔑一夫之能守是猶螳螂之慕蟬而不

知黃雀之議其後也然以蕞爾之族而衡行四方攻靡堅郛戰無距行事便時利如經乎無人之鄉惜也未聞於大道宜其逸樂而志荒次有臺池宿有嬪嬙左携脩明右撫夷光桀二八以前列咸絕世而浩倡嗟浣沙之彼姝乃獨繫於興亡蕩龍舟之木嬉擷香徑之春芳載夕陽以俱還秉游燭於夜長豔金鍾之千石傚酒池於舊商歌吳歈而楚舞薦萬壽於君王悵星河之易謝嘉來日之未央錚銅壺之鳴悲爛急烽之森茫慘梧宮之生愁踐桐夢之不祥歎高陵與深谷委盛麗於蒼茫所謂王檻銅溝朱簾椒房理鏡之軒響屧之廊杳煙蕪與露蔓紛日暮之牛羊而況於捧心之百媚濯粉之豔姸者哉今則雲雨之巔儼聖是宅硯沼萍溪琴臺松嵐封古蘚於井甃宿暗芳於洞穴木鯨孔以清厲金磬隱其蕭瑟彼方外之徒龜藏而蠖屈者又安知其往古與來今方枯禪而縛律鮮鴻影之拂坐見前山之對日

李白

風動荷花水殿香姑蘇臺上宴吳王西施醉舞嬌無力笑倚東窗白玉牀

白居易

吳王心日侈服玩盡奇瓌身卧翠羽帳手持紅玉盃冠垂明月珠帶采通天犀行動自矜顛數步一徘徊小人知所好懷寶四方來奸邪得藉手從此倖門開古稱國之寶穀米與賢才今看君王眼視之如塵灰伍員諫已死浮屍去不回姑蘇臺下草麋鹿暗生麑

劉禹錫

宮館貯嬌娃當時意大誇豔傾吳國盡笑入楚王家月殿移椒壁天花代舜華惟餘采香徑一帶繞山斜

李嘉祐

館娃宮中春已歸闔閭城頭鶯已飛復見花開人又老橫塘寂寂柳依依憶昔吳王在宮闕館娃貴眼看花發舞袖朝欹陌上春歌聲夜怨江邊月古來人事亦猶今莫厭清觴與綠琴獨向西山聊一笑白雲芳草自知心

李紳

江雲斷續草綿連雲隔秋波草覆煙飄雪荻花鋪漲渚變霜楓葉卷平田雀愁化水喧斜日鴻怨驚風叫暮天因問館娃何所恨破吳紅臉尚開蓮

皮日休六首

三千雖衣水犀珠半夜夫差國暗屠猶有八人皆二八獨教西子占亡吳○一宮花渚漾漣漪婑媠鴉鬟出繭眉可料坐中歌舞袖便將殘節拂降旗○幾多雲榭倚青冥越焰燒來一片平此地最應沾恨血至今春草不勻生○江色分明練遶臺戰帆遙隔綺疏開波神自厭荒淫主勾踐樓船穩貼來○寶袜香綦碎曉塵亂兵誰惜似花人伯勞應是精靈使猶向殘陽泣暮春○艷骨已成蘭麝土宮牆依舊壓層崖弩臺雨壞逢金鏃香徑泥銷露玉釵硯沼只留溪鳥浴屧廊空信野花埋姑蘇麋鹿真閑事須爲當時一愴懷

陸龜蒙

綺閣飄香下太湖亂兵侵曉上姑蘇越王大有堪羞處秖把西施賺得吳○鄭旦無言下玉墀夜來飛箭滿罘罳越王定指高樓笑卻見當時金鏤楣○半夜娃宮作戰場血腥猶雜宴時香西施不及燒殘蠟猶爲君王泣數行○素襪雖遮未掩羞越兵猶怕伍員頭吳王恨魄今如此秖合西施瀨上遊○響屧廊中金玉步采蘭山上綺羅身不知水葬今何處溪月彎彎欲效顰○鏤楣消落濯春雨蒼翠無言空斷崖草碧未能忘帝女燕輕猶自識宮釵江山秖有愁容在劍珮應和媚色埋賴有伍員騷思少吳王纔免似荊懷

殷堯藩

吳王愛歌舞日日醉嬋娟見日吹紅燭和煙掃翠鈿徒令勾踐霸不信子胥賢莫問長洲草荒涼無限年

于濆

館娃宮畔顧國變生嬌妬勾踐瞥未嘗夫差心已悞吳亡昔[illegible]越勝今何處當時二國君一種江邊墓

張羽

館娃宮中百花開西施曉上姑蘇臺霞裾翠袂當空舉身輕似展凌風翮遥望三江水一杯雨點微茫洞庭樹轉而凝眸未肯回要見君王射麋處城頭落日欲棲鴉下堦戲折棠梨花隔岸行人莫偷眄于將莫邪光粲粲

西施洞在靈巖山之麓

宋之問

越女顏如花越王聞浣沙國微不敢寵獻作吳宮娃一行霸勾踐再笑傾夫差一朝還舊都靚妝尋若耶

羅隱

家國興亡自有時越人何苦進西施西施若解亡吳國越國亡來又是誰

秦觀

岧岧靈巖山鬱鬱松桂林石路轉陰洞覽勝窅且深如何學羅人傾國恣荒淫山花落笑靨山鳥流好音我來重徘徊屧齒苔蘚侵至今山上月猶能照捧心

高啓

廢宮春盡長蒼苔不見羅裙拂地來只恐西施是仙子洞中別自有樓臺

翫花池在靈巖山

高啓

桃枝兼杏枝春色繞宮池正愛紅繁處還憐綠淨時芳香泛幽北媚影照清漪垂條看妓折臨鏡見魚吹杯涵明月瀉卜逐綵雲移水流花落盡君王醉不知

翫月池在靈巖山

硯池在靈巖山 高啓 山骨誰鑿破一泓自深黙醉後欲濡毫蜿蜒見科斗 陳子貞 湛湛冷山骨幽幽抱日光曉吟看雨氣春供汲花香

琴臺在靈巖山 僧斗旋 幾彈石上五雲深桃出湖波片月心絃外有聲誰解聽一山春樹曉鶯吟 張羽 坐鼓朱絃日玉人方入吳于今山月下惟聽夜啼鳥

吳王井在靈巖山有二一圓一八角猶存 羅鄴二首 古宮荒井曾平後見說耕人又鑿開拾得玉釵鐫勅字當時恩澤賜誰來○含青薜荔隨金甃碧砌磷磷生綠苔莫言數尺無波水曾與此花同照來 楊備 石甃遺蹤傍古臺一泓寒影鑑光開何人照面金釵落曾見越溪紅粉來 高啓 曾開鑑影照宮娃玉手牽絲帶露華今日空山僧自汲一瓶寒供佛前花

響屧廊在靈巖山相傳吳王建廊而虛其下令西施與宮人步屧繞之則響故名今靈巖寺圓照塔前小斜廊即其址亦名鳴屧廊 王禹偁 廊壞空留響屧名爲因西子遶廊行可憐伍相終屍諫誰記當時曳屧聲 楊備 步步香綳羅韈塵粉紅花豔滿宮春傾城一笑無遺跡不見長廊響屧人 高啓 廊虛應屧鳴響細識腰輕誰道吳強國唯銷舉足傾苔間藏古跡月下歌餘聲此夕人空聽山僧曳屨行

梧桐園在吳宮吳王夫差園也樂府云梧宮秋吳王愁 高啓 桐花香桐葉冷生宮園覆宮井雨滴夜風驚秋鳳不來吳王愁 周南老 碧園宮園樹曾宿朝陽鳳花開襲香霏葉落棲纖[illegible]雨雜瑠珮聲風生金石弄初秋一葉零深宮愁已動前園忽橫生梳入夫差夢知匪梁棟材盲僮斯俑從

採香逕在香山傍吳王種香於香山使美人泛舟於溪以採之今自靈巖山南望一水直如矢故俗又

民居而間有蹤圍曠地即種蓮舊跡也上有採蓮涇橋 高啓 青芳戢多子採得儂心喜今夜水風凉調越女何似若邪溪 周南老 採蓮蓮有涇涇帶城西南美人棹輕繞花深采芳甘香風飄翠舉明粧照紅酣摘鮮騈紫的顧影墮瑤簪藕絲長不斷君情短何憖食甘心更苦君樂非所堪

長洲苑圖經云在縣西南七十里孟康曰以江水洲爲苑韋昭云長洲在吳縣東枚乘說吳王濞云漢脩治上林雜以離宮佳麗玩好圈守禽獸不如長洲之苑則知劉濞時嗣晋吳苑其盛如此 白居易 茂苑綺羅佳麗地女湖桃李豔陽時心奴已死胡容老後輩風流是阿誰○春入長洲草又生鷓鴣飛起少人行年深不辯娃宮處夜夜蘇臺空月明 溫庭筠 錦雉雙飛梅結子平春遠綠窗中起吳江瀉水畫連空三尺屏風隔千里小苑有門紅扇開天絲舞蝶共徘徊綺戶雕檻長如此韶光歲歲如歸來 徐崧 吳王上國長洲苑翠黛寒江一道斜傷見摧殘舊宮樹美人曾插九枝花 許渾 香涇小船通菱歌遠故宮魚沉秋水靜鳥宿暮山空荷葉橋邊雨蘆花海上風歸心無處託高枕畫屏中 陸士元 草深那可訪地久但相傳散漫三秋雨疎蕪萬里煙都迷采蘭處強記館娃年客有遊吳者臨風思渺然 劉滄 野燒空原盡荻灰吳王此地有樓臺千年事往人何在半夜月明潮自來白鳥影從江樹沒清猿聲入楚雲哀停車日晚薦蘋藻風靜寒塘花正開 孫逖 吳王初鼎峙羽獵騁雄才輦道閶門出軍容茂苑來山從列陣轉江自遶封迴劒騎緣汀入旌門隔嶼開合離分若電馳逐溢成雷勝地虞人守歸舟漢女陪可憐夷漫處猶在洞庭隈山靜吟倈父城空應姬娛戎行委喬木馬跡盡黃埃攬涕問遺老繁華安在哉 趙嘏 扁舟殊不繫浩蕩路纔分苑蠡湖中樹吳王苑外雲悲心人望月獨夜鳴離群明發還驅馬關城見日曛 高啓 中國久無伯闔閭思騁功講蒐開別苑訓武出離宮寧託應參

乘巫臣宦御戎鼓鳴深谷應罝掩麕鴟空惹曳指雲旆高彎射月弓三驅儀已畢七伐步還周甲騎從輿後蛾眉侍幄中奭胎須紫駒啖掌得玄熊樂事方難極英圖忽易窮城迷歌黍客地屬采薪童輦道崩秋雨旗門失晚風犬亾貌肆狡人去雉爭雄草樹迎蕭索湖山罷鬱葱猶疑見獵火寒曉夜深紅

美女宮越絕書亞美女宮夫差所作土城周五百九十步勾踐嘗進美女西施鄭旦居之

吳宮在長洲苑東南五十里相傳吳王別宮南宮在吳縣界亦吳王離宮[白居易]淡紅花帔淺檀蛾睡眼初開似剪波生對珠簾闇裏曲琵琶鸚鵡語相和○一入吳王殿無人覩翠娥臺高時鬬舞宮靜夜聞歌半露胷如雪斜回眼似波妍尖名有分誰敢妬恩多[李商隱]茂苑城如畫閶門瓦欲流還依水光殿更起月華樓侵夜鸞開鏡迎冬雉獻裘從臣皆半醉天子正無愁○龍檻沉沉水殿清禁門深掩斷人聲吳王宴罷滿宮醉日暮水漂花出城[儲嗣宗]荒臺荊棘多忠諫事如何細草迷宮苔閉花愰綺羅前溪徒自綠子夜不聞歌悵望清秋暮悠悠東去波○亂烏啞啞飛復啼城頭晨夕宮中棲吳王別殿遶江水後宮不開美人死[曹鄴]吳宮城闕高龍鳳遙相倚四面鏜鼓鐘中央列羅綺春風時一來蘭麝聞數里三度月明落青娥醉不起江頭鐵劍鳴王坐成荒壘適來歌舞處未知身是鬼[張籍]吳宮四面秋江水江清露白芙蓉死吳王醉後欲更衣座上美人嬌不起宮中千門復萬戶君恩反覆誰能數君心與妾既不同徒向君前作歌舞茱萸滿宮紅實垂秋風嫋嫋生繁枝姑蘇臺上夕宴罷他人侍寢還獨歸白日在天光在地君今那得長相棄[衛萬]君不見吳王宮闕臨江起不卷珠簾見江水曉氣晴來雙闕間潮聲夜落千門裏勾踐城中非舊春姑蘇臺下起黃塵秖今惟有西江月曾照吳王宮裏人[張祐]日下西宮花飄香徑紅玉釵斜白燕羅帶弄青蟲皓齒初含雪柔枝欲斷風可憐傾國色誰信女爲戎[孟遲]越女歌長君且聽芙蓉花香水邊城豈知一日終非主猶自如今有燕聲[杜牧]越兵驅綺羅越女唱吳歌宮盡鳥聲少臺荒麋跡多茱萸垂曉露菡萏落秋波無遺君王醉滿城嚬翠娥○香逕蓮吳宮千帆落照中鶴鳴山苦雨魚躍水多風城帶晚莎綠池連秋蓼紅當年國門外誰信伍員忠[劉滄]吳苑荒涼故國名吳山月上照江明殘春碧樹自留影半夜子規何處聲蘆葉長侵洲渚暗蘋花開盡水煙平經過此地千年恨荏苒東風露色清[貫休]夫差昏暗伯圖傾千古淒涼地不靈妖豔恩餘宮露濁忠臣心苦海山青蕭條陵壠侵寒水彷彿樓臺出杳冥此是前車況非遠六朝何處不星星

錦帆涇即舊子城壕也世傳吳王嘗作錦帆以遊故名在大街西貫樂橋南北市直抵報恩寺[高啓]水繞荒城柳半枯錦帆去後故宮蕪窮奢畢竟輸漁父長保秋風一幅蒲

夏駕湖在吳縣西城下吳王避暑駕遊于此故名今城下猶存外濠有灣亦名夏駕運河而水浸廣舊産菱芡今多堙爲民居其半在城內者爲民田惟二水匯處猶稱舊名[楊備]湖面波光鑑影開綠荷紅芰遶樓臺可憐風物還依舊曾見吳王六馬來[鄭元祐]吳王城西夏駕湖至今草木青扶疎想見吳王來避暑後宮濯千芙蕖酣紅矗翠總殊絕誰似西施天下無西施醉憑水窗睡曼衍魚龍張水戲月上湖頭王醉醒歸舟蓮炬繁於星不知左擁右扇者日夜窺吳不暫捨

女墳湖在吳縣西北吳王葬女處事具塚墓[皮日休]萬貴千奢已寂寥可憐幽憤爲誰嬌須知韓重相思骨直在芙蓉向下銷[陸龜蒙]水平波淡遶回塘鶴殉人沉萬古傷應是離魂雙不得至今沙上少鴛鴦[高啓]月映孤墳近水頭芙蓉還似綺羅秋湮波千古

愁難盡因帶
韓生別淚流

百花洲在西城下胥盤二門之間 高啓 吳王在時百花開畫船載樂洲邊來吳王去後百花落歌吹無聞洲寂寞花開花落年年春前後看花應幾人但見枝枝映流水不知片片墮行塵年年風雨荒臺畔日暮黃鸝腸欲斷豈惟世少看花人縱來此地無花看 姚廣孝詩 水艷接橫塘華多凝舟路波紅晴漾日沙白寒悽鷺緣汀魚網集隅渚菱歌度不見昔遊人風煙自朝暮

走狗塘在城西吳王遊獵處也越絕書云闔閭走犬長洲 高啓 春堤長春草淺此地吳王曾走犬獵場四面畫旗紅炬照輦還宮遲割鮮夕宴誰共食臺上西子非樊姬春苑年來草仍綠韓盧已去多麋鹿君不見漢皇縱狗殊有功逐兒直到烏江東

干隧在吳縣西北戰國策云越王以散卒三千擒夫差于干隧史記正義云干隧在萬安山西南一里

夷亭一名唯亭互見雜志

石射堋在石城山有石鼓鼓鳴即有兵又有石馬望如人騎互見山 楊維禎 周家十圍鼓散落陳倉野猶有夏駕石盤盤鼓之下秦鞭血山骨吳獵焦野火夏鼓達不拔石鳴知者寡父老懼讖言山空石長啞 高啓 石射堋張石城石鼓響或發石騎勢欲行彷彿古戰場上有愁雲生饑鴟嘯寒風吾若箭鏑鳴何人作此留山中鳥獸欲過瞻盡驚疑是神禹治水時來教鬼射降妖精至今風雨夕猶聽人馬聲嘗聞父老言鼓鳴則有兵方今瘡痍民脫命見太平我願碎其鼓使其堋一人安四海清自此萬年無戰爭

流栝亭在安墳湖西二百 吳地記云闔閭三月三日泛舟遊樂之地

華池華林園南城宮石龍皆在長洲縣界闔閭故跡也吳越春秋云華池在平昌里南城宮在長樂里今干將鄉 吳地記云華林園在華林里今華林鄉 石龍在龍壇里

闔閭宮越絕書云在高平里

射臺越絕書云一在華池昌里一在安陽里又吳越春秋云立射臺於安平里任昉述異記吳王射堂柱礎皆是伏龜或云在橫山

林屋洞在洞庭西山即道書十大洞天之第九一名左神幽虛之天洞有三門同會一穴一名雨洞一名暘谷一名丙洞中有石室銀房石鐘石鼓金庭玉柱白芝金沙龍盆魚乳泉石燕有石門名隔凡郡國志云洞有五門東通林屋西達峨眉南接羅浮北連岱嶽東有石樓樓下兩石扣之清越所謂神鉦吳王闔閭使靈威丈人入洞秉燭晝夜行七十日不窮乃返曰初入洞口甚隘傴僂而入約數里忽遇一石室高可二丈上垂津液內有石床枕硯石几上有素書三卷上于闔閭不識使人問於孔子孔子曰此禹石函文也闔閭後令入經兩旬

郤返云不似前也唯上聞風浪聲又有異蟲撓人撲火石燕蝙蝠大如鳥前去不得穴中高處照不見顛左右多人馬跡婁地記云太湖小山名洞庭純石嶢巖木唯松栢山有三穴東北西南二穴一穴不容人有清泉流出面北一穴傴僂纔得入穴外石盤礴穴裹如一間堂屋上高丈餘恒津潤四壁石色青白有鵝管鍾乳南壁開處側肩得入潛行二道北通瑯琊東武西通長沙巴陵

沈炯林屋館銘

夫玄之又玄處衆妙之極可乎不可成道行之致斯蓋家寥窅冥希微恍惚故非淮南八僊之圖賴鄉九井之記至若崑山平圖銀牓相輝蓬閬僊宮金臺崛起南瞰胥臺傍連飛閣柱柱瓊軒[illegible]雲瑞銘曰大道既隱衆聖無門悠悠太極誰見玄根祈年玄泰望僊表漢髣髴神靈依稀宮觀峨峨林屋輪奐徘徊庭羅花鳥室靜塵埃

皮日休

齋心已三日筋骨如煙輕腰下佩金獸手中持火鈴幽塘四百里中有日月精連亘三十六各各爲玉京自非心至誠必被神物烹惟余慕大道不能惜微生遂招放曠侶同作幽憂行其門纔函丈初若盤礴硎洞氣黑眛眼昔髮紅鬔鬔試足值坎窞低頭避崢嶸攀緣不知倦怪異焉敢驚匍匐一百步稍稍策可橫忽然白蝙蝠來撲松炬明人語散澒洞石響高玲玎腳底龍蛇氣頭上波浪聲有時若服匿偪仄如見絪緼再造乎淡豁然逢光晶金堂似鑄出玉座如琢成前有方丈沼凝碧融人清雲漿湛不動瓊露涵而馨漱之恐減算勺之必延齡愁爲三官責不敢攜一罌昔云夏后氏於此藏真經刻之以紫琳秘之以丹瓊期之以萬祀守之以百靈焉得彼丈人竊之不加刑石匱一以出左神俄不扃禹書既云得吳國由是傾蘇逢纔半尺中有怪物腥欲去既嗟喟將廻又伶俜卻遵舊時道半日出杳冥俯仰悲石髓衣濕沾雲英玄斂之僊骨青文無

絳名雖然入陰宮不得朝上清對彼神僊窟自厭濁俗形卻憎造物者遣我騎文星

陸龜蒙

知名十洞天林屋當第九題之爲左神理之以天后䏶雅硏邪葦左右專備守自非方瞳人不敢窺洞口雅君好奇士復嘯忘情友致傘在風林低徊入雲竇中深劇苔井傍坎纔藥臼石角忽支頤蘇根時來肘初爲大幽怖漸見微明透屹若造靈封森如達仙數嘗聞白芝秀狀與琅花偶又聞紫泉光甘如酌天酒何人能把嚼餌以代漿糗卻笑探五符徒勞步雙斗真君不可見焚盥空遲久眷戀玉碣文行行但廻首

范成大

擊水搏風浪雪翻煙消日出見僊村舊知浮玉北堂路今到幽墟三洞門石燕亂飛遮炬火金龍深阻護嶽根寶鐘靈鼓何須扣庭柱宵晨已默存

明月灣在西洞庭山消夏灣之東吳王玩月處

皮日休

晚景淡無際孤舟恣迴環試問最幽處號爲明月灣半巖翡翠巢望見不可攀柳弱下絲網藤深垂花鬘松癭忽似狖石文或如虦釣壇兩三處苔老腥斒斑沙雨幾處霽水禽相向閑野人波濤上白屋幽深間曉培橘栽出暮作魚梁還清泉出石砌好樹臨柴關對此老且死不知憂與患好境無處處好處無境刪赧然不自適脉脉當湖山

陸龜蒙

昔聞明月觀祇傷荒墅基今逢明月灣不值三五時擇此二明月洞庭看最奇連山忽中斷遠樹分毫釐周迴二十里一片澄風漪見說秋半夜淨無雲物歎衆之星斗藏獨有神僊期初聞鋼鉄積漸調參差空中卓羽衛波上停龍螭縱舞玉[illegible]高歌碧霜詞清光悄不動萬象寒呀呀此會非浮致無由得旁覿但當乘扁舟酒甕仍相隨或徹二弄笛或成數聯詩自然瑩心骨何用神僊爲

高啓

木葉秋乍脫霜鴻夜猶飛扁舟弄明月遠度南山磯明月處處有此處月偏好天闊星辰低波寒芰荷老舟去月始出舟回月將沉莫照種種髮但照耿耿心把酒對水儀容我宿湖裏醉後[illegible]曉徐起

消夏灣在西洞庭縹緲峯之南灣可十餘里三面皆山繞之獨南面如門闕相傳吳王避暑處

曲處其間爲兩涯當中數十頃別如一天池號爲
消夏灣此名無所私赤日莫斜照清風多逶迤沙
嶼掃粉墨松竹調塤篪山果紅靺鞨水苔清鬖髿
木陰厚若瓦巖磴滑如飴我來此遊息夏景方赫
曦一坐盤石上肅肅寒生肌小艇或可泛短策或
可支行驚翠羽起坐見白蓮披斂袖弄輕浪解巾
敞涼颸但有水雲見更餘沙禽知京洛往來客喝
死緣奔馳此中便可老焉用名利爲 陸龜蒙 霞島
熠難泊雲峯奇未收蕭條千里灣獨自清如秋古
岸過新雨高蘿蔭橫流遥風吹蒹葭折處鳴颸颸
昔予守圭竇過於回旋以日爲蘧篨從分作祇禍
讋頗狎寒水怪不封朱鬣俠豈知煙浪涯坐可思
重裘徤若數尺鯉汎然變白鷗不識號火井孰問
名隹丘我本魚鳥家盡室營扁舟遺名復避世消
夏還消夏 范成大 蓼磯楓渚故離宮一曲清漣九
里風縱有暑光無着處青山環水水浮空 高啓 涼
生白苧水雲空湖上曾開避暑宮青
篳踈簾人去後漁舟占盡柳陰風

練瀆在太湖舊傳吳王所開以練兵 皮日休 吳王厭得國所玩終不

足一上姑蘇臺猶自嫌局促艅艎六宮鬧艨衝後
軍鼓一陣水麝風空中蕩平淥鳥困避錦帆龍艎
防鐵軸流蘇惹煙浪羽葆飄巖谷靈境太蹂踐因
茲塞林屋空闊嫌太湖崎嶇開練瀆三尋齾石齒
數里穿山腹底靜似金膏礫碎如丹粟波殿鄭妲
醉蟾閣西施宿幾轉含煙舟一唱采雲曲不知欄
楯上夜有越人鏃君王掩面死嬪御不敢哭艷魄
逐波濤荒臺養麋鹿國破瀆亦淺代變草空綠白
鳥都不知朝眠還暮浴 陸龜蒙 越恃君子衆大將
壓全吳吳將泒天澤以練舟師徒一鏡止千里支
流忽然迂蒼奩東洪波坐似馬夷軀戰士百萬輩
浮宮三千餘平川盛丁寧絕島分儲胥風押半鷁
牕錦缸雜肥胡香煙與殺氣浩浩隨風驅彈射盡
高鳥杯觥醉潛魚山靈恐見鞭水府愁爲墟兵利
德日削反爲讐國屠至今鉤鏃殘尚與泥沙俱照
此月倍苦來茲煙亦孤丁魂尚有淚合灑青楓枯
高啓 吳越水爲國行師利舟戰夫差開此河艅艎
試親練十萬麥朝兒材比佽飛健鼓掉激風濤揚
舸逐雷電當時意氣盛謂已無勾踐鷗避去沙洲
龍愁閉淵殿恃強非伯圖倏忽市朝變臺上失嬌

間掩懸面至今西山月恨漫
秋一片猶有網魚人時時得沉箭

消夏灣在西洞庭山下洞庭記云吳王遊太湖從此度軍憂艱險難達益增瞻眺曰此亦可盤桓也故名

投龍潭在龜山下林屋紀遺云嘉定初民於山下採藥獲吳越王所投金龍玉簡簡以銀製長九寸篆文隱然皆以朱漆塡鈒題云△歲壬戌時宋建隆三年也 皮日休 龜山下最深窈氣何洋溢涎木爆
龍與異遐風卷蛟室時來林岑靜獰色如怒
日氣漏撲炱爍波澄掃紼漆下有水君府貝闕光
比嶂左右列介臣纖構宇鱗卒月中珠母見煙際
楓人出生犀不敢燒水中恐摧捽時有慕道者作
彼投龍術端嚴持碧簡齋戒揮紫筆兼以金蛻奐

投之光焰律琴高坐赤鯉何許縱仙逸我願與之
遊盜焉託靈質 陸龜蒙 龜□名山潭洞中自古多祕邃
君將接神物聊用申祀事鎔金象牙角尺本無不
備亦既奉眞官因之傳前志特來叩明誥敢以投
嘉瑞鱗光煥水容日已曉山翠吾皇病秦漢豈獨
探怪異所貴風雨時民皆受其賜良田爲巨浸污
澤成赤地掌職一不行精靈又何寄惟貪血
肉飽但據驪珠睡何必費黃金年年授星使

射瀆在楓橋北十里世傳秦始皇嘗射於此故名至今兩岸無回曲又名石瀆

蠡口在齊門北又有蠡塘在婁門東相傳范蠡乘舟出五湖於此遣人馳書招文種 楊備 吳越勳名一
世才五湖煙浪一
帆開猶防鳥喙傷同
輩此地夜招文種來

昇月館在帶城橋南 烏鵲館在烏鵲橋 江楓館在西

烏巷吳國三古館也又二館曰通波曰全吳舊爲館凡八今吳通波龍門臨頓烏鵲昇羽昇月昇月在宋尚存

桃夏宮楚春申君所建

滸墅在郡西二十五里圖經云秦始皇求吳王劍白虎蹲於丘上遂西走二十五里而失劍不能得地裂爲池因名其地曰虎疁至吳越時諱鏐因改云滸墅

甪頭即甪里在洞庭西山漢甪里先生所居史記正義太湖中洞庭山西南有祿里村 高啓 高皇本壯士提劍定四方

晚爲兒女情悲歌起彷徨愛子欲建儲龍姬方侍側顏驚四老人謂已成羽翼大臣豈不諫孰能奪天機彼翁何爲者足見人心歸始潛避秦君終出安漢嗣世羅馬能羈靮春聊自肆我來甪里村如入商顏山紫芝日已老黃鵠何時還斯人神僊徒千載形不滅猶想蒼巖中白頭臥松雪

毛公壇在洞庭西山漢劉根得道處也根既成僊身生綠毛人或見之故名今有石壇丹井在神景觀傍 皮日休 卻上南山路松竹儼如幽拱根礙幽逕舁頰不能斧擺纓跨亂雲側巾□怪樹三休且半日始到毛公塢兩水合一澗衆崖卻爲浦相敵百千載共擂十萬鼓噴散日月精射破神僊府唯愁絕地脉又恐折天柱一窺耳目眩再聽毛髮堅次到鍊丹井井幹翳宿莽下有藥剩丹勻之百疾愈疑於白衡髓詎以桐馬乳黃露醒齒牙碧粘甘肺肝檜異松形怪枯踈互撐拄乾蛻一丈鱗紫尘天舞下有毛公壇壇方不盈畝當時雲龍篆一片苔蘚古時僊人居今忽忽祥煙聚我愛周息一

忽起應明主三諫卻歸來迴頭唾珪組伊余□□侍幸斯人不復視如何大開口與世爭枯齋荷土地爭嫉以肉投與餒狖坐侵桂陰不知已與年□地足靈境他年終結宇敢道萬石君輕於一絲纓 陸龜蒙 古有韓終道授之劍先生身如碧鳳凰羽翼扶輕輕先生盛驅役臣伏甲與丁勢可倒五嶽不唯聯群靈飄颻駕務蟠白日朝太清空遺古壇在榻壘煙蘿屏遠懷非罡夕列宿森然明四角鎮露獸三髻差羽嬰回軿䡛七乘蹇足馳跡星象外真既感區中道俄成逼李向千祀雲嶠空崢嶸石上橘花落石根瑤草青時時白鹿下此外無人行我訪李寂境自言齋戒精如今君安死魂魄猶膻腥有友皆綠字有芝皆紫莖相將望瀛島浩蕩凌滄溟 □□大 拴蘿翁翠白晝陰七十二峯中最深綠玉傑翁已隱去惟有石壇竹塢竹陰掃壇石槎牙漢時風雨生鮮花山中坐鶴尚遺響湖外人煙灘成華道人胖子眾秋色邀我分山勢舟室驅丁役甲莫見娟娟飲飲泉飯餌术 張羽 方壇蔭奇竹儼彼毛骨秀想見黃眉公時來濯冰澗一往不可得尚問何日又 高啓 欲觀漢壇竹東上縹緲峯葛

花墜寒露夕飲清心胃月出太湖水鶴鳴空澗松真境久寂寥蒼苔閟靈蹤嘗聞綠毛叟變化猶神龍世人豈得見偶許樵夫逢攀險力易疲探玄志難從歸出白雲外空聞僊觀鐘

臨頓吳王時嘗逐東夷頓軍於此設宴餉之故名今呼臨頓里其地猶有臨頓橋

望亭在吳縣西境吳先主所御亭隋開皇九年置爲驛遂廢唐常州刺史李襲譽改今名 □□□□ 御亭一回望御亭十里香青袍與春草白馬即吳門儒戎鯁伊洛雜穉亂驛轅輦道同關塞王城似太原依明帛尚皇事禮國猶存散騎文雖脑竟城吏輔尊泣血悲東走橫戈念北奔方馮七廟略誓雪五陵冤人事今如此天道共誰論

卹穀井在洞庭東山道傍按小說載毅傳書事

詎是嶽之洞庭然橋祉因在其地遂與俱往下

死亭灣在閶門外七里漢朱買臣妻既棄買臣而再
嫁後見買臣貴恥而自縊故名其處【高啓】詩弃岂悔愚
婦人挂組何重輕能令縛交親翁子昔未逢妻去
恥負薪五十非晚貴不能待終晨一旦詔除闢還
家繡衣新邸吏驚赤紱邦人候朱輪無緣見
故夫自殺此水濱誰知孟德耀元在廡東鄰

金昌亭在閶門宋景平二年廢少帝爲營陽王幽于
吳郡徐羡之等遣使弒帝于金昌亭王有勇力突
即受制突走出閶門追以門關踣之此云走出閶
門則亭當在城內又陸龜蒙謂梁鴻墓在金昌亭
下一里恐今城視昔或遷徙耳

般若臺在吳縣西二里晉穆侯何準捨宅建之東北
有般若橋今呼爲宋明寺橋

烏夜村在崑山縣晉穆帝何皇后父准寓此産后之
夕有群烏夜驚於村落自後有烏徹夜鳴必有大
赦【高啓】荒村烏夜棲忽繞月明啼生得東家女身
爲萬乘妻至今種高樹不遺烏飛去居人凡樂
家愛聽啼啞啞啼啞啞
毋驚怪歸開門向烏拜

鬱林石在婁門孫吳時鬱林太守陸績罷政歸官
無裝舟輕不能道海取石爲重世稱其廉號鬱林
石【吳寬記】石之産于吳者奇形怪狀不可盡述也
工采之好事者賞之君子則鄙之於此有石
頑然數尺重而不奇蠢而不怪盡山中皆是也
良工棄之好事者藐之君子則賞之豈徒賞其
從而賞之蓋之視其物尤與魯璵秦壁等非物也
人也若當漢末吳郡陸公績仕於孫氏爲鬱林太
守相傳汎海歸吳舟輕恐覆取巨石爲裝蓋其廉
如此公家婁門之內臨頓里之北石留民家至今
猶存而埋沒土中僅露其背過者猶能指而稱之
曰此漢陸公鬱林石也然未有表識之者弘治丙
辰有司以其古物也且特異舁置察院之側作亭
覆之名曰廉石石始辟而通又淫而顯觀者開然
足跡不絕惟昔南中有貪泉焉飲之者見寶貨以
兩手攫而懷之物之能移人心如此今之廉石正
與此反自茲以往凡過而視之者其廉士固欣然
摩挲愛玩以益勵其操若夫貪者將俛首赧顔趨
而過之有不動心而改
行者尚得爲人類也乎

交讓瀆在子城北今堙爲民居僅有汚池丈許又有
交讓巷

白公堤在虎丘山塘白樂天所築

越公井在治平寺前小岡上唐廣明元年修井記云
隋開皇十年越國公楊素築城穿此井其徑二丈
有奇石欄如屛繞上有刻字【高啓】公昔鉄譚秋所
巳刓觚巖鵰射千載
則曾開大甚無生法
此霧瓶中滴滴寒

丹井在虞山南嶺下【宋濂銘】海虞有虞山梁天監初
漢天師十二代孫張道裕來隱
其下建招眞之治鑿丹井焉宋淳熙中道士李正
則浚井得藏丹石髓啓之化爲雙紅鴿飛入尚湖
至今湖中丹光煜煜然逾年井且廢莫知其所周
尊師玄眞旁日力尋疑之重加以甓構亭覆上時
皇
明洪武元年也僊家鍊丹必以井故名山多有之
其在今海虞者舊廢而新治豈玄學復興之徵歟
銘曰太陰委精自天一融而爲液養萬物神丹浴
之赤如日有夫玄巾發我室燮和衝霞飛揚飛靈
泉重噴甘逾蜜飲
焉壽與天地畢

雪井在虞山乾元宮宋由元道結庵以居山削無水一日大雪惟山坳不積浚之得美泉因名初元道未作庵時嘗受其師語云無雪則開後既悟而開井互見寺觀

洗馬池在府學之南

重玄寺藥圃唐宋僧元達年踰八十好種名藥凡取種者多致自天台四明包山句曲叢萃紛糅各可指名皮日休嘗訪之爲賦詩皮日休雨滌煙鋤傴僂行紺芽紅甲兩三畦藥名却笑桐君少年紀翻嫌竹祖低白石靜敲蒸朮火清泉閒洗種花泥怪來昨日休持鉢一尺彫胡似掌齊香蔓蒙蘢覆若邪瘤煙杉露濕袈裟石盆換水撈松葉竹徑還牀避笋牙藜杖移時挑細藥銅鉼盡日灌幽花支公謾道憐神駿不及今朝種一麻

陳集　蘇志卷二十三　三十八

石幢在郡城北數里唐徐浩書郡守陳師錫徙置府第鄉人夜過河上者多見鬼物乃相與請于州復置舊處其怪遂絶

睡龍灣在吳縣東南五十里黃家溪相傳宋高宗南渡時駐蹕於此有泉湧出因名

僊人洞在吳江東門僊里橋下深黑莫測俗傳此洞通太湖約七十里可出林屋洞宋陳昉爲僊從此去

虎丘寺古杉在殿前相傳爲晉王珉所植唐末猶在形狀甚怪不可圖畫皮日休程歷逢胥枯來自隋解任析立處嬌關宋成時卓犖擲捽蘇乂牙束戟枝紉驚螺篆活復謝繩可狂癡勁質如堯瘦貞容學舜徽勢能擒土伯醜可駭山祇虎爪拏巖穩虯身脫浪欹槎頭禿似刷抽嘴科於錐突兀方相脛皺皴夏氏骶根應藏鬼血柯欲漏龍漦吻似神屠怒牙如猰㺄飢朽蘚難可吒枯槿不堪治一性玄雲援三尋黑稍奇狼頭教窣堅薑尾掘擘垂目巽那逢權心開亘中鈹任咎爲疥癬從蠹作瘡痍品格齊遼鶴年齡等寶龜將悽觸地力欲負拔山姿未倒防風骨初僵負貳屍漆書明古本鐵室抗全師碌碌還無極伶俜又莫持堅應敵駿骨文定寫麟皮蟠屈愁凌刹騰驤恐攫池搶煙寒嶋嶙拔蔦靜糾纏感仰誠難識勿泣恐不知好燒胡律看堪共達多斯寡色諸芳笑無聲衆籟疑終添八柱位未要一繩維盡日來唯我當春甑更誰他年如入用直搆太平基陸龜蒙峯木盡相遺孤芳獨任奇插天形硉兀當殿勢敧危恐是夸娥怒教臨巘崿衰節穿開耳目根瘦坐能羆世尸論榮落人誰問等差有巔從日上無葉與秋欺虎搏應難動鵬蹲不敢遲戰鋒新缺齾燒岸黑黝黰鬭死龍骸雜爭奔鹿角差肢銷洪水腦稜聳梵天眉磔索珊瑚湧森嚴獬豸窺向空分犖指衝浪出鯨鬐楊僕船檣在蚩尤陣纛下連金粟固高用鐵菱披挺若竹堅捶浮於社納椎崢嶸驚露鶴避棲閟雲螭傍宇將支壓撐霄欲抵隳背交蟲臂揭相向鶻拳追格筆莖簪猶立階干卓未麾鬼神應暗畫風雨恐潛移已覺寒松伏偏宜后土疲好邀清嘯徹堪映古茅茨林大應容蝎年深必孕夔後凋依佛氏初植必僧彌檀捶煩莊辯槎牙費庾詞詠多寮府因搜苦化權卑類既區中寡朋當物外推蟠桃標日域珠草侍僊墀眞宰誠求夢春工幸可醫若能嘘嚼竹猶足動華滋

陳集　蘇志卷二十三　一十九

白公檜唐白樂天手植在州宅後池光亭前水中政和初已槁瘁高不滿二丈後爲朱勔取獻京師死道中乃以他檜易之禁中不知也

七星檜在常熟致道觀梁天監中所植奇古特甚【程孝】【之】梁人植檜虛壇下宛若魁衡列太空方士靈棋布玄武府君寶劍化蒼龍傍枝旋幹東西指一氣周回上下通肯學秦朝老松樹屈身甘受大夫封

古松在天平山獅子巖下自地崛起甚怪正中一幹聳拔如幢延袤二畝號眠松張即之書臥雲二字扁之云范文正讀書處也【高啟】龍門西岡魏公祠祠前有松多古枝長身蜿蜒橫數畝巨石作枕相撐拄春泥半封朽死骨東蘚晝裂皴生皮無心昂聳上霄漢偃仰獨向荒山畔蟄雷破獄擲不動千載一夢醒何遲正如卧龍未起日深意有待風雲期太湖月出照夜深穴峯雪積埋寒姿壽聲時吼若鼾息野老驚起山僧疑左伸右屈多異態天自出巧非人爲畫師安能把筆寫樵子豈敢操斤窺杜陵枯柟已憔悴蜀相老栢非瓌奇何如此樹怪且壽呵衛定想煩靈祇

不知已閱幾人代游客過盡今存誰明堂要與不見取得全正愛同文雄我昔來觀忍遽反醉坐其上高吟詩葛陂節竹亦騰化神物終去可久羈何當一叱使飛起載我萬里游天池他年還訪舊城郭正是白鶴歸來時【吳寬】盤盤蒸山麓側徑斜旋山人引我去云有長松眠石磴被蔓草攝衣步相連果然見奇樹如神龍蜿蜒鱗甲生滿身仍怪鬐鬣全恍若出巨壑疑將赴深淵未學攫龍術幼立不敢前天風谷口起繞視惟悠然枝幹既屈曲不中棟與椽茲山非杜櫟亦復全天年傍有短石垣制作良且堅四嵎屹不動窓累皆古甎斷裂蒼蘚間有碑昔人鐫銘文已磨滅篆書冠其顛荒山少居民始知徐公阡攀躋發長歎助我松聲圓草棘莫剪除應乏雲仍賢旭日照松下同之弔重泉

姑蘇志卷第三十三

姑蘇志卷第三十四

冢墓

周禮墓大夫掌凡邦之墓域而爲之圖今制忠賢之藏則爲之置守護禁樵牧亦先王遺意也獵徃代采近時以著于篇

商巫咸墳在平門東北三里巫咸商太戊時賢臣是爲巫門巫咸山按越絶書虞山巫咸所出史記正義謂巫咸冢在海虞山上子賢亦葬此離騷亦稱巫咸說者以爲古人巫也

太伯墓吳越春秋云太伯葬梅里平墟史記正義引括地志云在吳縣北五十里梅里村鴻山上去太伯所居城十里吳地記又云太伯冢在吳縣北去城十里

吳君仲雍墓吳地記曰在常熟縣西虞山上與言偃冢並列寰宇記曰虞山有仲雍齊女墓東是仲雍西是齊女梁昭明太子招真治碑云遠望仲雍而高墓蕭瑟旁臨齊女而哀壟蒼茫今碑尚在而墓久廢吳地記又曰仲雍墓在海虞山東嶺【周賀】虞墓東山直峽州萬國西人皆憐伯仲心實似光齊海水龍無害蠻花鳥自啼寂寥懷古意文傑見遺黎【傅良玉】仲雍古冢已丘墟冢上閑雲白卷舒奠鴈不聞陳鐵鑑艾夷誰合禁樵蘇杜鵑啼血春風老

夜死荒坐夜月孤過客無勞增悵惘至今懷忠魂
勾吳 吳訥 虞仲隨伯氏泯迹逃荆蠻至今仲隱處
猶自稱虞山遺跡迴難尋廢塚寄山間郡邑失開
陳藏遠埋荒營子賤忝末裔有淚空潸潸苔蘚爲[illegible]
樵牧陳辭扣天閽 鄭東 野鼠穿黃穴遺封白草深
死無歸國夢人識逸民心邃樹冬愈碧汀猿夜哀
吟海虞山上月梅里共沉沉 周南老 賢哉虞仲氏
讓國來荆蠻斷髮文其身之死不復還[illegible]
巍屹立山之間高風播宇宙邈矣誰能攀青山[illegible]
以名萬古
永不刊

周章墓圖經周章墓在虞山上

王僚墓在穹窿山西 吳地記云王僚葬山傍有思益寺

吳王闔廬墓在虎丘山劍池 越絕書及吳越春秋云闔廬之葬穿土爲山積壤爲丘發五郡之士十萬人共治千里使象運土鑿池四周廣六十里水深一丈五尺銅棺三重傾水銀爲池六尺黃金珍玉爲鳧鴈扁諸盤郢魚腸之劍在焉葬之三日金精上爲白虎踞墳故名虎丘劉向疏云葬千餘年越人發之吳地記曰秦皇[illegible]求劍虎復蹲焉遂走而失或云墓即虎丘寺法堂墓地 [illegible] 惜哉吳王墓秦帝常開破應咲埋金玉千年留爲禍不待虎跡消已聞鮑車過又足驪山頭炎炎三月火 [illegible] 昔見虎眈眈今爲佛子龕雲寒不出寺劍潭不離潭幽步羅垂徑高禪雪閉庵吳都十萬戶此亦亘東南 [illegible] 山頭古寺多煉遊故國空餘氣象雄霸業已隨流水夫闔閭貴草又西風 [illegible] 東客從來過虎丘攜花渡口[illegible]闔閭宮殿不可見但對古塔寒煙憶昔吳王全盛日水軍十萬橫吳鉤走山兕蹋荊人塚[illegible]破闔誰知麋鹿上[illegible]劍池秋 高啓 水[illegible]深幾防盜[illegible]化[illegible]虎去秋風後廢樹鳥啼夜[illegible]應知無敵[illegible]葬劍三千

[illegible]盤門裏伍大夫廟側

申公巫臣墓郡國志云在匠門西南祥符圖經云在將門外吳地記云在巫門外 按匠將聲之訛云匠門外者幾是

孫武墓越絕書云在巫門外大冢去縣十里東漢書引皇覽云在吳縣東門外吳地記云在平門西北二里地名永昌

干將墓在匠門外 吳地記云匠門本名干將門門外有干將墓後訛爲匠 高啓 干將吾鑄劍劍成終殺身吳伯亦遂亡神物豈不神始知服諸侯威武不及仁徒勞冶金鐵精光動星辰莫邪應同埋荒草千古春青蛇塚間出猶欲恐耕人

慶忌墓在吳縣東北二十五里今云慶墳吳地記云在齊門外 今十四都有慶忌廟

要離墓在吳縣西四里閶門南城內吳地記曰在泰伯廟南三百五十步 相傳在今閶門橋西城下馬婆墩舊有砲座基嘉定十六年提刑司修城此地多得古塚皆莫詳其姓氏漢書注要離塚在西伯鸞墓在北范志又云在閶門外金昌亭傍傳記不同互見梁鴻墓 楊維禎 金昌亭下路春草沒荒丘云是要離塚令人生古愁侏儒兒三尺餘不佩雙吳鉤中包猛士膽白日照高秋惡死屠骨肉視身若蜉蝣荆軻不了恨慶忌成身誅如何五噫客死與爾同仇

王夫差墓在陽山 左傳云吳王乃縊越人以歸注以其尸歸越絕書云夫差塚在猶亭西卑猶位近太湖越王令干戈人以一壘土葬之吳越春秋云夫差既伏劍越王以禮葬之秦餘杭山宰嚭亦葬其旁其義子墳十八所俱在陽山又號亞父塚

瓊姬墓夫差女也與夫差墓相近 高啓 夢別夫差[illegible]歌郎[illegible]紋髻苔雜

北土昏青鏡悶曉月冷珠襦恨秋麋鹿昔來麋苑牛羊今上荒丘香魂若恁亡國莫與西施共遊【徐賁】館娃宮裏已堪愁況值泉臺閟小丘月冷寶奩無復曉池空玉雁不知秋輦閣舊屋僧來往竹下新亭客過遊不有佳名留郡志誰能識此爲停舟

吳女墓在閶門外吳越春秋云闔閭女曰勝玉王與夫人及女會食蒸魚王前嘗半而與女女怒曰王食魚辱我乃自殺闔閭痛之葬於閶門外鑿池積土文石爲椁題湊爲中以金鼎玉杯銀尊珍襦之寶送女乃舞白鶴於市令民隨觀使男女與鶴俱入羨門因發機掩之又取土時其地遂成湖號女墳湖又越絕書云闔廬女冢在閶門外道北下方池廣四十八步水深二丈五尺池廣六十步水深丈五寸隧出廟路以南通姑胥門并周六里寰宇記引郡國志云玉女墳在郭西山川記云夫差小女名玉墳在閶門外御覽引吳地記云閶門外女墳者闔閭女墓

齊女墓吳越春秋云吳太子聚齊女女思齊而病將死曰必葬我於虞山之巔以望齊國闔閭傷之如其言葬之【周霞賓詩】惟弗三千里辭親遠結婚浪傳招楚些難返望齊魂蘭麝山頭土蒿萊郭北門生涯歸一瞬標榜至今存【張洪】南風初勁北風微爭長諸姬復娶齊越境穴頭千兩送在途應拭萬行啼望鄉不憚登臺遠埋恨惟嫌起塚低蔓草萋萋猶泣露倩誰爾向故鄉泥【吳訥】齊景不自強弟出女於吳迢迢三千里百兩來姑蘇死葬虞山顛北望父母都芳魂逐飄風艷骨歸黃壚空餘一荒丘月夜嗥飢狐【程式】宗國中微日勾吳始霸時來歸非我志時事有天知身死蘇臺下心馳滔水湄萋萋芳草墓千古不勝悲【鄭東】哭兀孤墳在千年恨尚新荊蠻非偶國盤鉝媿吾人鄉獨春啼血狐狸夜得鄰營丘無霸業吳沼更傷神【林大同】嘗聞齊景公涕出女於吳孟姜志貞烈憂憤身爲殂吳亦閔其生卜葬于海虞中宵走飛燐昭明燭太虛有客從宦遊考功朝帝都㠎㠎有耿光徂與忠義俱

孫王墓在盤門外晉張悛代吳令謝詢求爲諸孫置守冢人表臣聞成湯革夏而封杞武王入殷而建宋春秋征伐則晉修虞祀燕祭齊廟夫一國爲一人與先賢爲後則愚廢誠仁聖所哀悼而不忍也故三代敦繼絕之德春秋貴柔服之義昔漢高受命追存六國凡諸絕作一時普祀親與項羽對爭存亡逮羽之死臨哭其喪將以依嘗侔尊力嘗均勢雖功奪其成而恩與其敗且暴與疾顛禮之若舊臧殘之尸乃以公葬若使羽位承前緒世有哲王一朝力屈全身從命則楚廟不隳有後可冀伏惟大晉應天順民武成止戈西戎有即序之人京邑開吳蜀之館與滅加手萬國繼絕接于百世雖三五弘道商周稱仁洋洋之美未足以喻是以孫氏雖家夫吳祚而族蒙晉榮子弟量才比肩取進懷金佚服佩青千里當時受恩多有過望臣聞春雨潤木自葉流根鵷鴻恤功愛子及室故天稱罔極之恩聖有綢繆之惠追惟吳偽武烈皇帝遭漢室之弱值亂臣之強首倡義兵先衆犯難破董卓於陽人濟神器於甄井威震群狡名顯往朝桓王才武弱冠承業招百越之士奮鷹揚

之勢西赴許州將迎幼主雖元勳未終然至忠已著夫家積義勇之基世傳扶危之業進爲徇漢之臣退爲開吳之主而蒸嘗絕於三葉園陵殘於薪萊臣竊痛之伏見平吳之初明詔追錄先賢欲封其墓愚謂二君並宜應書故舉勢則力輸先代論德則惠存江南王刑則罪非晉寇從坐則異代已輕若列先賢之數蒙詔書之恩裁加表異以寵亡靈則人望克厭誰曰不宜二君私奴多在墓側今爲平民乞差五人蠲徭役使四時脩護頹毀掃除塋壟永以爲常【國朝盧熊孫王墓攷】古漢豫州刺史孫堅堅妻吳夫人及其子會稽太守策三墓並在盤門外三里即今齊昇院東南面勢據古蛇門正與府治相向祥符圖經云孫堅墩方俗稱爲孫王墓按吳書堅死於初平二年年三十七策死於建安五年年二十六吳氏死於建安七年合葬堅墓黃龍元年權追尊堅爲武烈皇帝廟曰始祖墓曰高陵吳氏爲武烈皇后策爲長沙桓王太元元年八月朔風拔高陵松柏石碑蹉動晉陽秋云惠帝元康中吳令河東謝詢表爲孫氏二君置守冢五人脩護掃除有詔從之其文張悛所作今載文

選陸廣微亦云盤門東北二里有吳武烈皇帝并
長沙桓王等三墓前志云宋政和六年郡民發墓
其輒側皆有萬歲永藏四篆字得金玉奇器甚多
有東西銀梧初若案花良久化爲腐土并金搖頭
十數枚金握臂二悉皆如新一尾熏爐與近世陸
墓所制略似而箱底灰炭猶存碑石斷缺屋陷家
平年三字州將遽命掩之所得古物盡歸朱勔家
洪伯芻香譜亦畧載此事即揚文夔所賦孫豫州
墓者是也洪氏三庚志云盤門外大冢紹興二年
秋雨隤圮牧童入其間得銅器數種持賣於市二鄉
人往視圮處蓋其隧道有石刻隸書云大吳長沙
桓王之墓亦烏三年凡十有二字知府沈揆亟命掩
塞仍立石表其所賸成爲記袁席之爲策死距亦
烏三年已四十載豈非權稱制之久復瘞葬乎所
得之器賸藏一小鏡其背有銘十四字一銅小鯨
鎮紙無款識以遺席之嘉熙中墓傍土中又得唐
孫德琳墓志云開元十年窆于十四代祖吳武烈
皇帝陵東南平地又按丹陽圖經載高陵在縣西
練塘鄉吳陵港能以傳記證之當是堅葬曲阿後
遷于吳史不及詳載爾賸成所記謂紹熙中提舉

常平張體仁嘗命其屬表之題曰先賢墓孫誼屬
成考訂止從俗稱孫王墓成蓋據陳壽說破虜葬
曲阿及言策之薨其將周瑜魯肅皆赴喪獨指此
爲伯符之墓亦未嘗謝詢所表不審三墳同域故
論說紛紜自相抵牾在政和知爲豫州之墓在紹
熙知爲長沙之墓皆不能質諸傳記以求其說地
亦嘗爲官窒故舊志不復詳究矣因備載始末傳
諸好事仍録古今文詞如左云梁何遜行經孫氏
陵昔在零陵厭神器若無依逐兎爭先捷掎鹿競
因機呼吸開伯道叱咤掩江畿豹變分奇略虎視
肅戎威長蛇翊巴漢驥馬絕淮淝交戟無內禦重
門豈外扉成功舉以棄凶德愎而違水龍怨東鶩
青蓋乃西歸朅來以永久年代曖微微苔石疑文
字荊榛失是非山鶯空曙嚮壟月自秋輝銀海終
無浪金鳧會不飛闃寂今如此望望沾人衣宋劉
克莊題長沙王墓霸畧誰堪敵伯符每開史冊想
規模一千揚衆橫江去十七成功自古無警蹕未
迎歸大內英雄可惜死東吳君看末命尤奇特指
顧張昭爲託孤餘詩文具
載郡人朱勔所輯高陵編

吳王墓有三一在蛇門外大丘去縣十五里一在匠
門外襧溪瀆中去縣二十里一曰胥女大冢去縣
四十五里皆見越絕書
越王史墓越絕書云巫門外宛山大塚故越王史塚
去縣二十里又云蒸山南夏駕大塚者越王不
審名塚去縣二十五里
言偃墓在虞山上史記吳世家注與仲雍墓並列
澹臺滅明墓在澹臺湖傍或曰在吳縣西南八十里又傳張士誠築城於虎丘土中得石刻曰澹臺滅明之墓
莫格墓越絕書云去縣二十里虎丘之北莫格古賢

避世者
衛公子墓越絕書云胥女南小蜀山春申君客衛公子
塚也去縣三十五里又云土山春申君時治以爲
貴人塚次去縣十六里
馮煖墓在吳縣東北二里即煖所居死葬其側至唐
墓碣猶存互見第宅
中大夫嚴助墓在吳江縣東南百里至今呼其地爲
嚴墓
漢丞相陸烈墓在秦餘杭山又云虎丘山西北十里
有水名白坊又北十里是曰屛亭東峙有漢豫章都

尉陸烈墓

山陰令陸叙墓在陸烈墳東二里

潁川太守陸宏墓在平門西北三里或云在華亭縣西北四十里 按宏績長子官會稽南部都尉其爲潁川太守者曰閎乃宏八世祖耳今姑仍盧志

三老顧綜墓在婁門外塘北與朱梁墳相直 顧況撰廟碑有云刋石婁門德輝不滅碑今亡

黃香墓在常熟梅里鎮 乾道初梅里蘇忠翊直卜葬得古塚乃黃香墓碑刻隸書首兩句八字中二字不可識延陵慈父葬子博蠡孟光貞[redacted]碑陰乃會稽東部都尉張紘誄又有辭綜脩祠日月題刻可辨者八字子瓊孫琥仕登三事蘇氏挈歸家有光怪异棄崑承湖中

朱梁墓在婁門東南二里 梁本名肇避和帝諱改仕爲正議大夫冀吳二郡太守郡中朱氏多其後肇一作穆按漢制無正議大夫冀州亦非冀郡

奉車都尉衡州刺史吳煇墓在姑蘇山北十二里胥口東岸 煇字光修丹陽太守景之父也

蜀郡太守張康墓俗名鳳凰墩在吳縣界或云在閶門外 康考之氏族無所見唐宰相表有漢蜀郡太守張睦王賓云子房七世孫名睦字選公東漢蜀郡太守姑居吳鳳墩豈睦之葬地邪

梁鴻墓在吳縣西四里要離墓北 鴻疾困告皋伯通勿令子持喪歸及卒伯通求葬地以要離烈士而伯鸞清高令相近陸龜蒙云在金昌亭傍幾一里續志云今閶門南城內法會菴西有古塚傳爲要離梁鴻墓[illegible]廟梁高士碑有漢高士梁君諱鴻字伯鸞扶風人君得

天元純誕其生知藝掊[illegible]而游於世遭漢微欽堯風頹抑若以爲道了[illegible]時故安節以高蹈高蹈不可以敘俗故登[illegible]歌歌不可以遺忠故適越以遯遯遯不可以[illegible]粒故寄食於杵臼是以孟氏悅其道而妻之伯通尚其風而禮之安夫大而遺其細忽夫語而恂乎默樂則行之憂則違之斯可謂高世之逸民矣原夫天之運也曰明與晦人之道也曰否與泰達人知否與晦之不可爲也故耦而耕狂而歌鑿坯以遁荷蓧以游而晦德避難不成乎名於戲伯鸞非斯人之徒則誰與其大曆六年小子旅於吳得君之舊游焉若子稱聞柳下惠之風者鄙夫寬薄夫敦然則聞之風藏亦將舍爾朶頤以觀我靈龜予乃刊貞石以識遺烈銘曰山隱驅車河秘馬圖伯鸞不行獨與道俱太虛無際浮雲無繫伯鸞伊何宜跡人世直道辱身三黜曾邪扣馬逆諫餓于首陽邈矣伯鸞靜而含光作銘皐橋萬古是望

吳郡餘杭邵氏夫人墓在吳江縣陳思村 硯格書奩云至順四年耕夫得敕於古壙中上有文曰赤烏五年七月造又一方甓上刻曰吳郡餘杭邵氏夫人之墓

吳鬱林太守陸績墓在陽抱山吳地記云在閶門外泰伯廟西 至元間郡人朱澤民祖母病卜地陽抱山夢偉丈夫告云勿奪吾宅吾且爲夫人後既而穿地得石刻曰鬱林太守陸績之墓別有刻云此石爛人來換石米[illegible]矣從[illegible]之而卜[illegible]其傍

侍中朱桓墓在橫山

偏將軍步騭墓在吳縣東北三里一百步有碑

左丞相陸凱墓在長洲縣西鳳凰山或云在松江郡西北三十二里

太子中庶子陸禕墓在崑山之頭 舊有征北[illegible][illegible]墓尉呂泗沈[illegible]同

日欲出已復西人間廢興那可知崑
山陵谷久已變水傍雅有將軍碑
晉司空何充墓在虎嶀山東一里見冢字記按史何
氏過江自充以下並葬吳西山
兵部侍郎石崇墓在吳縣西六里高啓詩虬須欲怒珊瑚折步障圍春
錦雲熱眞珠換妾勝驚鴻笑踏香塵如踏空酒闌
金谷鶯花醉家逐樓前舞裙墜財多買得東市愁
羅綺散盡餘荒丘猶令白首
同歸者坐伴遊魂楓樹下
黃門侍郎潘岳墓在石崇墳西北
東曹掾張翰墓在横山東五里
將軍袁山松墓吳地記云在横山二里盧志在横山
東五里山松築扈瀆壘禦孫恩爲賊所害葬下土李祥冒白刃收骸歸葬
給事中江蔡墓在天平山下地名上沙宋孫起卿於其地獲墓磚
刻文畧云蔡養
父諶本父迺
淮南内史朱誕墓在婁門外一里
驃騎將軍顧榮墓冢字記云在赤門外九里陸廣微
記云在吳縣東南二十里側有左威將軍張敷墳
今寔在葑門東六里長洲縣黃天蕩南俗訛稱顧
邑墓墓西有祠題曰顧將軍廟或誤云上將軍榮從
子和亦葬吳謝應芳詩白髮吳儂說姓名將軍墓
近闔閭城徵車入雒稱三俊割炙知人得再生江
月似留揮扇影松風猶作鼓琴聲停舟一酹蘋
花渚野鶴飛來斷隴鳴其餘詩俱見懷古錄
盧江太守闞稜墓在齊門東北二[illegible]今有闞墓村稜德

行者清高封關内
侯見吳地記
廢帝陵相傳在白茅市按晉書廢帝奕太和六年廢
爲東海王咸安二年降封海
西縣公徙吳太元十一年薨與庾后合葬吳陵又
侯白雜異記云盜發白茅冢棺内大吼如雷野雉
悉雊飛盜皆惴然
盜多被燒死
瞿硎先生墓慶元志云在直塘市市有廣安寺浚塘
得古冢墓塼稱瞿硎先生字鵠子廣川人隱居不
仕葬于東陵武安寺重岡之原武安蓋廣安舊額
今其地尚多瞿姓晉書隱逸傳瞿硎先生者不得
姓名亦不知何許人太和末居宣城文脊山中山
有瞿硎因以爲名桓温造之見先生被鹿裘坐石
室神無忤色温及僚佐皆莫測之乃命伏滔爲之
銘贊竟卒於山中
太尉陸玩墓在雞籠山子尚書令納亦葬此山按史玩卒
給兵千人守冢七十家太元中以玩有佐命勳先
陪陵而葬由是特置興平伯官屬以衛墓則玩葬
地當在南京
之雞籠山
宋會稽内史張裕墓在吳縣西二十七里華山
青州刺史郁泰玄墓見蘇州冢墓記不詳所在記言
泰玄性仁恕葬日燕數千銜土今冢猶高大異他
墳村鄉歲時祭祀或謂吳縣西南有玄墓山疑即
其地

雅宜墓宋湘東太守張濟女也元徽七年葬在至德鄉今俗訛雅宜山

蕭天子墓慶元志云在常熟寶嚴寺東丁家灣之西故老傳云蕭天子墓上有古木樵牧不敢近不知何帝也按江陰志蕭天子墓在長信鄉有大土封號倉堆又按梁史梁敬華爲江陰王殂蕭季卿嗣陳大建二年除侍中淳于氏執季卿買梁陵中樹皆生免即此觀之墓亦有自又盧氏云唐蕭存人號爲蕭夫子嘗爲常熟主簿歿葬此訛稱云爾

梁朝公主墓在乘鯉坊即傳法尼寺後大土丘也相傳梁武帝女也降御人孫瑒寺其故宅也尚祀之稱爲妙嚴公主寺西路百步許河濱有石馬號石馬墓即其神道

門下侍郎陸雲公墓在橫山俗稱陸墓山舊經訛爲陸雲墳又或謂陸機皆非

太常卿陸倕墓在吳縣綏山鄉墓石從子襄爲序相東王繹爲銘普通六年立

陳黃門侍郎顧野王墓在楞伽山下吳地記云在橫山別隅平地不起墳紹興間碑石尚存高啓詩南朝舊碑倒墓近樵蘇道應與讀書堆離離總秋草

唐鸞臺侍郎顧崇墓在泰伯廟西

贈尚書左丞陸象先墓在光福山西

河南法曹參軍張從師墓在虎丘張說撰誌稱從師辯博閒達好古逸群秀才高第歷官五政弟從中善書有時名子惟儉性靜皆精左氏穀梁春秋

山南西道節度使歸融墓在城西二十餘里有大冢巋然土人號歸王墓宋嘉熙中墓傍民墾土得石如碑其中隆起八分書云唐故陳留言夫人墓誌四維下殺刻瑞芝按融終於少傅無王封

陸宣公贄墓在齊門外六里虛舟客話云在官河之西地名陸墓水名陸塘淳祐中宮於墓傍得遺刻與所傳合郡人周虎張眾發訂其事或謂宣公卒于忠州其喪不曾還吳而忠州圖經云墓在王虎灘南三十步豪葬或云公巳歸葬吳中忠州特虛冢爾

吏部尚書姚紹之墓在吳縣南五里一百步

陸龜蒙墓在甫里傍有白蓮寺據言龜蒙中和初卒給事顏蕘誌墓吳融

爲祭文千餘言有日觸即碎潭下月拭不滅玉上塵又有宋胡宿所撰碑今亡

卜將軍墓在崑山西鹿城鄉界卜山有墓記畧曰將軍名珍字文超西河人生偉異有大志敬宗時紀綱顛委藩鎮騷然將軍奮孤忠雖勲感烈爲世所重

閻將軍墓常熟勝清寺東寺即元和中閻氏舍宅所置

陸元感墓在崑山朝議郎行右拾遺靳翰誌

陸丞相墓在常熟縣開元鄉岡下村墓左有涇曰大墓浜村民浚涇得朱漆板古刀錢鐵牌未知丞相爲誰也

朱氏墓在穹窿山傍墓碑云先居下邳自平始三年避地至會昌壬戌凡八百四十二年籍于吳故有邳村之名叙過江之祖子孫官爵守多湮沕俚俗妄云漢朱買臣墓非也

魯國夫人墓怪奇志云嘉泰中齊門外採蓮里窰戶起土於古冢側得方石題云唐周軍魯國夫人墓又云長慶三年四月十四日葬於陸墓里通賢鄉之原

眞娘墓在虎丘路傍圖經云在雲巖寺西南山下吳妓人也詳見李紳詩序雲溪友議又館閣書目有眞娘墓詩一卷

李紳詩幷序 眞娘吳之妓人歌舞有名者死葬武丘寺前吳中少年從其志也墓多花草以蔽其上嘉興縣前亦有吳妓人蘇小小墓風雨之夕或聞其上有歌吹之音其詩云一抹繁艷春城盡雙樹慈門忍草生愁態自隨風燭滅愛心難逐雨花輕黛消波月空蟾影歌息梁塵有梵聲還似錢塘蘇小小秖應迴首是卿卿

白居易 眞娘墓虎丘道不識眞娘鏡中面唯見眞娘墓頭草霜摧桃李風折蓮眞娘死時猶少年脂膚荑手不牢

固世間尤物難留連易銷歇塞北花江南雪

譚銖 虎丘山下冢纍纍松栢蕭條盡可悲何事世人偏色重眞娘墓上獨留詩

李商隱 虎丘山下劍池邊長遣遊人歎逝川罥樹斷絲悲舞席出雲清梵想歌筵柳眉空吐効顰葉榆莢還飛買笑錢一自香魂招不得秖應江上獨嬋娟

王禹偁 女命在乎色士命在乎才無才無色者未死如塵灰虎丘眞娘墓止是空土堆香魂與賦骨銷散如黃埃何事千百年一名猶在哉吳越多婦女死即藏山根無色故無名丘冢空崔嵬惟此眞娘墓客到情徘徊我是好名士爲爾傾一杯我非好色者後人無相咍

楊備 氷肌玉骨有遺妍粉作嬌雲黛作烟知有香魂埋不得月深巖底月中仙

高啓 金釵葬小墳楊柳寺前村已斷花間信空歸月下魂山鶯留曲韻草露帶啼痕車馬逢寒食還來酹酒樽

顧瑛 何處眞娘墓雲霾斷石根夜深風雨急誰與海棠魂

綽墩傳爲黃繙綽墳互見山類

[illegible]曆十二年虎丘寺有鬼題詩二章隱於石壁上觀察使李道昌以聞敕令致祭後數日復隱出詩云欲知潛寐處山北兩孤墳莫詳姓氏故稱爲幽獨君今山北有二墳猶存互見紀異條

李道昌祭文 嗚呼萬古丘陵化無再出君是何人能言詩筆何代而亡誰人子姪曾作何官是誰仙室寂寞夜臺悲呼白日不向紙上石中隱出桃源三月綠草垂楊黃鶯百囀猿聲斷腸不題姓字寧辨賢良嗚呼痛哉嘆惜先賢空傳經史終無再還青松嶺上嵳峩碧山大唐政集已記詩言痛復痛兮何處賓悲復悲兮萬古墳能作詩兮動天轂哀怨兮淚沾巾感我皇兮列清酌願當生兮事明君

高啓詩 君本何代人姓名復爲誰何年棄人間長眠此山隨荊榛鬱[illegible]朧孤墳上無碑游魂久未化哽咽還能詩人歿乃歸滅憂樂豈復知君何獨煩冤猶有親愛思一死衆所同已矣焉足悲陳辭爲相吊此理君當推

莊府君墓在嘉定縣城南澄江門外誌云名秦馮翊郡人咸通三年卒

葬于崑山縣東一百里伍家堰鄧城鄉橫瀝水西

吳越廣陵王錢元璙及其子中吳軍節度使文奉墓並在橫山即踞湖山錢氏有國日造薦福寺於山下土人遂以寺名名山又墓傍有壽聖院晉天福五年文奉建以奉廣陵墓祀初名吳山院至宋治平中賜今名崇寧元年文[illegible]孫公著立石少府監丞強浚明爲記盧志云墓在橫山楞伽寺傍非也且以浚明所作訛爲明因院記而謂公著所撰亦非明因院即薦福山感慈院也凌民瞻有方丈記不及錢氏父子則非所謂墳祠矣

李墓在常熟縣東南四十五里慶元志云相傳吳越錢王遣將梅世忠李開山屯梅里開山卒葬於其傍十八里故曰李墓今土人或謂之李王墓梅李蓋因二將得名今誤名梅里

宋駙馬都尉石端禮與陳國靖懿帝姬墓在黃山法雲寺堂上 見周必大游山記按哲宗女封瀛國出降政陳國長公主卒諡靖懿而常熟縣東七十二里有靖懿帝姬殯所傍有褒親崇惠寺政和七年賜額當是權厝後改葬耳

晉國公丁謂墓在華山習嘉原

范文正公仲淹祖墓在天平山三讓原 曾祖夢齡蘇州糧料官贈太師徐國公祖贊時祕書監贈太師唐國公父墉武寧節度掌書記贈太師周國公天平吳巨鎮石山生穴人以爲范氏慶原今稱三太師墓子孫散附本山者不能悉書

工部尚書李堪墓在至德鄉洞涇西

禮部侍郎蔣堂墓在橫山魯墕堯峯寺傍 至和元年葬門人鄭必誌胡宿撰神道碑

鄭文肅公戩墓在橫山感慈塢

翰林學士葉清臣墓在橫山寶華寺傍

贈司徒富嚴墓在橫山寶華寺傍

天章閣待制沈起墓在長山鄉三顧原 起字興宗元祐中以刑部郎中待制知杭州三年卒于蘇沈括銘

施昌言妻萬壽縣君徐氏墓在三讓鄉陸公原 歐陽脩銘

滕章敏公元發墓在陽山栗塢 蘇轍銘

同知樞密滕康墓在華山

正議大夫滕高知解州滕中知蕪湖縣滕修將仕郎滕璞四墓並在華山 按滕氏譜高字仰之章敏公元發之父吳處厚作墓誌中字元直忠節公甫曾之父崇寧五年卒蔡肇作志米芾書修字敦叔忠節公之子紹興二十七年卒璞敏叔之子寶祐二年樂于大高分地與興教院碑奉祠

中散大夫陸縕墓在破山 縕爲江淮荊浙發運使卧疾眞州償狀無故動搖尋卒歸葬山下人每夕聞詞導嚴從墓門出紅燭夾道由是樵蘇無敢窺積五十餘年乃已

贈刑部侍郎陳質墓在華山十之奇等祔 質五子之奇熙寧初卒王珪爲葬之祥奉上帝召卒王安石爲誌之元之光皆蚤世

屯田郎中林高并妻黃夫人墓未詳所在 按劉攽銘云林氏福清人葬兩世於吳吳諸孫居此傍無支親夫人恐衣食家教甚嚴稱賢母治平四年附葬夫墓

集賢校理林槩并妻墓尚書左丞吳國公林希墓並在橫山寶華寺傍

祕書少監林旦墓在至德鄉博士隝朝散郎子虙祔

兩浙帳勾林濬墓在至德鄉馬鞍山弟嶼祔 濬字禹川槩之孫旨之子嶼字公陟

贈金紫光祿大夫葉棐恭墓在貞山子膳部郎中唐稷祔 唐稷誌揩陳瓘撰按貞山恐即蔡山

翰林侍讀學士錢藻墓在天平山龍岡村 曾肇銘

藻母永嘉郡太君丁氏墓亦在

銀青光祿大夫廣平侯程師孟墓在橫山下 蘇舜欽銘

都官郎中龔宗元墓在南峯宣教郎明之祔 鍾離松銘

司農寺丞郟亶墓在太倉州大北門內今呼爲大夫

墳舊志云朝散墓在郡郭梵天北宮道東已廢爲民居猶露石碣云三十朝散之墓據此則當是升卿冢
贈刑部尚書朱億墓在支硎山西龍池東子光祿卿
綽女白蓮花夫人皆祔
刑部郎中贈少師朱季端墓在支硎山孫忞曾孫昌
祔
贈銀青光祿大夫朱良墓在支硎山弟白哥祔
中奉大夫提舉廣南市舶朱思墓在支硎山孫謙祔
樂圃先生朱長文墓在支硎山南峯西張景脩銘米芾書
知如皋縣朱振墓在鹿山

直史館張沔墓在穹窿山荅鴿子直龍圖閣詵祔
張諷妻彭城縣君劉氏墓在穹窿山諷字隱直劉氏字德姬攸之妹熙寧八年祔皇舅墓次攸爲銘
職方郎中沈衡墓在吳縣界衡字公持蕭山人職方郎中知閬州熙寧十年卒于蘇元豐元年葬蘇頌銘
贈特進盧文秀太子賓客康肇龍圖閣直學士盧革
端明殿學士盧法原四墓俱在穹窿山法原紹興五年帥川陝卒于王事詔歸葬
尚書右丞朱諤墓在陽山下諤華亭人附蔡京得賜第於蘇[illegible]葬蔡或云陽山澄照寺乃其家所請功德院也

太子洗馬許仲容墓在郡城西
濠州錄事參軍杜沂并妻江氏墓在荒山寺北
壽昌令李琢墓在天平山妻鄭氏祔丁騭見孝友傳
贈少師徐師閔墓在蒸山
屯田郎中方龜年墓在女墳湖西子惟深祔
太子中舍邊珣墓在蒸山紹聖二年葬[illegible]尚書左丞陸佃銘
龍圖閣學士徐林墓在靈巖山西
利州觀察使李[redacted]墓在法華院孫覩銘
禮部侍郎唐煇家墓在橫山寶積寺傍凡十七世周益公南歸錄云唐致遠先隴自五代以來接續葬一山平江世家惟此最久

知潭州陳睦墓在支硎山南峯
知溫州周奕墓在陽山白龍塢祠于善菴繼曾孫炳文祔
贈奉議郎王仲舉墓在橫山桃花塢正和元年卒江公望誌從
孫浙西參議大本大本從弟大成大成子楙楙子
德文德文子敉敉曾孫國賓國賓從孫敏並祔
延康殿學士徐鑄墓未詳所在知平江樓异誌
都官郎中章甫墓在長山鄉仕墟村道士塢崇寧五年葬揚時譔碑黃裳書
龍圖范師道墓在天平山寺西趙抃記
范清憲公之柔墓在長洲鄉燕巢山通議大夫公

武公武孫天鑑祔
翰林學士范良器墓在楞伽山
朝議大夫孫載墓在高景山大觀三年葬鮑欽止銘
尚書戶部郎中陳彥恭墓在光福山彥恭字子原紹曾孫元祐進士
建炎中卒汪藻銘
胡嶧世墓在至德鄉金井塢
尚書周武仲墓在橫山楞伽寺傍建炎二年葬胡[illegible]銘
和州防禦使周忠惠公墓在虞山
和州觀察使周興裔墓在虞山北積善鄉孫公江制
機檢察水步兵才祔
胡獻惠公元質墓在黃山
諫議大夫常同墓在聚塢周南讀書記云同字子正卒於海鹽其妻方務德女弟聞婿蘇師德獄起懼禍盡鬻所有護柩之聚塢黃氏葬於水濱時紹興二十年也按史同御史安民之子政和進士歷太常博士高宗朝史館修譔禮部侍郎知湖州卒
管勾南京留司御史臺公事邊裕墓在蒸山子知微知章知白知常知遠知節知存知新悉祔
王文恭公綯墓在崑山縣金童橋南
直祕閣黃策墓在長山鄉銅井山策無疾坐卒先自題隨緣居士之塔
策祖挺父彥以下子孫多葬此
少保曾懷墓在虞山興福寺北

福建運判丘礪墓在頂山曾孫江東安撫司參議官
烈附
刑部尚書黃由墓在鄧尉山妻胡夫人祔
直寶文閣胡堅常墓在呂山亦名胡菴山
蘄國韓忠武王世忠墓在靈巖山西紹興二十一年王薨贈祭極優渥敕使徐伸護葬縣令執役御題神道云中興佐命定國元勳之碑碑高十餘丈敕趙雄為文萬餘言初勒文而未立龜趺留木瀆嘉定間敕葬趙希擇有司磨韓碑應用後始樹此碑為樓三成覆之今碑尚存而頭在百步之外鄉人以為龍神過[illegible]去也
樞密資政節愍公王倫墓在陽山大石塢倫字正道使金留六年不受偽官自縊死其子述號[illegible]勺飲五日冒萬死與從兄[illegible]同北方家僕訪得父骨於河間而歸紹熙中敕葬於此

范文穆公成大墓在天平山南上沙村公營先隴時更名仰天山舊有覺嚴寺奉墓祀亦廢
侍御史王葆墓在崑山縣東南新澧里[illegible]御史春秋學說署專門臨見諸行事問大用亦未究氣且沮權相憂深將儲副實基匪為眩所思在者[illegible]有宋遺皇[illegible]下京鬱嗟嘆仁化淡遐邇林林英傑多崑山雖[illegible]在士風梓而和明經擢高第躔節肩相靡衛史鄉先生學術正不頗五傳究始終備論訂神訛粵在宣和間褒然中巍科初主麗水簿言事忤安他說書輸春坊執法居諫坡從容杏時相直氣凌太阿范公在館下詰責如切磋卒為廊廟器[illegible]若江河高第係隨程入室非操戈宋史書[illegible]耿名不磨世變陵谷遷百年無[illegible]何以南新[illegible]荆榛埋斷驂景行世仰止高風激頹波門[illegible]限[illegible]收炎敢過再拜壟與感臨風[illegible]悲歌[illegible]

斷碣太息爲摩挲

侍御史李衡墓在崑山縣東南圓明村元洪塋有墓田記[illegible]詩

李公讀論語探道悟淵徵政推守令最名重謀評
司生平信跌蕩之死氣不衰表揭限樸牧蒜收故
在並[illegible]散步城南門始得圓明里冢上木已拱
泉下名誰氏披榛踏青草荒門半狸豕鼢潤表所
右云是侍御史力行敦古學名衡其後李世家本
吳郡娶婦居婁濱射策明光殿香花長安市出宰
諸暨教州行猛政理王今松陵月清光照江水拜
命登霜臺白簡冠獬豸上言論好佞手將逆鱗批
勢障狂瀾回屹立中流砥五賢一不肖結詠光傳發
記掛冠歸樂菴著述惜寸晷朝學逐易經集傳發
徽旨豈唯淑後進千古垂範軌九原不可作清淚
何凝凝鄉里衆富兒厚葬侈奢侈黃腸題湊密券
嘉定縣被可憐土木乾荒烟橫斷址後世仰
高躅風俗靡靡復慕陋樵木何異于朱子

陳墓在崑山縣五保湖中當鐵溪之口有墩相傳宋嘉泰中
孝宗妃陳氏葬此故名有蓮池院在墓次命僧守視今廢

司農少卿高滲墓在陽山

和州防禦使趙伯驌墓在至德鄉觀音山周必大誌

浙西總管團練使開趙墓在管山續會要淳熙三年開趙奏歸正人有
東南無產業其間貧者身故無地埋葬已買到
江府閶門外山地三百畝作義塚詔許[illegible]忠義
人任便選葬詔從之及趙卒
遂葬於此互見官蹟條本傳

贈太師謚正惠趙希懌墓在穹窿山嘉定間以[illegible]恩例出葬墓[illegible]
有端芝菴理宗
御題三大字

贈檢校少保忠勇李寶墓在橫山

劉過墓在崑山縣馬鞍山嘉定五年令潘文友爲[illegible]而葬之陳經誌呂[illegible]

表于至正間州爲封表并祠于東齋僧舍復舊祭
楊維禎又表以文本朝[illegible]愚纂其事爲遺賢錄

魏文靖公了翁墓在高景山金盆塢嘉熙元年葬直寶章閣史繩祖
撰神道碑
子承奉郎嘉惠孫元南陵縣主簿華發曾孫
起福州錄事英吉安路儒學教授賢及諸孫悉祔
葬山塢

參知政事高定子墓在包山有祠賜名昭先顯慶禪院即今包山寺

知錢塘縣葛璨墓在至德鄉洞涇鳳凰原初文康公
勝仲子立章由青陽來徙葬焉立章子成忠郎珣
承節郎璠及璨子宣教郎汝諧悉祔

贈宣義郎丘瑶曾孫知臨江軍基墓並在盤門外基
子漣水丞稼稼子將仕郎洙祔

奉議郎鄭時發墓兵部尚書鄭起潛墓並在陽山西
理宗書錦峯二字以表其地起潛刻石撰記有云其石有文厥土五色

迪功郎僉章墓在姚城村寶慶元年築名鄭山迄今子孫皆祔又有金墩相近

度支金部郎中魏近思墓在菉山近思文靖公子封蒲江縣男

祕書省正字周南墓在穹窿山職塢

賜廉靖處士滕宬墓在[illegible]山

護國惠忠侯楊滋墓在嘉定門外堈西

朝議大夫孫載墓在嘉定合湍門外護國寺後

知榮州虞莫簡并妻恭人鄧氏二墓在菉山子知岳

州牧及妻令人魏氏祔自後數世從葬教諭堪皆
在焉
知連州虞廷墓在遯山廷字成夫貞簡長子孫集頌于元□封廷雍郡侯集有詩
墓詩序云先君太史棄諸孤之四年集來吳門省
連州府君大墓始見叔父南山翁翁與集同出太
師雍國公蓋四從矣翁曰後會未可期幸留數語
識歲月翁方客授外鄉人又以推人生年月日論
禍福以助道故不能文留城中敢用賦此以承命
云耳詩云王屏古栢號天齊使過于今又七朔各
道遺□□公上西風□水髮絲絲○王遯墓下有
諸孫荒邑□淚每斷腸泣血三年餘喘在更將哀
淚洒荒園○族人散處江南郡不識音容但
記名世澤須令孫子憶故家今幾尚簪纓
大理少卿湯璹墓在萬安山子仁和知縣誼伯孫宣
教郎夢夔祔
判官印應雷墓在虞山南尚湖濱
侍郎應飛墓在虞山北興福寺左
周孝子容墓在虞山北麓報慈里父百十點檢母宋氏亦在
宗室某王墓在常熟塗松西半里俗傳呼爲南渡趙
王墳不知何王也
處士章康墓在武丘鄉
眞州司法參軍朱夢炎墓在彭華鄉福星涇
運幹湯暉老墓在虎丘西謝巷
平江府通判高晦遜墓在齊門外
浙西安撫魏克愚墓在陽山栗鳴子軍器監丞華國

大理司直華遠淮西機宜文字華敷祔
鄭虎臣墓在陽山西白龍祠南虎臣字景召
衛文節公涇墓在崑山縣石浦鎮
元王清獻公都中墓在金井塢歐陽玄撰神道碑
禮部尚書干文傳墓在閶門西雁蕩村歐陽玄撰封二代碑黃溍撰碑陰記
葛應雷墓在鴈蕩村子乾孫祔李環撰乾孫誌
俞石澗先生琰墓在盤門外尹山鄉孫王墓之東南
征東行省儒學提舉朱澤民墓在陽抱山周伯琦誌祖母
夫人毋吉宜人二墓在焉其地即讓陸續而改卜者互見續墓

處士王鑑墓在靈巖鄉橫山至正二十六年有司買山營葬陳基誌
儒士邵光祖耿燁姚辦三墓在鄧尉山光祖字弘道饒州人燁字叔昭辦字叔雅郡人皆篤學無嗣先後死無所歸郡士徐達左收葬光祖銘王行作燁銘周南老作
平江路總管祝碧山墓在敕山子孫皆祔六世孫山
西右參政顯墓在橫山丹霞塢子孫亦祔
楊椿墓在虎丘山西華里
儒學提舉鄭元祐墓在橫山
處士陳謙墓在天平山陳基誌
陳明善墓在雅宜山大墩周伯琦題墓
顧仲瑛墓在崑山縣界溪仲瑛卒于鳳陽返葬於此趙宜訥誌

張士誠母僞太妃墓在盤門外今人稱爲娘娘墳又有朱平章李司徒二墳皆士誠僞官朱名英墳在薦福山脩竹塢李名行素伯昇父也墳在楞伽山下

七姬墓在郡城東北隅潘氏後圃張羽作權厝志七姬皆良家子事江浙行省左丞榮陽潘公皆爲側室性皆柔慧姿容皆端麗脩潔善女紅剪製衣繡經手皆精巧絶倫事其主及夫人皆能以禮其群居和而有序皆不爲怙寵恃美之行公每聞閭閻婦女能以節槩自立者歸必爲語其事皆應曰彼亦人爲耳公笑曰若果能邪及外難興敵抵[redacted]公日臨戰一旦歸召七姬謂曰我受國重寄義不顧家脫有不宿誠若等[redacted]引決毋爲人恥也一姬跪而前曰主君遇妾厚妾終無二心請及君時死以[redacted]毋令君疑也遂趨入室以其帨自經死於戶六人者亦皆相繼經死公聞之曰[redacted]若遽死邪實至正丁未七月五日也以世難弗克葬乃斂其屍焚之[redacted]以其遺骸瘞於後圃合爲一冢公還[redacted]其封且泣曰是非若所安也行營高敞地而遷焉時以日薄故未暇爲志及踰月始狀其事屬羽將勒石追瘞於冢側嘗觀古之史氏所載貞妃烈婦能識節義決死生而不顧者恒曠世而一見今乃於一家一日而得七人焉嗚呼亦異矣哉乃列其姓氏於石而系之以銘程氏蜀郡人年卅生女一人生一奴翟氏廣陵人年廿三徐氏黃岡人年二十生女一人不惜羅氏滁州人年廿三卞氏海陵人年與羅氏同彭氏與卞氏同郡[redacted]年與徐氏同段氏大寧人年十八其先死者也公名元紹字仲昭實宋魏王廷美之裔其先以避禍易今姓未後云銘曰生也同其夫死也同其時而瘞又同其封壞樹蕭條匪子之窆尚卜高原以永無窮

國朝起居注陳桎墓在陽山東之瓜山

○韓復陽墓在支硎山碧琳泉下子隱士公望太醫院使公達院判公茂並祔復陽志金華胡翰撰新安詹希元書

○翰林院待詔李韡墓在黃山韡臣依郡人盛景華既卒景華葬于其家墓傍互見流寓韡傳

○兗州知州盧熊墓在武丘鄉

○都昌縣知縣俞貞木墓在楞伽山寺下村中

○王文靖公璲弟翰林侍講璡墓皆在陽山鳳凰峯下

○濟南府經歷陳汝言墓在橫山茶塢子翰林院檢討繼祔楊文貞公士奇撰繼墓碑

○戶部左侍郎莫禮墓在綺川

○禮部尚書楊翥墓在吳山嶺西洋灣長旗嶺下

○禮部侍郎金問墓在橫山

○南京右副都御史謚文恪吳訥墓在常熟縣報慈里

○翰林院修撰張洪墓在常熟縣西十二里東湖村

○贈工部尚書王永和墓在鄧尉山

○太常少卿夏昶墓在崑山縣

○陳僖敏公鎰墓在吳山西麓

朝廷遣官營葬從子四川僉事儀祔武功伯徐有貞撰儀墓碑

○翰林院修撰施槃墓在洞庭東山葉湖金塔下文懋公湖志

○兵部侍郎李賁墓在陳公鄉
朝廷遣官營葬
○刑部員外郎程式墓在常熟縣報慈里 正統己巳扈從北狩歿衣冠葬此
朝廷遣官營治
○贈禮部侍郎諡文恭劉鉉墓在虎丘南袁公巷
○刑部尚書俞士悅墓在白蓮橋內陳菴西先葬其
妻夫人黃氏
朝廷遣官營葬
○福建按察司僉事陳祚墓在吳山桃花塢子教授
寧孫知縣悅祔
禮部儀制司主事揚循吉記 弘治二年三月故福建僉事鄉先生陳
公之墓成公之孫太學生悅來言於循吉曰先公
墓在吳山下先君子仕歸而貧猶吾先公也以是
力不得葺先公雖爵列大夫殆與庶人家等悅一
士人又何能爲賴
天子即位下詔賜脩名臣之墓考諸　國志先公
名在焉宜得預　詔賜悅則以白諸巡撫王公郡
守賀公通守應公皆惟
上德意是宣爲之欣然行之而後先公之墓始脩於
禮且按故復子孫一人守焉悅竊惟
明天子惠賁之恩巡撫諸公經畫之力不可以忘敢
琢石以俟記循吉既受請迺言曰嗚呼公固吳中
之偉人也夫士所急者氣節而已苟其得之則雖
匹夫之賤亦足以尊國家衛社稷而況於公卿大
夫乎故士無氣節則必爲貪位爲畏死爲顧家求
有不至於壞事者也故求人材者氣節先焉而才
能次之然古之君子其於患難之際尚可以直其
道者必勇趨之而未嘗有一日苟且自恕之心故
天下恃焉而後世則否每每以持重爲事而新進
之士恒有所待於他日而不知官高位大則益有
所不敢爲也是以忠厚博大之風有餘而嚴毅負
荷之氣不足可以應安門而不可以行危遠此不
治者之所宜深思也然則如陳公者豈易得哉方
公之立朝也官不過御史耳然其危言正色殆卓
然有身任民社之心固循吉所謂一時之偉人也
一是其生可以重當時而其歿以師後世者也使有
一墓而不得葺則豈吾鄉人之心哉今巡撫諸公
仰惟
明天子重德尊賢之意奉行惟謹如此可謂深得明
天子之旨而大有慰於吳人之望者也然循吉竊以
爲與公同時之人豈無有官高位大於公者而公
獨得登　國志位賢祠預　詔恩以是仰知
朝廷待君子之厚雖其遠而未嘗忘也爲之
臣者可不勉乎敢書於石以公爲勸焉
○武功伯徐有貞墓在貞山 山西右參政祝顥祭墓文 惟公天賦絕倫學精
群籍才高當世志方古人蚤發迹於賢科即致身
於翰苑論思啓沃足潤皇猷保障綏寧克清時忠
愛總紀綱之重懋成疏導之功而乃明炳幾先密
圖匡復遂秉風雲之會親依日月之光寅亮天工
燮調元化毅然以堯舜君民自任謂太平指日可
期夫何納牖乍通穿墉遽入以是魚水方諧而萋
斐交布河山雖誓而附[redacted]肆張卒至敬輿安忠州
之行純仁甘永州之去平平王道蕩蕩足於疾驅
浩浩長風摧鴻毛於奮舉卷伯之章徒詠緇衣之
義誰陳而彼且操戈於入室之後投石於下井之
餘擠擁蔓延醞惡未已幸賴皇天顯佑
聖主含弘履險如夷宗望徃返是雖群愚之無良亦
公矯枉之太峻也夫天地之道浸斯成化功暴雨
疾風無資長育故決防之水必至潰隄高張之絃
多致絕響所以功赫者難成而易墮時驟者易失
而難久嗚
呼惜哉
○葉文莊公盛墓在崑山縣
朝廷遣官營葬
○都察院右都御史韓雍墓在雅宜山奇禾嶺
朝廷遣官營葬

○兵部左侍郎孔鏞墓在橫山丹霞塢

朝廷遣官營葬

○工部尚書程宗墓在常熟邵家灣

○南京工部侍郎徐恪墓在常熟縣北門外

朝廷遣官營葬

○太常寺少卿陸釴墓在太倉大西門外

朝廷遣官營葬

○太常少卿馬紹榮墓在吳縣楞伽山

朝廷遣官營葬

○封詹事府少詹事王朝用墓在洞庭東山

朝廷因其子鏊貴遣官營葬

神道碑　維王氏世居吳之太湖東洞庭山曾祖諱琬字廷實祖諱伯英考諱惟道皆有隱德公諱朝用後以字行以其子鏊貴累封中憲大夫詹事府少詹事兼翰林院侍讀學士弘治癸亥二月初二日卒訃聞

上以鏊之講筵侍從之勤推卹有加旣命有司營葬域復遣官諭祭于家蓋異數也公少時質甚魯其學甚力初爲邑庠弟子員屢應鄉試不偶進太學卒業後不偶成化癸巳以監貢授官知襄陽之光化縣荆襄居湖南之奥土曠山深四方流來所在以千萬計于時劇賊劉千斤者作亂

朝廷命將出師剿平之而流民散居山澤尚多執事者慮復生變議盡驅出境至繫其孥火其居公在光化獨事招徠與上官忤既而

朝廷遣都御史原公傑來撫安公乃肩輿入山諭以威德編爲里社緩其賦役民遂怡然無異土著又選其俊秀爲弟子員時躬臨考校以示勸懲募壯勇爲民兵俾習射用銀錢爲的中輒與之民益然思奮而上官主驅逐之議者益不悅顧以又兵革之後公私赤立瘡痍未甦中貴人銜使命往來太和山者徵求需索殆無虛日公曰剝民媚嬖幸以圖苟容吾不忍爲也遂棄官歸時歲在戊戌於是鏊已及第入翰林編修者三年矣時年己亥拜

敕命進階文林郎弘治甲寅進　封奉直大夫右春坊右諭德己未又進今封公自歸吳別築室於城西因號靜樂居士晚益高簡寡出歲時鄉飲郡大夫請爲賓亦不赴優游泉石怡然自得公素羸中年後漸充壽幾耄耋步履飲啗如少壯一日體中小不佳由櫛更衣寢至夜半而逝享年八十有五娶葉氏累贈恭人有賢行先公二十有六年卒子男四人長曰銘次即鏊今爲吏部右侍郎文行蔚業雅負時望次曰銓府學生亦有文名屢試未偶次曰鏐女三人皆適名族孫男八女四曾孫男二女一初恭人卒卜葬山之西馬塢既而公命遷葬蔣塢先塋之次至是諸子奉柩合葬焉葬之日甲子歲十二月二十三日公存心仁厚篤於爲氏任竟不逹未□所蘊濟之克成其志駸駸顯庸所至蓋未可量自宋王晉公直道不偶而其子魏公以勳業顯三槐世澤累世不泯君子以爲仁者有後之驗公豈其後也邪王氏之多賢也遷與濟之爲同年以道誼相友善者三十年于茲聞公行事頗詳茲濟之以公神道碑見屬遂不辭而爲之銘曰

東南百川匯爲具區洞庭中峙旁與三吳峴□□淪虛涵靈孕孰鍾其美三槐之亂百二肇立發祥濬源千七萬八派衍支分星羅環居其盛者李棗善不渝厚積累世公生岐嶷少成若愚□□淬礪爲君子儒牛刀小試光化劇邑瘡痍呻吟撫摩安集惟民生厚惟士是安胡繫而驅而迫之還紛茲我簡公私赤立使軺幢幢征需日急鍾肌啄髓弓何寧忍亟脫吾責勿貽伊戚吳城西偏洶靜且樂有子成志

皇三錫爵溪流澄澈可以濯纓丘壑逶迤杖履經行一夔鐘是翁充養有道倏然長往亦旣大耊

敕營兆域蔣塢之涯宰木欣欣嶢美庭槐

賜進士及第榮祿大夫　太子太保禮部尚書兼武英殿大學士知　制誥　國史　經筵官餘姚謝遷撰

○禮部尚書謚文定吳寬墓在薦福山西其父贈吏

部右侍郎孟融母淑人張氏繼母王氏墓皆在集
左文定公母王氏卒
朝廷遣官營葬墓誌銘公姓吳氏諱寬字原博學者稱爲匏菴先生蘇之長洲人祖諱壽
宗贈嘉議大夫吏部右侍郎考諱孟融累贈亦如
之公在成化弘治間爲翰林院修撰遷右春坊右
諭德左春坊左庶子兼侍讀進詹事府少詹事兼
侍讀學士出爲吏部右侍郎轉左侍郎兼學士入
內閣典　誥敕掌詹事府事終禮部尚書兼職如
故生宣德乙卯十二月丙寅卒於弘治甲子七日
戊戌壽七十配陳氏累贈淑人貳室陳氏生二子
奭奐以明年乙丑十一月丙申葬於吳縣花園山
新阡之原公蚤學晚達雖有奇遇　殊寵而弗究
于用天下有遺望焉嗚呼慟哉蓋公年十二而爲
府學生十八而應試二十四而舉于鄉三十八而
登進士在官三十三年其得科第也始試久不售
已絕意進取提學陳御史士賢見其文奇之敦勸
就試擢京闈書魁試禮部名第一　殿試之日魁

選未定
憲廟已出御便殿趣讀卷參亟擬以省元卷上既
賜及第時論翕然其校士則辛丑甲辰爲同考丁
未壬戌爲主考皆在禮部得人爲多而壬戌所取
爲庶吉者即奉　詔授之業讀卷俱用尚書已未
之試公獨以侍郎預其講讀侍從則
今上在東宮時爲講讀官
御極初被充經筵講官最後乃直　日講亦
今皇太子講讀又以宮僚長日預侍焉其史事則修
憲廟實錄兼校正修　大明會典充副總裁比修歷
代通鑑纂要亦如之凡此皆翰林職任自部曹復
入領者前所鮮見其居喪則在修撰時以父病乞
歸省年不應例特　予告送終制及以侍郎丁繼
母憂員再闕吏部仍擬公名服未闋數月
朝廷爲虛位待之尤仕途所未有其寵遇之典則
以三品賜鶴袍犀帶　詔旨稱卿春秋丁　遣
祭先師孔子
御殿傳制皆用內閣禮以疾告則　命醫診視遣中
官存問　賜酒肉蔬米諸物訃聞則　命有司
治葬如例而加祭二壇　賜鈔楮萬緡爲賻驛給
舟車遣官護送超贈太子太保皆出常格若
賜謚文定則本朝自南陽公之外一人而已其長
子奭以三品　恩已廕爲國子生比以篤學思
當官其少子奐特　命奭爲中書舍人而以奐補
國學蓋
上欲大用公而年已不逮故其既歿尤爲之　眷注
周悉如此云公識趣高雅行履端潔孝友天至遇
族里有恩其居官廉慎律物以權勢所在未嘗寧
處既復就清簡雖　優詔累留而引退不置惓於
學充然自得所爲文醇古有法詩得唐格書酷似
蘇體詞命在
朝廷紀載在史局碑板翰墨遍于天下孰此亦可以
不朽矣奭奉禮部左侍郎李公世賢狀請余銘乃
哭而爲之銘銘曰維世有望間不容僞上有
廷論下則輿議遠且賤者吏胥奴隸彼情無知孰
強而致其所自致匪爵齒位矧其兼之功詎云易
官居六卿孰謂非貴年登七旬壽亦云至惟三不
朽公有其二有德有言功則未既其所未既尚有
餘地氏銘吳公以俟來世　榮祿大夫太子太
保戶部尚書兼謹身殿大學士知　制誥　經
筵　國史官會典總
裁長沙李東陽撰

○贈都察院右副都御史徐諒墓在吳縣堯峰山以
子源貴累贈今職　吳文定公撰表

姑蘇志卷第三十四

吳世家　封爵氏族附

自古君茲土者惟吳最久自泰伯至夫差歷二十五君其流風遺俗至今人猶道之故歷著焉凡後之寄爵者亦牽連書之借稱者不書至若孫氏楊氏錢氏李氏雖亦嘗據有而不爲都故不及錄也

泰伯姬姓周太王之子太王三子長泰伯次仲雍次季歷季歷生聖子昌太王意屬之泰伯知其意與仲雍俱逃荊蠻斷髮文身示不可用太王卒泰伯

彊鳩夷立彊鳩夷卒子餘橋疑吾立餘橋疑吾卒子柯盧立柯盧卒子周繇立周繇卒子屈羽立屈羽卒子夷吾立夷吾卒子禽處立禽處卒子轉立轉卒子頗高立頗高卒子句卑立吳越春秋周章子熊熊子遂橋作喬盧作廬轉作專譙周古史考作柯轉卑作畢句卑卒子去齊立去齊卒子壽夢立

壽夢立而吳始大稱王壽夢二年楚之亡大夫申公巫臣適吳教吳射御以其子狐庸爲行人導之伐楚蠻夷屬於楚者吳盡取之乃朝周適楚觀諸侯禮樂會魯成公于鍾離十六年楚共王伐吳至衡山二十五年王壽夢卒初壽夢食不二味屋不重席室不崇壇器不形鏤宮室不觀舟車不飾衣服財用擇不取費在國天有菑癘親巡其孤寡而共其乏困在軍熟食者分而後食其所嘗者卒乘與焉有子四人長曰諸樊次曰餘祭次曰餘眛次曰季札季札賢壽夢欲立之季札讓曰禮有制柰何廢前王之禮而行父子之私乎壽夢乃命諸樊曰我欲傳國及札爾無忘我言諸樊曰昔太王知西伯之聖廢長立少王道果興今欲授國於扎臣誠願耕于野王曰周之德加於四海今汝以區區之

國蠻夷之鄉奚能成天子業乎惟子不忘吾言必以次及札諸樊曰敢不如命於是乃立諸樊攝行事當國

諸樊已除喪讓位季札季札不受棄其室而耕於野乃舍之王諸樊卒弟餘祭立

王餘祭三年齊相慶封來奔封以朱方之縣四年使季札聘於魯觀周樂十年楚靈王會諸侯伐吳之朱方以誅慶封吳亦攻楚取三邑十二年楚復攻吳次于乾谿楚師敗走十七年王餘祭卒弟餘昧立

王餘昧在位四年卒欲授位季札季札遂逃去國人立餘昧子僚

王僚二年使公子光伐楚戰于長岸吳師敗亡其餘皇舟（餘皇亦作艅艎）光請於衆曰喪先君之乘舟豈惟光之罪衆亦有焉請襲取之以救死衆許之使長鬣者三人潛伏於舟側曰我呼餘皇則對師夜從之三呼皆迭對楚人起戮師亂吳人大敗之取餘皇以歸五年楚之亡臣伍子胥來奔公子光客之欲與爲他謀八年僚使公子伐楚大敗之迎故太子建母以歸九年使光伐楚初楚邊邑卑梁之氏處女（吳越春秋作脾梁）與吳邊邑女爭桑兩國邊邑長相攻吳不勝至是伐楚取二都十三年吳使掩餘燭庸（吳越春秋掩作蓋庸作傭）圍楚使季札於晉以觀諸侯之變楚發兵絕吳後吳兵不得還初光以僚之立不悅曰先君不與子而與弟者凡爲季子也不從先君之命而與子我宜立者也僚焉得爲君哉至是光心動謀之鱄設諸鱄設諸曰僚可殺也毋老子弱弟絕於楚內無骨鯁之臣光從之伏甲於窟室（窟左傳作堀吳越春秋作窋）請王僚飲酒僚入專設諸置匕首魚炙中進之遂刺王僚貫甲達背僚死光自立是爲闔閭

闔閭即位始任賢能施恩惠以仁義聞於諸侯舉伍子胥爲行人與謀國政闔閭問計於子胥子胥言安君治民要在於立城郭設守備實倉廩治兵庫王乃委計於子胥元年伯嚭來奔王問子胥伯嚭曰吾欲出兵何如皆對曰臣願用命吳王內計二子皆怨楚深恐以兵往破滅而已登臺向南風而嘯有頃而嘆群臣莫有曉者子胥深知王意之不定乃薦孫武而用之二年闔閭使徐人執掩餘鍾吾人執燭庸二公子奔楚吳子執鍾吾子遂伐徐滅之三年吳侵楚伐夷侵潛六圍弦始用伍員之

謀五年吳伐越敗之六年楚敗吳吳迎擊之大敗
于豫章取楚之居巢獲楚公子繁以歸九年王謂
子胥孫武曰始子言郢未可入今何如二子對曰
唐蔡怨楚必得唐蔡乃可冬蔡侯吳子唐侯伐楚
自豫章與楚夾漢三戰十一月庚午二師陳于柏
舉闔閭之弟夫槩以計破之敗諸雍澨五戰及郢
楚昭王出奔吳師入郢十年春越聞吳王之在郢
以兵入吳夫槩亡歸吳自立闔閭歸攻夫槩夫槩
奔楚楚封於堂谿十九年吳伐越越子勾踐敗吳
師于檇李闔閭傷指將死使人立太子夫差謂曰

爾使人立于庭出入必謂己曰爾忘句踐之殺汝
父乎則對曰不敢三年乃報越
夫差元年以伯嚭為太宰二年王悉精兵以伐越敗
越于夫椒遂入越越王勾踐以甲五千棲于會稽
使大夫種因太宰嚭以行成吳王將許之伍員諫
不聽退而告人曰越十年生聚十年教訓二十年
之外吳其為沼乎越及吳平五年會魯哀公于鄫
徵百牢欲覇中國也六年吳城邗通江淮七年子
貢說吳王伐齊又說越王句踐佐兵以徼吳而達
魯以制吳敝吳王從之伍員諫不聽逆會魯哀公

伐齊十一年復伐齊越王勾踐率其衆以朝[illegible]獻
遺之吳王喜唯子胥懼曰是棄吳也諫王不聽[illegible]
伍員使齊員屬其子於齊鮑氏因還報吳王王大
怒賜屬鏤之劍以死十三年召魯衛之君會于槖
皐十四年北會諸侯于黃池越伐吳虜太子友遂
入吳吳人告敗于王王惡其聞也斬七人於幕下
於是與晉定公爭長吳人曰於周室我為長晉人
曰於姬姓我為伯趙鞅怒將伐吳乃長晉吳王歸
與越平十八年越遂圍吳二十三年越王勾踐欲
遷吳王于甬東王辭曰孤老矣焉能事君乃縊吳
國遂亡

封爵

劉濞漢高帝兄子 事見平亂條
曹彪魏太祖子黃初三年封
司馬晏晉武帝子太康十年封敬王食吳丹陽吳興
三郡謚曰敬
晉康帝岳咸和元年以皇子封九年改封瑯琊猶食
吳郡
齊明帝鸞永元元年廢封
蕭岑梁宣帝子

後魏司博真南安王余俱太武帝子
杜伏威唐武德二年封
李元軌唐高祖子武德六年封
李元璹武德七年封
李恪太宗子貞觀十年封
李榮蔡王位下
李宙見柳宗元文未詳所出
趙元傑宋太宗第五子淳化五年封
趙宗綽太宗曾孫熙寧中嗣封吳國公進爵爲王
趙顥英宗長子卒追封
趙似神宗第九子卒追封
吳近高宗憲聖慈烈皇后之父以后貴追封

右吳王

長孫陵後魏封
東魏孝靜帝善見梁朝以蘭陵公封
陳藩陳後主第十子禎明二年封

右吳郡王

言偃唐開元中追封吳侯宋咸平三年封吳公

右吳公

尉遲綱後周武成元年追封謚武

馮盎唐武德中封
尉遲恭武德五年封
李孝逸唐宗室光宅元年
李禬吳王祗弟
李係玄宗孫
武行德宋乾德元年封
侯章乾德五年封
苗繼宗女爲仁宗貴妃
趙樞徽宗第五子崇寧二年以皇子封
趙植徽宗第十二子大觀中累封
趙璩藝祖七世孫高宗朝命不果行又封崇國
赫希

右吳國公

陸扆唐光化三年封食邑一千五百戶
陸佃宋封

右吳郡公

鄧芝漢光武封
孫策建安三年封
孫紹策子吳黃龍元年封
孫英登次子

孫[illegible]子五鳳中封

孫壹仕魏封

右吳侯

魏憲宋紹興中封

范成大淳熙十六年封

胡元質

王埜寶祐二年封

右吳郡侯

陸遜漢建安二十四年封

張昭吳黃龍元年封邑萬戶子休嗣

右婁王

庾冰晉咸和中封

右吳縣侯

黃由宋封

右長洲縣子

范之柔嘉定八年封加食邑三百戶

右崑山縣子

陸長源唐封

右吳郡男

陸元朗高宗朝封

[illegible]遵

陸兼物

張鎰

張聿

[illegible]肅宋食邑三百戶

[illegible]

右吳縣男

[illegible]度宋封

鄭起潛食邑三百戶

王景齊食邑三百戶

右長洲縣男

衛涇

鄭準

鄭竦

右崑山縣男

氏族

朱氏

千姓編云朱高陽之後周封于邾後為楚所滅子孫乃去邑氏朱望出沛國又吳郡或曰[illegible]者有九族吳郡居其一今郡之[illegible]

碣字已湮滅其可讀者云二十六世四百二十九年居下邳自泰始三年避地會昌壬戌凡八百四十二年今繇于吳此唐時子孫追叙其先過江歲月也

張氏

白氏文云漢侍中張肱避地渡江始居於吳故其子孫稱吳郡人晉丞相嘉以孝弟聞于郡故其所居號孝弟里元和姓纂云吳郡張氏本出高第四子睦字選公後漢蜀郡太守始居吳郡裔孫顯齊臨江太守紹梁零陵太守

顧氏

本越王勾踐七代孫封於顧余顧城在□州□陽漢初居會稽以邑爲氏王夏卿撰顧少連碑謂顧氏復徙吳會自晉司空和洎梁給事中耀至少連十二代矣世說叙錄有顧氏譜甚詳姓苑云吳郡顧氏漢有荆州刺史顧容又晉有國桒亦有故姓

陸氏

嬀姓田敬仲之後也十一世齊宣王少子通封於平原般縣陸鄉即陸終氏之故地因以爲氏通謚元侯生恭侯發爲齊上大夫生二子曰皋曰阜孫賈爲漢太中大夫萬生烈爲吳令死葬胥屏亭子孫遂爲吳縣人十世孫潁川太守閎生三子曰昭曰溫曰威號潁川枝威生揚州別駕纘又生三子曰稠曰逢曰褒稠爲荆州刺史號荆州枝稠生二子曰肅曰謙肅爲冊徒令號冊徒枝世說叙錄有陸氏譜陸景獻自有吳郡陸氏宗系譜一卷

暨氏

暨姓出吳郡元祐間習名有暨善狩作洎壽呼不應刑部侍郎蘇頌以結呼之即應三國志有暨豔乃吳人既而問之果平江人

歸氏

左傳胡子國姓歸爲楚所滅子孫或以國爲氏或以姓爲氏以姓爲氏者世居吳郡

壽氏

吳王壽夢之後吳大夫壽越又有壽於姚今吳中尚有此氏

賞氏

姓苑云賞氏吳中八族也唐有賞慶爲都監主簿

兒氏

吳郡有語兒生而能語子孫氏焉

姚氏

舜生於姚墟故因生以爲姓王莽亂舜後子恢避
江居吳郡改姓嬀氏

虞氏

武王封仲雍之後於虞城晉滅虞子孫以國爲氏

吳氏

本句吳國越滅吳子孫以國爲氏

孫氏

姬姓衛武丁之後孫耳食邑於戚生武仲亦曰孫
仲以王父字爲氏齊孫武奔吳爲將武之子明食
邑於富春自是世爲吳人

諸氏音遮

後漢洛陽令諸施吳郡人今吳郡有此氏

藇氏音胥又音胥

望出吳郡見姓苑

言氏

孔子弟子言偃吳人今後裔多居常熟

帛氏

姓苑云吳郡人漢五威將軍帛敞後漢有帛宣神
僊傳有帛和晉有高僧帛道猷

笮氏側迫切亦作迮

風俗通楚有笮倫今吳郡有此姓吳志漢中有笮
融居丹陽

岑氏

諱晊字公孝黨錮難起逃于江夏山中徙居郡生
亮亮生伯伯生軻爲吳郡會稽鄱陽太守唐書姓系表

閭氏

姬姓武王封泰伯曾孫仲奕於閭鄉因以爲氏又
云王少子生而有文在手曰閭康王封於閭城今
蘇州有閭橋

麴氏

本鞠氏也周人漢尚書鞠譚子閟避難改爲麴唐
有麴信陵吳郡人居洞庭

湯氏

宋有道人湯惠休正元道人湯靈澈宋州刺史湯
柔並吳人

崇氏

商時侯國也周文王滅之子孫以國爲氏唐開元
登科有崇穎宋朝登進士第有崇大年皆吳郡人

沃氏

商王沃丁之後神僊傳有沃焦吳人

胥門氏

左傳吳大夫胥門巢巢居吳門胥以所居爲號其後遂爲氏今作胥氏

甪里氏

漢初商山四皓有甪里先生者本與周同姓名術泰伯之後在洞庭西山居故以自號子孫遂以爲氏或作角氏後漢有甪若叔者乃其後也

冷氏

即伶氏風俗通云黃帝時典樂伶倫後今多作上音唐貞元中監察御史冷朝陽吳人

是氏

是儀詣書衣判是儀無首族變爲吳三國志是儀本姓氏孔融嘲儀氏字民無上故改爲是[illegible]苑珠

錢氏

彭祖裔孫孚爲周錢府上士因官命氏子孫多居下邳漢哀平間錢遜避王莽亂徙居吳之烏程五代時廣陵王元璙爲中吳軍節度使卒葬吳下子孫因家焉

范氏

陶唐之苗裔周宣王殺杜伯其子隰叔奔吳爲范氏越有范蠡滅吳辭越居洞庭之東山唐文有范隋爲麗水縣丞屬時亂遂家吳地子孫遂爲吳人即文正公之高祖也

富氏

世家京洛嘉祐中富嚴守蘇州喜吳中風物之美因居不去子孫遂爲吳郡人

章氏

本出姜姓太公望之後封於鄣子孫以邑爲氏後去邑作章嘉祐中浦城章楶爲蘇州教官就居於此故有南北二族楶居城北號北章惇居城南號南章其二氏甚盛

傅氏

廣韻餘字下註云傅餘氏本自傅說既爲相其後有留於傅巖者因號傅餘氏秦亂自清河入吳漢興還本郡餘不還者傅氏今吳郡有之

吳之著姓凡三十餘自漢以來朱張顧陸望於郡故有朱文張武陸忠顧厚之目又云虞魏顧陸吳之舊姓或云虞魏之昆顧陸之裔岐嶷繼體老成奕世陸士衡云八族未足侈四姓實名家文德熙淳懿武功侔山河正謂此也

姑蘇志卷第三十五

平亂

蘇爲東南樂土自秦以來亦或有乘時跳梁倡變階禍而皆敗不旋踵豈亦地勢使然乎今考諸史質諸舊聞書之冊亂臣賊子可以戒矣

秦二世元年會稽假守殷通素賢項梁召與計事梁曰方今江西皆反此天亡秦時也先發制人後發制於人守歎曰聞夫子楚將世家唯足下耳梁曰吳有奇士桓楚亡在澤中獨籍知之梁乃戒籍持劍居外待梁後入語守曰請召籍使受令召桓楚

籍入梁眴籍曰可矣籍遂拔劍擊斬守梁持守頭佩其印綬門下驚擾籍所擊殺數十百人府中皆讋伏莫敢復起梁乃召故人所知豪吏諭以所爲遂舉吳中兵收下縣得精兵八千人梁爲會稽將籍爲裨將徇下縣度江而西擊秦

劉濞漢高祖兄仲之子高帝十三年以從破黥布功封吳王王三郡五十三城已拜受印高祖相之曰若狀有反相獨悔業已拜因拊其背曰漢後五十年東南有亂豈若邪然天下同姓一家慎無反濞頓首曰不敢至文帝時濞子入侍皇太子博爭道

不恭太子引博局提殺之濞稱疾不朝始有反謀
帝賜以几杖謀乃解然其居國以銅鹽故百姓無
賦他地來捕亡者公弗予如此四十餘年以是能
使其衆景帝三年晁錯議削郡濞遂反上以周亞
夫為將軍討之濞戰敗走丹徒東越人殺之
晉咸和二年以庾冰為吳國內史將兵備蘇峻峻反
三吳欲起義兵庾亮不聽以虞潭督三吳諸郡軍
事三年峻破臺城遣兵攻庾冰冰不能禦棄郡奔
會稽峻購之急吳鈴下卒[illegible]入船載去冰僅免
許宦績峻以蔡謨為吳國內史[illegible]與張闓謀密
令以太后詔諭三吳吏士使起義兵會稽內史王
舒以庾冰行奮武將軍將兵一萬西渡浙江時郡
人顧衆為義興太守還吳潛圖義舉將軍張悊為
峻收兵於吳衆遣人諭悊悊從之衆遣人告謨曰
衆已潛合家兵待時而奮乃檄衆為本國督護衆
從弟颺為前鋒督護吳中人士同時響合遂與虞
潭皆起應冰張闓遣吳郡度支運四部穀以給軍
峻遣其將弘徽等行而前衆與颺悊要擊于高莋
大破之謨以庾冰還任便去郡遣颺率諸軍屯無
錫[illegible]從海虞道入自往備之賊帥張健馬流
攻無錫颺等大敗冰亦失守健等遂據吳城管商
焚吳縣虞潭遣將拒之亦敗衆自海虞由婁縣東
倉與賊戰破之義軍文集進屯烏苞王舒虞潭并
檄衆為五郡大督護潭前鋒戰沒衆還守紫壁或
勸衆過浙江衆不從合諸軍復進健留錢弘為吳
令退于曲阿衆至路丘斬弘進處吳城遣督護朱
祚等九軍攻賊大破之峻敗後其將劉徵帥衆數
千浮海入婁縣詔以郗鑒都督諸軍事討平之九
月峻伏誅
桓玄太元末補義興太守鬱鬱不得志嘗登高望震
澤歎曰父為九州伯兒為五湖長棄官歸國後遂
謀反伏誅
隆安三年會稽世子元顯發東土諸郡免奴為客者
置京師以充兵役東土囂然孫恩因民心騷動遂
反旬日間衆數十萬時三吳承平日久民不習戰
郡縣兵皆望風奔潰恩據會稽自稱征東將軍時
內外乖異朝制所行三吳而已及恩作亂八郡皆
為恩有詔徐州刺史謝琰及加劉牢之都督吳郡
諸軍事牢之引劉裕為參軍共討之恩驅男女二
十餘萬逃入海以琰為會稽太守都督五郡軍事

戍海浦四年五月恩復入會稽琰敗死十一月吳
國內史袁崧築滬瀆壘以備之五年五月恩陷滬
瀆殺崧元興元年三月臨海太守辛景擊破之恩
所虜三吳男女死亡殆盡乃赴海死

隆安初王廞以母喪居吳王恭反版廞建武將軍吳
國內史令起軍爲聲援廞即墨絰合衆誅殺異己
仍遣前吳國內史虞嘯父入吳興義興聚兵赴者
萬計會恭敗廞更遣其子泰伐恭恭遣劉牢之擊
泰斬之又與廞戰于曲阿衆潰廞單騎走不知所
在廞導之孫也

齊永泰元年帝疑會稽太守王敬則反側以張瓌爲
吳郡太守置兵佐密防之中外傳言當有異處分
敬則遂反帥實甲萬人過浙江瓌遣兵三千拒之
於松江聞敬則金鼓聲一時散走瓌逃匿民間敬
則以舊將舉事百姓擔篙荷鍤隨之者十餘萬衆
至晉陵前軍司馬左興盛輔國將軍劉山陽築壘
於丹陽禦之敬則戰敗斬首傳建康

梁太清二年侯景亂遣于子悅等將羸兵數百東略
吳郡新城戍主戴僧遏說太守袁君正閉關拒守
君正素怯郊迎之子悅執君正掠奪財貨子女吳
人皆立堡拒之九月景使侯子鑒入吳郡以廂公
蘇單于爲太守遂寇吳興或勸吳興守張嵊效君
正迎降嵊曰袁氏世濟忠貞不意君正一旦隳之
吾豈不知此難以全但以身許國有死無貳耳子
鑒執送建康殺之時景所據惟吳郡以西南陵以
北而已吳盜陸緝等起兵襲郡殺蘇單于推前淮
南太守文成侯寧爲主承聖元年三月王僧辯陳
霸先敗景於石頭景東走欲就謝答仁於吳至晉
陵得餘兵因驅掠居民東趨吳郡四月侯瑱追及
於松江擊敗之景與數十人單舸走推墮二子於
水將入海其都督羊鯤殺之送屍建康傳首江陵
截其手送于齊

陳吳州刺史蕭瓛能得物情三吳父老曰吾君之子
也陳亡吳人推爲主與蕭巖同據東吳之地隋遣
宇文述討之瓛立柵於晉陵城東留兵拒述遣其
將王褒守吳州自義興入太湖欲掩述後述進破
其柵迴兵擊瓛大破之又遣兵別道襲吳州褒衣
道士服棄城走瓛以餘衆保包山隋將燕榮擊破
之瓛匿民家爲人所執送長安斬之

隋大業九年劉元進舉兵應楊玄感將渡江而劉

敗吳郡朱爕晉陵管崇亦舉兵共迎元進據吳郡
稱天子署置百官衆至十萬爕本還俗道人涉獵
經史微知兵略時爲崑山博士知天下將亂謀於
學而起兵民苦役者赴之如歸自東陽至京口千
餘里並受爕節度崇隱居常熟身長七尺三寸美
姿容少無賴衆推奉之隋將吐萬緒進軍逼之相
持百餘日元進潰遁與崇爕連營自保緒復破之
斬崇然從亂者益衆帝令江都丞王世充發淮南
兵擊之元進崇敗死餘衆降散世充召降者於通
玄寺瑞像前范志作通聖寺焚香誓不誅殺散者聞之一

旬之間歸首略盡世充食而無信利在子女資貨
悉坑之於黃山下死者三萬餘人由是餘黨復相
聚爲盜官軍不能討以迄隋亡
大業九年杜伏威起兵掠江淮唐武德二年伏威降
唐唐以爲和州總管三年李子通渡江攻沈法興
法興棄毗陵犇吳郡於是丹陽毗陵等郡皆降
子通伏威遣輔公祏攻子通子通大敗伏威徙居
丹陽子通復東走太湖收合亡散得二萬人襲沈法
興於吳郡大破之法興棄城走吳郡賊帥聞人遂
安遣其將葉孝辯迎之法興中途而悔欲殺孝辯

更向會稽孝辯覺之法興窘迫赴江死子通軍勢
復振徙都餘杭盡收法興之地自太湖以南皆有
之是歲唐封伏威爲吳王四年十一月伏威將王
雄誕擊子通子通降聞人遂安據崑山無所屬伏
威使雄誕擊之以崑山險隘難以力勝乃單騎造
其城下陳國威靈示以禍福遂安感悅出降於是
伏威盡有江東之地秋七月子通復叛欲至江東
收舊兵被獲伏誅
唐上元元年劉展反江淮都統李峘有潤州犇宣城
副使李藏用曰以數十州之兵食三江五湖之險

固不發一矢而棄之非勇也收散卒得七百人東
至蘇州募壯士得三千人立柵以拒展與展將張
景超孫待封戰於郁墅兵敗景超遂據蘇州展以
其將楊持璧爲蘇州刺史明年展敗死其驍將王
暅引兵東走至常熟而降張景超逃入海餘黨悉
平
永貞二年李錡跋扈於浙西朝廷以杜兼爲蘇州刺
史兼辭行上書稱錡且反必奏族臣上然之留兼
吏部郎中元和二年錡果反先是以其腹心爲所
部五州鎮將各有兵數千伺察刺史動靜至是錡

各殺其刺史於是蘇州刺史李素爲姚志安所敗
生致於錡具桎梏釘於船舷未及京口會錡敗乃
免十一月錡伏誅
乾符二年浙西狼山鎮遏使王郢有戰功節度賞以
職名而不給衣糧郢論訴不獲遂劫庫兵作亂行
收黨衆近萬人攻陷蘇常轉掠二浙後爲劉巨容
所殺
光啓初劇賊剽崑山招討使周寶遣將張郁戍海上
郁叛刺史五蘊不設備郁遂大掠蘊嬰城以守寶
遣兵討郁郁保常熟遂走海陵

光啓二年十月感化牙將張雄得罪於節度時溥聚
衆三百度江襲蘇州據之自稱刺史聚兵至五萬
戰艦千餘自號天成軍鎮海節度使周寶聞淮南
六合鎮遏使徐約兵精誘之使擊蘇州三年四月
約逐張雄雄入海往據上元文德元年九月錢鏐
遣弟銶攻約龍紀元年三月拔之約亡入海追殺
之銶以海昌都將沈粲權知蘇州十月詔以給事
中杜儒休爲刺史鏐不悅自署沈粲爲制置指揮
使大順元年八月儒休到官鏐使粲害之會淮南
將李友拔蘇州粲歸杭州鏐欲委以罪而殺之粲

乃奔孫儒閏月孫儒遣劉建鋒圍蘇州十二月拔
之殺李友仍使粲守州二年十二月孫儒焚掠蘇
常遣兵逼宣州錢鏐復據蘇州景福元年鏐以銶
爲蘇州招緝使乾寧二年九月鏐伐董昌昌求救
於楊行密行密遣泗州防禦使臺濛攻蘇州以救
昌未幾行密將柯厚破蘇州水寨三年四月淮南
兵與鎮海兵（鎮海即錢氏兵）戰于皇天蕩鎮海兵不利行
密遂圍蘇州五月常熟鎮使陸郢以州城應行密
虜刺史成及歸鏐聞蘇州陷急召顧全武使趨西
陵備行密全武請先取越州後復蘇州鏐從之光

化元年九月顧全武攻蘇州城中及援兵食皆盡
淮南所署刺史臺濛棄城走援兵亦遁全武克城
追敗周本等于望亭獨秦裴守崑山不下全武率
萬餘人攻之裴屢出戰使病者被甲執矛壯者彀
弓弩全武每爲之卻檄裴令降全武嘗爲僧裴封
函納款全武喜召諸將發函乃佛經一卷全武大
慚曰裴不憂死何暇戲人益兵攻城引水灌之城
壞食盡裴乃降錢鏐設千人饌以待之乃出羸兵
不滿百人鏐怒曰單弱如此何敢久爲旅拒對曰
裴義不負楊公今力屈而降耳非心降也鏐善其

言全武亦勸宥之鏐從焉閏月鏐以其將曹圭守蘇州制置使范志作乾寧五年誤梁開平二年八月淮南遣周本呂師造擊吳越九月圍蘇州三年四月鏐遣其弟牙內指揮使鏢及弟鋸與行軍副使范志作江海遊奕都虞候杜建徽等救之城中將臨海孫琰號孫百計尊製守禦之具淮人以洞屋攻城琰設高竿竿上着大輪盤載大鐵渇烏引半繩運出城外而反其洞屋鼓噪而揭去之賊兵盡露因皆矢石淮人退舍尋復縱巨石擊城聲如雷城中大懼琰乃盡取公私繩結綱罔巨木張之蔽于城屋石之墜者悉

着綱中賊計遂沮有水通城中淮人張綱綴鈴懸水中魚鼈過皆知之吳越都虞候司馬福潛水入城以竿觸綱敵聞鈴聲舉綱福因得過居水中三日乃得入城復出由是城中號令與援兵相應敵以為神鏐嘗遊府園見園卒陸仁章樹藝有智而志之及蘇州被圍使仁章通信入城果得報而返吳越兵內外合擊淮南兵大敗擒其將何朗閭丘直等三千餘人獲兵甲生口三十萬奪戰艦二百艘周本夜遁又追敗之於黃天蕩鍾泰章將精兵二百為殿多樹旗幟於菰蔣中追兵乃不敢進還貞明四年吳遣陳璋為東南面應援招討使將兵侵蘇湖已而悉平

宋建炎三年金人陷維揚高宗南渡二月丙辰至平江富民或私遁而市井貿易如故上至府治去介冑易黃袍儀衛稍增遂下詔詔曰朕以單微之質叢此大難賴臣庶共戴獲承祖宗之餘念必宅中經遠均布惠澤以慰萬邦歸往之心故雖外迫於敵兵誓不遷離於近甸省刑薄斂撫士與民不以一毫擾郡邑行再春矣輸誠盡禮遣使相望而敵未寢兵選將練師朝夕從事而力不逮志自聞長驅之謀者請適東南遠險之地以保朕躬朕寧不免於敵蓋不忍先自苟生奚我西北之人而遽遠也故出兩道之師外為敵援而嗣遺將命之臣祈保赤子以待敵之易處則共圖康居日可計矣人力雖殫天道難虞大名東平相繼陷失始命官吏民庶絶江自便朕纔

遷延不先俟天人之我相也逮敵輕騎潛行不日遽至朕與近臣始挺身東行由江浙為暫避之計凡乘輿服御帑藏之積一切棄捐二三大臣保其家室念雖顛沛至是而不負於中原西北之人朕心猶庶幾焉與其謀已忘民及患而去則不得已而後動不猶愈乎但聞官吏軍民雖有自便之詔多不及避生計蕩然或不得與其家皆奉痛切朕心負負何極自昔帝王瞭身於遑遽之時而立國於顛沛之後失勢於屢挫之辱而戡難於一勝之功者尚多有之夫良農不為水旱輟其耕志士不為貧窮怠其道朕能勞形克己圖保生民而不能使吾民之遽安能側身修行圖格天心而不能保天心之必相尚賴士大夫暨爾萬方有衆戮力一心式孚於帝庶迄成績咸保康乂朕誠切至宜察朕心駐蹕三日始起留右丞相朱勝非侍郎張浚彈壓平江晚次吳江縣遂幸臨安故老云高宗初幸泊舟閶門外侍衛取民家白木撥坐岸滸以待馬至及行就攜以去蓋已經御不欲留民間也

建炎四年二月金兀朮自明越還二十五日犯平江五漏未盡四刻兵自盤門入刼掠官府民居子女金帛廩庫縱火延燒煙熖見二百里凡五晝夜至三月朔始出閶門士民得脫者十二三而遷避不及遭殺者十六七先是高宗駐蹕郡中人情倚以爲安九月移會稽人皆失望詔以工部侍郎湯東野爲守同知樞密院周望爲淮浙宣撫使將官陳思恭巨師古張俊魯珏李貴等悉隸望節制望遣諸將各部所隸兵分護境內時河內降賊郭仲威領萬衆至自通州屯虎丘山未幾聞建康失守高

宗幸四明於是平江大震周望與郡守集耆艾士夫問計且曰今戰守皆無策矣蓋其意在迎降而欲衆發其端士民不答望慮諸將抗賊取怒歛其兵歸城中而金人乃經廣德取道南犯四明以窺行在望自謂虜不敢犯境始少安且倚郭仲威爲腹心張俊魯珏居城中巨師古控扼吳江李閶羅屯常熟陳思恭屯楞伽山兵無紀律村落間皆被其害而仲威既居城中外爲忠勇之論士民亦信仗之郊居者往往復入城人人以謂四圍渠塹深廣庫廩充牣兵器犀利無不自安傳者多云賊至越州返金陵或又謂自臨安道宣歙趨當塗而歸望等素不嚴斥堠四境無衛明年正月方遣張俊陳思恭等統兵覘入杭州以邀收復之功俊等行涉旬潛軍于烏墩以觀變二月十八日始馳報金人犯崇德十九日徽鄉兵發太湖洞庭東西兩山千艘命舟頭巡檢湯舉總之陣于簡村二十一日金人犯吳江巨師古兵不戰而潰更以太湖民舟爲向導歸于西山二十二日郭仲威遣千兵拒守于尹山已而退師二十三日府中令民逐便出城留少壯登埤以守是日遊騎掠城東仲威不戰而

返湯東野出奔周望以郡印付仲威二十四日仲威會諸將飲城上士民數萬叩頭出血請加守禦仲威奮髯語曰即發騎兵虜行破矣民愼無擾人猶信之日欲晡金人□集城下仲威及魯珏兵火廣化寺及醫官李世康宅望與仲威等皆宵遁其下自城南轉刼居民北出□門而去民之得出郭者多爲所害金人遂進據城中縱兵焚掠死者甚衆一城殆空諸將奔伏外邑覘金人去競以兵還三月二日張俊至自崑山三日師古至自洞庭李閶羅魯珏郭仲威等至自常熟五日陳思恭至自

烏墩仲威揭榜于市曰本軍已逐退金人收復城
府十五日有詔周望等失守平江可發遣諸將兵
往常州以北衝襲金人以功贖過初金人燒刼之
餘又值仲威縱兵晝夜搜捄民有訪舊居者即執
之窮問瘞藏之物民益冤憤是夏疾疫米斗錢五
百有自賊中逃歸者多困饑或驟得食而死横屍
枕藉道路涇港不可勝計哭聲振天地自昔喪亂
未有如是之酷者也郭仲威者出於冦盜號郭大力自茶毒平江之後爲眞揚鎮撫使在郡侵不悛劉光世爲淮浙宣撫置司京口遣其將王德擒至麾下縛送行在詔斬於平江市以謝百姓

紹興元年冬盜邵青聚其黨於崇明沙上劉光世令
王德討之掖柵以入青寨大潰餘黨復至謀言青
將用火牛德笑曰此古法也可一不可再命合軍
持滿陳始交萬矢齊發牛皆返奔賊衆殲青自縛
請命德獻之行在餘黨悉平

紹興三十一年駕幸建康撫師十二月壬子至平江
泊姑蘇館葉義問自建康楊存中自鎮江還皆入
見守臣洪遵獻洞庭柑卻不受自是所過無入獻
者遵言官拘舟船聚邊海縣募水手留民兵夾運
河築烽臺徒費無益乃罷鎮江至臨安所置烽燧

癸丑上乘馬入行宮進蹕時御營宿衛使司右軍
統制苗定以所部至乃以定兼權主管行在殿前
司職事是日武經郎曹洋自李寶軍中部所獲叛
人倪詢應簡至行在就御舟引見詔磔于市詢常
熟人簡道州人並爲金人造舟者也甲寅上次無
錫吳芾言知崑山縣胡庭傑應辦巡幸科擾民戶
銀器至多詔勒停永不與親民差遣

陳宜中之誅韓震也其部曲李世明挈妻孥士卒逃
至平望殺巡檢縱兵火殺略由小長橋透出許市
時潛說友守郡不能捕遂入太湖由宜興至建康
降於元其軍初在江下殺人甚多殿司兵在吳江
亦不能敵多爲擁入江水死者甚衆

德祐乙亥三月元師破常州前鋒至閶門有投北人
韓全持元詔招諭郡守潛說友開門納之俾之入
見乃遣兩倅胡玉林鏜出勞其頭目復入至郡與
約定撤花欵納降表爲銀三千兩庫銀不足以提
舉茶鹽司鹽倉法數銀足之送至楓橋寺適張世
傑提兵抵郡元軍遂遁去說友祕其事而殺韓全
等時人爲沁園春詞以譏之事聞以戴覺民代之
祥興二年元伯顏先鋒兵至吳是日大寒雨雪承天

寺僧令行童出覘兵勢行童遠望有以銀椅中坐于山門者手招行童童畏縮莫敢前其人令軍士趣召之既至戒以無恐乃問住持某僧與西廊首座某安否俾童入導意少時自入僧房復詣方丈作禮笑曰二上人久不會是眞忘我耶某即昔時賣卜號知命子者今爲左宣慰矣命煑粥啗其兵且使行童齎招安牓以吳語誦之曉諭百姓始知其爲探諜在江南凡八年而歸以龍虎山張天師符籙取驗於世祖云

張士誠泰州白駒塲人第九四與弟士義士德第九六士信並駕鹽綱船兼業私販初無異志先是黃河變遷至正十一年役民十五萬軍二萬治河民不聊生四方兵起有王克柔亦泰州人家富多結客俠將爲不軌高郵知府李齊収捕于獄李華甫與延張四素感克柔恩謀劫獄齊置克柔于揚州獄華甫爲泰州判四爲千夫長十三年五月士誠又與華甫同謀起事未幾士誠與其徒十八人殺華甫併其衆焚掠村落驅民爲盜陷通泰高郵自據誠王改元天祐設官分截要衝南北梗塞元立淮南行省於揚州以扼其勢既而亦招安之立義兵

元帥府以官其黨然士誠狙詐百出卒不就降竟殺李齊十五年五月攻破揚州殺行省參政趙璉士義被獲伏誅士誠退還高郵九月又攻破揚州適湖廣行省右丞阿魯恢引苗軍來乃復退丞相脫脫總大軍臨之號百萬旌旗輜重首尾千里以爲高郵刻日可平然脫脫專權又師出遂有議其後者詔安置淮安路別選相臣統其兵詔未下時部將董摶霄爲言天兵南下勢如破竹今老師費財何面目歸報天子不若先攻其易脫脫從之分兵破天長六合賊皆潰散所殺者悉良民及攻高郵墮其外城城中震恐自分亡在旦夕忽聞詔解其權勇氣百倍出城拒敵諸衛鐵甲軍負不平者盡散去或相聚爲盜江陰群寇互相吞噬江宗三朱英分黨戕殺宗三將殺英時英就招安爲判官州僚無如之何申白江浙行省云英謀反省差元帥觀孫厭境觀孫利其賂逗遛不進英乘間逸去過江求救於士誠仍質妻子借兵復讎士誠初亦疑惑弗聽英盛陳江南土地之廣錢穀子女玉帛之富以動之於是先遣士德率高郵賊衆擊橫堋渡鎭山十六年正月朔攻破常熟江南自兵興

以來官軍死鋒鏑郡縣荐罹鐵鏈鄉村農夫離父
母妻子投充壯丁生不習兵而驅之死地以故烏
合尾解卒無成功行省丞相達識帖木兒得便宜
行事陞漕運萬戶脫因爲參政統官軍民義捍禦
境上平江達魯花赤六十病死陞松江府達魯花
赤哈散沙補之領兵出戰除都水庸田使言師纂
爲平江總管巡守城池吳江止有元帥王與敬官
軍一戰而敗死者過半殘兵千餘欲走入城城中
閉門不納退屯嘉興旋抵松江士誠賊衆纔三四
千人長驅而前直造北門弓不發矢明旦緣城而

上遂據有平江路二月壬子朔也翻掠殺戮慘不
忍言脫因匿俞家園自刎不死游兵殺之哈散沙
在境外聞城破自溺死崑山嘉定崇明州人相繼
來降維揚蘇昌齡先避亂居郡士德用爲參謀稱
曰蘇學士毀承天寺佛像爲王宮易平江路爲隆
平郡立省院六部百司凡寺觀庵院豪門巨室皆
士分奪而居無虛者幾月進攻嘉興全軍覆沒與
敬據松江判以城降之常州黃貴甫間道歸士誠
爲內應遂不戰而破易爲毗陵郡分兵入湖州
一鼓而得易爲吳興郡署周仁爲隆平太守仁家

本鍛工稍習吏事性資深刻與士德同心僇力合
親細故三月癸巳士誠來自高郵服御器用皆僭
乘輿改至正十六年爲天祐三年國號大周曆曰
明時設學士員開弘文館以陰陽術人李行素爲
丞相弟士德爲平章提調各郡兵馬蔣輝爲右丞
居內省理庶務潘元明爲左丞鎮吳興史文炳爲
樞密院同知鎮松江郡州縣正官郡稱太守州稱
通守縣仍曰尹郡同知稱府丞知事曰從事餘則
損益而已欲南取嘉興參政楊完者統苗獠猺獞
名曰答剌罕守禦甚堅屢攻不克秋八月文炳大

舉兵臨其東門悉爲所殲文炳僅以身免士德又
與與敬提兵入杭州軍氣甚銳杭州大軍歛鋒不
敵丞相退避蕭山士德軍擄掠羅木營萬戶
普賢奴乃慶元路萬戶全駒兒之子年未弱冠智
勇過人率兵先出完者領苗軍繼進州民亦挺身
巷戰士德大潰十喪八九收殘兵攻海鹽又爲乍
浦鍾氏所撓後得馬道驍勇擒獲苗軍無算崑山
數爲方國珍海軍攻擊託丁氏往來說合結爲婚
姻崑山之民幸遂蘇息湖之長興武康花鎗軍出
沒雖互有勝負亦不勝其苦所跨三州皆騷

十一月

天兵取常州十七年攻長興士誠命趙打虎[illegible]敗之潘元明復寇長興又敗之轉徇太湖馬跡山士誠將鈕律降乃取江陰士誠寇常熟廖永安大破於福山港中山王達分兵絕太湖遂取宜興士誠遣將據毗陵達圍之士誠遣士德來援戰敗就擒俘致軍前

太祖皇帝俾作書勸士誠降士德執不從士誠窮迫願就省相招安使者往返迄莫成事周仁自往[illegible]請議始定十八年八月也元赦其罪省相達識帖睦邇承制令參政周伯琦等至平江撫諭之授[illegible]太尉開府平江其衆授爵有差立江淮分省江浙分樞密院于平江以處之十九年元遣使以御酒龍衣賜士誠徵海運糧自是士誠每歲運粟十餘萬至燕京二十年士誠復遣李伯升帥衆十萬遶長興開平王遇春援之伯升遁遇春追擊之斬首五千餘級二十三年九月士誠自稱吳王請命于元不報自是徵糧不與二十六年

太祖皇帝命以榜諭浙西榜曰吳王令旨總兵官准中書省咨敬奉令旨予聞伐罪救民王者之師考之往古軒轅氏誅蚩尤殷湯征葛伯文王伐崇侯三聖人之起兵也非

天下本爲救民近覩有元之末主居深宮臣操威福官以賄成罪以情免臺憲舉親而劾讎有司差貧而優富廟堂不以爲慮方添冗官又改鈔法役數十萬民湮塞黃河死者枕藉於道哀苦聲聞於天不幸小民誤中妖術不解其言之妄誕酷信彌勒之真有冀其治世以甦困苦聚爲燒香之黨根據汝潁蔓延河洛妖言既行凶謀遂逞焚蕩城郭殺戮士夫荼毒生靈無端萬狀元以天下兵馬錢粮大勢而討之略無功效愈見猖獗是以有志之士傍觀熟慮乘勢而起或假元氏爲名或托香軍爲號或以孤兵自立皆欲自爲由是天下土崩瓦解予本濠梁之民初列行伍漸至提兵灼見妖言不能成事又度胡運難與立功遂引兵渡江賴

天地祖宗之靈及將相之功一鼓而有江左再戰而定浙東陳氏稱號據我上游爰興問罪之師彭蠡交兵元惡授首父子兄弟面縛輿櫬旣得以不死又封以列爵將相皆置於朝班民庶各安於田里荊襄湖廣盡入版圖雖德化未及而政令頗修惟茲姑蘇張士誠爲民則私販鹽貨行劫於江湖兵興則首聚兇徒負固於海島其罪一也又恐海隅一區難抗天下全勢詐降於元坑其參政趙璉囚其待制孫撝二也厥後掩襲浙西兵不滿萬數地不足千里僭號改元三也初寇我邊一戰生擒其親弟再犯浙省揚苗直搗其近郊首尾畏縮又詐降於元四也陽受元朝之名陰行假王之令挾制達丞相謀害楊左丞五也占據江浙錢粮十年不貢六也知元綱已墜公然害其丞相達識帖木兒南臺大夫普花帖木兒七也恃其地險食足誘我叛將掠我邊民八也凡此八罪又甚於蚩尤葛伯崇侯雖黃帝湯文與之同世亦所不容理宜征討以靖天下以濟斯民爰命中書左相國徐達總率馬步舟師分道並進攻取浙西諸處城池已行戒飭軍將征討所到殲厥渠魁脅從罔治備有條章凡有逋逃臣民被陷軍士悔悟來歸咸宥其罪其爾張氏臣僚果能明識天時或全城附順或弃刃投降名爵賞賜予所不吝凡爾百姓果能安業不動即我良民舊有田產房舍仍前爲主依額納粮以供軍儲餘無科取使汝等永保鄉里以全室家此興師之故也敢有千百相聚旅拒王師者即當移兵勦滅遷徙宗族於五溪兩廣永離鄉

上以禦邊式凡千之言[illegible]於曰咨爾臣庶[illegible]自疑敬比除敬遵外咨請施行准此合依令旨出榜曉諭敬依令旨事意施行所有文榜須議出給者龍鳳十二年五月二十一日本州判官許士傑齎到

八月大將軍達副將軍遇春帥師二十萬

南伐

上戒以毋肆擄掠妄殺戮毀廬舍丁寧全士誠毋冢師至太湖擒士誠將尹義陳旺遂次洞庭山士信在湖中不敢戰進次湖州毘山敗士誠軍又進次三里橋張天騏黃寶陶子容唐傑分兵拒戰敗之李伯升來援又敗之朱暹王晟戴茂呂珍及五太子繼援又敗之五太子者士誠養子勇而善戰平地能躍數丈士誠乃自

來救戰于皂林復敗之呂珍李伯升皆降朱文忠至杭州潘元明納款其狀曰嬰城固守實受任之當爲歸款救民乃濟時之急務竊伏自念起身草野叨位省樞非心慕乎榮華乃志存乎康定豈意邦國殄[illegible]王師見加事雖貴于見機民實同于歸義念是邦生靈百餘萬比年物故十三今既入于職方欲遄罪于天澤謹將杭州土地人民及諸司軍馬錢糧之數以獻凡得兵二十餘萬湖州既下兵轉至南潯王勝降至吳江困其城久之亦降達兵至鮎魚口擊走守將康茂才既而降至尹山橋又敗士誠軍燬戰舸千餘艘及積聚甚衆於是兵築城下達軍於葑門遇春虎丘郭子興婁門華雲龍胥門康茂才齊門湯和閶門王弼盤門張溫西

門耿炳文城東北仇成西南何文輝西北四面築合長圍架木棚與城中浮圖等又築三臺以俯瞰城中號爲敵臺上置火筒及襄陽礮礮風翁人百里皆死吳元年六月士誠覘城東軍整乃突出閶門將衝遇春營遇春覺之分兵北濠截其後乃合戰士誠遣黃哈剌八都率千人繼之自引兵於山塘爲援王弼馳鐵騎鼓雙刀而前遇春乘之士誠兵大敗人馬溺死沙盆潭無數士誠墜馬幾不救時有倉腳夫十人號十條龍者絕勇善鬬被錦衣銀甲出入陳中倏忽不可測亦溺死士誠又幾溺

甫肩輿入城少頃復出胥門兵銳甚士信坐城樓呼軍少休遇春乘其懈急擊大破之士信據銀牀與僞參政謝節啗桃有飛礮碎其首死城中亦作飛礮拆神祠民屋爲礮具達令構木如屋[illegible]竹伏兵其下矢石不能及九月達兵破葑門[illegible]達謂城乃龜形俞擊[illegible]首因[illegible]殘也宜擊其尾尾者葑門達從之果破遇春破閶門新寨兵皆薄城士誠陳於門內謝節救[illegible]以[illegible]城唐用仁徐義潘元紹皆降晡時軍蟻附以登城破士誠與僞副相劉毅帥兵三萬自戰萬壽寺東復敗毅降士誠從數騎歸府第[illegible]自

應死汝曹柰何劉曰妾自有處乃積薪齊雲樓下驅婦女上令養子辰寶舉火焚之劉自經死左右皆散士誠獨坐室中達令李伯升諭意士誠距戶自經伯升取戶抱解之復甦潘元紹繼至勸士誠士誠閉目不語舁入舟俘于

南京自縊死

洪武二年常熟盜朱蝦蟆劫庫作亂縣民殺之事詳宦蹟條

景泰中嘉興人許道師以妖術行江湖間至尹山託居民家夜稍出光怪愚民相率從之念彌勒佛肆爲姦污事覺官發卒捕之道師縱火燒民舍掠貲積驅子女出震澤官兵夾岸追逐道師載重舟遲被擒送　京師斬之一時官民多以功遷賞

姑蘇志卷第三十六

姑蘇志卷第三十七

宦蹟一

郡縣民之司命也有遺愛焉固不能忘而挽鄧推謝亦輿情之不免者至於繩究墨平穀祿典文教總武備茍有可徵悉存其槩

今制命臺憲近臣遞出撫按廢政咸屬焉特稽其事及吾郡者述之

顏駟漢武帝至郎署見一郎須眉皓白問爲郎幾時對曰臣自文帝時爲郎上曰何久不遷對曰文帝好文而臣善武景帝好美貌而臣貌醜陛下好年少而臣已老是以終身不遇也上感其言卽日擢爲會稽都尉

周君陽朔三年爲守造毋陵道見越絕書又會稽志云陽嘉二年刻石旌表義里(按陽嘗一作鴆)

任延字長孫宛人更始元年拜會稽都尉時年十九迎官驚其壯及到靜泊無爲唯先遣饋禮祠延陵季子時道路未通避亂江南者未還中土會稽頗稱多士延聘請高行如董子儀嚴子陵等待以師友掾吏貧者輒分奉賑給之省諸卒令耕公田以周窮急每時行縣輒使慰勉孝子就餐飯吳有龍

丘長隱令太末志不降辱王莽連辟不到遣功曹
奉謁脩書記致醫藥吏使相望於道積一歲長乃
詣府願先死備録延辭讓再三遂署議曹祭酒長
尋卒延自臨殯不朝三日是以郡中賢士大夫爭
往宦焉建武初徵爲九眞太守

李君更始五年爲守治東倉爲屬縣屋見越絕書

彭脩字子陽毗陵人年十五父爲郡吏得休與脩俱
歸道爲盜所劫脩困迫乃拔佩刀前持盜帥曰父
辱子死卿不顧死邪盜相謂曰此童子義士也不
宜逼之遂謝去後仕郡爲功曹時西部都尉宰鼂

行太守事以微過收吳縣獄吏將殺之主簿鍾離
意爭諫甚切鼂怒使收縛意欲案之掾吏莫敢諫
脩排閤直入拜曰明府發雷霆於主簿請聞其過
鼂曰受教三日初不奉行廢命不忠豈非過邪脩
曰昔任座面折文侯朱雲攀毀闌檻自非賢君焉
得忠臣今慶明府爲賢君主簿爲忠臣鼂遂原意
罰貰獄吏罪後州辟從事時賊張子林等數百人
作亂郡言州請脩守吳令脩與太守俱出討賊賊
望見車馬競交射之飛矢雨集脩障扞太守爲流
矢所中死太守得全賊素聞其恩信即殺弩中脩
者餘悉降散言曰自爲彭君故降不爲太守服也

吳録作彭循云循字子陽建國二年海賊丁儀等萬人據吳太守秋君聞循勇謀以守命循與儀相見陳説利害應時俱散民歌之曰時歲倉卒賊縱横大戟長弩不可當賴得賢令彭子陽

鍾離意字子阿山陰人少爲郡督郵時部縣亭長有
受人酒禮者府下記案考之意封還記入言於太
守曰政化之本由近及遠今宜先清府内直闊略
遠縣亭細微之愆太守甚賢之遂任以縣事建武
十四年會稽大疫死者萬數意獨身自巡視經給
醫藥所部多蒙全濟舉孝廉光武目爲良吏除瑕
丘堂邑二縣令後徵爲尚書轉僕射出爲魯國意別

傳云建武十四年太守汝南黃讜召意署北部督郵吳中大疫黃君轉署意爲中部督郵意乃露車不冠身不修整行病者門入其家至與醫藥詣神廟爲民禱祭召醫數百人令和草藥恐醫或以毒藥過劑賊害民命先自吞嘗然後行之其所臨護四千餘人後日府君出省災百姓攀車言曰明府不須出但得鍾離督郵民皆活也又會稽典鄣都署意北部督郵烏程男子孫常常弟烈分居各得田半頃烈死歲饑常稍以米粟給烈妻子輒追計直作券沒取其田烈兒長大訟常掾史議皆曰烈孫兒遺餓賴常升合長大成人而更爭訟非順孫也意獨曰常身爲遺父當撫孤弱是人道正義稍以升合券取其田懷挾姦路貪利忘義烈妻子雖以田與常困迫之至非私義也請常田俾烈妻子於是衆議無以奪之

包咸字子良曲阿人少爲諸生受業長安師事博士
右師細君習魯詩論語王莽篡去歸鄉里於東海

界爲赤眉賊所得遂見拘執十餘日咸晨夜誦經
賊異而遣之因住東海立精舍講授光武即位乃
歸鄉里太守黃讜署戶曹史欲召咸入教其子咸
曰禮有來學而無往教讜遂遣子師之舉孝廉除
郎中建武中入授皇太子論語拜諫議大夫後遷
大鴻臚吳錄咸爲戶曹史轉署主簿太守黃君行春咸留守郎君緣樓探雀卵咸責數云郎不宜破卵而又升危非子道杖三十

陸瑁字仲芳毗陵人操履清正明京氏易尚書風角
星算皆極精奥辟主簿稱事旬日謝病去隱會稽
山

王闢字選公無錫人明易及天文郡舉爲主簿吏始
平守山陰令補御史不交豪強人號王獨坐

黃昌字聖真餘姚人本出孤微居近學宮數見諸生
修庠序之禮因好之遂就經學又曉習文法仕郡
爲決曹刺史見而奇之辟從事復拜宛令政尚嚴
猛好發姦伏歷遷至將作大匠大司農

第五倫字伯魚長陵人少有義行建武二十九年拜
會稽太守躬自斬芻養馬妻執炊爨受俸裁留
月糧餘皆賤貿與貧羸之民俗多淫祀常以牛祭
神財產困匱其自食牛而不以薦祠者發病且死
爲牛鳴前後郡將莫敢禁倫移書屬縣曉告百姓
其巫祝託鬼神詐怖愚民皆案論之有妄屠牛者
吏輒行罰百姓以安署督郵謝夷吾爲主簿鄉嗇
夫鄭弘爲督郵舉許武孝廉永平五年坐瀆徵老
小攀車馬號呼相隨日裁行數里倫乃僞止亭舍
陰乘船去及詣廷尉吏民上書守闕者千餘人詔
公車諸爲會稽太守上書者勿復受會帝幸廷尉
録囚得免歸田里後官至司空

謝夷吾字堯卿山陰人少爲郡吏學風角占候太守
第五倫擢爲督郵時烏程長有臧釁倫使收案其
罪夷吾到縣無所驗但望閤伏哭而還白倫曰竊
以占候知長當死非刑所加故不收之倫聽其言

至月餘果有驛馬齎長印綬上言暴卒倫以此益
信禮之舉孝廉爲壽張令稍遷荊州刺史鉅鹿太
守所在有善績倫作司徒令班固爲文薦夷吾曰
竊見鉅鹿太守會稽謝夷吾出身東州英姿挺特
少膺儒雅綜校圖籙昔爲陪隸與臣從事奮忠毅
之操躬史魚之節及應選作宰惠敷百里爰牧荊
州威行邦國遷守鉅鹿政合時雖宜當拔擢使登
鼎司臣以頑駑尸祿負乘願乞骸骨更授夷吾以

厭率土之望後左轉下邳令豫剋死日如期果卒
鄭弘字巨君山陰人少爲鄉嗇夫太守第五倫奇之
召署督郵舉孝廉拜騶令累遷尚書令平原相侍
中大司農太尉
尹興明帝時爲守楚王英謀反陰疏天下善士有興
名及英事覺與門下掾陸續主簿梁松功曹史駟
勳俱詣廷尉獄赦還鄉里詳見陸續傳
王充字仲任上虞人受業太學師事扶風班彪後歸
鄉里屏居教授明帝時仕郡爲功曹以數諫爭不
合去刺史董勤辟爲從事轉治中自免還家年漸
七十乃閉門潛思著論衡八十五篇

慶鴻何敞傳作慶弘洛陽人慷慨有義節與廉范爲刎頸交
仕至會稽太守所在有異績
張霸字伯饒成都人永元中爲會稽太守表用郡人
處士顧奉公孫松等奉後爲潁川太守松爲司隸
校尉竝有名稱其餘有業行者皆見擢用郡中爭
厲志節習經者以千數道路但聞誦聲野無遺寇
民語曰城上烏鳴哺父母府中諸吏皆孝子霸視
事三年遂上病後徵四遷爲侍中卒翟酺與諸儒
門人追錄本行謚曰憲文續漢書曰霸爲郡越賊歸附童謠曰棄我戟捐我矛盜賊盡吏皆休
馬稜字伯威茂陵人援族孫也永元中轉會稽太守
稜素威嚴治郡有聲
蔡君修武人元初中以平寇功符守吳郡復徵青州按其子高邑令過碑云云然安帝時郡未分當作會稽是
趙牧字仲師長安人少以公正稱及治郡有聲績
戴就字景成上虞人仕郡倉曹掾刺史歐陽參奏太
守成公浮臧罪遣部從事薛安案倉庫簿領收就
考掠就慷慨直辭安奇其壯節表其言解釋郡事
徵浮還京師免歸太守劉寵舉就孝廉光祿主事

劉府君永建四年爲守始奏分會稽郡置吳郡
王衡永和三年郡丞羊珍反衡破斬之
武開明永和二年舉孝廉除郎中謁者建安二年遷
大長秋丞長樂太僕丞永嘉元年喪母去官復拜
郎中除吳郡府丞建安二年卒
韓崇守吳創吳泰伯廟見唐春卿君碑文吳會稽太守濮陽興問書佐山陰朱育曰昔韓吳郡問士於劉聖博對即崇也
糜豹東海人爲吳郡太守永興二年建吳泰伯廟閶
門外嘗按行屬城問功曹唐景風俗所尚景曰處
家無不孝之子立朝無不忠之臣文爲儒宗武爲

將帥時人以爲善言
東門負歷吳濟陰二郡太守所在貪濁謠曰東門負
取吳半吳不足濟陰續
李肅潁川人桓帝時太守舉陸康孝廉肅後坐事誅
康爲斂尸送喪還鄉行服
徐參良成人中常侍璜之弟吳郡太守時刺史陳翔
舉奏參在職貪穢徵詣廷尉翔由此威名大振
陳瑀字公瑋淮浦人光漢元年以安東將軍行吳郡
太守建安二年曹操遣議郎王誧奉詔以孫策爲
騎都尉領會稽太守又敕徐州牧呂布及瑀同討

袁術策自謂統兵但以騎都尉領郡爲輕乃諷誧
承制假策明漢將軍時瑀屯海西策治嚴當與布
瑀參同形勢行到錢唐瑀陰圖襲策遣都尉萬演
等密渡江使持印傳三十餘結賊與丹陽宣城涇
陵陽始安黟歙諸險縣大帥祖郎焦巳及吳郡嚴
白虎等使爲內應伺策軍發欲攻取諸郡策覺之
自將討虎別遣呂範徐逸攻瑀於海西瑀單騎奔
袁紹策梟其大將陳牧獲吏士妻子四千人瑀從
兄子廣陵太守登治射陽陰遣間使以印綬與白
虎餘黨以報瑀見破之怨策討[illegible]歸卅徒許[illegible]年

貢奴客射死瑀領郡凡六年
許貢爲吳郡太守興平二年奏分烏程爲永縣時孫
策方起貢表聞漢帝云策驍雄與項籍相似宜加
貴寵召還京邑若寘於外必爲世患策候吏得表
以示策策遂殺貢貢小子與客亡匿江邊策單騎
出貢客擊傷策病創死
朱治字君理故鄣人興平初勸孫策平定江東時在
壽春後遷吳郡都尉從錢唐欲進到吳吳郡太守
許貢拒之於由拳治與戰大破之貢南就山賊嚴
白虎治遂入郡領太守事黃武元年封毘陵侯領

郡如故二年徙封故鄣歲餘還吳三年卒初治領
郡舉孫權爲孝廉後權爲吳王治每進見權常親
迎執板交拜其見異如此
盛憲字孝章會稽人器量雄偉遷吳郡太守以病去
官憲居陽羨兄弟三人總爲一時名士弟宏居吳
少有慷慨士風宏弟仲居會稽有聲望憲子匡奔
魏位至征東司馬
芮祉字宣嗣丹陽人從孫堅征伐有功堅薦爲九江
太守轉吳郡所在有聲
縢胤字承嗣劇人有操節美儀容年十七尚公主

安二十年起家丹陽太守徙吳郡所在見稱每聽
辭訟察言觀色務盡情理人有忿爭之流涕
吳展字士季下邳人仕吳爲吳郡太守吳平還鄉里
閉門自守不交賓客郡人蔡洪答刺史周浚命吳
士書曰士季忠足矯非清足厲俗信可結神才堪
幹世誠聖世之老成明時之俊乂也
謝承字偉平山陰人孫權夫人之弟也爲吳郡督郵
歲穰有嘉禾六穗生於部屬拜五官郎中稍遷長
沙東部都尉武陵太守博學洽聞嘗所知見終身
不忘撰後漢書百餘卷子崇勛並知名勛吳郡太
守封蘭亭侯

太史享字元復東萊黃人建昌都尉慈之子歷官尚
書吳郡太守越騎校尉范志亨作亨又云一名高
胡沖固始人父綜少孤母將避難江東孫策領會稽
太守綜年十四爲門下循行留吳與孫權共讀書
策薨權以綜爲金曹從事官至侍中沖仕吳中書
令晉尚書郎吳郡太守
賀邵字興伯山陰人吳景帝休即位爲吳郡太守
不出門諸強族輕之乃題府門云會稽雞不能啼
邵聞故出行至門反顧索筆足之云不可啼殺吳

兒於是至諸屯邸核校顧陸役使官兵及藏逋亡
悉以言上罪者甚衆陸抗時爲江陵都督自請孫
皓然後得釋邵奉公貞正後被譖殺子循孫道力
循字彥先操尚高厲童齔不羣言行進止必以禮讓
陳敏之亂循與吳郡朱誕不豫其事敏破除吳國
內史不就元帝爲安東將軍復上循爲吳國內史
見世說亦載題門事與父邵傳語同必有一誤道力吳令
傅咸字長虞北地人司隸校尉玄之子也累遷吳國
內史顧榮與親故書曰傅長虞勁直忠果雖非周
才亦足貴也卒謚曰貞

殷祐字慶元雲陽人擢吳郡太守嘗上箋論顧榮功
高贈典不稱由是榮得加贈
鄧攸字伯道襄陵人元帝以爲太子中庶子時吳郡
闕守人多欲之帝以授攸攸清和平簡貞[illegible]
載米之郡俸祿無所受唯飲吳水而已時郡中大
饑攸奏賑貸未報乃輒開倉救之臺遣散騎常侍
桓彝虞駿慰勞飢人觀聽善否乃劾攸以擅出穀
俄有詔原之幷令桓彝省其衆役攸在郡政[illegible]
百姓歡悅爲中興良守後稱疾去職郡[illegible]
錢數百萬攸不受一錢百姓數千人牽攸船[illegible]

進攸乃小停夜中發去吳錄攸罷郡人入水牽其船悲號攸遂去三百里不忍別吳人歌云紞如打五鼓雞鳴天欲曙鄧侯挽不來謝令推不去百姓詣臺乞留一歲不聽

張茂字偉康會稽人少有志行與同郡孔愉敬康丁潭世康俱著名號會稽三康元帝辟茂為掾屬太子衛率大興中出補吳國內史茂初夢得大象以問占夢萬雅雅曰君當為大郡而不善也象大獸取其音狩故為太郡然象以齒焚身後當為人所殺及在郡聞齋內牀下犬聲求而不獲既而地坼有二犬子取養之皆死永昌元年茂與三子俱為沈充所害追贈太保

應詹字思遠南頓人性質素以學藝文章稱元帝雅重其才以後軍將軍出補吳國內史坐公事免

樂謨字弘範淯陽人尚書令廣之子也渡江為征虜將軍吳國內史

趙穆字季子汲郡人正淑平粹才識清通為明帝師歷冠軍將軍吳郡太守

庾冰字季堅鄢陵人驃騎大將軍琛之子司空亮之弟也以雅素為時論所重王導請為司徒左長史出補吳國內史咸和二年蘇峻作逆矯詔大赦遣兵攻冰冰不能禦棄郡奔會稽會稽內史王舒以冰行奮武將軍距峻別率張徙於吳中時徙黨甚衆諸將莫敢先進冰率衆擊徙走之於是乘勝西進赴京師又遣司馬滕含攻賊石頭城拔之冰勳為多封侯不受卒謚忠成世說蘇峻之亂諸庾逃散冰時為吳郡單身奔亡民吏皆去唯郡卒獨以小船載冰出錢唐口蘧篨覆之時峻賞募覓冰屬所在搜檢甚急卒舍船市渚因飲酒醉還舞櫂向船曰何處覓庾吳郡此中便是冰大惶怖然不敢動監司見船小裝狹謂卒狂醉都不復疑自送過浙江寄山陰魏家得免後事平冰欲報卒適其所願卒曰出自厮下不願名器少苦執鞭恒患不得快飲酒使其酒足餘年畢矣無所復須冰為起大舍市奴婢使門內有百斛酒終其身時謂此卒非唯有智且亦達生子希從子羲曾孫登之

希字始彥自侍中出為輔國將軍吳國內史後死於桓溫之難

羲字羲叔亮之子也少有時譽穆帝時為建威將軍吳國內史時帝雅愛文義羲至郡獻詩頗存諷諫未見用而卒

登之字元龍以司徒左長史為南東海太守府公彭城王義康專攬政事而登之性剛每陳己意義康不悅出為吳郡太守州郡相臨執意無改後以事免官

蔡謨字道明考城人歷遷侍中蘇峻搆逆庾冰出奔

乃以謨爲吳國内史既至與張闓顧衆顧颺等共起義兵迎冰還郡峻平復爲侍中卒謚文穆

虞潭字思奥餘姚人清貞有檢操蘇峻反潭守吳興加督三吳晉陵宣城義興五郡軍事與郗鑒王舒協同義舉陶侃假潭節監揚州浙江西軍事遣督護沈伊距管商於吳縣爲商所敗潭自貶尋而峻平轉鎮東將軍吳國内史以前後功進爵武昌縣侯徙會稽内史未發還復吳郡時軍荒之後百姓飢饉死亡塗地潭表出倉米振救又脩滬瀆壘以防海鈔百姓頼之咸康中卒謚孝烈孫嘯父

嘯父太元中爲吳國内史隆安初徵補尚書未發而王廞舉兵叛以嘯父行吳興太守入吳興義興爲廞聚兵輕俠赴者萬計廞敗應斬詔以祖舊勲聽以侯贖爲庶人嘯父從子

谷字長風吳興太守駿之子也仕吳國内史

王恬字敬豫臨沂人丞相導之子也少好武卓犖不羈晚節更好士起爲吳國内史卒謚憲侯世說謝太傅嘗與謝萬共過吳郡萬欲共萃王恬許太傅云恐伊不必酬汝意萬乃獨往坐少時王便入門内謝以爲厚待已良久乃沐頭散髮而出據胡牀在中庭曬頭神色傲邁了無相酬對意謝乃還未至船逆呼太傅曰阿螭不作爾恬小字螭虎弟洽劭薈

洽字敬和導第三子兄弟中最知名歷建武將軍吳國内史爲士民所懷在郡上表有曰編戶僵尸莽爲藪無主或闔門餓餒烟火不舉徵拜領軍有清裁之稱子珣

珣字元琳孝武時歷輔國將軍吳國内史在郡爲士庶所悦太元十五年徵爲尚書左僕射卒謚獻穆子弘曇首

弘字休元少好學以清恬知名大司馬右長史轉吳國内史義熙十一年徵爲太尉長史録尚書事謚文昭曇首宋吳郡太守不赴弘孫僧達

僧達幼聰敏孝武以爲征虜將軍吳郡太守時甚歲五遷彌不得意吳郭西臺寺多富沙門僧達求須不滿乃遣主簿顧曠率門義劫寺中沙門竺瀆瑤財數百萬荊江反叛加僧達置佐領兵臺符聽置千人而輒立三十隊隊八十人又立宅於吳多役公力坐免官至中書令賜死

劭字敬倫導第五子清儉簡貴善治容儀有風操桓溫稱爲鳳雛累遷爲建威將軍吳國内史卒謚簡

薈字敬文恬虛守靖不競榮利歷建威將軍吳國内史年饑粟貴人多死亡薈出私米作饘粥以飼餓

者所活甚衆遷尚書領中護軍復爲征虜將軍吳
國内史轉會稽内史孫琨
琨少謹篤泰始中出爲冠軍將軍吳郡太守遷中領
軍坐在郡用朝舍錢三十六萬營餉二宮諸王及
作絳褠奉獻軍用左遷光祿大夫
誕字茂世父混誕少有才藻隆安七年以太尉長史
爲吳國内史母憂去職按隆安止五年云七年誤
王保臨沂人太保祥從孫國子祭酒琛之子也少歷
顯職位至吳國内史

荀蕤字令遠潁陰人光祿大夫崧之子也有儀操風
望爲簡文帝所重後除建威將軍吳國内史卒官
弟羨
羨字令則資禀逸羣清和有識裁殷浩爲揚州刺史
以羨有令問引爲建威將軍吳國内史時年二十
七中興方伯之少未有若羨者明年卒
刁彝字士海饒安人協之子也斬讎人黨以祭父墓
由是知名歷尚書吏部郎吳國内史咸安二年降
封東海王奕爲海西公徙吳縣西柴里勅彝防衛
寧康初轉北中郎將徐兖二州刺史
譙敬王恬字元愉忠正有局幹領左衛將軍補吳國

内史又領太子詹事以宗室勳望有才用武帝時
深仗之以爲都督子允之
允之字季度歷輔國將軍吳國宣城譙梁内史王恭
庾楷桓玄内伐允之兄弟拒楷斬其將段方元興
初徙廣州被害
何澄字季玄灊人清正有器望孝武深愛之以爲冠
軍將軍吳國内史太元中徵拜尚書孫叔度
叔度義熙中爲金紫光祿大夫吳郡太守王弘每稱
其清身潔己子尚之爲吏部郎告休定省傾朝送
別於冶渚至郡叔度謂曰聞汝來傾朝送別可有
幾客荅曰殆數百人叔度笑曰此是送吏部爾非

關何彥德也曾孫戢
戢字慧景金紫光祿大夫偃之子也尚山陰公主歷
侍中濟陰太守出爲吳郡太守以疾歸爲侍中秘
書監卒謚懿子
王愷字茂仁晉陽人丞相坦之之子太元末爲侍中
出爲吳國内史未發徵爲丹陽尹桓玄等至江寧
領兵守石頭俄而玄等走復爲吳郡病卒
桓謙字敬祖龍亢人父沖侍中謙詳整有器望歷輔
國將軍吳國内史隆安三年孫恩陷會稽謙委官

出奔無錫徵拜尚書驃騎大將軍後以亂蜀伏誅
袁山松陽夏人少負才名博學有文章著後漢書百
篇歷祕書監吳國內史孫恩作亂吳會承平日久
人不習戰所在多破亡吳國內史桓謙出奔山松
築滬瀆壘緣海備恩明年恩復入浹口轉寇滬瀆
害山松山松部人海鹽李祥突白刃收山松歸葬後人表祥居爲教義里
魏詠之字長道任城人家貧好學不倦桓玄篡位協
贊義謀義熙初進征虜將軍吳國內史尋轉荊州
刺史卒追謚曰桓
劉柳字叔惠涅陽人其先漢宗室也柳有名譽少登

清官歷後將軍吳國內史以顏延之爲行參軍主
簿柳將謝氏姊俱行即贍之叔母贍幼孤亦皆至吳
丘淵之字思玄烏程人博學有才識宋文帝即位以
舊恩歷侍中都官尚書吳郡太守所著文章百卷
歷吳會稽丹陽三郡
王韶之字休泰臨沂人好史籍私撰晉安帝陽秋序
王氏過惡少帝即位以侍中出爲吳郡太守王弘
入相領揚州刺史韶之在郡常慮爲弘所繩夙夜
勤厲政績甚美弘亦抑其私憾文帝兩嘉之時稱
韶之良守徵爲祠部尚書

劉式之字延叔莒人尚書左僕射穆之仲子過易然
士以左衛將軍爲吳郡太守謚恭侯
江夷字茂遠考城人父敳夷少自澡厲美風儀善舉
止景平二年由吏部尚書出爲吳郡太守富陽縣
賊孫法亮作亂攻永興會稽太守袁湛之遣隊主
陳願等破賊夷輕行之職停吳一宿進至富陽分
別善惡執送願從賊黨數百家於彭城諸處及營
陽王在吳縣見害夷臨哭盡禮以兄疾去官後爲
右僕射歷任以和簡稱曾孫斅
斅字叔文好文辭有風格永明七年領驍騎將軍歷

吳郡太守卒謚敬子
徐佩之字季鄭人武帝以其姻戚累加寵任遷侍
中射聲校尉永拜出爲吳郡太守還除吏部尚書
丹陽尹元嘉三年羨之既誅文帝特宥佩之免官
而已其冬佩之謀反事發被誅
劉損字子騫蕭人衛將軍毅從父弟也元嘉中爲吳
郡至閶門便入太伯廟宇宇隤毀垣墻不修損愴
然曰清塵尚可彷彿衡宇一何摧隤即令修葺
殷穆長平人以和謹致稱爲五兵尚書吳郡太守官
至特進謚元子

劉烒由吳郡太守爲司徒彭城王義康長史元嘉十七年義康專政欲以烒爲丹陽尹言次啓上陳其家貧言未卒上曰以爲吳郡後與王履等謀欲使大業歸義康既而被收初烒在吳數有妖異至是伏誅

劉禎元嘉中爲守十八年鹽官獲白雀禎獻於朝二十四年鹽官復産白雀又獻之

羊玄保太山南城人以太常徙吳郡太守加秩中二千石三吳舊有鄉射禮玄保舉行之文帝以其廉素寡欲頻授名郡爲政雖無殊績而去後常必見思不營財利産業儉薄大明中加散騎常侍特進卒謚曰定子

王翼之字季弼臨沂人黄門侍郎徽之孫也仕御史中丞吳郡會稽太守大明二年在任有白燕産郡城翼之獻于朝卒謚肅子

王曇生臨沂人父弘之曇生好文義以謙和見稱歷吏部尚書吳郡吳興太守

謝莊字希逸陽夏人侍中弘微之孫也七歲能屬文文帝見之曰藍田生玉豈虛也哉袁淑贈其賦稱爲江東獨步大明中除吳郡太守廢帝即位改中書令加金紫光禄大夫卒謚憲子

始平孝敬王子鸞字孝羽孝武帝第八子大明四年爲東中郎將吳郡太守改封新安王以冠軍長史蕭惠開行郡事五年遷北中郎將南徐州刺史子鸞愛冠諸子凡上所盼睞者莫不入其府及爲南徐又割吳郡以屬之前廢帝即位賜死年十歲弟曰子仁字孝和孝武第九子也大明五年封永嘉王遷東中郎將吳郡太守明帝即位賜死亦甫十歲

王延之字希季臨沂人少静默不交人事明帝時爲吳郡太守罷郡歸家産無所增益居身簡素清静寡欲凡所經歷務存不擾謚簡子

褚淵字彦回陽翟人尚書左僕射湛之子也尚南郡公主明帝時爲吳郡太守帝寢疾危殆驛使召之欲托後事及至帝坐帳中流涕語之復爲吏部尚書謚文簡弟澄

澄字彦道雅有才量尚廬江公主歷官清顯建元中爲吳郡太守澄博好經方凡療病無貴賤皆先審其苦樂榮悴鄉壤風俗水土所宜氣血強弱然後裁方用藥爲郡日有百姓李道念以公事到郡澄謂曰汝有重疾荅曰病冷五年澄爲診脉曰汝病非冷非熱當是食白瀹鷄子過多所致令取蘇一升煮服之吐出物如升涎裹之動開

看是雞雛羽翮爪距具足能行澄曰此未盡更服所餘藥口吐得如向者雞十三頭而病差

袁洵陽夏人爲吳郡太守卒謚曰貞弟子粲舊名愍孫幼孤好學有清才隨洵在郡擁敝衾讀書足不踰戶或有欲與洵子顗婚洵曰顗不堪政可與愍孫婚耳

柳世隆字彥緒解人元景弟子也爲左將軍吳郡太守加秩中二千石居母憂寒不衣絮卒謚忠武

蕭順之字文緯梁武帝父也齊高帝時歷黃門郎安西長史吳郡太守所在著名郡人張緒嘗曰文武兼資有德有行吾敬蕭順之

安陸昭王緬字景業建元元年出爲輔國將軍吳郡太守政有能名竟陵王子良與之書曰竊承下風數十年來姑蘇未有此政武帝嘉之轉郢州刺史

沈文季字仲達武康人司空慶之之子也永明元年以太子詹事出爲左將軍吳郡太守三年進號平東將軍富陽人唐寓之作亂破錢唐等縣文季發兵救之四年轉都官尚書卒謚忠憲

王慈字伯寶臨沂人僧虔子也歷豫章內史父憂去官起爲建武將軍吳郡太守遷寧朔將軍大司馬長史卒謚懿

邵陵王子貞字雲松武帝第十四子也永平十年爲東中郎將吳郡太守建武二年被誅年十五

王思遠琅邪人立身簡潔邵陵王子貞爲吳郡除思遠吳郡丞以本官行郡事論者以爲得人

南康侯子恪字景沖齊高帝之孫永明中封建武中遷輔國將軍吳郡太守永泰元年大司馬王敬則反於會稽奉子恪爲名子恪奔走不知所在始安王遙光勸上併誅高武子孫於是並勅竟陵王昭冑等入永福省是夕三更子恪徒跣奔至建陽門上聞驚覺撫牀曰遙光幾悞人事及見子恪顧問流涕以爲太子中庶子梁大通二年出爲寧遠將軍吳郡太守三年卒于郡舍謚恭子子恪次弟子操封泉陵侯建武中解褐爲給事中避王敬則難歸爲吳郡太守永元中爲黃門郎

李元履蘭陵承人幼有操業甚閑政體入梁爲吳郡太守

王騫字思寂臨沂人太尉文憲公儉之長子梁度支尚書中書令天監五年出爲東陽太守尋徙吳郡八年遷太府卿歷侍中中書令弟暕子規

暕字思晦弱冠尚宋淮南長公主仕梁雲麾將軍吳郡太守普通三年徵爲尚書左僕射歷國子祭酒卒謚曰靖

覘字威明神峯標暎時稱俊人中大通二年爲太子
中庶子尋爲吳郡太守簡文帝爲作謝章曰與
駕吉祥之車入句吳之境驅緹翁之馬撫奉德之
鄉製錦何階埜綵方始主書芮珍宗家在吳前守
宰皆傾意奉之至是珍宗假還覘遇之甚薄珍宗
還都密奏覘不理郡事召爲左戶尚書郡境千餘
人詣闕請留表三奏不許求於郡樹碑許之卒謚
曰文

袁昂字千里陽夏人右將軍顗之子也齊吳興太守
梁武起兵州郡皆降昂獨拒境天監中歷國子祭
酒八年出爲仁威將軍吳郡太守十一年入爲五
兵尚書卒謚穆正公子君正

君正字世忠美風儀早得時譽當官涖事有名遷吳
郡太守將之官到溉祖道於征虜亭謂君正曰[illegible]
策生蕭敏孫徐孝克非不解義至於風神器宇
賢子遠矣侯景亂弟泌欲求爲將梁簡文帝版泌
爲紫宮領直令往吳中召募士卒君正率數百人
隨邵陵王綸赴援及臺城陷還郡太清三年三月
景遣儀同于子悅張大黑入吳君正蓄聚財產服
玩靡麗新城戍主戴僧易勸令拒守已以戍兵[illegible]
外擊之君正不能決吳人陸映公等懼不濟勸之
迎賊君正性怯懦乃送米及牛酒郊迎賊賊掠奪
其財物子女因感疾卒子悅等又破掠吳中多所
調發逼掠子女毒虐百姓吳人莫不怨憤各立城
柵拒守五月景遣中軍侯子鑒入吳軍收子悅大
黑還京斬之

蔡撙字景節考城人尚書興宗子也仕梁侍中吳興
太守中書令普通三年出爲宣毅將軍吳郡太守
四年卒謚康子

何敬容字國禮灊人侍中昌寓子也尚齊長城公主
普通四年出爲招遠將軍吳郡太守爲政勤恤民
隱辯訟如神視事四年治爲天下第一吏民詣闕
請樹碑詔許之大通二年徵爲中書令未拜復爲
吏部尚書卒

南浦侯推字智達梁文帝第七子少清敏好屬文深
爲簡文所親賞大通後出爲戎昭將軍吳郡太守
所臨赤地大旱吳人號旱母侯景之亂守東府城
陷握節死之

臨賀王正德字公和梁文帝孫臨川王宏第三子也
中大通四年爲信武將軍吳郡太守後徵爲侍中

江革字休映考城人齊司徒竟陵王西邸學士梁武帝時歷官會稽郡丞行府州事以清貧著稱除都官尚書尋監吳郡時境內荒儉劫盜公行革至郡唯有公給仗身二十人百姓皆懼不能靜寇革復省游軍尉百姓逾恐革乃廣施恩撫明行制令盜賊靜息吏民安之武陵王出鎮江州革同行除推薦甚美南中郎長史尋陽太守徵入爲度支尚書還家除光祿大夫卒謚曰彊子華歷官八府長史四王行事三爲二千石傍無姬侍家徒壁立時以此高之

何遠字義方郯人梁初爲後軍鄱陽王恢錄事參軍歷始興內史在官好開涂巷脩葺牆屋人屋市里城隍廐庫所過若營家焉田秩奉錢一無所取性尤果斷人畏而惜之所在皆生爲立祠表言政狀帝每優詔荅焉後歷給事黃門侍郎信武將軍監吳郡在吳頗有酒失遷東陽太守遠平生處職疾強富如仇讎視貧細如子弟特爲豪右所憚性耿介無私曲絕請謁未嘗以顏色下人多爲俗士所疾其清公實爲天下第一居數郡見可欲終不變其心妻子饑寒如下貧者[illegible]西詠誠多

撫軍將軍

謝舉字言揚陽夏人大同二年出爲雲麾將軍吳郡太守先是何敬容有美績世稱何吳郡及舉爲政聲跡略相比嘗要何徵君講中論何難以巾褐入南門乃從東園進致許往復爲虎丘山賦題于寺

五年十一月入爲侍中中書監尚書令

安陸王大春字仁經簡文帝第八子少博涉書記天性恭謹太清三年七月侯景以大春爲吳州刺史大寶元年封安陸郡王出爲東揚州二年遇害又

南海王大臨字仁宣簡文帝第四子大寶元年除安

東將軍吳郡太守時張彪起義會稽吳人陸令公潁川庾孟卿等勸大臨投之大臨曰彪若成功不藉我力如有撓敗以爲說焉不可往也二年侯景廢帝豫章王棟即位使害大臨於吳郡年二十五

張彪不知何許人自云家本襄陽[illegible]亡命在若邪山爲盜[illegible]將宋子仙[illegible]東揚州彪以南郡王前中兵參軍[illegible]擊子仙不捷大寶二年齊[illegible]

[illegible]

横會瑱於關承聖元年三月瑱率軍追侯景至吳
陵東奔吳郡嘉興趙伯超據錢唐拒之景退還吳
郡達松江而瑱軍掩至景衆未陣皆舉幡乞降景
不能制乃與數十人單舸走推墮二子自滬瀆入
海爲羊鯤所殺景平僧辯遇彪甚厚引爲爪牙與
杜龕相似世謂之張杜貞陽侯踐位彪爲東揚州
刺史時陳文帝已據吳興將及會稽彪在剡縣留
山陰謝岐監郡遣沈泰吳眞寶還州助岐保城彪
後至泰等迎文帝入郡彪復踰城而入其部曲家
口在香巖寺悉被獲彪敗見殺其友人吳中陸山

才嗟泰等翻背爲詩一絶刊吳閶門云田横感義
士韓王報主臣若爲留意氣持寄禹川人
謝岐山陰人少機警好學爲梁山陰令侯景亂流寓
東陽景平依張彪彪在吳及會稽庶事委之毎征
討恒留以監郡知後事彪敗歸陳參預機密官至
中書舍人
周鐵虎不知何許人梁承聖二年以前後功封沘陽
縣侯仍爲散騎常侍領信義太守後爲王琳所害
周文育字景德少孤貧本居新安壽昌縣姓項名猛
奴義興周薈爲壽昌浦口戍主見而奇之養爲己

子預平侯景封南移縣侯拜信義太守累遷南丹
陽蘭陵晉陵太守智武將軍後爲周迪所害謚忠
愍
王僧智祁人父僧念僧智爲吳郡太守會陳霸先殺
其兄僧辯僧智舉兵據郡霸先遣黃他率衆攻之
僧智出兵拒於西閶門他不能克別令裴忌倍道
夜薄其城僧智奔吳興太守杜龕陳蒨獲龕僧智
與弟僧愔奔齊就南豫州刺史任約約敗走僧智
肥不能行竟遇害龕僧辯壻也
裴忌字無畏聞喜人少聰敏有識量頗涉史傳侯景

亂隨陳霸先征討有功霸先遣黃他攻王僧智不
能克謂忌曰三吳奧壤舊稱饒沃雖凶荒之餘猶
爲殷盛而今賊徒扇聚天下搖心非公無以定之
宜善思其策忌乃勒部下精兵輕行倍道自錢唐
直趣吳郡夜至城下鼓譟薄之僧智疑大軍至輕
舟奔杜龕忌入據郡霸先表授吳郡太守及受禪
徵爲左衛將軍
沈君理字仲倫吳興人美風儀博涉經史有識鑒梁
末陳高祖命監吳郡高祖受禪爲吳郡太守時兵
革未寧百姓荒敝軍國之用咸資東境君理招集

士卒修治器械民下悅附以幹理見稱世祖嗣位
徵爲侍中卒謚貞憲
徐度字孝節安陸人少倜儻不拘小節以驍勇聞陳
文帝嗣位命爲使持節散騎常侍鎮東將軍吳郡
太守天嘉初以平王琳功改封湘東郡公位至司
空謚忠肅子敬成幼聰慧好讀書永定三年爲洗
馬時度爲吳郡太守以敬成監郡卒謚曰思
鄱陽王伯山字靜之文帝第三子天嘉元年封仍授
東中郎將吳郡太守六年爲南徐州刺史
晉安王伯恭字肅之文帝第六子天嘉六年封仍授

平東將軍吳郡太守置佐史時年十餘歲便留心
政事官曹緝理太建元年加中護軍進號安南將
軍國亡入隋歷太常少卿
長沙王叔堅字子成高宗第四子也母本吳中酒家
隸高宗召拜淑儀叔堅少傑黠凶虐太建元年立
爲長沙王仍爲東中郎將吳郡太守
永陽王伯智字策之文帝第十二子少惇厚有器局
博涉經史天嘉中爲吳郡太守聞陸慶名欲見不
可詣慶宗人榮宅穿壁觀之累遷尚書左僕射
嗣衡陽王伯信字孚之文帝第七子爲吳郡太守舉

郡人張乾孝廉隋師渡江與臨汝侯方慶並爲東
衡州刺史王勇所害
蕭瓛字欽文齊明帝第三子少聰敏解屬文梁封義
興王荊州刺史隋軍至郡州瓛與叔父巖歸陳瓛
爲侍中禎明初置吳州以瓛爲安東將軍吳州刺
史甚得物情陳亡吳人推瓛爲主又見梁武簡文
及詧歸等並第三而踐尊位深自矜負有謝異者
頗知廢興梁陳之際言無不驗江南人甚敬信之
及陳主被執異奔於瓛由是益爲衆所歸隋將宇
文述以兵討之瓛遣王褒守吳州自將拒述述遣

兵別道襲吳州褒衣道士服棄城走瓛衆聞之悉無鬭志與
述戰敗瓛遁于太湖民家執送述所斬於長安
皇甫績字功明安定人隋平陳自晉州刺史移蘇州
開皇十年江南高智慧作亂州民顧子元發兵應
之因以攻績相持八旬子元於冬至日遣人奉牛
酒於績績遺子元書曰曩者僞陳獨阻聲教江東
士民困於荼毒朝廷薄伐應時瓦解吳會臣民白
骨還肉惟當懷音感德豈宜自同吠主翻成反噬
吾是隋將何容外交易子析骸未能相告況足食
足兵高城深塹坐待強援綽有餘力何勞踵輕弊

之俗作虛偽之辭以此見期必不可得鄉宜曉諭黎元能早改迷失道非遠子元得書於城中頓首陳謝楊素援兵至合擊破之十二年正月拜信州總管十二州諸軍事卒謚曰安

劉權字世略曹人少有俠氣重然諾藏亡匿死後折節好學動循法度歷仕齊周入隋從平陳開皇十二年拜蘇州刺史于時江南初平物情尚擾權撫以恩信甚得民和官至南海太守

姑蘇志卷第三十七

姑蘇志卷第三十八

宦蹟二

燕王靈夔江王元祥滕王元嬰皆唐高祖子也貞觀十年三月出諸王爲都督靈夔以十一年代襲蘇州刺史十三年罷代襲之制進封魯公高宗末又以太子太師刺蘇州按韓王元嘉傳時武后臨朝攝政欲順物情雖外示尊崇實無所綜理元祥以貞觀十一年自許王冊授使持節蘇州諸軍事蘇州刺史改封江王元嬰以永徽三年自金州刺史遷蘇州又轉洪州都督元祥性靡遴所至營財產無厭與元嬰等皆貪暴時語曰寧向儋崖振白不事江滕蔣虢

曹王明太宗子也母楊氏本巢王妃貞觀末封王曹高宗詔後巢王累爲都督刺史調露中莅蘇澤王上金高宗子也武后文明元年授蘇州刺史明年改陳州

郎餘慶新樂人爲吏清而刻於法高宗朝累遷御史中丞務謙謹下人久之出爲蘇州刺史坐累下遷交州都督

袁誼長安人開燿初蘇州刺史司馬張沛白誼曰州得一長史隴西李亶天下甲門也誼曰夫門戶者

歷世名節爲天下所高老夫是也山東人尚婚婭
求祿利耳至見危授命則無人焉何足尚邪沛大
慙（此據通鑑脩按本傳爲郡在神功中後開燿十六年未詳孰是）

孔禎唐高宗朝爲州長史時刺史曹王明不循法度
禎每進諫明曰寡人天子之弟豈失於王哉禎曰
恩義不可恃大王不奉行國命恐今之榮位非大
王所保獨不見淮南之事乎明不悅明左右有侵
暴下人禎捕而杖殺之明後果坐法遷黔中謂人
曰吾愧不用孔長史之言以及於此累遷絳州刺
史

張廷珪字溫玉濟原人慷慨有志尚開元中由沔州
刺史徙蘇五年奏復置海鹽縣卒謚貞穆

張均洛陽人丞相說之子也有文名歷兵部侍郎以
累貶饒蘇二州刺史久之遷刑部尚書

吳從衆開元中爲刺史兼採訪使二十八年割太湖
洞庭三鄉與吳興互換

武平一沛國人博學工文詞武后時畏禍不敢與事
累詔不應中宗復位召爲起居舍人修文館直學
士開元中自考功員外郎貶蘇州參軍既謫□
從金壇令

趙居貞皷城人國子祭酒冬曦之弟天寶九載二月
自揚州長史遷吳郡太守十載正月封會稽山神
爲永興公命居貞往祭三月十七日行禮册是年
居貞又立春申君廟碑（題銜作中散大夫守吳郡太守兼江南道採訪處置使舊志作比部郎中）又奏割崑山嘉興海鹽地置華亭縣又
於海鹽置海寧鎮

韋之晉京兆人上元中爲蘇州刺史時淮泗不寧夷
夏震動韋元甫自御史中丞出爲洪州都督由是
鄰國舊屏大臣皆輻湊議欲同盟靖難杜煜至自
廣陵杜鴻漸至自會稽韋衆自京口徐浩自合肥

而之晉自吳偕會焉獨孤及作豫章冠蓋盛集記

李刺史（名闕）襄武人蘇州刺史兼御史中丞獨孤及稱
其爲郡日值海寇之亂事平徵還道卒贈吏部侍
郎及又代房琯撰祭文稱其孝友慈惠公廉貞直
姑蘇之役姦鋒搆難公秉義勇誅其渠魁海寇圍
逼句吳震駭公率蠡師克翦大敵奇謀生於死地
貞節見於孤城

韋元甫少脩謹敏於學術以吏能知名所蒞皆有聲
遷蘇州刺史浙西都團練觀察使大曆初宰相杜
鴻漸薦之三年徵爲尚書右丞

蕭定字梅臣右僕射瑀之曾孫累遷袁潤信宋湖蘇
六州刺史大曆中有司差天下刺史治最定與常
州蕭復濠州張鎰爲第一而劭桑租均賦稅逃徠
游口在鎰復之右遷戶部侍郎官至太子少師

李丹太子太保詳之子也（宗室表作岑子）爲蘇州刺史浙西
觀察使著蘇州聖賢冢墓記一卷

李栖筠字貞一趙人莊重寡言體貌軒特喜書多所
通曉爲文章勁迅有體要不妄交游累遷工部侍
郎魁然有宰相望元載嫉之出爲常州刺史蘇州
豪士方清因歲凶誘流莩爲盜積數萬依黟歙間

阻山自防東南厭苦李光弼分兵討平之會平盧
行軍司馬許杲恃功擅留上元有窺江吳意朝廷
重起兵即拜栖筠蘇州刺史兼御史中丞浙西都
團練觀察使圖之栖筠至張設武備遣辯士厚齎
金帛抵杲軍賞勞使士歆愛奪其謀杲懼悉衆渡
江掠楚泗而潰以功進兼御史大夫則又增飾學
廬表宿儒河南褚沖吳何員等趨拜學官爲之師
身執經問義遠邇趨慕至徒數百人及袁劉太眞
爲常熟令又奏部中豪姓多徙貫京兆河南規脫
徭科請量產出賦以杜姦謀元載拜御史益恣橫
代宗除引剛鯁大臣自助欲收綱權以黜載拜栖
筠御史大夫栖筠劾載黨數人帝屢欲召相憚載
輒止然有進用皆密訪焉栖筠多所補助見帝依
違不斷亦內憂憤卒謚文獻孫德裕別有傳

裴胄字胤叔河南人簡儉恒一累官監察御史不得
意左遷桐廬尉時浙西觀察使李棲筠有重望虛
心下士幕府盛選才彥觀察判官許鳴謙有學識
栖筠嘗異席事多諮之崔造韋皆所薦引一見胄
深重之薦於棲筠奏授大理評事觀察支使

栢良器字公亮年十七在太尉李光弼幙中大曆初

以左金吾衛將軍加檢校光祿大夫兼蘇州別駕
加試殿中監監察御史刺史李棲筠問其年對曰
二十有四戰陣幾何曰六十有二因泣涕言遭時
喪亂父死家破誓棄性命以除寇讐報志未立豈
敢求明公之知邪建中初至京師宰相楊炎召與
之語因言刺史李道昌無善政遂以韓滉代焉良
器位至將相圖形凌烟閣

林披字彥則莆田人年二十以經業擢第爲汀州別
駕大曆中御史大夫李棲筠奏授太子詹事兼蘇
州別駕有九子皆爲刺史號九牧林家

李涵簡素恭慎有名宗室以兵部侍郎爲蘇州刺史兼御史中丞充浙西觀察使十一年除知臺事京畿觀察使按獨孤及撰涵父少康碑云七年五月由兵部侍郎爲御史大夫又建中三年五月中書門下奏得蘇州刺史兼御史大夫知臺事李涵等狀釐革到諸道觀察使料錢

韓滉字太仲長安人有美名所交皆時之俊彥代宗朝自晉州刺史移蘇州領浙江東西都團練觀察使安輯百姓均其租稅未踰年境內稱治按本傳移郡領使不帶兼官尋加銀青光祿大夫二年五月加檢校禮部尚書兼御史潤州刺史鎮海軍節度使依前浙江東西道觀察等使而通鑑云大曆十四年十一月由晉州刺史除蘇州幷領觀察使蓋大曆所除而建中初任也一云自饒州刺史轉蘇州丁母憂起爲江陵少尹

李復字初陽宗正卿齊物之子歷饒蘇容三州刺史卒謚昭復更歷方鎮所在稱治

韋應物洛陽人周逍遙公敻之後自言天寶中以三衛郎事玄宗豪縱不羈及游太學以氣凌蔑諸生永泰中爲洛陽丞京兆尹功曹始折節讀書歷鄠櫟陽令比部員外郎出刺滁江二州刺史貞元初自左司郎中爲蘇州年五十餘在郡與秦系丘丹顧況釋皎然相倡酬罷官後寓永定精舍信州刺史劉太眞嘗與書云顧著作來已知足下郡齋燕集想亦示何情致暢茂遒逸如此宋齊間沈謝吳何始精於理意緣情體物備詩人之指後之傳者甚失其原惟足下制其橫流師摯之始關雎之亂於足下之文見之矣李肇稱其性高潔鮮食寡欲所居焚香掃地而坐其爲書馳驟建安已還各得風韻開元以後位卑而著名者李北海王江寧李館陶鄭廣文元魯山蕭功曹張長史獨孤常州崔比部梁補闕及蘇州而白居易言應物在蘇與杭州牧房孺復皆豪人也韋嗜詩房嗜酒每與賓友一醉一詠其風流雅韻播於吳中或目韋房爲詩酒僊盍其畫戟清香之辭最爲警策宜時人推重如此有集十卷子慶復監察御史韓駒蔡寬夫詩話云唐史不爲應物立傳行事頗逸按白公吳郡詩石記言貞元初應物爲刺史後三十七年樂天亦佩蘇印記中目應物爲碩人則在當時已有重名又劉禹錫集有大和六年舉自代一狀然應物溫泉行云北風慘慘投溫泉忽憶先皇巡幸年身騎廏馬引天仗直至華清列御前又有出身天寶今幾年之語則嘗逮仕天寶間矣又燕李錄事詩云與君十五侍皇闈曉拂爐煙上玉墀考之天寶元年至大和六年計九十一年應物於天寶間已年十五不應能至大和間也說者謂禹錫與樂天同時視應物輩行迥不同禹錫所舉或別一人耳

孫晟字思退武水人父逖判刑部侍郎晟少知名通經術代宗朝爲信州刺史有惠政郡人請立碑頌德優詔褒美轉蘇州貞元四年移桂州

齊抗字遐舉義豐人太子少詹事澣之孫也天寶亂抗
隱會稽刺史張鎰辟署幕府抗由小事閒敏有文雅
自處州刺史徙蘇潭二州召爲觀察使卒謚曰成
李事舉趙郡人按李觀浙西觀察判官廳壁記云太
原王公兼察之七年署監察御史李事舉爲觀察
判官　冬蘇州刺史以憂去命事舉來撫吳地
德美矜人化變儉人如春召之和 按觀察使王緯嘗奏劾于頔疑頔去而事舉攝郡爾
于頔字允元後周太師謹七世孫也以湖州刺史改
蘇州吳俗事鬼頔疾其淫祀廢生業凡神宇撤去
惟存泰伯子胥濬溝澮端路衢爲政有績然暴橫
少恩杖前部尉以逞憾觀察使王緯以聞德宗不
省俄遷大理卿官終同中書門下平章事頔有專
對才其馭衆爲政之術令行禁止出於濃家文深
意苛有犯無赦
崔衍安平人天寶末歷蘇虢二州刺史遷宣歙池觀
察使衍簡靜儉約畏濃室無妾媵祿稍周於親族
妻子僅免飢寒及卒不能葬喪詔贈賻帛米粟元
和初復詔褒美謚曰懿
韋夏卿字雲客萬年人善文辭大曆中爲給事中屬

東南歲歉出爲常州刺史以最績轉蘇州始至諜
以息民布令曰矜老疾活艱困凡在庶物令趣其
本於是鄉計之而白於縣縣上之郡夏卿乃條其
年稅差並與蠲放遂加秩賜金借留累歲擢吏部
侍郎卒謚曰獻夏卿性通簡好古爲政務通理不
甚作條教所辟士皆至宰相大官世稱知人
李素隴西人刺衢州一月遷蘇州李錡前反權將之
戍諸州者刺史至斂手莫與敵素至十二日錡反
素將左右與賊戰州門不勝賊呼入素端立責以
義皆斂兵立不逼賊將姚志安送素致錡軍中將
斬以徇素身具桎梏釘於船舷未及京口而錡敗
素脫械還走州賊急卒不暇走死民抱扶迎盡出
上使貴人持紫衣金魚以賜居三年州稱治拜河
南少尹
王叔文山陰人以棊待詔頗讀書班班言治道德宗
詔直東宮太子引以侍讀順宗立不能聽政群臣
奏事以宮人宦官從帷中傳命王伾密語諸黃門
陛下素厚叔文即繇蘇州司功參軍拜起居郎翰
林學士遷戶部侍郎領度支鹽鐵副使賜金紫順
宗崩貶渝州司戶

王仲舒字弘中祁人少孤家于江南讀書著文有名于時元和中由峽州刺史遷婺州在職五年有治政加金紫轉蘇州變其屋居以絶火延堤松江路以絶沮滯秋夏賦調自爲書與人以期吏無及門而集化成爲天下守之冣上以文誥有古風拜中書舍人復觀察江南西道卒于官按仲舒守蘇日祭權相國文在元和十四年七月又光福寺題名在四年與傳不合未詳

范傳正字西老順陽人歷歙湖蘇三州刺史有殊政進拜宣歙觀察使

張正甫字踐方南陽人元和中歷鄧蘇二州刺史湖南觀察使正甫仁而端亮涖官清廉居外任所至

稱理

元錫字君貺河南人什翼犍十四世孫也歷衢婺蘇三州刺史所至咸有聲績

崔倰字德長宰相佑甫從子也性介潔矜已之清視贓負者若讎憲宗朝檢校職方郎中兼淮浙宣建等路兩稅使尋爲蘇州刺史破壞豪黠除去宂費歲中廪藏皆羨溢遷潭州刺史卒謚肅

李諒長慶四年自泗州刺史奏冣以御史中丞徙蘇州賜紫按柳宗元爲王戶部薦諒狀云清明直方柔惠端信強以有禮幹而甚文[illegible]

使備獻納

白居易字樂天其先太原人自韓城徙下邽居易敏悟絶人工文章未冠謁顧况况於時才少所推可見其文自失曰吾謂斯文自絶今復得子矣貞元中擢進士拔萃皆中補校書郎元和初以對策調盩厔尉爲集賢校理翰林學士遷左拾遺屢陳朝廷得失請以學士兼京兆戶曹參軍又以言事貶江州司馬久之徙忠州刺史入爲司門員外郎以主客郎中知制誥俄轉中書舍人遷杭州刺史入爲太子左庶子分司東都復刺蘇州病免文宗立以祕書監召還刑部侍中太和初移病還東都除

太子賓客分司踰年拜河南尹開成初拜太子少傅進馮翊縣侯會昌初以刑部尚書致仕六年卒贈尚書右僕射居易被遇憲宗時事無不言爲當路所忌遂擯斥所蘊不能施乃放意詩酒既復用又皆僶蹇不合居官輒病去遂無立功名意在蘇時多燕遊嘗攜蟬滿容黙茶十妓夜遊西武丘山又賦紀遊詩云領郡時將久遊山數幾何一年十二度非少亦非多自作醉吟先生傳又好浮屠稱香山居士其文章精切最工詩頗以規諷得失切

與元稹酬詠號元白稹卒又與劉禹錫齊名號劉白白敏中爲相請謚有司曰文東都江州人皆爲立祠

狄兼謨字汝諧太原人梁公仁傑族孫剛正有祖風由蘄鄧鄭三州刺史改蘇州以治最擢給事中遷御史中丞東都留守

李紳字公垂世宦南方客潤州爲人短小精悍有詩名號短李穆宗朝爲學士與李德裕元稹同在禁署時稱三俊大和中歷蘇越二州刺史武宗召拜中書侍郎同平章事卒謚文肅

劉禹錫字夢得系出中山世爲儒工文章淮南杜佑表管書記入爲監察御史名重一時王叔文與之交順宗即位叔文引禹錫及柳宗元與議政禁中擢屯田員外郎判度支鹽鐵案憲宗立叔文等敗貶連州刺史未至斥朗州司馬久之召還又出爲播州刺史御史中丞裴度請稍內遷乃易連州又徙夔州由和州刺史入爲主客郎中度又薦爲禮部郎中集賢直學士度能出爲蘇州刺史以政最賜金紫服徙汝同二州遷太子賓客復分司禹錫恃才而廢偃蹇寡合乃以文章自適素善詩晚節尤精與白居易酬復頗多推爲詩豪會昌時加檢校禮部尚書卒

盧商字爲臣范陽人以大理卿爲蘇州刺史吏以鹽法求羸貧民愈困商令計口售鹽無常額人便之歲貲連增宰相上其勞進浙西觀察使召爲刑部侍郎

韋刺史名闕大中五年在任是年奏復崑山慧聚寺六年建楞伽上方大悲堂按高僧傳釋常達居常熟破山宣宗重興精舍太守韋曙加力甚即其人也

盧簡求字子臧范陽人檢校戶部郎中綸之子也爲王仲舒牛僧孺參佐會昌中歷蘇壽二州刺史簡求爲政長權變[redacted]以太子少師致仕按僧弘憲碑云大中十二年來撫茲郡本傳作會昌中誤

皮日休字襲美襄陽人咸通八年進士十年崔璞守蘇日休爲軍事判官與進士陸龜蒙友善稱其才不減溫庭筠李商隱雖風雨晦冥蓬蒿翳薈吏相唱和未嘗暫輟至忘寢食郡人與之遊者有恩王府參軍徐脩矩涇尉任晦前進士崔璐羊昭業進士顏萱鄭壁司馬都秀才穰嵩起處士毘陵魏朴官遊者則博士南陽張賁侍御隴西李縠皆有詞

致一年所賦詩至六百五十餘首日休名曰松陵集自製序歷祕書省校書郎嶺南東道節度巡官著書號鹿門子又有請韓文公配享書桃花賦九諷七愛悼賈諸篇避廣明之難徙會稽依錢氏官太常博士子光業字文通生於蘇十歲能屬文吳越國相教令儀注多其所定美容儀善談論若神僊中人贈禮部尚書孫璨爲元帥府判官三世皆以文雄江東

李繪乾符中爲刺史二年四月王郢陷郡繪重修内城三年以棄城貶官

張搏自湖州刺史移蘇州辟陸龜蒙以自佐種木蘭於木蘭堂重修羅城刪治吳地記并繪郡圖按舊唐書作乾符二年二月自湖移廬州又泚上英雄錄云揚行密微時隨本兵都押衙統兵送搏赴蘇州任屯兵吳苑據此則自廬移蘇也未審孰是

王搏字昭逸臨沂人方慶八世孫辟佐王鐸滑州節度府累遷蘇州刺史乾寧初進同中書門下平章事遷司空帝欲翦抑中官搏謂朝廷多難當徐以計去之時崔胤素忌搏明達有謀光化三年罷爲工部侍郎貶崖州司戶賜死藍田驛

杜孺休字休之萬年人司徒佑之曾孫累擢給事中大順初錢鏐遣弟銶破徐約於蘇州以海昌都將沈粲行刺史事而昭宗更命孺休爲之以粲爲制置指揮使銶不悅密遣粲害焉孺休之見攻也曰勿殺我當與爾金粲曰殺爾金焉往與凡述休同死

李友合肥人有膽勇能撫士卒事楊行密以功遷尚書蘇州刺史大順元年孫儒陷蘇被擒謀翻城事覺爲儒所害贈太保

成及守弘濟錢唐人光啓初江浙兵亂及保聚富春自稱靜江都指揮使後從錢鏐討劉漢宏以功奏

遷官至檢校司空乾寧初授蘇州刺史三年楊行密圍蘇州常熟鎮將陸郢巡檢郭周等以城應之及被執行密閔及家所蓄惟圖書藥物賢之與歸淮南將署爲行軍司馬及拜且泣曰及百口在錢公所蘇城陷不能死敢求富貴邪願以一身易百口之命引佩刀欲自刺行密遽起持之館於府舍其室中亦有兵仗行密每單衣詣之與同飲食無所疑光化元年具禮遣歸鏐迎勞郊外把袂而泣署鎮海軍節度副使以平徐綰功奏授保大彰義等軍節度開府儀同三司

曹圭臨平人父信唐末兵亂保聚自守嘉興以衆咸歸之圭少有膽勇乾寧中淮人圍嘉興與族人師魯固守淮人不敢逼錢鏐壯其功由嘉興都將授蘇州制置使開平中淮兵再圍蘇屬正月望夜圭就師魯第盛陳燒燈之燕令俘虜縱觀淮人讋焉以浙西營田副使檢校太傅卒于蘇

錢元璙字德輝吳越王鏐第四子儀狀瑰傑風神俊邁乾化二年改刺蘇州累授中吳建武軍節度使蘇常潤三州團練使佐正匡國功臣大彭郡開國侯加檢校太師同平章事中書令守太傅彭城郡

王治蘇三十年儉約鎮靜郡政循理天福二年弟元瓘襲位元璙覲之燕於宮中元瓘舉酒爲壽曰先王之位兄宜當之俾小子至是皆兄推戴之力元璙俯伏曰王功德高茂先王擇賢而立敢忘忠順因相顧感泣兄弟訖無間言七年詔封廣陵郡王未受命卒謚宣義子文奉

文奉字廉卿元璙第二子並騎射能上馬運槊涉獵經史音律圖緯醫藥鞠弈皆冠一時以蔭爲中吳軍衙內都指揮使改節度副使幾三十年及嗣元璙節度使累加至檢校太尉兼中書令嘗於郡中創南園東墅及諸別第延接賓旅任其所適文奉飲兼數人嘗乘白騾披鶴氅或泛舟池中遠近聞賓客笑語聲則就飲爲樂所聚圖籍盈於齋中古器稱是自號知常子雅有鑒裁禮下賢士一時才藝多依之與賓僚采史籍著資談三十卷初元璙在郡夢登烏鵲橋見禽獸充牣城中旁人云二郎祿料也文奉嘗問命於天台僧德韶韶答書云明公巳巳八十一至開寶二年巳巳歲八月十一日卒始驗其語謚威

孫承祐錢塘人吳越王錢俶納其姊爲妃因擢要職

國事無不領轄時稱爲孫總監累遷浙江東道鹽鐵副使鎮海鎮東兩軍節度副使知靜海軍節度事開寶中詔光祿大夫檢校太保領鎮東鎮海等軍行營司馬開寶五年俶又私署中吳軍節度七年俶遣承祐入貢先是諭旨於俶將有事江南及王師度江詔俶以所部攻常潤承祐從俶克常州功居多八年詔改中吳軍爲平江軍授承祐節度九年從俶入朝太平興國三年二月從俶再朝三月次宿州永城承祐齎表詣闕俶遂至京師五月上表盡獻其地詔從承祐爲泰寧軍節度使五年

從幸大名還知府事承祐治蘇凡七年雍熙二年
改知滑州卒
杜叔詹不詳所歷嘗於郡重建孔子廟王禹偁有書
云今大司農京兆杜公典郡新廟礱石將有述焉
事未果而漢南歸于京師故其辭缺焉按錢俶納
土雍熙元年進封漢南國王據此當是錢氏命叔
詹繼承祐爲郡也

姑蘇志卷第三十八

宦蹟三

閻象鉅野人吳越納土被命領禁兵千人至蘇安撫軍民遂知州事能知其風俗而揉以善政或摩以漸或革以宜推凡上之所欲施寬凡民之所不堪恩涵澤沛民以蘇息政成召還改濟晉黃棣青等州卒

梁周翰字元褒管城人太平興國五年以知高郵徙蘇州周翰善音律喜蒱博州有伶官錢氏家數百人日令百人供伎每出以博具自隨郡務不治以本官分司西京

柴成務字寶臣濟陰人太平興國中以殿中侍御史知蘇州除兩浙轉運使成務有詞學博聞稽古善談論然爲郡乏廉稱按王禹偁文成務雍熙元年自治書侍御史典郡四年三月任滿四月改戸部員外郎直史館兩浙轉運使

許袞字公儀燕人雍熙中爲均州防禦判官郡將表其能狀拜太子右贊善大夫通判蘇州時二浙之地始歸朝廷宿政如棼絲袞悉理之就進殿中丞

宋璫字寶臣渭南人淳化中三吳歲饑民疫擇長吏治養之命璫知蘇州璫體豐碩素病足州地卑濕

疾益甚或勸其謝病北歸璫曰天子以民病俾我
撫綏我又以疾辭非臣子之義也先是太白犯南
斗璫曰斗爲吳分民方饑天象如此長吏得無咎
乎四年十月庚午卒上嗟悼録其子明遠爲蒲城
主簿璫性清簡歷官三十年未嘗問家事唯聚書
以貽子孫且曰使不忘本也

陳省華字善則閬中人智辯有吏幹至道初以祠部
員外郎知蘇州賜金紫時遇水災省華復流民數
千戶莩者悉瘞之詔書褒美官終左諫議大夫

裴莊字端己閬中人在蜀以明經及第眞宗即位以

河東轉運使移知蘇州咸平二年命總撫江南景
德中安撫兩浙莊有吏幹慷慨敢言太宗獎其忠
讜多所聽納好爲規畫頗跡於學術云

喬維嶽字伯周南頓人咸平初自海州刺史知蘇州
仍帶前任維嶽素病風上以吳中多食魚蟹乃徙
壽州命太醫馳療之四年卒

陳彭年字永年南城人歷懷州推官深爲知州喬維
嶽所委任眞宗朝爲祕書郎惟嶽刺海州及知蘇
壽二州並表彭年通判州事咸平中直史館上大
寶箴拜參知政事進兵部侍郎卒謚文僖彭年生
敏給博聞強記朝廷典禮無不參預

張去華字信臣襄邑人幼勵學敏於屬辭咸平二年
自知杭州徙蘇州頃之以疾求安得守本官分司
西京去華美姿貌善談論有蘊藉頗尚氣節

仲華（姓里缺）咸平四年以太常少卿知永興軍移蘇州
五年十一月改右諫議大夫知杭州（盧志云按本傳轉運使任中正上其治狀拜右諫議知杭州既而謝泌爲使奏劾仲華徙任肩請蘇州添給詔罰金移虔州）

康懷珪宋初任平江軍節度推官（見王禹偁作神道碑）

梅詢字昌言宣城人自通判杭州知蘇州（按實録以右司諫除知蘇州壁記云朝散大夫太常卿直集賢院與本傳同而祥符九年十一月所了詩刻云尚書祠部員外郎）

就徙兩浙轉運副使入判三司開岸司遷太
常博士出知濠州湖北轉運使降通判襄州知鄂
州又徙蘇州歷樞密直學士出知許州卒詢性卞
急好進侈於奉養至老不衰然數爲朝廷言兵

曾致堯字正臣南豐人以直史館爲京東轉運鈎得
匿貸五百萬計稱旨除祕書丞兩浙轉運副使改
正使淳化五年致堯言所部秋租惟湖州督納及
期而蘇常潤三州悉有逋負請各按賞罰以勸懲
之太宗以其刻薄又以江淮頻年水災蘇常潤特
甚詔致堯倍加安撫勿得擾擾民或失所罪[illegible]

歸始諫議大夫知蘇州魏庠侍御史知越州王扶
惰於政治喜怒繼入百姓病之庠介舊恩以進[illegible]
喜持上致堯獻書言條劾之帝覽書驚曰曾致堯乃
敢治魏庠可畏也庠柄由此被絀久之致堯移知
壽州景德四年以尚書吏部員外郎自知泉州移
蘇尋徙揚州卒

黃震字伯起浦城人累擢江淮發運使發李溥姦贓
溥坐廢震亦奪官後至廣東轉運使（本傳不言知蘇州壁記亦無今從范盧一志據吳江學記碑補入）

秦羲字致堯江寧人大中祥符中以東染院使知蘇
州改崇儀使除提舉在京諸司庫羲知書好爲詩
喜賓客頗有古風歷財貨之任凡十餘年精勤練
習號爲稱職

王罕字師言華陽人贄之子大中祥符三年以父任
補官再調爲平江軍節度推官終光禄卿

孫冕字伯純新淦人咸平中爲兩浙轉運使天禧中
以太中大夫行尚書禮部侍郎（一作郎中）直史舘上柱
國賜紫金魚袋知蘇州治獄不濫斷訟如神弛張
在已無所吐茹吏畏而民愛之嘗病癰州人爭爲
詣佛寺祈福復立生祠於萬壽寺南及引年大書
一詩於廳壁拂衣歸九華山朝廷高其風許再任
召之不起

徐奭字武卿建安人祥符中進士第一天聖初通判
蘇州時東南大水詔奭與趙賀督治奭周視甚得
水利舊跡乃築石塘九十里建橋十八所復良田
數十萬畝䟽隱田者二萬六千戶得苗三十萬（水利餘）
塘成遷兩浙轉運使封晉寧侯致仕遂家吳中
子孫別有傳

盛度字公量先居應天徙餘杭世仕吳越眞宗時爲
翰林學士自知滁州遷集賢院學士知蘇州還知
審刑院官至參知政事知樞密院以尚書右丞罷
卒諡文肅（塵史云諡安肅）度好學家居手不釋卷然性猜
險平居僚友不敢易言語所至下貧無賴多所縱
舍稍有貲者一切繩之以法

王礹字總之臨城人歷官著作佐郎太常博士侍御
史三司戶部副使樞密使曹利用得罪礹以同里
爲利用所厚出知湖州徙蘇州卒諡忠穆

章岷字伯鎮浦城人天聖中爲平江軍節度推官時
知州盛度黃宗旦多以事委之度嘗俾閱經史凡
及吳事者録爲一書書成藏盛氏人不復見岷時

名籍甚廣新廳廨記刻多岷文與弟峴岵皆侍親
居郡中士大夫多稱之
岵字伯望爲兩浙轉運使有威名及知蘇州始下車
會暴風湖海之濱民或漂溺岵遣吏巡視賑䘏請
蠲田租人不失所鉏治姦吏飭治衆職大小悉舉
豪右莫不畏懾以政最聞詔曰吏不數易然後得
以究其才今夫蘇劇郡而爾爲之守克有能稱嘉
首散勞仍其舊服往惟率職不懈以稱吾久任之
意嘗建議欲大修郡城浚治運河岵務愛民力請
罷其役民甚德之性剛介不屈人目爲章硬頸

王質字子野莘人用伯父旦蔭三遷至大理丞年尚
未冠以楊億劉筠薦召試賜第聲動京師除太常
博士集賢校理尋拜祠部員外郎通判蘇州知州
黃宗旦得盜錢鑄者百餘人以詫質質曰事發無
迹何從得之曰吾以術陰鉤之質曰仁者之政以
術鉤人寘之死地而又喜乎宗旦不覺身去坐榻
謝曰微君之言吾幾失矣竟薄其罪入朝判吏部
南曹
吳育字春卿建安人仁宗朝蘇州僉判又舉賢良方
正擢著作郎直集賢院通判蘇州知州黃宗旦負
材自喜頗以新進少育議事則曰少年乃與大人
爭事耶育曰受命佐君有事當爭職也宗旦雖屢屈
而政常得無失頗德育助已爲之加禮育性明果
強學博辯所至作條教務簡易行而不可犯辨論
明白使人聽之不疑體素羸少時力學因得心疾
在蘇得古方和丹砂餌之大醉一夕而愈官至尚
書右丞謚正肅
趙槩字叔平虞城人以秘閣除蘇州明年丁母憂服
除召爲翰林學士卒謚康靖槩爲人慈恕不形於
色事務掩惡揚善以德報怨出於至誠非事矯強
人以爲劉寬婁師德之徒云

張去惑景祐初爲平江節度推官郡適水災轉運使
委去惑分捍水道朝廷錄功除將作監丞
滕宗諒字子京[redacted]人慶曆中知岳州治爲時最移
知蘇州未逾月江浙間喧然稱有神明之政俄卒
于郡
張伯玉字公達[redacted]人慶曆初爲郡從事剛介有守
文藝甚高范文正公愛重之舉詞有云天賦才敏
學窮閫奥善言皇王之治博達古今之宜素蘊甚
充清節自處後應詔赴制科去

杜氏字孝先雷澤人舉進士蘇州司法參軍[illegible]
律歟頴州團練判官慶曆中選吏部郎中
胡宿字武平晉陵人慶曆中知蘇州移兩浙轉運使
終樞密副使宿清謹忠實臨事重愼言不輒發亦
不可回止其篤行自勵至於貴達常如布衣時卒
謚文恭
梅摯字公儀新繁人歷知昭州二浙饑官貸種食已
而督償頗急摯奏借貸本以行惠乃重困民不便
詔下其事併他州亦得緩期擢殿中侍御史以戶
部副使出知海州徙蘇州摯以慶曆八年[illegible]除有五日公燕詩[illegible]官

三月始開禧入為度支副使摯性淳靜不為矯厲之行
政迹如其為人喜為詩有奏議四十餘篇
王琪字君玉華陽人歷兩浙淮南轉運使以龍圖閣
待制知蘇州移潤州江寧府復以知制誥知蘇州
坐失舉保任徙知饒州後以禮部尚書致仕琪性
孤介不與時合數臨東南名鎮政尚簡靜每疾俗
吏飾廚傳以沽名譽故待賓客頗闊略云
蔣續一作結堂之孫也皇祐中僉判平江軍堂卒續自
言少孤育于祖乞服喪以報朝議以堂有子不許
遂辭疾謁醫去職行服嘉祐中復知吳縣事

蔡抗字子直宋城人歷平江節度掌書記嘉祐中通
判秦州吳中荐饑朝廷擇守將經制其事遂以祕
閣校理太常博士知蘇州到任行縣按水又置射
堂於州宅明年改廣東路轉運使
鞠眞卿字顏叔慶曆中守將作監主簿知長洲縣所
至有威名嘉祐中知蘇州政事無他施設而人自
憚之庭訟寂然每平明視事無訟者眞卿即歸休
客至多不及見治平初除兩浙提刑後貶南安軍
道過蘇郡人相戒不敢過其泊舟處五日左右不
聞人聲其見憚如此

司馬光字君實涑水人寶元中除奉禮郎時其父池
仕於杭光求僉書蘇州判官事以便省親許之元
祐中拜相
蒲宗孟字行正新井人為蘇州推官英宗以水災求
直言宗孟上疏言極剴切既又地震復上疏指斥
大臣宮禁宦官遂除秘閣校勘神宗朝為尚書左
丞
沈兼字子達歷太子中舍通判蘇州能名籍甚性好
剛遇事果急不顧計與守爭可否不為少屈重犯
轉運使守使相與害兼入之法除名免官兼歸蘇

然無趨戚言

李禹卿字君益唐宰相吉甫八世孫自郢州僉判除通判蘇州隄太湖八十里為渠益漕運其口蓄水溉田千餘頃歲饑出羨粟三萬全活萬餘人移通判袁州會知州翁及死禹卿哀其貧適吳人歸職田錢二十萬立分其半遺及家僚屬乃亦合錢二十萬以賻遷知澤隨二州既去民懷其恩官至司農少卿

黃鑑字唐卿浦城人少敏慧過人師同郡楊億嘉祐中以直集賢院奉詔同修唐書會司諫劉隨上疏

乞章獻太后還政出知濟州鑑抗章乞留隨以重朝廷併排劉從義馬崇正之横言極鯁切太后怒出通判蘇州宋祁歐陽脩范仲淹李館中同僚祖餞舉酒相弔君以直言不得自安於朝廷吾儕有愧安能久尸位邪未幾仲淹等皆謫外職鑑奉母之官繼丁家艱逮服除沐浴秉笏端坐而卒詔官其一子

李清臣字邦直魏人治平二年以虞部員外郎秘書郎僉書平江軍判官名聲籍甚歐陽脩以館職薦召試擢集賢校理歷官尚書左丞門下侍郎

分賜金帶公望亦衣三品服嘗以朝謁同集天慶觀勔從者睨視公望佩魚公望厲聲叱之曰此是年及得來非緣花石左右皆錯愕勔竟擠之罷去晚知泗洲翁彥國勤王不進久留泗上公望面訶責之且約不復餉其軍及張邦昌僞命至率官屬哭於天慶觀聖祖殿而焚其赦書遂不能越泗而南時人服其壯烈

陳師錫字伯脩建陽人熙寧中游太學有俊聲神宗知其材及廷試奏名在甲乙間帝閱其文屢讀屢嘆賞擢為第三調安慶軍掌書記郡守蘇軾倚以

為政歷監察御史遷工部員外郎知解宣蘇三州徽宗召拜殿中侍御史抗章言蔡京典刑未正頗受竄貶出知潁州坐黨論監衡州酒削官置郴州卒師錫初論京下者四章悖者三因與陳瓘同論二蔡時號二陳

蹇序辰字授之雙流人歷官中書舍人奏司馬光變亂典刑由是縉紳之禍無可脫者徽宗立除名放歸田里蔡京為相復拜刑禮二部侍郎尋黜知汝州二年徙蘇州坐縱部民盜鑄錢謫單州團練副使江州安置移廬永二州大觀初言者以序辰守

燕昕以天寧節同其父忌日輒於前一日設燕及
節日不張樂有詔勒停會赦復官
劉義仲字壯輿高安人祕書丞恕之子太史范祖禹
以恕脩書功奏補郊社齋郎清操有父祖風仕至
國史檢討忤蔡京不復仕曰吾知有天子不知有
權臣
胡宗愈字完夫晉陵人屢遷祕書丞熙寧三年同知
諫院會李定自秀州推官除監察御史裏行宗愈
論奏坐奪職通判眞州移蘇州七年會赦就改太
常博士歷尚書右丞吏部侍郎卒諡脩簡

練定字公權元豐中爲推官與朱長文方子通酬唱
陳幾道東明人爲蘇州錄事參軍民有負公府錢自
牖出刺弱吏者度不可免乃行賂以族屬代之幾
道正其罪歲大凶承郡命賑救多所全活
唐充之字廣仁大名人博學善議論有幹局監蘇州
酒稅務知州李孝壽治尚峻猛不任僚屬充之權
幕官與之辯論曲直州人多賴之後守虞□於充
之爲姻家初相友善時朱勔恃勢守歆附之衆多
詭隨而充之每著憎嫉之迹守不能堪勔亦羞愆
竟傳致以酷法坐罷充之既廢□困不能□自

寶應惟以讀書教子爲事
莊徽字彥猷江都人居宜興政和初兩浙運副二年
召還歷徽猷閣待制知興仁府徙平江六年四月
御筆仰徽究心治水八月徽奏趙霖治水事宜時
郡豪朱勔挾寵臨視州縣中貴人緣勔而使者冠
蓋相望皆能禍福人於齒頰間官吏無不傾身事
之至郡守亦有出其門者徽獨不少假借勔輩深
所畏憚訖不敢譏當勔盛時朝廷命官造乘輿服
御之珍於浙西諸郡有旨令徽與勔管當繼下詔
罷郡人讙呼而旁郡方遷延幸其復徽曰此天子

盛德事人臣當奉承不暇敢顧望乎即日結罷在
官六年丐閒不允久之提舉洞霄宮卒
盛章字季文襄陽人政和元年以朝奉郎直龍圖閣
京畿轉運副使充集賢殿修撰知蘇州二年四月
以治狀有功就除顯謨閣待制轉朝請郎賜紫金
魚袋三年二月奏進木心大吉字及申請府額並
建譙樓閏四月除知眞定府五月仍知蘇州六月
以招徠買客鋪戶勾過新鈔轉一官九月詔赴闕
陞顯謨閣直學士依前知平江府十二月除樞密
直學士宣和元年七月臣僚言章守平江日於豪

民居世英家借貸動數千百緡請求囑託悉出其
手物論喧騰章遂以女妻之以弭外議
應安道無爲軍人重和元年自秘閣脩撰除中奉大
夫充徽猷閣待制知平江軍府管勾神霄玉清萬
壽宮提舉學事六月八日詔以兩浙霖雨滸民田
平江尤甚仰安道依巳得指揮權撥米二十萬石
賑之宣和元年八月進直學士二年與祠四年六
月臣僚言安道在州日政無大小曲直咸以賄成
安道生日吏民依例以大銀香爐焚香致禱悉以
入巳尋起知宣州言者復論之詔寢新命

樓异字試可奉化人鑰之祖也累官直秘閣知秀隨
明州賜金紫睦寇起以善理城戍有績進徽猷閣
直學士知平江卒
賈諲宣和二年自將作監除太中大夫充徽猷閣待
制知蘇州三年轉通奉大夫三月以備禦方臘有
勞陞顯謨閣直學士七月提舉南京鴻慶宮四年
三月坐在任出入人死罪失覺察降一官九月臣
僚追論諲在郡惟務遊燕衣紅銷金勒帛直繫出
入持紅紗籠燭百數椽燭數十驕蹇侈靡恬不恤
民頃緣縱釋重[illegible]用御前錢物詔

落職罷祠
胡直孺字少汲奉新人宣和三年爲兩浙轉運五年
由江淮發運使除知平江入爲戶部侍郎靖康中
知南京統兵勤王力戰爲虜所執以老得歸建炎
中拜刑部尚書
李邴字漢老任城人建炎中以資政殿學士提舉洞
霄宮未閱月起知平江視事三日坐累罷任依舊
宮祠明年引赦復元官邴嘗奉詔編類平江勤王
及奏請本末付禮部鏤板一時定計具草手疏皆
邴及朱勝非之筆也執政署名而巳閒居十餘年

卒謚文肅
湯東野字德廣丹陽人建炎二年以秘閣脩譔自江
西轉運副使知平江兼兩浙路兵馬鈐轄時州兵
驕玩爲甚東野視事信宿丙卒入嫠婦家取酒不
與直毆主人壞釀器掉臂去東野取斬以狥列營
惕肅三年車駕幸杭苗劉作難明受赦至東野疑
之時張浚參贊御營軍事留平江東野與謀欲匿
赦不宣浚曰事如此胡可匿且卒徒觖於望賜吾
徒先受禍矣因與密謀取故府所藏登極赦書置
輿中迎登譙門讀而張之卽揭其階禁毋輒登者

而散金帛如常時郊賚之數人情略定又與濬謀
勤王會張俊提兵往行在道遇僞詔還秦鳳師濬
城下東野大喜夜叩濬開城納俊師未幾間使持
僞詔令東野斬二張東野慮俊武人易動即先携
見濬與俊謁俊斬使者而焚僞詔於是謀益堅貽
書抵呂頤浩於江寧推爲盟主招韓世忠劉光世
皆以兵會軍中百須東野實主之師既東東野獨
爲後備高宗復位以功超拜徽猷閣待制入爲工
部侍郎三年五月被命扈太后駕幸鄞九月以兵
部侍郎自鄞銜命先至平江應辦南幸尋兼權建

康府駕幸越州同知樞密院周望宣撫浙西將屯
平江奏言非東野莫可守仍命東野知平江兼本
路安撫使進徽猷閣直學士兼制置使東野度望
不足與成功辭至七八不獲已而行既至諭民夫
置守城五壁部隊官及遣機宜邵彪王彥璟用防
城免夫錢募士及修治城壘樓櫓爲戰守具甚悉
望無所措畫東野所言率不用即以職書具所
與望議論不叶東野欲守望則自將不欲祗與俱死奏
除上帝已報曰朕知卿甚深仗卿甚重宜與
協心同力以扞一方勿相同異於是不敢復言

少兵薄城與望俱遁尋引咎自劾不報而臺評繼
上請正失守之罪上特下詔曰湯東野昨累有奏
陳守禦頗有倫理只緣事權不專遂致失守與其
他棄城不同可止落職尋再乞祠上猶以東野可
任繁劇移江東都轉運使言者奏東野守平江虜
騎迫近乃先期榜示禁約郡人毋得出城而自脫
身逃遁前後科率民間錢米無慮百萬以守
城爲名而卒不能保故於太中大夫上特降三官
依舊差遣遂罷奉祠紹興初從張俊討李成以功
復職爲江淮發運使知揚州致仕卒

趙彥倓字安卿彭城侯叔聚曾孫初調溧陽尉有能
名改平江節度推官攝宜興縣以牧馬券料爲負
嘗預用二年後稅民以此病彥倓請諸司各奏釋
舊逋禁預借百年弊事一日遽絕歷典郡邑具有
政績卒官江西轉運使
姜浩字浩然明州人以承信郎監平江府都稅務甫
冠入仕厲志宦業動有可稱建炎中虜將陷平江
郡人驚奔而闔者阻之浩叱吏開闔去者不勝計
浩殿後幾不免人皆德之及胡松年爲守擇當察
十人日供所事右列中惟浩得與選帝東

以病云

胡松年字茂老懷仁人一云朐山人建炎四年以右文殿修撰起復知平江府未入境貪吏解印欽迹以興利除害十七事揭於都市百姓便之明年進徽猷閣待制時朝廷以邵琪張青反覆爲盜命諸將毋得招安松年上言大軍四合連旬不能破賊今賊據通州崇明鎭沙上砦柵之外水淺舟不可行泥深人不可涉本府錢糧已費十三萬貫石公私騷然而賊未可睥睨況劉光世兵將多西北人一旦從事江海有掉眩不能飲食者安能與賊較勝負

於矢石間遂詔光世措置及奏防江利害召爲中書舍人言武昌江州建康鎭江吳江錢唐明越宜各屯水戰士三千爲備歷官吏部尚書諜報劉豫侵邉詔遣松年往江上與諸將往討因覘賊情帝決意親征遂次平江命松年權參知政事專治戰艦張浚專治軍需俄以疾提舉洞霄宮卒方秦檜秉政天下識與不識率以疑[illegible]之死故士大夫多曲意阿附爲自安計松年至死不通一書世以此高之

趙子晝字叔問燕王五世孫少警敏強記工書

炎四年遷徽猷閣直學士知秀州平江府除兵部侍郎

李光字泰發上虞人崇寧五年進士知常熟縣朱勔父冲倚勢綦横光械治其家僮勔怒諷轉運使移令吳江光不爲屈勔終不能害也歷知湖州時中書舍人任申先因奏事上言及輔郡守臣曰湖非控扼之地今平江方擇人無如李光者乃授顯謨閣直學士知平江會朝廷以乏軍儲措置和糴數以萬計戶部郎官霍蠡奉命至郡光謂之曰主上自南渡以來屢有約束戒科斂今米或可得第未

知本錢安所取辦乎殆有言利之臣惑上聽者光適論奏其事蠡聞亟引去疏入有旨降本錢和糴不踰月而畢召拜禮部尚書卒謚莊簡

蔣燦字宣卿宜興人樞密魏公之奇從子也以戶部侍郎除集賢院修撰知平江府進敷文閣待制右太中大夫禁戢姦偷鉏刈強梗植善柔拊貧弱戢市爲清諸軍牧馬有廢屋數百區茨以茅竹歳一更之用財與力皆出於民燦請出内帑金佐其費掄材陶瓦覆之堅壯可支數世州人歡呼相率詣北禪寺作佛事以報諸將持人爲兵補軍籍率用

大舟往來漕河無人處遇强壯少年求縛鉗梏之
惡少因利其貲因閉櫃中無脫者璨盡得其姓名
窮治株究捕寘於法其事遂絶郡潦大饑詔發常
平粟璨調十二萬石給之計道里遠近視男子婦
人老幼強弱分日異處各有法度悉無餓者已而
長洲嶽獄璨與諸司皆坐貶降右中大夫提舉洪
州玉隆觀璨在郡時年已七十日閱訟牒百餘雖
精練少年不能過之作韋白劉三賢祠以展邦人
尊賢之意卒贈右正議大夫
章誼字宜叟浦城人歷官殿中侍御史邵青自太平

乘舟抵平江所至刼掠誼請置水軍於駐蹕之地
以備戰守詔從之紹興六年以龍圖閣學士自温
州移守平江時將臨幸供億繁夥誼處之皆當理
召對賜帶笏帝曰此不足以償卿之勞其勿謝又
請均平本府稅役曾召爲戸部尚書卒謚忠恪
梁汝嘉字仲謨麗水人建炎中直秘閣提舉浙西茶
鹽紹興初奏亭戸未嘗墾田令輸本色非便又言
本路歲收鈔錢一百十九萬緡詔進秩一等除兩
浙運判陞副使知臨安府遷戸部侍中紹興七年
以寶文閣直學士知平江又知台州十年再任既

□□□侍御史羅汝楫論浙西治道可虞罷以□
兼浙西沿海制置使未幾升學士知明州汝嘉長
於吏治在臨安風績尤著
仇悆字泰然益都人自知明州改平江陛辭言我軍
已習戰非復前日比故劉錡能以少擊衆敵大挫
衂若承已振之勢鼓行而前中原可□傳檄而定上
甚嘉之洎到官爲政刻急軍士頗不安劾疏亟罷
之悆端方挺特自入官至貴顯無所附麗治郡典
至皆有遺澤善政可紀史稱爲愷悌君子
向子諲字伯恭臨江人文簡公敏中玄孫歷兩浙都
運使紹興八年擢徽猷閣直學士知平江御書薌
林二大字賜之陛辭奏曰陛下踐祚以來除學士
待制無慮數十百人此衆人所同拜賜薌林散人
之號則臣之所獨得其榮至矣願納祿復歸舊隱
上弗許又賜舟親題曰泛宅之官子諲到任未幾
金使議和將入境子諲不肯拜虜詔乃上章言自
古人主屈已和戎未聞甚於此時宜御勿受忤秦
檜意累奏乞休致詔曰卿從朕覊紲晚登禁塗昔
漢二疏以宦成名立乞骸未若方被寵遇神明未
衰知卿今日也由是轉官致仕

周葵字立義宜興人紹興十三年知平江時兩浙
使李椿年即本郡行經界法郡故田租不滿四十
萬椿年披榛莽按倉碣欲以七十萬爲率葵辨之
曰記中所言歲儲穀數耳今法以穀二斛得米一
斛正今日數也可強增耶椿年遂以圖經三十萬
爲準初葵爲侍御史欲奏論户部尚書梁汝嘉汝
嘉致辭於秦檜出葵知湖州檜益怒未已又易平
江葵既以經界事忤椿年椿年還都希檜意奏葵
在郡宴會使飲食臭敗致行人有詞遂落職罷任
葵謝表有云雖宰夫是供各司其職耳然王事有
失是誰之過歟自是投閑十五年後卒官參知政
事謚簡惠

王喚字顯道華陽人太師岐國公珪之孫也爲秦檜
妻之兄（或云妻弟）紹興中知郡事時兵火之餘公署學
校靡不興葺又録入城小舟出必載瓦礫以培塘
人以爲便石之碎者積而焚之以泥官舍不賦於
民而用有餘其覬爲多可取者然峻於聚斂用刑
尤酷嘗於黃嵓鎔錢鑄大士像而人不敢言[illegible]
刺泥血入熱酒飲之旋踵皆死
[illegible]虛爲録事參軍以文學[illegible]於知府王喚既薦
薦書四章意喚必爲達識歟亦留一牘以待適四
舉主皆由儒科進其幕僚欲以計攘者往謁白先
容於府君通判云使君舉牘定與鄭斜他無可得
之理幕僚白竊聞斜曹不欲受府君薦恐或可久
通判復叩其說曰視其爵里狀所列舉將頭銜可
見既觀則四字聯翩而喚與通判皆門蔭也異日
從容爲之申懇喚言所以留之之意通判具以告
喚怒若虛遂以坐廢

蘇師德字仁仲丹陽人魏公頌之孫紹興中爲樞密
院計議官時同僚胡銓上書詆秦檜忤黨師德亦
株連去國久之通判平江適王晌知府事揣檜意
白窺伺師德師德廉直無所肆毒未幾晌三異繼
晌後會康與之前監杭州太和酒庫盜官錢飾翠
羽爲妓金盼獲坐免來吳三畏雖法家而北客例
收卹舊族待之甚篤與之又挾秦氏子弟請落妓
籍攜去三畏謀之師德師德謂此事乃與之
終身之累三畏因追還芷與之貽憾師德未幾常
同卒於海鹽遂誣三畏以庫金二百斛之師德爲
祭文有姦人在位公棄而死之語檜大怒命中丞
俞堯弼劾三畏落職併罷師德又委提舉王珏鞫

之獄上雖無左驗師德送汀州編管子玭勒停同
師德之壻玭之婦翁也或云師德同之壻
任盡言字元受眉州人右正言伯雨之孫通判平江
先是陳正同在郡弛縱不治盡言能耿之朝廷錄
其勞除京西運判紹興三十年也既而盡言至都
堂白母老不願居邊郡尋改淮東提舉
趙儁之左文林郎平江軍節度推官紹興四年同知
太宗正事士㒟言其在建炎間有勤王之請詔改
京官
湯鵬舉字致遠金壇人累官兩浙轉運使時鄭滋兩

任平江政令縱弛鵬舉欲俟應辦虜使至郡按之
滋求援於秦檜鵬舉詣檜辭行檜托致書於滋其
緘題稱門下士具位秦檜謹封鵬舉尋薦滋治狀
改知建康紹興更化力治秦黨鵬舉擢侍御史風
采震動檜家衰鵬舉平昔干請之書繳進由是出
知平江右正言張扶論其矯悻直之名濟貪污之
行長惡不悛治郡無狀遂罷後至參知政事卒謚
敏肅
孟忠厚字仁仲其先洺州人昭慈聖獻太后兄子也
靖康元年知海州東京陷忠厚持后書遺康王王

即位後以保寧軍節度使判平江改紹興浙東安
撫使忠厚避遠權勢不敢以私干朝廷
朱翌字新仲龍舒人忠靖公勝非之孫以祕閣修撰
知平江府撙節浮費積緡錢四十萬於帑藏高宗
視師江上後守洪遵以獻賜詔獎諭
洪遵字景嚴鄱陽人禮部尚書皓次子也紹興三十
年平江府湖秀二州水無以輸秋苗有司抑令輸
麥遵時爲起居舍人試吏部侍郎上言麥價殊不
在米下民困如是奈何指夏爲秋衍一以爲二使
擠溝壑乎願量取其半而被水害者悉免之明年

完顏亮使蘇保衡由海道窺二浙朝廷以浙西副
總管李寶禦之寶駐兵平江守臣朱翌素與寶異
上以遵嘗薦寶乃命遵知平江時步帥李捧請斷
吳江橋或議塹常熟福山以限虜騎者遵曰審爾
是將棄吳以西邪凡堂帖與監司符移皆留不行
及寶以舟師擣膠西凡資糧器械舟楫皆遵供億
寶成功而歸遵之助爲多車駕幸建康衛士匄索
無藝他郡隨與不饜至吳乃相告曰內翰在此勿
復然先是朝廷慮商船爲賊有悉拘入官又並海
縣團萃巨艦募水手民兵皆繫留未得去遵悉奏

論以船遝商而聽水手自便吳人德之高宗倦勤諭呂頤浩曰朕將爲揖遜之舉擇侍臣善辭令者使預爲之㡳體製温純可以傳遠頤浩薦遵召除翰林學士承旨一時詔令皆出其手官至同知樞密院江東安撫使卒謚文安

沈介字德和德清人歷中書舍人以次對知平江召歸上疏甚剴切備言虜必爲患明年虜犯兩淮乃以兵部尚書爲荊湖制置風采震聳邊郡及再知郡上諭以平江輔郡極難其人知卿政事特加遴選當爲朕撫恤百姓均財節用使恩威並施爲佳如常平錢米以備凶荒訓兵令精不必增補至於兵器亦令堅緻其眷遇如此又知成都所蒞繁劇綽有餘暇豪猾歛避焉

彭[火侖]通直郎平江僉判江文忠公萬里薦之云士林前輩有學有文貧而能廉老而練事曾躋政府尚淹郡幕寘之館學㡳無棄才

劉洵直字子浩莆田人性至孝有德望歷紹興六年敎授虞允文等薦通判平江同列多貴遊豪縱洵直以儒素禮法開警之久悉感厲時部使者得旨與水利檄與共事洵直辭曰是役非鄭渠召埭之比已而同列督役受賞進秩隨復鐫去識者服其先見

劉之華朐山人紹興三十一年魏勝領兵收復海州之華與文儼謀罄家財輸軍借補將仕郎兩上書陳六事皆慨復大計孝宗嘉之特賜進士出身爲平江通判

高溶字慶遠宣仁后族初調平江糧料院通判軍府事長官如父兄職守不便立法亟改郡有勢家圍田壅下流溶視水勢所向廢之人不敢恣移知荊門軍官至司農少卿

沈虛中字太虛廣德人紹興間爲平江儀曹掾攝郡事會軍中有謀變者虛中挺身造其營語以禍福白郡守開府庫賜給之皆驩呼投甲論功就擢僉判時丞相朱勝非充御營使置幕府多所裨贊累遷吏部尚書 云紹興中有潰卒譟于市守倅倉卒遽亡虛中攝府事移文主將梟一人以令衆軍乃不譁丞相呂頤浩張浚聞之召赴都堂論議就擢僉判

趙慶孫右從事郎平江軍節度推官紹興六年十月翰林學士朱震等言其內行孝友施於政事明敏可觀引對特改右承事郎

吳芾字明可僊居人紹興十一年調平江府錄事參

軍除勑所删定官歷殿中侍御史給事中吏禮二部侍郎歷守六郡各因其俗爲寬猛吏莫容姦民懷惠利嘗曰視官物當如己物視公事當如私事與其得罪於百姓寧得罪於上官立朝不偶時論惜之謚康肅

蕭燧字照鄰新喻人紹興十八年授平江府觀察推官二十三年秦檜親黨密告燧秋試必主文漕臺燧詰其故曰丞相有子就舉欲以屬公燧怒曰初仕敢欺心邪檜懷之既而被檄秀州至則員溢就院易一員往漕闈秦熺果中前列秩滿當爲學官避檜調靜江府察推而歸浮湛州縣十餘年淳熙中累遷至國子司業刑部侍郎出知嚴州移婺州歲旱浙西常平司請移粟于蘇燧謂東西異路不當與然安忍坐視舊治之災爲請諸朝發太倉米振之官至參知政事權知樞密院謚正肅

嚴璵字元瑜江山人紹興中進士卒官平江府録事參軍卜居汎仙山之溪以文字名家有溪上翁集

張孝祥字安國烏江人紹興中廷試第一歷知撫州年未三十按事精確老於州縣者有所不及孝宗初以集英殿修撰知平江郡務煩劇剖決無滯屬邑大姓並海寨爲姦利孝祥捕治籍其家得穀粟數萬明年吳中大饑迄賴以濟張浚薦召赴行在除中書舍人

虞允文字彬甫仁壽人一云僊井人隆興初除兵部尚書湖北京西宣撫使時朝廷遣使詣金請和湯思退又欲棄唐鄧海泗允文五上疏力爭思退怒奏允文大言誤國以邀美名允文上印猶以四州不可棄爲請乞致仕除知平江思退竟決和議尋改潼川府未上再除平江到任未一月召除端明殿學士同僉樞密院事初允文自荆襄召還其子公亮遣書扣所向於蜀術士楊抽馬楊荅云得蘇不得蘇半月去作同僉書僉書不帶同字已久時錢端禮先爲僉書遂加同字果符其説後封雍國公卒謚忠肅

沈度以考功郎中除直祕閣知平江乾道二年七月召赴行在上曰甲申之歲委卿守吳門未幾治行昭著果如朕所料可謂得人又詢吳中歲事如何具以豐穰對上曰二年以來水潦軫憂惟恐懼修省以百姓爲念耳度奏臣初到郡水歉耤食尚陛下捐四萬餘石馬料以賑濟全活甚衆上曰正賴

之

魏杞字南夫壽春人（一云開封人居明州）累官參知政事右僕射兼樞密使以使金不辱命繇庶官一歲登相位上銳意恢復杞左右其說後以災異策免守左諫議大夫觀文殿學士知平江被論奪職卒謚文節

丘崈字宗卿江陰人歷國子博士虞允文薦其才遷太常博士知華亭縣捍海堰廢且百年鹹潮歲大入壞並海田蘇湖皆被其害崈至海口訪遺址已淪沒乃奏叙築三月堰成三州斥鹵復為良田除直祕閣知平江府改吉鄂二州江西轉運判官提點浙東刑獄進直徽猷閣再知平江以提刑日捕盜賞除直祕閣後改兩浙轉運副使卒謚忠定（一作文定）

方滋字務德少寓吳江應天寺建炎間歷浙西提舉司幹官乾道中知紹興平江二府

趙善擇字守道寓居金壇乾道中任平江司戶廉公不私物莫能奪而疾惡甚部使者郡守皆憚之必竦然起敬平江府添司戶柴某貪濁善擇疾之及以其罪去為湖州錄事參軍

宦蹟四

韓彥古字子師延安人蘄王世忠之子也嘗知平江時酒禁甚嚴士大夫家亦無敢醞造門卒捕一婦人得輿中斗酒入門者彥古問汝何從而獲曰告我者舁轎之夫以簪花為識彥古曰人奴而訐其主乎杖僕而遣之又士族之母訟其夫前妻之子者以衣冠扶掖而來乃其嫡子也彥古曰事體頗重當姑懲戒之母曰業已論訴願明公據法治罪彥古曰若然必送獄而後明汝年老必不能理對汝還扶掖之子就獄與證條議所決毋良久云乞文狀歸家候其不悛即再告理由是不敢復至郡有士人持吏短長州將下車必先投狀以占能否彥古至其人亦來彥古曰此狀汝不能為必有吏人教汝者其人錯愕即以實告追吏杖之一郡以為神明淳熙二年六月自以朞年財賦豐盈乞解郡務上以勞績陞敷文閣待制八月言者論其以絹折輸麥每匹計四五石又以家力科糴米多者至一二千石及敷上戶酒二千瓶吏民少忤其意即下獄籍其家殘刻險詐無所不至自述理財之

效言所借南庫錢物皆已還足而提領所具數
缺七十萬貫以無爲有遂落職放罷彥古性剛愨
有風裁不可干以私官吏尤畏憚之
莫濛湖州月河望族也淳熙初知仁和縣時有出入
德壽宮者恃勢強梗陵蔑良善屢追不出濛衣綠
袍候于宮之外門俟其出擒而撻之高宗怒孝宗
降濛一官未幾復治一人再降一秩仍舊任數月
聞平江缺守宰執進擬孝宗曰朕有其人遂除濛
院轄以承議郎知府事
王佐字宣子山陰人南省廷對第一授承事郎僉書

平江軍節度判官廳公事未赴改差秘書省校書郎
又自知建康府徙平江未赴坐事削官後復自知
揚州徙平江政聲第一尤長於聽訟有小民告進
士鄭安國酒逮捕其人佐問何自知之安國以幼
婢對竟得婢與告者姦狀俱杖脊遣之而釋安國
聞者稱快改知臨安府進工戶二部尚書
謝師稷字務本邵武人以右司郎中除集英殿脩撰
知平江前守恃其富饒率多妄用未幾反病不足
師稷撙節浮費一以愛人爲務初無橫取未滿歲
積四十萬緡以郡城圮壞奏請脩繕遂爲壯觀

陳峴字子與莆田人淳熙中任從事郎平江府觀
察推官樞密丘崇爲守屢以職事爭辯崇或陽怒
折之峴默退立屏息俟其少霽從容論如初至于再
三竟不能奪自爾峴默書擬呈而許之提舉羅默
兼府事舉兩司事無大小咸以屬之行荒政脩水
利決積訟峴悉左右之
陳景思字思誠弋陽人以祖恩補承奉郎監平江府
糧料院光宗即位詔天下言事景思上十事多一
時要切授淮東總所幹官以應除籍田令累遷直
秘閣兩浙轉運使

趙不熄宗室子淳熙中以忠翊郎添差平江府排岸
兼船場公事十五年正月大宗正司奏其資性明
粹與族稱賢堪繼嗣濮王士輵之後從之
莫子純字粹中慶元二年以進士僉書平江軍節度
判官廳公事官至右文殿脩撰知江州
沈作賓字賓王歸安人歷兩浙轉運副使知潭州以
龍圖閣待制知平江請得節制許浦水軍郡有使
臣故海盜也作賓命招誘其黨與至應命之錫以
衣物又得強勇者幾千人置將以統之號曰義士

復墓境內惡少亦幾千人號曰壯士衣糧器械皆
視官軍而輕捷善鬬過之於是海道不警市井無
譁
李大異字伯珍隆興人開禧用兵爲諫議大夫甫數
月坐論兵事忤韓侂胄以待制出知婺州未上改
平江踰年知建康府
趙希悙字伯和一云叔和燕王八世孫性簡重不妄言笑
以江西安撫轉運除知平江覈財用出入而削浮
費無[illegible]郡多舞文吏未及期年苗嬶髮櫛官寺
肅清以治行進直學士尋以病告移知太平州拜

昭信軍節度卒聞者莫不殞涕謚正惠子與篙
與篙字德淵寓處州之青田史云居湖州嘉熙三年直敷
文閣知平江兼淮浙發運使特置司領其事自與
篙始四年郡中饑分塲設粥以寓公方萬里爲人
所推敬委請董役全活者數萬人寶祐三年以觀
文殿學士再守郡行鄉飲射禮于學宮復脩飾殿
堂齋廬廣弦誦以嚴教養學官弟子爲立生祠明
年兼提刑六年除江東安撫使知建康府景定初
復知平江以祠封周國公謚忠惠學者稱爲節齋
先生

沈皞嘉定七年以奉直大夫守平江磨勘轉朝議大
夫旋除浙東提刑十六年再任尋以職事修舉除
寶謨閣待制仍賜金帶寶慶元年試登極賦轉通
議大夫除煥章閣待制
趙彥橚字文長秦悼王七世孫由進士主崑山簿後
遷湖廣總領知平江郡並大海盜出沒莫可蹤跡
彥橚奏分崑山之半置嘉定縣屯兵以守又鑿錦
帆涇通運河以便舟楫將增隍爲城而以邊遽少
緩且以病告轉寶謨閣待制卒于官
趙汝述字明可太宗八世孫累官刑部尚書知平江

下車宣布德意時許浦水軍顧徑民兵未霑正月
受賞之賜汝述請以安邊庫八萬六千緡均給之
郡雖稱富饒仍歲告匱汝述務以節用恤民爲急
城圯不脩條其工費當緡錢二十四萬米萬有四
千斛奏請于朝以殿步司二軍佐其役方具畚臿
會病卒寓公方萬里爲經紀其喪事
吳淵字道父寧國人幼苦學歷祕書丞兼刑部郎官
以直煥章閣知平江府兼節制水軍提點刑獄會
衢嚴盜起警報至調遣將士招捕殲其渠魁散其
支黨以功爲樞密院檢詳文字兼國史院編脩官

改知慶元府江淮[illegible]制置不赴知隆興鎮江二府
兼都大提舉浙西沿海諸州軍許浦澉浦等處[illegible]
船歲大侵因淵全活者六十五萬餘人除江西安
撫使知江州還兵部尚書再知平江兼浙西兩淮
發運使歲亦大侵又全活四十二萬餘人除浙西
提刑知太平州建康府拜資政殿學士封金陵公
知福州改知平江寧國二府累疏辭免寶祐五年
拜參知政事卒謚莊敏淵有才畧事功迄濟所至
興學養士然政尚嚴酷好興羅織之獄籍滅豪横
時有蜈蚣之稱弟潛

潛字毅夫嘉定中進士第一自工部侍郎知慶元府
改知平江條具財計彫敝本末以寬郡民與轉運
使王埜爭論利害授寶謨閣待制知鎮江府位至
左丞相
王遂字去非一字潁叔其先德安人徙金壇高祖韶
熙寧中樞密副使遂十四對策江東漕司抵韓侂
胄尋以父任主富陽簿又三年及第仍舊任歷監
察御史累疏劾余天錫趙善湘鄭損陳晐等人心
震悚姦黨爲空除殿中侍御史遷戶部侍郎四川
制置使鄭損本蜀人沮之差知平江遂與里人劉
宰袁同志宰嘗稱遂爲文雅健足以名世贈之言
曰士友當親而賢否不可不辨財利當遠而會計
不可不明折獄以情毋爲私意所牽薦士以才毋
爲權要所奪當言則言不視時而退縮可去則去
不計利而遲回庶幾名節之全遂至郡即以崇學
校寬民力抑豪強正風俗爲務會兩倅大縣令賦
詩勉厲時詣學爲諸生講說吳中理學愈盛洞庭
西山村民徐汝賢以詐惑衆自言能出神使人見
神魂遊於空中及死者魂魄見朱簾之內掠人財
賄妻妾爲害數十年遂鞫之殊無異者乃毀其壇

祀黥面鞭背投之盤門水中爲辨惑文云徐汝賢
自號水僊太保今在水中且與魚鰕爲侶如有妖
怪願以身當之又民間七月十五日多設盂蘭盆
會遂作文鏤板以禁謂孝子順孫若從其法則自
以父祖爲餓鬼心忍之乎以時思親當祭諸廟由
是汚俗爲之丕變復議除郡中淫祀以謂莫尊者
天莫重者祖宗之所自出國朝立天慶觀前奉天
帝後奉聖祖他祠不得與焉今岳神廁祠於此非
所以敬天事祖也禮天子祭天下名山大川諸侯
祭其境內者非此族也不在祀典五嶽爲[illegible]畫

鎭而東在兗州南在衡州皆非本土所應望祭將以此廟爲瞻儀堂遷岳神像於修和觀事不果行復知寧國建寧皆著美績家居久之除權工部尚書卒謚正肅所著諸經講義奏議實齋文藁藏于家

王應麟字伯厚浚儀人九歲通六經淳祐元年第進士從王埜受學調西安主簿差監平江百萬東倉調浙西提舉常平茶鹽主管帳司部使者鄭霖異待之調揚州教授寶祐四年以博學宏辭及第添差浙西安撫司幹辦公事上策士召應麟覆考既上上欲易第七卷置于首應麟讀之乃頓首曰是卷古誼若龜鏡忠肝若鐵石臣敢爲得士賀遂寘首選及唱名乃文天祥也應麟遷國子錄歷官禮部尚書

陳塏字子爽其先候官人占籍嘉興古靈先生襄之曾孫也歷右司郎官直龍圖閣浙西提刑後以右文殿修撰知平江府兼淮浙發運副使以戶部侍郎趙必愿舉最詔特轉一官遷太府卿官至端明殿學士卒謚清毅塏屢歷麾節寛民愛載幕客盛多又樂於薦士有可齋雜藁二十卷

謝堂字升道天台人丞相深甫曾孫淳祐三年由籍田令除直寶章閣添差通判平江年踰弱冠斂給過人憲使驟以獄事屬之有一案而直八十餘家之枉者累官樞密使[illegible]銀青榮祿大夫

徐鹿卿字德夫豐城人以右文殿脩撰知平江發運副使力丐祠上諭丞相挽留之召權兵部侍郎固辭上又令丞相以書招之乃至極言君子小人甚切世務

吳樵淳祐中平江節度推官賢而有才敏於吏事憲司請入僉幕多所評贊諸司交薦之嘗謂人曰樵居官既久深知吳民吳人尚奢而爭勝所事不切寧捹百萬錢嫁女不能捹十萬錢教子弟寧捨十萬錢遣嫁妾不能以一萬錢延好師友故使子弟不知書識字但廣置田宅計較微利殊不思異時反貽子孫不肖之害故人以獸目之蓋以此也

趙與訔字中父秀安僖王五世孫[illegible]籍歸安曾祖伯圭憲靖王祖師垂新興郡恭襄王父希永朝奉大夫與訔初以父蔭調[illegible]州司戶參軍辟監海[illegible]場易黃姚運鹽浙西茶鹽司主管文字浙西提刑司幹辦公事淳祐十年知嘉興府除直祕閣[illegible]運

判改提舉浙西常平義倉茶鹽公事寶祐初直寶章閣浙西提刑二月兼提舉十月知平江府景定四年九月復起知平江府兼提刑十一月兼提舉後卒於官禮部侍郎東平劉震孫誄曰與言於時爲循吏於朝爲名臣於國爲信厚公族世以爲知言

太待問字藴之温州人方逢辰字君錫淳安人姚勉字成一高安人皆登進士第一授平江僉判待問乾道初逢辰淳祐十年勉寶祐初

程元鳳字申甫徽州人歷任至丞相兼樞密使開慶兵興疏言兵事時忠邸將議建儲上意未決問元鳳曰忠王比朕如何對曰忠王無陛下之福臣無彌遠之目由是忤旨判平江府兼發運使度宗朝守少保致仕

鄭霖初以朝奉大夫權發遣兩浙西路提點刑獄公事至淳祐八年正月暫權平江府發運司事七月除直寶章閣知平江府事兼主管浙西兩淮發運司公事兼措置浙西和糴以其月交割十二月文命暫權浙西提舉其月磨勘轉朝散大夫九年詔以職事修舉除直華文閣依舊職

王爚字仲潛一字伯晦新昌人端平間由進士知當塗縣興學舍飾社稷正經界立役法㓹義阡百廢具舉以政最聞遷禮吏二部尚書加龍圖閣學士知平江府淮浙發運使五年入朝爚爲人清修剛勁賈似道過新昌爚獨不見洎入相於宋亡之際天下所係屬而卒與陳宜中不協而去

包恢字宏父建昌人由進士歷除直顯文閣浙西提點刑獄[illegible]將海寇爲亂恢單車就道調許浦職浦分屯建[illegible]昌集諸軍討平之嘉興吏因和糴受財百萬[illegible]恢被旨慮囚曰吾用此消沴氣乃械死斷其手下官有包尉者持孝肅公畫像及家譜來謁給恢爲叔父恢荅書云某盱江微族安庸無佀安有是邪力拒不受景定中以華文閣直學士知平江兼發運使至郡聞迎官供帳皆敷抑市肆民不能堪首以所得供堂緡錢盡償其直郡中酒課常時爲守者公費外悉以自歸恢節縮冗濫以其贏補九任度支逋欠及支給許浦兵糧去官之日府庫剩錢六百餘萬時派買公田恢奉行稍過頗失時望召赴闕奏事移知紹興府官終僉書樞密院事恢所至破豪猾去姦吏治蠱獄理逋負政聲赫

俾卒讀文爲
鄭士錡字嘉謨鄞人久歷邊陲奏諸兵政事公安民
尤安之生爲立祠歷添差通判平江除將作監簿
當官不畏強禦公平無私
向士璧字君玉常州人負才氣累通判平江歷湖南
制置副使解潭州圍進兵部侍郎爲賈似道所擠
死
王伯大字幼學福州人端平三年試將作監兼右司
郎中兼提領平江百萬倉兼提領措置官田進直
寶謨閣樞密副都承旨兼左司郎中淳祐中參知

政事
王烜字晦叔丹徒人以父蔭監平江府比較務辟康
府大軍倉不事進取好讀書論議古今一時論者
以孔北海禰平原比之樞密曾懷薦改宣教郎知
天長縣
趙崇禪字叔茂太宗九世孫尚孝廉有才行由進士
乙科調樂清尉平江府錄事參軍辟淮浙發運司
幕官至文林郎
趙順孫字和仲縉雲人咸淳四年以顯文閣待制知
平江兼發運使先是郡庾赤立率以夏秋催民租

順孫謂古者十月納禾稼今先期半載民何以堪
僉曰此例行之三十年不然將有乏興之憂順孫
不聽首以俸入及例卷所供助糴本抑浮費以給
之糴幾二十萬斛迄免預徵郡大治創學道書院
俾諸生肄業焉五年召爲吏部侍郎
陳塏字長孺武康人顯謨閣學士同曾孫也淳祐七
年舉進士調常熟尉公廉自持不畏彊禦部使者
交薦之調婺州推官以臨安尹馬光祖薦辟差平
江府百萬倉檢察不受和糴事例戢吏卒苛取發
運使□提刑湞與筦屬懋檢覆雪無錫翟氏冤獄

監江淮茶鹽所兼湖局改知嘉定縣歲大水勸分
糴糶按籍均敷發運使王某提刑孫子秀俱薦于
朝僉以書論安府判官拜監察御史言天變及賈似
道家爭田論繼皇子竑嗣爲兩浙轉運使修築
海鹽海晏塘既而以集英殿修撰知平江府值旱
故事郡守合得緡錢十五萬懋悉以爲民食軍餉
助糴苗九萬稅十三萬除放賦十六萬又蠲新苗二
萬八千大寬公私之力飛蝗幾及境疾風飄入太
湖節浮費修府庫既代有送還事例自給吏卒外
餘金帛楮悉不受吏驚曰人言常侍郎不愛錢

然改浙東安撫使
潛說友字君高縉雲人咸淳中爲臨安尹因攝貢倡道私賕去晉踰年起知平江元兵入境適時宰欲以金銀往舒城犒師路梗不進寄留郡帑說友遂以此啓表同詣元軍自以全城爲功朝廷既知其事以文天祥代之說友後從二王入閩廣留守福州反覆向背復歸于元以爲宣慰使而王積翁副之軍糧不時給爲積翁所激軍將李雄遂殺說友剖其腹焉

文天祥字宋瑞一字履善廬陵人寶祐丙辰進士第一德祐元年除浙西江東制置使兼江西安撫大使知平江府常州告急遣麻士龍尹玉泊淮將張全曾全等往援之戰于五牧曾全等先遁諸軍敗績張全不援麻士龍尹玉皆死之平江大震天祥斬曾全以狥未幾陷元署其城守將劉師勇來奔會獨松關告急留夢炎陳宜中議弃平江趣天祥入衛發守餘杭天祥猶豫未決兩府劄至乃委印於通判王矩之時督府遣環衛王邦傑援常留平江因責邦傑以城守天祥去平江數日邦傑開門迎降都人大駭議天祥弃平江天祥出兩府劄牓之朝天門衆始定進資政殿學士浙西江東制置大使兼江西安撫大使二年以資政殿學士詣軍前講解伯顏留不遣唆都問曰何以去平江天祥曰有詔趣入衛問兵若干對曰五萬唆都嘆曰天也使丞相在平江必不降但累城內百姓耳
張世傑范陽人歸宋累立戰功德祐初爲保康軍承宣使總都督府兵遣將四出浙西諸郡復平江安吉廣德溧陽諸城兵勢頗振七月與劉師勇諸將大出師焦山兵敗奔圌山上疏乞師不報十月進沿江招討使改制置副使兼知江陰軍元兵至獨

松關召文天祥入衛以世傑爲保康軍節度使知平江尋召入衛二年從二王入福州
許應元字長卿臨安人授平江司戶參軍知府文天祥辟置幕下國亡不娶不仕教授以給養母及弟毋喪盡禮時人高其誼
趙全趙寧人元初由軍功膺寵及下江南授懷遠大將軍湖州路總管至元二十年改平江在任闢耕荒田六百三十餘頃增戶口至九百七十緡構豐樂嘉會太平安和熙春酒庫二十三年得代時方內附頑民故犯法者嚴治不少貸若因繇役受捶

則瞋目嘆曰以徵科而罰尚忍加重乎繼除杭州
民泣送不忍捨時擬爲趙廣漢云
成益順德人初任值歲饑親詣各縣勸率上戶賑濟
得米一萬七千有奇民賴以生
董章字文卿眞定人爲人廉明其政毅而寬至郡未
幾獄訟稀鮮公退不入内閫清坐弦歌每至夜分
作善教二十四條以勸民大抵以厚風俗爲急博
學尤精春秋善大書重創姑蘇驛等題額皆其筆
紫陽方回爲記政績之畧
祝峋字秀巖一云碧山以字行松江人大德間爲浙西道都
漕運萬戶府經歷就陞平江路總管峋爲人英拔
豪興爲翰清美同俞琰學易講治甚精所交多一
時名俊與趙孟頫朱德潤氣誼相許卒于官子孫
遂家吳中
劉濊字嗣宗良鄉人積官至山北道廉訪使皇慶二
年來爲總管問俗察情發姦摘伏洞燭民隱吏弊
若素嘗南土者臨事執義不苟懲惡則濟之以猛
癉然若不勝衣未嘗疾言遽色素守清儉門無私
謁延祐元年詔經理田糧條令嚴峻事鉅而限迫
蘇之六縣惟濊威信素孚人不敢欺昔之詭寄者翕

然自實時江浙會十八郡守臣欲更定田賦濊初
濊言爲從違濊毅然爭曰地有肥磽厥賦宜不齊
一旦更改民病何時瘳乎由是得仍舊貫二年郡
境頗濊白之行省仍屬濊閱實遂悉蠲之縣民執
役定里正主首有產去稅存之患濊建隨產當差
之議科舉初行士赴會試者闕公宇燕饌之三年
正月卒喪不能舉僚佐賻歸葬
師聚列兀一名克恭字敬之寧夏人由兵部侍郎遷
平江路總管馳驛到郡先是賈人貨悉草入城匿
稅事覺併及城外餘積行省疑不決列兀謂物不
入城不應當匿稅法悉以還之府縣司未絶之案
積至二千餘編攝吏曹期以日決無幾而畢州縣
役民充里正主首責以催科陪償往往破產或本
都堪役調之他都吏舍緣爲姦列兀如詔旨先田
多上戶盡放下戶從上推排不役於他都民乃便
之其在城者曰坊正舊以徭願吏充滿歲補吏其
人熟於期會數十年不改或欲以例役民動搖抑
配且失業敗事列兀榜諭仍役吏屢肆乃安城中
酒稅歲額八千定以百八十戶認辦不均列兀曰
擇二十戶可也民出已本營官息則價之高低從

物貴賤官府用酒亦以見鈔沽買自是絕[illegible]之
擾漕府運糧每歲船戶務多斛面列尭兩平之使
客如賜田莊官歲利其廩給逾年延緩不返列尭
禁其濫給飾館舍造學宮嚴聖賢像善政非一見
宜春丞龔璛記
道童高昌人後至元二年自信州路總管轉通議大
夫平江路總管三年積陰以風稻用虛秕屬邑上
菑狀道童遣僚屬出履畝所履與狀合無一不讎
郡多寓公喜持短長往時郡守至必伏謁其門聽
其言少咈意輙構飛語道童至一切繩以法僑者

不堪至京言道童妄以歲凶誑朝廷事聞遣御史
乘傳鞫虛時道童已除江淮財賦都總管府達魯
花赤遂與僚屬逮至嘉興詰究得其妄朝廷乃治
言者罪初屬邑民訟令不為直訴於道童道童置
籍籍民所訴送之邑務得其情訟為之簡民輸歲
賦豪右屬官吏初限皆細民石加五六斗豪右至
末限僅什四三而以細民多輸者足之道童令初
限必大戶齊足次及細民徵夏稅絲亦如之推官
汪澤民作去思碑謂其大致有四持身嚴獨理明
決事敏待人直又謂授宣命[illegible]朝者凡十有三歷

官多練事精然家益貧其來平江一無所取可謂
大丈夫矣
蕭義字仁甫遼人前徽政院斷事官至正八年到任
郡歲賦數百萬石長洲尤難辦大率土吏貪殘侵
牟民不堪秋糧每至次年夏初猶未足義拘累歲
主稅土吏所謂十老人者籍其貲數令其辯認本
年秋糧繩以[illegible]條約以督之過限不足即沒
其家以償又禁格監局催糧衹候禁子火家之屬
漆造斗斛明收什一為耗贈倉場不得高下其手
土吏畏令履畝而徵至十月終三限齊足而民亦

無害其他州縣不令而從咸不失期自奉清薄疾
惡甚切嚴刑峻法以律吏胥皆懾伏時以蕭打鬼
稱之
汪澤民字叔志宣城人以進士累官禮部尚書性廉
孝慎許可嘗為平江推官任法允恕獄多平反雅
冠闔境倡鄉人[illegible] [illegible]閉城陷遇害詔贈江西行省
左丞謚文節
俞庸字子中 [illegible]人為平江推官才而尚德年饑穀
貴流殍塞途憲府檄庸董倉庾庸上策糶賑全活
數萬無何淮兵壓境庸率眾勇士鑰守盤門時郡

貢師泰治中高安等舉室以竄亦率庸行庸厲聲
叱之曰公等以世臣守大城一旦臨利害先民以
逃不顧義與恩邪安持鎗簡擊之仆地遂開門兵
至城下庸未甦被擒置馬下頃之甦以計脫去微
服間道歸淞上久之大府知其人將授以爵謝之
曰吳門之役吾有死所顧繫於亂卒不獲耳尚負
面交他命見天日邪因憤病卒年四十五

○何質
國朝吳元年知府郡民久屬張氏剖剥枯瘠殆絶生
理質至勞來安集民拜更生之惠時　詔徙蘇民

爲特甚質雍容裁處民若罔知尤申意庠序祀殿
論堂已廢皆鼎新之　朝旨以爲勞民怠事質奔
命　闕下將寘極典質請忍死一言曰殺一郡牧
以活百萬生靈質含笑入地矣遂得宥免復增秩
以旌之

○魏觀字杞山蒲圻人初以文學薦爲國子助教歷
浙東提刑按察僉事遷兩淮鹽運使入爲起居注
陞太常卿轉翰林侍讀學士侍
皇太子說書於　文華堂多所開悟稱　旨兼授
秦晉楚諸王經復爲國子祭酒坐事貶龍南知縣
召爲禮部主事洪武五年出知蘇州府既至懲陳
寧之苛斂暴樹良寬而且肅敬老卹民大建學舍
更闢孔子廟門舉鄉飲酒禮邀郡士周南老王行
徐用誠與教授貢穎之校定儀節命諸生習行之
郡既多耆彥又有三老人曰崑山周壽誼年百有
十歲吳縣楊茂九十三歲林文友九十二歲皆延
致特席禮成彬彬可觀壽誼還又躬餞諸郊再拜
觀者如堵墻未及三載風化興洽封部晫然課績
爲天下最六年陞四川行省參政未行復　召還
與宋濂董鍚宴奉天門

上曰前日送卿遠今日與卿飲何其樂也命各賦詩
紀之又以蘇非觀不可爲命仍爲守七年觀以郡
舊治是曩在竊據今治隘弗稱圖復之地多水患郡
城中河頗加浚瀹御史張度劾觀非時病民且有
危言遂得罪死
上仍令以禮遣葬特賜諭祭
皇太子請王亦致祭

○王興宗應天府人洪武七年由懷慶知府調蘇州
政尚寬簡愛民之心若保赤子十年　召還除河
南布政使

○李亨吉安人洪武十年由磨勘司令轉蘇州府經
歷復陞知府性樂易事不苟爲爲之輒有惠利十
一年内艱去民不得留涕泣送之十二月
上賜勑幷米五十石鈔二十錠勑畧曰曩爲郡長恪
慎廉謹以奉憲章古稱循吏不是過也
○湯德高郵人洪武中常州府通判有能名十一年
遷守蘇郡敷政嚴明而特法不苛吏民畏愛之
○王觀祥符人洪武十九年由舉人選授知府府有
奸吏錢英累搆陷長官觀廉得至便捶殺之百姓
稱快事聞
上嘆賞遣行人白思中　賜勑勞以酒時存遺留囷
民逋無所從償乃延諸富家集郡衙飲食之風使
出儲積以補不足衆驩然逋乃給觀爲政嚴整未
興建民仰之如神明
○金綱嘉興人爲守時官民田則數不齊上疏請減
重額田得罪　賜死
○姚善字克一安陸人初姓李後復今姓由鄉舉歷
祁門丞同知廬州重慶所至有能聲洪武三十年
擢知蘇州府初
上以吳民熏染夷僭靡習豪室田宅輿服往往踰檢

明法以整齊之嚚者或更籍持短長賊誣逢起復
號難理善洞達政體周悉人情張弛寬密各協事
宜又數造請郡中賢哲考求治道商畧民生休戚
俗尚淳漓以施消息因革繇是吏民顧尚廉恥好
善趨義風靡物安轉稱大治爲列郡最隱士王賓
獨居陋巷善往候見舍車獨詣門以指扣之三賓
問爲誰應曰姚善乃開門延語及賓報謁面府門
載辭而返善聞自追及邀還賓辭曰非公事不敢
入也又將候韓奕奕避入太湖善歎曰韓先生所
謂名可得聞面不可得見也錢芹自守甚高善願
見不可得將往候乃使人先道意芹對使者曰芹
誠幸見公然芹民也禮不可往見于庭苟明公弘
下士之風請伺月朔胥會於學宮善如期至迎芹
置上坐請質經義芹曰公今有官守請姑舍是事
有急於此者善問何事芹出一簡以授善竟不交
一言而去視之則守禦制勝之策也善心嘉之後
薦芹爲行軍司馬
○徐垕字宗實黃巖人負才抱氣有經時之志元末
厭世不仕洪武初應薦入　朝數被顧問敷對明
切皆中時宜

上喜將授憲職屋辭乃除銅陵簿請迎毋就養乞
謫役湘陰驛未幾選教駙馬能以師道自尊　不
見獎諭擢蘇州府通判　奏發粟二十萬以活饑
民春漲病隄屋相度原隰大興築捍之役部使者
以爲妨農勞民屋言他役誠妨農水不退則田不
可耕妨農孰甚焉且令有田者量募貧力幾人得
哺正所謂佚道使民曷爲勞哉卒就其膚屬邑有
樓貞婦奏乞旌表禮部謂前朝事不允屋言死生
有間則比干之墓誰封禮官不能奪從之官終兵
部侍郎

○蕭鵬舉泰和人以賢良應薦
太祖命賦指佞草應口成篇
上大喜授蘇州府同知以寬厚清愼見稱陞山東鹽
運司副使

○孫蕡字仲衍南海人洪武初爲翰林典籍歷使秦
晉楚蜀之境改蘇州府經歷後左遷平原復戍遼
陽卒蕡文業婉麗尤工詩有西菴集

○況鍾字伯律靖安人始以吏事呂尚書震薦其
才授禮部主事進郎中蘇郡由永樂以來長吏不
狀鮮著　朝廷屢遣吏督責無效宣德初以蘇
十郡缺守愼擇良牧尚書胡忠安公等遂舉鍾
蘇郡復請　賜勅以便行事乘傳赴郡鍾固已洞
灼郡弊莅任吏胥抱案牘請署以嘗鍾鍾默默若
無能爲既三日吏復請署鍾曰若謂吾不事事邪
歷舉三日牒無一遺互摘其間某爲故出入若失
出入隱竄顚倒立取一二輩即庭下撲殺之僚屬
震栗鍾因幷舉僚屬貪虐儒者立黜之搜逐胥屬
主文積蠹置通關勘合簿以防詐僞衛卒父象橫
痛加繩禁郡體始尊嚴[illegible]不法鄉里武斷
咸取杖殺之而扶惠單弱置[illegible]一簿察民善惡
者籍其名既施行則著列以示勸懲婚喪不時者
召諭反覆而峻其校督刑罰民畏而感無不從令
鍾既達而果又素忠直簡任
上心故凡所論列悉賜施行郡田有官民之別官田
稅額特重鍾擬奏求減禁奢自祝或動以禍福不
顧疏上卒得所請凡奏減省重額正賦田糧七十
二萬一千有奇募民開墾荒田起科以免遞年包
荒之糧至一十四萬九千五百有奇停徵渰沒田
糧二十九萬五千免舊欠糧草鈔數百萬錢罷平
江伯董漕歲取民船五百艘免買船米十五萬一

千八百石疏免　詔買臧潤白三梭布七百疋□
數千兩　奏革倭船徵需無度請濬淪水道淤塞
辨明平民誣入軍者千八百餘家招復逃亡三萬
六千七百戶凡所罷行皆綱紀大務民到于今受
其賜尤重於事神社稷山川龍毋泰伯伍員范仲
淹諸祠宇皆拓而新之享獻誠慤雨暘祈禱輒響
應興崇學校敬養才哲薦拔孤寒有起家爲近侍
者剛毅敢爲不慴權要度量廓如　朝廷累有褒
勞述職陛辭
上爲錫宴賜詩恩寵甚至而以蘇人仰籍倚以守御
不遷其官鍾亦無倦丁內艱去任民上　請乞還
鍾治復除仍舊任正統五年九載滿去闔郡之民
上章乞留往扣闕者八萬餘人遂再遣任若赤子
得慈母七年無疾卒于位民甚哀之

○李從智字實人由進士歷官大理寺正正統十年
擢任知府從智性剛果郡人信巫覡多淫祀署小
廟於門交遍衢巷從智出行見之一日毀去

○朱勝字仲高金華人由舉人累官刑部郎中知封
昌府正統間移知府事爲人廉靜少欲勤政愛人
政尚中和而吏法精練聽訟不待棰朴物無遁情
兩造簡備廷無疑囚案無滯牘非重犯不遣入囹
圄胥徒惟奉行文書隸皂拱列而已嘗曰吏貪吾
詞不付房隸卒貪吾不行杖獄卒貪不縶囚人歎
服之在官數年鎮定不撓民安而化之景泰初擢
江西右布政使久而民思之

○陳信字履信仁和人正統間自大理評事轉通判
蘇州未幾致仕爲人礪名節甘儉泊政多惠愛比
歸有懷其德者伺於吳江道中持金爲贐信不受

○楊貢字秉魁樂安人景泰五年以監察御史按蘇
時大饑死者相枕郡邑多缺官巡撫大吏號令煩
碎民無所控訴貢獨任其責殫力拯飭奏免災糧
若干萬開倉賑貸天順元年被薦受勅來守首立
惠民倉實粟以備凶歉次發酷吏安純等數人奸
贓政聲赫然持已素清嚴疾惡尤甚有豪右籍武
臣求私覲貢捕置于獄摘其賊殺等十餘事將論
如法武臣爲救解於巡撫貢欲併擧之更搆于朝
三年朝遣武臣逮貢與豪赴錦衣獄置對貢不服
困苦遂誣伏勒歸田里遠近冤之

○姚堂字[redacted]寧波人天順四年來守忠厚清簡□□
能逢迎敬賢愛民確然長者時林鶚知鎮江有□

巡撫劉孜以吏賢育民對易之人頗惜其去五年
春檄至即行什器帷帳一無所取先釀酒一缸以
爲蘇物戒守舍者留候林爲用民攀送塞路
○林鶚字一鶚黃巖人動由禮法衛身甚嚴雅好文
學以儒飾吏未嘗爲上官一屈膝對胥吏小民言
必涉經史威儀之盛望之肅然八年復以劉孜薦
擢持憲節江右臨行有書萬卷官至刑部侍郎
○邢宥字克寛瓊州人舉進士爲御史治宦者王振
黨獄有陰德擢知台州府天順間坐舊按河南失
察裕州守罪謫爲縣丞成化初起知蘇宥有通變

之才所至有譽乙酉郡大饑斗米錢百二十文且
無所干糴宥賙貸甚勤民賴以生流人之在境者
亦不失所然而公帑不空富室無擾論者謂荒政
之最善者至刑名錢穀上供送迎調發諸具整暇
素號難辨處之綽然聲稱藉甚二年知者交薦
朝廷重其去止賜勑擢參浙藩仍知府事從數月
遂進都御史就撫南畿聲名頗減治郡時五年以
病乞歸
○賈奭字希召巴縣人以御史巡按南畿有聲成化
四年擢知府事繼邇前政不事改作郡不勞而治

爲人方嚴端肅人望而畏之操守介潔始終不渝
八年以憂去官至副都御史
○王貴永平人成化初自太學生選同知府事清靜
寡欲臨事自盡職清兵籍惟求民不寃濫未嘗以
上官喜怒巳之殿最爲意滿去民多思之有善政
録
○丘霽字時雍鄱陽人舉進士除刑部主事成化壬
辰來守郡性頴利彊記意度恢廓舉事沛然重祀
卹民養士正俗㓛郡學門傍啓行者徑文廟中唐
乃買民地廣且子宮闢門遷驛於齋門規模顯故又

訪冠祭射禮儀目秩然命諸生習行之浚沮洳以
利田畝歲請減稅十二凡所務力行無所回郤治
未一年諸廢畢舉然性頗侈汰家人少戢竟以流
言罷歸
○華清字廉卿應城人以進士授郡推能書畫尤工
於詩
○賀霖字時望鄱陽人弘治初以御史擢守郡郡民
望而知其仁鼓舞相慶盛暑涖事凡舊政之墮者
過者不及者悉痛整齊之無時刻少休卒以勞悴
致疾雖在告猶數強起處分疾愈甚未期年卒道

路相弔

姑蘇志卷第四十

姑蘇志卷第四十一

宦績五

鄭昌故吳令也漢王還定三秦項王聞漢皆已并關中且東齊趙叛之大怒以昌爲韓王距漢

陸烈字伯元漢初爲吳令豫章都尉既卒吳人思之迎葬于胥屛亭子孫遂爲吳人郡中陸姓皆其出也

郎宗安丘人善京氏易風角星筭推步吉凶安帝詔公車徵宗對策陳災異拜議郎除吳令到官一月時卒暴風宗占以爲京師有大火定火發時果如宗言諸公聞之表上博士徵宗耻以占事就徵文書未到夜懸印綬置廳上遁去終于家（眞誥宗字仲綏占知火燒大夏門既遁去居華山下服胡麻得道今在鹿跡山洞）

元賓姓名缺元賓其字也以孝廉入三署除倉龍司馬衛尉察尤異遷吳令惠陽春以加惠有鄭僑見思之歌視事二稔民用寧康辟州從事召拜議郎

延熹二年卒

呂岱字定公（一云山公）廣陵人寬簡不雅量好賢愛士爲郡縣吏避亂南渡時孫權領會稽太守岱詣幕府出守吳丞權親斷諸縣倉庫及囚繫長丞皆見岱

處法應問甚稱權意召署錄事歷餘姚長[illegible]
史交趾九真太守始岱嘗親近吳郡徐原賜巾褠
與言論後遂薦拔原好直言岱時有得失亦公論
之人以告岱岱歎曰是我所以貴德淵者也
殷禮字德嗣雲陽人弱不好弄清識過人少爲郡吏
年十九守吳縣丞孫權爲吳王召除郎中後與張
溫俱使蜀諸葛亮甚稱歎之稍遷至零陵太守
孟宗後避孫皓字易名仁字恭武江夏人初爲驃騎將軍朱據
軍吏遷吳令時制不得將家之官宗每得時物未
以寄母常不先食乃又詔吏在官聞父母喪當

須交代故犯者抵大[illegible]宗[illegible]喪毋犯禁奔赴已而自
拘於武昌以聽刑[illegible]陳其素行以爲之請權乃
減宗一等後不得[illegible]例比宗仕四朝累遷光祿勳
謝詢河東人晉元康中爲吳令表爲吳二君孫堅孫
策置守冢詳凡冢墓條
江逌字道載圉人也蘇峻之亂屛居臨海家貧[illegible]
太末令州檄爲治中轉別駕遷吳令殷浩[illegible]
請爲諮議參軍浩甚重之歷太常本州大[illegible]
顧脩期義熈中爲吳令時縣西鄉有[illegible]
[illegible]之考城人中書侍郎滄之父也文雅有[illegible]

晉時爲南沙令
王逡之字宣約臨沂人諮議參軍環之子也少通禮
學博聞仕宋爲吳令齊南康相光祿大夫
陳珉潁川人爲吳令發摘姦伏境內以爲神明與北
地傅僧祐高平張祐並以吏才見知宋世言長吏
者以三人爲首
沈叔任武康人充曾孫也少有幹質爲宋武帝太尉
參軍吳山陰令治皆有聲官至益州刺史
何子平灊人世居會稽少有志行事母至孝楊州辟
從事史元嘉末除海虞令縣祿供母不以及妻子

人疑其薄子平曰希祿本在養親不爲己也母喪
去官哀毀踰禮每哭踊頓絕方蘇大明末東土飢
荒繼以師旅八年不得營葬晝夜號哭常如袒括
之日冬不衣絮夏不清涼一日以米數合爲粥不
進鹽菜所居屋敗不蔽風日兄子伯與欲爲葺理
子平不肎曰我情事未申天地一罪人耳屋何宜
覆蔡興宗爲會稽太守甚加矜賞爲營冢壙除喪
既久猶以過毀殆至不立幼持操檢敦厲名行雖
處闇室如接大賓學堅義明處之以默安貧守善
不求榮進時彌貴之

□守之字文遠范陽道人也宋孝武使直華林學省歷公府叅軍婁縣令入齊爲長水校尉

鮑照字明遠上黨人家世貧賤少有文思宋臨川王愛其才以爲國侍郎王薨始興王又引爲侍郎孝武初除海虞令太學博士兼中書舍人臨海王子頊爲荊州照爲前軍掌書記子頊敗爲亂兵所殺

孔琇之山陰人有吏能仕齊爲吳令有小兒偷刈鄰家稻一束琇之付獄按罪或諫之琇之曰十歲便能爲盜長大何所不爲縣中震肅後爲臨海吳興太守在任清約政稱清嚴

周洽汝南人歷句容曲阿上虞吳令廉約無私齊武帝時卒於都水使者無以殯歛吏人爲買棺器

江介建武中爲吳令爲政深苛或牓髑髏於門爲介父首介遂棄官去

公上延孫永泰中爲南沙令會王敬則反衆至晉陵邑人范修化殺延孫以應之敬則平贈延孫爲射聲校尉宋書元徽五年敬則結楊玉夫等弒帝延孫其一與南史不合

傅翽靈州人祖祐山陰令父琰宋武康山陰二縣令並著奇績時云諸傅有理縣譜子孫相傳不以示人翽爲官有能名後爲吳令別建康令孫廉廉問翽曰聞丈人發姦擿伏惠化如神何以至此答曰無他也惟勤而清清則憲綱自行勤則事無不理憲綱行則吏不能欺事理則物無疑滯欲不理得乎天監中爲建康令復以能稱後位驃騎諮議

唐僊天監中爲吳令鑄盤龍火鑪翔鳳硯蓋有司奏之詔禁錮終身

蕭介字茂鏡蘭陵人祖思話父惠蒨齊左戶尚書介天監十二年轉主客郎中出爲吳令甚著聲績湘東王聞其名思共遊處表請之普通三年以爲諮議叅軍官至光祿大夫侍中

沈浚字叔源武康人涉學有才幹仕梁歷山陰吳建康三縣並有能名太清二年累遷御史中丞

卞華字昭岳宛句人晉驃騎將軍壼六世孫也孤貧好學召補國子生通周易及長徧習五經聚徒教授博涉有機辯說經析理爲當時之冠江左以來鍾律絕學至華乃通焉位尚書儀曹吳令

陸蒙事梁爲吳令節操甚高

沈炯字禮明武康人少有俊才歷尚書左民侍郎出爲吳令侯景之難太守袁君正入援京師以炯監郡京城陷景將宋子僊據吳興召炯委以書記之

任炯固辭以疾子僊怒命斬之炯解衣就戮以救
護免王僧辯購得炯羽檄軍書皆出其手景東奔
至吳郡獲炯妻虞氏子行簡並殺之梁元帝愍其
妻子嬰戮特封原鄉侯徵爲給事黃門侍郎領尚
書左丞後陷没於魏尋還陳預大政卒于吳謚恭
子

何之元灊人好學有才思爲袁昂所重昂爲丹陽尹
辟爲五官掾尋除信義令之元宗人敬容位通貴
頻相顧訪之元終不一造或問之對曰德薄位隆
覆敗可待吾懼及禍耳識者稱歎陳太建中歷湘
州刺史始興王叔陵諮議參軍及叔陵誅之元屛
絶人事著梁典三十卷禎明三年京城陷移居晉
陵隋開皇間卒

殷不佞字季卿長平人梁尚書兵部郎高明之子也
少立名節居父母喪以至孝稱承聖初爲武康令
有惠政孝武受禪除婁令至通直散騎常侍

沈君高字季高吳興人君理第六弟也少知名性剛
直有吏能文爲後主后早居清顯歷廷尉卿太建
初東境大水百姓飢弊以君高爲貞威將軍吳令
歷太子中庶子廣州刺史卒謚祁子

王凝字叔恬龍門人文中子通之弟貞觀四年起家
爲監察御史使益州時[illegible]尚書士廉以勳威自重
從衆僚候之昇僊亭凝不爲禮詞却之士廉甚耻
五年士廉入爲吏部尚書會凝赴選遂出爲吳令
按通子福畤云凝爲御史劾奏侯君集有反狀太
宗不信黜爲吳令杜淹奏凝直言非辜長孫無忌
與君集善由是與淹有
隙王氏兄弟皆抑不用

李寀唐太宗第十子紀王愼玄孫也爲崑山令

岑仲翔鹽官人宰相文本孫也爲長洲令時兄羲爲
金壇令弟仲休爲溧水令皆有治績宰相宗楚客
語本道巡察御史曰毋遺江東三岑仲翔歷太子
中允陝州刺史

范齊融越州人爲崑山令神龍中與于休烈賀知章
賀朝包融爲文詞之友齊名一時

談戭曲阿人長洲尉有詩名與包融等十八人爲詩
殷璠彙次爲丹陽集

張旭爲常熟尉因老人求判得覩其父所書益盡其
法詳載人物條

顔頵瑯邪人魯公眞卿兄子也爲常熟尉崔頔字仁
絶爲吳縣尉博子孫遂家于吳

劉太眞字仲適金陵人唐書作宣州人[illegible]以行義修潔詞

藻琨異爲蕭穎士所知廣德中以薦授左衛兵曹
李栖筠在浙西表爲常熟令到官未朞一邑目化
歷官禮部侍郎信州刺史
蕭存字伯誠墓志云字成性蘭陵人梁鄱陽王恢之後集賢
校理穎士之子也亮直有父風能文詞與韓會沈
旣濟梁肅徐岱等善李栖筠表爲常熟主簿顏眞
卿在湖州與存及陸鴻漸等撰韻書數百篇建中
初由殿中侍御史四遷比部郎中
蕭審工部尚書旻之子永泰初長洲令在任三年有
理跡邑人畏憚之
王冏綱大曆九年以大理司直爲崑山令政務化民始
作學舍置博士弟子員民興於學有不被儒服而
行者莫不恥焉事見梁肅作修學記
盧東美范陽人大曆三年李栖筠爲浙西廉使奏爲
從事十一年爲吳令歷太常博士監察御史河南
府司録考功員外郎咸舉其職梁肅稱其外寬內
明敬事而信韓愈謂其少未出仕在江淮間與韓
會張正則崔造爲友好談經濟之略嘗以王佐自
許天下大夫士謂之四夔亦期以相器云
滕遂貞元二十一年舉明經及第又書判登科歷大

理評事長洲令攝吳縣時人歌曰朝判長洲
吳道不拾遺人不孤人謂有漢叔輔之遺風
御史供奉賜緋
王萬幽州人大理評事適之父[redacted]中爲崑山丞見韓愈所撰墓誌
李暵元和中爲常熟令劉允文記新開常熟塘碑以
誦其績
劉綺莊毘陵人爲崑山尉研窮今古纂記浩博作類
書百卷行於世名崑山編
權立同平章事文公德輿之從兄也敏學行溥於官
情爲崑山簿德輿作序送之
劉尉者失名獨孤及言其傲迹峻政能使綱不紊吏
不欺卒以不苟合忤物爲時所謗由長洲貶南巴
周思輯汝南人咸通間爲常熟令歲旱禱于破山龍
祠得雨邑人霑感皮日休記其事後爲給事中
韋至誠唐吳縣尉范志
許延祚朱梁時知常熟子孫遂爲家
蔣文懌以朝奉郎試大理司直行常熟令事兼監察
御史太平興國三年錢氏納土後首任七年去任
餘杭陸韶之作頂山龍祠記載其政事

羅處約字思純華陽人太平興國中擢第爲大理評事知吳縣有惠政時王禹偁知長洲日以詩篇倡酬播誦蘇杭間後並召赴闕上自命題試之以處約爲著作郎禹偁爲右拾遺皆直史館賜緋魚在縣日作吳郡圖經別有東觀集十卷禹偁爲序蘇易簡表上之詔付史館

王禹偁字元之鉅野人世爲農家九歲能文畢士安見而美之稱爲小友太平興國八年擢進士授成武主簿（一作威武）改大理評事知長洲縣其自敘云禹偁名利之流也一身之計有親族妻子焉雖內無妾外無僕不可去者凡百指晨有炊爨夕有脂燭伏臘慶弔居其外月得俸金太半長物是以從官三年徒行而已一邑之政有稅偏稅調焉土其瘠而民不懈吏好斂賦愈重廉其身而濁者忌之直其氣而曲者惡之懲無知音動有變畏去年秋稼不登編戶艱食賦斂之數有乖其期而民[illegible]成于郡郡俟歸罪于縣鞭笞之人日不下百數章菜色在面而血流於膚讀書爲儒胡寧忍此因請吏部考課曆納質于巨商得錢一萬七千市白粲三分有其二焉時同年生羅處約宰吳縣相與賦詠人多傳誦太宗召試擢右拾遺直史館賜緋故事給銀帶上特命以文犀帶賜之屢遷翰林學士元之在朝嘗上疏曰臣舊知蘇州長洲縣七千餘家自錢氏納土以來朝廷命官七年無縣尉使主簿兼領之未嘗闕事三年增置尉未嘗立一功以臣詳之天下大率如此誠能省尉三千員減俸數千萬以供邊備寬民賦亦大利也出知滁揚二州咸平初預修太祖實錄與宰相意不協出知黃州作三黜賦以見志卒章云屈于身而不屈于道雖百謫其何虧四年徙蘄州卒年四十八子嘉言

嘉言字仲謨天禧初知舒城縣方服除會眞宗觀書龍圖閣得禹偁奏章嗟美其切直因訪其後宰相稱薦嘉言即召對擢大理評事知長洲縣旣禹偁舊治而嘉言年與官又皆同士大夫賦詩榮之遷大理寺丞

邊傚華州鄭人雍熙初錢氏納土傚首爲吳崑山兩縣復興學校具有賢行璽書奬勞仕至殿中丞

李璨文正公昉族人也爲常熟令淳化四年代滿赴調時昉在相位言其父崧在晉爲侍中漢末被誅

周太祖時已靈其寬選其田宅璨始四歲授校書
郎及其爲令年近知命乞與陞擢詔授著作佐郎
王世昌字次仲許州人知鹽官縣改常熟轉運使張
式以治狀奏充秀州判官終都官郎中
李維字仲方肥鄉人文靖公沆弟也爲崑山令至道
三年獲白龜獻之郡官終尚書左丞
趙積字表微宣州人爲人誠質寬厚以大理寺丞知
崑山累官太子少傅謚禧質
馬尋字子正鄆州人祥符初進士授吳江簿兄尋戒
之曰到任半載可誦律書爲治民之本後尋至縣

詰之荅曰治在孔道疲於賓餞未暇及也尋不悅
尋曰少緩期諷之至冬果精律學繼登朝籍久參
法寺有平允之稱皆系著治聲尋之力也
王球居開封[illegible]購書萬卷祥符中秘藏火四庫書皆盡
球上其家書授三班借職用薦知吳江縣武弁爲
邑自球始天聖中修築松江亭終右侍禁
錢振天聖三年以登仕郎爲常熟主簿范文正公送歸省詩云姑蘇臺下水如藍天賜仙鄉奉旨甘梅淡柳黃春尚淺王孫歸思滿江南蓋郡人亦吳越之裔也
梁適字仲賢須城人翰林學士顥之子也天聖初爲
[illegible]功曹知府呂夷簡薦爲知崑山縣徙知[illegible]

拜相卒謚莊肅
鼂宗恪字世恭以世父迥恩補將作監簿知常熟縣
修學校理溝防人賴其利
劉立言字禹昌臨江人以殿中丞知長洲縣多過客
或求發民以輓船一人不與郡官爲移書亦不聽
所至興利除惡其去人輒思之
夏噩字公酉池州人以試光禄寺丞知長洲性卞急
遇事輒發出語無隱情人多憚之提刑陳道古惡
其輕傲捃以私貸民錢按罪勒停坐廢十年文彥
博爲白於朝詔還其官

張方平字安道揚州人言行錄宋城人景祐中知崑山時吳
越歸國未久前此豪民占田積訟有數十年不決
者方平召問所輸租幾何大率百纔一二乃悉收
其羨田以賦貧民而訟亦息知州蔣堂得方平所
著芻蕘論上之後拜參知政事以太子太保致仕
卒謚文定
張先字子野湖州人康定初進士知吳江有惠政詩
格清麗尤長於樂府仕至都官郎中年八十九卒
有文集樂府行於世
王庭堅字世美慶曆三年尉吳江政稱平允與令[illegible]

倡議率民輸錢數百萬欲建縣學會有詔不許遂
移其材以建長橋橫截江湖間長二百餘丈民甚
利之晉陵錢公輔作記以精敏沈毅稱之
丘與權至和中爲崑山主簿時議修崑山塘與權陳
五利且言事或不成請以身塞責卽列其議以聞
塘成至今爲利後趙抃薦其嘗爲蘇州教授學者
如歸困窮守道未始隕穫王珪亦薦之曰藝文優
贍議論純正遭時右文宜見收采
韓正彥字師德安陽人魏忠獻王琦從子也嘉祐中
知崑山縣刱石隄疏斗門作塘七十里以達于郡

十四

得膏腴田數百頃又請以輸州之賦十三萬從便
輸於縣鳩作塘餘材爲縣倉以備之民大悅比去
遮道以留爲立生祠作思韓記鑱石祠下
裴煜字如晦嘉祐六年令吳江歐陽脩梅堯臣皆作
詩送之
沈遼字叡達錢唐人翰林學士遘之弟也爲崑山令
遼幼不羣長益好學讀左氏班固書草倣顛似受
知王安石及安石當國遼爲審官西院主簿論事
不合罷後攝華亭縣[illegible]及
下獄奪官流永州更赦徙池州[illegible]文

章雄奇俏麗與曾鞏蘇軾黃庭堅唱酬竟不再起
林肇字公權吳興人寶元中進士熙寧三年以尚書
屯田員外郎自請知吳江始至覽江湖之勝緬懷
古人慨然有歸歟之興乃卽松陵勝處作鱸鄉亭
繪三高像其中旣落成遂具舟由亭下拂衣而歸
錢勰字穆父其先嗣吳越王倧生易易生彥遠彥遠
生勰熙寧三年中秘閣選廷對入等會王安石罷
其科以蔭歷知尉氏崑山中書舍人給事中知開
封府以不避豪貴出知越州哲宗朝翰林學士
命勰仍兼侍讀爲章惇所詆罷知池州元符末追
復龍圖閣學士

十五

王幾字彥成江都人知舒城未赴丁父憂王安石知
其才選宰長洲縣政剛則貽弱則廢幾平其政弛
張以時卒之懾服豪強貸細得職歲饑廣賑救之
策人物按堵權勢者欲侵橈之執度不回治聲聞
京師
范擴爲常熟簿曾鞏舉其博學能文尤通經術敦重
恬靜見於人爲以母老家貧樂仕鄉土堪充館閣
及國子監直講任使
陳察字晦叔考亭人擢進士知吳縣蔡京過之屬書

縣榜察不受京尚當國召命再至亟引疾致仕後入
元祐黨籍年九十五而終

常安民字希古卭州人年十四入太學有俊名時取
士宗王氏安民獨不爲變第進士元豐六年知長
洲縣邑中權豪肆横訟牒日數千安民先正紀綱
圖籍以立政本省文移追呼以清訟原始至末亂
政者得何巡丁文通朱鈞花三人杖而屏之終政
不敢至訟庭縣故多盜籍嘗犯者書其衣榜其門
約能得他盜乃除盜爲之息鄉胥掌田里租庸之
籍移易輕重爲姦弊莫能制募吏法當試因令根

摘版籍之欺隱代之獲冒[illegible]青苗者荷校於庭使
指識冒名人以贖罪其約所有法皆此類也大帥
以至信爲本信既立人不忍欺催科不[illegible]而[illegible]外不
下吏手豫爲信限揭實數於縣門使自輸不擾先他
邑辦負坊場責者戶率十數人督之坐逮其家安
民悉縱之使歸畢坊事與約分所負爲三年自輸
之親爲受之部使者聞愕曰常平法敢爾緩耶安
民曰異時以昔較今備捕盜不敢自以爲能庶幾
邑人獲一飽已而償數果倍歲旱農盜決運渠以
溉田法當徒犯者且衆安民白郡守曰水所溉穀

成當得賦入數十萬今未至[illegible]而與入於法坐
失數十萬之入以此較彼孰利孰害請釋勿治是
歲吳大旱惟長洲中熟及安民去官犯者論如法
皆號呼田間曰安得常公活我於將斃轉運使許
懋孫昌齡入境邑民頌其政皆稱爲古良吏其政
事之詳見自著長洲政事録元祐初李常孫覺范
百禄蘇軾等薦擢大理鴻臚丞時姦黨分布中外
安民貽書呂公著引喻明確及章惇作相其言遂
驗安民正直敢言蔡京用事入黨籍後謚敏節

鄒浩字志完晉陵人元豐進士調吳縣簿元符中以

言事監袁州酒稅責授平江軍司馬南安軍安置
卒謚忠

洪彥昇調常熟尉奉母之官既至前尉欲申閉三月
以規薦而中分俸入彥昇處僧舍卻俸不納如期
始交印

郭三益字慎求義興人元祐進士才高有器識大臣
屢薦之爲常熟丞常平使者調蘇湖常秀之人濬
青龍江分地程役三益所部前期告辦使者留其
人使助他邑三益徑引歸使者怒檄追甚急三益
頗爲戚其母周曰使者行悔矣然不可無往第無

以部人從三益如教使果撤止丞勿來

徐勣字元功南陵人舉進士調吳江尉終顯謨閣學士挺挺持正爲徽宗所禮重而不至大用時議惜之

石公轍字道叟新昌人紹聖二年特奏狀元任南劍州教授轉吳江令初學宫在縣治西南厄於兵公轍以東門外開江營舊基改建又置田給士養即今學也後通判平江府陞大宗正

向子韶字和卿開封人元符三年進士知吳江縣郡人私鑄錢流布一路郡將聽自便子韶以爲不可

騰書極言之下令禁其部無敢犯者已而中司論其事詔置獄繩故縱之吏諸邑皆曰太守命也吳江令嘗力爭書具在子韶聞制使來謂須被逮具裝以候吏及門即行初知州意子韶必以抗論不從爲詞子韶至卒無一語獄成守以下皆黜秩子韶賞一官大觀三年除開封府右參軍靖康中知淮寧府與金虜巷戰舉家被害贈通議大夫謚忠毅

虞賓字舜臣山陰人以宣德郎知長洲縣縣多富室大姓數負強亂法黠吏爲囊橐亡度幸倚公以漁細民二千石無敢成其罪賓張設耳目盡得姦利鉏治之一縣屛息歲大侵民無蓋藏部使者猶急宿負檄下曰必辦賓閣束文書不問使者怒賓進說云云使者驚謝之會邑民遮道願借留虞君即表民言于朝累遷比部員外郎

曾懋字叔夏贛州人崇寧間主吳江簿歷仕至禮部尚書

程俱字致道信安人元符中爲吳江簿政平訟理有循良之風優文學作松江二賦三高祠詩序遠近騰誦之卒官中書舍人後簿高文虎以曾懋及俱

爲此官作曾程堂以寓景仰范成大爲之記

寇國寶吳縣簿 葉夢得詩話云余居吳下一日出閶門至小寺中壁間有題詩一絶云黃葉西陂水漫流蘧蒢風急滯扁舟夕陽暝色來千里人語雞聲共一丘意極喜初不書名氏問寺僧云吳縣寇主簿所作令滿去矣歸而問之士大夫云寇名國寶蓋與余同年然皆莫知其能詩已而數爲好事者舉此詩始有言國寶徐州人又從陳無已學乃知文字淵源有所自來亦不難辨恨不得多見之也

張克戩字德祥開封人侍中耆曾孫大觀中知吳縣俗好訟大姓怙勢伺持官府縣令踵故俛首務爲不生事幸得去而已克戩一切裁以法姦猾屛氣部使者以狀聞召爲衞尉寺丞靖康初金人攻城

弃戰畢力捍禦外援不至諸酋列城逼降克戰臨
陴大罵朝服南面焚香拜舞引決一家死者八人
事聞贈延康殿學士謚忠
錢中庸吳越武肅王玄孫用父哲蔭爲郊社齋郎調
吳縣簿不樂仕宦隱于郡之蛾眉山而卒
陳瓘字瑩中沙縣人元豐進士徽宗朝自正言遷司
諫數言事天下傾注之政和元年再被譴主吳江
簿未幾卒贈諫議大夫謚忠肅
梁澤民將樂人政和中爲崑山令有惠愛其父伯臣
來蒞養隂相之力爲多

陸棠字元珍政和中知長洲縣政久替棠從容如無
事而事大治以最遷郎就命通判眞州
鄭交字聖錫丹陽人大觀進士自蕪湖酒稅改知吳
縣會水利不修部使者按罪亦坐免繼知鄱陽縣
遷通判平江府終兵部尚書
陳康伯字長卿弋陽人宣和三年進士調長洲簿改
京畿運司屬官後至左丞相封魯公卒謚文恭改
文正
趙訓之字誨道秦悼王五世孫以進士調東平儀曹
知吳縣朱勔怙勢役州縣訓之不爲屈勔嘗執數

人詣縣請治訓之悉縱不問遂移疾去建炎中知
永豐孟太后在贛州統制杜彥叛後軍楊世雄應
之將犯永豐訓之與尉陳自仁設伏殲之會賊別
校繼至官兵未成列訓之拒戰厲聲罵賊與自仁
俱被害事聞贈訓之朝散郎直秘閣謚忠果邑人
立祠祀之子彥楠自有傳
鄭穆字應和長汀人家于無錫由定遠令改常熟丞
攝縣事有潰兵絕江由福山闖關邑人大恐穆單
車撫諭遂皆革心有久訟得直袖白金數斤爲謝
穆卻之終朝散郎徽州通判

余彥嶼知常熟縣建炎三年韓世忠帥兵自海道從
縣赴郡會張浚勤王四年兀朮犯郡李閻羅屯兵
于縣彥嶼並周旋其間
尹機紹興中以趙鼎門客恩補官知長洲縣秦檜嘗
國以贓追勒檜死復元官
祝拱卿字德良建安人慷慨有志節出入張浚幕下
紹興中知長洲縣卒官
王彥融字炎弼江州人樞密副使韶子也紹興中知
長洲縣權崇德德清皆以善政稱
王綸字德言建康人十歲能屬文第進士授崑山主

簿紹興二十四年以中丞魏師遜薦爲御史論事
忤秦檜罷去檜死召爲起居舍人歷同知樞密院
事卒謚章敏
程沂字詠之洛人伊川先生頤之從子也紹興間知
崑山縣爲政中和有古循吏風
曾愼紹興中宰常熟立縣令題名碑王伯庠作宣風
樓記稱其知足以知勇足以行御吏若西門之治
鄴愛民如子產之治鄭云
趙彥眞宗室子寓會稽舉進士以宣教郎知吳縣時
營思陵轉運司調取洞庭青石期會迫彥眞即日
凌湖至其地召工泣諭之民感動趣役先期告畢
使者欲上其勞彥眞辭之秩滿通判袁州
謝深甫字子肅臨海人由嵊縣尉調崑山丞寧宗朝
拜相理宗朝以孫女爲皇后追封魯王謚惠正
柳樞字安叟東海人乾道元年宰吳江作松陵漁具
圖侍制曾幾序之刻石今存縣堂西垣
徐佀道字淵子天台人早負才名爲吳江尉受知范
成大及爲秘書少監朝聞彈疏以舟載菖蒲數盆
書兩篋翩然引去道間爭望之若神仙然
王萬樞字賛元金壇人爲崑山尉得海盜溢格吏請

出郊以應親獲之文萬樞據實卻之終奉直大夫
知吉州
陳壁字君玉爲崑山主簿洋情教養講勸甚勞邑士
造請無虛日成就極多
高文虎字炳如慶元人禮部侍郎閎之從子登紹興
進士調吳江簿曾幾守官在吳文虎從之游聞見
益博多識典故寧宗朝爲中書舍人兼直學士國
子祭酒後附韓侂胄共攻趙汝愚朱熹道學之士
皆爲詆焉
陳貲深常州人爲長洲簿洪邁爲禮部侍郎薦其性
資開明問學純粹持身潔廉務在便民不爲利誘
威脅使膺百里之寄必有卓然可觀者
趙善言字從之祖守江陰因家焉初調常熟尉劉頫
張孝伯俱見器重終朝請郎知臨江軍勇爲利民
之政兩邑一郡皆有陰德
趙善宣淳熙中知吳縣有通州人高柟詣京訴事時
駕過南內柟在望仙橋河中山呼唐突壽皇止輦
問之降旨送大理取案牘自閱辭言善宣卻金不
受詔特轉一官訟亦遂決
趙公廣字德儉淳熙四年任吳江知縣重建廟學及

郵亭使館橋梁祠宇皆一新之遷徐州同知

葉延年字公是處州人嘉泰中知吳縣有豪民張某族數十人皆以虎自名居光福山澤間負險固聚仇黨四出侵暴既三十餘年延年禽寘于法邑人德之立祠于瑞光寺

葛洪字容父東陽人從呂祖謙學爲崑山尉理宗朝參知政事杜範稱其侃侃守正有大臣風卒謚端獻

潘彙征字泰初溧陽人記問該洽寧宗朝知崑山以廉平服人績治著聞調繁昌卒

孫應時字季和餘姚人從學於陸九淵爲黃巖尉有惠愛常平使者朱熹重之丘崇帥蜀辟入制幕改常熟縣既秩滿郡將以私憾捃摭倉粟事政欠三千斛詰之士民相率携負詣郡願代償不報竟坐貶秩後通判邵武軍在縣嘗撰縣志

袁韶字彥淳鄞人嘉泰中爲吳江丞蘇師旦挾韓侂胄威福撓役法提舉黃犖檄韶覆田定役師旦密諭意吳江多姻黨宰相客當薦爲京朝官韶不聽是歲更定戶籍承徭賦者皆師旦姻黨師旦怒諷言者將論韶犖亟白于朝且薦之未幾師旦[illegible]敗

知[illegible]府縣嘉定末爲臨安尹十年道不拾遺紹定初拜參知政事浙西制置使仍治臨安許景迂丞吳江作堂廳西題曰景袁以致仰止之意

張漢之爲崑山令其父兩爲憲漕王領郡符而家極清貧漢之政務寬厚緩於索租邑人言其家自來無此故不欲與人索也

潘友文字文叔東陽人朱熹呂祖謙皆與友善開禧初知崑山縣寬慈愛人人呼爲潘佛子

呂祖憲東萊人祖謙之弟嘉定五年知吳江重修學宮有記刻石

惠疇字叙之江陰人知常熟縣劭農勸學擢良擿姦政以大成曾丞相榜其閣曰景[illegible]言以旌之

高衍孫四明人嘉定初置縣未有官宇衍孫首知縣事剙建治廨城隍坊陌壇壝學校靡不周備煥然新觀

唐璘字伯玉古田人嘉定十年進士調吳縣尉有朽人于貨挾其舟亡者有司求賊急[illegible]皆吾兒實殺之兒亦自誣伏璘問舟何在錢[illegible]其辭差互璘疑爲緩之果得賊太湖與舟俱[illegible]家治圍將鑿渠通舟繆言故渠常平使者[illegible]視乾道舊

籍則民田也力爭遂遣使者意移監縣稅尤以直
聞後歷終太常少卿
孫沂字彥溫丹徒人爲常熟丞時長官有挾不肖民
事凡縣務承上戢下惟賴有沂民有淹歲不決之
訟皆直請于臺府願以屬沂旁縣亦然臺府既以
爲常沂亦不復計彼此以疾歸卒
孫子秀端平中爲吳縣主簿佐王遂修妖人事詳見
遂傳
吳堅字彥愷天台人淳祐中爲崑山主簿以厚風俗
正人倫明義利闢姦邪爲先務德祐末拜相
項公澤字德潤永嘉人淳祐間由長洲丞辟宰崑山
前政自李𣏌滿秩後更十三任不以善去公澤由
童科擢第以文學飾吏事留意學校買田養士爲
政廉敏百廢具舉嘗修玉峯志官至中奉大夫
徐聞詩字子言嘉興人性穎悟八歲通九經理宗朝
由童科擢第淳祐中知崑山官至知惠州
王文熊寶祐中尹常熟重脩城闉及譙樓置刻漏創
兩務官廳濬市河福山塘築新隄莊亭稅館飭整
版籍益便民有義者也
黃震字東發慈溪人寶祐末調吳縣尉縣多[illegible]豪家

皆私[illegible]以屬尉民多飢凍窘苦死尉卒手震至
不受責家皆復白提刑孫子秀移文一路禁戢之
民有小爭有司俾尉羅弓矢以捕怨家移牒必曰
躬親吏卒因下漁獵震又請于知府洪燾自是訟
牒無躬親之文尉廨舍隤壓震新築之縣界有焚
屍亭壞浮屠規復剏震白府謂焚屍夷狄之法凡
史傳所書仇怨刑戮之酷罪盈惡極乃有焚滅遺
骸亦戰國以來之事古無有也然殺者常刑焚者
非法非法之虐且不可施於誅死之罪人況父母
骨肉乎今吾所處中國耶夷狄耶傷敗風俗莫此
爲甚其學宜令勿再置判府程元鳳韙之事竟止
府檄攝其縣及長洲華亭皆有殿效提舉常平王
華甫辟主管帳司文字時知本府朱熠常州錢庚
孫嘉興吳君擢皆倚勢侔爲民華甫病革強起劾
罷三人震贊之也震歷牧守在在有績終浙東
提舉常平嘗曰非聖之書不可觀無益之詩文不
作可也居官恒未明視事事至立決自奉儉薄人
有急難周之不少吝所著日鈔百卷卒門人私謚
文潔先生
陳應角字軒伯連江人咸淳三年知丹陽縣清強剛

介洽鼇翁然寬豪民辨誣枉行鄉飲旌孝義洎去
官邑民生爲立祠歷長洲縣改提刑司主管文字
龔濮字深文高郵人居鎮江歷知長洲縣官至司農
卿國亡士大夫居班行者隨例北上濮行至莘縣
不食卒子璛別有傳
孔文貞字從善東平人宣聖之裔至元丁亥尹常熟
是歲大潦漂沒田廬飢莩流離文貞發廩拯溺完
活甚衆明年躬督郊民疏港浦洩積水而注之江
秋乃大穫邑賦數千石故匿於勢家吏不敢問文
貞覈實其數勢家感其至誠遂盡輸納其政大歸

在安民不邀浮譽至或怵以權勢啖以貨利乃毅
然弗顧吏民望風畏愛之博學工詩詞與邑士賡
詠文彩可觀去任踰年邑人追懷善政立石刻銘
王安貞字吉卿安陽人補浙西帥府掾至元二十九
年授浙省理問知事累遷崑山知州適州初遷公
宇百無一二安貞規畫剏建費鉅而不擾政績懋
舉秩滿授饒州路治中
王柔字不剛大都人試安西王相府令史至元三十一
年授吳江尹修繕官宇重建廟學及三高祠槪一
修理井然

姚鉉字居卿邯鄲人元貞間任常熟主簿督視許浦
永豐倉潔己繩下芟櫛蟊蠹庾積清實丁亥夏旱
田陸混一富室閉糴粟價翔踴鎬出郊勸分爭相
割助督浚運河經度盡瘁按訟平當馭吏嚴而有
度不聽讒愬不畏強禦
盧克治字仲敬濮陽人大德間爲常熟令沉敏宏遠
復多仁恕獄無冤濫好施勸分教育言氏子孫褒
實學田築社稷壇恢拓公宇增修邑志民爲立生
祠今列祀學宮名宦祠
哈刺哈孫大德九年同知吳江州事嘗語人曰牧民

之官不忠勤何以盡職分不公正何以聽獄訟不
慈仁何以得民心歲荒且疫爲之流涕白州長貸
賑救之曰寧咈上意以受責毋令民失所也
皇甫璧字君寶東平人至大三年知吳江州三載終
始以廉能著不事智數政無矯飾待物一於誠始
勉以文教申之以禁令人莫敢犯
王英字世傑燕山人先任大同路推官皇慶初知常
熟州事寬而弗弛嚴而弗苛政教脩明操縱協宜
訊讞詳允至於獄空
月里海牙蒙古人任崇明州達魯花赤皇慶間兩淮

運司僉民爲竈丁運使臨之甚嚴濬牙曷言曰吾
州孤立濱心民鮮而貧豈堪若事乎寧斷吾臂弗
能與一丁也運使束縛以法辭色愈厲乃聽之夏
旱禱祠宿於寶慶觀妻方病亟不顧翌日家人來
曰夫人死矣濬牙曰吾爲民禱雨未獲乎應浚等
自斂之吾不可歸也未幾雨大霈
任立字周卿延祐三年知嘉定州主儒術而吏法明
練廉正不阿嘗釋冤獄四十九人全活飢民六千
餘戶
高仁字壽之濟南人知吳江州以大義開曉百姓譁
徤束手而怙終賊刑歲役先鉅室力稱事辦行省
賑杭飢民增糴三萬石仁抗言州小數已溢不可
增鹽運司課戲省委仁詣浙西取諸民補之仁言
民貧不可妄動動且有外虞皆不能奪事並寢延
祐二年經理田糧省檄仁往丹陽金壇兩縣兩縣
舊公田虛額七千仁曰朝廷豈利無田之租哉閱
實悉除之
火失哈兒欽察氏由宿衛入官至治二年擢常熟州
達魯花赤凡州事悉倚辦於里正民有訴不勝役
者數十戶乃曰里正雖卑而責任易稱其力

任之田不過十頃者皆釋不事諸役皆倣此吏不
得夤緣規利未幾朝廷聞浙右田有賦存而無徵
者里正歲代償至破產議勸富民助田以紓之擇
火失哈兒視事乃得民一百五十餘戶田一千一
百三頃歲入米六萬四千石愼屬人出內民受廣
利又奉省檄勸富民移米平糴廉知田已鬻而抑
派者居四之三凡爲米四萬九千石有奇悉無可
儗乃奮身廷辨以去就爭之卒得蠲釋轉徙就食
者日來歸募民墾荒田八十餘頃歲增賦三千餘
石開淞江浚練湖修大成樂令學官課講焉泰定
丙寅滿去民請湯彌昌記其遺愛
那懷本蒙古瓮吉剌氏泰定初以武德將軍爲崑山
州達魯花赤時州遷纔一紀公宇器用一切營辦
劉石志之
張顯祖不知何許人泰定元年爲吳江州判官重建
長橋撤去木柱鼎建石竇六十二檢每竇用鐵錫
八條長十三尺重四斤仍布杉枋於水底築址以
防傾圮畢功宴犒工人甚厚
段天祐字吉甫河南人泰定甲子進士選爲常熟州
判官有文學

班惟志字彥功松江人至元間知常熟州能文工書尤善撰翰

教羅帖木爾字存中唐兀氏至正辛巳監崑山州適初安都水庸田司開疏河渠受委臨督竭思經營兼存矜卹工就民罔怨恫修舉廟學禮樂力善愛民有仁恕之風

李忽都達兒至正中任崇明知州三年六月旱乃自囚服跣行赤日中徧走祠廟以禱果得大雨禾則復蘇

那海高昌氏由中書舍人提點資乘庫至正五年爲吳江州達魯花赤其養民惠興築石塘水利甚博

八資刺字思齊畏吾氏至元丙子監崑山州警敏詳審先有儉人睥睨學官屛斥諸生且立石以滅其跡八資刺下車慨然以興復自任葺廟宇建釆芹亭縧繪髹漆煥爛一彰風俗丕變

史文彬丹陽人至正九年領崑山州事明年春海寇犯太倉官軍入海勦捕連數百艘文彬悉出官帑餽餉無擾於部前此兵出將校橫悍所過剽掠無異寇盜民聞師至輒恐駭竄俄有卒稍肆譁暴文彬取撻於市置諸獄衆乃戢新孔子廟增廣生

[illegible]農桑均節徭役士民悅服之

班經字德常金壇人博學通才爲一時之望初任吳縣丞至正丙申行省以牧字者罕良遴選而更張之自經等令丞簿尉同日命十一人盛賜遣之經在任三年以政最陞知縣事仁恕公廉敎化平易折獄明愼時擾攘之餘繼以凶疫民死者半經焦勞全活百姓感懷省又陳薦擢嘉定州同知

偰傒斯高昌人至正二十三年知崑山州事布政和平境内忠貞孝義之事多所旌白以縣爲張昭陸遜故封立廟以祀又葺王葆李衡劉過及朱虎妻茅節婦祠墓置田給贍邑士賦崑山五詠以美之

孟集至正二十三年知崇明州州有三沙州治東沙土視兩沙爲最貧地不宜五穀惟逐魚鹽仰商賈貿遷爲食或遇風濤則懸釜待斃故米價常倍於他不必凶年而有困乏者集蒞政三月攷圖問俗倣古置常平倉於州治之南以時糴糶物價用平人得接食而公無折閱焉集讀書績文惠政甚衆

費復初字克明許張人至正間爲崑山知州剛直廉明推赤心以待人時州治初復及學宮久廢咸爲拓闢改築公暇與諸生[illegible]汲汲不倦

[illegible]山蒙古人至正中爲崇明州達魯花赤七年八月
海寇多發[illegible]井[illegible]羅民不聊生山奮然曰我長[illegible]
土治此民期[illegible]同樂爾今民病我獨不病邪即統
捕盜司及水巡官兵坐哨船出海[illegible]人爭從
之遇賊于海衆鼓而前自午至酉[illegible]
知其數山誓于衆曰要必全獲[illegible]水陸鼓
有不前予即戮汝時日昏不能進山令[illegible]船圍守
欲大戰夜半風雨驟作賊黨乘昏遁[illegible]
姜復昌嘉興人任崑山州判官廉而才[illegible]行助法行
與省官嚴程役審諦平愜寬免[illegible]

而遇事執直長官獷悍詞色爲屈秩滿將去民爭
預餞之復昌抵夜潛徙咸嗟悵而退
張成德字彥卿東平人至正間知常熟州政目紛複
獨以理勝欲以重鎮浮[illegible]習用新緩稿征徭刑獄
庠序之間皆有[illegible]疾苦暇日命
酒賦詠陶然[illegible]
盧鎮淮南人至正間以[illegible]元帥兼常熟知州雖
起武弁而崇[illegible]修琴川志時兵民雜
居戢而不肆[illegible]之力也
八里顏字政卿至正十一年十三月任崇明州達魯花[illegible]

赤明年州址爲潮吞齧乃相地遷之閏三月海[illegible]
犯崑山燔刼糧艘民舍亦犯州境八里顏親率丁
壯分扼衝要將攻之寇聞遁去十三年冬復以官
兵出海擒寇特籍其功
國朝偰斯河西人元末知嘉定州以全城歸附洪武二
年擢爲符寶郎奉使高麗歷官尚寶丞戶部郎中
擢尚書轉吏部卒
○張率字孟德臨川人吳元年知嘉定州是歲上海
民錢鶴皋作亂入城據之率被執脅以兵刃不屈
囚繫松江郡獄既而大軍平松江率獲歸舊治先

是
朝廷命俞平章守太倉聞嘉定失守遣兵來援會
率自松江還乃諭之曰吾已在此勿妄動衆謝
曰幸公無恙願聽約束不敢擾州人也民賴以安
及罷任去老少皆爲之涕泣
○劉秩字伯序豐城人吳元年崇明知州始赴任渡
海[illegible]天誓曰苟犯民秋毫者有如此水既至務興
[illegible]害是歲六月大旱禾盡槁秩禱而雨冬復旱
[illegible]不出又禱而雨抑豪武撫善良均賦調息兼并
[illegible]校正風俗奏減酒稅鹽課與塗田未成而[illegible]

賦者僅十九四上省其估三萬石有奇民感其惠
建生祠于寶慶觀之一泉邑人秦德爲記洪武二年
天賜鹽場管勾督運官鹽因樸販私醝秩以長吏
當提點鹽法發其奸由是奸黨弟逞誣構以事其
子名孫孫年甫十二訴于部使者使者與見
上上親問之得其實奸黨皆伏誅秩竟棄官歸事載
翰林學士危素獄記秩長於詩詞有聽雪蓬詩集
○李彰知常熟縣性寬厚有大略洪武二年春邑人
朱蝦蟆刼官庫作亂居民升屋以瓦擲之賊毙守
兵踰城飛報蘇州太倉二衛翌日兵至城下彰出

迓之從容諭之將曰民盜民捕之已盡眾來何爲
吾已聞于
朝矣出令淮勞軍請駐以待報
詔遣王御史來視彰與耆民迓于境上具陳其故
御史曰民不反盜已滅矣遂令兵還民指謂子女
曰衛輩李公活之也今祀于名宦祠
○孔克中字庸夫宣聖五十五代孫洪武初知吳江
州二年改縣克中仍爲知縣重建縣治及垂虹亭
三高三忠二祠應祀廟壇圍不修飭惠政事新
曾觀蘄州人洪武初知吳縣以公勤稱縣左右

仁美政東興西城等坊皆觀建也
○張榮陽穀人洪武二十年爲崇明主簿寬和慎勤
愛民甚切以憂去任終工部主事
○鄭珇福清人第進士拜監察御史洪武二十一年
改吳縣知縣廉勤能幹吏民畏服之
○李廣佑建寧人洪武二十七年以進士知長洲縣
廉能有惠政卒于官
○周伯陵武義人洪武三十年以人才辟知長洲縣
政尚寬平獄訟清簡後調江西布政司副理問永
樂五年復任本縣卒于官

○江恕漢陽人先任福清知縣洪武三十年調崇明
明而善斷民不敢欺永樂元年考滿陞刑部主事
士庶赴闕借留擢蘇州府通判仕至台州知府
○芮翀字子翔初姓魏郾城人洪武二十七年進士
擢崑山知縣首擯秖候諸蠹治者舊有催糧勾軍
官校久事邑中輒以籍官屋爲牢禁里甲輩淹滯
時月多死翀悉解遣復奏劾官旗娶婦生子於
邑者朝廷命御史李嶽究治械送京師凡二
百餘輩永樂元年坐事發遵化炒鐵老人王榮率
衆伏闕懇奏詔遣馳傳還任後奏除事

故包荒田糧十八萬三千有奇尋以浮潦奏開吳
淞江淤塞二十餘里尚書夏原吉太常少卿袁復
臨視之翀陳開新塞舊之策多見采納功以就緒
五年以母憂去未幾陝西按察僉事馬希蘭翀才
堪理劇吏部奏崑山固劇邑翀素得其民俾再還
舊治十三年丁父艱去翀爲人雅正寬平務存大
體略近名赦小過書削紛糾治之綽然善績莫可
指數
○柳敬中慈谿人洪武三十一年以登封教諭陞常
熟令殫務精敏興植墜廢崇儒敬士開闢田野孔

氏子孫有漂落邑中者貧不能娶敬中曰罪其在
我乎烏可使聖人之孫無後也爲娶妻築室於宣
化門外給水陸之産爲養又得范文正公之裔復
爲築室贍以廩食製衣巾具束脩遣入邑庠其舉
政不迷類如此永樂六年以憂去服闋吏民詣
闕請復任陞本府同知令亦祠于學
○林暄仁和人洪武三十一年由監生試常熟丞三
十三年實授守身謙潔綜事勤公保護善良禁抑
豪猛永樂五年以求賢陞泰州府通判
○陳耘福山人洪武三十一年主吳江簿涖政廉平

民信之後陞監察御史紹興知府致仕
○陳瑗烏程人由訓導薦陞大理寺丞洪武三十二
年左遷常熟簿永樂元年復舊任瑗爲人言簡而
中理動止有則
○樊鎮柘城人由監生任監察御史洪武三十二年
調知嘉定縣在任四年廉公有猷爲益以無倦始
終不易永樂元年有　詔徵用縣民沈文仲等赴
京保留不允復任御史後陞山東副使
○黃子威進賢人洪武三十三年以儒士授長洲丞
涖事勤敏刑罰清簡民甚安之永樂元年秩滿陞

刑部員外郎歷松江知府
○吳永建臨川人由嚴州照磨擢知吳縣勤慎著聲
○詔護岐山人洪武二十九年自戶部主事左遷崑
山典史勤恪敏捷事無疑滯譽達于
上後陞仁和知縣
○高瑞爲常熟知縣嘗著敝袴隸人弋孟遠竊見之
納絹二匹於衙內瑞諭而鞭之加絹於項扶出之
○高居正廉介好善博通經史洪武中知崇明
奏移城遷縣功爲首稱
○王琪遂安人亦洪武中知崇明時徙建城郭創縣

治定坊巷攤公字相度經畫其功居多從子鈗字允威以進士知山東之新城内艱服除調補崇明審驗人戶類分上中下三甲九等仍爲縣區圖三冊定其徭役貢賦之法庠士素乏科第選敏者置後堂政少閒輒入與講繹經傳竄改程業士以鈗治易往往改業自是科第相望天旱蝻生耆老請禱符醮以祈鈗曰非儒者事可祭八蜡之神乃齋沐自製文率僚屬祭之祭畢其日即雨三日乃已遂爲有年葉文莊公盛爲傳刻石累官副都御史

○連俊邠州人爲崇明知縣剛毅果斷鋤強扶善田

圮于海而民每歲償租俊　奏蠲之宣德癸丑蝗上司以軍餉所賴不免秋租俊請以菽麥代賦軍不乏給而民便之甲寅復大侵申借常熟官糧萬石所活不勝紀

○陳敏仁和人洪武末爲吳江縣主簿明果而恕陞刑科給事中

○蔣奎南昌人由聰明正直舉洪武末主吳縣簿三十年陞知吳江縣政號平允卒于官

○王敬襄陽人知長洲孝悌廉謹著稱於時永樂二年應求賢舉陞知泗州

○蘇璜河間人崇明丞當官勤廉尤致意於農事學政永樂元年以母喪去官終工部侍郎

○劉幹字孟楨脩武人先授　岷府紀善永樂初浙西大水幹從夏尚書原吉來治改長洲丞兼理農事秩滿以母喪去官民遮留悃切事　聞復任幹宅心仁厚性操廉白每出勸農周行塍壠呼老畯問所病苦慈孺之色溢于眉面所至民驩迎曰父母來矣歲饉民輸後期上官譴責以身當之曰此丞之怠職也請代其罰人有過當笞惟諭以理終不下鞭箠無不心服縣居不障風雨弊服惡食由

之泰然洪熙元年卒于官無以爲斂邑民嚴思敬等殯之瘞於郭西僧舍及將歸葬士庶陳奠道旁悲悼若喪所生士人郭儀因人心眷慕之深留其衣冠於半塘側聚土葬之名曰劉公墩詳見郡人樓文淵所撰墩記

○賈忠字能誨冀州人永樂初守城有功生員授寶鈔司提舉累陞吳江縣知縣忠有兼人之才處已廉明臨政勤而恕秩滿去任民上疏請留後忤當道同僚因誣執之忠不辨而退

○劉宏字簡諒永新人永樂初知崇明縣勤謹有爲

擢[illegible]民畏愛去而思之兩詣　闕請復
任焉
○朱宗顯諸暨人永樂七年知嘉定持身廉白去害興
利以疾卒官
○邢寬直隸人永樂十年知吳江撫字有道民銜其
澤後陞成都知府
○馬文炯山陰人與化教授陞扶溝令刑部郎中通
政使司經歷永樂十五年改知崑山縣政令明肅
剛介有守武斷者斂跡不肖徒畏懾視之如神明無何
卒于官
○郭南上虞人宣德五年常熟縣主簿保陞知縣幹
辦修舉獲上使民南故試吏老於吏事以之而舉
其職
○羅永年字延齡宛平人洪武初序班歷北城兵馬
副指揮宣德中知崑山縣弛張適宜下民賴之馬
鞍山舊無樹木永年徧植以柏歲久鬱然時人名
爲郎官柏士大夫歌頌之
○葉錫字玄圭永嘉人第進士翰林庶吉士正統元
年知吳江縣以廉謹聞未幾以母喪去改知吳縣
政事尤偉十年　詔大臣察舉天下藩省郡[illegible]

吏治行卓越者得十人令惟二人其一錫也　詔
賜燕于　廷加以命服褚幣紀功天官以需拔任
徐侍講理論其事曰玄圭爲治一本經術先律巳
而後齊人惟理之從法之守他無恤也官長承迎
之私不行僚吏比周之情不接豪猾欲亂之姦不
得行故雖深得細民之心而忌者亦衆或軋之於
上怵之於下咻之於傍玄圭堅不動至是而循良
之效白焉時以爲知言十三年擢守寧國
○陳梗字用直臨海人先浦城令調山陽宣德間左
遷崇明主簿正統元年正月大雪彌旬郊外之民
有凍餒死者梗慨然爲發食賑貸不俟上報明燭
事理標度灑然善詩篇師法盛唐不尚巧麗
○張潮字叔孚東陽人正統初知崇明威而不猛寬
而有容補弊起廢勤勞不懈
○吳昭字伯昭麗水人正統間由監生擢知崑山縣
昉建狀元祠於馬鞍山問潮館於駟馬橋
○黃貝通字仕達南海人景泰間爲崑山主簿能識
政體司征稅公而有法邑人稱之
○劉彪湖廣人以吏授丞吳江景泰六年陞知縣居
官不挈家累以廉幹稱

○陳璉字叔通襄陽人博涉經史正統間授鹽運知縣景泰五年移崑山有捕盜千戸不法殃民璉繩至即劾去之注思於學存卹窮乏歲勸貸民籍生活自奉清約圖書少娛他無所好尤喜與方人端士接至孝義貞節之事悉加旌白之

○劉仲脩泉州人崇明簿寛而有惠不事苛察凡第賦役高下高下者皆悅之秩滿去仕至工部主事

○唐禮字敬身武康人舉賢良方正天順初知常熟縣文雅有為重建子游祠建道愛亭立進士題名碑

○甘澤字洪濟開州人進士任監察御史左遷滁州衛經歷成化元年巡撫劉孜薦陞常熟縣知縣食正五品俸莊方善建事大著勞績脩學宮城隍廟重建東南二倉造倉畔二石橋四年以事罷

○鄧珙字弘中閩縣人成化初以進士知常熟首誅姦惡以剛果稱九年陞南京戸部主事

○龍晉字遵叙吉水人進士授監察御史天順初改知嘉定縣善政甚繁疏吳淞以利田庸績尤著晉浚江得石刻於水其文曰得一龍江水通歷守徽常卒

○白思明平定人成化初以進士知嘉定縣廉能著稱三載召為文選主事

○余金字貢之內江人成化初以進士知長洲群吏作姦金以理教誡不率者稍加懲艾皆為改行民多訐金不設鉤距一以公議裁決無容心焉訐者謂不可欺亦不可犯稍引去其終訟者轉詣上司上司曰汝自有賢令毋庸至我其人亦解散徭役丁夫每患為下人顛倒金置手籍默視始得其平豪夫富子不少假借謝絕請託安守儉節防戒家人甚嚴不得輒至中門嘗見几有紙書數幅乃其子購之他境者悉取焚之十年　召為監察御史

姑蘇志卷第四十二

宦蹟六

申公巫臣楚大夫也亡在晉而使于吳教吳以乘車射御驅侵之法使之叛楚寘其子狐庸以為行人吳用其術以伐巢取駕克棘入州來蠻夷屬楚者吳盡取之後狐庸聘于晉趙文子問曰延州來季子其果立乎巢隕諸樊閽殺戴吳天似啓之何如對曰不立是二王之命也非啓季子也若天所啓其在今嗣君乎甚德而度德不失民度不失事民親而事有序其天所啓也有吳國者必此君之子孫實終之季子守節者也雖有國不立

孫武齊人也以兵法見吳王闔閭闔閭曰可試以婦人勒兵乎曰可乃出宮中美人百八十人孫武分為二隊以王寵姬二人為隊長使持戟令曰前則視心左視左手右視右手後則視背婦人曰諾乃設鈇鉞三令五申之於是鼓之右婦人大笑孫武曰約束不明申令不熟將之罪也復三令五申而鼓之左婦人復大笑孫武曰約束申令既明而不如法者吏士之罪乃令斬二隊長王觀見趣使令止之孫武曰臣已受命為將將在軍君命有所不受遂斬二隊長以徇用其次為隊長復鼓之左右前後跪起皆中規矩繩墨無敢譁孫武使報王曰兵已整齊維王所用之雖赴水火可也王曰將軍罷休寡人不願觀於是王卒以孫武為將破楚入郢威齊晉以顯於諸侯武之力也

伍子胥楚人也名員其父曰奢兄曰尚費無忌譖奢於平王王囚奢使謂之曰致汝二子則生不然則死奢曰尚為人仁必來員剛戾忍詬能成大事彼見求之其勢并禽必不來使者往員謂尚曰楚召我兄弟非欲生我父也恐脫後生患耳到則俱死何益尚不聽就執員乃奔宋及鄭更奔吳到昭關關欲執之員脫走至江江上漁父急度之既度員解劍謝父父不受曰楚法得子胥者賜粟五萬石爵執珪豈徒百金劍耶員去乞食至吳因公子光以見王僚說以破楚光沮之員知光有內志退耕于野後光欲圖僚員乃進專諸於光以弒僚光立召為行人員請為三師以肆楚楚出則歸楚歸則出使楚敝而後以三師乘之王從之三年員將兵伐楚六年楚伐吳吳使員迎擊破之於豫章取居巢九年又伐楚五戰至郢昭王出奔初員亡謂申

胥曰我必覆楚包胥曰我必存之及員入郢求昭
王已出奔乃掘平王墓鞭其尸三百包胥使人諭
解員員曰吾日暮塗遠故倒行而逆施之也時吳
用員謀破楚威齊晉服越人後越敗吳闔閭及夫
差立敗越越王句踐乃厚遺吳請委國為臣員諫
不聽吳伐齊員又諫亦不聽既而大敗齊師益疏
員後四年越王重寶賂太宰嚭嚭日夜為言於吳
王員諫曰越在腹心今得志於齊猶獲石田無所
用之願釋齊而先越又不聽使之於齊員臨行謂
其子曰吾數諫王王不用今吳亡矣汝與俱亡無益

乃屬之齊鮑牧而還報吳嚭讒於王曰員恨計不
用常怏怏怨望請早圖之王曰微子之言吾亦疑
之乃使人賜員屬鏤之劍以死員告其舍人曰樹
吾墓上以梓令可以為器抉吾目縣東門之上以
觀越寇之入滅吳也乃自剄死王取其屍盛以鴟
夷革浮之江中吳人憐之為立祠於江上命曰胥
山

黃歇楚人也游學博聞事頃襄王王卒考烈王即位
以為相封春申君賜淮北地十二縣後十五歲歇
請獻淮北地而封於江東王許之歇因城故吳墟
以自為都邑其子為假君王卒李園使人刺殺歇
滅其家

劉牢之字道堅彭城人孫恩之亂都督吳郡諸軍事
使參軍劉裕討平之詳見平亂條

王允之字深猷舒之子也蘇峻之亂都督吳郡義興
晉陵三郡征討軍事賊平以功封彭城縣侯詳平
亂條

周山圖字季寂義興人有氣幹仕宋為吳郡晉陵防
郡隊主元嘉中以功加鎮軍將軍武帝時轉黃門
郎領羽林西廂直衛

劉晏字士安南華人唐玄宗封泰山晏始八歲獻頌
行在帝奇其幼命張說試之曰邦瑞也即授太子
正字公卿邀請旁午號神童名震一時天寶中累
調夏令舉賢良方正補溫令再遷侍御史祿山亂
辟地襄陽永王璘署晏右職固辭詔拜度支郎中
兼侍御史領江淮租庸事晏至吳郡而璘反乃與
採訪使李希言謀拒之希言假晏守餘杭希言戰
不利走依晏晏為陳可守計因發戰兵堅壁會王
敗欲轉略州縣聞晏有備遂自晉陵西走晏終不
言功召拜彭原太守累官吏部尚書同中書門下

平章事
閭濟美貞元末爲婺州刺史爲福建觀察使徙浙西爲治簡易居鎮未嘗增常賦
李德裕字文饒栖筠孫吉甫子也卓犖有大節以蔭補校書郎拜監察御史穆宗即位擢翰林學士李逢吉以舊怨擯之出爲蘇州刺史浙西觀察使南方信禨巫雖父母癘疾子棄不敢養德裕擇長老諭以孝慈大義使歸相曉勅違約者顯寘以法惡俗大變又按屬州非經祠者毀千餘所撤私邑山房千四百舍寇無所廋蔽詔褒揚之敬宗立詔浙

西上脂盝粧具德裕奏度銀二萬三千兩金百三十兩物非土產雖力營索尚恐不逮願宰相議何以俾臣不違詔旨軍興不疲人不歛怨則前敕後詔咸可遵承又詔索盤條繚綾千匹復奏文彩恠麗惟乘輿當御今廣用千匹臣所未諭願裁賜節減則海隅蒼生畢受賜矣優詔爲停元和後徐州王智興紿言天子誕月築壇泗州度人以資福德裕劾智興募願度人輸錢二千不復勘詰普加髡落自淮而右有三丁男則一祝髮規影徭賦所度無筭臣聞度江日數百蘇常齊民十固八九若不禁遏則至誕月江淮失丁男六十萬不爲細繇詔禁止德裕三在浙西出入十年後爲中書門下平章事封贊皇伯改封衛國公性孤峭明辯有文采善爲文章雖至大位猶不去書生平所論著多行于世
杜審權字殷衡如晦六世孫也第進士辟浙西幕府舉拔萃中爲右拾遺宣宗時入翰林爲學士累遷兵部侍郎學士承旨懿宗立進同中書門下平章事再遷門下侍郎出爲鎮海軍節度使
孫承祐錢塘人吳越王錢俶納其姊爲妃因授要職

國事無不領轄時稱爲孫總監開寶中詔光祿大夫檢校太保鎮東鎮海等軍行營司馬俶又私署中吳軍節度七年王師渡江詔俶攻常潤承祐從俶克常州功居多八年詔改中吳軍眞授承祐節度
任中正字慶之濟陰人通判大名府轉運使陳緯從陝西擧以自代太宗曰朕自知之召爲秘書丞江南轉運副使擢監察御史兩浙轉運使民饑中正不俟詔發廩賑之累遷禮部尚書卒謚康懿中正軀幹頎特副使江南時帝特賜大笏仍取長緋承

賜之
丁守節晉公謂之祖陳贊明太子中允之奇之祖范
夢齡文正公仲淹之曾祖謝崇禮太子賓客濤之
父錢元璙父子節度中吳時四人皆爲節度推官
其子孫皆至大官
邢昺字叔明濟陰人太平興國初舉五經廷試擢九
經及第歷官右諫議大夫國子祭酒咸平二年爲
翰林侍講學士轉淮南兩浙巡撫使終禮部尚書
胡則字子正永康人果敢有材氣以進士起家歷官
憲州録事參軍時靈夏用兵則以邊餉乏入奏太

宗因問邊策奏對稱旨上顧左右曰州縣豈乏人
命記姓名後以太常博士提舉兩浙榷茶
侍其曙字景昇舉進士不第咸平間以閤門祇候爲
蘇杭湖秀等州都巡檢遷左侍禁領東西排岸司
祥符中累遷西京作坊使惠州刺史知桂滑鄆三
州曙沈敏有幹畧善論利害事朝廷知其人數任
使之
姚鉉字寶之合肥人太平興國中進士甲科歷京西
河東京東轉運使徙兩浙路鉉儁爽頗尚氣薛映
知杭州與之不協事多矛盾擿鉉罪數條以聞詔

使劾之當奪一官特除名貶連州文學大中祥符
五年會赦後以舒州團練副使卒鉉文辭敏麗善
筆札藏書至富多有異本雖被竄斥猶傭夫荷擔
以自隨有集二十卷及編唐文粹百卷
陳堯佐字希元閬中人太子少師省華仲子歷知四
縣累遷開封推官言事忤旨降通判潮州召直史
館知壽州提點開封府界事後爲兩浙轉運副使
徙京西轉運使
趙賀字餘慶封丘人眞宗時累遷尚書工部郎中提
舉諸司庫務爲江淮制置發運使蘇州太湖塘岸

壞及並海支渠多湮廢水侵民田詔賀與兩浙轉
運使徐奭兼領其事賀等伐石築隄浚積潦自吳
江走海民歸占田歲出苗租甚多終知壽州
段少連字希逸開封人舉服勤詞學歷官三司度支
判官出爲兩浙轉運副使舊使者所至郡縣索簿
書不暇殫閱往往委之吏胥吏胥顧爲奇貨少連
命郡縣上簿書悉緘識指取一二自閱擿其非是
者按之餘不及閱者全緘識以還由是吏不能爲
奸而州縣簿書莫敢不治部吏有過召詰曰聞子
所爲若此有諸有嘗告我我容汝自新苟以爲無

吾不使善人被謗即為汝辨明矣吏不能欺皆以實對少連每得其情諄諄戒飭使去後有能改者猶保任之徙使淮南累遷龍圖閣直學士知涇州少連通敏有才遇事無大小決遣如流不為權勢所屈既卒仁宗歎惜之

胡瑗字翼之海陵人湖州貢進士景祐初范仲淹知蘇州奏請立學延瑗為教授瑗以經術首居師席英才雜遝自遠而至其後登科名者甚衆明年仲淹入朝又薦其通知古樂白衣對崇政殿授校書郎仲淹經畧陝西辟丹州推官密州觀察推官以保寧節度推官教授湖州從遊者數百人慶曆中興太學下湖州取其法著為令瑗以疾致仕皇祐中召典作樂事除大理評事兼太常主簿尋復辭罷歲餘授光祿寺丞國子監直講樂成遷大理寺丞賜緋衣銀魚嘉祐初擢天章閣侍講仍治太學尋以疾授太常博士致仕卒瑗嘗患隋唐以來仕進尚文辭而遺經業茍趨祿利及教授蘇湖嚴條約以身先之雖大暑必公服以見諸生設師弟子之禮解經至有要義懇懇為諸生言其所以治己而後治乎人者學徒千數日月刮劘為文章皆傳經誼必以理勝信其師說敦尚行實後為太學其徒益衆庠序不能容其弟子散在四方隨其人賢愚皆循循雅飭其言談舉止遇之不問皆知為瑗弟子其學者相語稱先生不問知為胡公也從遊者郡人滕甫范純仁錢藻尤知名當世云

孫瑜字叔禮博平人以父任歷官秘閣校理除兩浙轉運使入辭仁宗訪其家世謂曰卿孫奭子耶奭大儒也久以道輔朕因面賜金紫先是郡縣倉庾以斗斛大小為姦瑜奏均其制黠吏之無狀者民大喜有言其變新器非便下遷知曹州尋有言瑜所作量法均一誠便者乃還其原資累官工部侍郎始奭之亡朝廷錄其後瑜于為諸孫最長當錄瑜不忍因父喪而官其子以兄之孤上之

孫甫字之翰陽翟人初舉進士得同學究出身為汝陽簿再舉進士及第為華州推官歷官江東兩浙轉運使范仲淹知杭州多以便宜從事甫曰范公大臣也吾屈於此則不得伸於彼矣一切繩之以法然退未嘗不稱其賢累遷至天章閣待制侍讀甫性勁果善持論每言唐君臣行事以推見當時治亂若身履其間聽者曉然如目見之時人言終

日讀史不如一日聽孫之翰論也
鍾離瑾字公瑜合淝人以開封府推官出提點兩浙
刑獄衢州飢者聚食之頗廢農作瑾請發米二萬
斛賑給累官至龍圖閣待制權知開封府
田諭字資忠壽安人慶曆中以荊湖北路轉運使徙
兩浙轉運按察使官終龍圖閣直學士知澶州
王鼎字鼎臣館陶人累遷太常博士歷江東兩浙河
北提點刑獄召為開封府判官改鹽鐵判官遷三司
封員外郎淮南兩浙荊湖制置發運副使尋擢為
使前使者多漁市方物因奏計京師持遺權貴鼎
一無所市獨悉意精吏事事無大小必出於已凡
調發綱吏度漕路遠近定先後為成法於是勞逸
均吏不能為重輕官舟禁私載舟兵無以自給則
盡盜官米為奸有能居販自贍者市人推以法不
肎償所逋鼎為移州縣督償之舟人有以自給不
為奸而所運米未嘗不足也入為三司鹽鐵副使
累遷河東都轉運使鼎性廉不欺嘗攝知新繁縣
多職田斗粟不以自入奉使契丹得千縑散之族
人一日而盡當官明敏強直不可撓所薦士多知
名有終身不識面者

張逸字天隱滎陽人真宗朝歷典官中外後以開封府
推官使契丹遷兩淛轉運使
王益柔字勝之河南人性伉直尚氣喜論天下事用
父曙蔭至殿中丞除集賢校理開封府推官鹽鐵
判官出為兩浙京東西轉運使上言今考課法區
別長吏能否必明有顯狀顯狀必取其吏冒與作
大利夫小故小害積而不已然後能成其大取其
大而遺其細務競利圖功恐事之不舉者日多而
虛名無實之風日起願參以廣四善兼取行實列
為三等上不報熙寧元年入判度支審官院累遷龍圖
閣直學士秘書監知應天府益柔少力學通群書
為文日數千言尹洙司馬光亟稱之
孫沔字元規會稽人以尚書工部員外郎提舉兩浙
刑獄為人跌蕩自放不拘小節然居官以才力聞
彊直少所憚後以觀文殿學士知慶州
王逢字會之當塗人博學能屬文尤長於講說慶曆
中蘇州士人從轉運使乞逢主其學學者嘗數百
獎養成就者極多洎登第補南雄州軍事判官
歸為國子監直講兼隴西郡王宅教授久之以太
常博士通判徐州以疾不行求監蘇州酒嘉祐八

年辛官達爲人樂易篤於友朋與胡瑗最善所著
易傳十卷乾德指說一卷復書七卷
吳奎字長文北海人性强記於書無所不讀以五經
爲大理丞慶曆閒策賢良方正入等歷太常博士
右司諫起居舍人同知諫院唐介論文彥博指奎
爲黨出知密州加直集賢院從兩浙轉運使
杜杞字偉長　人用父鎬蔭歷官廣南西路轉運
按察安撫使從兩浙轉運使
趙屼字景仁衢州人清獻公抃之子也由蔭登第通
判溫州代還神宗命爲太僕丞擢監察御史時抃
已謝事屼以父老請外乃轉提舉兩浙常平以便
養屼奉抃遍遊諸名山人以爲榮
陳公輔字國佐臨海人政和三年上舍第一授承事
郎平江府學教授時朱勔方嬖倖當官者奴事之
公輔絕不與交勔有兄喪諸生欲往弔公輔不予
告勔不悅諷權要以其習周審言代移公輔越州
除太學博士累遷權應天府少尹除秘書郎奏蔡
京父子懷姦誤國朱勔罪惡都城之人皆謂巳族
滅其家乞勿許其子姪隨上皇入京繼又以言事
忤時宰斥監合州稅高宗召除尚書左司員外郎

左司諫賜三品服遷禮部侍郎公輔論事剴切疾
惡如仇唯不尚程頤之學士論少之
吳秤字守約麗水人登第爲蘇州教授獨不求謁朱
勔終提舉福建路茶事居官以廉稱仕四十年無
以庇雨
呂頤浩字元直齊州人歷戶吏二部尚書建炎三年
人逼揚州車駕南渡鎮江召從臣問去留頤浩
叩頭請留爲江北聲援駕幸錢塘拜同簽書樞密
院江淮兩浙制置使後又以少保爲浙西安撫制
置大使
張俊字伯英成紀人好騎射負才氣年十六爲三陽
弓箭手政和閒從討南蠻轉都指揮使歷官浙東
制置使遷兩浙西路江南東路制置使時江浙群
盜蜂起俊以所部招收郡盜命後軍統制陳思恭
隸之已而群盜悉平改江南招討使後又爲兩浙
西路江南東路宣撫使賜安民靖難功臣太傅封
益國公清河郡王南渡後俊握兵最早屢立戰功
與韓世忠劉錡岳飛並爲名將世稱張韓劉岳云
辛永宗明州觀察使爲浙西馬步軍副總管平江駐
劄紹興十四年御史中丞李文會言建寧軍承宣

使解潛本趙鼎客不從和議及和議既成居常不樂永宗撰造言語變亂是非二人守官寄居皆在平江衝要之地倡爲異說恐使命傳聞致疑非便詔永宗移湖南副總管

李寶河北人嘗陷金國拔身從海道來歸僞亮渝盟紹興三十一年將豨海道襲浙江諜聞高宗謂宰臣曰李寶以一介脫身還朝陛對無一毫沮懾是必能事者乃授浙西路馬步軍副總管駐劄平江令與守臣督海舟捍禦高宗問舟幾何寶曰堅全可涉風濤者百二十艘兵幾何曰僅三千皆閩浙

弓弩手非正兵也旗幟甲仗亦麤備事急矣臣願亟發乃賜寶衣帶鞍馬尚方弓刀戈甲及銀絹萬數兼浙西通州海船兵士篙師合萬人詔武臣有勇畧知海道者副之八月次江陰將啓行軍士爭言西北風尚勁寶下令敢沮大計者斬遂發蘇州大洋行三日風甚惡沆慨顧左右曰天以是試李寶邪寶心如鐵石不變矣酹酒自誓風即止明日舟散復集將官邊士寧自密州回云其子公佐已挾魏勝得海州寶喜士氣百倍抵東海敵已圍海州寶麾兵登岸以劍畫地令曰此非復吾境力戰

與否在汝等將士賈勇無不一當十勝出城迎寶遂遣諜者四出招納降附聲振山東豪傑如王世修各集義勇爭應援多者數萬人大破北軍于膠西石臼島斬其渠帥獲符節文書糧械以萬計焚數百艘俘漢軍三千時亮濟淮聞通泰已陷還軍駐東海寶遣使報捷上喜曰朕用李寶果立功爲天下倡矣是冬賜詔獎諭御書忠勇李寶四字表其旗幟除靜海軍節度使沿海制置使賜金器玉帶旌節告身亮聞膠西之敗大怒召諸酋約以三日渡江於是內變殺亮寶戰具精利宰臣陳康伯

取其長槍克敵弓弩俾所司爲式製之卒贈檢校少保

王易河南人以故將子從高宗南渡紹興中爲浙西總管平江駐劄性開爽善屬文爲御前應制眷倚甚厚易嘗遇異人授先天數學成壞皆前知

劉錡字信叔德順軍人紹興末以太尉判府帥爲江淮浙西制置使節制逐路軍馬

陳桷字季任平陽人紹興六年自直龍圖閣知泉州改浙西提刑乞置鄉縣三老以厚風俗凡宮室車馬衣服器械定爲差等重侈靡之禁官至廣東經

罷安撫使

曾幾字吉甫河南人高宗朝浙西提刑會兄開爲禮部侍郎與秦檜力爭和議檜怒出知婺州幾亦罷除廣西轉運副使檜死復爲浙西提刑孝宗受禪遷通奉大夫致仕擢其子逮爲浙西提刑以便養卒謚文清

宋倬字漢章閩人宣和進士歷官知忠州陛辭因言嘗策劉豫必敗高宗記其言問卿久淹何所倬曰厄於檜上愀然慰諭曰迭之旬日除國子監丞尋除浙西提舉且命自今在內除提舉官令朝辭上殿蓋爲倬設也既對上曰卿以朕親擢出爲部使者使人咸知內外任均又曰人不知卿朕獨知卿倬每上疏輒夙興露告若上帝鑒臨奏疏凡數十如發倉廩蠲米價減私鹽嚴軍食率焚稿不傳後以資政殿學士致仕

趙令詪字君序以父任補右班殿直浙西提刑龔封安定郡王謚恭明敏有風采

米友仁字元暉襄陽人太學博士黻之子也宣和中通判太平州大名少尹皆有聲紹興中召見擢尚書郎提舉浙西茶鹽逾年除將作少監

仲并字彌性江都人幼好學强記讀書率至夜漏盡每一徧即終身不忘其母一夕舁所觀書几上餘臺曆一本明旦默記吉曜惡殺纖悉不悞登第授廬江教授以宋勝非薦特改左承奉郎歷光祿寺丞知蘄州所著浮山集十六卷周必大爲序言其自少卓犖不群潛心問學力排王氏之說尤長於詩律上規風雅其四六叙事雖閎肆而關鍵實密非駢儷所拘官至左朝請大夫

金安節字彥亨休寧人博洽經史尤精於易宣和進士紹興中爲侍御史劾秦檜兄知台州梓檜方怒會以憂去檜死起知嚴州除浙西提刑入爲大理卿言治道以教化爲本孝宗朝拜兵部侍郎權吏部尚書以敷文閣致仕陛辭搢紳嘉歎以爲中興以來全名高節鮮有其比

顏師魯字幾聖龍溪人紹興中歷國子丞江東提舉改使浙西役法敝甚細民至以雞豚與楊折產力遇役輒破家師魯下教屬邑預正流水籍稽其役之序寬比限免代輸咸便安之鹽課歲百萬本錢久不給亭竈私鬻禁不可止刑辟日繁師魯傳給緡盡償宿負戒官吏毋侵移比旁路課獨最上謂

執政曰儒生能辦事如此陞直秘閣農民有墾殖
土成田未及受租者姦豪多爲已利師魯奏俾當
正其租賦不可繩以盜種法失勸農重本意奏可
遂著爲令卒謚定肅

王珏字德全臨川人判公安石孫也紹興二年起家
鹽官丞秀州歲以錢給亭民煑鹽至十五年積十
九萬七千餘緡不給民訴于朝除珏提舉浙西茶
鹽逾年盡償亭民且羸鉅萬開華亭海河二百餘
里鹽滋得流通且資以溉田經界法行甚害者三
百六十餘事其七千二百餘戶爲尤病珏奏除之
兼提點刑獄未閱月正大辟重而輕者三人死而
生者五人移湖南提舉官至直敷文閣大府少卿
隆興二年卒于吳縣橫山之私第

洪适字景伯鄱陽人忠宣公皓長子也紹興中由嚴
州錄事參軍調浙西常平司幹辦公事與第遵邁
俱中詞科號番陽三洪文名滿天下歷知徽州除
浙西提舉以遷知平江引嫌改江東乾道中參知
政事尚書右僕射同中書門下平章事兼樞密使
卒謚文惠

劉頴字公實西安人紹興中歷知鉛山常熟常熟素
緜劉頴降心條理吏以治稱王佐薦頴爲選人日
已爲劉珙器重改任蘇邑上應公家之求下撫百
姓之隱政聲籍甚召監進奏院歷兵部郎官提舉
浙西常平還澱山湖以泄吳松江二水禁民侵築
母使逼塞大流民田賴之又奏備羅本廢圍田二
事不果行就遷提刑以洗冤澤物爲任間詣獄察
不應繫者縱遣之御史以介僻劾罷卒官寶謨閣
直學士

章服字德文永康人以詞賦登進士第紹興末知鄂
州除浙西提舉漕司嘗貸緡錢二萬至是已數年

服立移督之而戶部復請貸三萬銜命小校恥不
即得出不遜語服叱之曰此聖旨邪常平民命也
猶當以法奏覆汝何敢爾尋召爲吏部員外郎兼
皇子慶王府直講

倪千里字起萬東陽人紹興癸丑任蘇學教授因其
美積以增養士員復作義廪以資禮文之費其餘
以助士貧而親不能葬與孤孩之遺棄者刻諸學
宮條目井然戴溪黃由葉適爲題于後咸紀其事

王淮字季海金華人高宗朝進士歷監察御史右正
言乾道中爲浙西提刑後至左丞相卒謚文定

鄭興裔字光錫開封人顯仁皇后外家三世孫也初以恩授成忠郎累遷浙東提刑易浙西以郡縣積玩檢驗法度缺爲格目分畀屬縣吏不得行其姦因著于令卒諡忠肅興裔歷仕四朝以才名結主知中興外族之賢未有其比周必大撰墓志云諡惠肅

王師愈字與正一字齊賢婺州人師事楊時授易及論語紹興中第進士與朱熹同年復從張栻呂祖謙游熹稱其有本有文德望隱然爲東州之重歷浙西提刑官終直煥章閣

孫峴字舉善以詞學擢第拜中書舍人淳熙初爲浙西提舉以措置支還亭戶本錢及增置鹽袋與修水利有勞除直敷文閣兩浙轉運判官

開趙淳熙中以武功大夫英州刺史添差浙西兵馬鈐轄平江府駐劄嘗取肝救父詔曰開趙昔忠於國今孝於親特轉濮州團練副使初趙奏歸正人在東南有貧不能葬者已於閶門買地作義墳詔從其請及趙卒亦葬此

徐誼字子宜一字宏父溫州人乾道進士累官太常丞知徽州移提舉浙西常平論水利之切於時者曰昔下流不壅而水上溢故決塗直而導還三江故

道開宜興百瀆所以順導下流也惟高原田徑乃瀦隁之所昔之言水如單鍔郟亶皆是也今開吳松江下流與宜興百瀆屬之海者無慮數十百所異時浦港磬折以趨海今近浦之民多取徑直疏決蘇湖常秀舊爲澤國比年雨或後至種且不入蓋圍田衆而疏道多也小人見利不畏其害圍於淺水旣爲高田圍於茭蕩旣爲稻田二俱不已復有下脚始之重陂太半爲平始之良田背水自曬十日不雨農廢作業然且承用舊說又將疏之失利害之實矣故舊田溝澮當濬治圍田下脚無輒開已開未塡當捺合今之言水者能行是三說則高原舊田還爲衍沃而農不病矣入爲吏部郎守右司郎中寧宗朝知臨安建康隆興三府卒諡忠文

詹體仁字元善浦城人少有異材始冠第進士光宗即位提舉浙西常平務爲民除害興利謂浙右之有漕渠非止通饋運資國信往來而已蘇秀常潤田之高仰者實賴之於是開漕渠浚練湖置斗門爲旱潦備又以餘力立舉子倉創安濟院所活不可勝紀散鹽本錢數萬緡甦亭戶之力歲終課利增

義體仁穎邁特立博極群書其學以存誠慎獨爲
主眞德秀早從之游嘗問居官蒞民之法體仁曰
盡心平心而已盡心則無愧平心則無偏世服其
確論
應孟明字仲實永康人光宗初遷浙西提刑孟明以
儒學奮身受知人主韓侂胄嘗密遣客誘以諫官
俾誣趙汝愚孟明不肯士論重之
劉爚字晦伯建陽人受學于朱熹呂祖謙乾道中遷
浙西提刑巡按不避寒暑多所平反有殺人而匿
權家者吏弗敢捕爚竟獲之遷國子司業上言浙

西根本之地宜詔長吏監司戢強暴撫善良廣儲
積禁科斂官至權工部尚書卒諡文簡
葉適字正則永嘉人淳熙進士擢平江節度判官史
浩薦于朝召之不至改浙西提刑司幹辦公事士
多從之游後累官至寶文閣學士卒諡忠定適志
意忼慨雅以經濟自負爲文章藻思英發有水心
集若干卷行於世
喬行簡字壽朋東陽人受學呂祖謙歷知嘉興府改
淮西提舉常平移浙西提刑後拜左丞相卒諡文
惠行簡歷練老宿識量弘遠居官事無不言好薦

士多至顯達
程珌字懷古休寧人歷官江東轉運判官遷浙西提
舉常平
潘時字德鄘上虞人淳熙中知興化軍召還賜對除
浙西提舉至則罷中都饋餉之不如法者其家貴多
不樂而平江庫錢失陷守誣富室以取償一郡大
擾有致死者時撤罷之守怨時陰以禁兵給白直
而訹他司上其事時坐削一官移江西未行又易
江東
羅點字春伯崇仁人淳熙中由校書郎除浙西提舉

規畫荒政凡數十奏躬行畎畝實惠甚博先是崑
山華亭之間有澱山湖洩諸水道戚里地豪占以
爲田水由是壅點廉得其實奏請開濬且爲圖以
獻上從其言百姓勇於赴功不日而畢所濟田百
萬畝乃刻石具著其事以防他日築塞之患民甚
便之許水利條平江酒官程師禮嘗爲知府王希呂督
過罷郡官吏餞別師禮攘臂詬之點上言曰朝廷
進退群臣自有典章師禮敢肆無狀非所以示衆
庶也陵夷之風漸不可長乞黜之以正名分上允
其請權府事凡四閱月時久旱請雨點獨致敬於

祀典郡之天慶觀有何蓑衣道人異時爲郡者以爲神每禱祀畢或就見焉默不之往何以杖擊倚吏車以示斥辱默視之漠然俄大雨隨車郡人大喜又有故主訟去僕負債者究得其實而僕甚黠反欲汙衊其主自陳嘗通其主饋之妾物色之則無有也默遂令僕自供姦狀竟從姦罪決配其女使候主人有詞曰根究闡者無不痛快默孝友端介不爲矯激之行或謂天下事非才不辦默曰當論其心心苟不正才雖過人果何取也卒簽書樞密院事謚文恭

胡敢去常字秉彝晉陵人宿曾孫也歷太府少卿將作監□□秘閣浙西提舉常平

陳造字唐卿高郵人淳熙初進士調繁昌尉改平江教授士子未之知也及被教養咸服其問學議論恨師承之不早范成大尤愛其文謂部顧正曰唐卿亦高郵人使遇歐蘇盛名當不在少游下撰芹宮講古十卷歷浙西參議幕時人稱爲淮南夫子

胡榘字崇禮餘姚人以承務郎爲浙西提舉茶鹽司幹官紹熙慶元間浙西先旱後水湖常二州死無虛室縣浮河道積屍千數榘泣涕愬於朝會所知爲丞相急轉米多鬻僧牒長興安吉山谷中緣門糜飲之民賴以少蘇既而以勞樽苦被疾遂不起

陳振孫字伯玉安吉人博通今古爲浙西提舉仰體祖宗卹民之意舉行萬戶停廢醋庫邦人德之

劉宰字平國丹陽人紹熙初爲浙西常平幹官歷籍田令直秘閣累召不起除知鄉郡亦不拜時人高之謚文清

余克濟字淑濟安溪人慶元五年進士歷侯官尉爲浙西常平幹官甚著明辨諸使交薦之知梅州尤以寬平著稱有春秋通解十五卷

黃灝字商伯都昌人歷太府寺丞出知常州提舉本路常平海鹽民伐桑柘毀屋廬孚殍盈野或食其子持一臂行乞而州縣方督促逋欠時有旨倚閣夏稅灝遂乞併閣秋苗不俟報行之言者論其專移筠州尋削兩秩而從其蠲閣之請灝既歸田若素隱者平生性行端飭以孝友稱

李大有字謙仲東陽人慶元二年進士潭州益陽主簿平江府教授著錄公明不可干以私正旦率鄉之大夫士正齒位倣古鄉飲酒禮講行之復刻前賢鄉約鄉儀風示學者習俗用勸知府趙希懌將

舉大有或請往叩之辭曰求而得之則不如勿得
攺爲太常主簿尤習於禮輪對上疏言周頤張載
程顥學本於正心脩身仕至於致君行道近世張
栻朱熹呂祖謙闡而大之而義理益明自慶元權
臣刱道學之名排斥善類爲士者以道德性命之
說爲不足學願召宿儒宗近列推明儒先之訓扶
植治本其在外師儒之官亦以此意風厲作成之
遷　官至朝請郎
史彌遠字同叔慶元人越王浩之子也嘉泰四年提
舉浙西常平官至太師左丞相追封衛王謚忠獻
徐文麟字仲祥臨江人開禧元年進士撫州臨安二
郡教授浙西常平司幹官終廣西轉運判官著兩
漢會要漢兵本末西漢地理疏山經凡若干卷
毛鼎新字新甫莆嚴人歷興國軍教授浙西提舉茶
鹽司準遣攺常平司準遣其長有欲獻羨餘四十
萬者鼎新力爭以置社倉又有賣獄者復力爭得
直無錫民獻鈌役田入和靖書堂者又力爭役得
不廢居官精密所至有能名
趙懙夫字惟恭處州人嘉定十五年以浙西提刑兼
權平江府有婦告其姑私酒懙夫追姑從條勘罪
復問婦曰汝事姑孝乎云極孝順懙夫曰既能盡
孝可代姑受杖又有僕爲主人所訟欲加捶辱乃
自供與主母通姦夫判云在法奴姦主母罪合流
配今某不待勘諮已自供析當從條決配主家訴
其悖慢則兇狡可知所犯主母強而非和免行追
究令自省循又一民家稍殷實再從兄弟貪而無
行嘗從其借屋居止不復還凡所需求必滿其欲
然豈不逞妄訴其同産未分懙夫究證其妄未幾
迫於寒餓投水死預書族人違法數事束之腰間
又皆撰造虛詞逮委府官取尸驗視初無傷損遂
繳申所書懙夫判生前窮窘無賴妄訴族人死後
陳述有司亦難斷理喻其民量與葬資郡人莫不
痛快稱誦訖無敢妄陳者入朝拜刑部郎中
留恭字伯禮永春人丞相正次子也歷右曹郎官提
舉浙西常平境內大飢畢力賑恤全活二十六萬
餘人知紹興府時稱循吏
曹豳字西士瑞安人嘉泰中自秘書丞出爲浙西提
舉常平力陳和糴折納之敝建虞仁書院以祀尹
焞移浙東提刑召爲左司諫有直聲時號嘉熙四
諫卒謚文恭

劉漢弼字[illegible]止甫上虞人嘉定中歷浙西提舉茶鹽司
幹官召試館職遷戶部侍郎在職多所建明切於
時務卒謚曰忠
王邁字實之僊遊人嘉定中由潭州觀察推官調浙
西安撫司幹辦官
陸持之字伯微文安公九淵子也嘉定間以東湖書
院長進廸功郎理宗即位轉差幹辦浙西安撫司
丁勝爲福州觀察使六將軍嘉熙間以若乞內任朝
廷以功授爲浙西總管平江駐劄勝起自群盜知
府史宅之每侮之勝曰丁勝是作賊後來作官尚

書作官了却來作賊宅之自此不復輕之淳祐初
馬光祖爲畿憲會部內有巨寇許大四聚衆作亂
州縣大擾而憲司首議勝勦捕勝力辭[illegible]光祖誚
其畏怯勝曰昔光武見大敵勇見小[illegible]今賊勢
叵測而先遣一總管萬一不利後[illegible]人光祖始
服
馬光祖字華父金華人由浙東[illegible]浙西提
刑權浙西常平還浙西[illegible]主甫積
粟不發廩光祖謁王辭以故明日往亦如之又明
日往臥客次王不得已見焉光祖厲聲曰天下孰
不知大王子爲儲君大[illegible]宗不於此時收人心乎王
以無粟辭光祖探懷中文書曰某莊某倉若干王
無以辭遂得粟活民甚多進同知樞密院事卒謚
莊敏光祖之在外也練兵豐財朝廷倚之爲重尹
京時剸治浩穰風績凛然威惠並行百廢無不舉
焉
胡穎字叔獻湘潭人初中童子科紹定五年登進士
授京秩歷知平江府兼浙西提刑榮王府十二人
行劫穎悉斬之卒官荊湖總領財賦穎爲人正直
剛果博學強記吐辭成文書判下筆千言援據經

史切當事情倉卒之際對偶皆精讀者驚歎一日
輪對理宗曰聞卿好殺意在浙獄穎曰臣不敢屈
太祖之法以負陛下非嗜殺也上默然
潘牥字庭堅閩人端平二年策進士牥語最切直歷
衢州推官淳祐中浙西常平幹辦公事
李芾字叔章衡州人少自樹立以蔭補歷祁陽尉差
知德清縣屬浙西飢芾置保伍賑民活數萬計累
遷浙西提刑時所部多盜群究太湖中芾跡其出
沒按捕之盜駭散虎丘有書院祠尹焞芾加脩飭
置學官爲規約以教之學者甚盛咸淳初入知臨

安以忤賈似道去後知潭州城破舉家自殺謚忠
節帶剛介不畏強禦精力過人望之凛然猶神明
而好賢禮下即之温然居官廉白家無羸資
孫子秀字元實餘姚人紹定中以進士調吳縣主簿
有妖人稱水仙太保知府王遂將使治之莫敢行
子秀奮然請往焚其廬碎其像沈其人於太湖曰
實汝水仙之名矣妖遂絕日詣學宮與諸生討論
義理辟淮東總領所中酒庫開慶初爲浙西提舉
常平先是丞相丁大全以私人爲之盡奪亭民鹽
本錢充獻羨之數不足則估籍虛攤一路騷動亭
民流亡子秀還前政鹽本錢五十餘萬貫奏省華
亭茶鹽分司官定衡量之非法多取者於是流散
復業徙提點刑獄兼知常州淮兵數百人浮寓貢
院給餉不時死者相繼子秀請於朝招名忠衛軍
置砦以居截撥上供贍之盜刼吳大椿前使者諱
其事誣大椿與兄子犢爭財自刼其家追毀大椿
官編置千里外徙點其贓獲子秀廉得實悉平反
之尋以兼郡行部非便得請專臬事嫠貪舉廉風
采凛然進大理少卿累遷湖南轉運副使以迎養
非便辭復移浙西提刑冒暑周行八郡三十九縣

獄爲之清安吉州有婦人憩人殺其夫與二僕守
捐賞萬緡逮繫考掠十餘人終莫得其實子秀密
訪之乃婦人賂宗室子殺夫僕救之併害以滅口
一問即伏誅又釋僞會之連逮者遠近稱爲神明
初獄訟之滯皆由期限之不應使者下車或親書
戒州縣勿違而違如故則怒之怒之改匣又違則
又重怒之至再三而專卒四出巡尉等司繳限抱
匣費不貲則其勢必違子秀與州縣約到限者徑
詣庭下吏不得要索亦無違者其後刱循環總匣
屬各州主管官凡管內諸司報應皆併入匣一日
一遣公移則又總實於匣以往於是事無大小纖
悉畢具而風聞者反謂專卒淩州縣劫罷之子秀
笑而已移江東提刑度宗朝知臨安府子秀磊落
英發神采飛動與人交久而益親死生患難營救
不遺聞一善即手録之
陳塤字和仲鄞人歷福建轉運判官遷浙西提刑歲
旱盜起捕斬之安吉州俞垓與丞相李宗勉有連
恃勢贖貨塤禁革之弓手戴福以擒潘丙功爲副
尉宗勉倚爲腹心暴橫貪害民所不堪塤至福聞
風而遁塤貽書宗勉曰塤治福所以報丞相也傳

閭走丞相賢輔弼不宜有此宗勉答書曰福罪惡貫盈非君不能治宗勉雖不才不敢庇姦凶惟君賢意及護禍於隆興衆欲殺之塡曰若是則刑濫矣乃加墨劓于市因之國上初官浙西令官屬各以本司利害爲一書新任者具脚色申狀外不用啓劄其後馬光祖繼之亦有此例人皆韙之

陳宜中字與權永嘉人少貧入太學有文聲景定四年爲浙西提刑德祐拜相入海卒于暹

唐震字景實會稽人少居鄉介然不苟交既登第居官以公廉稱咸淳六年自知信州擢浙西提刑過闕陛辭賈似道以公田屬震震謝不能行至部又以疏力爭之趙氏有守阡僧甚橫震遣吏捕治似道以書營救震卒按以法似道怒使侍御史陳堅劾去之後知饒州元兵入府治執牘張案上使震署降震不屈投筆于地遂死之贈華文閣待制謚忠介廟號褒忠官其二子

陳肖孫奉化人咸淳元二間以善政聲驟用縣大理丞戶部郎中知嘉興府兼浙西提刑尋兼度支郎官

王安節節度使監之子始爲東南第七副將德祐初賈似道師潰撫浙西節上疏乞募兵爲捍禦授閤門祇候浙西添差兵馬副都監收兵入平江合張世傑兵戰鳳凰港有功轉三官後守常州與元兵巷戰死之

徐道隆字伯謙武康人以兵部尚書爲浙西提刑權治安吉時文天祥去平江潰卒四出剽掠安吉尤甚有旨令道隆措置乃捕斬亂者數人梟市中既而范文虎程鵬飛遺書誘降道隆焚書斬使元兵至臨平皋亭山令間道入援時水陸皆有屯軍道絶不通議由太湖徑武康臨安縣境勤王知州趙良淳縊死德祐二年正旦道隆爲兵所執赴水死贈官賜謚立廟安吉越三日宋亡野史道隆爲北兵逼遂至太湖三香山不屈被害知安吉州趙與立具公服同妻縊於廳事

呂文煥至元十二年從伯顏至平江爲安撫使圖治未久隨軍去任

游顯字子明汴州人至元十二年隨伯顏下平江入城撫治軍民興復學校恤問孤寡民受其賜後除浙西宣慰使

雷膺字彥正渾源人元太宗時以郡國選入官爲萬戶府掌書記世祖即位授大名路宣撫司員外郎累遷江南浙西道提刑按察使時蘇湖多雨傷稼

百姓艱食曆請發廪米二十萬賑之行省以太多議存三之一曆曰布宣皇澤惠養困窮行省臣職耳豈可效有司出納之吝耶行省不能奪悉給之卒謚文穆

忙古歹初以萬戶從伯顏平宋至元十二年行兩浙大都督事十三年與唆都館伴文天祥會以臨安爲兩浙大都督府遂與范文虎入治府事逾月以都督鎮浙西

劉宣字伯宣太原人由中書省掾爲河北河南道行勸農副使至元十二年入爲郎中從伯顏及平章阿木平江南贊畫居多除知松江府未幾同知浙西宣慰司事在官五年威惠並著嘗奉詔理筭各鹽運司及財賦府茶場都轉運司出納之數宣籍阿合馬妻子親屬所營資產入官縱其奴婢去爲民復以集賢學士除行臺御史中丞江浙行省丞相忙古臺悍戾縱恣常慮臺臣糾之尤忌宣因嗾其黨誣以事朝遣官鞫問宣就逮自剄于舟中宣忠義節槩爲世所重時皆悼之

忙兀台蒙古逹逹兒氏事世祖爲博州路奥魯總管至元初又爲監戰萬戶佩金虎符改鄧州新軍蒙古萬戶從伯顏阿术南征有功制授行兩浙大都督府事四遷爲江淮行省平章政事未幾拜行省左丞相還鎮江浙時浙西大饑乃弛河泊禁發府庫官貨低其直貿粟以賑之居六年召還

申屠致遠壽張人至元初以荊湖經畧司知事授太常太祝兼奉禮郎宋平焦友直揚居寬宣慰兩浙舉爲都事首上宋圖籍宜上之朝江南學田當仍以贍學行省從之累遷江南行臺監察御史江淮行省宣使郄顯李兼總平章忙兀台不法詔以顯等付忙兀台鞫之致遠慮囚浙西知其冤狀將縱之忙兀台脅之以勢致遠不爲動親脫顯等械使從軍自贖改湖廣行臺幕官僉淮西江北道肅政廉訪司事致遠清脩苦節恥事權貴家無餘產聚書萬卷教諸子如嚴師然

管如德黃陂人爲江州都統制至元十二年入覲授湖北招討使總管本部軍馬佩金虎符從阿术南攻宋平遷浙西宣慰使上時政五條以權臣抑不得達後丞相阿塔海命馳驛奏出征事入見世祖問曰江南之民得無有二心乎如德曰往歲旱澇相仍民不聊生今累歲豐稔民沐聖恩多矣敢有

二志使果有之臣亦不敢飾辭以欺陛下帝嘉之
言卒官江西行尚書省左丞謚武襄
史弼字君佐一名塔剌渾博野人以材勇見世祖給
事左右從伯顏南征以功進定遠大將軍累遷江
淮行省參政改浙西宣慰使時霖雨米貴弼發米
十萬平價糶之而後聞于省省欲增價弼曰吾不
可失信於民寧輟吾體以足之省不能奪又益出
十萬石民得不饑歲星犯鉤鈐弼言頃以征日本船
五百艘科諸民民病之宜取阿八赤所有船修葺
以付阿塔海庶寬民從之官至平章政事
翟王河陽人身長九尺膂力絕人從伯顏下江南擢
領軍千戶鎮守吳江長橋累官至浙西道都元帥
時方勵勸吳人賴其保障之功復新孔廟學宮禮
賢下士有古良將風卒謚武宣子孫後居吳江同
里
徹里燕只吉氏幼孤讀書世祖召見留侍左右嘗使
江南大德初拜江南諸道行臺御史大夫改江浙
行省平章政事江浙稅甲天下平江嘉興湖州地
極下水鍾為震澤入吳松江以趣海歲久江淤豪
民封為田浸淫泛溢敗諸郡稼朝廷命行省治之

帖睦邇為南臺御史大夫與江浙省臣有隙嗾思
誠劾之思誠曰吾為天子耳目不為臺臣鷹犬也
不聽已而聞行省平章左吉貪墨乃疏其罪流之
海南累遷國子祭酒論事左轉復為中書右丞大
司農思誠氣宇凝定素以勁拔聞不為勢利所屈
韓鏞字伯高濟南人由進士歷翰林編修國子博士
監察御史天曆初除僉浙西廉訪司事擊斂貪
特舉烏程尹千文傳郡邑為之肅然轉江浙財賦
副總管自奉澹泊僚屬化之官至中丞
瞻思字得之真定人至元初自陝西行臺監察御史
除僉淛西肅政廉訪司事即按問轉運宣政諸官
贓罪郡縣無以墨聞者復以浙右諸僧寺私蔽猾
民所謂道人道民行童之屬類皆瀆常倫隱徭役
使民力日耗契勘嘉興一路已二千七百人乃請
勒歸本族俾供王賦從之著為令思歷任所至以
理冤澤物為己任平反大辟之獄甚衆卒謚文孝
蘇天爵字伯修真定人武宗時擢江南行臺監察御
史累官京畿奉使宣撫忤時相坐免至正七年朝
廷察其誣起為江浙行省參政條分目別細鉅不
遺九年以疾歸復起為兩浙都轉運使十二年妖

冠自淮右蔓延江東詔仍爲江浙參政總兵于信
信克復之功雖宿將不能過之其學博而知要長
於經載著述甚多

樊執敬字時中鄆城人至正十年授江浙行省參政
十二年督海運于平江將發宴將于海口俄有客
船至驗其券信令入而不虞爲海寇也既入港即
縱火鼓譟時變起倉猝軍民擾亂賊舟劫糧以
去執敬走入崑山自咎不解及還省賊犯餘杭敬
方被命討賊復上至是事急不得去與賊巷戰射
死賊七人賊勢方盛執敬中鎗死事聞贈翰林學
上承旨榮祿大夫柱國追封魯國公

○夏原吉字維喆湘陰人洪武中以鄉薦入太學授
國朝 戶部主事歷遷至本部尚書永樂初兩浙大水
詔原吉往治令僉都御史俞士吉齎水利書賜之
凡二錫命原吉每至詢老者[illegible]講究法制[illegible]而
勞之[illegible]焦苦胼胝恒廢寢食自爲發赤從
兵民[illegible]人人[illegible]雍滯[illegible]堤[illegible]瀹溝洫背杜
梁導淞水以入于海水患太平 奏發粟三十萬
賑饑人分牛給種俾時百穀有謂水退淤肥請召
民佃耕以益賦者章下原吉原吉歎曰民疲極矣

之九年歲歉有司報飢民三百餘萬口 詔忱振
卹忱以乏儲思廣義倉以爲水旱常備初徵納之
際粮長里胥掊剋多狀百姓動至逋負又與況鍾
究極其法先除免宿負七百九十餘萬石創置水
次倉塲每歲筭定各戶秋粮夏稅加耗則例塡注
由帖而分給之俾戶自持帖赴倉輸注不涉里胥
又別立粮頭與粮長同收互察粮長惟職催併官
爲管督收完而撥運之其積出羨餘籍而貯之以
備賑濟又以往時軍民分運民失農時乃與平江
伯陳瑄議於淮安瓜洲對船交兑加以支費奏而
行之又歲運南京倉粮專給北京武職月俸者每
石加耗費六斗忱曰彼能於南京關支獨不可於
三府就支乎既免勞民因得省耗六十萬請立濟
農倉於六縣移此實之用以濟農農無患矣亦從
之又奏三府之田雖廣而農力甚苦比歲
朝廷屢詔勸糴以備濟卹緣旱潦相仍穀價騰踊
難以舉行今臣以八年分徵收之間[illegible]前件耗
米六十九萬石遇民乏食則以給之又不獨以濟
荒凡起運有所失損於此借償秋成送官夫役築
圍岸濬河防乏給亦然庶免貧責以利兼并悉從

救死不暇況重役乎即馳奏曰西扉則徒勞民種
殖則已失時何益于國
上悟事遂寢三年八月召總部政　諭之曰鄉以部
事付郁新以浙西農務付卿庶內外協濟今新死
矣爾其兼之卒贈太師謚忠靖原吉勳德　寵眷
爲時元臣詳在國史其德量宏厚人莫能及使蘇
時庖人烹肉過鹹原吉不言惟噉素飯而已瀕出
侍卒失燎損一氈原吉弃以予之他若此甚衆或
問量可學乎原吉曰吾幼時遇犯者則怒始忍於
色中忍於心久則自熟殊無相校意　量可學

而然也又曰處有事當如無事大事　如小事若
先自張皇則中便無主矣世謂殆幾韓魏公云
○周忱字恂如吉水人永樂初以庶吉士歷刑部主
事越府長史宣德五年擢工部右侍郎　賜璽書
巡撫南直隸總督糧賦忱與知府況鍾議奏減糧
額七十餘萬石又奏謂四年所定蘇郡秋租運南
京倉及光祿寺等白熟米五府六部官俸米計七
十五萬五千有奇今已逾年纔納得七萬一千有
奇未及十一而　朝之受祿者恒缺此坐府縣無
專官耳請令每歲冬遣治農官分部輸南京　從

其言又言驛夫馬役之弊及奏遷吳縣學肇立太
倉衛學治崇明沙蕩吳淞顧浦諸處水利置范氏
義田圭營簿籍禁私粥以保文正之澤重建寶帶
尹山夾浦三里諸大橋起百廢墜不能指數以至
琳宮梵刹動成駿功而公帑民財初不知費蓋其
才畧超絕善謀果行而居心寬平量抱雄潤接物
開坦簡畧勢分集衆自廣冣善於理財用人調停
轉移沛然無滯人謂其善計似劉晏庶幾有古良
相之風蒞江南凡十九年遷位尚書而巡撫如故
民尸而祝之於虎丘寺諸處景泰三年致仕歸卒

謚文襄
○羅汝敬吉水人宣德初爲工部侍郎奉使看詳蘇
郡歲賦三百二十餘萬天下無與比而郡民徵運
不勝困弊卒之力不能繼官存其數實未始足列
請于　朝得赦常賦三八分爲數七十萬宿逋爲清
久之戶部復舉舊負況太守鍾抗言之有失信於
民之語　詔復賜免自是民力稍紓然富室田多
輕額其重者多屬貧下貧下猶疲斃望均一之惠
繼乃得陳奏
○陳泰郡武人景泰五年以右僉都御史繼周文襄

巡撫知前免租之　詔恩未得均乃推廣詔停之
令以五升之田倍其賦而官田之重者止取正額
於是澤始均而賦輿不損上下咸便富者亦不怨
也
○李秉曹州人天順初以都御史巡撫一守陳泰之
制民益安之至其後遂不復改秉有大臣節此不
具贅
○翁紹宗鳳陽人正統十一年巡撫周忱　奏修築
沿海城堡守備倭夷遂以紹宗爲都督僉事　錫
璽書俾總理軍務紹宗在鎮甚久能與其職協成
事功
○孫鼎字宜鉉廬陵人永樂間以鄉薦歷松江儒學
教授楊文定公溥薦擢監察御史提督南畿學政
先德行而後文藝學置本原錄錄諸生善行以身
爲師不事防察巡行所部令勿先報從單輿詣至
諸生既集便令閉門面試一文或止破題數首隨
閱隨定畢便開門呼名而出案牘簡之先後亦但
私屬者自不及入嘗見庭橘方熟命左右摘遺之
令分畀諸生同啗之一生取其二鼎問之以奉親
對鼎大賞倍遺之庚午秋試時

上北狩鼎小試能謂諸生曰諸君從有司當簪花燕
餞今日爲臣子枕戈之秋老夫不敢陷諸君於不
義乃與飲茶令從中道行自步送出諸門既而詣
闕上疏　請隨所用以效死不報乃自矢於文信
公祠去復涖所部道遇金尚書濂慨慷對泣有萬
里丹衷扶日月兩人清淚對山河之句
○陳選字士賢臨海人成化中以監察御史提學南
畿言稱古昔動著儀則至誠相臨物莫不動條頒
冠祭射儀俾諸生時習之每按部就止學宮徐行
審觀周旋磬折絃歌豆登古風郁然勸導講誦士
心感切成就興起不可縷數前後三年變色之語
不見於衿佩折箠之笞不下於皁輿仕終廣東左
布政
○李謨天台人　郡學訓導不受士贄有以時苗留犢
圖請楊尚書翥題詩以贊謨錄詩而還其圖韓陽
山陰人伍禮臨川人皆訓導陽郡學禮長洲學皆
善教有文持身不苟陽終廣東右布政禮知曹州
聶大年黎擴皆臨川人擴教授大年吳縣學訓導
皆工文詞有聲大年尤善書陽在永樂謨福正統
大年景泰擴　天順間也

○劉魁字士元高唐人成化十七年以監察御史巡
按蒞郡不爲崖岸而風裁自振時淫雨爲沴山崩
湖溢連郡田稼淹没莩死萬數而當道抑不以聞
征歛如故魁排衆議力陳于
朝言極剴切大率謂財賦資人以成人者財之本
也今欲取其末而先絶其本假令盡得其末以快
目前後日之計已匱矣况無得乎又民窮爲盜或
至狡竊於時誅討則所費亦不止若逋税而已也
詔戸部下郡縣覈實會魁代去不果行民坐是瘵
瘵久不能復追思甚深

姑蘇志卷第四十二

姑蘇志卷第四十三

人物一　名臣

南畿郡邑物有以地貴者人參兩間其亦有藉
於山川之發歟唐景之稱吳曰家無不孝之子
朝無不忠之臣文爲儒宗武爲將帥美哉言乎
列今爲
天府挾憑恩皇多士可之徵載而隱之於貞淑徵
之於一藝外之於異教咸繫之
季札吳子壽夢第四子也壽夢以賢欲立之札讓乃
立諸樊攝行事當國諸樊既除喪復讓札札辭曰
昔曹人不義曹君將立子臧子臧去之君子曰能
守節札雖不才願附於子臧之義吳人固之札棄
室而耕乃舍之諸樊卒命授弟餘祭以次必致於
札札封延陵號延陵季子左傳趙文子問於屈狐庸曰延州來季子其果立乎杜預曰延州來季札邑
餘祭四年季札聘魯說叔孫穆子
知其不得死請觀周樂至齊說晏平仲納邑與政
平仲從之乃免於欒高之難至鄭見子產如舊交
謂之曰鄭政將及子子爲政慎以禮不然將敗去
適衛說蘧瑗史狗史鰌公子荆公叔發公子朝曰
衛多君子未有患也去如晉說趙文子韓宣子魏

獻子曰晉國其萃於三家矣勉叔向以自免王餘
祭卒餘眜立四年卒欲授札札逃去吳人乃立王
僚十三年吳闔閭使札於魯以觀諸侯之變公子
光弒僚自立札至復命哭僚墓復位而待初使過
徐君徐君好其寶劍口弗敢言及還徐君已死札
解劍繫之徐君冢樹而去曰始吾心已許之豈以
死倍吾心哉其長子死於嬴博之間因葬焉孔子
往觀之其穿深不至泉其歛以時服既葬封
其墉左袒右旋號者三言曰骨肉歸復於土命也
若魂氣則無不之也遂行孔子曰延陵季子之於
禮其合矣札卒孔子書其葬處曰嗚呼有吳延陵
君子之墓皇覽曰季子冢在毗陵縣暨陽鄉夫子題刻今存 太史公曰延
陵季子之仁心慕義無窮見微而知清濁又何其
閎覽博物君子也

壽越王壽夢臣也魯襄公五年使于晉請聽諸侯之
好晉人遂爲之合諸侯魯衛皆來會于善道

蹶由王餘祭之弟魯昭公五年楚伐吳蹶由犒師楚
王執之將以釁鼓使問曰女卜來吉乎對曰吉寡
君聞君將治兵於敝邑卜之以守龜曰余亟使人
犒師請行以觀王怒之疾徐而爲之備尚克知之
龜兆告吉曰克可知也君若驩焉好逆使臣滋敝
邑休怠而忘其死亡無日矣今君奮焉震電馮怒
虐執使臣將以釁鼓則吳知所備矣且吳社稷是
卜豈爲一人使臣獲釁軍鼓而敝邑知備吉孰大
焉乃弗殺以蹶由歸

掩餘史記作蓋餘 吳公子也魯昭公二十三年吳伐州來
楚及諸侯之師救州來公子光帥右掩餘帥左大
敗楚及諸侯之師於雞父光弒王僚掩餘乃奔徐

燭庸吳公子魯昭公二十七年吳欲因楚喪而伐之
使公子掩餘及燭庸帥師圍潛吳師不能退公子
光遂弒王僚燭庸奔鍾吾後與掩餘奔楚二人不
與闔廬者也

公子慶忌王僚之子也以勇聞於世萬人莫當走追
奔獸手接飛鳥追之駟馬馳而不及射之接矢而
不可中僚死出奔闔廬得要離用之爲離所刺

要離吳人闔廬憚慶忌在隣國有萬人之力恐合諸
侯以害吳伍子胥乃進要離曰離雖細人有萬人
之力嘗見其折辱壯士椒丘訢於友人之喪席訢
怒須瞋往攻離離至舍誡其妻曰我爲勇士椒
訢於大家之喪餘恨蔚恚瞑必來第勿閉吾

夜椒丘訢果往見其門不閉登其堂不關入其室不守放髪僵臥無所懼訢乃手劔捽離曰子有當死之過三子知之乎子辱我於大家之衆一死也歸不關閉二死也臥不守御三死也子有三死之過欲無得怨要離曰吾無三死之過子有三不肖之愧子知之乎吾辱子於千人之衆子無敢報一不肖也入門不咳登堂無聲二不肖也前拔子劔手挫捽吾頭乃敢大言三不肖也有三不肖而威我豈不鄙哉於是椒丘訢投劔而歎曰天下壯士也臣所聞要離若此吳王見之要離曰臣國東千

里之人細小無力迎風則僵負風則伏大王有命臣敢不盡力吳王默然要離即進曰大王患慶忌乎臣能殺之王曰慶忌之勇聞於世今子之力不如也要離曰王有意焉臣能殺之臣詐以負罪出奔願王戮臣妻子斷臣右手慶忌必信臣王曰諾要離乃詐得罪出奔吳王乃取其妻焚棄於市要離乃奔諸侯以無罪聞於天下遂如衛見慶忌曰闔閭無道王子所知今戮吾妻子焚之於市無罪見誅吳國之事吾知其情願因王子之勇闔閭可得也慶忌信其謀練士卒遂之吳將渡江於中流要離力微坐慶忌上風因風勢以矛鉤其冠順風而刺慶忌慶忌顧而揮之三捽其頭於水中乃加於膝上曰嘻天下之勇士也乃敢加兵於我左右欲殺之慶忌止之曰豈可一日而殺天下勇士二人哉可令還吳以旌其忠於是慶忌死要離渡江愍然不行謂從者曰殺吾妻子以事吾君非仁也為新君而殺故君之子非義也何面目以視天下之士言訖遂投身於江未絕從者出之要離乃自斷手足伏劔而死

夫槩王闔廬之弟也魯定公四年吳伐楚楚囊瓦禦

之二師陳于柏舉夫槩王晨請於闔廬曰楚瓦不仁其臣莫有死志先伐之其卒必奔而後大師繼之必克弗許夫槩王曰所謂臣義而行不待命者其此之謂也今日我死楚可入也以其屬五千先擊囊瓦之卒楚師亂吳師大敗之吳遂入郢夫槩王後奔楚為堂谿氏

被離王闔廬之臣楚白喜既入吳伍子胥言於王以為大夫被離問子胥曰何見而信喜子胥曰喜伯州犂之孫吾之怨與喜同子不聞河上歌乎同病相憐同憂相救不愛其所近悲其所思者乎被離

曰吾觀喜之爲人鷹視虎步專功擅殺性不可親
也子胥曰不然竟與共事喜即伯嚭也
屈狐庸吳臣吳子僚使聘于晉趙文子問焉曰延州來季子其果立乎巢隕諸樊閽殺戴吳天似啓之何如對曰不立是二王之命也非啓季子也若天所啓其在今嗣君乎甚德而度德不失民度不失事民親而事有序其天所啓也有吳國者必此君之子孫實終之季子守節者也雖有國不立
張胥鄙譚夫吾吳士也前交而後絕張胥鄙有罪拘將死譚夫吾命徒而取之至於道而後乃知其人 [illegible] 吾也輟行而辭曰義不同於子故前 [illegible] 聞之君子不爲危易行今吾從子是安則肆志危則易行也與吾因子而生不若反拘而死闔閭聞之令使釋之張胥鄙曰吾義不同於譚夫吾故不受其任矣今吏以是出我以譚夫吾故免也吾將遽受之乎遂觸墻而死譚夫吾聞之曰我仕而不受佞以不知而出之愚也佞不可以接士愚不可以仕吾吾行虐矣人惡吾生吾亦恥以此立於世乃絕頸而死
吳赤市使於智氏假道於衛甯文子具紵絺三百製將以送之大夫豹曰吳雖大國也不可交假之道則亦敬矣又何禮焉甯文子不聽遂致之吳赤市至於智氏既得事將歸吳智伯造舟爲梁吳赤市曰吾聞之天子濟於水造舟爲梁諸侯維舟爲梁大夫方舟方舟臣之職也其敬太甚必有故使人視之視則用兵在後矣將以襲衛吳赤市曰衛假吳道而厚贈我我見難而不告是與爲謀也稱疾而留使人告衛衛人驚戒智伯聞之乃止
太子友王夫差子也夫差將伐齊令國中曰敢諫者死太子友知子胥忠而不用太宰嚭佞而專政欲切言之恐罹尤乃諷諫王清旦懷丸持彈從後園來衣袷履濡王怪問之太子曰適遊後園聞秋蜩之聲往觀之秋蟬登高樹飲清露隨風撝撓長吟悲鳴自以爲安不知螳蜋超枝緣條曳腰聳距而稷其形螳蜋翕心而進志在有利不知黃雀徘徊枝陰踙蹴微進欲啄螳蜋黃雀但知伺螳蜋之有味不知臣挾彈飛丸而集其背臣但志黃雀不知空埳其旁陷於深井臣故袷體濡履爲大王笑曰天下之愚也但貪前利不覩後患太子曰愚復有甚吳徒知踰境征伐不知越王將選死士出三江

之口入五湖之中天下之危莫甚於斯王不聽
王子地王孫彌庸皆夫差臣也魯哀公十三年越伐
吳爲二隊疇無餘謳陽自南方先及郊彌庸見姑
蔑之旗曰吾父之旗也不可以見讎而弗殺也太
子友曰戰而不克將亡國請待之彌庸獲疇無餘
地獲謳陽越子至復戰友與彌庸於姚皆死之
子洩夫差之臣魯哀公八年帥師伐魯取武城
胥門巢王子姑曹展如皆夫差臣哀公十一年巢將
上軍姑曹將下軍展如將右軍戰于艾陵大敗齊
師

言偃字子游吳人孔子高弟在文學之科少孔子四
十五歲爲武城宰孔子過之聞弦歌之聲夫子莞
爾而笑曰割雞焉用牛刀對曰昔者偃也聞諸夫
子曰君子學道則愛人小人學道則易使也夫子
曰二三子偃之言是也前言戲之耳今有宅在常
熟縣西范成大云世稱常熟爲琴川本弦歌之說也
甪里先生吳人史記正義引周樹洞曆云姓周名術
字元道太伯之後漢高帝時與東園公綺里季夏
黃公俱出定太子號四皓又云甪里先生一號霸
上先生又云今太湖中洞庭山西南中有甪里村

是
嚴忌會稽吳人時謂之嚴夫子尊之如此忌本莊姓
嚴助嚴夫子之子或言族家子也夫子之族子郡舉賢良
對策百餘人武帝善助對擢爲中大夫與朱買臣
等並在左右時征夷開邊軍旅數發內改制度朝
廷多事屢舉賢良文學之士上令助等與公孫弘
辨論中外相應以義理之文大臣數詘其尤親幸
者助及東方朔枚皋吾丘壽王司馬相如相如常
避事朔皋不根持論上頗俳優畜之惟助與壽王
見任用而助最先進建元三年閩越圍東甌東甌

告急帝問田蚡蚡以爲不足煩中國自秦時棄不
屬助詰蚡曰特患力不能救德不能覆誠能何故
棄之今不振尚何以子萬國乎上廼遣助以節發
兵會稽會稽守欲拒法不爲發助乃斬一司馬諭
意指遂發兵浮海救東甌未至閩越罷兵漢兵遂
出踰領會閩越王弟餘善殺王以降漢兵罷上嘉
之廼令助諭意風指於南越南越即遣太子嬰齊
隨助入侍助還又諭淮南曰今者大王以發屯臨
越事上書陛下故遣臣助告王其事朝有闕政遺
王之憂陛下甚恨之夫兵固凶器然自五帝三王

禁暴止亂非兵未之聞也漢操生殺之柄以制海
內之命危者望安亂者卬治今閩越王狼戾不仁
陛下為萬民安危久遠之計故遣兩將屯於境上
震威武揚聲鄉屯曾未會天誘其衷閩王隕命輒
遣使者罷屯毋後農時南越王甚嘉被惠澤故遣
太子入侍此則陛下深計遠慮之所出也事效見
前故使臣助來諭王意於是王稱謝助還上大說
助侍燕從容上問助所欲對願為會稽太守於是
拜為會稽太守數年不聞問賜書制詔會稽太守
君厭承明之廬勞侍從之事懷故土出為郡吏閒
者闊焉久不聞問具以春秋對毋以蘇秦從橫助
恐上書謝稱春秋天王出居于鄭不能事母故絕
之臣事君猶子事父母也臣助當伏誅陛下不忍
加誅願奉三年計最詔許因留侍中有奇異輒使
為文及[illegible]數十篇後淮南王來朝厚賂遺助交
私論議及淮南反事與助相連上薄其罪欲勿誅
張湯爭不可助竟棄市
朱買臣字翁子吳人也家貧好讀書不治產業常艾
薪樵賣以給食擔束薪行且誦書其妻亦負戴相
隨數止買臣毋歌嘔道中買臣愈益疾歌妻羞之

求去買臣笑曰我年五十當富貴今已四十餘矣
女苦日久待我富貴報女功妻恚怒曰如公等終
餓死溝中耳何能富貴買臣不能留即聽去其後
買臣獨行歌道中故妻與夫家見買臣饑寒呼飯
飲之後數歲買臣隨上計吏為卒將重車至長安
詣闕上書久不報待詔公車糧用乏上計吏卒更
乞匄之會邑子嚴助貴幸薦買臣召見說春秋言
楚辭帝甚說之拜為中大夫與嚴助俱侍中是時方
築朔方公孫弘諫上使買臣難詘弘後買臣坐事
免久之召待詔時東越數反覆買臣因言故東越
王居保泉山一人守險千人不得上今聞東越王
更徙處南行去泉山五百里居大澤中今發兵浮
海直指泉山陳舟列兵席卷南行可破滅也上拜
買臣會稽太守上謂買臣曰富貴不歸故鄉如衣
錦夜行今子何如買臣頓首謝詔買臣到郡治樓
船備糧食水戰具須詔書到軍與俱進初買臣免
待詔常從會稽守邸者寄食拜為太守買臣衣故
衣懷其印綬步歸郡邸直上計時會稽吏方相與
群飲不視買臣買臣入室中守邸與共食少見其
綬守邸怪之前引其綬視其印會稽太守章也守

邸驚旨守丞相推排陳列中庭拜謁買臣徐出戶
有頃長安廐吏乘駟馬車來迎買臣遂乘傳去會
稽聞太守且至發民除道縣丞送迎車百餘乘入
吳界見其故妻妻夫治道買臣駐車呼令後車載
其夫妻到太守舍置園中給食之居一月妻自經
死買臣乞其夫錢令葬悉召見故人與飲食諸嘗
有恩者皆報復居歲餘買臣受召將兵與韓說等俱
擊破東越有功徵入爲主爵都尉數年坐法免復
爲丞相長史張湯爲御史大夫行丞相事知買臣
素貴故陵折之買臣見湯坐牀上弗爲禮買臣深
怨常欲死之後遂告湯陰事湯自殺上亦誅買臣
子山拊官至右扶風

姑蘇志卷第四十三

姑蘇志卷第四十四

人物二 名臣

陸閎字子春吳縣人暢之子也篤行好學聰明有令
德選尚寧平公主辭疾不應爲潁川太守致鳳凰
甘露之瑞建武中爲尚書令閎姿容如玉喜著越
布單衣光武升臺見之歎曰南方固多佳人自是
常敕會稽郡獻越布焉孫續別有傳續孫康

康字季寧少篤孝悌勤修操行太守李肅舉孝廉肅
後坐事誅康爲斂尸送喪還鄉行服以義烈稱刺
史臧旻舉茂才除高成令縣在邊陲舊令戶一人
具弓弩以備不虞不得行來長吏新到輒發民繕
城郭康至皆罷遣百姓大悅以恩信爲治寇盜亦
息州郡表上其狀光和元年遷武陵太守轉桂陽
樂安二郡所在稱之時靈帝欲鑄銅人而國用不
足乃詔民田畝斂十錢比水旱貧苦康上疏諫內
倖譖康大不敬檻車徵詣廷尉侍御史劉岱陳解
免歸復徵拜議郎會廬江賊黃穰等與江夏蠻連
結十餘萬人攻沒四縣拜康廬江太守康申明賞
罰擊破穰等餘黨悉降帝嘉之拜其孫尚爲郎中
獻帝即位天下大亂康蒙險遣孝廉計吏奉貢朝

廷詔勞加忠義將軍秩中二千石時袁術屯兵壽
春部曲饑餓遣使求委輸兵甲康以其叛逆閉門
不通內修戰備將以禦之術怒遣孫策攻康圍城
數重康固守受敵二年城陷月餘病卒宗族百餘
人遭離饑戹死者將半朝廷愍其守節拜子儁爲
郎中少子績

績字公紀年六歲於九江見袁術術出橘績懷三枚
去拜辭墮地術曰陸郎作賓客而懷橘乎績跪答
曰欲歸遺母術大奇之孫策在吳張昭張紘秦松
爲上賓共論四海未泰須當用武治而平之績年

少末坐遙大聲言曰昔管夷吾相齊桓公九合諸
侯一匡天下不用兵車孔子曰遠人不服則修文
德以來之今論者不務道德懷取之術而惟尚武
績雖童蒙竊所未安也昭等異焉績容貌雄壯博
學多識星歷算數無不該覽虞翻舊齒名盛龐統
荊州令士年亦差長皆與績友善孫權辟爲奏曹
掾以直道見憚出爲鬱林太守加偏將軍績既有
躄疾又意在儒雅非其志也雖有軍事著述不廢
作渾天圖注易釋玄皆傳於世豫知亡日爲辭以
訣曰有漢志士吳郡陸績幼勤詩書長玩禮易受

命南征遘疾遇戹遭命不幸嗚呼悲隔卒年三十
二長子宏會稽南部都尉次子叡長水校尉

陸遜字伯言少孤隨從祖康在官袁術將攻康康遣
遜還吳爲之綱紀門戶孫權爲將軍遜始仕幕府
歷東西曹令史出爲海昌屯田都尉并領縣事開
倉賑貧勸督農桑時吳會稽丹陽多有伏匿遜乞
與募會稽賊帥潘臨歷年不禽遜召兵討治深險
皆服部有二千餘人鄱陽賊帥尤突作亂復往討
之拜定威校尉軍屯利浦權以兄策女配之以爲
帳下右部督會丹陽賊帥費棧受曹操印綬爲作

內應權遣遜討棧應時破散遂部伍東三郡彊者
爲兵羸者補戶得精卒數萬人宿惡盪除還屯蕪
湖會稽太守淳于式表遜枉取民人所在愁擾遜
後言次稱式佳吏權曰式白君而君薦之何也對
曰式意欲養民是以白遜若遜復毀式以亂聖聽
不可長也權曰此誠長者之事呂蒙詣建業遜謂
曰關羽矜其驍氣陵轢於人但務北進未嫌於我
今出其不意自可禽制蒙至權問誰可代者對曰
陸遜意思深長才堪負重而未有遠名非羽所忌
若用之當令外自韜隱內察形便然後可克權乃

召遜拜偏將軍右部督代蒙遜至陸口與羽書推
羽功德深自抑晦羽見書意大安無所復嫌遜具
啓形狀陳其可禽權乃潛軍而上使遜與呂蒙爲
前部至即克公安南郡遜徑進領宜都太守拜撫
邊將軍封華亭侯時宜都太守樊友委郡走諸城
長吏蠻夷君長皆降遜請金銀銅印以假授初附
又攻房陵南鄉皆大破之秭歸大姓文布鄧凱等
合夷兵首尾西方復討破之權以遜爲右護軍鎮
西將軍進封婁侯權欲令曆本州舉命乃使揚州
牧呂範就辟別駕從事舉茂才黃武元年劉備率

大衆來向西界權命遜爲大都督假節督朱然潘璋等
五萬人拒之備從巫峽建平連圍至夷陵界立數
十屯先遣吳班於平地立營欲以挑戰諸將皆欲
擊之遜曰此必有譎且觀之備知其計不可乃引
伏兵從谷中出遜曰所以不聽諸君擊班者揣之
必有巧故也諸將並曰攻備當在初今乃令入五
六百里相持七八月諸要害皆固守擊之必無利
遜曰備更事多其軍始集思慮精專未可干也今
住已久不得我便兵疲意沮計不復生乃先攻一
營不利諸將皆曰空殺兵耳遜曰吾已曉破之之

術乃敕各持一把茅以火攻拔之一爾勢成通率
諸軍同時俱攻斬張南馮習及胡王沙摩柯等首
外四十餘營將杜路劉寧等窮逼請降備升馬鞍
山陳兵自繞遜督諸軍蹙之死者萬數備夜遁舟
械軍資一時畧盡尸骸塞江而下初孫桓別討備
前鋒於夷道爲備所圍求救於遜遜曰安東得士
衆心城牢糧足無可憂也待吾計展不救安東安
東自解已而果然加遜輔國將軍領荊州牧改封
江陵侯劉禪襲位諸葛亮秉政與權連和時事所
宜權輒令遜語亮并刻權印以置遜所權每與禪

亮書常過示遜輕重可否有所不安便令改定以
印封行之七年權使鄱陽太守周魴譎魏大司馬
曹休休果舉衆入皖乃召遜假黃鉞爲大都督逆
休遜自爲中部令朱桓全琮爲左右翼三道俱進
衝休伏兵繼之追亡逐北徑至夾石斬獲萬餘牛
馬車乘萬輛資械畧盡休還死諸軍振旅過武昌
權令左右以御蓋覆遜入出殿門賜御物上珍遣
還西陵黃龍元年拜上大將軍右都護是歲權巡
建業留太子等徵遜輔之并掌荊州豫章三郡事
董督軍國時建昌侯慮於堂前作鬭鴨闌遜正色

曰君侯宜勤覽經典以自新益用此何爲慮即毀
徹之射聲校尉松於公子中最親戲兵不整遜對
之髡其職吏嘉禾五年權北征使遜與諸葛瑾攻
襄陽遜遣韓扁齎表奉報於沔中爲敵所得瑾聞
之甚懼書與遜欲急去遜未答方催人種葑豆與
諸將弈射如常瑾自來見遜遜曰賊知大駕以旋
無所復感得專力於吾又已守要害兵將意動且
當自定以安之施設變術然後出耳今便示退賊
謂吾怖仍來相蹙必敗之勢也乃密與瑾立計令
瑾督舟船遜悉上兵馬以向襄陽城敵素憚遜遽

還赴城瑾便引船出遜徐整部伍張拓聲勢步趨
船敵不敢干軍到白圍託言住獵潛遣周峻張梁
等擊江夏新市安陸石陽市盛峻等奄至人皆捐
物入城城門噎不得關敵乃自斫殺己民然後得
闔斬首獲生千餘其所生得皆加營護不令兵士
侵擾將家屬來者使料視若亡其妻子即厚給衣
糧慰遣令還或有感慕而歸者六年中郎將周祗
乞於鄱陽召募事下問遜遜以爲此郡民易動難
安恐致寇而祗固陳取之郡民吳遽等果作賊殺
祗攻沒諸縣遜自討即破降之得精兵八千三郡

平赤烏七年代顧雍爲丞相州牧都護領武昌事
如故先是二宮並闕中外職司多遣子弟給侍全
琮報遜遜以爲子弟苟有才不憂不用不宜私出
以要榮利若其不佳終爲取禍且聞二宮勢敵必
有彼此此古人之厚忌也琮子寄果阿附魯王必
爲足下門戶致禍矣琮不納更以致隙及太子有
不安之議遜上疏陳太子正統宜有盤石之固魯
王藩臣當使寵秩有差彼此得所上下獲安書三
四上及求詣都口論適庶之分不許而遜外甥顧
譚顧承姚信並以親附太子枉見流徙太子太傅

吾粲坐與遜交書下獄死權累遣使責遜遜憤恚
卒年六十三孫休時追謚昭侯子抗襲爵
抗字幼節孫策外孫也遜卒時年二十拜建武校尉
領遜衆孫權以楊竺所白遜二十事問抗禁絕賓
客中使臨詰抗無所顧事事條答權意漸解赤烏
九年遷立節中郎將與諸葛恪換屯柴桑抗臨去
繕完城圍葺其牆屋桑果不得妄敗恪入屯儼然
若新而恪柴桑故屯頗有毀壞深以爲慙建興元
年拜奮威將軍太平二年魏諸葛誕舉壽春降拜
抗爲柴桑督赴壽春破魏牙門將孫皓即位加鎮

軍大將軍領益州牧建衡二年拜都督信陵西陵
夷道樂鄉公安諸軍事治樂鄉抗聞都下政令多
闕憂深慮遠乃疏陳時宜十七條時何定弄權閹
官預政又疏言宜隨才授職抑黜群小然後俗化
可清庶政無歲鳳凰元年西陵督步闡叛降晉抗
聞之部分令　左弈吾彥蔡貢等徑赴西陵勅
築嚴圍自赤谿至故市內以圍闡外以禦寇晝夜
催切衆甚苦之諸將咸諫抗不許宜都太守雷譚
言至懇切抗欲服衆聽令一攻果無利圍始合晉
羊祜率師向江陵諸將咸以抗不宜上抗曰江陵

城固兵足無所憂患假令敵得江陵必不能守如
使西陵盤結則南山群夷皆當擾動所慮難可言
也吾寧棄江陵而赴西陵况江陵牢固乎初江陵
平衍道路通利抗勅江陵督張咸作大堰遏水以
絶寇叛祜欲因所遏水浮船運糧揚聲將破堰以
通步軍抗聞使咸亟破之諸將皆惑祜至當陽聞
堰敗乃改船以車運大費功力晉徐胤率水軍詣
建平楊肇至西陵抗令張咸固守其城公安督孫
遵巡南岸禦祜水軍督留慮鎮西將軍朱琬拒胤
身率三軍憑圍對肇都督俞贊亡詣肇抗曰贊軍

中舊吏知吾虛實吾常慮夷兵素不簡練若敵攻
圍必先此處卽夜易夷民皆以舊將充之明日肇
果攻故夷兵處抗命旋軍擊之矢石雨下肇衆傷
死者相屬肇至經月計屈夜遁抗欲追之而慮闡
畜力伺隙兵不足分於是但鳴鼓戒衆若將追者
肇衆悉解甲挺走抗使輕兵躡之肇大敗祜等皆
引軍還抗遂陷西陵城誅夷闡族及其將吏餘請
赦數萬口修治城圍東還樂鄉貌無矜色謙冲如
常故得將士歡心加拜都護時師旅仍動百姓疲
弊上疏宜富國強兵力農畜穀二年春就拜大司

馬荊州牧三年夏疾病以爲西陵建平國之蕃表
陳易失之勢及乞簡閱一切料出以補疆場受敵
常處又云臣死之後乞以西方爲屬秋遂卒子晏
嗣晏及弟景玄機雲分領抗兵晏爲裨將軍夷道
監天紀四年晉軍伐吳所至輒克終如抗慮景字
士仁濼身好學著書數十篇以尚公主拜騎都尉
封毗陵侯既領抗兵拜偏將軍中夏督晏景皆爲
王濬別軍所殺景妻孫皓妹與景俱張承外孫也
初景母坐外祖諸葛恪誅見黜景少育於祖母撫
毋亡景爲心喪三年漢晉春秋曰江陵之役羊祜既歸增修德信以懷吳人陸

抗告其邊戍曰彼專為德我專為暴是不戰而自服也各保分界無求細益而已於是吳晉之間餘糧棲畝而不犯牛馬逸而入境可宣告而取也沔上獵祜獲晉人先傷者皆送還抗常疾求藥於祜祜以成合與之曰此上藥也近始自作未及服以君疾急故相致抗服之諸將或諫抗不答孫皓聞二境交和以詰抗抗曰夫一邑一鄉不可以無信義況大國乎臣不如是正足以彰其德耳於祜無傷也

機字士衡身長七尺其聲如鍾少有異才文章冠世抗卒領其兵為牙門將年二十而吳滅退居舊里[illegible]十年以祖父世為將相有大勳勞深慨孫皓舉而棄之論權皓得失併述其先功業作辨亡論二篇太康末與弟雲俱入洛造張華華素重其名如舊相識曰伐吳之役利獲二俊薦之諸公楊駿辟為祭酒駿誅累遷太子洗馬著作郎范陽盧志於眾中問機曰陸遜陸抗於君近遠機曰如君於盧毓盧珽志默然既起雲謂機曰殊邪遐邇容不相悉何至於此機曰我父祖名播四海寧不知邪議者以此定二陸之優劣吳王晏出鎮淮南以機為郎中令遷尚書中兵郎轉殿中郎趙王倫專政引為相國參軍豫誅賈謐功賜爵關中侯倫將篡位以為中書郎倫誅齊王冏以機職在中書疑其與為九錫文及禪詔收付廷尉成都王穎吳王晏並救理之減死徙邊遇赦而止時中國多難顧榮戴若思等咸勸機還吳機負其才望而志匡世難故不從冏既矜功受爵不讓機作豪士賦以刺焉冏不悟竟敗又采聖王經國封建之指著五等論時成都勞謙下士機既感恩又謂其必能康隆晉室遂委身為穎以機參大將軍軍事表為平原內史太安初穎與河間王顒討長沙王乂假機後將軍河北大都督督中郎將王粹冠軍將軍牽秀等諸軍二十萬餘機以三世為將道家所忌又羈旅入宦頓居群士之右固辭不許機鄉人孫惠亦勸機讓都督機曰將以吾為首鼠避賊適所以速禍也遂行穎謂機曰功成事定當爵為郡公位以台司機曰昔齊桓任夷吾以建九合之功燕惠疑樂毅以失垂成之業今日之事在公不在機也穎左長史盧志心害機寵言於穎曰陸機自比管樂擬君闇主穎默然機始臨戎而牙旗折意甚惡之列軍自朝歌至于河橋鼓聲聞數百里漢魏以來出師之盛未嘗有也長沙王乂奉天子與機戰於鹿苑機軍大敗初宦人孟玖弟超並為穎所寵超將鐵騎百入機麾下奪之顧謂機曰貉奴能作督不

孫拯勸機殺之機不能用超宣言曰陸機將反又
還書與玖言機持兩端及戰超不受機節度輕兵獨進
而沒玖疑機殺之遂譖機於穎言其有異志王闡
郝昌公師藩等皆玖所用與牽秀等共證之穎大
怒使秀密害機其夕機夢黑幰繞車手決不開天
明而秀兵至機釋戎服著白帢與秀相見神色自
若謂秀曰自吳朝傾覆吾兄弟宗族蒙國重恩成
都命吾以重任辭不獲已今日受誅豈非命也因
與穎牋詞甚悽惻既而歎曰華亭鶴唳可復聞乎
遂遇害士卒莫不流涕是日昏霧晝合大風折木

平地尺雪議者以為陸氏之冤機天才秀逸辭藻
宏麗張華嘗謂之曰人之為文常恨才少而子更
患其多弟雲嘗與書曰君苗見君文輒欲燒其筆
硯後葛洪稱其文猶玄圃積玉無非夜光五河吐
流泉源如一其弘麗妍贍英銳標逸亦一代之絕
乎然好游權門與賈謐親善以進趣獲譏拯字顯
世富春人仕為黃門郎孫皓時能以智自全機之
被收其弟雲既及拯皆下獄考掠拯兩踝骨見終
不變辭吏民謂曰二陸之枉誰不知之君可不愛
身乎拯仰天歎曰陸君兄弟世之奇才吾蒙知愛

今既不能救其死忍復從而誣之乎遂同被害拯
門人費慈宰意詣獄明拯冤拯譬遣之曰吾義不負
二陸死自吾分卿何為爾邪二人曰君既不負二
陸僕又安可負君玖并殺之
雲字士龍六歲能屬文少與機齊名雖文章不及而
持論過之號曰二陸年十六舉賢良刺史周浚召
為從事謂人曰士龍今之顏子也吳平入洛俄以
公府掾為太子舍人出補浚儀令縣名難理雲到
官肅然下不能欺市無二價人有見殺者主名不
立雲錄其妻而無所問十餘日遣出密令人隨後

謂曰其去不出十里當有男子候之與語便縛來
既而果然問之具服云與此妻通共殺其夫聞妻
得出欲與語憚近縣故遠相要候於是一縣稱為
神明郡守害其能屢譴責之雲乃去官百姓追思
之畫像配食縣社尋拜吳王晏郎中令雲愛才好
士多所貢達成都王穎表清河內史穎將討齊王
冏以雲為前鋒都督冏誅轉大將軍右司馬穎晚
節政衰雲屢以正言忤旨孟玖欲用其父為邯鄲
令雲固執不許玖深忿怨機之敗也并收雲穎官
屬江統蔡克棗嵩等上疏救雲克至叩頭流血僚

屬數十人皆流涕固請頴惻然有宥雲意已去致其
頴入促令殺雲夷三族雲時年四十二有二女無
男門生故吏迎葬清河所著文章三百四十九篇
新書十篇並行於世雲弟耽爲平東祭酒亦有清
譽與雲同遇害孫惠與朱誕書曰不意三陸相攜
闇朝一旦湮滅國喪儁望悲豈一人後東海王越
討頴移檄天下亦以機雲兄弟枉害爲罪狀云
瑁字子璋遜弟也少好學篤義陳融濮陽逸蔣纂
袁迪等皆就瑁游瑁割少分甘與同豐約同郡徐
原素不相識臨死遺書託以孤弱瑁爲起立墳墓收導其子

其子從父績遺二男一女皆幼瑁迎攝養至長乃
別州郡辟舉皆不就嘉禾元年徵拜議郎選曹尚
書孫權欲親征公孫淵瑁疏諫之權未許瑁重上
疏乃止赤烏二年卒子喜
喜字文仲一字恭仲仕吳累遷吏部尚書少好學有
才思嘗作言道訪論古今歷審機娛賓九思其書
近百篇吳平又作西州清論傳於世借稱諸葛孔
明以行其書有較論格品篇曰或問十薛瑩國士
之第一者乎答曰以理推之在乎四五之間夫孫
皓無道若龍蛇其身潛而勿用趣不可測此第一
人也避尊居卑祿代耕養玄靜守約此第二人也
侃然體國以方見憚執正不懼此第三人也斟酌
時宜在亂猶顯時獻徵益此第四人也溫恭脩慎
不爲謟首從容保寵此第五人也過此已往不足
復數故第二已上多淪沒而遠悔吝第三已下有
聲位而近咎累是以深識君子晦其明而履柔順
也太康中詔曰陸喜等並以貞潔不容皓朝或忠
而獲罪或退身修志放所在以禮發遣須到隨才
授用乃以喜爲散騎常侍尋卒子育爲尚書郞弋
陽太守喜弟英字季子長沙太守高平相員外散
騎常侍英子曄

曄字士光少有雅望從兄機每稱之曰我家世不乏
公矣居喪以孝聞顧榮與人書曰士光氣息裁屬
慮其性命言之傷心後察孝廉除永世烏江令皆
不就元帝初鎮江左辟爲祭酒尋補振威將軍義
興太守不拜預討華軼功封平望亭侯累遷散騎
常侍本郡大中正元年遷太子詹事時帝以侍中
宜兼用南人曄以清貞著稱遂拜侍中徙尚書領
州大中正明帝即位轉光祿勳遷太常代紀瞻爲
尚書左僕射領太子少傅尋加金紫光祿大夫代

卞壼爲領軍將軍以平錢鳳功進爵江陵伯常不豫曄與王導卞壼庾亮温嶠郗鑒並受顧命輔皇太子更入殿將兵直宿遺詔曰曄清操忠貞歷職顯允其兄弟事君如父憂國如家歲寒不凋體自門風旣委以六軍可録尚書事加散騎常侍成帝踐祚拜左光禄大夫開府儀同三司給親兵百人常侍如故蘇峻之難隨帝在石頭舉動方正峻以曄吳士之望不敢加害使守留臺時共推曄督宮城軍事峻平加衛將軍給千兵百騎以勳進爵爲公封次子嘏新康子咸和中卒于家追贈侍中車

騎大將軍謚曰穆子諶散騎常侍曄弟玩

玩字士瑤器量淹雅弱冠有美名賀循每稱其清允平當郡檄綱紀東海王越辟爲掾皆不就元帝引爲丞相參軍時王導初至江左思結人情請婚於玩玩對曰培塿無松栢薰蕕不同器玩雖不才義不能爲亂倫之始玩嘗詣導食酪因而得疾與導牋曰僕雖吳人幾爲傖鬼其輕易權貴如此累加奮武將軍徵拜侍中以疾辭王敦請爲長史不得已從命敦平郗鑒議敦佐吏宜皆免官禁錮温嶠上表申理玩得不坐後拜侍中遷吏部尚書領會稽王師不拜轉尚書左僕射領本州大中正及蘇峻反遣玩與兄曄俱守宮城玩潛説匡術歸順以功封興平伯轉尚書令又授左光禄大夫開府儀同三司加散騎常侍王導郗鑒庾亮繼卒乃遷玩侍中司空給羽林四十人玩雖登公輔謙讓不辟掾屬成帝勸之玩所辟皆寒素有行之士翼亮累世常以弘重爲人主所貴誘納後進謙若布衣搢紳之徒莫不廕其德宇卒謚曰康給兵千人守冢七十家太元中功臣普被減削以玩有佐命勳先陪陵而葬宜置興平伯官屬以衛墓子始嗣歷侍

中尚書玩弟納

納字祖言少有清操貞厲絶俗初辟鎭軍大將軍武陵王掾州舉秀才王述雅敬重之引爲建威長史累遷黃門侍郎本州別駕尚書吏部出爲吳興太守至郡不受俸禄徵拜左民尚書領州大中正外白宜裝幾船納曰私奴裝糧食來無所復須也臨發止有被襆而已餘並還官遷太常徙吏部尚書加奉車都尉衛將軍謝安嘗欲詣納而納殊無措辦兄子俶客爲之具安旣至納所設唯茶果俶遂陳盛饌客罷納大怒曰汝不能光益父叔乃復穢

我素業杖之四十其舉措多此類兄子禽犯法應刑乞免官謝罪詔特許輕放降遷尚書僕射轉左僕射加散騎常侍拜尚書令常侍如故恪劉貞固終始不渝會稽王道子委任群小納望閥歎曰好家居纖兒欲撞壞之邪除左光祿大夫開府儀同三司未拜卒即以爲贈無子以弟子道隆嗣元熙中爲廷尉

陸凱字敬風遜族子也黃武初爲諸暨長有治迹拜建武都尉手不釋書好太玄論演其意赤烏中除儋耳太守討朱崖有功遷建武校尉五鳳二年討□□□□於□□□克捷拜巴丘督偏將軍封都鄉侯轉武昌右部督累遷盪魏綏遠將軍景帝即位拜征北將軍假節領豫州牧孫皓立遷鎮西大將軍都督巴丘領荊州牧進封嘉興侯寶鼎元年遷左丞相皓不好人視己群臣侍見睛莫敢迕凱凱對曰夫君臣無不相識之道若卒有不虞不知所赴皓聽凱自視皓徙都武昌揚土百姓泝流供給以爲患苦又政謬民窮凱上疏言之及論刑政皆見聽諫納賢積儲理財輔國臣時之方及斥內寵位非其人時何定便辟貴幸凱面責之曰卿見前後事主

是丈夫之德表於事行婦人之美非誅不□之增也

陸胤字敬宗凱弟也始爲御史選書選曹郎太子和聞其名待以殊禮會和與魯王霸分爭胤坐下獄楚毒備至終無他辭後爲衡陽督軍都尉赤烏十一年交阯九真夷賊攻沒城邑以胤爲交州刺史安南校尉胤喻招高涼渠黨等皆降交域清泰就加安南將軍復討蒼梧建陵賊破之永安元年徵爲西陵督封都亭侯後轉左虎林華覈表胤天姿聰朗才通行絜昔歷選曹遺跡可紀還撫交州流民歸附商旅平行民無疾疫田稼豐稔州治臨海海流秋鹹胤又畜水民得甘食惠風橫被化感人神遂憑天威招合遺散在州十有餘年內無粉黛附珠之妾家無文甲犀象之珍宜在董轂股肱王室卒子式嗣爲柴桑督揚武將軍天策元年與從兄禕俱徙建安天紀二年召還建業復將軍侯劉欣期交州記曰趙嫗者乳長數尺不嫁入山聚群盜遂攻郡常著金蹋蹝戰退輒張帷幕與少男通數十侍側刺史陸胤平之

陸邁字功高器識清敏風檢澄峻累遷振威將軍尚書吏部郎從蘇峻東征邁與俱將至吳密救左右入

閶門放火以示威邁知其意謂曰吳治平未久必
將有亂若爲亂階請從我家始峻遂止
陸璣字元恪吳太子中庶子烏程令譔毛詩鳥獸草
木蟲魚疏二卷
陸通字仲明曾祖載從劉裕平關中隨義眞鎮長安
遂没赫連氏父政性至孝母好食魚而北土苦少
宅側忽出泉有魚時謂泉爲孝魚泉初從爾朱天
光[illegible]及天光敗歸文帝爲行臺左丞原州長史
賜爵中都縣伯通敦敏好學有志節幼從在河西
逢寇難與政相失通乃自拔東歸從爾朱榮爾朱

氏滅乃入關文帝引爲帳內督賀拔岳爲侯莫陳
悅所害或傳軍府已亾散帝憂之通以爲不然居
數日問至果如所策由是愈見親禮晝夜陪侍家
人罕見其面通雖處機密益自恭謹後以迎孝武
功封都昌縣伯大統元年進爵爲侯從禽竇泰復
弘農沙苑之役力戰有功又從解洛陽圍軍還屬
趙青雀反於長安帝將討之以軍疲不可速行通
曰青雀既以大軍不和謂朝廷傾危遂成反亂逆
謀乆定必無遷善之心且其詐言大軍敗績東寇
將至若以輕騎往百姓謂爲信然更沮兆庶之望

大軍雖疲精鋭猶多以明公之威率思歸之衆以
順討逆何慮不平帝深納之因從平青雀錄前後
功進爵爲公徐州刺史以寇難未平留不之部與
于謹討劉平復加大都督從帝援玉壁進儀同三
司九年高仲密以地來附通從若于惠戰於芒山
衆軍皆退唯惠與通力戰至夜中乃陰引還敵亦
不敢逼進授驃騎大將軍開府儀同三司大僕卿
賜姓步六孤氏進爵綏德郡公周孝閔踐祚拜小
司空保定五年累遷大司寇通性柔謹雖久處列
位常清愼自守所得禄賜盡與親故共之常曰凡
人患貧而不貴不患貴而貧也建德元年轉大司

馬卒弟逞
逞字季明初名彥字世雄魏文帝謂之曰爾既溫裕
何乃字雄於爾兄弟又復不類遂改焉以謹密有
名兄通先以軍功受茅土乃讓父爵中都縣伯令
逞襲之起家羽林監文帝親信輩皆以驍勇自達
唯逞獨兼文雅帝加禮焉大統十四年參大丞相
府軍事兼記室保定初累遷吏部中大夫歷蕃部
御伯中大夫進驃騎大將軍開府儀同三司從授
司宗中大夫轉軍司馬逞幹識詳明歷任三府所

在著續進爵爲公天和三年齊遣斛斯文略劉逖
來聘詔逞爲使主尹公正爲副以報之逞美容止
善辭令斂而有禮齊人稱焉還居近畿詔令路車
儀服郊迎而入四年除京兆尹都界有豕生數子
而死其家又有豶遂乳養之諸豚賴以活時論以
逞仁政所致俄遷司會中大夫出爲河州刺史宇
文護奏爲中外府司馬尋復爲司會兼納言遷小
司馬護誅坐免頃之起爲納言又以疾不堪劇任
乃除宜州刺史故事刺史奉辭例備鹵簿逞以時屬
農要奏請停之詔遂其請逞在州有惠政東宮初
建授太子太保卒贈大將軍子操嗣

陸慧曉字叔明玩玄孫也自玩至慧曉祖萬載世爲
侍中皆有名行慧曉伯父仲元亦爲侍中時人方
之金張二族父子真元嘉初爲海陵太守王僧達
貴公子孫以才傲物爲吳郡太守入閶門曰彼有
人焉顧琛一公兩掾英英門戶陸子真五世內侍
我之流亞慧曉清介正立不雜交游張緒稱爲江
東裴樂初應州郡辟舉秀才衛尉史歷諸府行參
軍以母老還養十餘年不仕齊高帝輔政除尚書
殿中郎鄰族來賀慧曉舉酒曰陸慧曉年踰三十
婦父領選始作尚書郎卿輩乃復爲慶邪尋引爲
太傅東閤祭酒齊建元初遷太子洗馬何點常稱
慧曉心如照鏡遇形觸物無不朗然慧曉與張融
並宅其間有池池上有柳點歎曰此池便是醴泉
此木便是交讓及武陵王曄守會稽上爲精選僚
吏以慧曉爲征虜功曹與府參軍劉璡同從述職
武帝子廬陵王子卿爲南豫州刺史帝稱其小名
曰烏熊癡如熊不得天下第一人爲行事無以壓
一州乃使慧曉爲長史行事別帝問曰卿何以輔
持廬陵答曰靜以脩身儉以養性靜則人不擾儉
則人不煩後爲司徒從事中郎遷右長史時謝朏
爲左長史府公竟陵王子良謂王融曰我府前世
誰比融曰明公二佐天下英奇古來少見隆昌元
年徙爲晉熙王冠軍長史江夏內史行郢州事慧
曉歷輔五政立身清肅僚佐以下造詣必起送之
或曰長史貴重不宜妄自謙屈答曰我性惡人無
禮不容不以禮處人未嘗卿士大夫或問其故慧
曉曰貴人不可卿而賤者乃可卿人生何容立輕
重於懷抱終身常呼人位建武中遷吏部郎尚書
令史歷政來諮執選事慧曉任己獨行帝遣主書

謂曰都令史悉諳舊貫可共參懷慧曉曰六十之年不復能諮都令史爲吏部郎也上若謂身不堪便當拂衣而退帝憚之後出爲晉安王鎭北司馬征北長史東海太守行府州事入爲五兵尚書行揚州事崔慧景事平領右軍將軍出監南徐州朝議欲以爲侍中王亮曰濟河須之今且就朝廷借之以鎭南兗州乃以爲輔國將軍南兗州刺史加督至鎭俄以疾歸卒贈太常三子僚任倕並有美名時人謂之三陸

倕字佐公少勤學善屬文於宅內起兩間茅屋杜絕往來晝夜讀書如此數載所讀一徧必誦於口嘗借人漢書失五行志四卷乃暗寫還之幼爲外祖張岱所異謂諸子曰此兒汝家之陽元也年十七舉秀才永明二年刺史竟陵王子良傾意賓客開西邸以延英俊倕與范雲蕭琛任昉王融蕭衍謝朓沈約並以文學親侍號曰八友辟議曹從事參軍廬陵王法曹行參軍與任昉友善時昭明太子愛文好士倕與殷芸等同見賓禮於樂賢堂遷驃騎臨川王東曹掾是時禮樂多所創革武帝雅愛倕才敕撰新漏刻銘其文甚美遷太子中書舍人管東宮

記又詔爲石闕銘記敕倕所制辭義典雅足爲佳作可賜絹三十匹歷官國子博士中庶子守太常卿揚州大中正普通七年卒倕文集一十卷子繕

繕字士繻幼有志尚以雅正知名起家梁宣惠武陵王法曹參軍承聖中授中書侍郎掌東宮管記江陵陷繕逃還京師紹泰元年除司徒右長史御史中丞以父任所終固辭不就高祖引爲司徒司馬遷給事黃門侍郎領步兵校尉通直散騎常侍兼侍中永定元年遷侍中時留異擁割東陽新安人向文政與異連結因據本郡朝廷以繕爲貞威將軍新安太守文帝嗣位徵爲太子中庶子領步兵校尉掌東宮管記繕儀表端麗進退閑雅文帝使太子諸王咸取則焉趨步躡履皆令習繕規矩除尚書吏部郎中步兵如故仍侍東宮陳寶應平後出爲貞毅將軍建安太守秩滿爲散騎常侍御史中丞猶以父之所終固辭不許乃權換廨宇徙居之太建初遷度支尚書侍中太子詹事行東宮事領揚州大中正及太子親肄庠政解行事加散騎常侍改加侍中遷尚書右僕射尋遷左僕射參掌選事侍中如故更爲尚書僕射領前將軍重授左

僕射領揚州大中正別敕令與徐陵等七人參議政事十二年卒贈侍中特進金紫光祿大夫諡曰安子太子以繕東宮舊臣特賜祖奠子年數歲召引入內應對進止有父風宣帝因賜名辯惠字敬臣繕兄子見賢亦方雅宣帝為揚州牧以為治中從事史深被知遇歷給事黃門侍郎長沙鄱陽二王長史尋陽太守以府卿大建十年卒贈廷尉卿諡曰平子

陸閑字遐業慧曉從子也有風槩不尚合以為張緒所知仕至揚州別駕齊明帝崩謂所親曰宮車晏駕百司將聽冢宰主上地重才弱難將至矣乃感心疾不復豫州事永元末刺史始安王遙光據東府作亂或勸去之閑曰吾為人吏何可逃死臺軍陷城閑以綱佐被收尚書令徐孝嗣啟閑不豫逆謀未及報徐世檦命殺之四子厥絳完襄

厥字韓卿少有風槩好屬文永明九年詔百官舉士司徒左西曹掾顧暠之表薦厥州舉秀才時盛為文章沈約謝朓王融以氣類相推轂周顒善識聲韻世呼為永明體厥與約書曰謂一人之思有遲速一家之文有工拙何獨宮商律呂必責其如一邪論者可言未窮其致不得言曾無先覺也閑被誅厥坐繫尚方尋有赦厥恨父不及感慟而卒年二十八有文集若干卷

絳字魏卿閑臨刑時絳抱頸求代不獲以身蔽刃刑者并害之

完字楚卿梁寧遠長史琅邪彭城二郡丞完子雲公

襄字師卿天監三年范岫表薦起家著作佐郎除永寧令秩滿累遷司空臨川王法曹外兵輕車廬陵王記室參軍昭明太子聞襄業行啟武帝引與遊處除太子洗馬遷中舍人並掌管記出為揚州中從事以父終此官固辭不許聽與府司馬換廨居之母年將八十太子月遣存問加賜衣膳母嘗卒患心痛醫方須二升粟漿是時冬月日又逼暮求索無所忽有老人詣門貨漿量如方劑始欲酬直無何失之時以襄孝感所致累遷國子博士太子家令復掌管記母憂去職毀頓過禮太子憂之日遣使誡喻服闋除太子中庶子復掌管記中大通三年太子薨官屬罷妃蔡氏別居金華宮以襄為中散大夫領步兵校尉金華宮家令知金華宮事七年出為鄱陽內史先是郡人鮮于琮梁書作琛大同

元年殺廣晉令王筠號上顧元年署置官屬將出
攻郡襄先率人吏修城隍爲備及賊至破之生獲
琮時鄰郡案賊黨因求賄皆不得實或善人盡室
罹禍唯襄郡枉直無濫人作歌曰鮮于抄後善惡
分人無橫死賴陸君又有彭李二家因忿爭相誣
告襄引入室不加責誚和言解喻之二人感恩深
自悔咎乃爲設酒食令其盡歡酒罷同載而還人
又歌曰陸君政無怨家鬪既罷讎共車在政六年
郡中大治民李覘等詣闕陳襄德化求於郡立碑
敕許之又表乞留襄襄固乞還徵爲吏部郎遷秘

書監揚州大中正太清元年爲度支尚書侯景圍
臺城以襄直侍中省城陷逃還吳景將宋子僊攻
錢唐會陸黯舉義夜襲郡殺僞太守蘇單于推襄
行郡事淮南太守蕭寧逆賊入吳襄遣迎寧爲盟
主遣黯及兄子映公躡寧僊與戰於松江黯敗走
吳下軍聞之亦散襄匿于墓下一夜憂憤卒年七
十襄弱冠遭家禍釋服猶若居憂終身蔬食布衣
不聽音樂口不言殺害五十許年侯景平元帝贈
侍中雲麾將軍以建義功追封餘干縣侯
雲公字子龍五歲誦論語毛詩九歲讀漢書略能記

憶從祖倕與劉顯質問十事雲公對無所失顯歎
異之及長好學有才思州舉秀才累遷宣惠武陵
王平西湘東王繹行叅軍雲公先制太伯廟碑吳
興太守張纘罷郡經途讀其文歎曰今之蔡伯喈
也纘至都掌選言之武帝召爲尚書儀曹郎入直
壽光省以本官知著作郎事累遷中書黃門兼掌
著作雲公善奕碁嘗夜侍坐武冠觸燭火帝笑謂
曰燭燒卿貂帝將用爲侍中故以此戲之時天泉
池新製鯿魚舟帝引劉之遴到溉朱异同泛雲公
年位尚輕亦預焉太清元年卒年三十七帝悼惜

詔尅日舉哀賻錢布雲公從父兄才子亦有才名
歷官中書郎宣成王友太子中庶子廷尉卿與雲
公並有文集雲公子瓊
瓊字伯玉幼聰慧有思理六歲爲詩頗有詞采大同
末詔雲公校定棋品瓊時八歲於客前覆局由是
都下號曰神童朱异言之武帝召見瓊風神警亮
進退詳審帝甚異之十一丁父憂毀瘠有至性從
祖襄歎曰此兒必荷門基所謂一不爲少及侯景
作逆携母避地于縣之西鄉勤苦讀書晝夜無怠
遂博學善屬文陳天嘉中以文學累遷尚書殿中

郎瓊素有令名深爲文帝所賞及討周迪陳寶應等都官符及諸大手筆並敕付瓊遷新安王文學掌東宮管記宣帝爲司徒妙簡僚佐徐陵薦瓊識具優敏文史足用進居郎署歲月過淹左西掾缺允膺茲選雖階次小踰其屈滯已積乃除司徒左西掾尋兼通直散騎常侍聘齊太建中爲給事黃門侍郎轉中庶子領大著作撰國史後主即位直中書省掌詔誥至德元年除度支尚書參選事掌詔誥并判廷尉建康二獄事初雲公奉梁武敕撰嘉瑞記瓊述其旨而續焉自永定訖于至德勒成一家之言遷吏部尚書著作如故瓊詳練譜牒雅有識鑒先是吏部尚書宗元饒卒尚書右僕射袁憲舉瓊宣帝未之用至是居之號爲稱職瓊性謙儉不自封植雖位望日隆而執志逾下園池室宇無所改作車馬衣服不尚鮮華四時俸祿散之宗族家無餘財暮年深懷止足思避權要恒謝疾不視事俄丁母憂初瓊侍東宮母隨在宮舍及喪還鄉詔加贈後主自制誌銘瓊哀慕過毀至德四年没有集二十卷行於世子從典字由儀幼聰敏八歲讀沈約集見回文研銘援筆擬之便有佳致十二作柳賦其詞甚美從父瑜特所賞愛及瑜將終命家中墳籍皆付之從典乃集瑜文爲十卷仍自製序從典篤好學業博涉群書起太子洗馬司徒左西掾陳亡入隋位著作佐郎尚書右僕射楊素奏從典續司馬遷史記迄于隋其書未就坐弟受漢王諒職免後謫南陽縣主簿大業末朱粲引從典及通事舍人顏愍楚爲賓客粲以人爲糧後盡食其兩家瓊從父弟琰

琰字溫玉父令公梁中軍宣城王記室參軍琰幼孤好學有志操州舉秀才解褐宣惠始興王行參軍累遷法曹外兵參軍直嘉德殿學士世祖聽覽餘暇頗留心史籍以琰博學善占誦引置左右嘗使製刀銘琰援筆即成無所點竄上嗟賞久之賜衣一襲俄兼通直散騎常侍副琅邪王厚聘齊及至鄴下而厚病卒琰自爲使主時年二十餘風神韶亮占對閑敏齊士大夫甚傾心焉還爲雲麾新安王主簿遷安成王長子寧遠府記室參軍太建初爲武陵王明威府功曹史兼東宮管記丁母憂去官五年卒年三十四太子甚傷之手令舉哀加贈賻自製誌銘至德二年追贈司農卿琰寡嗜慾鮮

郎瓊素有令名深爲文帝所賞及討周迪陳寶應等都官符及諸大手筆並敕付瓊遷新安王文學掌東宮管記宣帝爲司徒妙簡僚佐徐陵薦瓊識具優敏文史足用進居郎署歲月過淹左西掾缺允膺茲選雖階次小踰其屈滯已積乃除司徒左西掾尋兼通直散騎常侍聘齊大建中爲給事黃門侍郎轉中庶子領大著作撰國史後主即位直中書省掌詔誥至德元年除度支尚書參選事掌詔誥并判廷尉建康二獄事初雲公奉梁武敕撰嘉瑞記瓊述其旨而續焉自永定訖于至德勒成一家之言遷吏部尚書著作如故瓊詳練譜牒雅有識鑒先是吏部尚書宗元饒卒尚書左僕射袁憲舉瓊宣帝未之用至是居之號爲稱職瓊性謙以不自封植雖位望日隆而執志逾下園池室宇無所改作車馬衣服不尚鮮華四時俸祿散之宗族家無餘財暮年深懷止足思避權要恒謝疾不視事俄丁毋憂初瓊侍東宮毋隨在官舍及喪還鄉詔加贈後主自制誌銘瓊哀慕過毀至德四年沒有集二十卷行於世子從典字由儀幼聰敏八歲讀沈約集見回文研銘援筆擬之便有佳致十

之流涕八年卒年三十七有令舉哀并加賵贈德二年追贈少府卿有集十卷

琛字潔玉宣毅臨川王長史丘公之子少警俊事後毋以孝聞世祖爲會稽太子琛年十八上善政頌甚有詞采由此知名舉秀才起家爲衡陽王主簿兼東宮管記歷豫章王文學領記室司徒主簿直宣明殿學士尋遷尚書三公侍郎兼通直散騎常侍聘齊還爲司徒左西掾又掌東宮管記太子愛其才辯深禮遇之後主嗣位遷給事黃門侍郎中書舍人參掌機密琛性頗疎坐漏泄禁中語賜死年四十二

陸澄字彥淵祖劭臨海太守父瑗州從事澄少好學博覽無所不知行坐眠食手不釋卷起家太學博士中軍衛軍府行佐太宰參軍補太常丞郡主簿北中郎行參軍宋泰始初爲尚書殿中郎議皇后諱班下應依舊稱姓左丞徐爰案司馬孚議皇后不稱姓春秋逆王后于齊並不言姓澄以意立議坐免官白衣領職郎官舊坐杖有名無實澄在官積前後罰凡至十數轉通直郎兼中書郎尋轉丞泰始六年詔皇太子朝服袞冕九章澄與

郎丘仲起議服冕以朝實著經文舜除六冕漢明還備魏晉以來不欲令臣下服袞冕故位公者加侍官今皇太子禮絕群后宜遵聖王盛典革近代之制尋轉著作正員郎兼官如故仍轉後軍長史東海太守遷御史中丞齊建元元年驃騎諮議沈憲等家奴客為劫子弟被劾憲等晏然左丞任遐奏澄不糾請免澄官澄上表言舊例無左丞糾中丞之義詔外詳議褚淵撿宋以來左丞糾正而中丞不糾免官者甚衆奏澄謏聞膚見貽撓

免官詔以白衣領職明年轉給事中秘書監遷吏部四年復為秘書監領國子博士遷都官尚書出為輔國將軍鎮北將軍二府長史廷尉領驃騎將軍永明元年遷度支尚書尋領國子博士王儉謂之曰昔曹志緣悅為此官以君係之始無愧德澄與儉書陳王弼注易玄學之所宗今若弘儒鄭注不可廢并言左氏杜學之長穀梁舊有糜信近益以范甯不足兩立世有一孝經題為鄭玄注觀其用辭不與注書相類案玄自序所注衆書亦無孝經且為小學之類不宜列在帝典儉答曰易體微遠實貫群籍豈可專據小王便為該備宜依舊存

鄭元凱注傳超邁前儒穀梁小書無俟兩注存麋畧范率由舊式凡此諸議並同雅論疑孝經非鄭所注僕以此書明百行之首實人倫所先七畧藝文並陳之六藝不與蒼頡凡將之流也鄭注虛實前代不嫌意謂可安仍舊立置儉自以博聞多識讀書過澄澄謂曰僕少來無事唯以讀書為業且年位已高今君少便鞅掌王務雖復一覽便諳然見卷軸未必多僕儉集學士何憲等盛自商畧澄待儉語畢然後談所遺漏數百千條皆儉所未覩儉在尚書省出巾箱几案雜服飾令學士隸事事多者與之人人各得一兩物澄後來更出諸人所不知事復各數條并舊物奪將去轉散騎常侍秘書監吳郡中正光祿大夫加給事中尋領國子祭酒竟陵王子良得古器小口方腹而底平可容七八升以問澄澄曰此名服匿單于以與蘇武子良詳視器底有字彷彿可識如澄所言隆昌元年以老疾轉光祿大夫加散騎常侍未拜卒謚靖子澄當世稱為碩學讀易三年不解文義欲撰宋書竟不成王儉戲之曰陸公書廚也家多墳籍人所罕見撰地理書及雜傳死後乃出子少玄

陸徽字休猷郡辟命主簿仍除衛軍車騎二府參軍揚州主簿王弘衛將軍主簿除尚書都官郎出補建康令清平無私爲太祖所善遷司徒左西掾元嘉十四年爲始興太守明年仍除使持節交廣二州諸軍事綏遠將軍平越中郎將廣州刺史清操爲士民所愛二十一年徵爲南平王鑠冠軍司馬長沙内史行湘州府事毋憂去職張尋趙廣爲亂於益州兵寇之餘政荒民擾二十三年乃追徵爲持節督益寧二州諸軍事寧朔將軍益州刺史隱卹有方威惠兼著盜賊靜息民物殷阜蜀土安說二十九年卒家無餘財太祖痛惜之詔曰徽厲志廉潔歷任恪勤奉公盡誠克己無倦褒榮未由不幸夙殞言念在懷以爲傷恨可贈輔國將軍賜錢十萬米二百斛謚曰簡子子叡正員外郎揚州中從事孫杲煦（吳地記徽少有清操歷清班兄弟七人號七龍還益州刺史化行如神）

杲字明霞父叡揚州中從事杲少好學工書畫舅張融有高名杲風韻舉止頗類時稱曰無對日下唯舅與甥起家齊中軍法曹行參軍太子舍人衛軍王儉主簿遷尚書殿中曹郎拜日八坐丞郎並到上省交禮而杲至晚坐免官久之以爲司徒竟陵王外兵參軍遷征虜宜都王功曹史驃騎晉安王諮議參軍司徒從事中郎梁臺建以爲驃騎記室參軍相國西曹掾天監初除撫軍長史毋憂去職服闋拜建威將軍中軍臨川王諮議參軍尋遷黃門侍郎右軍安成王長史五年遷御史中丞性婞直無所顧望時山陰令虞肩在任贓汙杲奏收劾之中書舍人黃睦之以肩事託杲杲不荅梁武聞之以問杲杲荅曰有之帝曰識睦之不荅曰不識時睦之在側上指示曰此人是也杲謂曰君小人何敢以罪人屬南司睦之失色領軍將軍張稷是杲從舅杲嘗以公事彈稷稷因侍宴訴帝曰陸杲是臣通親小事彈臣不貸帝曰杲職司其事卿何得爲嫌杲在臺號不畏彊禦出爲義興太守在郡寬惠爲民所稱歷官金紫光祿大夫揚州大中正大通元年加特進四年卒年七十四謚曰質子杲素信佛法著沙門傳三十卷

煦學涉有思理天監初歷中書侍郎尚書左丞太子家令卒撰晉書未就又著陸史十五卷陸氏驪泉志一卷並行於世子罩字洞元少篤學多所該覽善屬文仕梁太子中庶子以母老求去公卿以下

祖道於征虜亭皇太子賜黃金五十斤時人方之
陸廣終光祿卿
陸法眞宋孝武時歷官有清節嘗爲劉秀之安北錄
事參軍羊希與孫詵書曰足下同僚陸錄事東南
名地又張玄外孫持身至清年高官下秉操不衰
當日夕相與申意明帝初爲南海太守卒
陸夷祖順宗魏青州刺史父槩齊霍州刺史夷少聰
敏九歲勤學日誦二千餘言楊遵彥見之曰陸氏
代有人矣
子隆字興世祖敞之梁嘉興令父悛封氏令子隆

少慷慨志功名起家東宮直侯景之亂於鄉里聚
徒是時張彪爲吳郡太守引爲將帥彪徙鎭會稽
子隆隨之及文帝封彪彪將沈泰等皆降而子隆
力戰敗績文帝義之復使領其部曲板爲中兵參
軍歷始豐永興二縣令文帝嗣位領甲仗宿衛尋
隨侯安都拒王琳於沌口琳平授左中郎將天嘉
元年封益陽縣子出爲高唐太守二年除明威將
軍廬陵太守二年周迪反東昌縣人脩行師應之
率兵攻子隆其鋒甚盛子隆設伏於外仍閉門偃
甲示之以弱及行師至腹背擊之行師大敗乞降

子隆送于京師四年周迪引陳寶應復出子隆
都督章昭達討迪迪退走因隨昭達踰東興嶺討
陳寶應軍至建安以子隆監郡寶應據建安之湖
際以拒官軍子隆與昭達各據一營昭達先與賊
戰不利亡其鼓角子隆率兵來救大破賊徒盡獲
昭達所亡羽儀甲仗[illegible]安平子隆功最遷假節都
督武州諸軍事將軍如故尋改封朝陽縣伯廢帝
即位進號智武將軍加員外散騎常侍餘如故華
皎據湘州反以子隆居其心腹深患之頻遣使招
誘子隆不從遣兵攻之又不能剋及皎敗於郢州

子隆出兵以襲其後因與王師相會授持節通直
散騎常侍都督武州諸軍事進爵爲侯尋遷都督
荊信祐三州諸軍事宣毅將軍荊州刺史持節常
侍如故是時荊州新置治于公安城池未固子隆
修建城郭綏集夷夏甚得民和當時號爲稱職三
年吏民詣郡上表請立碑頌美功績詔許之大建
元年進號雲麾將軍二年卒年四十七贈散騎常
侍謚曰威子之武嗣之武年十六領其舊軍隨吳
明徹北伐有功官至王府主簿弘農太守仍隸明
徹明徹敗績於呂梁之武逃歸爲人所害年二十

二子隆弟子才亦有幹畧從子路以征討有功除南
平太守封始興縣子從吳明徹北伐監安州鎮宿
預除中衛始興王諮議參軍遷飆猛將軍信州刺
史大建十三年卒年 十二贈員外散騎常侍
陸山才字孔章祖翁寶梁尚書水部郎父泛散騎常
侍山才少倜儻好尚文史起家王國常侍遷外兵
參軍以父疾歸養承聖元年王僧辯授山才儀同
府西曹掾陳高祖誅僧辯山才奔會稽依張彪彪
敗乃歸紹泰中周文育出鎮南豫州不知書疏以
山才為長史委以政事文育討蕭勃以歐陽頠

計畫多出山才及文育征王琳留山才監江州事
仍鎮豫章文育與侯安都敗績於沌口余孝頃來
寇豫章山才收合餘衆依于周迪擒孝頃等自樂
安嶺東道送于京師除中書侍郎復由樂安嶺綏
撫南川諸郡文育重鎮豫章金口山才復為貞威
將軍鎮南長史豫章太守熊曇朗害文育囚山才
等送于王琳未至而侯安都敗山才獲返除貞威
將軍新安太守以王琳未平留鎮富陽入為員外
散騎常侍遷宣惠始興王長史行東揚州事侯安
都討留異山才率主府之衆從之異平除明威將

軍東陽太守入為鎮東始興王長史帶會稽郡丞
行東揚州未拜改授散騎常侍兼度支尚書滿歲
為真宣帝南征周迪以山才為軍司迪平復職余
孝頃自海道襲晉安山才又以本官之會稽指授
方畧還朝坐侍宴與蔡景歷言語過差為有司所
奏免官尋授散騎常侍遷雲旗將軍西陽武昌二
郡太守天康元年卒贈右衛將軍謚簡子
陸元方字希仲陳給事黃門侍郎琛之曾孫伯父東
之善書名家在藝苑傳元方初明經後舉八科皆中累
轉監察御史武后時使嶺外涉海風濤驚壯舟人

懼元方曰吾受命不私神豈害我趣使濟而風息
還除殿中侍御史擢鳳閣舍人秋官侍郎為來俊
臣所陷后置不罪遷鸞臺侍郎兼司衛卿或言其
薦引皆親黨后怒免官令白衣領職元方薦人如
初后召讓之對曰舉臣所知不暇問讎黨又薦崔
元暐有宰相才后知無他復拜鸞臺侍郎同鳳閣
鸞臺平章事后嘗問外事對曰臣備位宰相大事
當白奏民間碎務不敢以聞忤旨下除太子右庶
子進文昌左丞卒元方素清慎再執政每進退群
臣后必先訪問外祕莫知臨終取奏稿焚之曰吾

陰德在人後當有興者又曰吾當壽但須選乂耗
傷吾神有一柙生平所緘鑰者歿後家人發之乃
前後詔敕贈越州都督諸子皆美才象先景倩景
融尤知名
象先器識沈邃舉制科高第爲揚州參軍事時吉頊
與元方同爲吏部侍郎頊擢象先爲洛陽尉元方
不肯當頊曰爲官擇人豈以吏部子廢至公邪卒
以授俄遷監察御史累授中書侍郎景雲中進同
中書門下平章事監修國史初太平公主謀引崔
湜爲宰相湜曰象先人望宜幹樞近若不者湜敢
辭主不得已并爲言之遂並知政事然其性恬靜寡
欲議論高簡爲時推尚湜嘗曰陸公加於人一等
公主既擅權宰相爭附之象先未嘗往謁及謀逆
召宰相議曰寧王長不當廢嫡立庶象先曰帝得
立何也主曰帝有一時功今失德安可不廢對曰
立以功者廢必以罪今不聞天子過失安得廢主
怒更與竇懷貞等謀卒誅死時象先與蕭至忠岑
羲等坐爲主所進將同誅玄宗遽召免之曰歲寒
然後知松柏之後彫也以保護功封兗國公初難
作睿宗御承天樓群臣稍集帝麾曰助朕者留不

者去於是有投名自驗者事平玄宗得所投名詔
象先收按象先悉焚之帝大怒欲并加罪頓首謝
曰赴君之難忠也陛下方以德化天下柰何殺仁
義之人故臣違命安反側者其敢逃死帝寤善之
時窮治忠義等黨與象先密爲申救保全甚衆當
時無知者罷爲益州大都督府長史劍南按察使
爲政尚仁恕司馬韋抱直諫曰公當峻朴罰以示
威不然民慢且無畏荅曰政在治之而已必刑法
以樹威乎累徙蒲州刺史兼河東按察使大吏目
小吏有罪象先誡遣謂彼不曉吾言邪必責者當
以汝爲始大吏慙而退嘗曰天下本無事庸人擾
之爲煩耳第澄其源何憂不簡邪所至民吏懷之
入爲太子詹事歷戶部尚書知吏部選事毋喪免
起爲揚州大都督府長史遷太子少保兗國公卒
贈尚書左丞相謚文貞始象先名景初睿宗曰子
能紹先構是爲象賢者乃賜名焉
景倩爲扶溝丞按察使畢構覈州縣吏欲必得實有
吏言狀曰某彊清某詐清惟景倩曰眞清終監察
御史
景融長七尺美姿質寬中厚外博學工筆札以蔭補

千牛轉新鄭令政有風績累遷工部尚書東京留
守卒贈廣陵郡都督景融於象先後母弟也象先
被答景融諫不入則自楚毋爲損威人多其友景
融兄弟景獻歷殿中侍御史屯田員外郎景裔歷
河南令庫部郎中皆有美譽景融四世孫希聲
希聲蘇州司士參軍孟儒之孫博學善屬文通易春
秋老子論著甚多商州刺史鄭愚表爲屬韋保衡
爲相忌賢怙勢希聲去隱義興號君陽遁叟久之
召爲右拾遺時儉府兩秉權歲數歉梁宋尤甚希聲
見州縣刓敝上言當謹視盜賊明年王僊芝反株

蔓數十州遂不制擢累歙州刺史昭宗聞其名召
爲給事中拜戶部侍郎同中書門下平章事在位
無所輕重以太子少師罷李茂貞等兵犯京師輿
疾避難卒贈尚書左僕射謚曰文元方從父餘慶
餘慶陳右衛將軍珣之孫方雅有祖風已冠名未顯
兄玄表嗜曰爾名宦不立柰何餘慶感激閉戶誦
書三年以博學稱舉制策甲科補蕭尉累遷陽城
衛武后封嵩山以辦具勞擢監察御史聖曆初靈
勝二州党項誘北胡寇邊詔餘慶招慰喻以恩信
蕃酋率衆內附遷殿中侍御史鳳閣舍人后嘗命

草詔殿上恐懼不能得一詞降左司郎中父之封
廣平郡公太子右庶子餘慶於寒品晚進必悉力
薦藉人有過輒面折退無一言開元初爲河南河
北宣撫使薦孫逖韋述蔣洌達奚珣後皆知名遷
大理卿終太子詹事謚曰莊餘慶少與趙貞固盧
藏用陳子昂杜審言宋之問畢構郭襲徵道士司
馬承禎釋懷一或云法成號方外十友餘慶雖才學不
逮子昂而風流敏辯過之武后時酷吏用事中宗
朝倖臣貴主斜封大行嗜利蹈禍之人與相乾沒
雖驟貴驟用而戮不及踵餘慶以道自將雖仕不

赫赫訖無悔尤子璪
璪字仲采舉明經補長安尉以清幹稱開元初朝臣
子弟不任京畿改新鄉令人爲立祠用按察使宇
文融薦遷澠池令累遷兵部郎中東彍騎使還除
洛陽令權勢姦豪人不敢犯爲黃門嵩所器嵩罷
宰相俾陰豢嵩短璪曰與人交過且不言況無有
邪以是忤之出爲太原少尹累遷西河太守封平
恩縣男屬邑多虎前守設檻穽璪至徹之而虎不
爲暴餘慶孫長源
長源字泳之天寶中爲太子詹事有清譽贈於學始

辟昭義節度幕府高傪次常從容規切歷建信二州刺史韓滉領江淮轉運辟署兼御史中丞以為副遷都官郎中汝州刺史從宣武司馬欲峻法繩驕兵為節度使董晉所持不克行而判官楊凝孟叔度等又苛細淫縱晉有所偷弛長源輒裁正之晉卒長源總留後事大言曰將士久慢吾且以法治之衆始懼長源性剛不適變又不為備才八日軍亂殺長源及叔度等死之日有詔拜節度使檢校禮部尚書遠近嗟悵贈尚書左僕射長源好詣易無威儀而清白自將去汝州送車二乘曰吾祖罷魏州有車一乘而圖書半之吾愧不及先人云

陸賓虞元方六世孫以文名歷侍御史子龜蒙在草行傳

陸亘音宣字景山元和三年中第補萬年丞再遷太常博士禮吏孟簡練容典博士降色訪逮吏倚以倨橫會將冊皇太子草儀亘與參議偃蹇亘擿逐之胥曹失色遷累戶部郎中太常少卿歷兗蔡虢蘇四州刺史浙東觀察使從宣歙大和八年卒贈禮部尚書亘文明嚴重所至以善政稱

陸扆字祥文曾祖禮殿中侍御史祖德淮南觀察支使父鄯陝州法曹參軍從家于陝扆本名允迪光啓二年僖宗在興元舉進士第一進翰林學士中書舍人工屬辭敏速若注射然一時書命同僚以為不及昭宗顧待特異帝嘗於金鑾作賦詔學士皆和獨扆最先就帝歎曰貞元時陸贄吳通玄兄弟善內廷文書後無繼者今朕得卿斯文不墜矣與宗人希聲文才重德名冠一時朝中號二陸累為尚書左丞封嘉興縣男從戶部侍郎進同平章事中書侍郎貶峽州刺史久之授工部尚書從帝自華州還以工部尚書當國封吳郡公天復初朱全忠謀去朝廷衣冠貶扆濮州司戶殺之白馬驛年五十九

姑蘇志卷第四十五

人物三　名臣

顧綜字文緒吳人後漢明帝時辟有道歷御史大夫尚書令殿上三老帝舉三代之禮以正月上日饗辟雍設杖几乞言受誨吳丞相雍其後也

雍字元歎德字淹深名播人譽初蔡伯喈嘗避怨於吳雍從學琴書伯喈歎異之故與伯喈同名而字元歎州郡表薦爲合肥長轉婁曲阿上虞皆有治跡孫權領會稽太守不之郡以雍爲丞行太守事討除寇賊郡界寧靜入爲左司馬權爲吳王累遷大理奉常領尚書令封陽遂鄉侯拜侯還寺而家人不知逆母至郡權臨賀之親拜其母太子亦往雍爲人不飲酒寡言語舉動時當權嘗歎曰顧君不言言必有中至飲宴歡樂之際左右恐有酒失雍必見之不敢肆情權亦曰顧公在坐使人不樂其見憚如此是歲改爲太常進封醴陵侯代孫邵爲丞相其所選用隨能授任心無適莫時訪逮民間及政職所宜轉密以聞若見納用則歸之於上不用終不宣泄權以此重之爲相十九年年七十六赤烏六年卒初疾微時權令醫趙泉視之拜其少子濟爲騎都尉雍聞悲曰泉善別死生吾必不起故上欲及吾目見濟拜也權素服臨弔謚曰肅侯子濟嗣無後絕永安元年詔曰故丞相雍至德忠賢輔國以禮而侯統廢絕朕甚愍之其以雍次子裕襲爵爲醴陵侯以明著舊勳吳錄曰裕一名穆終宜都太守

邵字孝則博覽書傳好樂人倫少與舅陸績齊名而陸遜張敦卜靜等皆亞焉自州郡及四方人士言議結交風聲流聞遠近稱之權妻以策女年二十七起家爲豫章太守下車祀徐孺子墓優待其後禁非禮之祭小吏姿質佳者輒令就學擇其先進擢置右職舉善以教風化大行初錢唐丁諝出於役伍陽羨張秉生於庶民烏程吾粲雲陽殷禮起乎微賤邵皆拔而友之爲立聲譽秉遭大喪親爲制服邵當之豫章發在近路值秉疾病時送者百數邵辭曰張仲節有疾苦不能來別恨不見之暫還與訣諸君少待其留心下士惟善所在皆此類也諝至典軍中郎秉雲陽太守禮零陵太守粲太子少傅世以邵爲知人在郡五年卒官終剡令邵子譚

譚字子默弱冠與諸葛恪等爲太子四友從中庶子

轉輔政都尉帝方隆訓導妙簡俊彥四方畢集恪以雄奇蓋衆而譚以清識絕倫獨見推重自范慎謝景羊徽之徒悉在譚下赤烏中代恪為左節度譚初蒞官府上疏陳事帝輟食稱善雅性高亮不脩意氣或以此望之然權鑒其能見待甚隆數賞賜召請每省簿書未嘗下籌徒屈指心計盡發疑謬加奉車都尉薛綜為選曹尚書固讓譚曰譚心精體密貫道達微才照人物德允衆望誠非愚臣所可越先後遂代綜大父雍卒數月拜太常代雍平尚書事時魯王霸與太子和齊衡譚疏明嫡庶之禮霸遂與有隙而全琮子寄為霸賓素傾邪譚所不納先是譚弟承與張休俱征壽春琮時與王凌戰淩兵勝陷沒我軍休承奮擊之遂駐魏師時琮子緒端亦並為將因敵既住乃進擊之凌軍用退時行賞以為駐敵之功大退敵之功小休承並為雜號將軍緒端偏裨而已寄父子益恨共構譚坐徙交州譚幽憤著新言二十篇其知難篇以自悼也卒年四十二

承字子直嘉禾中與舅陸瑁俱以禮徵權賜雍書曰貴孫子直令問休休至與相見過於所聞拜騎都尉領羽林兵後為吳郡西部都尉與諸葛恪等共平山越別得精兵八千拜昭義中郎將入為侍中芍陂之役拜奮威將軍出領京下督數年與兄譚張休等俱徙交州卒年三十七承從祖徽

徽字子歎雍母弟也少游學有才辯孫權召署主簿嘗出見一男子將刑問何罪云盜百錢徽使住馳詣陳啓方今蓄士以圖北虜視此兵壯健且所盜少乞原之權嘉許焉轉東曹掾或傳曹操欲東權謂徽曰卿孤腹心今傳孟德懷異意莫足使揣之卿為吾行拜輔義都尉往見操操問境內消息徽應對婉順因說江東大豐山藪宿惡皆慕化為善義出作兵操笑曰孤與孫將軍一結婚姻共輔漢室義如家君何為道此徽曰正以明公與主將義同盤石休戚共之是以及耳操厚待遣還權問定云何徽曰敵國隱情卒難探然徽潛采聽方與袁譚交爭未有他意乃拜徽巴東太守欲大用之會卒子容字季則少知名位至鎮東將軍

顧榮字彥先宜都太守穆之子也穆即裕雍之子機神朗悟仕吳黃門侍郎太子輔義都尉吳平與陸機兄弟同入洛時號三俊例拜郎中歷尚書郎太子中舍

人廷尉正恒縱酒謂同郡張翰曰惟酒可以忘憂
但無如作病耳趙王倫誅淮南王允收允僚屬付
廷尉榮平心處當多所全宥及倫篡位以榮爲子
大將軍虔長史初榮與宴飲見執炙者有欲炙之色
割炙啗之坐者問其故榮曰豈有終日執之而不
知其味者及倫敗榮被執將誅而執炙者爲督率
救之得免齊王冏召爲大司馬主簿榮懼及禍昏
酣不綜事以情告馮熊熊謂葛旟曰以顧榮爲主
簿所以甄拔才望委以事機不復計南北親疏欲
平海內之心也今府大事殷非酒客之政旟曰榮
江南望士且居職日淺不宜輕代易之熊曰可轉
爲中書侍郎榮不失清顯而府更收實才旟然之
白冏以爲中書侍郎在職不復飲酒或問之曰何
前醉而後醒邪榮懼乃復飲與楊彥明書曰吾爲
齊王主簿恒慮禍及見刀與繩每欲自殺及冏誅
榮以討葛旟功封嘉興伯轉太子中庶子長沙王
乂爲驃騎復以榮爲長史乂敗轉成都王穎丞相
從事中郎惠帝幸臨漳以榮兼侍中遣行園陵會
張方據洛不得進避之陳留及帝西遷長安徵爲
散騎常侍以世亂不應遂還吳東海王越聚兵以

榮爲軍諮祭酒屬陳敏反假榮右將軍丹陽內史
榮數踐危亡之際恒以恭遜自免敏欲誅諸人士
榮說解之敏從其言仍遣甘卓出橫江堅甲利委
以精兵榮私於卓曰若江東之事可濟當共成之
然卿觀事勢當有濟理不敏敗之日使江西諸軍
函首送洛題曰逆賊顧榮甘卓之首辱及萬世可
不圖之卓從之明年周玘紀瞻與榮及卓起兵攻
敏榮發檄歛舟於南岸敏率兵出不獲濟榮麾以
羽扇其衆潰散事平還吳永嘉初徵拜侍中與紀
瞻同赴洛在途論易太極至徐州聞亂甚將不行
會刺史裴盾得東海王越書若榮等顧望以軍禮
發遣乃與瞻及陸玩等各解船棄車牛一日一夜
行三百里得還揚州元帝鎮江東以榮爲軍司加
散騎常侍謀畫皆諮焉時帝因鄭貴嬪有疾頗廢
萬機榮箴諫之又表薦甘卓帝皆納之六年卒官
帝臨喪盡哀欲贈榮依齊王功臣格殷祐箴列以
爲報輕乃贈侍中驃騎將軍開府儀同三司謚曰
元及帝爲晉王追封爲公開國食邑子毗嗣官至
散騎侍郎榮兄子顯
顯字孟著少有重名嘗以酒勸周顗顗不受顯因移

歡柱而語曰詎可使作棟梁自遇顗得之俄然遂
爲衿契泰興中爲散騎侍郎早卒時惜悼之
顧衆字長始榮族弟也祖悌在孝友傳父祕字公眞有文
武才幹爲吳興太守石冰畧有揚土周玘等推祕
都督揚州九郡軍事斬冰所置吳興太守區山祕
出後伯父早終事伯母以孝聞州辟主簿舉秀才
除餘杭秩陵令並不行元帝爲鎭東將軍命爲參
軍以討華軼功封東鄉侯辟丞相掾初祕以長外
散騎常侍代吾彥爲交州刺史祕卒州人逼子參
領州事參卒弟壽固求領州殺長史胡肇等又將

朝　七

殺帳下督梁碩碩起兵討壽禽付壽母令鴆殺之
衆往交州迎喪值杜弢之亂崎嶇六年乃還祕曾
蒞吳興吳興義故遺錢助衆一無所受及帝踐阼
徵拜駙馬都尉奉朝請轉尚書郎大將軍王敦請
爲從事中郎上補南康太守會詔除鄱陽太守加
廣武將軍衆徑之鄱陽不過敦敦甚怪焉及敦構
逆令衆出軍衆遲回不發敦大怒以軍期召衆還
詰之聲色甚厲衆不爲動敦意漸釋時敦又怒宣
城內史陸喈衆又辯明之陸玩在坐爲衆危懼出
謂衆曰卿眞所謂剛亦不吐柔亦不茹雖仲山甫

何以加之敦事捷欲以衆爲吳興內史衆固辭敦
鎭姑孰復以爲從事中郎敦平除太子中庶子爲
義興太守加揚威將軍蘇峻反王師敗績衆還吳
潛圖義舉遣人喩張愷復吿蔡謨言與愷剋期效
節謨乃以衆爲本國督護揚威將軍衆破峻將弘
徽軍衆往海虞備賊而賊率張健據郡城衆由婁
縣東倉與賊別率戰破之進屯烏苞會稽內史王
舒吳興內史虞潭檄衆爲五郡大督護統諸義軍
討健潭遣姚休爲衆前鋒與賊戰沒衆還守柴辟
咸勸衆過浙江衆不聽又版范明爲參軍合討健

南　六

健走衆進住吳城遣朱祈等九軍守庱亭復破健
軍事詳平亂條峻平論功衆推功於謨謨以衆謀非己
之力俱表讓論者美之封鄱陽縣伯除平南軍
司不就更拜丹陽尹本國大中正入爲侍中轉尚
書咸康末遷鎭軍將軍揚州大中正固讓未拜以
母憂去職穆帝即位復徵爲領軍不起服闋乃就
何充崇信佛教衆每以爲言嘗同經佛寺充要衆
入門衆不下車充優容之以老乞休不許遷尚書
僕射永和二年卒贈特進光祿大夫謚曰靖眞誥云諡靖伯
長子昌嗣爲建康令第三子會中軍諮議參軍

時稱美士衆族子和
和字君孝曾祖容吳荆州刺史祖相臨海太守和總
角便有清操族叔榮曰此吾家麒麟興顧氏者必
此子也時宗人球亦有令聞爲州別駕榮謂之曰
卿速步君孝超卿矣王導爲揚州辟從事月旦當
朝未入停車門外周顗遇之和方擇蝨夷然不動
顗既過顧指和心曰此中何所有和徐應曰此中
最是難測地顗入謂導曰卿州吏中有一令僕才
導亦爲然和嘗詣導導小極對之疲睡和欲叩會
之因謂同坐曰昔每聞族叔元公道公叶贊中宗

保全江表體小不安令人喘息導覺之謂和曰卿
珪璋特達機警有鋒不徒東南之美實爲海內之
俊由是知名既而導遣八部從事之部還同入見
各言官長得失和獨無言導問之答曰明公作輔
寧使網漏吞舟何緣采聽風聞以察察爲政導咨
嗟稱善累遷司徒掾時東海王沖爲長水校尉妙
選僚屬以和爲主簿永昌初除司徒左曹掾太寧
初王敦請爲主簿遷太子舍人車騎參軍長史王
導爲揚州請爲別駕所歷皆著稱遷散騎侍郎尚
書吏部司空郗鑒請爲長史領晉陵太守咸康初

拜御史中丞劾奏戴抗贓汙付法并免傅玩劉傭
官百僚憚之遷侍中初中興東遷舊章多闕冕旒
飾以翡翠珊瑚雜珠和奏舊冕有十二旒皆用玉
珠今用雜珠等非禮若不能用玉可用白琁成帝
始下太常改之帝以保母周有勞欲假其名號和
諫止之轉吏部尚書徙領軍將軍太常卿國子祭
酒康帝將郊祀和議宜親行從之遷尚書僕射以
母老固辭詔特聽暮出朝還朝議以端右之副不
宜處外更拜銀青光祿大夫領國子祭酒頃之母
憂去職居喪以孝聞既練褚裒薦起爲尚書令遣

散騎郎喻旨和每見催逼輒號咷慟絕帝又下詔
強之和表疏十餘上竟不起服闋然後視職時汝
南王統江夏公衛崇並爲庶母制服三年和乃奏
曰禮所以軌物成教故有國家者莫不崇正明本
以一其統斯人倫之紀不二之道也爲人後者降
其所出奪天屬之性顯至公之義降殺節文著于
周典按汝南王統爲庶母居廬服重江夏公衛崇
本由疏屬開國之緒近喪所生復行重制違冒禮
度肆其私情皆可下太常奪服若不祗王命應加
貶黜詔從之和居任多所獻納雖權臣不苟阿撓

永和七年以疾篤辭位拜左光祿大夫儀同三司加散騎常侍尚書令如故其年卒追贈侍中司空謚穆子淳歷尚書吏部郎給事黄門侍郎左衛將軍球歷尚書郎建武初卒帝將爲舉哀有司奏非例帝曰衰亂之弊特相痛悼於是哭之甚慟和孫敷字祖根少聰慧高才令德弘泰有雅量殷源謂之曰黑頭公東南無雙官至著作郎卒和曾孫琛琛字弘瑋祖履之父惔並爲司徒左西掾琛謹確不尚浮華起家州從事駙馬都尉奉朝請景平中除大匠丞彭城王義康右軍驃騎參軍晉陵令司徒

參軍尚書庫部郎本邑中正元嘉七年到彥之兵敗河南委棄兵甲武庫爲之空虛後太祖宴會有荒外歸化人在坐上問琛庫中仗猶有幾許琛詭答有十萬人仗舊武庫仗秘不言多少上既發問追悔失言及琛詭對上甚喜明年坐以宗人入尚書省雜坐遣出免中正仍爲彭城王義康所請補司徒録事參軍義康欲委以腹心而琛不能承事劉湛尋斥爲山陰令復爲司徒録事遷少府十五年出爲義興太守十九年徙東陽欲使防守義康固辭忤旨廢黜還家二十七年魏人南至瓜步權

假琛建威將軍尋除東海王褘冠軍司馬行會稽五郡置會州以琛爲會稽太守加五品將軍置將佐事平遷吳興太守孝建元年徵爲五兵尚書未拜復爲寧朔將軍吳郡太守以起義功封永新縣五等侯大明元年吳縣令張闓坐居母喪無禮下廷尉錢唐令沈文秀判劾違謬應坐被彈琛宣言於衆闓被劾之始屢相申明又云當啓文秀留縣世祖聞之大怒謂琛賣惡歸上免官琛母老仍停家琛爲司空竟陵王誕故佐誕待琛素厚三年誕據廣陵反遣陸延稔版琛爲征南將軍琛子前

尚書郎寶先爲諮議參軍寶素弟前司空參軍寶光爲從事中郎世祖以琛素結事誕或有異志遣使就吳郡太守王曇生誅琛父子會延稔先至琛等即執斬之遣二子送延稔首啓世祖世祖所遣誅琛使其日亦至僅而獲免上嘉之召琛出以爲西陽王子尚撫軍司馬琛母孔氏時年百餘隆安初王恭於吳中爲亂以女爲貞烈將軍悉以女人爲官屬以孔氏爲司馬及孫恩亂後東土饑荒人相食孔氏散家糧以賑邑里得活者甚衆生子皆以孔爲名焉琛仍爲吳興太守明年坐郡[illegible]

錢公盜鑄免官六年起爲大司農都官尚書新安
王子鸞北中郎司馬東海太守行南徐州事隨府
轉撫軍司馬太守如故前廢帝即位復爲吳郡太
守泰始初與四方同反兵敗奉母奔會稽臺軍旣
至歸降寶素與琛相失自殺琛尋丁母憂服闋起
爲員外常侍中散大夫後廢帝元徽三年卒年八
十六先是宋世江東貴達者會稽孔季恭季恭子
靈符吳興丘淵之及琛吳音不變寶光見藝文傳
顧覬之字偉仁初爲郡主簿謝晦爲荊州以爲南蠻
功曹晦愛其雅素深相知待王弘辟爲揚州主簿

仍爲弘衞軍參軍鹽官令衡陽王義季右軍主簿
尚書都官郎護軍司馬時彭城王義康秉權殷劉
之隙已著覬之不欲與殷景仁久接乃辭脚疾自
免歸在家每夜常於牀上行脚家人竊異之而莫
曉其故後義康徙廢朝廷多以異同受禍復爲東
遷山陰令山陰劇邑官長晝夜不得休覬之理繁
以約縣用無事晝日垂簾門階閑寂自宋世爲山
陰務簡而績修者莫之能尚也還爲揚州治中從事史
廣陵王誕廬陵王紹北中郎左司馬揚州別駕從
事史尚書吏部郎嘗於太祖坐論江左人物言及

顧榮袁淑謂覬之曰卿南人怯懦豈辦作賊覬之正
色曰卿乃復以忠義笑人淑有愧色元凶弒立朝
士無不移任唯覬之不徙官世祖即位遷御史中
丞孝建元年出爲義陽王昶東中郎長史寧朔將
軍行會稽郡事尋徵爲右衞將軍領本邑中正明
年出爲湘州刺史治甚有績大明元年徵守度支
尚書領本州中正二年轉吏部尚書有唐賜者往
病吐蠱蟲十餘枚臨死語妻張死後刳腹出病後
張手自破視五臟悉糜碎郡縣以張忍行刳剖子
副又不禁駐事起赦前法不能決劉勰議賜妻痛

往遵言兒識謝及理考事原心非存忍害謂宜哀
矜覬之議曰法移路尸猶爲不道況在妻子而忍
行凡人所不行不宜曲通小情當以大理爲斷謂
副爲不孝張同不道詔如覬之議加左軍將軍出
爲吳郡太守八年復爲吏部尚書加給事中未拜
欲以爲會稽不果還爲吳郡太守戴法興權傾人
主而覬之未嘗降意蔡興宗與覬之善嫌其風節
過峻覬之曰辛毗有云孫劉不過使吾不爲三公
耳及世祖晏駕法興遂以覬之爲光祿大夫加金
章紫綬太宗泰始初四方同反覬之家尋陽尋陽

王子房加以位號顗之不受曰禮年六十不服戎
以其筋力衰謝非復軍旅之日況年將八十殘生
無幾守盡家門不敢聞命時普天叛逆莫或自免
唯顗之心迹清全獨無所與二年東土既平以爲
左將軍吳郡太守加散騎常侍復爲湘州刺史常
侍將軍如故三年卒年七十六追贈鎮軍將軍常
侍刺史如故諡簡子顗之家門雖睦爲州鄉所重
五子約緝綽縝緄綽私財甚豐鄉里士庶多負其
債顗之每禁之不能止及後爲吳郡謂綽曰我常
不許汝出債令思貧薄亦不可居民間與汝交關
及我在郡爲汝督之凡諸券書皆何在綽大喜盡
出諸文券顗之悉焚燒宣語遠近負三郎債皆不
須還凡券書悉燒之矣顗之常謂秉命有分定非
智力所移唯應恭己守道信天任運而闇者不達
妄求僥倖徒虧雅道無關得喪乃以其意命弟子
愿著定命論愿字子恭父淵之散騎侍郎愿好學
有文詞名於世大明中舉秀才對策稱旨擢爲著
作佐郎太子舍人卒又弟子憲之永明三年以
驃騎參軍徵爲司徒主簿閑居養志不應辟顗之
孫憲之

憲之字士思元徽中爲建康令時有盜牛者與本主
爭訟各稱己物前後令皆不能決憲之至令解牛任
其所去牛徑還本主宅盜始伏權要請托長吏貪
殘據法直繩無所阿縱性又清儉彊力爲政甚得
民和故都下飲酒者得醇旨輒號爲顧建康謂其
清美也遷車騎功曹晉熙王友齊高帝執政以爲
驃騎錄事參軍遷太尉西曹掾齊臺建爲中書侍
郎高帝即位除衡陽內史先是郡境連歲疾疫死
者太半棺木尤貴悉裹以葦席棄之路傍憲之下
車分命屬縣求其親黨悉令殯葬其家人絕滅者
爲出公祿使綱紀營護之又土俗山民有病輒云
先人爲禍皆開冢剖棺水洗枯骨名爲除祟憲之
曉諭生死之別事不相由風俗遂改時刺史王奐
初至唯衡陽獨無訟者乃歎曰顧衡陽之化至矣
若九郡率然吾將何事還爲太尉從事中郎永明
六年爲隨王東中郎長史行會稽郡事山陰人呂
文度有寵於齊武帝於餘姚立邸頗縱橫憲之至
郡即表除之文度後還葬母郡縣爭赴弔憲之不
與相聞文度深銜之卒不能傷也遷南中郎巴陵
王長史南兗南豫二州事典籤諮事未嘗接以顏

色動遵法制加建威將軍行婺州事時竟陵王子良
宣武臨成定陵三縣界立屯封山澤數百里禁民
樵采憲之固陳不可言甚切直王答之曰非君無
以聞此德音即命毋禁遷給事黃門侍郎兼尚書
吏部郎中初覬之爲吏部於庭植嘉樹謂人曰吾
爲憲之植耳至是憲之果爲此職出爲征虜長史
行南兗州事遭母憂服闋建武中復除給事黃門
侍郎領步兵校尉未拜仍遷太子中庶子領吳郡
中正出爲寧朔將軍臨川內史未赴改授輔國將
軍晉陵太守頃之遇疾陳解還鄉里永元初徵爲

廷尉不拜除豫章太守有貞婦萬晞少孀居無子
事舅姑尤孝父母欲奪嫁之誓死不許憲之賜以
束帛表其節義梁武帝爲揚州牧徵憲之爲別駕
從事史比至已受禪憲之風疾漸篤固求還吳天
監二年就家受太中大夫憲之雖累經宰郡資無
儋石及歸環堵不免飢寒臨終爲制以勑其子薄
葬素祭文繁不載所著詩賦銘贊并衡陽郡記數
十篇
顧邁郡人有才能而輕薄宋始興王濬征北以爲行
參軍待之甚厚深言密事皆與參之別駕劉瑀性

好凌物而折節事邁邁以其款盡濬所言悉以語
之瑀與邁進射堂下忽顧左右索單衣幘遣問其
故瑀曰公以家人待卿言無不盡卿外宣泄我是
公家吏何得不啓白濬大怒啓文帝徙廣州値蕭
簡爲亂邁爲之盡力與簡俱死
顧少連字夷仲和裔孫也唐代宗朝擢第以拔萃補
登封主簿邑有虎孽少連命塞陷穽移文嶽神虎
不爲害以薦爲監察御史德宗狩奉天徒步詣謁
授水部員外郎翰林學士再遷中書舍人閱十年
以謹密稱歷吏部侍郎裴延齡方横嘗與少連會

田鎬第酒酣少連挺笏謂曰段秀實笏擊賊臣今
吾笏將擊姦臣奮且前元友直勸解之改京兆尹
政尚寬簡不爲灼灼名先是京畿租賦薄厚不能
一少連以法均之遷吏部尚書封本縣男徙兵部
東都留守表禁苑及汝閑田募耕以便民閱武力
利鎧仗號良吏卒年六十三贈右僕射謚曰敬子
師邕師閔始少連携師閔亦行在有詔同上翰林
院車駕還授同州參軍
師邕字睦之性恬約喜書畧游合第進士累遷監察
御史李訓薦爲水部員外郎翰林學士訓追宦官

曰令捕等六人按追既行命師邕爲詔賜公道歸
之會訓敗不果師邕流崖州至藍田賜死

姑蘇志卷第四十五

姑蘇志卷第四十六

人物四 名臣

張温字惠恕吳縣人少脩節操容貌奇偉權聞之以問公卿曰温當今與誰爲比劉基曰可與全琮爲輩顧雍曰温今無輩徵到延見文辭占對觀者傾竦權改容加禮罷出張昭執其手曰老夫託意君宜明之拜議郎選曹尚書徙太子太傅甚見信重時年三十二以輔義中郎將使蜀權謂温曰卿不宜遠出恐諸葛孔明不知吾所以與曹氏通意以故屈卿行温對曰臣入無腹心之規出無專對之用懼無張老延譽之功又無子產陳事之効然諸葛亮達見計數必知神慮屈伸之宜推亮心必無疑貳温至蜀拜章曰昔高宗以諒闇昌殷祚於再興成王以幼冲隆周德於太平今陛下以聰明之姿等契往古總百揆於良佐參列精之炳燿遐邇望風莫不欣賴吳國勤任旅力清澄江滸願與有道平一宇内委心協規有如河水軍事興煩使役多少是以忍鄙倍之羞使下臣温通致情好蜀人甚貴其才還使入豫章部伍出兵權銜温稱美蜀政又嫌其聲名太盛恐終不爲己用思中傷之初

溫引致同郡暨豔以為選曹郎至尚書豔性狷厲
好為清議見時郎署混雜多非其人欲臧否區別
賢愚異貫彈射百僚覈選三署率皆貶高就下降
損數等其守故者十未能一其居位貪鄙志節汙
卑者皆以為軍吏置營府以處之由是怨憤交積
浸潤譖行競言豔及選曹郎徐彪字仲虞廣陵人專用私
情憎愛不由公理豔彪皆坐自殺溫既宿與豔彪
同意數交書問權因此為溫罪幽之斥還本郡以
給廝吏後病卒二弟祗白亦有才名與溫俱廢溫
[illegible]時餘姚虞俊歎曰張惠恕才多智少華而少
實怨之所聚有覆家之禍吾見其兆矣諸葛亮聞
之未之信及溫放黜乃歎其先見亮初聞溫敗未
知其故思之數日曰吾得之矣其人於清濁善惡
太分明耳

張儼字子節弱冠知名博聞多識緯文經武姿亮弘
服年十一族人溫曰卿吾家顏子也拜大鴻臚寶
鼎中使于晉孫皓謂曰今南北通好以君有出境
之才故相屈行對曰皇皇者華臣蒙其榮懼古人
延譽之美磨厲鋒鐔思不辱命既至晉賈充裴秀
荀勖等欲傲以所不知皆不能屈羊祜何禎並結

縞紵之好道病卒子勃翰勃撰吳錄三十卷勃子
固有父風翰在文苑傳

張敦一作惇又作訓字叔方德量淵懿清虛淡泊善文辭為
海昏令甚有惠化子純字元基有清才與同郡張
儼朱異俱童少往見朱據據聞三人才名試之曰
今三賢屈顧其為吾各賦一物然後乃坐夫騕褭
以迅驟為功鷹隼以輕疾為妙何必積思純賦席
曰席以冬設簟為夏施揖遜而坐君子攸宜儼賦
犬曰守則有威出則有獲韓盧宋鵲書名竹帛異
賦弩曰南嶽之幹鍾山之銅應機命中射隼高墉
純尤厲操行學博才秀容止可觀拜郎中為廣德
令治有異績擢太子輔義都尉赤烏十三年廢太
子和純盡言極諫權幽殺之

張憑字長宗祖鎮太安中除蒼梧太守討王含有功
封興道縣侯憑年數歲鎮與語其父曰我不如汝有
佳兒憑曰阿翁詎宜以子戲父及長有志氣敏而
有文為鄉閭所稱舉孝廉試策高第憑負才自謂
必參時彥欲詣丹陽尹劉惔衆共笑之既至惔處
之下坐神意不接憑欲自發而無端會王濛就惔
清言有所不通憑於末坐判之言旨深遠足暢彼

我之懷一坐皆驚悏延之上坐清言彌日留宿至
旦遣之憑既還船須臾悏遣傳教覓張孝廉船便
召與同載言之於簡文帝帝召與語歎曰張憑勃
窣為理窟即用為太常博士官至吏部郎御史中
丞司徒長史有文集十卷

張澄字國明晉光祿大夫本郡太守善卜書當葬父
郭璞為占葬地曰葬某處年過百歲位至三司而
子孫不蕃某處年減半位止於卿而子孫貴顯澄
乃葬其劣處位果止光祿年六十四而其後遂昌
澄子彭祖在藝苑傳彭祖子敞

敞晉侍御史度支尚書吳國內史桓玄篡位敞以事
忤玄表獻忠款官至龍驤將軍子裕
裕字茂度為何無忌鎮南參軍出補晉安太守盧循
陷江州裕及建安太守孫蚪之並受其符書供其
調役循走俱坐免官復以為始興相郡經寇亂守
焚燒民物凋散裕翔卒撫寺衆延撫傷收集離散
徵為太尉參軍尋轉主簿揚州中從事累遷別駕
武帝伐劉毅關洛皆居守留任州事出為都督廣
州刺史平越中郎將綏靜百越嶺外安之除廷尉
轉尚書吏部郎騎都尉元嘉元年為侍中都督益
州刺史七年為廷尉加奉車都尉領本州中正入
為五兵尚書又徙太常以脚疾出為義興太守徵
為都官尚書加散騎常侍固辭就拜光祿大夫加
金章紫綬裕內足於財自絕人事經始本縣之華
山以為居止優游野澤十八年除會稽太守職事
甚理明年卒官謚恭子子演鏡永辯岱俱知名時
謂之張氏五龍

演仕至太子中舍人子緒

緒字思曼少知名清簡寡欲從伯敷及叔父鏡並貴
異之鏡比之樂廣敷云是我輩人孝武帝用為尚

書倉部郎都令史諮詳郡縣米事蕭然直視不以
經懷為州治中黃門郎明帝見之輒歎其清談袁
粲言於帝曰緒有正始遺風宜為宮職復轉中庶
子領翊軍校尉轉散騎常侍領長水校尉尋兼侍
中遷吏部郎參掌大選元徽初東宮官罷選曹擬
舍人王儉為格外記室緒以儉人地兼美宜轉祕
書丞從之緒又遷侍中嘗私謂客曰一生不解作
諸有以告袁粲褚淵者由是出為吳郡太守緒不
知也昇明二年遷太子太傅長史加征虜將軍齊
臺建轉散騎常侍世子詹事建元元年轉中書令

緒善談玄深見敬異王儉嘗云緒過江所未有也
士可求之耳不知陳仲弓黃叔度能過之否時帝
欲用緒爲右僕射以問儉儉曰緒少有清望誠美
選也但南士由來少居此職褚淵曰儉少年未憶
耳江左用陸玩顧和皆南人也儉曰晉氏衰政不
可爲則緒諸子皆輕俠中子充又不護細行儉又
以爲言乃止及立國學以緒爲太常卿領國子祭
酒以王延之代緒爲中書令何點歎曰晉以子敬
季琰爲此職今以王延之張緒爲之可謂清官後
接之者實爲未易緒長於周易言精理奧見宗一

時常云何平叔不解易中七事武帝即位轉吏部
尚書祭酒如故永明元年遷金紫光祿大夫明年
領南郡王師加給事中三年轉太子詹事師緒每
朝見武帝目送之謂王儉曰緒以位尊我我以德
貴緒遷散騎常侍金紫光祿大夫師如故給親信
二十人復領中正長沙王晃屬選吳郡聞人邕爲
州議曹緒以資籍不當執不許晃固請之緒正色
謂晃信曰此是身家州鄉殿下何得見逼乃止緒
吐納風流聽之皆忘饑疲見者肅然如在宗廟雖
終日與居莫能測焉劉悛之爲益州獻蜀柳數株

枝條甚長狀若絲縷時舊宮芳林苑始成武帝以
植於太昌靈和殿前常賞玩咨嗟曰此楊柳風流
可愛似張緒當年時其見愛如此王儉爲尚書令
丹陽尹諸令史善俯仰進止可觀儉問曰經誰共
事答云十餘歲在張令門下七年竟陵王子良領
國子祭酒武帝敕王晏曰吾欲令司徒辭祭酒以
授張緒物議以爲如何以緒須國子祭酒緒口不
言利有財輒散之清談端坐或竟日無食門生見
緒饑爲之辦飧然未嘗求也死之日無宅以殯遺
命凶事不設柳翣止以蘆葭轜車引柩靈上置盃

水香火不設祭從弟融敬緒事之如親兄齎酒於
靈前酌飲慟哭曰阿兄風流頓盡追贈散騎常侍
特進金紫光祿大夫謚簡子子完宋後廢帝時爲
正員郎險行見寵坐廢錮完弟允永明中安西功
曹淫通殺人伏法允兄充充知名
充字延符少好逸遊緒嘗告歸至吳始入西郭逢充
獵右臂鷹左牽狗遇緒船便放紲脫韝拜於水次
緒曰一身兩役無乃勞乎充跪曰充聞三十而立
今充二十九矣請至來歲緒曰過而能改顏氏子
有焉及明年便脩改多所該通尤明老易能清言

與從叔稷俱有令譽起家撫軍行參軍遷太子舍人尚書殿中郎武陵王友時王儉當朝用事齊武帝皆取決焉儉方聚親賓充縠巾葛帔至便求酒言論放逸一坐盡傾武帝欲以緒爲尚書僕射儉執不可充以爲愠與儉書盛自標高致儉以爲脫畧弗之重仍以書示緒杖之一百又爲到撝所奏免官禁錮沈約見其書歎曰充始爲之敗終爲之成久之爲司徒諮議參軍與王[illegible]句爲司徒竟陵王賓客入爲中書侍郎尋轉給事黃門侍郎明帝作相以爲鎮軍長史出爲義興太守

爲政清靜民吏便之尋以毋憂去職服闋除太子中庶子遷侍中義師近次東昏召百官入宮省朝士慮禍或往來酣宴充獨居侍中省不出閤城內既害東昏百官集西鍾下召充不至武帝霸府建以充爲大司馬諮議參軍遷梁臺國郎中令祠部尚書領屯騎校尉轉冠軍將軍[illegible]徙左長史天監初除太常卿尋遷吏部尚書[illegible]稱爲平允俄爲散騎常侍雲麾將軍除晉陵太守徵拜散騎常侍國子祭酒充長於義理登堂講說皇太子以下皆至時王侯多在學執經以拜充朝服而立不敢當

[illegible]左衛將軍祭酒如故入爲尚書僕射頃之[illegible]將軍吳郡太守下車卹貧老故舊莫不欣悅以疾自陳徵爲散騎常侍金紫光祿大夫及還朝十三卒于吳詔贈侍中護軍將軍謚穆子子最嗣

鏡少與顏延之鄰居延之常談議飲酒喧呼不絕而鏡靜默無言聲後鏡與客談延之從籬邊聞之取胡床坐聽辭義清玄延之心服謂客曰彼有人焉由是不復酣叫仕至新安太守演鏡於兄弟中名最高

汞字景雲爲尚書中兵郎尚書中條制繁雜元嘉十八年欲加修撰徙汞爲刪定郎汞涉獵書史能爲文章善隸書騎射雜藝觸類兼善又有巧思益爲文帝所知紙墨皆自營造上每得汞表啓輒執玩咨嗟自歎供御者不及也造華林園玄武湖並使汞監統凡所制置皆受則於汞徙爲江夏王義恭太尉中兵參軍越騎校尉振武將軍廣陵南沛二郡太守汞既有才能每盡心力文帝謂堪爲將二十九年以汞爲揚威將軍冀州刺史加都督[illegible]謨申坦等諸將經畧河南進攻碻磝城累旬[illegible]

為魏軍所殺甚衆永即夜撤圍退軍不報告諸將
衆軍驚擾為魏所乘死敗塗地永及申坦並為統
府撫軍將軍蕭思話所收繫於歷城獄文帝以屢
征無功諸將不可任詔責永等與思話三十年元
凶弒立起永為輔國將軍青州刺史及司空南譙
王義宣起義又版永為冀州刺史加都督永遣司
馬崔勳之中兵參軍劉宣則二軍馳赴國難事平
召為江夏王義恭大司馬從事中郎領中兵孝建
元年臧質反遣永輔武昌王渾鎮京口明年召為
尚書左丞大明元年遷黃門侍郎尋領虎賁中郎

將本郡中正累遷廷尉上謂曰卿既與釋之同姓
欲使天下無復寃人永曉音律太極殿前鐘聲嘶
孝武問永永答鐘有銅滓乃扣鐘求其處鑿而去
之聲遂清越加寧朔將軍尚書吏部郎司徒右長
史尋陽王子房冠軍長史四年立明堂以本官兼
將作大匠遷太子右衛率八二　寵子新安王子
鸞為南徐州刺史割吳郡屬　永為別駕從事
史召為御史中丞永光元年　大興太守遷度
支尚書明帝即位四方反叛　大興太守加冠
軍將軍假節未拜以將軍假　吳郡太守率

軍東討又為青冀二州刺史監四州諸軍事統諸
將討薛安都累戰剋捷破薛索兒又遷鎮軍將軍
尋為南兗州刺史加都督時安都據彭城請降而
誠心不款明帝遣永與沈攸之重兵迎之加督前
鋒諸軍事進軍彭城安都招引魏兵既至永狼狽
引軍還為魏軍追大敗復遇寒雪士卒離散永腳
指斷落僅以身免失其第四子三年徙都督會稽
東陽臨海永嘉新安五郡諸軍事會稽太守將軍
如故以北討失律固求自貶降號左將軍永痛悼
所失之子服除猶立靈坐飲食衣服待之如生每

出行常別具名車好馬號曰侍從有事輒語左右
報郎君知也以破薛索兒功封孝昌縣侯在會稽
賓客有謝方童阮須何達之等竊其權賦貨盈積
方童等坐下獄死永又降號冠軍將軍四年遷太
子詹事加散騎常侍本州大中正六年又加護軍
將軍領石頭戍事給鼓吹一部七年遷金紫光祿
大夫尋領護軍後廢帝即位進右光祿大夫加侍
中領安成王師加親信二十人又領本州中正出
為吳郡太守侍中右光祿如故元徽二年為征北
將軍南兗州刺史加都督永少便驅馳志在宣力

為將帥能與士卒同甘苦朝廷給賜脯餼必恭坐齊割手自頒賜年雖老志氣未衰優游閒任意甚不樂及有此授喜悅非常即日命駕還都未之鎮遇桂陽王休範作亂永率所領屯白下休範至新亭前鋒攻南掖門永遣人覘賊既及唱言臺城陷永衆潰棄軍還以舊臣不加罪止免官削爵愧發病卒子瓌稷

瓌字祖逸仕宋累遷桂陽內史不欲前兄瑞處祿自免不拜後為司徒右長史（齊書云瓌解褐□□□太尉行參軍署外兵隨□□□為太傅五官遷太子舍人中書郎驃騎從事中郎司徒右長史）永拒桂陽王休範於白下敗績阮佃夫等欲加罪蕭道成固申明之瓌由此感恩自結後遭親喪還吳持服昇明元年劉秉與袁粲謀誅道成秉弟遐為吳郡潛相影響因沈攸之之難聚衆三千人治攻具道成密遣殿中將軍卞白龍令瓌取遐諸張世有豪氣瓌宅中有父舊部曲數百遐召瓌委以軍事瓌偽受命與叔恕領兵入郡取遐遐踰窗走瓌部曲顧憲子斬之郡內莫敢動者道成授瓌吳郡太守封義城縣侯從弟融與瓌書曰吳郡何晚何須王反聞之嗟驚乃是阿兄瓌引顧昌高陸閒為綱紀後皆立名

除冠軍將軍東海東莞二郡太守不拜建元元年改封平都侯遷侍中高帝嘗謂曰卿雖我臣我親卿不異頗疑等時集書每兼門下東省實多清貧有不識者呼為散騎二年遷都官尚書領校尉如故出為征虜將軍吳興太守瓌以既有國秩不取郡奉高帝敕上庫別藏其奉以表其清三年坐不糾屬邑令免官明年為度支尚書武帝即位為冠軍將軍鄱陽王北中郎長史襄陽相行雍州府州事隨府轉征虜長史四年仍為持節督雍梁南北秦四州郢州之竟陵司州之隨郡軍事輔國將軍雍州刺史尋領寧蠻校尉加都督徵拜左民尚書加右軍將軍還後安陸王緬臨雍州行部有野老來乞緬問何不事產而行乞邪答曰張使君臨州理物百姓家相保後人政嚴故至行乞十年轉太常陳疾願閒明年轉散騎常侍光祿大夫頃之復為後將軍轉東海太守行南徐州府州事又行河東王國事到官復稱疾還為散騎常侍光祿大夫鬱林即位加金章紫綬隆昌元年給親信二十人鬱林廢朝臣到宮門參承高宗瓌托腳疾不下海陵立加各將軍高宗起兵以瓌鎮石頭督衆軍事

瓌見朝廷多難遂恒臥疾建武三年轉給事中光
祿大夫親信如故月加給錢二年虜盛詔瓌以本
官假節督廣陵諸軍事行南兗州事虜退乞還建
武末屢求還吳居室豪富妓妾盈房或譏其年衰
畜妓瓌曰我少好音律老而方解平生嗜欲無復
一存唯未能遣此耳明帝疾甚授平東將軍吳郡
太守以備王敬則及敬則反瓌棄郡逃人間事平
還郡爲有司奏免官削爵詳下亂條永元初爲光祿大
夫尋加前將軍金章紫綬三年義師下東昏假瓌
節戍石頭義師至新亭瓌棄城走還宮梁天監元

年拜給事中右光祿大夫以脚疾拜於家四年卒
瓌有子十二人常云中應有好者率知名
率字士簡十二能屬文常限日爲詩一篇稍進作賦
頌至年十六向作二千餘首有虞訥者見而詆之
率一旦焚毀更爲詩示焉託云沈約訥便句句嗟
稱率曰此吾作也訥慙而退時陸少玄家有父澄
書萬餘卷率與少玄善遂盡通書籍起家著作佐
郎建武三年舉秀才除太子舍人與陸倕陸厥同
載詣沈約遇任昉在焉約謂昉曰此二子皆南金
也卿可識之由此與昉善久之除太子洗馬蕭衍

引爲相國主簿天監初遷司徒謝朏掾直文德待
詔省敕使抄乙部書又使撰古婦人事寫給後宮
率取假歸論者謂爲傲世率懼乃爲待詔賦奏之
手敕答曰相如工而不敏枚皋速而不工卿可謂
兼之矣又侍宴賦詩武帝別賜率詩有曰東南有
才子得人今爲盛率奏詩往反六首其年遷秘書
丞引至玉衡殿謂曰卿東南物望且宰相不從天
下不由地出卿若復以禮律爲意便是其人秘書
丞天下清官今以相處爲卿定名譽四年禊飲華
光殿河南國獻赤龍駒詔率與到漑周興嗣爲賦

帝以率及興嗣爲工以父憂去職父妓數十人邑
子顧玩之求聘謳者不願出家爲尼嘗因齋會率
宅玩之乃飛書言與率姦南司以聞帝惜其才寢
其奏然猶致時論服闋久之除中權建安王中記
室參軍俄直壽光省脩丙丁部書鈔八年晉安王
戍石頭以爲雲麾中記室王遷南兗州轉宣毅諮
議參軍並兼記室王還都除中書侍郎十三年王
爲荊州復以爲晉安王宣惠諮議領江陵府遷江
州以諮議領記室出監豫章臨川郡率在府十年
恩禮甚篤還除太子僕射累遷招遠將軍司徒右

長史揚州別駕雖歷職務未嘗留心簿領戚遷太
子家令與陸倕劉孝綽對掌東宮管記遷黃門侍
郎出爲新安太守大通元年卒年五十三昭明太
子遣使贈賻與晉安王令曰近張新安故其人才
筆弘雅亦足嗟惜率嗜酒不事於家務尤忘懷在
新安遣家僮載米三千石耗太半率問其故答曰
雀鼠耗率笑曰壯哉雀鼠竟不研問自少屬文七
略及藝文志所載詩賦亡者並補作之所著文衡
十五卷文集四十卷行於世子長公梁簡文開文
德省置學士與庾信徐陵等充之率弟盾

盾字士宣以謹重稱爲無錫令遇劫問劫何須劫以
刀斫其頰盾曰咄咄不易餘無所言於是生資皆
盡不以介懷爲湘東王記室出監富陽令廉潔獨
處無所用心身死之日家無遺財唯有文書千餘
卷酒米數甕而已

稷字公喬幼有孝性生母劉遘疾稷年十一侍養衣
不解帶或終夜不寢及終毀瘠杖而後起見年輩
幼童輒哽咽泣淚州里謂之淳孝兄瑋善彈箏稷
以劉氏先執此伎聞瑋爲清調便悲感頓絕遂終
身不聽之父永及嫡母丘相繼殂六年廬於墓側

除驃騎法曹行參軍遷外兵參軍齊永明中爲豫
章王嶷主簿見禮未嘗呼名毎喚爲張五以貧求
爲剡令不視事多爲小山遊會山賊唐寓之作亂
稷率部人保全縣境生母先葬琅琊建武中改申
葬禮賻助委積時不拒絕事畢還之自幼及長常
設劉氏神坐出告反面如事生焉爲本州治中明
帝領牧仍爲別駕時魏寇壽春以寧朔將軍軍主
副沈文季鎮豫州魏衆稱百萬圍城經略處分文
季悉以委稷軍退遷西司馬寧朔將軍南平內史
魏又寇雍州詔以本號都督荊雍諸軍事時雍州

刺史曹武度樊城岸以稷知州事魏師退稷還荊
州授給事中黃門侍郎復爲司馬新興永寧二郡
太守郡犯私諱改永寧爲長寧永元末徵爲侍中
宿衛宮城梁武至兼衛尉江淹出奔稷兼衛尉卿
副王瑩都督城內諸軍事時東昏淫虐王珍國就
稷謀及使張齊行弒于含德殿稷召王亮等列殿
前西鍾下議遣范雲裴長穆等使石頭城詣武帝
以稷爲侍中左衛將軍遷大司馬左司馬入梁爲
散騎常侍中書令封江安縣侯南史云縣二 又爲侍中
國子祭酒領驍騎將軍遷護軍將軍揚州大中正

以本職知領軍事尋遷領軍將軍中正侯如故時魏冦青州詔假節行州事魏軍退仍出爲散騎常侍將軍吳興太守下車存問遺老引其子孫逍之右職政稱寬恕進號雲麾將軍徵尚書左僕射帝將幸稷宅以盛暑留幸僕射省舊臨幸供具皆酬太官饌直帝以稷清貧手詔不受宋時武帝造禾室至稷三世並降萬乘論者榮之稷雖居朝右每慙口實乃名其子伊字懷尹霍字希光畟字農人同字不見見字不同以旌其志出爲青冀二州刺史進號鎮北將軍鬱州接邊陲多與魏人交市及朐山叛或與魏通恒不自安稷禁防寬弛僚友頗致侵擾州人徐道角等夜襲州城害稷時年六十三有司奏削爵土稷性明烈善與人交歷官無畜聚奉祿皆頒之親故家無藏財初去吳興就僕射徵道由吳鄉侯稷者滿水陸稷單裝徑還都下人莫之識長女楚媛適會稽孔氏無子歸宗至逢稷見害女以身蔽刃先父卒稷與族兄充等俱知名時稱充融卷稷爲四張[illegible]能清言位都官尚書五兵監[illegible]卒稷子嵊在[illegible][illegible]代中爲廬陵太守時名流謝瀹何點[illegible]

孔珪至融弟鐵之舍點造坐便曰今日可謂盛集二五我兄弟之流阿六張氏保家之子二五謂孔珪及融弁弟第五也寶積永元中爲湘州行事棗腰輿詣蕭穎冑舉動自若穎冑聞何至之晚答曰本朝危亂四海橫流既不能爲比干之死實未忍爲微子之去是以至晚穎冑深以爲善即用爲相府諮議後位御史中丞

辯事文帝亦見任遇歷尚書吏部郎廣州刺史大司農孫種

種字士苗祖辯宋司空右長史廣州刺史父略梁太子中庶子臨海太守種少恬靜居處雅正不妄交遊傍無造請時人爲之語曰宋稱敷演梁則卷充清虛學尚種有其風仕梁王府法曹遷外兵參軍年四十餘家貧求爲始豐令武陵王紀爲益州刺史重選府僚以種爲征西東曹掾種辭以母老坐免侯景之亂奉母東奔久之得達鄉里母卒種時五十毁瘠過甚又迫以凶荒未獲時葬服制雖畢而居處飲食恒若在喪及景平王僧辯表起爲貞威將軍治中從事史并爲具葬禮葬訖種方即吉時天下喪亂皆不能終三年喪惟種及會稽孔奐在

冦亂中守法度並以孝聞僧辯又以種年老傍無胤嗣賜之以妾及居處之具貞陽侯僭位除廷尉卿太子中庶子敬帝即位爲散騎常侍遷御史中丞領前軍將軍陳武帝受禪爲太府卿天嘉元年除左民尚書二年權監吳郡尋徵復本職遷侍中領步兵校尉以公事免白衣兼太常卿俄而即眞廢帝即位加領右軍將軍未拜領弘善宮衛尉又領揚東揚二州大中正高帝即位重爲都官尚書領左驍騎將軍遷中書令驍騎中正並如故以疾授金紫光祿大夫種深沉虛靜識量宏博時皆以

爲宰相之器僕射徐陵嘗抗表讓位於種曰臣種器懷沈密文史優裕東南貴秀朝廷親賢克壯其猷宜居左執大建五年卒贈特進謚元子種仁恕寡欲雖歷顯位而家產屢空終日晏然不以爲病太建初女爲始興王妃以居處僻陋特賜宅一區又累賜無錫嘉興縣侯秩嘗於無錫見重囚在獄天寒呼出暴日遂失之世祖大笑而不深責有集十四卷種弟稜亦清淨有識度官至司徒左長史太建十一年卒贈光祿大夫種族子稚才齊護軍沖之孫少孤介特立仕爲尚書金部郎中遷右丞

建康令太府卿揚州別駕從事史兼散騎常侍使周還遷司農廷尉卿所歷並以清白稱

岱字景山州辟從事累遷南平王右軍主簿尚書水部郎出補東遷令隨王誕於會稽起義以岱爲建威將軍輔國長史行縣事事平爲司徒左西曹掾母年八十籍注未滿岱便去官還養有司將糾舉宋孝武曰觀過知仁不須按也累遷撫軍諮議參軍領山陰令職事閒理巴陵王休若爲北徐州未親政事以岱爲冠軍諮議參軍後臨海王豫章王晉安王岱歷爲三府諮議三王行事與典籤主帥

共事事舉而情得或謂岱曰主王既幼執事多門而每能緝和云何致此岱曰古人言一心可以事百君我爲政端平待物以禮悔吝之事無由而及明闇短長更是才用多少耳入爲黃門郎遷驍騎長史領廣陵太守徐州別駕總刺史之任累遷吏部郎明帝初除使持節督西豫州諸軍事輔國將軍西豫州刺史尋徙爲冠軍將軍北徐州刺史都督北討諸軍事並不之官泰始末爲吳興太守元徽中遷使持節督益寧二州軍事冠軍將軍益州刺史數年益土安其政徵侍中領長水校尉度支

尚書領右軍遷吏部尚書王儉爲吏部郎時專斷曹事岱每相違執及儉爲宰相以此頗不相善兄子瓌弟恕誅吳郡太守劉遐齊高帝欲以恕爲晉陵郡岱曰恕未閑從政美錦不宜濫裁高帝曰恕爲人我所悉又與瓌同勲自應有賞岱曰若以家貧賜禄此所不論語功推事臣門之恥加散騎常侍建元元年詔序朝臣欲以右僕射擬岱褚淵謂過優詔更量出爲吳郡太守高帝知岱歷任清直至郡未幾手敕曰大郡任重乃未欲回換但總戎務殷宜須望實今用卿爲護軍加給事中岱拜竟詔以家爲府陳疾明年遷金紫光禄大夫領鄱陽王師武帝即位復以爲散騎常侍吳興太守以寛恕著名遷使持節監南兗青冀五州諸軍事卒年七十一謚貞子

張卲字茂宗裕之弟也初爲晉琅邪内史王誕龍驤府功曹桓玄徙廣州親故皆離棄唯卲情禮彌謹流涕追送時寇亂年饑卲又資饋其妻子及劉裕討玄卲白父忠欵王謐爲揚州召卲補主簿劉毅位居亞相好士愛才當世輻湊唯卲不往親故問之卲曰主公命世人傑何煩多問劉穆之言於帝帝益親之轉太尉參軍署長流賊曹盧循至蔡洲武帝至石頭使卲守南城時百姓水際望賊帝不解其意以問卲卲曰節鉞未反奔散之不暇亦何暇觀望今當無復恐耳帝以卲勤練憂公重補州主簿卲悉心政事精力絶人及誅劉藩卲時在西州直廬即夜誡衆曹曰大軍當大討可各條倉庫及舟船人領至曉取辦旦日帝索諸簿應時即至怪其速諸曹荅曰宿受張主簿取分帝曰張卲可謂同人憂慮矣九年始開征虜府以卲補録事參軍轉號中軍遷諮議將軍領記室十二年武帝北伐卲請見曰人生危脆宜有遠慮若劉穆之邂逅不幸誰可代之尊業如此若有不諱則處分云何帝曰此乃委穆之與卿耳檀祗鎮廣陵輒率衆至滁中掩討亡命劉穆之慮其爲變議欲遣軍卲曰檀韶據中流道濟爲軍首若有相疑之迹則大府立危不如逆遣慰勞必無患也祗果不動及穆之暴卒朝廷恇懼便發詔以徐羡之代卲獨曰今誠急病任終在徐然世子無專行之義宜須諮信反方使世子出命曰朝廷及大府事悉諮徐司馬其餘啟還武帝善其臨事不撓得大臣節十四年世

二又陵擾荊州邵諫文帝爲出郎將以邵爲司馬領南郡相衆事悉決於邵武帝受命以佐命功封臨沮伯湘州刺史將署新府邵以長沙內地非用武之國置府妨人乖爲政要從之謝晦反遺書要邵邵不發函使呈文帝元嘉五年轉征虜將軍領寧蠻校尉雍州刺史加都督初王華與邵不和及華參要人爲邵危邵曰子陵方弘至公豈以私隙害正義是任也華實舉之及至襄陽築長圍脩立隄堰創田數千頃公私充給丹浙二洲蠻屢爲寇邵誘其帥並出因大會誅之遣軍掩其村落悉禽既

失信群蠻所在並起水陸路斷七年子敷至襄陽定省當還都群蠻欲斷取之會蠕蠕國獻使下蠻以是爲敷因掠之邵坐降號揚烈將軍江夏王義恭鎮江陵以邵爲撫軍長史持節南蠻校尉九年坐在雍州營私畜貨下廷尉免官削爵土後爲吳興太守卒追復爵邑諡曰簡伯邵遺命祭以菜果葦席爲轜車諸子從焉長子敷在孝友傳兄禕在忠義傳禕子暢

暢字少徵少與從兄敷演鏡齊名起家爲太守徐佩之主簿佩被誅暢馳赴制服盡哀爲論者所美弟

牧嘗爲猘犬所傷醫云宜食蝦蟆牧難之暢含笑先嘗牧因此乃食創亦即愈孝武鎮彭城暢爲安北長史沛郡太守元嘉二十七年魏太武拓跋燾南侵江夏王義恭統諸軍出鎮彭城燾親率大衆去彭城數十里彭城衆力雖多軍食不足義恭欲棄彭城南歸時歷城衆少食多沈慶之議欲以車營爲函箱陳精兵爲外翼奉二王及妃媛直趨歷城蕭思話留守何勗欲席卷奔鬱洲自海道還都二議未決暢曰若歷城鬱洲可至下官敢不高讚今城內乏食百姓咸有走情但以關扃嚴固欲去

莫從若一旦動腳則各自散走欲至所在何由可得今軍食雖寡朝夕猶未窘罄豈有舍萬安之術就危亡之道若此計必用下官請以頸血汚君馬蹄孝武謂義恭曰張長史言不可異也義恭乃止燾至登城南亞父冢初隊主蒯應見執燾遣應至小市門求甘蔗及酒孝武與之求駱駝明日燾自上臺復遣使至小市門求與孝武相見遣送駱駝并致雜物使於南門受之暢於城上與魏尚書李孝伯語孝伯曰張長史暢曰君何得見識孝伯曰君聲名遠聞足使我知虜使問何爲怱怱杜門絕

橋暢曰二王以魏主營壘未立將士疲勞此精甲
十萬人思致命恐輕相陵踐故且閉城待彼休息
士馬然後共治戰場克日交戰虜使曰君當以法
令裁物何以十萬誇人我亦有良馬逸足若雲騎
四集可以相距暢曰侯王設險何但法令而已耶
我若誇君當言百萬此城內有數州士庶工徒營
伍猶所未論我本鬬智不鬬馬足且冀之北土馬
之所生君復何以逸足見誇耶虜使曰城守君之
所長野戰我之所長我之恃馬猶如君之恃城耳
且燾又求酒及甘橘暢宣孝武旨又致螺杯雜粽
南土所珍燾復令孝伯傳語曰魏主有詔借博具
暢曰有詔之言政可施於彼國何得稱之於此詔
孝伯曰魏主言太尉鎭軍久闕南信殊當憂邑若
欲遣信當爲護送暢曰此方閒路甚多不復以此
勞魏主孝伯曰知有水路似爲白賊所斷暢曰君
着白衣故稱白賊耶孝伯大笑曰今之白賊亦不
異黃巾赤眉暢曰黃巾赤眉似不在江南孝伯曰
亦不離青徐燾又遣送氈及九種鹽幷胡豉又求
黃甘并云魏主致意太尉安北何不遣人來至我
間深須見我小大觀我爲人暢又宣旨答曰魏主

形狀才力久爲來往所知李尚書親自銜命不患
彼此不盡又云魏主恨向所送馬殊不稱意安北
若須大馬當更送之暢曰安北不乏良駟送自彼
意非此所求義恭又餉炬燭十挺孝武亦致錦一
匹燾復求甘蔗安石榴暢曰石榴出自鄴下亦當
非彼所乏孝伯曰君南土膏粱何爲著屩暢曰膏
粱之言誠爲多愧但以不武受命統軍戎陣之間
不容緩服孝伯辭辯暢隨宜應答音韻詳雅風儀
華潤魏人相視歎息時魏聲云當出襄陽故以暢
爲南譙王義宣司空長史南郡太守三十年元凶
弑逆義宣發哀之日即便舉兵暢爲元佐居僚首
哀容俯仰蔭映當時舉哀畢改服著黃韋袴褶出
射堂簡人音姿容止莫不矚目見者皆願爲盡命
事平徵爲吏部尚書封夷道縣侯義宣既有異圖
解南蠻校尉以授暢加冠軍領丞相長史暢遣門
生荀僧寶下都（宋書荀作苟）因顏竣陳義宣釁狀僧寶
不時下會義宣起兵津路斷絕遂不得去義宣將
爲逆遣嬖人翟靈寶告暢暢陳必無此理請以死
保之靈寶知暢不回勸義宣殺以徇衆賴竺超民
得免進號撫軍別立軍部以收人望暢雖署文檄

而飲酒常醉隨義宣東下梁山戰敗爲軍人所掠
衣服都盡遇王玄謨乘輿出營暢已得敗衣因排
玄謨上輿玄謨意甚不悅送都下廷尉尋見原起
爲都官尚書轉侍中代其子淹領太子右衛率孝
建二年出爲會稽太守大明元年卒年五十謚曰
宣子暢愛弟子輯臨終遺命與輯合墳論者非之
暢弟悅亦有美稱歷侍中臨海王子頊前軍長史
南郡太守晉安王子勛建僞號召拜吏部尚書與
鄧琬共輔僞政事敗悅殺琬歸降復爲太子中庶
子後拜雍州刺史泰始六年明帝於巴郡置三巴

校尉以悅補之加持節輔師將軍領巴郡太守未
拜卒暢子浩官至義陽王昶征北諮議參軍浩弟
淹黃門郎封廣晉縣太子左衛率東陽太守逼郡
吏燒臂照佛百姓有罪使禮佛贖罰動至數千拜
坐免官禁錮起爲光祿勳臨川內史泰始初與晉
安王子勛同逆軍敗見殺淹弟融
融字思光解褐爲宋新安王子鸞行參軍出爲封溪
令路經嶂嶮獠賊執融將殺食之融神色不動方
作洛生詠賊異之不害也浮海至交州於海中遇
風無懼色方詠曰乾魚自可還其本鄉肉脯復何

爲者哉又作海賦以示顧覬之覬之曰卿此賦實
超玄虛但恨不道鹽耳融即求筆注曰漉沙構白
熬波出素積雪中春飛霜暑路此四句後所足也
覬與融有恩好覬卒融身負墳土在南與交阯太
守卞展善展於嶺南爲人所殺融身奔赴舉秀才
對策中第爲尚書殿中郎不就改爲儀曹郎尋請
假奔叔父喪道中罰幹鞭杖五十寄繫延陵獄時
制二品清官行僮幹杖不得出十爲孫緬奏免官
復位攝祠部倉部二曹時劉緬戰死融議上應哭
尋兼掌正厨見宰殺回車徑去自表解職再遷南

陽王友融父暢爲丞相長史義宣事難暢將爲王
玄謨所殺時玄謨子瞻爲南陽王長史融啓求去
官不許融家貧欲祿乃與從叔征北將軍永書求
爲南康郡且曰時議以融非御人才不果辟齊太
傳掾稍遷中書郎非其所好乞爲中散大夫不許
張氏自數以來並以理音辭脩儀範爲事至融風
止詭越坐常危膝行則曳步翹身仰首見者驚異
聚觀成市而融了無慙色隨例同行常稽遲不進
高帝素愛融爲太尉時與融欵接見融常笑曰此
人不可無一不可有二即位後手詔賜融衣曰見

卿衣服麤故誠乃素懷藍縷亦虧朝望今送一通
故衣意謂雖故乃勝新也高帝出太極殿西室融
入問訊彌時方登階上曰何乃遲為對曰自地升
天理不可速時魏主至淮而退帝問何意忽來忽
去未有答者融時下坐抗聲曰以無道而來見有
道而去公卿咸以為捷融善草書常自美其能帝
曰卿書殊有骨力但恨無二王法答曰非恨臣無
二王法亦恨二王無臣法以假還鄉詣王儉別儉
立舉袂不前融亦舉手從容呼儉曰王前儉不得
已趨就之融曰使融不為慕勢而令君為趨士豈

不善乎常歎云不恨我不見古人所恨古人又不
見我入為長沙王鎮軍竟陵王征北諮議並領記
室司徒從事中郎永明二年總明觀講敕朝臣集
聽融扶入就榻私索酒飲長歎曰嗚呼仲尼獨何
人哉為到撝所劾融形貌短醜精神清徹王敬則
見融革帶寬殆將至髀謂曰革帶太急融曰既作
步吏急帶何為融假東出武帝問融住何處答曰
臣陸處無屋舟居無水後上問其從兄緒緒曰融
近東出未有居止權牽小船於岸上住上大笑後
使融接對北使李道固道固顧而言曰張融是宋

彭城長史張暢子不融嚬蹙久之曰先君不幸名
達大夷八年朝臣賀衆瑞公事融扶入拜起復為
有司所奏見原遷司馬兼右長史張欣時為諸暨
令坐罪當死欣時父興世討宋南譙王義宣官軍
欲殺融父暢興世以袍覆暢而坐之以此得免興
世卒融著高屐為負土成墳至是融啓竟陵王子
良乞代欣時死子良答曰此乃是長史美事恐朝
有常典不得如所懷遷黃門郎太子中庶子司徒
左長史融有孝義忌月三旬不聽樂事嫂甚謹臨
終謂諸子曰昔丞相事難吾以不同將見殺緣司

馬竺超民得活爾等必報其子後超民孫徵冬月
遭母喪居貧融弔之悉脫衣以為賻披牛被而反
常以兄事徵豫章王嶷竟陵王子良薨自以身經
佐吏哀號盡禮建武四年卒遺令建白旐無旒不
設祭三千買棺無製新衾妾媵舉哀畢各遣還家
曰吾平生之風調何至使婦人行哭失聲不須暫
停閨門又戒其子曰手澤存焉父書不讀吾意不
然別遺爾旨吾文體應變變而屢奇豈吾天挺蓋
不隤家聲汝可號哭而看之融文集數十卷行於
世自名為玉海褚淵問其故融云蓋玉以比德海

崇上善耳融言簡辯捷周顒彌爲清綺而劉繪音
采不贍遜有風則求明未俱在竟陵王西邸時人
爲之語曰三人共宅夾清漳張南周北劉中央言
其處二人間也融玩涉百家長於佛理著三宗論
張氏前有敷演鏡暢後有充融卷稷

張玄之字祖希澄之孫也少聰慧與顧敷俱顧和中
外孫和常謂敷勝至玄之頗不愜時玄之九歲敷
七歲和常至寺中佛般泥洹像弟子有泣者有不
泣者以問二孫玄之謂彼親故泣彼不親故不泣
敷曰當由忘情故不泣不能忘情故泣玄之以才
學顯初爲縣丞以職事對府不知官曹處吏白門
下青之時扶風張業亦大儒聞玄之試引與語大
驚曰今日相遭眞解朦矣遂請上堂難問極日范
寧亦稱玄之爲吳士之秀孝武時封晉陵侯一云字晉
侯歷吏部尚書出爲冠軍將軍吳興太守與會稽
內史謝玄同時之郡論者以爲南北之望玄之名
亞於玄時亦稱南北二玄卒于郡

姑蘇志卷第四十六

姑蘇志卷第四十七

人物五 名臣

沈友字子正郡人年十一華歆行風俗見而異之因
呼曰沈郎可登車語乎友逡巡曰君子講好以禮
今仁義陵遲聖道漸壞先生銜命將以裨補先王
之教整齊風俗而輕脫威儀猶負薪救火更益其
熾歆慚曰自桓靈以來雖多英彥未有幼童若此
者及冠博學善屬文兼好武事注孫子兵法又辯
於口時稱其筆舌刀三者皆妙絕於人孫權以禮
聘之既至極論王霸之略正色立朝清議峻厲爲
庸臣所譖權亦疑其不爲已用害之年二十九

高岱字孔文郡人業少厲高操輕財貴義其友士拔
奇取於未顯所交皆當時英偉年二十七太守盛
憲以爲上計吏舉孝廉謂之曰卿懷書千卷隱晃
蔵燿擇君而不仕太守今日相使行誠不足使鳳
鸞舒翼然不獲已君其勉之岱遂行到京輦稱病
還家許貢來領郡岱將憲避難於許昭家求救於陶
謙岱顦頓泣血水漿不入口謙感其忠壯有申包
胥之義許爲出軍岱得謙書還而貢已囚其母吳
人皆爲危悚岱言在君則爲君且母在牢獄期於

當往遂通書自白貢即相見才辭敏捷好自陳謝
貢登時出其母佁將見貢語友人張允沈昭令豫
具船以貢必悔當追逐之出便將母乘船易道而
逃貢須臾遣人追殺之不能得時年三十餘隱於
餘姚孫策命其出使會稽丞陸昭逆之策虛已候
焉闞其舍左傳乃自玩讀欲與講論或謂之曰高
岱以將軍但英武而已無文學之才若與論傳而
言不知者則其言符矣又謂岱曰孫將軍爲人惡
勝已者每問當言不知乃合意耳及與論傳或答
不知策怒以爲輕已將殺之知友及時人皆露坐

爲請策登樓望見數里中宜滿惡其收衆心遂遇
害

朱桓字休穆吳縣人孫權爲將軍桓給事幕府除
餘姚長遇疫癘歲荒桓分部良吏躬親醫藥饘粥相
繼士民感戴之遷盪寇校尉使部伍吳會二部鳩
合遺散丹陽鄱陽山賊起桓督領諸將周旋赴討
皆平定稍遷裨將封新城侯後代周泰爲濡須督
黃武元年魏使曹仁將步騎數萬向濡須仁欲襲
取州上先揚聲欲東攻羡谿桓分兵羡谿既發仁
卒進軍拒濡須七十里間桓乃追還羡谿兵兵未

到而仁奄至時桓所部兵在者五千人諸將咸懼
桓因偃旗鼓外示虛弱以誘致仁仁果遣其子泰
攻濡須城分遣常雕督諸葛虔王雙等乘油船別
襲中洲仁自將萬人留橐皋復爲泰等後拒桓部
兵將攻取油船別擊雕等桓因身自拒泰燒營而
退遂梟雕生虜雙送武昌臨陣斬溺死者千餘權
嘉桓功封嘉興侯遷奮武將軍領彭城相黃武七
年鄱陽太守周魴譎誘魏曹休休將步騎十萬至
皖城以迎魴時陸遜爲元帥全琮與桓爲左右督
各督三萬人擊休黃龍元年拜前將軍領青州牧

假節嘉禾六年魏廬江主簿呂習請大兵自迎欲
開門爲應桓與全琮俱往迎既至事露軍當引還
城外有谿水去城一里所諸軍勒兵渡桓自斷後
時廬江太守李膺整兵欲須軍半渡擊之及見桓
節蓋在後卒不敢出時全琮爲督權又令胡綜宣
詔參與軍事琮以軍出無獲議欲部分諸將有所
掩襲桓素氣高恥見部伍乃往見琮問行意感激
發怒與琮校計琮欲自解因曰上自令胡綜爲督
綜意以爲宜爾桓愈恚還乃使人呼綜綜至軍門
桓出迎之顧謂左右曰我縱手汝等各自去有一

人旁出語綜使還桓出不見綜知左右所為因斫殺之桓佐軍進諫刺殺佐軍遂託狂發詣建業治病權惜其功不罪使子異攝部曲令醫視護數月復遣還屯權自出祖謂曰今寇虜尚存王塗未一孤當與君共定天下欲令君督五萬人專當一面以圖進取想君疾未復發也桓性護前恥為人下每臨敵交戰節度不得自由輒嗔恚憤激然輕財貴義兼以彊識與人一面數十年不忘部曲萬口妻子盡識之愛養吏士贍護六親俸祿產業皆與共分及疾困舉營憂戚赤烏元年卒吏士男女無不號慕家無餘財權賜鹽五千斛以周喪事子異嗣

朱桓傳 吳志卷四十七 一四 作

異字季文以父任除郎後拜騎都尉代桓領兵赤烏四年隨朱然攻魏樊城建計破其外圍還拜偏將軍魏文欽營住六安多設屯砦置諸道要以招誘亡叛為邊寇害異乃身率二千人掩破欽七屯斬首數百遷揚武將軍權與論攻戰辭對稱意權謂異從父驃騎將軍據曰本知季文膽定見之復過所聞建興元年遷鎮南將軍是歲魏遣胡遵諸葛誕等出東興異督水軍攻浮梁壞之魏軍大破太平二年假節為大都督救壽春圍不解還軍為孫綝所枉害異從父據

據字子範有姿貌膂力又能論難才兼文武孫權以為可繼呂蒙張溫使領兵屯尚公主拜左將軍封雲陽侯謙虛接士輕財好施祿賜雖豐常不足用遭二宮交惡據擁護太子義形於色以死守之遂左遷終於新都郡丞孫亮時二子熊損各復領兵熊子宣襲爵尚公主至驃騎將軍

沈珩字仲山郡人少綜經藝長春秋內外傳有智謀能專對孫權使使魏文帝引珩談語終日隨事響應無所屈還吳以奉使有稱封永安鄉侯官至少府弟峻

張光稍痛 吳志卷五十二 四十七 一五 呂

峻字叔山有名譽而性儉吝張溫使蜀與峻別峻入內良久出語溫曰向擇一端布欲以送卿而無麤者溫嘉其無隱又常經太湖岸上使從者取鹽水已而恨多勑令還減之尋亦自愧曰此吾天性也

暨豔字子休郡人張溫引為選曹尚書性狷厲好為清議是時郎署混濁多非其人豔臧否區別賢愚異貫遂為浸潤所譖自殺見張溫傳

吾彥字士則吳人也出自寒微有文武才幹身長八尺

手格猛獸膂力絶群仕吳爲通江吏初爲小將給
事陸抗抗奇其勇畧將拔用之患衆情不允乃會
諸將密使人陽狂拔刀躍跳來坐上諸將皆懼走
唯彥不動舉几禦之衆服其勇乃擢用爲稍遷建
平太守時王濬將伐吳造船於蜀彥覺之請增兵
馬爲備皓不從彥乃輒爲鐵鎖横斷江路及師臨
境緣江諸城皆望風降附或見攻拔唯彥堅守攻
不能剋乃退舍禮之吳亡彥始歸降武帝以爲金
城太守帝嘗從容問孫皓所以亡國彥對曰吳主
英俊宰輔賢明帝笑曰君明臣賢何爲亡國彥曰

天祿永終曆數有屬所以爲陛下禽此蓋天時豈
人事也卒歲饑旱成恩有著遷鴈門太守時順陽王
暢驕矜前後內史皆誣之以罪及彥爲順陽內史
清貞有素威刑嚴肅衆皆畏懼暢不能誣乃更薦
之冀其去職遷員外散騎常侍帝問彥陸喜陸抗
二人誰多彥對曰道德名望抗不及喜立功立事喜
不及抗會交州刺史陶璜卒以彥爲南中都督交
州刺史初璜之死九真戍兵作亂逐其太守賊帥
趙祉圍郡城彥討平之在鎭二十餘年威恩宣著
南州寧靖自表求代徵爲大長秋卒于官

韋曜字弘嗣吳郡人少好學能屬文孫亮時爲太史令
皓時遷中書僕射皓欲爲父和作紀曜執以和不
登帝位宜名爲傳由此漸怒皓酒後以嘲弄公卿
爲歡曜但言論經議爲不承詔收付獄徙其家零
陵

徐原字德淵吳郡人慷慨有才志忠壯好直言呂岱薦
爲侍御史岱有得失原輒諫諍原死岱哭之甚哀
曰德淵岱之益友今不幸岱復於何聞過談者美
之

蔡洪字叔開吳郡人有才名西晉時王政陵遲官才失
實君子多退而窮處洪作孤奮論與王沉釋時論
同意讀者莫不歎息仕爲松滋令

朱誕吳郡人陳敏之亂豪桀多見維縶惟誕與甘卓不
豫其事

吳震吳郡人學行清脩老而未調華譚薦之爲著作佐
郎

全景文字弘達吳郡人也少有氣力微時與同郡孫超
之吳興沈攸之同載出都至奔牛埭有人上而相
之曰君等皆至方伯行當富貴景文仍得將領爲
軍主宋孝建初爲竟陵王驃騎行參軍以功封漢

水侯除員外郎積射將軍泰始二年爲假節寧朔
將軍兗從僕射軍主隨劉亮討破東賊於晉陵除
長水校尉假輔國將軍北討薛索兒於破釜領水
軍斷賊糧運仍隨太祖於葛家梁再戰皆有功南
賊相持未決刺景文隸劉亮拒劉胡攻圍力戰身
被數十創除前軍將軍封孝寧縣侯除寧朔將軍
游擊將軍假輔師將軍高平太守鎮軍安西二府
司馬驍騎將軍元徽末爲南豫州刺史歷陽太守
輔國將軍如故遷征虜將軍南琅邪濟陰二郡太
守軍主尋加散騎常侍齊建元元年以不預佐命

國除授南琅邪太守常侍將軍如故遷光祿大夫
征虜將軍臨川王征西司馬南郡太守累遷給事
中光祿大夫永明九年卒超之吳縣人寧朔長史
廣州刺史元徽五年以游擊將軍誅攸之荆郢二
州刺史
孫瑒字德璉吳縣人祖文惠齊越騎校尉清遠太守
父僧道梁中散大夫以雅素知名瑒少倜儻好謀
略博涉經史尤便書翰起家梁輕車臨川嗣王行
參軍累遷爲安西邵陵王水曹中兵參軍事王出
鎮郢州瑒書室隨府甚被賞遇太清之難授假節

宣猛將軍軍主王僧辯之討侯景也王琳爲前軍
琳與瑒同門乃表薦爲戎昭將軍宜都太守仍從
僧辯救徐文盛於武昌會郢州陷乃留軍鎮巴陵
修戰守之備俄而侯景兵至日夜攻圍瑒督所部
兵悉力拒戰賊衆奔退及克姑孰瑒力戰有功除
員外散騎常侍封富陽侯尋授假節雄信將軍衡
陽內史未之官仍遷衡州平南府司馬破黃洞蠻
賊有功除東莞太守行廣州刺史尋除智武將軍
監湘州事敬帝嗣位授持節仁威將軍巴州刺史
高祖受禪王琳立梁永嘉王莊於郢州徵瑒爲太

府卿加通直散騎常侍及琳入寇以瑒爲使持節
散騎常侍都督郢荆巴武湘五州諸軍事安西將
軍郢州刺史總留府之任周遣大將史寧率衆四
萬乘虛奄至瑒兵不滿千人乘城拒守親自撫巡
行酒賦食士卒皆用命周人苦攻不能克乃矯授
瑒柱國郢州刺史封萬戶郡公瑒僞許以緩之而
潛修戰具樓雉器械一朝嚴設周人甚憚焉及聞
大軍敗王琳乘勝而進周兵乃解瑒於是盡有中
流之地遣使奉表詣闕天嘉元年授持節散騎常
侍安南將軍湘州刺史封定襄縣侯徵爲散騎常

仁中領軍未拜文帝謂曰昔朱買臣願爲本郡卿豈有意乎仍改授持節安東將軍吳郡太守給鼓吹一部及將之鎮乘輿幸近畿餞送秩滿徵拜散騎常侍中護軍鼓吹如故留異反東陽詔瑒督舟師進討異平遷鎮右將軍常侍出爲使持節安東將軍建安太守光大中以公事免尋起爲通直散騎常侍大建四年授都督荊信二州諸軍事安西將軍荊州刺史出鎮公安瑒增修城池懷服邊遠爲鄰境所憚居職六年又以事免更爲通直散騎常侍及吳明徹軍敗呂梁授使持節督緣江水陸諸軍事鎮西將軍給鼓吹一部仍授散騎常侍都督荊郢巴武湘五州諸軍事郢州刺史持節將軍十二年坐疆埸交通抵罪後主嗣位復除通直散騎常侍兼起部尚書尋除中護軍復爵邑入爲度支尚書領步兵校尉俄加散騎常侍遷侍中祠部尚書後主頗幸其第及著詩賦述勳德之美又爲五兵尚書領右軍卒年七十二後主臨哭盡哀贈護軍將軍侍中如故謚曰桓子瑒事親以孝聞篤睦諸弟性通泰財物散之親友自居處頗失奢豪庭院穿築極林泉之致歌鍾舞女當世罕儔賓客

塡門軒蓋不絶又巧思過人爲起部尚書軍國器械多所創立有鑒識及卒後主題銘後四十字勒就宅鐫之瑒二十一子咸有父風子訓頗知名歷臨湘令直閤將軍高唐太守陳亡入隋（建康實錄作稱明寺在青谿東西即江總宅也）

許孝敬吳人勁勇過人爲梁宣帝驍將以大將軍守河東無救援爲吳明徹所禽戮於建康市贈車騎大將軍子世武襲父大將軍好勇不拘行（以字行）客施與不節資產既盡遂謀奔陳事覺伏誅

卜靜字玄風與顧邵陸通張訓等齊名終剡令

張承休崑山人隋散騎常侍胤之孫也張說撰其墓志云希言篤行去華崇實非法不由非禮不動精於理物敏於從政歷朝議大夫上柱國恒州刺史（說之文曰閶門一分驛我諸侯蓋居閶門也）

張從師郡人祖損之隋侍御史水部郎父泫碩學麗藻名動京師從師仕終河南府法曹參軍張說撰墓志云冲和純粹辯博閎達卓犖好古儻蕩逸群忘懷樂道上元二年終葬虎丘西原子惟儉惟靜弱歲皆精左氏穀梁春秋弟從申在藝苑傳

歸崇敬字正禮吳縣人治禮家學多識容典擢明經

遭父喪孝聞鄉里調國子直講天寶中舉博通墳
典科對策第一遷四門博士建議以景皇帝始受命
爲唐太祖百代不易諸儒僉諧或執異者卒不能
移授左拾遺肅宗次靈武再遷起居郎贊善大夫
史館修撰兼集賢殿校理修國史儀注以貧求解
歷同州長史潤州別駕未幾有事橋陵建陵召還
參掌儀典改主客員外郎復兼修撰代宗幸陝召
問得失崇敬極陳生人疲敝當以儉化天下則國
富而兵可用大曆初授倉部郎中充弔祭冊立新
羅使海道風濤舟幾壞衆謀易單舸崇敬不肎獨
濟風息使還囊橐惟衾衣東夷傳其清德授國子
司業兼集賢學士八年遣祀衡山未至而哥舒晃
亂廣州監察御史憚之請望祀而返崇敬正色曰
君命豈有畏邪遂往在職多所建議坐事貶饒州
司馬德宗立召還復拜國子司業稍遷翰林學士
左散騎常侍充皇太子侍讀封餘姚郡公遷工部
尚書以兵部尚書致仕卒年八十八贈左僕射謚
曰宣論撰十數篇子登
登字沖之事繼母篤孝大曆中舉孝廉高第補四門
助教又策賢良性溫恕雅實引厚慕陸象先爲人

有文學工草隸貞元初自美元尉拜右拾遺裴延
齡得幸態執易疏論之以示登登動容曰願寘吾
名雷霆之下君難獨處同列有所諫正輒聯署無
所回諱轉右補闕起居舍人凡十五年退然遠權
勢終不以淹晚譏懷順宗爲皇太子登父子侍讀
及即位以東宮恩超拜給事中遷工部侍郎從爲
皇太子諸王侍讀獻龍樓箴以諷徙左散騎常侍
入謝憲宗問政所先登知帝睿而果于斷勸順納
諫爭外傳爲讜言累遷兵部員外郎尋加史館修
撰超拜給事中工部侍郎右散騎常侍兵部侍郎

判國子祭酒事進工部尚書累封長洲縣男元和
末卒贈太子少師謚曰憲子融
融字章之元和中進士累遷左拾遺事文宗爲翰林
學士進戶部侍郎開成初以工部侍郎兼御史中
丞湖南觀察使盧周仁取羨錢億萬進京師融劾
奏請還之代貧民租入遷京兆尹又從秘書監與
元尹兼御史大夫山南西道節度徙東道遷兵
部尚書累封晉陵郡公會昌後儒臣少朝廷禮典
多本融議辭疾以太子少傅分司東都大中七年
卒贈尚書左僕射子仁晦仁翰仁憲仁紹仁澤皆

登第咸通中至達官仁澤列曹尚書觀察使子譪
譪字文彥擢進士徧歷三署同光初為尚書丞遷侍
郎以[illegible]貞客致仕卒年七十六譪初由進士任
侍御[illegible]宴文思毬場朱全忠入百官坐廡下
全忠[illegible]登州司戶參軍
張鎰字[illegible]權一字[illegible]朔方節度使齊丘之子也郭
子儀表為元帥判官[illegible]遷殿中侍御史華原令盧
縱得罪鎰按驗縱當免官有司承風以死論鎰白
母曰然則負官否則為太夫人憂母曰兒無累於
道吾所安遂執正其罪縱得流鎰坐貶撫州司戶

參軍居母喪以孝聞大曆初出為濠州刺史政條
清簡延經術士講教生徒比去州升明經者四十
人李靈曜反于汴圍閿鄉兵嚴守備有詔褒美時
有司條天下牧守課績惟信州[illegible]常州蕭復及
鎰為理行第一十二年改壽州十四年去官民為
立石頌德遷洪州觀察江西賑給孤獨均平賦稅
存問[illegible]週其粟帛大興學校以激[illegible]俗歷河中
觀[illegible]汲滑節度使建中二年拜中書侍郎平章
事郭子儀婿趙縱為奴告下御史劾治而奴留內
侍省鎰奏奴不可告主悖慢成風漸不可長今月年

以兩河用兵鎰奏減堂食錢及百官廩俸三分之一
以助用度盧杞忌鎰剛直欲擠之時朱泚以盧龍
卒戍鳳翔帝擇人以代杞曰鳳翔將校班秩素高
非宰相信臣不可鎮撫帝顧鎰曰文武兼資望重
內外無易卿者乃以為鳳翔節度使帝幸奉天鎰
罄家貲將自獻行在營將李楚琳嘗事朱泚夜率
其黨作亂遂遇害詔贈太子太傅大中初圖形凌
煙閣鎰撰五經微旨十四卷孟子音義三卷
沈既濟吳縣人經學該明楊炎雅善之薦有良史才
召拜左拾遺史館修撰議則天皇后進非以德請

省其紀德宗立銳于治建中二年詔兩省分置待
詔官權公錢收子贍用既濟諫止之炎得罪既濟
坐貶處州司戶參軍後為禮部員外郎又言古今
選用之法撰建中實錄時稱其能子傳師
傳師字子言治春秋工書有楷法少為杜佑所器貞
元末舉進士禮部侍郎權德輿於門生中推為顏
子復登制科授太子校書郎以鄠尉直史館轉右
拾遺左補闕累遷知制誥入翰林為學士改中書
舍人翰林缺承旨次當傳師因稱疾出穆宗遣中
使敦召李德裕素與善聞曉諄切終不出遂以本

官兼史職出爲湖南觀察使卽官下修憲宗實錄寶曆二年入拜尚書右丞復出爲江西觀察使徙宣州傳師吏治嚴明人不敢冒所涖以廉靜聞入爲吏部侍郎太和初卒年五十九贈尚書傳師性夷粹無競更二鎮十年無書賄入權家初拜官宰相欲以姻私託幕府者傳師拒曰誠爾顧罷所授故其僚佐如李景讓蕭寘杜牧極當時選治家不尚威嚴閨門自化屬無親疏服食如一祭無儲錢鬻宅以葬云子樞詢

詢字誠之亦能文辭清粹端美如神僊中人會昌初進士第補渭南尉累遷中書舍人出爲浙東觀察使除戶部侍郎判度支咸通四年爲昭義節度使治尚簡易人皆便安奴私侍兒詢將殺之奴懼結牙將爲亂夜攻詢滅其家贈兵部尚書左散騎常侍劉潼代爲節度馳至剗奴心祭其靈坐

徐岱字處仁郡人本農家子於學無不通辯論明銳座人常侶終給事中史館修撰

翹信陵郡人貞元初進士及第六年爲望江令有仁政撫孤獨爲禱神請雨文云必也私欲之求行於邑里修黷之政施於黎元令長之罪也神得而誅之豈可移於人而害其歲既卒官百姓留葬縣境立祠崇寧四年勑賜靈施廟信陵故居在包山

丁公著字平子吳人三歲喪母七歲見鄰媼抱子哀感不肯食請於父絡頤絶粒學老子道稍長父勉敕就鄉舉明經高第授集賢校書郎不滿秩輒去侍養丁家父喪負土作冢貌力癯悴見者憂其死孝聞給侍苹表上至行詔刺史弔問賜粟帛旌其門淮南節度使李吉甫表授太子文學兼集賢校理會入輔政擢右補闕遷直學士允皇太子諸王侍讀因著太子諸王訓十篇穆宗立未聽政召居禁中條詢治理且許以相公著陳讓䍐切乃擢給事中時上專遊畋聲色賜與無節常謂公著曰聞外間人多宴樂此乃時和人安足用爲慰公著對曰此非佳事恐漸勞聖慮上曰何故對曰自天寶以來公卿大夫競爲遊宴沉酣晝夜優雜子女不愧左右如此不已則百職皆廢陛下能無獨憂勞乎願少加禁止乃天下之福也遷工部侍郎知吏部選事公著內知帝欲進用故辭疾求外遷授浙西觀察使徙河南尹治以清靜聞四遷禮部尚

翰林侍講學士長慶中浙東菑癘拜觀察使詔
賜米七萬斛使賑饑民久之入爲太常卿太和中
以病乞身還鄉里卒贈尚書右僕射公著清約守
道每進一官輒憂見顏間四十喪妻終身不畜妾
及卒天下惜之

任晦郡人仕爲涇縣尉退居里中有深林曲沼危亭
幽砌池中又爲島嶼脩篁嘉木掩映隈奧晦資高
放寡合好奇樂異喜文學名理之士得顧辟疆舊
園以居云

許孟容吳人讀書爲文口辯爲給事中嘗論事由太
常少卿爲刑部侍郎見柳宗元先友記

楊收字藏之隋越國公素之裔世居馮翊父遺直客
死蘇州收七歲而孤處喪若成人母長孫親授經
十三通大義善屬文所賦輒就吳人號神童及壯
長六尺二寸廣顙深頤疎眉秀目博學強記至他
藝無不通解以兄假未仕不肯舉進士假既釋褐
乃擢進士杜悰表署淮南推官悰領度支又節度
劍南東西川輒隨府三遷至相馬植表爲渭南尉
集賢校理議補監察御史收又以假方外遷讓不
可先固辭復從悰節度判官擢監察御史以詳禮
學改太常博士不行以母喪免服除從淮南崔鉉
府爲支使還拜侍御史遷長安令懿宗時累擢中
書舍人翰林學士承旨以中書侍郎同中書門下
平章事進尚書右僕射封晉陽縣男罷爲宣歙觀
察使明年貶端州司馬又流驩州俄詔賜死後三
年詔追雪其罪復官爵子鉅鏻鉅廣明初進士乾
寧初爲翰林學士從入洛終散騎常侍鏻至戶部
尚書收兄發弟嚴

發字至之登進士又中拔萃科累官左司郎中宣宗
時議改順憲二宗廟主更新謚發以爲自古無改
作主之文郗不可知禮者是之改太常少卿爲蘇
州刺史治以恭長慈幼爲先從福建觀察使又以
能政聞拜嶺南節度使承前政寬弛操下剛嚴軍
遂怨起爲亂囚發貶婺州刺史假字仁之開
成末登第累遷太常少卿歷浙西判官擢監察御
史出爲常州刺史卒官

嚴字凜之舉進士累遷給事中工部侍郎翰林學士
以收知政事補外拜御史中丞越州刺史觀察浙
東收貶嚴亦斥爲邵州刺史從吉王傅乾符四年
以兵部侍郎判度支卒子涉注

昭宗時累遷刑禮吏三部侍郎轉左丞吏部侍郎
哀帝時進同中書門下平章事加中書侍郎涉雖
端厚命相之日與家人相向而泣曰吾不能脫此
網羅禍將至矣又謂其子凝式曰今日之事吾家
重不幸必累爾等天祐四年帝禪梁以涉爲押傳
國寶使凝式白曰大人爲唐宰相而國家至此不
可謂之無過況手持天子璽綬與人雖保富貴奈
千載何蓋涉大駭曰汝滅吾族神色不寧者數日
涉已相辭內職爲戶部侍郎竟以令終注中和二
年進士累官翰林學士凝式自有傳

皮光業字文通日休子也光業生於蘇十歲能屬文
錢武肅王鏐辟以爲屬吳越國建以爲相教令儀
注多其所定美容儀善談論謂若神僊中人
司馬福郡人始隸吳越王水軍爲遊奕都虞候開平
三年淮人圍蘇內外阻絕王遣援兵至莫知城中
音問福潛行水中三日入城中得報復出及救兵
與城中弓矢相應淮人以爲神（事詳平亂條）進官都指
揮使吳越王城吳江置軍鎮命福主之遂老於職（福隱竊變爲諜者入城因去之淮人卒不能識）
五百
蔣貽恭吳人流落入蜀性耿直有逸才每一吟詠
多諷刺時蜀主季年臣僚多尚權勢僭教無節因
爲詩以諷蜀主曰敢言之士也特授名山令又兼
蒞事賜銀緋
吳仁璧字廷寶長洲人大順中及第喜屬文善星曆
及黃白術初學於廬山道士數年其師曰能學儒
乎仁璧因棄求名志進士曰一第猶拾芥爾但
他年□□吳雖仁璧既成名吳越王錢鏐待以客
禮訪□文固辭所知欲辟入幕又辭不復分
鏐□吳國夫人水氏殂具禮幣請爲誌文不從
鏐怒沈之江中時□憐之有詩一卷（臨安志云仁璧闔右人中第後入浙錢武肅王累辟不就請撰羅城記又不從王怒沈之江 張元相傳□□□□本）
曹思恭吳縣人所著篇詠甚爲時人所重初爲右史
知貢舉坐豫泄問目流嶺表死
溫訥郡人爲楊行密將劉威幕客行密卒威爲帥府
所忌或譖於徐溫溫將害之訥說威曰公受謗雖
深反本無狀若輕舟入覲則嫌疑皆亡矣威從之
溫亦待威甚恭威但得還鎮訥之力也
許式字叔矜祖廷祚父常孰今遂家于吳式舉進士
有高行名著雍咸因歷通判博州尚書祠部郎中
知洪筠二州官至將運使年八十餘卒贈禮部尚

書

姑蘇志卷第四十七

姑蘇志卷第四十八

人物六 名臣

楊崇勳郡人也父全美太宗時爲殿前都指揮使崇勳以父任給事東宮御軍有法眞宗即位授左侍禁四方館使屬天下久罷兵有言羣牧廐馬者崇勳言馬不可去議遂格累遷桂州觀察使兼群牧使又歷馬歩殿帥建振武節鉞累徙定武山南東道二鎭拜樞密使加平章事以河陽三城節度使判陳州卒年七十贈太尉謚恭毅碑銘本傳

許洞字洞天吳縣人父仲容太子洗馬洞性疎雋幼習弓矢擊刺之伎及長折節勵學尤精左氏傳擧進士釋褐雄武軍推官嘗詣府白事有卒踞坐不起即杖之乃移書知州馬知節知節怒其不遜會輒用公錢奏除名歸數年所居嘗種一竹以表特操吳人詠之曰許洞門前一竿竹曰以酣飲爲事嘗從民坊貰酒一日大署壁作酒歌數百言鄉人爭往觀其酤數倍乃盡捐所負景祐二年獻所撰虎鈐經二十卷應洞識韜畧運籌決勝科以負譴報罷就除均州參軍及祥符四年祀汾陰獻三盛禮賦召試中書改烏江主簿卒年四十二洞以才學

自負狂放不羈與張聞錢易爲友所著詩辭甚多
皆名當世歐陽脩稱爲俊逸之士有集一百卷春
秋釋幽五卷演玄十卷訓俗書一卷

龔識字默𥨊其先邵武人父慎儀仕南唐禮部郎中
給事中使南漢被執漢亡得歸拜歙州刺史國滅爲
盧絳所害識始從居吳登端拱進士大中祥符間
李宗諤薦擢監察御史遷殿中侍御史兼左巡使
宋襲唐制御史不專言職至是始擇學術醇正操
履端方可綱紀朝廷者俾入臺言事識始被選後
以疾求退除檢校司封郎中平江軍節度副使子

宗元盧氏云宋朝郡士登科者始於識其家至今居崑山黃姑猶藏其登第時金花榜貼乃用
全金黃紙闊三寸長四寸許大書姓名下有兩知
舉花押又用白紙作大帖如藥貼狀貯金花貼於
中外亦書姓名二字蓋以此報其人也自
唐以榜帖相傳而世少見其制故附於此

宗元字會之幼穎悟絕人讀書虎丘寺爲鄉貢首選
天聖中擢進士第仁和簿以父疾乞便侍養調吳
縣改建安尉鵠有聲稱以薦章保任者二十有二
召見擢大理評事知句容縣發擿姦伏政如神明
楊紘持使節行部號爲深酷吏望風投劾去紘過
縣竟不入或問其故紘曰龔某治民所至有聲吾
往徒爲擾耳後徙居崑山黃姑歷通判衢越二州

官至都官員外郎謝事家居作中隱堂時程適墮
之奇皆以耆德致政于家日爲文酒之樂吳人謂
之三老宗元初官仁和知州范仲淹深加禮重稱
其文溫厚和平而不乏正氣似其爲人謂曰君德
業清脩他日必爲令器愼勿因人以進洎登朝未
嘗游公卿門卒以清直淳厚號慶曆人材有文集
卷題曰武丘居士遺藁子程

程字信民剛正自守不怵禍福排異端家不設老佛
像祭祀不焚紙錢讀書父硎山先塋下攻苦食淡
柳云書記問精確鄉人號有腳書廚由熙寧進

士歷西安丞知桐廬縣卒贈左朝議大夫子況
況字濬之擢進士第以學術文章與蘇過俱名于朝
號龔蘇用宗元中隱故事自號起隱子終祠部員
外郎朝議大夫有起隱集三十卷從子明之在孝
行傳

丁謂字謂之一字公言長洲人少與孫何善袖文謁王禹
偁大驚重之以爲自唐韓愈柳宗元後三百年始
有此作世謂之孫丁淳化中進士甲科累遷饒州
路轉運使蠻酋爲寇謂以詔諭以禍福蠻感泣願世奉刻
石立境上五年不得代詔舉自代者乃入爲三司

鹽鐵副使祥符五年參知政事九年請外爲平江軍節度使知昇州天禧初復參政改樞密使代寇準拜中書門下平章事加司空晉國公仁宗即位進司徒侍中爲山陵使被論授太子少保分司西京又貶崖州司戶參軍累徙光州授秘書監致仕卒年七十二謂機敏有智謀文字累數千百言經覽輙誦善談笑爲詩至圖畫博奕音律無不洞曉嘗建鄉郡節鉞以至宰相國朝吳人至相位者始於謂又嘗爲鄉里請於朝特免丁錢鄉人德之祠於萬壽寺

謝濤字濟之其先自陽夏徙富陽父崇禮爲中吳軍節度推官故爲蘇人濤幼奇敏年十四講左氏春秋既冠會汾晉平郡國當表賀吳士爲文者更數人皆不如意濤私草之爲人持去郡將大稱愜時吳令羅處約與長洲王禹偁書云濟之楊雄天人吾曹敵也與之定交嘗講學陽山白蓮院洎登第爲梓州榷監院判官李順反成都濤晝守禦以功遷觀察推官權知華陽縣時亂後田廬荒廢有詔能占田而倍入租者與之於是腴田悉爲豪右所據流民至無所歸濤收詔書悉以田歸主改著作佐郎通判壽州知興國軍眞宗考吏籍內出朝士有治迹者二十四人名付門下省濤在選中擢太常博士召對長春殿賜五品服送試學士院會契丹入寇議親征濤以屯田員外郎知曹州奏州人趙諫交權勢結豪俠務乘人之弊以告訐斬諫都市曹人相賀繼命安撫益利兩路既還舉所部官三十餘人宰相疑其多濤歷陳諸吏治狀願連坐奉使舉[illegible]自濤始除三司度支判官出知泰州又二州召試直史館判三司出爲兩浙轉運使賜三品服兼侍御史知雜事清靜端介眞宗山陵靈駕所經道路有司請悉壞城門廬舍以過車輿象物濤言先帝車駕封祀儀物大備尤不聞有所毀徹且遺詔從儉薄今有司治明器後大以勞州縣非先帝意願下少府裁損之進吏部郎中直昭文館知越州擢西京留司侍御臺就拜祕書監朝廷嘉其恬退擢太子賓客景祐初卒年七十五贈禮部尚書弟炎

炎字化南慕韓柳爲文與杭州盧愼齊名時稱盧謝端拱初舉進士調補昭應主簿徙伊闕知華容公安二縣卒年三十四有集二十卷濤子絳

絳字希深七歲通孝經十歲能屬文十五以父任秘
書省校書郎舉進士甲科授奉禮郎知汝陰縣遷
光禄寺丞善議論喜談時事嘗論四民失業累數
千言初楊億得其啟事謂人曰此文中虎也遂力
薦之召試擢秘閣校理同判太常禮院判登聞鼓
院再遷太常丞通判常州丁母憂服除仁宗即位
遷太常博士用鄭氏經唐故事議宣祖非受命不
宜配享感生帝請以真宗配之不果從天聖中天
下大旱蝗起河決滑州絳上疏請引咎避朝罷不
急之役省無名之斂勿崇私恩更進直道仁宗嘉
納之會修真宗國史以絳為編修官史成遷祠部
員外郎直集賢院時濤官西京年老因請便養通
判河南府移書丞相言歲凶嵩山宮宜勿治又奏
妖人方士不宜出入禁中權開封府推官言[illegible]曰
野入郢宜用京房息災異之術考功課吏除煩苛
損冗斂勿起大獄勿用躁人郭皇后廢絳陳詩白
華引申后褒姒事以諷辭甚切至徙三司度支判
官言用物滋侈賜予過制禁中須索繁濫宜遞考
裁節初詔罷織密花透背禁勿服用既而賜內人
衣復取於有司又後苑作器索龜筒龜筒禁物民

間不得有而索之不已皆論罷之又請罷內降詔
令皆由中書樞密而後行再遷兵部員外郎進聖
治箴五篇以父憂去服除擢知制誥判吏部流內
銓寶元中使契丹還請知鄧州為政寬厚務敦教
化時人以比杜詩稱為循吏修復召信臣六門堰
以溉民田功未就而卒年四十五贈禮部尚書鄧
民追思之立祠於百花洲絳以文學知名措辭遒
雅有元白風歐陽脩尤所稱許為人修潔醞藉平
居晏然臨事果敢節操凜凜嘗請於郡立學所至
大興黌舍好施宗族喜賓客卒之日家無餘貲初
官河南時莊獻明肅太后起二陵於永
安至於鐵石畚臿不取一物於民而足修國子學
教諸生遠近大集舉第者十八九聞絳卒皆出涕
畫像於學而祠之絳有文集五十卷子景初
景初字師厚慶曆六年甲科及第以大理評事知餘
姚縣始作海塘防水患民賴安業累遷益州路提
點刑獄以屯田郎致仕性倜儻勁俏博學能文尤
長於詩為歐陽脩王安石梅聖俞所推重女壻黃
庭堅以詩名家自謂從謝公得句法弟景平
景平字師同一云師宰以祖父蔭試秘書省校書郎守將

作監主簿中進士第簽判崇信軍監楚州西河轉
般倉好學著詩書傳說數十篇終祕書丞年三十
三與弟景同皆知名士景同字師復幼好學年十
九所爲文辭已可傳以疾卒
范仲淹字希文唐宰相履冰之後其先邠州人也因
調官江南遂爲吳縣人仲淹二歲而孤母更適長
山朱氏從其姓名說少有志操既長知其世家迺
感泣辭母去之應天府依戚同文學晝夜不息冬
月憊甚以水沃面食不至以糜粥繼之人不能堪
仲淹不苦也居五年大通六經舉進士禮部第一
中乙科爲廣德軍司理參軍迎母歸養改集慶軍
節度推官始還姓更今名監泰州西溪鹽稅遷大
理寺丞徙監楚州糧料院母喪去官晏殊知應天
府聞仲淹名召寘府學上書請擇郡守舉縣令斥
游墮去冗僭慎選舉撫將帥凡萬餘言服除以殊
薦爲祕閣校理仲淹汎通六經長於易學者多從
質問爲執經講解亡所倦嘗推其俸以食四方遊
士諸子至易衣而出仲淹晏如也每感激論天下
事奮不顧身一時士大夫矯厲尚風節自仲淹倡
之天聖七年章獻太后將以冬至受朝天子率百

官上壽仲淹極言之且曰奉親于內自有家人禮
顧與百官同列南面而朝之不可爲後世法又上
疏請太后還政不報尋通判河中府徙陳州時方
建太一宮及洪福院市林木陝西仲淹言昭應壽
寧天戒不遠今又侈土木破民產非所以順人心
合天意也宜罷修寺觀減常歲市木之數以蠲除
積負又言恩倖多以內降除官非太平之政事雖
不行仁宗以爲忠太后崩召爲右司諫言事者多
暴太后時事仲淹曰太后受遺先帝調護陛下
十餘年宜掩其小故以全后德帝爲詔中外毋輒
論太后時事初太后遺誥以太妃楊氏爲皇太后
參決軍國事仲淹曰太后母號也自古無因保佑
而代立者今一太后崩又立一太后天下且疑陛
下不可一日無母后之助矣歲大蝗旱江淮京東
滋甚仲淹請遣使循行未報乃請間曰宮掖中半
日不食當如何帝惻然乃命仲淹安撫江淮所至
開倉賑之且禁民淫祀奏蠲廬舒折役茶江東丁
口鹽錢且條上救敝十事會郭皇后廢率諫官御
史伏閤爭之不能得明日將留百官揖宰相廷爭
方至待漏院有詔出知睦州歲餘徙蘇州首興學

校延安定胡瑗爲之師州大水民田不得耕仲淹疏五河導太湖注之海募人興作未就尋徙明州轉運使奏留仲淹以畢其役許之拜尚書禮部員外郎天章閣待制召判國子監遷吏部員外郎權知開封府時呂夷簡執政進用者多出其門仲淹上百官圖指其次第曰如此爲序遷如此爲不次如此則公如此則私況進退近臣凡超格者不宜全委之宰相夷簡不悅他日論建都事仲淹曰洛陽險固而汴爲四戰之地太平宜居汴即有事必居洛陽當漸廣儲蓄繕宮室帝問夷簡夷簡曰此仲淹迂闊之論也仲淹迺爲四論以獻大抵譏切時政且曰漢成帝信張禹不疑舅家故有新莽之禍臣恐今日亦有張禹壞陛下家法夷簡怒訴曰仲淹離間陛下君臣所引用皆朋黨也仲淹對益切由是罷知饒州韓瀆希宰相旨請書仲淹朋黨揭之朝堂祕書丞余靖上言曰仲淹以一言忤宰相遽加貶竄況前所言者在陛下母子夫婦之間乎陛下既優容之矣臣請追改前命尹洙自訟與仲淹師友且嘗薦己願從降黜歐陽脩以諫官高若訥坐視不言移書責之由此三人皆坐貶明年

夷簡亦罷朋黨之論自是興矣仲淹既去士大夫爲論薦者不已仁宗謂張士遜曰向貶仲淹爲其密請立皇太弟故也今朋黨稱薦如此柰何乃再下詔戒勅仲淹徙潤州又徙越州元昊反召爲天章閣待制知永興軍改陝西都轉運使會夏竦爲陝西經畧安撫招討使進仲淹龍圖閣直學士以副之夷簡再入相帝諭仲淹使釋前憾仲淹頓首謝曰臣鄉論蓋國家事於夷簡何憾也延州諸砦多失守仲淹自請行遷戶部郎中兼知延州先是詔分邊兵總管領萬人鈐轄五千都監三千寇至禦之則官卑者先出仲淹曰將不擇人以官爲先後取敗之道也即大閱州兵得萬八千人分爲六各將三千人分部教之量賊衆寡使更出禦賊賊塞門承平諸砦既廢用种世衡策城青澗以據賊衝大興營田且聽民得互市以通有無又以民遠輸勞苦請建鄜城爲軍以河中同華中下戶稅租就輸之春夏徙兵就食可省糴什之三他所[illegible]不與詔以爲康定軍明年詔諸路入討仲淹曰正月塞外大寒我師暴露不如俟春深入賊馬瘦人[illegible]勢易制也況邊備漸修師出有紀[illegible]

挫其氣矣鄜延密邇靈夏西羌必由之地也第按
兵不動以觀其釁許臣稍以恩信招來之不然情
意阻絕臣恐偃兵無期矣若臣策不効當舉兵先
取綏宥據要害屯兵營田爲持久計則茶山橫山
之民必挈族來歸矣此拓疆禦寇之上策也帝皆
用其議仲淹又請修承平永平等砦稍招還流亡
定堡鄣通斥候城十二砦既而羌漢之民相踵歸
業久之元昊歸陷將高延德因與仲淹約和仲淹
爲書戒喻之會任福敗於好水川元昊答書語不
遜仲淹對來使焚之大臣以爲不當輒通書又不

當輒焚之宋庠請斬仲淹帝不聽降本曹員外郎
知耀州徙慶州遷左司郎中爲環慶路經略安撫
緣邊招討使初元昊反陰誘屬羌爲助而環慶酋
長六百餘人約爲鄉導事尋露仲淹以其反覆不
常至部即奏行邊以詔書犒賞諸羌閱其人馬爲
立條約諸羌皆受命自是始爲漢用改邠州觀察
使仲淹表言觀察使班待制下臣守邊數年羌人
頗親愛臣呼臣爲龍圖老子今退而與王興朱觀
爲伍第恐爲賊輕辭不拜慶之西北馬鋪砦當後
橋川口在賊腹中仲淹欲城之度賊必爭密遣子

純祐與蕃將趙明先據其地引兵隨之諸將不知
所向行至柔遠始號令之版築皆具旬日而畢即
大順城是也賊覺以騎三萬來戰佯北仲淹戒勿
追已而果有伏大順既城而白豹金湯皆不敢犯
環慶自此寇益少明珠滅臧勁兵數萬仲淹聞涇
原欲襲討之上言曰二族道險不可攻前日高繼
嵩已喪師平時且懷反側今討之必與賊表裏南
入原州西擾鎮戎東侵環州邊患未艾也若北取
細腰胡蘆衆泉爲堡障以斷賊路則二族安而環
州鎮戎徑道通徹可無憂矣其後遂築細腰胡蘆

諸砦葛懷敏敗於定川賊大掠至潘原關中震恐
民多竄山谷間仲淹率衆六千由邠涇援之聞賊
已出塞乃還始定川事聞帝按圖謂左右曰若仲
淹出援吾無憂矣奏至帝大喜曰吾固知仲淹可
用也進樞密直學士右諫議大夫仲淹以軍出無
功辭不受命不聽時已命文彥博經略涇原帝以
涇原傷夷欲對徙遣王懷德喻仲淹仲淹謝曰涇
原地重第恐臣不足當此路與韓琦同經略涇原
並駐涇州琦兼秦鳳臣兼環慶涇原有警臣與琦
合秦鳳環慶之兵掎角而進若秦鳳環慶有警亦

可率涇原之師爲援臣當與琦練兵選將漸復橫
山以斷賊臂不數年間可期平定矣願詔龐籍兼
領環慶以成首尾之勢秦州委文彥博慶州用滕
宗諒總之孫沔亦可辦集若渭川一武臣足矣帝
采用其言復置陝西路安撫經畧招討使以仲淹
韓琦龐籍分領之仲淹與琦開府涇州而徙彥博
帥秦宗諒帥慶張亢帥渭仲淹爲將號令明白愛
撫士卒諸羌來者推心接之不疑故賊亦不敢輒
犯其境元昊請和召拜樞密副使時王舉正懦默
不任事歐陽脩等言仲淹有相材請罷舉正用仲

淹遂改參知政事仲淹曰執政可由諫官而得乎
固辭不拜願與韓琦出行邊命爲陝西安撫使未
行復除參知政事會王倫寇淮南州縣官有不能
守者朝廷欲按誅之仲淹曰平時諱言武備寇至
而專責守臣死事可乎守令皆得不誅帝方銳意
太平數問當世事仲淹語人曰上用我至矣事有
先後久安之弊非朝夕可革也帝再賜手詔又爲
開天章閣召二府條對仲淹惶恐退而上十事曰
明黜陟抑僥倖精貢舉擇長官均公田厚農桑修
武備推恩信重命令減徭役天子方信嚮仲淹悉

采用之宜著令者皆以詔書畫一頒下又建言周
制三公分兼六官之職漢以三公分部六卿唐
宰相分判六曹今中書古天官冢宰也樞密院古
夏官司馬也四官散於羣有司無三公兼領之重
而二府惟進擢差除循資級議賞罰檢用條例而
已上非三公論道之任下無六卿佐王之職非治
法也臣請放前代以三司司農審官流內銓三班
院國子監　　刑部審刑大理羣牧殿前馬步軍
各委輔臣兼判其事凡官吏黜陟刑法重輕事
有利害者並從輔臣予奪其體大者二府僉議奏

裁臣請自領兵賦之職如其無補請先黜降章得
象等皆曰不可久之乃命參知政事賈昌朝領農
田仲淹領刑法然卒不果行初仲淹以忤呂夷簡
放逐者數年士大夫持二人曲直交指爲朋黨及
陝西用兵天子以仲淹士望所屬拔用之及夷簡
罷召還倚以爲治中外想望其功業而仲淹以天
下爲已任裁削倖濫考覈官吏日夜謀慮興致太
平然更張無漸規摹闊大論者以爲不可行及按
察使出多所舉劾人心不悅自任子之恩薄磨勘
之法密僥倖者不便於是謗毀稍行而朋黨之論

浸聞上矣會邊陲有警言與富弼請行邊遂以仲淹爲河東陝西宣撫使賜黃金百兩仲淹悉分遺邊將麟州新罹大寇言者多請棄之仲淹爲修故砦招還流亡三千餘戶蠲其稅罷榷酤予民又奏免府州商稅河外遂安比去攻者益急仲淹亦自請罷政事廼以爲資政殿學士陝西四路宣撫使知邠州其在中書所施爲亦稍稍沮罷以疾請鄧州進給事中徙荊南鄧人遮使者請留仲淹亦願留鄧許之尋徙杭州再遷戶部侍郎徙青州會病甚請潁州肩輿至徐卒時皇祐四年得年六十四贈兵部尚書諡文正初仲淹病帝賜藥存問既卒嗟悼久之又遣使視其家既葬御書其碑曰褒賢之碑贈太師追封楚國公仲淹內剛外和其於富貴貧賤毀譽懽戚一不動其心而慨然有志於天下嘗曰士當先天下之憂而憂後天下之樂而樂其事上遇人一以自信不擇利害爲趨舍性至孝以母在時方貧後雖貴非賓客不重肉妻子衣食僅能自充而好施予置義莊里中以贍族人汎愛樂善士多出其門雖里巷之人皆能道其名字死之日四方聞者皆爲歎息爲政尚忠厚所至有恩諸蕃質子縱其出入無一人逃者蕃酋來見召之卧內徹衛與語邠慶二州之民與屬羌皆畫像生立祠事之及卒羌酋數百人哭之如父齋三日而去靖康初詔追封魏國公子純祐純仁純禮純粹

純祐字天成性英悟自得尚節行方十歲能讀諸書爲文章藉藉有稱仲淹守蘇州首建學宮聘胡瑗爲師瑗立學規良密生徒數百多不率教仲淹患之純祐尚未冠輒白入學齒諸生之末盡行其規諸生隨之遂不敢犯自是蘇學爲諸郡倡寶元中西夏叛仲淹屢將兵關陝純祐與將卒錯處鈎深擿隱得其才否由是仲淹任人無失而屢有功仲淹帥環慶議城馬鋪砦砦偪夏境夏懼扼其衝侵撓其役純祐率兵馳據其地夏衆大至且戰且役數日而成一路恃之以安純祐事父母孝未嘗違左右不應科第及仲淹以讒罷純祐不得已蔭守將作院主簿又爲司竹監以非所好即解去從仲淹之鄧得疾昏廢卧許昌富弼守淮西過省之猶能感慨道忠義問弼之來公耶私耶弼曰公純祐曰公則可凡病十九年卒于襄邑官舍年四十九子正臣守太常寺太祝

純仁字堯夫始生之夕母李夢兒墮月中承以衣裾得之遂生純仁資警悟以父任太常寺太祝中皇祐元年進士調知武進縣以遠親不赴易長葛亦不往與父門下賢士胡瑗孫復石介李覯之徒從遊晝夜肄業置燈帳頂如墨色仲淹歿始出仕以著作佐郎知襄城縣襄城民不蠶織勸使植桑有罪而情輕者視所植多寡除其罰民益賴慕後呼爲著作林兄純佑有心疾奉之如父賈昌朝守北都請參幕府以兄辭宋庠薦試館職謝不就簽書許州觀察判官知襄邑縣縣有牧地衛士牧踐民稼純仁捕杖之牧地初不隸縣主者怒曰天子宿衛令敢爾邪白于朝劾治甚急純仁言養兵出於稅畝若暴民田而不問稅安所出詔釋之且聽牧地隸縣凡牧地隸縣自是始時旱久純仁籍境內賈舟諭之曰民將無食爾所販五穀貯之佛寺俟食闕時吾爲糶之賈從命所蓄數十萬斛至春諸縣皆飢獨境內民不知也治平中擢江東轉運判官召爲殿中侍御史遷侍御史時議濮王典禮韓琦歐陽脩等與翰林學士王珪等異議純仁言陛下受命仁宗而爲之子與前代定策入繼之主異

如王珪等議繼與呂誨等更論奏不聽純仁還所授告敕家居待罪既而皇太后手書尊王爲皇夫人爲后純仁復言陛下以長君臨御奈何使命出房闈異日或爲權臣矯託之地非人主自安計尋詔罷追尊起純仁就職純仁□□不已遂通判安州改知蘄州歷京西提點刑獄京西陝西轉運副使召還神宗問陝西城郭甲兵糧儲如何對曰城郭粗全甲兵粗修糧儲粗備上愕然曰卿之才朕所倚信何爲皆言粗對曰粗者未精之辭如是足矣願陛下且無留意邊功若邊□觀望將爲他日意外之患拜兵部員外郎兼起居舍人同知諫院言王安石變法掊克民心不寧願陛下圖不見之怨上曰何謂不見之怨對曰杜牧所謂天下之人不敢言而敢怒是也上嘉納之曰卿善論事宜爲朕條古今治亂可爲監戒者乃作尚書解以進加直集賢院同脩起居注上多延訪諫疏小臣純仁言小人之言聽之若可采行之必有累蓋知小忘大貪近昧遠願加深察富弼稱疾家居純仁言弼受三朝眷倚當自任天下之重而□物深於恤□□疾過於憂邦致主處身二者胥失願示此章

佞之自省又論呂誨不當罷御史中丞李師中不
可守邊及薛向任發運使行均輸法於六路純仁
言臣嘗親奉德音欲脩先王補助之政今乃效桑
羊均輸之法而使小人為之掊克生靈斂怨基禍
安石以富疆之術啓迪上心欲求近功尚法令則
稱商鞅言財利則背孟軻鄙老成為因循棄公論
為流俗異己者為不肖合意者為賢人劉琦錢顗
等一言便黜廷臣方太半陛下又從而驅之其將
何所不至道遠者理當馴致事大者不可速成人
材不可急求積敝不可頓革儻欲事功亟就必為
憸佞所乘宜速還言者而退安石答中外之望不
報遂求罷諫職改判國子監去意愈確執政使諭
之曰毋輕去已議除知制誥矣純仁曰此言何為
至於我哉前後上言以休兵省事節用富民進君
子退小人愛賢材伸公論為急黜聚斂罷苛刻親
讒佞任偏聽為戒大則廷論小則疏述反復激切
無所諱避神宗悉不付外純仁盡錄申中書安石
大怒乞加重貶神宗曰彼無罪姑與一善地命知
河中府徙成都路轉運使以新法不便戒州縣未
得遽行安石怒為沮格因讒者遣使欲捃摭私事

不能得使者以他事鞭傷傳言者耳或謂純仁曰
此一事足以塞其謗請聞于朝純仁既不奏使者
之過亦不折言者之非後竟坐失察僚佐燕游左
遷知和州徙邢州未至加直龍圖閣知慶州過闕
入對上曰卿父在慶著威名今可謂世職卿隨父
既久兵法必精邊事必熟純仁慮上有功名心即
對曰臣儒家子未嘗學兵先臣守邊時臣尚幼不
復記憶且今日事勢宜有不同陛下使繕治城壘
愛養百姓不敢辭若開拓侵攘願別謀帥臣上曰
卿之才何所不能顧不肯為朕悉心耳遂行秦中
方飢擅發常平粟賑貸僚屬請奏而須報純仁曰
報至無及矣吾當獨任其責或謗其所全活不實
詔遣使按視會秋大稔民讙曰公實活我忍累公
邪爭輸還之使者至已無所負邠寧間有[illegible]使
者曰全活不實之罪於此得矣發其家籍散之詔
本路監司窮治廷前帥楚建中所封也朝廷責治
建中罪純仁上疏言建中守法申請間不得有辯
死者已坐罪罷去今緣按臣而及建中是一罪再
罰也建中猶贖銅環州种古執熟羌為盜流南方
古訟純仁以屬吏非盜也古避罪謂訟[illegible]

吏治于寧州純仁就逮民萬數遮馬涕泣不得行
至有自投于河者獄成古以誣告謫加純仁以他
過黜知信陽軍移齊州齊俗凶悍人輕爲盜或謂
宜以嚴治純仁不聽而司理院繫囚常滿皆屠販
盜竊而督償者純仁盡呼出訓使自新即釋去期
歲盜減比年太半罷提舉西京留司御史臺時
耆賢多在洛純仁及司馬光皆好客而家貧相約
爲眞率會復知河中諸路閱保甲妨農論救甚力
録事參軍宋儋年暴死純仁使子弟視殮口鼻血
出純仁疑其非命按得其妾與小吏姦因會置毒
鼈肉中純仁問食肉在幾巡曰豈有既中毒而尚
能終席者乎再訊之則儋年素不食鼈實其所云
於酒也其所云者妾與吏欲爲變獄張本以逃正
其罪哲宗立復直龍圖閣知慶州召爲右諫議大
夫以親嫌辭改天章閣待制兼侍講除給事中
宣仁后垂簾司馬光爲政將盡改熙豐法度純仁
謂光去其泰甚者可也差役一事尤當熟講而緩
行不然滋爲民病願虛心以延衆論不必謀自己
出謀自己出則謟諛得乘間迎合矣役議或難回
則可先行之一路以觀其究竟光持之益堅純仁

曰是使人不得言爾若欲媚公以爲容悅何如少
年合安石以速富貴哉又云熙寧按問自首之法
既已改之有司立文太深四方死者視數倍殆非
先王寧失不經之意純仁素與光同志及臨事規
正類如此元祐初進吏部尚書數日同知樞密院
事初种古因誣純仁停任至是純仁薦爲永興軍
路鈐轄又薦知隰州議西夏請罷棄地
使歸所掠漢人執政持未決至是乃舉前議又請
一漢人予十縑事皆施行邊俘鬼章以獻純仁
言上以誅邊人不聽議者欲其子收河
南故地故不然殺後又欲官之純仁復固爭
年不至三年拜尚書右僕射兼中書侍郎
仁務以博大開上意忠篤革士風章惇
去朝廷以其父老欲畀便郡既而中止純仁
往咎而念其私情鄧綰帥淮東言者不已純仁
臣嘗爲綰誣奏坐黜今所陳爲綰已左降不宜
人之過太深宣仁后嘉納因詔前日希合附會之
人一無所問所攻擊
名罷門下侍郎純仁奏軾無罪維盡
不可因純仁

臣文彥博呂公著辯於簾前未解純仁曰朝臣本無黨但善惡邪正各以類分彥博公著皆累朝舊人豈容雷同罔上昔先臣與韓琦富弼同慶曆柄任各舉所知當時飛語指爲朋黨三人相繼補外造謗者公相慶曰一網打盡此事未遠願陛下戒之因極言前世朋黨之禍并錄歐陽脩朋黨論以進吳處厚傳致蔡確車蓋亭詩以爲謗宣仁后諫官執政欲致之典憲唯純仁與王存以爲不可爭之未定聞文彥博欲貶領嶠純仁諷止左丞呂大防大防遂不敢言及確新州命下純仁於宣仁后簾前言不可以詔言文字之間曖昧不明之過誅竄大臣今舉動宜與將來爲法此事不可開端且用重刑除惡如以猛藥治病其過也不能無損焉又上疏諫之卒不聽大防奏確黨甚盛不可不問純仁面陳朋黨難辯恐誤及善人遂上疏辯之吳安詩劉安世交章擊純仁黨確純仁亦力求罷明年以觀文殿學士知穎昌府踰年加大學士知太原府其境土狹民惜地不葬純仁遣收無主燼骨別男女葬之又推之一路葬以萬計夏人犯境朝廷欲罪將吏純仁引咎求貶秩詔貶官一等徙

河南府再徙穎昌召還復拜右僕射因入謝宣仁后簾中諭曰或謂卿必先引用王覿彭汝礪卿宜與呂大防一心對曰此二人實有士望臣終不敢保位蔽賢宣仁寢疾召純仁曰卿父仲淹可謂忠臣在明肅皇后垂簾時唯勸明肅盡母道明肅上賓唯勸仁宗盡子道卿當似之純仁泣曰敢不盡忠哲宗親政純仁乞避位哲宗語呂大防曰純仁有時望□□去可爲朕留之且趣入見問先朝行青苗法如何對曰先帝愛民之意本深但王安石立法過甚激以賞罰故官吏急切以致害民退疏論以爲非所當行時用大臣薦從中出侍從諫官亦多不由進擬純仁言陛下初親政天下治亂實本於此選衆須極天下之選又羣小力排宣仁垂簾時事純仁奏曰太皇保佑聖躬功烈誠心幽明共監議者不恤國是一何薄哉遂以仁宗禁言明肅垂簾事詔書上之曰望陛下稽倣而行蘇轍論殿試策問引漢昭變武帝法度事上震怒曰安得以漢武比先帝轍下殿待罪衆不敢仰視純仁從容言武帝雄才大略史無貶辭轍以比先帝非謗也陛下親事之始進退大臣不當如訶叱奴僕鄧

潤甫越次曰先帝法度爲司馬光蘇軾壞盡純仁
曰不然法本無弊弊則當改上曰人謂秦皇漢武
純仁曰輸所論事謂時也非人也上爲少霽輸平
日與純仁多異至是乃謝純仁曰公佛地位中人
也純仁凡薦引人材必以天下公議其人不知自
純仁出上既相章惇純仁堅請去遂以觀文殿學
士加右正議大夫知潁昌府入辭上曰卿不肯爲
朕留雖在外於時政有見宜悉以聞毋事形迹徙
河南府又徙陳州初上嘗言貶責之人殆似永廢
純仁賀曰陛下念及此堯舜用心也既而呂大防
等竄嶺表會明堂肆赦章惇先期言此數十人當
終身勿徙純仁聞而憂憤欲齋戒上疏申理之所
親勸以勿爲觸怒萬一遠斥非高年所宜純仁曰
事至於此無一人敢言若上心遂回所繫大矣不
然死亦何憾乃疏奏之惇詆爲同罪落職知隨州
明年又貶武安軍節度副使永州安置時疾失明
聞命怡然就道或謂近名純仁曰七十之年兩目
俱喪萬里之行豈其欲哉但區區愛君有懷不盡
若避好名之嫌則無爲善之路矣聞諸子怨章惇
怒止之赴貶所舟覆于江扶純仁出衣盡濕顧諸

子曰此豈章惇所爲哉子欲以純仁與司馬光議
役法不同爲請當得免純仁曰吾用君實薦以至
宰相昔同朝論事不合則可汝輩以爲今日之言
則不可也有愧心而生者不若無愧而死子乃
止居三年徽宗即位欽聖顯肅后同聽政即日授
純仁光祿卿分司南京鄧州居住遣中使賜茶
藥諭曰皇帝在藩邸太皇太后在宮知公先朝
言事忠直今虛相位以待不知目疾用何醫
治純仁頓首謝除右正議大夫提舉崇福宮不數
月以觀文殿大學士中太一宮使召之有曰豈唯
尊德尚齒昭示寵優庶幾一見以慰虛佇純
仁以疾奏詔下泣曰上果用我矣死有餘責又遣
中使賜茶藥促入覲仍宣渴見之意純仁乞歸許
養疾上不得已許之每見輔臣問安否乃曰范純
仁得一識面足矣遂遣上醫視疾疾革以宣仁后
誣謗未明呼諸子口占遺表命門生李之儀次第
之其略云蓋嘗先天下而憂期不負聖人之學此
先臣所以教子而微臣資以事君又云惟宣仁之
誣謗未明致保佑之憂勤不顯又云未解疆場之
嚴幾空帑藏之積有城必守得地難耕所言凡八

[illegible]靖國改元之旦受家人賀明日熟寐而卒
年七十五詔賻白金敕官給葬贈開府儀同三司
謚曰忠宣御書碑首曰世濟忠直之碑建炎四年
詔配享哲宗廟廷贈太師追封許國公純仁性夷
易寬簡不以聲色加人誼之所在則挺然不少屈
自爲布衣至宰相廉儉如一所得奉賜皆以廣義
莊前後任子恩多先疏族沒之日幼子五孫猶未
官嘗曰吾平生所學得之忠恕二字一生用不盡
以至立朝事君接待僚友親睦宗族未嘗須臾離
也每戒子弟曰人雖至愚責人則明雖有聰明恕

己則昏苟能以責人之心責己恕己之心恕人不
患不到聖賢地位也弟純粹在陝純仁慮其於西
夏有立功意與之書曰大輅與柴車爭逐明珠與
瓦礫相觸君子與小人鬭力中國與外邦校勝負
非唯不可勝兼亦不足勝不唯不足勝雖勝亦非
也有文集五十卷行于世子正平
正平字子夷學行甚高雖庸言必稽孝經論語人卒
詔特增遺澤官其子孫正平推與幼弟紹聖中爲
開封尉有向氏於其墳造寺奉京以后戚規欲自
結蔡京拓四鄰田廬民有訴者正平按視以爲所拓

皆民業不可奪京坐罰銅用是蓄恨及當國乃言
正平矯撰父遺表又謂李之儀所述純仁行狀妄
載中使蔡克明傳二聖虛佇之意遂逮正平之儀
克明同詣御史府正平將行其弟正思曰議行狀
時兄方營窀穸之事參預筆削者正思也兄何爲
哉正平曰時相意屬我且我居長我不往兄弟將
俱不免不若身任之遂就獄捶楚甚苦皆欲誣服
獨克明曰舊制凡傳聖語受本於御前請寶印出
[illegible]籍於內東門使從其家得永州傳宣聖語本有
御寶又驗內東門籍皆同其遺表八事諸子以朝

廷大事防後患不敢上之繳申潁昌府印寄軍資
庫自潁昌取至亦實獄遂解正平羈管象州家居
死者十餘人會赦得歸正平退閑久益工詩尤長
五言著荀里退居編并理窟集三卷紹興中贈朝
奉大夫徐處仁問正平之爲人於王寔寔作正平
對一篇正思字子默學行亦爲士林所推
純禮字彝叟以父蔭爲秘書省正字簽書河南府判
官知陵臺令兼永安縣永昭陵建京西轉運使配
木石磚甓及工徒於一路獨永安不受令使者以
白陵使韓琦琦曰范純禮豈不知此將必有以

日衆質之純禮曰陵寢皆在邑境歲時繕治無虛日今乃與百縣均賦曷若置此使之奉常時用乎琦是其對還朝用爲三司鹽鐵判官比部員外郎出知遂州瀘南有邊事調度苛棘純禮一以靜待之辦其可具者不取於民民圖像于廬而奉之如神名曰范公菴草場火民情疑怖守吏惕息俟誅純禮曰草濕則生火何足怪但使密償之庫吏盜絲多罪至死純禮曰以棼然之絲而殺之吾不忍也聽其趣買以贖命釋其株連者除戶部郎中京西轉運副使元祐初入爲吏部郎中遷左司又遷太常少卿江淮荊浙發運使以光祿卿召遷刑部侍郎進給事中純禮凡所封駁正名分紀綱皆國體之大者張耒除起居舍人病未能朝而令先供職純禮批敕曰臣僚未有以疾謁告不赴朝參先視事者夫能供職豈不能見君壞禮亂法所不當爲聞者悚動御史中丞擊執政將遂代其位先以諷純禮純禮曰論人而奪之位寧不避嫌耶命果下吾必還之宰相即徙純禮刑部侍郎而後出命轉吏部改天章閣待制樞密都承旨出知亳州提舉明道宮徽宗立以龍圖閣直學士知開封府前

尹以刻深爲治純禮一切以寬濟之中旨鞫享澤村民謀逆事蓋此民入戲場觀優歸途見匠者作桶取而戴於首曰與劉先主如何遂爲匠擒上問純禮何以處之對曰愚人無知以不應爲杖之足矣曰何以戒後人曰正欲外間知陛下刑憲不濫足以爲訓耳從之拜禮部尚書元符三年擢尚書右丞陳次升乞除罷言官並自内批不由三省進擬曾布力爭不能得乞降黜次升純禮徐進曰次升何罪不過防柄臣各引所親且去不附己者爾徽宗曰然乃寢布議又乞罷京城豬羊圈減山陵盟器之煩費布又奏議者多憂財用不足此非所急也願勿以爲慮純禮曰古者無三年之蓄曰國非其國今大農告匱府庫枵空而曰不足慮非面謾邪因從容諫曰邇者朝廷命令莫不是元豐而非元祐以臣觀之神宗立法之意固善吏推行之或有失當以致病民宣仁聽斷一時小有潤色蓋大臣識見異同非必盡挾邪爲私也今議論之臣有不得志故挾此藉口以元豐爲是則欲賢元豐之人以元祐爲非則欲斥元祐之士其心豈恤國事直以快私忿而售其姦不可不深察也又曰自

古天下汩亂繫於用人祖宗於此最得其要太祖
用呂餘慶太宗用王禹偁真宗用張知白皆從下
列寘諸要途人君欲得英傑之心故當不次訪拔
必待薦而後用則守正特立之士將終身晦迹矣
江公望論繼述事當執中道不可拘一偏上出示
其疏純禮賛之曰願陛下以曉中外使知聖意所
嚮亦從以革小人徇利之情乞寢遷公望以勸來
者純禮沈毅剛正曾布憚之激駙馬都尉王詵曰
上欲除君承旨范右丞不可詵館遼使純禮主宴
詵誣其輒斥御名罷爲端明殿學士知潁昌府提
舉崇福宮崇寧中啓黨禁貶試少府監分司南京
又貶靜江軍節度副使徐州安置徙單州五年復
左朝議大夫提舉鴻慶宮卒年六十七一云七十六紹
興初贈資政殿學士謚恭獻純禮居三府布衾絁
袍不爲表襮沽名譽不擇飲食不役婢妾中年即
清居端坐容物不爭而立朝端方乃不可犯人以
劉寬卓茂方之

純粹字德孺以蔭遷至贊善大夫檢正中書刑房與
同列有爭出知滕縣遷提舉成都諸路茶場元豐
中爲陝西轉運判官時五路出師伐西夏高遵裕
怒劉昌祚後期欲按誅之昌祚憂恚病臥麾下皆
憤純粹恐兩軍不協生他變勸遵裕往問疾其難
遂解上責諸將無功謀欲再舉純粹奏關陝事力
單竭公私大困若復加騷動根本可憂異時言者
必職臣是咎臣寧受盡言之罪于今日不忍緘默
以貽後悔上納之吳居厚爲京東轉運使數獻羨
賦上將以徐州大錢二十萬緡助陝西純粹語其
僚曰吾部雖急忍復取此膏血之餘即奏本路得
錢誠爲利自餘至邊勞費甚矣懇辭弗受入爲右
司郎中哲宗立居厚敗命純粹以直龍圖閣往代
之盡革其苛政時蘇軾自登州召還純粹與同建
募役之議軾謂純粹講此事尤爲精詳復代兄純
仁知慶州時與夏議分疆界純粹請棄所取夏地
畧見施行又言徐禧罷策應之非今宜修明戰守
救援之舊制朝廷是之歲大饑純粹請發常平封
樁粟麥郡官不許云須奏乃可純粹曰人不食七
日即死奏而後發豈能及事即日發之且曰諸君
第勿與吾當自坐及夏侵涇原純粹遣曲珍救之
曰本道首建應接牽制之策臣子之義忘軀徇國
無謂隣路被寇非我職也珍即日疾馳三百里破

之於曲律擣橫山巢衆遁去除寶文閣待制再任
召爲戶部侍郎又出知延州紹聖初哲宗親政用
事者欲開邊舉帥知章遂論純粹元祐棄地事降
直龍圖閣明年復以寶文閣待制知熙州章惇蔡
卞經略西夏純粹不與共事改知鄧州歷滑州旋
以元祐黨人奪職知均州徽宗立起知信州復故
職知太原初斷殺牛未得令牛死者官以數百買
瘞之殺牛遂絕嵬支官吏及軍士糧同出一廒雖
有濕惡衆亦不以致怨加龍圖閣直學士再臨延
州改知永興軍尋以言者落職知金州提舉鴻慶

宮又貶常州別駕鄂州安置錮子弟不得擅入都
會赦復領祠久之以右文殿修撰提舉太清宮黨
禁解復徽猷閣待制致仕卒純粹沈毅有幹略才
應時須嘗論貢官之濫言甚明切不果行

范仲溫字伯玉仲淹之仲兄也幼孤自京師還蘇與
諸從居勤業孝弟景祐中以仲淹恩例補將作簿
調新昌尉在邑三年盜不及境監餘杭縣稅遷寧
海軍節度推官一云海寧慶曆七年知黃巖縣海潮壞
州城泛散淪溺者甚衆仲溫教民爲桴晝夜救之
全活數千人既而董治城慮人築且勞疲不能久

乃集民累土以牛數百蹂之堅而後增復表以長
石互相銜枕勢莫得動門皆設閘遇水暴至則障
之衆伏其善以太子中舍致仕卒年六十六

范琪字希世仲淹從兄祖從諲吳越蘇州糧料判官
父昌言宋寧國軍節度推官贈國子博士琪以進
士歷鄱陽保信軍廬州二從事葉清臣舉充茶官
授開封府法曹議讞必精握節不撓以胥安道孫
夢得大理寺丞知鄞縣葺堰埭百餘決導瀦
積轉運安撫司各條其治狀舉簽本州幕遷殿中
丞太常博士知常熟縣濬金涇鶴瀆二浦溉田千
頃爲公家利除尚書屯田員外郎通判泰州未上
卒累贈金紫光祿大夫子師道

師道字貫之天聖中甲科進士爲撫州判官知廣德
縣民祭張王廟歲殺牛數千師道禁絕之孫甫薦
其有治狀通判許州累遷都官員外郎至和初吳
育舉爲侍御史奏請罷內降推恩擇宰相久其任
選賢宗室養宮中備儲貳初皇祐中賈昌朝上議
置五輔郡設京畿轉運使提點刑獄號爲拱輔京
師而論者謂宦官謀廣親從兵欲取京畿財賦贍
之因以收事柄師道力奏非便遂復舊制又以四

年貢舉士若淹久請易爲三年劉沆護葬溫成皇
后禮官議稱陵師道數疏論爲非典制忤沆出知
常州臺諫極言其不平沆因罷去而師道聲迹益
著徙廣南東路轉運使舊補攝官皆委吏胥無先
後遠近之差師道始籍其次第召爲鹽鐵判官道
改兩浙轉運使遷起居舍人同知諫院管勾國子
監嘉祐四年百官上尊號師道言其無益又言諸
閤女御多遷擢恐內寵因緣以害政事將有斜封
墨敕之弊時大星隕東南有聲如雷上疏曰按天
狗所下爲破軍殺將伏尸流血今備邊防盜未見
其至雖有將帥不老則愚士卒雖多勁勇者少小
人思亂伺釁乃作必有包藏禍心投隙而動者宜
東拔將帥訓練卒伍預爲備禦仁宗優容之遷兵
部員外郎兼侍御史知雜事判都水監數奏陳升
之不當進用升之罷師道出知福州頃以工部郎
中入爲三司鹽鐵副使八年遷戶部直龍圖閣知
明州卒年五十九師道少有經國之志居官有風
操在言路有聞即言或獨爭或列諫如陳執中家
人殺婢卒坐免奪王拱辰宣徽使李淑翰林學士
及王德用程戡領樞密宦官石全彬閻士良升進

皆奏數其罪及請士大夫終葬始得從仕立限田
以均民産抑貪墨以清守令崇私廟以廣孝治擇
知典故近■以任禮樂之官減色役以恤困窮之
力皆天下急務而衆所願行著有奏議二十卷文
集五十卷嘗爲唐詩史著君臣治忽之迹藏之祕
閣有詔褒美子世京世亮皆進士
世京字延祖補柘城主簿遷歷陽令適師道守明州
世京棄官侍養父喪扶護歸鄉垢面跣足晝夜哀
號行路爲之隕涕服除改著作郎知海鹽縣勸民
孝友睦姻及耕桑之事治聲動浙右熙寧初召爲
管勾湖北廣惠倉時朝廷銳意改作論不合乃辭
歸舊治海旁之民聞世京至驩呼鼓扑尋以疾歸
田里詔授祕書丞致仕卒年四十一所與游最厚
者同郡朱長文也所著文集藏于家
范純誠字之行明夢齡四世孫祖光諫餘杭令父埴朝
邑簿慶曆三年以叔父仲淹恩澤補太廟齋郎皇
祐初仲淹置義田皆純誠擘畫因奏爲長州討渾
糾規法以貽永久歷衢州司理嘉祐初遷監衢州
芝源銀場卒
范之柔字叔剛仲淹五世孫純祐之曾孫贈中奉大

夫公武之子也第進士[illegible]初拜監察御史[illegible]右
正言左司諫起居中書二舍人刑禮二部尚書太
子詹事封崑山縣開國子之柔奉親尊君一以文
正爲法知止畏盈每有山林之志最後以[illegible]乞骸
骨上諭宰臣曰爲朕勉留將大用之以通議大夫
禮部尚書致仕卒贈特進開府端明殿學士謚清
憲弟良遂
良遂初名之傳字次卿卜築崑山之車塘放情山水
不慕榮利長於歌詩兄雖寖貴視之泊如也有詩
集十卷官承務郎子慶家通判建康府

蘇志卷四十八　三十八　三

范周字無外仲淹從孫賛善大夫純古之子負才不
羈工詩詞安貧自樂未嘗屈折於人所居號范家
園方臘之亂州民團結巡護雖士流亦不免周率
學舍諸生冠帶夜行以大鐙籠題[illegible][illegible]上云自古
輕儒莫若秦山河社稷付他人而今棄士如周室
忍使書生作夜巡守將聞之亟爲罷去嘗爲知州
盛章賦雙蓮元宵等詞皆見稱於時
范[illegible]字彥材仲淹八世孫[illegible][illegible]郎淮安軍司法參
軍邦哲之子也幼孤力學[illegible][illegible]絕人至元[illegible][illegible][illegible]
薦署廣信書院山長改[illegible][illegible][illegible][illegible][illegible][illegible][illegible][illegible]

已領職遂歸不爲意道發語故人曰[illegible][illegible][illegible][illegible]
本道廉訪副使謂文英曰吾聞王某儒次[illegible][illegible]後
今擯而先之其訴諸有司當爲直其事文英曰儒
者敢不以廉恥自重乎且吾本不欲仕彼能成吾
志何謂擯也再改安定書院及考授紹興路教授
將上偶過友人杜元父有客在次語杜曰其遠千
里求升斗祿以養[illegible]幸得一官爲學者師當代范文
英滿缺期尚[illegible]歲餘旅此不克歸無資以[illegible]
何戲唏泣下文英詢之知爲曾[illegible][illegible][illegible]
文英今耄矣無能爲也[illegible]遂往[illegible]

蘇志卷四十八　九

以所服袍笏遺之且助其道里費[illegible]尋以
將仕佐郎平江路學教授致仕以新規次當主奉
大宗祠祀遂領其事董正譜籍申明矩禮致良
師教養具備待族接人喜怒不形文請于朝即祠
建學改爲文正書院
范成字性存文正公族也世居[illegible]元初以名
儒召授江浙儒學提舉轉禮部侍郎立朝有論議
氣節凌人時咸讓之因往來于吳遂家焉成幼劬
于學卓然有立獲親炙前朝遺老資性明達質厚
氣完接人温而莊治家有法吉凶慶弔一遵禮制

曰吾有所受也家貧處之晏然以經術教授章句名數無不究極隨才誘掖成人之美與人交無崖岸從朋舊握手賦詩飲酒譪如也郡嘗禮致爲訓導詩文和易有藁藏于家晚年以次子同文知臨朐往就養會同文有故成亦卒于旅中長子煥篤孝聞訃哭踊幾絕即衰絰指河誓曰所不能完父柩而歸者有如此水遂行半月道陸踰二千里始達自度囊空不敢輒啓窆西走濟南何書獲所貸東還賃牛車以舁柩過諸岡牛疲于自推輓過沭涉沂跣皆皸瘃八閱月始抵家葬焉

吳感字應之以文詞知名天聖初省試第一九年中書判拔萃科官至殿中丞子純字晦叔文行亦高鄉人目曰吳先生

姑蘇志卷第四十八

姑蘇志卷第四十九

人物七 名臣

鄭戩字天休吳縣人祖延紹大理評事蘇州錄事參軍父文遂字百昌温州推官善筆札能音律愛客重義赴人急難卒贈屯田員外郎戩少孤既長客京都師事楊億以屬辭知名後復還吳億卒賔客弟子散去戩乃倍道會葬舉進士甲科尤工詩與葉清臣相埒時以比元白授太常寺奉禮郎簽書寧國軍節度判官事李迪薦其材召試學士院爲光祿寺丞集賢校理通判越州還改太子中允同知太常禮院升直史館三司戶部判官同脩起居注以右正言知制誥訓詞深雅有常楊風判國子監徙知審刑院遷起居舍人龍圖閣直學士權知開封府吏馮士元爲姦利有告其受賕藏禁書者戩窮治之辭連呂夷簡盛度程琳遂逮捕夷簡子公綽公弼參劾其狀流士元海島琳坐嘗交關士元罷去其餘黜罰者孔道輔龐籍又十餘人朝議畏其嚴核戩斂彈善聽決喜出不意獨假貸細民即豪宗大姓繩治益急政有能迹徙權三司使復轉運使改課格分別殿最又句較三司出入得羨

錢四百萬緡以右諫議大夫同知樞密院改樞密
副使爲吕夷簡所忌罷以資政殿學士知杭州錢
唐湖溉田數十頃錢氏嘗置撩清軍以疏淤填既
納國後不復治葑土堙塞勢族僧坊占冒湖益狹
戩發丁夫數萬闢之民賴其利事聞詔本郡歲治
如戩法遷給事中徙并州道改鄆州又徙永興軍
建言凡軍行所須下有司相緩急析爲三等非急
罷去先是衙吏輸木京師浮渭泛河多漂没既至
則庾不中程往往破家不能償戩奏歲減二十餘
萬又奏罷括糴以勸民積粟長安故都多豪惡戩
治之尚嚴甚者至黥竄人皆惕息未幾代范仲淹
爲陝西四路都緫管兼經畧安撫招討使駐涇州
聽便宜從事元昊謂其下曰我已遣使稱臣朝廷
何爲復用此公護諸將其畏憚如此遷尚書禮部
侍郎時知慶州滕宗諒知渭州張亢過用公使錢
戩致于法行邊至鎮戎軍趣蓮花堡天寒與將佐
置酒元昊擁兵近塞會莫虛起有報寇至戩曰此
必三川將按邊國非敵騎也已而果然及彊事少
寧詔還知永興軍番酋部將遮道臥轍不得行時
長安久旱戩下車而雨衆謂涇川雨隨鄭公來矜

脩邊若全劉滬謀築水洛結公二城以通秦渭援
兵招生羌大王族爲邊衛戩使滬及董士廉督其
役會罷戩四路安撫使韓琦知渭州尹洙皆以爲
不便召滬士廉罷役歸不聽乃使裨將狄青將兵
以往械從順德軍獄戩力爭於朝卒城之進戶部
侍郎資政殿大學士知并州契丹與元昊交兵邊
奏互上獨戩不以聞詔遣使問其故戩對曰戎狄
相攻中國不足憂也鄜府間有棄地曰草城川戩
募土人爲弓箭手計口給田初兵興用不足河東
行錢山多炭鐵鼓鑄利厚重刑不能止戩乃使三
當一令既下兵民相扇動數千人邀走馬承受許
承受中貴人不能遏又群譟州[illegible]戩悉召至擒首
謀者數十人黥隸他州事乃定[illegible]部侍郎改宣
徽北院使拜奉國軍節度使[illegible]官上震悼遣中
貴人給舸護柩還吳敕所過[illegible]本州給葬事贈
太尉謚文肅戩遇事果敢必行然憑氣近俠用刑
深峻士民多怨之弟戭戡戭刑部侍郎戡進士康
定中太子中舍知無錫縣戩孫時
時字是翁少苦學登進士改秩知當塗縣律身清謹
政尚寬厚先教化而後敲文民皆得其歡心[illegible]

遷判延州[illegible]守[illegible]之待以長者所贊試[illegible]言[illegible]
不從以疾奉祠歸官至朝奉大夫[illegible]
益勤自左氏史漢三國南北[illegible]家文[illegible]
編錄以及稗官詞說靡不徧覽邦人推[illegible]
發所指授輒爲名人
李育字仲蒙吳縣人舉進士第四能[illegible]
麗性高簡故官不甚顯亦少知之者
盧革字仲辛德清人少舉童子[illegible]
嗟異之秋貢士密戒主司勿[illegible]
得薦吾耻之去弗就後二年遂首選[illegible]第年才

十六慶曆中[illegible]州蠻入寇桂管騷動[illegible]經書軍
須先事而[illegible]書安撫使杜杞請治諸郡城及易
長吏之不才者又言嶺外小郡今四五不當中州
一大縣無城池甲兵之備將爲賊[illegible]因宜度遠近并
省之役儂智高來九郡相繼不守皆如革慮知婺
泉二州提點廣東刑獄福建湖南轉運使[illegible]請外
神宗謂宰相曰革廉退如[illegible]與嘉郡[illegible]知宣州
累進太子賓客以光祿卿致仕用子秉恩轉通議
大夫退居於吳子孫遂爲吳人十五年秉爲發運
使得請歲一歸覲後帥渭州乞解官終養帝[illegible]

慰勉時以爲榮卒年八十二贈少師
秉字仲甫未冠有俊譽嘗謁蔣堂坐池亭堂曰亭沼
粗適恨林木未就爾秉曰亭沼如爵位時來或有
之林木非培植根株弗大成似士大夫立名節也
堂嘗味其言曰吾子必爲佳器中進士甲科調吉
州推官青州掌書記知開封府倉曹參軍浮湛州
縣二十年人無知者王安石得其壁間詩識其靜
退方置條例司預選中奉使淮浙治鹽法與薛向
究索利病[illegible]本錢强禦鹽瀕海之民戒不得私鬻還
奏遂爲定制檢正吏房公事提點兩浙淮東刑獄

專提舉鹽事持法苛嚴追胥連保罪及妻孥一歲
中犯者以千萬數進制置發運副使東南饑詔損
上供米價以糶秉言價雖賤貧者終艱得錢請但
償糴本而以其餘賑贍是歲上計神宗問曰聞滁
和民捕蝗充食有諸對曰有之民饑甚死者相枕
籍帝惻然曰前此特趙抃爲朕言之爾先是發運
使多獻餘羨以希恩寵秉言職在董督六路財賦
以時上之安得羨今稱羨者率正數也請罷獻獨
以七十萬緡償三司逋加集賢殿脩撰知渭州五
路大出西討唯涇原有功進寶文閣待制夏境胡

盧川距塞二百里恃險遠不設備秉遣將姚麟彭
孫龍褒擊之俘斬萬計遷龍圖閣直學士夏酋仁多
嵬丁舉國入寇犯熈河定西城秉治兵氛亭分兩
將駐靜邊砦指夏人来路曰吾遲明坐待捷報矣
及明果至見宋師驚曰天降也縱擊之皆奔潰或
言嵬丁已死有識其衣服者將請以聞秉曰幕府
上功患不實吾敢以疑似成欺乎他日物色之嵬
丁果死㝡賜服馬金幣秉守邊久表父革年老乞
歸移知湖州行三驛復詔還渭慰藉優渥革開亦
以義止其請已而革疾亟乃得歸元祐中知荊南

劉安世論其行鹽法雪民降待制提舉洞霄宮卒
贈少師有文集十卷奏議三十卷子知原
知原字行之以父任知歙縣因近臣薦赴都堂審察
累遷梓州路轉運副使時承平既久戎備皆弛知
原招補兵籍築城旦二十餘里王黼當國貫出無
藝知原因疏言之黼怒罷去久之起提點京東刑
獄改江西轉運副使過闕入奏徽宗勉之曰卿在
蜀道功效甚休遂賜三品服先是綱運阻於重江
吏卒並緣爲姦知原悉意經理故先諸道上京師
進一官尋除直祕閣爲江淮荊浙等路發運使升

祕閣脩撰提舉河北以言者劾落職歸吏部高宗
即位復龍圖閣知温州時葉濃陷建州揚勍陷處
州知原繕甲兵增城浚湟聲勢隱然帝東幸知原
繇海道轉粟及金繒十餘萬至台州召見稱獎擢
右文殿脩撰管内安撫使在郡四年民繪像祠之
王師討范汝爲召爲添差兩浙轉運使罷提舉太
平觀都督孟庾辟爲參謀改徽猷閣待制知臨安
府諫官唐煇言知原爲政乖謬詔復爲都督府參
謀官章再上遂以舊職奉祠紹興十一年卒弟法
原

法原字立之自知雍丘縣積官太府少卿賜同上舍
出身使遼還遷司農卿賜三品服爲吏部尚書以
官秩次第履歷總爲一書功過殿最開卷曉然吏
不能欺坐王黼累罷爲顯謨閣待制紹興元年提
舉臨安洞霄宮張浚承制起知夔州二年改龍圖
閣學士川陝等路宣撫處置副使四年進端明殿
學士川陝宣撫副使金人攻關輔叛將史斌陷興
州諸郡多應者法原命將堅壁言戰者斬衆心爲
怯未幾河東經制使王𤫊以乏食班師法原開閤
納之與𤫊同破斌復興州方巨盗充斥秦隴叛兵

欲窺蜀法原極意拊循嚴爲備禦傳檄諸路人心稍安視山川險阻分地置將前後屢捷上所倚重會兀朮攻關爲吳玠所敗法原與玠素不睦玠因奏功訟法原不濟師不餽糧不銓一立功將士帝手詔詰問法原宣撫川陝上從容謂知原曰朕方以川陝付法原蓋兄弟皆以材見稱故並用之五年春歿於王事詔歸葬平江

葉清臣字道卿本烏程人父參字少列咸平中進士兵刑二部郎中知蘇越湖三州終光祿卿謝事居吳遂爲長洲人清臣幼敏異好學善屬文舉進士知舉劉筠奇其策擢第二宋進士以策擢高等自清臣始授太常寺奉禮郎僉書蘇州觀察判官事還爲光祿寺丞集賢校理通判太平州知秀州入判三司戶部句院改鹽鐵判官上[illegible]明遣使循行天下知民疾苦察吏能與太學選[illegible]博士許公卿大臣子弟補學生董縣令諸科[illegible]舉人取明大義責以策問省流外官無得入仕聽武臣終三年喪罷度僧廢讀經一業訓兵練將慎出令簡條約文多不載出知宣州累遷太常丞同修起居注判三司鹽鐵句院進直史館京師地震上疏極言時政謂范仲淹余靖以言事被黜天下之人齰舌不敢議朝政者將二年願深自咎責許忠直敢言之士庶幾明威降鑒發日仲淹等皆遷徙會詔求直言清臣復上疏言大臣專政仁宗嘉納之寶元初清臣請外爲兩浙轉運副使並太湖有民田豪右據上游水不得泄民莫敢訴遂疏盤龍匯滬瀆入于海人賴其利康定初以右正言知制誥知審官院判國子監時陝西用兵趙元昊圍延州既解去今轄內侍盧守懃與通判計用章訟于朝詔[illegible]懃罪流用章嶺南清臣[illegible]降湖[illegible]兵馬都監時西師急於經費擢爲[illegible]圖閣學士權三司使公[illegible]始編前後詔敕刪去簿帳冗長者而謹其出納爲清臣與宋庠鄭戩善爲呂夷簡所惡慶曆初出知江寧府入爲翰林學士知通進銀臺司句當三班院丁父憂服除以翰林侍讀學士知邠州道繇京師因請對改澶州進戶部郎中知青州徙知永興軍浚三白渠溉田踰六千頃上御天章閣召公卿出手詔問當世急務清臣條對極論時政闕失言多剴切權貴會河決商胡北道艱食復以爲翰林學士權三司使皇祐元年

上御便殿訪近臣以備邊擇將之畧清臣上對今
輔翊之臣抱忠義之深者莫如富弼爲社稷之固
者莫如范仲淹諳古今政事者莫如夏竦議論之
敏者莫如鄭戩方面之才嚴重有紀律者莫如韓
琦臨大事能斷者莫如田况剛果無顧避者莫如
劉渙宏達有方畧者莫如孫沔至於帥領偏裨貴
能坐運籌畧不必親當矢石者王德用素有威名
范仲淹素練軍政龐籍久經邊任皆其選也狄青
頗能馭衆蔣偕沈毅有術畧張亢倜儻有膽勇劉
貽孫材武剛斷王德基純愨勁勇此可補偏裨者

也時清臣以河北乏兵食自汴漕米絲河陰輸北
道者七十餘萬又請發大名庫錢以佐邊糴而安
撫使賈昌朝格詔不從清臣固爭疏其跋扈乃徙
昌朝鄭州清臣爲侍讀學士知河陽卒贈左諫議
大夫清臣天資爽邁遇事敢行数上書論天下事
陳九議十要五利皆當世可行者有文集一百六
十卷子均字公秉尚書司封員外郎知洪州又以
集賢校理再任熙寧中知蘇州清臣從曾孫夢得
夢得字少蘊嗜學早成多識前言往行談論娓娓不
窮登進士第調丹徒尉徽宗朝自婺州教授召爲

議禮武選編修官用蔡京薦召對言自古帝王爲
治廣狹大小規模各不同然必自先治其心者始
今國勢有安危法度有利害人材有邪正民情有
休戚四者治之大者也若不先治其心或誘之以
貨利或陷之以聲色則所謂安危利害邪正休戚
者未嘗不顛倒易位而況求其功乎上異其言特
遷祠部郎官大觀初蔡京在相位向所立法度已
罷者復行夢得言周官太宰以八柄詔王馭群臣
所謂廢置賞罰者王之事也太宰得以詔王而不
得自專夫事不過可不可二者而已以爲可而出

於陛下則前日不應廢以爲不可而不出於陛下
則今日不可復若徒以大臣進退爲可否無乃陛
下有未了然於中者乎上喜曰邇來士多朋比媒
進鄉言獨無觀望遂除起居郎時用事者喜小有
才夢得言自古用人必先辨賢能賢謂有德能謂
有才故先王嘗使德勝才不使才勝德熙寧以來
在内惟取議論與朝廷同者爲純正在外惟取推
行法令速成者爲幹敏未聞器業堪重識度經遠
者特有表異恐用才太勝願繼今用人以有德爲
先二年累遷翰林學士極論士大夫朋黨之弊專

於重內輕外且乞身先衆人補郡蔡京初欲以童
貫宣撫陝西取青唐夢得見京問曰祖宗時宣撫
使皆是見任執政文彥博韓絳因此即軍中拜相
未有以中人爲之元豐末神宗欲命李憲雖王珪
亦能力爭此公所見也昨入寳恩遽除貫節度使
天下皆知非祖宗法此已不可救今又付以執政
之任使得青唐何以處之京有慚色然卒不改三
年以龍圖閣直學士知汝州尋落職提舉洞霄宮
政和五年起知蔡州移帥潁昌府發常平粟振民
常平使劉寄惡之宦官楊戩用事寄括部內得常
平錢五十萬緡請糴粳米輸後苑以媚戩委其屬
持御筆來責以米樣如蘇州夢得上疏極論潁昌
地力與東南異願隨品色不報時旁郡斛民輸錢
就糴京師怨聲載道獨潁昌賴夢得得免李彥括
公田以黠吏告訐籍郟城舞陽隱田數千頃民詣
府訴夢得上其事捕吏按治之郡人大悅戩彥交
怒尋提舉南京鴻慶宮改帥杭州建炎初勝捷軍
校陳通作亂拘夢得殺運判吳昉及副將白均等
高宗駐蹕揚州遷翰林學士兼侍讀除戶部尚書
陳待敵之計有三曰形曰勢曰氣形以地理山川

爲本勢以城池兵器械爲重氣以將帥士卒爲
急形固則可恃以守勢彊則可資以立氣振則可
作以用如是則敵皆在吾度內矣因請上南巡阻
江爲險以備不虞又請命重臣爲宣總使一居泗
上總兩淮及東方之師以待敵一居金陵捻江浙
之路以備退保蹕入不報既而上駐蹕杭州遷尚
言[illegible]州縣擅立軍期司掊斂民財者宜
罷上諭以兵食二事最大當擇大臣分掌顏岐康
允之皆擠夢得又與朱勝非議論不協會州民有
上書訟夢得[illegible]上以夢得深曉財賦乃除資
政殿學士提舉中太一宮專提領戶部財用充車
駕巡幸頓遞使辭不拜歸湖州紹興初起爲江東
安撫大使兼知建康府兼壽春等六州宣撫使時
建康荒殘兵不滿三千夢得奏移統制官韓世清
軍屯建康崔增屯采石閻皐分守要害會王才降
劉豫引兵入寇夢得遣使臣張僑諭才降之以其
衆分隸諸軍濠壽叛將寇宏陳卞雖陽受朝命陰
與豫通夢得諭以禍福皆聽命及豫入寇卞擊敗
之八年除江東安撫制置大使兼知建康府行宮
留守又奏防江措畫八事曰申飭邊備分布地面

把截要害約束舟船團結鄉社明審斥堠措置隄
聚責官吏死守又言建康太平池州緊要隘口江
北可濟渡者共十九所籍聚民兵把截要害命諸
將度敵形併力進討金宗弼犯含山進逼歷陽張
俊諸軍遷延未發夢得見俊請速出軍曰敵已過
含山萬一金人得和州長江不可保矣俊趣諸軍
進發聲勢大振金兵退屯昭關明年金復入寇遂
至壽州夢得團結沿江民兵數萬分據江津遣子
模將千人守馬家渡金兵不得渡而去初建康屯
兵歲費錢八百萬緡米八十萬斛榷貨務所入不
足以支至是宗旅與諸道兵咸集夢得兼總四路
漕計以給餽餉軍用不乏故諸將得悉力以戰詔
加觀文殿學士移知福州兼福建安撫使海寇朱
明倡獗詔夢得挾御前將士便道之鎮或招或捕
或誘之相戕遂平寇五十餘郡然頗與監司異議
上章請老特遷一官提舉臨安洞霄宮尋拜崇信
軍節度使致仕十八年卒于湖州贈檢校少保
程師孟字公闢高祖思吳越營田使從家蘇州師孟
起進士知吉水錢唐二縣皆有政聲通判桂州慶
曆中詔近侍各舉所知柳植施昌言以師孟薦知

南康軍楚遂二州提點夔路刑獄瀘戎數犯渝州
邊使者治所遠在萬州有警率浹日乃至師孟奏
徙於渝適凶歲以常平粟振民不足即矯發他儲
不俟報吏懼白不可師孟曰本道至都五千里必
俟報餓者盡死矣竟發之全活四十餘萬徙河東
路岢嵐等郡無常平粟邊民饑或竄徙蕃境師孟請
出祠部牒募民納粟置倉廩以儲之晉地多土山
旁接川谷春夏大雨水濁如黃河俗云天河可溉
灌師孟勸民出錢修渠築堰淤良田萬八千頃裒
其事為水利圖經頒之州縣召為三司度支判官
居一歲知洪州歲積薪為江隄師孟始疊石易薪
以紓民力浚章溝揭北閘以節水升降後無水患
興利除害一方甚賴之英宗即位召判三司都磨
勘司委以商度河北四榷場利害師孟皆減物直
償闕欠以來北賈接伴契丹使蕭惟輔曰白溝之
地當兩屬今南朝植柳數里而以北人漁界河為
罪豈理也哉師孟曰兩朝當守誓約涿郡有案牘
可覆視君舍文書騰口說詎欲生事耶惟輔媿謝
使還除利路轉運使改江西路盜發虔州州吏為
耳目久不獲師孟械吏數輩送獄盜即成擒初江

西茶禁既通賦民納茶租號白紐錢師孟奏令轉
茶者計斤輸稱頭錢代其數以除民患至熙寧中
以師孟之請頒下諸路俄傳交阯爲寇加直昭文
館知福州築子城建學舍禮賢才興教化罷鐵錢
鑄瘵救荒蘇息以萬計治行最東南閩父老謂國
朝守郡者謝泌以惠愛著蔡襄以威名顯兼之者
程公而已移知廣州大脩學校日引諸生講解負
笈而來者甚衆諸蕃子弟皆願入學以右諫議大
夫再任在廣六年威愛並行初州城爲儂寇所毁
即有警民駭竄方伯踵至皆言土疏惡不可築師

孟作西城廣十二里及交阯陷邕管聞廣守備固
不敢東上遣中使撫問召判三班院又念前功以
爲給事中集賢脩撰判都水監賀契丹生辰至涿
州契丹命席迎者正南向涿州官西向宋使介東
向師孟曰是卑我也不就列自日昃爭至暮從者
失色師孟辭氣益厲叱儐者易之於是更與迎者
東西向明日涿人餞于郊疾馳過不顧涿人移雄
州以爲言坐罷歸班改判將作監起知越州寬猛
適中而事自治民愈愛戴之師孟喜遊山民爲開
道稽山門外號廣平路官制行換太中大夫尋以

通議大夫知青州京東安撫使期年告老遷正議
大夫致仕哲宗即位授光祿大夫卒年七十八師
孟累領劇鎮爲政簡而嚴所至囹圄空虛道不拾
遺罪非死者不以屬吏發隱擿伏如神得豪惡不
逞跌宕者必痛懲艾之至斷絕乃已所部肅然洪
福廣越爲立生祠爲人樂易純質喜爲詩效白樂
天而尤簡直至老不改吳語與王安石有場屋之
舊晚相遇猶如布衣時既歸吳過鍾山安石爲留
數日謂之曰君尚欲仕乎曰猶可更作一郡安石
大喜知其無隱情也朱長文論師孟爲政以爲嘗

丹治豫章孔戣師潁南常袞化七閩無以加也天
下以爲才卿吏師米芾亦云師孟以文學登科以
政事躋顯以言語出疆以恬退告老足之所及功
利蔚起所著詩集二十卷奏議十五卷
徐祐字受天靜海人擢進士第爲吏以清白稱官至
左司員外郎以郊官郎中致仕慶曆中屏居蘇州
作山亭胥門外爲登臨之地與葉參爲九老會年
七十五子仲甚典郡持節以職方郎中致仕
崇大年字靜之慶曆進士歷知青田縣民病無以[illegible]
和買大年悉令依[illegible]及執州符督責追杖縣吏[illegible]

旱年凶民苦催督必破產雖杖脊史三五輩尚可
寬一邑之民至冬民輸無不足者徙知浦城縣舊
設兩棧民以事追逮去無輕重悉置棧中大年曰此
以牛馬吾民悉命撤去以疾丐分司歸吳日與程
師孟諸老觴詠燕遊號吳門十老大年志尚夷曠
恬於勢利不求聞達辭郤薦辟浩然易退吳士自
陳君子之奇以後大年繼有賢稱分司後十三年
致仕又十四年卒年八十二朱長文與鄉人議謚
謂黔婁辭國有餘富其謚曰康淵明晦約就閒其
謚靖節大年當有道之世秉難進之節翛然遠跡
不自表祿仕而知止貧而亡憂凛然有古高士之

風因謚康靖先生
閭丘孝終字公顯嘗知黃州作棲霞樓爲郡中勝[illegible]
未幾挂冠歸與崇大年輩以耆德著稱鄉里蘇軾
云蘇州有二丘不到虎丘即到閭丘其爲名流推
重如此
錢象先字資元郡人進士高第呂夷簡薦爲國子監
直講歷權大理少卿度支判官河北江東轉運使
召兼天章閣侍講詳定一路敕成當進勳爵仁宗
以其母老欲慰之獨賜紫章服進待制知審刑院

加龍圖閣直學士出知蔡州象先長於經術侍邇
英十餘年有所顧問必依經以復諷諭及當世之
務帝留神文藝禮遇甚渥故事講讀官分日迭進
象先已得蔡帝猶諭之曰大夫行有日矣宜講徹
一編於是同列罷進者浹日徙知陳州復兼侍講
知審刑院象先旁通法家說故屢爲理官條令多
所裁定嘗以爲犯赦者重犯令者輕請違勅入令
若甚衆文議告捕法以爲罪有可去有可捕[illegible]
許捕則姦人將倚法以害良因削去[illegible]
嘗其持心平恕類此復[illegible]以吏部[illegible]
郎致仕熙寧九年卒年八十二

蔣堂字希魯宜興人[illegible]
引對真宗善其所試判特擢大理丞知臨川富人
李甲爲不法前令莫能制堂戒諭不悛白州以兵
索其家得僭乘輿物當抵死歷通判眉許楚泗四
州以太常博士知泗州召爲監察御史論禁中火
宜責躬修德不必歸咎宮人及論奏郭后不當廢
坐贖再遷侍御史判三司度支勾院出爲江南東
路轉運使徙江淮發運事時廢發運使上封者屢
以爲非便堂[illegible]卿劉晏第五琦李巽裴休皆

嘗爲江淮河南轉運使不聞別置使名國朝王嗣宗劉師道亦止爲轉運兼領發運司事而歲輸京師常足時雖用其議後卒復在江淮歲薦部吏二百人或謂曰一有謬舉且得罪何以多爲堂曰十得二三亦足報國坐失按蘄州王蒙正故入部吏死罪降知越州州之鑑湖漢馬臻所爲溉田八千頃食利者萬家前守建言聽民自占多爲豪右所侵堂奏復之徙蘇州入判刑部徙戶部勾院歷戶部度支鹽鐵副使安撫梓夔路擢天章待制江淮制置發運使先是發運使上計造大舟數十載物

入遺權貴堂曰吾豈爲此歲入自可附驛奏也前後五年未嘗一至京師就除河東路都轉運使未行知洪州改應天府累遷左司郎中知杭州以樞密直學士知益州慶曆初詔天下建學漢文翁石室在孔子廟中因廣其舍爲學宮選屬官以教諸生楊日嚴在蜀有能名堂素不樂之於是節遊宴減廚傳專尚寬縱頗變日嚴之政又建銅壺閣伐木於漢昭烈惠陵江瀆祠又毀后土及劉禪祠蜀人浸不悅獄訟滋多久之或以爲私官妓徙河中府又徙蘇杭二州以尚書禮部侍郎致仕初堂徙

家吳中守杭時復治谿館將歸休焉既而告老賦隱圃詩自號遂翁所居嘗有芝知州李仲偃名其里曰靈芝坊至和初卒年七十五特贈吏部侍郎堂爲人清脩純飭遇事不屈而樂施好學工文辭延譽晚進尤嗜作詩有吳門集二十卷子之奇字穎叔以蔭續皇祐中僉判平江軍堂卒續自言少孤育於祖乞服衰粗以報朝議以堂有子不許遂辭疾[illegible]因去職行服嘉祐三年知吳縣事

陳之奇字虞卿其先長安人唐末徙吳曾祖贊明吳越中吳軍節度推官祖郁贈太子贊善大夫父質

殿中丞以德行著稱鄉里贈刑部侍郎之奇天聖中禮部進士廷試下第里居十年無仕進意其母丁謂姨也謂欲授以官之奇有兄郢亦以琴書自怡皆力辭之後勉使之奇就舉之奇不得已又以進士爲鄱陽尉歷丹徒泰興二縣令李璋上公主詔舉經術行義者爲隴西郡王宅教授數月告歸郎致仕郡留其奏不可遷太子中允俄除平江軍節度掌書記復以爲教授詔賜金錢促遣之卒不起以太常博士賜緋魚袋閒居十八年之奇孝親信友約身篤行好學知道心襟泊素聲利不能遷

家居與鄉黨同憂樂赴人之急至於州縣無所避
州縣以其至誠亦不爲疑平居靜默與人言忠孝
立身娓娓不倦持己謹嚴而外簡曠不爲矯刻之
行賙贍宗族貧而竭力吳人言家行者必推之莫
不以爲愷悌君子每出乘羸駒里巷小人見之歛
然曰此吾陳君子也四方賢士大夫至吳必問所
在爭欲一見將嘗語人曰舉天下皆知有富貴而
處鄉獨以知止易衆人之心吾喜林下有人也當
是時與瑗以經術教授諸生蘇舜欽以文章退居
山林之奇以德行棄官而歸名動海內稱吳下三
賢人熙寧初卒王珪爲誌題曰太常博士致仕陳
君子之墓

富嚴青田人其祖居吳而塟因占籍焉嚴慶曆初由
三司戶部判官除尙書刑部郎中知蘇州四年改
兵部知泉州八年以太常少卿知越州嘉祐中以
秘書監再守蘇秩滿告老未嘗一造官府以耆德
著稱鄉人因名其居曰德壽坊卒贈司徒子臨亦
有文名終知池州平江節度推官嚴曾孫元衡

元衡字公權幼入太學有聲擢進士第調隨縣主簿
建炎初爲襄陽撫司機宜都督張浚以才薦改秩
爲諸王宮大小學教授大宗正丞紹興十一年以
左宣教郎知江陰軍十二年詔知州學委守臣
脩葺具次第驛聞元衡出緡錢五十萬鳩工掄材
庸閒民以服役閱月而功成嘗辨盜之不應死者
全活數十人皆感泣改興國軍二十六年知袁州
逾年遷湖南常平改利州路提刑蜀舊例監司交
還下下餘千緡元衡悉拒不納再移湖北專以平
反爲心隆興中召還中途遇盜行李爲之一空帥
李師顏餽以匣金元衡不啓緘謝絕之除工部郎
中嘗曰吾家以清白相傳今不跛足矣疏乞骸骨
詔以內閣奉祠制詞有知止不殆之語元衡因揭
知止名其堂以慶禮成賜金紫官至朝散大夫卒
年八十六元衡守節清慎終始不渝時論仰之倣
蘇軾書能逼眞尤善柳葉篆

鄭夷甫郡人少登科有美才嘉祐中監高郵軍稅遇
一術士能推人死期無不驗謂夷甫命不過三十
五歲夷甫甚堪或勸其讀老莊以自廣有金山僧
與人談笑間化去夷甫聞之喟然曰既不得壽得
若此僧復何憾哉乃從佛者授楞嚴經歲餘忽有
所見曰生死之理我知之矣遂釋然放懷無復於

蒂後調杭州判官預知死期先旬日作書與親舊
訣及次敘家事至期沐浴更衣公舍外有小園面
溪一亭夷甫至其間督人灑掃及焚香揮手指畫
之間屹然立化家人奔呼已僵立如植木一手猶
作指畫之狀郡守而下少時皆至士民觀者如堵
壖明日乃斂高郵崔伯易爲墓誌敘其事

沈括字存中本錢唐人兄遘徙蘇州括以蔭任沭陽
主簿縣依沭水郎周禮所謂浸曰沂沭故跡久爲
汚澤括新其二坊疏水爲百渠九堰以節宣原委
得上田七千頃後以吳縣籍登嘉祐八年進士第
編校昭文書籍爲館閣校勘删定三司條例遷太
常丞同修起居注加龍圖閣學士坐事謫均州徙
秀州以光祿少卿分司居潤卒年六十五括學術
浩博文學深長經史之外天文方志律曆音樂醫
卜諸家無不通練皆有論著喜建事功所著夢溪
筆談行于世

陸縉字權叔常熟人本名絳字伯厚見前史同姓名
者不道更今名舉進士昆弟分產縉推先疇付之
捐俸振族黨教孤姪各登科名歷知揚子雍丘二
縣終朝奉郎尚書職方郎中充淮南等路制置發
運司運鹽公事字民加䘏而臨吏加嚴仍以[illegible]
奏右用[illegible]職名震仕塗卒於其所[illegible]
贈中散大夫所著春秋新解三十卷歌詩文集若
人口

滕元發初名甫字元發避諱改字爲名而字達道其
先東陽人父高用薦爲祕書郎尤長於性理卒葬
吳縣遂爲蘇人元發母夢虎行月中墮其室而
發生[illegible]文康慨不拘小節九歲能賦詩范仲淹之
[illegible]元發諸舅也嘗教以爲文及仲淹守鄉郡元
發與學於胡瑗舉進士授大理評事通判湖州孫
沔守杭見而異之曰奇才也後當爲賢將授以治
劇守邊之略召試爲集賢校理開封府推官鹽鐵
戶部判官同修起居注英宗書其姓名藏禁中未
及用神宗即位召問治亂之道對曰治亂之道如
黑白所以變色易位者朋黨汩之也上曰卿知
子小人之黨乎曰君子無黨譬之草木綢繆相
者必蔓草非松柏也朝廷無朋黨雖中主可以
不然雖上聖亦殆上以爲名言進知制誥知諫
御史中丞王陶論宰相不押班爲跋扈上以問
發元發曰宰相固有罪然以爲跋扈則欺天

矣知開封府拜御史中丞种諤擅築綏州且與蕃酋
向發諸路兵環慶保安皆出摽掠夏人誘殺將官
楊定元發上䟽極言諒祚已納款不當失信邊隙
一開兵連民疲必爲内憂又中書樞密制邊事多
不合中書賞戰功而樞密降約束樞密詰脩堡而
中書降褒詔元發言戰守大事也而異同如是願
敕二府必同而後下宰相以其子判鼓院諫官謂
不可上曰鼓院傳達而已何與於事元發曰人有
訴宰相使其子達之可乎上悟罷之京師郡國地
震元發上䟽指陳致災之由大臣不悅出知秦州
上留不遣館伴契丹使楊興公開懷與之語興公
感動將去泣而別河北地大震令元發爲安撫使
時城舍多圮吏民懼壓皆幄寢茇舍元發獨處屋
下曰屋摧民死吾當以身同之瘞死飼饑除田租
脩隄障察貪殘督盜賊北道遂安除翰林學士復
知開封府民王頻有金爲鄰婦所隱閱數尹不獲
直頻憤而致傴扶杖訴于庭元發一問得實反其
金頻投杖仰謝失傴所苦夏國主秉常被篡元發
言李繼遷死時李氏幾不立矣當時大臣不能分
建諸豪乃以全地王之至今爲患今秉常失位諸

將爭雄天以此遺陛下若再失此時悔將無及請
擇立一賢將假以重權使經營分裂之可不勞而
定百年之計也上奇其策然不果用元發在上前
論事如家人父子言無文飾洞見肝膈上知其誠
盡事無巨細人無親疏輒皆問之元發隨事解答
不少嫌隱王安石方立新法天下洶洶恐元發有
言爲上所信因事以翰林侍讀學士出知瀛州元
發以父諱改鄆州入辭言于上曰臣知事陛下而
已不能事黨人願陛下少回當日之眷無使人爲
黨人所快則天下知事君爲得而事黨人爲無益
矣上爲改容徙定州初入覲言新法之害且曰臣
始以意度其不可耳既爲郡乃親見之歷旱求言
又䟽奏新法害民者陛下既知之矣但下一手詔
應熙寧二年所行有不便者悉罷之則民心悅而
天意解矣皆不聽在定州虜人畏服上喜令再任
詔曰寬嚴有體邊人安之遂作安邊堂歷青州應
天府齊鄧二州會婦黨李逢爲逆或因以擠之黜
爲池州未行改安州侍郎韓丕旅殯於安五十載
學士州人鄭獬既沒十年貧不克葬元發皆葬之
人高其義元發流落且十載猶以前過貶居筠州

或以爲復有後命元發譚笑自若曰天知吾直上知吾忠吾何憂哉遂上章自訟有曰樂羊無功謗書滿篋即墨何罪毀言日聞上覽之惻然即以爲湖州哲宗登位徙蘇揚二州除龍圖閣直學士復知鄆州學生食不給民有爭公田二十年不決者元發曰學無食而以良田飽頑民乎乃請以爲學田遂絶其訟時淮南京東饑元發慮流民且至將聚爲癘疫先度城外廢營地召諭富室使出力爲席屋一夕成二千五百間井竈器用皆具民至如歸所全活五萬人徙眞定又徙太原元發治邊凜然威行西北條畫有方號稱名帥河東十二將其入以備西邊分半番休元發至之八月邊遽來告請入將皆防秋元發曰夏若并兵犯我雖入將不敵若其不來四將足矣卒遣更休防秋將擢扣閣爭之元發指其頭曰吾已舍此矣頭可斬兵不可出是歲塞上無警詔以四砦賜夏人葭蘆在河東元發先畫境而後棄且曰取城易棄城難令步將訾虎領兵護邊夏不敢近夏既得砦又欲以綏德城爲法畫境出二十里外元發曰是一舉而失百里必不可乃上章爭之以老力求淮南乃爲龍圖閣學士復知揚州未至卒贈左銀青光祿大夫諡章敏子祐以蔭補官歷戶部員外郎徽宗即位使察訪嶺南將大用之大臣不樂中以飛語坐廢久之起知通閬二州不赴改郴州人繪像事之又改撫池二州祐弟祁知鄜州贈武義大夫祁弟裕判吉州元發弟中

中字元直以蔭補官將作監主簿官制行換承奉郎歷監瀛州倉草場知安吉縣明州市舶通判原莫二州保安軍知解州移虢州鹽法弊朝命復任解州官至承議郎廉勤自將治民守邊所至有聲元長於詩崇寧五年卒年五十六

元絳字厚之其先臨川人姓危氏曾祖仔倡唐末聚衆保鄉里進據信州爲楊渥所敗奔杭州祖德昭吳越丞相錢鏐惡其姓易爲元絳生而敏悟五歲能詩九歲謁荊南太守試以三題上諸朝貧不能行長舉進士以廷試誤賦韻得學究出身再舉登第調江寧推官攝上元令民有王豹子豪占人田略男女爲僕妾有欲告者輒殺以滅口絳捕置于法甲與乙被酒相毆擊甲歸臥夜爲盜斷足妻稱乙告里長執乙詣縣而甲已死絳勅其妻曰歸治

而夫喪乙巳服矣陰使謹信吏跡其後望一僧迎笑私語絳命縶僧詰妻姦狀即吐實人問故絳曰吾見妻哭不哀且與傷者共席而襦無血汙是以知之范仲淹爲安撫使表其材知永新縣豪子龍聿誘少年周整飲博以技勝之計其貲折取上腴田立券久而整母始知之訟于縣索券爲證則母手印存弗受又訟于州于使者擊登聞鼓皆不得直絳至母又來訴絳視券呼謂聿曰券年月居印上是必得周母他牘尾印而撰僞券續之耳聿駭謝即日歸整田爲著作佐郎知海門縣（作靜海）淮民多益販鹽制置使建言滋二十斤皆坐徒絳曰海濱之民恃鹽爲命非群販比也笞而縱之擢江西轉運判官知台州大水冒城郭民廬蕩析絳出庫錢即其處作室數千區命人自占約三歲償費流移者皆復業又甓其城因門爲牐以御湍漲後人遵其法入爲度支判官儂智高叛嶺南宿軍邕州而歲漕不足絳以直集賢院爲廣東轉運使建瀕江水砦數十以待逋寇繕治十五城樓堞械器皆備軍食有餘以功遷工部郎中歷兩浙河北轉運使召拜鹽鐵副使擢天章閣待制知福州進龍圖

閣直學士徙廣越荊南爲翰林侍讀學士初上欲擇人王安石對有真翰林學士第恐陛下不能用況已作龍圖閣學士雖下遷知制誥遂召入中外大驚迄有稱職之譽預議僖祖神主祧遷請以僖祖爲始祖廟詔從之知開封府拜三司使參知政事數請老上以其子耆寧孝謹好學命同書崇文院慰安之會太學虞蕃訟博士受賄事連耆寧當下獄絳請上還職祿而容耆寧即訊於外從之於是御史至弟薄責絳絳一不自辯罷知亳州入辭帝謂曰朕知卿一歲即召矣卿意欲陳訴乎絳謝罪願得潁郡以爲潁州上賜坐使服學士金帶如舊明年加資政殿學士知青州過都留提舉中太乙宮力疾入謁曰臣疾憊子弱儻一旦不幸死則遺骸不得近先人丘墓帝惻然曰朕爲卿辯護雖百子何以加詔毋多拜乘輿行幸勿扈從又明年以太子少保致仕絳所至有威名而無持操少儀矩仕已顯猶謁遜晚在翰林諂事王安石及其子弟時論鄙之然工於文辭爲流輩推許景靈宮作神御十一殿成夜傳詔草上梁文遲明上之雖在中書而禁中書詔猶多出其手既得謝帝眷眷命

之曰鄉可營居京師朕當資金幣且使著益仕進絳曰臣有田廬在吳乞歸鄉黨之郎築室都城得與屬車之塵幸矣致觀賜邪既行追賚白金千兩敕蚤還絳至吳中與程師孟爲九老會有居第在帶城橋鄉人榮之因號爲衮繡坊踰歲以老病奏恐不能奉詔三年而卒年七十六贈太子少師謚章簡詔其家集文章上之有文集四十卷讞獄集十三卷子著寧著弼

徐師閔字聖徒其先建安人父奭歷官蘇浙子孫遂爲蘇人師閔治平初虞部員外郎知江陰軍作將臺脩鼓角門熙寧十年以司農少卿知袁州時江西劇賊詹遇居劫列城爲之騷動袁獨預脩武事具戰艦號令嚴肅常若寇至遇引避不敢犯境袁民歌之且有瑞麥嘉禾之異繪圖以進爲治鎮靜有惠愛吏民生爲立祠轉運使將之奇薦於朝部使者第課優等知洪州王韶皆列奏留再任亢爲壽堂蔡襄所知在官自輔臣以下薦之者幾百人官至正議大夫東海郡侯告老以中散大夫晉寧郡侯致仕有以黃白術爲獻者師閔問能久乎曰五十年乃變耳師閔曰吾平生不妄語若欺人於五十年後豈吾心哉[illegible]里中與元絳程師孟輩以詩酒爲樂號十老鄉人榮之年八十卒子鑄

鑄字元鈞年少入官有能名吏不敢欺及爲縣所至屏姦惡辯疑獄勸本業脩學校課當爲最政和初提舉兩浙常平脩松江隄易土以石[illegible]藪水田數百頃爲之漕昳越四年以直秘閣[illegible]運副使月年[illegible]發運副使賜金帶數月以徽猷閣待制知杭州及代以杭人安其教令特除延慶殿學士又歷廣揚二州終正奉大夫子端仁承務郎監平江市易務鑄從子林

林字稚山祖師回字望之熙寧閒爲部郎中嘗知南康軍蘇轍爲作直節堂記[illegible]中爲吏有能名歷鄂州司法吏部郎直[illegible]操中進士第與王黼有連不肯附[illegible]官終與初上書言事召改官累[illegible]爲江西轉運副使[illegible]坐是以[illegible]法貶興化軍十三年更化復入爲刑戶二部侍郎論國用太廣宜撙節之陞與初爲吏部侍郎復論符離之役非計遂以敷文閣直學士奉祠知平江府力辭莅乞致仕再以給事中召不起遷龍圖閣學士當時稱賢使

從以林爲首卒年八十餘紀聞云紹興□林光世縣所引許奉檢紹宗正少卿又以前任江西按檢妻之弟王昌復居均防憾匯兩浙轉運誣於沮均田法安置興化軍虞又大云稚山初言兵不可輕用許王龜齡而夫湯丞相疑可助巴薦爲給事中累辭竟不起人始服其遇介而不徇時子藏

藏字子禮由進士知饒州以居吳去親遠乞易旁小
州便養乾道初改知江陰軍新廟學刊書籍二年
遣轉運副使姜詵按視水利藏延見父老審訂其
說謂江陰北臨大江地勢洿下港瀆善淤夏秋淫
雨浙西數郡百川並委瀕港七鄉並湖三山低卬
之田混爲一區尋丈而增膚寸而落十年之間浸
休者一百六十萬餘畝歲蠲秋苗以一二萬計公
私交病遂請治蔡涇廢牐牐之故基距河差遠兩
翼迫蹙波流悍急易於潰壞乃移基並東直抵港
渠斥而大之易木以石長各十有三丈四尺高一
丈八尺洪之濶一丈三尺岸之西北匯爲渦蓋分
殺水怒土木鐵石之工萬有九百費錢三萬二千
三百緡米一萬一千四百石各有奇於是增浚港
渠下通黃田以防氾溢絶壅滯五旬而畢又奏□
軍地狹民貧有續添認納臨安府買紬絹四千□
匹兼累遭大水百姓艱糴因此重斂上爲蠲八□

五命下之日歡聲動阡陌三年改浙東提點常平
五年知秀州蕆有學尤善漢隸書弟葂
葂字明叔生數月見字畫輒色喜踴躍至十餘歲頴
異不群人謂騎省後身年十八入太學後以父任
補通州司刑曹事辟入阬冶司幕攝事班丘民服
其化獄訟衰止移攝原武縣時有挾其弟貴勢著
威震郡邑橡邑冶市炭後至輿慢令者葂歎曰令
不賢不能芘民恐至此極耶疏聞諸朝願以身贖
無辜當國者曰使縣令皆如徐葂天下有不治者
宣和中以禮物官隨路允迪使高麗撰高麗圖□
四十卷上之徽宗覽書大悅召對便殿賜出身擢
大宗丞兼掌書學以篆名家遷刑部員外郎時相
册免坐親嫌謫監池州永豐監起除沿江制司參
議奉祠吳中二十年而卒弟德止遜官於從子而
學佛徽宗賜號圓通禪師

錢瀾字醇老吳越王元瓘子儼入朝爲昭化節度守
和州儼生昭慈昭慈生順之藻順之子也舉說書
進士又舉賢良方正皆中英宗時爲秘書校理王
上書請慈聖光獻太后歸政天子神宗時稍遷直
舍人院同修起居注擢知制誥直學士院除樞密

更學士知開封府以慈恕簡靜爲體不求知名以按世取顯遷翰林侍讀學士封仁和縣伯元豐五年卒藻刻厲爲學於書無所不治已通其大旨至於分章別句類數辯名纖細委曲無不究盡見於文辭閎放傑偉爲人清謹寡過居守繩墨立朝無矯亢亦不雷同世利澹如人稱長者子僧孺初藻受學於胡瑗用和州貫發第毋丁氏塟天平山遂爲蘇人

孫載字積中曾祖漢兵錢氏時爲崑山鎮防遏使遂爲縣人父倚官至通議大夫發運大使載登進士爲河中府戶曹更三守皆立威嚴載獨與爭曲直不肯詭隨守終乃稱薦之中書檢正官察訪關中辟爲官屬乾祐縣令不肯奉行青苗法察訪使檄載按之載言邑小民貧歲以黍麥悍易爲生令無罪不果按用薦者遷知德清縣以德化民不專任刑罰詩開誘是非出於誠信訟有累年不決者得一言皆感悟舍去熙寧八年吳越饑獨縣中熟載勸大家倍糴得十五萬斛明年春米價翔踊載使平直以糶全活甚衆移考城縣一日巡尉來告盜集境上將以上元掠近郭至期載張鐙設宴不禁夜盜叵測遂遁去訖受代無復盜者神宗以載姓名付中書除廣東常平觸暑行部以宣德意元祐初通判陝州遷廣東轉運判官紹聖初除河北西路常平改知海沂二州延聘名儒興學養士遷朝奉大夫知婺州除河東轉運判官移淮西提點刑獄建中靖國初遷朝請大夫知亳州所至以治務大體時號循吏以嘗薦元祐黨人勾間授提舉洞霄宮大觀中以朝議大夫致仕一日偏謁先隴及嘗往來者未幾疾革問日早晏盥手焚香而逝年七十二載天資樂易長於吏治好汲引士類受薦者

至四百餘人後多知名少喜讀易著釋解五十卷文集若干卷

張僅字幾道舉進士與里人顧棠皆爲王安石門下士安石作三經義二人與焉僅官至著作佐郎而卒棠字叔思撰周易義類三卷

郭附字明仲郡人以進士知新淦縣俗健訟好持吏短長附至問民疾苦皆以[illegible][illegible]黠横爲言乃檄旁縣尉併力仍以厚賞啖壯士不閱月得獸數十戶諸庭乃號於衆曰有悍不率教如此獸者皆殺之無一人敢犯令者熙寧中以大理寺丞權知崑山

縣官至朝奉大夫致仕幅巾筞杖窮山林詩酒之適者十八年東南高士皆樂與之遊卒年八十四孫元遜在忠義傳

郟亶字正夫太倉農家子自幼讀書識度不凡嘉祐中進士初授睦州團練推官知於潛縣未赴熙寧三年詔天下陳理財省費興利除害之策亶自廣東安撫司機宜文字爲書陳蘇州水利王安石善之五年授司農寺丞提舉興修兩浙水利民不爲便遂罷歸治所居之西水田曰大泗瀼者如所陳之説爲圩岸溝澮場圃俱用井田之制歲入甚厚圖狀以獻且以明前法非苟然者復爲司農寺簿遷丞預修本寺制式頒號完密除江東轉運判官元祐初入爲太府丞出知温州以比部郎中召未至卒年六十六有吳門水利書四卷行於世其説見水利條亶子僑字子高一字喬年負才挺特亦爲王安石所器許鄉里推重謂之郟長官有幼成警悟集亶孫升卿字師古由進士知常徽二州乾道六年自徽代還奏蠲本州額外揔科雜錢一萬二千餘緍及元認江東兩浙運司諸處絹一萬六千六百餘匹其勤恤民隱類此

朱長文字伯原其先剡人世仕吳越祖億宋太宗朝内殿崇班閤門祗候知邕州累贈刑部尚書由開封來蘇州又爲蘇人父公綽光祿卿知舒州長文方在娠所生周夫人夢覆錦衾或曰是生子能文矣比生十歲能屬辭讀書輙竟夕從泰山孫復授經於太學無所不知尤邃於春秋博聞強識篤學力行年十九擢乙科進士第吏部限年未即用時公綽守彭長文不俟燕歸州人榮之既冠授秘書省校書郎守許州司戶參軍以墜馬傷足不肯從吏趨郊禋公綽欲以任子恩匄長文幕官長文推與其季從悌丁父憂家居凡二十年築室故吳越錢氏金谷園知州章岵表曰樂圃鄉人遂稱爲樂圃先生郡將監司莫不造請謀政士大夫過者必往見之以後爲恥名動京師元祐中起爲本州教授州有兩教授以長文故也同舉者徐積陳烈時號三先生長文早歲作東都賦論者謂不減班張太冲其教人先經術而後詞章授學者春秋洪範中庸無慮數百先是范仲淹始建州學歲久隳廢其子純仁以侍郎制置江淮漕事復請脩搆長文有力焉吳中水災長文陳五浦之利不果行又作

救荒議四篇上知州黃傅行之邑賴以安歷五考召爲太學博士著釋問以見意紹聖間改宣教郎除秘書省正字兼樞密院編脩文字元符初卒年六十哲宗嘉其清賻絹百匹博士米芾爲表其墓長文資稟忠朴雖在布衣慨然有用世之志暨出仕以田疇委諸弟惟蓄書二萬卷所撰春秋通志二十卷又有書贊詩説易解禮記中庸解琴臺志琴史六卷蘇州續圖經五卷又撰次古今文詞爲吳門總集二十卷樂圃文集一百卷書徵篇眞鄉所集周穆王以來金石遺文名人筆迹作墨池閣古二編藏于家其叙琴史有曰方朝廷成太平之功制禮作樂比隆商周則是書也豈虛文哉其志槩可見矣從子良在忠義傳良五世孫寢炎

寢炎字明叔幼穎悟以祖處大蔭授將仕郎寶祐二年銓中授迪功郎海鹽尉改泰州司戶參軍咸淳三年調定城簿七年轉真州司法參軍制置使印應雷知州王起宗朱煥咸稱廉敏聽訟決獄深得其情多以郡政委之先是軍餉所收綱米每病滋惡寢炎斥去綱人饋送事例積弊并除在郡有蠹江倡和集寢炎性倜儻善持論見義必爲爲詞章慕朱希真亦名曰樵唱集卒年六十二

丁假者長文同年進士也初試邇英延講藝詩云白屋前芳捧金華擢重輕天心非不啓志在蒼生有古詩諷諫之體是歲奏名甚高而御前下第自是二十年方中選

李璋居盤門負不羈之才王安石尤愛其人屢見於詩篇文名久累舉特恩補官孫益字彥中登進士第徙居常熟紹興間監察御史

黃□□偁中其先浦城人父掞字公操章得象薦爲吳縣尉歷秀州司理餘杭□□潭州判官守太子洗馬致仕賜五品服與章岵等爲十老會累贈金紫光祿大夫彥熙寧中以王安石經說與弟頡俱第進士安石舉爲越州教授遷滁州防禦推官知崇德縣長興丞以省罷知浦江縣有直明恕民書遺愛祠之紹聖□知虹縣有觀察舊言井蛇爲龍不能愈疾彥以蚺蛇然不與又參秀州歲饑不入境時稱爲古循吏風除提舉教授宗正寺簿改富陽令爲政如前時坐元祐黨幻管崇福宮至朝奉大夫致仕政和四年卒頡字升中官至朝議大夫彥子策

策字子虛九歲能屬文嘗追和梁昭明所選詩
蘇轍見曰子異時必以文顯弱冠擢第歷雍丘主
簿齊州教授元符末詔中外言事時昭慈聖獻皇
后既復位號而典冊有未盡正者策引古誼上書
甚切蔡京深銜之崇寧初黨籍羈管登州赦還
鄉後爲發運司屬官斥責京家貴得京黨從元祐
皇后詔所錄上皇聖語親劄副本上進見神宗悔
悟之心欽聖詔復之旨隆祐誣抑之由由是京黨
並斥以遂復廢之姦益明建炎中追錄黨人除直
秘閣通判嚴州初欽宗在青宮時聞策名大書隨
緣堂三字以賜因自號隨緣居士子維纓字端晃
宣和末屢上書言事李綱爲行營使嘗居幕府遭
亂還鄉陳長方稱爲千人之英紹興初以文名策
有隨緣居士集四十卷纓有感寓詩纓子季魯字
道夫有集十卷皆附焉某弟簡字能甫黃氏自挺
以下居吳縣聚鳩山爲縣中大族至宋亡僅十餘
世或云策之後有名簡字元易者盧氏云熊淡譜系非此一族
陳睦字子雍祖繇莆田人官至右司諫徙家蘇州凡
同進士知汝州富弼辟爲從事召除館閣校勘歷
[illegible]少卿元豐中知陝潮宣三州睦第進[illegible]
中詔舉館閣才學之士睦與劉攽李清臣董首被
選擢拜監察御史熙寧中提舉兩浙常平以曾公
亮薦遷提點刑獄坐是免官元豐間高麗數遣使入
修貢朝廷以其恭順選使諭旨初命林希希辭命
睦睦即日就道上喜語輔臣曰林希無親堅辭不
往睦親在乃不憚行假起居舍人直昭文館特贈
仙花金帶使還言故事惟寶文閣直學士以上八
服金帶今請上所賜特旨令服之仍眞拜所假官
職又於令式外賜金錢其後錢勰楊景略援例欲
服金帶上弗許尋直龍圖閣知潭州改寶文閣待
制知廣州子彥文字經仲建炎二年以龍圖閣待
制知江州視事方十日會盜張遇犯城彥文極力
固守遇乃引去明年爲沿江措置使尋躋法從彥
文弟彥武字絺叔爲提舉官
張詵字樞言父沔浦城人刑部郎中直史館致仕來
寓蘇州因家焉詵第進士通判越州民患苦衙
役詵科別人戶籍其當役者以差人錢爲顧人充
皆以爲便知襄邑縣擢夔路轉運判官錄辟土豪
加直集賢院改陝西轉運副使召對帝曰朕未識
卿每聞章疏獨卿與蔡挺有所論請使人了然易

嘗以師事相屬及入辭賜服金紫明年直龍圖閣
知秦州前此將吏貪功多從塞地獵射因起邊患
詵至申令毋得犯獲一人斬[illegible]羌感悅遷
天章閣待制知熈州董氊遣[illegible]討
董氊逆戰破之于錯鑿城斬首萬級[illegible]以
龍圖閣直學士知成都府徙杭州將行復命[illegible]知
熈州經畧熈河事趣使倍道行時倉卒治戎[illegible]司
計産調夭民多流亡詵中途詳其狀乞勅劍外招
攜之不報會靈武師罷乃赴杭道京師帝訪以西
事對曰彼勢雖弱而我師未欲還備未舒願以歲

月圖功累官正議大夫清河郡侯卒詵性孝友廉
於財平生不植田業然既以建祠瀘表地被選用
後雖有善言可紀終不逃清議云弟[illegible]元
祐中知湖州歷戶部員外郎直龍圖閣[illegible]開
國子朝議大夫詵孫公秀
公秀字仲實從葉適游甚審風流詞翰推重一時紹
興初爲崇德丞遂寓郊野作漁蓑堂知臨海縣尤
有善政
孫冲字子和少負才名受知王安石嘗[illegible]當得說
二論安石大奇之知含山縣號爲循吏律[illegible]

一[illegible]家人爾其歸葬老母使有畜
積者冲說[illegible]非五果時物也命還之歷重交上
改宣德郎未幾卒年[illegible]十五

姑蘇志卷第四十九

人物八 名臣

方惟深字子通其先泉州人父龜年字壽先才氣卓犖日能十賦爲公卿所稱與同安蘇紳齊名官至屯田郎卒塟長洲因家焉惟深鄉貢第一試禮部不中卽棄去有田廛與其弟躬出入耕穫間則讀書凡黃帝老莊之言養生爲壽者之說以至西方別傳皆得其大指平居視之猶木雞也及論議古今道理窮覈至到確然莫能移嘗以雅道自娛屏一篇出人爭傳誦王安石以謂精深警絕元白皮陸有不到處惟深雖游安石之門極蒙愛畧無一毫迎合意以常布之士閉關陋巷而孝友清介之風隱然稱東南其文學行義與朱長文同爲一世所宗號鄉先生元符初郡將薦于朝[illegible][illegible]復以遺逸應詔皆不起有司舉貢籍以年格應補軍州助教者就賜敕牒袍笏於其家得興化軍助教初年四十無子而弟有子以爲先人有後足矣卽屏居於外預知死期期至不亂從[illegible][illegible]有治命年八十三有詩集十卷

楊懿孺字子發甫其先自浦城徙長洲以行義隱處與方惟深同時號吳中二老懿孺少孤力學言行相顧朝無夕儲神夷氣昌未嘗有慼雖閭里不甚知其賢崇寧二年特奏名授調南昌簿居一歲忽載妻子歸吳下卽告老以承奉郎致仕平居恂恂自信不知世間有傾巧事不入州縣不事鄉里請謁閭一詣所親厚歲不過數四雖嘗出仕而人猶謂隱者

章甫字端叔自建州徙居於蘇八世祖及唐康州刺史及孫仔鈞仔釗俱仕閩王審知至甫曾祖可濮始登第官至秘書丞甫熙寧進士初調臨川尉有盜劫殺行商獄詞連逮者以十數甫辯三人抵罪餘悉縱之知壽春縣大臣以甫孟子解義進詔付秘書省除應天府國子監教授改知山陰縣訟牒繁劇豪民竄易戶名以避徭役甫得其情流配數人老姦宿猾屏息聽命邑以大治又築海塘綿亘爲久計得以溉田哲宗卽位除通判宿州南京押綱侍禁史士宗侵耗官米反訟倉官獄久不決朝廷委甫治之士宗竟坐流竄以父憂去久之入爲太府寺丞召對稱旨除府界提舉常平增浚河隄饑民之在境者因廩給之徽宗朝知虔州還奏淮

旬歲凶宜加賑恤大臣劾雖諱言而卒如其請[illegible]
寧初除都官郎中陛對抗言元祐臣僚削秩投荒
皆緣國事稍稍內徙道路交慶今復刻名黨籍禁
錮子孫恐非陛下本意上雖優容卒與時論不合
致仕歸吳起知泰州尋請祠以歸南寡嗜欲唯藏
書萬卷讐校精審子八人憲最知名四世孫康在
隱逸傳
憲字叔度居黃邨樂道好德操履高潔行有餘力而
以學文鄉里謂隱君子與弟悊俱受學王蘋游於
楊時朱震呂本中諸公間憲尤邃於春秋宣和中
貢監婺陽軍酒稅沒於兵有復軒集十卷
禕字道夫其先楚丘人父瑒英宗時平江軍節度
推官官至太子中舍始家于吳禕爲泰州司錄時
年尚少知州張次山器[illegible]與舉廢事按[illegible]
吏有稱於時多裕[illegible]之又以[illegible]府司錄[illegible]湖
州酒[illegible]饑[illegible]道知州張[illegible]以賑[illegible]甚
衆有篤士疾革裕[illegible]識之即視[illegible]
後二十年其子知章過[illegible]故老相[illegible]曰[illegible]
司錄子也歷[illegible]州團練[illegible]
之鎮官[illegible]昭信卒[illegible]

事聞朝廷遂官其後辟江都縣遷開封新城[illegible]
公事銳於決遣庭無留人府素號難理專以婦[illegible]
爲訟爭至是相戒無犯郊恩賜五品服監大觀[illegible]
庫除管勾南京留司御史臺公事卒年六十四裕
通習時政歷仕四十年所至莫不畏愛子知章在
忠義傳知章弟知白
知白字公式孝友篤實循蹈規矩清虛寡欲號爲吉
人宣和中以進士爲吳縣尉紹興中歷工部郎官
將作監工吏二部侍郎直學士院嘗使金聞欲窺
蜀獻蜀道難以諷虜遂輟西南之役官至吏部尚
書同安縣開國侯卒贈徽猷閣待制少師子維石
通判沅州維成朝請大夫裕從子惇德
惇德字公辯祖珉始家崑山父靜贈承事郎惇德幼
孤至孝貧不廢禮才思敏給以能詩名爲范成大
所知嘗與唱和[illegible]名年逾六十即致
其[illegible]郡縣列上行[illegible]直郎仍著爲令撰脂
韋[illegible]五十卷子[illegible]字道卿與弟[illegible]並有學行[illegible]子
應升字子用穎悟力學篤守操履淳祐特科進士
丹徒簿[illegible]升子雲遇字[illegible]龍光寶祐進士咸淳二年
江陰縣[illegible]崑山志裕七

世孫景元
景元字長卿端謹力學累世明春秋嘗指堂扁世麟
字以示子孫曰此文丞相天祥手書以美吾祖者
也吾子孫可忘之乎景元初由青陽教諭轉處州
路學錄以廉爲國子伴讀辭歸教生徒會長洲邑
學久廢乃勸富家大興建之子昌字伯盛承家學
嘗授經日端坐不苟談笑張氏據郡以禮招致誓
死不就
郁景平初名安平字晞尹熙寧三年與父仲同登進
士第景平剛正不撓居官有廉介稱嘗爲大理官

吳郡志卷五十　五　萬

每有疑獄守夜拜禱輒得其情既而請老家居詔
復起知饒州數月拂衣而歸或問故答曰天子命
景平爲郡當以撫字爲職乃不得行其志今日須
金若干明日須粟若干民已枯骨矣播考之亦何
以取景平安得不歸時多附朱勔獨景平終始不
阿子裀字天和亦能文屢任郡守
丁隲郡人元祐中爲左正言五上章論何正臣治獄
殘酷巧詆刻深甚於羅織黨錮事載國史
章楶字質夫其先浦城人祖頻爲御史忤章獻后旨
黜官仁宗欲用之而卒贈司徒父訪禮賓副使乃

徙蘇號曰壯章贈太尉楶以叔得象蔭爲孟州司
戶參軍將作監簿應舉入京聞父對獄于魏棄不
就試馳往直其冤還試禮部第一擢知陳留縣以
最閱歷提舉陝西常平京東轉運判官提點湖北
刑獄成都路轉運使入爲考功吏部右司員外郎
元祐初直龍圖閣知慶州時朝廷戢兵戒邊吏毋
生事且捐葭蘆安疆等四砦予夏使歸其永樂之
人夏得砦益驕楶言夏嗜利畏威不有懲艾邊不
得休息宜稍取其土疆如古削地之制以固吾圉
然後諸路出兵擇據要害不一再舉勢將自蹙矣

吳郡志卷五十　八　黃

遂乘便出討以致其師夏果入圍環州楶先闢間
知之遣驍將折可適伏兵洪德城夏師過之伏兵
識其母梁氏旗幟鼓譟而出斬獲甚衆又預毒於
牛圈瀦水夏人馬飲多死召擢戶部侍郎明年除
知同州紹聖初知應天府加集賢殿修撰知廣州
徙江淮發運使哲宗訪以邊事對合旨命知渭州
至即上言城胡盧河據形勢以偪夏乃以三月及
熙河秦鳳環慶四路之師陽繕理他堡壁數十所
自示其怯或以楶怯請曰此夏必爭之地夏[illegible]
石門峽去我三十里能奪而有之乎楶又陽謝之

陰具板築守戰之備帥四路邀擊敗之旣而環[illegible]
延河東熙河皆相繼築城進拓其境夏人睥睨不
敢動夏主遂奉其母合將數十萬圍平夏疾攻十
餘日建高車臨城塡塹而進不能克一夕遁去夏
統軍嵬名阿里西壽監軍妹勒都逋皆勇悍善戰
楶謀其弛備命折可適郭成輕騎夜襲直入其帳
執之盡俘其家屬馘三千餘牛羊十萬夏主震駭
哲宗爲御紫宸殿受賀累擢樞密直學士龍圖閣
端明殿學士進階太中大夫楶在涇原四年凡創
州一城砦九薦拔偏裨不間廝役至於夏降人折
可適李忠傑朱叡用咸受其馭夏自平夏之敗不
能復軍屢請命乞和哲宗亦爲寢兵楶立邊功爲
西方最時章惇用事楶與惇同宗其得興事頗爲
世所疑徽宗立請老徙知河南入見留拜同知樞
密院事俾其子縡爲開封推官以便養踰年力謝
事罷授資政殿學士中太一宮使未幾卒上悼惜
賜龍腦水銀以斂命其壻劉何使兩浙共葬事贈
右銀青光祿大夫太師秦國公謚莊敏賻卹甚厚
立廟懷德軍賜額曰忠烈七子縡綜繚[illegible]綖[illegible]縝
綜歷通判常州[illegible]知丹徒縣[illegible]守[illegible]州判[illegible]州

通直郎易州通判楶孫茇承奉郎監蘇州稅
縡字伯成縣推官爲戶部員外郎提點淮南東路刑
獄權知揚州兼提舉香鹽事時方鑄崇寧大錢令
下市區盡閉人持錢買物至日旰皇皇無肯售縡
飭市易務致百貨以小錢收之且檄倉吏糶米以
大錢予之盡十日止民心遂安未幾新鈔變行舊
鈔盡廢一時商賈束手或自殺縡得訴者所持舊
鈔爲錢以千計者三十萬上疏言錢鈔誤民請如
約以示大信蔡京怒罷縡降兩官以繼故黨台州
復通判秀州初楶敎子極嚴閉置一室中故縡與
綜皆有文名縡晚年詩益高淸淳雅健得唐人風
有文集三十卷終戶部郎中
縝字子京有大志中進士第一調洛陽簿時范純祐
爲尹一見待以國士會禮異絕與韓王汝李邦直
等俱以文行薦於朝就除京兆府教授政和末起
知解州移均州房州婦人越所部訴其子於均繚
謂[illegible]房非吾治也又訴於轉運使使以屬繚召諸
[illegible]以屬吏鐫論開曉母子感悔拜謝而去歷
[illegible]官入爲戶部員外郎中書舍人[illegible]

妻縯之姊也逵漸復元祐之政縯多贊之蔡京欲
擠逵且忌縯不附已使其黨攻之出縯湖州論者
不已差主管西京崇福宮坐縱獄囚溫州入爲秘
書省校書郎遷倉部員外郎宣和三年除提舉兩
浙常平未上改提點刑獄時嘉興富人高安與陳
氏有故怨秉方臘起誣以爲盜聚群惡操兵入其
室盡殪之以捕盜徼賞及長洲陸氏恃富横閭里
殺人應捕輒賕吏執平人代已縯一閱盡得其情
取二人寘諸灋衆懼以爲神明四年以直秘閣知
越州兼浙東安撫越新去方臘之亂人情危懼日

三四驚勞郡守將往往盜兵自衛縯至延問吏民
宴集僚佐如平時有勇敢卒謀爲變縯飭將吏指
取無一人脫者闔郡大震譚稹宣撫燕山請縯爲
參謀轉朝請大夫右文殿脩撰遂跡燕雲決不可
守之狀又復數千言金人破蔚州皆歸山後議稹
以錯置乖方罷縯落職送吏部及童貫出師而燕
山七郡與朔武皆不守知縯言會赦恩上書告老
復龍圖閣直學士致仕卒史云縯以龍圖閣直學士知越州按會稽志朝奉大夫直秘閣權發遣越州續志云復直龍圖閣今
縱字君達僉判西安州蔡京援相與制獄傾章惇縱
居蘇州或得私鑄錢數巨罌風言者誣縱與州人
郁寶所鑄詔遣李孝壽張茂直沈畸蕭服與往鞫
之連繫數百人累月卒無所得獄多死者京大怒別
遣孫傑鞫之傅致如律縱刺面配沙門島追毀出
身以來文字除名勒停籍入其家[illegible]州綵秀
州縯溫州縮睦州纊永州婺處州蕭[illegible]州吾昊降
罷除名者十餘人時論冤之孫傑擢龍圖閣直學
士知蘇州張商英爲相辯前獄移縱常州縯復朝
奉郎通判秀州頃之縱改授內殿崇班縯秘書郎
顏孚字端中父長民以進士知長興縣孚崇寧間有

聲太學士行甚美時人目爲顏夫子爭願識面與
兄采爲繼擢高科孚早卒采字君用終提舉常平
爲學仲謙居官有威終知嚴州爲孫儀進士
李撰字子約唐曹王明子偲居陳留至餘慶以國子
博士知常州卒葬横山遂爲吳縣人撰之祖也撰
熙寧中以進士歷彭澤令時括民田轉運使務訢
擾欲多得羨田爲功撰持不可抱牘抗論且
請就劾并[illegible]使者度不可屈從之時王安
禮爲部刺史使[illegible]所以期共擢撰罷
安禮曰縣令敢與部使者爭衡必介特有守士也

亟呼吏銚使者草奏薦之元祐三年議遣使脩復
小吳河撰上復河賦二篇言河不可復通判莫保
二州官至朝奉大夫大觀三年卒年六十七撰廣
孟子說著養氣論三篇毛詩訓解二十卷孟子講
義十四卷文集五十卷史贊論五卷子彌遜
彌遜字似之登第調單州司戶再調陽穀簿政和四
年除會要所檢閱文字引見特遷校書郎充編脩
六典檢閱累官起居郎以封事剴切貶知廬山縣
改奉嵩山祠宣和末知冀州金人犯河朔彌遜捐
金帛致勇士脩城堞決河護塹邀擊其遊騎斬首

甚衆兀朮北還戒師毋犯其城靖康初召爲衛尉
少卿出知瑞州二年建康府卒周德作亂執其
帥宇文粹中殺官吏嬰城自守衆猶擬彌遜以江
東運判領郡事喻以禍福勉以勤王德等猶肆
殺掠會李綱行次建康協謀誅德等尸諸市撫其
餘黨一路遂安改淮南轉運副使奉興國宮知饒
州紹興中召對奏當堅定規模排斥姦言輔臣不
悅擬直寶文閣知吉州歲饑撫卹疲困七年秋遷
起居郎彌遜自被謫以來垂二十年及復居是職
論事鯁切如初是冬試中書舍人奏六事曰固藩
維嚴禁衛練兵節用收民心擇守帥時駐蹕未定
有旨料舟給卒以濟宮人彌遜繳奏曰六飛雷動
百司豫嚴宜以宗社爲心不宜於內侍細故更勤
聖慮事雖至微懼傷大體帝嘉納試戶部侍郎秦
檜再相獨彌遜與晏端復有憂色八年乞外不允
趙鼎罷相檜專政金遣烏陵思謀入界甚悖檜於
御前求去欲決意從和胡銓乞斬檜范如圭曾開
皆疏論檜相繼貶逐彌遜請對言金使請和欲行
君臣之禮有大不可帝詔廷臣大議即日入奏彌
遜手疏力言陛下受金人空言無一毫之得乃輕

祖宗之付託屈身委命自同下國異時脫有意外
之求不從則釁端復開其患未已檜嘗邀彌遜至
私第曰政府方虛貪苟和好無異議當以兩地相
浼荅曰彌遜受國厚恩何敢見利忘義今日之事
國人皆曰不然獨有一去可報相公檜默然次日
彌遜再疏辭愈切直檜大怒彌遜引疾帝諭大臣
留之九年春上疏乞歸鄉里以徽猷閣直學士知
端州改知漳州十年歸隱連江西山是歲兀朮分
道入寇明年又侵淮西耶壽春令竟如彌遜言十
二年檜乘金兵既敗收諸路兵復通和好追供向

者盡言之臣喋言者論彌遜與趙鼎王庶曾開四人同沮和議於是彌遜落職十餘年不通時相書不請磨勘不乞任子不序封貢以終其常憂國無怨懟意二十三年卒朝廷思其忠節詔復敷文閣待制有奏議三卷外制二卷議古三卷詩十卷弟

彌大

彌大字侶矩登崇寧三年進士第以大臣薦召對除校書郎遷監察御史假太常少卿充契丹賀正旦使時傳聞燕民欲歸漢徽宗遣彌大覘之使還奏所聞有二或謂彼主淫刑滅親種類畔離女眞侵

迫國勢危殆爲可取或謂下詔罪己擢用耆舊招赦盜賊國尚有人未可取莫若聽其自相攻併還起居郎試中書舍人同脩國史童貫宣撫永興走馬承受白鍔恃貫不報師期朝廷止從薄責彌大繳奏以爲邊報不至非朝廷福鍔坐除名彌大亦出知光州移知鄂州召爲給事中兼校正御前文籍詳定官拜禮部侍郎金人大舉入寇李綱定策城守命彌大爲參議與綱不合罷未幾除刑部尚書敕朝廷許割三鎮畀金人遣种師道等援河北姚古援河東彌大上疏乞起河東西境鄰府諸郡

及陝西兵以濟古之師起河東路及京東近郡兵以濟師道之師爲腹背攻刼之圖遂除彌大河東宣撫副使張師正領捷軍敗於河東潰歸彌大誅之復遣餘卒援眞定餘卒叛宣撫罷命彌大知陝州河東破偏將李彥先來謁言軍事大壯之畱爲將戍殺澠間以遏敵詔遣使召援彌大未敢進會永興師范致虛糾兵勤王檄彌大充諸道計議行至方城[illegible]且[illegible]率衆赴大元帥府建炎初除知淮寧府到[illegible]未幾杜用等夜叛彌大縋城出賊散乃還坐貶[illegible]等召爲吏部侍郎帝如杭州命權紹興

府試戶部尚書兼侍讀呂頤浩視師以彌大等爲參謀官彌大奏王導謝安爲都督未嘗離朝廷今邊圉幸無他頤浩不宜輕動又言已爲天子從官非宰相可辟乞於諸軍悉置軍正如漢朝故事以察官郎官爲之陛下必欲留臣當別爲一司伺察頤浩過失忤旨出知平江府沈與求劾彌大謀間君臣妄自尊大奪職歸起知靜江府奏廣西邊防利害入爲工部尚書未幾罷去廣西提刑韓璜劾其在靜江日斷強盜引絞入斬貶兩秩紹興十年卒年六十一從曾孫韶

韶字元善彌遜之曾孫也父文饒台州司理參軍嘗
謂人曰吾司臬多陰德後有興者韶五歲能賦舉
進士授南雄州教授調慶元史彌遠薦士充學職
袁燮求射圃益其居韶皆不與燮更敬之薦遷主
管三省架閣文字由太學正升博士諫濟王竑獄
匃外添差通判泉州改知道州葺周惇頤故居錄
其子孫於學宮且周其家紹定四年行都災應詔
言事提舉福建市舶會星變又應詔言事入爲國
子監丞改知泉州兼市舶端平元年召明年轉太
府寺丞遷都官尚左二郎官未幾拜右正言奏乞

以國事邊防專委丞相鄭清之喬行簡各任責論
弭兵節財及襄蜀邊防又論史嵩之王遂和戰異
議迄無成功請出遂於要藩易嵩之於邊面使各
盡其才史宅之將守袁州韶率同列一再劾之俱
不報乞解言職拜殿中侍御史辭不允又奏辭大
意謂同言事者三人已皆罷免獨臣居職豈以臣
言不加切於彼邪抑先去彼以警臣使知擇而後
言邪今國柄有陵夷之漸士氣有委靡之漸主勢
有孤立之漸宗社有阽危之漸上下偷安以言爲
諱此意不改其禍豈直如彼所言而已時魏了翁

予祠韶訟之乞召還處以台輔又劾陳洵益刑餘
弄權乞予外祠又劾女冠吳知古在宮掖招權納
賄宜出之[illegible]詔還笏殿陛乞歸會免二相以韶
權工部侍郎正言還起居舍人復疏洵益知古不
報辭新命不許應詔上封事帝諭左右曰李韶眞
有愛朕憂國之心凡三辭不獲以生死祈哀帝感
額謂曰曲爲朕留退復累疏乞外以集英殿脩撰
知漳州朝廷時遣使諸路稱提官楮韶極言其敝
嘉熙二年召疏言有不可進者四大意謂今之大
患在敵兵歲至和不可戰不能楮券日輕民生流

離物價踊貴遂至事無可爲必自上躬臥薪嘗膽
改慮易聽然後可圖今二患益深雖欲效忠他莫
可爲說又史宅之予郡外議皆謂扳援者將復用
故論列至再今聖斷赫然用舍由已環視前日在
廷之臣流落擯棄臣雖欲貪進未知所以處其身
又始蜀受兵廟堂已遣使至敵起嵩之於家而言
者不已臣時以爲講和固非策而首兵亦不能無
罪故乞付高論者以兵事使稍知敵情者嘗試其
說於閫外不知事勢推移遂竟罷復而款敵無功
者白麻揚廷矣或者將議臣前日之有所附會也

又非彈內侍女冠未幾召相去位臣亦出甚其人
謂臣受廟堂風旨故決意匄外今臣言迄不行苟
貪君命竊恐或者譏臣向何所聞而去今何所見
而來也四年詔趣赴闕辭遷戶部侍郎再辭不許
五年改禮部侍郎辭不允令所在州軍護遣至闕
嵩之遣人語曰毋言濟邸宮媼國本詔不荅上疏
謂今天下事在陛下自任而力爲又引左氏載史
墨言魯公世從其失季氏世脩其勤蓋以世卿風
嵩之也疏出嵩之不悅曰治春秋人下語毒時杜
範亦在列中外稱爲李杜兼侍講累辭兼國史編
脩實錄檢討辭遷吏部侍郎兼中書舍人三辭不
許淳祐二年疏言宰相用人守濮之繆又及濟王
國本宮媼三上疏乞歸以寶章閣直學士知泉州
辭乞畀祠不許既歸三辭仍職提舉鴻慶宮五年
召再辭詔本州勸勉赴闕遷禮部侍郎三辭遷權
禮部尚書復三辭不許詔又疏論嬪妃貴戚世臣
理財濟邸女冠儲嗣言甚危切又疏乞還不許兼
侍讀三辭不許又三疏乞歸時游侶以人望用復
有牽制之者詔又論之擢翰林學士兼知制誥兼
侍讀不拜詔不許又三辭不許嵩之服除有鄉用

意章琰李昴英黄師雍論列甚峻詔落職予祠詔
同從官抗疏引春秋蔡人衛人陳人從王伐鄭見
諸侯不從王之罪以爲今陛下不能正姦臣之罪
其過不專在上蓋大臣百執事不能輔天子以討
有罪皆春秋所不赦乞斷以此義亟賜裁處詔嵩
之勒令致仕既而嵩之進觀文殿大學士韶疏爭
之甚力未幾琰昴英他有所論列並罷言職韶復
疏留之七年韶十上疏匄去以端明殿學士提舉
玉隆宮應繇趙汝騰疏乞留韶內祠未報韶陛辭
疏極剴切大畧謂彼此相視莫行其志而剸裁庶
政品董人物於冥冥者不得不他有人是中書之
手可束而臺諫之口可鈐事所當力爲者不可枚
舉而皆莫有任其責者矣改提舉萬壽觀兼侍讀
即出國門力辭道次衢州詔趣受命再辭仍奉祠
玉隆宮八年被召辭不許再辭仍舊職奉祠萬壽
觀兼侍讀令守臣以禮趣行又辭不許九年仍奉
祠玉隆宮十二年祠滿再任卒年七十五韶忠厚
純實平粹簡澹不溺於聲色貨利平時默坐一室
門無雜賓

秦希甫字辨之元符中爲陝西轉運判官初熙河將

王贍下邈川胡宗回爲帥復遣贍取青唐詔立鄯州而以邈川爲湟州未幾屬羌叛宗回討之數敗希甫奏王贍厚取邈川青唐府庫物因此致變又言自河至湟道路險阨往者如赴死所湟州本温溪心故地當求温氏之後立爲屏輔皆在可棄事下宗回宗回持不可希甫罷去徽宗尋棄鄯州任伯雨再疏宗回罪奪職知蘄州崇寧初黨論起言者又以希甫棄地爲罪降官入黨籍云

陸徽之字彥猷常熟人祖景字伯通景祐初及第官至太常博士徽之由太學上舍生免殿試賜同進

士出身終濮陽主簿高才博學衆推事之如陳起宗張㮹錢觀復皆爲顯人徽宗即位下詔求直言徽之廷對與雍孝聞輩皆力陳時政闕失唱名有旨駁放孝聞立殿下叩頭曰陛下求直言有云言之者無罪今詔墨未乾奈何以直言罪人衛士以挂斧撞其頰數齒俱落凡直言者盡擯斥之大觀末彗星見始復收錄徽之欲赴會卒孫端成字天錫就特奏恩

潘允字說之吳縣人自進士累官中書舍人左諫議大夫刑禮吏三部侍郎歷顯謨閣待制知洪州終徽猷閣待制不登朱勔之門勔護父喪歸亦不往迎其先塋適有山林形勢近勔新阡勔欲得之脩敬于允允厥門不納勔至京訴於上除御筆查之尋假御史誣允以罪由是落職路允迪稱其言語文章一本六經之醇毅然有守終無玷缺與從子民瞻有唱和詩集

周武仲字憲之浦城人大學生登紹聖進士第授將仕郎諸暨縣尉繼主益都縣簿改從事郎知金華縣轉授泗州錄事參軍辟知浙江縣事前政以軟懦去官或經歲不決武仲到迎刃而解舊事決遣

無留片言斷獄得其情僞人人心服邑以大治及代而歸士民攀號遮道絕殺不得行乃圖其像歲時祠焉尋改宣教郎亳州司儀曹事除武學博士擢監察御史時有上封事言淮南連歲荒歉民相食者上使者顧彥成坐視不救上怒詔武仲察訪巡行賑濟武仲陳八事一乞依灑放免租稅二乞諸司錢斛並許支用三乞州縣倚閣催民間積欠四乞常平司錢斛已椿發未行者並截留五豪戶有願出粟濟饑民者許保奏推賞六所在官山林塘泊暫弛其禁聽饑民採食七鄰路般販米斛入

本路者免收沿路力券庶得商旅輻湊小民無業可歸願充軍伍者委漕司多方招刺以消攘奪之患上一一開允仍命行訖奏及疏降中書時宿守吳壽宣聞武仲將至令諸門毋納餓民號外殭屍縱橫悉穴地藏之申以無餓民可抄錄遣守蘇之悌夜遣兵仗逼餓民載之江州上卷致死二守皆宦官腹心窮運漕使孫點莫敢誰何武仲並劾之兩路所養餓民僅三十萬賑給缺食人穀斗七萬有奇賑糶借貸穀三十餘萬勸誘人戶出糶及借貸七十萬有奇所全活者不啻其幾萬也除尚書比部外郎遷右司外郎假太常少卿接伴遼使復充遼國賀正使及還覩河朔軍政不脩將士驕慢上疏論之言兵可百世不用不可一日弛備上嘉納之再任言責未幾除顯謨閣待制充館伴使又差報聘充國信副使禮成而還進徽猷閣直學士復差館伴武仲與虜論議語言未嘗少假借非理之求一切不從聲聞館外上知之屢降宸翰言武仲氣直除刑部侍郎直學士院供職九日擢御史中丞差殿試詳定官兼侍讀屢上奏言時政董貫用事遂以本官提舉亳州明道宮遇赦復右文

殿脩撰責授誣奏落職降授宣德郎黃州居住淵聖登極復朝請郎覃恩轉朝奉大夫高宗即位武仲至南京賜對上疏勸上以固結人心為本上深然之除吏部侍郎扈從至揚州擢刑部尚書兼侍讀首在經筵獻納居多凡至安危治亂之機必旁搜遠攬極其規諫遷吏部尚書以病丐閒除龍圖閣學士提舉江州太平觀以朝請大夫致仕卒于揚州官舘贈太中大夫子孫多居于吳曾孫昺為常熟尉昺孫才

才字仲義嘗領公江制機檢察水部兵乙亥革命征南行省帥府檄才與武弁分撫郡之屬邑時軍伍貪恣日事摽掠才撫諭之又梏人輸物不愜則魚貫斬首才悉解纍械釋之不可勝數士卒掠他處生口賈粥才為館穀詢其鄉里父母歸之同里朱氏蘇氏世仇朱賂千戶期一夕盡蘇而屠之亦欲賂才才潛招蘇語其故俾亦賂千戶以利兩全之因招二氏曉以禍福令約為姻親遂釋然丁丑歲有姦俠謀衰謀以動吳民才歎曰吾始預撫安今茲復不順義一旦官兵來吳民其無噍類乎因諭以氣運在天不在人之理噤其姦不得發乃亟給

帥閫撫諭符文遝勞官兵遂不入境人得以寧比
境來避者亦廩給之後置縣設官領戶筭同寅上
其功才曰吾前朝賤士也所以與世委蛇誠不忍
生民塗炭耳茲得爲太平民幸矣恐復希名位我
遂老於畊桑嘗著宋史畧十六卷吳塘集若干卷
藏于家子文英以儒充世其業有澤物親民二言槩
及庭芳集其言見水利條
翟汝文字公巽其先丹陽人後徙常熟祖濤通三傳
以禮學名知長洲縣贈太子太傅父思秘書監知
應天府汝文登進士第以親老不調者十年擢議
禮局編脩官召對徽宗嘉之除秘書郎三館士建
議東封汝文曰治道貴清淨今不啓上述三代禮
樂而師秦漢之侈心乎責監宿州稅父之召除著
作郎遷起居郎勸講皇太子除中書舍人言者謂
汝文嘗從蘇軾黃庭堅游出知襄濟唐三州以謝
表自辯罷未幾起知陳州召拜中書舍人外制典
雅一時稱之同脩哲宗國史遷給事中高麗使入
貢詔班侍從之上汝文言其不可乃如舊制梁師
成彊市百姓墓田廣其圃汝文言於上師成諷宰
相黜汝文守宣州召爲吏部侍郎出知廬州徙密

調臨江軍司刑曹事知遂安縣方臘叛擁兵入邑
丞簿尉皆遇害柵獨力戰不敵刃中脅擁入巢穴
柵曉以逆順卒不敢加害臘既伏誅改秩知歸安
縣臨安府通判知泰州鎮江衢州皆以惠愛稱柵
性至孝在衢時母卒年九十九柵亦七十矣執喪
甚至人咸敬之初得郊恩捨子予姪族人有喪不
能舉者哀而葬之官至左朝散大夫卒年七十八
贈正議大夫
陳起宗字興祖少入上庠踔厲有聲一日歸省屬同
舍生爲投試卷起宗業禮記同舍嫉之輒易以周
禮迫試乃告起宗遂用周禮試復第一登政和進
士以徽猷閣學士知并州卒起宗善談辯詩篇灑
落有陶謝風
錢觀復字知原於吳越爲疏屬由太學登進士乙科
常熟士著及第自觀復始教授瑞安時方臘猖獗
觀復贊邑令王公濟脩禦流民歸瑞安者相屬于
道或議驅出境觀復曰孰爲吾境迫之適資盜耳
遂徙海洲居焉調湖州戶曹朱勔以鄉人固欲妻
以女辭不就授衢州判官虜騎犯浙觀復白郡守
縱民老弱皆出戶留一丁不然者罪如軍灋既而

諸兵欲乘時爲變衢城中子女無所獲乃止出知
廣德軍歲上供民輸送回遠加歛水脚錢乃請寄
廩湖之四安至國門才五日費減大半觀復深於
易急於爲義鄉里推之官至朝散郎贈金紫光祿
大夫有文集十五卷論語解二十卷子俣

俣字廷碩一字惟大登進士乙科授泰州教授除太
學正從容學者歛以靜退人莫窺其際改宣教郎
宗正寺簿大府寺丞宗正丞內外知袁州除著作
佐郎遷將作少監請祠除福建路提舉終朝請郎
俣寡嗜好惟藏書數千卷朱墨精讎其所親校尤
邃於易有文集五卷諸經講解十卷易經三卷弟

佃

佃字仲耕以進士爲分水尉歷具二州教授改秩除
諸王宮大小學教授遷大宗正丞通判太平州乾
道七年詔皇太子領臨安尹館擇僚案佃自外任
選爲推官擢吏部郎中對便殿言三事上稱善累
遷左右司檢正兼權吏兵工三部侍郎出爲江西
路轉運副使時盜賴文政起武陵朝廷調兵討之
佃餉不乏繼使福建再使江西奏蠲諸路之逋淳
熙八年婺州饑且缺守上曰錢佃可[illegible]既至[illegible]

兩鬚髮爲白勸分逐粟所活口七十餘萬政甲一
路提舉朱熹與陳亮書云婺人得錢守比之他郡
事體殊不同及作江西漕司養濟院記謂其嘗奏
免贛吉麻租二千四百餘斛兩州之人尤歌舞之
婺州救饑之政亦爲諸郡最所以稱舉者如此佃
忠信篤厚根於天性臨正不求赫赫聲恒以字民
爲先務損橐裝買田合族名曰義莊官至中奉大
夫秘閣修撰卒年六十二有易解三十卷詞科類
要二十卷文集二十卷

[illegible]惪字令則吳江人與弟志俱進士有聲太學號燕
豐人才惪累遷國子司業親喪三年[illegible]御酒肉屬
於家上有芝草甘露之祥再爲司業以學行見推
徧歷中外師儒之選歷太子舍人遷中書舍人給
事中其文溫厚雅正得代言體宣和二年以直龍
圖閣知常州三年除太常少卿歷顯謨閣學士知
明州建炎二年爲吏部侍郎時案牘散佚吏緣爲
姦有僞名寄貫之弊惪請嚴保任以覈實開告賞
以止姦急期會以耶闕以戢其弊又言古未有背
天險以爲都者盧騎南來不四五日可至淮泗
宜有以扞之久之以[illegible]舉江州太平觀歸

卒年七十三志字幾道志四世　孫汝賢淳祐四年
特奏名狀元
曾懷字欽道公亮之曾孫世爲晉江人由開封寓居
常熟宣和初以父任調金壇簿常州吏張元貸民
錢鮮發事敗或謂嘗託懷曰無文記以盜論今官
有文記勢必得死時車駕南巡懷以攝宰面奏上
嘉奬人銘記姓名歷烏江令淛西帥司幹官知淳
安縣紹興十二州通判提舉兩淛市舶知江州孝
宗即位改眞州訓習民兵有紀張浚督師大奇之
隆興二年爲淛西提舉上以懷有應用才除度支
員外郎別置拘催錢物所令專行以豐裕聞進權
戶部侍郎兼提領贍軍諸庫乾道初眞除戶部侍
郎奏臣不敢進生財之說以佑陛下愛民之心亦
不敢進苦節之說以傷陛下忠下之心但量入爲
出使天下之財足天下之用上然踰歲除尚書在
版曹凡五年未嘗以錢穀語人凡錢穀之數州郡
所積與出納之多寡纖悉必記上以蕭何劉晏目
之丐閒除龍圖閣知婺州甫三月趣召面賜御書
松賦以示歲寒之意復爲戶部尚書八年除參知
政事九年拜右丞相封魯國公淳熙三年除觀文

殿大學士宮觀甫及故里復拜右丞相兼樞密使
以疾免朝參惟令入堂治事遇大政則宣引特令
製輕小金帶以賜復力上印綬仍除觀文殿大學
士宮觀歸覲遂卒年六十九贈少保懷由世家登
宰輔以清約自持爲相保保得大臣體常言事之
大者視之以小事之小者視之以無則天下無復
事矣時以爲名言有文集三卷泉州志隆興八年拜右丞相封魯國

丘礪字師說高唐丞磻之弟也世爲朐山人少讀書
刻苦有志事功建炎初知吳江縣因家常熟入爲
國子監丞御史臺檢灋大理寺丞權戶部郎知筠
泰建三州除福建提舉兼提刑改轉運判官在建
凡十年惠政不可勝紀秦檜當國以礪同年生每
示意嚮欲以孫與礪女爲婚礪不肯力請祠歸屛
跡杜門以詩酒自適奉祠凡十二年卒年七十六
官至朝請大夫累贈光祿大夫礪天性純實自律
甚嚴更迭中外二十年薄田數百畝不給則舉質
以繼處之裕如有易議及超然類藁杜詩集句四
子璟應博學宏詞科璋通直郎通判寧國府琛提
舉福建市舶知舒州太湖縣璋子耒

耒字少潛以蔭授於潛簿慶元錄事參軍淮東轉運幹官所至有聲知海鹽縣興起學宫築捍海隄二十里代民輸逋租郡有疑獄率委之平反中議賞輒辭之民爭先立石誦其德政薦者凡十八人監三省樞密院門遷將作監丞出知台惠撫三州皆不赴終朝奉大夫耒平生尚義加厚族黨捐田以予姪王萬謂其天資素高才足以運慮足以謀明足以察云子烈

烈字希文以父澤授蕪湖簿通州司理知丹徒縣眞州通判端介有守咸淳十年爲江東安撫司參議官明年北兵至使者委印而去城失守烈護印匿民間將赴行在至吳遇疾知平江府陳謙亨提舉常平戴覺民爲上印於朝方擬進秩而卒官至奉直大夫烈從父岳

岳字山甫磻曾孫也祖琚字伯玉受學北方紹興三十一年與其子松歸朝授琚迪功郎招撫司準備差遣松下州文學遂家高郵琚卒葬吳縣岳松之子也以進士授安慶太湖尉辟蘄州推官紹定三年李全叛兵于淮趙范趙葵奉命誅討辟岳入幙內則贊決謀議外則受檄督戰卒殄酋首又以行軍器監簿爲范參謀入洛議與未嘗苟同歷通判黃州知眞州御韃靼以全城殲其渠帥宋史云端平三年蒙古攻眞州知州丘岳部分嚴明守具周悉蒙古兵薄城輒敗岳乘勝出戰于胥浦橋以強弩射其致師者一人死敵少卻岳曰敵衆十倍于我不可以力勝乃爲三伏設砲石待之於西城敵至伏起砲發殺其驍將敵衆大擾岳選勇士襲敵營焚其廬帳越二日皆引去改兵部郎官淮東提刑兼提舉常平知太平州兼江東轉運閱三月知江州兼沿江制置副使遂鎮淮東四年累疏求去淳祐十年以工部尚書召尋謝事自鎮江徙居常熟十三年仍召爲工部尚書辭之寶祐初授華文閣直學士沿江制置使兼知建康府江東安撫兼營田使行宫留守節制和州無爲軍安慶府三郡屯田使丞相貽書奉上旨趣行舟發京口時北兵方闖廬和之境民被其害即調兵赴援趣新知和州印應雷出戍應雷奮然突入士氣益張卒保和州在官數月蒐軍實飭邊備皆有端緒三年授龍圖閣致仕卒年六十九岳自典郡持節踏從班開制閫爲時名臣在眞州及淮閫兵將樂爲之用凡四禦大敵皆數十萬衆未嘗少有敗衂泗水之捷俘獲不可勝計功績尤偉爲人簡澹威重言不妄發望之似不可犯及造室論議洞然開示腹

心表裡平實理宗嘗御書忠實二字賜之官至正
議大夫封東海郡侯卒贈銀青光祿大夫累贈特
進岳四世孫迪
迪字彥啓幼孤養于外家孟氏成童侍舅潼游匡廬
白鹿洞讀書得謁熊天慵天慵異之留講下勉之
以義理之學及歸教授鄉里湯彌昌龔瓛黃灊咸
相與摟每推譽焉少工尚書義應舉再不利遂不
復求仕退讓自持人亦不敢狎侮所著尚書辯疑
王淵雜著雲巖文稾若干卷

王絢字唐公審琦五世孫也建炎初為御史中丞金
虜入寇具陳攻守之策宰相不能用車駕南渡扈
從至鎮江從容奏曰陳東以忠諫被誅此其鄉里
也上即命賙其家官其子東宮初建絢以資政殿
學士權太子少傅三年拜參知政事明年罷紹興
三年出知越州及上幸越韓世忠邀擊虜歸騎於
揚子江絢議遣兵追襲與世忠夾擊之同政者議
不合遂求去御書霖雨思賢佐丹青憶老臣十字
以賜之絢為人剛正有守立朝無所阿附及居政
府每以祿不及親自奉甚薄不置第宅晚寓崑山
之薦嚴寺蕭然一室服食器用無異寒士天性仁

孝賙卹姻族無所不至紹興七年卒年六十四謚
文恭前期二日書戊戌字示左右及卒果然平居
無他嗜好惟以讀書為樂其文溫潤典雅深於理
致有內外制四十卷奏議三十卷進讀事實五卷
論語解二十卷孝經解五卷類字史編八十卷內典
畧錄一百卷子陔
凌哲字明甫宣和中進士高宗朝自明州通判召對
擢為御史數日遷右正言初周望守平江金虜入
寇望遁去以罪責死連州至是其家自陳詔復故
官澤及其子哲因追數望棄城罪惡竟寢其命及

上疏論秦氏親黨因緣科第有妨寒畯進取之路
又奏王會前知湖明二州及移平江恃權貪酷乞
投竄遐裔以為慢令賊民之戒會竟編管循州遷
左司諫吏部侍郎兼侍講以數文閣待制知台州
遂退歸鄉里十餘年以通議大夫致仕卒年八十
六哲為人端重簡默澹約自守雖處侍從不啻寒
素非時未嘗至郡府終歲無所干請居鄰有茶肆
日為市井俚俗所聚哲從避之人服其德量曰為
凌佛子
鄒作爾字恭老以進士歷通判杭州紹興五年知常

州衙唐獨孤及爲刺史有甘露降於廳事作頌因
扁凝露堂而爲之記二十四年知吉州還朝奏郡
中歲輸黃河竹索錢河久陷僞境錢何從歸乞賜
蠲免其他循襲似此者亦乞盡行除放高宗嘉納
且諭秦檜稱奬再三檜怒諷以在任不濾與大獄
繩治之逮吏及門以檜殂得免二十八年知鎮江
府嚴殺牛之禁有牛奔至府治果將就屠者人皆
異之三十二年冬改知湖州孝宗即阼手詔奬諭
隆興二年歲歉民貧有生子不舉棄於道路者作
粥令屬官尋訪收取又擇乳母爲之保養月給贍
米一石委請學官專涖其事條具事目刻石州學

遂爲其邦著令

孫綸字彥文擢進士第歷宗正寺丞官至尚書郎爲
人誠朴好以俗語爲詩文而近理尤精於一時典
故所著有集論總錄本朝人物志

唐煇字子明郡人居崑山以文章名登進士第紹興
中爲諫官時盧知原知臨安府爲政乖謬煇論罷
之官至禮部侍郎弟燁子壽並進士

王葆字彥光崑山人祖申以學行推于鄉父僖樂道
好善贈右中散大夫葆幼有志識弱冠通諸經縣
人自孫載後六十年葆始上進士第紹興改元上
疏陳十弊深中時病末言儲嗣尤切直至謂仁宗
時中外晏然而范鎮等爲國遠計汲汲在此況今
日國步多艱人心易動彊虜未靖群盜陸梁天下
之勢危如綴旒而甲觀之崇未聞流慶中外惴恐
此爲甚急願爲宗社計廣求宗室中仁明孝友時
論所歸者歷試諸事以係人心執政讀而奇之遂
自麗水簿遷知宜興縣兩淮用兵淛亦盜起邑當
孔道寮吏懼乏軍興相次駭竄葆白父母食君祿
無愛死理弟可終養毋以葆爲念也明日取丞簿

印兼佩之諸將安求輒面折力拒乃稍稍自戢歷
監登聞檢院宗正寺丞遷司封郎官兼國子司業
秦檜嘗語葆曰檜欲告老如何葆曰此事不當問
葆檜曰他人不敢言以公有直氣故問爾葆曰果
欲告老不問親讎擇可任國家之事者使居相位
誠天下生民之福檜默然當是時百司莫敢可否
事葆爲考功御史獨伸滯直枉當官不避天子議
置相人懷向背葆獨介然持正論出知廣德軍移
守漢州綏善鋤姦境內大治擢瀘南安撫使知瀘
州引用名士劾去貪殘吏數輩然後鎮以無事踰

年遷池州孝宗召爲大理少卿以疾辭道改淛東
提點刑獄屢行帥事疾惡彌厲權要皆不樂乃請
祠歸宜興遂終老焉官至左朝請大夫葆學行俱
至潛心古道教誘後生如親子弟涉隨程迥嘗受
經於葆出其門者後多成立號稱鄉先生其學深
於春秋著集傳十五卷備論二卷東宮講義三卷
葆於人物鑒裁尤精李衡布衣流落一見以女弟
歸之周必大未仕時亦妻以其子范成大蚤孤廢
業葆喻勉切至加以詰責留之席下程課甚嚴後
皆爲名臣弟萬進士子嘉言監南嶽廟嘉賓知餘

干縣

李衡字彥平其先江都人高祖昭素侍御史曾祖詰
祖處約父頎至衡始居崑山少博學有局幹爲文
操筆立就紹興中第進士授吳江主簿部使者怙
勢侵民衡不忍以敲朴迎合郎投劾去二十三年
除仙居丞隆興初知溧陽縣爲治彊敏專以誠意
化民稅賦以期日榜縣門鄉無吏迹而取辦先他
邑金人寇淮堧官沿江者多送其孥於內地衡自
淛右逐家入縣民心大安在官四年民未嘗犯重
罪安撫汪澈運使韓元吉列上治狀召對陳便民

十事詔進一秩除知溫州未行拜監察御史遇事
敢言無所顧避出知婺州以循良著稱召爲司封
郎中遷樞密院檢詳兼直祕閣屢上書引年除祕
閣脩撰致仕孝宗思其樸忠詔落致仕拜侍御史
固辭不獲張說以節度使簽書樞密時給事中莫
濟不書勅直學士周必大不草制衡與王希呂上
疏謂不當以毋后肺腑掌兵柄廷爭逐時遷衡起
居郎衡曰進而負君孰若退而合義章五上除知
台州復力辭上知不可奪使仍以祕閣脩撰致仕
四人同時去國衡歸崑山圓明野墅日與門人講

解經義聚書踰萬卷名其室曰樂菴學者稱爲樂
菴先生卒年七十九衡宣和間入太學同舍生洛
人趙孝孫勸衡熟讀論語且曰學非記誦詞章所
以學聖賢且不可有絲毫僞孝孫之父頡子實師
程頤衡心佩其訓故雖博涉羣書而以論語爲立
本講學明道樂於教人中年絕欲清脩唯蒼頭給
事臨歿沐浴冠櫛作手書數十別親舊戒子孫問
天色何時荅以月明脩然而逝周必大聞之曰此
老平生跌蕩到此乃得力可敬羨也又曰彥平非
逃儒入釋者而臨終超然如此殆聞道乎所著有

易說論語說易義海撮要樂庵文集總若干卷行
於世

姑蘇志卷第五十

姑蘇志卷第五十一

人物九 名臣

王棠字子思紹興五年以進士左朝奉郎知江陰軍請立學官教授員給田以養士遂詔范雩充教授棠又刻春秋三傳于學雩亦篤意訓率風俗爲變又請於尚書省截留秋苗以爲軍儲其略謂江陰自昔爲屯戍之地而庫無儲金廩無餘粟全藉內郡撥發錢穀以實邊壘今本軍税賦僅充歲額之上供而利源不足以給按月之發納一錢一粒皆赴漕司其後民力益困則群譟而越訴前後官吏以乏借數率得罪因繫者相踵然非設以罪遂何足算哉誠恐上誤國家邊備雖死無益愚意欲留本軍秋苗一二萬石每歲椿留準備警急支用候至次年新苗入倉却將陳米起發其於漕司歲計並無虧損直有遲速之少異所貴常有儲積以備不虞耳其他善政率多類此

陳宇字伯愛侍讀襄之孫也自[illegible]興徙常熟以父澤爲莆田尉得劇賊數[illegible]當賞[illegible]辭曰吾其可藉人命爲自進之階哉十辭之調紹興府司法隆興中改知富陽縣分差監鎮江府糧料院知潮州提轄行

在權貨務知房州歸卒年六十一字孝友廉潔居
母喪須髮盡白撫愛諸弟俸祿不入私室家無金
銀之器常自謂先世以清白遺子孫豈惟富不可
求亦所不願也
趙思字再可其先洛人從父考孫字仲修建炎避地
來常熟思生甫三歲及長通春秋登第調鍾離簿
以邊賞循從政郎改通直郎乾道中虞允文薦之
孝宗引見便殿首問恢復大計奏對稱旨除太府
寺簿大常丞兼度支郎官台州闕守上問大臣誰
可任者僉以思對亟出御筆以授不數月翕然稱
治上親書姓名於御屏除直秘閣淮南路轉運判
官兼提點刑獄遇闕辭上曰天台之政朕鉅細悉
聞知卿忠實可仗就陞副使除戶部郎官總領淮
東軍馬錢糧未幾奏計還起居舍人充金國賀生
辰使先是國信所錄大旨度御名處皆闕不書蓋
嘗有稱之者思曰臣子安得名君父及致詞于廷
虜使從旁呫囁要令道名思弗之顧虜以為慢斥
之朝廷以金國有詞遂罷歸奉祠八載有使北者
言人問問趙運使安否不絕起為廣西提刑上曰
朕每愛卿才不令遠出改知湖州除直龍圖閣再
任尋除起居郎權吏部侍郎奉祠再知靜江府廣
西經略以職事修舉除秘閣修撰後以集英殿修
撰再奉興國祠累轉中大夫卒年七十
顧度字魯子兗公五十三世孫自唐魯公真卿兄子
顥為常熟令其後遂為吳人度居崑山以文章政
事名一時歷海門簿臨海令有去思乾道五年知
長興縣遇事慈恕以善惡福應之說諭人人不忍
欺其聽訟於淳樸中時出智計以得其實聞者稱
為神明一日某王自寧國入朝舟次縣界皆以婦
人挽縴王怪問之皆云知縣顧佛子愛惜民力縱
男子耕種卒難召集恐累顧公故婦女悉當其役
治入對孝宗問卿治郡得人乎即以度對未幾召
拜監察御史遷軍器監司農宗正太常少卿權工
部侍郎直寶文閣江東福建運副知湖州江東京
西運副以中大夫秘閣修撰提舉冲佑觀封長洲
縣男卒年七十五度與朱熹友善孝宗謂度每出
一言不動如山因以如山自號焉
范成大字至能吳縣人父雩字伯達入太學聲與翁
然擢第入館除秘書郎成大在懷抱中已識屏間
字年十二徧讀經史十四能文詞父亡讀書崐山

薦嚴寺十年不出取唐人只在此山中語自號此山居士又慕元魯山爲人字已幼元先友尹焞勉之曰子之先君期爾祿仕志不可違也課以舉業登紹興進士第授戶部監和劑局隆興初纂類高宗朝政除樞密院編修官遷正字乾道初升校書郎編修國史歷著作郎轉吏部郎官言者論其起蹤罷奉祠起知處州陛對論力之所及者三曰日力曰國力曰天力今盡以虛文耗之上嘉納至州剏義役隨戶富貧輸金置田助當役者甲乙輪第其後入奏言之詔頒其法於諸路作通濟堰蒐訪故迹疊石築防置隄閼立水則溉灌有序民食其利刻畫修堰規于石除禮部員外郎兼崇政殿說書以文學材氣爲上所知乾道令以絹計贓估價輕而論罪重成大奏承平時絹匹不及千而估價過倍紹興初年遞增五分爲錢三千足今絹實貴當倍時直上驚曰是陷民深文遂增爲四千而刑輕矣隆興再講和失定受書之禮岳相虞允文建議遣使遷成大起居郎假資政大學士侍讀國公充金祈請國信使國書專求陵寢乃汎使也上臨遣之曰卿氣宇不羣朕親加選擇聞外議洶洶

官屬皆憚行成大對曰無故遣汎使近於求釁不執則戮臣已立後仍區處家事爲不還計心甚安之上惻然曰朕不敗盟發兵何至害卿齧雪餐氈或有之不欲明言恐負卿耳成大乞并載受書事不從金迓使者慕成大名至求巾幘効之成大至燕山夜蔽帷秉燭密草奏具言他日北使至欲令親王受書其辭云云懷之以入初進國書辭氣慷慨金君臣方傾聽成大忽奏曰兩朝既爲叔姪而受書禮未稱昨嘗附完顏仲李若川口陳久未得報臣有奏搢笏出之金主大駭顧謂宣徽副使韓鋼曰有請當詣館伴此豈獻書處耶厲聲令綽起者再三成大不爲動再啓曰奏不達歸必死寧死於此鋼復以笏導成大拜成大跪之如初曰若奏達當下殿百拜以謝時金廷紛然太子欲殺成大其兄越王止之既還館所金主遣伴使宣旨取奏鋼押宴謂成大曰公早來殿上甚忠勤主上嘉歎可以激勸兩朝臣子廷議方殷會夏國有任德敬者乃夏酋外祖號任令再世用事謀篡事敗而族蜀宣撫司故嘗以蠟書通問爲夏人所獲致之金

主益怒成大朝辭遂以傳論詰之成大答以姦細之僞不可測退朝而館伴持眞書來印文皦然可識成大笑曰御寶可僞況印文乎金人直其詞遂不竟十月使還金國報書有抑留附請之辭欲變受書之禮出於不意要以必從之語上由是知其忠勁有大用意除中書舍人初上書以是政論賜輔臣成大奏曰御書政論意在飭綱紀振積敝而近日大理議刑遽加一等此非以嚴治平乃酷也上稱爲知言成大立朝多奇節上用知閤門事樞

密都承旨張說爲簽書成大留詞頭七日不下忽請對良久乃出制草納榻前王色遽厲成大徐奏曰臣願引諭以聞今朝廷尊嚴雖不可下擬州郡然分之有別大小略同閤門官日日引班乃今郡典謁吏耳執政大臣倅貳比也陛下作福之柄固無容議但聖意以謂有一州郡一旦驟拔客將吏爲通判職曹官頗謂何邪官屬總係首吏民觀聽又謂何邪上爲成久之說命竟寢後月餘成大丐去上曰卿言引班事甚當朕方聽言納諫卿乃爾邪尋以集賢殿修撰知靜江府奏鈔鹽科抑之敝格互市馬法除敷文閣待制四川制置使知成都

敎閱將兵修置堡砦上賜度牒四十萬緡蜀中名士孫松壽樊漢廣皆挂冠不仕成大表其節徽之不起由是遠近歸心進敷文閣學士入對除權吏部尚書淳熙五年遷中大夫參知政事兩月爲言者所論以資政殿學士知婺州奉祠而歸起知明州兼沿海制置使奏罷海物之獻除端明殿學士尋推江東安撫使兼行宮留守知建康府歲旱奏移軍儲米二十萬以賑飢民減租米五萬捕斬水賊徐五以病請閒十六年進資政殿學士起知福

州封吳郡開國侯再領洞霄宮紹熙三年加大學士知太平州尋納祿以歸封吳國公明年卒官至通議大夫贈銀青少師追封崇國公謚文穆成大天資俊朗輔以博學爲文贍雅清逸自成一家尤工於詩四方傳誦上嘗命陳俊卿擇文士掌內制俊卿以成大及張震對成大所歷名藩興利除害不顧難易去思遺愛所在歌舞之嘗自號石湖居士有石湖集一百三十六卷使北有攬轡錄在廣有虞衡志出蜀有吳船錄家居時與郡士龔頤正南滕宬采紹郡事爲吳郡志五十卷弟成績建府通判從兄成象字至先紹興進士嘗提舉湖南

常平訪衡州石鼓山諸葛武侯廢祠修之張宣公
栻爲記其事遷福建轉運判官工部郎中浙東福
建兩路提刑成大事之如嚴師成大子藻
樂備字順之一字功成由淮海徙昆山有學行名能
文章尤長於詩與范成大馬先覺結詩社由進士
官至軍器監簿
趙磻老字渭師東平人居吳江黎里孝宗朝以書狀
官隨范成大奉使金國成大薦之擢正言乾道八
年以右通直郎知楚州入爲太府寺丞復由兩浙
轉運副使知臨安府除秘閣修撰權工部侍郎

湯璹字君寶本瀏陽人淳熙中第進士與王容易祓
號長沙三俊調德安府教授除太學錄光宗內禪
議修泰安宮太上重於遷御璹貽書趙汝愚引唐
武德九年八月甲子太宗即位于東宮顯德殿至
貞觀二年四月乙亥太上皇徙居泰安宮甲午太
宗始御太極殿則是太宗聽政于東宮者三年不
遽遷高祖也今日或可倣比別營聽政之所上皇
仍居大內事體甚順汝愚答書稱其援據精博深
合事宜越九日有旨秋暑方隆太上皇帝皇后宜
用唐武德貞觀故事 未須遷宮因名宮以壽康而

泰安之役遂寢尋升博士慶元初通判贛州常平
以歲饑發廩賑糶璹適慮囚至寧都民以不能均
糶赴愬所糶皆胥吏有產之家遂除去二等減
口三千盡發餘廩移文巡尉勸分全活饑民以萬
數又改吉州嘉泰初遷國子博士時召朱熹爲侍
講尋勾祠去璹疏熹以正學爲講官啟沃之益曾
未踰時輒聽其去必駭物論宜追召熹仍授講職
不報由是忤權臣意而直聲大著歷樞密國子兩
院編修除書丞兼權禮部郎官例掌三省奏記四
年京城火應詔直言謂左氏說天火曰災人火曰

火後世遂謂出於天者乃譴告之昭彰不可不畏
出於人者由防微之不謹可以無懼不知春秋書
法雖因天人以變文而天明畏自我民明威其爲
譴告則一也五行者之說曰信道不篤或燿虛僞
讒夫昌邪勝正則火大其性自上而降或濫炎妄
起雖興師旅不能救也夫自上而降者天火濫炎
妄起者人火二者雖異其失均本於人其變均之
爲火失其性也因推原今日天變之由生而歸之
於郡守監司之貪黷執政臺諫之非其人時韓侂
冑陳自強皆銜其言及草宰執率百寮請皇帝御

正殿三表引善則稱君過則歸己之義出知台州
開禧初連書詆侂胄用兵任人之失侂胄益怒兩
易知常州修器械積糧料葺城砦謹江防究水利
恤流散三年降三官謫居贛州嘉定中丁父憂特
旨自便四年叙復元官寓居平江主管台州崇道
觀亳州明道宮起知信州又除駕部郎官未赴除
太府大理二少卿未兩月以疾請郡待次贛州封
瀏陽縣開國男寶慶初以中大夫直徽猷閣致仕
卒年六十九璹負直㮣與韓侂胄陳自強不合屢
嫉言者中傷故奉祠閒居之日多於數歷屬辭務
持大體不爲阿曲所著春秋要論詩文奏議凡百
卷又有建炎德安守禦錄子誼伯湖州戶曹曾孫
暉老咸淳進士暉老子瀰昌
瀰昌字師言父子授受皆以周禮發鄉解及元舉教
官由長洲崑山儒學教諭鄱江清獻兩書院山長
建康路學教授轉從政郎瑞安州判官致仕生平
篤志義理之學以文名于時有周禮解義碧山類
藁相江櫂歌若干卷
林棐字伯振長洲人乾道中爲長興簿知武昌縣嘗
云交代有子孫之勢不宜交惡金穀儻有虧
即與交頭無令滯其批書時人稱其長厚弟琪字
玉圭善篆書同舉進士
趙公豫字仲謙自父少卿家常熟公豫幼聰警記左
氏傳不謬一字登進士第調無爲縣尉無爲軍錄
參福建運司主管帳司改差行在激賞北酒庫知
仁和縣兩易餘姚縣分差鎮江糧料院知高郵軍
眞常二州提舉淛東常平茶鹽除倉部郎官兼刪
修勅令官遷大理少卿差充接送伴金國賀正旦
使還太府卿除祕閣修撰知太平州江東轉運副
使進集英殿修撰宮觀開禧初陞寶謨閣待制致
仕嘉定五年卒年七十八公豫沈厚清苦平居以
清坐爲適無豪髮干請州縣居官廉正常言吾求
爲循吏不求爲健吏有奏藁一卷燕堂類藁五卷
弟公升公順仕皆至麾節類有政績可紀
王伯廣字師德常熟梅李人少從中書舍人楊邦弼
學由進士乙科調德清尉歸鄉里悉以家產予諸
弟一豪不自取也嘗往臨安謁通判同縣張柟柟
曰試教官乎遂指授蹊徑未踰月以程文示之柟
大驚曰天才也即赴教官選授溫州平江教授改
常州未上卒伯廣文章出於天性尤工於詩四六

亦爲人贍[illegible]與張孝祥友善所著聽雨集藏于家

冷世光字賓王常熟人[illegible]與弟世修世南同入太學時稱爲三冷與世修同登紹興進士第調歸安簿知歷陽寧國二縣廣德軍教授改秩知龍遊縣朱熹爲常平使者旁邑令皆訴于民熹命世光體實世光辭熹強之世光乃往遂得其情兩省交薦幹辦行在諸軍審計司除監察御史遷殿中侍御史條奏忠切彈劾無所避周必大獨相初除吏世光即論之施聖與以元樞出知泉州亦遭劾罷人謂之冷面御史既而去國奉祠尋知嚴州句祠得請既又引年以歸里居泊如年八十卒世光事親孝居喪哀與諸弟和於子孫盡其教自其父通奉力賑施邑里世光兄弟率行之不替鄉人至今高仰之有奏議彈章若干卷東堂類藁二十卷刀筆五卷

世修字良器調崇德縣簿知州張瑜異之移攝理掾獄屢空陞興初知興化縣辟監行在北外門激賞庫改秩乞回一階封母白之母上特命詞以寵之遠近歆豔知上元縣民有互訟者諭之曰骨肉爭鬬非美事也今以律繩汝終身不可復聚矣民感泣願息爭通判和州守尚峻嚴世修濟以寬秩滿[illegible]詣臺乞留得知南康軍未上即丐祠卒年七十三終朝奉大夫有雜文三十卷詞科類要十卷

崔敦詩字大雅世家靜海晚寓常熟紹興末由進士主高郵簿兩浙運幹除秘書省正字繼兼翰林權直草有文名制詞溫潤詳雅兼崇政殿說書權給事中遭內外艱時學士周必大乞補外壽皇中批問吏部尚書韓元吉曰誰其令安在元吉具言之召見除樞密院編修官復爲權直既拜命即言翰林權直爲名未正乃更爲學士院權直遷著作郎兼權吏部郎官又兼崇政殿說書進國子司業改權直學士院拜中書舍人加侍講直學士院敦詩賦性端厚議論疏通知大體自直宿遮講遇引對所陳必剴切至造膝密啓有家人不得覩其藁者上深所器許九年以疾卒年四十四贈中大夫有文集三十卷內外制藁二十三卷奏議總要五卷通鑑要覽六十卷制海十編監韻五編

胡元質字長文長洲人父珣治生大穰所親爲之窘負金者數珣焚其書待之如常元質少穎悟尚行義中進士初寓臨安聞鄰有貧士夜哭乃爲人責償輸其文與別元質慨然爲書橐予之光宗即政用

薦入爲太學正歷祕書省正字校書郎終給[illegible]嘗極論人主言動不可不謹至累百言帝書之座右恩眷特厚爲書王褒聖主得賢臣頌及親製大才論以賜出守和州太平建康皆有政績淳熙中四川制置使知成都奏減蜀鹽虛額錢大略謂蜀鹽虛額若惟茶鹽酒三事爲最鹽之爲害尤甚於酒鹽井重額況痼百姓垂五六十年蓋蜀鹽取之於井山谷之民相地穿鑿深至六七十丈幸而得泉以石[illegible]砌大者方五六尺以木茧爲囊數十人引大繩汲取之自子至午泉派漸竭乃縋人入井以手掬取投之於井引繩而上此數十人晝夜號呼推車挽繩不息然後得水入竈燒煎成鹽比宋南煮海人力所及與陝西解池工方百倍又有小井謂之卓筒大不過數寸深亦數十丈以[illegible]而設機抽泉窮日之力所得無幾隘人窮困可以概見解池則不須煎煮止於池旁各分畦瓏注水而入一夕得風並[illegible]凝結鹹水之在江海既無限而又省工役故[illegible]有利無害四川產鹽地分除太寧監[illegible]鹽泉流出若小溪澗稍易分給燒煎其他州縣皆係鑿井汲泉前者[illegible]費力[illegible]

州鹽額最重虛額尤多由是每歲計鹆除折估錢五萬四千九百餘貫又請蠲夔路九州民間歲輸金銀重弊蜀人德之關外西河階成鳳四州所置民兵謂之忠[illegible]皆以土兵爲之先是虞允文[illegible]二千九十四人其後不能增募元質奏令四州守臣添招仍立賞格詔興州各先募五百人及奏唐之季年吐蕃寇至必入黎文南詔寇至必入沈黎吐蕃南詔合入寇必出灌口其文黎兩州去成都皆千里險阻隘足以阻隔唯灌口一路去成都止百里又皆平陸朝發夕至大率沿邊諸州城皆倚若以爲蔽堡砦賴州城以爲援惟威茂兩州[illegible]堡砦參錯於中州城孤立於外而屬部蕃落周分環據二三百里之間官路僅留一線達于兩州若邊事不寧孤城坐見隔絕所奏利害似者尚多元質吳中舊居即程公闢西園故址既歸杜門自適奉祠逾六七年以正奉大夫敷文閣學士吳郡侯致仕卒年六十二贈金紫光祿大夫少師謚獻惠平居未嘗疾[illegible]部人短長告以人之傾[illegible]輒俛首欲[illegible]人無怨惡其心休休然[illegible]施家[illegible]推[illegible]諸[illegible]教子絡綱終弟元[illegible]

黃由字子由長洲人父雲字景祥嘗爲淮西總領
官由弱冠有聲太學淳熙八年廷對時甘昇爲入
內押班見知用事二十年招權市賄與曾覿王抃
相盤結由對策及之遂舉進士第一吳自有科目
以來由始冠多士時人榮之授南安軍簽判秩滿
通判紹興府往新嵊督行荒政由改糴爲賑擅發
米五萬石予民不取其直除正字遷著作佐郎使
金還遷將作監嘉王府贊讀紹熙五年孝宗疾亟
光宗不能視疾人情益懼由請嘉王過重華宮問
安孝宗爲之感動寧宗即位累除權禮部尚書兼

吏部將大用之會知綿州王沈朝辭乞詔廟堂銓
選若嘗受僞學薦舉陞改及衆論指爲僞黨者籍
記姓名且與分用由入奏謂人主不可待天下以
黨與不必置籍以示不廣繼擢沈利路轉運判官
由亦出知成都張巖奏由阿附權臣植立黨與遂
以雜學士奉祠嘉定初以正議大夫知紹興府浙
東安撫使聞嵊縣昔有虎患訛言謂虎歲久有神
變化叵測或爲僧形或爲猴狙倏忽莫可蹤跡由
禱於神厚賞募人捕之殄滅無遺種民賴以安三
王除刑部尚書兼直學士院官至正奉大夫自號

盤野居士卒贈少師

衛涇字清叔其先齊人唐末避亂南遷多居華亭祖
閎始占籍崑山之石浦父季敏通判鎮江府涇少
有異操入行在從永嘉葉去智學李卒爲制服執
喪人咸義之淳熙十一年孝宗擢涇進士第一比
唱名御筆殿試上三名欲觀其政事可特與添差
差遣仍釐務授涇承事郎添差鎮東軍簽判涇以
對策嘗陳添差之敝三上表乞待次上以涇力踐
所言知重始進特從其請故事狀元初任番滿必
通謝于宰執始須召命時王淮秉政涇不通謝雖

被召三月不得引見十四年[illegible]除秘書省正字輪對
言陛下即位之初銳意[illegible]不次用將相痛憤以
圖恢復二十六年之久[illegible]一事足以少稱陛下意
者而陛下大有爲之志[illegible]少弛矣一祖八宗之業
太上皇付託之重子孫億萬年之基緒陛下一身
任之豈可僅取苟安無事而遂已耶庸常之才持
祿保身而風俗日壞士氣日卑民生日困臣恐天
下之患將有出於意慮之外者事幾易失時不再
來願陛下堅自強之志振紀綱以張國勢作氣節
以厲媮墮則靜可以強根本動可以復土疆而事

功立矣光宗初立政尚修謹涇以著作佐郎賜對言今日風俗頹靡百度縱弛人材削弱國勢未張汲汲有為尚恐不濟若猶因循其敝將至於不可為矣又言中國之與北虜其勢決不能兩立名為和好實則仇敵名為息兵實則覬覦復讎之志直須時耳今以偏方之勢與虜持久自紹興來五十年無大戰自隆興來三十年無小鬬虜酋新立血氣方剛間隙之生遠不過五六年耳願陛下奮發英斷規恢遠圖卧薪嘗膽不忘北鄉聖志先定然後與二三重臣講求大計委任而責成之內治外

備則大讎可復中興可期矣又言自陛下踐祚臺諫給舍多不得其職今日士氣向衰風采銷落陛下所當長養振作而反陰銷潛沮之將使羣臣上懼陛下之威命下虞羣小之中傷苟且成風諂諛充位脫有大姦巨惡誰為陛下言者紹熙元年遷著作郎兼司封郎官二年正月震雷雨雹大雪繼作涇應詔上封事言雷陽也雪陰也陽氣方升而陰制之此雪所以降也以象類而求則君欺於臣夫陵於妻夷狄淇□國小人害君子皆陰勝陽之證也有一于此皆能致亂陛下不可不預防也時

佞倖漸肆李后悍妬故涇以為言出為淮東浙東二路提擧□□初召為尚右郎官上殿論壽皇孝養禮曠□為太上之於陛下親父子也天性之愛血氣之屬慈孝之心宜無毫髮疑間雖太上疾勢未平語言舉動若未容於進見者然陛下孝心純篤豈以吾親之不可見而遂已乎臣聞參天地贊化育曰誠而已金石之無情鬼神之至幽猶以誠而能動矧人子之事親誠極其至焉有不能感動者乎願陛下兢業於中以親之未順為憂以期於見親為念積此誠意庶幾太上之懽心可得而喜

付託之得人矣三年以起居舍人假工部尚書使金國還言虜有危亡之兆而吾無自治之策使吾治具畢張備禦無闕敵雖強不足畏倘偷安歲月僅了目前一弱虜滅一強敵生猶未足以為喜也初涇之往寧宗諭使覘國而虜為蒙古所攻我有乘釁之意涇深懼其輕動故還奏如此除直煥章閣知慶元府沿海制置使以言者論罷是時權姦用事涇不為勢怵屏去十年不調於里中闢西園取范文正公之言名其堂曰後樂開禧元年得旨入朝明年除中書舍人兼直學士院應詔論北伐

非計不聽三年自吏部尚書拜御史中丞請誅韓
侂胄論罷陳自強拜參知政事封崑山縣開國伯
嘉定初兼太子賓客始侂胄之誅涇功居多既又
患史彌遠有專恣之漸因欲去之彌遠爲景獻舊
學知涇謀諷御史劾罷之五年知潭州八年知隆
興府上以涇三世同居有堂曰友順御書二大字
太子亦爲書後樂堂牓賜之九年知揚州十七年
除資政殿學士金紫光祿大夫致仕進封吳郡開
國公寶慶二年卒理宗輟視朝一日特贈太師追
封秦國公賜諡文節涇仕三朝出入内外四十餘

年憂國忘家始終一節謀深慮遠不徼近功其進
退之際與時升降嘗語人曰官職自有定分名誼
千古不磨故其在朝孤立自守不畏強禦以賢才
爲立國之基薦進搜舉汲汲如不及如李燔輔廣
倪思陳韡皆其人也在潭時與朱熹有交承之好
侂胄斥熹侂胄死涇奏召熹還朝而熹已卒復乞
文新安取熹諸經四書傳註刊刻以傳又請爲張
栻賜諡表章正學之力爲多別號後樂居士所著
文章五十卷曰後樂集涇弟湜字正叔好古博學
除太府寺丞將作少監皆不赴嘗集禮記諸家傳
註爲一百六十卷名曰禮記集說嘗寶慶二年上之
終朝散大夫直寶謨閣知袁州學者稱爲櫟齋先
生

糜師旦字周卿其先朐山人建炎間始來平江遂爲
郡中大姓父鍇字公範登政和進士第爲確山縣
市易務由博士持使節與秦檜議不合棄官去以
終贈金紫光祿大夫師旦年十七登進士第歷高
郵西安二縣尉通州南康軍衢州三郡教授授宣
教郎知富陽縣歲旱澇民饑極力拯救易塩官丞
究心荒政兩邑多所全活淳熙十三年辟御史臺

主簿轉朝奉大夫除祕書郎紹熙三年權刑曹郎
官五年知秀州賑卹荒災民不告瘠慶元初以尚
書左司郎中召適金國賀生辰使至以顯謨閣學
士正議大夫提舉萬壽觀兼侍讀咸安郡開國侯
充接伴使卒年六十七累贈正奉大夫子溧
溧字子長初以郊恩授如皐尉登慶元元龍飛進士第
攺和州司戶參軍有嘯聚盜伐山林者溧詰責其
尤而貸其衆悍卒或出怨言從容撫諭列營帖然
嘉定七年知廣濟縣崇庠序督課試先是邑苦役
法溧喻民自得差次率無[illegible]止爲民請

而憂悴勤懇蝗不爲災講行荒政勸率富民得粟
積三萬緡告糴旁近米直頓平於鄉落多置予場
濟糶遠近均惠歲不知歉郡守監司列狀于朝有
旨中書籍記後一年麥大稔兩岐叢生連接畦畛
邑人圖繪稱頌將白于州溧謝止之又請於秋苗
外別置義倉出公帑糴米儲之謂之官社有田于
鄉者更勸出粟謂之民社各廩於鄉每一鄉爲兩
倉擇鄉所推信者三人掌之謂之社長又聚穀於
倉每春量丁口多寡許鄉借貸秋成每石取息二
斗耗五升以折庸賃之費五年息及本則歸本於

主又五年息及本復以息之半酬之民社既豐
則賑糶以還官社仍再糴以實穀廩焉其區畫事
目凡十條編次成帙上之於州州鏤版下屬邑且
爲申請旌賞邑據往來之衝將受代還遞旁午戍
役經從資給需用尤夥溧訓習民兵招刺萬弩手
聲援響應凡所抑配民以溧至誠不忍紓緩洎去
官民又白于上官借留泣送至百里外又即學宮
佛舍爲生立祠十五年通判吉州歲歉守將委溧
推行藴祖平糴之法民被其惠如廣濟時十六年
通判臨安府京尹舉自代十七年差監察御史首

論奇玷臺列輕儇姦庸之人中外稱快且言士大
夫均受爵祿負責任辭難就易遠怨市恩欲進則
自營趨躡既得則臨事依違迹似謹飭中實苟容
甚至鼓惑是非撰造飛語更相傳播動涉誣妄始
焉傾心植黨幾同膠漆終則叛交背毀殆甚仇讐
食肉偷安以忍顧覆設有緩急其足仗乎時人稱
其有仁者之勇又論年來受納秋苗之弊誅求日
甚有增無損詔下諸路轉運鏤版禁約理宗即位
除右正言奏畏天悅親講學仁民四事又疏謂淳
熙之厲精不在以信賞必罰激勸群工而在於深

明究弊之原[illegible]之要化不在於誅竄貶權姦庸消
邊圉而在於不偏舉用之材若學術求相高則必
至於激議論求相勝則必至於締黨宗守求相陵則
必至於爭權寵守正深慮遂極一道而二三人
臣益求治泰之宜又論邊備甚詳[illegible]以開建寄
示恩信以服義旅廣招刺以固邊陲使收糴以省
漕運又論貴州之弊及官屬泛濫請從省罷科目
具文請[illegible]三軍招刺請先撙十弟差役紛爭
乞手[illegible]役時[illegible]上詔原廟[illegible]始也又上
定規模正紀綱振起人才肅清[illegible]監司守令

選將帥愛民強兵八事詔舉賢能首以丹陽劉宰
爲薦嘗奏譏謹獨勸上持守勿失溧在臺諫所
劾者十一人每疏成焚香禱云其人得罪清議非
溧已私彈章傳播悉當其罰或有與溧意趣不同
者恐修睚眦之怨溧曰此豈報復私隙地哉寶慶
初除宗正少卿明年改太常少卿上疏論思睿作
聖之功甚切又奏請修寧宗玉牒尋乞外任除直
顯謨閣浙東提刑俾郡縣各置代曆以絕欺蔽劾
治屬吏之故縱失入留獄任情者風采凜然三年
詔兼本路常平侍御李知孝奏對論及監司因言
近所遣廉溧葉宰皆好監司上稱善以疾轉朝議
大夫祕閣修撰致仕年五十六贈銀青光祿大夫
溧學問充實性稟純厚退靜清介居家孝友雍睦
臨政勤敏而能急吏緩民誅鉏豪右立朝正色之剛
直平易有循吏之風大臣之節其居諫職不肯順
旨効真德秀由是去國名重當世子弇
弇字伯升初以祖郊恩補將仕郎中銓試授迪功郎
端平初監無爲軍巢縣安鎮當濡須要衝三年北兵
益張弇督射訓兵脩器械易旗幟重容士氣一新
境內以安知軍丁仁以三鄉民兵俾弇總統命旁
邑取以爲法提舉羅愿特薦于朝嘉熙二年以兵
射發策弇即所閱歷敷陳知貢舉將倡異之擢進
士第差行在豐儲西倉斛面幾察官淳祐初北兵
至通州時議以防江爲急弇上五事曰置砦屯以
廣江防給閒田以復流散選土豪以任團結嚴閘
探以闖敵情復山水砦以限虜騎之衝六年知長
興縣蠲賦役平訟獄適歲荒籍糴弇出告身抵義
倉米千餘石以活饑人帥祁巖勘與鄰境鬭爭嘯
聚數千人弇奮身撫諭皆得其平尋改來安縣秩
滿充淮西安撫機宜築浚揚州堡城屢受陞賞轉
朝散大夫差知廉州未行改安慶府又改無爲軍
開慶初以趙葵薦除將作監丞沿江宣撫司參議
官差知處州改安慶府景定初疏法堯舜十二事
上聞納且戒以惠養遠民下車首遏貪暴扶植善
良重賞格以嚴教閱決滯訟正誣枉在官四年境
有嘉穀之瑞父老生爲立祠轉朝議大夫封吳縣
開國男卒年七十七弟弇
弇字仲昭以父致仕恩調崇仁丞知山陰縣邑舊苦
催科往往抑稅長代輸至郡議排甲以易之弇言
在於擇令稅長有弊排甲豈獨無之復塋正稅長

所收不趣而辦移冊徒縣先是縣令接送尺納常
日用百需悉出於吏胥並緣爲姦名曰納錢里正
破產不能支春夏之交輒預借苗以取由子錢縣
多山田率苦旱每一體放度其價直反倍於納苗
民以重困弁首嚴納堂之禁催科則給引使自承
設匭使自投繳民不復用一錢又每都置人直縣
給里正茶錢俾往來有公事吏不得高下其手舊
有折羅折麥二錢弁併爲一遇旱輒躬自撿實不
以屬吏由是執役户或終歲不入縣門小民號爲
太平官府又以餘力新作廳事諸司交薦以爲八

郡之最邑人立碑頌德由淮東安撫機宜通判揚
州改江東安撫司參議知衢州時縣給錢募役申
述民隱境內旱暵齋祓而雨除太府寺丞改度支
郎官論本部五司印遞冊無所考據弁白長貳支
帖止用度支印輪對首奏畏天愛民講學修政求
賢聽言六事上問近日貪風未革弁乞獎廉首以
陳塏陳昉對稱旨尋兼權右司時丁大全陰奪政
柄弁守正不阿有季全者其父及叔父皆爲富民
潘應苗威使殺之事下憲司應苗數年不就逮反
以其弟爭產事訟季于漕司弁立督之俾直其冤
出知台州州有閑卒驕蹇日甚弁密訪倡亂者上
制司誅之弛其餘不問一州慴伏卒爲大全所中
罷去除侍左郎中遷尚書右郎中弁在銓衡人皆
憚於私請或規弁性過於執方弁曰性拙所致豈
能復刓爲圓尋又罷去除將作監淮東總領兼知
鎮江府圍田租取斛面尤甚弁至悉從寬減舊買
軍需取贏弁按舊籍率三數年後方能追及倍稱
之息又零取於將校所攤之家因繫多死者弁抑
不行力請宣限支給恒使有儲至於飭江防寬苗
稅抑供需理寃滯聲績可紀久之差知安吉州兩

易知吉州核實苗額繕完城郭覽衢路作簽廳又
葺浮梁州人名曰糜公橋詔兼提舉江西常平景
定五年卒年五十九弁性孝友睦族邮貧略倣范
公義莊規約秉麾持節生業無所增所至吏不能
欺豪右屏迹立朝議政尤號知大體平居奉養清
約燕遊玩好絕不留意

鄭起潛字子升父時發閩縣人遊學吳中寓居天心
橋生起潛起潛篤志力學長通易寧宗朝登甲第
累遷崇政殿說書侍讀侍講爲大禮執綏官除禮
部侍郎遷中書起居舍人轉直學士權兵部尚書

貶贛州起潛好浮圖說以端午日坐逝有旨歸葬
陽山

陳振字震亨襄之後也父遵出贅李衡女因家崑山
遵死振幼貧無以葬得地圓明村卜者云不利長
子振曰使親藏得寧或不宜於振二弟尚可主祭
遂葬焉天性至孝以祿不逮養刻木爲親像一飯
必祭急義樂善好汲引後進有過失必規正之爲
文簡健高雅無宋季陋習有止安集五十卷好楷
書有歐虞氣骨官至太府寺丞知秀瑞二州以朝
議大夫致仕卒贈通議大夫養子昌世亦以文鳴
兼優吏書[illegible]大府丞知信州以最聞擢吏部郎召
對理宗有一廉可喜之褒後知瑞州秩朝散大夫
中歲絕欲官奉菲薄居官所至有遺愛皆以節用
愛人爲本昌世子師尹明復明復官朝奉郎通判
慶元府

王可大郡人也嘉泰中知武岡軍有惠政疲氓得蘇
清靜鎮俗嘗以郡民不喜醫藥多殞非命刻方書
以惠之

楊應龍字汝濟系出關西曾祖敏求仕徽宗朝官至
朝散大夫徙居崑山之外岡應龍才兼文武爲咸

里吳郡王埏寧宗朝授武功大夫浙西兵馬鈐[illegible]
暮年句祠主管建寧府冲祐觀使所著五十萬言
名曰進模[illegible]言讜論發於忠忱手鈔六經百家
之說爲性齋[illegible]錄凡三十卷又有性齋詩藁王
袞黃由皆以將帥薦之未幾卒子光輔終承節郎
孫滋生有神異歿于邊功理宗贈護國惠忠侯廟
食里中

王介字元石郡人也由進士授昭慶軍簽書節度判
官廳公事光宗久不覲重華宮介走書諷趙汝愚
宜率百僚守和寧門俟六飛之動入爲學官又上
疏懇言之寧宗即位韓侂胄用御筆罷諫官介力
政之開禧二年爲尚書度支郎首陳用兵之禍侂
胄怒諷御史斥去侂胄誅召爲吏部兼右司累遷
宗正少卿兼中書舍人嘗不雨詔百官言得失介
乞冊免宰相令史彌遠終喪制張允濟以閤門宣
贊舍人兼臨安府鈐轄介謂此細事而用構君側
破祖宗制不可封還詞頭丞相語介此中宮意介
正色曰宰相乃逢宮禁意給舍承宰相風旨朝綱掃
地矣數日徙起居舍人出知嘉興府又尹臨安改
知慶元府卒年五十六謚忠簡介初學於呂祖謙

徙居金華娶鄭僑女僑實壻汪應辰故介文學有

原委子埜

埜字子文以父蔭補官登第歷樞密院編脩兼檢詳繼爲副都承旨拜禮部尚書所奏陳皆明切可行爲兩浙轉運判官以察訪使出視江防自嘉興至行在增修官民兵船守險備㫖嘉熙四年以江南西路轉運副使知隆興府除大理少卿歷沿江制置使江東安撫使行宮留守寶祐二年拜端明殿學士封吳郡侯三年僉書樞密院事時丁大全用事嘗不快於埜誣以在建康日盜用官錢遂主管洞霄宮憂憤而卒贈特進埜師事眞德秀知朱熹之學刱建安書院祠二先生工詞詩書效歐陽詢署書尤清勁官浙漕時嘗被論埜以毋年老托言攺除毋曰我巳知之昔汝父以忤時相去國今汝又如此我方以爲喜汝復何憂時人稱爲賢毋

閻虎字叔子世爲臨淮人靖康中徙居常熟爲人倜儻輕財尚氣慶元二年武舉進士第一授殿司步軍同正將除武學諭閤門舍人充金國賀生辰接伴副使知光楚二州開禧二年知和州時虜會諸道兵加淮帥以平南盪江等號長驅入寇圍和州甚急虎部分將士乘城拒守其母何氏擁孫息期與兒偕存亡虎謂父老曰吾國家守臣一朝去此則爲犇亡之人失節敗名生不如死效死弗去雖殁猶生吾計決矣合戰凡三十四殺虜驍將以十數最後射死其右帥石硊鏈虜引去於是和議堅決而江淮安焉虎推功歸毋進封永國太夫人故賞不及虎州人德之生爲毋子立祠特轉武功大夫正任文州刺史除主管侍衛馬軍行司公事特授成州團練使侍衛馬軍都虞候帶御械器兼幹辦皇城司開提舉佑神觀言者指爲權黨坐謫徽州[illegible]皆自便復元官未幾[illegible]死誓不出仕歸吳杜門[illegible]除知和州特轉行一官[illegible]辭表至八九上行許乃巳家居十二年[illegible]所部候之人堅不與接紹定二年轉和州防禦使卒年六十九謚忠惠廟號忠烈虎有大將器功在江淮忠節罕比而文詞贍敏尤善大字名重一時

王柟字汝良節愍公倫之孫父述通判平江府初述貿倫骨自河間返葬郟之陽山遂家吳中開禧中和議始成柟爲城南廟官即臣言其有異才被命出使[illegible]帥淮西進尹臨安[illegible]有聲績

孟猷字良甫元祐后族曾祖忠肅封信安郡王判平
江府自有傳父嵩字嶠之直秘閣浙西安撫司參
議官猷居郡之間丘坊嚴己恕物不立崖岸立朝
無黨與未嘗示人以同異之迹歷婺州通判又知
婺州四持使節所至皆安其政今官至朝議大夫
太府卿兼刑部侍郎卒年六十七子繼華奉直大
夫繼顯進士第導
導字達甫與猷俱學於葉適通判臨安府盡心職
務諸司交薦之三遷大理正知江陰軍官至太中
大夫導孫文龍字震翁浙東常平幹官在儒林傳
朱夫錫郡人也嘉定十年知丹陽縣盡心撫字務在
不擾修葺公宇留意學校邑人生立祠十四年以
通直郎知武進縣官至知台州
趙琳字君善忠簡公鼎曾孫也父監字彌文范之柔
以女兄妻之遂家崑山終知興國軍琳自進士嘉
定十年爲常州教授作亭來鄒浩荃歷宗正丞都
官郎理宗欲用爲諫官有沮之者出知吉州不赴
匄祠而歸後以朝散大夫直寶章閣致仕清修寡
欲室無媵妾惟蔵書萬卷卒年七十八
方萬里字子萬其先嚴州人元符以來世登儒科萬
里幼失父伯兄永嘉簿賜復撫之侍母來吳因家
焉登進士教授江陰軍儲義廩置小學謹禮儀紹
定五年以朝奉郎知江陰軍累至太常寺簿贈正
奉大夫萬里問學修行遠近敬之趙汝述守平江
遇之甚至汝述卒賓客皆散去萬里獨護喪數程
時人義之子洪字養原進士
王萬字處一其先定遠人萬少居濠梁學舍慨然有
求道之志熟讀論語忽覺有得登甲科授和州教
授吏部架閣國子錄添差鎮江府通判除樞密院
編修官兼屯田員外郎知台州嘉熙二年乞宮觀
又辭召命來居常熟復入爲屯田員外郎兼編修
改尚書右司仍兼編修崇政殿說書除監察御史
首論史宅之故相之子曩昔弄權不當復玷侍從
上命丞相諭旨趣之不奉詔畀出宅之知平江府又
論之疏凡五上特蒙古屢敗我師帝悔於用兵命
學士吳泳草詔罪己泳以萬忠伉有大志精於邊
防遂以上意諭之萬曰兵固失矣言之過甚恐亦
不可令邊民生怠如髮宜以振厲奮興感發人心
因爲條具沿邊事宜泳從其說具槀上進會時相
有不協公論者萬上疏劾之且引歐陽脩之論

括謂天下皆知其不可獨其士不悟者最爲莫大之患疏入即除大理少卿尋以太常少卿知寧國府召赴行在奏事除直寶章閣宮觀再令赴行在奏事仍直寶章閣福建提刑除直煥章閣四川宣諭使司參謀官太常少卿晉參辭不受家居累年凝塵滿席淡如也淳祐三年卒年四十八五年詔

王萬立朝謇諤古之遺直爲郡廉平古之遺愛可特贈集英殿修撰仍撥官田五百畝會子五千貫贍給其家十二年賜謚忠惠萬聞道甚早其學由於自得談經不涉支離不爲崖異之行蘊畜深厚

人莫窺察每書事天二字以自警在朝與曹豳郭磊卿徐清叟俱負直聲號嘉熙四諫有文集時習編書志編若干卷

王圭字君玉崑山人范成大外孫也父邁字德遠安吉人依妻家以居登進士終通判太平州圭起進士主松陽簿以才幹陞爲令講行經界爲天下式淳祐八年以監行在諸司糧料院出知常州屢蒙陞賞十年又以職事修舉轉朝奉大夫再任入爲司封郎官終朝奉大夫其居官廉家無餘貲有文集十卷子敏學強學

劉必成字與謀其先福安人来居崑山之溢浦必成少游國學嘉熙初七士同叩閽極言時事必成實爲之倡是年七士俱預計偕而必成爲武舉解元明年遂魁天下淳祐九年復中鎖廳蓋以文武全才自負也嘗兩入閤輪對慷慨言邊事上深褒美次日宣諭宰執曰必成所言極好後皆行之歷知潯州卒官湖南安撫副使有三分詩藁

阮登炳字顯之其先由閩徙吳曾祖簡迪功郎浙東安撫司幹官祖大遇承信郎都督府幹官父誠贈朝奉郎登炳世習禮記淳祐六年與計偕咸淳初

免上南宮以亮陰賜狀元恩例授承事郎紹興府簽判兼福王府教導官改承議郎祕書省正字以論公田抗言迕衆斥子宮觀起爲建寧府添差通判入爲祕書省校書郎歷著作郎祕書監丞權少監陞祕書監官至朝請郎元兵取臨安隨例入燕以病還鄉里年八十二卒

王都中字元俞福寧州人父積翁仕宋寶章閣學士福建制置使宋主納土以全閩圖籍上元世祖授中奉大夫刑部尚書福建道宣慰使兼提刑按察使尋除參知政事行省江西俄爲國信使宣諭日

本道管于海上都中三歲即以恩授從事郎順昌
縣尹七歲從其母訴闕下世祖閔之給驛券俾南
還賜平江田八千畝宅一區已而追念其父功不
置特授少中大夫平江路總管府治中時年甫十
七僚吏易其遇事剖析動中肯綮皆瞠眙不敢欺
崑山有詭易官田吳江有違拒有司築堤護田者
皆擧按其罪學舍久壞首新禮殿秩滿除浙東道
宣慰副使遷荊湖北道宣慰副使歲侵躬履山谷
以拯民饑除江淮泉貨監所鑄錢號最精改郴州
路總管谿洞猺獠皆悅服大治學舍俗爲之變隣
州茶陵富民覃乙死無子惟一小妻及其贅壻拜
屍成婚藏隱玉杯夜明珠悉得其情而正其罪郡
歲貢金而金戶貧富不常者得其實乃更定包銀
之法以憂去民爲立祠服闋除兩浙都轉運鹽使
未上擢海北海南道肅政廉訪使中書省奏國計
莫重於鹽筴乃仍如前除編歷三十四場驗其物
力高下以損益之役既平而課亦足擢福建閩海
道肅政廉訪使遷福建道宣慰使都元帥又改浙
東道宣慰使都元帥天曆初被省檄整七路軍馬
境內晏然徙廣東道宣慰使都元帥三易鎮皆佩

元降虎符元統初以兩淮鹽法久壞命以正奉大
夫行戶部尚書兩淮都轉運鹽使尋拜河南行省
參知政事道以疾歸上閔其老詔即其家拜江浙
行省參知政事卒謚清獻都中歷仕五十餘年所
至政譽輒暴著而治郡之績尤偉有詩集三卷

劉岳字公泰祖開宋神醫世居星子岳讀書於白鹿
書院宋季來居吳元世祖詔求南士岳應聘入見
世祖詢其先世以聞事對命以奉議大夫官太醫
院時稱爲劉三點以其指點三下洞知六脉受病
之原也未幾詔以其文合古作可掌誥命改翰林
學士中順大夫知制誥同修國史廷事輒與議求
外補授嘉議大夫建昌路總管所著有東厓小藁

干文傳字壽道其先汴人五世祖武節大夫恭建炎
南渡僑於吳子孫因占籍文傳少嗜學十歲能屬
文未冠用薦爲吳及金壇兩縣學教諭饒州慈湖
書院山長延祐中詔著取士令首以江浙鄉貢會
試京師登乙科授承事郎同知昌國州事州居海
嶋民頑獷群行剽掠海中文傳柔以恩信俗爲之
革遷承務郎長洲縣尹諜訴轇轕歲輸糧四十餘
萬文傳聽決趣辦具有條理居公署未嘗輒出親

舊莫敢通謁會行助役法行省檄專任本縣之事
召縣民喜諭之無敢爲詭寄者再遷承德郎烏程
縣尹胡瑗墓爲僧壞據復而表樹之丹徒民周有
一女二子而二子共殺女獄久不決憲司俾往鞫
立得其情周母乞貸二子命文傳謂二子所承有
重輕乃議爲首者當殺姊罪從者免死使養母咸
稱明允陞奉議大夫婺源州知州朱熹先業幷於
豪民文傳呼豪折以理不俟窮治悉歸之富民江
出遊娶娼張氏爲婦江既客死張間關數千里返
其喪舉前妻之子遇之不以禮重困苦之張不能
堪子恐生它變乃與弟共殺之瘞屍山谷間官知
其情利賄不問文傳曰爲子而戕其庶母人道滅
矣遂論死朱某妻王無子朱納妾於外生子未周
歲王誘之來逐妾而留其子湛之水不死以帛經
之乃死夜以醬塗死兒焚之朱知而無如之何文
傳發其事死兒餘骨已至官王厚賄妾父母買鄰
家兒以爲妾兒㓜不死文傳令妾抱乳之兒啼不
就乳妾父母遂吐實乃呼鄰婦至庭兒見親母躍
入其懷就乳王遂伏殺兒之辜人以爲神明陞朝
列大夫吳江州知州以均徭賦爲先催科追逮信

立程限民亦不違村落之間不識吏胥至正三年
召擢集賢 朝請大夫俾居宋史前局供職勤
恪雖僶俛不少休三史以次成撰眷優渥乞閒以禮
部尚書致仕陞嘉議大夫歸卒文傳爲文務雅正
不事浮藻有仁里漫稿若干卷
陳謙字子平吳人兒時即知孝後父病革思鱖父沒
遂終身不食鱖師事處士林寬教授龔璛皆勉令
試有司既入院兵士搜檢無狀謙嘆曰待士如此
尚可以徼倖失得爲哉即罷歸盡棄其業屏除世
好潛心六藝旁覽百家而守之以約爲文章馳騁
上下尤善詩賦虞集黃溍張翥皆論薦力辭乃止
喜施予孫子翼貧有女不能嫁謙許助之後孫病
篤謙持貲往爲畢嫁事謙事兄訓甚謹丙申歲訓
爲江浙省照磨假還張士誠兵適至訓謂謙曰汝
無官守宜自爲計謙曰兄在吾何所之俄而兵突
入室脅訓使拜不屈遂刃其胸謙以身翼蔽之幷
遇害年六十三所著述甚富兵後散亡獨易解詁
二卷及古今詩數十篇傳
蔣堂字子中吳人父爲州幙長堂聰敏過人幼讀書
有大志及長以孝友稱與人誠敬中泰定鄉試後

隱居教授至正間用大府薦爲嘉定州儒學教授
有詩文藏于家
朱德潤字澤民崑山人幼誦讀一過能記壯攻詩文
問得許道寧畫訣加塗抹遂臻其妙延祐末游燕
京趙孟頫薦之召見命爲編修明年授鎮東儒學
提舉以歸康里巎表楠甘與友善至正中浙省辟
爲參謀後攝守長興招徠流離尋以病免卒有存
復齋藁十卷

姑蘇志卷第五十一

姑蘇志卷第五十二

人物十 名臣

國朝高啓字季迪長洲人少孤力學工詩至正間張士誠開府平江承制以淮南行省參政饒介爲咨議參軍事介有文學喜士啓時年十六或薦於介介見啓詩驚異以爲上客啓不肯去隱吳淞江之青丘洪武初以廷臣薦與修元史授翰林國史院編脩官命教功臣子弟一日召見啓與編脩官謝徽俱對特已薄暮

上御闕樓擢啓戸部侍郎徽吏部郎中啓以年少未習理財且孤遠不敢驟膺重任遂與徽俱辭於是賜罷仍　賜内帑白金給牒放還復居青丘先是啓嘗以史事爲國子祭酒魏觀屬官雅相知契及是觀守蘇爲徙居城中延問郡中政事得失稜見甚密會觀得罪連坐死年甫三十有九啓身長七尺有文武才於書無所不讀尤粹於史其文喜辯擊馳騁上下精采奐發而詩尤號名家所著有缶鳴鳧藻二集

楊基字孟載其先蜀人大父宦游江左而基生吳中遂家焉穎敏絕人九歲能背誦六經著書十萬

餘言名曰論鑒試儀曹不利會天下亂歸隱於吳
之赤山張士誠時辟為丞相府記室未幾辭去又
客饒介所
王師下江南籍錄諸陪臣基以饒氏客安置臨濠旋
徙河南洪武二年放歸尋起為滎陽知縣謫居鍾
離久之被薦為江西行省幕官以省臣得罪落職
六年又起奉使湖廣召還授兵部員外郎出為山
西按察副使進按察使後被讒奪職供役卒于
京基尤工於詩初會稽楊維禎客松江往來吳中
以詩自豪基嘗於坐上賦鐵笛歌維禎驚喜與俱
東語所從曰吾在吳又得一鐵朶矣若曹就之學
優於老鐵學也至正洪武之際與高啟張羽徐賁
齊名號吳中四傑所著有眉菴集
盧熊字公武其先本武寧人宋季徙家於吳再徙
崑山父觀字彥達讀書有至行門人私謚孝先先
生熊元季為吳縣學教諭洪武初以故官迫遣赴
京母卒竟歸復起為工部照磨尋以善書擢中書
舍人遷兗州知州為政務愷悌不求赫赫名州初
罹兵燹人情凋弊適大帥李善長營魯王府浚兗
州河熊撫綏供億事集而人不擾俄以簿錄刑人
家屬事坐累死先是熊嘗上言州印篆文謬
忤旨至是竟得罪熊少嘗從學楊維禎博學工文
詞尤精篆籀所著有說文字原章句鹿城隱書蓬
蝸幽憂石門清溪等集別有蘇州志兗州志孔顏
氏世系譜總若干卷子彭祖字長嬰洪武末任湖
州武康丞永樂初薦授禮部主事坐事謫阜城為
民尋徵詣行在冠帶聽用以疾卒彭祖幼傳家學
不事藻麗而求以適用為政亦有父風彭祖孫瑛
字克修宣德五年進士官刑部主事博學工書尤
工畫竹
盧熙字公暨熊之弟洪武四年以薦授睢州同知
時中原兵革甫定歲復荐饑熙一意休息惟恐傷
之明年行守事適御史銜　命搜訪舊邑軍籍見民
充之睢近千人檄熙拘送熙召民自實得嘗隸尺
籍者數人畀之御史怒械繫曹吏必欲盡得不然
以格詔論同僚懼議發民應之熙曰吾守民吏也
民散吾誰與處乃自詣御史曰州已無籍軍今民
且散走獨有同知在請以充役御史怒斥去堅立
不動竟不能奪後卒於官貧不能喪官為具殮喪
歸吏民挽哭者千人道遇大雨無一人少却其得

其心如此熙爲人雅飭信厚博涉經史亦善筆札
子充粹字次農文學得於家傳而制行尤高以公
書薦留諮司將官之會熊死歸葬誓不復仕充粹
子儒字爲已博學能文自負甚高亦以薦官中書
舍人
○滕德懋字思勉吳縣人元季爲江浙行省掾參政
朶耳只班討方國珍辟爲參謀度海颶風大作舟
且覆德懋神色自若國珍降留撫台州三年台人
德之
國初徵擢丞相府掾從征陳友諒除知信州以才力

不逮辭改建昌同知時陳氏故臣王溥守禦建昌
所爲多不法德懋以大義律之多所竣改進知潭
州再進湖廣行省左右司郎中　召拜兵部尚書
坐事卒德懋才辯豪爽矯矯奇偉其學長於奏疏
一時招徠詔諭之文多出其手子枋字用載有文
學與從弟權齊名權在文學傳
○錢芹字繼忠吳縣人少負氣節欲以奇功自奮元
季以策干諸將無所遇洪武初辟大都督府掾從
大將軍徐達出北平綏大漠凱旋議以例解職家
居二十年甘貧守道爲郡守姚善所知語在善傳

以洪武末　詔求遺逸善以芹應　詔召對稱
旨留中議事授戶部司務北陲有警署行軍斷事
從征虜將軍咨謀會軍府遣芹入　奏道病卒瀕
卒猶條邊事緩急上執政年七十二　賜棺殮歸
葬黃山
○郁新初名某吳縣人隨父徙鳳陽之臨淮家素饒
財慷慨豪爽喜賓客樂賑窮乏洪武二十一年以
人材徵授戶部度支主事　賜名新次年改官制
戶部設十二屬司遂陞北平部郎中二十四年陞
戶部右侍郎　奏事庭中被　顧問天下戶口數

目漕運地里險易應機響答無遺謬遂陞尚書永
樂三年卒
上顧翰林學士解縉等嘆息稱其才　賜葬臨淮
○余熂字茂本崑山人美丰姿少有雋才從殷奎陳
潛夫學得春秋之傳洪武初選授承　勅郎進通
政司參議拜吏部尚書熂爲人長者其家故鏞工
旣貴造里中人家必戒其下毋稱余待詔兒勿
云官人也
○王英字俊伯崑山人洪武初從鄉校貢太學選授
山東道監察御史

上察其可用矣一本大書曰敦厚王英四字
揭諸殿柱尋授刑部主事陞郎中出爲寧海知縣
永樂初　召入復爲郎中陞陝西按察使任滿得
代行至泗州卒英立朝兢兢謹畏每顧妻子曰吾
以身許國其勿以我死生爲意時有建白輒毀其
稿及長臬司以簡靜爲治不事苛察其居鄉尤率
易嘗微服入郡城時禁庶民服韡門者縛英英笑
曰吾官人也顧取舟中冠帶示之始得釋亦不色
怒邑令盛設酒饌邀英辭之竟赴鄰翁飯或怪之
英曰鄰翁貧治具不若令之易也鄉人至今傳爲

談柄云
○王遜字謙伯崑山人以進士爲監察御史降上高
縣丞帶罪殺賊尋以功復官遜明敏健刻憲度肅
然雖家居不少縱或謂曰君嚴自治邪遜曰吾讀
書求道矧己不治而能治人竟以訐直得罪死子
復字從道宣德五年進士亦終監察御史復子曰
敏石門訓導
○施顯字孟徵常熟人洪武中鄉試會試皆第一選
庶吉士改前軍都督府斷事官又署北平按察司
事坐累謫遠州踰年乞留中自效拜江西道監察
御史卒於官顯讀書勤苦盛暑坐帳中帳頂皆黑
子緒集其文名两魁遺稿
○呂昭字克明崑山人嗜學敦行洪武中以薦授徐
州訓導上疏言民事稱　旨改浦城縣丞縣故多
荒地昭以俸資市穀給無産者俾藝其地而不責
其償縣以富庶永樂中陞沁州知州父老持金爲
贈皆謝却之然僅至杭已不能顧舟狼狽而歸比
赴沁道出徐州天寒尚未挾纊故所授經弟子共
爲買一毛裘顧一驢以往其子旦既舉進士昭遺
書戒之曰進士美官然不能廉終非吾子死亦不

歆汝祀其廉介如此旦字寅伯初任河南按察司
僉事以事去職後以薦起爲建昌府推官正統間
致仕性亦高潔環堵蕭然未嘗以貧窶爲意及卒
不能喪蕭山魏文靖公驥遣人買棺斂之
○衛浩字季洪常熟人永樂初以太學生與修
高廟實録擢監察御史出理幽薊諸郡文卷整正宿
弊時
仁廟爲太子留守北平浩入見言事稱　旨賜綵幣
食物尋丁外艱起復巡撫遼陽浩立朝讜論無所
諱風節雖勁而存心近厚寬獄多所平反年[illegible]

將繫其偏裨失期者送京議死浩言宜聽立功自贖遂得免後遷江西按察副使以老乞歸卒年九十一

○黃鉞字叔揚常熟人洪武初以太學生授典史後登進士第遷戶科左給事中以憂家居壬午歲自投琴川橋下死

○俞貞木初名禎字貞木後以字行更字有立石澗先生琰之孫自少篤志問學尤工古文詞元季不仕洪武初以薦授韶州府樂昌縣知縣丁父憂服闋改南康府都昌縣復以母憂去後以親族犯法

例弗起郡守姚善雅重之延以訓子無何為鄉人所誣逮詣京師卒貞木為人清苦敦行古道作官務崇禮化有古循吏風晚歲益勵清節或炊爨不繼未嘗有所干請人尤難之所著有立菴集若干卷

○劉政字仲理以禮季子性聰睿肆力問學洪武已卯以春秋中京闈鄉試第一時主考方孝孺批其文有群鳥中之孤鳳及吾當虛左以處之之語政平生忠義自許壬午歲聞 國事感慨不食死

○朱吉字季寧德潤子洪武中以薦授戶科給事中時糧長稽違勘合皆坐死籍沒吉疏言勘合雖違而税糧已足[illegible]死又乞寬胡藍黨禁以安反側皆從之後以善書改中書舍人尋改侍書出為湖廣按察司僉事坐事繫獄永樂中赦復為中書舍人年八十一卒吉有文學所著曰三畏齋稿子定安字士隆尤工古篆得周伯溫之傳嘗積其書草瘞之名篆冢春坊中允吳均有篆冢記侍講王洪銘次泰安字士栗領鄉薦授內黃教諭歷安仁安吉歸仁三學次永安字士常亦善筆札皆清修篤學不墜其家聲云

○姚廣孝長洲人初為僧名道衍字斯道居相城妙智菴時相城靈應觀道士席應真者讀書學道兼通兵家言尤深於機事廣孝從之執弟子禮於是盡得其學然深自退藏人無知者其友王行獨深知之曰他日必當有所遇固不得以人廢言也洪武中以高僧薦選侍
文皇於燕邸深見親信與密謀永樂中以靖難功進官太子少師復姓 賜今名擬於元之劉秉忠卒
贈榮國公謚恭靖配享
廟庭初靖難之功廣孝第一事定未嘗自言

文皇屢欲官之輒辭一日　召見令人持以冠服被
體亟命宣謝不得已受　命終不蓄髮娶妻所居
多在僧寺然
文皇眷禮彌篤毎稱少師而不名及病　駕幸其第
問後事對曰出家人復何所戀強之終無言
文皇念其功特官其養子姚繼爲尚寶少卿廣孝博
通內外典亦工文詞所著有逃虛子集别有道餘
錄則專詆程朱其友張洪嘗云少師於我厚今死
矣無以報之但見道餘錄輒爲焚棄
○許思溫字叔雝吳縣人洪武中以貢入太學選署

刑部郎除監察御史改廣東揭陽知縣尋復職陞
北平按察副使洪武末改署大興縣永樂元年以
守城功陞刑部左侍郎奉表入賀轉吏部左侍郎
兼左春坊左贊善署尚書事六年卒年四十三洪
熙初追贈吏部尚書遣官祭其墓官其子俊爲太
僕寺丞
○曾烜字日章以字行吳江人父朴浙江醫學提舉
自杭徙蘇日章博學有材智受春秋於僧道源洪
武間以歲貢授黃陂知縣秩滿以最　聞陞翰林
侍讀同修永樂大典奉使交趾還陳黎氏篡立本

末嘗征在軍中多贊畫之功交趾平復承　命往
諭卒于富良江子堅字孟堅亦以春秋起家拜禮
部郎中擢四川左布政尋改雲南
○平思忠吳江人初爲縣小吏永樂中被薦授禮部
主客司主事進郎中時
文皇方事招懷主客務方殷思忠有精力事皆立辦
尚書呂震特器之俄以事下獄北虜入貢他任主
客者多不稱　吉震因以思忠爲言即日赦復其
官時以給事中楊弘爲陝西布政欲使清強有力
者伺察之遂拜思忠陝西參政未幾爲人所誣謫

戍北邊會有　詔市馬西域以思忠嘗官主客多
識賈胡　詔釋其戍給冠帶隨太監劉馬兒使吐
蕃諸國而還後卒於家初郡守況鍾官主客與思
忠有交承之分至是數延見思忠執禮甚恭且令
二子給侍曰非無僕隸欲使兒輩知公爲吾故人
耳其見敬如此然思忠居貧自守未嘗以事干鍾
人尤多之
○何源一名德源字幼澄吳江人洪武間領鄉薦授
保德州學正陞德州知州歲旱隣治多蝗不入源
境陞梧州知府梧有水患民多流亡衆議具　奏

賑之德源曰若俟　奏報民皆死矣乃首捐己俸
次募義民出粟賑給民多賴之又悉毀境內淫祠
以詿誤謫交趾英國公張輔舉署交州學事多所
造就士之以貢選至方嶽者十餘人後　召爲吏
部考功員外郎出爲鄭府長史復改吏部文選郎
中正統間擢江西右布政致仕源爲人溫雅歷事
五朝文章政事見稱一時卒年八十六
○王汝玉名璲以字行其先蜀之遂寧人六世祖極
仕宋爲吏部侍郎僑居吳中遂爲長洲人父立中
字彥強元末老儒仕開化慈溪二尉陞紹興路治
中歷知無錫嘉定二州進知松江府入
國朝致仕有文學善書汝玉穎敏強記年十七中浙
江鄉試洪武末以薦擢郡學授應天府學訓導擢
翰林五經博士永樂初進檢討再進春坊贊善預
修永樂大典
仁廟在東宮特深眷注嘗與學士解縉應制撰神龜
賦汝玉第一縉次之然忌者眾竟以他事下獄死
洪熙初追贈太子賓客諡文靖遣官祭于其家汝
玉爲文兼古今體製而雅尤長於詩語雋永得唐
人之風格舉筆數千言頃刻立就所著有青城山人
集
王璡字汝嘉汝玉弟少坐累謫戍五開後舉明經
爲武昌府學訓導陞大庾教諭永樂初　召修永
樂大典充副總裁又修五經四書性理大全書成
留爲翰林五經博士進侍講洪熙初開弘文閣
命楊溥陳繼及璡日直其中禮遇甚厚宣德元年
卒璡文章不及汝玉而理致爲勝制行醇篤楊文
貞公尤重之汝玉兄璡字汝璁洪武壬子簡會試
七十八人授編修使肄業文華堂　命宋濂爲師
璡在選中後爲吏部主事卒所著有錦江類稿論
者謂其文學不減二弟而早卒不甚著故人無知
者
金問字公素吳縣人父道玄見孝友傳問少受易
俞貞木家貧無書從人借讀無不通解永樂初被
薦爲司經正字時宮僚多得罪問亦坐繫獄十年
非義相餽皆不受時黃淮楊溥同坐繫三人相得
甚省躬念咎之暇各持一經講論曰此處憂患之
道也洪熙初　命術詔思善門制授翰林修撰備
顧問論時政之得失悉見獎納宣德末擢太常少
卿兼翰林侍讀學士正統間調南京歲餘遷禮部

右侍郎卒于官問文行敦茂義聞流著平生闊復
否泰相尋而不變所撰制述雅健精采燁然善書
得魏晉筆法星曆之學尤精然未嘗以語人有集
若干卷兄聲亦好古嗜學問事之如嚴師嘗病熱
劇醫云必得螺可治方盛寒問解衣循河覓之得
百枚以進病良已子汝進太僕丞
楊翥字仲舉吳縣人宋和恭武王存中八世孫少
孤貧與兄戍武昌爲鄉校師有狂生侮詈之翥若
不聞人以告翥曰豈無同姓名者邪人服其長者
久多化之楊文貞公士奇漂寓武昌偶憩翥館以

無資告翥遂讓其塾自教授他所日往返十餘里
不厭比文貞當路乃相引拔
仁宗素知翥遣使驛 召之授翰林編修陞修撰與
修
三朝實錄陞 郕王府長史以疾乞歸吳埋迹里中
未嘗至公府
景帝即位翥朝 京師 命爲禮部左侍郎食祿致
仕又二年復朝進尚書加祿仍歸翥篤行不欺仁
厚絕俗隣人作室簷溜落翥家家人不能平翥曰
晴多雨少何必校也又鄰人老得子翥恐所乘驢

鳴驚之即鬻驢徒步入 朝猶子懷金入市爲人
攘去以告翥不答或請理于吏翥不許文貞公落
新第亟邀翥嘗言吾舍初成得吉人首臨之其寬雅
德度一時著聞至今鄉郡以爲口實爲文章平實
有理如其人年八十五卒 詔賜葬祭 召其子
肆入朝 問所欲爲官對曰願得本縣主簿從之
張洪字宗海常熟人洪武間以事被逮謫戍雲南
不出營室晝夜誦讀經史不輟後以明經薦授
靖江王府教授永樂元年擢行人奉使日本卻其
餽金二年復使遼東修茶馬舊政于番界亦不受

餽時緬甸宣慰那羅塔殺孟養宣慰刁木旦併其
地 命洪齎 詔責還所侵地立孟養後塔不服
凡六往始聽 命塔欲毒之洪以誠信乃已還入
翰林修永樂大典充副總裁書成陞行人司副洪
熙元年陞翰林院修撰致仕卒年八十四所著有
四書解義周易會通尚書補傳詩經正義春秋說
約禮記總類歷代詩選史記要語琴川新志日錄
補遺等總若干卷
吳訥字敏德號思菴常熟人七歲能背誦五經
文父遵道爲沅陵縣主簿被繫至京訥乞身代

未白而父沒居喪如禮不用浮屠訥力學尚義兼
善醫術永樂間以醫士舉至京懇辭
仁廟時監國聞其名　命教功臣子弟俄選監察御
史出巡浙江剷秦檜碑表陸贄墓修岳飛墓動皆
扶植綱常次年巡貴州恩威並施群夷畏悅將代
還夷人相率詣　闕請留不許宣德五年陞右僉
都御史尋陞左副都御史致仕年八十六卒訥爲
人端重純明履方居約不以窮達易所守其學務
遵儒先爲文根據義理有裨世教所註有小學集
解文章辯體性理羣書補註行世追謚文恪彭韶
贊云古貌古心學窺性理孝義幼聞實形踐履避
迹儒醫
監國所禮乃教世冑乃司風紀卒貳憲臺清德莫
比篤老劬書以忘憂耄修正遺文垂訓無已
尤安禮字文度長洲人父義字從道元末師陳基
學辟樞密掾遭亂屛居二十年洪武中舉人才授
湖廣布政司經歷以廉謹稱性沉厚明哲處患難
不失守著元史緝要藏于家安禮尤純厚少從父
寓武昌與楊尚書翥楊文貞士奇友善相厲以經
業歸補生員嘗行從委巷邂逅一姝若將獻笑者

安禮亟引去後不復由是路同學生陳文學當還
戍泣告安禮吾必不生還妻當弗能守奈幼女何
安禮曰安禮在子勿恤此吾有子當娶之已而陳
果死妻乃克守義安禮無子以弟之子爲後即聘
之第以女有疾不可安禮曰吾豈食言於亡友卒
娶之安禮教諭崇安秩滿諸生詣　闕請留
上命增秩還任尋擢武庫郎中有馬主事面肆誇詈
安禮走避徐言曰馬君殆常矣旬日馬死擢貴州
參議病歸不出太守況鍾　朝京師文貞問安禮
起居鍾謝不知及歸往候之見所居隘陋欲割官
地益之堅謝不受安禮平居若無可否至辨認理
欲毫芥不苟孫淳字公厚爲平陽教諭遷知鉛山
縣改永年居官廉慎致仕歸卒
○顧巽字順中長洲人受易于鄉儒周傳爲程文敷
腴華邑理趣兼得行輩敬服之永樂十二年以易
魁鄉試又十年始上春官甲辰年登進士第未授
官卒當時從巽授經者甚衆而賀廉孔友諒顧珣
輩皆中魁選吳中易學實始於巽巽子雎亦以家
學正統丙辰第進士官監察御史有風裁遷福建
按察副使改贛州知府致仕卒雎子餘慶成化壬

辰進士由工部主事累官河南參議巽瞻餘慶俱
以辰年進士士林奇之
○陳繼字嗣初吳縣人父汝言見寓賢傳繼生十月
汝言坐事死母吳攜歸蘇家具蕭然惟存書二萬
卷其母守節教繼繼長從王行學再從俞貞木遂
以古文名三吳遠近交聘爲學官以親老辭先是
楊文貞公士奇見繼文喜之會
仁廟即位獎用儒術遂上言繼文學宜在近侍即日
詔驛　召之既至授國子博士明日入謝改翰
林五經博士時初開弘文閣延文學之士以備
顧問　命學士楊溥侍講王璡及繼三人領之宣
德初預修
兩朝實錄進檢討踰年引疾致仕卒於家繼爲人端
恪其學自經史百氏皆博考深究文章根義理辯
體製嚴矩矱不肯苟率一時稱爲作者所著有怡
菴集子寬字孟賢完字孟英皆能文而寬尤長於
詩新麗和平頗得唐法寬同時又有徐庸用理賀
甫美之顧亮寅仲王越孟南孫寧繼康自後又有
常熟陳蒙吳江吳璩皆以詩名
○陳祚字永錫吳縣人永樂中以進士選爲翰林庶

吉士擢河南布政司右參議以言事謫爲太和山
佃戶十年　宣德初　召爲監察御史疏言帝王之
學先於明理明理在於讀書讀書貴乎知要惟眞
德秀所著大學衍義載聖賢格言古今治亂而且
要切乞常　御經筵講說庶知孰謂道義可遵孰
謂嗜慾可節孰謂忠賢可親孰謂邪佞可遠孰謂
民利可興孰謂民害可革古今若何而治若何而
亂政事何由而得何由而失等語疏入或摘其語
以動
上
上怒逮繫至京并籍其家下　詔獄五年正統初釋
之復其官祚以父母庚死獄中乞追服不允章再
上得給假歸葬還　朝出按湖廣復以言
藩府事逮至京論死尋得解改南道時戶部侍郎
吳璽薦主事吳悅悅有過被劾法當連坐而有司
私憾璽附致至死悅亦自經祚言刑部大理符同
深刻乞各坐以變亂成法罪
上可之且以其言定爲例八年陞福建按察司僉事
數月以病得請致仕歸年七十五卒祚爲人風神
峻整音吐剛厲中雖少容然襟懷坦夷褒善薦才

持法平恕身屢危而氣彌厲忠誠激發益得之天
性云所著有小學正誤子寧　新野王教授寧子
恬求定知縣
張勗字勉夫吳縣人父以常永樂甲辰進士爲河
南遂平知縣改永平灤州學正勗侍學于灤永樂
丁酉中順天府鄉試授揚州江都縣學訓導秩滿
用薦試上國風有光賦等題陞監察御史勗[illegible]許
國知無不言嘗出按山西體察民隱密封　奏之
其言激切有古諫臣之風而不便者媒以他事必
欲陷勗以死賴

宣廟明聖卒保宥之陞廣西布政司右參政丁母憂
歸未幾卒年止四十有九勗氣宇剛方閨門之間
亦以之爲矜式
虞祥字仲禎崑山人永樂中領鄉薦授金華府學
訓導陞上虞縣學教諭宣德中選擢禮科給事中
進通政司參議再進戶部右侍郎改兵部卒祥爲
人謹飭達大體自校官入諫垣及以大臣巡視畿
甸所在著聲云
○王永和字用節崑山人永樂甲午中應天鄉試以
母老就乙榜授嚴州府學訓導改銑州適大成殿
[illegible]言於太守欲葺之太守難其[illegible]永私[illegible]公
不見里巷孺子始就外傅猶知尊禮孔子公乃不
知所本邪秩滿入爲兵科給事中劾　奏錦衣指
揮馬順怙寵驕恣欺罔不法等事後持節冊封
韓王世子妃糾正中官蹇傲之罪進都給事中尋
陞工部侍郎巡撫淮右奉　命治徐州呂梁二洪
正統己巳死於土木之難贈資善大夫工部尚書
官其子汝賢大理評事次子汝敬天順己卯經魁
又次子汝霖正統戊辰進士初任吏科給事中累
陞河南右布政使

劉璉字廷璉崑山人永樂十年進士任陝西道監
察御史陞山東布政司右參政洪熙元年參贊宣
府軍務宣德十年兼督邊儲陞戶部右侍郎尋轉
左侍郎仍兼巡撫累降　勅褒獎有秉公至之心
勵廉潔之行勤謹詳明夙夜無懈之語璉公勤廉
謹人不敢干以私在邊數年終始如一日其後都
御史李秉督邊儲悉依璉法景泰二年致仕卒於
通州不能歸遂即其地葬焉天順三年葉文莊公
盛參政山西　奏璉在邊年久保障有功乞恩褒
恤於是　朝廷遣官　諭祭遷葬崑山

○[illegible]贇字茂實長洲人永樂中進士釋褐除兵部武
選司主事歷員外郎郎中在武選司二十年受知
於尚書方賓陞太僕少卿靖遠伯王驥征麓川
奏贇為佐俄丁父憂　詔起復視事事竣陞工部
侍郎始乞持服服闋以兵部尚書鄺埜薦改兵部
侍郎卒於官贇勤敏有吏材習知兵事所在著聲
性沉厚不苟居鄉里未嘗以貴加人每出必步過
里門上馬終其身如一日同時有劉紹自繼初者
由兵部郎中累官廣西兵備副使時稱劉司馬亦
以厚德稱贇妻之父也

○夏昺字仲昭崑山人先冒外姓朱氏登第後始復
今姓昺以經術進而書法特妙由庶吉士改中書
舍人
文廟嘗試其書第一特　命書諸宮殿牓遂　賜第
宅免朝參
睿顧極隆初昺字作昶因　召見
上曰日豈可從傍宜加永上遂為更定故今字昺從
之其後遷考功主事正統中出知瑞州府入為太
常少卿進卿致仕昺為政不事名譽而人安其[illegible]
易居家孝友而風流文雅有高人之致詩詞瀟灑
尤工畫竹石擅名天下至於朝鮮日本諸國皆以
金購之兄昺字孟暘亦善書初為永寧縣丞謫戍
隆慶昺既被遇
文皇間問其書所自以昺對即日　命馳驛入見試
書稱　旨授中書舍人

○張益字士謙吳縣人少長京師登進士第入翰林
為庶吉士授中書舍人轉大理評事與修
宣廟實錄書成遷翰林修撰進侍讀學士入內閣典
機務正統末死土木之難贈翰林學士謚文僖益
為人清淳端謹文章圓熟對客數千言抜筆立就
楷書亦工初益與夏昺同年及見陳嗣初王孟端
俱喜作文寫竹後昺見益作石渠閣賦出己上遂
不復作文益見昺竹妙絕亦不復寫竹竟各以其
所能名世

○劉鉉字宗器號假菴長洲人少孤力學永樂中以
善書徵入翰林明年中順天府鄉試授中書舍人
預修
三朝實錄成陞兵部車駕司主事進翰林侍講正統
戊辰選進士為庶吉士　命鉉教之日有程限詩
文經史寫者一字未穩閱旬猶為易之明年陞侍

講學士景泰中兼經筵講官會昊大旱 遣祀濟瀆
有司餽遺皆峻却之屎少傅高穀薦為國子祭酒
嚴敎條以約諸生無敢倖進者天順改元擢為少
詹事日侍
皇太子講讀卒
上聞嗟悼曰安得學行醇篤如斯人者邪 命官
諭祭賻贈有加鉉為人介特自持言行不苟與人
交一以誠信權門要路未嘗一迹官位已崇猶僦
居隘巷當時楊士奇楊溥相推許有古君子之行
平生馳嗜羣書至老彌篤為文渾厚詩春容豐贍
皆有法則所著有假菴稿成化三年追贈禮部侍
郎謚文恭子瀚由進士歷官大理寺丞出為陝西
按察副使致仕有吏材亦謙謹有父風
○諸質字叔義吳邑人由舉人典教永年改慶元還
國子學錄進監丞擢翰林編修仍理監職以憂歸
遂請老以卒質為人誠信端直每事審義而行恂
恂引退若懦夫至論事裁決侃然不撓陳敬宗為
祭酒剛嚴少許可質以事請輒降顏譚講質君錄
常攝丞居丞常攝堂事同輩嫉之伺察終無疵可
指同邑夏瑜字公瑾由進士累官考 功郎中居官

姑蘇志卷五十二　二十四

請託不行為用事者所誣謫戍雲中景泰初遇赦
復職致仕天順初再徵以疾不起卒於家為人樸
茂清慎時稱為長者又有長洲鄭珦字德新既領
鄉薦毋亡十年不仕正統乙丑授趙州學正還吉
安府學教授狀元彭教曾彥皆珦親授經者陞
寧王府長史致仕操履端潔經學精醇而教人有
古誼二學至今祀之瑜珦與質雖先後不一時而
人並以厚德同稱
○仰瞻字宗泰長洲人永樂中以鄉貢進士授虎賁
衛經歷遷大理左寺丞正統間宦官王振用事百
司多奔走其門時大理卿薛瑄少卿顧惟敬及瞻
獨不往會辨蔚州衛兵沈榮冤獄益忤振遂謫戍
大同景泰初刑部尚書俞士悅左都御史陳鎰言
其以鯁介受竄 召為右寺丞持法愈堅在位者
多不合遂引年辭歸加大理少卿致仕所著有小
學講義歸休文集瞻尤篤長者之行有夏時建中
者嘗任郡學訓導瞻嘗師之後瞻經其門必下驢
趨而過人竊窺之雖暮夜亦然
○顧惟敬吳縣人永樂中以薦授中書舍人累陞大
理少卿初仰瞻得罪用事者意在薛瑄及瞻詞不

姑蘇志卷五十二　二十五

連惟敬惟敬曰吾與瑄贍同寮事得分治豈可使二人獨蒙其罪因自請逮治願與俱謫然迄無所坐止降四川某州知州未幾乞歸家居以禮自持不妄交際年八十餘終

○陳鎰字有戒吳縣人舉永樂壬辰進士擢監察御史歷湖廣山東浙江按察副使宣德乙卯邊務方殷特陞都察院右副都御史鎮守陝西兼督寧夏延綏等處邊備尋陞右都御史入掌院事轉左都御史時陝旱甚陝人思鎰連章上請乃以太子太保出鎮至則禱於西嶽得雨人情大悅開倉賑濟

全活甚衆鎰在陝十餘年領　勑八十餘道悉聽以便宜鎰亦竭誠殫力知無不爲陝人德之家繪其像云旱禱之則雨病禱之則瘳益事之如神云年六十三致仕卒録其子伸爲刑部照磨追謚僖敏其弟子僎字汝翼舉進士由南京河南道御史陞四川按察司僉事時蜀有夷寇僎練兵且採得夷情冦悉破散舟濟汝南溺死人多惜之

○俞士悅字仕朝長洲人自幼讀書過目即成誦永樂乙未進士擢監察御史陞湖廣按察副使綱紀振肅貪濁悉皆引去民居不戒於火延及臬署僚屬皆奔避士悅具衣冠向火再拜風徐返火滅處旱有司用道家法焚蛇燦燕而旱彌甚亟命屏去乃齋沐露禱得雨連三日秩滿陞浙江參政初至佯若不解事者羣吏易之越三日發奸摘伏如神豪猾破膽正統壬戌倭冦犯境士悅城乍浦二浦以備至今賴之尋陞河南右布政使甫三日召還陞大理寺卿己巳之變陞右都御史留守京師協都督衛穎帥師六萬守德勝安定二門士悅晝夜籌畫甲胄未嘗去體事平陞刑部尚書進太子太保天順改元謫戍遼東成化初　赦還復

其官卒年八十七士悅儀表魁岸面色如鐵聲如洪鐘不類南產平生剛方侃侃見者畏服

○徐備字輔德長洲人由鄉舉授安吉訓導擢給事中封駁無所避陞湖廣按察僉事歷湖廣右參政備平生厚德長者備同郡潘純字粹中徐傑字以立周賢字用希郭璘字孟潤陸嗣昌字宗盛居官爲政皆清介醇謹而望亞於備

○徐有貞初名珵字元玉吳縣人洪武初家以閒右從南京有貞天賦絕人嘗從吳訥游訥與俱見祭酒胡儼儼初易之使面賦詩立成儼蹶然驚起曰

徐生昺鉉蠲也宣德八年登進士入翰林爲庶吉
士時庶吉士二十有八人有貞試常居首授翰林
院編修歷修撰侍講正統己巳以近臣分守要害
有貞得河南之彰德練戎卒料機壯爲京師聲援
還遷春坊諭德會河決張秋七年不治漕運道絕
有貞自言能治乃擢僉都御史往治之至則罷散
役夫自乘小舟究河之源委具言宜用古人治河
之法先於上流開渠置閘分殺水勢乃可築其缺
口因作制水之閘疏水之渠渠起金隄張秋沙灣
凡百餘里而至於大豬之潭踰范暨濮又數百里

經澶淵以接河沁用平水勢凡河流之旁出不順
者則堰之堰有九長袤皆至萬丈其水不衝沙灣
乃更北出以濟漕渠於是始築其缺先是有發京
軍疏河之議有貞請蠲瀕河之民庸役專事河防
三年而功成遷左副都御史天順改元
迎復功即日進華蓋殿大學士明日進兵部尚書
掌內閣事尋陞奉天翊衛推誠宣力守正文臣特
進光祿大夫柱國武功伯食祿一千二百石有貞
寵遇既盛時時與
上面議他臣不預聞也初石亨曹欽與有貞同功其

後亨欽所爲多不法有貞每抑之會御史楊瑄劾
曹石不法曹石二人以爲有貞嗾之也乃晝夜謀攻
有貞嘗入簽議亨等令人屬耳得之遂以告
上誣徐有貞泄其語
上不能無疑下之獄尋出爲廣東參政曹石怒未已
會有投匿名書者指爲有貞下錦衣獄雜治之無
驗適承天門災乃宥之編置雲南金齒三年曹石
敗乃　賜還年六十有六卒于吳有貞爲人短小
精悍其學自天官地理兵法河渠陰陽方術無所
不通詩文雄偉奇麗詞尤妙絕晚而喜作草書遒

逸變化人莫能及所著有史斷若干卷奏疏雜文
碑銘記序歌詩樂府通若干卷
已巳
○葉盛字與中崑山人由進士授兵科給事中正統
車駕蒙塵盛偕同列劾將臣朱勇等扈從失律之罪
請誅之以謝天下然後乃選將練兵問罪讐虜以
還
聖駕聞者壯之命掌科事時　京師戒嚴四五日間
疏凡七八上皆軍機要務虜既退封賞有功而未
及死事者盛言通政使謝澤都指揮韓青都督武

興御史趙麟皆當錄其後卹其家從之擢都給事
中時內閣大臣　奏留邊將防守　京師盛言今
日之事邊關爲重向使獨石馬營不棄則六軍何
以陷土木紫荊白羊不破則虜騎何以薄都城若
但僅守九門其如陵寢百姓何時北虜奉
駕還京將入關矣有投匿名帖言迎復事大臣不
敢以　聞盛曰此野人無情之言達于
上感動必矣或沮以匿名書者盛不顧具疏言之
詔令封進雖留中而正論有不泯焉三年遷山西
右參政巡撫都御史李秉舉盛協贊獨石馬營等
處軍務時獨石馬營八城失守殘毀殊甚盛列其
利害爲八條次第罷行之盛以邊人多不知學
奏置社學於諸城中推有文學者爲之師買經書
字帖以給貧者一時軍中子弟絃歌相聞赤城鵰
鶚雲州龍門長安等八城相去遠甚無郵舍風雪
寒雨行者病之盛於官道傍每十里爲垣屋一區
中置爨卧芻秣之具守以邏卒名曰煖鋪過者如
歸諸城附郭膏腴地俱爲權力所占盛理出之得
五千餘畝自將帥參隨至軍餘皆分授之限以周
垣題其門曰某隊菜圃人得均其利焉初軍中百

需皆歛於軍盛因請官銀五千餘兩以□年具奪勢
要所占屯田擿戍卒之不任戰者給與牛種耕之
課其餘糧凡軍費皆於是取給自是邊人效力歲
亦屢登以外艱歸天順改元　召擢都察院右僉
都御史　命巡撫兩廣初兩廣守將不相統攝盛
請於梧州建開府命征蠻將軍總鎮于此兩廣各
設副總兵及參將分守要害悉從征蠻節制又許
鹽商計鹽多寡入米餉邊公私利之會有譖於當
道者取還改左僉都御史巡撫宣府各邊屯堡多
廢盛建議修復邊人不悅謗聞　京師盛任怨力
主其役不數月築完計七百餘所自是兵民畜牧
自如得免寇掠成化三年進禮部右侍郎尋改吏
部左侍郎時方冀其大用俄無疾而卒年五十有
五　詔賜葬祭諡文莊盛平生力行好古清修苦
節動慕范文正之爲人爲諫官論事不激不隨取
人先行檢而後才藝終不及人之過亦不輕薦一
人考古辯疑殆忘寢食而於世俗聲色貨利澹然
不以經心其文章紆徐委備有法則彭韶贊云希
文不相古今所惜人以爲知言
○韓雍字永熙長洲人父行役　京師生雍就學登

正統壬戌進士授監察御史時方年二十歲少之
東鹿王驥爲都御史獨器重之有重務或巡大藩
輒奏委之所至伸寃抑鋤強梗黜貪殘名聲大振
碭山教諭丘純笞死膳夫當刑雍訪膳夫於河南
獲之並其父寄使之逃以他屍汙蔑之也純得復
職及巡江西閩寇鄧茂七反巡按御史汪澄牒鄰
境勦殺尋復止之雍曰律有反叛會捕之文使賊
果降何憚發兵不然吾有備無患即趣進時浙江
巡按黃英以汪牒調兵弗集汪卒坐死人多咎英
而偉雍還陞廣東副使少保陳循疏雍才陞都察
院右僉都御史巡撫江西至則首行均徭歲辦法
均徭者均平十排年之力役歲驗冊編役畢九
年無擾歲辦者里甲醵銀貯於官有役則估直支
給擇戶領解人稱便焉天順初改山西副使未幾
陞大理寺少卿復僉都御史錦衣衛指揮劉敬嘗
請石亨飯坐朋黨雍言一飯而擬朋黨曰與亨讌
會者當何罪邪敬獲免復巡撫大同宣府築邊牆
括隱役撥用給種歲收以備買馬造兵之用陞兵
部右侍郎成化初被累出爲浙江左參政時兩廣
寇弗靖將出師　廷議唯總督之任難其人兵部

尚書王竑曰非韓雍不可遂改雍左僉都御史會
都督趙甫等於南京議兵所向僉謂賊寇廣東宜
逐之寇廣西宜困之雍曰不然大藤峽爲賊巢穴
舍此而致於賊非計也行抵廣西遣偏師平陽峒
諸賊擒其魁磔以示衆先是指揮某失機數其罪
斬之軍威大振乃分兵爲二十五哨各授以方略
雍與太監總兵統中哨先攻修仁荔浦諸峒克之
進次大藤峽衆云峽乃天險且賊已有備不如以
大軍圍之俟其自斃雍曰兵貴拙速峽周圍六百
餘里縱有甲兵數萬豈能斷賊出入相持日久老
師挫銳不如長驅擣其巢穴且遣守將歐信帥師
由山北取道與大軍合擊復分兵截其要路時賊
於山南立排栅甚固滚木礧石標鎗藥弩如雨而
下雍選壯士用團牌扒山虎等跳踩死而進奪其
要寨焚其積聚煙焰障天賊遁歸九層樓懸崖絶
壁不可復進雍不顧督兵破山開路棄馬步戰賊
復用礧石大木推轉而下久之賊矢石稍盡雍率
軍猿攀蟻附而進密遣壯士於絶頂舉砲爲應賊
方驚駭諸軍四面夾攻會歐信等亦至俘斬不可
勝計餘黨皆降雍曰賊雖降不能保其不叛乃改

大藤峽爲斷藤峽從上遂州於峽内更名武靖立
土官以司之又置藤縣千戶所以鎮壓之遂刻石
紀功而還擢　閣權左副都御史旋以父喪歸再
起爲右都御史總鎮兩廣蠻夷震懾以父呼之而
不名父之與中貴人黃沁不相能乃以病歸卒於
家雍長身俊偉落落有大節具文武才略天下咸
傾仰之於詩文若不經意而豪邁踈爽人亦罕及
○沈誠字文敏崑山人正統間以進士授大理評事
尋陞寺副景泰間出爲福建按察僉事督松溪銀
冶正額外不求羨餘時慶元盜起遽入松溪誠以

計擒之得不滋蔓尚書孫原貞上其功遷副使歲
餘卒誠爲人高潔弗可其意者視之漠如也爲文
章必貴已出同時作者鮮當其意故聲望屹然而
謗議亦及之所著文曰兎園□冊下里餘音
○施槃字宗銘吳縣洞庭山人自幼警敏異常兒既
長不屑就家人生業奮志於學從父遊淮陽就師
授經久之歸補縣學生正統三年領鄉薦明年試
禮部皆前列　廷試第一授翰林修撰年甫二十
三既入翰林日讀中祕書大有進益乃力學之勤
致行之篤尤爲楊文定公溥所重未踰年而卒天

下傷之
○陳鑑字緝熙長洲人父潤謫戍益州道　京師過
其故人范叔瓚即以鑑託之久之叔瓚家人不能
容乃以貽王一居太卿爲道士一居命索債浙東
乃從師受學債一無所問徒市書數篋而歸一居
奇之使卒儒業正統十三年　賜進士及第入翰
林爲編修景泰中祀北鎮醫巫閭旋充講官進修
撰天順初奉使朝鮮預修一統志遷侍讀修
英廟實録成進侍讀學士未幾　命爲祭酒初國子
月給錢爲會饌費然斂散不常多不時給則貯爲

公費其來已久會有不快於前祭酒邢讓者言讓
以公錢入己事幷及鑑會官　廷問讓辯不已鑑
曰吾爲祭酒安能對刀筆吏掉口舌竟不吐一詞
適有從中醞釀之者與讓俱除名未幾卒鑑平生
無聲色之奉多藏法書名畫其使朝鮮以妓女侍
作詩却之夷人敬服所著有方菴集若干卷
○吳惠字孟仁吳縣東洞庭山人初洞庭山未有登
進士者登進士自惠始選授行人嘗持節使占城
涉海七日遇颶風同行者倉皇莫措惠神色不變
特爲文祭禱海神而已使還擢桂林知府時義寧

峒蠻結湘苗煽亂三司議進兵討之惠請宜先招諭乃單車親抵其峒開誠慰撫蠻遂服武岡州盜起宣言推義寧峒主爲帥義寧蠻畏惠其主自出訴武岡盜計遂衰在郡十年陞廣東叅政致仕惠性慷慨踈財篤義居官三十年田廬不改其舊家居日飲酒賦詩尤善行草予嗚翰風流俊逸詩文清麗尤精小楷詩成必親書輒爲人持去無稿累困塲屋以吳庠生卒

○吳凱字相虞崑山人父公式早亡遺腹生凱能力學養母幼時里胥見役即詣縣自陳有母不能遠離竊有志於學時縣令芮子翱異其言立遣就學後充貢 京師中順天府鄉試宣德中授刑部廣東司主事改行在雲南司再改禮部主客司以母老乞歸遂不復仕凱精敏有治劇才平生以禮自律一言行不苟風儀嚴峻人望而畏之家居四十年非公事不至公府葉文莊盛尤重之嘗曰鄉里作官前輩當法吳丈後輩當法蘊章蘊章謂孫瓊也

○孫瓊字蘊章其先長洲陸氏以父後崑山孫道庠遂冒孫姓家崑山舉進士授刑部主事累陞郎中時錦衣指揮門達用苛刻羅織人罪法司承望風旨往往死非命惟瓊多所平反太監牛玉假子犯法囑瓊瓊不少貸由是積怨權貴竟以同官得罪連坐謫戍遼左成化初復官月餘即乞致仕年僅四十家居篤於禮度終日端坐未嘗傾側所居朴陋人不能堪而處之裕如子裕乙未進士官終知州

張和字節之崑山人讀書數行俱下爲文章立就正統己未登進士移疾歸久之景泰庚午主考江西鄉試授南京刑部主事膺 召纂修秘閣天順初還 南京歷員外郎郎中擢浙江按察副使提督學校以疾卒和爲人廉介權貴之門不一濡足聞忠賢節義事喜躍如自己出朋友有過面折不少貸董學浙江多所造就至今稱爲得體所著有篠菴集五卷弟稌與和同年進士有吏材仕終浙江參政

劉珏字廷美長洲人宣德中郡守況鍾簡名家子爲掾珏在選中珏言有志於學不願爲吏鍾嘉其意補縣學生遂領應天鄉薦授刑部主事遷山西按察僉事提督屯田年甫五十懇乞致仕珏性

孝友樣謹未嘗失色於人然操履清白人不得以
私干之至於好學之心老而不倦尤工唐律對偶
清麗當時稱爲劉八句行草師趙孟頫畫師王叔明
皆能得古人筆意所著詩曰完菴集
顧昌字德輝長洲人正統間領鄉薦授襄城教諭
凡諸生經學昌親爲課讀講解科舉遂不乏人陞
淮王府長史轉廣西思恩府同知爲人清介絕俗
平生未嘗受人一蔬之餽晚歲致仕家居詣人家
嘗不飲食留之輒起去雖遠去數里寧飢渴而歸
其文章簡潔似其爲人

徐瑄字子敬嘉定人正統三年解元第進士授監
察御史巡　京畿及山海等關出按四川廣東所
至有聲擢右僉都御史巡撫延綏等處嚴斥堠繕
甲兵督屯種以廣邊儲葺學校以作士氣虜嘗入
寇瑄督兵戰于孛羅池溝又戰于半坡墩金鷄峪
雙海子皆捷
朝廷賜璽書重幣獎勞之未幾得疾致仕歸卒于家
祝顥字惟清長洲人正統間以進士授刑科給事
中被
檢察在京寺觀無額者有青龍寺在[illegible]
容旨所建卒　奏毁之景泰間陞山西左參議未
幾遷右參政　土虜擾邊公私困竭顥規畫久之
倉廩皆滿汾州有妖人作亂稱王年號天福顥馳
赴擒十六人而妄扳及千人顥欲爲簡釋三司難
之顥執不可三司乃請處以強盜　聞顥曰盜何
事改年僭平民不可罔上規免亦不可卒以實
聞嘗按行陽曲臨汾視學其聖賢像乃金人時所
塑者皆左衽顥悉爲改正洪洞縣有皋陶祠墓不
飭坊里傳舍皆以皋陶名名之顥爲葺治更署曰
虞士師祠墓成化初罷歸顥吏材精敏詩文典贍
言論動引經傳聞者聳然卒年七十九所著有侗
軒集
練綱長洲人祖則成初名塤字聲伯洪武中以文
學薦聘授左春坊司直郎充
東宮經筵講官嘗劾大臣不法事
上嘉之特賜錦衣一襲改河南道監察御史則成幼
以氣節自負與衆少合及居言路務盡其職僚輩
忌之出爲雲南廣西推官爲其下所中毒卒年止
三十有七人皆惜之綱字從道宣德乙卯以春秋
中鄉試第二名卒業太學正統己巳綱上中興八

策遂擢監察御史嘗按淮揚臨法糾察不避權貴駙馬都尉石璟亦在糾中又劾吏部尚書何文淵侍郎項文曜典選不公文淵等罷去後按福建與按察使楊珏相持皆左遷綱落判鄭州再改甘州前衛經歷綱侃直有祖風然攻訐大甚故時有練綱口之號云

○趙忠字行恕長洲人宣德五年以進士授監察御史出按四川時松礌寨商巴刺麻叛忠親詣之開示禍福且劾邊將激擾之罪罷之叛者遂服再按浙江適倭人入寇海上忠命慎修兵防黜其玩寇者倭不爲患陞陝西參議忠風度凝遠文亦贍麗忠同年進士柳華同爲御史終按察副使名亞於忠

○文洪字公大先出湖廣武昌父始占籍長洲洪乃棄武就學苦志刻力無間晝夜治易邃甚時從遊者往往得高第洪屢舉屢北後子林領鄉薦與洪偕會試林遂中進士洪在副榜授淶水教諭人皆羨林之捷而憫洪之遲也三載致仕歸卒洪嘗求葬地術者指一舊冢曰得此必世貴其家亦願遷以售之洪斥不用人尤多之林出知溫之永嘉後

改博平二縣稱治尤善發奸摘伏人服其明陞南京太僕寺丞前後建言時政十四事當道 奏

禹列死万吉吉丙帝汝[illegible]之不忘用嵩于盘

遷古田典史天順改元轉羅江知縣值旱禱而得雨衆曰此非久計乃教民鑿池一千二百五十餘所旱不爲害民爲立生祠於羅眞觀尋陞叙州知府適戎人珙筠高土猓叛

朝廷遣將征討景在行間多所斬獲上其功未及報以贖致仕後追理前勞特 遣使賫金幣寶鈔賜于家又有戈立字允中者長洲人以太學生授南京監察御史亦負才操有聲院中終廣東僉事

○孔鏞字韶文長洲人其先裔出闕里父友諒永樂間以易魁春闈選庶吉士出知四川雙流縣雙流

之民初未知學友諒拔其秀者親爲講解士習稍變科第多得人時鄰縣有劇寇越過雙流友諒行境上掩捕之宣德間赴考吏部
上命內閣集天下縣令當考者七十六人試以歌賦策諸題拔用七人而友諒居首分置六科未及選而卒鏞景泰甲戌進士知江西都昌縣尋改廣東連山縣縣久被寇四境榛棘公署亦無鏞招集慰勞始立縣治教民耕織守戰道路漸通陞高州知府時高亦新被寇鏞身犯鋒鏑斬賊首五百級奪還男婦四百五十口降其餘黨九千七百人後黠寇鄧公長合衆萬餘屯第洞洞去府城才十里城中[illegible]不滿千人鏞度不能支乃乘一馬往招之賊視鏞來陳千刄夾道相向鏞徐行抵其營神色不動下馬中坐與極論禍福一營皆聳獨公長尚未順鏞乃遍歷營中諭衆降意而歸時已四鼓城中謂鏞已死及歸大驚比旦賊降者萬餘人公長知衆散亦降其餘寇在雷州化州遊魚寨博白者皆破降之鎮臣上其功陞廣東按察副使領勑專守高雷諸郡猺人不敢入境以母憂歸父老泣生祠于化州後陞廣西按察使歷左布政使尋

幾陞副都御史巡撫貴州貴州苗尤悍猾有名阿溪者善謀阿刺者善戰二人煽苗爲亂議欲大舉兵鏞得其情先制其爲黨者率壯士掩二人擒之亂遂息後　召爲工部侍郎行至富陽卒鏞平生忠信自許不顧利害論者謂其無愧古人長厚之德鄉里稱之

程宗字原伊常熟人景泰中由進士授刑部主事遷員外郎出知江西吉安府吉安最號劇郡宗能治之奸黨屏迹政聲赫然父喪歸改知湖廣武昌府復有治績擢四川左參政再擢陝西右布政尋轉左入爲都察院右副都御史佐院事時兵部以陝西地重務得人以經理邊事乃推宗往鎮遭母喪再起巡視雲南　召爲刑部右侍郎尋陞工部尚書致仕

徐恪字公肅常熟人景泰丙子鄉薦成化丙戌進士時葉文莊公盛爲吏部侍郎薦恪授工科給事中恪所言皆切時事而尤務存大體陞湖廣布政司左參議兵荒之餘民物彫瘵恪加意撫卹政尚寬簡人皆安之九年秩滿陞河南右參政三年陞左布政使

徽王府承奉司自置吏恪以非制革之 王怒
奏恪侮慢罪
上特直恪以書諭王謂恪奉遵
祖訓耳何罪之有河徙逼汴城有 毛至建議還
諸王府三司於許者公疏有五不可□□陞都察
院右副都御史巡撫河南戶部遣官□□積逋恪
上言民困乞請免徵有御史言漢中□□陽及四川
襲府因各去本省遠甚故為盜淵藪當別立一省
專涖之事下三處巡撫議未决恪持不可乃止恪
在河南久權倖多不便謀去之
上不忍調巡撫湖廣臨行民擁留號哭聲聞數里汴
城為之罷市布政司有羨餘銀三百兩饋恪恪正
色卻之且自咎曰吾乃不動人見信如此至湖廣
百姓曰即故參議公也必生我矣恪亦力任之適
親藩之國官豎怙勢□鹽百餘艘鬻市于民恪立
捕其首寘于法斥其鹽出境外凡小人不得行其
私者傒百計譖毀
上欲保全之特 命遷南京工部侍郎不由外 廷
論薦人皆驚愕恪即上言傳奉非去名顧臣何
敢干清議自惟立身稍異於衆不□□□□

進辭氣峭直求退甚力
上勉留之乃始就職恪於工役物料計處詳密吏胥
無所售其奸班匠至部者舊多分給勢家公靳不
與人尤怨之以年近七十乞致仕章再上
不允乃以六載考績進階正議大夫資治尹入謝
疾作于 廷中 命給驛以歸自恪之歸言者屢
言恪可屬大事欲起用之不果臨終語其子曰吾
受
國厚恩無所裨益勿乞身後恩以重吾過前輩蕭
山魏尚書可法也
朝廷 聞之 賜葬祭如制恪儀觀偉然器宇凝重
望而知為元夫鉅人所為詩文平實典雅殊有古
法凡若章疏紆徐曲折能達其所欲言巡撫兩省
凡遇災異或事關軍民即條陳時弊動輒數千言
無不曲盡時宜性剛正詳慎苟利於國與民必行
其志
〇章格字鳳章珪之從子也由進士授 南京工
部主事陞 南京刑部郎中用刑不苛獄囚褒之
陞廣東按察副使巡視海道時琉球使臣蔡璇等
率數十人以方物買鄰國風漂至廣之香山港守

臣當以海寇欲戮之爲功格爲之辨　奏還其貲
而遣之再陞雲南按察使會緬甸諸夷叛服不常
格善於撫綏莫不畏服陞福建左布政使入爲
南京光祿寺卿未幾陞　南京大理寺卿自陳致
仕　詔許馳驛歸格歷中外幾五十年所在以
清謹聞爲人尤號長者
○李應禎名甡以字行晚更字貞伯長洲人世醫家
隸　南京太醫院籍應禎生於　京邸自少警敏
景泰癸酉領鄉舉入太學時有中貴欲致爲塾師
者諳齋舍以請應禎固拒之選授中書舍人直文

華殿同官多由他途以進恥與爲伍乞改教官補
外不許慶成宴中書舍人坐給事中御史下應禎
奏非舊制嘗以倒寫佛經應禎上言臣聞爲天下
國家有九經不聞所謂佛經也臣寔不能寫言甚
訐直人皆危之
上不之罪秩滿陞　南京兵部武選司員外郎歷職
方司郎中　南京尚寶司卿再陞　南京太僕寺
少卿應禎好古博學篆楷俱入品格文詞簡健喜
面折人過人多畏之卒之日無以爲斂友人文林
史鑑輩爲營地以葬焉鑑字明古吳江人博學尚

氣有文才林自有傳
○吳寬字原博長洲人自少篤學勵行爲諸生已隱
然有時名數試不利卒業太學再舉始得解成化
壬辰狀元及第授翰林院修撰累陞詹事府少詹
事兼翰林院侍講學士出爲吏部侍郎尋復學士
入　內閣進掌詹事府事陞禮部尚書卒贈太子
太保謚文定寬爲人靜重醇實自少至老人不見
其過舉不爲慷慨激烈之行而能以正自持遇有
不可卒未嘗碌碌苟隨言詞雅淳文翰清妙無愧
古人成化弘治之間以文章德行負天下之望者

三十年然位雖通顯而迄不得柄用天下惜之所
著有文集若干卷
○陸釴字鼎儀崑山人天順癸未會試第一　廷試
第二授翰林編修預修
英廟實錄書成遷修撰
孝宗皇帝在東宮釴侍講讀進退閒雅敷　奏明鬯
允爲得體及即位進太常少卿兼翰林侍讀充
經筵日講官將進講忽得末疾　給驛歸卒于家
計　聞詔賜葬祭官其子中書舍人釴沉靜好學
解悟過人而矜嚴自持人少當其意者其爲詩文

必欲作求經人道語有春堂稿春秋鈔略藏於家
張泰字亨甫太倉人生而秀穎登進士第爲翰林
庶吉士授檢討陞修撰泰爲人坦率絕去厓岸恬
淡自守獨喜吟詩其詩豪邁雋爽善於常格中出
奇雖不學書而書法亦翩翩可喜所著有滄洲集
若干卷行於時
陸容字文量太倉州人其先冒徐氏後復姓成化
間由進士授　南京吏部驗封主事後改兵部職
方司尋陞郎中買胡進獅子且至　奏乞大臣往
迎容議夷人貢異物當卻之顧迎之邪貽譏後世

詳遂已嘗籍官馬于北方諸府還陳馬政四事甚
悉弘治初都指揮王欽梁宏夤緣中貴陞都督容
奏良等招權市恩宜正法以禁後來疏兩上卒奪
其命由是當道頗不悅出爲浙江右參政容至官
復條　奏兩浙不便者八事多用之後以浮議罷
歸容政事之暇手不釋卷所著有式齋稿乙戊稿
封事錄兵署錄問官錄菽園雜記太倉志水利集
共若干卷
王庭字元貞崑山人少學於葉文莊文莊甚器之
領鄉薦授鄆州學正遷國子學錄後以績再遷

瀋王府右長史卒庭孝友廉慎在鄆時儆民田耕
以自給諸胥無所取律身教人動以古道
王府尤得輔導之正嘗考試江西御史欲試諸考
官庭獨不就試御史卒用以主試曰是不苟人也
庭平生自負剛直百撓不回其學貴踐履不事辭
章嘗曰徐稺管寧不聞能詩而世仰其名時以爲
名言
姜昂字恒頫太倉人自幼穎敏父嘗欲其服賈事
昂自奮志于學成化中領鄉薦登進士第出知棗
強縣有異政　召爲御史卒同官悉力劾倖臣李

孜省聲稱籍然出知河南府以母老懷土屢疏懇
乞便郡就養改知寧波在任六年復以母老棄官
歸家就拜福建左參政不起上疏乞終養母卒服
除部使者交章　奏薦俄以疾卒士論惜之昂爲
人仁孝廉靜恬退作縣作郡囷不得體平生一介
不苟取予居官三十年家業蕭然其平居恂恂若
無能者
朱栻字良用崑山人成化辛丑進士授蕭山知縣
廉慎有爲擢　南京監察御史遇事敢言所上疏
多切直不諱時論偉之秩滿便道省母卒於家

姑蘇志卷第五十二

姑蘇志卷第五十三

人物十一　忠義

卞崇婁縣人漢桓帝時太守薛固爲法吏所枉下獄
尉崇與烏程錢讓詣闕稱寃廷尉以崇等以兵圍
守脅持之崇讓恬然自若杜聲彌厲天子聞而
奇之乃赦固罪

張褘敞之子也少有操行晉恭帝爲琅邪王以褘爲
郎中令及帝踐阼劉裕以褘帝之故吏素所親信
封藥酒一甖付褘密令鴆帝褘既受命歎曰鴆君
以求生何面目視息世間哉不如死之於是自飲
而死

張嵊字四山父稷初爲剡令至嵊亭生之因名少敦
孝行年三十餘猶斑衣受稷杖動至數百收淚歡
然爲雅有志操能清言感家禍終身蔬食布衣手
不執刀刃不聽音樂弟進言氣不倫嵊垂泣訓誘
起家秘書郎累遷鎮南湘東王長史尋陽太守王
暇日爲之筮得節卦謂嵊曰卿後當復入爲郡恐
不得終其天年嵊曰貴得其所耳時伏挺在坐曰
君王可畏人也還爲太府卿吳興太守侯景圍臺
嵊遣弟伊率郡兵赴援城陷御史中丞沈浚違難

殺超之當得賞客自後斬之頭墮而身不僵[illegible]
邈嘉其節厚加殯歛門生亦助舉棺柩墜[illegible]
折頸而死
張沖字思約邵之孫東之子也出繼伯父敷沖母戴
顒女有儀範張氏內取則焉沖少有至性辟州主
簿隨從叔爲將帥除綏遠將軍盱眙太守遷尚書
駕部郎桂陽王征南中兵振威將軍驃騎太尉
南中郎參軍不拜遷征西從事中郎通直郎武陵
王　中郎直兵參軍長水校尉除寧朔將軍本官
如故遷左軍將軍加輔國將軍沖少從戎事朝廷
以幹力相待故歷處軍校出爲馬頭太守徙盱眙
太守永明六年遷西陽王冠軍司馬八年爲假節
監青冀二州行刺史事父礿卒遺命曰祭我必以
鄉土所產無用牲物沖在鎮四時還吳園中取果
菜流涕薦焉仍轉刺史[illegible]明帝即位除黃門郎
加征虜將軍建武二年虜寇淮泗假節都督青冀
二州北討諸軍事永元元年遷持節督豫州軍事
豫州刺史代裴叔業叔業竟不行明年遷南兗州刺史
又遷司州裴叔業以壽春降魏又遷沖南兗州刺
[illegible]未拜[illegible]慧景事平徵建安王寶寅還都以沖

中待命以下從使君今若隨諸人之計非惟郢州
士女失高山之望亦恐彼所不取也不從卒以郢
城降時以沖及房僧寄比臧洪之被圍也贈僧寄
益州刺史
周朴郡人有詩名唐末羈泊閩中黃巢陷郡朴不屈
遇害旣刑體中白膏湧起數尺閩人祠于薛老峯
有望像
王玠字介玉長洲人倜儻負氣節酒酣嘗舞劒爲樂
徙居鄂州黃庭堅謫官來鄂玠以文贄見大嘗稱
賞庭堅贈以詩由是有聲紹興初孔彥舟爲舒蘄
鎭撫使自荊湖從蘄口鎭厚禮聘玠奏爲幕屬凡
捍禦衝要撫循鄉井玠悉啓彥舟行之初權邦彥
知東平府彥舟隸麾下因事叛去及聞邦彥簽書
樞密心不自安又宣州韓世清伏誅及韓世忠自
湖外破劉忠俘馬友順流東下彥舟疑其圖己遂
有異志問計於玠玠正色荅之曰總管被命鎭撫
二州任優祿厚豈可負朝廷自陷不義諭以逆順
凡數百言彥舟怒囚之踰數日復問之玠曰君不
能與韓公爭先立功以報君父顧乃甘心與逆賊
爲比而慮其見圖苟欲富貴能建大勳于國家則

可何獨北虜能富貴人哉君誠欲反幸先殺我孰謂王玠而從賊邪彦舟竟沉玠於龍眼磯與妻子俱死時紹興三年也彦舟既殺玠引兵北降劉豫初玠赴彦舟之辟或請止之玠曰吾亦慮之熟矣彼方駐兵于此始爲鄉井計儻能息其暴戾固非玠一身之計也玠嘗有讀楚詞詩意以原自況及被害鄉人悲其志爲立廟磯上周燔賦哀詞刻石焉

滕茂實字秀穎元發從子也初名裸政和八年上舍登第徽宗改賜今名官至奉議郎靖康初金人入寇朝議割三鎮以和茂實由水部員外郎假工部侍郎副路允迪出使河東割地太原陷允迪還至代州金人獨留茂實先是茂實兄祹亦在虜中故黏罕聞茂實名将屈爲用亦遷之代復從[illegible]師取其弟華實以慰其意嘗使人諭茂實易戎服又驅巾幘稍高者數人至前殺之屢加逼脅茂實勞動顧莫能生還乃自爲哀詞以暴其志其辭曰齏盐老書生翠列王都官索米了無補從事敢辭難殊鄰復盟好使節來闕闕城守久不下川途望曼漫險艱采不惜一往何當還牧羊困蘇武假道拘張騫流離念宕東坐羁四序遷同來悉言歸我獨留塞垣形影自相弔國破家亦殘呼天曾不聞痛入腸肺肝和逢有兄弟悼歎安得隨金人自南歸得志鞍馬間我卷大夏一木乃求安世事寧有此聊發我所存爵祿非所慕金珠敢懷貪縱或遠我心寧不汙我頓昔燕破齊王群臣望風奔王蠋獨守節燕人有甘言謚首自絶脰感慨今昔聞未嘗食齊祿徒以世爲臣况我祿數世一死何足論遠或死江海近或死朝昏斂我不須衣裹尸有黃旛題作宋臣墓篆字當深刊我妻尚少艾兒女皆童頑四海無道雖飄流倍悲酸誰當給衣食使不厄飢寒歲時一醻我聊以慰我寃我寃自悠悠異鄉寄沈寃他時風雨夜草木號空山復篆宋工部侍郎滕茂實墓九字裹以奉使之幡密授其友朔寧府司理董詵屬以後事欽宗自出都城舊臣無敢俟問起居者洎過代州茂實具冠裳迎謁拜伏號慟州民感泣金人謂之曰國破主遷所以留公蓋將大用茂實請從舊臣俱行金人

亦不許遂留鴈門董詵拔歸茂實與之泣別自述其出處附表以聞茂實竟憂憤成疾卒金人哀其忠爲起墓臺山寺歲時祀之建炎二年詵以茂實哀詞言於張浚浚以詵爲陝西轉運判官上其死節宣付史館紹興二年追贈龍圖閣直學士官其家三人後謚忠節紹定中吳淵立祠于學宮云祹歷蘇州糧料院勾當新城右廂公事太宗正丞通判代州官朝議郎金人犯順邊郡望風降避祹率衆城守不下力屈援絶爲虜所拘劉豫與解州鹽利以太府卿召祹節不辱而死二子彪彩俱陷虜

中裀𥿄錡以蔭補官歷知資州茂實子修字敏叔
以恩補官歷平江府司戶監常州比較務衢州司
法知無湖縣官至宣義郎
邊知章字公望高祖肅楚丘人眞宗朝兵部郎中知
邢州澶淵之役密詔便宜退保肅匿詔抗虜併納
傍郡鎭魏六州老弱全活者數十萬官至工部尚
書祖珣父裕自有傳知章崇寧進士國子監書庫
官京畿京西路提舉鹽香司管幹公事歷永靜軍
通判律學博士通判開德府以年勞賞典遷官累
朝請郎靖康初金人犯闕尋以和議退澶淵當乳

道明年春告滿代者避禍悠期虜將復動或勸知
章逃去知章抵書平江諸弟以謂去歲兵至宜敵
不敵今歲旣盟宜和不和速禍必矣苟求幸逃豈
不媿守邢匿詔事乎藉使非力所能而死當見吾
祖地下無靦顏其冬虜至城下軍潰于內遂死之
年四十七朝廷贈兩官至朝散大夫官其子尋
復命其幼者子維嶽知衮州維熊通判紹興府
孫察耆戰從子也父臨大理評事察以朝散郎奉使
金國守節不屈金人裹以油絮焚之罵聲不絕口
而死

朱良字良伯祖公綽光祿卿父季端爲郎屢典名郡
良仕海鹽尉建炎四年金人犯順車駕南幸分兵
入縣境良謂僚友曰今日乃忠臣義士死國之時
也被甲執戈集射士百餘奮而前金兵數人死衆
爲披靡然力不敵竟死同郡時有武舉進士保義
郎褚孜爲永康尉賊馬犯州與兩浙兵馬鈐轄閭
璋婺州諸縣弓手將領馬珍俱被害事聞官良之
子思孜等亦各贈三官恩澤兩資思後以朝議大
夫知漢陽軍贈良銀青按建炎三年十二月虜騎自臨安循海岸至海鹽四年二月遂陷秀州良死當在此時

郭元邁字㒟遠附之孫也博通經史入太學登上舍
建炎二年應募奉使時魏行可充河北金人軍前
通問使元邁以右武大夫和州團練使爲之副行
次河朔以尺紙付家云去疆當藉棘時難保全生
此身已許國矣至虜廷上書責酋帥粘罕乞歸二聖
金人留之不遣洪皓北歸言其以身徇國棄之不
取緩急何以使人元邁不肯易髮毀冠卒于虜中
鄭凝之文肅公戩孫也建炎中爲浙西安撫司機宜
建康潰卒戚方犯鎭江兩浙宣撫司參謀官胡唐
老被害凝之亦以兵死詔官其家

楊椿字子壽其先少師棟由蜀來吳遂爲吳人椿少聰敏讀書過目成誦及壯試于有司屢黜而志益厲尤好爲古文詞丙申歲元總兵參政脫寅時守吳辟椿爲參謀俾守婁門閏二日張士德寇郡兵至門下衆潰去椿獨擐甲胄持弓矢匹馬突入以禦之身被數鎗度勢不支且大罵兵以戟裂其口血被體罵不絕而死其妻王氏聞之被髮徒跣冒鋒鏑尋尸三日不得幾被刃者數四既又擗踊抱城門柱大呼動地訴其冤曰人孰無夫婦汝等專務殺人而來邪抑欲爲安民之計邪冤踶之禁其兵勿沮其往來乃得屍於張香橋下輿歸葬之益哀毀不食翌日夫之神憑王大言曰我已死汝無他志期五日當取汝與吾子女同歸及期王果死子穎十五歲女滿奴九歲皆一日亡其徒陳普字季周郡人也好學而文尚氣節士德之入吳兵踵普門使拜不肯屈且索婦女普罵曰若所爲寇耳遂被數創死

人物十二 孝友

顧翺郡人也少失父事母孝母好食雕胡飯常帥子女躬自采擷還家導水鑿川供養每有盈儲家近太湖湖中乃生雕胡無復雜草虫鳥不敢至遂得以爲養郡表其閭舍

顧悌字子通雍族人以孝悌廉正聞於鄉黨孫權時爲將軍言辭切直朝廷憚之悌父向歷四縣令致仕每得父書灑掃設几筵舒書其上拜跪讀之父終飲漿不入口五日以不見父喪常畫壁作棺柩像設神座於下對之哭泣服未闋而卒

陳遺郡人宋初爲郡吏母好食鐺底飯遺在後恒帶一囊每煮食輒剝錄一作其焦以貽母後孫恩亂聚得數斗恒以自隨及敗逃竄多有餓死遺因此得活母晝夜泣涕目爲失明耳無所聞遺還及戶再拜號咽母豁然即明

張敷字景胤邵之子也生而母沒年數歲問母所在家人告以死生之分敷雖童蒙便有思慕之色年十許歲求母遺物而散施已盡唯有一畫扇乃緘錄之每至感思輒開笥流涕見從母常悲感哽咽性整貴風韻甚高好讀玄書兼屬文論初父使與高士南陽宗少文談繫象往復數番少文每欲屈握塵尾歎曰吾道東矣於是名價日重宋武帝召見奇之曰眞千里駒也以爲世子中軍參軍數見

捷引永元元年遷祕書郎父爲湘州去官侍從太祖版爲西中郎參軍元嘉初爲員外散騎侍郎祕書丞江夏王義恭鎭江陵以爲撫軍功曹轉記室參軍遷正員中書郎敷小名樝父邵小名棃文帝戲之曰樝何如棃敷曰棃是百菓之宗樝何敢比善持音儀盡詳緩之致與人別執手曰念相聞餘響久之不絶張氏後進至今慕之其原流起自敷也遷黃門侍郎始興王濬後軍長史司徒左長史未拜父在吳興亡報以疾篤敷往奔省自發都至吳興成服凡十餘日始進水漿葬畢不進鹽菜遂毁瘠成疾世父湛每止譬之輒更感慟絶而復續湛曰我冀譬汝有益但更甚耳自是不復往未朞而卒年四十一琅邪顔延之書弔湛曰賢弟子少履貞規長懷理要清風素氣得之天然言面以來便申忘年之好比雖艱隔阻而情問無睽薄莫之人冀其方見慰說豈謂中年奄爲長往聞問悼心有兼怛痛足下門教敦至兼實家寶一旦喪失何可爲懷其見重如此孝武即位詔曰司徒故左長史張敷貞心簡立幼樹風規居喪毁滅孝道淳至宜[illegible]贈侍中改其所居稱孝張里

旌訓之仕宋太原太守五代同居子孫富盛閭門雍睦家有百口時人重之

顧昌衍郡人居喪幾至滅性王儉言之天子謂張永之甥授尚書庫部郎

張昭字德明吳人幼至孝父熯病消渴嗜鮮魚昭結網捕魚以供膳弟乾字元明聰敏好學亦有至性父卒兄弟並不衣緜不食鹽酢日食一升麥屑粥每感慟必嘔血父服未終母陸又卒兄弟毁瘠骨立家貧未得大葬布衣疏食十有餘年陳衡陽王伯信臨郡舉乾孝廉固辭兄弟因毁成疾昭一目失明乾亦中冷苦癖年未五十並終于家嗣息俱絶

徐孝頴吳人祖驎梁侍中石陽侯父樞陳尚書起部郎孝頴勤學多覽善屬文性至孝丁母憂三年哀經不離身經冬不御絲纊形體骨立杖而能起每哭臨哀聲徹於郡邑聞者爲隕涕嘗在園中晝卧見人盜菜徐轉身向裏恐盜見之其仁行謙退皆此類也仕煬帝爲學士校書

陸南金字季孫曾祖士季在儒林傳祖謀道周王府文學[illegible]詳正學士父元感建德歷陽二縣令朝散大

以御史中丞爲崑山鎮遏使因家焉後世止稱馬氏以孝義著稱兄弟六人皆力田獨友直以儒業自奮入太學元符二年薦春官與李廌游廌賢其人以兄子妻之宣和水災兄弟皆狼狽營妻子友直獨迎親僦屋以居躬治菽水母子晏如唐煇王葆咸愛重之建炎二年以累舉主武康簿監南嶽廟卒

龔明之字熙仲父況自有傳明之幼逮事祖母李李自言少嘗大病夢神告曰與汝七十七及期果病且革明之齋心屏處夜禱于天乞減己五齡以益李壽灼香於頂者七聞腦中有爆裂聲不爲動詰旦李病良愈又五年乃卒宣和三年明之以諸生貢京師迎父母往已而母與弟繼亡去鄉數千里貧無以歸葬或使以旅殯僧舍否則火之以其燼歸明之不從取其家所有自一錢之直皆折賣之不足又乞貸於人竟護二喪以歸先墓在西山大木數萬族人利其貲悉斬而分之明之不能制獨泣且罵每伐一木仆明之輒號慟響震林谷紹興二十年鄉貢年已六十或勸少匿其數爲異日計笑曰吾平生未嘗妄語豈不敢自欺卒書其實晚以特恩廷試授高州文學年逾八十法不應出官吳士在朝者列奏其行義敕監潭州南嶽廟淳熙五年乞致仕鄉人奉直大夫林振等舉明之鄉曲儒宗經明行脩議論操履衆所師法而窮居在下先是淳熙二年慶壽赦文內孝行節誼著於鄉閭仰長吏保明當議旌録時參政錢良臣謂明之無吏考難之吳仁傑曰公試與丞相數陳必能動上聽良臣問故仁傑曰龔君頃以至行能動上帝是以知今日必能動人主因具言其事良臣爲之竦然果得旨超授宣教郎致仕仍賜緋衣銀魚時李衡以忠諫去國年幾八十德望絶人獨以兄事明之時人高之目爲二老明之生平不摘人短不作貌言每自謂平日受用唯一誠字嘗附益山谷語以省嗇儉用號五休居士撰中吳紀聞三卷子昱昱字立道有學行安貧樂義鄉人師之有崑山雜詠

陸十七吳江震澤市民父疾刲心作糜進啗遂愈郡守趙汝歷爲建旌孝坊又嘉熙中郡守吳潛建純孝坊以旌湯家浜里人刻心療母疾者逸其名

周津崑山人治詞賦端平嘉熙中郡府兩舉待補進

士性介直好爲義舉父天驥有疾津刲股以療或以義諭之津曰父母遺體豈宜毀傷然因所子者還以奉之詎爲過邪津亦以壽終又有曹椿年母病華椿年刲股療之事聞借補椿年承信郎節制司準使立孝感坊又淳熙八年有榮孝子亦以刲股救母立旌孝坊其後有張孝子皆同縣市人也

國朝

金道玄字仲昱吳縣人少孤父友長橋萬戶府鎮撫陳其養爲子至正戊子方國珍起兵海上江浙行省參政朶爾質班督師與戰時陳已進官都鎮撫統軍以道玄從初弁師期集建寧之補門闕國珍以書詐降陳受之意稍解道玄曰賊志未可知也不如嚴備之陳不聽國珍以艨衝數百艘飄以赤布蔽日而下勢漸迫官軍猶晏然國珍乘風縱火矢石交注陳戰死不知所在道玄求之不得乃從舵樓中躍赴海祝曰吾父有靈幸使我不爲賊所得也已而恒若有人抱持之自旦及晡隨波上下忽止身石上登沙瀕數百步得小徑行里許乃知溫之墨水山也迨歸張士誠已據吳或薦其名於僞司徒李伯昇道玄聞之挈妻孥去隱且區買卜以終其身子關禮部侍郎自有傳

○瞿嗣興字華卿常熟人母嘗夏月患癰穢不可近嗣興爲湯洗滌跪牀下執扇驅蚊以手磨穢剔腐晝夜無休母又患積氣醫不能治刲股肉作羹以進母不食已五日矣啖之疾愈母思其食時芰始花求諸市不得嗣興乃解衣入水半日忽得三芰以進人稱孝感所致子莊字敬孚以薦擢官翰林典籍與修洪武正韻累官福建參政

○錢迪常熟人父甦在文學傳洪武甦坐事當刑迪年十八詣執政求以身代所司上其事詔從之

○徐植字原芳常熟縣學生父達幹以武後期將伏法植年十八代父死臨刑賦詩有願將一死報劬勞之句

○顏琇字季粟吳縣人洪武初父濟民戍鳳翔母韓從行留琇守丘隴越六年聞母訃琇即日奔赴函母以歸自陜抵吳踰數千里骨函未嘗着地行則負之寢則懸於屋梁而草宿其下渡則著之心胷父既老免歸奉養愈謹旦必躬滌溺器家人止之曰此臧獲輩事耳何乃自苦琇曰此非爾所知也蓋其心恐親有疾每視溺以驗之其父固不知也後父卒琇哀號日夜絕而復蘇水飲不下咽越五

日竟哭死子昌亦有孝行
○楊應發居閶門市中母嘗有疾醫藥弗療刲股為羹以進母啖之疾已他日母復疾危甚應發露立北面稽首以香然頂灼臂叩天乞減己年以益母壽是夕天陰瞑俄頃雲開盡見北斗之六星惟一星尚沒頃雲復合及還至母所見母擁衾坐床上言有白衣者六人以水灌溉遂霍然而蘇詰旦母平復如常年八十餘卒
○莫轅字巽仲吳江人少從張適易恒學洪武初父繫　詔獄將刑轅年十一願代父死理官試加脅誘語無異詞遂奏釋其父而繫之轅父更為辯究闕下竟致庾死轅獲赦季父侍郎禮自寵于上時　國法方嚴轅憂之每指同姓一人隸洱海衛者曰是吾族也人疑之後黨禍一家無免者獨轅以嘗附尺籍免兄嫂前以家禍病死有遺孤二皆在襁褓轅為保護甚至復變姓名潛入都下竊父祖遺骸歸葬于鄉屢冒法禁幾死後
恩宥歸痛念家禍不御酒肉數年家被火火逼母寢轅躍入火中抱持以出鬚髮盡焚卒年七十七私謚貞孝先生

○都文信字士誠吳縣人其父思賢與徐右之者交善思賢死妻唐有娠晝夜悲泣右之日使人存問且慰之曰若生子吾當妻之已而果生文信右之家館為壻洪武初右之坐事文信請代行右之曰汝未有子豈可為人死不許既而右之事白得還復以事被逮文信曰今已有子可行矣右之亦不許文信潛冒右之名以往竟死於獄右之感其義即屏妾侍遂以無子都氏至今奉其祀云
○沈伯剛長洲人本孟姓自少立為母姨之夫沈勝五後後勝五坐事當誅年且老伯剛願代死勝五不許伯剛固欲代之時年方十七臨刑
大祖怪其少問故特赦之又有朱昱亦長洲人父某當遠戍老不能行而兄十七逃去昱年當十六請代往有司少之欲追逮其父兄昱備極哀懇固請代之部使者憐之改留蘇衛云
凡孝友之行列其尤者如右其他表閭給復乃
累朝令典世勸所係者次其氏名聯書之
○龍景才字敦禮常熟人五世同居唐麟德初旌表孫倬字少述少孤力學以至孝聞嘉祐中郡守唐詢表其門詔賜粟帛

○王洵王淳郡人父鑄爲大都督府斷事洪武八年坐法當死淳年二十七洵年二十二聚哭連日夜願以身代淳走訴御史臺曰淳聞父子一體父有難子不忍視請伏鈇鑕以贖父罪言未已洵進曰兄冢嗣宗祀所承弟無庸死猶弃鴻毛爾兄弟交讓各執其志益堅官爲反覆窮詰見其孝誠聞

上釋得免死

○戴君用長洲人父福之洪武中因監稅失火法當死君用身代父刑其妻吳氏守節旌表

○吳淳字伯善長洲人讀書敦行少與兄同居兄以瘵廢伏枕幾二十年元季吳中被兵家人悉奔潰淳獨侍兄不去有操刃入室者淳負兄倉皇走避復遇亂兵十餘交刺淳以身蔽兄被二十餘創昏仆於地兄竟兵死淳稍蘇遂入秦餘杭山鬻墨以給

○朱良吉常熟人母錢病且死良吉沐浴禱天剖胸取心肉一臠煮粥食母母病愈良吉心痛不可起邑人俞浩齋聞而過之觀良吉胸間瘡裂五寸氣騰出不能言俞爲納其心以桑白皮線縫合月餘而愈

○張德元字長卿本大名人元元貞二年仕爲平江路知事寓居郡城事母至孝大德元年以婦慧子守節同旌表

○湯文英字孟實其先自華亭徙吳八世同居元至元間表其門復其家

○金弘道字達可祖壽仕宋將仕郎至弘道聚族凡六世元至正間旌其門

○張阿童洪武初孝子不詳其邑里本府公牘至今尚存其名

○俞敬字用禮太倉人事母至孝嘗刲肝愈母疾永樂中事聞旌其門仍擢爲尚寶司丞

○盧雍吳縣人其先閩右徙南京雍仕爲參政以孝旌門

○朱顥字景南長洲人父殁廬墓有馴烏之異事聞成化十一年旌表孝行之門

姑蘇志卷第五十二

姑蘇志卷第五十四

人物十三 儒林

皐弘字奉卿吳人也代爲官族弘少有英才與包榮俱習歐陽尚書顯宗朝拜議郎使授太子嘗會歐陽博士缺帝欲用榮榮讓曰臣經籍淺薄不如同門生郎中彭閎揚州從事皐弘因拜榮爲博士引閎弘爲議郎弘子徽至司徒長史

范平郡人其先銍侯馥避王莽亂適吳因家焉平研覽墳素該通百氏詔謚文貞先生三子奭咸泉並以儒學至大官泉子蔚家世好學關內侯蔚子文才亦知名

陸璉郡人也天監四年詔開五館建立國學總以五經教授置五經博士各一人以璉及沈峻等補博士各主一館館有數百生給其廩餼其射策通明經者即除爲吏於是懷經負笈者雲會矣峻字士嵩武康人博通五經尤長三禮兼國子助教傳峻業者吳郡張及等官皆至五經博士

皇侃青州刺史象九世孫也少好學師事會稽賀瑒精力專門盡通其業尤明三禮孝經論語起家兼國子助教善講說聽者常數百人撰禮記講疏五十卷奏上詔付秘閣頃之召入壽光殿說禮記義武帝善之加員外散騎侍郎侃性至孝常日限誦孝經二十遍丁母憂還鄉里西平邵陵王厚禮迎之大同十一年卒所撰論語義十卷與禮記義皆行於世

陸詡郡人少習崔靈恩三禮義宗梁時百濟國表求講禮博士詔令詡行還除給事中定陽令陳天嘉初侍始興王伯茂讀遷尚書祠部郎中

陸慶吳縣人少好學徧通五經尤明春秋左氏傳節操甚高釋褐梁武陵王國右常侍歷征西府墨曹行參軍除婁令以善政聞陳天嘉初徵爲通直散騎侍郎不就太守永陽王聞其名欲與相見慶辭以疾宗人陸榮爲郡五官掾慶嘗詣焉王乃微服往榮宅穿壁觀之謂榮曰觀陸慶風神凝峻殆不可測嚴君平鄭子眞何以尚茲鄱陽晉安王俱以記室徵不起子士季

士季從同郡顧野王學左氏春秋司馬史班氏漢書仕陳桂陽王府左常侍入隋爲越王侗記室兼侍讀侗稱制擢著作郎時王世充將篡逆謂士季曰隋有天下三十年朝果無忠臣乎士季對曰見危

授命臣宿志也請因啓事爲陛下殺之諆洩傳侍讀乃不克貞觀初終太學博士兼弘文館學士曾孫南金在孝友傳

潘徽字伯彥性聰敏少受禮於鄭灼受詩於施公受書於張沖講莊老於張譏並通大義尤精三史善屬文能持論詣江總總甚敬之釋褐陳新蔡王國侍郎選爲客館令隋遣魏澹聘陳陳使徽接對之及陳滅爲州博士秦孝王俊聞其名召爲學士嘗從俊朝京在途俊令徽馬上爲賦行一驛而成名曰述恩賦俊覽而善之復令爲萬字文又遣撰集字書名爲韻纂凡三十卷俊薨煬帝時爲晉王引爲揚州博士令與諸儒撰江都集禮及帝嗣位詔與陸從典褚亮歐陽詢等助楊素撰魏書會素薨而止授京兆博士楊玄感兄弟甚重之數相來往及玄感敗凡所交聞多罹其害帝不悅有司希旨出徽爲西海郡威定縣主簿（唐書作定威）行至隴西病卒時同郡錢唐褚亮貶西海司戶俱在道中爲之歛瘞人皆義之

褚暉（南史作煇）字高明以三禮學稱於江南煬帝時徵天下儒術之士集內史省相次講論暉博辯無能屈者由是擢爲太學博士撰禮疏一百卷

張沖字叔玄郡人也父僧紹梁零陵太守沖仕陳爲左中郎將非其好也乃覃思經典撰春秋義略異於杜氏七十餘事喪服義三卷孝經義論語義十卷前漢音義十二卷官至國子博士入隋爲漢王侍讀并州博士子後胤

後胤字嗣宗（本傳云崑山人）甫冠以學行禪其家唐高祖鎮太原引爲賓客以春秋授秦王義寧初爲齊王文學封新野縣公武德中擢員外散騎侍郎賜宅一區太宗即位進燕王諮議帝嘗問隋運將終得天下者何姓答云公家德業天下係心若順天而動自河以北指撝可定然後長驅關右帝業可成至是自陳所言乃賜燕月池帝令群臣以春秋酬難帝曰朕昔受大誼于君今尚記之遷燕王府司馬出爲睦州刺史乞骸骨帝見其彊力問欲何官後胤謝不敏帝曰朕從卿授經卿從朕求官何所疑後胤頓首願得國子祭酒授之永徽中致仕加金紫光祿大夫朔望祿賜防閤如舊卒年八十三贈禮部尚書謚曰康陪葬昭陵孫齊丘歷監察御史朔方節度使東都留守謚貞獻曾孫鎰在忠義

傳

陸元朗字德明以字行吳縣人善名理言受學於周弘正陳太建中後主爲太子集名儒入講承光殿德明始冠與下坐國子祭酒徐孝克敷經倚貴縱辯衆多下之獨德明申答屢奪其說舉坐咨賞釋褐始興王國左常侍陳亡歸鄉閈隋煬帝擢祕書學士大業間廣召經明士四方踵至於是德明與魯達孔褒共會門下省相酬難莫能詘遷國子助教越王侗署爲司業入殿中授經王世充僭號封子玄恕爲漢王以德明爲師即其廬行束脩禮德明恥之服巴豆劑僵偃東壁下玄恕入拜牀前德明對之遺利不復開口遂移病去世充平秦王辟爲文學館學士以經授中山王承乾補太學博士高祖已釋奠召博士徐文遠講論語孝經浮屠慧乘道士劉進喜各講其書德明隨方立義偏析其要帝大喜曰三人者誠辯然德明一舉輒蔽可謂賢矣賜帛五十匹遷國子博士封吳縣男卒論撰甚多悉傳于世後太宗閱其書嘉其博辯以布帛二百段賜其家子敦信麟德中爲左侍[illegible]檢校右相累封嘉興縣子致仕終大司成

朱子奢吳縣人父才字待問梁王蕭莊在淮南以才兼散騎常侍副侍中袁奭使于齊莊留鄴稍遷國子博士諫議大夫齊亡客遊信都而卒奢從鄉人顧彪授左氏春秋善文詞隋大業中爲直祕書學士天下亂辭疾歸鄉里後從杜伏威入朝授國子助教貞觀初高麗百濟同伐新羅連年兵不解帝假子奢散騎常侍節諭旨平三國之憾子奢有儀觀夷人尊畏之三國上書謝罪贈遺甚厚初子奢行帝戒曰海夷重學卿爲講大誼然勿入其幣還當以中書舍人處卿子奢至其國爲發春秋題納其美女帝責違旨而猶愛其才以散官直國子學累轉諫議大夫弘文館學士唐初太廟止四室子奢始發七廟之議帝嘗欲觀起居紀錄子奢曰陛下所舉無過事雖見無嫌然以此開後世史官之禍可懼也史官全身畏死則悠悠千載尚有聞乎子奢爲人樂易能劇談以經誼緣飾每侍宴帝令論難群臣恩禮甚篤貞觀十五年卒于官（唐書開成中鄭朗爲起居郎文宗欲觀史朗曰故事天子不觀史昔太宗欲觀之朱子奢曰史不隱善不諱惡自中主以下或飾非護失見之則史官無以自免且不敢直筆又史館故事載貞觀九年十月子奢上表曰今月十六日陛下出聖旨以起居紀錄書帝王臧否前代但藏之史官人主不見今欲親自觀覽

用知得失愚以爲聖德在躬雖無過事史官所書
義歸善善豈不獨覽起居於事無失若以此傳示
子孫切有未喻大唐雖七百之運天命無改至於
曾玄之後或非上知但中主庸君飾非護短見時
史直辭撰陳善惡必不省躬罪己惟當致怨史官
但君上尊嚴臣下卑賤有一於此何地逃刑既不
能效朱雲廷折董孤無隱排霜觸電無顧死亡唯
應希風順旨全身遠害悠悠千載何所聞乎所以
前代不觀
蓋爲此也

施士匄吳人以詩名其學兼善左氏春秋以二經教
授縣四門助教爲博士秩滿當去諸生封疏乞留
凡十九年卒于官弟子共葬之士匄撰春秋傳未
甚傳文宗喜經術宰相因言士匄春秋可讀帝曰
朕見之矣穿鑿之學徒爲異同但學者如浚井得
美水而已何必勞苦旁求然後爲得邪

王蘋字信伯其先福清人唐水部郎中榮時號人瑞有
麟角集入世孫伯虎字炳之嘉祐進士爲潛江令
築隄去水害歷太子中允太常博士尚書戶部員
外郎與蘇黃倡和有進冊三卷及過庭集松陵集
西府錄從弟仲舉字聖俞剛介厲學不狥時好徙
家吳之震澤卒贈奉議郎生蘋出爲世父伯起後
伯起字聖時受經王安石游曾宣靖公亮父子間
學文於子固題所居曰西室有詩曰呰道野集卒
贈右宣教郎二程在洛伯起遣蘋往從之遂爲河
南高第通春秋視楊時猶爲後進時亦謂後來師
門成就者惟蘋耳三舍法行遂不就舉紹興初高
宗幸平江知府孫佑言蘋素行高潔有憂時愛君
之心開物成務之學丞相趙鼎以聞名對補右廸
功郎賜出身除正字兼史館校勘受詔條具賊退
利害蘋奏治本三事曰正心誠意曰辯君子小人
曰消朋黨上謂輔臣曰蘋起草茅而議論進止若
素宦於朝者大抵儒者能通世務乃爲有用蘋修
神宗實錄優詔獎諭朱震胡安國尹焞皆舉以自
代安國論薦尤力謂其學有師承識通時務使司

獻納必有補益遷著作佐郎通判常州主管台州
崇道觀不悅於秦檜會從子誼亦素疾惡爲文以
擬檜罪因坐法牽連文致蘋亦奪官久之復畀祠
引年致仕官至左朝奉郎卒年七十二章憲銘其
葬蘋識慮精微議論平易隤然若與世忘既老作
論語集解未成合文集爲四卷憲及陳長方楊邦
弼皆其門人也嘉熙元年知府王遂祠之學宮寶
祐初里人立像震澤鄉校以長方邦弼配食號三
賢子大本朝請郎浙西安撫參議大中儒林郎從
孫楙

楙字勉夫蚤孤奮學事毋毋歿以公不[illegible]
薦所著有野客叢書三十卷[illegible]
德文字周卿克世其學魏了翁眞德秀[illegible]
王遂皆薦之官止承節郎子敔
敔字行父終日清坐不聞謦欬童豎入見亦斂容而
起著雲嶠類要紀事極該博子仁美孫賓賓從孫
敏皆自有傳
孟文龍字震翁鄒國亞聖公之後宋昭慈后五世姪
孫也高祖信安郡王忠厚鎮吳遂占籍為吳人初
以世賞補將仕郎後中銓試授迪功郎監[illegible]船
場調嚴州錄事參軍再調兩浙西路安撫司准備
差遣時賈似道柄國百僚多隨從法就風旨公獨守
職畧忤其意不少回章鑑趙順孫交薦不報循調
從政郎浙東提舉常平幹辦公事丁內艱不行始
自咸淳以來被命主昭慈祀事元兵壓吳文龍奮
激有賈勇三軍之氣與守臣議不合遂返吳昭慈
之廟後平章史弼等薦起之文龍致書曰文龍未
死慚負神明群公相國以忠孝文龍為群公起將
何以令今之事君者敢以死辭遂止不出戶庭者
三十年著易解大全三十卷子潼字宗鎮舉茂材

由教官歷任有司以承直郎松江府判官致仕[illegible]
學厲行敏於從政意度卓犖猶有承平王孫故態
嘗即故居建鄒國公祠剏性喜家塾以教其族黨
俞琰字玉吾吳縣人生宋寶祐間以詞賦[illegible]隱
居著書不復仕進以義理之學淑諸人於書無不
讀精於易學尤好鼓琴既老自號石澗元貞間卒
年七十餘其所述諸家易說一百餘卷名曰大易會
要自述上下經十翼四十卷名曰周易集說又有
陰符經解一卷周易參同契發揮三卷易外別傳
一卷幽明辯惑二卷書齋夜話四卷席上腐談二
卷弦歌毛詩譜一卷男仲溫字克承其志孫貞木自
有傳

人物十四 文學

陸士秀字南容郡人博通百姓之言幼時在陳容儀
迅舉齊使李騊駼至江南問江南孟婆是何神也
士秀曰山海經云帝之二女游于江郭璞注云天
帝二女尊之為神由此言之則孟婆也以天帝女
尊之為孟猶郊祀志以地神為泰媼也騊駼曰僑
南之辯無以加焉後在隋為學士或謂曰後魏書
辯王肅論於孝文前肅云唯有女子辯男子無辯

劉芳曰男子亦有笄引內則爲證𦖷乃歎曰今日方知劉石經芳可謂博物君子乎士秀曰內則稱男子之言子事父何足以明男之有笄男子有笄布在經傳劉芳儒者不能博物群書容或不悉王𦖷多聞之士無不知時王𦖷劉芳獨暗斯事引內則謂之不經斯不 大此乃魏收學不稽古而虛美劉芳非芳雅論誠損之也

顧野王字希馮吳縣人也祖子喬梁東中武陵王府參軍事父烜信威臨賀王記室兼本郡五官掾與子喬俱以儒術知名野王幼好學七歲讀五經畧知大指九歲能屬文嘗制日賦朱异見而奇之年十二隨父之建安撰建安地記二篇及長徧觀經史精記默識天文地理蓍龜占候蟲篆奇字無所不通爲臨賀王府記室宣城王爲揚州刺史野王及琅琊王褒並爲賓客王甚愛其才野王又善丹青於東府起齋令野王畫古賢命褒書贊時稱二絕及侯景亂野王丁父憂歸本郡乃召募鄉黨隨義軍援都野王體素清羸裁長六尺又居喪過毀殆不勝衣及杖戈被甲陳君臣之義逆順之理抗辭作色見者莫不壯之城陷逃會稽陳天嘉中敕補撰史學士太建中爲太子率更令尋領大著作掌國史知梁史事後爲黃門侍郎光祿卿知五禮事卒贈祕書監右衛將軍野王少以篤學至性知名在物無過辭失色觀其容貌似不能言其厲精力學皆人所莫及所撰玉篇輿地志各三十卷符瑞圖顧氏譜傳各十卷分野樞要續洞冥記玄象表各一卷並行於時又撰通史要畧一百卷國史紀傳二百卷未就而卒有文集二十卷陳書曰野王傳

[illegible]

陸搢字士紳郡人祖映梁侍中父陟諮議將軍世有文集搢不墜家聲隋仁壽中召補春宮學士大業中爲燕王記室唐貞觀中授朝散大夫魏王府文學

朱佐日郡人兩登制科三爲御史武后嘗吟詩曰白日依山盡黃河入海流欲窮千里目更上一層樓問是誰作李嶠對曰御史朱佐日詩也賜綵百匹轉侍御史子承慶年十六舉秀才嘗爲昭陵輓詞入高等由是父子齊名

張旭字伯高一字季明吳縣人與集賢院學士延陵包融及賀知章張若虛皆有名當時號吳中四士

旭嗜酒每大醉呼叫狂走乃下筆或以頭濡墨而書既醒自視以為神不可復得也世呼張顛初為常熟尉有老人陳牒求判宿昔又來旭怒其煩責之老人曰觀公筆奇妙欲以藏家爾旭因問所藏盡出其父書旭視之天下奇筆也自是盡其法旭自言始見公主擔夫爭道又聞鼓吹而得筆意及觀公孫大娘舞劍器得其神後人論書歐虞褚陸皆有異論至旭無非短者傳其法惟崔邈顏真卿旭官至金吾長史文宗時詔以李白歌詩裴旻劍舞并旭書草為三絕云

于公異吳人也進士擢第李晟表為招討府掌書記朱泚平露布於德宗曰臣既肅清宮禁祗奉寢園鐘簴不移廟貌如故帝覽泣下曰誰為之辭或以異對帝咨歎一再仕不振而卒

張籍字文昌吳縣人貞元十五年進士為太常寺太祝以次遷祕書郎韓愈薦為國子博士歷水部員外郎主客郎中當時有名士皆與游而愈賢重之籍性狷直嘗責愈喜博塞及為駁雜之說論議好勝人其排釋老不能著書若孟軻揚雄以垂世愈亦貽書答之仕至國子司業張洎論籍為詩長於古風當時與元微之白樂天孟東野歌詞為天下宗匠號元和體又長於今體律詩貞元已前多拘於常態至籍一變而章句之妙冠於流品李杜之後一人而已子黯按韓愈題張中丞傳云吳郡人其本集有贈姚合詩云共踏長安街裏塵吳州獨作未歸身又有門前今誰住君過西塘與問人則為蘇人無疑也或云籍和州烏江人故居在通淮門裏大曆中為烏江令所葺擴此蓋籍寓居也烏江令本傳不書蓋亦傳聞之誤湖中張襄發有詩集跋辨之甚詳

陸暢字達夫郡人早有才名鄉音不改舉進士授官祕書丞觀察判官植性謹和涖事周敏剖斷公事人人不寃初王仲舒刺洪州暢在幕府終日長吟不親公牘仲舒微言竟拂衣去辭曰不可偶為大夫參佐而妨志業由此美譽益彰及登省署遇雲陽公主出降詔作催妝詩恩例外別賜宮錦五十段楞伽瓶及蛙盂各一枚又為劍南西川節度韋皐所厚禮始天寶間李白為蜀道難篇以刺嚴武暢更為蜀道易以美皐其詞云蜀道易易於履平地皐向在蜀數進兵器上刻定秦字既死人以此

太平御覽天禧中以職方員外郎秘閣校理知舒
州秩滿主管郡之靈僊觀王欽若言其恬於榮利
除直史館南唐韓熙載有門生舒雅疑即其人也

林虙字德祖父旦自有傳虙少穎悟絕人能傳父祖
業伯父希嘗獲古鏡背有龍𥎞二子虙從旁曰是
非唐太宗時物乎希異之曰是兒眉過於目當復
以文名可繼其祖矣遂以德祖字之既長益刻苦
自淬厲攻其學早成登進士第除潁州教授入爲
太學錄遷保教授常州常號多士籍於學者千餘人
時方以三舍取士乃身爲勸率從者風靡大觀三

年廷試當中士預選者五十三人上賜詔曰進賢受
上賞知州州教授特轉一官虙由奉議郎以宣德郎
知州徐州遂於學之南立進賢坊榮賜亭以侈之
虙在職六年學者益信服用從官薦不詔試[illegible]堂
遷揚州州教授擢河北西路提舉學事陛對曰上首
以久歷師儒顧問甚渥且使徧行所部推廣風旨
虙頓首奉詔因請加賜鄒兗二國公謚復捐公廨
築圃歸于學除開封府左司錄以府尹不之禮上
章請老[illegible]自書牘且報可家人無知者即日束裝
出國門士大夫奔走出餞皆不及既歸杜門一室

不入州縣無一言及時事爲人強敏有志操[illegible]
經諸子而下錯綜貫穿無不記誦爲文章援筆[illegible]
百言閎肆易數暢皆有抵宿其所欲爲自信不疑晚
好浮屠外生死說不肉食十四年始疾即不命醫
藥遂卒弗亂年六十六所居大雲坊自號大雲翁
有易說書義書禮記老子解及大雲集二百卷神
宗聖訓十卷又集西漢詔令十二卷程俱爲之銓
次制序

龔頤正字養正本名敦頤其先歷陽人元祐黨人兵
部侍郎原之曾孫祖澈通判江寧府父相字聖任
知華亭縣[illegible]著聲績遂家焉中相兄揖字濟道頤正用洪
丞相[illegible]嘗著符祐本末
三十卷又著元祐黨籍三百九人列傳所佚者六
人而已淳熙末洪邁領史院奏授下州文學補迪
功郎監潭州南嶽廟光宗立用爲主管吏部架閣
文字遷太社令宗正[illegible]續稽古録言[illegible]
定策功擢兼資善堂小學教授[illegible]樞密院編修官
嘉泰元年詔頤正學問該博賜進士出身兼實録
院檢討官預修光孝二宗實録未幾遷秘書丞[illegible]
[illegible]詔歸續稽古録頤正有文名尤爲[illegible]

大所賞周必大稱其博通史學嫺於辭章所著書
甚多有中興忠義録三卷續釋常談二十卷皆行
于時
周南字南仲世爲吳縣人曾祖昇祖淵父安道南博
學無所不通與孔元忠滕宬皆從葉適遊紹興元
年對策言甚切直大要謂陛下聰明爲小人蒙蔽
一曰道學二曰朋黨三曰皇極自陛下入其說而
才學之士以道學棄之矣至其中立不倚者又指
以朋黨而不用矣雖其不能可否無所執守而自
爲賢者然後竊箕子之說爲自便之地而建皇極

之論起矣夫箕子謂有爲有猷有守乃有才有道
有操執之人也今所指道學朋黨者正斯人耳柰
何反棄之而謂之建皇極哉天下之禍始於道學
而終於皇極矣又云陛下近逐一讒諂權貴之小
人而惎舌之星爲之不明者累月若積其實罪[illegible]
事如斯何求而不得蓋是時閤門舍人姜特立[illegible]
幸翻正奏出之故南言如此考官得其文驚歎擬
奏第一適鄭湜有奏光宗顧謂大臣曰湜疏有入
六日爾南何自知之乃格寘乙科之首當時中選
者自姚穎在南右授池州教授時論者益攻道學

婦翁黃度忤權要爲御史所劾差南常州推官以
父憂不行主管吏部架閣文字幹辦浙東茶鹽司
公事開禧三年召試館職尋改文林郎祕書省正
字嫂喪服除再入又以言罷卒所著山房藁前後
集合四十卷子深原嘉興丞知太平縣
滕宬字季度郡人元祐黨籍友之曾孫知道州珙之
子也沈敏好學耽研經史無不洞達夜四鼓猶不
寐惟不喜時文習制舉安於退處不急仕進淳熙
中以賢良召既試命文飄疾午漏不移晷已就考
官疑其輕已大怒故以四通不合近制擯之後雖

再召薦者不絕處之漠如也晚居齊門窮僻處官
於吳者知其賢多就見之清語終日終不及私葉
適奏其學行特授號廉靖居士卒年六十五葬常
熟
周[illegible]字次山常熟人幼穎悟五歲誦論語每舉一字
輒[illegible]類言之淳熙十年秋試主文郭顧取爲解魁
以失書塗注知府耿秉移嗣牓首遂棄舉子業窮
經史百家之書識見超[illegible]文筆凌厲操履益不苟
參政宇文紹節館之以[illegible]官不就知縣孫應
時甚[illegible]亦與訂所疑焉精於漢

史所著韓生傳蠻章華臺記石頭城秋懷等作皆膾炙人口餘多散佚盧氏云嘗見甫有印文曰臨[illegible]甫恐即狀元甫之族也

張攀字從龍常熟人四世祖僑字[illegible]登進士以言事謫衢州終朝散郎[illegible]攀重厚攀由太學生登進士調鄞縣[illegible]知溧水縣[illegible]嚴州通判監登聞鼓院慶元遷判知興國軍除將作監丞太府寺丞祕書丞詮次中興館閣書目凡一萬四千九百四十三卷上之兼權右曹郎官除尚右郎官改尚左軍器監同日再命拜殿中侍御史兼侍講除起居郎兼崇政殿說書嘉定十六年卒年七十贈通議大夫集英殿修撰攀寬厚易直遇事開誠無一毫矯飾幼年辟試不肯減年為欺家世清白持之益堅仕州縣以循良稱在朝廷以靖恭著有益齋文集奏議瀛署論

張慶之字子善其祖以[illegible]蔭入官從建康徙吳父明字子聰氣岸奇偉[illegible]有志操為舉子業逮長棄不習出入經史百氏精思積年擬太玄作測靈又撰孔孟衍語絕意仕進好為山水之游著虎丘賦因號海峯野逸倣五柳先生作海峯遺民傳以伯夷蔣詡陶潛司空圖自况且謂沈冥似海峻厲似峯時人尚其狷介初文天祥知平江慶之齒諸生之列洎國亡集杜詩備述天祥平生大節有海峯文編三卷幷老子注測靈衍語續胡曾史詠詩

湯仲友先名益字端夫淹貫經史氣韻高逸學詩於周弼早登知府二吳之門浪迹湖海晚復歸吳有壯遊詩集子元哲

高常字復常一字可久性嗜吟咏有齊瓠集五卷尤精周弼馮去非為之序常清癯瀟落無子捐宅為妙智僧舍同時學詩於周弼者有顧逢陳瀧逢字君際舉進士不第弼稱為顧五言自署其居為五字田家有詩十卷傳於日本僧後辟吳縣學官所著船窗夜話一卷負暄雜錄一卷有子學老氏法

陳瀧字伯雨紹興初自沐徙家于吳瀧博涉經史百氏最深於春秋晉書鄉薦漕試皆不第放浪山水倜儻有晉人風致有澹泊集九卷子鐸字子振[illegible]字子敬能世其業瀧與湯仲友高常顧逢皆[illegible]名士同郡陳發嘗評癯鶴高樓梅渚消澗幽為四詩[illegible]之趣發子永輯為一編名曰蘇臺四妙

浦源長洲人至正間仕至太中大夫廣平路總管輕車都尉封京兆郡侯初未聞其有文學名嘗[illegible]

德寺傍見一石刻乃源爲同僉阿扎剌室人童戶
祠記其文閎博恢特字畫遒勁足爲名家記頗多
不錄子玉田建德路儒學教授孫輿介休知縣
宋无字子虛吳人生宋景定間嘗習舉子業科舉廢
遂專工爲詩比對精切造語新奇有隱居之趣所
着有翠寒集啽囈集嘗舉茂異不就年八十餘卒
張雯字子昭其先浚儀人宋有官御器械者從國南
渡居錢塘再徙吳雯少力學嗜書所居臨市衢構
樓藏書自經傳子史稗官百家無所不有其學無
所不通而尤精於律呂每衆坐聞樂輒俯首躡蹙
嘆曰吾其不免乎於時宋亡已久故官老校猶有
存者雯從之問宋遺事朝廷宗廟宮室輿服朝會
讌享生殺除拜咸得其詳所著書曰繼潛錄書盡
補遺墨記子田字芸已亦攻文詞田子肯字繼孟
一字寄夢少從金華宋濂學所爲詩文清麗有法
尤長於南詞新聲年八十餘卒所著有夢菴集
顧權字用衡其先自蘭谿徙居崑山父逵卿與[illegible]
胡先生同里友善期有子當使爲士及得權篤意
敎之權能力學博通群典尤究心於易爲文
古作者矩度一字不當不苟出遭時

居不仕爲鄉校師卒無子知州偰傒斯教授蔡基
爲買地葬於馬鞍山北門人私謚靖貞先生
葛乾孫字可久生有奇氣貌偉特膂力絕人好擊刺
戰陳之法以至陰陽律呂星數靡不精究長乃折
節治經研覃淵邃入試屢下遂棄去不求仕肆力
古學爲文章陵轢古今沛如也父應雷取醫書授
之乾孫稍治輒精而不屑施行或施之輒取異效
一書生傷寒不汗發狂循河走乾孫就捽置水中
良久出之裹以重繭乃汗而解一女病四支萎痺
目瞪不能食乾孫命悉去其房中香奩流蘇之屬
發藉地版相土爲坎舁女寘之扃其扉戒家人伺
其手足動而作聲當報我久之女果舉手足而呼
乾孫投藥一丸女明日自坎中出蓋女素嗜香脾
爲香所蝕故也壬辰徽寇轉掠蘇人震恐廉訪僉
事李仲善請乾孫圖之乾孫勸城之以守然後請
自往討賊李從之卒城之而事戢明年語光福徐
顯曰聞中原豪傑方興而吾不得與命也今六氣
淫厲吾犯咸池殆將死矣如期必於秋一日見武
士開弓取挽之而斂歸而下血亟命其子煎大黃
四兩子密減其半飲之不下問知之曰少耳亦無

傷也我當以明年死今未也再服二兩而瘉明年
果卒年四十九所著惟醫學啓蒙經絡十二論傳
周南老字正道本道州人濂溪先生之後宋季徙
吳祖才父文英自有傳南老元季用薦授永豐縣
學教諭改當塗縣代還會天下亂省臣奏爲吳縣
主簿僧普益殺人父不得尸南老□徼責縣神次
日覺群烏飛繞有異跡其所□□於湖濱縣稱
神明尋辟爲浙省掾上書言□□□事曰開荒田
節財用通鹽法息奔競辯禮分□□銓選除兩浙鹽
運司知事進淮南行省照磨改□浙行省進權本
省理問
國初徵詣太常議郊祀禮禮成□□臨安居住放還卒
南老端毅好學其學本於義理而詳於制度所著
有易傳集說喪祭禮舉要姑蘇雜詠拙逸齋稿子
敏字遜學洪武中舉任長洲縣學教諭後與金華
胡隆成同　召以親老辭歸親終改廣東豈器局
副使子汝安溪主簿淵遂昌知縣孫綱字文叙以
薦授廣東融縣丞進知縣卒綱治融十有八年有
惠政於融成化中都御史韓雍以融人思綱不忘
奏綱子奎爲融丞未幾進攝知縣兼攝羅城□□遂

二縣後丁母憂改茶陵州判官卒
○謝徽字元懿長洲人至正中以詩經中浙省鄉試
洪武初應　召修元史史成授翰林　國史院編
修官兼教功臣弟子擢吏部郎中辭歸洪武六年
再起爲國子助教卒徽博學工文詞與高啓齊名
所著有蘭庭集弟恭字元功亦能詩所著曰蕙庭
集
○王彝字常宗其先蜀人父某教授崑山彝遂留居
於崑又從嘉定少貧讀書天台山中師事孟長文
長文爲金履祥弟子故彝之學遠有端委爲文精
嚴縝密明暢英發不爲謏詞以逐時好時楊維楨
以文章雄視東南一時多尚之彝獨目爲文妖作
文說之洪武初與修元史書成以母老辭歸後與
高啓俱坐魏觀事卒
○申屠衡字仲權長洲人少從楊維楨學通春秋爲
古文有法元季不仕自號樹屋儒洪武三年徵至
京草諭蜀書稱　旨授翰林修撰以病免尋謫居
濠上卒所著有叩角集同時有陶琛字彥珩者亦
有文學洪武初以薦儒學官志尚高潔工古篆書
□□□楷法子繼字承伯枝江知縣亦有能書名

○傅著字則明常熟人中元鄉試備牓洪武初與修元史爲常熟縣學教諭罕官潞州知州所著有味梅齋稿若干卷

○王行字止仲吳縣人家素貧賤父某爲人傭賣藥挈行自助行時數歲閱藥千品悉志其某某主媼喜聽稗官小說（即今世俗所云門詞）行默記數本暇即爲媼歌之主異之試授論語一帙翌日已成誦遂悉所儲書恣其披閱三年辭去授徒城北一時文名大譟尤善談論對客抽譯經史援據今古纚纚不窮然家徒壁立几無留冊叩其所自曰向得之藥主人

耳洪武初郡學延爲訓導諸生心傾易之以五經雜進問難行隨問辨荅無有疑滯衆始驚曰王先生非詞章之學也郡守魏觀王觀先後薦于 朝不報晚歲將遊金陵或以時情叵測勸止之行不顧竟往館於貴臣藍氏藍得罪行亦坐死行有文武才尤喜論兵負其所有以及於難君子惜之所著有楮園集半軒集學言稿通意宜資墓銘舉例唐律詩選共若干卷

○錢逵字伯行吳縣人父良佑字翼之博學工詩志工篆隸元文宗時嘗被旨書農桑輯要父學行廷臣交薦宜館閣不報至大間署吳縣儒學教諭既代輙不復出自稱江郵民逵刻意力學年四十餘猶無宦情至正間江浙行省分治於蘇始起家授登仕郎分省管勾架閣尋除本省檢校官歷左右司都事陞淮南行省員外郎洪武初選詣太常議禮禮成發居鳳陽未幾放歸後以事逮詣京卒逵爲人淳厚雅飭稽古考訂雖老不倦其書雖傳家學而論者謂特過之篆隸行楷悉追古人妙處一時若參政王叔能平章達兼善咸推重之所著有櫓巢藁從姪復常湖二學訓導復子謚松陽教諭

○金文徵字德儒嘉定人洪武中爲本縣儒學訓導尋登洪武三年進士爲延安府鄜州同知州境與川蜀相接素號難治文徵優爲之仕終國子學錄從兄玫字德進號朸生亦攻文詞元季爲長洲縣學訓導洪武初擢國子助教

○顧阿瑛字仲英别名德輝崑山人少輕財結客豪宕自好年三十始折節讀書購古書名畫彝鼎秘翫築别業於茜涇西曰玉山佳處日夜與客置酒賦詩其中四方文學之士若河東張翥會稽楊

維楨天台柯九思永嘉李孝光方外之士若張伯雨于彥成琦元璞與凡一時名士咸主其家其園池亭榭之盛圖史之富與夫餼館聲伎並鼎甲一時而才情妙麗與諸公亦畧相當風流文雅著稱東南嘗舉茂材署會稽教諭辟行省屬官皆不就張士誠入吳欲強以官乃去隱於嘉興之合溪既而以子恩封武畧將軍水軍千戶飛騎尉錢唐縣男及母喪廬墓閱釋氏書有悟遂祝髮稱金粟道人自題其像曰儒衣僧帽道人鞋天下青山骨可埋若說少年豪俠處五陵鞍馬洛陽街洪武初隨其子元臣遷臨濠卒所著詩曰玉山璞稾萃亭館篇詠刻梓曰草堂名勝集又刻交遊諸公詩自楊維楨而下四十餘家曰草堂雅集同時有沈萬三及福山曹氏亦以財雄於吳而文雅不及

○郭翼字羲仲崑山人少從衛培學邃於易爲文詞必欲追古作者楊廉夫謂其文可方軌西京李孝光謂其詩佳處與人不同調翼素有大志嘗出策干時貴不能用遂歸耕婁上老得訓導官竟與時忤困躓以終自號東郭先生又自稱野翁所著有林外野言

○秦約字文仲其先淮安人宋直龍圖閣觀之後始遷崇明其後再遷崑山父王字德卿業儒有至行門人私謚孝友先生約至正間官崇德州教授洪武初應　召試慎獨箴拜禮部侍郎以母老辭歸再以寶鈔束帛徵詣京上疏陳乞復書院書堂義學例當復舊守令之選另立一科四十蒞職百日舉代郡邑三年造冊與志書同進以備　國史採擇

上悅以約年老難任繁劇計五百里授以儒官得溧陽教諭御史練則成待制吳沉薦約宿學遺老合在館閣不報在溧陽八年請老歸卒約文章務求理勝而詩尤工張蛻菴翥貢尚書師泰尤所推重所著詩文曰樵海集別有師友話言稚史補遺孝節錄詩話舊聞崇明志

○馬麐字公振太倉人元季避兵於松江之南園池亭榭幽閒自娛屏絶世慮日誦經史爲人不事脩飾樂與賢士大夫交楊廉夫深器重之長於詩歌有醉漁草堂一集

○袁華字子英崑山人少穎悟不群讀書一二過輒記誦不忘工詩才長於樂府與顧阿瑛友善世家

所藏書畫采經品題。楊維禎尤重其人以才子目
之洪武初爲郡學訓導後以其子爲吏被罪坐累
卒於　京師所著有耕學稾又有易恒九成者宋
蓮峯先生斗南之後亦能詩勵行與華同爲顧氏
客洪武中應薦至京以老辭歸有陶情集
○偶桓字武孟太倉婁江人少嘗接識楊維禎倪瓚
瓚謂其詩有超乘挽繮之力日升川至之漸洪武
中以薦爲崇安從事按廣西桂林河泊大使終荊
門州吏目所著有江雨軒集醉吟録鳳臺吟嘯集
○殷奎字孝章一字孝伯其先自華亭徙崑山少從

倉書　蘇志卷一五十四　一二十九

楊維禎授春秋嘗應鄉試不利遂謝去洪武四年
以薦赴京試高等例授州縣職因毋老請近地便
養忤　意調陝西咸陽教諭盡心教事在任四年
念其毋不置鬱鬱而死年止四十有六門人私謚
文懿先生奎文章精審有法尤深於性理勤於纂
述所著有道學統緒圖家祭儀崑山志咸陽志關
中名勝集陝西圖經要曲叢稿支離稾渭城稾語
奎二弟璧字孝璉茸字孝揚俱明經薦于孝友奎
卒璧間關數千里迎其柩歸茸舉秀才試廣西僉
事終太平府推官

○張簡字仲簡郡人初爲黃冠師元季兵亂以毋老
歸養遂返巾服簡通儒家書尤工於詩饒介自號
華蓋山樵嘗延諸文士賦詩時高楊輩咸在簡詩
第一即席贈黃金一餅有集若干卷金華王禕爲
之序
○葉顒字伯卬吳縣人家洞庭東山父國英倜儻好
結内名士儒學提舉李祈國子助教宇文公諒並
主其家故顒學有端緒尤長於詩元季由江浙行
省鄉試署和靖書院山長意頗不樂挾策走燕京
會天下亂流落濠亳間比歸而家已蕩然故人耿

倉書　蘇志卷一五十四　一二十

炳文以討張士誠累功封長興侯遣人招顒欲薦
於　朝顒曰時去志違年幾知非無庸是爲也乃
益放情詩酒佯狂自恣自稱浮丘醉史竟客死長
興又有許燁光遠者亦家洞庭洪武初應　召至
京獻詩又陳省刑薄賦之策以老乞歸　賜布袍
放還今山中有許山人林亭
○蕭規字元則其先楚人　國初徙居吳江再徙郡
城其學長於春秋毛氏詩讀書樂道不求祿仕人
稱竹園先生所著有湖山樵寓集子二潭字孟南
庚辰進士終建始知縣湘字仲南永樂中舉秀才

授中書舍人終大理評事俱有文學
○鄒奕字弘道吳江人秀目美髯貌若玉雪論議英
發文詞高古至正中登進士調饒州錄事洪武初
職風紀出知贛州府坐事謫甘肅二十餘年永樂
初以蹇忠定公義薦　召還有吳樵藁
○張適字子宜長洲人父澤元海道萬戶府總管適
幼穎悟十歲能賦詩彈琴時稱奇童嘗以詩經應
江浙鄉試元季天下亂遂隱居不仕洪武初以秀
才　召擢水部郎中病免後復以明經薦授廣西
布政司理問所提控案牘調滇池魚課司大使考

滿改宣課司大使卒適博學攻詩文與高啓楊基
齊名所著有樂圃江館南湖漫藁及甘白諸集孫
柷宣德間由進士除大理評事正統初上疏言事
甸旱蝗乞暫停徵稅放免匠役蠲除倒死馬匹以
甦民困後坐事左遷處州知事改刑部檢校陞大
理左寺正陞保定知府致仕卒
⊙陶振字子昌吳江人少學於楊維楨兼治詩書春
秋三經洪武末舉明經授本縣學訓導嘗坐佃居
官房逮至京進紫金山碑三賦得釋改安化教諭
卒振天才超逸詩語奇雋有名於時所著有[illegible]

集
○周砥字履道吳人號匊溜生博學攻詩豪放自好
嘗寓居無錫轉徙宜興之荊溪與馬治孝常者窮
山水之勝著荊南倡和集晚歸吳中復與高楊諸
人結社兵興去客會稽竟死於兵砥效東坡書甚
工亦工畫山水
○錢甦字更生常熟人博學專攻性理洪武十年應
詔上書至中書長揖不拜左右以為言甦曰未拜
天子不敢先拜丞相遂於本省聽辦事務數月不得
召會有　詔募撰祭元幼主文甦亦擬撰以進

有云朕之得復吾中國之固有汝之宗棄其朔漠
所本無朕固無媿於汝汝亦將奚憾於朕哉
上得之大喜即日　召見欲官之以老疾辭　賜歸
卒甦初名沂字伯與洪武初坐事當刑其子迪代
之死故易今名曾孫昕字景寅宣德進士歷官湖
廣布政以廉慎著稱同時有魚侃者亦常熟人歷
官開封知府亦有廉名然昕故富家而侃貧人尤
難之鹽山王公在吏部時常稱曰富不愛錢錢昕
貧不愛錢魚侃
○吳文泰字文度吳縣人耽於詩清才逸思雖罹憂

困而嘲弄不輟同郡丁遜學者名敏亦喜吟詠更相推敲故業益精洪武間爲涿州同知謫戍雲中卒敏固窮而守志不回嘗主某氏師席有故人自遠來訪主家無留客意即束書要宗歸主惶恐數謝過竟不就

○朱應辰字文奎吳縣人少治禮經爲舉子元季屢試不中乃棄去從會稽楊維楨學爲古文詞洪武初起爲郡學訓導後改常之江陰卒應辰學博多伎能詩文行暢炳蔚尤精篆籀之學所著有澂芳集三卷

○徐達左字良夫吳縣人少受易於鄱陽邵弘道再受書於天台董仁仲值時多故隱居光福山中家故温裕喜接納四方名士置家塾合族屬子弟教之鄉黨遵化洪武初郡人施仁守建寧薦爲其學訓導師道克立居六年卒于學官所著有四子書十卷詩文集六卷

○寇堪字克用一字勝伯宋丞相允文諸孫也後家長洲隱居行義不樂仕進家藏書甚富多手自編緝其爲詩清順則麗間寫山水亦有思致雅重先世手澤聞有雍公遺文雖千里外必購得之乃已其從祖伯生遺稿亦堪所編今刻吳中

○張家字翰宸嘉定人與弟粹中並有文才而家尤工於書有晉人風致同時有阮維則者與家昆季俱擅時名

○林大同字逢吉其先長樂人曾祖以下皆官常熟因家焉大同幼孤苦力學六經子史手自鈔讀不間寒暑洪武中爲開封訓導以病歸永樂初再召卒以疾辭所著易經奧義幷文藁若干卷

○滕用亨初名權字用衡後避諱更今名長洲人尚書德懋從子少從德懋遊學四方頗多見聞問學辯博文詞爾雅尤精六書之學其篆隸之妙高出近世永樂三年被薦時年幾七十矣召見面試篆書用亨作麟鳳龜龍四大字以獻又獻禎符三詩稱 旨授翰林待詔預修永樂大典在官四年卒時篆隸書稱用亨及長樂陳登然篆意清古不及用亨也用亨尤善鑒古器物書畫嘗侍
上閱畫卷衆目爲趙千里用亨頓首言筆意類王晉卿及終卷果有駙馬都尉王侁名

○趙友同字彥如長洲人系出宋南陽侯父良仁工

醫在藝術傳友同沉實温雅有行誼自少篤學嘗
從宋濂游洪武末任華亭縣學訓導永樂初滿考
當遷會姚廣孝言其深於醫遂授太醫院御醫又
有言其知水事者　詔從夏原吉治水浙西其後
大臣數薦其文學及修永樂大典遂用為副總裁
又與修五經四書性理大全書書成當遷翰林以
母喪去卒於家弟友泰子季敷孫同魯俱世其學
○梁時字用行始家吳江遷長洲博學工文章以氣
格為主不事纖靡亦善筆札洪武中用薦授職
岷府紀善遷翰林典籍修永樂大典充副總裁有
噫餘集
○樓澄字文淵父紹自鄞徙吳澄生而孤母守節保
訓成立母患瘵癧卒澄終身不食栗蚤從貝翺學
深於書晚更嗜易嘗教駙馬都尉胡觀家及歸夏
尚書原吉與論水利欲薦之以疾辭有林皐鼓缶
等集子日宏世其業日宏子序字仲彛與同時錢
腴字時用皆以文學稱
○錢紳字孟書其先自泰州徙吳父中善琴見藝術
傳紳少讀書脩行與其表兄陳檢討繼運居一時
儕輩數人同業各以所能更互辯難以相資然後

德乙卯以春秋中順天府鄉試授工部主事
部歷員外郎郎中遷辰州知府致仕卒為人坦率
無他腸所著有學言稾
○鄭文康字時乂崑山人性豪俊有奇志登正統戊
辰進士見者咸以公輔期之既而父病得請歸養
未抵家而父亡母亦尋卒文康悲悼數年加苦宿
疾遂不復仕嘆曰功業由人亦由乎天顧篋中得
平日所為詩文數千首手自去取取其紀載時事
有益勸懲者為平橋稾十卷
○沈愚字通理號崆峒生崑山人世業醫至愚讀書
工詩與劉溥諸人稱十才子其詩清美圓熟尤長
於古風有篔籟集二十卷吳歈集五卷弟魯字誠
學號玄谷子亦博學工古文奇麗閎肆一時稱為
作者所著有經禮補逸九卷坐道論二卷季弟訥
別有傳
○賀廉字以清吳縣東洞庭人邃於易癸卯中京闈
第二授連江儒學訓導校課生徒終日不倦陞
代府紀善為人簡嚴屢以抗言忤當道故官不達
仕終福建按察知事家居以經義教授鄉里多所
造就子元忠壬辰進士累官雲南按察副使致仕

○張淮字豫源吳縣人少業舉子一試不利輙棄去學詩蜀人徐公子者以詩自豪僴然謂吳中無人嘗自誦其蘇臺覽古之作淮隨誦隨和立成二首皆出其意外徐噤不敢復言明日遯去又嘗於廣座中援筆賦牡丹詩一百首依元僧明本梅花詩韻衆以為神嗜酒落魄一日醉死同邑有陳韶大和者亦縱酒工詩其名稍劣於淮亦為當時所尚

○劉昌字欽謨吳縣人性穎敏讀書過目輙成誦弱冠中鄉試第一會試禮部第二以進士授南京工部主事 召預纂修秘閣書出為河南按察副使董學政嘗著河南志又收集名臣文作中州文表若干官廣東左參政昌博學多聞長於文辭能與人家合所著復有五臺集及縣志採于嘉靖亦二十卷文早夭

○陳頎字永之長洲人景泰中以春秋領鄉薦授封州武陽縣學訓導未幾致仕歸卒頎博學工古文而清修介特人莫敢犯雖位止校官而譽望特重其文典贍有法好論議而必根於理所著有適楚遊梁諸錄洪都紀行咏史集別有紀事之書曰閩中今古

○杜庠字公序長洲人少從崑山張和學同輩忽之張曰此進士才也不二年遂占應天鄉試登進士第出知攸縣頃之罷歸庠有逸才又不得志遂放意詩酒往來湖浙間嬉笑怒罵咸發於詩所著有楚游集江浙歌風

○奚昌字元啓吳縣人少遊鄉校有雋聲正統甲子以易經中鄉試十試禮部不中遂易尚書諸經亦皆涉獵酷好作詩每大衆中舉手搖足輙為推敲之狀或見其不利也以是尤之昌曰彼不售者豈盡以詩邪後進生得昌指授多取高第昌年且五十始中甲科因笑曰吾舉業豈至是始工邪明年卒於 京師昌平生賦詩甚多妻惡其苦吟盡取其稿焚之故其集無傳

○陳震字起東長洲人少穎異數歲爲對警絶時目爲奇童弱冠領鄉薦授濟陽訓導歷寧德教諭所至能舉其職都御史張瑄薦于 朝不報以例改江山縣卒震爲人類簡率而清慎不苟作官三十年家猶赤貧先是震嘗受知於郡守朱勝震後考浙江鄉試其子懷金投之震峻拒不與見士論益高之

○顧珣字文之吳縣人性廉介舉進士居　京師謝絕餽遺以病在告者十餘年未嘗一謁府縣當道者以其貧貺以白金堅辭不內同時進士盛俊吳江人後有顧紘亦吳縣人其清介俱與珣並皆未受官而卒

○周庚字原已初名京吳縣人家世業醫而庚喜讀書工古文詞隱居養親初無仕意成化中以名醫徵辭不獲勉強赴京簡入　御藥房尋授太醫院御醫遷南京太醫院判卒庚爲人清愼文雅狀貌瞿然雖官爲醫而業文不廢其詩沈鬱腴豐有奇氣尤善行楷然皆不苟作

○陳琦字粹之吳縣人以醫籍居　京師登成化丙戌進士授南京大理寺副歷寺正出爲江西按察僉事陞貴州按察副使所在執法不撓在江西嘗忤時貴後其人秉銓竟以私意罷琦物論譁然琦歸吳貧不能爲生時與學者解經及鬻書自給有所感觸輒發於詩窮歲不休有冷菴集藏于家

○張習字企翱吳縣人成化己丑進士授禮部主事歷員外郎出爲廣東提學僉事習喜爲古文詞尤喜搜葺郡中遺文故實一時號爲博雅前輩文集多所梓行嘗纂蘇州志未成而卒

○桑悅字民懌常熟人少有奇質書過目輒不忘年十七領鄉薦會試禮部中乙榜以例抑受泰和縣學訓導遷長沙府通判調柳州府歸卒悅喜莊騷家言特長於賦然縱誕不覊恃其敏悟下視無人人多尤之

○趙寬字栗夫吳江人少聰慧有聲場屋辛丑會試名在第一歷官刑部主事員外郎郎中陞浙江提學副使人材多所造就陞廣東按察使月餘而卒寬爲人平易閑雅人樂與交爲文豐贍若綺藻下筆數千言可立就詩亦清俊同邑吳鎣字汝礪丁未進士亦以文學得名詞翰與寬相上下歷官兵部郎中以疾告歸卒于途

○瞿俊字世用常熟人成化己丑進士除崇仁知縣擢監察御史終廣東按察司副使俊居官不修邊幅而有廉潔之操詩文清雅可取

姑蘇志卷第五十四

姑蘇志卷第五十五

人物十五 卓行

被裘公吳人也延陵季子出遊見路有遺金當夏五月有被裘而薪者季子呼薪者曰取彼地金來薪者投鎌於地瞋目拂手而言曰何子居之高視之下儀貌之壯語言之野也吾五月被裘而薪豈取金者哉季子謝之請問姓字薪者曰子皮相之士也何足語姓名遂去不顧

龍丘萇郡人王莽時隱居太末徵不應更始時任延署爲議曹祭酒互見宦蹟條延傳

何敞少好道藝隱居重以大旱民物顦顇太守慶弘遣戶曹掾致謁奉印綬煩守無錫敞不受退歎而言曰郡界有災安能得懷道因跋涉之縣駐明星屋中蝗蝝消死敞即遁去後舉方正博士皆不就卒于家

陸著字文伯漢桓靈之間州府交辟不就唯娛棲遁臨卒誡諸子弟云吾少未嘗官於世四十餘年以汝等必矜義勿苟仕濁世子孫奉遵遺訓遂三代不仕皆有盛名

陸續字智初吳縣人幼孤仕郡戶曹史時歲荒民飢太守尹興使續於都亭賦民饘粥續悉簡閱其民訊以名氏事畢興問所食幾何續因口說六百餘人皆分別姓字無有差謬興異之刺史行部見續辟爲別駕從事以病去還爲郡門下掾楚王英謀反陰疏天下善士及楚事覺顯宗得其錄有尹興名乃徵興詣廷尉獄續與主簿梁宏功曹史駟勳及掾史五百餘人詣洛陽詔獄就考諸吏不堪痛楚死者太半唯續宏勳掠考肌肉消爛終無異辭續母遠至京師覘候消息獄事時急無緣與續相聞母但作饋食付門卒以進之續雖見考苦毒而

詞色慷慨未嘗易容唯對食悲泣不能自勝使者怪而問其故續曰母來不得相見故泣耳使者大怒以爲獄門吏卒通傳意氣召將案之續曰因食餉羹識母所自調和故知來耳非人告也使者問何以知母所作乎續曰母截肉未嘗不方斷葱以寸爲度是以知之使者問諸謁舍續母果來陰嘉之上書說行狀乃赦興等事還田里禁錮終身續以老病卒子稠字伯嬴爲廣陵太守姦吏斂手廣陵諺曰解理結煩我國陸君中子逢樂安太守少子褒有志操力行好學不慕榮名連徵不就

桓曄一名嚴或作礹字文林龍亢人明帝時太常榮五世孫仕郡功曹後舉孝廉有道方正茂才三公並辟皆不應初平中天下亂避地會稽遂浮海客交阯越人化其節至閭里不爭訟爲凶人所誣死于合浦獄按東觀記桓礹到吳郡揚州刺史劉繇振給穀食衣服所乏者悉不受後適會稽住止山陰縣故魯相鍾離意舍太守王朗納給糧食布帛牛羊一無所留臨去之際屋中尺寸之物悉疏付主人纖微不漏

孫晷字文度吳人也爲兒童未嘗被訶怒少田於野時年饑穀貴有盜刈其稻者晷見而避之既去又自刈一擔送與之鄉人感愧及長恭孝清約學識有理義辟命皆不就每獨處幽闇之中容止瞻望未嘗傾邪見人饑寒並周贍之父母起居嘗饌雖諸兄親饋而晷不離左右富春車道少動經江水父難於風波晷常從後親自入水扶持籃車所詣之處藩屏隱息不令主人知之時會稽虞喜隱居海隅有高世之風晷欽其德聘喜弟預女爲妻喜嫁女棄華尚素時人號爲梁鴻夫婦

張翰字季鷹大鴻臚儼之子也有清才美望博學善屬文詞義新提造次立成而縱任不拘時人號爲江東步兵賀循赴命經吳閶門於船中彈琴翰初不相識乃就循言譚便大相欣悅問循知其入洛翰曰吾亦有事北京便同載即去而不告家人齊王冏辟爲大司馬東曹掾冏時執權翰謂顧榮曰天下紛紛禍難未已夫有四海之名者求退良難吾本山林間人無望於時子善以明防前以智慮後秋風起乃思吳中菰菜蓴羹鱸魚鱠曰人生貴得適志何能羈宦數千里以要名爵乎遂命駕而歸著首丘賦文多不載俄而冏敗人皆謂之見幾然亦其輒去除吏名翰任心自適不求當世或謂之曰卿乃可縱適一時獨不爲身後名耶答曰使我有身後名不如即時一杯酒時人貴其曠達性至孝遭母憂哀毀過禮年五十七卒其文筆數十篇行於世

顧協字正禮晉司空和六世孫也幼孤隨母養於外氏外從祖張永嘗攜內外孫姪游虎丘山協年數歲永撫之曰兒欲何戲協曰兒政欲枕石漱流永歎息曰顧氏興於此子及長好學外氏諸張多賢達有識鑒內弟率尤推重焉初爲揚州議曹從事史兼太學博士舉秀才沈約覽其策而歎曰江左以來未有此作遷安成王國左常侍兼廷尉正太

尉臨川王聞其名召掌書記除安都令未至縣遭
母憂刺□入始興王厚資遣之送喪還於峽江遇風
同族皆漂溺唯協一舫觸石得泊焉咸謂精誠所
致服闋出補西陽郡丞還除北中郎行參軍復兼
廷尉正久之出為廬陵郡丞未拜會西豐侯正德
為吳郡除中軍領郡五官遷輕車湘東王參軍事
兼記室與琅邪顏協名職俱同才學相亞府中稱
為二協天監十五年敕徐勉入華林撰徧略勉舉
協及何思澄劉杳王子雲鍾嶼等五人應選成書
七百卷普通六年正德受詔北討引為府錄事參
軍掌書記軍還會有詔舉士湘東表薦之曰臣府
兼記室參軍吳郡顧協行稱鄉閭學兼文武服膺
道素雅量邃遠安貧守靜奉公抗直傍闕知己志
不自營年方六十室無妻子臣欲言於官人中其
屈滯協若執其退立志難奪可謂東南之遺寶矣
即召拜通直散騎侍郎兼中書通事舍人累遷步
兵校尉守鴻臚卿員外散騎常侍卿舍人並如故
自為近臣參掌機密每有制述敕前示協時董榮
之大同八年卒年七十三無衾以斂武帝悼惜之
手詔曰顧協廉潔自居白首不衰久

稱善奄然殞喪惻怛之懷不能已已傍無近親彌
足哀者大殮既畢即送其喪柩還鄉并營冢椁並
皆資給悉使周辦可贈散騎常侍令便舉哀諡曰
溫子協清介有志操初為廷尉正冬服單薄寮法
度欲解襦與之憚其清嚴不敢發口謂人曰我願
解身上襦與顧郎恐顧郎難衣食者竟不敢在省
十六載器服飲食不改於常自丁艱憂終身布衣
蔬食少時將聘舅息未成婚而協母亡免喪後不
復娶至六十餘此女猶未他適協義而迎之晚雖
判合卒無胤嗣協博極群書於文字及禽獸草木
尤稱精詳撰異姓苑五卷瑣語十卷文集十卷並
行於世南史云協為舍人同官者皆潤屋有門生始來事協知其廉潔不敢厚餉止送錢二千協發怒杖二十因此事者絕於饋遺
何求字子有灊人宋宜都太守鑠之子也元嘉末為
文挽郎歷太子洗馬丹陽郡丞清退無嗜欲後為
太子中舍人泰始中妻亡還吳葬舊墓除中書郎
不拜仍住吳隱居波若寺足不踰戶人莫見其面
明帝崩出奔國哀除永嘉太守一夜乘小船逃歸
吳隱武丘山齊永明四年拜太中大夫不就卒初
鑠素有風疾無故害求母坐法死求兄弟以此無

宦情弟點
點字子晳年十一居父母憂幾至滅性及長感家禍欲絶昏宦卒不肯娶眀目秀眉容貌方雅眞素通美不以門戸自矜博通羣書善談論家本素族親姻多貴仕點雖不入城府而敖遊人閒不簪不帶以人地並高無所與屈或乘柴車躡草屩恣心所適致醉而歸故世論以點爲孝隱士弟胤爲小隱士士大夫多慕從之時又通號曰游俠處士兄求卒點菜食不飲酒訖十三年太始末徵爲太子洗馬齊初累徵中書侍郎太子中庶子並不就與陳郡謝瀹吳國張融會稽孔德璋爲莫逆友點少時嘗患渴利積歲不愈後在吳中石佛寺建講晝寢夢一道人形貌非常授丸一掬夢中服之自此而差時人以爲淳德所感梁武帝與點兄弟有舊天監初以侍中召點不就二年卒

胤字子季出繼叔父曠故更字胤叔年八歲居憂毁若成人晚乃折節好學仕齊建安太守政有恩信後以國子祭酒侍中及鬱林王嗣位胤爲后族爲中書令拜表解職東之會稽居若邪山雲門寺初胤二兄求點並棲遁求先卒胤又隱世謂點爲大山胤爲小山亦曰東山號何氏三高永元中徵爲太常太子詹事梁武帝詔爲特進光禄大夫並不就敕給白衣尚書禄固辭又遷秦望山起學舍初何氏過江自晉司空充並葬吳西山胤家世年皆不永唯祖尚之至七十二胤年登祖壽乃移還吳作別山詩一首言甚悽愴至吳居武丘山西寺講經論學僧復從之東竟守宰經途者莫不畢至胤常禁殺有虞人逐鹿徑來趨胤伏而不動又有異鳥如鶴紅色集講堂馴狎如家鳥大通三年卒年八十六

陶峴者晉徵士淵明後也開元中居崑山富有田業擇不欺者悉付以家事峴徧遊江湖往往數年不歸見其子孫成人初不辯其名字峴文學可以經濟自謂疎脫不謀宦達生知八音撰樂録八章以定其得失自制三舟備極堅巧一以自載一置賓客一貯飲饌客有孟彦深孟雲卿焦遂各置僕妾共載峴有女樂一部奏清商曲逢佳山水必窮其勝名聞朝廷經過郡邑靡不招延峴不肯來自謂麋鹿野人非王公上客亦有不召而自詣者吳越之士號爲水僊素慕謝康樂之爲人云終當樂

出而仕乎翁笑曰君子之道或出或處吾雖不能
棲隱巖穴追園綺之蹤竊慕老氏曲全之義且養
志者忘形養者心忘道致道者忘心心形俱忘其視
軒冕如糞土耳與子出處異趣子勉之裕曰幸聞
先生之高義敢問舍所翁曰吾姓名且不欲人知
況居室邪飲畢鼓枻而去
鍾璇字振遠一字叔齊常熟人六歲而孤育于繼祖
龍圖學士林適家適家多書因得縱觀與其孫璟
璟琢同隷業課率先成後璟三兄弟並登第璇遂
棄舉子業取所藏書閱之侍官台州嘗遊巖谷間

遇異人衣僧服持列禦寇書揖而與坐盤石指一
泓定水曰此水滔滔乃皇極大中之道語久別去
自是有悟益不溺於名利放浪漁釣間築室梅里
所居多蒔香草閉戶二十年家貧殊不戚戚有求
者解衣分粟無靳色唐呂掾自留守歸寓梅里與爲
忘年交提舉徐誼知府沈撲皆造其廬以奇人目
之范成大等薦于朝不報卒年五十二有藥園稾
山中錄續孔白帖秦漢以來鐘鼎奇字藏於家
鄭思肖字憶翁號所南連江人祖咸卒於枝江主簿
父震字叔起淳祐道學君子爲安定和靖二書院
山長有菊山詩集景定壬戌卒於吳葬長洲縣甑
山思肖太學上舍應博學宏詞科侍父來吳寓條
坊巷元兵南下扣閽上太皇太后幼主疏辭切直
忤當路不報初名某宋亡乃改今名思肖即思趙
憶翁與所南皆寓意也素不娶孑然一身念念不
忘君形言於詩文中如過徐子方書塾云不知今
日月但夢宋山川題鄭子封寓舍云此世但除君
父外不曾別受一人恩寒菊云寧可枝頭抱香死
不曾吹落北風中贈人云天下皆變吾觀其不變
惟其不變迺所以變其變若物也不變者道也又

云古人重立身今人重養身立身者蓋超乎千古
之上與天地周流於不知不識之天也養身者惜
一粟以活微命役於萬物死於萬變者也何足道
哉遇歲時伏臘輒野哭南向拜人莫測識焉聞北
語必掩耳亟走人亦知其孤僻不以爲異也坐臥
不北向扁其室曰本穴世界以本字之十置下文
則大宋也精墨蘭自更祚後爲蘭不畫土根無所
憑藉或問其故則云地爲番人奪去汝不知邪不
欲與雖迫以勢權不可得也天目本中峯禪林之
白眉聞思肖名欲見未果偶會於孝子樅應發家

一見各默不語坐久之忽云所南何不說法思肖曰兩眼對兩眼無法可說及別去本又云博學老子思肖即曰世法和尚趙孟頫才名重當世思肖惡其宗室而受元聘遂與之絕孟頫數往候之終不得見嘆息而去無何化其所居得錢則遇人之急田亦捨諸刹惟餘數畝為衣食資仍謂佃客曰我死則汝主之蓋不以家為矣自是無定跡吳之名山禪室道宮無不遍歷多寓城之萬壽覺報二刹疾亟時囑其友唐東嶼曰思肖死矣煩為書一位牌當云大宋不忠不孝鄭思肖語訖而絕年

七十八蓋其意謂不能死國與無後也自贊其像曰不忠可誅不孝可斬可懸此頭於洪洪荒荒之表以為不忠不孝之榜樣宋社既墟適意緇黃自稱三外野人嘗著大無工十空經一卷空字去工而加十宋字也寓為大宋經造語奇澀如庾詞莫可曉自題其後云臣思肖嘔三斗血方能書此後當有巨眼識之又著釋氏施食心法一卷太極祭煉一卷謬餘集一卷文集一卷自敘一百二十圖詩一卷思肖母樓氏宋侍從鑰之族妹為比丘尼名普西受業於飲馬橋南寶林尼寺

張介福字子祺單懷人從姑氏來吳少慕鄉先生許衡遂軒軒以禮自持為學鞭辟近裏不事表襮雖步周旋必蹈規矩以不及奉親未嘗食士祿張士誠入吳兵掠其家端坐不動兵脅之令其導諸富家不從乃以刃斫其面流血仆地復戴冠危坐而顏色自若兵捨之而去家素貧冬不具衣襦或遺以衾絮固辭之雖小物亦不受後因親墓在城西恐盜發之遂廬於墓側及卧病至死神爽弗昧語其友曰吾學古人一無所歉死有餘憾矣

人物十六 隱逸

顧邵若郡人也嘗有牛暴其禾初見牽牛陰涼木下刈芻飼之牛主愧服不敢暴焉

顧覽字長孺郡人有隱操齊永明元年徵為散騎侍郎同郡鹽官顧歡為太學博士俱不就

徐修矩吳縣人唐恩王府記室參軍奕世才賢承家介潔守書萬卷優游自適有湖田五萬步堂屋十數間不復出仕皮日休嘗就借書讀之其時有任晦亦同縣人日休與陸龜蒙作江游詩

史德義崑山人唐咸寧初隱居武丘山以琴書自適或騎牛帶瓢出入郊郭東市號為逸人高宗聞其名召赴洛陽辭稱疾歸公卿皆賦詩餞別德義亦

以詩賦聞其文甚美天授初江南道宣勞使周興
[illegible]則天徵赴都詔曰蘇州隱士史德義志尚虛
玄遠履真確謙沖彰於里閈孝友表於閨庭固辭
徵辟長往嚴陵之瀨多謝簪裾高蹈愚公之谷風
操可知啓沃攸佇特宜優獎委以諫曹授諫議大
夫興死放歸丘壑素譽頓衰 新唐書云以周興薦擢朝散大夫
陸誇自右拾遺除司勳郎中棄官隱吳中詔召之既
在道歐陽秬遺書誚其出處之遽誇遂還秬詹從
子也名亦高

胡稷言字正思兵部侍郎則之從子少學古文於宋
祁後獻時議於范仲淹復授經於胡瑗以特奏補
官調晉陵尉歷鄞縣簿山陰丞自以不能究其所
施遂乞致仕陞朝後仍賜緋衣銀魚既告老即所
居臨頓里陸魯望遺址築圃鑿池追陶靖節之風
作五柳堂清修寡欲延納後進日晡後不復飲食
客至蕭然具湯一栝而已卒年八十餘子嶧

嶧字仲連姿禀淳愨恬於榮利父子兄弟相爲師友
嶧與方惟深林虙爲忘年交後以年格遂登極
推恩調廸功郎安遠尉非其好也所居五柳園松
窓蓬戶植竹疏沼人目爲隱君子步趨言動皆有
尺度賓嘉喪祭率循古法[illegible]前詩名所居曰
村累舉命官終不仕紹興中卒年七十九詩文皆
古有如村冗稾二十卷子曰百能

百能字少明紹興進士知衢州江山縣有惠愛乾道
初授諸王宮大小學教授嚮進用矣以年至力請
老廷議嘉之授左奉議郎賜緋衣銀魚致仕而歸
築堂曰宜休錙銖軒冕殆其天性父之卒年七十
四子耕

侍其沔字國紀上世自高密徙吳沔爲學貫穿經傳
與人交如淡薄遇其急奮義以往不避艱險五舉
禮部退爲鄉先生治平三年沒門人弟子相與議
其治行謚曰夷晦滕元發志其墓云士生斯世有
進取出力得時行道功烈被於民者有行義修潔
退而講學爲一鄉之善士者斯二者用捨不同要
皆天下之強立君子也善士蓋指沔其慕尚之如
此

顧禧字景繁祖沂字歸聖知龔州父彥成字子英兩
浙運使皆有賢名禧雖受世賞不仕居光福山中
閉戶讀誦博極墳典所著書甚富注蘇文忠公詩
尤詳紹興間郡以遺逸薦閒居三十年不出

章康字季思都官郎中甫生惠惠生漢卿漢卿生頡皆隱居不仕康頡之子也安貧樂道居城西田屋粗給閉戸不染世俗出入徒步人尊稱之曰聘君平生足迹未嘗越州境而四方之人無不知有章季思士大夫過吳以不見爲慊嘗問學於朱熹默有所契日以詩陶寫遇紙即書人人取去以此終身不厭年七十步履如飛或訝其有方外之遇問之康云吾師聖賢無外學也淳祐五年忽謂其子仲肯曰吾死有期預書墓蓋以明年卒年七十九終時正寢梁壞有聲人皆異之郡人胡淳從康遊歲時致酹醴新米所著雪厓文集十卷詩集五十卷淳字以初

陳深字子微世爲吳人生於宋習舉子業宋亡棄故習篤志古學閉門著書有讀易編讀詩編春秋編弟子甚衆且有高名深書筆亦精天曆間天章閣建以能書薦之潛匿不出以終所號寧極學者稱寧極先生子植字叔方少負[illegible]氣喜與倜儻之士游既而折節讀書克繼父業有孝行晨夕躬事庖饌親之中裙廁牏手自浣濯更世變以琴書自娛屢辟召皆不起植子紹先有文學官至經歷

韓奕字公望宋忠獻魏王琦之後其先自安陽扈徙居吳之樂橋父凝工醫在藝術傳奕幼端重簡默動作循矩度雖居廛市而樂事遊覽放浪山水間褐衣芒屨一童自隨往來山僧野客家累月不去或時藉草而坐微吟長嘯人莫測其意性頴敏博學尤工於詩洪武中與王賓俱隱於醫賓既爲郡守姚善所禮乃復因賓致奕奕終不往一日與賓詣之奕走楞伽山善隨至奕泛小舟入太湖善嘆曰韓先生所謂名可得聞身不可得而見也所著有韓山人集

王賓初名國賓字仲光長洲人博綜文籍經史諸子曆數兵政百氏小說靡不該貫而制行奇狷不娶不宦貌甚寢又以藥點面及肘股爲創髼鬆短衣或箕踞道傍爬搔雖知者亦不敢薦達姚善爲守特往求見賓執禮抗節風軌甚高與韓奕事皆互見善傳性至孝奉母甚篤年七十病革抱母不舍死而復甦呼母連聲始絶既葬神歸于家方午聞其杖屨聲呼母曰孃孃兒舍孃孃不得良久乃滅自號光菴所著有光菴文集吳中名賢紀録吳下古跡詩

○杜璞字用嘉吳縣人生一月而孤母顧育而教之長從陳繼先生學博綜古今為文和平醇雅而必本於理詩尤沉著古雅有風致間寫山水尤潤秀可觀性至孝父蚤亡念不得見從人問知其容儀往往形諸夢寐以父名玉終身諱之嘗刲股已母疾有司將上其孝璞曰此豈得已邪惟母節未白可念耳有司以

聞遂得旌其母每求賢

詔下有司輒以璞應皆辭不就雖介特有守而不為

過矯之行所居在城西有隱居之趣其東有原學者稱東原先生年七十有九卒三吳交從會葬者餘千人因私諡曰淵孝先生今列祀鄉賢祠所著有東原齋卷紀善錄耕餘雜錄

○龔詡字大章崑山人父詧洪武初為給事中謫戍死詡少依母族冒姓王氏既長隱迹田里肆力經書晝夜不輟尚書周忱屢至其家資訪時政兩薦為松江太倉教授皆不就有田二十畝力耕自給晚歲獨與一二老婢[illegible]中種荳植麻詠歌自適没年八十餘門人私諡曰安節先生

○邢量字用理長洲人隱居葑門以醫卜自給性狷介不娶與人無將迎足跡不出里門不畜奴婢弊屋三間青苔滿壁折鐺敗席蕭然如野僧長日或不舉火客至相與清坐而已其學自經史外凡釋老方伎之說無所不通室中卧榻之外皆藏書並手自校定或叩之信手舉似不事翻檢文章古簡亦不苟作同邑沈誠字希明生稍後隱操亦高雖居通衢鄰里莫識其面朝士有欲過之者固謝不納誠博學問無不知然短於著述故無所傳云

人物十七 薦舉

莫禮字士敬吳江人洪武中以稅戶人材徵授戶部員外郎與同官沈玠王公讓張瑾楊德彝徐衍龔達可潘賢金伯中李鼎十人同日上疏辭祿

詔許之秩滿超陞本部右侍郎轉左侍郎俄坐黨事卒臨刑賦詩有一心忠義堅如石惟有皇天后土知之句人多傷之

○顧禮字原禮崑山人洪武五年以材幹擢刑部員外郎八年超遷本部侍郎九年以家屬極刑循例除名放還十一年再徵為戶部侍郎遷尚書十三

年改刑部尚書卒於官
○范從文字復之文正公十三世孫六世祖之柔食邑於崑遂爲崑山人父原良卒官潮州推官從文方弱冠匍匐至潮求櫬不得日夜號泣伏大雨潰封得函骨以歸人稱孝感洪武中以國子生奉使稱　旨擢監察御史改戶部總部主事上奏免株連盜倉罪百餘人俄爲同官所陷得罪且死呼曰幸以先祖　赦宥
上問祖爲誰曰范仲淹
上曰得非先憂後樂者邪於是末減謫役莊浪頃復

追戍金齒永樂初以薦起爲金華訓導歷東安金鄉三學致仕歸年八十餘卒所著有小學章詁宗諜譜遺復齋集若干卷
○馬達字伯行吳江人洪武中以人材徵授合水縣丞以憂去改昌邑爲政廉平人不敢干以私粗衣惡食其妻不能堪乘間言之達怒曰爾欲使我爲善邪爲惡邪後終河間衛經歷
○劉以禮字德讓其先汴人祖順之仕平江路榷茶提領因家于蘇以禮學識該博儀狀偉然洪武初以明經薦授沛縣儒學教諭時學徒久廢以禮勸以興舉爲已任乃舉鄉人張倫爲訓導協心教之多所成就沛學至今祀之子敏
○敏字孟功學行純篤少隨父於任凡可以悅親者爲之惟恐不及親歿父言及輒淚下仲弟敬父嬰疾藥餌必手治弗假僕從士有寒而來歸者周之不厭有司聞其賢薦授德清縣令鋤強植善民甚懷之後以善書徵入翰林擢中書舍人朝士多推重之修撰張洪嘗爲文贈之曰南北宦遊來京者所稱許必曰孟功有不知孟功者蓋非賢也其重之如此卒年七十有八

○盛逮字景華吳江人父似祖號寓翁者有行義始徙郡中洪武初逮以賢良應
召賜冠帶參大臣議事與中書參政陳寧不合因以疾辭歸弟章以鹽法被捕甚急父憐其少子不忍遣逮請曰弟未有子願就捕因謫戍寧夏先是逮歸鄉里寧適守蘇將甘心焉亟欲見逮不得乃命逮督辦通區逋賦逮傾貲貸民償之久人唐自牧負官租計白金二百兩走告於逮逮如數與之翰林待詔李幹老無所歸逮延之家塾既卒葬於墓側歲時祭之逮嘗遊關中得異人導引法作原

道詩卒年九十三江　賀御醫有傳
○陳則字文度崑山人洪武六年秀才舉任應天府
治中遷戶部侍郎左遷大同府同知進知府則文
詞清麗與高啓楊載同稱
○沈芳字庭芳崑山人洪武二十六年舉茂才授觀
察使遷北平左布政使
○沈應字德乾郡人洪武中應求賢　詔選入文華
堂說書除江西布政司叅議毋喪服闋改山東卒
應善爲詩所著有東澗集
○吳簡字仲廉吳江人元季數舉於鄉不利遂杜門
績學尋以薦授郡學訓導陞紹興路學録洪武四
年應　詔至京以疾辭歸優游林泉號月潭居士
年八十二卒所著有論語提要史學提綱并詩集
若干卷二子復湖廣僉事願縣學訓導俱有文名
○趙文字宗文長洲人洪武中舉人材以毋老歸養
永樂五年以翰林典籍梁時薦知鄱陽縣不阿權
倖坐謫父之歸卒文淳厚強毅老而持度愈嚴鄉
稱篤實君子所著有慎獨齋文集理學述言弟宗
禮兵部郎中
○袁政字文理吳縣人嘗學於俞貞木永樂七年以

薦授湘陰典史湘陰民素貧而墮於耕遇征調輒
破産政爲勸課振勵自是民有蓋藏後以夏原吉
薦陞遂安知縣未視篆宿於驛亭夢被血小兒數
輩挽其衣覺而問於父老知邑中生女多不舉即
嚴禁之後邑中生女多名袁留
○沈澄字孟淵長洲人洪武中以人材應薦至京尋
引疾歸周文襄公巡撫吳中嘗就澄訪時政多所
施行澄雅善詩尤好客海內知名之士無不造之
所居曰西莊日夕治具燕賓客詩酒爲樂人以顧
仲瑛擬之翰林金問坐事繫獄十年衣食之需皆
澄周之問嘗謂人曰吾微孟淵爲瘐鬼矣年八十
有八而終子二貞吉恒吉隱跡尚義有父風俱能
詩恒吉尤善畫
○季篪字仲怡常熟人永樂十六以經明行修薦授崑
山縣學訓導遷山東巢縣教諭篪有文學勤於纂
述所著有友梅集崑山常熟崇明三志
○章珪字孟端常熟人宣德中應求賢　詔授廣東
按察司知事入爲監察御史嘗讞大辟因多所平
反畿輔旱蝗奏免民租六十餘萬斛後因　廷論
大臣不職爲當道所惡因自解歸四子儀表格律

先後登科位皆二品顯累贈珏右副都御史格自上傳

○宣嗣宗嘉定人永樂中以善書薦入翰林授中書舍人陞吏部驗封員外郎進郎中卒嗣宗純謹不妄最爲

宣廟眷禮既卒遣官祭子謙福寧縣丞

○伊恒字宗有其先沐陽人宋建炎間始居蘇父彤以閤右從實京師恒好學善書永樂中簡侍東宮特承眷注洪熙初擢冬官營繕所正與翰林修撰金問同被命待詔思善門進尚寶少卿復與問同命景泰中致仕卒年八十餘恒爲人恭勤靜退不與時競時稱長者從子侃工科給事中

○衛靖字以嘉崑山人洪熙初以能書薦授中書舍人直文淵閣陞禮部主事預修宣廟實錄進食五品倧靖謹厚能詩所著有公餘清興集

○陳述字宗理嘉定人好學能詩以賢良方正被舉任湖廣按察司照磨擢監察御史劾弊雪冤多所建明歷陞四川布政司左叅政巡撫憲臣以述歷湖□□職蓬箄機上章薦之述以老懇乞致仕遂

階二品

姑蘇志卷第五十五

人物十八　藝術

曹弗興以畫名冠絶一時孫權命畫屏誤墨成蠅權疑其真以手彈之時吳有八絶弗興預焉又嘗謫溪中見赤龍寫以獻孫皓至宋文帝旱暵聚弗興龍置水傍應時雨足南齊去吳未遠謝赫謂弗興之迹殆不可見祕閣之内獨有所畫龍頭嘗畫兵符圖極工祕而不出

張弘字敬禮郡人善篆隸飛白書妙絶當世人稱其飄若游雲激如飛電有飛仙舞鶴之態常戴烏巾時號張烏巾歐陽詢謂張烏巾飛白論入神品小篆亦入能品

張彭祖鄮人澄之子官至龍驤將軍善隸書右軍每見其縑素尺牘輒取而藏之梁朝論其書云在中之中品子敞孫裕尤善行草皆自有傳張氏三世皆以善書名

陸耀郡人善書

陸探微吳人善畫得六法之妙平生愛寫古聖賢像明帝時常在侍從二子綏洪綏爾得家學張懷瓘論其體運遒舉風力頓挫一點一拂動筆不凡

顧寶光郡人琛之子也善畫全法陸探微大明中爲尚書水部郎官至司徒右曹掾尤善行書卓越多奇王僧虔嘗作飛帛書以示之寶光曰下官今爲飛帛屈矣

沈嘉字長茂吳縣人官至吳興太守善草書

張僧繇吳人丹青絶代嘗畫江陵天王寺栢堂作盧舍那像及仲尼十哲明帝怪問釋寺何爲畫孔聖僧繇曰後當賴此及廢浮屠法獨此殿有聖人像得不毁又嘗于金陵安樂寺畫四龍不點睛云點之即飛去人以爲誕固請點之須臾雷電破柱二

龍乘雲去未點者存又畫天竺二胡僧侯景亂析而爲二一爲唐右常侍陸堅所寶堅疾夢胡僧來告云我有同侶在洛陽李氏若求合之當以法力助君陸遂往求果得之劉長卿記其事潤州興國寺苦鳩鴿棲梁上穢汙尊像僧繇於東壁畫一鷹西壁畫一鷂皆側首向簷外鳩鴿不敢復入其神妙如此

顧光寶郡人善畫陸溉病風瘧久不瘳光寶嘗詣溉遂命筆圖一獅子像於户外云旦夕當有驗至夜聞窸窣之聲明日視獅子口有血淋漓溉病遂愈

顏協吳人學書於同郡范懷約藝過其師荆楚碑碣
皆其書懷約官至東宮侍書其書任已作制無大
過人武帝謂其真書有力草行無功
陸柬之郡人仁公子虞世南甥官著作郎少依舅氏
臨書冠古無比隸行皆入妙品李嗣眞云柬之學
虞草體用筆則青於藍子彥遠傳父業授張旭旭
即彥遠甥也
張從申郡人善書世稱獨步擢第爲祕書省正字後
官長史弟從師從儀從約並工書皆得右軍風規

人謂四絕
孫虔禮字過庭郡人官胄曹工書至能品嘗著書譜
妙盡其趣即書譜也宋高廟垂情藝文嘗謂此譜
妙備草法手不少置石本惟禁中太清樓所刻最
爲精絕其子翔亦善書
○張滑字希文性之之孫也少孤從伯文學書盡得家
傳之祕急於赴義人以疾求治者不以富貴貧賤
爲異永樂初徵隸太醫院從中貴人使海外諸國
凡軍士之在行者多賴全活子三顧䕫複皆以醫
鳴而顒字養正名尤著聞能篆刻年月央人壽夭

[illegible]天[illegible]張氏醫以保元氣爲主每劑必用人參
[illegible]俗稱張人參孫字孟和應　召為御醫歸
老于鄉亦有盛名
[illegible]則字天問工八分飛白二篆在唐以八分名家
者四人韓擇木蔡有鄰李潮與維則也歷翰林學
士卒葬吳城下
[illegible]懷則亦工書不[illegible]則其弟也
[illegible]一作[illegible]　宇文通吳人[illegible]官至祠部員外郎
善畫自撰繪境一篇言畫之要[illegible]宏見而驚異
之嘗手操雙管一爲生枝一爲枯枿而四時之行
遂驅筆得[illegible]詩號爲神品

顧生大曆中[illegible]諸侯之門每畫先貼絹數十幅
於地乃研墨汁及調諸彩色各貯一器使數十人
吹角擊鼓[illegible]齊聲呼叫生著錦襖錦纏頭飲酒半酣
繞絹貼走十餘匝取墨汁攤寫絹上次寫諸色乃
以長巾一頭覆於所寫之處使人坐壓巳執巾角
而曳之迴環既遍然後以筆墨隨勢開決爲峰巒
島嶼之狀
陸希聲得書法凡五字擫押鉤格抵又云用筆雙[illegible]
則點畫尤勁謂之撥鐙法此法傳自二王[illegible]

沙門智光智光引薦遂至宰相餘見前傳

紀朋郡人嘗授祕訣于隱士周廣觀人顏色便知其
深淺言之精詳不待候診

周廣開元中召至京師有宮人每日昃則笑歌啼號
若狂疾而足不能及地廣曰此必因食飽促力復
仆於地而然飲以雲母湯令熟寐寐覺失所苦問
之乃言太華公主誕三日宮中大陳歌吹此宮人
主謳欲其聲清常食豘蹄羹遂飽當筵歌大曲曲
罷覺胸中甚憒戲於砌臺乘高而下未及半復爲
後來者所激因仆地比蘇即病狂自是足不能久

地又有黃門自交廣使回拜舞殿下廣曰此人腹
中有蛟龍明當產一子即不可活矣上驚問黃門
有疾否對曰臣馳馬大庾嶺大熱而渴飲於路傍
野水今腹中堅痞如石廣以消石雄黃煮飲之立
出物數寸其大如指鱗甲備具投之水俄頃長數
遽以苦酒沃之復如故形上驚異之欲授以官[illegible]
固請還吳中水部員外郎劉復作傳

石荆山吳人善琴爲獨孤及所重召與之游荆山每
操常以十合小豆爲準盡一升而移品

朱兼濟吳人善琴得石荆山之傳在揚州逢異人以
以琴操撫之果奇兼濟求學焉異人乃授以沖[illegible]
景雲等五調人以爲廣陵散之遺音也

羅塞翁隱之子爲吳中從事善畫羊精妙卓絕

滕昌祐字勝華工畫花鳥蟬蝶折枝生菜傅彩鮮澤
宛有生意尤長於畫鵞先爲吳人後游蜀以文學
從事初不婚宦志尚高潔脫略時態

李成吳人五代末以畫知名宋初衛融知陳州聞其
名召之乃挈家而往

丁德隅晉公謂之孫工篆書

朱象先字景初吳江人善畫馳名元符間蘇軾跋其

畫謂以其不求售故得之自然

何充郡人能寫貌擅藝東南

張涇郡人米芾稱其翎毛蘆鴈不俗

毛松崑山人善畫花鳥四時之景子益乾道間畫院
待詔益子允升嘉定中畫院待詔皆工花鳥能世
家學

呂彥直蘇州裱匠之子爲三館書直駙馬王詵留門下
使雙鈎書帖嘗摸黃庭一卷上用所刻勾德元圖
書見米氏書史

張炳炎咸淳中及第其父大理評事肖說嘗與徐[illegible]

溪論琴得其所著琴書以遺俞琰故吳中有其傳
陸友字友仁博雅好古工漢隸八分書尤能鑒辯鍾
鼎銘刻法書名畫皆有精識嘗至都下虞集柯九
思薦言于上未及用歸嘗著硯史墨史印史
李世英字伯英長洲人精書學作韻類三十卷其義
以字爲本音爲幹義訓爲枝葉自一而二井井不
紊凡十年而成書從子文仲又本說文作字鑑五
篇辯點畫刊除舛謬以備一家之言干文傳黃溍
爲之序
葛應雷字震父吳人攻於醫嘗著醫學會同二十卷
推五運六氣之標本察陰陽升降之左右以定五
臟六腑之虛實合經絡氣血之流注而知疾病之
候死生之期處方制劑砭焫率與他醫異時按察
判官李某中州名醫也因診父疾復咨於應雷聞
其答父子相顧駭愕曰南方亦有此人邪迺盡出
所藏劉守眞張潔古書與之討論無不脗合而劉
張之學行於江南者自此始由平江醫學教授陞
江淛官醫提舉子乾孫自有傳
王履字安道崑山人學醫於丹溪朱彥修遂盡其
術嘗謂張仲景傷寒爲諸家祖後人雖多立論不
出其藩籬且素問云人傷於寒爲病熱言常不言
言變仲景推寒熱之故履乃備常與變作傷寒立
法考又謂諸病陽明篇無目疼少陽篇言胸脇滿
而不言痛太陰篇無嗌乾厥陰篇無囊縮凡此必
有脫簡以三百九十七法去其重復者僅二百三
十八條乃合作傷寒三百九十七法極論內外傷
經旨異同并中風中暑辯議名曰溯洄集共一卷
標題原病式一卷百病鉤玄二十卷醫韻統一百
卷履篤志於學博極羣書爲文若詩皆精詣有法
畫師夏圭行筆秀勁布置茂密評者謂作家士氣
咸備元季遊華山作四十餘圖書紀遊詩其上至
今藏好事家
○趙良仁字以德其先於宋有屬籍良仁少試吏憲
司即棄去從丹溪朱彥修學醫治療多有奇效名
動浙西東所著醫學宗旨金匱方衍義并丹溪藥
要等書張氏據吳良仁挈家去浙後復來吳占籍
長洲以高壽終子友同自有傳
○黃公望字子久本常熟陸神童之弟出繼永嘉黃
氏黃氏父年已九十始得之曰黃公望子久矣因
而名字焉性聰敏博極羣書於技能無不通曉補

浙西憲掾以忤權豪棄去黃冠野服往來三吳開
三教堂於蘇之文德橋三教中人多執弟子禮晚
愛杭之筲箕泉結菴其上將爲終老計已而歸富
春年八十六而終公望善畫山水初師董源巨然
後稍變其法自成一家所著寫山水訣至今人多
倣之
○宋克字仲温長洲南宮里人少跌宕不羈好馳馬
試劒究韜略將北走中原會道梗弗果家居以氣
節自勵性抗直人有過輒面折之無少容與人論
議據事析理期於必勝一旦厭事杜門謝客操觚

染翰日費千紙遂以書名章草久不傳至克始得
其法筆精墨妙可與古人並驅一時學者瀾倒然
妙處終不似也洪武初同知鳳翔卒時有宋廣字
昌裔者亦善草書與克頡頏人稱爲二宋云
○趙原字善長吳人號丹林畫師董源甚得其骨格
國初 召天下畫士至京圖歷代功臣原以應對不
稱 旨坐死
○張觀字可觀嘉定人少遊江湖志尚古雅工畫山
水師夏圭馬遠及見盛懋丁野夫而與吳仲圭遊
故其筆力古勁無俗弱之氣尤善摹古器物畫

嘗徙居華亭再徙嘉興洪武中還吳寓長洲之周
莊卒
○史謹字公謹太倉人洪武中從戍雲南薦授應天
府推官左遷湘陰丞罷謹性高潔耽吟詠工繪事
有獨醉亭集
○韓凝字復陽系出魏國忠獻王琦精于醫張氏入
吳收引士類凝隱居不仕子二奭夷奭在隱逸傳
夷字伯翼少失母凝命奭育之爲後因名詒孫洪
武中爲郡醫學正科永樂二年從兄太醫院使奭

言於
上召授御醫改名夷字公達
賜第致和街繼陞院判奭卒陳情得
賜假歸葬仍給葬費永樂十一年卒
駕北巡歸病不能朝
上命中官視疾遣人龜卜既没歎悼
賜葬祭視三品爽字公茂凝第冲之子洪武末爲
燕府良醫正從
文廟靖難升太醫院判進院使卒

駕北巡永樂九年歸
京卒亦用三品禮葬奭兄弟同時被遇仕皆通顯
而奭子傳亦官御醫與奭子有有子充奭從子襄
皆守世業
○劉觀字士賓長洲人世以醫顯父毅為
燕府良醫後坐事謫戍沒永樂初追念邸臣
召觀還擢御醫賜居第九中外親藩貴戚及公卿
近臣有疾多
命往治尋陞院判掌院事扈從北征歸卒子溥
自有傳孫倫字宗序成化中為御醫
○盛寅字啓東吳江人少從王賓學醫永樂間治內
侍疾有奇效名聞于
上授御醫在
上前持論梗梗
上甚重之扈從北征洪熙初
命掌太醫院
賜勑褒嘉宣德中嘗應制賦瑞雪詩及嘗與同官
奕於御藥房 駕猝至不及屏因 命終局且令

使之近水則火邪殺得土氣則藏氣平故不藥而
愈子恒愷悌愷世其業恒仕至太醫院判與愷尤
有名又有陳公賢者其先為孟景暘館甥孟氏亦
以醫顯鳴遂得其傳成化間公賢徵為醫士入
御藥房用藥屢效授御醫進太醫院判致仕卒
賜諭祭葢吳下小兒醫稱錢氏陳氏云
○沈遇字公濟吳縣人號臞樵其山水有自鑑者宣德
淳中寫照有名遇善山水淺絳丹青種種能之晚
工雪景永樂末嘗 召見歸以高年終
○謝晉字孔昭吳縣人號葵丘工畫山水重疊爛熳
千幅不同尋丈之間不日而就亦能詩有蘭亭集
○蘇復字性初長洲人以貢為綿州知州作畫師盛
懋後宦游歸畫益縱稍習然不苟作終歲不能脫一
幀孔昭之速性初之遲各擅其所長同時有范暹
陳復成化中有陳暹亦皆以畫得名
○馬軾字敬瞻嘉定人精於繪事與錢唐戴文進同
馳名于 京師時有李在謝庭循董亦能畫然其
筆法瀟灑則不逮軾正統己巳以天文生從征虜
東謀畫占驗見用仕為漏刻博士子愈字抑之天
順甲申進士能詩善書尤長於南詞樂府縱佚不

遷官上刑部主事
○王敏字時勉仲光之從孫少孤貧從韓伯承盛啓東學醫名曰起一婦人病血蟲衆治之不愈敏曰娠耳當得男投之安胎劑果得男海道總帥燕客飾伶人爲女子佐酒無疾也敏視其頰顏面青氣而氣微促語帥曰火克金之兆也火令司天其殆矣明年六月嘔血死千戶申志年近二十忽瞑眩譫語體熱而咳衆以傷寒治敏曰痘也與升均湯而瘡出一人疽發背不起瘍醫言起則治矣敏曰是繫指脉即起亦不治衆劫以艾疽起如粟衆曰

無傷矣竟三日死平日治士夫甚多不受其報王氏醫亦以保元氣爲主敏與張頤同時敏年差少頤以瞽敏以瞶而皆有名于吳下

附雜技

干將吳人與歐冶子同師莫邪干將之妻干將作劍米五之鐵精六合之金英候天伺地陰陽同光百神臨觀天氣下降而金鐵之精不銷干將不知其由莫邪曰子以善爲劍聞於王王使作劍三月不成其有意乎干將曰吾不知其理也莫邪曰夫神物之化須人而成今夫子作劍得無得其人而後成乎干將曰昔吾師作冶金鐵之類不銷夫妻俱入冶爐中然後成物後世即山作冶麻絰葌服然後敢鑄金於山今吾作劍不變化者其若斯邪莫邪曰師知爍身以成物吾何難哉於是干將妻乃斷髮剪爪投於爐中使童男童女三百人鼓橐裝炭金鐵乃濡遂以成劍陽曰干將陰曰莫邪陽作龜文陰作漫理干將匿其陽獻其陰闔閭甚重之會魯使季孫來闔閭使掌劍大夫以莫邪獻之季孫拔劍之鍔中缺者大如黍米歎曰美哉劍也雖上國之師何能加之夫劍之成也吳霸不缺則亡

矣我雖好之其可受乎不受而去干將墓在匠門外東數里承平時人耕其旁忽有青蛇繞足其人驚遽以刀斷之其前半躍入草中不復見徐視其餘乃折劍一段至暮欲持歸亦忽失之

歐冶子吳人善鑄劍一曰純鈞二曰湛盧三曰豪曹四曰魚腸五曰巨闕秦客薛燭善相劍越王取豪曹巨闕魚腸示之燭曰非寶劍也取純鈞示之燭曰光乎如芙蓉始生取湛盧示之曰善哉允常以湛盧獻吳吳公子光弒王僚湛盧乃去楚互見古跡

吳市吏者公子光欲謀殺王僚未有可與議者乃命

善相者爲吳市吏惡子胥至吳被髮佯狂跣足垢
面行乞於市市吏見之曰吾相人多矣未嘗見斯
人也非異國之亡臣乎遂與俱見王僚
公孫聖吳王夫差時人夫差興兵將與齊戰道出胥
門假寐於姑胥之臺夢入章明宮見兩鑩蒸而不
炊兩黑犬嘷以南嘷以北兩鋘殖宮牆流水湯湯
越其宮堂後房鼓震篋篋有鍛工前園橫生梧桐
命太宰嚭占之嚭曰美哉王之伐齊也章者德鏘
鏘也明者破敵聲聞昭明也兩鑩蒸而不炊者聖
德氣有餘也兩黑犬嘷以南嘷以北者四夷服朝
諸侯也兩鋘殖宮牆者農夫就成田夫耕也流水
湯湯越宮堂者鄰國貢獻財有餘也後房篋篋鼓
震有鍛工者宮女悅樂琴瑟和也前園橫生梧桐
者樂府鼓聲也吳王大悅而心不已復召王孫駱
問之駱曰臣鄙淺不能占東掖門亭長長城公弟
公孫聖多見博觀知鬼神之情狀願王問之王乃
召公孫聖聖伏地而泣其妻謂曰子何性鄙今王
急召乃涕泣乎聖曰悲哉非子所知今日壬午時
加南方命屬上天不得逃亡非但自哀誠傷吳王
吾受道十年隱身避害欲紹壽命不意急召中世

自棄故悲與子相離耳遂詣姑胥臺吳王告以夢
聖曰臣不言身名全言之必死於王前臣聞章者
戰不勝敗走傽偟也明者去昭昭就冥冥也入門
見鑩蒸而不炊者不得火食也兩黑犬嘷以南嘷
以北黑者陰也北者匿也兩鋘殖宮牆者越軍入
吳伐宗廟掘社稷也流水湯湯越宮堂者宮室墟
也後房鼓震篋篋者坐太息也前園橫生梧桐者
梧桐心空不爲用器但爲盲僮與死人俱葬也願
大王按兵修德遣下吏肉袒徒跣稽首謝於勾踐
國可安存身可不死吳王怒曰吾天之所生神之
所使顧力士石番以鐵鎚擊殺之
姚光吳人有火術吳主臨試之積薪數千束暴之因
猛風而燔薪盡光端坐灰中振衣而起把一卷書
吳王視其書不能解也
趙達吳人(或曰河南人)少從漢侍中單甫學九宮之術能
應機立成問對若神至計飛蝗射無不中或難曰
飛者固不可校此殆妄耳達使其人取小豆數斗
播之席上立知其數嘗過故知爲之具食且曰倉
卒乏酒又無嘉殽達取盤中隻箸再三縱橫之乃
言卿東壁下有美酒一斛鹿肉三斤何以辭無酒

殺主者笑曰以卿善射特相試耳又書屋簷上作平
萬數著空天倉中封之令逵算之逵云其數有名無
實其精微如此吳主孫權吳太平二年長沙大飢
殺人不可勝數孫權使逵占之曰天地川澤相通
如人四體鼻衂灸脚而愈今餘干水口暴起一洲
形如鱉食彼郡風氣可祠而掘之權乃遣人祭以
太牢斷其背長沙飢遂止逵死權又其術秘不出
發棺求之竟無所得

吳泰能筮會稽盧氏失博山香爐使筮之泰曰此物
質雖為金其象實山有樹非林有孔非泉閶闔晨
興見發青煙此香爐也語其處求得之

褚胤郡人年七歲善棊及長冠絕當代父榮期與臧
質同逆胤從誅何尚之謂胤之奕妙冠古今因父
受戮特痛惜之

褚思莊以善奕名世琅琊王抗第一品思莊與會稽
夏赤松第二品夏思速善於大行思莊思遲巧於
鬬宋文帝時羊玄保為會稽帝遣思莊與玄保戲
因製局圖還於帝前覆之齊高帝使思莊與王抗
對奕自食時至暮一局始竟上倦遣還省至五更
方决抗睡於局後思莊達旦不寐思莊所以品
高緣其用思深久人不能當二人並官給事中

楊惠之初與吳道子同師學畫見道子藝成惠之恥
焉更為塑工遂為天下第一手故中原多其手制
山水之壁為崑山慧聚寺毗沙門天王像形模如
生其傍二侍女尤佳徐林嘗記其像謂為塑工三
昧戒後人不可妄加修飾後果為俗工修治遂失
初意

席謙郡人梓州肅明觀道士善棊杜甫詩云席謙不
見近彈棊

朱景環術精妙設吳盤門驛貞明中廣陵王錢元
璙鎮吳環上書云到任當三十年安寧元璙未信
命焚之至天福辛丑記其事召問之景環曰曩固
言矣及期竟時有頗規本郡之五工也王嘗召景
環問遁甲事規解五便聽訣問之仰日質於景環
遂精其術王嘗欲享廟規上書言翌日利五鼓之
前如寅時則杜門在南不可出入不聽果寅時王
車出南門鑰壞久不能啓遂破鑰而出由是知
其術驗乃以為軍師

張珙妙於刊鏤趙竦為兩浙漕日以重定華夷圖方
一尺有半字如蠅頭而體製精楷俾珙刊之三年

而成

僧妙應俗姓童氏淳熙中居龍興寺嘗模廬山王瀚須菩提像於寺中其陰作五百尊者筆法奇古又於虎丘作石觀音像亦佳

祝庚幾郡人通象緯之學累赴鄉舉不中第景德中求試所習以爲司天靈臺郎

李珣吳人善律曆紹聖二年曾肇爲滁州守命珣爲漏壺以順晝夜時刻則之

丁真一吳郡道士善製墨面云玄中子

王惟清製墨面云淨名齋幕云姑蘇山人王惟清又二品襄陽米元章家所造

胡舜申紹興間自績溪徙于吳通風土陰陽之術世所傳江西地里新法出於舜申嘗行郡四郊而相之以爲蛇門不當塞作吳門忠告一篇文載城池條

范晞字復初本金華人嘗爲洞霄宮道士得江西張九牛著易爻之占神妙莫測杭有無藉子胡姿壽負罪而逃官督捕嚴捕者即晞求筮爻成晞曰可於北方樹木中得之如言跡至臨平果獲於空楊樹中遂繫獄後會赦出欲報晞持刀晨叩晞門紿以卜欲晞出殺之晞決以占知其將不利於己閉門詗之曰欲問卜可擲下手中刀胡聞之駭服猶以刃畫其門而去晞由是來蘇避之寓乘魚橋設肆疑者來問莫不神驗

朱珪字伯盛崑山人師吳睿大小篆[illegible]刻嘗取王厚之趙孟頫吾衍三家印章譜[illegible]與己所製印文篆刻爲書曰文集考又有名蹟錄即珪素所刻名文也性孤潔不娶而終

宋遇昌居吳縣木瀆善塑化生摩睺羅每搏埴一對價三數十緡其衣襞腦顖按之蠕動[illegible]不傳其[illegible]遂絕互見土產

王其者郡中漆匠也至正間嘗以牛皮製一舟內外飾以漆拆卸[illegible]至上都游漾灤河中可容二十人[illegible]嘗識舟觀者異之又嘗奉旨造渾天儀[illegible]可摺疊於妝藏其巧思出人意表遂命爲管[illegible]

人物二十 游寓

澹臺滅明字子羽孔子弟子南游至江從弟子三百人設取予去就名施乎諸侯卒隱注吳國東南有澹臺湖即其遺跡也

東方朔厭次人父在吳中爲書之師數十年武帝時上書說便宜拜爲郎至昭帝時人或謂聖人或謂凡人作深淺顯默之行或忠言或𧨦語莫知其旨詳見漢書

梅福字子真壽春人成帝時上書言大將軍王鳳專勢擅朝再上書以爲宜建三統封孔子之世爲殷後皆不納福居家常讀書養性爲事王莽顓政福一朝棄妻子去九江至今傳以爲僊其後有人見福於會稽者變姓名爲吳市門卒

梁鴻字伯鸞扶風平陵人家貧尚氣節嘗作五噫歌肅宗聞而非之求之不得易姓名耋妻子適吳依大家皐伯通居廡下爲人賃舂每歸妻爲具食不

死逵子顒逵弟逯字安丘以武力顯

顒字仲若及兄勃並受琴於父桐廬縣多名山兄弟因留居止勃疾患醫藥不給顒欲干祿以爲養乃求海虞令事垂行而勃卒乃止後出居吳下吳下士人共爲築室聚石引水植林開澗少時繁密有若自然乃述莊周大旨著消搖論禮記中庸篇三吳將守及郡內衣冠要其同遊野澤堪行便去不爲矜尚以此終之宋元嘉中徵並不就衡陽王義季鎮京口長史張邵與顒姻通迎來止黃鵠山有竹林精舍顒甚悲于此澗文帝每欲見之謂黃門侍郎張敷曰吾東巡之日當宴戴公山下也按顒女妻邵之子敷衆字記云勃字長雲

褚伯玉字元璩錢唐人㞢有隱操居剡瀑布山下三十餘年王僧達爲吳郡禮致之停車信宿交數言而退寧朔將軍丘珍孫與僧達書曰聞褚先生出居貴館此子滅景雲棲不事王侯有年載矣自非折節好賢何以致之僧達答曰褚先生從白雲游舊矣蓋其來比談芝桂借訪薜蘿若已窺煙液臨滄洲矣唐丘丹詩云還同褚伯玉入館忝州人

張祜字承吉南陽人寓居蘇州有詩名白居易刺杭

時江東進士多奔杭取解屬時以素望取士祜自
矜必首薦既而徐凝冠多士祜遂偃蹇不隨鄉試
令狐楚鎮天平表祜新舊格詩三百篇以獻祜至
京師爲元稹所抑寂寞而歸嘗自號釣鼇客會昌
初李紳節度淮南壯其爲人厚加禮致祜長於宫
詞[illegible]多吟諷之杜牧守池與祜爲詩酒友寄詩
云誰人得似張公子千首詩輕萬戶侯當時以爲
故實大中間卒於丹陽

張景修字敏叔常州人治平進士寓居郡中以[illegible]
作詩至老不衰初爲浮梁令邑子朱天錫以神童
應詔景修作[illegible]之天錫到闕忘取本州公據景
禮部所拒因[illegible]名聞謀繳景修所送詩爲證神宗
一見大稱賞之語王珪曰恨四方有遺材趣令召
對珪言不欲以一詩召人恐長浮競俟其秩滿赴
部令中書籍記姓名比景修罷官而神宗崩矣景
修歷官三朝兩爲憲漕五典郡符每登對上必問
卿作朱童子詩試爲舉似由此詩名益著官至祠
部郎中卒年七十餘有詩集藏于家子漢之知崑
山縣

米芾字元章襄陽人愛潤州山水結海嶽菴[illegible]寓
于吳子友仁官于是女亦歸于是故宋史稱爲吳
人

賀鑄字方回衛州人孝惠皇后族孫幼不群長七尺
面鐵色眉目聳拔喜談當世事不少假借雖大權
貴小不合意極詆無遺辭人以爲近俠博學強記
工五言深婉麗密如次組繡尤長於度曲掇拾人
所棄少加隱括皆爲新奇自言吾筆端驅使李商
隱温庭筠常奔命不暇諸公貴人多客致之或從
或不從其所不欲見終不屈也歷和州管界巡檢
李清臣范百祿蘇軾薦改承事郎監北嶽廟鄂州
寶泉監通判泗州遷太平州管勾亳州明道宮乞
致仕從臣薦起之管勾洞霄宮復致仕卒年七十
四鑄監太原工作有貴人子同事驕倨不相下鑄
廉得盜工作物屏侍吏閉之密室以杖臨責貴人
子驗謝有之鑄曰能從吾治免白發即起自袒其
膚杖之數下其人叩頭祈哀鑄大笑釋去自是諸
挾氣力頡頏者皆不敢仰視時米芾以魁岸奇譎
知名鑄以氣俠雄爽適相見後每相遇輒瞋目抵
掌論辯鋒起終日各不能屈談者爭傳爲口實然
爲吏極細在筦庫嘗自會計室鎸漏逆姦欺無遺

察治戎器堅利爲諸路冠職巡邏日夜行所部歲
裁一再過家益不得發攝臨城令三日決滯訟數
百邑人駭歎觀其骫骳任氣若無所顧忌者然遇
仕進會恒如臨不測淵其慮遠乃如此自食祠祿
退居吳下昇平橋及橫塘別墅稍務引遠世故無
復軒輊如平日藏書萬餘卷手讎校無一字誤家
貧貸子錢自給有負者輒折券與之秋毫不以丐
人建中靖國間黃庭堅自黔中還得其江南梅子
之句以爲似謝玄暉有東山樂府五百首慶湖遺
老集二十卷

蘇舜欽字子美銅山人唐相頲之後祖易簡參知政
事父耆工部郎中直集賢院有才名舜欽少有大
志狀貌怪偉當天聖中文體多偶對獨舜欽與穆
修好爲古文歌詩一時豪俊從之遊初以任補太
廟齋郎調滎陽尉玉清昭應宮災舜欽詣登聞鼓
院上疏極陳得失景祐初舉進士改光祿寺主簿
知長垣縣遷大理評事監在京店宅務康定中地
震詣匭言事甚切直慶曆中以范仲淹薦爲右集
賢校理監進奏院舜欽娶杜衍女衍時與仲淹富
弼在政府引用聞人欲更張庶事御史王拱辰等
不便其所爲會進奏院祠神舜欽與劉巽輒用鬻
故紙公錢召妓樂夕會客拱辰諷其屬劾奏因欲
搖動衍於是舜欽巽坐除名同時會者皆知名士
因緣得罪逐出四方十餘人拱辰等喜曰吾一網
打盡矣五年來寓蘇州友人韓維責以離先世居
隔絕親友舜欽報書曰蒙責以兄弟在京師不以
義相就獨羇外數千里自取愁苦子豈無親戚之
情會合之樂安肯舍安逸而甘愁苦哉昨在京師
不敢犯人顏色不敢議論時事隨衆上下心志蟠
屈固亦極矣不幸適在疑嫌之地不能決然早自

引去致不測之禍捽下吏人無敢言共起謗議被
廢之後喧然未已更欲寘之死地然後爲快來者
往往鉤賾言語欲以傳播故閉戶不敢見如避兵
寇偷俗如此安可久居其間遂超然遠舉羇泊於
江湖之上不惟衣食之累實亦少避機穽也況血
屬之多資入之薄常相團聚可乏衣食乎不可也
可閉關常不與人接乎不可也與之言必須[illegible]之還
往人人皆如持國則可不迨持國者必加[illegible]惡言
喧布上下使僕不能自明則前日之[illegible]也
都無此事亦終日勞苦應接之不暇寒暑[illegible]應

土泥淖中不能了人事羸馬餓僕日棲棲取辱於
都城使人指背譏笑哀憫亦何顏面安得不謂之
愁苦哉此雖與兄弟親戚相遠而伏臘稍足居室
稍寬無終日應接奔走之勞耳目清曠不設機關
以待人心安閒而體舒放三桑而眠高舂而起靜
院明窗之下羅列圖史琴尊以自愉悅有興則泛
小舟出盤閶二門吟嘯覽古於江山之間渚茶野
釀足以銷憂蓴鱸稻蟹足以適口又多高僧隱君
子佛廟絕勝家有園林珍花奇石曲池高臺魚鳥
留連不覺日暮昔孔子作春秋而夷吳又曰吾欲

居九夷觀今之風俗樂善好事知余守道好學皆
欣然願來過從不以罪人相遇雖孔子復生是亦
必欲居此也以彼此較之孰為然哉人生內有自
得外有所適固亦樂矣何必高位厚祿後人以自
奉養然後為樂今雖僑此亦如仕宦南北安可與
親戚常相守耶余窘迫勢不得如持國意必使我
尸轉溝洫肉餧豺虎而後以為安所義何其忍邪
詩曰凡今之人莫如兄弟謂兄弟以恩急難必相
拯救後章曰喪亂既平既安且寧雖有兄弟不如
友生謂友朋尚義安寧之時以禮義相琢磨予持

國外兄弟也急難不相救又於未安寧之際欲以
義相琢磨雖古人所不能受予欲不報乃慮吾持
國也後二年得湖州長史卒年四十一葬卅徒石
門山所著滄浪集十五卷時海內皆慕舜欽在朝
數論事居蘇州得吳越故家池館買水石作滄浪
亭益務讀書為歌詩以泄憤懣善行草每酣酒落
筆爭為人所傳寶其雅逸曠遠人以比李太白之
在江東也嘉祐初韓琦奏追復元官妻杜有賢行
子泌字進之湖北運使
尹焞字彥明洛陽人師事程頤應舉發策議誅元祐

黨人不荅遂棄去授徒洛中靖康初布衣召不至
賜號和靜處士梅執禮胡安國等奏請優加旌擢
一不報金人陷洛闔門被害焞死復蘇劉豫以禮聘
之溺水逃去自商州奔蜀至閬紹興五年以崇政
殿說書召凡二十辭八年冬始入見除秘書郎明
年遷太常少卿權禮部侍郎除徽猷閣待制提舉
萬壽觀辭不已遂奉外祠即寓平江虎丘西菴時
年七十矣卒于會稽寓舍
張子顏字幾仲循王浚之子寓居平江乾道中以敷
文閣待制知信州淳熙中移知紹興除顯謨閣直

學士與祠再知鎮江府奏蠲冊陽夫役民甚德之

劉過字改之號龍洲廬陵人宋南渡後以詩俠名湖海間陳亮陸游辛弃疾世稱人豪皆折節與友周必大作相欲客之門下不就故人潘文友宰崑山延致之過雅志欲航海因抵文友死葬馬鞍山中過嘗抗疏光宗請過宮屢與時宰陳恢復方畧勇請用兵謂中原可一戰而取詞極剴切性喜飲酒詞氣橫放英特兼以感槩一時無前

吳惟信字仲孚湖州人寓居嘉定白鶴村以詩鳴宋季有菊潭集郡人縻先生弃弁諸父也記問該博

九經注疏悉能成誦科舉之文未嘗屬草然甚老不預貢籍見惟信文亟稱之一日相遇扣所作惟信誦一絶云白髮傷春又一年閒將心事卜金錢梨花瘦盡東風軟商畧平生到杜鵑麋不覺下拜曰天才也老夫每欲効顰則漢高祖唐太宗追逐不少置矣蓋前輩服善如此

何執禮淮陽人仕至朝議大夫避亂寓吳裹衣先生之祖也

敖陶孫字器之長樂人慶元進士爲泉州僉判有詩名嘗以詩忤韓侂胄幾不免因贅遂居崑山

趙孝孫字□□修其先洛人建炎中避地寓常熟□□思自有傳

葛立章文康公勝仲子也其先多顯人立章由江陰青陽徙居平江

鄭準字器先開封人華原郡王居中諸孫也祖父皆寓崑山準由蔭補登進士歷知袁州生長王侯家而氣習泊素尊於道義輕財好客赴人之急買田贍族有文正公義莊之風子遘守高郵姪竦知泰韶袁三州

鄧若水字平仲井研人博通經史爲文章有奇氣□

曦叛欲殺縣令若水起兵討曦不就乃仗劍徒步如武興欲手刃曦道聞曦死而還人竊笑其狂而壯其志登嘉定進士第對策論史彌遠姦狀乞罷其相考官寘之後列理宗即位應詔上封事言彌遠不立濟王而立陛下擅大權以擅國政以成篡奪來重囊爲姦使區區李全得以倔強於外陛下不加天誅則無以固大位而平大難矣制置司不爲附驛還之格當改官爲彌遠所抑嘉熙間召爲太學博士草數千言大槩欲斵棺戮尸以正彌遠之罪出通判寧國府書不得上旋以言罷遂不復仕

隱居洞庭山後歸蜀
魏了翁字華父蒲江人少英悟稱神童……
歷武學博士召試學士院韓侂胄謀開邊了翁言
其不可甚剴切改秘書省正字徐湘劾之侂胄[illegible]
不可而止後出知嘉定府侂胄誅收召之力辭紹
定中累遷至同簽書樞密督視京湖軍馬併領江
淮封臨邛郡開國侯御書鶴山書院四字賜之開
府江州已而以浙東安撫使就醫平江嘉熙初卒
累贈大師秦國公謚文靖仍賜第於平江華亭[illegible]
山政學大節具在宋史所著鶴山文集一百卷九
經要義二百六十三卷又有周易集義易舉隅周
禮井田圖說古今考經史雜録師友雅言[illegible]若干
卷
高定子字瞻叔本了翁同產兄也登嘉泰進士累官
禮部尚書兼直學士院兼侍讀代言溫潤草詔推
服淳祐初爲翰林學士知制誥一日草五制不更
燭而成理宗大喜尋拜端明殿學士簽書樞密院
事兼參知政事六年起知潭州辭賜第平江卿家
橋日以著述自娛官至光祿大夫爵臨邛郡侯致
仕卒贈少保定子之學根柢群經而於諸[illegible]氏

博極淹貫爲文謹嚴學者稱爲著齋先生其[illegible]
後與喬行簡史嵩之不協所著文集六十卷北門
類稾十四卷徽垣類稾二十二卷緝熙講義三卷
奏議一十二卷歷官表奏五卷經說五卷子孫多
居常熟定子兄稼字南叔由進士歷利路提刑知
沔州死節贈龍圖閣謚忠襄廟額節愍稼子斯得第
進士官至簽書樞密參知政事學者稱爲[illegible]先
生
林英發未嘉人以出贅居嘉定由進士知建昌縣時
洞寇擾攘有戡定功擢知壽昌軍趙與篡嘗師事
之及知平江迎至郡禮意甚勤既卒爲殯于穹窿
山初有道卒于葬側
黃士毅字子洪虎之子幼知向學徒跣入閩事朱熹
熹命日觀一書夜扣所見告以靜坐勿雜喚醒勿
昏居數月授以大學章句而歸正慶元詆排道學
時也平生著書甚多嘗譔次朱子書說文集語類
并自注儀禮知府王遂爲買宅以居稱爲考亭
[illegible]士卒葬丹陽子芝老開慶進士
龍[illegible]人少負才氣博學好古尤邃經術
[illegible]居李庭芝幕府宋亡來居吳

龔鼎孫崚嘗作文天祥及秀夫傳吳萊稱其不[illegible]
史[illegible]日與高郵龔璛為忘年友時比漢兩龔
開詩老蒼有骨力間寫山水亦不凡

龔璛字子敬宋司農卿潗之子自高郵徙鎮江以宦
游久留平江又家焉以聰敏善屬文刻意學問深
使徐琰辟宜幕下又舉和靖學道兩書院山長當
路者交薦璛宜在館閣不報調寧國路儒學教授
遷上饒主簿再調宜春丞以江浙儒學副提舉致
仕所著曰存悔齋藁

[illegible]應雷通州人父武子紹信軍判官來寓常熟應雷
登第照進士歷知處和二州兩淮安撫制置使知
揚州兼淮東提舉弟應飛字德遠自進士調太平
通判改淮西制機遷戶部侍郎知鎮江府元兵圍
京嘗師救之

高[illegible]遠字照蒼通州人咸淳德祐間通判平江府自
城陷家亦散亡煢然一身浮游江湖嘗館于石浦
衛參政深家以所學私淑諸人睎遠資稟秀朗學
問該博尤精邵雍之學嘗謂雍觀物以聲色氣味聲
色氣味有一萬七千二十四人之耳若鼻口不能
[illegible]其聲與嗅嘗唯一萬七千二十四聲可以字別
舉聲之一例而色氣味可類推也嘗手裁竹為管
以定五音六律進退疏數細微毫差咸嘗參同契
研究甚力嘗謂其書大抵以納甲之說寓其行持
進退之度參納甲法即先天圖也第未知伯陽用
虞翻之圖抑虞翻返用伯陽之圖耳他凡術數太
乙六壬諸家咸究其妙因動聞聲可以驗吉凶定
禍福其學後皆無傳者

錢仲鼎字德鈞通州人徙居蘇之蕭帆巷讀書廣博
尤潛心六藝宋末發鄉解元不復仕進攻為古文
詞與趙孟頫虞集龔開輩交性不喜飲惟善勸人
讀書授徒于家多時俊年餘九十燈下書細字夜
分乃寐行十餘里不杖

柯九思字敬仲僊居人以蔭補華亭尉不就遇文宗
于潛邸及即位擢為典瑞院都事置奎章閣特授
學士院鑒書博士凡內府所藏法書名畫咸命鑒
定賜牙章得通籍禁署寵顧甚隆以言罷出文宗
崩因流寓吳中卒九思善畫竹石得文同筆法嘗
自謂寫幹用篆法枝用草書法葉用八分或用魯公
行筆法木石用金釵股屋漏痕之遺意

潘純字子素廬州人游京師文學貴介爭延致之每

宴集談笑傾座嘗著爻卦以諷切當世有以衮受
爵亦不足貴之辭或以達于文宗欲繫治之因亡
走江湖間江南大姓慕之者望風承謁於是挈妻
子居吳中
鄭東字季明平陽人客授崑山弟采字季亮性狷介
州里不能容因來就寓讀四庫書晚又同寓海虞
東天分絕人嘗就試不合主司即弃去肆力於古
作歐陽玄嘗薦之會病卒采亦坎壈以終東古　夕
不留藁僅存百篇采三十餘篇宋濂所叙聯璧集
是也東子思先字歐仲洪武中以儒士徵授國子
助教遷監察御史再遷福建布政上疏請罷采木

進磨勘司令卒
柳貫字道傳浦江人爲翰林待制以古文與黃溍齊
名嘗寓甫里
謝應芳字子蘭毘陵人避兵寓居對門嘗修復顧元
公祭祠墓有懷古録一卷平生好古博雅所著曰
龜巢摘稿
吳叡字孟思濮陽人工篆籀究通六書嘗寓崑山卒
陳徵字明善本廬山人遠相篆宋宣和進士官左朝
散大夫徵嘗從吳澄遊其學務明理不慕榮進讀

書鼓琴泊然終身一時前輩若虞揭諸公咸推重
之少嘗北遊燕趙比還遂居吳中時稱天倪先
生二子汝秩汝言汝言字惟允閒爽有儁才尤工
詩畫張氏時爲太尉府參謀頗見親信洪武初官
濟南府經歷坐事卒汝秩字惟寅與汝言齊名而
性特高亢不苟合方汝言貴顯時聲勢甚盛汝秩
安貧樂道若不聞洪武中以人才徵至京乞歸卒
汝言子繼自有傳
貢師泰字泰甫宣城人泰定四年釋褐出身歷官吏
部侍郎至正十四年江淮兵起京師食不足師泰

奉命和糴于浙右得糧百萬石以給京師遷兵部
侍郎會朝廷欲仍和糴浙西因除師泰都水庸田
使明年罷庸田司遷福建廉訪使尋除禮部尚書
時平江缺守廷議難其人又選師泰爲平江路總
管甫視事張士誠率衆直抵城下攻圍甚急守將
弗能支斬關遁去師泰領義兵出戰力不敵亦懷
印棄城遁匿海濱者久之士誠既納降丞相達識
帖睦邇以便宜授師泰兩浙都轉運鹽使尋遷
利課以大集後以秘書卿召卒于道中師泰性倜
儻狀貌偉然既以文字知名而於政事尤長所至

績效輒纂著云

周伯琦字伯温鄱陽人以父蔭授南海縣主簿三轉爲翰林修撰後至元初爲宣文閣授經郎會御史奏風憲宜用近臣特命僉廣東廉訪司事入爲翰林待制累陞直學士除兵部侍郎至正間以監察御史遷崇文太監兼經筵官未幾又以江東肅政廉訪使改浙西時江浙行省丞相達識帖睦邇承制假伯琦參知政事招諭張士誠士誠既降除同知太常禮儀院事士誠留之未行拜江浙行省左丞於是留平江者十餘年士誠滅伯琦乃得歸鄱陽尋卒伯琦儀觀温雅粹然如玉遭時多艱而善於自保博學工文章尤以篆隸真草擅名當時

饒介字介之臨川人以翰林應奉出僉江浙廉訪司事累陞淮南行省參政分守吳中介爽暢博學尤嗜吟味精行草日延儒紳談弄篇翰時四方初倣擾郡城猶晏然至正十六年三月九日張士誠冦齊門事起倉遽介卒無所禦士誠既入據一城鼎沸介無如之何閉門高卧而已士誠累使咨訪以事強起之介往士誠委以兵政然操縱不由介介固辭士誠命仍送回理省事介勸士誠歲輸粟于大都二十七年

天兵執士誠并俘介歸

京師遂死

○陳基字敬初臨海人從黃溍學授經筵檢討其徒有爲御史者以所言事咨于基基謂並后爲致亂之本因草章上諫時欲寘基罪遂引避南歸至吳以教授自業屬南土用兵開行樞密府基爲都事轉江浙行中書省郎中時張士誠爲太尉基參謀軍府事[illegible]自王基獨諫止已而超授內史遷學士院[illegible]通奉大夫一時書檄碑銘傳記多出于基手及士誠就俘基從入京獨得宥全預修元史書成而還基先居郡城天心里洪武二年卒于常熟寓舍基爲文清雅所著有夷白齋集

○姜漸字羽儀諸暨人至正間僑居吳中張氏時起家爲淮南行中書左右司都事未幾罷歸日著書無復仕進意洪武初徵拜太常博士卒漸學識超詣所爲文温雅平實

○張羽字來儀後以字行更字附鳳本潯陽人刺史戩之後元季倣擾從家湖州領鄉薦授安定書院

山長再徙於吳洪武四年以儒士徵至
京應對不稱
旨放還再徵爲太常司丞俄坐事謫居嶺南未半
道
召還自沉於龍江驛前羽博學好古文章精潔有
法尤長於敘事詩亦清麗作畫師小米所著有靜
居集
○徐賁字幼文本蜀之郯人後居毘陵元季徙居蘇
之望齊門賁工爲詩與高啓諸人齊名尤善寫山
水秀潤可愛張士誠居吳辟爲屬俄謝去居湖州

之蜀山洪武中以薦至
京奉使晉冀及還檢其橐惟紙行詩而已他無所
有授給事中改監察御史巡按廣東又改刑部主
事陞廣西參政以政績卓異擢河南左布政使命
大將靖洮岷道出河南以貢犒勞不時下獄死所
著詩曰北郭集
○李幹字貞臣睢州人仕元爲許州同知後以其部
侍郎佐擴廓統兵坐營值事急出巡
天兵俘置鎮江已而選入司農司議禮議律議官
制皆預焉及建六部以爲吏部郎中兼

秦府相參軍
召議藩封後斥居寧夏又
召入爲翰林待詔直
內閣已老遂致仕來蘇州依友人盛逮年八十六
卒逮爲買地黃山葬之彝通究典章明
國初制作論議英宕一時稱之
○吳福字好德浙之鄞縣人由進士擢禮科給事中
奉使琉球遇颶風中貴人以下皆謀禱於海神福
惟戒舟師謹檣柁而已使回與修永樂大典出爲
江西按察司僉事入爲禮部員外郎與修五經四

書性理大全書成陞陝西布政司右參政九載陞
福建右布政使致仕愛吳中山水之秀遂占蘇籍
卒葬烏龍山子憲完憲性至孝母喪過哀事[illegible]
尤孝謹嘗以居室讓諸弟做[illegible]郡人杜瓊贈
以詩有今日重逢薛侍中之[illegible]爲授[illegible]州訓
導完
伊府教授
人物二十一 列女
許昇妻者呂氏之女也年[illegible]昇少爲博徒不理操作
[illegible]躬勤家業以養其姑數勸昇[illegible]學每有[illegible]

輙流涕進知榮父積忿疾卅乃呼榮欲改嫁之榮
歎曰命之所遭義無離二終不肎歸卅感激自厲
乃尋師遠學遂以成名尋被本州辟命行至壽春
道為盜所害刺史尹燿捕盜得之榮迎喪於路聞
而詣州請甘心讐人榮乃手斷其頭以祭卅乃歲
餘姑亡夫族多欲聘之誓不再嫁黃巾賊陳實欲
干穢之榮執節不聽踰垣而走賊拔刀追之曰從
我則生不則死榮曰義不受辱寇遂殺之是日疾
風暴雨雷電晦冥賊惶懼叩頭謝罪乃殯葬之
府君遣主簿祭之又出錢助縣為冢於嘉興鄉里
墟北名曰義婦阪

沈伯陽妻顧文宣之女字昭君早寡無嗣盡禮供養
其姑父陰以許人姑聞而哭昭君驚惶上問姑姑
以告昭君泣曰妾聞婦女以專一為貞回二之行
非所聞也乃割耳剪髮以明已志

二貞婦者公孫達妻郤李文公謀妻戴各遭寇賊臨之
以刃曰寧為我妻而生乎將不從而死乎二貞曰
婦人以貞淑為節豈可畏死而忘行邪賊遂殺之

孫奇妻廣陵范慎女名姬年十八配奇一年而奇亡
父母以其無子迎還其家姬不肯往迎者迫之姬
乃割耳及鼻曰父母迎我者不過以我年少色美
今已殘矣行將焉如於是迎者空返

張白妻陸氏績之女也績於鬱林所生因名鬱生年
十三嫁同郡張白白兄溫廢徙白死誓不再嫁姚
信表之（表曰臣聞唐虞之政舉善而教旌德擢異三王所先是以忠臣烈士顯名國朝淑婦貞女表迹家閭蓋所以闡崇化業廣殖清風使苟有令性幽明俱著苟懷懿姿士女同榮故王蠋建寒松之節而齊王表其里義姑立殊絕之操而魯侯高其門臣切見故鬱林太守陸績女子鬱生少履貞特之行幼立匪石之節年始十三適同郡張白侍廟三月婦禮未卒白遭罹家禍遷死異郡鬱生抗聲昭節義形於色冠蓋交橫誓而不許奉白婢妹險巘之中蹈履水火志懷霜雪義心固於金石體信貫於神明送終以禮邦士慕則臣聞昭德以行顯行以爵苟非名爵則勸善不嚴故士之有誅魯人忘其勇杞婦見書齊人哀其哭乞蒙聖朝斟酌前訓上聞天聰下垂坤享褒鬱生以義姑之號以厲兩髦之節則皇風穆暢士女改視矣）

張氏三女吳人皆有節行兄溫為孫權所囚姊妹已
嫁者皆見錄奪其中妹先適同郡顧承官以改嫁
丁氏成婚有日飲藥而死吳朝嘉歎鄉里圖畫為
之贊頌

會稽張茂妻陸氏吳郡人茂為吳國內史與三子俱
為沈充所害陸傾家業率義部曲討充充敗詣闕
上書為茂謝不尅之責詔曰茂夫妻忠誠舉門義
烈宜追贈茂太僕

許邁妻散騎常侍郡人孫宏女也邁一名映字叔玄句容人總角好道立精舍於杭懸溜山往來茅嶺惟朔望時節還家定省父母既終乃遣孫氏還家孫書以謝絕之 書云欲聞懸溜之響山鳥之鳴以爲蕭韶九成不能勝也寓景青葱之下栖息巖岫之室以爲廢堂廣厦不能過也情聽所終志絕於此吾其長別離矣 孫爲書荅之 書曰愚下不才侍執巾櫛榮華福祿相與共之如何君子篤其大義輕見斥逐若以此處遐曠非婦人所便昔梁生隱嶺孟光是携蕭史登臺秦女不舍衛人修義夫妻同行老萊逃名伉儷偶遊豈非古人嘉遯之舉者許君乖離矣 邁以永和三年入臨安西山改名玄字遠游後不知所終

晉穆帝皇后何準女居崑山南村一夕生后群鳥驚鳴明日赦下又鳴令名其地烏夜村

後周宣帝四后朱氏小女滿月吳人生靜帝後立爲皇后班亞楊后靜帝立尊爲帝太后隋初爲尼改名法靜

顧琛母孔氏時年一百餘歲隆安初琅琊王廞於吳中爲亂以爲貞烈將軍悉以女人爲官屬孔氏爲司馬及孫恩亂東土饑荒人相食孔氏散家糧以賑邑里得活者衆生子皆以孔爲名 互見琛傳

張稷長女名楚媛適會稽孔氏無子歸宗州人徐道角作亂害稷女以身蔽刃同遇害

張氏女子郡人張建第五女也三歲喪母靈牀上屏風平生舊物屋漏沾濕出暴曬之女一見伏牀流涕家人怪其不起乃往抱持薦席淹漬精神傷沮不能飲食將以問醫醫診脉云腸斷矣因爾便吐血數日而亡

韓蘭英郡人有文辭宋孝武世獻中興賦被賞入宮明帝世用爲宮中職僚齊武帝以爲博士教六宮書學以其年老多識呼爲韓公事見齊武穆裴皇后傳 按隋志梁有宋後宮司儀韓蘭英集四卷或云齊鬱林王時爲內博士

范法恂妻褚氏勤苦執婦業昇明中孫曇瓘謀反亡命褚謂其子僧簡曰孫越州先姑之姊子與汝父親則從母兄弟交則義重古人逃竄脫不免汝宜收之曇瓘尋伏法褚氏令僧簡往斂葬之褚年七十餘永明中卒僧簡在都聞病馳歸未至而褚已卒將殯舉尸不起尋而僧簡至焉

吳仁璧女少能爲詩父教以玄像陰陽之學仁璧自登第後生業甚薄嘗居越中佯狂求食一日女謂父曰大人慎事出入恐罹憂毒天復初錢鏐令撰母墓銘仁璧不從被繫女泣曰文星失位大人其不免乎鏐命除水部員外郎遂沉之東小江驚濤

中併女同害時年十八（互見仁壁傳）

朱億女郡人也淑行婉質工琴書至道初裴愈奉使兩浙聞其才藝奏之召至京師既入宮披賜號白蓮花夫人後出俗刺血書蓮花經一部改賜慈濟廣惠大師億子光禄卿公綽之女二十娘子嫁朝請郎李防亦聰慧作混元圖贈宜人

陳質妻長安縣君丁氏晉公謂之妹博士之奇母也謂欲官二甥丁固辭俾自學以德進謂竦然稱歎之奇兄弟繼登科鄉里稱爲賢母胡瑗著丁氏賢惠録蘇舜欽書之里人張紳世與陳舊其婦挽而没丁祿其嬰歸付乳媼親加撫視能言而還之謂既南謫家日淪困有姪孫女幼孤丁訓養甚厚及歸馮氏子婦式嫺淑甚宜其家知州黄宗旦聞之謂之曰茲事可書于史贈孝感郡太君

吳中李氏女能詩有詠被錢云半輪殘月掩塵埃依稀猶有開元字想得清光未破時買盡人間不平事

李處道妻龔氏宗元女也有文學讀書通大義賦詩書字皆過人晚年喜誦佛書自名曰守安處道年高而官不達龔能安之卒年六十四

鄭絳妻錢氏廣陵王之玄孫也幼秀悟既歸絳姑御家嚴錢氏侍起居惟謹無故未嘗去左右姑疾嘗藥不解衣者半年夫家素貧赴官不能具行裝適其娣自京師持金幣遺之甚厚錢氏不啓封謝而歸之退而曰身受娣賜固可抑何以全吾夫之廉乎

張弼妻徐觀妙直祕閣閎中女也建炎三年金兵犯揚州官軍奔潰辟掠執徐欲汚之徐瞋目大罵曰朝廷畜汝輩以備緩急今敵犯行在既不能赴難反乘時爲盜我恨一女子不能引劍斷汝頭以快衆忿寧肯受汝辱以苟活邪賊刺殺之投江中而去弼歷陽人也

何氏郡人吳永年妻建炎四年金兵陷平江城中人死者五十餘萬永年與其姊及何奉母逃匿母老須扶掖而行爲賊所得將縶其姊及何何紿之曰諸君何不武邪我婦人輩東西惟所命耳賊信之行次水濱何謂其夫曰我不負君自投于河其姊繼之陳長方作二烈婦傳

劉士英妻陳氏居父母家亦被虜獲赴井死士英字仲發武康人宣和二年爲溫州教授方臘陷處州

上英說方畧率民守禦靖康初通判太原府金人
圍城士英堅守不下接戰被執罵賊不輟遂裂死
年四十五官至通議郎旌其廟曰忠烈
祝磯妻徐氏郡人侍郎林之從姑一云林之妹通判壽之
女敏慧能詩孫覿以為不類婦人女子所為其筆
墨畦逕多出於杜甫而清平冲淡蕭然出塵自成
一家其賦尤工有閨秀集二卷傳於世雅山嘗侍
夫人坐有言太素脉類妖妄者夫人徐曰醫和視
晉侯之疾而曰良臣將死天命不祐非太素脉乎
其學識明辨類如此磯處州人也
狀元黃由夫人平江胡元功尚書之女善筆札時作
詩文亦可觀至於琴碁寫竹等藝皆精自號惠齋
居士
沈清友郡中女子也能詩有云晚天移棹泊垂虹閑
倚篷窗問釣翁為甚鱸魚低價賣年來朝市怕秋
風甚得風人之體又詠漁父云起家紅蓼岸傳世
綠蓑衣詠牧童云自便牛背穩卻笑馬蹄忙下字
之工如此
周氏太倉人贅張氏至正中父為百夫長謀刺其帥
事泄夷其家父母及夫皆死次縛周于武陵橋將
斬之帥之子惜其姿容令刃者舍之語曰能從我
活汝命周怒曰豈有父母死而我獨生乎又曰苟
從我當葬若父與夫屍周益怒曰我惟知死耳他
無望也帥子拔佩刀磨其頸曰汝不從斷汝首噉
汝肉周厲聲罵曰不義賊而父既殺吾父乃欲婦
我邪顧所親曰我有白金可以買棺合葬我父母
妾則附葬於夫帥子度不可脅乃殺之
廣平路總管浦源子玉田妻梅氏郡人至正十六年
淮兵破城梅氏匿旁小民家兵入夫逸去梅氏為
兵所得見其色將污之梅氏探懷中金與之乘間
赴水水淺不得溺兵至水次以刃擬梅氏梅氏不
為動兵舍去後至者見婦面水上知其生復欲鉤
出之力挽不肯升兵怒以戈椹其腋死高太史啓
為傳
季富妻黃氏崇明人至正初海寇入境掠婦女登舟
黃氏義不受辱即投海死年二十七
台戩妻朱其氏戩為郡吏至正丙申行役京口妻年
三十姿色姝麗生一子一女城陷先屬子女於姻
謂所親曰吾夫在遠而罹此大變或不幸被強辱
縱欲死不可得矣寧捐吾軀以全吾心語未絕

入葬[illegible]水矣

趙淑儀吳縣趙夢炎女清獻公抃之裔孫也夢炎臥病時年七十餘家貧無醫藥資淑儀年十八乃焚香禱于天刲股以進父患尋愈里社以上於府董章爲守製表孝女歌書綵障表于其門仍贈錢帛豚酒

茅氏崇明人嫁朱清之子虎清敗茅氏年三十二沒屬官醫[illegible]見逼連日茅氏晝夜號哭以死自誓卒不能奪[illegible]故舊王大卿等鳩金贖爲大都永安寺尼逾年以憂憤死至元中虎兄子謙以聞旌表墓門錄付史館

擔夫婦家[illegible]城不知其姓名夫在[illegible]爲擔夫張氏時應募[illegible]充戰士丁未六月戰死于城西門婦號泣城下[illegible]其屍解衣拭之斂於棺哭盡哀既焚收骨裹以[illegible]仰天大慟身與骨俱投於水

國朝

謝烈婦[illegible]山沈度之妻也年二十八孀居將終焉至正壬[illegible]方谷珍剽掠女婦甚衆謝度其姿容不可免自[illegible]河[illegible]遠吾不能赴水以全屍苟得全吾志可[illegible]積薪縱火自焚

[illegible]死節王氏與子女二人皆不食[illegible]日卒詳見椿傳

○陳訓妻王氏節行見訓傳

○七姬皆江浙行省左丞潘元紹妾元紹戰將敗七姬皆縊死互見冢墓

○薛氏者崑山銀工之女嫁縣小吏邵某洪武初邵坐法當死送京師婦時年二十餘嘗垢莫能掩其麗將行押卒見而悅之謂邵曰若欲生致都下盍使事我否則促死矣邵懼曰如命乃密呼婦語故婦曰吾身潔汚君不得知君身不可復生矣佯應曰諾乃盛備酒饌飼邵至暮遂自縊於粉閣中隣里爲葬之今冢在西溢瀆村彭氏菜園中即當時粉閣也事久湮沒天順末鄭進士文康得於表姑葉氏之言爲作傳以表之

○錢氏太倉人歸同里胡原洪武三十年原戍雲南逋竄事覺坐棄市錢謂之曰君萬里歸爲妾耳今君死妾生何爲至夜分抱乳兒泣曰吾不能保汝矣遂自縊年二十八袁華爲傳

○張員外槩妻金氏名淑寧吳人德儒先生之女年二十二嫁槩洪武十九年槩得罪吏人具辭將實于法淑寧聞之曰吾雖歸張未及朞月義不可使夫

獨?死于夫死之後孰若死于其前遂經死後三日槧得宥天台林右作張烈婦傳

○史景忠妻鄒氏年十八嫁景忠而景忠謫戍大寧鄒與其姑及一女在行丙子歲冦發大寧城中有欲犯鄒者鄒不從脅以刃鄒嚼齒駡益頸受刃竟被殺時年二十一

○吳氏崑山吳澤女嫁縣吏沈濬濬病死子十歲吳謂之曰吾不復能撫兒矣及斂夫畢從容洗沐更衣自經年二十九歲

○顧氏女太倉人父母早亡鞠於叔父初許嫁王氏未醮而夫亡叔父復許嫁徐氏擇日畢禮強之行不得已乃以帛纏束其體牢不可解至則謂徐曰吾非汝家婦乃故王郎妻也堅拒不成禮徐亦義之不忍強至夕遂縊死

○陳氏崑山小民陳演女嫁浦家奴黃福安未期而福安卒將殯陳撫棺哭之哀甚至夜遂經死

○鍾氏崑山陸安妻洪武中安父以事逮 京師議大辟將磔市而安初婚乃謂鍾曰吾不忍吾父死吾將代刑汝其柰何安往竟死訃至鍾遂經

○王素湖涇農家子也年十四嫁朱佩越四年而夫亡父母憫其早寡無子潛以適人婦覺之乃縊

○卓氏女字永潔長洲人適里人徐宣洪武壬午宣卒卓氏年二十一遺男女二人越二年二孤盡死卓氏操守益堅既而舅姑皆歿其母嘗疾篤巫醫皆不效卓氏刲股作糜以進母食而愈後母死執喪盡禮人稱節孝之婦

○吳天祥妻趙氏家貧奉姑甚孝天祥傭身於人趙每於三炊貯米一握積之以易臠肉爲姑致滋味使姑悅而不知家之窶也有兩兒姑酷愛之每食必呼之趙於食頃驅之出即闔戶姑問何在詒云自留肉與不足念慮或云方出嬉戲人嘗見兩兒風雨蹲簷間問胡不歸兒云母奉婆婆羨恐分肉食我耳天祥長洲相城人

○唐冕妻王氏亦攸孝姑病癰污穢不可近王手爲除拭不怠嘗夜盜入室王倉猝擁病姑匿簷後時天大寒雨王以身蔽姑瀕凍死不舍吳文定公寬表其事

○沈氏嘉定人年十九適顧隨產一女而寡親戚憐其貧潛許李氏李委禽焉沈盛粧入室掩戶縊死

○錢氏常熟陸茂妻嫁茂二年茂死葬歸即自縊年

二十三歲
○干得泉之女許贅徐景仁未婚而景仁以罪坐劓景仁之父以其子殘廢欲已婚得泉甚悅女不從曰彼初非殘者竟成婚事夫甚謹後數年景仁以前事例戍雲南其弟干祿謂曰若他適可免否則死萬里矣干氏曰此何難遂自經死
○陸氏子以吹笛爲生其妻田家女也陸病久女歸父家求升粟還陸已死女哀哭祭畢遂自經于夫尸之傍
○潘紹宗妾金增崑山人紹宗早卒金有貞操里人欲誅以其實　聞表厥里居金聞而止之曰
朝廷著令年二十九得聞三十不得聞也里人曰降一在我無難誰能知者金曰此非吾所安也遂寢其事
○王妙鳳洞庭東山人嫁呉氏夫常商於外妙鳳獨與其姑居姑有淫行妙鳳恚憾而無如之何一日姑與所私飲命妙鳳溫酒妙鳳從爨室舉燎火警其人去其人入爨室戲牵其臂妙鳳憤極即拔刀斫臂父母來諭將理於官妙鳳曰死則死耳世豈有婦訟姑理邪死後里人白于縣縣梗於姑婦之議妙鳳之冤迄不獲申
○狄阿先妻高氏嘉定人配狄一月狄患癰死高抱屍慟哭三日家貧火葬火熾高氏躍入火中姑救出之高恨不得從夫死輒取夫骨囓吞之姑與父母驚恠而更昧其志相謂言疾嫁耳遲之則死矣漏言於高高歸舍即斷髮自誓其夕竟雉經
○陸淑清長洲陽城人頗聰慧識字許村人楊紹淑清年二十二兩家亦貧不能嫁娶紹執役往京師惡少藍淑清容色謀妻之集黨撼其翁文若不從我得無悔後禍邪翁文愁諾淑清聞之號哭達曙惡少強委禽焉淑清即自縊于房
○鄒氏呉縣人嫁葉芸僅兩月芸卒鄒毀容誓死不出房限不見男子姑曰如火盜疾病何鄒曰火至委軀煨燼盜至則先自刎疾聽其死不得令醫胗察年逾六十卒遺命就殯於室毋受親戚男子弔夜半舉柩毋令人見
○俞氏呉縣學生顧春妻也春患病將革與俞訣勉其守節俞號泣不止因以指抉雙目不得出乃以剪刺其左目血流遍體復欲刺其右姑奪其剪諭之曰爾欲養舅姑育二子留其一目可也俞乃止

越六日春死

凡列女事行備載如右其

國朝旌表節婦亦如孝友例附于後云

張成二妻唐氏洪武七年旌表學士宋濂作旌門銘

姚榮二妻黃氏洪武七年旌表編修蘇伯衡作旌門頌

陳巳文妻孫氏洪武七年旌表

呂元哲妻錢氏洪武二十八年旌表

蔡仲彬妻夏氏洞庭山人永樂間旌表

濟南府經歷陳汝言妻吳氏永樂四年旌表

印仲彬妻周氏永樂四年旌表

戴君用妻吳氏宣德三年旌表

王友諒妻陳氏宣德十年旌表

杜德潤妻顧氏正統四年旌表翰林檢討陳繼作傳

俞毓妻狄氏正統四年旌表

姚宗敏妻盛氏正統六年旌表

諸士賢妻祝氏正統六年旌表其孫泰亦蚤卒妻張氏守節奉祖姑

郁信妻橋氏成化五年旌表

顏鎡妻吳氏成化十八年旌表

蘇倫妻陸氏成化十九年旌表

李芳妻傅氏弘治十一年旌表

夏衡妻吳氏弘治十一年旌表衡崑山人

王昂妻唐氏弘治十二年旌表

進士顧竑妻杜氏弘治十三年旌表　已上吳縣

張漸妻華氏張彥達妻胡丑奴俱洪武初旌表

樓紹妻王氏同爲會稽人徙吳洪武二年旌表紹元鄉貢進士王氏卒後子澄請表毋節

朝命御史稽覈有以既死而難之御史發文有云若以死生有間則比干之墓誰封遂獲旌　命宋濂作傳

張得妻顧三娘洪武三十一年旌表

陳彥良妻金氏永樂四年旌表

蕭山縣學訓導王永年妻陸氏永樂八年旌表

趙學遜妻徐氏宣德六年旌表

仰餘澤妻張氏正統三年旌表

華李諶妻張氏正統五年旌表

陳復妻鄒氏正統九年旌表

韓伯濟妻張氏正統十年旌表

周公美妻劉氏景泰三年旌表

陸塤妻浦氏天順二年旌表

陳顯妻華氏成化十二年旌表

王公著妻吳氏成化十二年旌表

魏公進妻尤氏成化十八年旌表

蕭貴妻莫氏成化十九年旌表
杜洪妻皇甫氏弘治二年旌表已上長洲縣
劉彥敬妻阮妙瞻洪武十年旌表
查華二妻楊六娘洪武十九年旌表
范忠妻凌氏天順五年旌表已上吳江縣
嚴華妻陶氏洪武七年旌表
范安妻凌氏洪武十六年旌表
水德妻李氏名惠洪武十年嘗以同籍充軍逮繫
京有以勢脅欲娶李氏曰吾不以危難棄禮雖萬
死無悔事　聞護送還鄉至洪武三十年旌表
彭餘璋妻□州氏字宜君生儒家歸未朞餘璋卒子
方周晬抱持號哭成歛赴水死正統癸亥旌表
祝其妻錢氏航凍涇人天順間旌表
刑部主事盧瑛妻夏氏太常卿昺之女成化五年
旌表
進士張經妻龔氏弘治間旌表
鄭文光妻朱氏弘治間旌表已上崑山縣
陳剛妻錢氏洪武十六年旌表
季益妻李氏洪武十六年旌表
陳守恒妻陸氏正統三年旌表

吳本妻林氏正統五年旌表
吳克存妻陳氏監察御史淳之母也正統十二年
旌表
王永仁妻莊氏正統十四年旌表
朱亮妻陳氏天順四年旌表以子鉉仕監察御史
封孺人
錢景豫妻徐氏天順八年旌表
錢宗時妻包氏成化元年旌表
蔡克温妻凌氏成化五年旌表
徐元亮妻曹氏成化六年旌表
錢景暘妻鄒氏成化六年旌表已上常熟縣

姑蘇志卷第五十七

姑蘇志卷第五十八

人物二十二 釋老

竺道生鉅鹿人姓魏氏初入廬山幽棲七年後遊長安從什公受業關中僧衆咸謂神悟獨文字之師以生爲邪擯之生遂來止虎丘聚石爲徒講涅槃經至闡提有佛性處曰如我所說契佛心否群石皆首肯之今石猶存

竺道一眞正有學業晦處隱智人莫能知王珣兄弟深加敬事晉簡文帝後隱虎丘時號九州都維那顏眞卿詩登壇仰生一謂道生道一也道寶道一弟子

支遁字道林姓關氏世奉法嘗往餘杭山沈思道術行吟獨暢年二十五始釋形入道住剡東岬山後居吳支硎山報恩寺南峯院性好鶴鎩其翮不復飛視有懊喪意後養令翮成致使飛去又好養名馬謂愛其神駿今有石室放鶴澗馬跡石皆其遺蹤也

智積菩薩顯[illegible]寺開山祖也當東晉末自西土來時泗州僧伽持鉢江南至無錫聞積在蘇即回曰彼已有人矣由此名顯有一貧嫗慕其行嘗持角黍爲供積愛之嫗因得度至今上巳日號智積誕辰數十百嫗爲角黍會梁天監中靈巖山初造寺有異僧負鉢而入憩廡下及引登前相貌奇古衆莫之省逾三日夜半索墨自圖其形于殿東北壁黎明不知所在衆始驚異居無何有胡僧覩其畫愕曰此西土智積菩薩像也何爲在此於是道俗趨來觀拜知師出世至唐宰相陸象先有弟講危疾國醫不能療一日有僧扣門問疾象先引至卧內僧索杯水一噀而病良已象先驚謝出金幣不受顧謂其弟曰我靈巖僧也他日還吳幸來過我言已遂去其年象先弟入尚書爲郎使觀察桂管道經吳中遊靈巖如約問禮所舍無有偶從寺僧求之亦無得方悵然欲還俄見壁間所畫像宛爲如言如笑驚喜拜施錢五十萬修供而去

法愔西域人義熙中至中夏與惠遠結社廬山已而來蘇念佛三昧化導有情蘇人翕然歸建淨壽院居之院燬復建即今萬壽寺也

支曇籥月支沙門也嘗來虎丘特賦妙聲善唄弄夢神人授聲法覺因裁製新梵清響妙絶晉孝武敕使至郡從受五戒

餾餾尊者梁時僧也今虎丘之憨憨泉寶曇華之卓錫峯皆其遺跡

惠嚮吳興人姓懷氏天監中居虎丘不得甘泉乃俯地側聽得泉今名曰虎跑泉後駐錫馬鞍山諸律塔廟坐於山脇石室間有二虎爲侍方搆籌思俄有神人謂曰願施千工以成是夜風雷震吼林木

續空者吳人本齊君房也苦貧勤學爲凍餒所驅元和初游錢塘至孤山寺西饑甚不能前餞有胡僧顧君房笑曰法師諳旅況否君房曰何哉僧曰子不憶講法華經於洛中同德寺乎應爲饑火所惱不暇憶前事探鉢囊出一棗大如拳曰此吾國所產食之知過去未來事君房食訖甚渴掬泉水飲之忽欠伸枕石而寢有頃乃寤思講經於同德寺如昨日焉乃落髮

鑒師元和初郡人馮生調選長安有老僧自稱鑒師詣生曰汝吾甥也相與往來歲餘馮得東越尉鑒師負笈告去曰我廬於靈巖寺之西廡久矣遊長安忽十年幸與君相遇今將歸舊居故來告別然君尉越道出靈巖寺下當一訪我後馮生詣寺詢僧鑒師廬安在僧曰吾曹無名鑒者生始疑異至西廡下乃有群僧畫像其一狀類鑒師生大驚視其題云馮氏子吳郡人年十歲學浮屠氏法以道行聞

文暢吳人韓愈有送行序及詩

貫休婺人善詩有西嶽集嘗居萬壽寺禪月閣因稱禪月大師又善畫古佛嘗自夢得十五羅漢梵相尚缺其一有告者曰師之相乃是也遂爲臨本圖以足之今其畫本尚傳

僧瑗字辯空嘗披一衲不計寒飢勤行精進嘗撰武丘名僧記一卷注郁子兩卷文樂三卷

紹明律師崑山慧聚寺僧也後唐時居半山彌勒閣一夕夢有神人[illegible]前古桐下有石大王像與銅鐘師宜知之詰旦掘其地果得之今尚龕置壁間形製甚古

紹宗鄭人住廉山性朴野不[illegible]俗江南李國主造寺居之又躬入山請誤[illegible]禮重

清化師全副崑山人隨[illegible]像章聞禪會之盛求出家學成自[illegible]錢忠獻王賜以紫方袍不受改號純一禪師[illegible]中坐亡有大風震林木焉

希辯吳越忠懿王子也爲寶巖院於常熟聽律於榜伽受心印於天台乾德初王以清泰院居之號慧智禪師太平興國中隨王入覲見于滋福殿賜號慧明尋還故刹御書急就章逍遙詠祕藏詮賜之

清順尊者宋初魏庠守郡奏改虎丘律寺爲禪迎尊者居是寺乃啓禪派今虎丘開山第一人也

遇賢俗姓林氏長洲人母祈孕夢吞大珠生時祥光滿室少溺水泝流復還遂出家郡城東禪寺性嗜酒人呼爲林酒僊醉則作詩時有警句尤能前知人禍福言無不驗人疾病者書符與之立愈郡守梅詢贈以詩曰出入常携一古藤三衣䴥重貌稜稜紅塵酒滿何曾醉知是僧中第幾僧祈郡中有虎爲害遇賢見之騎以出城其害遂息一日渡江風濤大作舟將覆遇賢解袈裟爲帆風浪便止其神異多此類遇賢顏貌奇怪口可容雙拳手垂過膝日行路中嘗持一鐵椎見甓輒碎之人問其

故答曰世路不平閭郡酒家得其飲酒獲利十倍有一酒肆奉之甚謹遇賢將示寂至其家曰吾日飲汝酒未能酬直今當相報耳乃大吐石臼中囑以紙封閉三日啓視則巳結如雞子未幾瘟疫大行人服其一匕即瘥酒家因以致富祥符五年上元日沐浴而化七日身不歛側顏色如生其徒火之取其骨塑爲像今存寺中

靜梵嘉禾人姓笪氏生甫十歲依勝果寺祝髮從湛謙二法師學元祐初住郡之北禪寺講法華經修法華懺爲三期之爲日二十有八精恪上通感普賢受羯摩法呼淨梵比丘

文瑩吳僧多聞博識宗教亦高所著湘山野錄行於世

道元住永安禪院祥符中嘗進所纂傳燈錄三十卷詔楊億等刋定刻板宣布

法遠[illegible]人姓王氏年十九游并州從嵩禪師受具足戒來住天平山擬班固九流作九帶叙佛祖教義傳承先德機語參同印證學者傳之歐陽修嘗造其室因與客棊遠坐傍脩請其說法有從前十九路迷悟幾多人之句脩嘉之所著有偈語妙

密

惠詮吳僧佯垢汙而詩絕清婉嘗書西湖一山寺壁曰落日寒蟬鳴獨歸林下寺柴扉應未掩片月隨行屨唯聞犬吠聲又入青蘿去蘇文忠公和於後曰唯聞煙外鐘不見煙中寺幽人夜未寢草露濕芒屨唯應山頭月夜夜照來去詮遂以詩知名

道潛吳僧有標致効陶靖節爲詩嘗自姑蘇歸西湖經臨平作詩云風蒲獵獵弄輕柔欲立蜻蜓不自由五月臨平山下路藕花無數滿汀洲蘇文忠公赴官錢塘得詩大稱賞一見如舊識嘗有詩曰隱

林髯髯聞機杼知有一家住翠微蘇公曰此五字師
十四字師號也蘇公移守東徐潛訪之館逍遥堂
士大夫爭欲識面餌客罷但來紅粧擁之遣一妓
前乞詩援筆立成曰寄語巫山窈窕娘好將魂夢
惱襄王禪心已作沾泥絮不逐春風上下狂一坐
大驚自是聞名
仲殊字師利承天寺僧初爲士人與鄉薦妻以藥毒
之遂削髮時時食蜜以解藥毒蘇軾與之往還甚
善號之曰蜜殊工於詩詞有寶月集當時有詆其
所作多艷體
道欽崑山圓明村朱氏子授業景德寺因遊歷叢林
遇一道者語之曰汝乘流而行逢徑即止欽至臨
安見東北一山秀出樵子曰此徑山也欽遂居之
爲開山始祖嘗召至内庭賜號國一禪師今薦嚴
寺西有羅漢橋名蓋指國一也
毛僧日遊聚落飲啖無所擇輕薄子多狎玩之貴勢
要之不詣忽謂人曰吾死矣乃危坐誦偈曰毛僧
毛僧事事不能死了燒却骨似不留[illegible]坐而化
法雲大師字普潤長洲人從南屏清辯得[illegible]言十首有
注解金剛經心疏鈔自[illegible]集

宗本乃承天福昌院飯頭飯熟必禮拜然後供佛
日忽悟次說皆經中語仁宗召見賜金襴衣加圓
照禪師號歸初至京師有貴戚試以倡女薦寢既
登榻鼻息如雷女爲撥蒼光所爍一夕不寐
可觀法師字宜翁華亭戚氏子一日聞舉唱曰般若
寂寥忽有悟云如服一杯降氣湯魏杞鎮郡請主
北禪適當九日上座云胸中一寸灰已冷頭上千
莖雪未消老步只宜平地去不知何事又登高魏
公擊節歎賞有圓覺手鑑行菴録
蝦子和尚好食活蝦丐于市得錢即買貯之袖中且
行且食或隨視之乃出哇于水群蝦皆游躍而去
諸三命承天寺僧好食活鷄精於陰陽之術吉凶多
驗人欲其卜葬則以數十活鷄隨之聞其聲咿然
食之愈喜後焚有五色舍利自舌本湧出
宗杲號妙喜高孝兩朝凡三賜號兩住徑山嘗止虎
丘禪學爲當時之宗
道川本崑山縣弓手翟超以勇力名方被差捕賊宿
廟中忽有所得徑出家徧遊江湖道遇虎不爲動
虎亦馴伏其旁一日書偈危坐化去有注金剛經
法全號無菴崑山陳氏子從道川參請一日行靜濟

殺其首偶撲柱忽大悟旁人見其光彩飛動自
此遍走山林道價日增
衣和菴主崑山人隱居雪竇育二虎恒跨之以遊後
徙二靈終焉裕雪竇妙高峯在千丈巖顛有藤一
枝蜿蜒其上下臨不測乃蟠結成龕因名棲雲大
德丁未燬于盜更二十年不克復虎乳其墟爲害
咸謂菴復而和祠則虎禍其息至元丙子復其菴
肖其像於是二虎前伏若聽戒斂和猛從仁不爲害
和師在日有四偈詠藤龕龍載寧化志
明本號中峯錢唐孫氏子幼參妙高峯說法宗人縱
橫詠貫以雄辯名一時朝廷數聘之堅避去今廬
蕩村有幻住菴乃其隱處有廣錄三十卷入大藏
中
餘澤字天泉姓陸氏郡人學天台教觀辭鋒辯博音
吐如鐘大德中任永定遷北禪召住杭之下竺會
朝命勘金書藏經澤居于京師與翰林集賢諸老
倡和後闕有兩集一曰別集虞集序
廣慧禪師智及字以中吳縣顧氏子從訢公學文僧
興呵曰子才俊若此不思負荷大法甘作詩騷奴
僕乎無盡燈偈所謂黃葉飄飄者不知作何見解
及噗不能荅即歸海雲兀目不交睫者逾月忽見
秋葉隊庭豁然有省入徑山謁端公端以法器期
之悉取三乘十二分教溫繹之遂大通宗貫洪武
初應　詔居天界以病還海雲卒宋學士濂爲塔
銘有四會語錄若干卷
維則字天如俗姓譚氏永新人得法於本中峯本時
住天目山之師子巖至正初門人築室以居則名
曰師子林蓋以識其授受之原也自中峯以來臨
濟一宗化機局段爲之一變故多論建有楞嚴會
解若干卷語錄別錄剩語若干卷
悅可字中庭嘉定人少修靜業元統間嘗錫師號及
坐逝荼毘餘齒舌不壞
琳西玉至正末出遊會稽函歸父兄皆已沒嫂以不
辱死於投井唯母在琳乞食以養母卒血書華嚴
經以薦江陰王逢有贈孝僧琳詩
良琦字元璞天平寺僧妙聲字九皐景德寺僧皆有
詩名聲有東皐錄
普明號雪窗嘉定人善畫蘭與栢子庭齊名
國時蔚號萬峯樂清金氏子得長年巖之傳至吳就玄
張山建大伽藍居參學甚廣洪武辛酉有　詔起

之蔚已豫知趺坐說偈而逝使至死已七日越十
三日肢體猶溫
○隆善薩姓施氏尹山寺僧也洪武壬申四方沙彌
給牒　京師者三千人悉籍爲軍時方旱禱雨隆
因乞焚身以代之至雨華臺望　闕再拜取辦香
書風調雨順四字語中使曰爲我　奏之已焚或
進香火中舒臂接之既焚雨即大澍
上喜曰此眞永隆雨也製落魄僧詩以彰之
○溥洽字南洲山陰人姓陸氏洪武間住北禪寺後
應　召爲僧録司右講經陞左善世及衍道以
輔翊舉義功　召主教事洽以其位遜衍而自居
右後洽在詔獄衍已位少師時　乘輿臨視問所
欲言衍以洽爲言不及他事洽所著有金剛經註
解并詩集行世
○萬金字西白寶積寺僧洪武中住天界寺與宗泐
等奉　詔註楞伽金剛心經三作有淡泊齋稿
○大祐字啟宗號蛻菴俗姓吳氏幼聞僧誦楞嚴
呪隨口成誦年十二出家寄心菴既壯爲澤天泉
司徹又之武林從及公參禪洪武間　召與蔣山
傳鴻命遊郡之北禪歷僧録司左右善世會內難
棄歸穹窿永樂初起修釋書凡括大般若義六百
卷及平生所著淨土指歸淨土眞如禮文彌陀金
剛二經直解天台授受圖法華撮要圖淨土解行
二門圖行世
○趙頭陀者自云終南山人不知其所參修成化間
游吳中啖肉一頓盡十數斤或一鵞一豬頭秫飯
至斗許食畢飲水亦一二斗肉食多手自烹煮極
潔宿承天寺數年後坐苑橋上大呼一聲遂化諸
僧具威儀荼毘之亦得數舍利　已上釋氏
赤鬚子秦穆公主魚吏也齒落更生髮白還黑服霞
絕粒後往吳中十餘年莫知所之
蔡經後漢人居胥門中散大夫王遠方平既得道東
欲入括蒼山過吳住經家以其骨相當僊語以要
言經遂尸解去十餘年忽還家容色少壯語家人
曰七月七日王君當來可多作飲食以供從官至
日王君果來舉舍皆見從官皆隱引見經父母兄
弟因遣人召麻姑頃之麻姑至乃好女子年可十
八九坐定各進行廚皆玉食復擘麟脯相勸酬麻
姑云接侍已來已見東海三爲桑田向來蓬萊水
又淺於今日豈將復爲陵陸乎遠笑曰聖人皆言

海中行復揚塵也時經弟婦新產數十日姑見
之曰噫且止勿前即以少許米擲之以祛其穢視
其米皆成丹砂麻姑手爪似鳥經心中念曰背大
癢時得此爪以爬背當佳也遠已知之使人牽經
鞭之但見鞭着經背亦莫見有人持鞭者經比舍
有姓陳者聞經家有神人乃詣門求見遠曰君心
不正未可教以僊道當以一符幷一篆存君本壽
自出百歲後可以禳災治病陳後以符篆治救壽
百有十歲而死其後數十年經復還家今吳縣有
蔡僊鄉云

李崇郡人少好道林屋山[illegible]瑋玄授之以流珠丹
法曰行此亦可以出身[illegible]官無妨僊舉崇仕令究
陵虎狼避去蝗不入境累遷汝南太守加秩中二
千石年七十四瑋玄授以隱解法去入大霍山又
授道化泥丸紫戶術以度世在華陽洞中爲左理
中監淮太府長史云瑋玄楚莊王時人也

郎宗爲吳縣令後遯去居華山下服胡麻丸得道在
鹿跡山洞至見寰續條

魏伯陽吳人好道術與弟子三人入山作神丹丹成
謂弟子曰丹雖成宜以犬嘗試之犬飛則可服乃
與白犬犬斃伯陽曰作丹唯恐不成今旣成而殺
犬恐未當神明之意餌之將復如犬奈何弟子曰
先生當餌之否伯陽曰吾[illegible]家而來今
不得僊亦耻復還死生皆當餌之乃服丹入口即
死弟子虞姓者曰吾師非常人服此而死得無意
乎復取丹餌之亦死餘二人相謂曰所以爲丹者
欲長生耳今乃卽死將焉用之不服此自可更得
數十歲遂相與出山方爲伯陽及虞生求木以斂
二子去後伯陽卽起以所服丹納死弟子口及白
犬須臾皆起僊去道逢伐木者乃作手書寄謝鄉

里及二弟子伯陽作參同契五相類凡三卷伯陽後漢人恐時吳會未分郡或恐是會稽人姑因舊志著之

負局先生者負磨鏡局循吳市中得一錢便輒問主
人得無有疾苦否若有輒出紫丸藥以與服之服
者皆愈

董奉字君異吳人先主時大旱縣令丁士彥知有道
術乃往見而請禱奉曰雨易得耳貧家破屋奈何士
彥解其意因曰先生但令致雨當爲繕屋即躬命
吏人百餘揀材爲之構屋屋成大雨傾澍高下皆
足

葛玄字孝先吳人初從左慈受九丹液僊經遍歷名山修煉大丹丹成得僊號葛僊翁每飲酒常入人家門前陂水中卧竟日乃出曾從吳王船行至三江口阻風船多漂沒僊翁船亦沈不知所在吳王歎曰僊翁有道何不能濟乃遣使求之久忽見僊翁從水上行來衣履不濕而有酒容既見言曰臣從伍子胥邀飲淹留陛下于此又嘗舟行弟子見篋笥中有十許符因問曰此符之驗盡何事可得見乎僊翁曰神符亦無所不為弟子碩見之乃取一符投水中水迅急符逐流而下復投一符逆水下符上會中央三符同聚而不流其詳互見傳記不可具載

于吉吳孫策時道士制作符水以療疾病吳會人多事之策嘗會客郡樓吉趨度門下諸將賓客下樓拜之止之不能策即命收之策母曰于先生亦助軍作福醫護將士不可殺之策不從竟殺之并之失尸所在

杜蘭香自稱南陽人墉城集僊錄云初漁父於洞庭之岸聞兒啼聲四顧無人唯有三歲女子在岸側漁父憐而舉之十餘歲天姿奇偉靈顏姝瑩迨天人也忽有青童靈人自空而下來集其家攜女而去將昇天謂漁父曰我僊女杜蘭香也謫於人間後吳建興二年春復降於包山張碩家有侍婢二名萱枝松枝為詩贈碩（詩曰阿母處靈嶽時遊雲霄際衆女侍羽儀不出墉宮外飄輪送我來豈復恥塵穢從我與福俱嫌我與禍會）乃出薯蕷子三枚大如雞子云食此令君不畏風波辟寒暑碩問禱祀何如蘭香曰藥可除疾淫祀何益碩既成婚授以輕舉之術遂絕迹不來年餘碩船行忽見蘭香乘車於山際不勝驚喜徑往造香欲登其車其奴打之遂退

孫寒華吳人孫奚之女師杜契受玄白之要容顏日少周旋吳越諸山十年乃得僊道而去一云吳大帝孫女於茅山得道冲虛而去因名其山曰華姥山

楊羲者吳人好學沉厚與許先生遁許長史謐結神明之交嘗為公府舍人興寧三年羲年三十六衆真降焉自東岳上真司命君等二十三人又自太和靈嬪上真左夫人等女真十五人每旬輒數人同降高談道微幽指樂妙揚及二許史受其詞挺

筆錄書是歲六月十五日夜紫微王夫人與一神
女俱來紫微謂羲曰此太虛上眞元君金臺李夫
人之少女紫清上宮九華眞妃者也賜姓安成名
鬱嬪字虛簫眞妃又謂羲曰我昔學眞於龜臺受
玉章虎籙爲上眞妃遊行玉清非不能訪搜紫童
友于帝郎也直推幾任會應度歷數欲求氏族於
明君非有邪也君夷質虛閑幽眞內煥必[illegible]帝躬
高佐四輔理生斷死互察陰陽妾當助君綜御萬
神尊制東蕃君將乘龍駕雲白日昇天此自元德
上挺太極所旌不復用懃學劬勞也今人居風塵

間乃多罪之下鬼趣死之朽質君奚必汲汲於人
間之貴賤投身榮辱之肆哉且方交兵日會三災
向臻褰衣遠遊是其時也自後數日即衆眞一降
所授詩章道要羲及二許所筆授者甚多華陽陶
弘景論次爲書號曰眞誥

沈羲郡人學道消災治病未嘗餌藥物也與妻賈共
載路逢白鹿青龍白虎車各一乘從騎人曰羲有
功於民心不忘道少小以來履行無過今年壽將盡
黃老遣僊官下迎侍郎薄延之乘鹿車度世君司
馬生乘青龍車逆使者徐福乘白虎車即

人羽衣持節以白玉簡青玉冊丹玉字授羲羲昇
天時道間皆見之忽大霧不解失所在惟見羲所
乘車牛入田食苗或以告羲家子弟恐羲爲邪鬼
所魅布人於百里之内徧索不得後四百餘年忽
還鄉里推求得數世孫懷喜懷喜曰聞先人說家
有仙今其歸邪留數十日具言初昇天時不得見
帝但見老君東向坐宮殿鬱鬱如雲氣侍者數百
人多女子庭中有珠玉樹衆芝叢生龍虎成群游
戲其間聞琅琅如銅鐵聲不知何等四壁熠熠有
符書著之老君身形略一丈被髮文衣體有光耀

須臾數玉女持金盤玉杯來賜羲曰此是神丹飲
者不死夫婦各一杯壽萬歲又賜棗二枚大如雞
子脯五寸遺羲曰暫還人間治民疾苦若欲上來
書此符着竿杪吾當迎汝乃以一符及僊方一首
賜羲羲奄忽如寐已在地上世多得其符驗

陸脩靜字元德郡人早通墳籍長慕神僊棲廬山白
雲寺與陶潛慧遠法師結白蓮社慧遠持律精勤
送客未嘗過虎溪而與脩靜行過百步大笑而別
宋文帝素高其風作停霞寶館使徐湛宣旨留之
不可太始三年作崇虛館通僊堂強招之使講道

宋元徽五年偃月而化春秋七十二後三日屍[illegible]
諸徒見霓旌紛然還山須臾而失未幾詔至物欲
靜起召常衣囊及逝遺命囊骸投所在巖壑門人不
忍奉之山中未至忽布囊掛巖樹謚簡寂先生詔
以所居為簡寂觀

徐靈期吳人隱衡嶽上清宮遇神人授玄丹之要合
日暉之法守泥丸之術周遊海嶽採訪山洞巖壑
作衡嶽記敘其靈異言紫蓋雲密二峯皆五千餘
丈雲密有禹治水碑皆科斗字碑下有石壇流水
縈之最為勝地而紫蓋常有鶴集其頂神芝靈草
生焉有石室室有香爐杵臼丹竈祝融峯上有碧
玉壇方五尺東有紫梨高三百尺乃夏禹所植實
大如斗赤如日食之長生蒼梧王元徽元年九月
九日沖真至宋徽宗朝賜號明真洞微真人

張道裕字弘真漢天師十二代孫梁天監二年來居
吳山感異夢即於山下建治號曰招真館寥陽殿
虛皇壇手植七檜簡文帝改為乾元宮道裕嘗煉
太丹[illegible]藏之至宋淳熙中道士李正則浚井得
丹石礞啟之化為雙紅鴿飛入尚湖

張繹字士和郡人學道講經理致深密詞端華辯

時所宗梁武帝雅相欽賞時陶弘景著法檢[illegible]月
釋老二教繹復討論甚有條理弘景嘉焉專心道
法居貧守約善八體書別製雲篆作茅山南洞碑
甚工

陳景尚吳人善講道釋製靈書經大行于世梁邵陵
王甚重之

周隱遙字息元洞庭山道士自云甪里先生之孫學
太陰鍊形死於崖窟中囑弟子曰檢視我尸勿令
他物相干六年後更生當以衣裳迎我弟子守視
甚臭穢虫壞惟五臟不變如言閉護之至期往視
身已起坐弟子備湯沐以新衣迎歸髮鬒而黑鬚
麁而直如獸鬣焉十六年又死如前更七年復生
如是三度已四十餘年且八十歲貌似三十許人
煬帝召至東都尋還郡唐貞觀中召至長安問脩
習之道對曰臣所脩者匹夫之事功不及物帝王
一言之利萬國蒙福得道之效速於神人區區所
學非萬乘所宜問也復求歸山從之令孫楚作記
互見寺觀條

周生太和中廬於洞庭山以道術濟人吳楚敬之後
嘗遊廣陵佛寺有三四客皆來時八月望霽月澄

鶯生自言曰其學於師能挈月致之㥕決或疑其
誕或請其奇生命虛一室翳四埵使無纖隙取筯
數百呼僮以繩聯續架之曰我將此梯取月去乃
閉戶久之數客步庭中伺焉忽覺天地曛晦聞生
呼曰其至開室視之曰月在此矣諸君試觀舉其
袖出月寸許一室通明寒入肌骨客再拜謝之𨚫
閉戶其外尚晦食頃如初
柳條青者大中末乞食於蘇市嘗擊節踏歌得錢輒
飲好事者覓其蹤終不可得歌詞中往往述長生
方外事閱五六年因大雪凍死於市市人具棺瘞

於齊門之左每遇日出時冢上有紫氣高五六尺
近視之無所見也後一年有處士皇甫顏者來訪
之人有示以冢處皇甫持酒酺祭之發棺得青竹
杖無他物表其冢曰谷隱柳處士墓自是不復有
紫氣矣
單以清常熟元陽觀道士也嘗附舟之嘉興聞異香
疑有異人徧目同載唯船頭一人儀趣頗殊以清
遷與並席香氣彌甚因從容問之荅曰吾此地人
少壯病大風逃于深山遇一老人哀之令從行有草
堂數間老人曰汝可居此以藥一裹令餌之遂不
飢□身日以輕越兩月老人來笑曰有心哉尚在
此然已瘥矣爾若勤脩道術可長生人間遂令歸
予因拜問其姓名老人曰予閩國初衛公李
王可交趙屯村人業耕釣一日掉舟江行欻見采舫
盪漾中流中有道士七人皆雲衣霞綃顏貌如玉
一人呼可交姓名舟即近舫引可交相見一人二
好骨相合僊巳後破矣一人曰與之酒侍者瀉酒
樽中酒再三瀉之不出一人取二栗與之栗色青
光如棗長二寸許嚙之肉脆而味如飴一人曰可
交以見之矣令登岸復令閉目頃之乃在天台山

瀑布寺前有僧來問可交所從來具以前事對又
問何日離家曰今日早離家又問今日何日對以
三月三日僧大驚曰今九月九日矣僧邀可交為
具食可交不喜聞食氣唯飲水耳僧以狀白縣達
州州以聞越州廉使王渢召見奇之陰遣人之蘇
州詰其家家人具言三月三日巳溺水死渢益信
異之具以表聞可交自後辟穀不復耕釣挈妻子
入四明山人時有見之者
章全素者郡人蔣生僕也初爲日者蔣生好神僊弱
歲棄家遊四方學煉丹不成後得全素全素見生

几上瓦硯忽曰先生好煑鍊之法夫僊丹食之則能長生化土爲金今先生之丹能化石爲黃乎生心甚慚以他詞拒之曰汝儒者豈能知神僊事乎毋妄言全素微笑後月餘衣中出小瓢云是中有丹能化土爲金顧此硯以刀圭傅之亦可爲黃金生以爲誕妄罵之全素再卒以簣盛尸將瘞之忽亡其尸徒有巾帶衣屨在焉遺一藥曷有美光粲然探之得石硯在內寸餘已化爲紫金矣

陳傚吳江縣吏也平生崇重三教廣行陰德但未能斷食魚之好嘗於池中養魚以待賓方欲斫膾待賓忽池中偶似人言悲哀乞命於是省悟盡放其魚於江是夜夢群魚謝曰玉帝知君放我等萬千性命已令天曹掛名僊籍三年後果於橋上白日上昇

孫錯祥符末侍內表朱都官嘗讀書于鎮州西山書院一日採藥迷入深山見茆茨下有道士據榻而坐錯再拜而前道士熟視曰窮薄人也當使足衣食與丹砂一塊且授以符曰此可召役鬼神今歲河朔大疫以砂書符售之一符可得百錢既下山依教鬻符遊市井戴鐵冠被絳服騎至大名時王嗣宗守魏慮其惑衆擒械于獄將治以罪錯曰吾非造妖者向遇神人見教能令人見其祖先嗣宗命釋試之果然表送闕下補司天監保章正專主符禁之事後砂盡術衰遂逃去

申元道泰陵人師事徐神翁得修鍊術將出遊請于師師示之曰逢虞則止無雪則開乃渡江至吳中過山問於人曰虞山也即築菴居之揷竹成林因名竹林菴山中乏井患無汲一日大雪獨於菴前覆簣不積遂浚而得泉因名雪井紹興間喻抱元增築改名招真菴又嘗於福山建潛真館梅里建順真館爲鍊丹之地

陳希微字彥真吳人先名伯雄元祐中得疾因往茅山劉靜一求符水下山覺眩冒不能前據石大嘔此疾遂愈棄家爲道士築室柳洴泉上徽宗聞其名屢詔不起乃以所居爲抱元觀而錫以洞微法師之號

何中立淮陽朐山書生也世爲昌族遭亂南來寓于郡嘗業儒能文一旦焚書裂衣遁去既歸荷蓑結廬于天慶觀之龍王堂佯狂妄談久而皆驗卧草中不垢不穢晨起必一至吳江浸焉郡至吳江四

十五里往返不數刻人固訝之會有一瘵者拜詣
乞醫何命持一蓑草去疾遂愈始翕然傳蓑草可
療病亦有求而不得隨輒不起者有姓左人以草
煎湯滌病訖復緘于盒一日開視忽生粉紅花兩
朶於是遠近敬異之先是觀中諸黃冠以殿宇摧壞
欲試其驗群造其廬拜且白之何從求疏軸主者
謾以與何笑曰來日自有施者至午而使者果來
答曰我不能入覲以此累使者上聞而益奇之會
浙西趙憲伯歸亦爲之請遂賜金闕寥陽殿額出
內帑緡錢數萬繪事一新以答其意孝宗在位忽

夢有蓑而跣哭而來弔問之曰臣蘇人也詰其故
則不肯言寤乃語左璫時上意頗崇緇抑黃弗深
信也居月餘成恭后上僊莊文繼即世璫因進免
釋而及之意欲以驗前定寬上心上瞿然憶昨夢
輒泣而嘆璫進曰臣微時聞蘇有何姓者類其人
因道其所爲上大驚有諭遣不至嘗燕居深念以
規恢大計累年未有所屬且坤儀虛位圖所以膺
佐餕承顏之重者焚香殿中默言曰何誠能僊顧
必知朕意遂授璫以香者曰汝見何惟致贄問所
以求則曰陛下禱矣璫承命惟謹何忽掉首曰有

中國人即有蕃人有日即有月不須問趣之去與
去復呼還曰所問者姓我猶忘之但言朱家例子
不可用也使者歸奏上曰誠知我心遂賜號通神
先生築菴于觀之內賜御寶書扁以寵之既而成
肅正中宮事無不驗上每歲以璫將命即其居設
千道齋合雲水之士施予優普一歲偶踰期或訝
而請亟起于卧搓手瞬目而招之曰亟來亟來璫
是日舟至平望乃見何在岸滸招而呼踵廬言之
衆曰何固未嘗出也都道錄劉能貞自京口舟還
次無錫默禱云先生果有靈感當出相見泊至許

墅何從南來劉登岸揖何云小道不易出山果十
枚贈別舟及平江則何未嘗出也何能耐寒暑男
於唱肉食至十數斤獨不飲酒先有衣襲寄於郭
氏吾死則以此斂慶元三年五月二十二日忽命
取之明日坐而逝太皇太后先兩夜夢其求衣亟
命特賜以二十四日至遂易之以殮焉

猷道僧平江兵家子也年十四五爲繼母所虐遣出
貨糖一日與群兒戲井邊墮糖於井懼而泣適賣
藥道人見而憐之令負笈以隨因飢啖以一棗遂
飽索歸再三道人怒批頰使去自此如痴如狂左

頰突起肉塊自云中有金蝦蟇初許人揣後張口示人頰肉腜中一紫色小蟇宛然首足皆見能預談人禍福發其隱識者以爲神高宗召見賜名應夢達道先生狀貌而鬚似道似僧與何蓑衣頭須好蕩游市井間見人必求錢得之隨與貧者何既不趨召他日璫或薦道僧上欲見之何挽呼不使去曰是將捉汝縛汝監汝不欲汝來矣道僧竟去見于內殿不拜所言不倫上押之使出入勿禁且命寵人元居實舘之元懼其逃使十人從之所至不舍踰年歸見何何以杖訴逐之至死訖不與接一談重華倦勤復使召之不肯就邀致萬端三年而赴之紹熙甲寅春道僧入北內坐榻前曰今日六月也好大雪侍璫咸笑顧曰爾身皆雪而笑我狂也衆莫以爲意至季夏八日而至尊厭代矣

唐廣眞嚴州人既嫁得血疾夢道人與藥服而愈自是與夫仳離從而入道徑往平江謁蓑衣何先生何稱爲僊姑號無愍道人淳熙壬寅二月赴郭氏飯未竟驀還寓廬即昏兀如醉兩夕小蘇言方在郭家飯次若有喚我者出門逢呂純陽曹混成獃道僧三人引至海邊跨大鰕渡海因隨遊名山洞府及到冥司純陽令往元靜吳眞人洞中學書書大字寫詩二百餘篇純陽問曰汝欲超凡入聖耶身外有身耶留形住世耶棄骨成僊耶對曰有母尚存願盡孝道曰如是則且留形住世遂持丹一粒分而爲四投之盤中圓轉甚疾攫得其一吞之自是辟穀高宗聞其名降香往請符水召入德壽宮宣問符水靈驗是甚法對曰不曾行法但以心爲法神爲符氣爲水耳上悅書寂靜先生四字以賜之被受三朝眷遇累封寂靜凝神眞人

歐法師嘉定人紹興中有雲遊士甜黃渡崇眞道院數日別去且期三日後當再來爲我具酒肴及期果至共爲歡飲就法師掌中敎書符訣令醮祀伏壇用之自爾法師主醮事人輒見其彷彿升空焉後臨終挺立而化

周紫華郡人也讀書好道有幸道者過之見其讀參同契道者曰子有夙契可與語至暮留宿夜甚寒將爇炭道者止之視其所衣一木綿裘其氣充然時方雪積道者所止有光赫然出屋上雪獨不聚隣人以爲火操水具至則知非火周尤異之遲旦留詩以別問其所止曰楓橋問其姓曰幸次日周

冒雪至楓橋果有大船泊橋左幸方倚篷而笑曰
吾知子必來遂留款具膳且出一小瓶貯水銀燒
之頃之成銀命舟子入市即可易物再貯如前加
以黑末半匕及成則黃金也盡日而別且曰戊亥
歲當成子志周自此若有所得每靜處覺有氣隱
隱中起稍引之則煦然周身歲甲戌一日以幸所
書展玩一過曰茲惟時矣遂歛衽端坐而逝若委
蛻焉

申徒有涯方外士也嘗攜一白甆瓶遊吳中大風雪
中脫衣貰舟沽酒飲畢大吐榜舟者逐之有涯挈
甁登岸倚樹高吟其詩曰仲尼非不賢厭世所不容嵩嵩同舟子不識人中龍溪雲戴落梅寒聲激長松往來但清嘯一壺隱塵蹤吟訖跳身入甁榜舟
者大駭舉甁碎之無見也他日同舟者見有涯箕
踞于虎丘劍池之側知其異人欲逼問之倏爾不
見

梁亮家于駟馬橋下業漁嘗見一白鼠入穴得書一
卷讀之有悟車塘張氏世稱爲神亮往候焉適張
出因擲一索於其家家人見蛇入卧内奔告張〻
知其亮也追而飲之亮使視蛇乃索也提刑吳潛
舟次江方飲亮攜筒籃步水上入潛舟潛怪問之亮
曰欲假公筒中白金酒罌耳潛見其裸且籃[illegible]
不能藏遂出與亮即納罌於籃而去翌旦於駟馬
橋上碎而分諸貧〻者潛以爲妖急追逮至官謂亮
曰能去此否亮因注水於盆剪紙爲魚〻游躍水中
復剪一魚飛逝庭下攫其魚而上衆皆仰視遂失
亮所

王大猷者本朐山人以乾道間仕爲忠翊省幹來居吳
中街路忽夢神欲授以養生之道自是虔志事神
月朔朝禮飯道設齋至淳熙中以四月十四日爲
呂純陽誕辰齋百道士齋散有道人至釐面跣足
弊褐片巾徧體瘡痍而略無氣穢雙言來後時幸
毋卻人咸惡容獨大猷加禮待道人謂曰吾能治
内亦善治外大猷問高隱何地道人曰得隱便隱
初無定隱問其姓名俛而不答徐曰省幹當兼善
天下豈宜獨善其身大猷答以天下〻人安吾道
安道人笑曰此子一可教遽別去期年忽再至稽首
趺坐大猷叩之不語頃之曰昔聞省幹有天下安
之言然而其說有二有富貴而安者有藥石而安
者君意何如大猷曰吾志不在富貴道人曰子有
異方識之肺腑久矣浪游江湖未有可托今[illegible]

有道風不容自秘令屏左右治潔室密受其方戒曰藥就即可施之所治者一切風疾若不宜遊量立價以售非特養生兼以濟物執此心不遷他日姓名可達上帝而子孫寶之亦有利焉若圖轉授非神明所許語既有孤鶴自天而降道人撫之笑別大猷遂乘飛去異香滿室復有群鶴環繞大猷與衆咸驚嘆絕知其為僊遂制其藥傳施於人迄今其家尚不遷藥亦不絕所謂王省幹宅遇僊丹也

郭麟孫千文傳俞焯諸公咸有題志

鄧道樞字應叔綿州人以齋科精嚴際遇理度兩朝一日謝后遣巨璫召至內後門泣降德音且令其責軍令狀使無泄乃言昨夜夢濟王大怒以為吾且將兵由獨松關滅汝社稷以此令道樞於高峰頂為謄心章哀告上帝已而獨松果黃頭先鋒斬關而入初道樞端平中隨魏了翁出蜀居吳趙與篾俾住持文昌宮宋亡得上官氏廢圃於城東棲息所名會道觀道樞別號山房家鉉翁為記一時名輩皆與游工詩善琴有東游集

古無極不知何許人居葑門道堂蚊蠅不敢入暑中開戶而眠不用帷帳猫犬至即俛首疾回無敢窺其內經年不見揮拂一塵不生未嘗出募於外而錢不乏疑其挾術逼問之笑而不言一夕撤去器物竟不知何往明日物色之葑婁盤閶四門人皆云是夕見其負籠荷杖出門去矣

楞伽貧女在郡城西石湖楞伽山下名竹娘不知何許人乞食為活往來山中歷年雖久顏髮不變插花謳歌夜則宿古墓中蛇虺寒暑皆不畏時有吳人何從者與鄭道士遊山中適遇貧女於道問其姓則曰無姓問其年則曰天長地久有甚數目其時甚寒問其何不畏寒卻指松木答曰草木與人天地之所生養木尚能過何不會此於是何從等敬進曰特來問道願慈悲開示女曰汝不能慈悲如何卻教我慈悲汝若求道必歸求心從赧逡巡而退明旦復往已失所在

莫起炎號月舟苕溪人生宋寶慶間少業舉子不利慕玄學至青城山見無極徐直卿授以雷術又聞建昌鄒鐵壁得王侍宸斬勘法委身童隸事之鄒疾危遣去曰吾將逝矣雷書之全不能畀汝已而書張使者一符授之再見潯陽楊眞卿精於持[illegible]動與神合時憤世嫉邪托狂直于酒信筆塗畫出

詭秘語人莫能曉寶祐秋越守馬光祖致之禱雨
雨應聲至理宗賜德書詩贊至元中崔彧奉詔江
南起覲京師祈禬有異驗命典道教事力辭歸止
於光澤巷學者填門嘗書錢璧言于門曰百事勤
雷霆龍神拱手聽不洩亦不祕淵默有天聲癸巳
冬謂其徒曰明年正月某日吾逝矣至期書偈問
歛具衆謂具矣復搖首曰待吾五事備須臾天忽
昧風雲雷雨電交作候霽歛瘞焉宋濂爲碑文楊維
禎爲傳弟子得其傳者吳下張雷所王繼華金靜
隱馬心吾江東許無心陳靜佳雷所再傳步宗浩
宗浩傳周玄初

張善淵字深父號癸復道人吳之華山人其伯父崇
一始爲道士得易眞人如剛靈寶飛步法稱之爲
張雷師宋尚書包恢薦于朝命主郡之天慶觀善
淵從之學輒能捕逐鬼物呼致雷雨郡守潛說友
舉住建德永隆宮再住郡之光孝觀世所謂道法
藥術凡四方有一術一法之異必究極其妙莫月
鼎侯清谷時爲道門所宗咸異重之而樂授所祕
元世祖詔舉山林有道嗣天師以善淵薦乃與其
弟子步進德入朝命召鶴及他有禱皆應遂命爲
平江道録住持天慶觀又改紹興昭瑞宮鎮江道
録卒年九十二

步宗浩字進德號雲岡早習儒書中歲始慕道從張
雷所于玄妙觀授回風混合大洞眞詮上清靈寶
三五飛步之祕碧潭斬勘之書祈禱雨暘呼召鸞
鶴咸在掌握驅邪救患甚多靈迹延祐間制授貞
元微妙弘教法師

國朝

周玄眞字玄初嘉興人年十二入紫虛觀從李太
無爲道士太無杜道堅弟子也至正戊子來居葑
門外報恩道院能以符篆召鶴名所居曰來鶴軒
自號鶴林先生雖身寓方外事母至孝其學受靈
寶經法於曹谷神又因顧養浩受五雷祕文於步
宗浩洪武戊申　京師大旱太師李韓公善長迎
玄眞致雨有應庚戌
上欲問鬼神情狀嗣天師玄眞同被　召錫宴光祿
又明年
上召問雷霆所以神之故對曰天地之間陰陽運轉
故有神神與人合著也雷非人無以知雷之天人
非雷無以知人之天天人相孚同一理爾
上悅壬子三月不雨右丞相汪公廣洋命玄眞致禱

其應如初乙卯又旱玄眞禱亦應冬無雪復 命
玄眞祈之己未授領神樂觀事玄眞平日亦好興
建利物嘗造安里橋重構報恩道院修致道觀丹
井卒葬于莫月鼎墓次
○楊中立字玄微號海漚亦步宗浩弟子也少入玄
妙觀嗣宗浩爲太極五雷壇正宗志尚簡素名所
居曰一枝巢鄭元祐爲之記洪武中學道紀司
○黄道淵號孤山錢唐人嘗遇鄞人衛淡丘授以修
眞要法及醫藥方伎南遊武夷師事金蓋潘雷鑑
挾其術北上後歸憇吳下郡人嚴德昭抱疾醫不
能療建壇以祀玄帝名曰清眞朝夕懇禱道淵適
至憐其精誠投以藥遂愈於是道淵留主壇事嗣
天師爲 奏賜觀額今其徒猶傳其藥
○郭守源字本中幼從張簡學詩慕周玄初之道法
事之得其所祕洪武初選居神樂觀授天壇奉祀
朝廷有大醮祠輒 勑守源副嗣天師藏事
賚賜甚隆永樂初擢道録司左至靈佐領天下玄敎
皇太子製文諭祭
住持朝天宮及卒
○李德睿字士明嘉定人爲寧眞觀道士尤攻于醫

遷淮人李清隱授雷貫太師飛騰鍼法洪武初 召
入見辭歸嘗携瓢賣藥市中瓢小而類鶴因號鶴
瓢道士張羽爲傳王行高啓輩皆爲賦詠
○金善信字實之少好老氏學父母嘗爲納婦有子
時張雷師能以符篆捕逐鬼物因事之及聞莫洞
一者劇飲酒醉輒詬罵人呼雷役雲褻狎如兒戲
又往尊事之盡得其秘遂與其徒研覈妙旨其言
以爲心神至虛無所汨沒諸陰銷盡諸陽自集蓋
有形者陰無形者陽陽益勝陰氣益調精我得清
淨去道無難矣以薦爲廣德路道録仍畀師號
○席應珍字心齋號子陽子常熟人少辭家學老氏
法經籙丹法靡不洞究兼涉儒籍尤邃于易釋典
方術咸能旁通奉其母甚孝葬祭痛哭如初喪或
謂親愛既割何得徇禮若是過與應珍曰吾法當
割愛人道然世間豈有不孝之神僊也其始提點
常熟普福宮遷鄞之白鶴觀及相城靈應宮洪武
中卒
○胡道安字安谷吳江人爲玄妙觀道士晚遇至人
授青城太乙雷書及斬勘遏魔秘旨景泰間吳中
秋旱郡守延道安致禱道安登壇醉酒詬罵怒

衝冠令下陰雲四合雷雨大作性佯狂人呼胡風子

○張皮雀者名道脩長洲人也少有異相年十七父毋欲爲議婚不從往禮胡風子爲師盡得其術宣德八年夏常州不雨大家懇道脩往禱及至則其人頗怠道脩登壇赫怒忽震霆碎大木雷火甚厲不歠粒粟已而黑雲蔽天四龍見雲中驟雨傾注觀者股慄十年崑山旱縣令請禱道脩約三日雨三日果雨戴氏子疾昏譫語道脩入門取棒就牀擊之十病遂瘥馬氏婦爲祟馮狂呌亂走道脩至即皆仆去則復然常過猛將廟衆聚侮之道脩怒走對廟門向神祼而溺衆固畏神甚見之吐舌戰灼而散道脩風格奇朗頂雙髽披青布袍人謂其捕鬼隨行鬼作聲類俗所粥兒戲皮雀者因呼爲張皮雀正統庚申年六十一無疾而死死後或見之于長橋疑尸解云

姑蘇志卷第五十八

姑蘇志卷第五十九

紀異

甚矣人之好怪也昔夫子不語怪而後之人唯怪之欲聞稗官雜家紛紛不可勝紀雖然亦不可謂之盡無也掇其稍近理者以廣異聞焉爾

吳王闔廬得寶劒三曰魚腸盤郢湛盧湛盧一曰水行以如楚昭王得之於牀召風胡子問焉風胡子曰此謂湛盧之劒吳王得越所獻者其劒有五魚腸已用殺吳王僚磐郢以送其死女今湛盧則入楚也昔越王元常使歐冶子造劒五以示薛燭燭曰魚腸劒逆理不順不可服故闔廬以殺王僚盤郢亦毫曹不法之物無益於人故以送死湛盧五金之英太陽之精寄氣託靈出之有神服之有威可以折衝然人君有逆理之謀其劒則出故去無道以就有道也吳越春秋

吳王闔廬伐石治宮室石中得紫文金簡之書不能讀使使者詢仲尼曰吳王閒居有赤雀銜書置殿前不知其義故遠諮訪仲尼視之曰此乃靈寶長生之法禹所服之禹將僊化封之名山石函之中今赤雀銜之殆天授耶抱朴子

吳王夫差時有雙鷺飛出鼓中而去（古今樂錄）

吳王夫差小女名玉悅童子韓重欲嫁之不得乃結氣而死重游學歸知之往弔於墓側哀慟玉形見顧重延頸而歌曰（南山有鳥北山張羅鳥既高飛羅將柰何志願從君讒言孔多悲怨生疾沒命黃壚命之不造冤如之何羽族之長名爲鳳凰一日失雄三年感傷雖有衆鳥不爲匹雙故見鄙姿逢君輝光身遠心邇何嘗暫忘）歌畢歔欷泣下要重還冢重曰死生異路不敢承命玉曰生死異路吾亦知之然一別永無後期子將畏我爲鬼而禍子乎重感其言送之還冢留三日三夜臨出取徑寸明珠遺重曰若至吾家當致敬大王重出遂詣王說其事王怒其造言玷穢亡靈將收重重脫走至玉墓所訴玉玉曰無憂今歸白王乃復形見於父以明重之事夫差異之悲咽流涕因捨重以子壻之禮待之（搜神記）

吳王夫差坐殿上獨見四人向庭相背而倚聞人言則走王怪問群臣子胥曰如王言將失衆矣王怒其言不祥子胥曰非唯不祥王亦亡矣後五日王坐殿上復見兩人相對北向者殺南向者王復怪問群臣子胥曰四人走叛也北向殺南向臣殺君也王不應（吳越春秋）

孫余氏墓在虎丘吳越王嘗於報恩寺側發一墓僧止之弟從俄見一人古貌長身語曰我帝堯之臣孫余氏也與陶臣氏烏陀氏佐禹治水以功封吳葬於此僧復爲掩之（見錢希白記）

後漢時姑蘇忽有男子衣白衣冠白冠形神脩勵從者六七人遍擾民居欲掩害之即有風雨郡兵不能擒術士趙晃聞之往白郡守曰此妖也欲見之乎乃淨水焚香長嘯一聲大風疾至聞空中數十人響應晃怒擲手中符如風頃若有人持物來前者晃曰何敢幻惑如此隨復旋風擁去晃謂守曰可視之使者出門人已報云去此百步有大白蛇長三丈斷首路傍其六七從者皆身首異處亦黿鼉之屬（三吳記稽神異苑）

吳孫堅世仕吳母懷姙母夢腸出繞吳閶門寤而懼以告隣母鄰母曰安知非吉證也已而堅生又云堅母孕時夢腸出繞腰有一童女負之繞吳閶門三匝天授以芳茅一莖童女語云曰此善祥也必生才雄之子今賜母此茅土王於翼軫之地鼎峙於天下不出三百年語畢而覺及旦筮之卜人曰童女太白之精也（王子年拾遺）

吳天冊元年吳郡言掘地得銀長一尺廣三分刻上
有年月字於是大赦改元
晉元興十一年京都火災大行吳界尤甚時王弘守
吳郡晝坐廳視事忽見天上有一赤物下狀如信
幡遥集路南人家屋上火遂大發弘知天爲之災
故不罪始火之家識者知晉室衰微之象也
元康中吳郡婁縣懷瑶家忽聞地中有犬聲視聲發
處有竅大如螾穴以杖刺之入數尺覺有物掘視
之得犬子雌雄各一目猶未開形大於常犬哺之
而食還置竅中覆以磨礱越宿視之失所在矣瑶
家亦無他太興中吳郡府舍中亦得此二物其後
太守張茂爲吳興兵所害尸子曰地中有犬名曰
地狼夏鼎志曰掘地得狗名曰賈盝此類也 法苑珠林
神異記
永嘉元年吳縣萬詳婢生一子鳥頭兩足馬蹄一手
無毛尾黃色大如椀 晉書五行志歷代神異感應録
永嘉中吳郡趙文昭宅在清溪橋與吏部尚書文叔
卿宅相近秋夜對月臨溪唱烏栖之詞音旨凄然
忽有一女子從女婢來姿態端麗云妾是文尚書
家女也比去解金縷贈文昭荅以琉璃杯後於

清溪廟忽見琉璃杯在神女前又覩其壁畫侍女
並是偕來者 續博物志
永嘉五年吳郡張林家有狗忽作人言云天下人俱
餓死於是果有五胡之亂天下饑荒焉
東晉太興中吳民華隆養一快犬號的尾常將自隨
隆後至江邊伐荻爲大蛇盤繞犬奮咋蛇蛇死隆
僵仆無知犬彷徨涕泣走還船復反草中徒伴恠
隨往見隆悶絶將歸家犬爲不食比隆復蘇始食
隆愈愛惜同於親戚
太興二年吳郡米廩無故自壞是歲大飢 晉書五行志
成帝時三吳女子簪白花望之如素柰傳言天公織
女死爲之著服俄太后杜氏崩 苑木錄
隆安初吳郡中狗常夜吠聚皐橋上人家狗有限而
吠聲甚衆或有夜覘視之一狗有兩三頭者皆前
向亂吠無幾有孫恩之亂 歷代神異感應録
景平中郡守顧琛初爲朝請謁假還東日晚至方山
于時商旅數十船悉泊岸側有一人玄衣介幘執
鞭屏諸船云顧吳郡部伍尋至於是諸船各東西
俄有泊向處人云顧吳郡早晚至船人咨無顧吳
郡又問何船曰顧朝請耳莫不驚恠琛意知爲善

徵因誓之曰若得郡當於此立廟至是果爲吳郡

乃立廟方山號白馬廟云

慧聚寺殿柱梁張僧繇畫龍其上後龍數出湖內僧繇又畫鎖鎖之唐會昌中寺廢以柱留郡中至大中間寺復興以柱還淳熙中寺火柱遂燬又有二柱於雷火中各有天書如大篆一勣溪火三字一蜿蜒蟠結若符篆在柱裹人莫能曉大小近二尺許好事者以模印之

慧聚寺紹明律師居半山彌勒閣一夕夢神人曰簷前梧桐下有石天王像與銅鐘師宜叩之訖旦掘得

二物制度極古前輩嘗有詩云一旦忽化僧欲發見先垂景夢鳴高澗

吳人費季久客于楚時道路多寇妻常憂之季與同輩旅廬山下各問去家幾時季曰吾去家數年矣憶與妻別時戲取其金釵著戶楣上臨發失與道此是夕妻夢季曰吾行遇盜死已二年吾行時嘗取汝釵留戶楣上可往取之妻覺揣釵得之遂成服發喪後一年餘季來歸搜神記

宋劉元字幼祖少與劉裕善而輕何無忌遂不相得乃去遊吳郡虎丘山心欲留焉夜臨風長嘯對月鼓琴於劍池上忽聞環珮音一女子衣紫羅之衣垂鈿帶謂元曰吳王愛女頎來相訪元曰吳王愛女豈非韓重妻紫玉耶與元偕行女謂元曰聞君與劉裕相得裕是王者然與何無忌不美此人恐爲君患若北還仕魏朝官亦不減牧伯忽不見乃在一大陵松樹下約去虎丘三里許元乃北去仕魏累官青州刺史稽神異苑

吳子英者舒鄉人善入水捕得赤鯉魚愛其色好持歸不殺養池中飼以米穀一年長丈餘生角有翼子英怖拜謝之魚言我來迎汝上我輩與汝俱昇

天歲來歸見其妻子魚復過之故吳中門戶益作神魚子英祠

隋大業十二年五月有大星隕于吳郡爲石占曰有亡國有爲王有大戰破軍殺將其後大軍破劉元進于吳郡斬之又感應錄載劉元進舉兵據吳郡江都郡丞王世充發兵擊之有大星墜于江都未及地而南磨拂竹木皆有光飛至吳郡遂墜地元進惡之令掘地得一石徑丈餘歷代紀異感應錄

唐儀鳳中有儒生柳毅吳邑人也應舉赴咸京下第歸至涇陽見一婦牧羊曰妾洞庭君小女嫁涇川

次子爲婢所惑得罪舅姑毀黜至此敢寄尺牘於洞庭之陰有大橘樹君擊樹三當有應者毅如言見千門萬戶曰靈虛殿一人取書進之君泣曰老夫之罪使懦弱罹害言未畢有赤龍長萬丈擘天而去俄而祥風慶雲幢節玲瓏紅粧千百中有一人即寄書者乃宴毅於碧雲宮辭去後再娶盧氏貌類龍女曰予即洞庭君女涇上之辱君能救之茲願[illegible]以爲婦同歸洞庭莫知其終今洞庭東山有柳毅井吳城住宅有柳毅橋鄉人以水保神立祠二處

大曆初處士李籥秋夕於震澤捨艫野步望中見煙火遂詣漁家漸近即朱門粉雉嘉木修林畫舟倚合遂中籥異其境徘徊未敢前俄有青衣出曰君非李處士乎願得少進籥隨步而入瑣牕洞戶中有女郎狹體環質衣如雲霓揖生曰今夕何夕邂逅相逢命青衣寫酒於珊瑚鍾以勸侍兒數輩歌樂作歌歌玉波冷雙蓮之曲曰此傷吳宮二隊巨之辭某非人也生於龍宮好楚詞[illegible]能受哉一篇傳於世人乎乃以水晶鐏扣盤而[illegible]詞秀麗華之詞俄聞鍾聲隔水女郎曰此非清虛之士不得遊持素綃送生出門闃寂悄然生徐步清潯朝日已上廣陵胡人識其綃曰龍頷小髯所緝也樹萱錄

大曆中洛陽劉貫詞行丐於蘇市逢秀才蔡霞者以兄呼貫詞因問曰兄日丐獲幾何而止曰十萬霞曰霞居洛中以他故避地音問久絕意有所託祈兄爲達於是遺錢十萬授書一緘且曰霞家渭橋下瞑目扣橋柱當有應者願與家毋相見書中亦令小妹出拜使助贈百緡貫詞遂還至渭橋叩之輒一人引入廳見太夫人謝曰兒子失意遠遊久絕音耗勞君數千里達書俄有青衣曰小娘子來年可十五六坐毋具饌甚精方對食毋忽眼赤直

視貫詞口角涎下女急掩毋口曰兄憑來宜且禮待因曰兄書中處分合與百緡因命取鎮國椀授貫詞女曰得錢十萬即貨之貫詞持椀出迴顧碧潭危橋手中器乃一黃銅椀忽有胡客視之大喜以百緡易之曰此罽賓國鎮國椀也在其國大穰既失此椀國大荒兵戈大起吾聞爲龍子所竊幾四年其君方以國中半年之賦召贖罽賓守龍上訴此霞所以避地陰宾吏嚴不得陳首藉君爲郵送之耳殷勤見妹者非故親也其毋老饞或相啗以其妹衛君耳續元怪錄

大曆十三年虎丘寺有鬼題詩隱于石壁之上【詩云】青山多悲風蕭蕭聲且哀南山接北山幽壠空崔嵬白日空照照不照長夜臺雖知生者樂魂魄安能迴況復念所親痛哭心肝摧慟哭復何言哀哉復哀哉【又曰】神僊不可學形化空遊魂白日非我朝青松爲我門雖復隔幽壠猶知念子孫何以遣悲慦萬物歸其根寄言世上人莫厭臨芳樽莊生問枯骨平樂復壹言蘇州觀察使李道昌異其事遂具奏聞勅令致祭【道昌祭文曰】嗚呼萬古丘陵化無再出君是何人能閑詩筆何代而亡誰人子姪曾作何官是誰僊室寂寞夜臺悲呼白日不向紙上石中隱出梔源三月綠草垂楊黃鶯百囀猿聲斷腸不題姓字寧辯賢良嗚呼痛哉嘆惜先賢空傳經史終無再還青松嶺上嵯峩留山大唐政集已記詩言痛復痛兮何處覓悲復悲兮萬古嗔能作詩兮感天地嶅哀慦兮淚沾巾感我皇兮列清酌願當生兮事明君祭後數日石上復隱出詩一絕【詩云】幽宜離異路平昔忝攻文欲知潛寐處山北兩㸔墳寺之北有二墳甚高大荊蓁叢蔚詢諸耆老莫知何人所葬〔蘇志卷五十九〕

郡人顧況喪一子年十七其子游魂恍惚如夢不離其家顧悲傷不已因作詩哭之【詩云】老人苦喪子日暮泣成血老人年七十不作多時別其子聽之因自誓曰若有輪廻當再爲顧家子忽一日如被人執去一處若縣吏者斷令託生顧家顧果復生一子至七歲不能言其兄戲批之忽曰我是爾兄何故批我一家驚異隨叙平生事歷歷不誤乃知陽叔子事非怪其子即非熊也

貞元中太湖松江之口有漁人爲小網數船與其徒十餘人下網取魚無所獲惟得一鏡七八寸許漁者恚不得魚棄鏡於水移船下網又得鏡漁者異之取鏡自照見其筋骨臟腑歷歷可怖其人悶絕而仆衆大驚共取鏡鑒形照者即仆皆嘔吐狼籍最後一人不敢照直取投之水中良久扶持仆者始醒明日復往下網所得魚多於常時數倍其人先有疾者自是皆愈詢故老此鏡在江海數百年一出人亦罕見原化記

元和九年有李公佐者訪友東吳從太守元公錫登洞庭包山宿道者周焦君廬入靈洞得古岳瀆經第八卷文字奇古編次蠹蝕公佐與焦君共詳讀之云禹理水三至桐栢山驚風迅雷石號木鳴五百擁川天老肅兵不能興禹怒召集百靈授命夔龍桐栢千君長稽首請命禹因鴻蒙氏章商氏兜盧氏犂婁氏乃獲淮渦水神名無支祈善應對言江淮淺深源流遠近形若猿猴縮鼻高額青軀白首金目雪牙頸伸百尺力踰九象搏擊騰踔疾奔輕利禹授之童律不能制授之烏木田不能制授之庚辰能制之木魅水靈山妖石怪奔號叢繞以〔蘇志卷五十九〕

千數頸鏁大索鼻穿金鈴徙淮陰龜山之足下
水安流注海庚辰之後圖此形者免淮濤風水之
難先是永泰中李湯爲楚州刺史有漁人夜釣龜
山下其釣爲物所掣不復出漁人疾沉可五十丈
見大鐵鎖盤繞山足以告于郡湯命善游者數十
人取鏁力不勝加以五十牛鏁乃振動稍稍就岸
濤驚浪飜觀者大駭鏁窮見一獸如青猿白首長
鬣雪牙金爪闖然上岸高五丈許蹲踞若獮猴但
兩目不能開兀若昏醉目鼻水流如泉涎沫腥穢
不可近久乃引頸伸頭忽開目光彩若電視人欲

發狂怒衆奔走乃徐徐引鏁并牛入水時楚多知
名士皆相傳驚愕莫知其爲何物今攷李公佐得
岳瀆經於洞庭始知李湯所見與經相符入幕閑談

郡城東禪院古佛像容貌端麗頂珠圜逕數寸乾符
甲午歲忽放紅黃青紫光於時士庶觀瞻施財山
積有老人惑其事固請梯升即佛光熘而窺之乃
見佛像之首有一穴捫之有二白鼠長可尺餘自
穴躍出緣佛首鼠穴正值藻井中遂探穴中得碎
幡數片以紅幡映頂即紅光出青黃紫亦然人皆
嘆息而去鹿門子曰佛金僊也而白鼠之禍作光
於頂得非金氣盛乎是後金革遂興

中和中有士人蘇昌遠居蘇州屬邑有莊去官道十
里許水鄉多荷芰一日見一女郎素衣紅臉若神
僊中人與蘇相狎生以玉環贈之結繫慇勤檻前
白蓮花數開殊異俯而玩之花房中有物細視之
乃所贈玉環也折之遂絕北夢瑣言

文德中京官張氏子寓蘇臺時往來丈人陸評事院
爲一美人所悅久而心疑之遂病瘠遇開元觀道
士吳守玄云有不祥之氣授以一符果一冥器婢
子背書紅英字在空舍柱穴中焚之乃絕北夢瑣言

宋咸平元年夏四月漁婦李氏張罾河上得一白龜
如錢其色玉瑩電眸朱尾宮畫燦然取歸授兒爲
戲恐傷之放於河頃之龜復在網如是者三婦怪
之復棄去中夜岸有火熒然往視之龜在焉因取
歸近村王道榮留龜置神像前翌旦遂失去私念
此或靈物若虔禱當復見則必獻於官禱之龜忽
自鼠竇中出遲獻於縣令李維維上之郡時陳省
華守郡異之即具表以聞時張君房客於蘇省華
以其事訪之君房曰按瑞應圖千歲龜巢蓮葉上
其出也其將以應千歲之運乎且白西方色也龜

歸也豈西裔醜虜之懷歸乎明年朔方叛將李繼遷來貢馬請命遂有銀夏綏宥四鎮之拜其秋試進士以崑山進白龜詩爲題

慶曆中李元者管城人泛舟過吳江岸傍見小朱蛇長尺餘爲牧童所困元疑其怪物以百錢售得洗去傷血放茂草中明年復經吳江縱步長橋有進士朱浚來謁曰大人願見君子年老不出敢爾坐邀所居去橋數百步耳元拒不獲已乃相從過橋已有彩舫艤岸浚拉元登舟俄至一山乘元以肩輿倏至其處臺殿森嚴王侯之居也一人高冠道服立殿上曰此吾王也浚引元升殿再拜王答拜

曰小子閒遊江岸不幸爲頑童所辱幾死其手賴君子救此微命恩莫可忘元始記救蛇事王顧浚令百拜乃置酒高會且曰吾欲少報君有女童年未笄君若納之當得其助又以白金百斤遺元乃別去與女升舟頃至長橋女童自言小字雲姐年十三矣言笑惠敏元甚愛之後二年科詔下明日當試女童曰我爲君入禮闈竊所試題不久復還探懷出題元檢閱宿備明日入試果符合既捷薦名遂調丹徒簿女童忽辭去不復見朱蛇記

皇祐中蘇州民家有人以白堊書其墻壁悉以在字一夕之間數萬家無一遺者至卧內深隱之處亦皆有之莫知其然後亦無他

嘉祐中崑山縣海上有一船桅折風飄泊岸船中三十餘人衣冠如唐人繫紅鞓角帶短皂衫見人皆慟哭語言莫辯試令書字亦不可讀行則相綴如鴈行有頃自出一書示人乃唐天祐中告授新羅島皆用漢字蓋東夷之臣屬高麗者時贊善大夫韓正彥爲縣令召其人犒以酒食復使人爲治桅爲造轉軸教其起倒之法其人皆以手捧首而謝

船中有諸穀惟麻子大如蓮的蘇人種之初歲亦如蓮的次年漸小數年後只如中國麻子

熙寧六年六月龍見於郡東方黑龍二北方白龍二雲氣盛作而不雨獨承天寺前雨三寸

元豐元年七月四日夜蘇州大風雨水高二丈餘漂蕩尹山至吳江塘岸洗滌橋梁沙土皆盡惟石僅存崑山張浦沙保有六百戶悉漂盡惟餘五空戶亡人亦不存

元豐四年七月蘇州大水西風駕湖水浸沒民居濱湖者皆蕩盡或舉家不知所在松江長橋亦推去

其半南至平望皆如掃內外死者萬餘人

元豐四年夏雋里民羅滿獲一鯉長可二尺俄化爲石觀音像因供于家時慧聚寺僧守齊夜艤舟于此夢白衣女子曰我舟覆父與夫皆溺死師幸容我守齊拒之女曰假一篋宿何傷守齊開篋納之遂驚悟迨旦至羅氏家見石觀音初出水身猶沮洳叩之知其魚化也守齊默念與夢合因乞以歸

崇寧間奉議郎許白治第於蘇解木中有天下太平四字筆勢遒逸許嘗以其事聞談選

城中張比部員外家富盛甲第冠於二浙崇寧間大

興土木鑿池取土築堂址掘地數尺得一蛇細如箸然蟠結穹隆其長不可勝計比部之子命僕夫斷爲數百截而輦去之凡運致十八九擔而後盡時人戲目其堂爲太歲堂然亦無恙夷堅志

宣和間楊宗字之損爲吳江丞治所枕太湖廳西有湖山堂堂設石棊局一日薄暮聞下子聲小吏走覘見青巾二人對奕聞人來即凌波而去視局上已五十許子宗案爲圖以示善奕者歎其妙而莫能殫其意父老相傳以爲奇事丞郭某所記

宣和間盛章守郡譙樓火有得一木於煨燼之餘析而爲薪中有大吉二字遂獻諸朝時郡學立石石夜有光教官作瑞石放光頌亦以上聞又一日雷震大成殿柱火光滿庭東壁楣上遺一四帶青布巾大可貯五斗粟教官命以香案置庭中夜半失去

邊知白字公式祖塋在平江之蒸山宣和中爲太學學錄得武洞清石本羅漢十六紙遣家僮致之墳菴前一夕行者劉普因夢十餘僧持學錄書來求掛搭以白主僧慧通通難之曰菴鮮薄安能容大衆哉來者一人取筆題詩門左曰松蘿深處有神

天不憶其他語明旦話此夢未竟而石本羅漢至數內一人即夢中所見題詩者也由是公式足成一章詩云松蘿深處有神天小刹何妨納大千掛搭定知宜久住歌吟何幸得留傳袖中出箇聊麾爾門上題詩豈偶然願我未除煩惱習與師同結未來緣菴曰慶雲至今遺址尚存夷堅乙志

崑山臨江鄉有南翔寺初掘地得石徑丈餘常有二鶴飛集其上僧有齊法師者即此地作精舍聚徒居之鶴飛來無定方隨飛來處其方必有人來施財作供無日不驗久之鶴去不返僧爲之號泣石上忽有題一詩詩云白鶴南翔去不歸惟留空跡在名基可憐後代空王子不絕熏

修亭二特因名寺曰南翔寺之西有村曰白鶴
石浦眞武殿前新甃石池一夕大風雨雷電翌旦滿
池皆大金魚莫知所從來
紹興元年石工採石於馬鞍山山摧工壓焉越三年
六月他工採石聞其聲相呼應荅如平生報其家
鑿出之見其妻喜曰久閉乍風肌如裂俄頃遂噤
不語化爲石貌如平生
南渡時高麗國進陰陽柏二株僅二尺許高宗以賜
王綯綯種之永懷寺殿庭之左右今柏高與殿齊
每歲左花則右實右花則左實寺乃綯之祖審琦

香火院也玉峰志
淳熙中姑蘇有民家唐姓者一兄一妹皆丈有二尺
里人謂之唐大漢不復能嫁娶每行或倚市簷憩
坐出則傾市觀之日啗斗餘無所得食因適野爲
巨室受囷粟蓋立囷外即可舉手以致不必以梯
也以是皆徽匾有璫以賂使客見之大驚遂入奏
詔稾之殿前司時郭棣爲帥以周伯太府簿召云
京間一往必敬諾其聲如雷德壽時欲見之懼甘
聚民乃卧之浮于河至望僊專舟焉桯史
開禧中嘉定市徐公坊有釀酒家屢耗失每疑役夫

盜飲一夕坊人露坐俄見月下有人自坊中出[illegible]
而逐之至橋不見乃石橋兩旁所刻人像也鑿之
乃息
嘉定中譚承務思通剏菴名崇壽鑿井得木佛金粉
雖褪模刻宛然因大拓規模名靜信寺像設未備
忽一夕夢大龜云願以身嚴佛像翌日見一大龜
引六龜乘潮至浮于崛浦之上思通嘆曰吾安忍
害物命以營繕乎遂縱于海未幾崇明州登仕施
光遠者亦感是夢遂取殺之得玳瑁鬻錢詣譚氏
以成佛像光遠者思通之姻眷也二人會次言之
若合符節今寺勒石以記
紹定中張廣年權縣事譙樓有巢鶴帶箭造庭哀鳴
若訴廣年視箭首得弋人姓名追懲之鶴乃去
謝邈之守吳興帳下給使鄒覽乘樵船夜至平望亭
風雨船無所庇顧見塘下有燈火往投之茅屋中
見一男子年可五十夕織薄別牀有小兒年十歲
許覽求寄宿欣然相許小兒啼泣不止覽問何意
曰是兒以其母當嫁悲戀故啼耳將曉覽去回視
所在唯有兩冢榛蕪甚深行逢一女子謂覽曰此
間非人所行君何故從中出覽具以夜所見事告

女子曰此吾故夫與亡兒所瘞處也吾實欲改適故來辭墓因慟𢡟至家號咷遂不復嫁（録異記）

松陵陳益少有俊才領鄉薦嘗夢一人衣道服促左右於巾笥中取綠衣靴笏與衣之益詢左右則曰楊文公也益穿袍覺毛骨寒凜似不能勝道服者歎曰惜乎有此才而無此緣即命褫去益後不一年卒（談選）

宋韓子師彥古鎮平江夜聞鼓笛喧訇問何處作樂老兵言後園百花大王生日府民年例就廟獻送韓意謂非典祀行將毀之兵馬[illegible]監某人於是夕夢重客入謁曰吾百花大王也[illegible]復血食府園今府主將毀吾居願賜一言勸止都監醒寤且詣府禀曰尚書欲拆百花廟乎韓驚曰夜來有此念初不形言君何由知之都監具以夢告韓歎其靈遂寢所議

宋之末年郡中有賣餅家檢所鬻錢得冥幣焉因怪之每鬻餅必識其人與其錢久之乃一婦人也跡其婦至一冢而藏遂白之官啓冢見婦人卧棺中有小兒坐其側好事者收歸養之既長與人無異鄉人呼之曰鬼官人元初猶在（閒居録）

將仕郎陳敏功妻家居吳門比隣嘗有人夢神人披髮持刃部集數十鬼物每經民居即呼其人出各分飲一杯至劉承議家則曰此家不食牛肉已二十年當免其疵癸吳門大疫隣巷病亡者比戶不遺獨劉舉家無恙（談選）

吳中父老相傳二讖一曰穹窿石移狀元來歸一曰潮過夷亭出狀元淳熙初穹窿山中一夕聞風雨聲詰朝視山半有大石自東徙西屹立如植所過草猶偃辛丑科吳縣人黃由遂狀元及第夷亭在崑山縣西三十五里崑山雖濱海自古無潮汐紹興中始有潮至縣郭至是潮忽大至遂過夷亭李彥平侍御親見一道人復誦此讖乃告知縣葉自強作問潮館於水濱甲辰科崑山人衛涇亦爲狀元黃衛相繼大魁天下傳爲奇事

平江市人周翁病瘧不止或言瘧有鬼可於他處避之翁以昏時入城隍廟中潛伏神座下祝史皆莫知也夜半忽見燈燭陳列兵衛拱侍城隍臨軒坐黃衣卒徒從外引七八人至庭下皆衣冠者王問曰吾被上帝勅令於此邦行疫爾輩名爲一坊土地神毋致稽緩七八人皆頓首聽命中有一神前

曰其所主孝義一坊居民良善難以疫及城隍爲曰天旨汝何敢違神復曰既不可以小兒充數如何城隍良久曰可遂各聲喏而退周翁還舍具以告人皆哂爲狂誕至二月城中疫癘大作唯孝義一坊獨免但童稚抱疾始驗周語不誣

郡之雍熙寺每夜半常有婦人往來廊廡間歌小詞且哭且嘆聞者就之輒不見**其詞云**滿目江山憶舊遊汀花汀草弄春柔長亭艤住木蘭舟好夢易隨流水去芳心空逐曉雲愁行人莫上望東樓好事者録其詞于壁士子慕容嵓卿見之驚曰此余亡妻所作外人無知者何從得之寺僧告其故嵓卿悲嘆曰亡妻旅櫬嘗停於此也

虎丘山寺立塔掘基得一舍利空中天樂衆皆聞之井吼三日法苑珠林

陳興言丁沙農家子也居蠡口家貧事母甚孝母病不食梁肉惟啗城中臨頓橋王家糕每日五鼓時即之臨頓買以奉母風雨寒暑無懈一日持糕歸憇楊涇橋遇一道士問曰曷不食糕陳語之故道士曰我母病亦欲食糕出錢與陳易陳遂與之不吝復入城買糕亟歸未抵家道士已將持奉其母母食道士糕病頓愈始悟道士爲異人就所居建

三清觀削俗出家後羽化立祠疾病禱之無不驗

吳城重玄寺閣一角忽墊計數千緡方可正皇慶間燕山有一匠者來自云張撥天謂寺主曰不勞費財請得一木楔可正也主寺者從之匠者挾鉅楔數片登高敲斵閣柱悉正

元元貞二年夏旱請觀音大士于公廳嚴修佛事髣髴大士見身東南空中時官僚吏民皆得瞻仰甘雨隨霈

大德丙午七月七日醋坊橋民人王佑家酒瓮忽作牛鳴以物覆之則止去覆復鳴三日乃止

大德五年辛丑七月朔淮浙閩海溢百里潮高數十丈蘇之颶風尤惡郡縣治吹起入半空及僧寺民居亦多摧其患太湖之水幾入葑門市井傳舍爲之蕭索

皇慶改元有張三郎者善笛八月十五夜在樂橋作伊州曲夜靜有老人來曰爾笛固清未能脫俗爲爾鳌正之當熟記毋忘乃指教其孔换易數字曲益清峻張更求別曲老人取笛自吹超出塵𡓳**歌曰**月既明西軒琴復清寸心斗酒爭芳夜千秋萬歲同此情歌宛轉宛轉敲巳哀願爲星與漢光景共徘徊再歌曰悲且傷參差淚成行低紅掩翠方無色金徽玉軫爲誰鏘歌宛轉宛轉結復悲願爲煙

與霧氤氳共容姿張問何人作荅曰傀姝劉妙容歌也因以傳我復請授其指調老人笑而起曰子凢心我豈能教爾邪去數步不見張後以指尋其曲終不能得其高古之趣

元儒學提舉朱德潤至元甲午其母吉宜人將就館大母施夫人病亟大父秘書君應得卜寚陽抱山之原欲穿壙以爲藏施夫人夜夢衣冠偉丈夫來告云勿奪吾宅吾且爲夫人孫明日役者鑿地深五尺許得一石碑刻曰鬱林太守陸君績之墓別有石刻在傍曰此石爛人來換石果斷矣秘書君命亟掩之而更卜兆施夫人復夢偉衣冠者曰感夫人盛德吾眞得爲夫人孫矣是夜德潤生人以爲厚德所致旣長用趙文敏公薦仁宗召見玉德殿命爲應奉翰林文字同知制誥兼國史院編修官後改前職具見虞文靖升周伯琦墓文

延祐初太倉有丐者椎髻跣足披皁衣操大瓢往來於水軍萬戶寨及張京馬頭酒家乞飲飲醉輒奔走呼云牛來了衆根我去凡三月餘又於寨木及人家門壁連書火字人皆惡之詈之或朴之自後不知所在是冬有海賊牛大眼自劉家港至太倉

大肆剽掠水軍寨張京鎭人家多被災始悟丐者之言

延祐間黃姚鹽塲負課甚多一夕海潮暴漲夜有火光熠熠數日煮鹽皆變紫色每鏝視之皆數倍商人雜以他塲白鹽亦皆變紫逋課盡償已而復爲白色

至正間虎丘山寺閣板上有一竅當日色晴明時以數寸白紙承其影則一寺之形勝悉於紙上見之但其頂居下此理殆不可曉也 輟耕錄

至正乙酉朝貴置碑石赴都抵直沽忽中斷有聖像儼然劉文明父子復載以歸今在太倉東嶽廟中

至正二十二年郡民張明二家豕生白象衆以爲異赴官陳告三日而斃

至正乙未正月廿三日入時郡城中忽聞空中聲自東南來居民驚走覘視他無所有但見異方黑雲一簇中彷彿皆類人馬而前後火光若燈燭者莫知其算迤邐由西北方而沒惟對門至齊門居民屋瓦悉揭去牀榻屛几俱仆醋坊橋董家雜物鋪失白米十餘石甕一缸不知置之何地 輟耕錄

葉子澄吳人貧而好義與縣縣達魯花赤伯顏交至

正壬辰冠起浙省調兵守昱嶺時伯顏没于王事其家在嘉興崇德州訃至家人招黃冠師追薦攝召之顏云旦夕杭城且危爾輩宜速依吾弟處逃生母妻以無弟再扣之曰松江葉子澄乃我存日生死交也可往依之即備船東行比至前三日葉夢伯顏相見以家屬爲託葉即爲留居供給不怠後杭城果陷顏子謙齊唐兀人也

國朝正統十四年正月六日太湖中大貢山小貢山闞開闔數次又共沉於水起復闞踊時乃止觀者如堵 出杜東原耕餘錄

宣德七年徐武功伯時爲都御史治水張秋同郡王震時爲東平州判官屬治下公命濬河壅處掘數尺許見棺有石板大書其上云前卦吉後卦凶五百年後水來衝幸遇王州判移我在河東河東即漏澤園也遂葬之

陳僖敏公鎰與太子太保俞公士悅少相得出入恒俱一日黎明同入郡學學傍一居人寢門内聞街上枷鎖聲窺之見獄卒引數囚南行俄而卒及囚皆倉皇曰丞相來急避之遂皆入古廟而没居人念因不應行此路且訝丞相之語因坐以伺之二公隨至

常熟之穿山有農家生一子名保保肢體柔輭四五歲猶不能行終日坐木榻上善言人禍福扣之皆應其家固怪之然亦因以致饒裕故不戕之一旦有龍虎山道士過其門語人曰此家必有妖物富人劉以則聞之召道士問曰若能除之乎道士曰不難也劉遂具舟使往道士方行保保忽告母曰有一道士來兒當死矣可與錢十千爲兒乞命母方怪之道士已在途潛書朱砂符焚于道傍柳樹根下保保已在家嘔血又行不久再焚一符則有

一鱣死於水面長壯可畏其首大如拳問其家子死矣

弘治間包山華嚴寺僧宗昱年少質美從師昊雲遊淮徐間舟宿桃源兎磔亂入舟中舟人疑寇至起視之寂如也遂進舟數里兎磔復入舟中者再舟中人皆惶惑莫知所以及抵徐宿彭城驛旦如厠得錢半百持以視昊尋於佛書中又得數十文於履中又得數十文始怪焉至夜見一美人甚麗侍女數十人迎昱語曰吾與汝宿有緣好當解后于此勿疑也自是晨往暮至與之寢食昊知其爲怪

也作呪禳之甩石如雨而至昊強翌歸主僧問翌曰聞汝遇怪果怪矣乎言未竟汚穢滿身寺僧無不駭愕寺中偶失一物試問之即從空中投書曰某人竊去人有禍福壽夭問之者多奇中或有不信遂之雨中衣竟不濕寺僧百方禳之一日作隱語曰蓮花即應沃羅莫解其意閱三月大書于門曰宗翌我去也明日遂去翌今尚存無恙

姑蘇志卷第五十九

姑蘇志卷第六十

禨事

事有無所附見而不可遺者爰名之爲禨事文有所謂禨言者因附書之

吳王僚時吳邊邑處女與楚邊邑卑梁之女蠶爭界上之桑二家相攻吳不勝更相伐滅吳之邊吳王僚怒使公子光伐楚取居巢鍾離

公子光伏甲士於窟室中具酒請王僚僚白其母曰公子光爲我具酒其無變乎母曰光心氣怏怏常有愧恨之色不可不防王僚乃被棠鐵之甲三重使兵衛陣於道自宮門至於光之門階席左右皆王僚親戚使坐立侍皆操長戟交軹酒酣光佯爲足疾入窟室使專諸置魚腸劍炙魚中進之既至王僚前專諸擘炙魚推七首立戟交軹倚專諸胷斷臆開匕首如故以刺王僚貫甲達背王僚既死左右共殺專諸衆士擾動光伏甲士攻僚衆盡滅之遂自立是爲吳王公子蓋餘燭庸二人將兵遇圍於楚者聞光殺王僚自立乃以兵降楚楚封之於舒吳越春秋

越王勾踐既以西施鄭旦獻夫差又飾美女八人納

太宰嚭曰子苟能放越之罪又有美於此者將進之案此夫差君臣皆爲美色所蠱以致破國亡身焉

吳王夫差既爲越王勾踐所逼將死曰以三寸帛幎吾兩目使死者有知吾慚見伍子胥公孫聖越王則解綬以幎其目史記正議曰今之面衣是遺象顧野王曰大巾覆也

延陵季子將西聘晉帶寶劍以過徐君徐君觀劍不言而色欲之延陵季子爲有上國之使未獻也然其心許矣使於晉反則徐君死於楚於是脫劍致

之嗣君從者止之曰此吳國之寶非所以贈也延陵季子曰吾非贈之也先日吾來徐君觀吾劍不言而其色欲之吾爲有上國之使未獻也雖然吾心許之矣今死而不進是欺心也愛劍僞心廉者不爲也遂脫劍致之嗣君嗣君曰先君無命孤不敢受於是季子以劍掛徐君墓樹而去徐人嘉而歌之曰延陵季子兮不忘故脫千金之劍兮帶丘墓劉向新序

延陵季子適齊於其反也其長子死葬於嬴博之間孔子曰延陵季子吳之習禮者也往而觀其葬焉其坎深不至於泉其斂以時服既葬而封廣輪揜坎其高可隱也既封左袒右旋其封且號者三言曰骨肉歸復于土命也若魂氣則無不之也無不之也而遂行孔子曰延陵季子於禮也其合矣乎禮記檀弓

闔閭十年有東夷人侵逼吳境吳王大驚令所司點軍王乃宴會親行平明出城十里頓軍憩歇令各橋是也王曰進軍所司奏食時已至今臨頓吳牛宴設之處今臨頓是也夷人聞王親征不敢敵收軍入海據東洲沙上吳亦入海逐之據沙洲上相守一月屬時風濤糧不得度王焚香禱天言訖東

風大震水上見金色逼海而來遶吳王沙洲百匝所司撈漉得魚食之美三軍踴躍夷人一魚不獲遂獻寶物送降款吳王亦以禮報之仍將魚腹腸肚以鹹水淹之送與夷人因號逐夷夷亭之名昉此吳王回軍會群臣思海中所食魚問所餘何在所司奏云並曝乾吳王索之其味美因書美下着魚是爲鯗字今從失非也魚出海中作金色不知其名吳王見腦中有骨如白石號爲石首魚吳地記

晉安北將軍范汪爲桓溫所免朝廷憚溫不敢執談者爲歎恨汪屏居吳郡從容講肆不言枉直

蘇峻東征沈充吳興人爲王敦將請吏部郎陸邁與俱字功高亦吳郡人將至吳密敕左右令入閶門放火以示威陸知其意謂峻曰吳治平未久必將有亂若爲亂階請從我家始峻遂止

王子猷嘗行過吳中見一士大夫家有好竹主已知子猷當往乃整設治具以待王肩輿徑造竹下諷嘯良久主已失望猶冀還當通好遂直欲出門主人大不堪便令左右閉門不聽王更以此賞主人乃留坐盡歡而去

庾長仁與諸弟入吳欲往亭中宿諸弟先上見群小滿屋都無相避意長仁曰我試觀之乃策杖將一小兒始入門諸客望其神姿一時皆退

宋江夏文獻王義恭善騎馬好遊行或二三百里孝武帝聽其所之東至吳郡登虎丘山又登無錫烏山以望太湖

唐白居易自杭徙蘇首尾五年自云兩地江山遊得遍五年風月詠將殘可謂極宦遊之適矣其在蘇夜遊西武丘詩云領郡時將久遊山數幾何一年十二度非少亦非多詩中又識侍行容滿蟬態十妓姓名殊不以爲嫌又夜汎太湖其詩云十隻畫船何處宿洞庭山腳太湖心又自太湖寄元稹詩云報君一事君應羨五宿澄波皓月中則是連五日夜在湖心汎舟雖白公風格高邁好事文窘束亦當時法網太疏不以爲怪古今時異事與有如此者其後劉禹錫守蘇白爲河南尹又作憶舊遊詩寄禹錫又有夢蘇州寄馮侍御詩眷眷此邦甚厚則知吳在當時爲名邦樂國能使賢者思之而不忘

咸通中崔璞守吳郡時皮日休爲部從事與處士陸龜蒙爲文會之友風雨晦冥蓬蒿翳薈未嘗不作詩璞間爲詩亦令兩人屬和吳中名士亦多與焉一年間所作盈積龜蒙裒爲十通日休名之曰松陵集

陸魯望有鬪鴨極馴養一日驛使過而挾彈斃其善鳴者魯望曰此鴨善人言見欲上進使者奈何斃之盡以囊金償之徐問人語之狀魯望曰能自呼其名爾使者憤且笑拂袖上馬復召之還其金出中紀聞

錢武肅王鏐廣陵王元璙威顯王文奉三世皆爲中吳軍節度使開府於吳中時有丁陳范謝四君子同在賓幕丁諱守節丞相謂之祖陳諱晉明也田之奇曾祖范諱夢齡參政仲淹曾祖謝[illegible]

子宿從澤之父皆職節度推官俱以長者稱其[illegible]孫文皆登高科躋膴仕以見慶源深厚也中吳紀聞

諺曰天上天堂地下蘇杭又曰蘇湖熟天下足湖固不逮蘇杭爲會府諺猶先蘇後杭說者疑之白居易詩云雲川殊冷僻茂苑太繁雄惟有錢塘郡閑忙正適中則在唐時蘇之繁雄固爲浙右第一矣

𢹂備郎中天聖中爲長溪令忽夢作詩云月俸蚨錢數甚微不知從宦幾時歸東吳一片輕波在欲問何人買釣磯意甚異之明道初爲華亭令丁內艱遂家吳中樂其土風安之因悟夢中語嘗效白樂天作我愛姑蘇好十章又作姑蘇百題詩行於世

吳郡解額自祥符間定制秋舉以四人爲率慶曆中應舉者止二百人范貫之龍圖送錢正叔赴舉序已言四人之額視他藩爲最寡熙豐間舉人漸多增至六人三舍法行罷科舉法歲貢四人舍法罷合三年之數爲十二人紹興丙子增流寓一名今終場之士二千猶爲額窄也

大觀中章莊敏公質夫之子綖爲時相誣以盜鑄詔開封尹李孝壽來置獄連逮千餘人屯甲士圍其家鉦鼓聲徹晝夜郡人震駭獄不成又遣御史沈畸蕭服姚某來重鞫之甚至州人多閉戶或自門隙中窺覷不敢正視識者知其非太平氣象其後遂有建炎金狄之禍方章氏事前城中小兒所在群聚而唱云沈逍遙沈逍遙莫知其由已而三御史至

南北章本建安人郇公得象之裔後徙居吳申公子厚家州南莊敏公質夫家州北兩第屹然相望甲於郡城人號爲南北章

祥符中丁晉公自參知政事拜平江軍節度使知昇州時建節鉞者出入必盛其儀度既還本鎮鄉人爲之改觀公在童齔時嘗從老郁先生學先生居光潘巷至是首入陋巷詣先生之居拜于牀下先生惶懼大聲呼之曰拜殺老夫矣既坐話舊極款容且云小年狹劣荷先生教誨痛加榎楚使其得成立者皆先生之賜也不數月郁先生果卒公爲辦棺斂葬埋之物甚厚吳人至今以爲美談中吳紀聞

姑蘇刺史有若范文正公富監皆牧鄉郡葉少則先典州既而請老其子道卿以本路漕節來侍其孫公秉熙寧中又爲郡守蔣希魯再牧是邦遂歸休於此盛文肅胡武平趙升平後至政府皆盛事也

閶門外通衢有食肆人呼爲張手美家其肆通達六七間水陸南北之物畢具隨需而供雖坐列十客人各異品亦驊手取辦每節則專賣一物遍京輻輳以不得爲不足縛木成欄傾錢其中至高丈餘先一日開說來者不拒號曰澆店

元少保絳少時嘗夢人告之曰異日當爲翰林學士須兄弟數人同在院絳寤思自素無兄弟疑夢爲不然熙寧中絳除學士同時先後入院者有韓維持國陳繹和叔鄧綰文約楊繪元素并絳五人名皆從糸始悟弟兄之兆夢溪筆談

范文正公遣子堯夫到姑蘇搬麥五百斛堯夫時尚少既還舟次丹陽見石曼卿問寄此久何如曼卿曰三喪在淺土欲葬之而北歸無可謀者堯夫以所載舟麥付之單騎自長蘆捷徑而歸到家拜起侍立久之文正曰東吳見故舊乎曰曼卿爲三喪未舉留滯丹陽時無郭元振莫可告者文正曰何不以麥舟與之堯夫曰已與之矣言行拾遺

蘇仲豫言蔣頴叔之爲江淮發運也其才智有餘人莫能欺漕運綌繹蔣吳人諳知風水嘗於所居公署前立一旗曰占風旗使人日候之置籍焉令諸漕綱日程亦各記風之便逆蓋雷雨雪雹霧露等有或不均風則天下皆一每有運至取其日程曆以合之責其稽緩者綱吏畏服蔣去占風旗遂廢矣

陳宜中之誅韓震也其部曲李世明挈其妻孥與士卒千餘人逃至平望殺巡檢縱兵放火殺掠人民由小長橋透出許市時潜說友守郡不能捕但令人備之而已遂走入太湖由宜興至建康降於元其軍初在江下殺人甚多殿司兵在吳江亦不能敵多爲其擁入江水死者甚多及劉師勇復常州

世明等出戰甚力韓震者蜀將韓宣之子爲賈似道腹心魯港敗震主遷幸議陳宜中等不從乃於湖上放砲謀奉三宮入廣故宜中誘而誅之雜記出

崑山周煥卿與張子韶侍郎爲布衣交煥卿有母喪不能舉及妹未嫁子韶在貶所專价賫書并銀三鋌錢二十五千以助之其書見龔氏紀聞

趙宛丘官至財賦副總管公委至吳吳困其辟掾宛丘因訪其隣舊戒其僕曰汝至人家須鞠躬屛氣扣門問人有無汝但曰前路吏趙天錫慎毋曰趙總管視自眩顯者有間矣

真仲威出於寇盜號郭大力自荼毒平江之後爲真
揚鎮撫使在郡復不悛劉光世爲淮浙宣撫置司
京口遣其將王德擒至麾下縛送行在詔斬於平
江市以謝百姓（出揮麈錄宋鑑）
淳祐間陳公振字震亨居吳門無子有同姓曰昌世
者爲人端慤因延之家埶嘗從容與言命繼之事
且托之訪歷久未有所啓問之以難其人公振曰
得如子者乃佳昌世惶恐不敢當又久之問如初
昌世謝未敢輕有所進公振又曰如此則無出於
子矣昌世不得辭公振暴嘗夢謁家廟覺有拜於

後者顧視之乃昌世也此意遂決昌世以其澤入
仕嘗倅三衢攝郡有廉名穆陵聞之擢爲郎（癸辛雜志）
慶曆九老會都官員外郎徐祐與少卿葉參俱以耆
德告老而歸約爲九老會晏元獻公杜正獻公皆
寄詩賛之晏詩云買得梧宮數畝秋便追黃綺作
朋儔杜詩云如何九老人猶少應許東歸伴醉吟
時會者才五人故杜詩云然
十老會後更名耆英又名真率元豐間章岵守郡與
郡之長老游從各飲酒賦詩時米黻禮部以杭州
從事罷經由爲作敘敘諸老之德甚詳十老謂太

中大夫致仕上護軍濮陽縣開國子盧革仲新年
八十二奉議郎致仕騎都尉賜緋魚袋黃挺公操
年八十二正議大夫充集賢殿修譔致仕上柱國
廣平郡開國侯程師孟公闢年七十七朝散大夫
致仕上輕車都尉鄭方平道卿年七十三朝議大
夫致仕護軍清豐縣開國子賜紫金魚袋閭丘孝
終公顯年七十三中散大夫知蘇州軍州事河間
縣開國伯護軍賜紫金魚袋章岵伯望年七十三
朝請大夫主管建州武夷山冲佑觀賜紫金魚袋
徐九思公謹年七十三朝議大夫致仕上柱國彭

城縣開國子賜紫金魚袋徐師閔聖徒年七十二
承議郎致仕騎都尉賜緋魚袋崇大年靜之年七
十一龍圖閣直學士正議大夫提舉杭州洞霄宮
清河郡開國侯張詵樞言年七十十人合七百四
十六歲十老各有詩米黻序之（序曰中散大夫閭公肯德傑氣惟
時芒成高誼勁節縉紳所仰靜鎮吳國四周星紀
成孚惠洽訟庭晏虛逍闊郡齋會九俊老惟內閣
清河公紳宇軒扳德章昭融名威萬勳書冊府
正議大夫廣平公秀實孤映清㯹邁遠爵建功剏
渙于汗青太中大夫濮陽公沖襟爽散叔晉端靖
積厚施衍父子顯榮朝議大夫清豐公朝議大夫
彭城公朝議大夫徐公朝散大夫鄭公並道韜虛
璞內德淳耀式中臺督彥或四方盧便出處有裕
終始一德愷悌利愛布在世間秋溶叩岑君泰嵩
郎黃君素行潔修里閈標準早解簪紱仕途式從）

咸頎頎碩德天賜難老貌若適鶴言爲龜鑑終紫
羽觴屢酬推章迭作叙懷感遇樂時休明頌嘏無
間穆如清徽薰如大和夫學本美身仕欲行志名
節既立榮利後之若諸公積儲淵深未極經綸而
不苟於得進退從容千祀可垂後生仰止以襄盛
米顧倦粹四海多出賓僚刻繪既傳屬爲序引嗚
呼樂道人善君子有之頌
歎何堪忝於承命謹序

郡人王希默庫部郎中貽之仲子也爲人簡淡無他
好惟以對鏡爲娛整飭鬢眉終日無倦以杜子美
勲業頻看鏡之句作策勲亭仍自號曰勲叟收古
今善鏡典衣價無難色居長洲結親友之若異鏡
者數人間日會聚樂飲各出鏡傳玩評品抵掌極
歡而罷鄉人目曰鏡社希默又集載籍凡言鏡者
成二十卷號偃銅傳云

元干文傳壽道延祐元年鄉榜明年廷試賜同進士
及第一夕夢入選掛名爲長吳正官覺而笑曰我
吳人安得作長吳二縣正官必無此理初授官時
承事郎昌國州同知並咲前夢之不足徵也次當
改選乃授平江路長洲縣尹意爲偶然又以爲不
偶然無何改知烏程轉婺源州知州自以爲前任
長洲偶與夢符今巳升知州安得再爲吳縣正官
既而調吳江州知州非吳縣也人之官禄書年
定自己之神先巳告之形諸夢寐故相與言

僕吳人兩任爲本路之官亦稀遇也後爲翰林
制誥參金宋史贈禮部尚書

當靖康丙戌兩浙漕使時朝廷籍沒諸姦家財被
旨籍朱勔家策故遲其往且聲言於人曰朱節使
非他人比其罪不過進花木耳所以譴我者亦從
其鄉人故也朱氏遂稍得爲從匿計既抵勔家坐
堂上召勔之內外以資緣而得官者盡團之狀凡
數十人下而小小者又四五十輩喻之曰汝等得
官皆由節使之力今當悉取告身來當爲保奏使
命出朝廷則皆免僞濫之嫌也衆以爲信盡取之
來策隨其所留估籍畢則盡取諸人告身積薪一
焚之于庭曰朝廷遣我來豈利汝財哉政欲除
冒濫之官耳故朱勔之比五賊獨無復綴仕版者
善策之力也策仕至工部侍郎子孫多能官者
氏筆
衡

朱沖微時且貧後稍温飽易爲樂肆生理日益進以行
不檢兩受徒刑既多貲交結權要然亦能以濟人
爲心每春夏之交即出錢米藥物募醫者數人延
門問貧者疾者從而賙之又多買絞衣擇市媼之
善縫紉者製衲衣數百當大寒以給凍者其子勔

國用寺貨人以花石得近幸時進奉不絕謂之
花石綱凡林園亭館以至墳墓間有一花一木奇
怪者輒用黃紙封識不問其家徑取之浙人畏之
如虎花綱經從之地巡尉護送遇橋梁之礙舟者
則撤以毀之初江淮發運司於真揚楚泗有轉搬
倉綱運兵各據地分不相交越勔既進花石遂撥
新裝運船充御前綱以載之而以舊者載糧轉搬
倉遂廢糧運由此不繼禁衛至於乏食朝廷亦不
之問也勔之寵日盛父子俱建節鉞即居第創雙
節堂畫徽宗御容置于一殿使監司郡守就此以

朝朔望勔嘗預曲燕徽宗親握臂與語勔遂以黃帛
纏之與之揖不舉此臂弟姪數人皆結姻帝族姻黨
緣得至顯官者甚衆勔有園極廣植牡丹數千本
花時以繒綵為幕蔽覆其上每花飾金為牌記其
名如是者里所園夾畦丁藝精種植及能疊石為
山者朝糧貢祿者給金紫如是者不可數計園有
水閣作九曲路以入春時縱人民婦女遊賞有迷
其道者沖設酒食邀之或遺以簪珥之屬人皆惡
其醜行一日勔敗檢其家貧有黃發匃者素與勔
不協預以言率明造其室家人婦女盡驅之出雖

閭巷小民之家無敢容納不數日已墟其園所謂
牡丹者皆折而為薪勔伏誅竄其家於海島平日
受誥身者盡褫之當時有謔詞譏之初勔之葬其
父盛飾一女奴乘一僮以殉之僮奴不知其死也
忻忻然從柩入壙至靖康末大飢郡人怨毒入骨
遂刼其壙而碎其父骨既入壙見骸骨具存猶志
之曰此僮奴之骨也 出吳中舊事

蘇師旦本平江書史韓氏為副戎籍之於廳韓用事
師旦實為腹心韓為知閤門事猶在韓側立侍迨
冐節鉞韓則曰皆使相也始乃與之均席由是海

内趨朝之士欲造晏門而不得見蘇林子由之孫
也師旦以微賤附之為族林遂以兄事之師旦嘗
以窘乏求金于韓韓初不知其受諸將之賄動以
億萬每輟俸金予之謂其出於真誠及江上諸將
致敗而丘公崈為督視廉知敗將之賂師旦尺牘
往來俱存因作書以遺韓韓大怒遂竄師旦於海
上嘉定初下所編郡取師旦以韓念已必復召用
已而赴市則曰太師亦如是忍邪蓋不知韓之誅
已也遂籍其家得金箔金二萬九千二百五十片
金錢六十辦馬蹄金一萬五千七百二十兩瓜子

金五斗失金羅漢五百尊（各長二尺五寸）金酒器六千七百三十兩釵釧金一百四十三片金束帶十二條他物稱是（出四朝聞見錄）

元初得江南至元十三年丞相伯顏欲漕東南之粟以實京師而罷河漕之艱險乃用大艘沿淮以至山東邊海攢運經時方達而朱清張瑄出焉二人者皆瀕海之民歲漕各三十萬斛末年始至三百萬斛而值風濤沉没者歲不下三五萬計至元二十九年瑄次子文虎以戶部尚書領漕事始由海中大洋旬日能達直沽梢工篙師之徒從而紆朱紫者各以百數或交通海外諸番博易以致巨富大德七年爲吳也先構言遂遭竄殛籍没二家之産當時嘉禾士人金方所作朱張行悲之嘗聞故老云朱清張瑄以盜官蘆販私鹽行劫於海瑄晝敗被獲時洪起畏爲浙西提刑夜夢錄囚十八人內一人化爲虎寤而異之明見所解賊徒數與夢合而瑄在其中洪奇其狀特貸其死未幾宋亡而瑄貴顯乃給洪終身以報全護之恩瑄目不識丁而書押文卷未嘗縱筆但攢三指染硯墨印紙上狀如品字雖巧於作僞者倣之不能瑄之第四妻被虜者美而悍人罕見其笑故有鐵面之稱瑄居而畏之爲建第於乘魚橋號四夫人府時兩家第宅遍吳中今朱張巷其故基也抄籍後新提舉司專掌其錢粮其富從可知矣或曰瑄之豪橫甚於清有拂其意者則縛而投諸海積惡滅身固無所逃其死（出雜記并吳郡續藁）

元至正十五年行納粟補官之令遣兵部員外劉謙齎空名告身過江南募民補官即任民牧自五品至九品入粟有差而民間一無願者松江知府崔思誠曲承使命集屬縣豪右大姓列庭下不問有無輒加拷掠衆皆抆泪入粟且逼抑使就官惟平江監郡六十公不爲使者所怵乃力爭其不可闔郡得免於徵科崔聞之大慚六十者字子約唐兀人國監生能讀書在官稱廉明最得民心後卒于官（出輟耕錄）

沈右字仲悅郡人年四十無子其妻鄒氏深以爲憂一日仲悅買一妾頗有姿色因問其祖父對曰妾范復初之女也父喪家貧母老故至此仲悅惻然謂妻曰乃父吳中名街亦吾故人也吾安忍以爲妾乎故人之子當如子視之可也即召其母使擇

殮之且備棺且送其行及入寓逆旅貧不能葬
者十三喪仲悅又買地爲之安厝吳人至今稱之
出輟耕錄

吳人鄭元字長卿元初其大父爲到鈔庫使一日雨
有人倉皇走至其家避雨遺下一小篋大父收之
翌早坐候門外聞人言昨夜汪家府前王某失一
篋金葉不記何處其家兄弟遂相忿爭大父聞之
則往物色得實以金還王氏大父又每月朔必炷
香於城隍廟於路拾得一絹囊視之亦黃白物也
乃訪其失主老嫗還之今其孫長卿從儒兼精醫
斯餘君子豈非陰德之報乎 出輟耕錄

洪武中吳江富室殷子玉延里儒夏尚忠爲塾師有
主文葉茂林者嘗干于殷殷不之禮葉以夏不爲
助言御之遂與一戍汪麟薔者密謀匿名誣奏以
藍黨事朝廷覺其冤差御史史廉之史潛訪數月
未得實聞宵行至僊里橋聞一人作氣曰一件大
事想不得明白矣爰詢之曰葉茂林也識之隨訪
葉葉已充閩京衛家奴一日縣官酌客於郵亭史
紿以丐者故肆通悞官吏驚疑而起史即命吏抄
一皆駭竟提夏等一千人鞫之無驗令就獄

少日再鞫亦無驗乃喻之曰汝等恐爲人陷之耶
試思之衆不之悟復喻之曰幽有神明吾爲汝默
禱乃露香不解衣而寐越三宿夢有五靈神告史
曰汪姓者急捕之即寤揭旦取衆出謂之曰神報
我矣曾識汪姓人否衆頓悟有汪麟薔者因誣奏
事發彼他郡人將逸去頹併力擒來遂追獲史鞫
之不伏加以嚴刑乃曰奏詞出吾手而逮謀是葉
茂林也史曰是已令吏往捕之至京覘葉出入騎
從頗盛吏計曰難以法拘拘必匿當見諸途葉見
吏色動亟問曰近聞史御史在彼行事曾問及我

十九

儂有諸吏詒曰訛言也勿聽相拉登酒樓飲酣曲
酒半一吏潛下樓以公文示肆主曰吾捕此人走
則汝當罪肆主大惧即擊之從者走闈闈畏法即
而奏捕以下獄吏歸報史速人讞詞復命上勅汪
葉二犯揕首熟視之曰此正惡人處以凌遲重罪
又勅夏等十余人揕首曰都是好百姓也俱發亭
家皆呼萬歲踴躍而退於乎此可見
高皇清明之政而監司能體上之命者矣
洪武末蘇州知府姚善聞郡有處士王賓招不可
旨何家賓見其騎從在門因語之曰賓有老母

在方寅張馨勢以恐之後善造賓門必預下與徒
步至門劇談今古商確政事而退善文章政事擅
名一時卒著忠義之節殆亦得賢之助也
崑山周壽誼生宋景定歷元至洪武五季年一百十
歲郡守魏觀始行鄉飲酒禮吳縣林文友楊茂亦
皆九十餘特位三老人於衆賓之上壽誼後年一
百十六歲而終嘗蒙召見賜酒饌
殿上鐲其家丁役
周文襄公忱嘗閱一死獄欲活之無路憂形于色使
吏抱案讀之背手立聽至一處忽點首喜曰幸有
此可生遂出其人

襟言

諸葛靚字仲思在吳於朝堂大會孫皓問卿字仲思
為何所思對曰在家思孝事君思忠朋友思信如
斯而已
張玄之顧敷俱顧中和外孫少皆和並知之而常謂
顧勝於張時張年九歲顧年七歲和與俱至寺中
見佛涅槃像弟子有泣者有不泣者和以問二孫
玄曰彼親故泣彼不泣敷曰不然當由忘情故不
情故泣

國家圖書館出版品預行編目資料

姑蘇志

(明)王鏊等修纂. – 再版. – 臺北市：臺灣學生，1986.03
冊；公分(中國史學叢書)
國立中央圖書館藏本

ISBN 978-957-15-1955-5 (全套：精裝)

1. 方志 2. 江蘇省蘇州市

672.11 113012046

中國史學叢書
吳相湘主編

國立中央圖書館藏本

姑蘇志 全二冊

編纂者：明．王鏊等
出版者：臺灣學生書局有限公司
發行人：楊雲龍
發行所：臺灣學生書局有限公司
臺北市和平東路一段七十五巷十一號
郵政劃撥戶：〇〇〇二四六六八號
電話：（〇二）二三九二八一八五
傳真：（〇二）二三九二八一〇五
E-mail:student.book@msa.hinet.net
http://www.studentbook.com.tw
本書局登記證字號：行政院新聞局局版北市業字第玖捌壹號

定價：新臺幣二〇〇〇〇元

一九八六年三月再版
二〇二五年四月再版二刷

6580131